德国统一史

第四卷

Geschichte der deutschen Einheit（Band 4）

争取德国统一的外交政策：决定性的年代（1989-1990）

Außenpolitik für die deutsche Einheit:
Die Entscheidungsjahre 1989/90

图书在版编目(CIP)数据

德国统一史.第4卷,争取德国统一的外交政策:决定性的年代:1989~1990/(德)魏登菲尔德(Weidenfeld,W.),(德)瓦格纳(Wagner,P.M.),(德)布鲁克(Bruck,E.)合著;欧阳甦译.—北京:社会科学文献出版社,2016.1(2021.7重印)

(东西德统一的历史经验研究丛书)

ISBN 978-7-5097-7455-7

Ⅰ.①德… Ⅱ.①魏… ②瓦… ③布… ④欧… Ⅲ.①德国-历史-1989~1990 Ⅳ.①K516.5

中国版本图书馆 CIP 数据核字(2015)第 091259 号

·东西德统一的历史经验研究丛书·

德国统一史(第四卷)

——争取德国统一的外交政策:决定性的年代(1989~1990)

主　　笔/〔德〕维尔讷·魏登菲尔德(Werner Weidenfeld)
合　　著/〔德〕彼得·瓦格纳(Peter M. Wagner)
　　　　　〔德〕埃尔克·布鲁克(Elke Bruck)
译　　者/欧阳甦
审　　校/梅兆荣　邓志全

出 版 人/王利民
项目统筹/祝得彬
责任编辑/刘　娟　杨　潇
特邀编辑/欧阳甦

出　　版/社会科学文献出版社·当代世界出版分社 (010)59367004
　　　　　地址:北京市北三环中路甲29号院华龙大厦　邮编:100029
　　　　　网址:www.ssap.com.cn
发　　行/市场营销中心 (010)59367081　59367083
印　　装/北京盛通印刷股份有限公司

规　　格/开本:787mm×1092mm　1/16
　　　　　印张:60　插页:1　字数:1002千字
版　　次/2016年1月第1版　2021年7月第2次印刷
书　　号/ISBN 978-7-5097-7455-7
著作权合同
登 记 号/图字01-2013-2660号
定　　价/248.00元

本书如有印装质量问题,请与读者服务中心 (010-59367028)联系

国家社科基金重大项目

中国社会科学院创新工程学术出版资助项目

东西德统一的历史经验研究丛书

德国统一史

第四卷

Geschichte der deutschen Einheit（Band 4）

争取德国统一的外交政策：
决定性的年代（1989-1990）

Außenpolitik für die deutsche Einheit:
Die Entscheidungsjahre 1989/90

〔德〕维尔讷·魏登菲尔德/主笔
（Werner Weidenfeld）
〔德〕彼得·瓦格纳、埃尔克·布鲁克/合著
（Peter M.Wagner）、（Elke Bruck）
欧阳甦/译
梅兆荣、邓志全/审校

社会科学文献出版社
SOCIAL SCIENCES ACADEMIC PRESS (CHINA)

Geschichte der deutschen Einheit. Bd. 4 Außenpolitik für die deutsche Einheit by Werner
Weidenfeld
© 1998 by Deutsche Verlags-Anstalt
a division of Verlagsgruppe Random House GmbH，München，Germany

根据兰登书屋德国分支 DVA 出版社 1998 年版译出

东西德统一的历史经验研究丛书

主　　编　　周　弘

编 委 会　　周　弘　梅兆荣　程卫东　陈　新　刘立群

杨解朴　郑春荣　祝得彬　胡　琨

顾问委员会　（以姓氏字母排序）

顾俊礼	（Gu Junli）
黄平	（Huang Ping）
彼得·荣根	（Peter Jungen）
李扬	（Li Yang）
梅兆荣	（Mei Zhaorong）
史明德	（Shi Mingde）
霍斯特·特尔切克	（Horst Tetschik）
维尔讷·魏登菲尔德	（Werner Weidenfeld）
朱民	（Zhu Min）

总序一

在人类发展的历史长河中，有一些重大的历史事件，因产生跨越时代的深远影响而受到广泛的关注和不断的挖掘，如罗马帝国的衰亡、民族国家的出现、工业和技术革命的滥觞、苏联的解体、新中国的复兴以及德国的统一（或"德国问题"）等都是为研究者乐此不疲的研究课题。

德国近现代的统一历程分为两个不同的历史阶段。在19世纪末的德国统一和20世纪末的德国统一之间，最主要的区别就在于前次是通过战争实现的，而后者则是用和平方式完成的。在这个和平的统一进程中没有武装冲突，对于外界来说，德国统一似乎就是瞬间发生的，但这并不意味着德国的统一进程中没有其他形式的博弈。事实上，东西德统一经历了一系列跌宕起伏的经济、社会和政治博弈，夹杂着经济危机、社会动荡、移民浪潮、街头政治、外交斡旋、制度兴替等扣人心弦而又耐人寻味的故事。

20世纪末的德国统一进程用和平的博弈方式改变了疆界，实现了民族统一，进而改变了欧洲的力量格局，并通过改变欧洲的疆界而重构了整个世界的力量格局。这个进程中都曾经历了哪些重要事件？牵涉到哪些人物和势力？在这些力量之间发生过怎样的较量或互动？采取了哪些行动和措施？以怎样的方式改变了哪些政策、制度、法律、社会组织、思想观念、行为方式——以至于最终导致了国家疆界的改变？所有这些问题都强烈地吸引着我们的求知欲。

为了满足这一求知欲，为了透过我们所熟知的历史现象，透过宏大的统一仪式和庄严的统一宣示，去挖掘东西德国最终在制度上的衔接、磨合和融合的深层故事，我们于三年多前启动了"东西德统一的历史经验"研究，并受到国家社科基金重大项目的资助。呈现在读者面前的是本项目的第一期成果，五本相关权威著作的中译本：四卷本的《德国统一史》，由慕尼黑大学的维尔讷·魏登菲尔德（Werner Weidenfeld）教授、弗莱堡大学的沃尔夫冈·耶格尔（Wolfgang Jäger）教授和慕尼黑大学的迪特尔·格鲁瑟尔（Dieter Grosser）教授联合主编，以及一卷由当时在德国总理府任职的霍斯特·特尔切克（Horst Teltschik）以当事人的身份撰写的日志。这些著作因为获得了保密档案的特别使用权，并且掌握了大量第一手资料而具有珍贵的史学价值。

《德国统一史》的第一卷为《科尔总理时期的德国政策：执政风格与决策（1982 - 1989）》（即"政治卷"），由卡尔-鲁道夫·科尔特著，刘宏宇译，刘立群主持审校。该卷从政治的角度梳理了德国统一的进程，详尽地介绍了当时的德国总理科尔在两个德国之间出现统一的可能时，如何通过权力的运用、决策的引导和政策的落实，领导了德国统一的进程。

第二卷为《货币、经济和社会联盟的冒险之举：与经济学原理相冲突却迫于形势的政治举措》（即"经济卷"），由迪特尔·格鲁瑟尔撰写，邓文子翻译，胡琨审校。该卷从经济的角度梳理两德的统一进程，指出虽然从经济规律来看，在东西德之间建立货币、经济和社会联盟的时机并不成熟，但是西德为了统一政治的需要，而东德则因为要"从沉船跳入冷水"，双方都采取了违背经济学原理的政策，结果使德国马克的应用成为"德国统一的基石"（特奥·魏格尔，Theo Waigel）。

第三卷为《克服分裂：1989～1990年德国内部的统一进程》（即"社会卷"），由沃尔夫冈·耶格尔主笔，杨橙翻译，杨解朴、郑春荣等审校。该卷逐一介绍了东西德的各种政治和社会力量，包括西德联邦总理府、东德政府、西德和东德的各个党派、社会组织及社会团体在德国统一问题上的态度、政策和作为，以及这些力量随着统一进程的展开而发生的变化。

第四卷为《争取德国统一的外交政策：决定性的年代（1989 - 1990）》（即"外交卷"），由维尔讷·魏登菲尔德主笔，欧阳甦翻译，梅兆荣等审校。该卷从外交角度梳理和分析了两德统一的进程，重点讨论了德国与邻国之间的外交沟通，分析了一些主要国家在德国统一问题上的立场和观点，生动地介绍了科尔和密特朗在欧洲经济与货币及政治一体化问题上的交易，苏联对德国经济援助的诉求，以及西德政府与其他西方国家之间就统一问题进行的外交。

《329天：德国统一的内部视角》，由霍斯特·特尔切克撰写，欧阳甦翻译，胡琨审校。该卷可以作为前四卷的简本来阅读，其中汇集了当时西德方面负责统一问题外交谈判的特尔切克在1989年11月9日至1990年10月3日期间撰写的工作日志，再现了德国统一进程的329天中西德联邦总理府的日常工作，特别是科尔总理及总理府工作人员对德国统一进程的思考和决策。

关于东西德国在 20 世纪末叶的统一进程，不同的人群从不同的视角、不同的立场、不同的利益出发，会观察到不同的现象，得出不同的结论。呈现给读者的这五卷本中既有丰富的历史故事，也有很多的结论性判断。在两德统一的问题上还有其他许多不同的结论和判断。作者们的结论和判断尽管不同，但是观察到的现象必然且自然地汇入有关两个德国统一的那段多层面、多角度、立体、庞杂而又能动的历史画面中，使我们对于 25 年前那曾经改变了欧洲乃至世界格局的历史事件有了更加全面和深刻的了解。

如前所述，本套译作的问世只是"东西德统一的历史经验"课题的第一期成果，未来还有很多研究工作要做，很多历史事实需要挖掘，很多问题需要分析和解读。德国统一涉及的领域广，层面多，层次深，而且当事人和研究者分布在俄美英法等多国，还需要集政治史、经济史、社会史、金融史、法律史、思想史、文化史等多领域研究为一体的综合性学术研究，研究工作的难度会更大，内容也会更精彩，需要关心这段历史的同仁们与我们共同努力去探究。

这部卷帙浩繁的翻译丛书为我们提供了德国统一史中很多鲜为人知的内情故事，而翻译难度也超出了我们的预期。回眼望去，三年多的辛苦努力过程中有许多中外人士提供了智慧或付出了努力，我仅在此表达诚挚的谢意。

需要感谢朱民和荣根先生，这套译作的动议来自与他们的思想交流产生的火花。要感谢阿登纳基金会的魏特茂先生，他积极地回应了我们对于资料和审校的要求。

在中国方面，中国社会科学院陈奎元前院长的支持是关键性的，而李扬前副院长则除了资金支持以外，还不断地给予精神鼓励。积极的支持同样来自我在中国社会科学院欧洲研究所的同事们，罗京辉书记、程卫东和陈新，他们的支持和参与坚定了课题组攻坚克难的信心。

这套译作的问世有赖于海内外两个团队的接力式努力：以欧阳甦为首，包括刘宏宇、邓文子、杨橙等在内的译者队伍，他们面对高难度的翻译工作而不却步，为项目的完工奠定了基础。由梅兆荣大使、刘立群教授和他的学生们、郑春荣教授以及我的同事杨解朴副研究员和胡琨副研究员构成的审校团队保证了翻译丛书的质量：他们从头至尾逐字逐句地校订了各卷。需要特别感谢梅兆荣大使，他以 80 岁的高龄，不辞寒暑，字斟句酌地审校了"外交卷"的书稿，还以顾问身份始终关心项目的进展并参与项目的重要决策。感谢刘立群教授在很短的时间内，带领他的学生团队，完成了几乎是不可能完成的"政治卷"的审校工作。感谢郑春荣教授和杨解朴副研究员信守承诺、坚持不懈、善始善终地校订了"社会卷"。感谢我的主要助手胡琨副研究员，除了审校"经济卷"和《329 天》这两部译著外，他还是整个项目不可或缺的联络人，这项工作占去了他大量的时间。还要感谢其他所有参与过翻译和审校的人员，赵柯、张浚、李以所、黄萌萌、李微、孙嘉惠、邹露、刘惠宇、王海涛、李倩瑗、唐卓娅、窦明月、丁思齐、孙浩林、陈扬、詹佩玲、赵飘，等等，有些人我至今尚未谋面，却感觉到他们的投入。

这套译作的问世还有赖于社会科学文献出版社和谢寿光社长的支持。在这里需要特别感谢我们多年的合作伙伴祝得彬编辑，他不仅积极参与了组织策划，还集合了海外翻译团队，并请欧阳甦担任特邀编辑，与他的助手杨潇等社会科学文献出版社的同事们一道，让难度很大的编辑工作在相对较短的时间内完工。

虽然经过了三年多的辛苦努力，但是在这套翻译著作问世之际，我们仍心有惴惴，深知其中错漏在所难免，还望各位方家不吝赐教，以期在后面的版次中予以更正！

周　弘

总序二
德国与欧洲分裂的弥合：一段成功史

德国统一的实现与欧洲分裂的弥合是具有深远历史影响的重大事件。数十年来，人们已习惯事实上的东西对立。一切看来都是那样不可撼动。

德国与欧洲的分裂体现在以下几个基本方面：

- 是世界政治东西冲突的组成部分；
- 是不同人类自我形象的表达：人类是作为自由的个人（西方的人类自我形象）还是作为"类本质"（Gattungswesen），以及与此相关的不同政治与经济秩序景象；
- 陷于争夺政治权力与经济利益的交锋之中。

从这段历史中，我们能够学习到什么呢？即我们在这一克服深刻分裂的历史重大事件之外，还能看到什么？

第一，不以战争武力形式应对危机。人们致力于预防冲突，避免战争发生。

第二，人们尝试借助和解政策保持人员往来，如有可能甚至加强这种往来。

第三，西方生活方式的吸引力有如一块磁铁。自由的生活条件、旅行自由、人员流动、社会市场经济、欧洲一体化——对于那些始终被隔绝于外的数百万人来说，这些充满了吸引力。

1989 年 11 月 9 日，当作为分裂巨大象征的柏林墙戏剧性地因此而倒塌时，进一步的行动在深思熟虑后得以实施，包括：

1. 采取的战略措施必须符合德意志联邦共和国与德意志民主共和国民众的意愿。

2. 四个战胜国的同意与沟通必不可少，它们仍拥有决定德国地位的权利。这涉及建构关乎整个欧洲的未来框架。

3. 德国与波兰沿奥德－尼斯河边界的有效性在任何时候都不容置疑。两德统一应发生在两个德意志国家的边界之内。

就此而言，须对许多细节作出规范：为统一实施政治结构、经济与行政事务、社会与法律状况的改革，这一切在高明的战略下得以实施：两个德意志国家商定一个货币联盟，以及一份落实政治统一的条约。人们在一体化欧洲的机制之上讨论，德意志民主共和国的辖区应如何整合进欧洲。在与战胜国美国、苏联、法国和英国谈判中确保了所有法律问题的最终解决。1990 年 10 月 3 日，柏林墙倒塌不到一年后，统一的德国作为主权国家成了欧洲和平秩序的一员。

这真可称为一个巨大的成功故事。并且，对于世界历史的其他舞台来说，无疑将从中受益良多。

维尔讷·魏登菲尔德
慕尼黑大学应用政治中心主任
欧洲科学与艺术学院萨尔茨堡总校校长

总序三

在德国统一进程 25 周年之际，中国社会科学院将该时期最重要的文献翻译成中文，并在中华人民共和国出版，在此表示祝贺。

20 世纪，人类经历了两次世界大战，数亿人因此丧命。1945 年，几乎在二战结束的同时，又出现了西方自由民主国家与东方共产主义国家对峙的所谓冷战。这一长达数十年的东西方冲突，伴随着军备竞赛、经济制裁、政治孤立、高墙和铁丝网。而所有这一切，在 25 年前出人意料地结束了。没错，结果是革命性的——一次被所有东西方负有政治责任者所接受的、和平的革命。中华人民共和国领导层也对德国的统一表示赞同。

呈现在读者面前的这一四卷本囊括了那一时期大量的重要政治文件、分析、描述和评估。读者可借此一览当时德国国内与国际层面重要决策过程的全貌，形成自己的判断，并为当下其他热点地区危机的解决找到答案。

德国统一成为可能，得益于国际政治领域之前发生的一些重要变化。1967 年，北约出台所谓《哈默尔报告》，战略出现转向，即面对华约集团，不再对抗，而是在确保安全的基础上，代之以对话与合作政策。安全与缓和政策从此被视为不可分割。尽管苏联在 1968 年 8 月镇压了"布拉格之春"，但在这一新信条的基础上，著名的欧洲安全与合作会议（欧洲安全与合作组织前身）进程并未中断，并最终于 1975 年 8 月在赫尔辛基签订《赫尔辛基最后文件》。如何通过共同的缓和政策塑造未来，是这一东西方共同签署的文件所包含的重要原则。

当然，挫折也曾出现。1983 年，美苏在日内瓦关于削减中程核导弹的谈判失败，新的冷战阴云开始笼罩。然而，在米哈伊尔·戈尔巴乔夫 1985 年 3 月担任苏共总书记后，苏联重启与美国的对话和裁军谈判，并在随后几年促成了迄今为止影响最深远的裁军和军控协定。

国内政治促使戈尔巴乔夫启动深层次的经济与政治改革，并向华约集团的盟国许诺，苏联不再干涉它们的内政。随后，波兰和匈牙利出现改革，并最终波及所有华约国家。这些变化有一个共同的原因：经济与财政问题已经失控，深层次的体制改革无法避免。

民主德国的统一社会党政治局在 1989 年秋认识到，民主德国经济与财政已破产。1989 年借道波兰、捷克和匈牙利等邻国逃往联邦德国的民主德国公民，超过 20 万。统一社会党关于旅行便利化的新决议导致了柏林墙的突然倒塌。

对于联邦政府，尤其是联邦总理赫尔穆特·科尔博士及其联合执政伙伴、外交部长汉斯－迪特里希·根舍来说，重要的是，如何从 1980 年代所有华约国家这些戏剧性变化的背景中，得出必要且正确的结论。避免民主德国出现政治上失控的混乱并演化为暴力行为，是首先须要考虑的。

另外，应对此负责的还包括美国、苏联、法国和英国四个二战战胜国，它们对于德国作为整体仍然负有法律和政治上的责任。庆幸的是，四大国时任领导人，美国总统乔治·布什、苏联总书记米哈伊尔·戈尔巴乔夫、法国总统弗朗索瓦·密特朗和英国首相玛格丽特·撒切尔，均令人信服且富有能力。他们与联邦政府一起，致力于推动德国统一尤其以和平与和谐的方式进行。

对于德国的重新统一，联邦政府毫无现成的预案，即使有，也都会是错的。1989 年与 1990 年之交，主要的工作是为不同层面的决策作准备、与所有伙伴协调并立即落实。在双边层面，主要是联邦政府与不停变换的民主德国领导人以及四个战胜国政府的密集谈判。同时还有美苏两国的双边对话。而多边层面的谈判，则发生在两个德意志国家和四大国代表之间（"2＋4"谈判）。联邦总理利用欧共体（欧盟前身）和七国峰会的机会，为苏联和华约集团国家募集经济援助。经其努力，北约在 1990 年 7 月的峰会上宣布：向华约集团国家伸出友谊之手。

柏林墙倒塌 329 天之后，1990 年 10 月 3 日，德国和平地统一了。次日，联邦总理科尔在联邦议院宣布："所有邻国对此都同意。德国历史上首次不再有敌人。"所有一切都和平地发生：德国统一了，欧洲的分裂结束了，欧洲也因此统一了。对抗的两极世界体系消亡了，新的世界秩序将要开辟。今天，我们称之为一个多极的世界体系，中华人民共和国在其中扮演着关键的角色。没错，这是一次革命，一次和平的革命，在 1989 年与 1990 年之交，没有一枪一弹。

1990 年 11 月，欧洲安全与合作会议 35 国的所有国家和政府首脑在巴黎会晤，签署了《巴黎宪章》。其共同目标在于，建立从温哥华到海参崴的全欧洲和平与安全秩序，所有成员国能因此享有同样的安全。这是一种什么梦想！两次世界大战以降，对于整个欧洲以及北美来说，如此一个历史机遇首次出现。它的实现也将有助于中国和整个亚洲的和平。自那以来，我们浪费了许多时间、错过了许多机会，但是我们为了我们共同的利益，不应放弃这个目标。

霍斯特·特尔切克

代　序

　　1949 年德国分裂为两个独立的主权国家，即德意志联邦共和国和德意志民主共和国，简称"联邦德国"和"民主德国"或"西德"和"东德"，是二战结束后苏美英法四个战胜国分区占领、共同管制德国期间美苏争夺势力范围的产物，也是欧洲分裂为两大政治、经济、军事阵营的重要标志。40 年后，随着柏林墙的倒塌，意识形态和社会政治制度不同、分属北约和华约的两个德意志国家又在四大国的博弈和妥协中重新实现了国家统一，为欧洲回归统一创造了条件，也成为东西方冷战宣告结束的一个重要标志。可以毫不夸张地说，德国的分裂和重新统一是欧洲战后历史上具有转折性意义的重大事件。

　　从 1989 年 11 月 9 日柏林墙倒塌到 1990 年 10 月 3 日凌晨联邦德国领导人在柏林前帝国大厦的平台上宣告德国重新统一，前后历时仅 329 天。而德国重新统一需要解决内外两部分错综复杂的问题，内部问题是指东西德之间要就实现统一的方式和步骤，包括建立货币、经济和社会联盟取得一致，使两部分在政治上、经济上、法制上以及社会保障上重新合二为一；外部问题是指如何解除四个战胜国对德国作为整体和柏林的特殊权利和责任、统一后德国的联盟属性、确认德波边界的永久性以及苏军从东德撤离等问题。这么复杂而浩大的工程在不到一年的时间里顺利完成，不愧是国际政治中的一个"奇迹"。《争取德国统一的外交政策》一书，讲的就是解决德国统一外部问题的整个过程，包括各方在此过程中的利益分歧、相互博弈，以及最后妥协的内幕。

　　笔者时任中国驻西德大使，从当时的联邦德国临时首都波恩密切跟踪了德国重新统一的全过程，深感统一是东西德两部分广大民众的共同愿望，但在这么短的时间内得以实现，却归因于当时有利于德国统一的所有必要条件同时存在的偶然性。早一年，由于一些条件尚不成熟而不可能；晚一年，很可能因外部环境发生变化而使这一机遇丧失。在这个意义上，德国的重新统一可以说是"必然性"和"偶然性"巧合的结果。这一论断几年后得到了曾在德国统一过程中扮演重要角色的时任联邦财政部长、基社盟主席魏格尔先生的认同。

那么，1990年前后德国统一的国际、国内背景或者说"框架条件"是怎样的呢？正如本书作者指出的，欧洲政治的"框架条件革命"始于上个世纪80年代初的波兰团结工会运动。而后戈尔巴乔夫的"新思维"和"改革"在东欧集团内蔓延，对这股向西方靠拢的潮流起了鼓励和推动作用，1989年初这股潮流也明显地到达东德这个"前沿国家"。处于西方宣传强烈影响下的东德民众对生活状况和统一社会党执政者的不满日益增长，群众性的抗议活动不时发生，成千上万的人想方设法西逃；东德国家领导人昂纳克日益受到戈尔巴乔夫的冷落，东德统一社会党领导层一片混乱；社会上供应匮缺，国家财政极为困难，外债高达400亿马克。这一切表明，东德统一社会党的统治地位已处于风雨飘摇之中。而紧跟波兰推行改革的匈牙利，1989年9月突然开放与奥地利的边界，不再履行阻止东德人经过匈牙利逃亡西德的"国际主义义务"，之后又出现了东德人以旅游者身份到波兰、捷克向西德使馆申请"避难"的轰动事件，使东德阻止逃亡的政策措施失灵。正是在这种背景下，东德统一社会党的领导决定"有序地"松动阻止东德人去西德的隔离措施，但在混乱中却因"失误"而造成了柏林墙的无序开放，引发了局势的重大变化。

柏林墙的倒塌出乎西德领导层的意料，但联邦总理科尔预感到形势将发生急剧变化，要充分利用这一难得的机遇。当时人们对德国统一的前提有三点考虑，即必须符合东西德人民的意愿；四大国必须同意并须保证欧洲大陆所有国家的安全；统一范围限于两个德国和柏林，必须承认德波奥得－尼斯河边界的永久性，即放弃已归入波兰的东普鲁士地区。鉴于柏林墙开放后出现的混乱局面，科尔首先与美、法、英三国领导人沟通，一方面通报柏林墙打开后的形势，另一方面探听西方三国领导人的反应。科尔在通话中强调，德国扎根于西方，即欧共体和北约，这是为了稳住西方盟国，同时也是显示尊重战胜国的权利，暗示三大国不要采取什么行动，相信联邦政府有能力处理好这突如其来的变化。

对柏林墙倒塌后的新形势，有关各方反应不一。戈尔巴乔夫强调战后存在两个德国并存的现实不能改变，战胜国的权利不容损害，这主要关系到柏林的地位、盟军的驻扎、德国的边界以及东西德的结盟状况。美国意识到可能出现德国统一的问题，强调不可避免的事情要"审慎地演变"，要维护美国在欧洲的主导地位，防止美国在欧洲的地位被边缘化，确保德国留在北约和美国在欧洲的驻军不受影响。法国的对德政策目标是防止德国成为强权政治因素和欧洲安全风险，主张通过欧洲一体化控制西德，通过把西德融入北约和美国在西德驻军使西德处于两大军事集团交汇处的"前沿地带"，确保法国处于"二线"，因此，虽口头上赞成德国有自决权，但主张维持现状，不赞成德国统一。英国强调均势，主张法德和解、美军长期驻留欧洲大陆，并把西德维系在西方联盟，认为西德作为北约忠实成员不可替代，但又担心德国主导欧洲或陷入对苏依赖，从而危害欧洲均势和安全。北约首任秘书长英国人伊斯梅爵士有句名言，说北约的功能就是"将美国人拉进来""将俄国人挤出去""将德国人摁下去"。撒切尔夫人认为德国统一会对欧洲稳定带来危险，主张建立一个"拒绝阵线"。东德莫德罗总理主张固定两德并存局面，坚持东德的社会主义制度和国家主权的合法性，并忠于华约和经互会的国际义务，建议两德之间建立"条约共同体"，开展"史无前例的紧密合作"，但拒绝任何统一的思想。

面对上述形势，西德的态度是反对"固定两德并存"，要求东德统一社会党放弃垄断领导地位，否则不予援助。注意到东德人逃亡浪潮无法阻止，东德群众游行示威的口号从"我们是人民"转向"我们是一个民族"，以及苏联虽在公开表态中反对单方面改变东西德并存，私下里却放风可以考虑建立"邦联结构"的两面性，联邦政府决策圈大为振奋，决定亮出自己的主张先声夺人，以稳住不安全感日益增长的公众，引领局势走向和国内外舆论。1989 年 11 月 29 日，科尔总理抢在联合执政的自民党、反对党和外国伙伴之前提出《十点纲领》，对保持现状的主张提出另一种选择。该《纲领》组合了人们熟知的联邦政府的主张和措辞，提出了两德建立"邦联结构"的建议而未用"邦联"这个措辞，但指出最终目标是实现统一。之所以用"纲领"而未用"计划"这个措辞，是为了表明不设时间表，不用"邦联"也是为了表明最终目标是实现德国统一。为了保密和取得惊人效应，科尔在向联邦议院宣布该《纲领》之前，未与联合执政伙伴自民党商议或通气，仅在发表前 6 小时向美国总统布什作了通报。

对于科尔的《十点纲领》，戈尔巴乔夫的反应是强烈"愤怒"，指责西德未予磋商或预告信息就提出"具体的统一行动计划"。美国关注该"纲领"未提及德波边界问题和未来德国的联盟属性，对此科尔作了解释，说明未讲明联盟属性是出于策略考虑，实际上这两个问题都可以解决。随后美国提出了对德政策四项原则：奉行自由的自决原则；统一的德国必须保持为北约和欧共体成员；统一必须有步骤地、和平地进行；现存边界的不可侵犯性必须得到尊重。英国首相撒切尔对《十点纲领》表示"反感"，强调德国重新统一不在议事日程上。法国的态度介乎保留和反对之间，担心德国统一后会反对欧洲统一。为此，密特朗决定1989年12月6日访问基辅，希望借助戈尔巴乔夫反对德国统一的态度确保德国不可能很快统一，这样法国无须过于冷落德国；12月20日又访问东德，以示承认东德作为主权国家的存在并支持其继续存在的愿望。值得注意的是，科尔在密特朗访问东德前一天访问了东德德累斯顿市，受到当地群众的热烈欢迎，这成了西德决心加速统一进程的转折点。

柏林墙倒塌6周后，科尔政府对不同的利益格局有了较为全面的了解：与西德和美国主张德国统一相对立的，是法英的怀疑派和"刹车"派集团以及公开反对统一的东德和苏联。但东德的形势持续恶化。1989年11、12两个月就有约18万人逃离东德，1990年开始每天约有2000人移居西德，这对东德经济动脉意味着大出血。鉴此，科尔政府得出结论，必须使统一的目标具体化并争取所有参加方认同。为此需要做三方面的工作，一是消除苏联的安全疑虑；二是使西方盟友放心；三是听任东德瓦解，拒绝莫德罗提出的条约共同体建议。同时，对苏联领导人有针对性地做工作，软硬兼施、恩威并重，因为取得苏联的原则同意是解决问题的关键。为解决四大国对德国的特殊权利和责任以及德波边界问题，需要确定一种谈判机制。经过多方试探、商议和权衡利弊，最后确定同意美国国务院提出的"2＋4"谈判机制，即两个德国和四个战胜国的六方会谈。

1990年初，苏联内外交困局面凸显，主要是供应困难，一些加盟共和国闹独立，一些地方出现暴动，加上东德政治经济形势进一步恶化，国家处于解体过程，苏联领导不得不面对现实。是年1月7日，谢瓦尔德纳泽外长向联邦政府试探提供食品援助的可能性，科尔当即表示同意并于2月中旬以2亿2千万马克联邦补贴资金提供14万吨食品以及大量衣物和日用品。这一慷慨之举产生了积极的政治效果。1月底，戈尔巴乔夫召开顾问会议讨论德国问题，结论是除了军事行动之外任何选择均可考虑，决定在德国政策上全面后退。嗣后戈尔巴乔夫改变调门，声称德国统一原则从未被怀疑过，两个德国的产生有其历史原因，现在要加以修正而不能在大街上解决。东德莫德罗政府只好跟着宣布自己的统一计划，但仍以较长时间为出发点。戈尔巴乔夫原则上批准莫德罗的统一构思，但强调统一后的德国应实行中立，不得加入北约。尽管如此，科尔政府为戈尔巴乔夫在德国统一问题上的转变深受鼓舞。

1990 年 1 月 31 日，苏联驻西德大使克维钦斯基转交戈尔巴乔夫邀请科尔于 2 月 10 日去莫斯科作非正式访问的信函。科尔在访苏前夕收到了美国总统布什的信件，除表示支持德国统一外，还表达了对美军驻留德国以及未来东德安全地位的关切，并通报了贝克国务卿访苏印象，指出苏联接受德国统一已不可避免，只是对统一的后果有担忧，主要涉及欧洲安全与稳定和现存边界的可靠性，苏联不接受北约东扩，但暗示可以接受德国留在北约。科尔据此在访苏期间很有针对性地做了戈尔巴乔夫的工作。首先是大肆描述东德的困境和国家解体状况以及苏联 40 万驻军及其家属面临的问题，以说服戈尔巴乔夫接受统一；同时针对戈氏对安全、边界、统一范围、未来德国的联盟属性以及裁军等问题的疑虑进行游说，表示"北约当然不能东扩到今天的民主德国版图"。会议结束时，戈尔巴乔夫表示："很可能可以断言，在德意志民族统一问题上，苏联、联邦德国和民主德国之间不存在意见分歧。简而言之，我们在最重要的一点上是一致的，就是德国必须自己作出决定。"这表明，这次会晤清除了德国统一道路上的最大障碍。但这时苏联和东德仍以种种方式尽量拖延谈判，美国则大力支持西德，英、法部分地赞同拖延德国统一进程，各方围绕几个实质性问题仍争论尖锐，主要涉及德波边界问题、统一的模式、未来德国的联盟属性、东德地区的军事地位以及战后苏军占领期间决定的东德地区财产制度，如土改和没收战犯财产等。

1990 年 3 月，东德地区举行民主选举，结果是科尔支持的基民盟大胜，这对科尔"在建立德国统一的道路上采取迅速而坚决的行动"又是一大推动。对科尔政府来说，东德局势越是恶化，逃亡人数越多，就越能证明加快统一进程的必要性。当时东德外债高达 400 亿马克，解决这个问题也是苏联利益所在。于是，科尔便以未来的德苏关系将比现在更好来引诱戈尔巴乔夫，承诺德将与苏联扩大经济合作，不把苏联排斥在欧洲发展之外。为消除戈氏在安全问题上的担忧，科尔从多方面着手做工作：说明未来德国保持北约成员属性也符合苏联利益，因有利于改变北约性质；德愿承担苏军撤离东德的部分费用；裁军和覆盖全欧的安全结构将使北约的继续存在和全德的北约成员属性"相对化"；德国无意排斥苏联于欧洲发展之外，承诺将与苏联更紧密地扩大经济合作。

法国一直处于一种矛盾心态：东德人民的情绪和移民潮使密特朗感到德国统一不可阻挡，戈尔巴乔夫态度的转变又使他意识到不可能指望借助苏联阻止德国统一。因此唯一的可能是延缓德国统一进程，办法是借德波边界问题做文章，这使科尔十分恼火。但科尔意识到一切取决于美法支持和苏联合作，于是决定在依靠美国支持、全面帮助戈尔巴乔夫的同时，尽可能地迎合密特朗。主要在以下几个方面做法国的工作：（1）强调欧洲统一与德国统一并不矛盾，相反，没有德国合作就没有欧洲未来；（2）提醒法国注意《波恩条约》规定的西方大国义务，即共同实现德国统一的目标，而现在是第一次出现通过和平途径避免欧洲和德国分裂的可能；（3）德国的家园必须在欧洲的屋檐下建设起来，欧共体的统一将因德国统一而得到推动；（4）承诺西德无意将德国统一与移动现存边界联系起来，两德统一后将有约束力地承认德波边界的永久性；（5）指出东德国家解体、移民潮不断恶化对经济产生灾难性后果，证明了统一的必要性。同时，对法国利用德波边界问题做文章的伎俩作出了强烈的反应。形势的发展使密特朗得出结论，必须适应现实。特别是东德社民党在选举中失利使密特朗进一步认识到，德国统一已是大势所趋，于是不得不发出与德国和解的信号。

从 1989 年 11 月柏林墙开放到 1990 年 5 月 5 日 "2 + 4" 外长会晤开始，半年时间内东西德之间已开始商谈建立货币、经济和社会联盟并筹备全德选举，苏联已表示同意两德按西德《基本法》第 23 条实现统一，即东德加入《基本法》适用范围，但对统一德国的北约成员属性仍持拒绝态度，而西德和西方三个盟国已商定必须在是年 11 月欧安会峰会之前结束德国统一的国际谈判。这时，戈尔巴乔夫又面临一个难题，即在 1990 年 7 月之前如果没有西方资金流入，苏联将丧失国际支付能力，需要总额为近 200 亿德国马克的贷款。为此，谢瓦尔德纳泽又向科尔提出贷款请求，而科尔也当即作出积极回应，因为他明白："一个请求其他政府提供财政援助的政府，不会奉行持续冲突的方针"。这时，"2 + 4" 外长会晤的议程已定，即边界问题、政治军事问题、柏林问题、最终的国际法解决以及解除四大国权利与责任问题。会晤将分别在波恩、东柏林、巴黎和莫斯科举行。科尔认识到，为使苏联让步，这时关键要解决两个问题：一是针对苏联的经济困境，通过财政刺激促使苏联就范；二是针对苏联的安全疑虑，推动美国对北约作必要的改变。他认为，苏联只有有了安全感和平等感，才能对德国统一说"同意"。

　　科尔对 1990 年初对苏食品援助的政治效应记忆犹新，指示其外事顾问特尔切克偕德意志银行和德累斯顿银行的总裁于 5 月 15 日飞赴莫斯科作秘密访问，苏联总理雷日科夫在会谈中先是提出急需 15 亿～20 亿卢布可自由使用的财政贷款，以确保即时支付能力，接着希望西德以优惠条件提供 100 亿～150 亿卢布的长期贷款。特尔切克表示，联邦政府原则上同意提供援助，但必须是一揽子解决德国问题的一部分。谢瓦尔德纳泽以微笑作了确认。之后戈尔巴乔夫接见了特尔切克等三人，以示贷款援助要求是苏联最高层的行为，并提出优惠贷款的利率应是 1.5%～2% 而不是 6%，苏联不仅需要优惠贷款，而且需要食品等实物贷款，总金额需要 150 亿～200 亿马克，7～8 年内偿还。戈氏还表示，愿与科尔直接谈判双边伙伴关系条约，并强调必须使苏联人民确信自己的安全没有受到危害，不允许任何一方把某事强加于另一方。特尔切克表示，所有这些都可以意见一致地解决。双方还就一些原则问题进行了沟通，主要是：在双边和多边会谈中搞一揽子方案，包括签订全面的面向遥远将来的双边条约，初定科尔于 7 月或 8 月访苏。5 月 22 日，科尔致函戈尔巴乔夫确认特尔切克与苏方所谈内容。戈尔巴乔夫 6 月 9 日给科尔回信，虽未确认德国银行贷款与解决德国问题挂钩，但重申德国人民有自决权以及"2＋4"谈判可以在 11 月欧安会峰会前结束，并重申邀请科尔 7 月下半月访苏，"为我们关系的未来进行深入对话"。

　　科尔为争取美国的支持和配合，与布什总统多次通话，相互通报情况并商议对策，他们决定再给戈尔巴乔夫一些甜头，主要是利用伦敦西方防务峰会建议华约与北约成员国之间签订互不侵犯条约，以示北约的变化。戈尔巴乔夫和谢瓦尔德纳泽曾明白暗示：在北约发生变化、对苏提供经济和财政援助以及提供适当的安全保证的情况下，苏联强调的自决权道路就是全德可以成为西方联盟的成员，但西方要为此付出一定的代价，苏联迫切需要可以展示与西方合作成果的证据。针对这一暗示，布什总统为支持德国统一，发表了《九点许诺》，但仍不足以令苏联满意。正当西方无计可施之时，苏方又提供了启示：如果西方联盟进行"彻底的转变"，苏联在北约问题上即可作出松动。据此，7 月 6 日的伦敦北约峰会在布什总统的力主下发表了《伦敦声明：转变中的北大西洋联盟》，宣布了北约新的战略特征，提出了十点建议，都是针对莫斯科的利益诉求所作出的反应，主要是解决三个中心问题：（1）强调北约的防御性质，主张结束敌对和放弃侵略，从政治上对德国的东部邻国特别是苏联提供安全保证；（2）赞成裁军应通过谈判取得进展，支持建立一个更少武器的世界，提出包括常规和核武器的削减建议；（3）响应苏联的建议，主张建设欧洲新的安全大厦，并使欧安会机制化。对此，谢瓦尔德纳泽表示"令人满意"，戈尔巴乔夫同意谢的这个评价。在此情况下，戈尔巴乔夫明确邀请科尔去其家乡访问。

1990年7月14日，科尔率团访苏，目标是排除德国统一道路上的所有障碍。当时，戈尔巴乔夫已在苏共党代会上继续当选为总书记，地位有所加强，但仍面临着内政上反对派的牵制，经济形势和供应状况恶化，通胀压力巨大，国家财政大量亏空。人们期望统一的德国将成为苏联最重要的贸易伙伴和外汇供应者，双边经济合作会扩大和深化，从而在政治上起稳定作用。在此背景下，科尔对未来德苏关系准备了一系列设想，包括经济合作和睦邻关系条约，主要是使苏联相信科尔不仅关心"2＋4"谈判成功，而且谋求德苏保持良好关系，为戈尔巴乔夫提供足够的证明和承诺，使其经受得住党内反对派的批评指责。两人单独会谈的结果是：（1）1990年11月欧安会峰会前解决德国统一问题；（2）德国统一与实现完全主权并行；（3）德国统一后有自由选择联盟的权利，具体指的就是北约，但不予明说；（4）统一后北约的保护可延伸到东德地区，未纳入北约的联邦国防军可以进驻，在苏军撤离之后才可进驻属于北约的联邦国防军，德国放弃核武器；（5）苏军在东德的留驻期限为3～4年；（6）统一后德国的武装力量限额37万人，此点应作为裁军谈判的结果公布。作为回报，德方承诺德苏关系将出现新导向，向苏提供经济与财政援助，具体细节主要是金额另议。

1990年7月17日，在巴黎举行的"2＋4"外长会晤在波兰外长参加下就波兰西部边界问题达成了五点原则谅解，解决了德国最终承认奥德－尼斯河边界的问题。这五点协议是：（1）统一德国的范围是东西德和整个柏林，德国外部边界随着"2＋4"条约的生效而永久确定；（2）统一的德国和波兰应通过签订具有国际法约束力的条约确认两国之间现有的边界；（3）德国现在和将来都不对其他国家提出领土要求；（4）德国统一后的宪法不会有任何违背上述原则的规定；（5）四大国确认知悉缔结双边边界条约的意图，声明随着条约的实现确认统一德国的边界具有最终性质。

细节决定成败。在涉及细节的谈判中，苏、德双方讨价还价激烈。1990 年 8 月 27～28 日，已升任苏联副外长的克维钦斯基向联邦政府提出了苏方诉求的清单，要求德方为苏军撤离东德提供运输费，为安置苏军军官建房，为苏军在东德的驻留提供经费，否则苏军内部会发生"暴动"，并称在 3～4 年内撤离无法做到。关于签订德苏合作与伙伴关系条约问题，提出德方须在安全与放弃武力问题上作出特别清楚的承诺，否则难以获得批准。在未来经济技术合作方面，必须强调苏联将享有优惠条件。此外，还要解决东德与苏联签订的条约继承问题，苏军在德国的墓地和纪念碑的维护和保护问题，以及苏军在占领东德期间实施的法律不可否定问题。核心问题是要"钱"。在具体谈判中，德方允诺提供的总额为 60 亿马克，而苏方则要 185 亿马克，还要加上补偿苏联将在东德放弃的不动产。德方谈判代表、财政部长魏格尔称苏方的要价是"幻想"，只好交由双方最高领导层决定。9 月 7 日，科尔与戈尔巴乔夫通话，就上述费用总额再次讨价还价。科尔出价 80 亿马克，戈尔巴乔夫断然拒绝。戈氏的反应表明，如双方不能就费用问题达成协议，9 月 12 日"2＋4"会谈最后文件就不可能签署。德方经内部商议后，决定把开价提高到 100 亿马克，在极端情况下可加至 120 亿马克，外加允诺提供 30 亿马克无息贷款。9 月 10 日，科尔再次与戈尔巴乔夫商谈，戈氏把要价降至 150 亿～160 亿马克，科尔最后把 120 亿马克补偿费和 30 亿马克无息贷款悉数放到桌面上，总共 150 亿马克，双方终于拍板成交。9 月 12 日，"2＋4"会晤在莫斯科签署《最后解决德国问题的条约》，解决了三大问题，即德国的完全主权得以建立；统一德国可以自由选择联盟属性；决定了苏军撤离东德及其具有约束力的时间表。至此，德国统一的外部问题全部解决。9 月 13 日，德苏草签了《德苏睦邻、伙伴和合作条约》，并于 11 月 9 日戈尔巴乔夫访问统一德国时正式签署。10 月 12 日德苏签署了关于《苏军在联邦德国有限期驻留的条件与有计划撤离的方式》的条约和《过渡措施》协定。德波边界条约于 11 月 14 日签署，但《德波睦邻与和平合作条约》于 1991 年 6 月 17 日才签署。

总的来看，德国实现了科尔《十点纲领》中所指出的目标，不仅实现了国家统一，获得了完全主权，而且确保了北约成员属性和植根于西方的国策理念，并维护了欧洲统一。与此相比，以 150 亿马克的经济和财政援助作为向苏联支付的代价显得微不足道。美国从一开始就支持德国统一，是以德国满足美国的要求为条件的，即统一的德国保持为北约的完全成员，美国保持为一支欧洲力量。法国的利益得到了应有的顾及，确保了德国在政治、军事上属于西方集团，承诺致力于欧洲一体化并最终承认德波边界不可改变。英国尽管以强硬的言辞进行干扰，但在实际操作中不起多大作用，其维护西方防务联盟和保持德国与西方持续挂钩的目标未受影响。对苏联来说，满意的理由最少，戈氏从原有的诉求节节退让，得到的只是全德武装力量的限额和德国的和平保证，以及一些经济支持和财政援助以及德苏关系新导向的前景。

需要指出的是，本书是作者得到科尔总理的特许批准，利用大量内部档案材料写成的，在浩瀚的资料中难免有所选择，突出德国领导人的作用和贡献也不言而喻，但不可否认，引用的材料比较真实可信，是研究、分析德国统一史的重要依据。不仅如此，读者从本书的许多情节中，可以了解当时的形势背景、各方的利益格局和政策态度，特别是德国问题的复杂性以及联邦政府各部门维护国家利益的坚定立场和令人佩服的工作效率。有鉴于此，竭诚向广大读者推荐此书。

梅兆荣
2015 年 9 月 15 日

目　　录

附 录

第一章　序幕：柏林墙倒塌

"总理先生，此时此刻，柏林墙正在倒塌！"激动不已的爱德华·阿克曼（Eduard Ackermann）向赫尔穆特·科尔（Helmut Kohl）证实了此前不久科尔的新闻发言人汉斯·克莱因（Hans Klein）向他报告的消息，当时他还不敢相信。所以，在快快结束了华沙波兰政府宫的盛宴之后，科尔亲自打电话回波恩核实此事。[1]1989 年 11 月 9 日傍晚，当科尔正要驶离波兰政府国宾馆时，总理府部长鲁道夫·塞特斯（Rudolf Seiters）从波恩向他通报了德国统一社会党（SED）政治局的公告。对科尔来说，这也已成了事实：柏林墙——密不透风，欧洲战后秩序以及与之相连的德国分裂和德国统一社会党国家的象征——已经失去了它的中心任务。在边防军的眼皮子底下，几万人从这座分裂城市的东部不受阻挠地涌向西部，在那里，同胞们欢呼雀跃地迎接他们。

柏林墙的倒塌意味着欧洲政治中框架条件的革命达到了高潮，这场革命始于 80 年代初期的波兰团结工会运动。[2]米哈伊尔·戈尔巴乔夫（Michail Gorbatschow）先是在苏联，然后在东方集团内越来越多的地方倡导和容忍改革，这场革命就在这些改革中继续发展，最后于 1989 年夏初到达民主德国（DDR）。民主德国的民众对生活状况和执政者日益增长的不满、和平抗议活动以及成千上万人的不断逃亡，最终导致了这个边界政权的崩溃。当权者迫于人们追求自由的压力，在一片混乱中放弃了这条在东、西德国人之间长达几十年的死亡分割线。

正在华沙访问的科尔及其高级代表团对这一发展完全感到意外。当天早上，内政部长沃尔夫冈·朔伊布勒（Wolfgang Schäuble）在简短的联邦内阁会议上还详细通报了逃亡情况，但柏林墙不是这次部长会议讨论的议题。[3]联邦政府原本希望民主德国简化居民的旅行手续，现在却变成了两德内部边界的开放；在准备阶段就因误解和东西德内部争执而备受折腾的这次波兰之行，现在又因新出现的问题而增加了难度。科尔面对这一新局势

— 1 —

应该如何反应？宴会后，他提醒在华沙一家酒店等候的记者们说，现在整个欧洲都会密切关注，德国人是否已从自己的历史中学到了东西，"他们将会用什么样的语言说话"。但他同时宣告："现在正是书写世界历史的时刻。"[4]但此刻的科尔显然并不确定"历史的车轮"从此会运转得更快。鉴于东柏林发生的事件，他感觉自己如留在华沙将是待错了地方。1961年8月13日柏林墙建起来以后，康拉德·阿登纳（Konrad Adenauer）没有立即飞往柏林，而是留在奥格斯堡继续其竞选活动。为此，他后来因联邦议院选举失败而屡受指责。具有历史意识和权力意识的科尔绝不愿意重犯这样的错误，更何况他的下属们也敦促他返回波恩。不过，科尔同时意识到，中断已经安排好的5天访问计划，可能意味着对东道主的一种难以弥补的侮辱，也意味着是对他本人所谋求的德波和解与相互靠拢进程的损害。

鉴于柏林事态的发展，晚宴还在进行时科尔就向波兰总理塔德乌什·马佐维耶茨基（Tadeusz Mazowiecki）透露了有可能中断此次访问的想法，东道主未表示反对。因此，在午夜的记者见面会上，当随同去华沙的众多波恩记者之一吉斯贝特·库恩（Gisbert Kuhn）建议"不是中止而只是中断"[5]这次访问，从而引起哄堂大笑时，科尔没有跟着一起笑。科尔还不想公开发表意见，当时在维斯瓦河河畔，来自波恩和柏林的信息少得可怜。取而代之的是，他谈到要"权衡利弊"和需要顾及东道主的感受。

整个晚上直至深夜，总理反复与波恩负责公关工作的司长阿克曼和总理府部长塞特斯通话，并同当时和他在一起的工作人员商量对策。面对大约200位德国记者，科尔表现得很冷静。他说，局势是戏剧性的，现在必须从容地作出反应，他明确提请大家注意民主德国居民的抗议活动是很守纪律的。在回答记者们的大量提问时，科尔不仅非常清晰地谈到德国和柏林墙，而且一再提及波兰、匈牙利和苏联。

午夜过去了很久，在与外交部长汉斯－迪特里希·根舍（Hans-Dietrich Genscher）谈话之后，科尔最终作出了决定。自由民主党（FDP）主席奥托·格拉夫·拉姆斯多夫（Otto Graf Lambsdorff）已公开表示，政府首脑现在应待在"波恩，而不是在旅游胜地"。[6]科尔决定，11月10日先按计划继续进行第一部分访问日程。17：00，他要飞回波恩，当地已安排好与最重要的政治伙伴、盟国和顾问进行通话和会谈，也已安排好星期六早上举行内阁特别会议。将近7：30，他将这些安排告诉了他的工作人员。

紧接着，也向东道主波兰通报了这些新计划。

与此同时，官方访问日程先仍按原计划进行：[7]总理在无名战士墓、华沙英雄纪念碑，最后到犹太人纪念碑前敬献花圈。当一位 1943 年反抗运动的幸存者讲述自己的经历时，科尔将随行的政治家、经济界代表和新闻记者召集到一起，通报了他们将中断访问的决定。他恳请只有那些要参加联邦内阁特别会议的政府成员随他返回，要求代表团的其他成员留在华沙，以尽可能减少因中断访问造成的外交损失。

当科尔在双方代表团会谈开始之时宣布将中断一天访问并飞回德国时，马佐维耶茨基表示理解。但当科尔又对这位总理说要提前起飞，因为他下午必须在柏林时，情况发生了变化。原定 13：45 与沃伊切赫·雅鲁泽尔斯基（Wojciech Jaruzelski）总统举行的会谈因此而必须推迟到科尔周六下午返回华沙以后。[8]马佐维耶茨基强烈地反对这一新的变动，但在与总统通话后作了让步。对科尔临时决定提前返回起决定性作用的是来自波恩的最新消息。这条消息称，为了纪念柏林墙的开放，将于傍晚在柏林纪念教堂前举行基督教民主联盟（CDU）组织的群众集会。早上科尔还得知，柏林市议会计划于下午在舍内贝格区政府前组织一个集会，他将作为演讲者出现在这次活动上，这项安排事先并未征求他本人的意见。[9]由于联邦总理想参加这个活动，政府专机"奥托·丽丽塔尔"的起飞时间必须再次提前，中午就要中断访问日程，这样，科尔才能在华沙北墓地德国无名战士墓前献完花圈后马上起飞。

对于德国客人的棘手处境，波兰外交部长克日什托夫·斯库比斯泽夫斯基（Krzysztof Skubiszewski）比马佐维耶茨基表现出了更多的理解。[10]他在与根舍再次会面时，也谈到了统一的可能性。会面以后，斯库比斯泽夫斯基让波兰政府发言人玛尔戈扎塔·尼扎比托夫斯卡（Malgorzata Niezabitowska）公布了会谈主题，并阐释了波兰政府对此问题的想法：基于各民族自决权而有可能实现的德国统一，也将涉及其邻国和盟国。因此，在实现统一之前，必须满足三个条件：

第一，这样的步骤必须符合联邦德国人民和民主德国人民的意愿。

第二，四大国的同意和参与是必要的。必须在欧洲整体框架内讨论德国统一问题。在这一框架中，欧洲大陆所有国家的安全需求必须得到保证。

第三，德波奥德－尼斯河边界的永久性任何时候都不允许受到质疑。统一必须在两德境内进行。

这位波兰政府发言人的这个谈话再次触及了这次访问的中心议题，它也是头一天晚上马佐维耶茨基祝酒词的中心内容：只有当波兰人民在自己的国境内感到安全的情况下，两国人民之间才能有富有成果的合作。尽管波兰总理马佐维耶茨基及其外长并不怀疑科尔认为德波边界是永久性的，但联邦总理科尔和外长根舍在公开言论中的不同论述仍引起了不安：[11]科尔在 11 月 8 日的政府声明以及其后在波兰发表的声明中，始终只提及联邦议院对波兰西部边界决议的第一部分内容，其中特别强调联邦德国遵守《华沙条约》的全部内容。而根舍却显然走得更远，他反复重申自己最后于 1989 年 9 月 27 日在纽约联合国全体成员大会上的说法，这些说法构成了 1989 年 11 月 8 日联邦议院决议的第二部分内容，他说："50 年前，波兰人民成为希特勒德国挑起的战争的第一个牺牲品。波兰人民应当知道，他们要求在安全国境内生活的权利，无论现在还是将来，都不会受到我们德国人领土要求的危害。历史的车轮不会倒退。我们愿意和波兰一起为未来更加美好的欧洲而合作。边界不容侵犯是欧洲和平共处的基础。"在波兰政治家们看来，根舍的立场与联邦总理的态度不同。正如在 11 月 8 日的政府声明中最后一次谈到边界问题时那样，科尔始终提及尚未签订"和平条约"。他对德波边界的说法即"我们都知道，我们还没有和平条约"，令波兰对话伙伴不安，他们期待总理对边界的最终性有个明确的说法。

除了这些政治原则问题之外，1989 年 11 月 10 日午时，组织问题也令德国代表团头疼：[12]根据盟国保留权，不允许联邦总理的政府专机从华沙直飞柏林。只有西方盟国的飞机才能使用民主德国的特定空中走廊；而在这种情况下，即使从空军飞机改乘德国民用飞机也行不通。总理府负责外交关系的司长霍斯特·特尔切克（Horst Teltschik）给美国驻波恩大使维侬·沃尔特斯（Vernon Walters）打了一个电话，最后找到了解决办法：科尔返回联邦德国以后，下午这位美国外交官让一架美国军用飞机将西德这个小型代表团从汉堡送到柏林。

在柏林舍内贝格区政府门前，几万人等候着总理和外长。[13]科尔、根舍和前总理维利·勃兰特（Willy Brandt）以及组织者，即（西）柏林市长瓦尔特·蒙佩尔（Walter Momper）和西柏林议院议长于尔根·沃尔拉贝（Jürgen Wohlrabe），这些起领导作用的政党、联邦德国政界和西柏林的最重要代表人物齐聚在搭了顶棚的台阶上，听众对他们欢呼程度之差异再也明显不过了。当根舍宣读蒙佩尔塞给他的一份新开放的东柏林边境站名单时，爆发了雷鸣般的欢呼声。欢呼声也伴随着社民党和自民党政治家的演讲，而科尔在飞机上匆匆起草的演讲稿几乎没能赢得听众。

尖声刺耳的口号声和起哄声不断地打断科尔的演讲，而在开始演讲前，特尔切克将他拉到一边，告诉他，苏联国家和党的领导人戈尔巴乔夫刚刚通过苏联驻波恩大使尤里·克维钦斯基（Julij Kwizinskij）向联邦总理转达了一条信息：[14]戈尔巴乔夫提醒总理，对于民主德国新领导层来说，作出开放边界的决定并不容易，虽然它记载着东德的深刻变化。这位苏共领导人用笨拙的政治局语言警告称，不要危害两个德国并存的局面："在这样的政治和心理背景下，联邦德国发出的声音，如说两德并存这一现实无法调和的口号，将激化人们的情绪和狂热，其目的无非是使民主德国的局势动荡，并破坏当地社会生活各领域正在发展的民主化和革新进程。"由于戈尔巴乔夫担心柏林事件升级，他再次呼吁总理保持理智，就像他在1989年10月11日的通话中以及在埃里希·昂纳克（Erich Honecker）落选统一社会党总书记后也是通过克维钦斯基转达的信息中所说的那样。[15]他要科尔采取一切行动，避免"局势复杂化和动荡"。

科尔徒劳地试图在一种浓郁的气氛中向被少数人用吹口哨和大喊大叫所控制的人群说话，少数人发出的噪音因为广播扩音器的作用而得到了强化。与科尔一样，此前勃兰特非常清晰地提到正在呈现出来的德国统一的可能。[16]勃兰特宣告："现在，本属一体的东西又将长在一起。我们正经历着分裂的欧洲重新长在一起的时刻。感谢上帝，使我能亲历这一时刻。"但他同时又说："谁也不要自以为是，似乎他确切知道两德人民将以何种具体的形式开始新的关系。"而蒙佩尔之前发表的意见却显然不同。这位西柏林市的市长特别讲到"民主德国人民"，并说11月9日并非"重新统一的日子，而是重新相见的日子"。接下来根舍的演讲则主要面向德国的邻国："我们的民主德国同胞将德国人的命运放在国际政治议事日程的最前面。"在赞扬民主德国的和平革命、强调德国人的自决权和民族统一以及反对对民主德国民众进行监护之后，根舍明确感谢苏联领导的克制态度。他对德国的所有邻国表达了德国人希望和平共处的愿望，重申现在和将来都不会改变德波边界，强调联邦德国将牢固地扎根于西方民主国家圈之内。

与他前面这位演讲者兼执政联盟伙伴根舍一样，科尔也赞同德国人的自决权。但他对面临的挑战说得清楚得多："事关德国，事关统一、法制和自由。自由的祖国德国万岁！自由而统一的欧洲万岁！"此前，他突出地赞扬了盟军的作用：感谢法国、英国、美国过去几十年来的友谊和坚定；接着对戈尔巴乔夫主张民族自决权表示了敬意。同时，科尔呼吁民主德国政府继续改革，特别是实行自由、平等和不记名的选举权。如果东德人决定走这条道路，联邦德国愿意提供建议和帮助，并以"热情的心肠和冷静的理智"与他们共同走这条道路。

在参加了威廉皇帝纪念教堂前由基民盟组织的和平集会——对总理来说，这个集会要成功和愉快得多——之后，科尔顺路参观了盟军查理检查站，受到了他所喜爱的大量人群的包围。将近 20：00，美国空军飞机起飞，将科尔及其陪同送往波恩。根据他的指示，当地的工作人员已为他商定了众多的电话预约。[17]他在自己的办公桌上看到了总理府外交政策司的副司长彼得·哈特曼（Peter Hartmann）给他留下的附注：22：00，英国首相玛格丽特·撒切尔（Margaret Thatcher）等待他的电话；23：00，与美国总统乔治·布什（George Bush）通话；同法国总统弗朗索瓦·密特朗（François Mitterrand）的预约通话定在次日 9：15。在这些通话中——如同尚未安排好的与戈尔巴乔夫的通话一样——科尔想了解这些政治家对欧洲政治新框架条件的第一反应，并反过来向他们阐明联邦政府的态度。

第一节　有限的主权

柏林墙倒塌不到 24 小时，科尔就中断了他在华沙的访问，并去了一趟柏林。返回波恩后，他便着手准备与外国政要进行第一轮通话。他这时寻求这种沟通，不仅仅是对友好国家的一种礼貌行为，更主要的是德国法律处境的明显标志：[18]鉴于两个德国的主权有限，联邦德国政府只能有限地自主行动。在德国国防军无条件投降后，二战的四大战胜国美、苏、英、法通过 1945 年 6 月 5 日的声明，接管了德国政府的最高权力。直到 50 年代中期，才将大部分主权交还给 1949 年成立的两个德意志国家。[19]但四大国对德国作为整体以及柏林的权利和责任则继续存在。所以，此后在处理涉及德国作为整体、两德关系以及柏林的问题时，四大国自动地成为两德政府的谈判和对话伙伴。

如果现在科尔在联邦内阁会议之前就与布什、戈尔巴乔夫、密特朗和撒切尔夫人对话，那么这就是他承认德国的主权有限。即使是在框架条件革命之后，"德国问题仍不仅仅是德国人的问题"。[20]在柏林墙倒塌后的24小时内，德国的法律处境与德国政策的其他决定因素和格局就像在一面聚焦镜下一样，非常清晰并决定性地影响着此后329天[21]的进程，伴随德国统一的这329天所带来的结果当时还无法期待。

德国问题的国际挂钩

● 联邦政府在德国政策上的行动能力即使在细小问题上，也受到外部的影响和限制，尽管这在日常生活中几乎不被察觉。科尔、根舍及其代表团前往柏林时的交通问题就是一个例证：他们只能乘坐一架美国空军飞机才能到达那里，因为西德的政府专机飞越民主德国的航线是被封锁的。

● 民主德国民众的大量逃亡和和平示威游行，使人们重新普遍意识到德国问题。科尔寻求与四大国沟通，即表明了德国政策的现存框架：没有四大国的支持，至少是它们的容忍，两德关系的任何实质性变化都是不可想象的。即使当时还没有人想到统一，但对现状进行任何实质性改变都会受到对外政策的限制。盟国的保留权确保美、苏、英、法政府在涉及德国作为整体和柏林的问题上具有决定性影响。

● 波兰外长斯库比斯泽夫斯基对柏林墙倒塌的第一反应清楚地表明，德国问题除了涉及联邦德国和民主德国以外，至少也涉及这个邻国。除了自决权和四大国的参与外，在建立德国统一的道路上，波兰西部边界问题将同样起着重要作用。

● 德国的分裂也是欧洲战后政策的结果。只有在全欧框架之内，并且顾及所有邻国的安全利益，才能结束这一分裂。因而必须考虑到，两德关系发生深刻变化时，许多欧洲国家将会提出参与发言权，就像11月10日斯库比斯泽夫斯基所做的那样。正如在西柏林那次群众集会上几位演讲者强调的那样，德国问题是与国际政治不可分割地联系在一起的。

● 早在对最新形势发展所作的首次公开表态中，科尔和根舍都强调联邦德国牢固地扎根于西方。此后，科尔也援引阿登纳的立场，不厌其烦地强调，德国的统一与欧洲一体化是一块奖牌的两面。这句话现在面临着真实性的考验，因为，西方把联邦德国同民主德国的任何靠拢都立即看作是联邦德国脱离西方共同体的危险。

● 科尔和根舍一致保证联邦德国植根于西方民主国家，除了欧洲共同体（EG）这一支柱以外，还有一个跨大西洋的支柱，即联邦德国是北约（NATO）成员国。鉴于民主德国是华沙条约组织的成员国，在联盟问题上还表现出东西方在意识形态和政治上的对立。两大军事联盟互不相容，使两个德意志国家的靠近面临无法克服的障碍。

现实政治的起始条件

● 波恩对外政策两个最重要伙伴的最初反应体现了双边关系的良好状态。美国作为西方的核心盟国，通过提供空军飞机而使联邦德国代表团能够及时到达柏林；戈尔巴乔夫和科尔之间的良好关系表现在他寻求与科尔进行快速而直接的联系，虽然他也警告科尔要冷静，但没有苏共总书记们过去那种带有威胁和咄咄逼人的口气。

● 1989 年 11 月 9 日晚上各种消息和信息状况的不确定性，对接下来的几周和几个月很有征兆性。非常规的临时决定以及不寻常的想法——比如中断在波兰的访问——比以往任何时候都更家常便饭。再加上德国代表团从华沙前往柏林的时间压力，这种压力在以后的几周和几个月里也持续存在。正如 1990 年夏季，也就是科尔和戈尔巴乔夫在通向德国统一的道路上取得最后突破时所确认的那样，必须利用瞬间的机会，必须抓住"历史的机遇"。[22]

● 波恩重要的政治家及其党派在基本立场、个人秉性和政治风格上的不同，在柏林那次群众集会上已一目了然。举例来说，尽管科尔和根舍是德国统一无可争辩的拥护者，但他们的演讲风格却有区别。科尔更多是慷慨激昂地谈论自由和统一的祖国以及自由与统一的欧洲，而根舍则更多是面向外国，他在论述中让许多事情留待讨论。在勃兰特和蒙佩尔身上则体现了反对党内部的冲突路线，一个谈到"长在一起"，而另一个人说的是"民主德国人民"，尤其是强调"重新相见"而非"重新统一"。1989 年 11 月 10 日的柏林，政治家之间的代沟及其在德国政策上的意见分歧，在社民党中已显而易见。[23] 直至最后，社民党既无法形成统一的路线，也没能形成关键的构思。

●在西方，政治家们决定事件的发生，而在民主德国则是民众推动着事件的发展。他们引发了内部的压力，这一压力又导致了混乱的、不是有计划的边界开放。此时，很少能看出政府掌控事态进程，1990 年春天民众强迫举行人民议院首次自由选举后也同样如此。后来，第一次自由选举产生的、同时也是最后一任民主德国总理洛塔尔·德梅齐埃（Lothar de Maizière）对这一阶段的发展作了这样的刻画："事情发生在我们身上。我们像是在一条湍急的河流上被席卷而下。我们也许是十分聪明的舵手，注意不要左右摇摆撞到悬崖峭壁，留心在某个时候再次进入宽广而宁静一点儿的航道。其余的一切则都是自然而然的现象。"[24]

在通往德国统一航道上的外交政策，是本书研究的中心内容。1989 年 11 月 10 日晚，无论是柏林群众集会上的演讲者还是他们的听众，都无法预料到事态将如何继续发展。

第二章　即兴反应：一种政治才能

1989 年 11 月 10 日晚，科尔与英国首相撒切尔夫人通话。通话开始时，他先绕开了当前的话题，[1] 而只谈到波兰政府绝对需要为其财政和经济政策创造一个清晰的工作基础。为此，迫切需要在 11 月底最迟在 12 月初就结束该国与国际货币基金组织（IWF）的谈判。科尔确信，如果撒切尔夫人能够指示英国在国际货币基金组织的代表加速谈判，将是非常有益的。他说，波兰的经济形势很困难，但是多少缺乏经验的波兰领导层还是尽了很大的努力。因此，让波兰感受到西方的支持是重要的。总理这样进行游说，并预告结束波兰访问后，他将给首相递送一封详尽的信件，其中包括对进一步行动的具体建议。

第一节　科尔的晚间电话外交

与英国首相通话，是科尔同外国国家和政府首脑进行一系列通话中的第一个。在接下来的 12 个小时里，科尔要与他们就柏林墙的倒塌及其直接后果以及新的政治形势进行交谈。还在他午间中断华沙的访问经汉堡飞往柏林、晚上从柏林直接飞回波恩期间，总理府第二司，即"对外关系与德意志内部关系、发展政策、对外安全"司的工作人员已经商定了这些通话时间。在此期间，一切准备工作就绪，一名译员和一名记录员已在另外的电话机前就位。[2]

撒切尔夫人："自由的伟大一日"

对联邦总理关于向波兰提供贷款援助的愿望，撒切尔夫人表现得很热情。接着她迅速谈到民主德国的发展。与英国几乎所有的公开反应一致，当天她就对这些发展表示了欢迎。[3] 她十分明确地将柏林墙开放的这一天称为"自由的伟大一日"，同时却在电台节目中提出警告，提防东欧变化太快，对民主德国的变化不要抱过高的期望。撒切尔夫人对科尔作了相似的表示：她从电视里跟踪了那里正发生的许多场景，其中部分是历史性的。依她所见，现在尤为重要的是建立一个真正民主的政府。科尔同意这一看法，然后谈到他在柏林的经历。他说，在当地数万人身上弥漫着一种不可想象的气氛。他本人参加了两次群众集会，其中，由柏林基民盟组织的第二次集会参加人数当在 12 万到 20 万之间。

科尔说，民主德国体制的根基已受到冲击，但眼下无人知道它将如何继续发展。领导层中存在着两派：多数人要坚持下去，不允许有政治多元化；另一阵营则准备以匈牙利和波兰的变化为方向。他要在通话时向极其不安的戈尔巴乔夫说明，民主德国不实行多元化将无以为继。只有当情况，尤其是经济状况发生根本变化，平静才能再次降临民主德国。此后的六周将非常重要。科尔解释说，如果出现戏剧性的发展，他将立刻与英国首相取得联系。科尔同时保证，波恩将尽一切努力避免情况出现戏剧性的变化。撒切尔夫人问东柏林执政者是否会接受别人的建议，比如联邦总理本人或者来自波兰和匈牙利的建议。科尔表示怀疑。他认为，民主德国领导层不会愿意这么干，但不排除可能发生变化。他说，他已在电话中向昂纳克的继任者埃贡·克伦茨（Egon Krenz）建议，以华沙和布达佩斯的政治改革家为榜样。撒切尔夫人以问候华沙执政者而结束这次将近半个小时的谈话，在此之前，她还建议在波恩或者伦敦举行半天的会晤，并表示——像克里斯托弗·马拉贝（Christopher Mallaby）早上在西方大国驻波恩大使和总理府部长塞特斯进行的会晤中已经表示的那样——英国愿意为应对移民潮提供支持。科尔保证，无论如何，他将再次给首相打电话。那时，也可以商讨进行一次个人会晤问题。

布什的认可

接着与美国总统布什通话时，科尔也在谈话开始时谈了波兰请求国际货币基金组织支持的问题并描述了波兰的状况。[4] 科尔说，华沙新政府的成员构成不错，也许他们有点过于理想化并且不太专业，因为其中许多人不久前还蹲在监狱里。但清楚的是，大家现在应该帮助这个新政府，具体而言，比如通过加速国际货币基金组织的谈判而做到这点。美国总统回答说，其实对于波兰他没有进一步的问题，但他很有兴趣听听科尔对民主德国事件的判断。总统也提到，即将与戈尔巴乔夫举行峰会。

布什是 11 月 9 日下午在一个早先安排的情报人员通报会上得到关于东欧的急速发展报告的。[5] 一位顾问作说明时从民主德国刚刚宣布新的旅行法规开始，并说事态发展如此之快，以至于他从办公室前往白宫的路上，就三次撕毁了自己的记录而不断重写。嗣后，总统通过电视直播看了柏林墙开放的情况。他早在 1989 年夏天就表示欢迎两德统一的可能性，当时还没有一位重要的外国政治家像他这么早地表示欢迎，可现在正是布什却在公众面前表现得犹豫和冷淡："我不会在柏林墙上舞蹈"，他向等待着的记者们宣布了自己的第一反应。对他来说，来自柏林的信息过于贫乏，苏联被不可预见的后果彻底激怒的危险却太大，鉴于敏感的发展，布什不想陷入失控的胜利者亢奋之中。[6]

现在在电话里，布什总统也向联邦总理表示，他会负责不让自己政府中的任何人陷入过度的溢美之词。他们两人一致认为，这样只会损害整体发展。然而，布什说，如果科尔同意，他非常愿意告诉媒体，他们两人通了电话并且联邦总理对美国的作用表示了高度赞赏。之前，科尔是把这一赞赏与热诚感谢美国以及详细描述自己在柏林经历的情况结合在一起的。他说，柏林的情况就像是一个巨大的集贸市场。科尔谈到两次群众集会的情况并告诫总统：电视上关于舍内贝格区政府前那场活动的画面并未反映出真实的柏林。那场活动的参加者中有许多"左派的乌合之众"。与此相反，在选帝侯大街上有 12 万～20 万人参加的基民盟集会笼罩着"难以置信的良好气氛"。总而言之，民主德国的游行示威，无论是在东柏林、莱比锡还是德累斯顿，都是和平的、严肃的，理智程度令人印象深刻。

科尔对民主德国新政府的改革意愿表示怀疑。他说，虽然克伦茨愿意推行改革，但其界线就在于不要触动统一社会党的一党统治。科尔预言，大家不能接受的正是这一点。柏林墙的开放暂时不会增加移民压力，但如果在接下来的几周内在隧道尽头仍然见不到光明，人们就会逃离。现在就能看到大量逃亡带来的灾难性影响，到目前为止，今年已有 23 万人迁移到联邦德国，其中主要是比较年轻的人。结束通话时，布什还是回到了科尔一开始提出的对波兰进行财政援助的询问。布什答应将这一请求转告给财政部长尼古拉斯·布兰迪（Nicholas Brady）；布什祝愿他继续取得成功，并说，联邦总理通过处理迄今发生的事件赢得了最大的尊敬。

密特朗：人民的一刻

周六清晨，科尔与密特朗进行了一次详细的谈话，这是与三位最重要的西方盟国代表人物进行系列通话的继续。[7]一天前，当柏林墙倒塌的消息传到法国总统那里的时候，他正在丹麦进行国事访问。他的公关顾问雅克·皮尔汉（Jacques Pilhan）建议他立刻前往柏林。密特朗在他的最初表态中欢迎柏林墙开放，但同时指出，欧洲迄今的均势发生这一变化也将充满不可预测的风险和困难。如同与撒切尔夫人和布什通话时一样，科尔首先请法国支持波兰向国际货币基金组织提出的援助申请。几分钟以后，科尔谈到他在柏林得到的印象。他告诫说，不要认为舍内贝格区政府前群众集会的电视画面具有代表性，令人遗憾的是，左派分子的部分骚乱占据了画面。与此相反，选帝侯大街上的群众集会进行得与7月14日香榭丽舍大街上的法国国庆日一样。科尔保证，总体而言，在民主德国发生的整体进程并非革命而是演变。

如在之前的通话中一样，科尔详细地介绍了前一天柏林基民盟群众集会的规模和过程，谈到了年初以来的巨大移民压力，也表示了他对统一社会党新当权者改革意愿的怀疑。科尔着重强调，无论是民主德国局势的不稳定，还是东德人继续向西部大规模迁移，都不符合联邦德国的利益。14天后可能和克伦茨进行会面，他将亲自告诉克伦茨这一看法，同时也告诉克伦茨，自己准备提供经济援助，前提条件是进行真正的改革。科尔宣布，11月20日将派一位特别代表去克伦茨那里。

科尔保证，无论如何下周将再次给总统打电话，如果事态提前出现戏剧性发展，他将提前打电话。密特朗插话说，总理正在经历激动人心的时刻；科尔回答说，作为政治家他是顽强的，有些事情确实是人终其一生不会忘记的。他接着描述了参观柏林查理检查站的情形。密特朗请科尔向德国人民公开转达他最良好的祝愿。密特朗说，这是伟大的历史时刻，也是人民的一刻，此时此刻，人们有机会将这一运动融入欧洲的发展。密特朗再次感谢总理在11月3日波恩的德法峰会中建议他公开声明自己对德国统一的积极立场。

科尔多么重视此事，也表现在他当时在宣布这个声明时用了以下言辞："请注意总统现在的回答，这是非常、非常重要的。"一位德国记者问密特朗："您害怕德国统一吗？"密特朗对这个问题没有马上听懂，因此科尔小声告诉他："这是一个重要问题，对这个问题每个人都必须理解。"接着，密特朗声明说，他不害怕德国统一，尤其是因为，这不是一个害怕或赞同的问题。在这个问题上，只有"人民的意愿和决心"算数。8天以后，密特朗赞赏了科尔对此事的敏感嗅觉，最后他强调了自己对总理的友情并提醒说，他们计划于1990年年初会面。

联邦内阁特别会议安排在9：30进行。在这次两个半小时的会议开始之前，科尔通过电话会谈：

> ● 对最重要外交伙伴的反应获得了个人印象。科尔确信，这些伙伴与他本人和联邦政府一样，对民主德国的发展感到意外，而且对下一个步骤同样缺乏具体想法；
> ● 向谈话伙伴传递了他自己对事件的描述和阐释，他明确地强调所有变化的和平性质；
> ● 向三个西方大国的国家和政府首脑表明了他们基于德国的国际法地位而期待德国作出的反应，即有关德国政策框架条件根本变化的信息，但没有正式与盟国磋商。[8]

在所有上述三个通话中，除了在模糊的框架条件内作出了成功的即兴反应以外，科尔的努力很清楚，就是要淡化局势的戏剧性。很显然，他要明确地告诉对方，它们作为原战胜国在德国政策方面没有采取行动的需要。比如，在所有三次通话中，他都尽可能相同地以请求为波兰政府提供财政援助而开始谈话。这样，不仅淡化了民主德国的事件，而且向对方表明，即使面对新的框架条件，联邦德国仍然意识到自己的国际责任和条约义务。总理在随后的内阁会议上要保持这一战略。[9]

联邦内阁呼吁稳定

科尔在星期五临时召集的联邦内阁会议上通报了波兰之行以及柏林的两次群众集会情况。[10]他只简短提到迄今进行的通话，并重复了自己在电话中讲过的对民主德国局势的评估：人们如果看到前景，他们就会留在家乡；反之，如果不采取任何行动，尤其是在经济领域，风险就很大。内阁现在不应就单一步骤作出决定，而应主要研究两个重要议题：首先是对民主德国提供经济援助问题。援助只能根据定义明确的准则进行，并且只能用于经济结构的改革。其次是民众的访问浪潮问题及其实际的解决办法。

科尔也向部长们通报了他与克伦茨通话的情况。为了这个通话，他中间曾短暂离开会场。他强烈敦促部长们目前不要在公开场合提出任何建议。之前，他曾提到不久以后将与克伦茨会面的计划，现在他说，他清楚地告诉这位统一社会党政治家，联邦政府的政策目标是帮助稳定民主德国的状况，使生活在当地的老百姓有可能留在家乡。科尔在与克伦茨的通话中还说，他很愿意结识民主德国的新任总理，但在他本人去民主德国之前，下周将先派塞特斯去东柏林进行预备性会谈。克伦茨屡次试图与科尔达成一致，即不将重新统一列入政治议事日程。科尔说，在这一点上，他们在理解上肯定有分歧，他宣誓忠于《基本法》，与这位国务委员会主席肯定有不同的看法。但是总理确认，统一问题肯定不是他们眼下考虑最多的事情。

莫斯科的警告

与和西方盟国代表的谈话不同，科尔接下来同戈尔巴乔夫通话时直接进入主题：[11]他在柏林得到了戈尔巴乔夫的口信，对此表示感谢，很愿意对此作个简短回答和表态。总理详细描述了与克伦茨的通话，并再次保证他反对民主德国局势任何形式的极端化和动荡。从民主德国大量移民将是荒唐的，简直就像古代以色列人走出埃及寻求救赎，会带来严重的经济损失和问题。他本人相信，边界开放后来西部访问的成千上万的人中，大部分会返回。科尔强调他只是中断了华沙的访问，并声明联邦政府准备支持波兰的经济改革。在这件事情上，他也愿意与戈尔巴乔夫保持沟通，他从华沙回来后将再次给戈尔巴乔夫打电话。科尔简短提到与美国总统布什通过电话，他非常欢迎布什与戈尔巴乔夫即将举行的会晤。此外，科尔还指出，如果他在消除苏联经济困难方面能够提供帮助，总书记应对他直言相告。

戈尔巴乔夫感谢总理的电话。这是几小时前特尔切克通过苏联驻波恩大使克维钦斯基预告戈尔巴乔夫的。这位苏共中央总书记说，这次通话体现了德苏关系和他们两人个人关系的水平。在柏林墙倒塌之前民主德国危机发展期间，他就曾多次寻求与总理直接沟通。现在，他首先感谢科尔在公开言论中的克制态度，并强调统一社会党新领导层有改革意愿。

与撒切尔夫人和密特朗相似，戈尔巴乔夫也警告说，所有的变化同时也包含着某种程度的不稳定。必须预作准备，不要产生混乱，也不要让不明智的行动阻碍发展。科尔对此表示同意，并解释说他在联邦内阁特别会议上也刚讲过类似的意见。在德国有一个概念叫"分寸"，意思是说在采取任何行动时都必须考虑其后果。他非常清楚地感受到这项责任，包括他的个人责任。迄今为止，还没有一个联邦总理曾经处于类似的要求人们具有高度细致感觉的境地。因此，他对德苏关系以及他与总书记之间的个人关系如此良好感激不尽。关于民主德国，科尔认为问题主要在心理方面。他说，昂纳克直至最后拒绝一切改革，所以他的继任者处于巨大的时间压力之下。如果戈尔巴乔夫说改革需要时间，那么他是有道理的。但问题是要让民主德国民众也明白这一点。总书记表示乐观，他说，联邦德国和民主德国的德国人的彻底精神将会帮助找到解决问题的办法。他祝愿总理在继续访问华沙时取得成功，并希望需要时能够再次快速建立联系。科尔对此表示同意并在结束时把这次半小时的通话引向一个私人层面。科尔说，他更喜欢与戈尔巴乔夫进行没有戏剧性音调的谈话。戈尔巴乔夫对此表示完全赞同，但不放弃立即再次呼吁要慎重行事。

所有伙伴的不安

在与四大国国家和政府首脑的通话中、在联邦内阁的讲话中以及在与统一社会党首脑克伦茨的谈话中，联邦总理提到了下述要素：行动要慎重，公开言论要克制，确保欧洲稳定，民主德国改革的必要性。这些情况首先表明，无论是联邦总理还是他的谈话伙伴，直到那时都没有完全掌握变化的全面情况。所以，那个时候即兴反应是最需要的品德。各种消息太不确定，比如总理府收到驻东柏林常任代表的电传说：[12] "1989 年 11 月 9 日晚政治局委员君特·沙博夫斯基（Günter Schabowski）令人意外地宣布大规模开放旅行和移居自由，可以被理解为对内、对外发出的信号。" "西方媒体的报道和评论认为柏林墙已失去功能和边界已经开放，这并不符合事实。"此外，所有参与者都清楚了解民主德国特别是东柏林安全状况的敏感性。苏联人在谈论"极端的形势"，而美国的政治家如国务卿詹姆斯·贝克（James Baker）鉴于东德驻扎有大约 34 万苏军，则认为："一个喝醉的或者过于亢奋的东德人可以引发一场事故，使整个局势失控。"

联邦外长根舍也得知了国际上的所有这些顾虑，11 月 10 日和 11 日，他也寻求与其法、英、美、苏的同事通话。[13] 例如，苏联外交部长爱德华·谢瓦尔德纳泽（Eduard Schewardnadse）指责说，尽管戈尔巴乔夫发出了告诫联邦总理冷静的特别信息，科尔在柏林亮相时提出的论点却还是"令人担忧"。谢瓦尔德纳泽明确忠告要"避免挑衅性的呼吁或行动，它们不仅可能使一国的形势而且可能使全欧的形势发生动荡"，这特别涉及民主德国的稳定。他说，苏联虽然欢迎东德当地政府的最新决定，但是警告不要出现无法预测的"极端"局面；苏联赞赏根舍为欧洲的积极变化作出的个人贡献，现在需要在当前复杂的时刻仍然保持这种积极的趋势。他说，在这之前，根舍曾保证联邦德国将坚持承担所有义务，尤其是与莫斯科、华沙和布拉格签订的条约以及东西德之间的《基础条约》，现在必须以更大的精力推进欧洲安全与合作会议进程和裁军谈判。根舍与谢瓦尔德纳泽意见一致，他赋予两人之间的信任关系以巨大意义。

　　与戈尔巴乔夫对科尔所说的话相比，苏联外长在这次通话中的态度要直率得多。同时，他的表态远远落后于戈尔巴乔夫给西方三大国国家和政府首脑的信息中的措辞。这个信息是柏林墙开放后的第二天转达给美国总统布什的，而安全顾问布伦特·斯考克罗夫特（Brent Scowcroft）就在当天晚上又将这个信息转告了特尔切克。其中，戈尔巴乔夫提到了他给科尔的信息，警告不要对"战后现实，即存在着两个德国的现实"持有任何怀疑，并要求举行四大国大使级会晤以讨论当前形势。联邦政府与美国政府一样，认为这样的会面不合时宜。因此，在波恩的四方小组中与法、英代表也进行了充分讨论之后，[14]美国于11月16日回复了戈尔巴乔夫的信件，没有接受苏联的要求。据此，贝克在与根舍的通话中传达拒绝召开四大国会议这件事，与根舍多次保证德国将继续站在欧洲共同体和北约一边并可靠地履行联盟义务一样，似乎是多余的不言而喻之举。但在这些充满意外和即兴反应的日子里，恰恰是这种公式化的重复是特别需要的，这也表现在贝克对根舍的表态所作出的反应中，贝克说："您关于北约和您的决心所说的话，也就是您们将继续与西方联盟一起执行现在的政策，是非常重要的。"

不言而喻与小心谨慎的时刻

　　为什么在那个时候重复一个几十年来的不言而喻之举是如此重要？柏林墙倒塌后几天里科尔和根舍与国际伙伴的通话表明，这一点是所有谈话中贯穿始终的要素之一。不论是根舍的明确说法，还是科尔强调保持正常状态的间接说法，都始终明显地突出了联邦德国以其北约和欧共体成员国身份与西方结盟的地位。这表明，在这样的新形势下，有关的政治家们多么需要依赖其灵活行动的能力。对科尔和根舍来说，过去几周和几个月内国际媒体或多或少公开的指责太清楚不过了：[15]德国人向往重新统一太多了，因此，与欧共体、北约和西方的联结总体上将会削弱。但科尔在10月23日与美国总统通话中指出，这是"胡说八道"。科尔问布什，能否向其他盟国同样表明这点。科尔说，他非常清楚地意识到，正是强大的北约和欧洲共同体的发展促进了东欧的巨大变化。

如果说忠实于联盟是针对西方谈话伙伴的中心术语，那么，遵守条约是针对苏联的关键概念。科尔向戈尔巴乔夫保证，他当然遵守1989年夏季同他会面时所作的所有承诺；根舍向谢瓦尔德纳泽强调，没有人会质疑过去几十年里签订的条约，这是不言而喻的。为了强调可靠性和信任，根舍还额外地突出欧安会进程，其中心内容是安全与合作。

比较一下科尔和根舍谈话伙伴的反应，可以清楚地看出差异。举例来说，英国首相撒切尔夫人着重指出可能对欧洲安全与稳定带来危险，法国总统密特朗则暗示当前形势的活力可能走向何方。他解释说，现在人们有机会将这场运动注入欧洲的发展，他毫不掩饰自己对这种变化及其不明朗结局的不安。美国谈话伙伴的表现又不同。无论是布什总统还是贝克国务卿，都率先表示他们毫无保留地赞同正在发生的变化，而两位苏联政治家戈尔巴乔夫和谢瓦尔德纳泽则特别强调变化的危险。然而，正是科尔－戈尔巴乔夫和根舍－谢瓦尔德纳泽的谈话预示了此后几个月高峰外交的中心因素：个人关系和个人会面的意义。戈尔巴乔夫给西方国家的书信还非常清楚地表述了苏联的反对态度，但不久后在与联邦总理的个人谈话中，就表现出愿意为取得一致意见而作出努力，并且明显地表现出害怕冲突。

所有的谈话中——而不仅是在与东欧集团的政治家戈尔巴乔夫、谢瓦尔德纳泽和克伦茨的谈话中——"战后现实"这个概念在各方论点中都占有中心位置。对于西方政治家如撒切尔夫人和密特朗来说，这一概念当时也决定了他们的思维与论证方式：在这一思维中，"战后现实"意味着稳定；而戈尔巴乔夫在给战时盟国的信件中明确指出，战后现实就是存在两个德意志国家。对这些现实的任何改变都隐含着出现暴力和无法控制的发展危险。科尔和根舍的谈话伙伴对此都不感兴趣。而四大国的政治家特别感兴趣的是被纳入两德关系之中。

迄至1989年的四大国保留权

东西德边界开放以后，科尔和根舍对国际沟通对象的选择是由这样一个因素决定的，即美、苏、英、法作为二战的原战胜国对柏林和德国作为整体拥有特殊的权利和责任。因此，"有限的主权"或者"四大国责任"这些称谓在 1989 年年底仍决定着德国的国际法处境，[16]出现这种状况要归因于德国在二战中的失败。虽然德国作为国际法主体并未消失，但德国作为整个国家却失去了其机构和行动能力。1945 年以后，根据 1944 年 9 月 12 日的《伦敦会议纪要》，以及为补充《伦敦会议纪要》而于 1944 年 11 月 14 日和 1945 年 7 月 26 日签订的两个协定以及 1945 年 6 月 5 日的《柏林声明》，政府权力先由四大国共同行使。在 1949 年 5 月 23 日德意志联邦共和国和 1949 年 10 月 7 日德意志民主共和国成立以后，各个占领国仍然拥有重要的保留权。即使是 1954 年 3 月 25 日苏联给予民主德国主权的声明，以及 1955 年 5 月 5 日西方大国取消对联邦德国地区的占领地位，仍然与盟国保持对德国作为整体和柏林的保留权相关联。这一点，在两德只是间接参与谈判的 1971 年 9 月 3 日四大国《西柏林协定》（又称《四国协定》）中，以及在四大国 1972 年有关联邦德国和民主德国申请加入联合国的声明中，都体现得最为清楚。[17]

尽管德意志人民拥有自决权，普遍的四国责任除了赋予前盟国在讨论德国统一问题时拥有参与权之外，还继续拥有特殊权利，这些权利主要涉及：

- 柏林市的地位
- 盟军的驻扎
- 德国的边界
- 联盟问题

因而，朝着两德接近和统一方向的一切想法和步骤，都必须顾及四大国的权利与责任，特别是在上述四大领域。联邦政府和民主德国政府也认为，"德国问题不单单是属于德国人的"。[18]所以，在 1989 年底那个时候，有关两德事务中的政治行动只能在四国权利及这些国家迄今的德国政策框架内进行。

第二节 介于利益与情感之间

40 多年来，美国的对德政策是由民族自决权和自由权利不可转让等基本原则所决定的。[19]德国分裂所产生的情感因素，一再被美国历届总统所认识并在反对深受共产主义苏维埃影响的东欧集团的口水战中加以利用。例如，从1963年6月约翰·肯尼迪（John F. Kennedy）的名言"我是一个柏林人"，到1987年6月罗纳德·里根（Ronald Reagan）的在联邦德国被视为幼稚可笑的戏剧性呼吁"戈尔巴乔夫先生，请您打开这座城门！戈尔巴乔夫先生，请您拆除这垛城墙！"正是里根的惊呼及其改善柏林状况的倡议，表现出美国是如何看待对德政策的：在美苏两个超级大国关系的框架中，德国政策是美国安全政策的一部分，所以苏联或其领导人一直是美国攻击的对象。另一方面，美国的考虑通常十分务实，这些考虑建立在当时美国对自己利益的定义上，决定着同最重要的冷战"前沿国家"交往时可采取的具体政策表述和设计。这也适用于布什的对外政策和对德政策，布什于1989年初接过了里根的政府工作。

布什政府执政之初，德美关系经受了一次严峻的考验：最重要的试金石是北约内部围绕美、英推动的短程核导弹"长矛"现代化所展开的辩论。[20]88枚这种射程约为500公里的短程核导弹是部署在德国境内的，它们在北约计划中是为对付华约国家的常规优势服务的。它们之所以在西德引起争议，就像科尔试图向北约的国家和政府首脑阐明的那样，是因为在情况严峻的时候，这些导弹可能击中"罗斯托克、莱比锡或德国东部的其他地方"以及波兰和捷克斯洛伐克。根舍是该导弹现代化问题的最坚决的反对者之一。他认为，鉴于苏联及其卫星国正在发生的政治变化，在1988～1989年之交就提前讨论本已计划于1995年增加装备的问题是多余和危险的。科尔－根舍政府的立场并非一开始就是一致的。因为开始时科尔准备向北约伙伴敦促导弹现代化的主张让步，所以在联合政府内部形成了在根舍周围的人中被描述为"离奇联盟"的合作：自由派的外长坚定不移的拒绝态度，与基民盟/基社盟（CDU/CSU）议会党团主席、保守的阿尔弗雷德·德雷格尔（Alfred Dregger）站在一条路线上，德雷格尔说"射程越短，德国人死得越多"，这句话给美国国务卿贝克留下了持久的印象。

由于担心波恩执政联盟崩溃，1989年初科尔转到了根舍的路线上。4月，基民盟/基社盟和自民党在一份执政联盟文件中不仅要求立刻就短程核武器与核炮弹进行谈判，而且还额外地指出，是否必须于1996年取代"长矛"导弹，要到1992年才作决定。1989年4月27日，科尔在政府声明中解释了这一立场，这使他后来成为猛烈抨击的目标，尤其是英国的抨击。在德国人看来为时完全过早的"长矛"现代化问题，就这样发展成为一场原则性的争论：一般地说，就是关于德国人是否还植根于西方联盟的争论；特殊地说，就是德国被武断地说成是要非核化，后来又被说成是要中立化的争论。当时发生了这样的争论，尽管不仅科尔－根舍政府，而且大多数欧洲大陆国家都对"长矛"导弹现代化持怀疑态度。在此过程中，美国政府毫不怀疑科尔对联盟的忠诚，80年代初科尔落实"北约双重决议"的行动证明了这点。但美国认为根舍至少暂时还不被信任，在美国看来，"根舍主义"遵循的是对苏联让步路线。[21]美国政府认为，西方防卫联盟的团结在这种情况下受到了严重危害。这样，1989年5月29日，原本是纪念北约成立40周年的布鲁塞尔峰会，却几乎变成了特有的充满冲突的活动。在这次峰会中，直到午夜以后很久，外长们才在会议主席荷兰外长的主持下达成妥协，就是延期就"长矛"现代化问题作决定，而国家和政府首脑此时正在参加庆祝盛宴。可以说，美国以及犹豫到最后时刻的英国对德国作了很大的让步。由于华盛顿计划从根本上重新塑造德美关系，这是一个有意义的、也是必要的步骤。

"领导者中的伙伴"

布什及其同事谋求重新塑造德美关系，其目的是要避免美国被挤出欧洲的中心。联邦德国和美国的关系应彻底重新定义。[22]紧接着北约纪念峰会，布什于1989年5月31日在美因茨的一篇演讲中用"领导者中的伙伴"这样的表达方式总结德美关系的前景。据此，西德作为站在美国一边享有平等权利的伙伴应当承担更多的国际责任。布什政府执政以后，熟悉政府事务缓慢，尤其因为对东欧的发展缺乏想象力而遭到猛烈抨击，他利用在美因茨的这篇关于"领导者中的伙伴"演讲也宣布了其他的原则性主题和目标。与1989年5月初以来在各种"试探性演讲"中以及最后在北约峰会后的新闻发布会上所讲的相似，布什把克服欧洲分裂视为其考虑的中心问题。他明确地瞄准了戈尔巴乔夫关于建立"欧洲共同家园"这个构想，阐述了他对"一个完整而自由的欧洲"的设想，在这样的欧洲，人人可以自由地走动。他说，冷战始于欧洲的分裂，只有欧洲重新统一才能结束冷战。布什提醒人们注意匈牙利最近开放边界，并在他这个得到德、美媒体同样强烈关注的演讲中要求："让柏林成为下一个吧！"他说，没有任何一个地方比柏林更明显地分裂为东西两部分，柏林墙也已成为共产主义失灵的象征。布什离开原先的演讲稿，以更加清晰的措辞谈到德国的统一，要求给予德国人和东欧各国人民自决权，并指出欧安会进程可能促进东方集团国家实现多元化和自由选举。

在那个时候，还没有一个别的外国政治家像布什那样就德国政策的持续变化的条件发表看法，他同时要求把欧洲纳入当前的发展。与开始对苏联及其国家领导人戈尔巴乔夫作较为积极的评价相联系，这一早期采取的新方针旨在使美国在 1989 年秋易于应对德国政策行动方面的框架条件革命。这类演讲的意图显而易见。与美国国务院的外交官不同，从 1989 年春天起，布什的白宫顾问就认为，统一极有可能在未来的某一天重新回到国际政治议事日程上来。[23]因此，他们很清楚，美国不仅要保证德国人的自决权，而且出于利益考虑，还必须积极支持统一政策，以阻止美国在欧洲的地位被边缘化。唯有如此，才能持续确保美国在欧洲的影响。

在美国的考虑中，民主德国不起什么作用，这一点并不令人意外。[24]过去，美国一直只从两个角度看待第二个德意志国家：它要么是美苏关系的一部分，要么是美国同联邦德国关系中需要顾及的因素。随着东西方开始缓和以及勃兰特/谢尔（Brandt/Scheel）政府推行新东方政策，1974 年民主德国虽然也获得了美国的外交承认，但各个层面的关系始终极为冷淡。直到最后，美国仍然拒绝给予民主德国作为简化贸易重要手段的最惠国条款。80 年代末，由于民主德国政治家的访美活动总是被"不同寻常的气息"笼罩，所以，尽管东柏林作出了大量的努力，以谋求美国邀请昂纳克访美，但始终没能实现。除了根本性的意识形态问题和美国原则上力求尽量减少东德政权获得公众的承认之外，统一社会党对特别是美国犹太人的赔偿要求所采取的政策，也总是不断地干扰着对美关系。

科尔与布什：信任对信任

布什和科尔分别在华盛顿和波恩执掌政府工作，他们自 1983 年起就已相识且彼此欣赏，相互非常信任，在谋求重新塑造德美关系时，这被证明具有积极作用。[25]1983 年 6 月，布什在德国对联邦德国的民主获得了关键性的体验，当时科尔和时任副总统的布什正好在一起，半路上遇到了反对"北约双重决议"的暴力示威活动，布什的汽车被投掷了石块。他和总理一起在车库里等着，直到安全人员找到一条不受干扰的路线。对于布什来说，这次经历是一个明证，证明这是一个准备为言论自由而付出高昂代价的社会。在他眼里，这次事件也证实了德国的民主制度是巩固的，人们不应总是拿它的过去进行对照。作为太平洋前线的战士，布什对二战虽然有过亲身体验，但他自称很少受到历史仇恨情绪的影响。与美国众多的媒体不同，他认识到大多数德国人并无中立主义倾向。

基于他个人的判断以及在官员们原则上积极但又明显地倾向于较为谨慎的建议背景下，当 1989 年 10 月 23 日科尔请求布什帮助时，布什认为公开支持联邦总理是没有问题的。[26]当时科尔说，最近在美国，特别是在伦敦、海牙、罗马和巴黎，人们强烈地表达了一种看法，认为德国人过于关心自己的"东方政策"和统一思想，因而不再那么强调与欧共体、西方和北约结盟。科尔解释说，这当然是无稽之谈。他要在 1 月初在巴黎作报告时再次澄清这一点。他欢迎布什总统发出一个"大西洋信息"，指出裁军之所以有结果，以及东欧改革之所以可能，是因为西方团结一致。布什在电话中没有直接回答科尔的询问，但表示理解科尔的问题并对总理的政策表示高度尊重。布什说，他将于 11 月底同撒切尔首相会面；尤其是鉴于媒体最近发表的恶毒文章，他要对德美关系的意义发出信号。为此，他邀请科尔总理去美国总统度假地戴维营进行非正式访问。迄今为止，还没有别的德国政府首脑去过那里做客。

第二天，布什就发出了科尔充满信赖地请求的美国支持德国的信号。布什在一家报纸访谈中说，他在德国看到更大的变化正在到来，他不能同意某些欧洲国家对一个统一的德国所表示的疑虑。虽然他再次把德国统一置于欧洲的框架内，但他让人毫不怀疑，美国不会阻挠两德的有序统一。布什还说，他看不到德国有推行中立主义路线的危险。科尔以此获得了他所期望的美国支持。美国政府官员也不怀疑这一支持的严肃性。在这个访谈公布的当天晚上，法国外交部的政治司长贝尔特兰德·杜发奎（Bertrand Dufourcq）问贝克的助理国务卿罗伯特·金米特（Robert Kimmitt），美国对德国当前发展的立场究竟如何。金米特说，答案很简单，与美国 40 年来说过的内容一致。最新的情况可以查阅今天《纽约时报》发表的总统访谈。

布什这次访谈的措辞也明显超过了美国国务院较为谨慎的态度。就在一周前的一次原则性讲演中，国务卿贝克根据安全顾问斯考克罗夫特的愿望，还是宁可使用"和解"　词而不是"统一"这个概念。[27]在尚无人预见到柏林墙会倒塌的一周半以前，总统通过这个访谈亲自规定了美国外交政策的基点。

布什显然准备亲自决定外交政策，有三个因素使他容易做到。一方面，他在联合国和中国担任过外交官，这使他与大多数前任相比拥有丰富得多的外交经验。另一方面，10 年运转良好的保守政府[28]以及他本人的工作风格帮助了他。他与来自得克萨斯州的律师贝克是多年老友，拥有密切的信任关系，并让后者担任国务卿，这也确保了布什能够在一切重大的国际政策上得到咨询，必要时也能够绕过安全顾问直接进行磋商，同时不受国务院的不必要公文和小事困扰。贝克也尽可能将工作委派给下级，自己主要参与有争议的决策。不过，虽然国务卿能够不断向总统传递一切必要的信息，但只有必须在总统层面上作出决策的时候，他才会打扰总统。有外人在场时，贝克也只能称呼自己的多年私交为"总统先生"，但他的核心任务很清楚，他是"总统在国务院的人，而不是在白宫的国务院的人"。两人也同样偏好小范围的工作团队。

在白宫，有一个经验丰富而且忠诚的工作班子帮助布什工作。[29]斯考克罗夫特，原空军将军，1975～1977 年就在杰拉尔德·福特（Gerald Ford）手下担任过国家安全顾问。他的副手是罗伯特·盖茨（Robert Gates），盖茨从 1968 年起在中央情报局工作，并于 1986～1989 年担任副局长。其他重要的同事有：负责欧洲与苏联问题的局长罗伯特·布莱克威尔（Robert Blackwill）、苏联问题专家兼原斯坦福大学教授康多莉扎·赖斯（Condoleezza Rice）以及职业外交官兼裁军专家菲利普·泽利科夫（Philip Zelikow）。[30]斯考克罗夫特借助这个综合了行政、外交和学术背景的智囊团，为涉及德国政策的重要议题提供咨询。国务院的构成情况与之类似，除了经验丰富的外交官以外，贝克也将自己的亲信安插进国务院的领导岗位。[31]比如，他的顾问罗伯特·佐利克（Robert Zoellick）在财政部时就为贝克工作过。所有呈送给需要国务卿决定的文件都得经过佐利克的办公桌；佐利克还与计划室主任丹尼斯·罗斯（Dennis Ross）共同负责构思众多的外交政策。

在联邦政府看来，这是一个很好的人事构成：总统对德国问题持积极而坦率的态度，他面对的是一个运转良好的政府，尽管政府内部在细节方面部分地存在一些不同态度，但美国的外交和对德政策的大政方针很大程度上是清晰明确的。因此，1989 年 11 月框架条件的革命虽使美国感到突然，对于两德边界开放后不可预见的形势缺乏具体的对策，不过，从 1989 年春天开始，美国政府对德国问题已开始从根本上转变思路。

对本国政府的批评

转变始于美国媒体。[32] 1988 年底至 1989 年初，美国国内对于联邦德国是否忠诚于联盟仍有批评之声，但到了夏季，美国政府则成了被批评的中心。美国媒体批评政府对东欧变化的反应太缓慢，太固执于冷战思维，居于最高位置的布什缺乏想象力和外交政策思想。虽然从 1989 年 10 月以来，大量的报道没有停止对德国人、对他们的过去以及对他们是否留在西方阵营提出尖锐的质疑，但总的来说，美国媒体很早并坦率地提到重新统一的可能性、机会和风险。对美国来说，1989 年 11 月 9 日前后在民主德国发生的事件是有史以来最大的媒体事件之一，特别是对广大公众的对德立场产生了积极影响。然而，部分知识精英却明显地不是那么强烈地赞同这些新的发展，从大量的评论中可以看出他们对两德统一持保留态度。

尽管存在着部分的怀疑，到 1989 年底，美国民众对德国统一的态度远远不像媒体报道和评论所说的那样矛盾。[33] 在民意调查中，数十年来联邦德国一直是最受欢迎的国家之一，而且美国对统一的赞同程度始终较高。1989 年底对德国的积极评估不仅涉及通过史无前例的电视报道情感上也受到触动的广大阶层，甚至是那些出于历史原因而对德国有过负面经验的群体，比如犹太裔或波兰裔的美国公民，他们绝大部分人在柏林墙打开后不久也赞同统一。总共有 90% 的受访者认为 1989 年 11 月 9 日的事件是"对世界和平的令人鼓舞的信号"，72% 的人在一周后声明欢迎重新统一。大量的调查结果诚然有所差异，例如，在受教育程度较高的人以及经历过战争年代的人群中，赞成的比例较低，从 12 月开始，赞同率总体上也开始慢慢回落，然而，大部分美国人对德国统一仍持积极态度。

美国重要政治家们最初的公开反应，也与这一舆论景观一致。[34] 比如美国副国务卿劳伦斯·伊格尔伯格（Lawrence Eagleburger）在柏林墙倒塌后几天就在一次访谈中确认："对我来说，德国将重新统一是不成问题的。这一进程不可避免，但我不能简单地告诉您，这一过程将持续多长时间。"原国务卿亨利·基辛格（Henry Kissinger）走得更远。他虽然没有官方职务，但与重要的美国外交政治家保持着联系。正如他 11 月 13 日在白宫的一次晚宴上对布什和贝克所说的统一是不可避免的那样，他对媒体说，他期待着"三四年"内会实现重新统一。重要的日报社论写手和学术界的德国问题专家则明显地谨慎得多。比如，戈登·克雷格（Gordon A. Craig）认为虽然统一不可避免，但不应草率行事，并且应该在"不损害稳定的欧洲均势"的情况下发生；出生在德国的历史学家弗里茨·施特恩（Fritz Stern）在首次评估中特别指出欧洲邻国的担忧和保留，这将使快速的国家统一"极其不大可能"。

布什要求"审慎的演变"

归纳德国政策和政府部门的出发条件、高层重要领导人之间的私人关系以及美国国内政治的气氛，在德国看来局面是有利的。对于可能的统一，无论是在政界、政府部门或者新闻界的领导层中，都没有明确的反对者。

华盛顿对如何应对"框架条件革命"也没有一个总体规划，不过，布什在11月13日就已告诉国务卿他对进一步发展的一般设想：[35]应该把不可避免的事情转变成"审慎的演变"。在这个较早的时刻，美国外交政策的所有参与者和观察者都已经明白，在一个可能出现的统一进程中，美国要是不想在欧洲持久地被边缘化，就不能给德国人设置障碍。但由于他们既没有消除评估戈尔巴乔夫及其改革努力的内部分歧，而且也不知道德国人的下一步想法，所以确切的路子起初尚不清楚。因此，未来几天和几周明显地只能即兴反应，并期待美苏12月初在地中海岛屿马耳他的峰会上澄清当前形势。在马耳他，应该探明世界第二大国的立场，这个国家在德国问题上的利益几乎在所有方面都与美国不同。

第三节　莫斯科寻找新伙伴

1985年，当戈尔巴乔夫成为苏联共产党中央委员会总书记的时候，其前任们的对德政策在长达40年的时间内都是由一个中心前提所决定的：[36]加强东德在苏联主导的东方集团内的中心支柱作用，以确保苏联在欧洲的影响，这种影响是建立在大陆分裂的基础上的。

戈尔巴乔夫起初并不想改变这种状况，因为民主德国基于其想象中的经济实力在他的政治考量中具有重要作用。戈尔巴乔夫上任后接管的是一个经济持续衰退的国家领导工作。经济衰退对内政形势和苏联军事实力不可能没有后果。为了强化社会主义——其存在的理由对戈尔巴乔夫也是无可争辩的——有必要进行深刻的经济改革。而如果没有"新思维"这一概念所涵盖的国家、经济和社会发生的深刻变化,经济改革也是不可想象的。不过,戈尔巴乔夫很早就认识到,如果不在外交政策上也走新路,他这些目标一个也实现不了。在以内政为优先的前提下,国际政治领域内的变化应为其追求的改革事业创造良好的框架。

"新思维" 与 "选择自由"

虽然戈尔巴乔夫起初集中于解决内部问题,但在其就职后的第一年就与其最紧密的同事,包括新任外长谢瓦尔德纳泽,共同确定了其外交政策的基本构思。[37]如果说迄今为止竞争和对抗决定了苏联在国际政治中的行动,那么,未来应该由对话、和平的利益均衡以及裁军指导其行动。苏联必须与任何对立国家组成的联盟同样强大这个原则被抛弃了,同时强调合作的必要性,包括超越体制界限的合作。此外,"新思维"这一口号所概括的政策,将国际法和人权放在国际阶级斗争之前而得以突出,告别了社会主义和资本主义两种相互对立体制斗争的意识形态。未来,在国际政治中决定成功与否的,将不再是军事实力,而是政治、经济体制的效率。

在新的政策中,戈尔巴乔夫首先集中于裁军问题以及苏联与另一个世界大国美国的关系。[38]他的视线紧盯着美国,举例来说,这表现在:到1989年为止,他与美国总统举行了两次峰会,而对西欧却只限于一次访问了巴黎。此外,他努力推动东方集团国家实现他所倡导的政治变化。这些国家更多地像是苏联的卫星国而非同盟国,它们必须领会苏联对内政外交方针的每一次修正。苏联干涉这些国家政策的例子,有一串长长的单子。比如在德国政策部分,1984年昂纳克拒绝访问联邦德国就归因于莫斯科的明确指示。[39]其背后的"勃列日涅夫主义"给予苏联以权利,采取军事手段对所有社会主义"兄弟国家"进行干预,如果它认为社会主义遭到了危害。戈尔巴乔夫明确地使"勃列日涅夫主义"失效。取而代之的是逐步发展的"选择自由"构想,后来外交部发言人根纳吉·格拉西莫夫(Gennadij Gerassimow)引用歌词"我走自己的路",称这一构想为"辛那屈主义"。联盟内的各国共产党由此获得了权利,去寻求符合本国需求、最有希望取得成功的发展道路。戈尔巴乔夫在多大程度上认真对待开始时作为美丽辞藻使用的"选择自由"，表现在如下事情上：1989 年他不仅允许匈牙利和波兰在很大程度上实行自由选举和多党制，而且也接受了匈牙利共产党改革派和波兰民主派人士接管政府。不过，这一构思在德国政策方面取得的结果还是有限的：苏联只允许它有"内政和经济政策"层面上的"选择自由"，而不含脱离东方集团的军事与外交联盟义务。[40]不过，在苏联从阿富汗撤出以及美苏签订进一步消除世界范围的《中导条约》之后，戈尔巴乔夫对匈牙利和波兰的态度进一步证明，他准备以具体的行动兑现自己具有公众影响力的说法和宣告。

起初，苏联对西欧的关系排在其对美国和东方盟国关系之后的第三位。戈尔巴乔夫为了经济改革取得成功，必须考虑当地正在形成的内部市场和欧共体成员国的经济实力，于是在 80 年代末开始拟定自己的欧洲构想。[41]1988 年年底，他重拾勃列日涅夫时代的"欧洲共同家园"这一公式，认为应该以东方条约和全欧赫尔辛基进程为基础，在这个"家园"里开展不同制度之间比较深入的合作。苏联当年提出建设"欧洲共同家园"时，原本也是追求将美国挤出欧洲。经过初始阶段的含糊不清之后，1989 年 6月戈尔巴乔夫借访问联邦德国之际，确切地阐述了他的想法。现在，他也明确地表示欢迎美国和加拿大参与。和局限于内政的"选择自由"不同，关于"欧洲共同家园"的思考包含有很强的对德政策因素。如果戈尔巴乔夫想通过正常的程序克服欧洲的分裂，他就不能长期回避研究德国分裂问题。以昂纳克为首的德国统一社会党很可能意识到了这一点，而戈尔巴乔夫却无视这两者之间的关联，这也与他起初完全没有将联邦政府视作西方阵营里的首要对话伙伴有关。

直到 1987 年中，戈尔巴乔夫的德国观仍然受苏联时期对德政策和外交政策的旧思维路线左右。[42]莫斯科把基民盟/基社盟与自民党的执政联盟首先看作是很不自主的美国附庸，这个附庸赞同华盛顿有关军备和安全政策的所有规定，从部署美国中程核导弹到里根倡议的战略防御计划（SDI）。1984 年，作为对贯彻"北约双重决议"的反应，戈尔巴乔夫的前任在对西德的关系中引入了惩罚和停滞的政策。新任总书记起初也坚持这一政策。与传统上指责联邦德国的"复仇主义"以及认为要与民主德国保持良好关系必然要排除同另一个德国建立同样关系的估计相联系，形成了一个固定螺栓，阻止了对双边关系的重新评价。此外，人们希望科尔领导的政府最晚于 1987 年的联邦议院选举时将会下台。

1987 年期间，苏联对波恩的态度逐步发生变化，这种变化是建立在不同动机相混的局面之上的：

● 1987 年 1 月基民盟/基社盟－自民党执政联盟取得大选胜利以后，科尔－根舍政府将是苏联此后四年的对话伙伴。苏联迄今在双边最高层面接触时的克制态度必须放弃，因为否则就无法实现双方合作的明显改善。

● 与美国取得的裁军成就除了给戈尔巴乔夫改善整体气候之外，还使他赢得了拓展欧洲关系的额外空间。

● 美国方面没有发出任何表明华盛顿除了在裁军领域的合作以外，还准备开展更紧密的经济、政治合作的明确信号。因此，改善与西欧国家的关系就有了重要意义。

● 莫斯科日益认识到，如果不将联邦德国纳入进来，与西欧国家——这里主要是指欧洲共同体——改善接触就没有意义。西德不仅是重要的经济大国，而且在欧共体内它也是一体化的发动机之一，因而具有突出的政治意义。

与此同时，戈尔巴乔夫及其最密切的同僚们慢慢地认识到，民主德国不仅在经济技术上远比原先想象的要脆弱得多，而且也不可能指望东柏林会支持政治改革的努力。如果要得到经济和政治上的支持，莫斯科的改革者只能从西方得到。在西方，经过初始阶段的犹豫之后，联邦政府已成为戈尔巴乔夫政策的坚定支持者之一。1987 年 2 月，根舍对外显示了这一点，他呼吁西方政府对苏联采取更开放和更积极的行动。[43]西方不应舒舒服服地躺着观察苏联的改革努力，而应支持并影响其新政策，以帮助它取得成功。"让我们认真对待戈尔巴乔夫，认真对待他说的话"，根舍提出了这样的要求。他同时宣布，联邦政府不仅要将自身的经济潜力用于面向西方的欧洲一体化，而且要用于和东方的合作。与依然犹豫不决的美国政府不同，根舍以此明确地提出了与苏联及其盟国发展各种可能关系的政治路线。当联邦政府 1987 年 8 月通过放弃 72 枚德国潘兴 Ia 型导弹，以大力加快世界范围内削减中短程导弹的《中导条约》时，莫斯科也必定明白，可以争取波恩成为具有经济潜力、愿意合作，并在安全政策方面有能力独立自主地作出让步的伙伴。

障碍重重的私交关系

和改善苏联与联邦德国两国关系并行的是，从 80 年代末开始，戈尔巴乔夫和科尔之间的个人关系也发展起来了。1985 年 3 月在戈尔巴乔夫的前任康斯坦丁·契尔年科（Konstantin Tschernenko）葬礼期间初次见面时，这位未来的苏共中央总书记将联邦德国总理主要看作是"北约增补军备决议"（NATO-Nachrüstungsbeschluss）的支持者，他用充满指责的话语"联邦德国要向哪里飘呀？"接待总理。[44]科尔虽然试图将明显改善双边关系的建议引入话题，但听到的几乎全是对部署潘兴导弹的批评。在这次短暂会晤的基础上不可能发展个人关系。1986 年 10 月底，双边关系甚至走向一个新的"冰冻期"，当时美国杂志《新闻周刊》刊登了未经授权的科尔访谈。其中，科尔基于戈尔巴乔夫的宣传能力而将其与约瑟夫·戈培尔（Joseph Goebbels）进行比较。[45]苏联领导层对此很是恼火，并将苏联与西方的联系集中于其他国家。

鉴于总的政治发展情况，波恩和莫斯科原则上都对彼此进一步靠近抱有兴趣。但是，为了实现双方首脑的个人会晤并为了迎合苏联方面，联邦德国不得不连续两次偏离外交惯例：[46]按照特尔切克和总统府国务秘书克劳斯·布雷西（Klaus Blech）商定的结果，联邦总统理查德·冯·魏茨泽克（Richard von Weizsäcker）先去莫斯科进行国事访问，[47]尽管通常情况下应由联邦总理先完成苏联之行；虽然这份会谈纪要中原本计划戈尔巴乔夫访问波恩，但苏联领导坚持科尔必须先去莫斯科。[48]抛开这些开头的困难不谈，科尔与戈尔巴乔夫的首次个人会面是个成功。当联邦总理于 1988 年 10 月 24～27 日访问苏联并在那里与总书记举行"私下会谈"时，两位政治家个人之间显然相互抱有好感，这使得两国关系取得突破变得容易。[49]戈尔巴乔夫在总结这次访问时说，这是彼此走近的一大步，"开启了德苏关系的新篇章"。为了展示他们关系的新品质，双方不仅商定戈尔巴乔夫第二年访问联邦德国，而且计划签订大量新的双边协议。正如科尔早就期盼的那样，这种合作应在尽可能多的领域增强，从政府磋商，经济方面更好的沟通，直至文化关系。戈尔巴乔夫一度甚至临时建议签订一个新的基础条约，但联邦政府在这一点上发出了谨慎的信号。[50]

苏联方面多么认真地对待与波恩的相互靠近，这一点在此后的几个月里先在内部，然后在 1989 年 6 月 12～14 日戈尔巴乔夫访问联邦德国时公开地表现出来。[51]虽然要把西柏林纳入各个条约依然有困难，但在访问期间还是签订了 11 项协议。对戈尔巴乔夫来说，这从国内政治角度来看也是有意义的，他的变革政策在国际上取得的成就也就因此而获得公众的赞赏。在《共同声明》这一中心协议里，[52]双方敲定了他们认为是特别重要的立场。戈尔巴乔夫的外交政策基点如裁军、和平解决冲突以及经济合作第一次在与联邦德国这个西方国家签订的双边文件中得到了概述，而联邦政府则获得了苏联对自决权的支持，这从德国政策的角度看具有重要意义。《共同声明》的第一章就强调"所有民族和各国都有自由决定自己命运并在国际法基础上自主地塑造相互关系的权利"。具有中心意义的还有，访问和《共同声明》意味着告别了战后阶段的德苏关系。除了在政府层面上得到了认可之外，在访问联邦德国时，戈尔巴乔夫在第二个领域里也取得了巨大的成就。西德民众对他的公开亮相表现了高度的赞同和极大的好感。无论是在波恩市政厅广场上，还是在多特蒙德钢铁厂的工人面前，总书记始终受到欢呼，获得了他在莫斯科常常得不到的热烈掌声。对于一个看重公众认可和权力表面象征的人来说，[53]这不能不对他的德国观产生影响。

第三个成功之处是戈尔巴乔夫与科尔及其部长们的直接会面。在三次单独会谈和私下接触中，总理和总书记的个人关系也更近乎了。科尔很明确地决定先改善个人沟通，在第一次会面开始时就给戈尔巴乔夫的母亲送了一份礼物。[54]接着，两位领导人在评价重要政治问题时取得高度一致，并对要采取清晰的裁军步骤的必要性表现出了相同的坚定信念。戈尔巴乔夫保证自己是现实主义者。他说，只要苏美关系得不到改善，那么要普遍改善国际关系也是做不到的。在苏联的考虑中，联邦德国应起"全球作用"。至于民主德国，两人一致表示，不希望出现动荡。科尔保证，无意改变欧洲现状，因此他在公开言论中非常谨慎。但与戈尔巴乔夫一样，他必须顾及本国的舆论。科尔认为，为了保持已经建立起来的联系，应尽可能经常通话。如果真的出现了问题，他很愿意直接派特尔切克去莫斯科。戈尔巴乔夫对这一提议表示欢迎。在正式会谈中，德国问题只是顺带地出现。

在科尔眼中，最重要的两人会谈是在访问的第三天，这次会谈不属于礼宾安排，是在戈尔巴乔夫夫妇与科尔夫妇共进晚餐之后，在总理府官邸里举行的。[55]将近午夜，只在一名译员的陪同下，联邦总理与总书记朝着莱茵河方向散步，然后坐在一段城墙上。除了个人情况，比如战后的青年时期，两人也谈到了德苏关系以及签订一个新的基础条约的可能性。科尔清楚地表明，双方关系要作任何根本性的新安排，都将因德国问题没有解决而受到影响，这个议题将始终横亘在波恩和莫斯科之间。戈尔巴乔夫进行了反驳，并再次指出两个德国的存在是历史发展的结果。接着，科尔指着身旁流淌的莱茵河，并用一个比喻表达了他的信念。他说，河水流向大海，"如果您堵住河流，它将漫出并破坏河岸，但河水终究会流向大海，德国统一也是如此"。总书记没有回答，只是沉默无语。然而，科尔确信，这次谈话"促成了一些变化"，这些变化既涉及两位政治家之间的个人关系，也涉及戈尔巴乔夫对德国问题的立场。

现实与历史结果

苏联总书记对德国的国事访问表明，过去一年半以来两国关系得到了多么良好的发展。戈尔巴乔夫和科尔之间的个人关系也是如此，从此这一关系堪称非常良好和充满互信。但这些积极发展掩盖了一个事实，即戈尔巴乔夫对德国问题的估计并没有发生深刻变化。莱茵河畔夜间谈话时的沉默以及公开场合发表的部分自相矛盾的言论，都表明了戈尔巴乔夫持续不断的矛盾心态。[56]通过《共同声明》承认民族自决权，戈尔巴乔夫也承认德国人拥有这一权利。但同时，戈尔巴乔夫的其他说法却表明，他既不认为当前有采取行动的需要，也没有对这一议题进行根本的思考。他反复提及德国的分裂是历史造成的结果。但又说不能因此而排除联邦德国与民主德国进行更为紧密的接触。在被问到两德接近的可能性时，戈尔巴乔夫在波恩会议结束时的新闻发布会上保证，他"认为一切皆有可能"，但同时也提到全欧形势的"现实"。他在联邦德国的讲话显然想尽力避免冲淡访问总体积极的印象，而几天后他在巴黎却清楚得多地表达了一些看法。他认为，一切政治步骤都必须从欧洲的现实出发，这个现实就是德国引起的第二次世界大战所造成的结果。他绝非要排除变化，但变化只有在欧安会进程以及正在进行的维也纳削减欧洲常规武装力量谈判（VKSE）的框架内才有可能实现。他呼吁建设"欧洲共同家园"，但不进行具体讨论。他说，在这个家园中，历史将会自行决定，历史上已经形成的状况将能够如何变化。

核心问题是，戈尔巴乔夫没有越出他1987年6月的立场，当时魏茨泽克向他提到了德国问题。[57]那时，总书记宣称，两个德意志国家的存在是"现实"，人们必须以此为出发点。扩大政治、经济、文化及人与人之间的交流是可能的，但不许破坏两国并存这一基础。应当在战后现实的基础上塑造未来的关系。适当的时候，历史会作出结论。戈尔巴乔夫提到100年的时间范围，这显然更多是一种说法，而不是指具体含义。个别西方评论认为，这是在德国问题上发出了新的开放态度的信号。人们大多忽略了一点，即戈尔巴乔夫虽然与其前任党和国家首脑们不同，习惯于比较优雅地而不是以批驳别人的方式表达看法，但在内容上拒绝任何有关重新统一的讨论。他提到任何改变欧洲和德国分裂这个战后现实的做法都会导致欧洲动荡，就清楚地表明了这一点。1989年秋他坚持的立场仍然是，只有在他所希望看到的"欧洲共同家园"里才有可能改变战后静止的现状。至于这一立场对两个德意志国家意味着什么，他出于可想而知的原因还没有考虑过。1989年夏初，欧洲两大集团之间、两德之间以及两德内部的状况显得如此稳定，以至于戈尔巴乔夫认为绝无变化的必要。因此，他以一种"奥林匹克式的平和心态"对苏共中央国际部的建议作出了反应，当时国际部的瓦伦丁·法林（Valentin Falin）鉴于民主德国的危机建议采取更加积极的对德政策。[58]

戈尔巴乔夫的看法，即德国分裂是历史的结果，最终也只能通过历史去解决，是建立在这样的假设之上的："德国统一"这一议题不在国际政治议事日程之中，因此他也不必去考虑。然而，在戈尔巴乔夫飞离波恩几天以后，民主国国民众经由匈牙利大量逃亡西方，这一发展威胁要激进地打破他所预言的历史框架。自80年代中期开始，这位苏联总书记就意识到，他的改革努力遭到了以昂纳克为首的统一社会党的反对，但当时他仍然相信民主德国的经济实力和内部稳定。[59]戈尔巴乔夫的不干涉和"选择自由"的原则，[60]使匈牙利有可能向西方开放边境，但它产生了意想不到的后果。成千上万人逃离民主德国，围绕驻布拉格和华沙大使馆轰动一时的难民事件以及1989年秋天东德开始的抗议活动，都让戈尔巴乔夫醒悟。10月5~7日，当戈尔巴乔夫参加东德成立40周年庆祝活动时，他亲身体会到了民主德国民众的情绪是何等的糟糕。[61]当10月7日青年火炬游行队伍中"戈比、戈比"（Gorbi, Gorbi）的高呼声盖过了对"统一社会党"和"昂纳克"的呼声时，许多参加者都意识到这意味着什么。站在戈尔巴乔夫身边的波兰总理米奇斯瓦夫·拉科夫斯基（Mieczyslaw Rakowsky）对他说："这意味着结束"，总书记极其简短地回答说："是的"。戈尔巴乔夫是很不情愿地到访东柏林的，因为他不再指望能够说服不愿改革的统一社会党首脑们相信，东德有进行深刻的政治和社会变革的必要。因此，他与昂纳克和统一社会党政治局的会谈也没有产生具体的结果。[62]苏联党的这位领导人用不容置疑的措辞暗示了他的批评，但从未公开表达出来。而昂纳克则回避每一次对话，统一社会党政治局也错过了坦率讨论的机会，当时政治局核心已有人向莫斯科表达过替换统一社会党首脑的想法。戈尔巴乔夫多次警告不要继续对改革抱迟疑态度，一位翻译人员将他的警告变为贴切的套语："谁来得太晚，谁就会受到生活的惩罚"，[63]但戈尔巴乔夫的警告没有得到回应。

戈尔巴乔夫显然是很失望地返回了莫斯科。[64]依靠昂纳克以及现在的民主德国领导层，要在东德实现改变是不可能的。但戈尔巴乔夫仍不打算在更换统一社会党领导人的事情上发挥积极作用。他虽然已获悉统一社会党政治局发起的攻势，但他既不准备介入，也不准备插手推选克伦茨为统一社会党中央委员会新任总书记。11月1日，当克伦茨与戈尔巴乔夫在莫斯科会面的时候，两人达成一致，尽管目前情况停滞不前，但在民主德国进行改革还是可能的。这位苏联总书记向他的东德谈话伙伴保证，苏联遵守德国分裂的事实。对他来说，"战后的现实，包括两个德国存在的现实"，是不容改变的。引人注目的是，不仅克伦茨的访问遭到莫斯科媒体的轻视，而且戈尔巴乔夫也放弃——例如通过召开共同的新闻发布会——公开表示双方的团结一致。

尽管苏联领导人曾得到克伦茨政府拟定的新《旅行法》的通报，但11月9日边界开放的情况像在所有其他国家一样，也给苏联领导人造成了困惑。[65]在莫斯科和东柏林之间只谈到过有限开放民主德国西南部的个别边境站，目的是将途经匈牙利的大规模逃亡运动变成有控制的出境旅行。副外长伊万·阿波依莫夫（Iwan Aboimow）很快地同意了东德外长奥斯卡·菲舍尔（Oskar Fischer）11月9日早上对苏联大使维亚切斯拉夫·科切马索夫（Wjatscheslaw Kotschemassow）的询问。苏联方面与统一社会党政治局的负责人一样没有想到，由民主德国总理府办公厅的官员们拟定的新《旅行法》远远超出了上述计划。它不仅规定了去西方的短期旅行，同时也规定要开放柏林过境站。11月9日晚上，当沙博夫斯基公开宣布这项规定的基本内容时，大量人群涌向民主德国的边境。只有通过开放其他边界通道，才能够避免危险的混乱，而在官方的工作程序中根本没有此项安排。

当戈尔巴乔夫和谢瓦尔德纳泽得知柏林墙倒塌的时候，介入控制局势已为时太晚。[66]在最初的公开反应中，他们称边界开放是积极的步骤，得到苏联领导层的欢迎。虽然在他们周围有零星的呼声，主张调动苏联军队关闭边界，但戈尔巴乔夫和谢瓦尔德纳泽坚持不干涉和不使用武力原则。现在，就连西方最后的怀疑者也明白了，苏共总书记即使在这样极端的情况下，也坚持其政策的基本原则。戈尔巴乔夫几乎以极度平静的心态接受了柏林墙倒塌所显示出来的欧洲政治框架条件的革命，这也是因为他并不认为这是革命。尤其是戈尔巴乔夫对德国问题的评判并没有发生变化：

● 德国的分裂是历史的产物，只能由历史来重新予以纠正，这是一个长期的过程。

● 这些"战后现实"依然毫无改变地继续存在。东西德边界的开放只是使这些现实摆脱了其非正常的特点。

戈尔巴乔夫对民主德国当前的领导层感到失望，但他仍然相信东德的社会主义是可以改革的。只要他呼吁保持克制的联邦政府不破坏东德的改革进程，[67]那么他的判断就是，他所倡导的演变式发展可以在正常的框架内继续下去。与所有政治领导人一样，戈尔巴乔夫也低估了民主德国民众内部正在发生的变化所具有的深远影响。

庞大的官僚机器，很小的决策圈子

随着当选为苏共总书记，戈尔巴乔夫坐到了党和国家的巨大管理与决策机构的最高位置。[68]在所有的决策中，他都可以依靠党内、国家管理层、秘密情报部门和大量学术机构的人员的专业评估。不过，在制定他的改革方案基本内容的时候，已经显示出，直至80年代末，戈尔巴乔夫与其前任们相比，很少使用习以为常的、不乐于改革的结构和机器，他更多是与小范围的智囊团合作。他不仅常常在内容上走新路，而且也时有令人意外的人事政策，比如1985年起用没有外交经验的谢瓦尔德纳泽，取代了代表正统思想的苏联外长安德烈·葛罗米柯（Andreij Gromyko）。与戈尔巴乔夫类似，格鲁吉亚人谢瓦尔德纳泽也没有教条主义风格，他愿意改革，同时也比较灵活，较强烈地主张人道主义价值。苏联这两位1985年以后外交政策的中心人物有一个共同之处，就是他们都属于战后一代人。因而可以指望他们对德国表现出更大的灵活性，因为与其前任们相比，他们的个人经历与民众对联邦德国的主流立场较为吻合，因为民众的思维也已开始转变。根据1989年春天的民意调查，只有3%的苏联公民认为自己受到联邦德国的威胁。[69]

戈尔巴乔夫和谢瓦尔德纳泽都有典型的党内工作经历。他们相互认识已有几十年，彼此了解对方的改革设想，也看到了现存机构的惯性力量。所以，两人都逐步建立了自己的小班子，与之可以进行紧密而充满信任的合作，这特别适用于1989年底开始的对德国问题的处理。戈尔巴乔夫的周围有其紧密的同僚，即负责"资本主义国家"的安纳托利·切尔纳耶夫（Anatolij Tschernajew）[70]和负责与社会主义国家关系的乔治·沙赫纳萨罗夫（Georgij Schachnasarow），他们通常也参与外交政策的相关决策。政治局、国防部、军队和情报部门以及党中央国际部的代表也在个别情况下被纳入各项决策的准备工作，但通常不作为内部小圈子的成员出现。1989年年底外交部的情况与此类似，那里谢瓦尔德纳泽把特杰姆拉斯·史特潘诺夫（Tejmuras Stepanow）和谢尔盖·塔拉申科（Sergej Tarassenko）这两个亲信拉进他最紧密的圈子。[71]职业外交官塔拉申科领导外交部的规划司，作为"记录员"参与谢瓦尔德纳泽与外国政治家的几乎所有重要会面。此外，他也负责与外交部的专业官僚合作。新闻记者史特潘诺夫与谢瓦尔德纳泽一样来自格鲁吉亚，主要负责起草重要的演讲和纲领性文章。这两人的共同点是都拥有谢瓦尔德纳泽无保留的信任，所以他们反过来为大多数同事所不信任，其中首先是不为亚历山大·伯恩达伦科（Alexander Bondarenko）领导的、内部称为"柏林墙"的第三西欧司的德国问题专家们的信任。他们对德国政策的正统评判在谢瓦尔德纳泽圈内得不到赏识，但外长总是敦促自己的两个亲信尝试与这位二战老前辈伯恩达伦科找到平衡，虽然伯恩达伦科实际上已失去了对民主德国的主管权，但他仍保持有巨大的影响力。

在柏林墙倒塌之前，在与民主德国和联邦德国的关系问题上，苏联已经开始转变思想。虽然重心开始从东柏林转向波恩，但无论是戈尔巴乔夫还是谢瓦尔德纳泽或者他们的同事，直到当时都还没有认识到中东欧的变化特别是民主德国内部的变化使得有必要制定影响深远的新构想。在西德人看来，苏联政府最高层的人事构成比过去任何时候都有利，但它并没有延伸到官员层面和具体的政策层面上。最主要的是，对莫斯科来说，德国问题并非当前政策的主题，即使柏林墙的开放也没有改变这一点。

第四节 均衡优先

作为联邦德国地理上的邻居，柏林墙倒塌也直接震撼了法国。从柏林越过德国边界向外扩散的政治震波，使法国感到舒服安定的战后大厦面临遭到毁坏的威胁。巴黎的政治阶层起初把克服冷战现状与德国可能实现统一的前景更多是看作潜在的危险而不是机遇。从1989年夏季开始，国际媒体就已开始讨论德国统一的可能性了。法国外交政策的一个基础，即力量的均衡，似乎就要成为问题。之所以有这种看法，是因为法国的外交政策和对德政策具有内在的结构性矛盾：作为联邦德国的最紧密伙伴，法国几十年来虽然以美丽的修辞声明在民族问题上支持其邻国，但正像阿尔弗雷德·格鲁瑟尔（Alfred Grosser）所说，只有当德国统一不可能实现的时候，法国才愿意看到德国统一。[72]

战后初期的实用主义

战后法国对德政策的优先目标是，持久消除德国成为强权政治因素和欧洲安全风险，并同时以此为法国赢回原有实力创造条件。[73]因而，法国在欧洲和世界上的地位与分裂德国的命运紧密相连。在法国看来，统一和恢复德国主权一方面是与德国的实力增长联系在一起的，另一方面也意味着法国地位的损失。然而，开始那种对德国的限制性政策不久就成了东西方冲突的牺牲品。实用主义便成了需求，因为对苏联威胁的感受很快压倒了对德国危险的感受。保卫西欧需要美国的帮助，也需要新成立的联邦德国作为盟国。德国和欧洲日益显现的分裂从根本上重新定义了德法关系。此后，法国对德政策的主导动机是"通过一体化控制"牢牢扎根于西方的联邦德国。[74]不管总统如何更换，这一动机应当成为常数，并构成德法和解的框架。法国在这样做的时候将参照超级大国规定的坐标。维护两大集团之间的均势成为国家独立的前提。法国的一体化战略以建设和组织西欧为基础。从多个角度看，这一战略的工具特性发挥了作用。法国一方面谋求实现其最为紧要的国家目标，也就是满足其安全政治的需要，通过超国家的挂钩将新成立的西德在经济和军事上永久地捆绑和控制起来，推进本国经济的重建。与此同时，西欧一体化构成了消除德法对立和两国人民和解的框架。这些努力的显著结果是 1963 年 1 月 22 日有关德法合作的《爱丽舍条约》，它将双边协作置于一个具有约束力的基础上。[75]

此外，联邦德国还满足了法国安全教义的几个前提条件：联邦德国融入北约及其有限的安全政策地位、[76]盟国尤其是美国在德国西部的军事存在，这些都确保了法国处于"二线"地位。德国处于两大军事集团交会处的"前沿地带"，这使法国能够对本国领土实行自主（核）防卫，[77]这是法国退出北约这一军事组织后注定的。法国以核力量为基础的对德军事优势，构成了它与经济上不断强大的联邦德国之间的平衡，联邦德国威胁着法国在西欧的领导地位要求。[78]只有在这一"不均衡力量的均衡"的背景下，才能明白为什么在法国看来它作为第二次世界大战的战胜国的地位以及拥有独立的核防卫能力越来越重要。[79]

"德国问题"不仅在安全政策上对法国具有重大关系，同时也是更高层面上的全球两极格局中的部分问题。这种两极格局表现为两个超级大国拥有统治地位。在查理·戴高乐（Charles de Gaulle）看来，这不仅对法国安全是一种威胁，同时也阻碍了法国重新获得其"伟大民族"的地位。因此，戴高乐将军把减少集团对立的紧张状况、着手重新设计欧洲并以此扩大法国在国际上的行动空间视为己任。[80]至于法兰西共和国试图走自己的路子，这表现了法国的自我理解。戴高乐倡导推行独立自主的东方政策，其主导思想就是要克服"雅尔塔秩序"。他的长远目标是建立一个"从大西洋到乌拉尔的欧洲"，这也包含了解决德国问题的前景。

虽然致力于独立自主的东方政策，特别是把对苏关系放在优先地位已成为法国外交政策的本质特征，但是，巴黎对德国问题的态度却表现为与西方盟国和联邦德国保持团结一致。[81]法国口头上坚持德国人有自决权，并支持其民族统一。[82]此外，对法国来说，德国问题也属于四大国事务。甚至戴高乐也不打算偏离现有的协定，因为这些协定确保了法国对德国和欧洲未来的参与话语权，"同时也确认了法国在世界政治中是'四大国'一员"。[83]所以，法国在承认民主德国这个问题上持不妥协态度，总体上也不反对联邦德国这个伙伴的利益。然而，随着时间的推移，法国也转向以维持现状为导向的政策，不再把解决"德国问题"看作是必须引向德国统一。至少在中期内，一个强大而独立的欧洲应当能消化"联邦德国的主权问题"，[84]前提条件是要把建设西欧以及加强德法合作作为基础。法国的强国标志——除了战胜国地位以外，还包括欧洲大陆唯一的西欧核大国、联合国安全理事会常任理事国——确保了法国能够保持同联邦德国在政治地位上的差异，并平衡德国的经济实力。[85]

密特朗的德国政策和德国问题

历史教育法国要谨慎对待邻国的民族情感。对东西方力量均衡的变化，人们的反应也相应地敏感。害怕德国在"中立主义的标志"下实现统一以及害怕德国可能向东方漂流，依然是密特朗总统对德政策的特征。[86]如果说密特朗作为反对派政治家曾是戴高乐政策最尖锐的批评者，那么他在担任总统后却在一切重要领域维护法国外交政策的连续性，[87]包括对德政策路线。维护国家独立和坚持均势的原则，很大程度上影响着他对伙伴联邦德国、对德国和德国问题的态度。在法国人看来，"雅尔塔"等同于欧洲大陆的分裂，虽然密特朗几乎把推倒雅尔塔秩序视作自己的爱国主义义务，[88]但出于对德国统一的批判态度，他作为反对派政治家却毫不掩饰地说过："不能回避重新统一对德国人来说在政治、历史和道义上可能意味着什么，尽管如此，我还是认为，从欧洲的平衡、法国的安全以及维护和平出发，统一既不值得追求，也是不可能的。每当均衡受到干扰时——如何能阻止这一点——重新统一都意味着巨大的投入，就是为战争与和平的投入，对俄罗斯人来说投入不会比美国少。"[89]

因此，在社会党总统密特朗的领导下，法国继续推行一项以维持现状为导向的政策。至于他同时也赞成德国人有自决权，他认为两者并非必然构成矛盾。确切地说，密特朗从这样的坚定信念出发，即只有维护均衡才能确保安全，而且从长远来看，才能保证欧洲的和平演变。只有这样的和平演变和随之而来的逐步消除对立，才能开启有控制地解决德国问题的前景。法国充分意识到由战后条件所决定的两国地位的差异，法国应该作为战胜国、作为对联邦德国具有条约性义务的国家而行动。

从80年代开始，安全政策问题主导着法国对联邦德国的关系。在密特朗的领导下，法国的对德政策更加强烈地游走于超级大国紧张对立的状态之中。在阿富汗和波兰发生的事件，特别是法国感觉到军事均衡的变化有利于苏联，促使密特朗联系东西方背景对形势作出新的评估。特别是苏联部署"飞毛腿"20型（SS - 20）中程弹道导弹触及了法国的均衡理念。在密特朗看来，导弹问题是继柏林危机（1948）和古巴危机（1962）之后的最大危机。[90]他先是冻结了与苏联的对话，同时采取了较为强烈的亲大西洋立场。法国对国际安全形势的感受特别受到东西德关系发展的影响。围绕增加军备的活跃争论、联邦德国广大民众反对"北约双重决议"、德国和平运动的出现以及德国内部关系取得进展，所有这些尽管导致了东西方之间新的紧张关系，但却使法国对德国"国家中立主义"和"国家和平主义"的担忧不断增长。尤其是和平运动的全德规模，也使人有理由担心联邦德国会偏离航向。在法国看来，联邦德国变成了大西洋联盟中"靠不住的一员"。德国作为前沿阵地，其力量的削弱似乎会威胁军事均衡并直接危害处于"二线"的法国的安全。

因此，密特朗的对德政策集中于将联邦德国更加牢固地扎根于西方共同体（北约、欧洲共同体、西欧联盟）。在政治层面上，推行一种多轨战略，包含以下元素：

- 对超级大国实行相应的政策；
- 双边层面上重新激活现有的机制化萌芽；
- 加强欧洲合作；
- 对德国的主权问题和身份认同表达更多的理解。

这一假想的安全威胁决定了法国政策的优先顺序。密特朗的紧迫目标是重建军事均衡。他的亲大西洋态度尤其表现在强烈地致力于贯彻"北约双重决议"以及在联邦德国部署美国潘兴Ⅱ型导弹。借纪念《爱丽舍条约》签订20周年之际，密特朗在其引起轰动的德国联邦议院演讲中毫不含糊地表示赞成增补军备，以此确保美国对欧洲的保护。[91]这位社会党总统以此为科尔领导的基民盟在选举斗争中提供了帮助，同时激怒了社民党，该党认为这是干涉内部事务的行为。密特朗在演讲中还呼吁在欧洲安全问题上应团结一致地合作。这一努力的第一个具体结果此时已经实现：法国和联邦德国安全政策对话的机制化。1982年2月德法第39轮政府磋商作出决议："按照1963年1月22日的德法条约精神"，决定就两国外交政策进行更为紧密的协调，就安全问题进行"更加深入的意见交换"。[92]成立由两国外长和国防部长组成的四人小组的决定是朝着这个方向迈出的第一步。《爱丽舍条约》的一个核心组成部分从而重新激活了。

法国有兴趣深化与联邦德国在安全和防务领域的意见交换，这像一根红线贯穿于整个 80 年代，其强度每每与国际发展的势头相互关联（美国战略防御计划以及裁军谈判状况等）。接近 80 年代末期，密特朗在 1988 年总统选举时最突出的媒体攻势《告全体法国人书》（Lettre à tous les Français）中再次强调，防卫努力的协作是德法合作的优先目标。法国为促进紧密协作而做的努力应是法国与联邦德国在安全和防卫问题上团结一致的象征，其长远目的是阻止长期的中立主义趋势。[93]认识到与德国盟友团结一致的必要性，德国应该继续保持战略前沿的功能，从而对法国领土起保护作用，这也决定了法国要更多地照顾德国敏感的民族情绪。所以，增补军备争论的后果，是发出越来越多的言论，表明法国对德国人的重新统一并无根本疑虑："为了在安全和军备领域的期望得到德国人的声援，人们向德国人在其民族问题上表示声援。"[94]

欧洲作为手段与目的

除了将德国纳入安全政策之外，密特朗的战略也包括通过大力推动欧洲统一进程把德国与西方伙伴更加紧密地捆绑在一起。如果说 1983 年法国极为轻松地接受了部署潘兴导弹，那么不久后法国的安全形势出现了新的威胁：美国的战略防御计划——"星球大战计划"。[95]该计划不仅导致对美关系更富有冲突以及与之并行的与苏联对话重新启动，而且也加速了密特朗欧洲政策向"欧洲化的欧洲"转变：[96]"鉴于两个大国分裂欧洲，最重要的是保持我们的大陆是自己的大陆这个能力。"对法国来说，安全政策和经济上的挑战，尤其是因为"星球大战计划"而已经明显的技术挑战，构成了交织在一起的问题，这些问题只能通过欧洲的努力奋斗以及与联邦德国紧密协调才能解决。这再次证明，对法国来说，把经济上强大的联邦德国维系在欧洲统一进程之中既是手段也是目的。[97]密特朗有一句名言："法国外交政策的主轴是欧洲。"法国将通过欧洲而获得真正的强大。

此后，密特朗成为短时间内受到"欧洲硬化症"威胁的欧洲统一事业的代言人和设计师。与担任反对党领袖和执政初期发表的意见不同，最迟从 1983～1984 年之交开始，密特朗就依赖于和联邦德国的双边关系。[98]在实现欧洲进步的过程中，他找到了最重要的同伴科尔。[99]除了在欧洲一体化问题上有共同目标之外，两位政治家在个人层面也建立起超越峰会日常事务的关系。在协调一致的合作中，为逐渐实现政治联盟和更有效地设计共

同体内部决策程序，他们得以提出倡议。1986 年的《单一欧洲文件》
（EEA）第一次开始对共同体的条约作根本性的修订并确定了共同市场这
一目标，这使双方的努力一度达到了顶峰。尽管这一协作没有导致类似于
他们的前任赫尔穆特·施密特（Helmut Schmidt）和瓦勒里·吉斯卡尔·
德斯坦（Valéry Giscard d'Estaing）所采取的轰动行动，[100]但其结果是可观
的。因此，1986 年密特朗得出这样的思考结果："法国……在欧洲不能期
望有更好的、更扎实的伙伴。"不过，科尔－密特朗这套"双驾马车"在
欧洲政策方面的紧密合作也有其限度。[101]欧洲政治责任的角色似乎第一次出
现了错位：法国日益强烈地转向欧洲，联邦德国政府却似乎更愿意扮演被
动反应的角色。由于法国始终将德国的一体化意愿当作衡量联邦德国是以
西欧还是以东欧为导向的标尺，80 年代中期对科尔－根舍政府的合作意愿
首次产生了怀疑。

尽管存在着矛盾的心理，密特朗在法国历任总统中是对邻国的特殊问
题最为敏感的人。[102]他认识到，两国在东欧各有历史条件所决定的自身利
益，加上法国东方政策的路线调整，使它们在 80 年代末推行共同的东方政
策成为可能。[103]不过，这一点却并没有超出语言修辞层面，因为背后的动机
太不相同。对法国来说，推行共同的东方政策的根本原因在于将西德纳入
并控制起来。此外，人们对戈尔巴乔夫仍持怀疑态度。与此紧密相关的是
对德国可靠性的看法：根舍呼吁认真对待戈尔巴乔夫的言论，这也引起了
法国的不安。[104]还在 1989 年 5 月，密特朗对苏联和其他东欧国家是否真正
有对话意愿仍表现出谨慎和怀疑态度。对法国来说，最大的问题在于戈尔
巴乔夫的安全政策倡议可能导致西方在东欧政策上作出让步，这对巴黎来
说意味着德国问题上会出现变动。看来，不可能找到一个"超然于雅尔塔
之外"的关于欧洲秩序的共同设想，因为这对法国来说意味着要放弃其民
族信条。

法国对民主德国的关系

尽管法国对联邦德国伙伴的民族问题十分敏感，但它对民主德国的政
策总是比其他西方大国领先一步。1988 年 1 月昂纳克访问巴黎时，他是得
到西方三大国之一官方接待的第一位民主德国国家元首兼统一社会党总书
记。这是直到那时为止民主德国的西方政策取得的最有面子的成就。这次
访问是法国对第二个德意志国家作出的一系列外交姿态的延续，巴黎试图

利用这些姿态，完全以戴高乐的风格展示它在对外政策和东方政策上的独立性。1985 年，当时的总理洛朗·法比尤斯（Laurent Fabius）作为西方三大盟国中首位访问民主德国的政府首脑，他在行李中带去的最重要礼物就是邀请昂纳克访法。预示这一缓和政策的先锋人物是 1976 年民主德国外长奥斯卡·菲舍尔对塞纳河的"工作访问"以及 1979 年 7 月让·弗朗索瓦–蓬塞（Jean François-Poncet）的东柏林之行，他是西方三大国中首位去访的外长。虽然这些访问意味着民主德国赢得了面子和外交上提高了身价，但法国始终注意严格地维护四大国权利，不得罪联邦德国伙伴。只是在关于柏林的《西柏林协定》签订、两个德意志国家都成为联合国成员以及联邦德国最后在民主德国设立常任代表之后，巴黎才与民主德国建立外交关系。所以，首位"法兰西共和国驻德意志民主共和国特命全权大使"到 1974 年才能开始履职。[105]

尽管与民主德国建立了各种联系，但是对法国来说，它的对德政策本质上始终等同于对联邦德国的政策。法国的民主德国政策附属于法国的东方政策，并且主要是出于经济动机，这与民主德国的利益是不同的。对法国来说，加强经济关系和增加法国的出口处于优先地位，而民主德国总是想在政治上加以利用。[106]除了维护盟国权利以外，对苏关系，尤其是东西德关系的发展对法国的民主德国政策具有决定性影响。这方面，在密特朗的领导下也没有发生根本的变化。他在 1981 年秋推出的加强与东欧国家关系的倡议，由于 12 月波兰宣布战时法而突然终止。与民主德国的外交联系也因此而遭殃。直到 1983 年波兰取消战时法以后，法国与苏联的关系才得以缓和。在两德内部会晤也重新活跃以后，法国与民主德国重新接触的前提才得以恢复。虽然民主德国是东欧集团里继苏联之后法国的第二大重要贸易伙伴，但贸易关系由于民主德国经济的弱点及其对经济互助委员会（RGW）的义务而不能令法国满意，因为这种贸易关系在整体经济中可以被忽视。[107]即便两国关系在外交上实现"正常化"，昂纳克作为巴黎的国宾获得接待，但对法国来说，东柏林不是自主、平等的对话伙伴。根本的政治分歧、对联邦德国伙伴的照顾以及国际形势的发展，仍然阻挡着前进的道路，这在 1988 年 1 月份昂纳克的国事访问中再次显示了出来。[108]当时，不仅在裁军问题上再次表现出截然不同的立场，密特朗总统，更为强烈的是雅克·希拉克（Jacques Chirac）总理，都强调必须克服欧洲的人为分裂。希拉克用以下措辞强调了在柏林地位问题上的意见互不相容："只有自由中的和平才有意义"。他还表达自己的愿望称：希望有一天，柏林墙会倒塌。

"统一在当前是不现实的"

在这件事上，希望与事实上的政治期待是两回事，这一点在次年夏秋之交表现得更为清楚：民主德国的事件也令巴黎的政治阶层措手不及。官方的反应起初是观望等待，然后是相应的谨慎。谨慎的原因在于如下评估：尽管发生了东欧事件，但现状不容推翻。两个德意志国家都牢牢系于各自联盟之中。无论是面对西方的还是东方的负责人，巴黎都没有表现出愿意或者能够在可预见的时间内改变形势的迹象。因此，政府中有一句名言：统一在当前是不现实的。

媒体和公开发表的政治意见却与政府的政策完全不同。国务活动家们试图淡化形势的爆炸力，他们退回到传统的立场和信条，显而易见地努力保持谨慎和克制，政治观察家和评论家们却早就在玩弄和推测未来的图景和统一构思。由于不断增加的问题压力，肩负责任的法国政治家陷入了被迫采取行动的境地，因为外界越来越多地要求对最新的发展作出官方的表态。但当权者更多是被动应付，在此阶段只限于作出反应，就像密特朗总统对德国事件的最初表态所显示的那样。1989 年 7 月初，在苏联国家和党的领导人戈尔巴乔夫结束巴黎访问的新闻发布会上，当被问到德国可能统一以及德国人的自决权时，密特朗"显然很恼火",[109] 他回答说，历史将作出自己的判断。他说，德国人谋求统一原则上是合法的，最终要由德国人自己作出决定。这一立场符合法国人传统上对德国人自决权的认可。但他同时也描述了自己的疑虑和内心的保留，而这要求优先考虑欧洲均衡和稳定："现实情况如何呢？两个德国，彼此在各个方面都属于截然不同的体制：经济上、社会上、政治上属于不同的联盟，就是国家、主权国家之间所有的那种联盟。这就产生了许多问题，而且我相信，所有政治上负责的德国人都愿意他们所谋求的进程和平地进行，而不是制造新的紧张因素。"在时机成熟以前，还有许多问题要解决，在密特朗看来，这些问题的核心在于战后欧洲秩序的结构以及与此相关的四大国对德国作为整体的责任。人们"不能简单地用一个灵感否认二战造成的历史，即便这个灵感多么美好，也不能如此。就是说，既不从根本上否定历史，也不存在强制性的现实。今日承担责任的国家将继续这样行事"。

此后不久，密特朗的言论就准确、直接得多。[110]比如，一方面他把统一称作"所有德国人的正当关切"，另一方面，他也点出了实现统一的先决条件。他毫不令人怀疑他确信，存在着一种谋求统一的企图。"这是一个45年来一直等待解决的问题，现在随着德国实力的增长而日益具有分量。在经济方面，这一实力已经得到证明；政治上，这一实力正在到来。"他对联邦德国仅仅出于地缘政治处境而有兴趣与苏联以及其他华约国家保持良好关系表示理解："谁能指责联邦德国将注意力投向东部、波兰、苏联、捷克？重新成为世界经济强国的德国自然希望在政治上也起更大的作用，这并不令人惊奇。对我来说，这一情况也符合我对欧洲和世界政治的设想，它促使我在各民族的大合唱中加强法国的存在和投入。"与此同时，密特朗重申，他信任联邦德国对西欧条约伙伴的忠诚。德国"没有兴趣变换阵营，也没有兴趣为了重新统一而牺牲自己的欧洲政策，苏联反正不会同意德国统一。我相信，德国也根本不想这样做"。

不清楚的是，密特朗此前在多大程度上尝试过与苏联协调自己的政策。[111]早在戈尔巴乔夫访问巴黎之前，巴黎就揣测，戈尔巴乔夫将劝说密特朗敦促德国人对东欧改革进程采取审慎的行动。[112]关于秘密谈话的内容外界很少知道，但密特朗在正式表达中比以前更强烈地指出，对德国负有责任的大国达成一致是实现统一的前提条件。密特朗认为，德国人的自决权虽然无可争议，但不应导致强行"剖腹产"。[113]对自决权的新阐释也包括了这样一个附加内容，即自决权并不包含两德政府的统一。此外，混淆"民族自决权与国家主权"显然不是出于疏忽，[114]然而这一混淆却符合法国的稳定和均衡政策逻辑。它表明，法国认为民主德国及其政府的稳定还是有保证的，并对这个政府在未来发展中赋予并非无足轻重的作用。其根源是法国对民主德国推行一种巩固战略，这不是从密特朗才开始的"保证欧洲稳定"的战略。密特朗的其他言论也与之相符："任何一个德意志国家不能将自己的意志强加于另一个德意志国家。这一德意志内部关系的观点是根本性的。而我见过的那些联邦德国的领导人从未要求通过加剧欧洲内部的紧张来实现统一。"

在这一表面稳定的状态中，突然爆出了11月9日柏林墙倒塌的消息。似乎一夜之间，克服"雅尔塔秩序"就不再是套话或无须兑现的政治诉求。巴黎的执政者将现状的任何变化都放到一个历史的范畴中考虑，他们和所有其他的观察者一样对此消息感到意外。1989年11月3日，在德法峰会结束时的新闻发布会上，密特朗总统再次清楚地表明了这一点。他说自己无法作出预测，但是，"在如此速度的推进中，如果下一个10年过去后我们还不是必须面对一个新的欧洲结构，我将会感到吃惊"。[115]外长罗兰·杜马（Roland Dumas）于11月7日在法国国民议会上还声称，历史会接受让柏林墙消失。不过，两天以后，这一任务就已完成，这清楚地表明法国对东德形势发展的活力估计错误。将希望过多地寄托在时间因素上，似乎是法国外交的弱点。

密特朗也让其外长就柏林墙的开放作首次官方表态。[116]这位外长在柏林墙和铁丝网倒塌前一天还曾又一次指出，要求统一是正当的关切，但将因"国际现实"而延缓。杜马强调说，原则与现实不应混淆，他还提到国际关系以及"战后的德国命运已由条约处理"。11月9日晚上，这位外长只确认了事实并干巴巴地表示了祝贺。到了第二天，正在哥本哈根与丹麦政府进行会谈的密特朗本人才在哥本哈根宣称对这一事件感到高兴，并说这意味着自由的又一个进步。正如在11月初德法政府磋商框架内所说的那样，密特朗现在也竭力表明他对统一并不感到担忧，如果它符合德国人民的意愿。不过，他在附句中指出，统一并非是未来两德关系可以想象的唯一变数。

两对人驾驭"双驾马车"

德法关系并非从1989～1990年之交起才打上个人烙印的，它是由两对起主导作用的政治领导人决定的：一对是密特朗总统和科尔总理，另一对是杜马和根舍两位外长。[117]他们的合作建立在多年接触的基础上，就两位外长而言，仅在1986～1988年法国左右联合政府期间，他们之间的联系才中断过；特别是基督教民主党人科尔和社会党人密特朗之间开始时被人预言为困难的个人关系成了成功、有效的"双驾马车"的基础，尤其在欧洲政策方面，密特朗在法国共产党退出政府和80年代初提出新的欧洲政策方向以后，发现科尔在许多方面与他目前在推行亲欧路线方面是具有类似思想的伙伴。

矮小优雅的法国人与高大粗壮的德国人在外表上的差异，也在两位政治家的自我描述以及媒体对这两位政治家的报道中表现出来。一方面是密特朗的精神人格，他遵循法国的传统，总是把自己看作文学家。在他可以回溯到二战年代的整个政治生涯期间，密特朗写过有关政治实质和法国政治体制的大量著作和文章。科尔与他不同，被视为是一位土生土长的政治家，也从不否认自己是普法尔茨州出身。但是，他们有共同的权力意识、追求目标的执着以及受本能驱使的政治风格，这平衡了二者外表上的对立。此外，还有一个相同之处：两人都亲历了战争年代，当时科尔是青年人，密特朗则是战士。密特朗曾在德国战俘营里待过，不过他后来说，也结识了这个"好的德国人"。由于各自的二战经历，科尔和密特朗把两国和解和持久地友好往来确定为其政策的中心任务。他们之间的关系经常被拿来与戴高乐和阿登纳的关系相比，正是在这种关系的基础上，80年代起开始了欧洲政策合作，这是观察者们开始时没有估计到的，也没有可以与之对照的人事构成组合。除了德法和解之外，两人尤其对欧洲一体化立下了功劳。80年代，欧洲一体化一再得到德法"双驾马车"的重要推动。

杜马和根舍两位外长之间的关系是对总统和总理关系的理想补充。他们之间的政治合作也饱含友谊元素并由极大的相互信任所决定。两位外长几乎每天进行秘密通话，内容超越双边例行公事，显示出他们之间专业、有效的合作。方向性的欧洲政策决定，基本上是由科尔和密特朗做出的，因为密特朗也把外交政策当作"保留领域"加以操控。关键的执行角色则交给了杜马和根舍。

总理和总统之间的沟通由总理府和爱丽舍宫的一个小范围工作组负责。德国方面主要是总理府外交政策司司长特尔切克及其处长约阿希姆·比特里希（Joachim Bitterlich），后者曾在法国精英大学法国国家行政学院（ENA）学习，他与巴黎政治团体和政治俱乐部保持联系。法国方面同样只有一小群亲密的顾问，不仅在法德事务方面，而且也在相关的欧洲政策方面为密特朗工作。其中有特尔切克的对话伙伴雅克·阿塔利（Jacques Attali）、总统发言人胡伯特·维德里纳（Hubert Védrine）、密特朗的欧洲政策顾问伊丽莎白·吉古（Elisabeth Guigou）和爱丽舍宫总管让-路易斯·比安科（Jean-Louis Bianco）。在这个小组里，并无特别的德国问题专家。

集中依靠挑选出来的小组人员也是密特朗个人的工作风格。[118]他反对任何类型的形式主义，反对各主管部门之间的严格界限。在爱丽舍宫，类似于帮助美国总统准备外交事务的国家安全委员会这样的机构是没有的。相反，密特朗习惯于在他即兴召集的会议上讨论他的想法，而是否即兴召集会议则依据主观经验的原则，也就是他感到有必要的时候。这一风格的基础是密特朗根深蒂固的历史文化知识。如果有一个问题有待处理，大多数情况下他很快就能产生一个相当清晰的景象，因为他习惯于超越单个事件不断地思考整体的政治联系并制定大的政策方针。这尤其适用于他对德国的看法和他的对德政策。由此出发，密特朗能够对个案迅速作出决策。而制定短期的战术构想不是他的擅长之处。与此相应，他对日常的外交工作并无兴趣。对于每天从法国大使馆或者外交部呈上来的卷宗，他不感兴趣。如果要参加一个峰会或进行一次国事访问，密特朗更愿意在飞机上与陪同人员聊天或者享受文学乐趣。大多数时候，密特朗只是粗略地了解为他准备的资料，而他这样做也主要是为了表示尊重顾问们完成的工作。他总是很快地阅读文件，且很少从头看到尾。他更喜欢通过与交流对象进行对话和交流思想来获取信息。

密特朗也很珍视与顾问们的智力辩论。他常常有意识地挑起分歧，以便了解对方的性格是否坚定或者是否有机会主义的倾向，也就是确定他们是否只是在迎合自己的想法。在对德国关系问题上，特别重要的人物是维德里纳。作为"外交顾问"，他负责对其他国家的关系，因而也负责对德关系，包括准备国际峰会。此外，吉古在欧洲政策领域负主要责任。自1990年初起，她还奉命额外负责法国对中东欧国家的关系。阿塔利拥有特殊地位。他在爱丽舍宫的位置无法用传统的等级制度来加以定义。密特朗根本不太关注组织体系。阿塔利行使总统特别顾问的权利，以这一地位大力推进与特尔切克的直接沟通。像其他工作人员描述的那样，阿塔利喜欢把自己塑造成总统身边不可或缺的人物。为此，他把一切可能的任务范围都揽到自己手里。爱丽舍宫的一个核心人物是比安科，作为总管，所有线索都经过他那里，但他在对德政策中不占有突出地位。决定性的特征是，所有这些工作人员都与总统定期保持个人联系。他们属于总统的小范围谈话圈，杜马也间或加入。杜马与密特朗有着非常紧密的信任关系，很乐意被戏称为总统的"年老的自己"，但他在智囊团中却没有突出的地位。

密特朗没有赋予总理米歇尔·罗卡尔（Michel Rocard）特殊的外交政策权限，罗卡尔与法国驻外大使一样，在这个结构中处于不重要的位置。大使们的影响，包括对外长意见形成的影响，可以说是微不足道的。比如，当波恩大使馆的消息传到凯道赛外交部的时候，大多数时候杜马早已从第一手来源就得知波恩发生了什么事情，或者说知道了根舍有什么想法。通常，这位能说德语的外长早就与根舍通过电话。在杜马看来，法国驻波恩大使馆的主要意义在于从"基层"听取意见，意思就是能够了解并解释公众对当前趋势的看法。

不过，柏林墙倒塌事件也考验着波恩和巴黎之间良好的政治关系和个人关系。两德内部边界的开放明显变成了欧洲政治框架条件的革命，而这发生在对法国来说可能是最糟糕的时刻。巴黎政府对中东欧的变化毫无构想，因为他们一直集中精力于继续推进西欧一体化的计划：列入议事日程的是欧洲经济与货币联盟取得进展，这些进展应在法国 1989 年下半年担任欧共体轮值主席期间实现。

第五节　伦敦害怕德国中立

几十年来，英国的对德政策很大程度上受安全政策考虑的影响。[119] 只能通过法德和解以及美国长期留驻欧洲大陆才能确保欧洲和平，这一意识是英国 1945 年以后的德国政策和欧洲政策的重要坐标。此外，将联邦德国系于西方联盟的意义也毋庸置疑，因为，一个陷入对苏依赖的德国将严重危害欧洲的均势和安全。所以，恢复德国统一虽是《波恩条约》、北约《哈默尔报告》以及大量德英公报中确定的英国政策目标，但德国作为北约忠实成员的地位却是不可取代的条件，在英国的安全考虑中，德国的中立是一个噩梦。[120] 作为对这些考虑的补充，英国认为自己是二战战胜国，英国同民主德国的关系决定性地打上了这个自我认识的烙印。[121] 因此，英国从未考虑在有关柏林地位或者甚至在承认柏林是民主德国首都这些问题上作出让步，双方的经济与文化关系更是比较薄弱。在外交交往中，与对其他东欧国家相比，伦敦强调不同点。在英国驻东柏林大使的班子里没有武官；在英国外交部，主管柏林问题的西欧司也负责民主德国事务。

重要的安全考虑是英国对德政策的中心。1989 年初，一直以来被称为是良好的英德关系，即一个"静悄悄的联盟"跌到了一个低点：如前所述，对德美关系产生影响的有关北约短程核武器"长矛"系统现代化的争论，也决定了英吉利海峡对岸对德政策的认识。联邦德国对在其版图上部署现代化短程导弹所表现出的犹豫，被视为德国人对联盟的忠诚正在消失，其可靠性正在减弱。联系到东欧的变化和戈尔巴乔夫访问联邦德国时受到的热情接待，英国大量媒体自 1989 年初夏开始认为，存在着德国过于靠拢苏联的危险。[122] 戈尔巴乔夫自 80 年代中期以来就得到英国尤其是撒切尔首相的最高赞赏，英国观察家不顾这一事实，[123] 认为德国媒体和政治家对戈尔巴乔夫的尊重是危险的信号。1989 年 3 月在柯尼斯温特尔举行的传统的德英会议上，英国方面还特别对德国外交政策的"去美国化"危险提出警告，并要求"德国东方政策的西方化"。

但总体上，英国的外交政策和对德政策还是表现出很大的稳定性，这种稳定性在统一进程的准备阶段也没有因为下述情况而受到影响，即 1989 年首相因内政问题而两次临时更换外交部负责人：7 月，从 1982 年起就任职的杰弗里·豪爵士（Sir Geoffrey Howe）被没有外交经验的约翰·梅杰（John Major）替代，仅仅 3 个月之后，梅杰又被原职业外交官、时任内政部长的道格拉斯·赫德（Douglas Hurd）所取代。

撒切尔夫人的世界观和德国观

1989 年初，德英之间的紧张关系由于撒切尔这位女政治家领导英国政府而变得额外困难，因为她对德国的态度深受她年轻时的战争经验影响。[124] 她对德国和法国都无好感；个别观察家甚至指责她有孤立主义和排外主义倾向，认为她"充满着天生的民族主义，观察欧洲大陆国家总是带着怀疑态度，甚至抱有反感"。这也铸成了撒切尔夫人敌视一体化的欧洲政策。1988 年 9 月她在布鲁日欧洲学院发表的演讲中，纲领性地概括了自己的欧洲政策目标：紧密合作的强大的民族国家，而不是中央集权的决策，放弃主权以及专注于大西洋共同体，大西洋共同体是"我们最伟大的遗产和最强的强项"。这背后也隐藏着她害怕出现一个德国支配的欧洲。在她看来，如果——按照她的看法是可以理解的——民族意识薄弱的德国政治家得以贯彻其"强行建设一个欧洲的德国"这一主张，那么，这样的欧洲就会形成。

这位英国首相尽管具有坚定的意识形态，但倾向于推行联系个人的外交政策。她很少掩饰她这类评价主要是针对联邦总理科尔。[125] 虽然两位政治家在公开场合总是相互表示高度尊重对方，但他们的个人关系一直保持冷淡，甚至常常带有个人动机的咄咄逼人特征。这在 80 年代末的一次北约峰会上表现得尤为清楚。这次峰会的任务是就增加"长矛"短程核导弹装备问题进行辩论。当撒切尔夫人显然是针对联邦总理而在会上不断地提到"胆怯"二字时，科尔作出了反应。他指出，在这次会议的参加者中间，他作为唯一一个有两个预备役军官儿子的父亲，不需要这样的说教——这是针对撒切尔夫人那位成为报纸标题的儿子马克·撒切尔（Mark Thatcher）而说的。鉴于这一基本情况，此后在科尔为推动统一进程而建立的国际关系网和联络网中，撒切尔夫人与布什、密特朗和戈尔巴乔夫相比没有扮演重要的角色，就并不令人感到意外了。[126]

概括撒切尔夫人关于外交政策、欧洲政策和对德政策的信条，可以看出一个处于中心地位的基本要素：她的一切考虑都打上了安全政策问题的烙印。她完全按照"特殊关系"的传统，固守英美的紧密接触，这一接触应该构成在她看来是不可放弃的美国在欧洲义务的支柱之一。撒切尔夫人认为，美欧挂钩的基础只能是北约，而德国又是北约不可或缺的成员。对她来说，只有这样的组合才能实现北约的原始功能。北约首任秘书长黑斯廷斯·莱昂内尔·伊斯梅爵士（Lord Hastings Lionel Ismay）曾经尖锐地阐述过这一功能，即将美国人拉进来，将俄国人挤出去，将德国人摁下去。撒切尔夫人的这一态度与其过分厌恶欧洲大陆的一切——特别是德国的和法国的——相结合，是一种源自19世纪末的实力和均势思想，这成了她思考国际事务的坐标体系，加上她与科尔充满冲突的关系，构成了1989年底撒切尔在两德统一讨论开始时所推行的外交政策的基础。

人们在背后说撒切尔夫人对一切机构都抱有深刻的怀疑。一位评论家概括为一句话说：她不能见任何一个机构，见到就要拿自己的手提包去打它。[127]在她的政策设计中，政府工作的两个正式中心，即首相办公室和内阁办公室，起着次要的作用。对撒切尔夫人来说，与身边的朋友和亲信协商是重要的。在外交政策领域，与她特别接近的是负责外交与国防政策的私人秘书查尔斯·鲍威尔（Charles Powell）、新闻秘书伯纳德·英厄姆（Bernard Ingham）、外交事务顾问珀西·柯利达爵士（Sir Percy Cradock），以及她的首任私人秘书安德鲁·特恩布尔（Andrew Turnbull）。[128]这四个人组成了撒切尔夫人外交事务的"厨房内阁"。其中，外交官鲍威尔最有影响力，用首相自己的话来说，与他可以达到默契，他们俩也一致认为，外交政策比外交工作更重要。

在唐宁街10号，英厄姆是撒切尔夫人共事时间最长的同事。他从1979年起就接任首席秘书职位，并在这个岗位上待到1990年。与鲍威尔一样，英厄姆和首相相处得极好，参加所有秘密会议。柯利达爵士从1984年起担任撒切尔夫人的外交政策顾问，他原本是外交官出身，从1976～

1978 年担任驻民主德国大使，但他首先是亚洲问题专家。与鲍威尔和英厄姆相比，他对首相的影响力很小。最后，特恩布尔是撒切尔夫人的首位私人秘书，从而也是首相私人办公室的首席协调官，他的任务范围主要在经济政策方面，外交政策则交给鲍威尔，所以特恩布尔对德国政策的影响仅限于经济方面。

此外，撒切尔夫人习惯于不定期地与经济学家和专家举办讨论会，以便就各式各样的议题了解情况。她那种带有个人烙印的执政风格对于英国政府首脑来说并非不同寻常，但与其前任们相比却明显地突出。撒切尔的执政风格明显地削弱了内阁的作用。只要有可能，她就绕开内阁，有时重要部门的部长们发现自己被排除在内部的政策决定圈之外。[129] 1989 年，自 1979 年就在内阁中工作的同事中只剩下了一人。与撒切尔夫人的执政风格相应的，是迅速而认真细致地办事，不在讨论或者漫长地寻求一致中浪费时间。这特别在撒切尔夫人与其同事的相处中可以察觉出来，她常常粗暴地斥责他们，反过来却不听取他们的咨询意见。

所以，在撒切尔夫人面前，历任外交部长们都难以贯彻自己的主张。在英国的政治体制中，唐宁街 10 号和外交部在外交政策设计上存在着固有的竞争，这种竞争尤其在 1989～1990 年之交起了作用。在替换了没有外交经验的梅杰[130]之后，拥有多年外交生涯的赫德领导了外交部，他越来越表现出自己是首相的对手，而且分量不小。赫德是英国保守派队伍中最支持欧洲的政治家之一，也是欧洲统一货币的捍卫者。撒切尔夫人把他召进外交部，被视为是她在自己党内权力遭到削弱的最初征兆。对她来说，赫德正在发展成为政府内的强大反对派。赫德在德国政策方面并无深刻的知识，所以他首先得依靠官员们的建议，尤其是魏思敦（John Weston，政治司长）和希拉里·辛诺特（Hilary Synnott，1989～1991 年外交部西欧司司长）起了关键作用，他们后来也是英国"2＋4"代表团的成员。[131]

正在通往"第四帝国"的道路上？

"我们正在通往第四帝国的道路上"——1989 年 10 月初，英国报纸《泰晤士报》以悲观的言辞和对德国人的公开敌意，开始了围绕两德可能统一及其后果的激烈辩论。[132]该文作者康纳·克鲁兹·奥布莱恩（Conor Cruise O'Brien）是原议会议员，他在文章中提出这个引导性的命题：苏联不再能阻止德国重新统一，这不可避免地意味着要建立"第四帝国"，很有可能重新使用霍恩佐伦家族①的黑－白－红旗帜，并从该家族选出一位皇帝。爆炸性的民族主义将促使德国人要求结束占领和撤出所有外国军队。之前当然还须为希特勒、国家社会主义和大屠杀平反，还有种族政策也将死灰复燃。驱逐犹太人，中断与以色列的关系，在巴解组织（PLO）中建立军事委员会，以及在德国每座城市树立希特勒雕像，将是这一"第四帝国"带来的进一步后果。

联邦总理科尔及其同事们全神贯注地注意新闻界的这种声音，虽然大家都认为，由于这些内容毫无根据而且充满挑衅，与该文进行直接的辩论是不值得的。但这一指责对科尔的伤害多深，表现在1990年3月底科尔访问剑桥时说的一句话：他反对所有那些"今天轻率地谈论'第四帝国'幽灵"的人。后来，奥布莱恩的负面文章虽然被证明很极端，但它绝非个别现象。尤其是接近政府的《泰晤士报》的新闻评论家、《经济学人》杂志的单篇报道以及一些通俗报纸，通过报道实际存在的或臆想的德国统一危险和英国人对此如何害怕而大出风头。不过，如果观察一下整个英国媒体围绕边境开放主题所作的报道，可以看出它们在很大程度上还是中立的，而且常常是正面的，这些报道也反映了公众在这段时期的看法：1989年10月，大约70%的英国人赞同德国统一，只有大约16%的人表现出他们对军事威胁的担忧，36%的人认为两德统一会造成经济危害。

"自由的伟大一日"，撒切尔首相对柏林墙倒塌作出第一个反应时如是说。与赫德外长是在应意大利大使邀请赴宴途中获悉这一事件一样，撒切尔夫人对民主德国的发展也感到意外。[133]与密特朗和布什不同，撒切尔夫人在之前的几天和几周里根本没有对因大量逃亡和匈牙利边境开放而出现的两德关系的变化作评价，而外交部几天后就对这些事件作出了反应。现在，撒切尔夫人明确警告称，统一可能会对欧洲稳定带来危险。这总体上表明，英国首相虽然出于意识形态原因欢迎她自己所称的资本主义对共产主义的胜利，但她还没有对德国和安全政策框架条件意外的革命作好准备，在可以预见的时间内，可能也不会对此作好准备。只有这样才能解

---

① 最著名的德意志王朝之一。自中世纪以来，该家族分化为许多直系和旁系。其中一支名为勃兰登堡－普鲁士（Brandenburg-Preußen），1701～1918年的普鲁士国王均来自这一分支，并于1871年诞生了德意志帝国的首任皇帝。——译者注

释，赫德外长 11 月 16 日在柏林确认，德国统一"目前尚不是积极列入议事日程"的事务，他在 12 月 5 日德国电台的访谈中确认，"还没有听说过哪位英国政治家谈论过统一"。公开的即兴反应，尤其是首相的即兴反应，目的很明显，就是要赢得时间，并建立一个——显然是欧共体国家和政府首脑圈子里所期待的——拒绝阵线。[134]

第三章　寻找一个方案

"虽然我们没有方案，但我们对那些人不能承认这一点。"[1]1989 年 11 月 14 日，在基民盟/基社盟议会党团会议上，一位议员发出如此呼声，他的呼声恰如其分地总结了东西德边界开放将近一周后的政治形势：对于形势的不确定性，对于下一步需要采取什么步骤缺乏把握，以及巨大的矛盾心理，正是这些日子里内政外交所处的状况。外国对两德边境开放的直接反应也表明，没有人曾经估计到这场欧洲政治框架条件的革命。

第一节　处在相互靠拢与两国并存之间

柏林墙倒塌以后，德国和外国政府的一切行动和言论起初都因意外而被迫作出即兴反应。此时，出现了在联邦政府看来会导致危险结果的发展，而联邦政府中起领导作用的政治家们对下一步应采取什么步骤也没有确切的设想。因此，1989 年 11 月 9 日之后，国内外都很快明白，尽管政治框架条件已发生变化，但对于解答德国问题却没有任何具体的前景。一方面，在波恩政府中没有一个政治家明确宣布："我们要统一，对此我们有以下设想"；另一方面，反对重新统一的人则对未来的两德关系的设计提出了第一批建议。

莫德罗提出"条约共同体"

汉斯·莫德罗（Hans Modrow）发出的信号很明确：进行史无前例的紧密合作，但同时明确拒绝任何统一的思想。1989 年 11 月 17 日，也就是在柏林墙倒塌 8 天、莫德罗当选民主德国总理 4 天以后，这位统一社会党的政治家在其政府声明中，向东德民众尤其是向波恩政府发出了明确无误的信号。[2]在描述了他所谋求的内部政策和经济政策的变化以后，莫德罗首先表达了他对外交和安全政策的一般考虑。这些考虑，正如再次提名现任

— 55 —

外长菲舍尔一样，几乎没有超越已知的东西。莫德罗宣布的内部改革具有明确的目标，就是固定两国并存的局面："这样，民主德国作为社会主义国家和主权独立的德意志国家的合法性就得到了重申。不是通过许诺和保证，而是通过民主德国生活中新的现实，来拒绝一切既不现实又充满危险的有关统一的猜测。"莫德罗强调民主德国忠实于条约规定的一切国际义务，首先是华约和经互会中的经济合作。他宣布自己的政府谋求与欧共体"尽快商定合作关系"，这使得莫德罗明显有别于那些对此持犹豫立场的前任们。

贯穿于政府声明的主要动机是，在保留社会主义制度的前提下进行改革，莫德罗在该声明结尾处提出了有关重新设计两德关系的一揽子建议。他超越《基础条约》和迄今签订的所有条约和协议，提出愿意在一切可以设想的领域进行合作。现存的两德"责任共同体"应该通过一个"条约共同体"加以充实。莫德罗在与苏联政府商量以后，在讨论中引进了一个在国家法、国际法以及历史上都无法信手拈来的概念，这个概念强调了"合作共处"这个措辞，又强调了"两国并存"。这一概念同时也是共产主义制度与资本主义制度的"和平共处"的进一步发展，从60年代以来，"和平共处"就属于苏联及其卫星国的意识形态。

莫德罗拒绝统一与他其后在人民议院辩论中采取的路线，在很大程度上是一致的：[3]在外交和安全政策方面，曼弗雷德·格尔拉赫［Manfred Gerlach，德国自由民主党（LDPD）］、卡尔-海因茨·维尔讷［Karl-Heinz Werner，德国民主农民党（DBD）］、沃尔夫冈·赫尔格尔［Wolfgang Herger，德国统一社会党（SED）］的意见原则上一致，而德国国家民主党（NDPD）的君特·哈特曼（Günter Hartmann）虽然也坚持保留两国并存，但在讨论中却引入了两个主权国家建立邦联的思想。其他演讲者根本没有讨论莫德罗有关德国政策的想法，而德梅齐埃［东部基民盟（Ost-CDU）］很大程度上回避了这一议题。虽然内定的副总理德梅齐埃并非人民议院议员，但在意见大部分一致的辩论中代表他的党派。他向议员们指出，民主德国首先仍必须努力使自己在欧洲取得令人尊敬且乐于合作的邻国地位。

此时，统一的想法对共产党的精英们来说是多么不可想象，几天以后统一社会党中央主管书记与社会主义国家驻东柏林使团团长的会见就清楚地表现了出来。[4]汉斯－约阿希姆·维勒尔丁（Hans-Joachim Willerding）给来自华约成员国、越南、古巴和蒙古的谈话伙伴传递的印象是,"统一社会党领导层既没有政治方案也没有经济方案"。根据会见参加者的报告,这位中央书记处书记以前所未有的坦率描绘了一幅阴暗的画面:统一社会党正在分崩离析、国家经济遭到毁坏及其对民主德国国家结构产生的影响。但他同时清楚地指出,回荡在空中的统一问题仅仅是联邦德国提出来的,对统一社会党来说这个问题不存在。维勒尔丁说,民主德国必须保持不同于联邦德国的社会主义选择,他请求外国外交官给予支持。

反对"固定两国并存"

波恩政府的反应明显不怎么赞同《莫德罗计划》。[5] 德意志内部关系部(BMB)部长多罗特·魏姆斯(Dorothee Wilms)公开声称,这是"积极的、尽管主要还是形式上的开端",而将之转化为实践才是决定性的。与之相反,内部对该计划的评估则明确得多:"所有提到的模糊设想不仅服务于互相靠近,而且主要也是为固定两德并存服务的。"根舍外长指出,《莫德罗计划》同时含有对 11 月 18 日巴黎欧共体特别峰会东道主法国政府提出的备忘录的意思。由德国统一社会党继续占据重要部长席位的民主德国新政府,企图通过与西方的广泛合作而确保自己的改革路线。部分外国媒体从莫德罗的政府声明中也主要看到了其明确拒绝重新统一的思想,并认为这是公众讨论转向的开始:从现在开始,将更多地谈论两德如何持久并立。在科尔及其同事看来,莫德罗发表的意见过于模糊,尤其是统一社会党没有明确放弃其领导地位要求。由于波恩认为,应该继续坚持 11 月 8 日政府声明中的立场,即只有进行以民主和市场经济为方向的明确改革,才可能给予经济援助,莫德罗的建议不能不被看作是不充分的。

人民议院和民主德国媒体对政府声明的讨论表明,重新统一的思想并不仅仅是未进入权威政治家的意识之中。东德缺乏有关该议题的可信的民意调查,一些行动例如呼吁"为了我们的祖国"以及一些民权小组和新成立的民主德国社会民主派的表达都显示出,那些反对现存制度的抗议活动绝不意味着自动赞成统一。比如,11 月底民主德国社会民主党(SDP)发言人马尔库斯·梅克尔(Markus Meckel)还提出重新统一是否根本符合民主德国的利益、民众是否真正愿意统一这个问题。[6] 但在当时的情况下,不断攀升的移民数字表明,越来越多的人不愿意留在东德。柏林墙开放后 10 天内,东德当局发放了 16000 多份出境旅行许可证;由于后来出境许可不再需要，估计当时每天甚至有 2000 人移居联邦德国。考虑到同一时间内几乎有 1000 万人从民主德国去西部访问，这一数字显得相对较低，但联系到 1989 年初夏很高的逃亡数字，可以看出，几乎无法阻止东德人员跑空。不仅如此，从 11 月 19 日开始，先是在莱比锡，然后在民主德国其他城市，"我们是人民"这个口号越来越被"我们是一个民族"的口号所代替。虽然国家安全部（MfS）的报告中说，"眼下大多数人反对德国重新统一"，但是"在保持不同社会制度的情况下，两个德国之间建立邦联被视为是可能的道路。同时也有一种观点认为，如果转折的政策失败，那么重新统一将是不可避免的"。而靠近边界地区的居民却认为，德国统一"在他们看来，由于边界开放而实际上已实现"。[7]

11 月 20 日，统一社会党的两位政治家克伦茨和莫德罗在东柏林与联邦总理府部长塞特斯的会谈中，令人毫不怀疑他们两人坚持独立自主的意图。[8] 根据西德与会者的评价，莫德罗在将近 3 个小时的商谈中还清楚地表明，他虽然意识到自己任务的艰巨，但还不完全了解有待处理问题的全貌。西德人对民主德国代表团不同寻常的坦率感到吃惊。莫德罗和克伦茨都强调两德关系的特殊性，并且毫无保留地谈到柏林问题。两德政治家的会晤也表明，过去那种理所当然的事情不再有效。他们可以抛开几十年来老生常谈的外交辞令，直截了当地谈到新的想法。但两人都明确声明民主德国的独立自主，追求重新统一并不现实。克伦茨还强调，民主德国对另一个领域有着广泛的共识，即民主德国必须保持为社会主义国家。莫德罗阐述的重点是经济问题，他在当选为政府首脑之前就曾明确地要求，今后在联邦政府与民主德国谈判时，除了国家和党的领导人克伦茨之外，也要把他作为谈话伙伴考虑进去。与克伦茨一样，莫德罗在充满细节问题的谈话结束时对塞特斯保证，准备自由选举。两位政治家提到，自由选举的可能日期是在 1990 年秋和 1991 年春之间。

莫斯科反复说"不"

紧随着柏林墙倒塌，苏联党的领导人戈尔巴乔夫及其外长谢瓦尔德纳泽分别在与科尔和根舍的通话中作出了反应，他们用外交辞令和非常明确的"不"反对改变现存欧洲边界。[9] 起初，苏联外交部发言人格拉西莫夫也用类似的外交辞令表达了看法。他虽然将媒体有关重新统一的讨论称为"纯粹是头脑里的想法，与现实政治无关"，但他同时也表明，只要民主德国留在华约并完成其他种种国际义务，政府有可能变更。几天以后，他确切地或者说鲜明地表达了这一看法："存在着两个德意志国家。在两个国家之间总会有一条边界。"

11月15日，戈尔巴乔夫本人也表达了类似的看法。他提到两个德国都是联合国成员，同时也分别是两大军事和经济联盟即北约与华约、欧共体与经互会的成员，他在莫斯科的学生面前说："存在着两个德国。历史就是这样决定的。这一事实普天之下得到了承认。"与此同时，塔斯社（TASS）在当天发表了这句话："有关重新统一的讨论意味着对西德和德意志民主共和国事务的干涉。"两天以后，当塔斯社的文献汇编在《真理报》上刊登的时候，承认德国人自决权的句子被删掉了，而且是由戈尔巴乔夫自己删除的。此举也说明，这位党的首脑对重新统一的考虑不再完全陌生，但删除这句话也显示出，眼下讨论这一议题对他来说是不受欢迎的。11月17日，这位总书记在一个德法议会高级代表团面前又强化了这一印象：战后现实不容置疑，这不仅涉及欧洲边界，还涉及军事联盟。军事联盟应该随着进一步的裁军步骤转变为政治联盟，但绝不能取消。戈尔巴乔夫在与联邦议院议长丽塔·聚斯穆特（Rita Süssmuth）及其法国同行洛朗·法比尤斯谈话时说，口号是转型而不是清除，这也适用于德国问题。

联邦总理府与外交部一样，仔细记录了苏联国家和党的领导人的所有此类言论。[10]人们有些不快地得知，苏联人加强了与其他三大国的外交官和政治家的接触，显然也和他们讨论了行使四大国权利问题。比如，戈尔巴乔夫和谢瓦尔德纳泽几天之内就在莫斯科接见了美、英、法三国的大使。11月17日，谢瓦尔德纳泽在最高苏维埃议员面前毫不含糊地强调大量国际条约中确认的"现实"及其与欧洲稳定和安全的联系，他这是重拾了几天前他对杜马表达的看法：联邦德国的个别阶层想把统一问题列入议事日程，这在莫斯科引起了"巨大的忧虑"，因为这不仅使民主德国的存在，而且使"欧洲大陆整个领土－政治秩序都将受到质疑"。不过，总理府也注意到，谢瓦尔德纳泽至少在苏联议员面前只是表示反对单方面改变现状；与此不同，这位外长认为在全欧背景下共同进行和平变革是可能的。

11月15日，苏联驻波恩大使克维钦斯基与总理府部长塞特斯会面时，也表示了明确的反对态度。[11]克维钦斯基说，苏联欢迎已经开始的进程，但现在重要的是继续把民主德国作为一个主权国家对待。在寻找解决办法的时候，莫斯科将持建设性的态度，但波恩必须尊重"严酷的现实"。外交部国务秘书于尔根·苏德霍夫（Jürgen Sudhoff）在谈话中指出，理所当然，一切现存条约都应得到遵守。德意志内部关系已纳入欧洲的命运之中，因此，应该推进全欧整体发展。苏德霍夫具体提到欧安会进程。克维钦斯基本人强调，民主德国居民不断地外流，不仅关系政治利益，而且也涉及重大的经济利益：苏联 20% 的外贸是与民主德国开展的。那个时候，克维钦斯基发回莫斯科的电报中也提出了类似的观点。他说，在柏林墙建立之前，民主德国就曾因居民大量移居西部而蒙受巨大经济损失。如果当前的迁移浪潮持续下去，民主德国的血液将会流干，重新统一也会因此而不可避免。克维钦斯基向其政治领导层建议，通过目标明确的建议，至少按照他们的意图对这一不可阻挡的进程施加影响。

"我们也在思考不可想象的事"

几天后，苏共中央国际关系部部长瓦伦丁·法林的紧密同事，苏联重要的德国问题专家尼古拉·波图加洛夫（Nikolai Portugalow）就试图施加这种影响。早在柏林墙倒塌几天之后，他就在一次访谈中宣称，考虑"新的统一"为时过早，但他没有排除在经济、生态和文化领域形成"邦联结构"。波图加洛夫指出，重新统一对"两个德国的邻国，不论是东边的还是西边的邻国"都不适宜。在可预见的时间内，联邦德国和民主德国作为主权国家都将继续存在，"作为两个国家，它们虽然属于不同的体制，却是同属于德意志民族的两个国家"。

受法林的委托，波图加洛夫要求与特尔切克在 11 月 21 日谈话。如同过去与埃贡·巴尔（Egon Bahr）那样，波图加洛夫在科尔执政后与特尔切克保持着秘密联系。他们不时地以这种国际政治中常见的方式不仅在波恩和莫斯科之间传递敏感信息，而且就像这天那样，也通过非正式的途径提出想法并不受约束地检验其效果。[12]波图加洛夫的行动受到了法林的鼓励，在波图加洛夫带着两个目的被派往波恩之前，他也部分地与戈尔巴乔夫最重要的外交政策顾问切尔纳耶夫进行了商议。这两个目的是：第一，波图加洛夫要了解联邦政府在德国政策方面计划采取何种动议；第二，他应该借"邦联"这样的提示语将德国人引导到法林所期望的方向去考虑问题。

在特尔切克的办公室里，波图加洛夫按照手写笔记向特尔切克所谈的内容，对科尔的同事们来说是个"小小的轰动"。[13]凭借一张没有约束力的纸条，这位苏联外交官先是描绘了莫斯科眼中的当前局势。很清楚的是，戈尔巴乔夫及其同僚偏离官方的说法，很清楚地明白德国问题再次提上了议事日程。波图加洛夫叙述的第二部分内容并未与戈尔巴乔夫及其紧密顾问商量，是法林和他向联邦政府提出的问题。在此过程中，首次出现了长期列入禁忌的概念，例如和平条约以及波图加洛夫最后确认的邦联："正如您看到的，在德国问题上我们思考了一切可能的替代性选择，甚至是那些似乎不可想象的事"。这次访问令特尔切克多么"振奋"，表现在紧接着这次谈话之后，特尔切克就向联邦总理建议，利用莫斯科的积极信号在德国问题上提出自己的倡议。

苏联倡议的内容和总理府的反应表现了不同层面的论证。在官方和公开表态中，苏联坚决拒绝对德国问题的任何想法。但在小范围内，例如谢瓦尔德纳泽在最高苏维埃外交委员会的讲话，在明确讨论统一时探讨了各种可能的替代性选择，或者通过私下渠道，如波图加洛夫向特尔切克发起的行动那样，透露了有关两德接近的具体考虑。这些情况在总理府不能不唤起这样的印象，如果不想在苏联的公开攻势面前被置于守势，并且在日后贯彻自己意图时不至于处于不利的起点和谈判地位，那么，自己对德国问题的思考和发表的意见必须更加具体得多。[14] 比如，如果苏联援引 1952 年《斯大林照会》建议的两德统一，同时要求统一的德国保持中立，人们应如何反应呢？

美国强调自决权

如果说苏联对德国问题的立场由反对的态度但也互相矛盾的想法所决定，那么，美国政府的立场则前后连贯得多。很早以来，布什总统和贝克国务卿就一贯地对重新统一表示了积极态度。由于他们很早就研究了"德国问题"，美国政府对"四国权利"这一议题也并非毫无准备。早在 10 月间，国务院的法律顾问就对驻德盟军权利问题提出了专家鉴定。[15] 紧接着柏林墙倒塌之后，贝克及其同事就从鉴定中得出结论，绝不能越过德国人在两个超级大国之间达成一致。相反，起决定作用的是德国人的自决权。布什总统 11 月 17 日在与科尔的通话中就表示了这一立场。

在通话中，联邦总理首先通报了他访问波兰和当地改革的情况。就像一周前那样，他指出向波兰和匈牙利提供经济援助的必要性，波兰在即将到来的冬天肯定需要欧共体的生活资料援助，周日科尔将与匈牙利总理私下会面。科尔预测，如果那里的改革者不能取得成功，那么民主德国的改革也注定会失败。科尔显然想努力不让德国问题的现实性过于占据主导地位。关于民主德国的发展，他首先向总统通报了莫德罗领导的新政府情况。该政府虽然在经济上朝着多少正确的方向变动，但对民众来说，真正重要的主题，如自由选举、允许成立政党、自由工会和自由的媒体，仍然缺乏清晰的说法。目前许多来自民主德国的访问者又回到了他们的家乡，但如果对变革的希望落空，情况很快就会发生变化。这一点，他在详细的通话中也对戈尔巴乔夫作了说明，并请他对东柏林领导层施加相应的影响。科尔保证坚持现在的路线，不做任何会使民主德国局势动荡的事情。接着，布什谈到莱赫·瓦文萨（Lech Walesa）在华盛顿访问的情况。他说，根据科尔的建议，他已要求国际货币基金组织尽快结束与波兰的谈判，这可能在12月中发生。布什没有确定美国对波兰的援助规模，但请科尔在即将召开的欧洲理事会特别会议上通报两人通话的情况，并游说大家进一步为波兰提供帮助。

在谈话继续进行的过程中，再次显示出布什多么重视与科尔的直接接触。总统明确表示，他对科尔无法在计划于12月初举行的美苏马耳他峰会之前去戴维营进行个人会面感到遗憾。由于自己的日程安排，他不可能像科尔建议的那样，在与戈尔巴乔夫会晤之前，与总理在西班牙见上一两个小时。但无论如何，他会再次与科尔详谈德国问题，以便听取科尔的意见和建议。最好的办法大概是，在根舍外长访问华盛顿之后再次通话。布什指出，北约内部对当前形势的判断存在分歧，因此他愿意与所有伙伴们商议。与大范围的磋商相比，眼下对他来说更重要的是与德国人的个别谈话，借此他可以了解德国人的立场，而不必因为其他人在场而不得不受到限制。因此，在12月4日布鲁塞尔北约会晤的前夕，他愿与总理共进晚餐。在30分钟通话将要结束的时候，布什再次重申他希望了解科尔立场的所有细微之处，因此在根舍11月21～22日的华盛顿会谈以后，也许两国外交政策顾问斯考克罗夫特和特尔切克也应该交谈或会面。科尔对此表示同意，并宣布，在根舍的美国之行后，将向布什总统递送一份详细的备忘录。

示意"四大国权利"

几天以后，布什得以和根舍就统一的前景进行具体得多的交谈。[16]德国代表团从华盛顿对话伙伴布什总统、国务卿贝克和安全顾问斯考克罗夫特身上感受到了"充满亲切和真诚好感、真正热情和深厚友情"的气氛。根舍在与布什见面时，强调德国人对欧洲邻国以及对欧共体和北约伙伴的责任感，强调承认德国东部边界，但也强调了德国人的自决权。布什表示，美国赞同自决权以及在和平与自由中实现统一的构想，但他不排除两德靠近的进程比人们普遍期待的要快得多。他明白地表示，在即将与戈尔巴乔夫举行的会晤中也将了解戈尔巴乔夫在德国问题上的行动余地。

在美国安全顾问斯考克罗夫特将军紧接着与根舍进行的半小时小范围会谈中，斯考克罗夫特将军也强调，了解戈尔巴乔夫并试探他在外交政策上的活动空间，将是美苏峰会的重要内容。当斯考克罗夫特抛出四大国会议或者签订和平条约问题时，德国外长作出了强烈的反应。根舍提到勃兰特的演讲，表示他再次反对可能的"小桌子解决办法"，[17]即按照1959年日内瓦外长会议的模式，两个德国可能只是谈判的对象。从任何角度看，这样的解决办法都只能是倒退，就像和平条约不再能符合实际情况一样。这两种考虑都包含着德国被孤立的危险。取而代之的是，六个与德国问题有关的国家都应平等地在一张谈判桌旁拥有自己的位置。德国问题仍须与欧洲问题联系起来。对此无须多谈，但其实人人都知道，西方拥有行之有效的方案，事情最终将按照西方的利益进行。

斯考克罗夫特关于和平条约和四大国会议的意见，在西德眼里拉响了多大的警报，这可以从一位德国顶级外交官后来发表的评论中看出，他写道："即使是美国也必须适应：雅尔塔已经过去！"[18]这清楚地表明，1989年11月，在西德看来，不能排除美国政府会提出这样的动议。因此，贝克的同事罗伯特·金米特几天前在联邦德国外交部谈话时就被告知，按照波恩的看法，目前举行四大国会议是没有意义的，因而将会遭到反对。不过，总的来说，根舍对自己的华盛顿会谈作了积极的评价，就像他11月23日向联邦内阁报告时说的，他尤其强调要反对德国走特殊道路，并为此而赢得了很多善意和理解。

然而，悬浮在政治上空的四大国权利问题，就像三大国履行盟军保留权的迹象一样，还是令联邦政府不安，这也与1971年9月3日的《西柏林协定》谈判的经验有关：[19]每当联邦政府的德国政策和东方政策有可能对东西方关系产生根本影响之虞时，西方盟国就会提出自己的保留权。虽然这些权利对联邦政府也有积极的一面，比如指出德国问题仍悬而未决以及德国边境的暂时性，但同时也决定性地限制了波恩在许多问题上的行动空间。因此，每当谈及盟国保留权时，总理府就会非常敏感，特尔切克与美国驻波恩大使沃尔特斯在根舍访问华盛顿前几天的谈话即是一例。[20]这次谈话也涉及四大国会议这个可能性，虽然沃尔特斯只是在两种情况下愿意考虑举行二战战胜国会议：为确认"德国的统一和自由"而举行会晤，或者因为民主德国出现了"充满危机的发展"。此前，沃尔特斯向特尔切克通报了与苏联驻东柏林大使维亚切斯拉夫·科切马索夫会晤的情况。11 月 12 日，他作为西方三大国驻波恩代表之一，第一个与苏联驻民主德国的代表见面。不过，沃尔特斯与其法国同事泽尔热·布瓦德维（Serge Boidevaix）、英国同事克里斯托弗·马拉贝已经一般性地预告联邦政府，三大国将与苏联进一步举行大使级会谈。

当波恩的西方大国大使与苏联驻民主德国代表扩大接触时，从西方盟国的首都也传来消息称，那里对四大国权利的思考和谈论正在加强。[21]比如，法国国防部长让－皮埃尔·舍维内芒（Jean-Pierre Chevènement）在柏林墙倒塌两天后就表达了对重新统一的可能的看法。他说，这种可能性不能排除，不过邻国必须予以接受，"并且四大国必须同意"。从英国政府那里也可以听到类似的声音。11 月 16 日，外长赫德在柏林的一次新闻发布会上表明了该国政府当时的基本立场。他说，英国对两德可能统一不存在原则性问题。但德国问题"目前还没有积极列入议事日程"。如果情况发生变化，那么重新统一就是一个议题，其"原则"在联邦德国的《基本法》以及盟国和英国政府的有关声明中已有规定，并将关系到"大量的人群"。

从美国也传来消息，四大国非常清楚地意识到四国权利。在柏林墙倒塌后的几天里，美国的各类德国问题专家都对此发表了看法。[22]例如，戈登·克雷格说，二战战胜国"可以商定举行一次会议，以决定两德发生何种形式的变化是可以接受的"；而乔治·凯南（George F. Kennan）则指出，在德国，许多决策不能"独自"作出。其他一些专家认为，行使盟国的责任与权利的时刻已经到来，而华盛顿国务院还在就新形势下应采取的正确道路进行思考。虽然还没有重要的政治人物明确地公开要求召开四大国会议，但媒体报道中的暗示和基本倾向则让人产生印象，即在原战胜国中如果有一个提出有关德国政策的倡议，就可能得到其他三个盟国的呼应。科尔周围的人很注意来自巴黎、伦敦和华盛顿的有关想法和暗示，因为它们明确地表明，西方盟国对已经成为可能的两德相互靠近，至少是部分地持保留态度。因此，人们紧张地分析其他西方邻国对德国人的情绪如何发展。多年来，联邦德国曾与这些国家在欧共体内一直进行着合作。

第二节　冰冷的峰会气氛

科尔第一次有机会亲自体验欧共体伙伴国对德国政策框架条件变化的反应，是在柏林墙倒塌后的第 9 天：11 月 18 日，法国总统密特朗邀请国家和政府首脑前往巴黎共进晚餐，以讨论中东欧局势的发展。

密特朗处于内政压力之下

密特朗临时邀请大家参加这次会晤，主要有三个目的：

- 使那些指责他内政上被动且没有方向的批评者无计可施；
- 显示 12 国共同体面对中东欧局势迅猛发展具有外交行动能力；
- 防止计划已久的定于 12 月 8～9 日在斯特拉斯堡举行的欧共体峰会因增加其他的议题而超负荷，按照密特朗的计划，该峰会主题是欧洲经济与货币联盟。

内政方面，柏林墙倒塌后不几天，密特朗就特别受到其前任德斯坦的攻击。[23]德斯坦指出东欧发生了革命性的变化，要求欧共体发出信号，而密特朗作为欧共体理事会轮值主席应该负责发出这一信号。同时，德斯坦建议，密特朗应让自己获得布什和戈尔巴乔夫的邀请，参加即将在马耳他岛举行的两个超级大国的峰会，以提出 12 国共同体的建议。正是德斯坦的这部分要求遭到了密特朗及其顾问的拒绝，因为它使人联想起 1945 年 2 月的雅尔塔峰会。在法国人看来，在雅尔塔会议上，美、英、苏在没有法国的参与下奠定了使欧洲分裂的基础。

因此，爱丽舍宫指出，"马耳他不会是雅尔塔"。美、苏将不会私自瓜分世界——这是法国害怕的，同时也是密特朗和布什这几天通话的主题。此外，杜马外长在法国国民议会上声明，今天两个超级大国已无法将欧洲人不愿意的解决方案强加给欧洲。所以，密特朗以欧共体名义参加峰会是可笑的，而以法国的名义访问峰会甚至是危险的：在马耳他将讨论裁军问题，由于法国自我理解为是独立自主的核国家，所以在裁军问题上始终拒绝参与两个超级大国的讨论。更为清楚的是密特朗本人在内阁会议上的讲话，他说，没有人会严肃地相信，他将踏上地中海的一艘战船，在那里通报欧共体的讨论情况，然后又再次启程离开，"以便两个大国能够单独讨论世界事务"。

密特朗及其顾问们竭力避免引起任何对雅尔塔的回忆，或者造成他对国内反对者的要求作出让步的印象。而爱丽舍宫逐渐产生了一种认识，即在当前形势下欧共体必须旗帜鲜明地表明自己的观点。在外部压力下，密特朗最终作了让步，并于11月12日委托其外长准备欧共体国家和政府首脑的非正式会晤。[24]由于他本人仍然认为其实没有急需讨论的事务，而只是要"占领这个阵地"，且会晤也不可能产生什么结果，所以密特朗明确表示，既不愿意提前举行斯特拉斯堡欧洲理事会会议，也不愿意组织一次特别峰会，而只想安排一次"工作餐"。

11月13日，密特朗临时发出的邀请在没有任何预告的情况下到达了总理府，密特朗尤其想以此防止自己的欧洲长期规划被中东欧的现实事件所盖住。对他来说，12月8～9日在斯特拉斯堡举行的常规欧洲理事会会议，可能变成对波兰、匈牙利、捷克和民主德国的变化进行评价以及对可能的反应进行无休止讨论的会议，从而使原定日程成为牺牲品，这个危险太大了。他原先的计划是，在斯特拉斯堡会晤中能在他所希望召开的有关经济与货币联盟以及欧洲社会宪章的政府间会议问题上取得重大进展，现在看来这个计划也遭到了极大的危害。鉴于英国公开反对密特朗的计划，德国、荷兰和卢森堡持谨慎态度，以及公众对讨论东欧改革国家问题有需求，相关的顾虑并非没有根据。因而，爱丽舍宫的晚餐也应有助于减少欧共体的议事日程——尤其是法国欧洲理事会主席国任期的结束——与当前欧洲变革形势之间明显的实际冲突。不过，在一个不仅对他个人来说看不清楚的局势下，密特朗对于采取草率行动的顾虑依然存在。

科尔徒劳地请求帮助

法国总统非常重视12人晚餐后不发表正式公报。因此，联邦总理府采取的相关动议没有成功。[26]有关情况是，会晤开始前两天，特尔切克在给阿塔利的信中递交了联邦总理对会议最后声明的建议稿。虽然当时人们听说，巴黎无意发表正式声明，人们也理解讨论这样的文件需要较长时间，这会产生一些问题。但总理府仍然希望巴黎会晤能发出一个明确的信息，尽管对是否采纳德国的建议自然要由密特朗总统来定夺。对于德国问题，波恩这份草案称，欧共体的国家和政府首脑已在联邦总理报告的基础上讨论了民主德国的最新发展。据此，峰会支持民主德国的旅行自由以及居民的言论自由、新闻自由、建立独立工会和政党以及自由、平等、无记名选举等权利。此外，还达成了共识，即应当继续努力克服欧洲分裂，而欧安会进程为此开辟了道路。共同政策的目标仍是为建立欧洲的和平状态而工作，在这样的和平状态中，德国人民也能通过自由的自决重新赢得统一。

在总理府里，人们显然想以这样的文稿建议达到以下目标：

● 通过具体的公报草案建议，为晚上的讨论提供一个架构；

● 避免欧共体国家和政府首脑对统一议题进行原则性辩论，因为这个圈子与四个盟国不同，在德国问题上没有特殊的权利和责任；

● 尽管避免就统一议题进行辩论，但可提出"在自由的自决中实现统一"作为欧共体共同政策的目标，从而使这次 12 国会晤就两德靠近进程发出一个明确的积极信号。

然而，密特朗不顾波恩的攻势仍坚持拒绝形成任何会议闭幕文件的立场，因为他不想作官方的决议，而只是想进行一次没有约束力的"漫谈"。[27]另一个原因在于，他先要听取联邦政府对新形势的明确看法。在他看来，联邦政府的立场太不明确，这一看法由于法国驻波恩大使的影响而得以强化。布瓦德维在发回巴黎的一份报告中指出，"根据公众舆论所提供的看法，德国政治阶层还没有明确的想法，不知道要做什么，对当前的发展能期待什么"。此外，地位意识强烈的法国总统，绝不想不必要地抬高在德国政策方面没有特殊权利的欧共体的身价，因为这将意味着降低法国作为二战战胜国的地位。对于科尔来说，放弃发表峰会公报——联系到西德边界开放后外国政治家们的保留反应——晚餐开始前就已经清楚，不能指望联邦德国的西欧伙伴在这次活动中发出支持的信号。

在这种含糊不清、没有说出口的害怕，以及必须临时应对的情况下，欧共体 12 个国家和政府首脑于 11 月 18 日在爱丽舍宫举行晚宴，法国总理罗卡尔和欧共体委员会主席雅克·德洛尔（Jacques Delors）也参加。[28]外长们平行地在轻松的气氛中共进晚餐，在这个同时举行的被称作"登山向导"的高级官员会晤中，只是围绕阿塔利建议的东欧银行发生了争论，而笼罩国家和政府首脑会晤的则是"冰冷而紧张的气氛"。

"昨日世界出现了历史性裂缝"

"如果提到统一，也只用暗示的方式，仿佛是出于失误。"密特朗对 12 国领导人晚餐过程的这个回忆，是对这次活动恰如其分的印象。这次活动的主要特征是即兴反应、虚伪的套话、不言而喻的言辞。[29]讨论开始时，法国总统就提出了四个主导性问题，但对所有这些问题，他都最简略地首先给出了回答：

1. 应该立刻对东欧国家提供援助还是要等待民主化进程的稳定？密特朗主张快速援助波兰和匈牙利，也许也给民主德国提供援助。
2. 要不要提出边界问题？总统明确表示反对，但没有明确说明他指的是哪些边界。
3. 对戈尔巴乔夫应采取什么立场？绝不能使这位苏联总书记作为改革倡议者和担保者陷入不稳的处境。
4. 共同体能够做什么？可以授予理事会主席国或者三驾马车相应权利，但无论如何必须顾及伙伴们。

在简短的欢迎辞后，密特朗请联邦总理发言。科尔详细阐述了他对欧洲当前局势尤其是民主德国局势的评估。[30]与 11 月 10 日和 11 日的通话中所说的相似，科尔在这里也极力避免将焦点集中于民主德国。取而代之的是，他提及波兰、匈牙利和捷克斯洛伐克的发展以及戈尔巴乔夫的改革，并指出它们与民主德国的变化关联：华沙和布达佩斯的改革者如果失败，必然也会危及民主德国的和平革命。科尔力主给东欧国家提供广泛的经济援助，说这些国家面临严冬和供应不足。他多次向听众保证，联邦德国毫无争议地与西方联结在一起，其核心就是欧洲一体化和北约成员国身份。正是这种一体化的活力和与此相连的吸引力以及 1983 年增补军备争论中防务联盟的团结一致，才使中东欧今天的发展成为可能。尽管如此，现在需要尊重民主德国居民的自由意志。与他最近发表的意见一样，科尔主要从两条轨道作了论述：

● 德国政策和欧洲政策对他来说是一个奖牌的两面，因此欧洲邻国对德国走特殊道路或者一国单干的各种担心都是不必要的。

● 由于自由是德国问题的核心，所以，所有民族的自决权，包括德国人的自决权，都不允许受到任何限制。因此，应该使民主德国人民能够自由地作出决定，其结果必须被东部和西部所有人接受。

科尔以这一战略阻止在 12 国范围内进行有关统一的具体争论。由于没有一个民主的政治家可以公开否定或者拒绝自决权，所以，直接反对两德靠近亦就不可能了。

第一批要求发言的人也论述了密特朗提出的其他问题。[31] 所有在场的政治家都明确地希望东欧的改革包括戈尔巴乔夫的改革能够稳定，起初没有人谈及德国问题。唯有英国首相撒切尔夫人毫不隐讳自己的立场。她援引《赫尔辛基最后文件》，要求保持欧洲边界现状。她声明边界问题不在议事日程中。十分显然，她指的不仅仅是波兰西部边界，而且也是指两德边界。任何关于德国重新统一的考虑都会在欧洲的中心"打开潘多拉盒子"。晚餐结束后，当联邦总理提醒说英国过去也曾公开拥护过德国人的自决权时，撒切尔夫人和科尔之间展开了一场简短而激烈的唇枪舌战。与科尔相反，撒切尔夫人徒劳地希望在 12 人会晤时能在较大范围内讨论德国问题，以使德国统一这个议题失去其高度活力。密特朗终止了这场口角。他提出了在东欧设立投资银行的建议。这是阿塔利的主意，没有得到多数与会者的赞同，尤其是撒切尔夫人拒绝这一动议。由于时间压力，关于这个问题的讨论被推迟到下次峰会。

晚餐后，将近午夜时分，当密特朗与"三驾马车"的其他代表——西班牙首相菲利普·冈萨雷斯（Felipe González）和爱尔兰总理查尔斯·豪伊（Charles Haughey）出现在媒体面前时，[32] 他不能说假话：密特朗在回答两个记者提问时说，晚餐期间没有谈到两德统一问题，不过很清楚，间接地谈到了东欧发展对欧洲战略均衡产生的后果。后来密特朗回忆说，除了这两个记者，所有在场的新闻界代表就像此前的欧共体国家和政府首脑一样，都对德国问题表现出缄默。密特朗似乎对他通过非正式晚餐掌控了令他不快的形势感到满意，虽然他和所有参与者都意识到了最新事件的深远影响："人人都清楚，昨日的世界刚刚出现了一个历史性的裂缝，但今日之世界却不知道明日的欧洲将在何时、以什么方式以及以何种速度形成。"

联邦总理通过这顿晚餐似乎更加清楚地了解到一些事情：[33]在晚餐结束后的电视访谈中，记者问科尔"在巴黎谈论过统一吗？"对此，他没有明确地回答说"是"。他解释说，这一议题是作为"自决权"而得到讨论的。这种拐弯抹角的办法使他得以将德国问题纳入一般的席间讨论，而不挑起一场关于统一的具体辩论。然而，会晤的准备和过程向他表明，不能指望西方伙伴会采取积极的步骤，以推动对德国问题进行较为进攻性的讨论。日益清楚的是，联邦政府如果继续等待，将隐含下述危险：已经出现的政治机遇会被谈掉，当前发展的活力会被刹住。因而，自主地、更加积极地行动的必要性也就越来越显而易见。

讨论要求组合捆绑、规范和方向

两德边境开放 14 天后的公开讨论和表态以及双边会谈和沟通，表现出五条主要的论证轨道和发展，它们有一个共同点，即明显地被迫对德国政策、外交政策和安全政策的新情况作出即兴反应：

1. 国内外关于固定两国并存局面的要求和关于不要不合时宜地讨论统一问题的警告越来越响亮。这明显地表现在莫德罗的政府声明和对该声明的公开反应之中。与此不同，波恩政府无论是在公开场合还是在与外国政治家会谈时，都还没有明确提出两德统一是一项有待进一步阐述的战略所追求的目标。

2. 苏联一方面明确警告不要改变现状，另一方面则在字里行间和非正式会面中日益表现出较为灵活的政治路线迹象。与这一路线相适应，波恩也考虑"不可想象的事"就显得合乎时宜。同时，像波图加洛夫那样的动议也令人担忧，担心苏联方面可能提出自己的关于重新设计未来两德关系的建议，使西方陷入被动。

3. 联邦德国的西方盟国对两德有可能靠近所发出的信号在那个时候是参差不齐的，有些甚至是相互矛盾的。这在欧共体巴黎特别会议的过程中以及在西欧政治家的言论中表现得非常明显。总理府也意识到这一点，对公开的讨论作了这样的概括："在西方三大国中，对统一有着层次分明的不同立场：最积极的是美国，较为谨慎的是法国，与前两者相反，明确反对的是英国。"[34]

4. 四大国表明，它们不排除积极反思自己对德国作为整体和对柏林的权利与责任。虽然美国始终强调德国人的自决权，但也有迹象表明，华盛顿尤其是伦敦和巴黎意识到盟国保留权所蕴含的可能性。此外，正如根舍的华盛顿会谈所证实的，还存在着这样的危险：12月初在没有两德参与下美苏峰会讨论了德国的未来，法国总统密特朗借宣布12月底前往民主德国访问之际进一步向反对统一的圈子靠拢甚至是加入其中。

5. 还有一个不能低估的内政因素：媒体和民众已经具体地开始讨论德国统一的道路及其替代性选择，而国内外政治家至今仍回避任何积极的设定方向。科尔及其智囊们面临着定义目标、将舆论引导权掌握在自己手里的必要性。这将有助于改善科尔糟糕的公众声望。此外，民主德国的国家和经济结构无法阻挡地瓦解也日益明显。[35]

把对整体形势的这一分析转化为具体政策，促使联邦总理作出了两项具体决定：

● 原先宣布与克伦茨"不久后会晤"，现在被11月23日联邦内阁宣布的意图所取代，即只有进入了"决策阶段"，才会去民主德国访问。[36]

● 科尔想用自己对德国问题的方案稳住不安感日益增加的公众，抢在热心于德国政策且具有独特风格的执政联盟伙伴自民党、反对派或外国伙伴有可能提出倡议之前，先声夺人。[37]

第四章　一个想法成了纲领

"连希特勒都没有敢做这样的事"，苏联外长愤怒地说道。[1]12 月 5 日，当根舍与戈尔巴乔夫、谢瓦尔德纳泽在莫斯科会晤时，联邦外长不得不听到对一篇讲话的最为激烈的抨击，而对这篇讲话，他也是最后一刻才得知的。一个星期以前，科尔在《十点纲领》中提出了自己对解决德国问题的考虑，戈尔巴乔夫愤怒地称之为联邦总理"错误的政治判断"。自从柏林墙倒塌以来，这是一位德国政治领导人首次就通向统一的道路公开地提出具体设想和可能步骤。科尔的外长兼执政联盟伙伴根舍，与科尔的很多党内朋友一样，对这一演讲感到意外，但不久以后就不得不顶住对《十点纲领》的激烈抨击：是"错误的政治判断"还是"一篇伟大的演讲"？[2]从 1989 年 11 月 9 日柏林墙倒塌到 1990 年 10 月 3 日德国统一这段时间，没有任何一个单一行动像公布《十点纲领》那样，在内政上特别是在国际上具有如此巨大的影响力。

第一节　科尔要摆脱守势

在柏林墙倒塌后的日子里，联邦总理府越来越清楚，鉴于德国政策和对外政策框架条件发生了显而易见的变化，以及已经开始的关于德国未来的国际和国内讨论，人们缺少一个能够掌控局势的战略构思。公众失去了方向，这就使得确定一个新的政策目标成为必要。对外，大家遵守科尔的指示保持谨慎；而在内部，科尔及其亲密的同事已在思考如何能成功实现这一目标。11 月 17 日，科尔向布什宣布将提供自己德国政策的"细节备忘录"，之后，11 月 23 日晚他借在总理官邸进行商议之际向工作人员提出了一项任务，即研究制定一份这样的文件。其中，遵循四个中心目标：[3]

●联邦政府明显地受到公众的压力，因为对于如何对待新的政治形势，政府也无构思。科尔想以自己的德国政策攻势来扭转这一局面。

●此时此刻，明确无误地、公开地主张德国统一并勾画通向统一的可能道路，可以将分散的讨论集中起来。借此，也可对莫德罗在"条约共同体"这个提法下详细论述的保持现状的想法提出一个供选择的建议，以此抗衡尚未结成一体的反对派，尤其是在民主德国和苏联政府中的反对派，也以此抗衡联邦德国和西方国家内部的怀疑者。

●无论是基民盟/基社盟，还是自民党，都不可能公开地对含有德国统一目标的整体构思说"不"，所以，科尔的攻势为执政联盟提供了对外显示团结一致的新的可能。此外，他要让计划在联邦议院进行的演讲取得意外效果，使总理面对在德国政策上独具风格且野心勃勃的外长和执政联盟伙伴以及总的在德国内政上，掌握关于"德国问题"这一中心政治议题的舆论主导权。

●在12月2~3日美苏马耳他峰会，根舍的巴黎、伦敦和莫斯科之行，12月4日的北约峰会，密特朗宣布的12月6日访问基辅和12月20~22日访问东柏林，12月8~9日欧洲理事会会议之前，科尔的攻势不仅可以使他有机会走在国际伙伴们提出令人担忧的建议之前，而且也使他能够为已经开始的有关德国未来的讨论预先规定方向。

为了实现所有这些目标，科尔启动了准备机制，这一机制大量地展现了他的工作和执政风格中众多的典型特点。

智囊团的基本构思

1989年11月23日晚，当科尔"最亲密的顾问班子"在总理官邸展开讨论时，再次将改善联邦政府的公关工作列入讨论内容。这个圈子由四组人员组成。[4]

1. 总理府工作人员：阿克曼（公共关系司司长、总理的多年顾问）和巴尔杜尔·瓦格纳（Baldur Wagner，在总理府负责社会政策问题）、讲话稿撰稿人诺贝特·普利尔（Norbert Prill）和米夏埃尔·梅尔特斯（Michael Mertes）以及总理办公室副主任、原讲话稿撰稿人施特凡·艾瑟尔（Stephan Eisel）。

2. 联邦新闻局（BPA）成员：汉斯（约尼）·克莱因 [Hans (Johnny) Klein]，部长级政府发言人沃尔夫冈·贝格尔斯多夫（Wolfgang Bergsdorf）从科尔的美因茨时代开始就在不同的职位上协助科尔工作。

3. 科尔的亲信兼总理府工作人员：尤莉娅娜·韦伯（Juliane Weber），她是总理办公室主任，也是70年代初以来科尔最紧密圈子的成员，总理府部长塞特斯、总理府第二司司长特尔切克，也是总理最重要的外交政策和德国政策顾问。特尔切克在莱茵兰-普法尔茨（Rheinland-Pflaz）时期就为科尔工作。

4. "选举"研究小组成员沃尔夫冈·吉波夫斯基（Wolfgang Gibowski），他是总理府的外部顾问兼民意测验专家。

在晚上的讨论中，科尔的典型工作风格表现在：他不是根据官衔级别而是主要根据他认为的能力和忠诚来挑选工作人员。这些人的正式头衔也相应广泛——从讲话稿撰稿小组成员到司长以及没有官方职务的外来顾问直到联邦部长。在这个圈子中，在简短讨论完原定主要议题"公关工作"以后，特尔切克报告了联邦总理拟采取的德国政策建议。特别是普利尔、梅尔特斯、艾瑟尔和吉波夫斯基支持这一想法，这一想法与科尔向布什暗示过的计划一致。[5] 经过坦率的讨论，确定了后来成为科尔所希望的《十点纲领》的基本点：

● 为了取得绝对需要的意外效果，知情人圈子要尽可能缩小。为此，特尔切克受托与一个一目了然的工作小组拟定细节。拟定的计划应使科尔能够明确而持久地从守势转向攻势。

● 针对莫德罗的含有两国并存的"条约共同体"方案，要提出德国统一的前景，应带有贴切易懂而又定义得不太狭隘的中间步骤，但不要有具体的时间范围。最为重要的是，一方面要确定不可改变的目标前景，另一方面又不因过早地作出规定而给尚不为人知的道路造成困难。

科尔将这一包含有自己设定的方向、界限和领导功能等基本要点的计划，交给专家们进一步推敲。第二天上午，专家们就应研究文件的细微之处。

文稿由专家们铸造

在总理官邸讨论决定了德国政策倡议的外部形式之后，第二天特尔切克及其同事们首先要完成的任务就是用细节充实外壳。星期五一整天，为此召集起来的工作小组继续讨论基本结构并分组草拟有关部分。此时，特尔切克建议用 10 个贴切易懂的要点包装构思，以取得媒体效果，这便构成了讲演的基本框架。该工作组由三个分组组成：[6]

1. 德国政策工作组组长（LASD）克劳斯－于尔根·杜伊斯贝格（Claus-Jürgen Duisberg）及其同事吕迪格尔·卡斯（Rüdiger Kass）。虽然总理府的这个工作单位形式上主管德国政策，但在走向德国统一的道路上进一步采取国际步骤的过程中，它已不再发挥较大的作用。不过，作为经验丰富的外交官，杜伊斯贝格意识到科尔的攻势含有外交和德国政策的含义，并在周五早上经过其上司塞特斯提出了他的顾虑：总理的德国政策倡议是否走得太远了？[7]

2. 普利尔、梅尔特斯和马丁·汉茨（Martin Hanz）作为讲话稿撰写人，最终要把各种不同的想法转化成一篇完整的文稿。如同以往一样，这不仅是纯粹的文字表述，而首先是设计内容的创造性任务。普利尔和梅尔特斯为科尔工作过多年，这一点证明是颇为有益的。对科尔来说，他们还有智囊和"讨论时的陪训伙伴"功能，这使他们成为最熟悉总理思想大厦和信念的行家。[8]

3. 特尔切克、他在第二司的副手哈特曼以及两位处长乌韦·卡斯特讷（Uwe Kaestner）和约阿希姆·比特里希在工作小组中负责纲领性规划德国通向统一道路上的外交步骤并予以具体落实。特尔切克是专门研究苏联问题的政治学者，由于他可以直接与科尔接触，为科尔工作过多年，所以主要负责与联邦总理直接合作以及准备并落实政治上的原则决定。哈特曼本来是外交部的外交官，从外交部调到基民盟－联邦总部的外事部工作了几年，最后于 1984 年转到总理府。作为第 21 组的组长，他负责与外交部的合作，由于这个原因，1990 年春，他也代表总理府进入"2 + 4"代表团。职业外交官卡斯特讷和比特里希分别主管苏联和欧洲一体化，并在各自工作领域是公认的专家，他们两人配合哈特曼和特尔切克工作。

周六早上 9 时，特尔切克、哈特曼、杜伊斯贝格、普利尔、卡斯、梅尔特斯和汉茨又一次坐在一起，围绕总体构思和各项措辞再次展开了激烈的探讨。尽管已经明确指出不是要制订德国统一的"总体蓝图"，并且以"邦联结构"代替"邦联"这个概念，借以显示思考草案的性质[9]，但对杜伊斯贝格来说，其中的说法已经走得太远了。他的主要担心是，科尔这一"纲领"会使迄今为止的整个德国政策成为问题。特尔切克非常清楚结果将是怎样的，他最后让在场人员进行表决。最后决定的方案获得了明显的多数赞同。这个赞同的结果之所以容易得出，是因为这篇演讲拟定的国际政策要素没有一个是真正新的。相反，科尔的工作人员借用了旧条约中的说法，如《波恩条约》，或者欧共体和北约中的盟友一起发表的公报。

工作小组的会议开到 13：30，共同思考的结果经过综合整理后被打印成干净整齐的最后文本。这份草案由一名信使送到科尔的私人住处，联邦总理将于周末在自己家里加工修改这个文本。

风格手段：融合各种来源

就这样，在短短几天的时间里，德国政策备忘录这样一个抽象的想法先是变成了制定一个原则性纲领的决定。这一决定在较大范围内进行了普遍讨论，然后由总理府的专家们转化成了第一份文稿草案。之后，在 11 月 25～26 日的周末，典型的科尔式的下一个步骤在奥格斯海姆（Oggersheim）展开：如同起草其他重要演讲时通常的做法一样，科尔与来自路德维希港的私人圈子里的亲信商讨自己的打算，并通过电话听取外界的评估和内行的意见。[10]科尔这种通常的工作方式，使得各个讨论小组彼此不知道具体情况，最终只有他本人了解整个讨论过程以及基本演讲稿的起草背景。

就《十点纲领》的演讲而言，联邦总理的两个熟人及一位原国防部长为纲领的内容做了最后的精雕细琢，他们分别是：弗里茨·拉姆施特尔（Fritz Ramstetter）和埃里希·拉姆施特尔（Erich Ramstetter）兄弟俩以及基民盟的联邦议员鲁佩特·朔尔茨（Rupert Scholz）。拉姆斯特尔兄弟，一个是退休教师，另一个是路德维希港的教会长老，他们在私人谈话中贡献了原则性的建议，而与国家法专家朔尔茨的交流则是通过电话进行的。此外，还要加上汉内洛蕾·科尔（Hannelore Kohl）的建议，她在自己的手提打字机上打下了新手稿的部分内容，还有特尔切克的注解，科尔与他在周日通了电话。[11]周一，科尔在总理府告诉其工作人员他对最终文稿的要求，由特尔切克和撰稿小组完成最后的手稿，就是周二总理要在联邦议院使用的稿子。[12]科尔对有关对外政策的第6点至第10点几乎没有做原则性的改动。[13]

在准备总理的重要演讲时，虽然谈话对象和工作人员的组成与专业任务根据情况各有不同，但都体现了科尔工作风格的一些基本的结构性要素，以《十点纲领》为例：[14]

1. 在总理官邸进行"创造性"讨论的人员组成，不考虑组织体系和等级。11月23日的会晤主要是联邦政府的工作人员参加，但正如在后面列举的不同例子中看到的那样，他们也可以是完全不同的组合。

2. 只要得到了科尔的同意，所讨论的基本点就由主管业务处从内容上予以加工，并会同撰稿人一起拼合成初稿。以德国政策工作组组长的作用为例，可以清楚地看出，并非一定要由主管处来负责主持这项工作。

3. 科尔对草案亲自修改加工。联邦总理通过个别谈话或电话听取外来行家的意见和额外的建议，从而使各小组彼此不了解情况。除了他信任的政治朋友和专家的建议之外，如国家法专家朔尔茨，科尔还听取与波恩政界没有任何关系的熟人和朋友的意见。

其结果是一份完成的手稿，一份为科尔计划就两德未来作基本原则演讲的稿子，即他关于德国统一的《十点纲领》。由于在11月23日的第一次讨论中，就将取得意外效果作为赢回德国政治舆论主导权这一总体战略的中心要素，所以联邦总理还与特尔切克一起考虑了下一步的行动措施。具体来说，这些考虑涉及：

● 联盟党的机构
● 媒体
● 四大国代表

虽然必须向他们进行通报，但这样做的时候，必须保持所期望的意外效果。

通过信息掩盖意图

联邦总理——特别是由于他作为基民盟主席的职能——必须顾及自己的党，因此计划在联邦议院作《十点纲领》的演讲之前，要向党内各机构通报情况。但是，如果知情人圈子因此而扩大到几百人，就可能会结束迄今的保密状态而破坏意外效果。所以，科尔决定按照"圈子越小，信息含量越高"的箴言，实行一种区别对待的战略。[15]周一上午，他只对基民盟主席团非常笼统地谈到分阶段实现德国统一的计划，并简略地提到有关的阶段。接下来在党的理事会会议上，总理就讲得略为详细一些，他宣布次日将向联邦议院提出这样的分阶段计划。科尔明确宣布，自己的目标之一就是不能让社民党占据主导掌控这个议题。

科尔用非常一般的措辞向基民盟/基社盟议会党团预告了他的演讲计划。他就当前形势作了一个较为详细的报告，重点放在内政问题上。[16]总理认为，民主德国的自由选举已不可能被统一社会党的掌权者所阻挠，如果这种自由选举先于联邦议院选举在 1990 年 12 月进行，它对西德的选举也将产生"巨大的影响"。无论如何，"德国议题"将是最重大的议题。科尔在讲话中为给波兰和匈牙利等改革国家提供财政援助进行游说，因为这也有助于缓和国际形势。关于两德内部边界开放后的国际局势，联邦总理以暗示的方式谈了欧共体国家和政府领导人巴黎特别会晤的情况。他说，不能忽视以下一点，"我愿意这样说，欧洲伙伴们以某种谨慎的态度看待"德国的发展；他在巴黎特别注意到，他得到的支持主要来自社会党的政府首脑，而在基督教民主党中只有维尔弗里德·马滕斯（Wilfried Martens，比利时）和雅克·桑特尔（Jacques Santer，卢森堡）"站在我们一边"；几天以后他在斯特拉斯堡议会的演讲中，也得到了类似的经验。当时，在起草一份对德国问题的积极决议时，也主要是社会党的议会党团采取了友好善意和乐于助人的态度；鉴于"来自伦敦和其他地方的论调"，不容忽视的是，从朋友和伙伴那里只能指望有限的支持。但布什是个很大的例外，他以极大的毅力支持德国的事业。

在科尔最后广泛地批评媒体和社会民主党人之前，他概述了他的实现德国统一的分阶段计划，但没有宣布该计划将是自己在联邦议院演讲的中心要点。科尔说，出发点是德国人的自决权。他十分明确地要求采取"邦联式的步骤"，通过这些步骤，在国家层面举行自由选举以后，"能够在广泛领域建立共同的委员会"。之后，在议会范畴内进行合作也是可以设想的。他虽然非常了解世界政治形势并且知道"这一发展将会触及东西方的其他人"，但现在必须"理性地、平心静气"地陈述自己的立场。民众应该知道，基民盟的出发点是什么？那就是自决权；结束点是什么？那就是邦联，也就是德国统一。按事先预告的那样，科尔在整整一个小时以后离开了会场，理由是他还必须"为明天作准备"，还有"大量的事情要办"，而议员们就讨论科尔讲话中具有现实意义的要点以及一般性的议题。通过在基民盟主席团和理事会以及基民盟/基社盟议会党团的三次亮相，科尔确保了这些地方不会抱怨信息缺失，同时唤起了他们对宣布的原则性演讲的注意。由于科尔只在34人的基民盟理事会预告有一个具体的分阶段计划草案，也就在很大程度上保证了该计划的保密性，从而也确保了演讲取得意外效果的前景。

周一这一天，事先得到通知的还有联邦总统魏茨泽克以及西德的媒体。魏茨泽克总统在德国问题上持观望态度，他警告说不要对东德人提出"不受欢迎的建议"，这使总理府对他产生了怀疑看法。[17]关于西德媒体，阿克曼和克莱因挑选了23位记者，11月27日晚上，塞特斯和特尔切克在总理府餐厅向他们阐述了计划进行的演讲的基本内容，按照这类"吹风"的惯例，他们向记者们描述了计划的背景。而记者们保证在周二早上科尔向联邦议院演讲之前都保密。周二早上，特尔切克将正式同时向德国和国际媒体通报演讲信息。

上述事先通报的范围表明，在《十点纲领》向公众公布之前，以下群体和个人已经得到信息：

- 基民盟的机构、基民盟/基社盟议会党团
- 联邦总统魏茨泽克
- 西德记者

还要加上美国总统布什。周二清早，在联邦议院演讲开始之前，科尔就通过电传在给他的一封信件中通报了该计划，这封信的内容包含有正在准备中的美苏峰会的一般信息，但也有重要的群体没有得到通报，尤

其是：

- 外长根舍[18]所在的执政联盟伙伴自民党；
- 法国、英国和苏联政府，它们是对德国作为整体和柏林拥有特殊权利与责任的四大国成员。[19]甚至是密特朗的顾问阿塔利也没有从特尔切克那里听到总理府正在最后润色联邦总理关于德国政策的重要政治演讲。11 月 25 日上午，阿塔利还打电话到波恩，向特尔切克通报他在莫斯科会谈的情况。

"联邦议院少有的平静"

尽管总理一再呼吁保持缄默，但到 11 月 28 日早上，有关讲演的部分细节已经透露给了公众。[20]不过，公布的这些信息只是整体方案中的一些零星碎片。在 11 月 28 日制造意外惊喜的意图成功了。有一篇新闻报道在总结总理作此声明时的气氛时这样写道："联邦议院一片少有的平静。当科尔提出他的分三个阶段实现重新统一的计划时，历史的呼吸声好像穿过波恩的自来水厂①而飘散出来。"会议开始，科尔介绍了过去五天中拟定的《十点纲领》。他首先具体提到与民主德国进行深入合作的务实条件，就是自由选举、取消统一社会党的权力垄断地位以及建立市场经济结构，但他绝非要把这些理解为是先决前提。《纲领》第 1 点至第 4 点讲的是内政和经济政策问题，如人道主义援助、外汇基金、继续并加强与民主德国的合作、在经济和政治改革开始后扩大这一合作、建立协议和共同机构的密集网络。从第 5 点开始，科尔开始谈到与外交政策有关的议题。这些议题分别具体涉及：[21]

- 邦联结构的发展，其目标是建立一个联邦（第 5 点）；
- 两德关系必须被进一步纳入全欧整体进程（第 6 点）；
- 欧共体是全欧整体进程的中心常数（第 7 点）；
- 推进欧安会进程（第 8 点）；
- 加速裁军和军备控制（第 9 点）；

---

① 当时的联邦德国议会所在地。——译者注

● 重新赢得德国的国家统一是联邦政府公开宣布的政治目标（第10点）。

以欧洲一体化为榜样

虽然第5点提到的联邦德国与民主德国在国家层面上长到一起的建议首先纯属内政性质，但这都是这篇演讲中具有重要外交政策意义的第一点。科尔在这里不仅明确提到统一是其政策目标，同时也非常谨慎地概述了走向统一的可能道路："统一后的德国最终将是什么样子，今天没有人知道。但是，如果德国人民愿意拥有统一，它就会到来。对此我确信无疑。"针对外国，总理也定义了德国政策远期的但也是具体的目标，这样他就满足了普遍期待的指明方向需要。

在《十点纲领》产生的过程中，讨论的要点之一就是概述与此相联系的道路问题。争论主要围绕着"邦联"和"联邦"这两个概念。[22]关于此事，在柏林墙倒塌后的几天，德意志内部关系部就对德国邦联，即国家联盟的宪法层面和国际法层面拟定了一个思考提纲，但这与总理府后来的考虑并无联系，科尔的工作人员事先对此也并不知晓。这一思考提纲所描述的邦联模式虽然不被视为与《基本法》关于统一的规定相矛盾，但这份文件研究了与邦联思想联系在一起的许多问题。它们主要涉及对国家的自我理解、国籍问题、邦联或者其两个部分国家的欧共体成员身份问题、由于这个新的国家形态而对波兰西部边界的承认问题、持久的四大国权利和柏林地位问题。可以肯定的是，在联邦总理看来，任何一种邦联模式都隐含着一个危险：两国并存可以在国家联盟内部固定下来，因为联邦德国和民主德国虽然相互关联并且相互依存，但它们作为主权国家仍然存在。而正是这一点不是科尔所要的目标。相反，德国国家的统一应该是将要开始的进程的最终结果。

这一点在总理官邸举行的晚间讨论中进行了详细讨论，当时没有找到一个最终的解决方案。[23]在总理府专家小组制定《纲领》的过程中，杜伊斯贝格感到最难处理的是关于邦联结构和紧接其后的关于联邦的考虑。直到最后，讨论仍然主要围绕到底是使用"邦联"、"联邦"或者普利尔建议并最后转化成文件的"邦联结构"等概念而进行，因为正是在这些概念中隐藏着决定性的危险：过于特殊的国家法措辞会随之产生过早规定德国统一的可能道路这个危险，而过于一般的概念则会冲淡统一这个目标。小组已经认识到科尔的主要顾虑，在修改加工《纲领》时首先关注了这个问题。在这个过程中，科尔得到了朔尔茨的帮助。这位国家法教授在多次通话中给科尔特别在涉及"联邦"和"邦联"及其内涵的几个段落上提供了咨询。科尔多么关心准确的表述，也表现在他曾向联盟党议会党团作过暗示，表明他坚决反对"邦联"这个概念，取而代之的是他后来将"邦联结构"引入了讨论。

在联邦议院里，科尔介绍了紧随必要的紧急措施之后的三个步骤：[24]从莫德罗的"条约共同体"出发，通过"邦联结构"加强两德继续靠近并促成有一天能形成"联邦"，也就是统一德国的联邦制国家秩序。科尔在联邦议院声明，"德国的国家组织形式一直是邦联和联邦"，他提醒注意1815～1866年的德意志联盟和联邦德国的联邦制结构。他与此同时用人们熟知的西欧统一进程思想为依据，即基督教民主政党始终以联邦制概念设想欧洲联盟这一目标。

通向统一的道路问题只是间接地触及联邦德国的外交政策和外国，而在《纲领》的第6点中科尔具体探讨了这条道路的外交政策问题。总理说，德意志内部关系的发展必须保持在全欧整体进程之中，西方为此做了重要的开路先锋工作。他还提到了自决权和每个国家自由选择其政治和社会制度的权利，这些都是谋求"欧洲共同家园"的要素。

第7点的中心内容是欧洲一体化进程。欧共体的吸引力和辐射力必须加强和扩大。对中东欧的改革国家，包括民主德国，应该作出灵活的反应并提供帮助，通过慷慨的支持将它们领进共同体。说到这里，科尔明确地面向欧共体的伙伴们：联邦德国将重新赢得德国统一视为欧洲的重要事务，西方的朋友们不要错过与此相关的机会。

第8点超出了西欧一体化问题：欧安会进程是全欧整体结构的"核心"。必须在这一框架内考虑合作的机制性新形式。作为例子，他提到协调东西方经济合作和全欧环境理事会。作为克服欧洲和德国分裂的具体步骤，科尔在第9点中要求加速并扩大裁军和军备控制谈判，比如在维也纳谈判框架内谈判削减欧洲常规武装力量。另一个目标是，把大国的核武器规模减少到战略需要的最低程度。在第10点中，科尔阐释了《基本法》序言和《德国统一信函》（Brief zur deutschen Einheit），从而将他演讲中的内政和外交两条主线汇拢了起来：前9点中所阐明的政策任务，是在欧洲创造一种和平状态，"在这一状态中，德国人民可以通过自由的自决重新获得统一"。这个国家统一是联邦政府的政治目标。

基民盟/基社盟、自民党和社民党经久不息的掌声，是联邦议院对科尔演讲的第一反应。由于这个意外的因素，随后的演讲者必须作出即兴反应。因此，他们只能肤浅地探讨《纲领》的中心内容。

没有时间规定的纲领

如果从新奇价值、来源和漏洞等视角研究《十点纲领》中有关外交政策的相关内容，就会显示出以下几点：[25]

1. 联邦总理的整个讲话中没有出现质量上新的甚至是革命性的要素。从声明拥护德国统一到建议采取的步骤直至欧安会等机构的相关任务，都是联邦政府既定的德国政策的组成部分。新的从而引起轰动的仅仅是，《纲领》用贴切易懂、依次编号的办法将各种想法组合起来，并明确宣布，鉴于形势变化提供的可能性，将经过考验的美丽辞藻转化成具体的政策。意外之处主要在于，科尔是第一位宣布把几十年来关于统一的美丽辞藻转化成可操作的日常政策的重要政治领导人，并且以此公布了最迟从柏林墙倒塌后就已是显而易见的事情：过去了几十年之后，德国问题重新回到了政治议事日程的突出位置。

2. 与科尔演讲内容很少新意相同的，是他使用的大量资料来源。《纲领》的中心段落，例如关于德国问题、自决权或"欧洲共同家园"均取自《基本法》、《德国统一信函》、联邦总理较早的演讲、1989 年5 月布鲁塞尔的北约声明、1989 年6 月的德苏共同声明以及《赫尔辛基最后文件》。在具体表述方面，也适用在内容里可以找到的基本原则：《十点纲领》并非通过个别的新意或变化而赢得意义，而仅仅在于把西德政策中早就确定的语句和目标重新组合起来。在单项问题上，这些语句和目标，如欧安会和裁军，也与民主德国的外交政策目标一致。

3. 既然科尔的演讲主要是组合了早就熟知的内容，这就促使人们从现存的全部材料中寻找尚未被《十点纲领》采纳的要素。本章较为详细地阐述批评的部分将主要针对两个"漏洞"：无论是1989 年春天以来再次强烈地为公众所关注的波兰西部边界问题，还是作为与西方结盟基本组成部分的北约成员问题——这关系到联邦德国的自我理解——都没有得到相应的提及。

4. 在可能的时间计划方面，揭示了《纲领》的另一个重要"漏洞"：提到的各点都没有确定时间期限，这完全符合科尔的意思，他私下里曾认为统一需要 5~10 年时间。所以，科尔演讲的内容完全是有意识地作为"纲领"而不是"计划"进行构思的。后来常被使用的措辞"十点计划"就会诱使人们产生这种想法。正因如此，要放弃"日程表"这一说法。总理明确反对"不切实际地或者手里拿着日程表"计划德国统一的道路。目标非常明确，要使《纲领》没有行车时刻表。纲领的考虑与行车时刻表只在一点上是共同的，那就是具体的行驶目标，在这里就是德国的统一。[26]

虽然《十点纲领》规定了西德政府的行动准则，但联邦议院在科尔演讲后暂时还不清楚，《纲领》所提到的另外两个目标在多大程度上已经得到实现，即：

- 主导国内舆论
- 在准备国际层面的会晤过程中掌控好方向

因此，国内外对《十点纲领》的直接反应具有重要意义。

第二节　介于同心协力与批评性的保留之间

在联邦德国，对科尔《十点纲领》的初步公开反应参差不齐。[27]一家德国日报称，"终于开始思考了"，而自民党议员格尔哈特-鲁道夫·鲍姆（Gerhart‐Rudolf Baum）在最初的亢奋消失之后作了如下归纳：在科尔的计划中其实没有什么新东西。但是，成功的意外效应，以及与自己想法的吻合，使在野的社民党作出了积极的最初反应：总理在许多问题上，尤其是在欧安会的作用和采取小步子政策方面，向社民党人靠拢了。社民党联邦议员卡斯滕·福格特（Karsten Voigt）在总理计划介绍完以后立即表示："因此，我们同意您的所有十点。"

执政联盟内的短暂纷争

社民党在联邦议院的初次公开反应肯定了科尔的《十点纲领》，这首先与方案中的许多考虑与社民党自己的想法吻合有关。[28]几天前，议会党团主席汉斯－约亨·福格尔（Hans－Jochen Vogel）、他的副手福格特以及前联邦部长霍斯特·艾姆克（Horst Ehmke）就曾公开讨论过邦联的想法——作为通往共同的联邦国家的中间步骤——这种想法部分地也出现在福格尔11月28日的议会演讲中。因此，社民党议会党团领导在科尔演讲后自发地决定推行一种合作战略，这在福格特对总理演讲的积极反应中也清楚地体现出来了。

不过，一天以后，这种已经宣布的共同点和合作意愿就结束了：在社民党议会党团的特别会议上，爆发了对党团领导合作路线的激烈批评。原因一方面是这一合作路线事先没有对主题进行原则性的讨论，另一方面也与采取的立场有关。对大多数议员来说，邦联意味着两个主权国家的松散联盟，是两德靠近进程的最终目标，而两德靠近进程隶属欧洲统一的目标。此外，社民党总理候选人奥斯卡·拉封丹（Oskar Lafontaine）基于外国的反应，声称这是一个"外交上的失败"，并对福格特对《十点纲领》的初步评价提出质疑，声称"实际上根本没有什么共同点"。不再是已经宣布的同心协力，而是对联邦政府以及科尔的德国政策纲领的激烈批评。在社民党人的决议提案中，批评最终达到顶峰。该提案一方面缺了福格特关于邦联的想法，另一方面要求将科尔的纲领扩大为"十一点"，即最终承认波兰西部边界。

科尔的出人意料的先发制人战略，至少在社民党那里取得了成功：该党还在讨论德国声明的不同版本以补充新的原则纲领之际，就因《十点纲领》而陷入了守势。总理毫无疑问地掌握了舆论主导权。同时，也显示了社民党此后几个月的外交政策主题：从社民党方面来说，讨论统一的国际方面很大程度上限于波兰西部边界问题。

与社民党相似，科尔的执政联盟伙伴自民党也被其德国政策攻势完全难倒了。11月28日联邦议院开始之时，在科尔演讲前约两小时，讲话稿才转到基民盟/基社盟与自民党议会党团主席们的手上。[29]在紧接着的辩论发言中，根舍即兴地请大家注意细节上不同的立场。外长利用中午休息时间与自己的党主席拉姆斯多夫协调口径。两人都感到诧异，科尔既没有在执政联盟内部也没有在内阁中事先商讨他的倡议，他们认为科尔的攻势主要是出于党派政治的动机。后来拉姆斯多夫确认，科尔在演讲开始前对他这位自民党主席也证实了这一点。根舍明确代表整个自民党就科尔的《十点纲领》作了详细反应，对总理的声明表示了支持，因为该声明符合自民党关于德国、外交和安全政策的一贯立场。与总理不同，根舍接着具体探讨了德国的东部边界问题，并援引他过去几个月的讲话，强调了波兰拥有安全边界的权利。外长提醒说，对于完成统一大业来说，德国两部分老百姓的意愿是决定性的，并警告不要将"我们民族的命运"变成竞选斗争的题目。

这一危险主要存在于执政联盟伙伴基民盟/基社盟与自民党的关系之中，几天后的讨论显现出这一点。[30]外长根舍在公开评论中保持谨慎，但该党首脑拉姆斯多夫却提醒人们注意政府阵营内的意见分歧。他认为，科尔的计划没有告诉盟国，这是一回事。但没有与执政联盟伙伴磋商，则是另一回事。而拉姆斯多夫理所当然地期待磋商。此外，总理的政策目录中没有提到承认波兰西部边界。12月2日，拉姆斯多夫在策勒（Celle）对自民党联邦委员会称，联盟党的外交政策努力是"笨拙的"。他说，"在外交政策上，我们必须留意基民盟的每一个步骤"，并回忆起联邦总理过去有过争议的亮相，例如他与美国总统里根访问比特堡埋有党卫军战士的军人墓地。普遍的愤怒之情也体现在这次会议不愿意通过支持《十点纲领》的声明。不过，总的来说，这位自民党主席表明，该党对《十点纲领》内容方面的批评只与其中缺乏保证德波奥德－尼斯河边界的存在有关。除此之外，《纲领》只包含了与自民党长期政策相符的内容。

与自民党和社民党不同，绿党立刻用部分是生硬的措辞与《十点纲领》划清界限。他们要求推行"没有任何疑虑和异议的两国并存政策"，因为重新统一以后没有任何一个现存问题能够比在两个单一国家内得到更好的解决。此外，必须使民主德国有可能实现独立自主的、社会主义的发展。[31]

在科尔就《十点纲领》发表讲话几天以后，联邦议院各政党的立场也在联邦德国的媒体中反映出来：[32]原则上赞成重新统一的同时，人们赞扬科尔采取了主动。同时，也发出了对《纲领》个别点的批评声音。比如一些评论者认为这是1990年联邦议院选举大战的开始（《日报》），而另一些人则指责总理缺乏想象力（《南德意志报》）。引人注目的还有，这个设定长期的纲领——与科尔构想的明确不同——总是被理解为并被称为"计划"，比如勃兰特的一次访谈表现得特别明显。被问及"十点计划"，勃兰特说，这一称谓对于"只不过是一种堆砌排列而言……对它的估计有点过高"。这位社民党名誉主席因此称它是"对若干论点作了微不足道的勾勒"。

总的来看,联邦德国国内对科尔《十点纲领》的反应并没有表现出太大的兴奋。撇开以党派政治为动机的争论,公开的讨论体现出以下基本结构:

- 科尔信奉的统一受到欢迎;
- 警告不要营造时间压力的氛围;
- 对没有指出奥德－尼斯河边界进行批评;
- 科尔没有与盟国和执政联盟伙伴自民党协调,这一点被解读为该计划是出于党派政治的动机,同样也受到批评;
- 总的来说,总理的所有建议都强调了德国、安全与外交政策的连续性。

因此,除了绿党以及在德国问题上一盘散沙的部分社民党以外,柏林墙倒塌以后首次如此清楚地宣布的统一目标,在最短的时间内对广大政治圈子来说成了不言而喻的事情,虽然还没有人能够展望它的时间视野。[33] 所以,普遍认为,几年后在德国着手统一之前,在欧洲大陆的新格局中,先是实现中欧一体化,并引领南欧、东欧国家向欧共体靠拢。公开的争论和新闻报道相对顺利地进入议事日程,因为鉴于民主德国国家和经济结构的持续瓦解,有关短期援助东德措施的讨论占据了首要位置。对于《十点纲领》,当时的评价与历史学家后来的评价只有有限的一致:"'十点计划'开始了一个模式的转变,即从务实的两国并存转为'向国家统一进军'。"[34] 同样,西德的新闻报道指出,除了联邦德国以外,在通往德国统一的道路上,还有其他参与者有发言权,其中特别是盟国政府以及民主德国的人民和政治家。

东柏林:"无视现实"

民主德国对科尔《十点纲领》的反应温和克制,但几乎是众口一致地反对。[35] 例如,东柏林政府发言人沃尔夫冈·梅耶(Wolfgang Meyer)说:"这样的声明不仅无视现实,而且很容易激起愤怒,因为它们无视《基础条约》和《赫尔辛基最后文件》确定的两个国家的主权和独立"。统一"不在议事日程"上。同时,他在提到科尔纲领的关键部分时指出:邦联虽然意味着存在两个主权国家，但总理对此没有明确表明立场，尽管人们在声明中可以找到"有意思的苗头"。这就是民主德国政府的官方立场。它与反对派团体一样，在科尔演讲的次日，得到了联邦德国常驻东柏林代表弗兰茨·贝特乐（Franz Bertele）的正式通报。

克伦茨的表态比较谨慎。这位统一社会党的首脑认为，只要从两个独立的国家出发，就可以谈很多事情。但除此以外，他拒绝任何先决条件。大多数党派的反应更弱。东部基民盟的党刊《新时代》（Neue Zeit）提出，在保留所有成员国主权情况下建立欧洲邦联，以此替代科尔的计划，而基民盟新任主席德梅齐埃认为《十点纲领》是一个"有意思的构想"，包含有他"个人设想的基本要素"。但他警告不要有太大的时间压力，也不要"带有日程表的政治计划经济"，这一态度后来也被新成立的社会民主党接受。应该给民主德国民众"一点时间，让他们自主地进行思考和发表意见"。德国自由民主党的曼弗雷德·伯格什（Manfred Bogisch）也作了类似的评论，他认为统一并非当下的现实问题，而是"下一代人的任务，是25～30年后的任务"。两个德意志国家一起生长这个想法促使民主德国的政党思考，表现在不同的构思上。11月28日以后，这些构思作为科尔《十点纲领》的替代模式而得以传播：无论是德国国家民主党的《八点纲领》、"现在就实行民主"的《三阶段计划》，还是"民主觉醒"（DA）的《六点纲领》，都只将德国统一视为远期的政治目标。

"生死存亡的问题"

与德国对科尔的《十点纲领》不那么激动的反应相比，国外却表现出部分是激烈的反对。戈尔巴乔夫的顾问瓦丁·萨格拉金（Wadim Sagladin）声明说，苏联决不放弃它在民主德国安全政策中的关键作用，这是一个"生死存亡的问题"。英国首相撒切尔夫人对这一计划持"非常批评"的态度，而美国国家安全顾问斯考克罗夫特起初也"非常恼怒"。[36]因此要问的是，这些最初的反应对于那些德国的邻国或四大国中的部分成员以后的政策影响如何？这些国家特别关注德国问题的发展情况。

波兰外长斯库比斯泽夫斯基对《十点纲领》的反应并非那么不友好，但也持反对的态度：[37]"对我们来说，与德国有关的任何事情都不能无关痛痒"，他总结自己政府的态度时如是说，并要求波兰在德国的所有进一步发展方面拥有参与发言权。他说，德国人的自决权不容置疑，但也不能不顾及他们的邻国。对德波边界须有清晰的无条件的立场。原则上，许多重要的改革派政治领导人都认为，一个统一的德国不一定非对波兰不利不可，人们密切注意着两德内部围绕承认波兰西部边界问题的讨论，因为人们普遍认为，关于统一的争论将不可避免地带出边界问题的辩论。波兰大部分媒体的看法也同样如此，他们特别强调要保持战后地理现实的稳定。只有《团结报》（Gazeta Wyborcza）看到了某些积极面，这就是，只要"现存边界尤其是奥德－尼斯河边界"得到保证，就有可能借助德国的统一克服欧洲的人为分裂。由于二战后的历史经验，波兰要求从一开始就参与有关欧洲大陆未来包括边界的所有对话。在以后的几个月里，马佐维耶茨基总理为了说明本国的立场，反复引用波兰谚语："没有我们参加，就不能讨论我们的事情"。

捷克斯洛伐克政府发言人对科尔的纲领表现得"极其不安"，而联邦德国西部邻国则较少表示反对，但抱着等待观望态度。[38]荷兰首相吕德·吕贝尔斯（Ruud Lubbers）欢迎科尔的计划，但同时警告德国不要成为单干的国家。他的丹麦同事保罗·施吕特尔（Paul Schlüter）提到了德国人的自决权，但鉴于联邦德国公民愿意留在欧共体和北约之内并不谋求中立这一事实，他并不认为"我们将会看到重新统一"。以色列总理伊扎克·沙米尔（Jitzhak Shamir）称，一个重新统一的德国的前景对于犹太民族来说，将是"令人担忧的"。

与在德国不同，《十点纲领》在国外起初受到非常多的质疑，有些甚至是公开的反对。一致的意见是，《十点纲领》缺乏第11点，即在许多评论者看来，方案必须包含有保证德波边界的内容。此外，这一纲领常常被解读为具体的政治议事日程。但由于上述国家中，没有一个国家对德国拥有特别的国际法主管权，所以辩论涉及的主要是气氛问题。而在四大国那里则显然不同，它们对德国作为整体和柏林仍然拥有保留权，并在《十点纲领》出台之前就已多次指出过这一点。

第三节　盟国：介于恼火与接受之间

在德国，虽然科尔事先只向少数挑选出来的人员和小组通报了他的《十点纲领》，但所有参与者都清楚，总理的建议首先将引起三个西方大国和苏联的关注。11月28日早上，当科尔的外交政策顾问特尔切克向德国和国际媒体介绍《十点纲领》时，是否已向盟国和民主德国通报了该纲领也是大家议论的中心。特尔切克提醒大家注意联邦总理在过去几天里与布什、密特朗、撒切尔和戈尔巴乔夫进行的通话和谈话。这些谈话的内容也融入了科尔的演讲。[39]此外，特尔切克还亲自向四大国驻波恩的外交代表作了通报。早在 11 点钟，苏联大使克维钦斯基就已被邀请到总理府，从特尔切克那里得到了演讲稿以及一些额外的解释。特尔切克的这位谈话伙伴允诺将这份演讲稿迅速转交莫斯科，特尔切克还建议联邦总理与戈尔巴乔夫尽快会晤。西方三大国的大使是特尔切克的下一拨谈话对象。除了《纲领》译稿外，沃尔特斯（美国）、布瓦德维（法国）和马拉贝爵士（英国）也得到了对有关内容的详细解释。特尔切克后来说，他们几个人都感到意外，但并没有流露出来，他们的反应是大量的提问。[40]

科尔以自己的行动达到了两个方面的目的：

- 一方面，通过特尔切克的专门通报，间接地认可了前盟国的特殊权利；
- 另一方面，通过迟到的通报确保了四大国不可能以任何方式事先采取反对宣布《纲领》的立场。

以此，阻止了四大国的预防性干预措施。由于四大国在德国政策上的权利与责任，莫斯科、华盛顿、伦敦和巴黎的反应仍具有相当重要的意义。尤其是苏联，其国家领导人已明确表示主张继续保持两德并存，并警告过不要对"战后现实"进行任何改变。

东柏林的坏消息越来越多

《十点纲领》公布以后，联邦政府起初只能从媒体报道上了解莫斯科的气氛。在科尔向联邦议院发表声明后的次日，虽然联邦总理在波恩接见了苏联副总理伊万·希拉耶夫（Iwan Silajew），但无论是这位副总理还是陪同他的克维钦斯基都没有提及科尔的演讲。[41]外交部的政治司长迪特尔·卡斯特鲁普（Dieter Kastrup）为了准备根舍的访问而于 11 月 28 日在莫斯科停留，他没有听到或感觉到任何反应，也没有听到戈尔巴乔夫本人的任何反应，因为这位总书记已飞往意大利进行正式访问，并从那里直接飞到马耳他与布什举行峰会。唯有苏联外交部发言人格拉西莫夫宣布，联邦总理的纲领对苏联来说是不可接受的，因为它会危及欧洲的稳定。格拉西莫夫同时强调，只要科尔增加第 11 点，那么可以考虑对纲领的内容进行严肃讨论；联邦总理应该毫不含糊地声明，与联邦宪法法院 1972 年的裁决不同，他将不再以德意志帝国及其 1937 年边界的继续存在为出发点，因为它们涉及波兰、捷克和苏联的边界。激烈的批评也来自外长谢瓦尔德纳泽，他正在罗马访问，指责科尔的计划有复仇主义的倾向。外交部副发言人尤里·格雷米茨基奇（Jurij Gremitskich）表态时，也同样拒绝这一方案。他反对针对民主德国的先决条件。在另外一些声明中，社民党也挨了批评，因为巴尔在莫斯科访问时给人留下了这样的印象：他本人比较理解中欧需要稳定，而其政党却相反，并在最初的反应中同意了《十点纲领》。总的来说，人们批评德国问题由于内政原因而被工具化了，而且一些本来只应私下进行试探的问题，现在却被公开讨论了。

苏联领导层作出如此的反对反应，也要归因于新的关于东柏林形势的报告。几天前，法林刚从东柏林返回。[42]这位苏共中央国际部部长与其"党的外交部长"的任务相符，也与他自视为苏联重要的德国问题专家相应，在柏林墙倒塌几天后就开始全力以赴地展开自己的行动。法林派自己的亲信波图加洛夫去波恩进行私下会谈，无意中推动了联邦总理考虑采取自己的德国政策攻势，而他自己则去了东柏林。在菩提树下大街的苏联大使馆里，法林与克伦茨、新任总理莫德罗进行了磋商。由于柏林墙的开放，法林对克伦茨和莫德罗都投以怀疑的眼光。法林毫不掩饰此访的目的。正像他在与大使馆全体人员谈话中所表明的那样，他的目的是阻止德国统一。他也自言自语称，也可考虑通过动用苏联军队对西方进行要挟的可能性，并利用这个机会进一步削弱克伦茨面对莫德罗的地位。总的来讲，法林向其谈话伙伴表示，他对是否能够以及如何赢回对事件的控制权表示怀疑。他说，德国俗语"谁要选择，就会痛苦"已不再适用，"我们现在只有痛苦却没有选择"。因此，他从东柏林返回莫斯科后给戈尔巴乔夫的报告一定是相应地悲观。

此外，在根舍访问莫斯科前的那个周末，戈尔巴乔夫在 12 月 2~3 日与布什在地中海岛屿马耳他的峰会之际已清楚地认识到，他无法使美国加入反对德国统一的阵营。[43]布什虽然借此机会向其对话伙伴明确保证，西方不会从当前的发展中单方面获取好处，但也不会让人怀疑自己对德国问题的积极态度。对此，戈尔巴乔夫表示不同意。不过，与一周前他在加拿大总理布莱恩·马尔罗尼（Brian Mulroney）面前的表现不同，这次他并没有表示强烈的反对。他重复了自己的看法，即历史造就了两个德国，历史的发展也将决定它们的命运。总书记毫不含糊地影射科尔的《十点纲领》，警告说不要人为地加速正在进行的进程。

在根舍访问莫斯科之前，三个要点决定了苏联的态度：

● 在所有的公开表态中，以明确的但并非歇斯底里的语调拒绝了科尔的《十点纲领》；

● 不仅是大使馆和媒体的报告，而且法林到当地后对民主德国形势的报告也越来越消极；

● 美苏峰会消除了最后的怀疑，即美国不会以某种方式参与阻挠统一，或者仅仅充当被人利用的工具。

总理府内部的分析报告也得出了类似的评估。为便于总理了解情况，11 月 30 日的这个报告总结了国际上对《十点纲领》的反应。[44] 报告称西方盟国的态度大部分是"建设性的"，"与起初的表象相比，苏联发表的意见并不那么消极"。特别是苏联强调它原则上愿意在德国明确放弃 1937 年边界的情况下讨论科尔的纲领。

所有这一切决定了根舍与戈尔巴乔夫在计划了较长时间的德苏会谈框架内进行会晤的背景。[45] 12 月 4 日，即在这次会晤的头一天晚上，联邦外长与谢瓦尔德纳泽初次交换了意见。谢瓦尔德纳泽虽然对波恩在德国政策上的最新攻势表示了愤怒，但两位外长的谈话与德苏代表团各个工作组的对话一样，总体上是务实的。他们完成了双边合作中的大量议事日程——从航运、在莫斯科建立一所德国学校，到去东普鲁士北部旅行的可能性以及技术合作。当然，谢瓦尔德纳泽非常清楚地告诉根舍，即将与戈尔巴乔夫的会面也许不会是令人愉快的。此外，西德外长获得的印象是，在他抵达当天飞离莫斯科的民主德国代表团，其中包括总理莫德罗和在内部受到强烈争议的统一社会党总书记克伦茨，为反对联邦总理的声明制造了气氛。

"能这样搞政治吗？"

对根舍来说，第二天发生的事情是"我与总书记最不愉快的会面"。[46]作为开场白，德国外长概述了联邦德国以《赫尔辛基最后文件》、与民主德国的《基础条约》，以及与莫斯科、华沙、布拉格签订的条约和1989年夏的德苏共同声明为基点的外交政策立场。他回顾了1986年与戈尔巴乔夫的首次会晤，在那次会面中，戈尔巴乔夫阐述了他打算推行的内政和外交政策的基本特征。而他根舍从一开始就带着好感跟踪并积极支持这一改革政策。他始终将"新思维"看作是"对欧洲和平秩序和建设全欧家园的贡献"。现在正是为中东欧改革创造一个适当框架的时候。德国人意识到自己的责任，这一责任源于自己国家的历史和地理位置。

根舍指出，联邦德国在东方条约中所确定的政策，有助于澄清一系列重要问题并避免误解。这也适用于比如波兰西部边界，他在1989年9月27日的联合国演讲中也强调了该边界的安全，这个讲话得到了联邦议院的赞同。西方不想从东欧当前的进程中谋取单方面的好处。相反，联邦政府的目标是促使关系稳定。联邦外长也强调了联邦德国要纳入到欧共体和欧安会进程。"我们不谋求单干，不谋求单独的德国道路。"根舍在详细的开场白中也强调了进一步采取裁军步骤的意义。东西方人民都期望进一步的裁军步骤。目前，北约和华约这两大军事联盟具有稳定作用，因此它们仍将长期存在。不过，这两大联盟必须更多地从政治上定义自己，并在裁军进程中发挥更大的作用。所有这些，他不是作为个人，而是作为德意志联邦共和国的外长说的，联邦德国政府推行负责任的政策。这一政策得到多数德国人的支持，不会辜负国外伙伴，其中包括苏联给予的巨大信任预支。

戈尔巴乔夫开始他的详细答辩。他说，如果根舍的阐述反映现实，那么人们对此只能表示欢迎，会谈就可以满意而乐观地结束。但他还是想提几点看法。人们必须区分两个层面，也就是哲学－构思的层面与现实－实际的步子，根舍的阐述涉及哲学构思，而接下来人们将更仔细地观察实际的步子。鉴于当前欧洲和全世界的发展，而这种发展很明显是一种向好的方面发生的剧变，如果"任何一种地方的、地区的、自私的、功利主义的立场占据上风"，那将是危险的。因此，他不理解联邦总理科尔，他"宣布了自己关于联邦德国对民主德国关系意图的著名的十大要点"。这是对一个独立的主权国家提出的最后通牒式要求，这种要求也关系到其他国家。这样的文件，只有与伙伴们磋商后才允许拿出来。戈尔巴乔夫愤怒地责问："或者联邦总理认为没有必要这样做？""他显然以为，他可以定调并且冲向前面。"戈尔巴乔夫尤其愤怒地指出，科尔在电话中还保证过决不会使民主德国产生动荡，而现在从实际政策中却再也看不到这一保证。相反，科尔对民主德国今后的道路以及那里要建立什么结构发出了指示。"联邦德国领导简直是充满着发号施令的欲望。"

戈尔巴乔夫再次强调了他对德国问题的立场：存在着两个拥有主权和独立自主的德意志国家，这是历史造成的。作为现实主义者，他们两人都必须承认，这一历史"也驾驭着欧洲大陆的命运和进程，从而也决定了两德的地位和作用"。总书记提请注意为建设新欧洲，即建设"欧洲共同家园"而作的共同努力。当然，两德关系在此过程中也会变得更加紧密，但不允许人为地影响这一进程，因为这样做会危及稳定。紧接着这些一般性的阐述，戈尔巴乔的阐述变得具体了。比如科尔现在声称美国总统布什支持邦联的想法，这是什么意思？下一步该怎么走？建立邦联归根结底要以共同的防务和外交政策为前提，那么联邦德国将如何重新找到自己的位置？在北约还是在华约？或者它也许要成为中立国家？但是，一个没有联邦德国的北约又将是什么？对这一切问题都欠深思熟虑："能这样搞政治吗？"

一直保持克制的谢瓦尔德纳泽这时也毫不隐讳他的愤怒："今天人们以这种方式对待民主德国，明天也许会以同样方式对待波兰、捷克斯洛伐克，之后就是奥地利。"接着，戈尔巴乔夫目标明确地直接攻击联邦外长，他说，根舍展示的"恰恰不是最好的政治风格"，因为他没有与科尔保持距离。无论如何，这一切都不能被称为是负责任的或者是可预测的，根舍强烈地作了反驳并以其个人的政治分量指出：联邦政府的政策始终是可预测的，将来也会这样。这适用于《莫斯科条约》，也适用于夏季的德苏共同声明。如果这一情况发生变化，他"将不再能为它继续承担责任"。他今天已对谢瓦尔德纳泽说过这一点。联邦总理的声明恰恰体现了德国政策的长期性，显示了它是全欧一体化进程的组成部分。科尔的声明，既不是指令也不是最后通牒，他在声明中向民主德国重申了联邦政府的帮助意愿，并指明了未来靠近的各种可能。如何对此作出反应，将由民主德国自由而独立地作出决定。

根舍提到自己来莫斯科的前一天晚上与科尔的谈话，强调了《十点纲领》的长远前景，指出它不是应急纲领，民主德国将对此确定自己立场并对这些建议自己作出反应；联邦政府关心民主德国的稳定，而这十点应被理解为巩固这种稳定的贡献；不论是在波兰还是在匈牙利，人们都没有得到印象，认为十点内容是一种指令或者是最后通牒式的要求。而联邦议院的所有政党也都会支持与该声明相连的政策；与此同时，联邦政府不干预民主德国的内部问题，也不为这些问题负责。

"甚至希特勒也还不敢如此"

根舍忠诚捍卫《十点纲领》，这使戈尔巴乔夫更加气愤，他进行反驳说："我真的没有想到您会充当联邦总理科尔的律师"，并援引声明第3点说，作为提供广泛援助和合作的条件，声明要求民主德国要在社会和政治制度方面实现不可逆转的根本变化，这是"对一个主权国家内部事务的任意干涉"。谢瓦尔德纳泽再次以尖锐的调门说，"甚至是希特勒也还不敢如此"。戈尔巴乔夫也进一步补充了一个论据，说科尔的讲话是直接面向民主德国民众的，"就像是面对自己国家的公民一样，这简直就是根深蒂固的复仇主义，破坏了他自己作的积极保证，也使我们达成的所有协议成了问题。"

当根舍试图提醒谈话伙伴注意第2点，其中强调希望与民主德国进行平等合作的时候，戈尔巴乔夫的反应也很粗暴："还是请您停止扮演律师的角色吧，根舍先生。"他还说，科尔的声明就像对待沙俄的一个政治犯。这个囚犯被释放后，人们对他说，除了18个行省，他可以随意在自己愿意去的地方安家落户。"但当时俄国只有18个省，那么您认为他应该去哪儿？"根舍企图给予回应，但被戈尔巴乔夫打断了。戈尔巴乔夫说："总理的声明是错误的政治判断。我们不能无视这一声明。"总书记警告说，苏联愿意与联邦政府合作，只要它愿意；如果它不愿意，人们只能由此得出政治结论，即科尔的行为是一种最后通牒，有"以此结束欧洲进程"的意味。根舍对这一涉及欧安会进程的警告进行了坚决的批驳。他说，联邦德国不干涉任何国家的内部事务，而是致力于政治合作和负责任的步骤。

西德外长指出民主德国内部瓦解的原因后再次进入攻势。根舍说，"我们没有组织"那里正在发生的事。虽然民主德国现领导可以通过采取正确步骤克服危机，但他们必须赢得本国人民的信任。而且，他自己不是"任何某个人的律师。我是以所有政党的名义，以联邦总理和联邦政府的名义说话"。当然，戈尔巴乔夫对这一阐述并不完全满意。他说，这里谈论的不是关于民主德国的政策，而是关于联邦德国的政策，而在联邦德国，"人们头脑中充满糊涂和混乱"。没有头脑的政策不再是政策。"你们德国人是一个充满激情的民族，但你们也是哲学家。不要忘记，没有头脑的政策过去曾引向何处。"根舍说，德国对此非常清楚。他再次试图将讨论引到另外的方向。他一方面赞扬了苏联参与东欧变革的贡献，另一方面也赞扬了民主德国老百姓对其国家最近发展的贡献。西德以好感和关切注视着这些发展。苏联方面不应低估联邦德国为稳定政治生活所作出的贡献。戈尔巴乔夫立即又将谈话引回他的主题："眼下，我谈的不是笼统的政策，而是那个'十点'。"显然，科尔想借此人为地推动发展，这将破坏好不容易启动的全欧进程。

戈尔巴乔夫对根舍关于不应把这一切戏剧化的提示作出了激烈的反应。他说，根舍在这里听到的是苏联领导层的意见，是坦率而直截了当的意见。戈尔巴乔夫用带有威胁的口吻说，"别人也许不那么直接和开门见山地表达看法，但我敢断言，他们内心深处的想法和我们的一样"。根舍随后想知道这个别人是谁，并得到了答案："是您们和我们在东方和西方的最重要伙伴。"联邦外长再次捍卫联邦政府，说这不是联邦政府理应得到的评价。但戈尔巴乔夫依旧坚持他的谴责方针，说联邦政府对整个形势的估计是错误的。这位苏联领导人说："可以这么说，表层下面有点火种，你们向火种吹风，点燃火苗。"苏联领导对这种欠考虑的行为感到非常吃惊。他担心，德国眼下的局势要被变成即将来临的联邦议院竞选斗争的议题。根舍批驳了这一指责。他详细地强调了联邦政府的责任感和正直感。这席话使戈尔巴乔夫决定结束会谈，他说，"我的印象，我们开始重复已经说过的话了。"他再次提醒要奉行负责任的政策："政策中的即兴表演，我愿意毫不隐晦地说，是非常危险的事情。"谁要是像大象那样在瓷器店里那样行事，谁就会错过一个伟大的机遇。

根舍在结束会谈时说，他现在还有一个新闻发布会，回国后人们也会问他莫斯科会谈的情况。他应该说些什么呢？戈尔巴乔夫总结这次会谈说："如果我们想干扰或者破坏与联邦德国的关系，我们也可以公布我们谈话的内容。"由于他无意这样做，所以他建议可以简单地表明，会谈涉及欧洲和世界政策中特别重要的问题，也涉及两个德意志主权国家之间的关系，涉及加深欧洲大陆的稳定和全欧进程。最后，他要再次提醒根舍，克里姆林宫会对所发生的一切都非常关注。现在重要的是使所有进程都能正常进行。"什么事情都不应仓促行事，任何人都不应饰演消防队员，像科尔总理所做的那样。"他说自己还有一个印象，就是根舍也只是在联邦议院上才得知《十点纲领》的。对总书记的这句挖苦话，根舍简短而毫不客气地回应说，情况诚然如此，但这是内部事务，"此事由我们独自解决"。

戈尔巴乔夫对他的德国谈话伙伴保证，"我说的一切并非全部针对您个人，根舍先生。您知道，我们和您的关系与和别人的关系不同。我们希望，你不要错误地理解这一点。"根舍从这次谈话中带回国的主要是两点印象：一是戈尔巴乔夫要以强有力的行为显示他仍掌控着形势，他是"表演者和塑造者"；另一方面，根舍后来在回忆录里说，这位苏联领导人对"德国统一的不可避免性"已有准备。现在的问题是在什么情况下和什么时间点。[47]

后果严重的误解

根舍在克里姆林宫那次戏剧性谈话后所作的分析虽然显得相当乐观，但它却清楚地表明，莫斯科高层领导人和从事对德事务的外交官们的思想转变进程已经开始。

1. 11月底至12月初，民主德国内部的瓦解一成不变地继续。12月3日，德国统一社会党政治局集体辞职就代表性地表现了这一点。这一发展与持续发展的民权示威活动联系在一起，使得东柏林的苏联大使馆以及起关键作用的苏联外交部第三欧洲司弥漫着一种"惊慌失措的气氛"。其后果是匆匆忙忙的行动以及本书中还要继续详细描写的对德国政治形势的重新评价。[48]

2. 戈尔巴乔夫把《十点纲领》误读为联邦总理及其同事具体的德国政策行动计划，这加剧了莫斯科的印象，即人们对目前的进程正在失去控制并越来越成为旁观者。最为明显的后果严重的误解是戈尔巴乔夫对科尔关于两德关系之间建立"邦联结构"这一措辞的反应。由于难以表述，科尔有意识地回避了邦联这一概念，而代之以不确切的"邦联结构"这一说法，然而对苏联外交家来说，这一点似乎正是表明它是联邦总理的所谓具体统一计划。科尔之所以揭示前景，目的只是要防止固定两国并存，而戈尔巴乔夫看到的却是可操作的统一政策，但实际上连萌芽都没有。

总理府放弃任何磋商或者提供预先信息，又进一步加剧了苏联领导人的愤怒。就像戈尔巴乔夫在与根舍谈话中表明的那样，他由此不仅看到苏联作为二战战胜国兼四大国之一的作用被无视，而且同时看到 1989 年初夏德苏声明的基本思想遭到破坏。尽管与根舍的争论十分强硬，但因此也显示了苏联的新想法。如果说戈尔巴乔夫的所有前任还强烈地指出盟军的战胜国权利，那么，戈尔巴乔夫本人则更多地强调新的合作思想以及他期望的德苏靠近。

给最重要盟国事先提供信息

如同在莫斯科那样，联邦总理没有事先宣布德国政策的攻势起初也在华盛顿引起了激动。当有关负责人被媒体要求对尚不为人知晓的《十点纲领》表态时，这些负责人感到十分意外。[49] 在总统发言人马林·菲茨沃特（Marlin Fitzwater）每日的新闻发布会开始前不久，他要求布莱克威尔提供有关的官方态度的信息，因为美国有线电视新闻网（CNN）已经报道了科尔在联邦议院的演讲及其"德国统一计划"。布莱克威尔回答说他不了解细节，菲茨沃特应表示布什支持这一计划。国务院女发言人玛格丽特·特维勒（Margeret Tutwiler）带着同样的指示走到了媒体面前，不过她同时也强调，对科尔声明的原则性赞同还不意味着就是支持。

这一保留态度，是否就像某些阐释那样，意味着波恩与华盛顿之间出现了不和谐？对 1989 年 11 月 28 日事件作仔细研究后呈现出另外一幅图景：虽然白宫负责人对总理没有与他们商榷的倡议感到意外，但他们立刻公开表示了赞同。鉴于总统和联邦总理之间经常通话，斯考克罗夫特及其同事在这件事上向科尔表现了名副其实的"盲目"信任。因此他们在没有了解内容的情况下就在媒体面前支持了科尔的德国政策攻势。虽然总理的演讲以及缺乏任何信息使他们感到意外，但并没有使他们持续地感到愤怒。

这种信任是怎么形成的，几小时以后就表现出来了：将近傍晚，白宫里出现了联邦总理致布什总统的一封信，信中含有关于《十点纲领》的事先信息。[50] 根据科尔的指示，这封长达 11 页的信件早在 11 月 28 日清早就已在波恩递交给美方，但晚了好几个小时才送达华盛顿总统的办公桌上。这封信包含了 10 天前科尔在电话中预告的备忘录，其中他向在德国问题上目前最重要的、正在准备美苏峰会的盟国再次说明了德国的立场。

信中，科尔在探讨德国政策的中心议题即"民主德国的局势"和"德国的重新统一"之前，又一次明确感谢布什对德国问题的积极态度，并就其他重要问题表明了自己的立场：

1. 对于即将以"马耳他哲学"为题举行的美苏峰会，科尔明确警告不要造成"保持现状的峰会的印象"。中东欧的改革进程不仅应按照西方价值观，如自由的自决、民主和个人积极性等方向发展，也要得到当地人民的支持。所以，这一发展不能"从上面"来操纵。

2. 必须使戈尔巴乔夫确信，西方不会采取使欧洲局势动荡的行动。取而代之的是必须澄清，当今发展的起因在于以暴力压制冲突和拒绝改革。稳定意味着从稳定的改革发展到戈尔巴乔夫所期望的"选择自由"，它最终不会有别于美国国父的理想，"像1776年一样，今天仍然关乎生命、自由和追求幸福！"

3. 戈尔巴乔夫在苏联的地位，目前很可能未受危及，但由于经济成就缺失，他在老百姓中受欢迎的程度正在下降。因此，"是否帮助戈尔巴乔夫？"这个目前还仅仅是理论上的问题，不久可能会变成严重问题，而且这不仅涉及苏联的"具体愿望"，还涉及西方"相对而言有限的"实际援助可能。

4. 科尔表达了对裁军和军备控制的希望，期待峰会能够提供"强有力的推动"，正在进行中的维也纳削减欧洲常规武装力量谈判尤其应该尽快得出具体的结果。应不断地让戈尔巴乔夫注意到"他应该单方面削减东方的巨大优势，从而使以后的谈判变得容易"。同时科尔对布什宣布美国军队将继续驻扎在欧洲表示高兴："我们仍然认为，美国军事力量的存在对于欧洲的安全来说是至关重要的。"

5. 戈尔巴乔夫的"新思维"也"参与引发、推动或加速"了波兰、匈牙利、保加利亚、捷克和民主德国当前的改革进程。现在要使戈尔巴乔夫继续确定不干涉以及"自由选择"的原则。科尔表示，最终必须落实早先讨论过的经济和财政援助措施，只有这样才能排除"社会的火山喷发"，共产党内的正统派，尤其是在波兰和匈牙利，可能对火山喷发感兴趣。除了美国，目前为止还没有西方国家为布什10月份提议的10亿美元稳定基金提供款项。总理宣布，在12月4日布

— 99 —

鲁塞尔北约会议上将敦促各方作出迅速的决议并提供进一步的援助。

通过详细指出上述议题，科尔表明了他绝没有将两德靠近问题看作是目前唯一的现实议题，或者脱离欧洲的其他发展考虑这个问题。在这之后，联邦总理才详细地谈及民主德国的形势。根据塞特斯在东柏林会晤时得到的印象，当地政治领导层依然不稳定；此外，老百姓的情绪依然不安，这表现在群众继续抗议游行以及民主德国居民不断迁往西部。因此，具有决定性意义的是，即将召开的统一社会党大会如何回答诸如放弃权力垄断、经济改革、自由选举以及允许非社会主义政党和工会等。如果戈尔巴乔夫认为这是干涉，那么布什应该说明，对西方来说，事情不在于已经丧失信誉的领导以及已经不可持续的状况，而仅仅在于顺应民众自己的愿望，从外部支持政治、经济和社会的深刻变革进程。

在科尔的信中，"德国重新统一"是最后的也是最详细的一点。对此，戈尔巴乔夫很可能会说，战后现实将来也必须尊重，民主德国的改革决不能导致"不管以什么形式重新建立德国的统一"。总理着重请求美国总统不要同意任何可能会被理解成限制政策的规定，而要"致力于欧洲的和平状态，德国人民在其中可以通过自由的自决重新获得统一"。科尔明确提到1989年5月30日的北约声明中以及1970年签署的《莫斯科条约》中阐明的联邦德国的立场。他同时指出："问题的核心现在是并将继续是民主德国人民自由的自决权。"对科尔来说，两德的继续发展只能取决于人民的意愿，他对布什明确说明了自己如何看待这一意愿：夏季以来的事件、民众大量地去西部访问以及持续不断的大规模示威游行表明，东德人民"思想上和感情上不认为自己是一个分裂民族的成员。造成戈尔巴乔夫在11月10日的信件中所担心的"混乱状态"不符合任何人的利益。民主德国的民众也知道这一点，迄今为止，他们表现得非常理智和冷静。

科尔表示了"对联盟牢不可破的忠诚"，但没有点北约的名，他还强调已经证实的参与欧洲一体化的强烈意愿。联邦政府没有单方面地利用民主德国的形势，将来也不会这么做。他在与戈尔巴乔夫最新的通话中也保证了这一点。在再次感谢其支持之前，科尔在信的结尾简短地罗列了《十点纲领》的各个要素。总理希望，布什将支持十点中针对戈尔巴乔夫而概括的政策。他说，必须告诉总书记，"不是坚持过时的禁忌，而是把握住面向未来的路线，才是他本国的最佳利益所在。"

华盛顿感到满意并预作准备

在白宫，布什及其顾问对这封信感到非常满意，这与同样在当天送达华盛顿的克伦茨的信件截然不同。[51]布什从未回复统一社会党总书记的信，在这封信中，克伦茨宣布将举行自由选举并进行其他的政治变革。谈及民主德国，由于他强调和重申"社会主义"这一概念，所以华盛顿认为这个新政权虽然允许新思维，但不会允许民主。此外，人们还认为，克伦茨指出的两德并存是对戈尔巴乔夫－布什会晤的预先警告，以此为可能进行的德国问题讨论划定界限。

一段时间以来，由于美国已决定尽可能支持联邦总理重建德国统一的努力，所以很大程度上赞同包含在《十点纲领》中的建议。虽然看到了基于东西方伙伴的过度反应而可能带来的危险，尤其是安全顾问斯考克罗夫特对科尔未经商议的冒进"非常生气"，但正面的解读还是占据上风。[52]人们认为，决定性的好处是这一计划提供了大量的选择，而没有固定建立统一的具体道路或时间表。与此同时，他们也看到了科尔纲领中的两个漏洞，在以后的事态进程中这两个漏洞可能会引发问题，这两个漏洞就是：没有提及波兰西部边界以及德国的联盟归属，后一点美国驻波恩大使馆的人员在工作人员层面上也曾谈到过。由于华盛顿没有人怀疑科尔或者其他重要的德国政治家会质疑当前的德波边界，因此，华盛顿日益认识到，必须及早确保统一后德国的北约成员归属。

第二天，即11月29日，布什与联邦总理通话时表达了对科尔《十点纲领》的满意，这次通话再次涉及即将举行的马耳他峰会和苏联当前的形势。[53]科尔认为民主德国将继续发生变化，并预期1990年秋或1991年初会举行首次自由选举。对于联盟问题，科尔解释说，目前不宜过于强调这个问题，民主德国将留在华约而联邦德国将留在北约。他也向总统描述了自己的想法，即如何赢得法国对统一进程的支持：他将支持密特朗实现下一个欧共体一体化目标，即经济与货币联盟。在科尔最后向布什指出目前东、西部的德国人是多么关注人们对自决权和统一问题的积极公开的表态之前，他再次保证，决不会有德国的单干行动。

与科尔谈话之后，布什立即利用11月29日的一次记者见面会向公众显示他对联邦总理的支持。[54]布什说，他对通话的结果很满意，并提到他过去的一些讲话，在这些讲话中，他就思考过克服欧洲分裂的新路子。他认为，一个自由与统一的欧洲的目标正在日益接近。不过，如何实现这一目标以及德国问题最后解决的细节，目前他当然还不知道。

与这一支持性的表态同步——美国也对民主德国驻华盛顿外交官作了类似的表态——国务院计划室也已考虑过如何更有力地构建当前的发展结构，尤其是对其施加影响。这些考虑的结果，就是弗朗西斯·福山（Francis Fukuyama）和丹尼斯·罗斯就德国统一提出的《四项原则》。贝克在11月29日的新闻吹风会上首次介绍了这"四项原则"：[55]

- 决定性的一点是自由的自决；在通向德国统一的方向中，不应偏爱或者排除任何一种可能的道路。
- 统一后的德国也必须归属北约和欧共体。
- 统一必须有步骤地、和平地进行。
- 如同在《赫尔辛基最后文件》里已经决定的，必须尊重边界的不可侵犯性。

几天以后，布什总统在布鲁塞尔的北约峰会上将这四项原则作为美国对德政策的重要主导路线介绍给盟国成员，从而成了美国对科尔《十点纲领》反应的基本组成部分。在联邦总理及其工作人员看来，这一切一方面最终确认了美国政府不仅接受而且积极支持进一步的统一步骤，另一方面也说明了美国对谋求统一的过程、内容和目标的明确见解。这四项原则不仅确认了科尔的德国政策设想，而且在北约和波兰边界问题上也对科尔的设想作了精确的表述。[56]

撒切尔要求保持现状

英国首相玛格丽特·撒切尔对科尔《十点纲领》的反应与布什总统完全不同。她毫不掩饰自己的反感：[57]11月29日，根舍去伦敦进行政治会谈时，就感受到了这一点。撒切尔夫人说，仅仅几天以前，即11月18日，共同体的国家和政府首脑曾在巴黎聚会，当时的立足点很稳固并且提出了构想，但现在她不得不看到，一切都变动了。这位愤怒的政府首脑要求根舍进一步解释《十点纲领》，她由于各种各样的媒体文章、大使的报告以及那份演讲稿而不完全明白这件事。撒切尔夫人还表示不想接受这些发展。她反复强调改变现状会带来的危险，说重新统一不在议事日程上。首先必须使民主的结构在东欧所有地方固定下来。只有证明这些结构是牢固的，才能出现也许可以提出重新统一问题的局面。根舍带着以下认知离开伦敦前往巴黎：

- 英国的保留程度比任何时候都大；
- 撒切尔夫人认为她反对德国统一的偏见得到了证实；
- 在与法、美取得一致以后，也还是能够与英国作某种安排的；
- 澄清德国对北约、欧共体和奥德－尼斯河边界等问题的立场将使进一步发展变得容易一些。

英国首相证实了布什及其顾问五天前就得到的印象。11 月 24 日，撒切尔夫人访问美国总统度假胜地戴维营时表明，对她来说德国问题不具有现实性。她的论点集中于两条线索：一个是边界问题，另一个是与统一问题的讨论相联系的对戈尔巴乔夫的危险。她说，虽然阻止德国人考虑统一是艰难的，但不管怎样，总还可以抑制他们对此的期待。不过，事后撒切尔夫人明白了她无法赢得布什对她政策的支持。虽然布什没有直接表示反对，但这次谈话也没有能改善双方的紧张气氛。[58]

分析英国政府的立场，1989 年 11 月底至 12 月初，该政府以三个关键的政治领域的前提为导向：[59]

- 东方政策：戈尔巴乔夫以及改革国家民主化进程的稳定被视为最重要的政治任务。
- 安全政策：在这一领域，对于西方来说，在变化的形势中北约与华约证明自己的强大，这被视作欧洲安全与稳定的重要因素。
- 德国政策：与所有其他外国的声明相反，在英国看来，德国问题不具有现实性，甚至根本不在现行政策的议事日程上。要抑制德国人的相关期待，将这一议题转入较大的机构，如欧安会，以此延缓可能的发展。

撒切尔夫人反对科尔《十点纲领》的态度不可能更坦率了。如果人们把德国问题从政治辞藻变成现实的日常政策看作是科尔倡议的中心目标，那么，撒切尔夫人指出统一不在议事日程上，那就是对科尔构思直截了当的拒绝。另一方面，由于撒切尔的论据，那些为了说服英国而必须研究并解决的议题就明显了。最后，根舍从其访问中也得到这样的印象，即英国的顾虑不是完全不能克服的。

阵线变得分明了

1989 年 11 月 17 日，当科尔对布什宣布要交给他一份有关德国政策立场的详细备忘录时，总理也并未意识到这一想法最终会产生什么具体效果。预告这一纲领的情况文件变成了一个公开推出的包含有众所周知的动机与目标的纲领。

如果归纳一下联邦德国、民主德国和外国对这个纲领的反应，可以看出，这一纲领除了所期望的指明方向之外，也达到了将相关讨论捆绑在一起的效果。此外，它还产生了一个至少不是明确追求的加速效应：虽然科尔本人的出发点是 5～10 年完成德国统一，但纲领的批评者首先感到的是受到了巨大的时间压力。这不仅表现在国内的讨论中，也表现在民主德国和外国伙伴的反应上。建立在误解或者过度解读基础上的加速效应，也导致了几条阵线在辩论中显现出来了：

1. 联盟归属和边界问题等中心议题，还有欧洲一体化问题，简而言之，就是统一后的德国继续与西方联结的问题，都比过去更加公开地显露出来。

2. 联邦德国的不同阵营变得分明了：在内政方面，虽然自民党对科尔未经商讨的攻势感到恼火，但他们都赞同《十点纲领》中所有重要的基本思想。绿党一致反对科尔的构思，而内部吵翻了的社民党既不能表示拥护科尔建议的目标和道路，也无法通过提出自己的实质性建议参与决定这一讨论。

3. 民主德国围绕这个纲领的问题也很清楚：统一社会党及与该党联系在一起的精英主张固定两国并存，而昔日的那些统一阵线政党以及民权小组和新的反对党则主要由于计划着眼的时间速度而面临问题。

4. 对于在实现统一方面具有关键作用的四大国而言，只有美国支持这样的追求并且拥有自己的、很大程度上与联邦总理的想法吻合的设想。苏联领导断然拒绝该计划，但情况表明苏联既不会采取军事手段也不会运用政治的或外交的高压手段来加以阻挠。特别是由于民主德国的国家结构持续瓦解，莫斯科的政治领导人日益意识到，他们坚持的战后现实越来越不符合实际情况。

此外，对《十点纲领》产生和作用的历史分析，也提供了有关联邦德国执政联盟内部工作方式和冲突的情况：科尔不仅是联邦总理，同时也是基民盟主席，所以他没有与联合执政伙伴，即属于自民党的外交部长商议自己的计划。"德国统一"这一议题，正如自民党人的反应所证明的那样，不仅是一个民族问题，而且也是执政联盟内部竞争政治的一部分。不过，总理与外长的意见在很大程度上基本一致，以至于根舍虽然出于党派政治和内容方面的原因提出了批评，但不愿意公开反对总理采取这一攻势。在外国谈话伙伴面前，他坚定地维护纲领的目标和内容，因为这些目标和内容反映了根舍的基本政治立场，尽管他对事先没有获得信息而感到恼火。与科尔一样，根舍也坚定地决心利用出现的统一机会。为此，现在最重要的是找到盟友。由于美国已多次清楚地表示支持，莫斯科提出了激烈的抗议，英国政府不准备合作，所以，现在起关键作用的是法国。在 11 月 30 日的巴黎会谈中，根舍要深入研究如何能与联邦政府最重要的西欧伙伴达到必要的团结一致。

第五章　现状中的外交

与所有其他欧洲伙伴一样，邻国法国对科尔的《十点纲领》也同样措手不及。正如密特朗总统及其外长杜马反复指出的那样，法国的政治阶层起初也坚信，德国统一不在议事日程上。但随着科尔提出其德国政策概要，他们清楚地看到了德国问题的现实性。

第一节　围绕法国欧共体行车表的分歧

尽管当政者不是像第二天《费加罗报》评论的那样，认为德国联邦总理操纵了国际外交议事日程，但国家领导人的反应还是非常克制谨慎。[1]12月8~9日，密特朗在雅典参加欧共体峰会预备性会谈，他在那里提醒大家注意二战四个战胜国的权利。他说，人民的意愿才是必要的现实，在德国问题上，如果为了处理实际问题而展望邦联，他不会感到震惊。邦联既没有坏处，也不应加以阻挠。但是，欧洲的稳定与自由和自决权同样享有重要的地位。

国家领导人的克制

在争论的过程中，巴黎政府对公开批评表现出谨慎的态度。11月29日，在国民议会回答询问时，外长杜马称《十点纲领》"仅仅是提供了一个讨论基础的草案"[2]。虽然不能从一开始就排除两德合作的任何形式，但这一合作无论如何应该顾及两德的特殊形势。统一是德国人的合法要求，但"没有两个德意志国家的同意是行不通的，正如没有保证德国地位的那些国家的参与也行不通一样"。杜马特别看重科尔对欧洲一体化的支持。他认为，对于联邦德国来说，与民主德国的关系不能成为它与欧共体关系的替代性选择。相反，必须使共同体得到加强，才能"更加容易地与德意志民族另一部分发展关系"。即将召开的欧洲理事会会议将是对联邦总理的考验；现在，他必须以行动来证实自己声明的意图。

法国社会党人和反对派一样，对《十点纲领》的反应是介乎保留与反对之间。密特朗的政治战友兼国民议会议长法比尤斯对统一的前景持"非常、非常保留的态度"，并且警告说不要以重新统一来反对欧洲建设。国防部长舍维内芒同样持反对态度。他说，解散公约组织既不是苏联也不是美国所希望的。一位法国外交官甚至将科尔的倡议称为"试图突然袭击"。希拉克政府的前财政部长爱德华·巴拉迪尔（Edouard Balladur）表现得不那么武断，他说，四大国可以尝试延缓统一，但不能阻止它。在法国，普遍的主要批评点在于《十点纲领》没有包含承认欧洲边界和对四大国职责作具有约束力的陈述，而巴黎却反复指出上述内容在可能的德国统一中具有决定性作用。密特朗最紧密的外交政策顾问阿塔利，虽然在一次通话中向特尔切克发出信号称，爱丽舍宫"可以承受"纲领。但对他来说，"更多地突出欧洲一体化这个目标"将更好。

总的来说，使法国总统及其周围的人感到恼火的并非科尔方案的内容和目标，而是他们没有事先被告知这一事实。尽管官方鉴于德、法之间其他的信息沟通和磋商非常频繁而淡化这一疏忽造成的影响，但不能忽视由此产生的不快。对法国来说，科尔对德国统一进程的设想是完全出人意料的：无论是在11月18日的欧共体国家和政府首脑巴黎特别峰会上，还是在几天前科尔与密特朗的沟通中，都只作了暗示，而他并不缺乏恰当的机会来通报情况。1989年11月底至12月初，科尔和密特朗之间有着活跃的书信往来。这些书信往来的中心内容是继续欧洲一体化，特别是在通向欧洲经济与货币联盟的道路上必须采取的措施。这一点从1988年开始就是两人每次沟通中的固定组成部分。在现实的形势下，两位国家领导人的对话基础却发生了深刻变化。随着从民主德国传来的消息以及中东欧的发展，欧洲地平线上出现了新的前景。虽然对中东欧改革国家的援助措施是双边对话的内容，但令人吃惊的是，在这些日子的信件交换中却还是找不到有关民主德国变革和随之而来的德国问题的只言片语。

1989年11月27日，即《十点纲领》公布前一天，在德国总理致法国总统的信中，[3] 只包含了欧洲经济与货币联盟以及政治联盟的建议，包括欧共体至1993年的具体行动日程。在信中，科尔既没有谈到东德日益尖锐的事件，也没有谈到他本人计划于次日公布的关于德国统一的纲领，与对待布什不同，科尔对密特朗保持缄默。加之，法国内部向总统转交演讲稿时出现了困难。在德国联邦议院早上进行有关预算辩论的同时，特尔切克向西方大国的大使们转交并解释了关于纲领的第一份报告，法国大使到晚上才传给巴黎，而媒体早已就此作了报道。因此，总统最初是通过法新社和德新社而不是通过外交渠道得到信息的。法文译稿甚至在巴黎对文稿作出了初步评估之后，晚了两天才出来。[4]

因此，11 月 30 日根舍外长从伦敦直接飞往巴黎时，受到了外交冷遇。他与密特朗和杜马会晤之后，官方宣布这次会晤是和谐的，而且取得了一致，特别是联邦外长再次为欧盟作了明确的辩护，并强调了联邦政府在该问题上的决心。然而，字里行间也表现出对联邦总理的政策可信度和可预测性的怀疑。[5]比如杜马向他的客人表示，巴黎对科尔 11 月 18 日在巴黎时完全没有提及《十点纲领》的内容这一事实深感震惊。密特朗曾多次指出，德国统一无法阻挡，但历史地看对欧洲来说会有危险。他也不吝批评，说联邦德国曾是欧洲一体化进展的发动机，现在却成了这一进展的减速器。此外还有谣传说，巴黎目前提出了这样一个问题："法国和联邦德国的特殊关系是否能持久，或者说法国是否必须制定新的方向"。

在《十点纲领》出台之前，"德国统一"这一议题被当作禁忌，这有不同的动机。科尔一方面出于内政原因不想危及他所期待的意外效果，另一方面他显然想避免在德国统一问题上主管权被欧共体索取。[6]而密特朗关心的却是继续推进他所计划的欧共体路线。在两德靠近的背景下和重新统一的脚本面前，密特朗把欧洲一体化的快速进行视为将德国纳入其西欧责任的工具。法国提出欧洲政策行车表以及 1989 年下半年法国担任欧共体轮值主席的目标，表明密特朗对科尔的可靠性没有把握。早在前期阶段，就不断出现了两个伙伴之间的利益分歧。

小心翼翼地面向货币联盟

1989 年下半年法国接任欧共体主席时，密特朗特别关注欧洲一体化继续前进的目标，即创造欧洲统一的货币。在欧共体成员国中建立货币联盟并非新的目标，自 60 年代末以来就处于视线之内。但在 70 年代，由于缺乏一体化的意愿或者说由于成员国各不相同的经济理念，有关努力如分阶段实现经济与货币联盟[7]的《维尔讷计划》遭到失败：以货币主义为指针的代表如法国，把创造共同货币放在突出位置。它们相信，引进共同货币会对进一步制定共同的经济与景气政策起促进作用。与此相反，经济主义者首先是德国认为，各国经济政策首先应该相互靠拢，统一货币则是这一进程的顶峰。主要任务是尽可能地稳定币值，为了维护币值的稳定也可以接受较小的经济增长，因此，实现大体上相同的低通货膨胀率应是构建共同货币政策的出发点。[8] 除了这一原则性的构思分歧以外，统一货币意味着国家主权的相当大丧失——这是每次为开展共同体实现进一步一体化步骤中的争论点。

在这一庞大的货币联盟计划失败后的一些年代里，只采取了实用主义的步骤以限制共同体内部的汇率风险：1972 年引进了所谓的货币浮动计划，它成了欧洲汇率联盟的基础。[9] 此后是 1979 年的欧洲货币体系（EWS）。只是在 80 年代中期全面完成了以 1992 年 12 月 31 日为规定时间的欧洲内部市场时，才重新捡起了雄心勃勃的货币联盟方案。为使各国经济政策构思趋同所作的努力是这种一体化步骤的基本组成部分，也为货币联盟这一目标创造了必需的商谈基础。[10] 所以，1986 年的《单一欧洲文件》包含有经济与货币政策合作的章节，其中第 102a 条被纳入《欧洲经济共同体成立条约》（EWG - Vertrag，EWGV）。但是，这些规定并没有导致该领域内新的权限分配。[11]

最终，新的推动力来自 80 年代末的德国，它由于严格的经济路线而始终拒绝法国的攻势，并因此换来"减速器"的名声。1988 年 2 月 26 日，德国在担任欧洲理事会主席时提出的《根舍备忘录》，表明德国偏离了自己的紧缩路线。[12] 该备忘录的目标是创建欧洲货币区以及欧洲中央银行，以完成共同市场并使欧洲独立于美元的霸权地位。一个工作小组应就此在一年之内起草一份报告，然后提交给 12 国进行鉴定。无论是德国还是法国对此都发出了赞同的信号，尽管两国仍存在疑虑，这些疑虑构成了基本观点截然对立的紧张地带：德国担心强势的德国马克和联邦银行的独立性会丧失，而法国则担心政府不得不放弃对国家银行的管控。

尽管英国表示激烈反对，但 1988 年 6 月在汉诺威举行的欧洲理事会最终通过决议，成立一个由成员国中央银行行长和其他专家组成的委员会，在委员会主席雅克·德洛尔的领导下，该委员会应研究制定分阶段实现货币联盟的建议。很快，形成了两种不同的着手方式：一个是立即创立欧洲紧急备用金，其目标是使各国货币政策相互靠拢并以此加强现有的欧洲货币体系；接下来应该直接过渡到共同货币体系。这一路线主要得到法国央行行长雅克·德拉罗西埃尔（Jacques de Larosière）的赞同，意大利也同意。与此相反，由德洛尔领导的第二小组则主张立刻着手推进货币联盟，并为这一联盟确定一个确切的时刻表。出于不同的动机，英国和联邦德国偏爱这一草案。对英国人来说，这个草案使它可以选择参加第一阶段的货币联盟，但在其他阶段则保持观望或者完全置身其外。联邦德国偏爱这一方案的主要原因在于以下可能，即先允许按照某些稳定标准挑选出来的国家参加联盟，以防止因为加入的成员国货币不太稳定而在初始阶段就导致统一货币疲软。[13]

尽管其财长皮埃尔·贝雷戈瓦（Pierre Bérégovoy）持有相反的看法，密特朗最后还是决定支持这一启动办法，因为他不想因为赞成其他方式而使法国在最终其实是一致的目标中陷于孤立。[14]法德的协调建立在双方的给予与索取之上：波恩主要是要求严格按照德国联邦银行的榜样成立欧洲中央银行，也就是要确保其完全独立于各成员国政府。另一方面，法国则期待德国伙伴能够快速地参与实现货币统一，尤其是召开一次政府间会议，以确定落实货币联盟的相应条款。1989 年 4 月提出的《德洛尔报告》规定，在第一阶段，共同体所有货币都要加入现有的欧洲货币体系，第二阶段应包含建立欧洲中央银行，第三阶段最终引进统一货币。仅将第一阶段的时间确定为最晚在 1990 年 7 月 1 日。[15]

在 1989 年 6 月 26～27 日由西班牙担任欧洲理事会主席的马德里理事会闭幕会议上，人们对即将担任理事会主席的法国的目标已有所感知，密特朗无疑重视加速货币统一。[16]法国要求，1990 年 1 月 1 日就开始第一阶段的货币联盟，同时召开准备后两个阶段的政府间会议。然而，他的努力没有成功。在围绕货币联盟第一阶段时间表进行了艰苦的努力后，最终同意把日期定在 1990 年 7 月 1 日；同样，巴黎也不得不放弃规定计划中的政府间会议时间表。央行行长们的报告总体上被评价为"下一步工作的良好基础"。密特朗的打算主要与英、德两国的利益相冲突。撒切尔夫人采取的是原则上反对的态度，这一态度源于原则上反对为了欧洲统一货币而交出主权。而科尔那里起作用的主要是选举策略。在 1990 年 12 月举行联邦议院选举之前，他务必要避免因提前召开政府间会议而引起有关货币联盟程序的讨论。最后，科尔提出的妥协结果是，不规定超出 1990 年 7 月 1 日的其他时间表。考虑到法国的欧共体主席地位，密特朗对此感到不满意，具体表现为他在马德里坚持要求在 1990 年下半年召开政府间会议。

围绕欧洲一体化的讨价还价

由于柏林墙倒塌和科尔 11 月 28 日提出了《十点纲领》，正常情况下作为"策略上的给予与索取"而记载下来的事，突然之间就显得完全是另一回事了。由于民主德国的急遽发展，密特朗认为，联邦总理优先考虑的问题将更加不利于就欧洲统一货币取得一致。对于法国国家元首来说，在接下来的几周中，联邦总理在时间问题上是否让步成了对其欧洲政策可靠性的严峻考验。密特朗更加强烈地认为，将联邦德国牢牢纳入西欧共同体是稳定和均衡的保证。因此，在这一变革时期推进欧洲一体化应该成为其德国政策的一个主要工具。正如随后几周和几个月所表现出来的那样，密特朗的目光不只是盯着西欧。通过对东欧推行较为自主的政策，他一方面表达了自己不把阵地拱手让给德国的愿望，同时也表达了他的担忧。此外，他认为这里存在着一种有效的可能性，即可以对变革施加影响，即便不是根本性的，但至少能影响其进程和速度。

在准备斯特拉斯堡欧洲理事会时，密特朗和科尔的对话内容全是关于欧洲一体化的下一步步骤，正像他们在双边信件往来中表现出来的那样。在他们的通信往来中，分歧点表现在召开政府间会议问题上。直到 1989 年夏天，这一议题看上去还只是个谈判策略问题，但最迟到 10 月份，它就成了令双方都恼火的事情。10 月 12 日，总理府主管欧洲事务的处长比特里希向密特朗在爱丽舍宫的欧洲顾问吉古表示，科尔准备同意于 1990 年下半年召开政府间会议。[17] 这是否意味着将在 12 月的斯特拉斯堡峰会上正式确认此事，波恩起初没有像法国希望的那样给予回答。10 月 24 日，两位领导人在爱丽舍宫进行晚餐之际，科尔不顾法国的愿望，采取一切办法竭力回避货币联盟这个话题。密特朗做了大量努力也不起作用，吉古说："科尔拒绝谈论政府间会议的日期问题"。总统接着作出了反应。第二天，即 10 月 25 日，密特朗在欧洲议会全体会议上宣布，斯特拉斯堡峰会将确定第二年秋季举行政府间会议。在此之前，他将自己的意图通知了"盛怒的"科尔。[18]

斯特拉斯堡理事会议前夕的意见分歧

联邦总理 1989 年 11 月 27 的信件，[19] 必须放在其前期历史的背景下去看。科尔在信中一般性地再次强调了他的原则性意愿，即在斯特拉斯堡作出"面向未来的决定"。科尔的意图是进一步行动要有共同方针，依据这一意图，他提出了一个工作日程的草案，希望得到密特朗的同意。他对法国担任理事会主席期间对经济与货币联盟第一阶段的准备工作一般性地表示了积极的看法。他特别强调了资本自由流通中的监督、磋商和进展。但他也提出了自己的疑虑，即尽管作了大量的努力，但12国在稳定发展方面仍然存在着很大差异。这不仅会危及欧洲货币体系的稳定，而且也使货币联盟第一阶段所谋求的一致目标能否实现成为问题。同样，尽管发展内部市场的努力表现积极，但这一领域的不足，如在税收平衡方面，也会成为实现货币联盟第一阶段目标的潜在危险。因此，总理在该信结尾解释说，在他看来，在斯特拉斯堡阐明取得该领域进步的必要性并强调其对经济与货币联盟的意义，是很重要的。

信中附加了工作日程，科尔以此将其担忧转化为具体的日程建议：斯特拉斯堡欧洲理事会应该确认1990年7月1日为加入货币联盟第一阶段的日期。此外，欧洲理事会应只给相关委员会一项任务，即制订确定此后发展阶段的基础，并提交给1990年12月才召开的罗马欧洲理事会。在罗马，应作出召开政府间会议的政治决定，然后政府间会议于次年年初才可以开展工作。与此同时，应该进一步着手共同体的机构改革。第二次政府间会议可以在1991年12月的欧共体峰会时举行。两次政府间会议应于1992年完成自己的工作。

这是对法国总统野心勃勃的时间表的明确拒绝：政府间会议应该比总统设想的要晚一年才举行，且其前提条件是欧洲理事会接受新一轮的准备工作。所以，政府间会议的最早举行时间是1991年，这一前景令密特朗快快不乐。直到11月27日，爱丽舍宫虽然表示完全可以理解科尔在内政上的困境，即必须在1990年年底选举日之前为欧共体尚有争议的决定进行辩护，[20] 但这一理解只维持到第二天，即1989年11月28日：随着《十点纲领》的公布，巴黎就开始自问，联邦总理是否想为德国的国家统一而牺牲欧洲的一体化。

密特朗在12月1日的信中作出了相应清楚的回答。[21] 他写道，他不会背离自己原先的道路，并对科尔说，他也希望就一个共同的日程表达成谅解，但这应在斯特拉斯堡就进行，他肯定打算在那里提出确定政府间会议问题。正如科尔所知，他希望政府间会议在1990年结束以前就能开展工作。接着密特朗改变口气补充说，如果第一次政府间会议还在 1990 年 12 月与由意大利担任主席的欧洲理事会同时举行，那么它只是一个形式而已，真正实质性的工作要到 1991 年才开始，正如联邦总理心目中打算的那样。他同意科尔的担忧，即经济与货币联盟只有在经济趋同后才能起作用。这对于货币的稳定是不可或缺的。计划中的货币联盟第一阶段将为所有其他阶段准备必要的基础，关于货币联盟他将另作详细说明。第一轮步骤已由财政部长和发行银行行长完成。此外，最近的讨论已显示出立场相互靠近。至于这些阶段所涉及的内容，政府间会议可以将工作建立在马德里会议通过的平行与援助等原则基础上，也就是说政府间会议将定义必要的经济准则，同时也将定义机制的均衡及其民主合法性。密特朗写道，超越经济与货币联盟，他也主张建立欧洲联盟。他准备开始制定"今后几年"的行车计划。这一点，他很乐意于 12 月 4 日在布鲁塞尔与科尔讨论，届时他们两人将在北约峰会框架内在布鲁塞尔见面。然而，在北约峰会的间隙，科尔与密特朗并没有进行这方面的交谈，因为科尔也想借此表达他对法国总统这种态度的气恼，他拒绝了这样的会晤。[22]

科尔对密特朗回信的不快，也体现在他的书面反应中。在 12 月 5 日的一份信件中，[23]科尔清楚地突出了德法在通向欧洲一体化道路上有着不同的优先顺序：密特朗将推进货币联盟放在绝对优先的位置，关于朝着欧洲政治联盟发展的进一步步骤几乎没有涉及，科尔则强调后者的必要性。总理指出，在他看来，中东欧国家的发展使得推进欧洲一体化比任何时候更有必要。因此，斯特拉斯堡会议应产生明确的政治信号效应。那里应重申致力于政治联盟的意愿。完成内部市场、充实内部市场的福利内容以及为形成经济与货币联盟开展工作，是共同体目标的主要组成部分。之后，科尔再次重申了他 11 月 27 日建议的工作日程的基本阶段。他坚持原意，先由欧洲理事会于 1990 年底就召开经济与货币联盟的政府间会议作出决定，但他增加了一项新的内容，即在进行了相应的准备以后，1990 年底的欧共体峰会也要就扩大欧洲议会的权利作出决定，因为欧洲机构的权限扩大必须平衡。交出国家的权限以增强欧洲委员会，这只有在欧洲议会获得同等的控制权以后，才能在成员国的议会召开前站得住脚。科尔表示相信密特朗会在斯特拉斯堡找到合适的途径，将这一目标纳入最后结论，之后，他再次强调，这样的日程设计对他来说是多么重要，尤其是在当前的内政背景之下。

向密特朗呼吁理解的努力没有得到支持。相反，总统在给欧共体伙伴的通函中宣布，在斯特拉斯堡应就举行政府间会议作出决定，[24]这样的决定最终将被评价为共同体是否愿意采取有质量的新步骤的证据。密特朗在其一般性的引言中强调共同体发挥积极的对外效应的必要性，认为欧洲大陆当前的发展尤其要归因于欧共体从经济和政治层面上为中东欧改革国家展示了富有吸引力的模式，因此加速建立欧盟符合整个欧洲的利益。基于这一联系，他原则上建议就声援这些国家作出原则决定，特别在财政方面。

一揽子协议：货币联盟与统一

虽然德国统一问题在密特朗和科尔的书信往来中并未起作用，但它却始终悬浮在两人交往的上空。此外，斯特拉斯堡会议前几天，政府间会议问题尚未得到解决，分歧比原来更大。关于《十点纲领》，密特朗和科尔也从没有直接、坦率地交换过意见。所以科尔预料到，在斯特拉斯堡，11个欧共体伙伴将在紧张的气氛中等待着他。如果他要获得自己最密切的欧洲伙伴对其德国政策的支持以及对他的统一目标说"是"，那么他就必须在经济与货币联盟这个问题上作出让步。同时他必须在此问题上以坚定的步伐展现他毫不含糊地坚持联邦德国迄今的欧洲政策路线。因此，在峰会前夕，科尔利用爱丽舍宫与总理府之间顺畅的渠道，就是通过比特里希向吉古转达，让法国总统知道他准备让步。他将同意1990年12月召开政府间会议。[25]这就是说，密特朗可以带着一个阶段性的胜利前往斯特拉斯堡。法国达到了自己担任理事会主席期间最为重要的目标。

与之相对应的，是科尔希望能借助法国的帮助得到欧共体赞成德国统一的官方声明。但他显然低估了欧洲伙伴们的消极态度。他后来说，在他担任总理的所有年代里，"从未经历过气氛比这次更为冷淡的欧共体峰会"。[26]虽然他意识到德国过去的罪责，意识到一些邻国对未来欧洲有一个八千万人口的国家的前景感到不安，但他对在斯特拉斯堡遇到的"审讯式的提问感到吃惊"。比如人们问他，"在设想《十点纲领》时，脑袋里究竟在想什么，怎么会想到作这样的演讲……。我们是欧洲一体化最热心的支持者，共同体也从我们向欧共体账户缴纳的高额会费中得到好处——但，这一切在这个时候都不起作用了。"

在峰会第一天即12月8日共进午餐时，科尔首先公开声明他支持1990年底举行政府间会议，会议应为调整《罗马条约》适应经济与货币联盟的要求作准备。在联邦总理表示了这一原则性赞同以后，关于欧盟下一步进展问题很快取得了一致，这使法国感到满意。只有撒切尔夫人表示异议，她认为这样的决定作得过早。[27]

与此同时，科尔和根舍的工作人员在幕后暗示，人们期待峰会将公开支持德国统一。但事实证明，实现这一目标极其艰难。除了西班牙的冈萨雷斯之外，11个伙伴中没有一个愿意立即照办，尤其不愿意无条件这么做。其余10个伙伴的主要要求是，联邦总理应对波兰西部边界的不可侵犯性作出具有约束力的保证，这主要是受英、意、荷，也包括法国疑虑的影响。这是持续到晚上的12国激烈争辩的起因，尤其导致了德、英之间"罕见的激烈的"[28]针锋相对。晚餐时，英国政府首脑要求科尔就波兰西部边界的不可侵犯性作出明确声明，该声明应是峰会最后声明的一部分。科尔绝不愿意被强迫走这一步，因而表示拒绝，他说，德国公众对此还没有成熟到这种地步。只有冈萨雷斯相信科尔的允诺，即统一后的德国将最终承认德波边界。然而，不仅撒切尔夫人对此极其怀疑，荷兰政府首脑吕德·吕贝尔斯也批评科尔的《十点纲领》加速了德国的统一。他还认为谈论德国人的自决权是危险的，因此人们应避免谈论"一个"德意志民族。科尔反驳说，德国为战争付出了三分之一国土的代价，并且警告说，边界问题不应成为"法律问题"。

普遍的反对立场使撒切尔夫人的态度得到强化，她现在寄希望于法国。在峰会间隙，她抱着组成反对德国统一的策略联盟的希望，应密特朗的倡议与他进行了两次非正式的会晤，谈话的唯一议题就是在德国统一问题上采取可能的共同行动。[29]密特朗一度也曾对再版《英法协约》的想法传送秋波。基于历史的原因，对统一德国的重新强大以及由此而在欧洲释放出不可预测的能量的恐惧，把两人联系起来。撒切尔夫人后来曾引述法国总统这样一段话：德国"在历史上从未真正有过自己的边界，因为德国人是一个始终处于运动和变化中的民族"。按照撒切尔夫人的看法，鉴于德国的戏剧性变化以及德国可能统一的前景，特别是由于《十点纲领》，密特朗甚至比撒切尔夫人更为不安。密特朗声称，法国"在遇到巨大危险的时刻始终与英国发展特殊关系"[30]，现在他感到这样的时刻又已来临，"我们必须靠拢并保持联系"。

起初，撒切尔夫人确信他们有共同意愿——教训一下"德国这个暴力火神莫洛赫（Moloch）"，但不久后她就怀疑密特朗将言论转变成行动的决心。所以，此后她谴责密特朗"没有能力将私下言论与公开行动结合起来"。她说，法国总统毫不关心改变自己外交政策的基本方向："他要么可以将欧洲统一进程向前推进以驯服德国这个巨人，或者放弃这条路线而回到戴高乐将军的路线上来，即回到保卫法国的独立性和推行确保本国利益的结盟政策。他作出了对法国来说是错误的决定。"

法国显然在追求志同道合者，以便能够对德国的统一进程起调节作用。但密特朗发现英国首相是这样一个对话伙伴，她的僵硬立场将他也带进了与自身的欧洲政策利益相冲突的境地，与英国一起不可能在欧洲政策上取得实质性进步；特别是在经济与货币联盟一事上，法国也将继续需要依靠德国的支持。对密特朗来说，在影响或阻挠德国统一方面的利益部分一致，并不构成与英国长期地推行共同政策的足够理由，而必将与他的根本利益发生冲突。法国领导层如果要对德国事态施加控制性影响，就必须寻求与联邦政府合作。

尽管在德国问题上尤其是对确保波兰边界有怀疑，密特朗在 1989 年 12 月 8 日晚上首先关心他主持的斯特拉斯堡欧洲理事会能够成功结束。因此，他请法国和联邦德国外长连夜起草一份既有利于德国统一，同时适于克服英国反对态度的声明。[31]直到第二天清晨，杜马和根舍在特尔切克、阿塔利及其同事们的支持下，才就结束公报最终达成必要的妥协。在就中东欧事态和形势发展作了冗长的说明之后，公报承认德国人通过自由的自决实现统一的权利——与 1970 年《莫斯科条约》[32]附件即《德国统一信函》的文本一致。其中决定性的章节称："我们谋求加强欧洲的和平状态，在这样的状态中，德国人民将在自由的自决中重新赢得统一。这一进程必须以和平民主的方式，与对话和东西方合作相联系，在维护协定、条约以及《赫尔辛基最后文件》中所确定原则的前提下进行。它也必须纳入欧洲一体化的前景"。[33]赫尔辛基确定的欧安会原则明确提及现存边界的不可侵犯性，这里指的就是波兰边界，这是科尔准备作出让步的极限。

围绕会议结束公报中德国政策这一章节的争论持续了多长时间，可以从这样一个事实中看出，即密特朗和科尔会按照传统在每次峰会的次日共进早餐。这次早餐开始前，德方的草案文本尚未完成。[34]但晚上的紧张气氛已经烟消云散；妥协方案已拟定。科尔对其谈话伙伴说，自己的工作人员已向他概述了基本内容，他非常满意。就这样，一度使联邦总理感到不快的事情消除了。取而代之的是，他转到一个完全不同的主题，即与这次会议同时举行的德国统一社会党特别党代会。晚上他从莫德罗那里得到了一个信息，莫德罗请他特别在即将访问德累斯顿时对民主德国民众起安定作用。由于贿赂事件不断曝光，那里的不安定形势越闹越大。

在这次早晨的谈话中，密特朗也采取了和解的语气，认为民主德国政权正在崩溃。与 1917 年俄国革命相反，这是一场由民众引发的真正革命。在联邦总理就中东欧尤其是波兰的经济形势讲了几句话之后，密特朗开始谈起他计划对民主德国进行国事访问。他想就此较详细地说明几件有关的事情。密特朗说，正如科尔所知，邀请和约定这次访问，要回溯到昂纳克时代的 1988 年，当时联邦总理曾建议他予以接受。几周前克伦茨重申了这一邀请，而他密特朗没有理由予以拒绝。没有人能够预料到事态会如何迅速发展。他现在不知道，他在民主德国将会碰到谁；这次旅行有了"超现实主义的特征"。

科尔插话说，格尔拉赫作为国务委员会主席现在行使职权，此人并无好名声；他也不知道民主德国是否打算年底以前选举新的国务委员会主席。对此密特朗表现得无动于衷。他说，鉴于一般的动力学原理，距离他的访问还有很多时间。他意识到此时并非合适的访问时刻。但鉴于已准备了一年之久，他现在不想予以取消；除非发生无法预料的要求重新考虑的情况。总统特别强调，新闻媒体围绕两人都去民主德国一事，信誓旦旦地宣称科尔和他之间存在着竞争和时间争执，这是缺乏任何根据的。联邦总理也确认，在目前情况下，他也看不到取消这次总统访问的理由。密特朗再次强调，媒体上描绘的画面，即他一定要抢在联邦总理之前访问民主德国，这是不对的。访问时间早在 1989 年就已宣布过。科尔重申，计划于 1月 4 日进行的两人非正式会晤将是一个非常好的机会，可以详细交换各自的访问结果。

之后，密特朗谈及 3 天前即 12 月 6 日与戈尔巴乔夫在基辅会面的情况。[35]总的来说，他获得的印象是，对于苏联头号人物来说，在有些方面会毫不退让，但也有一些存在灵活性的领域。令人吃惊的是，戈尔巴乔夫显示出一种内心的平静，不同于他 7 月份访问巴黎的时候。在密特朗看来，戈尔巴乔夫似乎"空谈哲学多于实际行动"。谈到德国统一，戈尔巴乔夫没有作出激烈的反应。他认为这一问题的核心是边界问题。在这一点上他的态度很强硬，虽然联邦德国和民主德国之间的边界问题无法与波兰西部边界问题相提并论。[36]密特朗说，两德统一如果明确加速发展，戈尔巴乔夫

— 117 —

将采取什么行动，对于这个问题眼下他无法回答。但清楚的是，对戈尔巴乔夫来说，华约作为其权力的最后堡垒是不可放弃的，而民主德国又是其中的核心国家。在确保苏联安全政策的这一前提下，对戈尔巴乔夫来说一切都是可以接受的。密特朗补充说，按照他对华约的评估，其存在意义大概仅仅适用于苏联，而不再适用于其他成员国。所以，华沙条约共同体归根结底只是幻想，戈尔巴乔夫借以使自己在国内得到保障。

科尔证实这一看法，强调他从自夏季以来与苏联总书记的密切接触中获得了积极的印象。戈尔巴乔夫明白，并非军事力量而是经济发展决定着谁是世界强国。戈尔巴乔夫要把苏联这个科尔称之为最后的殖民国家引上正确的道路。人们不应通过从外国采取行动将他引离这条道路。在德国统一问题上过急地行动会危及戈尔巴乔夫的改革事业。因此，他这个联邦总理要减缓有关的速度并试图缓和紧张局势。密特朗认可科尔的话并强调，民主德国对戈尔巴乔夫来说，更多是一个军事问题而不是一个政治问题，这尤其适用于两德之间的边界，虽然政治边界的性质有所不同。

在先前的交谈中，双方很大程度上注意达成共识，但末了仍然未能避免一丝混浊的阴影：谈话最后，密特朗告诉他的谈话伙伴，苏联倡议四大国在柏林举行大使级会晤。密特朗解释说，他还没有决定法国在四大国会晤中如何表态，这使科尔在谈话结束时感到不快，因为他原则上拒绝越过德国而进行四大国会谈。[37]

尽管进程有时起伏不定，但峰会的所有参加者最终对于达成的结果感到满意：在经济与货币联盟方面，大家向前迈出了决定性的一步；在有争议的承认德国人的自决权问题上也取得了妥协。有关对德政策的章节，总理府的国务部长卢茨·施塔文哈根（Lutz Stavenhagen）在 1989 年 12 月 13 日联邦参议院欧共体问题委员会中称之为联邦政府的"最佳的表达方式"和毫无瑕疵的立场，除此以外，关于欧洲经济与货币联盟的结果也与联邦政府的设想相符。[38]据此，1990 年内应推进政府间会议的准备工作。1990 年 12 月中，应向欧洲理事会提交一份有关进展的报告，在此基础上可以召开政府间会议。实际工作要在 1991 年才开始。尽管科尔为之辩护，但有关政治联盟的第二次政府间会议在最终结论里没有被提及。尽管如此，施塔文哈根认为斯特拉斯堡峰会发出了一体化不断进展的重要信号。它对德国尤其具有意义，因为其他成员国反复探询了德国政策的优先顺序，即使在峰会间隙也是如此。

除了这个积极评价之外，对斯特拉斯堡会晤的总结也有明显的批评。尤其在法国媒体面前，密特朗在随后的几天内遭到了不得不进行辩解的巨大压力。媒体指责他作了不平衡的交易：斯特拉斯堡会议闭幕声明具有深远的、无法预测的意义，该声明会危及欧洲的稳定并且似乎含有欧共体11国一致同意德国统一的内容，而与该声明相对，德国人仅仅同意欧洲一体化取得了有限的进步。[39]密特朗不允许使用"肮脏交易"这一说法进行的恶意诋毁。他声称，任何时候都不曾把这两个问题捆绑在一起。有关经济与货币联盟的政府间会议的统一意见早在峰会召开前几天就已实现，而"德国问题"是在峰会第一天晚上才得到解决。此外他还强调，就德国人的自决权发表的声明并非新鲜事，过去在官方声明中已多次提到过，最后一次是在1989年5月布鲁塞尔北约峰会的最后文件中。斯特拉斯堡峰会新增加的内容是有关欧洲的相互谅解，"新的德国的均衡不得以牺牲欧洲的均衡为代价"。问及德法关系中的危机，密特朗作了闪烁其词的回答。他说，可以确定，联邦政府更希望推迟决定货币问题的政府间会议，但他告诉总理，自己无论如何都会向欧洲理事会提出这一议题，最后人们承诺推动欧洲前进。"对此，联邦总理科尔表示完全同意，因为他完全是个坚定的欧洲派，没有理由对此表示怀疑。"

当被问到德国人是否可能不顾战胜国的规定而实现"事实上"的统一时，密特朗回答说，他认为这是有可能的。但是，"他们必须遵守协议，必须顾及邻国、顾及一系列重要的联系，尤其是这些国家与苏联的联系"。人们必须面对这类决定，但"德国朋友们"也必须顾及"曾经发生过世界大战，这场战争在欧洲造就了某种格局。我们要求民主与和平。我们也要求当时规定的欧洲边界不被推翻。"这样的讨论一旦开始，事情就动起来了。他特别提到奥德－尼斯河边界作为波兰西部边界不可侵犯，但他同意两德之间的边界地位不同："在德国人那里情况不同。这是一个民族，只是在不久以前才被边界分开。"没有理由担心发生这样的事情，"这本来是令人幸运的事。多久以来我们不是就要求实现自由吗!"为了避免安全方面的损失，在斯特拉斯堡已采取了相应的预防措施，确切地说，就是规定《赫尔辛基最后文件》中的欧安会原则。

第二节 东欧的倡议

密特朗努力循序渐进地深化欧共体，与此相并行的是，他比过去任何时候都更加关注在东欧显示法国的政治存在。所以在斯特拉斯堡欧洲理事会召开前两天，他的日程中就有与总书记戈尔巴乔夫的会晤。这次会晤是密特朗倡议的，理由是法国作为欧共体主席国肩负着特殊责任。这是一次非正式的会晤，没有固定的日程。苏联方面在准备阶段也努力将之归类为重要的但并非不同寻常的高峰会晤。所以，苏联官方的说法是，这次会晤是在国家和政府首脑之间个人定期会晤的框架中进行的。政府圈内则宣称，德国统一问题并非不寻常的议题，而是众口谈论的话题。[40]

与莫斯科的新"再保险联盟"

德国问题将不仅仅是一个边缘议题，这在杜马 11 月 14 日访问莫斯科时就已经清楚地表现出来。在他与苏联领导层的谈话中，双方一致认为，在两国国家元首层面上就欧洲秩序问题深入交换意见是有必要的。戈尔巴乔夫和密特朗于 12 月或 1 月举行的计划外会晤应为此提供机会。[41]苏美马耳他峰会主要是探讨铁幕拉开后的政治–战略后果，在这次峰会举行前两周，法国又试图以这一倡议显示其外交存在。总统虽然拒绝了部分反对党人要他前往马耳他的要求，但认为必须紧随美苏高峰会谈与两个超级大国进行接触。早在 11 月 15 日爱丽舍宫就证实，法国对尽快举行会晤感兴趣。据此，这次临时商定的会晤不应取代法苏顶层春天的定期会晤。不过，爱丽舍宫力图避免留下过于匆忙的印象，所以声称会晤日期尚未确定。[42]直到 11 月 22 日才正式宣布，密特朗将于 12 月 6 日与戈尔巴乔夫在基辅会晤。

两位政治家的谈话过程从一开始就证明会晤前所散布的安抚言论是谎言。[43]比如，戈尔巴乔夫在欢迎辞中就强调，他非常欢迎法国总统倡议的这次意见交换，因为它比从前更有必要。今天，两国更加根本性的合作是必要的。密特朗也毫不隐讳他对形势的估计：他认识到重要时刻的责任。因此，他为两国通过持续对话重新恢复历史传统感到高兴，这一传统具有非常重要的桥梁作用。密特朗说，在这个由重大问题所造成的困难时期，他很希望能在"我们两国保持紧密关系的状态中"度过，这种关系应"充满信任的精神"。而这一切也应与全欧统一的目标一起实现。

在戈尔巴乔夫对这些共同目标的呼吁表示赞同之后，密特朗便讲得更为具体了。他说，如今真正的问题是德国，目前的情况非常矛盾，自然，不顾及一个民族如此强烈地表达的意愿是困难的，两个德意志国家之间的边界无法与不同民族之间的边界相比；另一方面，没有人愿意看到德国有可能实现的统一因其无法预料的后果而干扰欧洲。因此，一方面必须扩大欧共体，另一方面大家必须共同推进全欧进程，必须建立起共同的结构。全欧进程必须比德国的发展更快，要超过它，因为"德国元素"不应主导欧洲政治，而只能是它的组成部分。为了强调他所说的内容，密特朗保证，全体欧洲人都有如此想法并认为必须共同前进，以便将德国问题降到最低程度。

密特朗强调，他并不害怕德国重新统一，但重新统一必须民主和平地进行。这里，他不是指武装冲突的可能性，而是指应由四大国肩负欧洲安全的责任。四大国不应给予德国的平衡以优先地位而超越欧洲的平衡。他已向德国人表达了自己的惊异，因为他们在科尔的《十点纲领》中竟然没有提及波兰西部边界问题。这是一个严重的问题。欧共体其他成员也有这种想法，虽然他们表达的明确程度不同。此时，戈尔巴乔夫插话说，他的印象，美国没有完全袒露自己的立场。

密特朗支持这一评估，并补充说，他与之交谈过的所有西方国家领导人都同意这个看法，即德国问题发展得太快，与之相反，应该推进欧洲的进程，特别是必须尊重关于保证边界的"赫尔辛基原则"。密特朗说，这也适用于美国人。虽然美国人没有完全袒露自己对德国问题的立场，但他认为，美国不可能愿意支持破坏欧洲边界。布什总统于12月4日在北约会议上只谈到稳定而没有谈到边界的不可侵犯性。密特朗描绘当时的情况说，他问这两个概念是否有区别，但没有得到回答。尽管如此，布什的思路是对的，尽管他没有全部说出来。

密特朗继续说，他愿意十分坦率地对待苏联总书记。联邦德国和法国之间存在着特殊关系，这种关系基于1963年的德法条约。他也是在这一条约的基础上行动的。在这一背景下，如果德国方面出了差错，那么他就特别难以否定德国人的有关权利。尽管如此，维护欧洲和平也是他的义务。为了确保这一点，必须遵循一定的发展顺序，那就是：将欧洲一体化、东欧演变以及建立全欧和平秩序放在第一位。但科尔以他的《十点纲领》完全破坏了这一顺序。因此，他要与朋友和盟友，这里他首先是指苏联，保持经常的联系并认真对待这个问题。

一直充当听众角色的戈尔巴乔夫，接过密特朗的想法说，他同意密特朗对东西方变化以及德国问题的判断。他的印象是东西方之间已经开始了新的合作，在此基础上可以确保"一切进程正常展开"，即便这些进程来得很猛烈。密特朗插话问戈尔巴乔夫具体打算做什么，总书记回答说，无论如何他要继续推行和平变化的路线。而每个国家应自行决定自己的前进方向。从外面进行干预是不允许的，各国人民的意愿必须得到尊重。他指出不久前华约国家否定了勃涅日列夫主义，但他同意总统所说，人们不应满足于充当观察者角色。必须信任这些国家中的每一个国家并加深合作。密特朗显然希望苏联会更多地反对这种仓促草率的发展，因而不能满足于这种模糊的说法。所以他就问道，在民主德国具体会发生什么事？戈尔巴乔夫仍旧避而不答。他没有回答这个问题，而是再次强调自己与密特朗对问题的看法根本上一致，德国问题必须放在全欧框架内处理。只有如此，才能避免欧洲动荡的危险。必须排除人为地加速统一进程。

接着，戈尔巴乔夫介绍了他前一天与根舍谈话的情况，特别突出了谈话中激烈的片段。当戈尔巴乔夫最后谈到民主德国统一社会党旧政权的瓦解时，密特朗插话说，他也认为形势严峻，所以打算 12 月底去民主德国访问。戈尔巴乔夫回应说，人们必须仔细权衡。他问自己是否也应去东德。密特朗立即抓住这个想法说，可以考虑一起作这次旅行。这位法国总统还说，对他来说，特别之处在于他的访问源自昂纳克的邀请，在某种意义上是一次回访，他不愿意仅仅由于情况棘手而推迟这次访问，这将是一个错误的政治信号。戈尔巴乔夫对密特朗要他陪同去民主德国访问的突发要求毫无思想准备，所以在回答时略过了这个问题。他只是笼统地说，民主德国的形势诚然严重，但绝不是灾难性的。人们上班工作，示威游行也会减少。密特朗想知道，德国统一的思想在民主德国人民中是否得到认真的认同。总书记说，已经可以觉察到某种共鸣，但超过一半的人想保留国家的现有形式，即便是要进行政治变革。对于联邦德国和民主德国的关系，当地设想的是两个平等的主权国家的关系，莫德罗称之为条约共同体。密特朗显然不满意谈话过程，在戈尔巴乔夫作了这个闪烁其词的回答之后，重申他将访问民主德国的打算，不管此后的发展情况如何。他还明确强调，这是一次国事访问。戈尔巴乔夫评论说，这将突出"民主德国正在发生的进程的自然性质"，并以此结束了这次会谈。[44]

随后，在阿塔利与戈尔巴乔夫的欧洲政策顾问萨格拉金的会谈中，阿塔利清楚得多地说出了密特朗仅仅暗示和在字里行间表达的意思。[45]显然，密特朗在与苏联总书记会谈以后与阿塔利交换了意见，并发泄了他对戈尔巴乔夫的失望情绪。阿塔利向萨格拉金明确谈了密特朗的印象。阿塔利重申法国领导人的立场并直言不讳地说，苏联不干涉盟国包括民主德国内部事务的决定，令法国领导人感到"困惑"。法国"真诚并且十分满意地"欢迎最终告别勃涅日列夫主义。然而，人们不得不问，苏联是否在某种程度上已接受德国统一，并且不打算采取任何行动加以阻挠。这已引起了恐惧甚至令人惊慌失措。阿塔利说，法国无论如何不希望德国统一，即使它明白统一最终不可避免。他带有某种安抚的口气说，密特朗在与戈尔巴乔夫会谈过程中得以确信，总书记也持这一立场，由此密特朗安心地松了一口气。接着，阿塔利重申了他的评估：有必要跨过东、西分界线，尽快创建全欧结构，这将阻止德国的"单干"和谋求霸权。他提到法国和苏联的特殊地位。一方面，两国作为二战的战胜国，必须负责使德国永远不再成为战争危险；另一方面，它们是"传统的盟国"，是在德国的侵略中蒙受苦难最多的国家，因此必须最关心阻止这样的历史重演。

正如密特朗和戈尔巴乔夫的共同新闻发布会已经显示的那样，这两次私下会谈为形形色色的猜测提供了由头。对于两人在公开场合所选择的措辞，尤其是关于会晤的突出象征意义，媒体的判断是一清二楚的：[46]对密特朗来说，这次会晤完全是为了保持现状。在基辅，他以前所未有的清晰表达了自己的信念，即欧洲边界的任何变化都为时过早并将引起动荡。没有任何一个欧洲国家能够无视均衡和当前的现实而采取行动。密特朗与戈尔巴乔夫一致认为："在欧洲，没有任何一个国家，特别是具有如此重要分量和如此地理位置的国家，没有任何一个国家可以不考虑欧洲的均衡，不考虑别的国家，不考虑上次战争所造成的历史状况。因此，我的回答是，不应该颠倒各种因素的先后顺序，尤其是不应从边界问题开始。"[47]据此，从西欧方面来说，强化欧共体结构并赋予计划中的欧盟以真实内容更为迫切。另一方面，东西方关系必须进一步发展，为此密特朗强调1990年欧安会会议的意义。他说，"这就是各种因素的先后顺序"，统一不能触及欧洲的稳定。现存的协议不容怀疑。其核心就是华约和经互会为一方与北约或者欧共体为另一方并存。他说，"虽然集团并非一定受人欢迎，但联盟看来是必要的。"密特朗说，统一并非只是德国人的事，同样也是其他参与大国的事。关于优先顺序，他与总书记的意见一致：首先两个德国必须阐明它们的意愿，然后应由与结束冷战相关的大国对此作出判断。密特朗强调两德对欧洲均衡的重要意义。尽管如此，他还是称法国是联邦德国的"朋友"和"盟友"，因此，"对于涉及德国人民的事情，将自己视为联邦德国朋友的法国显然不能无动于衷"。[48]

在基辅，戈尔巴乔夫和密特朗尽管努力展示一致，但没有导致法、俄再版昔日的同盟。德国作为邻国不能不产生这样的印象，即法国试图玩弄法俄牌并显示其大国地位。如果说不久前法国还对戈尔巴乔夫持不信任态度，但在访问基辅前夕却把他看作是伙伴，法国总统想让他进入法国倡议的欧洲开发银行。密特朗现在也支持戈尔巴乔夫的建议，不是在1992年而是在1990年就召开欧安会后续会议（赫尔辛基Ⅱ）。密特朗和戈尔巴乔夫之间这种示威性的一致太过分了，[49]不能不引起联邦德国的反感。内容上的少数细微差别表现在戈尔巴乔夫让大家明白必须遵守现实。对他来说，两个德意志国家的存在就是这样的一个现实，尽管他不准备通过干涉别国内政来强行坚守这一点。密特朗则更多强调事情的先后顺序：如果统一不可避免，那么必须先是西欧然后是全欧进程的终点。尽管戈尔巴乔夫的立场没有法国国家元首所期望的那样坚决果断，但在密特朗看来，苏联仍是保持欧洲均衡的主要保证，从而也是法国政策继续沿着原有轨道运行的前提条件，而又不必对联邦德国这个伙伴背弃承诺并公开予以冷落。

展示享有主权的民主德国

虽然民主德国的国家秩序仍在不断瓦解，统一社会党政权的溃败日益明显，但就像在12月初与科尔和戈尔巴乔夫会谈中宣布的那样，密特朗还是坚持对民主德国进行国事访问。这一访问的计划有较长的历史，始于1988年昂纳克对法国的访问。[50]原先法方打算在1989年上半年进行回访。期间，法国对中东欧国家的优先顺序发生了变化，结果是总统先去波兰访问。对民主德国的访问因此被推迟到1989年下半年。宣布的访问时间是10月和12月之间，爱丽舍宫要躲开1989年10月7日民主德国成立40周年庆典这个时间。鉴于不断增长的逃亡浪潮和越来越捉摸不透的内政形势，这次访问一度难以确定。10月初，爱丽舍宫总管比安科向德国驻巴黎大使弗兰茨·普菲福尔（Franz Pfeffer）解释称，尽管存在着外交危机，总统仍打算坚持这次出访，并称12月是可能的时间。比安科预示某种让步的意思说，这也取决于西德方面对这一访问时间和实现此访的意图作何判断。[51]但在总理府看来，比安科在谈话之后再也感觉不到其所宣称的协调之意。

12月1日，欧洲事务部长埃迪特·克勒松（Edith Cresson）给总统带来了来自民主德国外贸部长格哈尔德·拜尔（Gerhard Beil）的一则私下信息：[52]拜尔几乎是以祈求的语气，恳请密特朗在他即将进行的访问中清楚地表明，他所做的一切都是与享有主权的民主德国共同商定的，整个民主德国包括当地的反对派都期待他表明这一点。拜尔还恳切地补充说，一个拥有八千万德国人的国家很难符合法国的利益。东德内政的戏剧性激化也为法国内部报告所证实，比如外交官卡洛琳娜·德马格丽（Caroline de Margerie）为准备密特朗之行而于 12 月 4~5 日访问民主德国后所写的报告。12 月 6 日，她向密特朗报告了自己从民主德国感受到的"罕见的混乱印象"。她报告说，没有人知道民主德国日益动荡的发展将走向何处，这种变化的结果将会出现什么样的体制、什么样的国家。次日，总统追问德马格丽，她是否因此而劝阻他前去访问，德马格丽作了肯定的回答。尽管如此，三天后密特朗还是在法国电视台确认他坚持这次访问。

在密特朗看来，在他确保稳定的政策中，1989 年底对民主德国的国事访问是经过慎重考虑的一步。[53]尽管如此，对这次行动的不踏实感依然不容忽视。在密特朗启程前一天——就是说，要修改计划已为时太晚——杜马打电话给根舍，询问他的估计。[54]根舍回答道，"如果你们一定要成为第一批也是最后一批会见东德领导层的人，那就去吧"。根舍说，如果密特朗坚持自己的计划，那么他要提出三点忠告：总统必须清楚表明赞成德国统一，要去和平革命的起点莱比锡，最后要与民主德国反对派的代表人物如库尔特·马苏尔（Kurt Masur）会面。密特朗在内容广泛的访问日程中采纳了根舍的全部三条建议。12 月 19 日在访问日程仍未确定的情况下，最后一刻确定了与反对派团体和教会以及学生在莱比锡的会晤。[55]

波恩对这一发展感到不快。[56]虽然 12 月 20 日科尔在德累斯顿还公开强调，在德国问题上美、法和联邦德国之间没有意见分歧，而密特朗在很多场合都强调了德国人享有自决权，然而，仅仅是联邦总理和法国元首围绕对民主德国官方访问的时间进行的"竞争"就令人诧异。巴黎政治圈和媒体甚至在谈论密特朗的"失败"，说他力争在联邦总理之前访问民主德国，却在没有与波恩事先商量的情况下占用了科尔原定的访问时间。爱丽舍宫事后辩称，在与民主德国的关系中，联邦德国没有独占权，这一辩解被称为是"虚荣自负"的表现。

最后，密特朗于 12 月 20 日作为西方盟国中第一位国家元首抵达"民主德国首都"东柏林。东道主是时任国务委员会主席的格尔拉赫，他在多次谈话中向总统转达了民主德国政府的官方目标，即保留"民主德国是致力于反法西斯主义、人道主义和极其民主的社会主义的主权国家，是欧洲国家联邦的成员"。[57]从统一社会党更名为统一社会党－民主社会主义党（SED-PDS）的执政党新任主席格雷戈尔·居西（Gregor Gysi）也向客人表示，他反对统一并要"阻止"相关的发展。[58]他说，只有三分之一的民主德国公民愿意迅速实现德国统一，四分之一的公民完全反对，而剩下的人虽然愿意德国统一，但要以理性的节奏实现。因此，外国的投资非常必要，它们将减轻经济困境，并能削弱向统一方向发展的压力。

在第一天晚上格尔拉赫为欢迎密特朗举行的晚宴上，密特朗说，谋求统一首先是德国人的事务，他们应该自由地决定自己的命运。[59]另一方面，这件事也与邻国相关，它们"力求以均势共同维护和平"。因此，统一之路必须是民主与和平的。密特朗强烈警告不要抱有改变欧洲边界的想法。条约和协议必须遵守。在所有的会谈中，密特朗都阐述了这一基本立场，并称之为安全、合作和信任的前提。密特朗建议，在巴黎举行戈尔巴乔夫所倡议的在次年作举行的欧安会会议，因为现在人们有机会坚定地投身于即将到来的21世纪，而不是让19世纪的幽灵重现。他也特别强调欧共体的"使命"是将各国人民"凝聚在一起"。他认为，迄今为止，意识形态的对立阻挠了这一点，而现在能够用正在设计中的形式加以实现。密特朗宣布，将提出对欧洲未来设计的一些想法，因为现在是证明他的"想象力"的时候。密特朗称，计划签署的两德条约共同体是"务实的开端"，准备这个条约共同体是头一天联邦总理科尔与民主德国总理莫德罗在德累斯顿会谈的中心议题。法国和欧共体其他成员国在东德的发展中也起着一定的作用。他宣布民主德国与欧共体不久将谈判一项贸易与合作协定，并可能在此后的六个月内就签署。

总的来说，密特朗在访问中得到的印象是，各种事件将会继续接踵而来。通过条约共同体，两个德意志国家的主权似乎暂时得到了保障，但这个问题在计划于5月6日进行的人民议院首次自由选举以后，将会重新提出来。对于下一步的发展，总统不敢预测。如他所言，他与反对派政治家及学生在"和平革命"发源地莱比锡的会面，也是为了与"民主德国人民"建立联系并感受一下总的气氛。即使他的谈话伙伴中没有人主张迅速统一，[60]但对密特朗来说仍不难认清，这个国家的气氛是赞成统一的。总统在12月22日东柏林访问结束时的新闻发布会上说，这一强大运动只缺一个代言人，[61]但存在着"对民主、自由难以想象的追求，这是肯定的"。

密特朗说，对德国的命运作出决定是德国人的事情。它必须通过民主的意志形成过程，也就是以选举的形式实现。如果选举的结果是导致迅速统一，那么这一进程就"不应当被遏制"。统一的形式完全取决于德国人。但密特朗也提醒说："如果事情涉及欧洲，那么会首先涉及法国，因为法国和欧洲在这方面起一定作用。"他提醒大家注意法国具有参与权以及边界问题的敏感性。"我们也是欧洲和平的保证者。我们本身也是德国地位的保证者。"不允许出现失衡，失衡的结局将是恢复战争的欧洲。这一点，德国人也必须明白，因为，"不能拿边界开玩笑"。法国的发言权也适用于柏林。法国坚持自己在这方面的权利与义务。如果新的形势需要，那么会找到新的答案，因为"没有一项协议是不可更改的"。四大国已经会过面，如有必要，他们还会这样做。但他希望能与两个德意志国家共同这样做。密特朗希望，"在德国人的意愿与欧洲的意愿之间、在德国的统一与欧洲的统一之间没有矛盾。因此，我总是将它们联系在一起"。他愿意大家在这个意义上理解斯特拉斯堡欧共体峰会的宣言。在德国人民主地表达了自己的意愿之后，其他各项事务必须"在欧洲结构性的进步框架中进行"，因为"德国统一与欧洲统一是不可分割的"。

法国代表团在访问中清楚地表示愿意尽快行动，尤其是要赶上联邦德国在与民主德国贸易中的经济领先优势。在一次电视访谈中，密特朗主张民主德国与法国建立更紧密的关系。民主德国经济部长克里丝塔·卢福特（Christa Luft）和外贸部长拜尔保证法国在与民主德国有待扩大的经济关系中拥有决定性的位置。在国事访问中还就有关事项达成了一致意见，签订了五项协定以"加深政治、经济和文化合作"，法国还同意提供广泛的财政援助。[62]

法国有兴趣扩大与民主德国的关系，虽然也受到经济利益的驱动，但签订的相关协议在总体的结果中具有次要意义。最为重要的是这次对民主德国的国事访问促进稳定的作用，密特朗以此展现了对东德国家存在的承认，以及对其继续存在的愿望，陪同访问人员的高级别组成也证明了这一点。[63]与此同时，密特朗也使用了迎合联邦德国的言辞。比如，他直至此刻始终将德国人民的统一说成是合法的追求，但过去从未像在民主德国那样如此充满理解地表现出来。[64]在此之前，他从未如此清楚地赋予统一的愿望以现实性，也从未如此清晰地表达他对东、西德国人责任意识的信任。密特朗的这种矛盾态度，波恩也注意到了。特尔切克得出结论："显然，在密特朗的心中有两个灵魂在斗争。一方面，他不想阻挠德国的统一进程，就像他本人多次讲过的那样，他并不害怕德国统一；另一方面，他不断指出有很大的障碍需要克服。德国令我们的法国朋友感到为难。"

密特朗在勃兰登堡门开放前一刻离开当地，这也体现了法国的敏感。返回巴黎后，新闻记者问他为什么不出席这一庆祝事件时，他回答道："没有人要求我这样做。如果有，我也不会去！"[65]在民主德国的最后一次新闻发布会结束时，令在场人员惊奇的是，密特朗公布了拿在手中的一张纸条的内容：有科尔和莫德罗参加的官方庆祝勃兰登堡门开放的活动已被取消。不过，他也指出，这则消息还未得到证实。这则据说源于法国驻波恩大使馆的信息，引用的是罗马尼亚当前的事件，后来证明该消息是错误的。法国公众却硬是认定，总统在宣布这则消息时感到某种满足，尤其是因为他的国事访问几乎没有取得任何实质性的成果。[66]密特朗的民主德国之行还被科尔头一天的德累斯顿之行蒙上了阴影，相反的信息正好源自科尔的访问：密特朗想借这次访问承认民主德国的主权并强调两个德国的存在，而对许多观察者来说，科尔的访问却是走向统一政策的转折点的标志。

第三节　"给时间留点余地"

柏林墙倒塌后密特朗的政治行动表明，法国总统应对框架条件的革命多么困难。甚至在他对基辅和民主德国的访问没有取得预期的成果以后，他也只是迟疑不决地开始转变思想。

棕榈叶下的公关

早在12月16日，密特朗在加勒比岛圣马丁与美国总统布什会面时就已表明，法国无法阻止德国统一，但也不愿意在实质上使德国统一变得容易。法国国家元首倡议这次会面，是与倡议同戈尔巴乔夫会晤同时进行的，目的是为了对付国内的批评。[67]密特朗尤其是想以此打掉愤怒的反对派之前提出的建议，即他应该去马耳他参加美、苏两大国的峰会。另一方面，密特朗意识到自己基辅之行的负面影响，尤其是对联邦德国这个伙伴产生的负面影响。因此他委托自己的公关顾问雅克·皮尔汉和格拉德·科乐（Gérard Colé），在国际上大张旗鼓地展示法美一致，安的列斯群岛上的圣马丁岛，田园般的轻松舒适，为这次会晤提供了合适的环境。[68]

布什主要是倾听对方的谈话，虽然他对民主德国加速发展的前景表示不安，但仍然给法国伙伴留下了泰然沉着的印象。两人在评估德国发展方面看法很大程度上一致。他们认为，无论如何不能匆忙行事。至于统一的条件，与迄今为止的声明并无细微差别。布什表示他赞同德国统一，只要德国留在北约之内而且戈尔巴乔夫愿意吞下这丸苦药。密特朗则再次赋予边界问题以突出的意义。他向布什提问，如果触动边界，比如触动苏联和波兰境内原德国东部地区的边界，将会产生什么后果，那里仍居住着较大的德国后裔群体；科尔过于强调要推进有关事务并将其与国内政治的动机混杂在一起，他这样做在民主德国老百姓中唤起了过高的期望，幸运的是，在联邦德国也有人支持理智的路线，比如魏茨泽克、勃兰特和根舍。布什插话问，密特朗是否也认为美国对于统一过于积极，这位法国人回答说是的。密特朗说，特别是沃尔特斯关于五年之内将实现统一的说法，在他看来是无益的。即使沃尔特斯没有弄错，他这样说也会额外地加快这一进程。布什对他的大使的立场明确表示遗憾，而密特朗又加重语气说：如此一来，会造成美国甚至比科尔本人还要着急的印象。

密特朗与其外长一样，对美国国务卿贝克强化北约的政治特性和"大西洋新大厦"计划作出了谨慎的反应。[69]虽然北约也必须适应变化了的情况，但这并非当务之急。法国的保守主义反对派欢迎贝克的计划，即把统一后的德国融入北约，北约与华约一样应该获得更强的政治涵义，而密特朗则坚持认为，欧安会进程是东西方对话和欧洲新秩序的合适论坛。因此，他在布什面前也强烈地表示支持苏联关于将1992年的欧安会后续会议提前到1990年举行的建议。所以，在12月中旬这段日子里，鉴于德国的发展，密特朗的战略主要是赢得时间，正如评论家们所指出的，"现在，密特朗的策略很清楚：他先是迈出经过周密考虑的一小步，给时间留点余地……不匆忙行事，无论是对德国还是北约。不要发生任何不稳定，无论是欧洲还是戈尔巴乔夫。"

对新欧洲的模糊展望

创造长远的前景并以此为引导中东欧的发展创造条件，是密特朗1989年底的紧迫事务。他的担忧是因为法国的兴趣在于全欧稳定。为此，他已将阿塔利提出的东欧发展银行的想法列入政治议事日程，并力争与欧洲伙伴们实现这一想法。此外，他极力支持戈尔巴乔夫提出的1990年召开欧安会会议的建议。[70]密特朗趁官方的新年讲话之际，再次突出了变革事件的影响，他认为，这些事件的意义超过人们自二战以来所经历过的一切，属于伟大的历史时刻。[71]他提到德国可能实现统一的形式和条件问题，也提到现存边界的不可侵犯性。他也提到军事联盟的未来问题、裁军谈判进程以及东西方合作形式的问题。但是，密特朗对欧洲面临挑战的回答仍然模糊不清：欧洲要么沉沦，回到1919年的结构；要么"建立起来"。后者可以分两步进行：首先欧共体必须强化自身结构，就像在斯特拉斯堡欧洲理事会中发生的那样；第二步仍需仔细考虑，可以在"赫尔辛基原则"基础上产生"欧洲邦联"，这个邦联将欧洲大陆所有国家联系在一个共同而持久的交流、和平与安全的组织中。在某种程度上，邦联形式会为欧共体添加"第二阶段"，其前提条件是在中东欧国家建立民主结构。

建立欧洲邦联这个建议本身，尤其是这个概念是新的，但密特朗没有作细节解释。他仅仅勾勒了一幅画面："如果说昨日还依赖于两个超级大国，那么欧洲邦联，就像人们要回家一样，将在历史与地理上重新占据自己的位置。"欧洲将从对超级大国的依赖中解放出来。密特朗以此与贝克所建议的"新大西洋主义"明确划清界限。在法国，审视1989年11月9日以来的种种发展时，优先考虑的是：是否危及欧洲均衡及自身作用是否被边缘化。据此，这个邦联应满足两个功能：

- 阻止威胁全欧的中东欧分化进程，这种分化进程最终会汇入各种民族主义；
- 建立由于德国的分量增强而被视为必要的欧洲均势的平衡。

因此，要向处于变革之中的国家揭示一个欧洲的前景，其中，不将苏联排除在外，同时要彻底测定行动空间以及重新定义自己在欧洲均衡中的作用，法国认为欧洲均衡受到了威胁。[72]密特朗在新年讲话中首次推出这一方案，也是希望以民主德国继续存在为导向的改革力量不会被完全排除在外。据此，民主德国至少暂时能在这一结构中找到自己作为欧洲独立自主国家的位置。但是，以后的发展却使这一希望迅速成为泡影。所以，密特朗这一基本上在没有征询过智囊们意见的情况下制定的打算，并未得到波恩的赞同，就像总统与联邦总理在下一次会晤中表现出来的那样：在他们一月初的会谈中，这个仅在四天前提出的建议只是在会议间隙并且是一般性地在意向说明中点到，但没有明确地提出。[73]

在持续败兴的阴影中聚会

新年过后，1990 年 1 月 4 日，密特朗在其位于法国大西洋海岸兰锲（Latché）的私人庄园里接待了以私人名义来访的科尔。[74]鉴于当时的双边关系气氛，这一较早计划的会晤旨在展示重新缔造的德法和谐。过去几周的德法分歧，在两位政治家身上留下的痕迹没有完全消失。还在致欢迎辞时，科尔感到密特朗"有点拘束"，按照科尔自己的说法，在多年的紧密合作中他还从未经历过总统这个样子。此后，紧张气氛才慢慢地得以消融。

会谈的中心是中东欧的巨变、欧共体的发展以及德国统一问题。密特朗说，眼下正发生着巨变，这种情况很好，过去的状况令人无法忍受，尽管当时是一种稳定的秩序。科尔接过话题说，即将来临的十年将是美好的十年。其中，德法合作具有特殊意义，这一路线必须继续下去。如果不这样，情况将是悲惨的。历史——包括中东欧的发展——是不能阻挡的。在此形势下，尤为重要的是帮助戈尔巴乔夫，当前，苏联的局势是一个巨大的未知数。

在接下来的谈话中，科尔解释了民主德国戏剧性的尖锐形势和持续的大量移民给当地经济生活带来的后果。在社会主义经济多年的经营不善之后，人们不再等待空洞的许诺。科尔强调，正像阿登纳已经描述过的那样，重新统一只能在欧洲的屋檐下实现。此外，科尔表示，统一不会马上到来，而是持续几年的事情，其中，完全不同的社会、经济和政治体制必须慢慢地一起生长。但是，德国人必须能够看得到隧道尽头的光明。德国人明白，统一不能一夜之间就实现，但他们需要看到前景。因此，90 年代也要决定性地推进欧洲一体化，这是非常重要的。德国紧紧捆绑在欧共体之内，这是构成所有进一步发展的基础。因此，两人应当共同实施他们的计划。科尔再次强调德法关系的作用。他说，一些"同事"可能不理解，两次世界大战结束后不可能有别的解决办法。他理解他们的担忧，然而害怕不能建设任何新事物。德国的两个部分必须借助于邦联结构进行合作，开始时它们仍与不同的军事集团挂钩；最终，德国的统一必须与欧洲一体化的进程挂钩，这也意味着统一后的德国主权将交给共同体。所有这一切必须谨慎地并与邻国协商才能实现。德国将继续以西方为导向。德国不会孤立地走自己的路，必须向外界表明这一点。法国是德国的天然伙伴，而且这也符合法国的利益。因此，他要十分坦率地指出，如果进一步的发展与他本人和密特朗相联系，将是非常好的，因为迄今为止，是他们俩推动了欧洲这台发动机。历史上，欧洲的发展道路总是受人物影响的。欧洲政治的停滞不前对中东欧也意味着灾难。科尔说，边界必须得到确保，这是不言而喻的。他强调，围绕奥德－尼斯河边界的争论是"人为制造的内政问题"。他发现，英国首相撒切尔夫人谈到边界问题时，显然也是指联邦德国与民主德国之间的德意志内部边界，这令他感到很有意思。科尔继续说，大家必须帮助波兰人走向欧洲，这是德法两国的任务。为此目的，他建议共同制定一项议事日程。

90年代，德法两国必须共同前进。科尔对法国政界对《十点纲领》的反应表示不能理解。他试图以这个纲领疏导德国国内的讨论。民主德国的老百姓被各种各样的预言"压倒了"，尽管他们知道不能期待"解决办法"一夜之间到来。他看到了这十年内存在这种解决的良好机会，但他不想确定确切的日期。

密特朗鉴于充满活力的欧洲变革指出两个问题："俄国"问题和德国问题。戈尔巴乔夫的前途受到当前发展的威胁。如果他失败，就会出现苏联的军事独裁。华约正在垂死挣扎，它深深触动了"帝国和俄罗斯的民族情感"。军人会想尽一切办法阻止帝国的瓦解，这意味着流血不可避免。在德国问题上，军人们肯定不会让步，而戈尔巴乔夫会让步，只要采取相应的聪明举动。

但紧接着，法国国家元首清楚地表示，他感到非常惊奇，只要德国的盟友表示出一丁点疑虑，其忠诚就会受到怀疑，甚至被视作叛徒。密特朗说，如果他与科尔有一点不一致，德国媒体就立刻相应地作出尖锐的反应。德国问题的解决取决于两德人民的意愿，任何人都无权干涉。但德国人必须理解，联邦德国和民主德国属于不同的联盟体系，具有不同的经济体制，等等。在这种关系中，任何未经深思熟虑的步子都会迫使戈尔巴乔夫作出反应。

密特朗说，对他来说，主要问题在于协调这一矛盾。统一不应导致苏联立场的硬化和"挥舞刀剑"。但人们担心已很接近这一情势，因为德国的情况正在急遽发展。戈尔巴乔夫在基辅就已表现得很不安，这倒不是因为事情发展本身，而更多的是因为发展的速度之快。如果从两德条约共同体开始，苏联老百姓也会逐渐适应这一状况，这是正确的道路。人们不能逆潮流而行，八千万德国人已经是历史现实。但是，当前欧洲的地理承受不了任何过于强烈的侵犯，因此他将德国问题和俄罗斯问题联系起来考虑。

密特朗继续说道，在签署《赫尔辛基最后文件》的时候，两德内部边界曾经是与其他许多边界一样的边界。如今，情况不同了，两德内部边界具备了另外的性质，不再像其他边界那样，将两个国家分开。如果在德国的两个部分都选出了致力于统一的政府，加以反对将是"愚蠢和不公正的"。不过，一直还存在着1919年的欧洲与1945年的欧洲的混合体，它是夸张的民族思想和民族分裂的残渣余孽。因此，建立条约共同体是一个良好的解决方案。今后，人们应该从容不迫地解决联盟和裁军问题。如果德国两部分因为分属于不同的联盟而分裂，就会产生中立主义的危险，这正好迎合了苏联的立场。

科尔说，他的《十点纲领》正是要防止出现这样的发展：如果不推行一条具有前景并掌握分寸的清晰路线，那么中立主义的想法就会迅速抬头。密特朗接着提出如何促使苏联修正其军事立场的问题。对此，他本人并无答案。因此，人们需要时间，不应在尚无相应的战略的情况下就采取行动。密特朗再次强调，法国已习惯八千万的德国人。但自卡尔大帝①以来，历史上第一次出现和平的均衡而不是武力的均衡。

密特朗认为，对于所有其他行动，现在的关键词是掌握正确的时机。如果他是德国人，他会希望德国尽快统一。他甚至会遗憾地注意到，并非所有的德国人都这么认为。但他只是法国人。他现在也并不是为了捍卫法

---

① 卡尔大帝（Karl der Große，742～814），法兰克国王，800年成为罗马帝国皇帝，发动、领导了各种战役。为了巩固帝国，他采取了一系列扩大管理和司法制度的措施。除了促进贸易、手工艺和农业经济以外，他还大力推动帝国的文化发展。——译者注

国的利益而说欧洲尚无"清晰的地貌"。欧洲前进的路线仍不明朗。人们对戈尔巴乔夫倒台并无兴趣。联邦总理不应忘记，戈尔巴乔夫的命运更多是取决于科尔而不是取决于总书记本人的国内对手。

科尔说，无论他还是戈尔巴乔夫，都意识到了这一点。密特朗如同自己是德国人般的言论，使他颇有好感。对他的下一步行动来说，最紧迫的一点就是让人们留在民主德国。令人遗憾的就是，德国以外的人认识不到这个问题。如果太多的人离开民主德国，这一点就做不到。密特朗插话说，总理强调德国人必须看到隧道尽头的光明，这是正确的；因此人们必须共同行动，同时为德国和欧洲的统一而努力。科尔说，这就是关键词。

接着，密特朗说，对于那些尚不能成为欧共体成员的国家，必须找到一个令人可以接受的地位和具有前景的结构。必须签署政治协议，甚至可能与苏联签订政治协议。这样，本世纪过去以后才可能会出现一个全新的形势。联邦总理必须表明，波兰西部边界不容侵犯，为此必须迅速找到一个构想。到1995年，欧洲一体化必须向前推进，并与欧洲其他民主国家缔结一个条约体系，这一切的前提是不制造动乱。

科尔强调这与他的政策相符，并表示有信心下一个十年内将会出现这种情况。密特朗特别重申，如果他不像联邦总理这样说话，就会立刻受到媒体的攻击。他接受这样的观点，即两德最终会统一。他只有一点保留，即统一不应引发"俄罗斯的戏剧性事件"，人们不能要求他做更多的事情。对此，科尔反驳说，报纸所写的东西对他毫无触动，报纸将密特朗与法国政界等同起来。这里，一切都被混为一谈。在他看来，主要的是要告诉德国和法国的老百姓，德法关系、密特朗－科尔这套双驾马车以及欧洲一体化将会坚持下去。应让德国人知道，爱丽舍宫的密特朗是一个对德国的发展抱有好感的人。密特朗保证说，他会坚持这一点。午休后，科尔开始谈他不久将去莫斯科并会见戈尔巴乔夫的意图，他不会做任何可能使局势变得困难的事情，但一切都需要时间。如果能够消除误解，让戈尔巴乔夫相信人们不会使他面对既成事实，那么，就有可能及早地达成协议。

科尔和密特朗没有直接接受新闻记者的采访，这些记者守候在兰锁并期待德法不和。两人分发了一份书面声明，一致同意加速欧共体一体化进程并创建一个长远看也能够吸纳东欧国家的结构。科尔表示赞成密特朗关于建立欧洲邦联的想法。[75] 按照密特朗的看法，其目标应是赋予正在形成中的东欧民主国家以前景，如果不是在欧共体内部，也要在欧洲大厦中提供这一前景。

从波恩的观点来看，对这次会晤的评价是积极的。科尔称这次会面是有意思的而且是友好的。特尔切克甚至将其评价为是"一次关键性的谈话，旨在巩固德法合作并稳定个人友谊。看上去是成功的"。总理府人士否认德法关系中存在怨恨，尽管科尔本人偶尔对法国政府尤其是外长杜马的言论感到生气。与密特朗会晤几天后，科尔曾在其关系最密切的工作人员圈子里说过，1990年主要取决于美、法的支持以及与苏联的合作。因此他准备尽可能地向密特朗让步，并给戈尔巴乔夫提供全面帮助。[76]

在兰锲会晤的当天，从媒体上看到了联邦德国驻巴黎大使馆关于法国对德国问题立场的报告摘录，鉴于会谈进行得很好，这令人感到尤其气愤。该报告摘录中称：法国是建设性地支持德国统一进程还是与之对抗，这个问题仍然"悬而未决"。[77]法国政治精英鉴于民主德国的变化对此持怀疑态度。人们的担忧从回顾历史上的俾斯麦帝国直到德国的经济支配地位。虽然密特朗坚信统一终将到来，但他为欧洲统一事业感到担忧，他希望推动欧洲统一事业并将其引上可靠的轨道。不过，在法国官员中却存在着"刹车者"，对此可以举出各种各样的动机，比如担忧戈尔巴乔夫的政治前途、欧洲的稳定或者波兰西部边界的不受侵犯性。此外，德国统一会破坏法国在欧洲起领导作用的如意算盘。这也说明了法国的倾向，即德国的自决权不仅要托付给战胜国，而且也要托付给欧洲。因此，计划中的欧安会在多大程度上可以被用来延缓德国的发展，这一点还有待观察。

处于旧思维和胆怯的战略转变之间

密特朗在柏林墙倒塌后的言论与倡议说明，面临一个统一的德国将位居欧洲中心、同时自己的作用将遭到贬低的前景，法国领导层的态度是多么的保留和有时感到不知所措。历史的经验与地理位置混杂在一起，促使法国作出比美国更为怀疑的反应。但巴黎最终不得不认清，基于有限的潜在权力以及顾及欧洲政治中的重要伙伴联邦德国，法国无法反对德国人的自决权。这方面，显示出好几个发展阶段。

在科尔的《十点纲领》出台以后，双边关系先是进入了一个明显的冷淡期。巴黎以活跃的外交努力应对这一德国政策的攻势，以确保自身利益。稳定战后的均衡以及与此相关的保持两德并存，是密特朗推进欧洲统一大业行动的动机，这是一个方面。另一方面，这也是双边层面上进行多次协调的动力。在这一阶段，法国政府角色的思想与行为还很少令人看出他们准备在变化了的外交坐标中采取根本的新方针。他们更多是努力用久经考验的回答来对待新问题。所以，与大多数法国人相比，政治阶层成为"陈旧反应的牺牲品"持续时间更长。[78]人们只是公式化地重申柏林墙倒塌前关于德国有可能统一的期待。为了维护与联邦德国至少在表面上的一致，人们尽量避免公开使用"条件"这一概念，因为在提到框架条件时，事实上只是指框架条件而已。在法国政治家的词汇中，框架条件总是作为联邦德国的"义务"和邻国必须"考虑"的"利益"而出现。

面对东德的民主化努力可能转化为德国统一的图景，巴黎感到极大的不知所措。对于如何将德国的发展引导到有序的轨道，没有具体的想法。这或者是由于缺乏总的导向，或者是因为想防止引发不必要的发展。取而代之的是，巴黎领导层寄望于一个缓慢的全欧成熟进程。人们还注意地观察到，在波恩各党派中对形势的判断和"德国统一"的目标也存在着分歧。[79]

直至新旧年更替，密特朗一直遵循不同的战略，以实现他控制和延缓德国统一的利益：

- 首先，他把推进欧洲一体化当作应对变革形势的决定性回答。优先顺序是迅速召开政府间会议，以创建欧洲经济与货币联盟。
- 在第二阶段，他提醒德国邻居注意法国的俄罗斯"牌"。坚持不懈地展示，除了德法联盟之外还有其他的选择，即所谓的再保险联盟，虽然这与德法合作的传统路线和自身的欧共体目标并不相容。
- 最后，密特朗努力通过加强在国际舞台上的亮相而对事件施加影响。这些活动的中间阶段，就是密特朗尝试将西欧一体化和全欧构想组合起来，捆绑进他的欧洲邦联构想。

然而，1989～1990年交替之后，在密特朗将自己的兴趣一步步完全瞄准欧共体的进步之前，这些都只是没有得到回音的插曲而已。

第六章　不知所措

国外对《十点纲领》的反应已经表明，统一这个目标最终只得到了美国政府的支持。不过，科尔的德国政策攻势给众说纷纭的讨论提供了一个具体的目标前景。在联邦政府看来，现在正是观察有关国家采取何种立场以及它们会发起何种行动和倡议的时候。在这方面，很快就显示出，尤其是苏联越来越处于一种不知所措的境地，因为国外越来越不支持积极维护两国并存的政策。国际框架条件处在变动之中，但变动的方向并不明显。

第一节　布什展示与科尔团结一致

这一情景在北约峰会上变得更为确切。12 月 4 日，国家和政府首脑及其外长在布鲁塞尔开会。与此同时，华约成员国领导人也相聚于莫斯科。北约成员国在庆祝其成立 40 周年的会议上称柏林墙为"不可接受的分裂欧洲的象征"，主张在欧洲大陆出现这样一种状态，在其中"德国人通过自由的自决重新赢得统一"。[1] 这是很久以来，在官员层面上进行了较为长期的讨论以后，北约官方的声明首次再度谈到柏林墙。两德边境开放以后，对科尔来说更为重要的是，北约峰会至少没有在德国统一问题上发出负面的或者反对的信号。

美国总统布什对这次会晤抱有明显较高的期待。他不仅要使西方盟国坚决支持"德国统一"的目标，同时也要保证统一后的德国保持为北约成员。早在峰会前夕，布什就抵达布鲁塞尔，在美国大使官邸与联邦总理在亲近的工作人员范围内进行会晤并共进晚餐。[2] 为了使科尔能够摆脱执政联盟的约束和内政的考虑发表看法，美国国务卿贝克没有参加这次会晤，所以也不必邀请联邦外长根舍参加。这次会晤后来被美国方面称为通往统一之路的"关键一幕"。

科尔很感激这种展示波恩与华盛顿紧密团结的做法，两天后他在联邦

— 137 —

议院在联盟党议会党团面前也强调了这一点。[3] 在这次会晤中，布什首先详细通报了他与戈尔巴乔夫在地中海马耳他岛上会晤的情况。他说，苏联国家和党的首脑首先抱怨西德人的速度太快，并谈到苏联糟糕的经济形势。科尔再次强调《十点纲领》不是一个时间计划，他详细描述了民主德国的最新发展，那里的情况完全脱离了统一社会党领导层的控制。他绝不想把戈尔巴乔夫挤到角落里，但德国问题已激起了"大洋波涛"的空前活力。美国前国务卿基辛格说两年内实现统一，这是没有根据的，因为联邦德国与民主德国之间的经济落差将阻碍统一的实现。联邦总理给其谈话伙伴留下了筋疲力尽的印象，[4] 他宣布要尽快与戈尔巴乔夫会晤，布什特别欢迎这个想法。科尔反复询问裁军方面的可能进展，这对戈尔巴乔夫来说具有巨大意义。

由于科尔意识到谈话伙伴的主要担忧所在，因此他详细谈了欧洲一体化和统一后德国的联盟归属问题。在此前一天，他在萨尔茨堡与欧洲基督教民主党派的主席们会面时，刚刚强调过拥护北约和欧共体；由于邻国的疑虑很多，他对美国总统的支持更加感到高兴。

对自决权的质疑

在第二天的北约正式峰会上，科尔也感受到了美国的支持，这次会议以美国总统详细通报他与苏联国家和党的首脑戈尔巴乔夫的会谈情况开始。16 位国家和政府首脑共进午餐后，下午的会议完全围绕欧洲的变革进行。布什介绍了他关于"新欧洲"的声明，其中概述了他从框架条件革命得出的结论。他毫不让人怀疑，北约必须继续存在，他赞成欧洲继续一体化以及欧共体与美国进行更为紧密的合作。他十分明确地支持科尔的重新统一目标，并在很大程度上借用贝克的《四项原则》概述了重新统一的基本特征：[5]

1. 德国人的自决权在政策中具有中心地位。但行使这一权利，并非意味着预先就确定德国统一的可能道路。

2. 统一后的德国也仍然必须是北约成员和正在前进的欧洲一体化的一部分。四大国的权利与责任在统一进程中应得到应有的考虑。对二战胜利国的权利，这一点，贝克的声明中还没有提及。这是在美国驻波恩大使馆抱怨了科尔从未表示过要尊重或者仅仅只是提及盟国保留权之后才增添进去的。[6]

3. 统一不能危及欧洲的普遍稳定。它必须和平地、渐进地和逐步地实现。

4. 在边界问题上，应该适用《赫尔辛基最后文件》所主张的原则。布什以此也强调了波兰西部边界的不可侵犯。

紧接着美国总统的演讲之后，科尔与朱利奥·安德烈奥蒂（Giulio Andreotti）展开了短暂而激烈的辩论。后者插话说，过分强调自决权也潜藏着危险。这位意大利总理警告说，将来决定欧洲政治议程的就会是民众运动，而不会是耐心的外交，他为此举了波罗的海国家作为例子。联邦总理反驳说，如果台伯河将安德烈奥蒂的祖国意大利分裂，他很有可能就不这么想了。这时荷兰首相吕贝尔斯上来帮科尔的忙，吕贝尔斯支持布什的建议，但这样一来又把撒切尔夫人引了出来。撒切尔夫人尤其对延缓事态进展感兴趣，[7]她同意安德烈奥蒂的顾虑，要求审慎研究布什的观点。撒切尔夫人和安德烈奥蒂公开反对当前的发展以及美国和联邦德国的政策，但最后没有得到北约其他伙伴国的积极反响。

相反，科尔赢得赞同，他在这次辩论中是继布什之后的第二位主要发言者。科尔早已强调过欢迎美苏马耳他会谈的结果，现在他试图在布鲁塞尔再次向盟友们阐述自己的设想。[8]他集中讲了如下主要的论据思路：

● 无论是现在还是将来，都不会有德国的特殊道路。他的政策目标不是走特殊道路，而是顾及所有参与者利益，包括德国人利益的"有机发展"并保证欧洲和平的共同生活。

● 德国人非常清楚，"如果没有我们联盟的牢固团结和具有未来能力的政策"，就不可能出现中东欧的革命性变化。只有"依靠所有朋友和盟友的支持"，才能实现共同的目标，也就是建立一个欧洲的和平秩序。在这个秩序中，所有欧洲人，其中也包括德国人，都能相聚在共同的自由之中。

科尔反复强调对联盟的忠诚、德国人的现实感以及他的《十点纲领》并不包含任何时间表。这一表态也得到了撒切尔夫人的明确赞同。总的来说，联邦政府最终可以对这次北约峰会以及欧共体成员的国家和政府首脑

在巴黎和斯特拉斯堡的会议感到满意：[9]

- 无论是在北约圈内还是在欧共体伙伴中，都没有给统一道路设置不可克服的障碍。相反，在这些体现联邦德国与西方挂钩的机构内，都取得了对联邦政府当前政策的赞同，或者至少是接受了这些政策，尽管有些咕哝。
- 提出的批评主要集中在时间因素上——鉴于自己的克制评价，科尔感觉在这一点上遭到误解。此外，人们提醒要顾及戈尔巴乔夫，不要使他的改革由于西方单方面采取的步骤而受到危害。

既然西方——尽管明显有些勉强地——站在布什及其同僚极力支持的科尔政府一边，统一努力的唯一公开反对者似乎只存在于东方联盟中了。这一印象是错误的，西方阵营对科尔谋求统一的支持依然很弱，这在几天以后就显现出来了：当苏联要求举行四大国大使级会晤时，联邦德国的西方盟友也都表示欢迎。

第二节　四大国宣告回归

12月13日，当根舍外长在布鲁塞尔与美、法、英同事相聚的时候，他毫不掩饰自己的愤怒："您们必须决定，是与我们在北约和欧共体内合作，还是与苏联在盟军管制委员会内合作。"[10]二战的西方战胜国大使与苏联驻民主德国代表在盟军管制委员会会晤以后两天，根舍利用传统的四大国对德国和柏林问题进行一般性讨论的会谈，毫不含糊地、尽可能不留余地地向西方盟国表明了德国政府的态度。他说，在战争结束45年以后，鉴于完全改变了的德国政策框架条件，联邦政府并不愿意在有关德国的会谈中再次作为旁观者无法对决定施加影响，"对我们来说，重新复活四大国机制是不可接受的"。这是科尔早在11月9日上午联邦内阁会议之后就已公布的态度。[11]

科切马索夫邀请去盟军管制委员会大楼

在盟军管制委员会大楼举行大使会晤[12]是莫斯科发起的，这是1971年《西柏林协定》签订以来第一次举行这样的会议，尤其受到西德政治家和媒体的抨击。12月8日晚，苏联驻东柏林公使向美、法、英驻西柏林公使递交了尽快在原盟军管制委员会的大楼里召开四大国会谈的建议。该倡议提出，四大国的大使应在"最短时间内"会晤，以商讨民主德国的发展和当地公共秩序面临的崩溃可能。[13]从联邦政府的观点来看，存在着各种各样的问题，这些问题的答案同时也能揭示德国问题的前景：

1. 西方三大国对苏联的建议将如何作出反应，它们又如何解释各自的行动？

2. 将在多大程度上向联邦政府通报这次会晤情况，以及如何协调西方的共同立场？

3. 在盟军管制委员会大楼的会晤中，四大国大使将谈论些什么？

很显然，苏联的动机是超越柏林问题强化四大国对话。早在1989年11月10日，戈尔巴乔夫在给西方盟国的国家和政府首脑的信中就提议举行二战胜利国的会晤，但没有得到他所期待的回应。[14]鉴于民主德国的急剧发展，不久之后莫斯科就试图通过建议召开第二次欧安会，即"赫尔辛基Ⅱ"，对事态进程施加更多的影响并遏制两德接近的进程。布什的同事严厉反对这个会晤的建议，因此，他们感到高兴的是，戈尔巴乔夫无论是在马耳他还是在此后都没有重提该项建议。取而代之的是，苏联现在以新的倡议来复活四大国机制，以"显示四大国卷入了涉及德国人的一切进程"。[15]12月11日，莫斯科驻波恩大使克维钦斯基在联邦德国外交部的一次谈话中也反映了这一看法。当被问到在当前盟国显示其保留权的情况下，苏联对两德的作用有何设想时，他只是干巴巴地说，目前联邦德国和民主德国应当"饶有兴趣地观察"。

戈尔巴乔夫的攻势很快得到了巴黎的积极答复。法国立刻同意参加，因为那里也认为原战胜国的作用迄今没有得到应有的考虑。12月9日，在斯特拉斯堡欧洲理事会的工作早餐结束时，密特朗总统毫不隐讳地对激动而愤怒的科尔通报了莫斯科的倡议。[16]密特朗说，前一天苏联已询问过西方国家，而法国不能规避苏联的请求。他认为，迄今为止四大国更多是事态的旁观者，但对苏联来说，比如它在民主德国的驻军等问题就会面临危险。密特朗说，他还未考虑在会谈中应如何表现，但问题的错综复杂性使他感到担忧。如果苏联要求举行四大国国家和政府首脑会晤，那该怎么办？总统说，必须共同思考这类问题，在这期间，他的工作人员阿塔利已向外长杜马问过计划中的会晤议题是什么。据告科切马索夫建议商谈"柏林"问题。密特朗向科尔保证，法国将通报联邦政府有关会谈的情况，绝不会对苏联采取主动行动。为此，他们两人的工作班子应该保持联系。这也包括，法国驻波恩大使布瓦德维当天向联邦德国外交部提出，要求向国务秘书苏德霍夫较详细地通报苏联的倡议。苏德霍夫虽然认为计划中的四大国会议"绝不恰当"并毫不含糊地向布瓦德维表明了这一点，但法国已作出决定：巴黎将派其驻波恩大使前往柏林参加会议，以全面显示法国在当前德国政策发展中的话语权。

英国的情况也是如此。英国政府同样没有与波恩或者华盛顿磋商就同意参加会谈。撒切尔夫人从不隐讳，对她来说，东欧尤其是民主德国的变化太快了。11月24日，她在戴维营向布什阐明了自己的疑虑，顾虑主要集中在担心戈尔巴乔夫的改革政策可能受到危害以及波兰边界问题。[17]此外，她、外长赫德和外交部官员在不同场合都指出过四大国的参与权。在她看来，英国参加柏林会晤有助于再次显示这一权利、延缓民主德国的发展速度并让苏联感觉自己被包括在这一进程之中。

除了苏联以外，法国和英国也公开地支持重新恢复四大国机制的活力，以便商讨德国问题。美国的立场则有所不同。特别是由于美国驻波恩大使馆的介入，在布什的《四项原则》中也补上了四大国权利这一提示，然而美国政治领导层的路线是明确的：[18]正如答复戈尔巴乔夫11月10日的照会那样，布什实际上反对四大国干预德国内部问题的解决。伦敦和巴黎政府未经协商而抢先行动，美国如果拒绝参加会晤，就会使西方阵营的分歧显露出来。与此同时，美国认为存在着这样的危险，即苏联、法国和英国会背着美国和联邦德国而在德国政策上走近。因此，美国政府也宣布参加计划中的柏林会晤，但同时通知说，在柏林只能讨论1987年改善柏林形势的所谓"里根倡议"。与过去的四大国磋商不同，美国国务院也将这封通知信直接交给了联邦政府。此外，波恩和华盛顿也共同办成了一件事，即在这次会晤前，西方三国大使与联邦德国外交部的政治司长会晤，讨论统一的路线。这次会晤确定，对于苏联方面超越规定范围的所有建议，大使们只予倾听，并迅速详细地通报给联邦德国外交部。

西方这一最低限度的妥协规定，将已存在两年之久的"里根倡议"作为盟国举行大使会谈的官方理由。[19]得到其他两个西方大国支持的这个"里根倡议"，内容是改善飞往柏林的航空交通以及扩大人员之间的接触。像奥林匹克运动会这样的国际体育事件、会议和学生交流将增进东、西柏林的互属关系。尽管苏联的最初反应是认为改善航空交通没有必要，但 1989 年初夏西方的建议又被重新提出来了。自 1989 年秋天以来，苏联驻东柏林大使馆多次表示，有关此事的会谈是可能的，但直到 1989 年 12 月 8 日，没有提出具体的建议。

"当年最糟糕的图片"

12 月 11 日上午晚些时候，当驻波恩的大使沃尔特斯（美国）、布瓦德维（法国）和马拉贝（英国）在原盟军管制委员会所在地与莫斯科驻东柏林大使科切马索夫会晤时，"里根倡议"只是形式上列在议事日程上。[20]由于西方大国由沃尔特斯主持会谈，他可以立刻谈论事先与波恩协调好的柏林议题，但科切马索夫随后的发言越出了原定的框架。按照他的说法，他想以在莫斯科制定并与统一社会党协商过的详细表态达到以下四个目的：

1. 稳定民主德国当前的形势。他想唤起西方大国的理解并公开强调四大国共同的责任。科切马索夫反复说明，民主德国是苏联不可放弃的盟友和伙伴。

2. 从他的角度解释民主德国的现实形势。东德开始了民主化，四大国应支持现政府的相关努力。

3. 谈论西柏林局势中众多问题中的若干问题，其中他指出可以改善航空状况，虽然只是非常粗略地提及。

4. 强调四大国对柏林和德国作为整体的责任继续存在。科切马索夫因此建议设立一个工作组以及大使定期举行会晤。为了证明所有与会国的共同兴趣，苏联大使提到马耳他峰会的过程以及密特朗和撒切尔夫人的一些言论。

科切马索夫的阐述表明，苏联主要对两个方面感兴趣：强烈地展示盟国的保留权以及成立一个讨论德国政策问题的固定委员会。因此，他的三个谈话伙伴遵照指示，只能以一般的外交辞令欢迎会谈意愿、提到原本的会谈题目并强调他们对欧洲安全与稳定的关心。对于继续会晤问题没有作出具体的约定。[21]大约 45 分钟的辩论中，为商定共同的新闻声明稿就占去了很大部分时间。科切马索夫反复强调要在文稿中看到四大国对整个德国的责任，而西方国家的大使则只希望提到对柏林的责任。最终，马拉贝的一个建议构成了妥协。按照他的建议，新闻稿指出，会晤期间对于稳定的重要性充满一致、人们满怀信心地期待四个参与国在1971年《西柏林协定》的框架内作出贡献。

将近14时，当四位大使共同出现在柏林盟军管制委员会大楼门前的时候，已有大量新闻记者在此等候。不过，他们并非对谈话内容感兴趣，而更多是对二战前战胜国的高级代表在这个历史性的舞台背景前共同亮相的象征意义感兴趣。一份报纸评论这一事件说，"四大国回到了一台吉普车上"。美国大使沃尔特斯后来把这张媒体照片称作是"当年最糟糕的图片"[22]。大量西德评论和报道如此评价这些会谈：苏联在反对统一考虑这一点上，就这样与三大国实现了同心协力。

联邦政府警告不要重演

两天以后，当总理府办公厅主任塞特斯和外交部国务秘书苏德霍夫与西方国家大使会面时，也提到这类报道和图片。这几位大使在会晤结束以后，通过布瓦德维立即向联邦德国外交部通报了会晤的内容和过程，但他们还不完全清楚这一事件对他们国家与联邦德国的关系可能产生什么影响。[23]在与塞特斯和苏德霍夫的谈话中，大使们描述了与科切马索夫会晤的准备经过和会谈过程，并重复了自己的评价。塞特斯和苏德霍夫总结他们的评价说，看来苏联对四大国继续会晤以及中东欧的稳定感兴趣，对这一评价，大使们表示赞同。

马拉贝接着表示赞成制定有关航空交通的详细建议，因为苏联方面对此表现出了特殊兴趣，而布瓦德维说，可以成立工作组，为可能继续进行大使级会晤作准备。塞特斯和苏德霍夫利用这些建议，再次确切地表明了西德的立场：首次会晤已经获得了公众过度的兴趣。四大国大使继续会晤将会给人留下一种奇怪的印象并导致"极大的解释需要"。他们的说法与一天后根舍在布鲁塞尔对西方外长所说的相似。如同联邦外长一样，塞特斯和苏德霍夫也毫不含糊地表明，联邦政府绝不打算接受没有德国人参与、不与德国人商谈而继续商讨德国人的命运。波恩原则上不反对四大国官方宣布的会谈内容，但会晤的象征意义已激起极大的愤怒。卡斯特鲁普在给联邦外长的按语中写道，现在的情况已经太过分，联邦政府不能继续允许出现这种情况。[24]在联邦德国外交部里，无人怀疑所有四个大国最终都赞成了大使级会晤，他们意识到大使们在柏林亮相的象征意义，决不会断然拒绝继续进行共同会晤。

总的来讲，备受争议的柏林大使会晤首先为澄清当前的形势作出了贡献：

● 再次非常清楚地向联邦政府表明，面对东方的干扰伎俩，西方阵线绝非像统一政策所期望的那样同心协力。

● 这次会晤以后，联邦政府可以毫不含糊地对西方盟国说，涉及德国人的任何会谈，只能在德国人参加的情况下才能举行。另外，对于波恩来说，情况更加清楚，由于民主德国缺乏自主的外交政策，最早要在自由选举以后，才能考虑与那里的对话伙伴讨论统一事宜。

● 苏联也明白了，尽管西方阵营中存在着明显的分歧，但用简单的行动，比如邀请大使会晤，不可能明目张胆地把法国或者英国拉到公开反对统一的阵营中去。

● 联邦德国的西方盟国法国和英国能够明显地表明它们的疑虑，这是由于联邦总理始终没有提及盟国的保留权。巴黎的一位政府代表总结法国对四大国大使会晤的立场时说："目的是提醒德国人，在柏林是谁说了算。"[25]

● 巴黎和伦敦不得不认识到，反对两德关系发展采取负面立场不能代替建设性的政策。此外，正如在北约布鲁塞尔峰会上那样，美国总统布什支持科尔的政策这一点已经很清楚。对科尔为统一所做的努力表示公开反对，将意味着公开与这个西方领导大国对立。迄今为止，巴黎和伦敦这种政策只能使它们陷入一种两头落空的境地。

美国政策的出发点在多大程度上已坚信统一可能实现，次日国务卿贝克前来欧洲解释美国对欧洲大陆的设想，即建设"新时代的新大厦"时，就显示出来了。

第三节 "新时代的新大厦"

12月12日，当美国国务卿贝克抵达德国时，在他的访问日程中有三项重要安排：在柏林新闻俱乐部就欧洲的未来"大厦"发表公开演讲、与科尔会晤以及去东德作短暂访问。在东德，他既要与总理莫德罗，也要与民主反对派代表会晤。[26]贝克事先在伦敦已与撒切尔夫人会谈过，之后要从柏林飞到布鲁塞尔与欧共体外长见面，讨论援助东欧问题。他为自己的德国之行设定了三个主要目标：

- 无论是在公开场合还是在内部，都要再次对联邦总理允诺美国的支持，并敦促总理在一切行动中进行密切协调；
- 概述美国对欧洲未来秩序的设想，既要安定德国人，也要安定苏联；
- 为稳定和安定民主德国的形势作贡献，但又不使掌权的统一社会党政权获得合法性和更大的声誉。

科尔请求贝克的支持

12月12日，贝克与科尔总理共进早餐，以此开始了一天的广泛日程，[27]在共进早餐过程中，两人先是保证相互支持并感谢迄今的合作。贝克向科尔指出，尤其是在苏联方面存在着某种紧张不安，人们在伦敦和巴黎也能感觉到这点。贝克强调，决定性的是要充满责任感地推进事情向前发展，确保今后的发展也要和平地进行。他只简短地提到计划去民主德国访问。

科尔同意面临一个危险阶段的看法。他说，联邦政府以及他本人都不会做任何可能使局势更加复杂化的事情。十分重要的是，要向人们指出前景，就像他通过《十点纲领》所做的那样。他以此指出了人们所希望的进程的结局，但没有为此制定日程表。采取小步子，但目标清晰，这是必要的，否则动乱会大大上升。重要的还有，德国的发展应纳入欧洲的结构，同时照顾所有参与者，包括苏联的安全利益。他愿意私下告诉国务卿，他将尽快与戈尔巴乔夫会晤，同他平心静气地商讨所有问题，包括《十点纲领》。苏联完全愿意接受其中的九点，只在我们谋求邦联这一点上[28]有困难。科尔提到取得成功发展的三个前提条件：

- 第一，戈尔巴乔夫不能失败。人们不久将可能面临这样一个问题：是否以及如何在即将到来的严峻的冬季给苏联提供帮助。

●第二，必须稳定波兰和匈牙利的局势。他从匈牙利总理内梅特那里得知，当地面临着极大的能源供应问题。在这方面，人们也可能必须提供帮助。

●第三，涉及民主德国的形势。那里很有可能在夏初举行自由选举。他将尽快与一个具有民主合法地位的政府谈判理性的协定，特别是在交通和环保领域。这里涉及条约共同体问题，但决定性的是经济的未来前景。实际上，民主德国必须着手货币改革。最好是政府以匈牙利新的经济法为指针。他毫不怀疑，允许市场经济秩序和加大私人投资能够迅速地治理经济。在这之后，才考虑他建议的邦联结构，就是建立部长委员会和议会委员会。他认为这一切将花费几年时间，并且取决于世界政治的进一步发展。

因此，重要的是不仅要给人们提出一个具体目标，而且也要同时指出实现这一目标可能要持续很多年——贝克明确表示赞同科尔的这一估计。两人还一致认为，按照撒切尔夫人的设想放任事态自行发展，那将是错误的。科尔接着再次强调他愿意扩大欧洲一体化。正如阿登纳说过的那样，德国问题只有在欧洲的屋顶下才能解决。现在，除了承诺建立经济与货币联盟之外，他还能做什么更多的事情？这一步在政治上很重要，以便消除欧洲对德国的任何猜疑。贝克证实，科尔在斯特拉斯堡峰会上作出了伟大的成绩，但重要的是，联邦政府的动机能够得到更好的理解。在西方，人们越是确切地知道德国扎根在何处，紧张不安的情结就会越少。与此同时，还要更加清楚地告诉东方，科尔的《十点纲领》并不包含固定的时间计划。

贝克向联邦总理指出，尤其在边界问题上，敏感性是必要的。科尔说，因此他在方案第八点中明确强调了《赫尔辛基最后文件》，其中规定只能和平改变边界。科尔警告说，许多批评他的政策的人，虽然讲的是奥德－尼斯河边界，实际指的却是两德的内部边界。关于奥德－尼斯河边界，在诸如《莫斯科条约》和《华沙条约》中，联邦德国承诺了明确的法律义务，对他来说这些法律义务绝对适用。根据联邦宪法法院的解释，联邦德国不能代表整个德国，作为宪法执行者，他受这一解释的约束。科尔说，绝大多数德国人知道，没有人希望发生新的令人可怕的驱逐行动，他同时提到 1950 年的《被驱逐者宪章》。如果德国实现统一，与波兰的边界问题丝毫不会成为问题。在斯特拉斯堡欧共体峰会上，他的批评者总是用复数提到边界，这很明显也是指柏林占领区的边界和德意志内部的边界。

科尔提醒贝克，美国在 1919 年《凡尔赛条约》以后曾经失望地撤出欧洲。今天幸运的是大家处于另一种形势并从历史中吸取了教训。他同时提醒说，有些事情不能指望德国人，比如，指望德国人对自己的民族统一说"不"。科尔也提出一个问题：如果他不推出《十点纲领》，将会发生什么情况。或许戈尔巴乔夫会提出自己的建议，其中一定会包含德国应当退出北约这一条件。贝克证实，戈尔巴乔夫在与美国总统会谈时确实有过类似的考虑。科尔说，正因为如此，他请求美国人给予支持和信任，并向他们绝对公开自己的意图。他计划在与戈尔巴乔夫的会晤中划定以后的路程，说明他寄希望于小步子的政策，这一点也必须告诉民主德国的老百姓。在分裂了 40 年以后，人们不仅在经济上分离，而且也有了巨大的社会差异。

贝克提到，他当天还将在一次报告中陈述自己对进一步发展的设想，其中包括，美国与欧共体之间要建立更为紧密和更加机制化的关系，但北约也要起更大的政治作用。他欢迎科尔能与戈尔巴乔夫会晤并对他进行安抚。贝克说，遗憾的是，联邦总理的许多声明被其他人作了断章取义的解读。针对科尔提到的 1919 年的局势，贝克保证，只要欧洲人和苏联人愿意，美国将保持为一支欧洲的力量。接着科尔谈到捷克的发展，他说：6~8 个月以后，那里将举行选举，只要继续保持相应的发展，2~3 年后这个国家就会认不出来了。科尔据此得出结论，捷克斯洛伐克社会主义共和国、匈牙利和波兰总有一天也会要求加入欧共体。贝克接着再次强调了欧共体的重要性，它对东欧具有吸引力。科尔确认这一看法并表示，所有国家都越来越向欧共体靠拢，民主德国的德国人却不被允许参与其中，这是不可思议的。

在两位政治家最后谈论另一个完全不同的话题，即他们国家与尼加拉瓜的关系之前，科尔说，与西方结盟是联邦德国国家理念的一部分，他本人对别国的利益总是表现出很大的理解，因此他向贝克提出请求说：如果贝克在今天的演讲中能够对德国人的特殊形势表达心里的理解，那就好了。这里也涉及某些团体的内政政策，这些团体谋求联邦德国中立。贝克向总理保证，在演讲中会提到《十点纲领》，但不使用"自由与统一"这一说法。

引人注目的是，科尔如何反复地试图唤起贝克理解东、西两部分德国人的特殊处境，先是间接、然后又直率地要求贝克表达这种理解。而贝克则再次试图以最友好的态度让科尔明白，西德如果还像《十点纲领》那样继续采取单独行动，将不会是有益的。他本人在以后的进程中，将特别关注把西部邻国纳入欧洲一体化问题、安抚东部邻国的边界问题以及总的改善与苏联关系问题。两位政治家一致认为，现在的问题是使苏联国家领导人参与今后的步子。非常明显，科尔和贝克已完全看到了，苏联如愤怒地退出游戏将会带来危险，苏联会由于实力与安全利益的损失而可能成为西方的危险伙伴。因此，贝克紧接着与科尔的会面之后，在柏林新闻俱乐部发表的演讲应该为苏联提供一种导向性帮助。

贝克关于北约－欧共体－欧安会的三角设想

美国和西欧对东方的变化以及德国统一的可能性应如何反应？这个问题是美国国务卿在柏林新闻俱乐部讲话的中心内容。在这次讲话中，贝克首先是探讨了他所称的"欧洲新大厦"。[29]这座新的欧洲大厦应建立在三大支柱上：

1. 任务改变了的北约：这个西方的防务联盟必须继续保持存在，但同时要转变成为一个对自身地位有强烈政治定义认知的机构；

2. 进一步发展的欧共体：一方面继续推进一体化，另一方面谋求与美国进行更好的"机制性和磋商性的联系"。此外，欧共体还应更多地关注为东欧民主国家提供支持。

3. 欧安会进程扩大成"东西方最重要的合作论坛"：在1975年的《赫尔辛基最后文件》确认了现状，并通过其人权和行为准则而对欧洲的变革作出了决定性的贡献之后，现在应继续推动该进程，特别是要用新的内容充实欧安会的安全、经济和人权三个"篮子"。

贝克很明白，这些任务的扩大将导致北约和欧洲机构交叉重叠，但他明确强调其中的机会，即产生协同效应。从政治、军事和经济上将美国的安全与欧洲的安全联结起来，这一中心目标保持不变："因此，我们大家的任务在于，共同为新欧洲和新大西洋主义而努力。"最后，他转到德国问题并重申了《四项原则》。他说，走"如此积极的道路"，将不是轻而易举的，它不允许强制任何人，它必须和平民主地进行。此外，也要顾及"新欧洲所有成员国的合理担忧"。

公众对贝克演讲的反应非常积极。北约也迅速地接过了他的建议：[30]在12月14~15日的北约部长理事会上，不仅表达了对德国人自决权的支持，而且就加强联盟的政治功能取得了一致。苏联方面特别赞同贝克关于逐步行动的呼吁，认为它有助于稳定局势。

贝克会见莫德罗和民主德国的反对派

美国国务卿贝克对民主德国的短暂访问旨在稳定那里的局势。访问期间，他与政府首脑莫德罗以及教会代表进行了会晤。贝克这次访问，是在他与科尔、根舍和谢瓦尔德纳泽谈话并听取了其工作人员极为不同的意见之后，不到24小时内决定的。[31]美国驻东柏林大使理查德·巴克莱（Richard Barkley）明确赞成贝克顺道去波茨坦，而驻波恩大使沃尔特斯和驻西柏林使团团长哈里·吉尔摩尔（Harry Gilmore）直到最后一直表示反对。他们担心这会过分抬高统一社会党政权，并通过公开表示疑虑同时明显地批评了法国总统密特朗的访问计划。

贝克与莫德罗会晤开始时发生了一个小小的误会：虽然美国方面明确拒绝了与克伦茨会面，但在会谈开始后不久有一个人走进了房间，美国代表团以为他是12月6日已经下台的前民主德国国务委员会主席。不过，当贝克及其工作人员发现进来的只是一位服务员时，恼怒就迅速消融了。

在同莫德罗的谈话中，贝克特别强调了自由选举的重要性。与科尔相似，他把任何经济援助与实行根本性的政治和经济改革捆绑在一起，但避免作具有约束力的承诺，正如他的谈话伙伴后来指出的："美国国务卿想多听少说。"莫德罗为民主德国争取美国贸易最惠国条款的努力没有成功。

与尼古拉教堂教会代表的会晤，给贝克留下的印象要比与莫德罗的会见深刻得多。[32]作为反对派代表，他们明确告诉美国国务卿，他们认为莫德罗的民主化努力是真诚的也是值得支持的。他们还让他相信，在谋求统一的背后起作用的不是民族主义，在很大程度上是经济方面的原因。他们问，如果统一意味着迅速改善人们的生活水平，那么他们为什么必须等待呢？美国代表团明白了，在座的民主德国代表并不欢迎这一看法，但考虑到国家的未来又不得不顾及这一看法。因此，对于贝克提出的相关问题，教会代表们表示说，对老百姓而言，只进行两德的经济统一是不够的。当然，他们也怀疑，国际形势是否允许采取快速的统一步骤。贝克从所有意见中得出结论：不仅民主德国的革新进程不可逆转，而且，"无论如何也将事实上形成民主德国和联邦德国的经济统一"。[33]因此，决定性的是美国应继续留在"游戏之中"，这也符合苏联的目标。苏联会更愿意允许两德保持紧密联系，"如果它相信，我们有一只眼睛盯着这场游戏的情景"。

第四节　戈尔巴乔夫的担忧与谢瓦尔德纳泽的警告

鉴于重新恢复四大国权利的努力失败，莫斯科的政治家和外交官对欧洲的现实发展，尤其是民主德国的发展作了进一步的思考。这些思考的结果，于12月的后半个月通过两个渠道转达给了联邦政府：

　　● 通过戈尔巴乔夫给联邦总理科尔的信件；
　　● 通过苏联外长谢瓦尔德纳泽在布鲁塞尔欧洲议会政治委员会的演讲。

这两个行动在新年前夕，向科尔及其工作人员概括了苏联的担忧和警告。

反对"最后通牒式的要求"

12月18日，科尔从匈牙利的三天访问回来时，看到了戈尔巴乔夫的来信。科尔这次临时商定的访问也是为了感谢1989年9月匈牙利开放边界，使数千名民主德国的逃亡者得以走向自由之路。[34]联邦德国和匈牙利在此基础上建立起来的良好关系，现在由于匈牙利总理米克洛什·内梅特（Miklos Németh）私下告诉科尔总理，莫德罗在莫斯科的华约会议上同意了《十点纲领》的前四点内容，而再次变得明显起来。内梅特还描述了戈尔巴乔夫在那次会议上如何坚决地反对德国统一。

匈牙利总理的这一印象，在戈尔巴乔夫的信中得到了证实。[35]这封信的任务是在科尔计划访问民主德国的前夜，再次清楚地向他说明苏联的立场。因此，戈尔巴乔夫不仅提到了12月5日他向根舍外长所说的话，还提到 12 月 9 日他在苏共中央委员会的讲话，其中他反对任何有关统一的考虑。[36] 在信中，戈尔巴乔夫谈到他对联邦德国对民主德国政策感到忧虑，并且明确提及总理的《十点纲领》。他说，纲领中的一些内容是对一个主权国家提出的先决条件，甚至可以说是最后通牒式的要求。与民主德国一样，苏联认为这样的行为是不能接受的，因为它"既不符合《赫尔辛基最后文件》的文字，也不符合该文件的精神"，并使 1989 年 6 月的德苏声明成为问题。这位总书记说，欧洲当前的进程即使朝着最积极的方向发展，也是处于一种复杂而紧张的气氛之中。因此，"人为地胁迫"事态发展，或者"向燃烧的火焰投掷政治炸药"是非常危险的。戈尔巴乔夫强调民主德国变化的严肃性并再次提醒"不要干预其内部事务"以及"保持克制和审慎"。他愿意相信根舍的保证，即联邦德国遵循战后边界不可侵犯的原则，不会从已形成的状况中谋取单方面的好处，并且关心民主德国和欧洲的内部稳定。

戈尔巴乔夫继续写道，苏联希望科尔能够非常严肃地对待这些疑虑，但愿总理即将对民主德国的访问能够在融洽和"相互理解的精神中"进行。

在对这封信进行评价时，总理府没有忽视戈尔巴乔夫警告的严肃性，认为信中的部分语言非常强硬，甚至超出了他在中央委员会讲话中的措辞。联邦总理个人也第一次遭到苏共中央总书记的攻击。这清楚地表明，现在戈尔巴乔夫把较为强硬的路线放在首位。当然，总理府的分析也看到戈尔巴乔夫信件中的积极方面。他对两德关系的进一步发展没有表示疑虑。苏联主要是担心"两德统一进程的速度和最终结果，担心这一进程对苏联自身的地缘政治和战略形势的反作用，包括担心在联盟政策方面产生影响"。这些都可能与以下情况有关，即在这段时间内总书记不仅因为糟糕的经济形势，而且越来越由于其外交政策而遭到国内的批评。

这封信因其向后看的风格而令总理府感到失望。[37] 科尔同意工作人员的评估：不需要回复这封信，因为几天前总理在给戈尔巴乔夫的私人信件中已解释了他对所有问题的立场。显然，两位政治家往返书信的时间交叉了。因此，当克维钦斯基电话询问戈尔巴乔夫的信件是否已到达科尔手里时，特尔切克向他通报了这一情况。苏联大使同时想知道，科尔 12 月 14 日的信件是否就是对戈尔巴乔夫这封信的回答。特尔切克答复说，原则上是的。科尔的信件虽是事先写好并寄出的，但其中谈到了戈尔巴乔夫论及的所有议题。

科尔反对"明显的误解"

联邦总理 12 月 14 日给戈尔巴乔夫的信件长达 11 页，其由头是美国总统布什、法国总统密特朗、意大利总理安德烈奥蒂和外长根舍与苏联领导人的谈话报告。科尔写道："您在所有这些会谈中都对联邦政府的政策提出了批评。"他认为，苏联以此为基础作出的判断是没有道理的。他写这封信是为了帮助"更好地理解"他的政策并消除"明显的误解"[38]。信的开头就强调两国之间达成的所有条约规定毫无变化地有效，包括 1970 年的《莫斯科条约》、《赫尔辛基最后文件》及其所属的马德里和维也纳文件，以及 1989 年 6 月 13 日签署的《共同声明》。他的目标是扩大一切领域的双边关系。西方没有任何人想从当前的发展中谋取单方面的好处。不过，科尔警告不要混淆因果关系。责任在于民主德国的领导层，他们由于拒绝改革才造成了当前的局势。正是那里的人们将德国问题提上了议事日程。科尔提醒道，迄今民主德国的一切发展都是非暴力的。"在民主德国，负责人士"早就成功地呼吁进行非暴力行动，联邦政府始终支持这种呼吁，他将借德累斯顿会谈之机继续这么做。

在信件第二大点中，科尔说："跟在发展后面跑"不可能是"负责任政策的意义和任务"。更为必要的是，创造并取得一个稳定的框架，在此框架中，这些进程能够为了人们的福祉而和平地发展。苏联总统偏好生动形象的描述，科尔就用一幅令人印象深刻的画面有针对性地进行了陈述，并解释了《十点纲领》的背景。他写道："如果知道暴风雨之后河水会上涨并且可能溢出河岸，那么明智的要求就是用结实的树干修筑河堤，清除河床中的障碍物，并给来势汹汹的力量进行疏道。但是，这种办法不能减少水量和降低流速——两者都取决于暴风雨的强度——任何这样做的尝试只会使河堤冲垮。"科尔借用他 1989 年 6 月使用过的画面，当时他与戈尔巴乔夫在莱茵河畔进行了个人谈话，其中，他以此试图解释德国问题：正如莱茵河总是自己找到通往大海的航道一样，德国的统一也终将到来，随之而来的还有欧洲的统一。[39]

科尔强调，他 11 月 28 日政府声明中的十点内容是"对众所周知的并且经过考验的政策的总结。它们并非时刻表——这是误解的一个主要源泉所在——而是有意识地放弃了时间规定；它们并不是各项步骤的顺序排列，而是相反，寄希望于所有政治进程面向未来平行前行"，同时又"互相关联"。因此，《十点纲领》既不会制造时间上的压力，也不意味着前提条件：

- 目标是阻止出现动乱形势，旨在为"有机的、演变的全欧发展"开启大门。
- 必须给民主德国人民提供一个前景。他想促使他们看到当地变化中的机遇，并在世代相传的家乡那里能够看到自己孩子们的未来。
- 为联邦德国的讨论提供"理智而有机的指针"。

总理在进入第三个论点之前，详细地谈了联邦政府为改善整个欧洲的形势所作的大量努力：《十点纲领》所宣布的目标是要在欧洲创造一种和平状态，"在这一状态中，德国人民能够通过自由的自决重新取得统一"，这一点不可能让任何人感到意外。对此，苏联从《德国统一信函》中也已经知晓，与《莫斯科条约》的批准有关的这封信正是提到了这一目标。科尔以许多细节概述了他对自决权的理解，以及这一权利如何在两德接近进程中起作用。在他向总书记所作的论述中，对于自决权这个概念具有怎么样的中心地位，科尔早就反复做过论证，比如在 1988 年 4 月 15 日致戈尔巴乔夫的一封详尽的信件中。[40]总理在现在这封信中还提到将于 12 月 18 日在匈牙利国民议会演讲的结尾章节，其中，他打算强调基于历史原因而"明确否定德国会单干和走特殊道路以及走向反动的民族主义"。他指出，欧洲才是全体德国人的前途所在。

关于"我们邻国的安全"这一节，总理解释称，这理所当然是指苏联的安全需要。至于边界问题，两个德意志国家都可以利用《赫尔辛基最后文件》所确保的可能性，即遵照国际法通过和平手段和协商改变边界，这是很清楚的。如果不能取得一致，那么，又是根据《赫尔辛基最后文件》，欧洲所有国家的边界将不受侵犯……。在信件结尾，科尔向总书记保证，鉴于所谈问题的重要性，他当然无法讨论所有方面并提出那些"必要的差别"。因此他欢迎在"不久的将来继续进行个人的"思想沟通，尤其是着手讨论两国的经济关系。为此，可以在来年会晤。

虽然这些信件往来没有导致各自立场的转变，但澄清了一些细节：

- 《十点纲领》使戈尔巴乔夫产生的不安和愤怒比科尔预想的要强烈得多。在科尔访问民主德国之前，总书记想用部分是尖锐的表述阻止科尔在民主德国重申《十点纲领》。
- 科尔及其总理府的工作人员虽然看到了这一疑虑，但倾向于作乐观的阐释。不管怎样，戈尔巴乔夫没有反对两德的任何接近。
- 苏联领导人再次处于一种莫衷一是的境地。迄今为止，面对科尔的政策目标，戈尔巴乔夫只能以明确的立场说"不"，而无法提出自己的政策针锋相对。
- 总理很显然非常清楚其对手的角色和性格：形象的语言。重新使用总书记熟悉的表述措辞、一再提及莫斯科赞赏的欧安会，这些都是有目的地针对戈尔巴乔夫及其周围人员的认知模式和思维结构。此外，鉴于两位最高领导人有着良好的个人关系，科尔希望与戈尔巴乔夫继续直接会面，以便向他亲自解释自己的政策，这是并不奇怪的。

显然，尽管莫斯科作出了种种威胁，但还是要与德国人保持对话。在科尔及其同事看来，克里姆林宫没有提出最后通牒式的要求或者甚至进行威胁，这种意愿从苏联这一时期的其他言论中也可以看得出来。

莫斯科的七个问题

特别是在 12 月 18 日被认为是严厉而强硬的戈尔巴乔夫信件之后，谢瓦尔德纳泽在布鲁塞尔欧洲议会政治委员会的一次演讲引起了波恩的强烈关注。[41]这位苏联外长想让大家将他 12 月 19 日的报告明确理解为是"说出了心里话"，他传达了迄今为止苏联对民主德国形势最广泛也最具体的立场。总理府的主管官员分析了谢瓦尔德纳泽的中心意思，由于 12 月 20 日要举行内阁会议，这份详细的分析作为"特急件"送到了总理办公室。于是，从访问德累斯顿回来的科尔看到了文稿的概述，其中的最后结论为他提出了几种不同的行动选择建议。谢瓦尔德纳泽的演讲有三个中心思想：

- 呼吁尊重存在的战后现实。
- 反对使欧洲秩序不稳定的企图，这一秩序关系到 10 天前被戈尔巴乔夫称为苏联"战略盟友"的民主德国。
- 对于两德过于迅速的接近表示明显恼怒。两德只允许慢慢地相

互靠拢，使用的概念是先"彼此并存"，继而"相互共存"，再步入
"较为紧密的国与国之间的合作形式"。

苏联外长以德国问题的历史性回顾开始对欧洲议会议员发表演讲，他
引用了各种各样老的宣传模式，例如说"1952 年，联邦德国拒绝在全德进
行自由选举"。之后，他开出了一份单子，里面有七个问题。分析认为，
"值得注意的是，这些问题从假设的统一德国"出发，并与"德国统一"
"假设的德国""德意志国家形态"这类措辞联系在一起。具体而言，谢瓦
尔德纳泽想从西方尤其是从联邦政府了解：[42]

1. 德国统一不会危及其他国家的安全及欧洲的和平，对此政治
上、法律上和物质上的保证是什么？对这个问题没有回答。

2. "假设的德国"如果实现，它是否准备承认欧洲现有边界和放
弃任何领土要求？尽人皆知，联邦德国避免回答这个问题。

3. 这一"德意志国家形态"在现存军事和政治结构中占有什么位
置？没有人能认真考虑，民主德国的地位将彻底变化，而联邦德国的
地位却保持不变。

4. 德国一旦重新统一，这个新的组合的真正潜力、它遵行的主义
和军事力量的结构将是怎么样的？它是否同意非军事化、中立、进行
经济和其他关系的根本改造，就像过去争论的那样？

5. 它对德国土地上的盟国军事力量存在、对军事联络使团和 1971
年的《西柏林协定》将产生什么影响？

6. 统一的德国对欧安会进程会有什么影响，它是否有助于克服欧
洲的分裂？是否意味着对创造欧洲统一的法制、经济、生态、文化与
信息空间的进步？

7. 如果两德决定走统一道路——不管以何种形式——它们是否也
准备顾及欧洲其他国家的利益，并寻找各方都能接受的、解决所有困
难和问题的共同答案，其中也包括缔结欧洲和平公约？

总理的工作人员指出，这样一来，公开讨论中又提出了新的问题，比
如德国的非军事化和中立以及取自《波茨坦公告》的欧洲"和平规则"概
念。但同时必须注意，不能将这些说法理解成为是对联邦德国隐含的提

议，更多是要"根据经典的俄罗斯模式"，把它理解成预定的概念，以便试探对方的反应。

分析报告的按语具体指出，谢瓦尔德纳泽的论述存在着某种矛盾。他的论述始终"围绕"民主德国的发展，而不是就民主德国内部的发展，并没有讲"各国人民的自决权"，而是讲"各个国家的自决权"。这就是说，涉及引发民主德国变化的导因，他忽视了民众的大规模抗议。

总的评价认为，必须认真对待苏联的担忧和保留态度。"我们将一如既往地赞赏积极的开端（从历史的角度看待德国统一）并在行动中考虑各种合理的担忧；我们尤其必须注意，不要通过大量的法律－政治要求以及通过要求全体欧洲人的参与权，而使德国人的自决权变成无足轻重的剩余部分"。[43]在作评价时要注意：

● 谢瓦尔德纳泽的论述针对的是欧洲议会，也就是一个欧洲的论坛。因此，应把它理解为是号召欧洲人行使自己的全欧话语权。

● 对联邦政府"没有提出挑战"，而是给它提供了"答复空间，从而也是进行政治对话的空间"。[44]

● 谢瓦尔德纳泽在拜访北约秘书长曼弗雷德·沃尔内尔时，没有明确谈到德国问题，只是强调了联盟的稳定作用。

总理赞同其工作人员的看法，即在回答这些问题时可能产生新的问题，亦即对谢瓦尔德纳泽提到的历史经过和法律依据进行细节分析时可能产生的问题。[45]科尔的明确愿望却是，抓住苏联外长论述中的中心薄弱环节，这就是谢瓦尔德纳泽忽视了"民主德国的形势和诚实的原因分析"，科尔认为，应该以坚持德国人民的自决权与之对决。

华盛顿对谢瓦尔德纳泽演讲的看法显然不怎么积极，[46]认为"苏联人现在也公开采取了两周前他们在与根舍会晤时就表现出的强硬态度"。在谢瓦尔德纳泽演讲的次日，联邦外长根舍在与外交部官员的会议上赞赏了《图片报》的一篇文章，根舍说，这篇文章以《谢瓦尔德纳泽：统一的七个条件》为标题，对苏联的问题给予了可能的回答。据此，这位记者严厉拒绝了中立主义，而对"最低限度的非军事化"以及将美国在德驻军减少到"象征性的份额"则认为可以讨论。不可否认，谢瓦尔德纳泽的演讲标志着苏联外交政策极大的束手无策。

苏联外交状况的症候

此时，总理府的官员和政治家只能猜想，"七个问题"的产生历史和内容对于苏联当前的政治和外交状况具有何种代表性：[47]亚历山大·伯恩达伦科及其第三西欧司内负责德国政策的强硬派草拟的第一份演讲稿不符合外长谢瓦尔德纳泽的要求。谢瓦尔德纳泽虽然不再坚决排除德国统一，但同时要向西方指出与此有关的问题和危险。谢瓦尔德纳泽看到，此时的苏联四面楚歌，却没有一个方针，他要逐步研究制定构思。伯恩达伦科及其同事起初主要以戈尔巴乔夫12月9日在苏共中央委员会全体大会的演讲稿为基础草拟演讲稿。总书记在这个很可能受到法林强烈影响的讲话中，再次将"战后现实"及其保障放在中心位置。苏联虽然不反对东、西德和平合作，但"不会抛弃"身处困境的民主德国并将反对任何动荡。

这对谢瓦尔德纳泽来说走得还不够远，因此他委托自己的亲信兼外交部政策规划司司长塔拉申科加工修改伯恩达伦科的草稿。由于戈尔巴乔夫的定调，塔拉申科的原稿绝不能暗示苏联将会接受两德统一。因此，这位规划司司长在其妥协性的建议中，以一般地假设德国可能统一为出发点，把建议集中在与此相关的前提条件上。这一构思再次遭到第三西欧司的激烈反对，导致了伯恩达伦科和塔拉申科之间的公开冲突，后者让批评他的人去找部长。谢瓦尔德纳泽支持自己亲信的草稿，他强调苏联针对当前发展有必要采取建设性的立场，因此塔拉申科的文稿保持为计划要进行的演讲的基础，没有与政治局或中央书记处的同事进行商讨。不过，谢瓦尔德纳泽抵达布鲁塞尔之后，还是得到了一个改变了的版本：外长曾将演讲稿交给了驻波恩大使克维钦斯基并请他提出意见，后者同样认为塔拉申科的文稿走得太远并作了弱化修改。主要结果是，明显加强了对仍属假设的统一所提的前提条件。[48]

然而，苏联外交部负责德国政策的传统主义者所主张的保留和强化，与戈尔巴乔夫12月18日的信件相似，一方面没有阻止总理府对该演讲作出积极的评价，另一方面也为消除所谓的障碍作了具体考虑。波恩对形势的看法完全不同于民主德国，科尔马上要首次与民主德国新领导人会面。而在这样做的时候，总理及其工作人员没有忽视，使苏联感到忧心忡忡的，正是科尔与莫德罗的这次会面。

第五节　转折中的转折：科尔访问德累斯顿

在科尔访问前几天，英格尔·马克斯米切夫（Igor Maximytschew）与常设代表处一位同事的谈话，清楚地表现出苏联对科尔首次公开出现在民主德国怀有多么大的疑虑。[49]这位被委派到东柏林的苏联公使说，联邦总理的这次访问很有可能是他一生中面临的最艰难任务。鉴于民主德国急遽而安危未定的变化，也鉴于计划中的群众集会上无法预测的气氛，眼下尤为重要的是稳定下一步的事态发展。苏联驻波恩大使克维钦斯基也毫不隐瞒他的担忧：在科尔12月19日访问前夕，他问特尔切克，如果德累斯顿出现骚乱，联邦总理打算怎么办。特尔切克回答说，没有这种担心的理由。不过人们意识到可能出现危险。因此，除了认真准备访问之外，不仅要弄清楚民主德国政府的外交政策设想，而且同时还要想尽一切办法防止东德的公开骚乱升级。

"集中讨论可行之事"

12月5日，总理府部长塞特斯与莫德罗总理在东柏林会面，目的也是为科尔的访问作准备。[50]莫德罗偕其高级同僚，其中包括外长菲舍尔和外贸部长拜尔参加此次会晤。塞特斯于12月6日向联邦内阁、12月7日向西方三大国驻波恩大使通报了会面中事关外交政策的内容，其中有莫德罗的提示，即他在莫斯科得到了对他建议的条约共同体的支持，但苏联领导人反对任何统一的方案。关于总理的访问，达成的一致意见是，将就国际框架，包括欧安会和裁军问题进行讨论，此外"主要集中讨论可行之事"。

关于科尔这次德累斯顿之行的组织进程，直到他启程前不久还在商谈。[51]访问的环境充满了不确定性：除了与以莫德罗为首的政府代表会谈之外，科尔还应该会见市民运动中哪些西方很不了解的人物？将有多少人出现在预期的集会上？科尔应如何对他们讲话，对他们讲什么？安排什么样的晚间活动与这一事件相当？莫德罗建议参观"绿穹珍宝馆"，政府发言人克莱因主张出席晚间音乐会，但科尔不愿意在访问日程中增加旅游元素。取而代之的是为总理参加一个群众集会作了技术准备，但其确切的进程起初都不清楚。

当12月19日总理及其代表团起飞前往德累斯顿时，同行人员中没有人预见到，这次访问将成为通向德国统一道路上的一个关键时刻：鉴于民主德国压倒一切的欢迎人群，科尔在德累斯顿－克罗切走下飞机后就明白，他在从长计议的《十点纲领》中勾勒出来的统一政策必须让位于一项具体得多、时间跨度要短得多的统一计划。面对成千上万欢呼的人群，科尔对在他后面走下飞机舷梯的塞特斯悄悄耳语说："事情已经动起来了"。迄今为止，他对东德形势的看法建立在二手报告上，现在他亲身经历了，这使他的思维发生了变化，这种思维的转变最终又导致了迅速得多的行动。[52]

科尔与莫德罗几近两个小时的两人会谈开启了密集的访问活动，莫德罗在机场迎接科尔并陪同他前往美景酒店。[53]谈话除了帮助双方互相认识之外，中心内容是两德问题以及莫德罗希望西部提供财政和经济援助。在接下来的双方代表团会谈中，这位总理也探讨了他与科尔会见时谈及的一些问题。[54]他认为，在对欧洲局势负责以及纳入欧洲进程方面，他和科尔意见一致。同样一致的还有欧安会后续会晤"赫尔辛基Ⅱ"，不过必须好好准备，同时也必须讨论裁军和军备控制；民主德国的革新进程将导致方向新颖、可预测的外交政策，并以塑造欧洲民主为前景；谋求两德之间建立条约共同体，可以为建设欧洲共同家园作出贡献；边界的不可侵犯以及尊重国家的完整，是谋求建立跨越制度的和平秩序的基本条件。在强调两国并存之后，莫德罗提到欧洲安全时说，合作应使军事因素越来越后退；民主德国谋求与欧共体建立关系，并且准备签订一个贸易与合作协定。莫德罗也详细描述了欧安会及其原则作为克服东西方冲突的工具所具有的意义。

关于军事联盟问题，莫德罗声明他将继续致力于北约与华约建立官方联系，其中，政治关系必须取得更为重要的意义。民主德国不会离开自己的联盟体系，将继续完成它在华约中的任务。民主德国的主要盟国仍是苏联。他与科尔一致确认，双方希望在维也纳削减常规武装力量谈判中应迅速取得结果，并力求普遍禁止化学武器。民主德国支持全面拆除欧洲战术核武器。莫德罗最后保证，两个德意志国家的存在是世界政治中的头等问题，统一不具备现实性，加速统一的尝试将带来极大的危险，这个问题要留待发展并列入全欧进程中去。但是，深化欧洲的合作直到解散军事联盟，将有可能使两德关系也建立在新的基础之上。

科尔的阐述以其个人的评论开始，即他如何意识到这一历史性时刻的意义。此时此刻，德国人的感受以及世界上人们的感受，都受到了强烈的触动。他说，不管人们干什么或不干什么，必须意识到，中欧的任何变化都意味着欧洲平静状态的改变。在通往未来的共同道路上，人们必须始终如一地关注邻国的安全需要。与莫德罗相似，他也认为在化学武器、战略核武器和维也纳谈判等三大裁军领域中达成一致的前景是有利的。如果有必要召开欧安会峰会，那么必须作好准备，因为这不仅关系到会议本身，而且关乎能否取得实质性结果。科尔以此代表了一种谨慎的态度，介乎美国反对欧安会和戈尔巴乔夫要求召开"赫尔辛基Ⅱ"会议之间。[55]

科尔说，民主德国与联邦德国之间在许多方面存在着意见分歧，但也有共同之处。如果部分是用其他的方式表述的话，除了一个例外，民主德国很可能会同意《十点纲领》的全部内容。他从未希望把这一纲领看作时间计划。现在人们应将联邦思想放到一边去，看看眼前能做些什么。他认为，民主德国的改革进程是不可逆转的，春天将举行自由选举，政治刑法将会改革。使民主德国和东欧其他国家的改革动荡以及发展失控，不是联邦政府的利益所在。对他来说，莫德罗目前是他的对话伙伴，他们两人现在应共同努力履行自己的义务。[56]科尔呼吁莫德罗，要更多地互相对话，而不是互相议论对方，不应让自己处于媒体的压力之下。因此，他坚决反对各自在其他领域进行选举大战，虽然这些事件会自然地触动双方的民众。有关外交政策的会谈部分就此结束。其他的谈话均围绕涉及条约共同体和经济问题的意图声明以及两德关系进一步发展的细节，如勃兰登堡门开放问题。当莫德罗说他与苏联大使科切马索夫讨论过这一点的时候，德国问题与国际政治挂钩问题再次闪烁出来。后者说，对此作出决定是民主德国的事情。[57]

莫德罗主要想利用与波恩代表团的会面，阐述其外交纲领的基点。他的谈话一方面比联邦总理具体得多，另一方面也表现出一种较为明显的对立态度：莫德罗明确谋求确定两国并存，虽然在科尔干预后在共同声明中放弃了相应的表述。[58]

德国人的自决权与邻国的安全

德累斯顿之行的高潮，是总理临时决定参加圣母教堂遗址前举行的晚间集会。[59]在与莫德罗共同举行了有一千多名记者到场的新闻发布会以后，科尔为这次集会进行了准备并亲自手写了讲话要点。[60]在面对十几万人的讲话中，科尔除了肯定示威者的目标之外，中心关切是要缓和充满激情的情

— 161 —

势并安抚外国，这是一次多层次的冒险之举。因此，在多次被掌声和欢呼声打断的演讲中，有一部分也涉及德国问题的国际挂钩问题。在向集会者表达了对民主德国和平革命的钦佩、概述了自己与莫德罗会谈中涉及的内政问题之后，科尔说："我们德国人不是单独地生活在欧洲和世界。"看一眼地图就明白，德国发生的任何变化都将对东西方邻国产生影响。因此，不重视存在的担忧和恐惧，是没有意义的。不过，科尔提醒说，"但是恐惧不能产生有益的东西"。正是鉴于本世纪的历史，重要的是要向外国说明并表明，我们理解很多这种恐惧并将予以认真对待。如果对所有民族包括德国人的自决权说"是"，那么只有在同时顾及其他人的安全需求的时候，这种权利才有意义。我们愿意共同走向未来，一个将有更多的和平、更多的自由和更多的共处，而不是对立的未来。科尔大声宣布："'德国之家'——我们共同的家园，必须在一个欧洲的屋檐下建立起来。"他同时也提到德国历史上的黑暗篇章。一个共同的目标是，未来从德国大地上走出的必须始终是和平。但如果没有自由就不可能有这种和平，为了这个自由，许多民主德国民众走上了街头。情况走到这一地步，应当感谢很多人，包括戈尔巴乔夫的"新思维"政策、波兰团结工会的自由运动以及匈牙利的改革。

面对大量的公众，在外国媒体的聚光灯下，科尔作了一次"谨慎的经过推敲的讲话"[61]，并从内容上为其德累斯顿之行完美地画上了句号。通过这次亮相以及演讲中有关外交政策的章节，他达到了两个目的：

- 向全世界的观察家们表明，参加集会的绝大多数人，从而也是民主德国民众，他们的情绪是怎样的：德国政策的目标应该是两德统一。[62]科尔在《十点纲领》中提到的政策终点得到了令人印象深刻的支持和诠释。

- 向德国和外国的听众解释了自决权与顾及邻国安全利益之间的关联。科尔以此显示出他意识到当前局势的不安全性，同时清楚地表明，在他看来，外国除了顾及安全利益以外，没有具备实质上的参与决定权。通过不提四大国及其权利与责任，减弱了四大国一周前举行的大使级会议的影响。就像次日与反对派团体会晤后表示的那样，科尔显然不愿意在没有德国人参与下讨论德国问题的具体内容。所以他拒绝了下述建议：两德可以要求盟国为统一创立法律基础。科尔认为，这类计划将很快被现实超越。[63]

与他在新旧年交替之际所作的其他公开谈话[64]相似，科尔抓住了他所理解的苏联的中心疑虑，也就是德国所有邻国的安全需要。科尔为探讨莫斯科的担忧所作的努力还表现在他放弃提及北约，以及提到欧洲更加紧密合作的必要性，而且他没有提欧共体一体化，而是为适应戈尔巴乔夫关于欧洲共同家园的思想，选择了一般性的措辞。同时，他不提盟军对德国作为整体和柏林的保留权。[65]据此，他与根舍一起，不仅与四大国中的部分国家相反，而且也体现了与民主德国政府明显不同的立场。对科尔来说，德累斯顿之行成了一次关键性的经历：在这里，他认识到，民主德国的内部压力将不可避免地导致重新统一，而且时间会比迄今为止估计的要短。在这一认识背景下，科尔开始修改自己的战略：如果说到目前为止他更多是等待观望、犹豫不决、受目标的引导而避免错误，那么，现在他寄希望于民主德国内部的变化，并将这一变化用于选举策略上。科尔对内政形势改变了的判断，成了他外交政策的实际推动力。

民主德国的外交政策——最后的禁区？

"外交政策是我们最后的禁区？"[66]——这是11月中东德《柏林日报》的标题。1989年秋天的事件之后，民主德国的多数政治机构日益遭到公众的质疑，但民主德国外交部（MfAA）暂时幸免。当延迟了几周以后这种讨论于11月中旬也开始时，人们在"人民外交"的口号下关注的是外交政策的决策程序如何民主化的问题。议会被赋予决定性作用，应参与诸如人事等问题的决定。[67]

外长菲舍尔是为数不多的被吸收进了莫德罗的新内阁班子的老一代政治家，他试图公开回击这种指责。[68]他说，虽然外交政策总是"与国家头几名领导人联系在一起"，从而也总是进行协调，但它"始终是在我们外交部的大楼里决定的"。他强烈地反对那些谴责外交部缺乏议会监督的看法。他说，只要有这样的要求，他总是听从人民议院外交委员会呼唤的。鉴于外交部与国际关系学院之类的机构有紧密的联系，关于过去"太少学术研究和太多主观主义"的指责也不正确。不清楚的是，莫德罗领导的联合政府组成将来是否也会在外交部的领导层得到反映。

内容方面，菲舍尔也不认为有改变民主德国外交政策基础的必要，需要的只是重新确定一些重点，比如进一步参与欧安会合作的方式。不过，他说明了过去的主要缺陷在何处：经济实力和"国内政治的诚实可靠"决定了一个国家的国际权威；这方面，民主德国根据莫德罗的政府声明不得不做些事情，以确保政府"对外的可信性"。菲舍尔称，未来外交政策的重要任务是与联邦德国错综复杂的全面关系，而在与苏联的合作中"一切已恢复平衡"，他本人与谢瓦尔德纳泽外长也有着非常友好的关系。[69]

尽管菲舍尔做了安抚性的评估，但不可忽视的是，柏林墙坍塌以后，民主德国的外交政策日益遭到公众和民主反对派的批评，使得这个领域也需要新的方向。以下考虑和情况决定了民主德国未来在国际上的行动：

1. 民主德国外交政策的中心任务，一方面是与联邦德国协议确定两国并存，另一方面是继续保持社会主义的民主德国。在克服经济困境方面，西德被看作是可能的主要帮手，特别是莫德罗希望得到的150亿德国马克团结经费为此目的服务。

2. 谋求的建立条约共同体为确定两国并存服务，条约共同体被理解为表达了两德之间的特殊关系，也是对全欧相互靠近的贡献，但绝不能被理解为走向统一的一段路程。

3. 民主德国不仅将欧安会看作是克服东西方冲突的重要工具，同时也将其理解为是针对西德统一努力的缓冲器。因此，欧安会关于保证所有边界的原则也始终被应用于两德边界。同时，在民主德国看来，有着35个成员国的欧安会也提供了以下可能：将西欧不准备明显反对统一的国家，其中包含法、英，与明确反对统一的国家凝聚起来。鉴于欧安会实行一致通过原则，人们似乎认为由此可以找到一种对付联邦德国谋求统一努力的可能。

4. 为了在变化中的欧洲描绘两德关系的未来，民主德国放弃自己的构思，而是采用苏联的很大程度上一成不变的考虑和表述。与"欧洲共同家园"这一概念一样，要求召开欧安会后续会议"赫尔辛基Ⅱ"也属于此类想法。

5. 民主德国政治家的表现和论据清楚地说明，苏联清楚地被视为自己最重要的，而且也是唯一的盟国。因此，他们不断地提及与苏联牢不可破的联盟关系，却很少出现东欧改革国家以及经互会和华约伙伴波兰、匈牙利、捷克斯洛伐克。与莫斯科当权者相似，莫德罗政府也没有找到自己的位置，显然无法适应戈尔巴乔夫背弃勃列日涅夫主义，以及与之相关的社会主义国家具有较大独立性的形势。

6. 莫德罗不仅被科尔而且也被苏联以及民主德国的民主反对派视为承载希望的人，或者说是唯一的对话者。人们普遍认为他诚实可信、致力于国家民主化，但囿于过时的外交政策思维模式，他很少能将这些预支给他的信任转化为政治行动空间。

柏林墙倒塌六周后，联邦政府在科尔访问德累斯顿后对国际气候有了相当全面的认识。期间，德国问题成为所有相关国家现实政策讨论的题目。不同的利益格局很快地形成了。与联邦政府和美国政府作为真心拥护统一的国家相对立的，是一个包括法国和英国的怀疑派和"刹车"派组成的明显较大的集团，以及公开反对统一的民主德国和苏联。

第七章　争取最佳道路

虽然科尔将民主德国 1989～1990 年之交的内部形势作为所有进一步考虑和采取措施的出发点，但他仍未预料到此后的发展会如此之快和如此尖锐。1989 年 11 月和 12 月，大约有 18 万逃亡者和移民离开民主德国前往联邦德国；从 1990 年开始，每天大约有两千人移居西德。联邦政府对于这样的数字感到不安是可想而知的：这一方面意味着民主德国的血液将流尽，另一方面也增加了要求波恩和东柏林政府采取行动的压力。现在向东德人民指明留在家乡的前景，似乎比以前更为迫切。在联邦政府看来，除了立刻改善经济状况之外，只有将德国统一的长远目标终于具体化并得到所有参与者确认，才能做到这一点。

1 月 10 日，内政部长朔伊布勒就德意志内部关系及出境和移民数字等当前形势向联邦内阁所作的令人担忧的报告，促使科尔就形势作出自己的评估。科尔在部长会议上说，目前存在着三个同等重要的领域：[1]

1. 所有有关方的安全需要，尤其是苏联的安全需要；
2. 欧共体的发展以及需要顾及的西方法律的利益；
3. 两个德意志国家之间巨大的社会和经济差异。

这一形势评估的外交政策方面，对联邦政府的政策来说意味着两项中心任务：一是有必要清楚说明在德国问题的所有进一步发展中，应考虑到邻国的安全需要。首先是要消除苏联的疑虑，因为只有这样才能取得它对统一的赞同。二是必须向西方邻国表明，在通往统一的道路上采取的任何步骤都不意味着松动与西方的结盟关系。法国作为联邦德国在西欧的最重要伙伴，其疑虑和犹豫清楚地表明，只有深化欧洲一体化才能做到这一点。此外，还须进一步寻找将四大国纳入两德接近进程的道路。

第一节　科尔在等待

科尔在1990年1月初与捷克斯洛伐克总统瓦茨拉夫·哈维尔（Václav Havel）和总理马里安·卡尔法（Marian Calfa）在慕尼黑会晤，以及在密特朗的兰锡庄园进行访问以争取法国对两德接近进程的支持[2]之后，有一段时间他对于公开发表关于统一的外交政策问题持谨慎态度。这一时期主要受两个因素的影响：

1. 有意识地听任民主德国的国家和经济结构进一步瓦解，甚至苏联外交官也认为这个国家部分程度上已无法治理；[3]
2. 逐步靠近坚持拒绝态度的苏联领导人。

1月18日，塞特斯声明，鉴于对民主德国统一社会党政权的不信任，联邦政府将放弃它原先宣告的意图，即在计划进行的人民议院选举之前缔结两德条约共同体。[4]这位总理府部长以此宣布了两天前科尔在其亲密的同僚圈内作出的决定：在5月6日自由选举以后，才与民主合法的政府谈判进一步扩大关系。在此期间，科尔曾认为统一将可以在一两年内实现。科尔这样做是对莫德罗的政策的回应，该政策虽然越来越将请求联邦德国提供财政援助放在中心位置，对内却越来越表现出不愿意改革。国家安全机构斯塔西只是更改了名称却继续存在，新的选举法偏向统一社会党－民主社会主义党的规定，民主德国经济方针不够市场化，只是其中的几个例证。

在联邦各部还在争夺两德谈判的主导地位之时，[5]科尔决定避免与民主德国执政者开展具体会谈。尽管继续保持他公开宣布的目标，就是阻止民主德国在人员方面持续不断的"流血"，但他不想采取任何可能使这个不是民主合法的政府能够持续稳定的行动。虽然没有公开表示反对莫德罗，但科尔此举却有助于加剧对东柏林政府的内部压力，以至于1月底这位民主德国总理不得不宣布将人民议院的选举提前到3月18日。科尔的行动也有外交政策顾虑的动机，通向统一道路的内部压力越大，在尽可能短的时间内与具有民主合法政府的民主德国共同采取越来越具体的步骤，国外就越不可能提出异议和进行反抗，因为外国将不得不考虑其反应须顾忌东德的实际情况。

提供友好帮助的机遇

1990 年初，科尔在外交政策伙伴中把注意力首先瞄准苏联。总理一直徒劳地等待他 12 月 14 日的信得到回复，他在该信中提议尽快与戈尔巴乔夫举行会晤。在戈尔巴乔夫 12 月 18 日的强硬信件之后，苏联坚决拒绝有关统一的任何考虑就成了最新的状况。年初，总理府和外交部的内部分析特别指出，戈尔巴乔夫面临越来越大的内部困难，因为苏联的经济和供应形势紧张，犯罪增多，军队和安全部门的情绪明显恶化。[6] 到处潜伏的民族冲突越来越重要，最终甚至可能使苏联的存在都成问题。关于德国问题，分析大多得出了积极的结论：原则上不容忽视的是，在迄今的强硬反对阵线中，已出现了变动。苏联外交官不断提到德国和欧洲的"进程"须同步进行，这归根结底预示着苏联正在寻找符合自己利益的办法。

在这一形势下，1 月 7 日苏联外长让人试探德国向他的国家提供食品援助的可能性，这一询问来得正是时候。[7] 克维钦斯基大使在与特尔切克的通话中提醒说，1989 年 6 月联邦总理曾向戈尔巴乔夫表示愿意提供援助。次日，当科尔得知谢瓦尔德纳泽的请求之后，立刻指示农业部长英格纳茨·柯西勒（Ignaz Kiechle）预作必要的准备，一小时后便得到了答复：在 4~6 周之内，提供 12 万吨肉是可能的。

1 月 7 日下午，联邦总理会见克维钦斯基并进行后者请求的谈话时，先是围绕民主德国日益动荡的局势以及总理与法国总统密特朗的会晤进行了交谈，然后克维钦斯基开始谈他真正的心事：鉴于供应匮缺，苏联尤其需要肉、脂肪、植物油和奶酪，以便挺过这个冬天。因此，谢瓦尔德纳泽请他询问联邦总理。谢瓦尔德纳泽说，他的国家绝非是想得到礼物，但如能得到友好价格将非常感谢。科尔答应尽快答复。一周后的 1 月 15 日，克维钦斯基转交了一份苏联所需物资的详细清单。2 月中旬就用约 2 亿 2 千万马克的联邦补贴资金，提供了 14 万多吨的食品以及大量衣物和日用品。

联邦政府迅速而慷慨的行动并非没有产生效果，这种效果不久以后就显现出来：1 月 31 日，在克维钦斯基大使向特尔切克预告将很快传递戈尔巴乔夫致科尔的私人信件以前——内容涉及科尔早就期待的访问莫斯科的邀请——他先是转达了苏联领导人对联邦德国愿意以特惠支付条件向苏联提供生活物资的谢意。[8] 在此之前，科尔还以其他辅助性的姿态向莫斯科的政要发出信号，表示会认真对待他们的恐惧和担忧。例如，他在 1 月中旬的报纸访谈中采取了一种在美苏之间进行调解的立场：鉴于东欧的发展，目前就考虑在统一后的德国对短程核武器"长矛"进行现代化的必要性为时太早。[9]关于美国在德国的驻军，科尔声明，鉴于东德存在 22 个苏军师团，美国驻军是必要的，将来会找到一个明智的解决办法。他的目标是建立欧洲共同家园，在这个家园里将始终有美国人的一套房间。

科尔对戈尔巴乔夫的安抚姿态引起了美国和根舍外长的不快，但它有助于缓和《十点纲领》公布以来科尔与苏联总书记之间深受影响的关系。虽然有关物资供应的会谈是友好而充满信任的，但联邦德国和苏联的靠近不可能是一个畅通无阻的笔直进程，这一点也在会谈过程中表现出来。莫斯科在外交攻势中总是不断地表明，绝不愿意看到民主德国作为盟友的存在被否定。

乐观主义与未来憧憬

尽管如此，在总理府，科尔的工作人员仍坚定地认为，联邦总理与戈尔巴乔夫会在春天会晤，因此 1 月中旬就开始了准备工作。[10]毕竟，联邦德国与苏联的关系并非那么糟糕，尽管苏联始终没有对科尔在头一年 12 月 14 日的信件作出答复。不过，在此期间，戈尔巴乔夫取消了 1 月份的所有国际约见。总理府二司已经起草了向苏联靠拢的完整的措施目录以及与苏联国家首脑会谈的可能议题。据此，科尔主要应为《十点纲领》赢得支持而游说。此外，还建议为支持戈尔巴乔夫开展一些象征性项目，给苏联进一步提供物资援助，宣布再次召开欧安会会议以及推动裁军和军备控制。作为"平息苏联的最大恐惧"的姿态，科尔也可考虑访问伏尔加格勒。为筹备两德政治家的这次会晤，派出一个秘密使团可能有所帮助。

1 月 17 日，为讨论外交政策而在总理府举行的晚间专家会议，其结果也是类似的乐观并面向未来。[11]由学者、记者和科尔的工作人员组成的这个圈子确信，尽管不断听到不同的质疑声，但目前戈尔巴乔夫在苏联的地位并未受到危害。在计划举行的会晤中，联邦总理无论如何应向谈话伙伴提出一份包含具体合作内容的单子，其中也必须包括整套的安全政策。东欧问题专家鲍里斯·梅斯内尔（Boris Meissner）教授的建议规定，应向苏联给予德国统一后的保证和前景。这样就诞生了一个想法，这个想法最后形成了 1990 年 11 月 9 日签订的《德苏睦邻、伙伴和合作条约》①。但在科尔

---

① 《德苏睦邻、伙伴和合作条约》（Vertrag über gute Nachbarschaft, Partnerschaft und Zusammenarbeit）。——编者注

与戈尔巴乔夫举行个人会晤之前，1990 年年初继续受到来自莫斯科的矛盾信号的影响。

第二节　莫斯科要继续举行四大国会晤

1 月 11 日早上，当听说苏联敦促四大国再次会晤时，科尔明显地表示愤怒："我们不需要四个助产士"。[12] 根舍从美国国务卿贝克那里得知这个消息后给总理打了电话。总理请根舍再次向西方大国阐明联邦政府的立场。根舍当天就给在伦敦、巴黎和华盛顿的同行写信办理了此事。根舍写道，联邦德国和民主德国就条约共同体进行的会谈关系到德国人的自决权，因此只有在最紧密的磋商并与联邦政府进行协调之后，才能对苏联的倡议做出回复。与苏联 1 月底的另一次呼吁类似，这第一个攻势几乎没有在公众中引起反响，但西方对政治家和官员们介入讨论却是颇有争议的。[13] 同时，情况已清楚，西方三国，尤其是法国和英国，不准备默默地放弃他们对德国作为整体和柏林的特殊权利与责任。

两德条约谈判中的参与权

1 月 10 日，几乎与克维钦斯基向科尔打听对其国家进行物资援助的同时，苏联[14]向法、英、美三国政府递交了要求再次举行四大国会晤的"非文件"。提出这一要求的理由是两德正在进行关于合作与睦邻关系条约的谈判。苏联外长谢瓦尔德纳泽建议尽快举行前盟国的大使级会谈或者特别公使级会晤。美国方面刚读到这份文件时，将其理解为邀请外长进行会谈，这意味着它的级别比 1989 年 12 月在盟军管制委员会大楼举行的大使级会谈更高，因此将引起公众的更多关注，这导致了短时间的混乱。1 月 10 日晚上，联邦德国外交部得到美国国务院主管欧洲与苏联的司长雷蒙德·塞茨（Raymond Seitz）的通知说，苏联大使尤里·杜比宁（Jurij Dubinin）直接约见了国务卿贝克。塞茨保证，将与波恩、伦敦和巴黎商讨可能作出的反应，这是不言而喻的。在伦敦，苏联大使莱昂尼德·萨姆叶钦（Leonid Samjatin）也向赫德外长递交了相应的文件，伦敦也向联邦德国外交部和德国大使馆通报了这一新的发展。

波恩虽然意识到苏联的担忧，但不准备毫无异议地听任四大国继续举行关于德国的会谈。外交部的主导观点认为，与民主德国正在进行的有关条约共同体的谈判不能成为四大国进行干预的理由。在这个时候，也没有必要举行内部称为"4＋2"的会议，即二战的四个战胜国同两个德国举行会议。人们认为，苏联提出这个新倡议的主要原因，是想对中东欧的发展施加影响。

因此，与根舍 1 月 12 日向英国大使马拉贝所作的阐述相似，外交部政治司长卡斯特鲁普 1 月 23 日在华盛顿四人小组会晤中[15]主要以根舍在 1989 年 12 月 13 日布鲁塞尔外长会议上的声明为基础，谈了下述观点：联邦政府并不反对继续就柏林问题——例如根据"里根倡议"，尤其是就空中交通问题——举行较低级别的会谈；但绝不能造成这样的印象，即别人讨论德国却没有德国代表的恰当参与。此外，还应该放弃在充满象征意义的盟军管制委员会大楼继续开会以及不让媒体介入。在政治司长会议上，美、英两家特别强调四大国保留权对稳定局势的好处。显然，西方大国的主要顾虑在于，如果对苏联的恐惧和担心不予足够的照顾，戈尔巴乔夫可能失败。卡斯特鲁普提请注意，欧安会是安抚忧虑的论坛。他的同僚虽然赞同他的说法，但原则上绝不愿意放弃他们的盟国权利。此外，他们还指出，四大国责任只能在签订和约后才能结束。一致的意见是：苏联的建议中隐含的"理事会解决方案"，即没有德国参加而由四大国积极引导两德接近进程，在西方看来这不是解决办法。只有与联邦政府商谈以后，才能答复莫斯科。[16]

西方大国也坚持其特殊权利

英国政府与苏联一样反复表示，它坚持自己对德国作为整体和柏林的特殊权利与责任。1 月底，撒切尔首相不仅寻求与法国总统密特朗团结一致，以图建立反对德国统一的共同阵线或者遏制正在开始的统一进程，但她没有成功。她还反复强调四大国在两德关系发展中的权利。撒切尔夫人在一次访谈中对科尔和根舍进行了激烈的抨击，指责他们追求"民族主义的目标"，这导致德英失和一度达到高潮。[17]英国外交部如何看待四大国权利的含义，英国外交部的政治司长魏思敦曾在总理府说得很清楚。[18]魏思敦在一次会谈中总结说，最迟在两德开始谈判有关邦联结构的时候，四大国的参与是必需的，这也是莫斯科、巴黎和华盛顿的看法。他的谈话伙伴彼得·哈特曼指出，已经开始的两德靠近进程以及可能的条约规定是在自决权的基础上进行的。四大国的任何干涉都会造成后果严重的印象，即它们对德国人逐步实现这一权利附加了条件。此外，前战胜国与两个德国举行会议，这意味着苏联在一个正在开始的进程中获得了直接话语权，但这不可能符合西方国家的利益。不过哈特曼确认，最迟在解决柏林问题时，四大国的特殊权利与责任将起作用。

对比一下四大国和联邦政府对德国政策的想法，可以看出，1月底至2月初这段时间内两者之间存在着显著的区别。法、英、美、苏把四国特殊权利与责任看作是处理两德接近的重要工具，而联邦总理科尔和外长根舍却一致认为，外交政策问题首先只是德国人的事情。只有这一政策的结果才需要欧安会峰会的认可或者向它正式备案。[19]

联邦政府的方针也包含在根舍为解决联盟政策问题所采取的攻势中：根舍很早就计划在图青（Tutzing）的新教学院发表演讲。1月31日，联邦外长在这一演讲中明确表示拥护统一后的德国应当属于北约成员。[20]与此同时，根舍就在1963年巴尔为提出其"通过接近达到演变"的德国政策所选择的地点，表示反对北约版图东扩，亦就是反对扩展到民主德国。他说："把今天构成民主德国的这部分德国纳入北约的军事结构，这些设想将阻挠两德的接近"，这是根舍发出的迎合苏联的信号。他的构思中只是稍带提到四大国，这一构思规定，两德内部的谈判结果应当通报欧安会峰会知悉。根舍这篇演讲的中心要素是欧安会进程应扩大和机制化。为此，他建议成立不同的机构。他的目标是通过欧安会将德国的统一纳入全欧进程。他着重强调赫尔辛基进程，并主张扩大北约的政治作用，这是根舍对苏联的关键建议之一。苏联由于持续瓦解，越来越难以与西方防务联盟抗衡。令美国非常不快的是，根舍没有提及西方军队留在德国以及美国部署在那里的核武器问题。此时，联邦外长的立场缺乏完全的明确性。[21]不过，根舍明确地表示反对德国中立。他的演讲显然是想努力居中调解，一方面要照顾苏联，另一方面要与外国关于"德国靠不住"的揣测进行斗争。卡斯特鲁普认为，当时似乎也不可能有更多的作为。

主张"大步子的政策"

根舍的想法与总理府的考虑部分相符。1月底，总理府认为，民主德国选举以后，统一问题上的行动压力会增大；推动一种"大步子的政策"，即直接跳过原计划的条约共同体并较快地争取建立联邦结构，将是给民主德国人民发出的清晰信号：留在家乡。[22]总理府的官员们因此建议总理在民主德国 3 月份选举之前就拿出引导未来前进方向的具体时刻表"科尔Ⅱ"（Kohl Ⅱ），这份时刻表的基本路线这次应向重要的联盟伙伴和苏联通报。该建议提到四个在欧洲和国际范围内应予重视的因素：

- 欧共体的发展
- 欧安会的进程
- 四大国的权利与责任
- 联盟与安全结构

建议认为，在欧共体方面应该考虑的是，民主德国向共同体的任何靠拢，同时也隐含有固定两国并存的危险。因此，超越谋求签订贸易与合作协定而讨论民主德国正式加入欧共体问题是不明智的。在准备经济与货币联盟的政府间会议和其他的改革计划方面保持德国人的干劲，对于"从政治上和心理上维护我们在欧洲的德国政策"是很重要的。在欧安会进程中，只有在军备控制方面也就是在签署《欧洲常规武装力量条约》方面取得决定性的突破，召开欧安会峰会才有意义。加强欧安会机制化的想法也是可行的，在这方面，科尔提出的"环境署"和根舍倡议的"检测中心"都可以作为良好的开端。[23]不过，科尔的工作人员警告说，戈尔巴乔夫也会以 1990 年底召开欧安会峰会的攻势，试图将德国问题"纳入全欧范畴"，以此减缓其发展。

关于联盟和安全问题，总理府二司的文件得出的结果是，这些问题不能由德国人单独解决，而只能在"跨越性的安全结构"框架内才能解决。但"跨越性的安全结构"这个概念，暂时不过是一个"空洞的公式"。虽然华约正在不断地瓦解，苏联的军事潜力却依然存在。因此，对中、西欧的安全而言，美国和加拿大的军事卷入仍然是必要的。只有当某一天法、英的核能力也为保护欧洲服务，全面的安全才能持久地得到保证。只有当苏联对军备控制机制拥有某种影响，它才会容忍建立一个欧洲防卫结构。不过，反过来苏联也必须服从相应的规则。

科尔的同事们认为，苏联可能要求所有外国军队撤出统一后的德国并得到莫德罗政府的支持，这将是"我们必须研讨的最困难问题之一"。由于从最终效果看这将意味着德国与北约脱钩，目前这一步不予考虑。与此同时，另一个"极端的设想"，就是把北约的军事、政治结构扩大到今天的民主德国地区，也是不现实的。"谁要是当真维护这一路线，就是事实上阻挠重新缔造德国统一。"在当前条件下，可以设想的只能是保持联邦德国的北约成员属性连同它在现有范围内的全部伙伴军事义务，而对民主德国领土及其有待削减的武装力量应寻求一个特殊地位。从长远看，它与"跨越性的安全结构"这个公式一样，都不是解决这一难题的令人满意的办法。德国武装力量的一部分从属于北约，而另一部分从属于华约，这是不可能的。此外，朝着强化其政治功能，也就是说朝着裁军政策功能的方向重新定义联盟的作用，也是不够的。"未来的全德也需要一个可靠的防卫结构，只有与其他欧洲伙伴联合，才能找到这一结构。"

涉及四大国问题，总理同事们的立场也很明确：四大国以某种形式事先决定统一，与德国人"站在门口或者坐在童桌边"召开四大国会议一样，都是不可想象的。这样的做法不仅与两个德国的自我理解及其对自决权的设想不相容，而且也会给人留下这是战胜者和战败者之间举行"和平会议"的印象。另一方面，历届联邦政府——尤其在柏林问题上——总是反复引证西方三大国的特殊权利与责任，比如最后达成的《西柏林协定》。因此，现在开始讨论这些权利与责任是否仍然有效，是没有意义的。现在唯一的问题是，三大国和苏联如何参与两德接近的进程，而又不使他们扮演一种联邦政府不希望看到的角色。这就是说，四大国既不是解决德国问题的倡议者，也不是最后的管制当局。就像联邦总理在《十点纲领》中已经确定的那样，主动权必须掌握在两个德国的手里。

尽快澄清事实

在上述前提下，总理府这份文件赋予以下方式优先地位，即两德通过建立邦联结构、经济与货币联盟以及类似步骤推动相互接近的进程，直至全德制宪代表大会选举以及接下来举行全德议会选举。这最后一步必须得到三大国和苏联的默许，它们同时必须放弃对柏林行使最高权力。但其结果不能由欧安会峰会来认可，因为这将违反人民主权的思想。取而代之的是，欧安会国家在"一项政治声明中欢迎这一旨在建立国家统一的接近进程"，并以此实现"纳入全欧"的要求。

1月底，在两德接近的国际进程中，最重要参与者的立场显示，存在着两个对立的阵营，在其内部又有不同的战略：

1. 联邦政府的目标是尽可能多地造成德意志内部的既成事实。四大国只在国家最终统一前夕,通过放弃它们对德国作为整体和柏林的特殊权利与责任而认可接近进程的结果。积极行动的只能是两个德国;四大国与其他欧洲国家一起在欧安会框架内共同参与创造有利于统一的框架条件。联邦外交部和总理府的立场在这方面只有细微的差别。

2. 与之相反,四大国毫不含糊地要求行使它们的特殊权利与责任。但在这一共性的背后隐藏着不同的战略和目标。苏联仍然明确反对统一目标,加强欧安会进程应与两德靠近并行,但其目标不是消除两德并存。与此不同,法国密特朗关于建立欧洲邦联的想法虽然也同样想扩大欧安会,但勉强接受在遥远的将来将两德统一提上日程。英国在此时还没有形成超出强调四大国权利的自主政策。美国则不同,认为过于强化赫尔辛基进程不仅违背美国的传统,而且也视之为实现统一目标的明显危险,因为在有着35个平等成员国的欧安会中,苏联有可能为其反对政策找到盟友,而且在欧安会中不仅可以谈论德国问题,而且也可以通过没完没了的谈论把德国问题谈掉。

在这个格局中,民主德国政府起双向作用。主要出于经济方面的原因,它期待与联邦政府合作,但明确反对统一;它明确愿意靠近西方,但始终严重依赖苏联,两者之间存在着某种矛盾。莫德罗及其同事也因此而积极支持加强欧安会进程,它可以把所有这些目标和矛盾卷到一起。[24]然而,没有苏联对两德接近的原则同意,这一切想法都仅仅是理论性模式。因此,在波恩看来,取得戈尔巴乔夫对具体的统一努力说"是",才是决定性的。

第三节 "2+4"还是"4+2"?

有许多成功之父:密特朗、根舍、美国国务院、苏联领导人——"2+4"程序最终取得成功,众多的参与者事后声称自己是该公式成功的发明者。这一公式包括两个德意志国家和四大国,它也是讨论德国统一外部问题的论坛。[25]

六国委员会获得称谓

与其他可能的替代性选择相比，四大国与两个德国会谈这一基本构思本身就显示出其逻辑性：

1. 和平谈判：由于四大国对德权利与责任的依据是《波茨坦公告》，而该公告谈的是和平解决，也就是通过和平条约解决，那么，两个德国与二战前参战国之间的和平谈判是重新缔造德国主权的一种理论可能。[26]然而，在战争结束45年以后，重新恢复战胜国与战败国之间的格局以及与此相关的讨论，例如赔偿问题，这对所有参与者来说，在政治上是不合适的。

2. 四大国会议：四大国可以就一揽子规定达成一致，然后把这些规定交给德国去执行，作为取代四大国对两德权利的条件。但是，联邦政府和公众对在盟军管制委员会举行会晤的反应已清楚地表明，这样一种做法会极大地损害同德国的关系。任何没有两个德国平等参与的四大国会议也会是这样。

3. 欧安会：如果35个成员国都参与解决德国统一的外部问题，这将意味着无休止的争论并有长期拖延决策的危险。特别是美国反对这一框架。在法、英看来，欧安会提供了延缓两德接近的可能，但同时也会削弱它们作为二战主要战胜国和四大国组成部分的特殊作用，这又不符合具有强烈地位意识的两国政府的意图。对联邦政府来说，在赫尔辛基进程的框架内谈判德国问题也同样是不能考虑的；科尔和根舍只能设想最后由欧安会峰会表示赞同或者认可统一。

4. 两个德国"单独行事"：波恩优先考虑过这一模式，但没有得到其他参与者的同意。四大国反复表明，它们决不同意默默放弃自己的特殊权利与责任。

总而言之，很早就显示出，联邦德国、民主德国、法国、英国、美国和苏联六国最后必须平等地参与有关德国统一外部问题的讨论。因此，1月底要在这个圈子内找到一种具体而切实可行的机制，以解决统一的国际方面问题。以"2+4"的名称组建六国机制的想法来自美国国务院。[27]在华盛顿，对此建议并非没有争议，因为无论是国务院的一些部门还是国家安全委员会的工作人员都担心，它会为苏联提供过大的参与权和推行阻挠政策的机会。因此，与联邦德国外交部和总理府类似，美国更喜欢无规则的程序，在执行过程中一步步形成既成事实，让人无法再质疑。贝克的贴身工作班子及其设想最后取得了胜利，并于 1 月 29 日向英国外长赫德介绍了"2+4"公式。赫德表示赞成，但对目前没有人思考统一的后果表示了顾虑。[28]

四天以后，根舍外长接受了美国的建议，显然比赫德兴奋得多。2 月 2 日，根舍抵达华盛顿，向贝克兜售他在图青概述的关于把外交和安全政策纳入统一进程的设想。[29]而美国国务卿想取得德国对举行六国会议以解决德国统一外部问题的同意。在事先举行的会谈中，根舍办公室主任弗兰克·埃尔伯（Frank Elbe）同贝克的工作人员罗伯特·佐利克和丹尼斯·罗斯已取得原则性的一致：美国同意根舍关于北约不进一步东扩的设想，而联邦外交部则支持六国机制，其公开的目标是建立德国统一。2 月 2 日，根舍偕其政治司长卡斯特鲁普飞抵华盛顿后，在前往国务院的途中，埃尔伯向他们报告了这些结果。联邦外长对此感到十分满意，他在与贝克会面时主要关注六国机制不应被称作"4+2"，也就是说不应把四大国放在前面，而应该称作"2+4"。这就强调了两个德国在统一道路上的领导作用，从而避免了四大国拥有过于强烈影响的印象。

这次会晤的另一个中心结果是，根舍接受了美国提出的 1990 年召开北约峰会的条件。只有当会议能够签署《欧洲常规武装力量条约》时，才能召开这样的峰会。[30]斯考克罗夫特和特尔切克的看法也是如此。2 月 3 日，这位美国安全顾问与其西德同僚在慕尼黑防务知识会议的间隙会晤，他们一致认为，应该寻找尽快统一的道路。特尔切克主要是努力阻止四大国在此之前就提出有关德国政策的共同倡议。不过，鉴于来自莫斯科和东柏林的最新的积极消息和信号，美国国家安全委员会与联邦总理府一致认为，现在两个德国的迅速统一是可能的，也是必要的。

东柏林和莫斯科转变立场

从 1990 年年初开始，波恩和华盛顿政府就开始思考可能的统一程序，而东柏林和莫斯科的政要们却仍然忙于是否以及如何最终阻挠德国统一，至少是予以延缓的问题。在东柏林，莫德罗总理利用 1 月份这段时间，制定他与科尔在德累斯顿共同声明中宣布的条约共同体设想。1 月 25 日，莫德罗将未经民主德国圆桌会议商定的有关草案转交给总理府部长塞特斯，同时还转交了一份关于希望联邦德国提供财政援助的文件以及关于可能进行工业合作和建立合营企业的单子。[31]在这次会晤中，莫德罗描绘了国内的暗淡形势和国家权威日益瓦解的情景。他急切地请求联邦德国发出积极信号，但没有得到太大的回应。塞特斯说，在人民议院选举以前如此影响深远的规定绝不可能制定出来，但他——已征得反对党同意——，不排除进行预备性的会谈。西德代表团表明，联邦德国决不会向"黑洞"里付钱，也就是说，必须根据明确的数额、可信赖的经济和法律框架条件才会给钱。关于两德长在一起问题，莫德罗说，他的条约草案中提到将邦联作为发展的最终目标，这一目标必须纳入欧洲的发展。苏联期待一个较长的进程，在这一进程中，不应通过德国问题强行解决欧洲的问题。塞特斯针锋相对地指出，必须向民主德国民众指明建立德国统一这个明确的前景。关于统一应在欧洲框架内实现，人们已经说过多次了。

两德高层会谈的这个简短过程，表明了两件事情，它们对德国此后的发展具有重要意义：

1. 莫德罗所说的将德国问题纳入欧洲的发展，明确是指德国问题要与欧洲一体化在时间上和组织上同步。他的出发点是，直至邦联这个终极目标实现，需要很长的时间。而塞特斯代表联邦政府的方针，即一方面认为统一是相互接近进程的终点，另一方面谈到在欧洲框架内实现统一，但绝不意味着要与欧洲的统一并行。

2. 西德代表团的拖拉反应向莫德罗表明，他的建议不可能取得任何结果。这位民主德国的总理经与苏联协商后表示拥护邦联这一目标，虽然明确地超出了他迄今的德国政策立场，但仍然落后于联邦政府远远走在前面的立场。此外，与德累斯顿访问时不同，此时他只被科尔看作是二等对话伙伴。在此期间，联邦总理已经打消了建立条约共同体的想法，而将较快实现统一放在优先地位。[32]

因此，莫德罗除了大量的国内任务之外，还要对德国政策新倡议提出构思。[33]在这个构思中，他想明确提到"德国统一"这个目标，以此也许还能争取联邦政府采取有步骤的行动，以实现条约共同体第一阶段的目标。回过头来看，莫德罗所理解的"坚定不移地继续发展"他原先的想法，实际上意味着他迄今的政策发生明确的转变。由于东柏林习惯于与苏联国家和党的领导协调一切有关德国政策的倡议和考虑，拟定新的方针必须以莫斯科的看法有一个完全的转变为前提，这就是说，戈尔巴乔夫也必须明确而具体地赞成德国统一是两德接近的最终目标。

逐步承认现实

莫德罗除了寻求将德国问题纳入可行的国际道路之外，还不得不处理内部问题。与莫德罗一样，1990 年初戈尔巴乔夫也同时在不同战线奋斗。苏联的经济困境日益强烈地表现在老百姓的生活资料供应方面，除此之外，他也忙于应付党内赞成与反对其改革路线的权力斗争。加上民族冲突在这个幅员辽阔的苏维埃帝国日益尖锐，尤其是谋求民族独立的波罗的海地区和阿塞拜疆，1990 年 1 月 20 日暴力镇压阿塞拜疆的起义时杀死了几百人。[34]在此最大压力时期，又传来东德经济和政治形势越来越悲观的报告，这些报告不可避免地要求关注这个问题，而莫德罗为协调共同政策提出的询问也同样需要关注。

1 月，虽然没有出现苏联政治领导人的具体公告，但莫斯科媒体对德国问题的公开讨论出现了变化，而学术政治智囊机构，比如莫斯科世界经济与国际关系研究所（IMEMO）或者戈尔巴乔夫周围的智囊们又发出了思想转变的信号。[35]联邦政府成员的个人印象证实了这种小心翼翼的立场变化。与总理府和外交部协调之后，发展援助部部长于尔根·瓦恩克（Jürgen Warnke）于 1 月18~19 日到了莫斯科，参加环境与发展问题会议。瓦恩克借此机会向戈尔巴乔夫及其顾问萨格拉金和法林再次解释了德国对自决权的立场，没有遭到强烈反驳。

此外，特尔切克及其同事们注意到法林的同事波图加洛夫在一次"轰动的访谈"中发表的意见。1989 年 11 月中，波图加洛夫曾以其对总理府的访问催生了《十点纲领》。[36]这一次，波图加洛夫未经请示或授权就在德国问题上放炮，他说："如果这个民族要统一，统一就会到来。我们决不阻挠这一决定，不会进行干涉。"联系其他的报道，戈尔巴乔夫的这位下级顾问在联邦德国的访谈让人最终得出印象，在德国统一问题上出现了松动。不过，此时在波恩还没有人知道苏联舆论的形成过程实际上已发展到什么程度，或者最终会有何种具体结果；因为在莫斯科也没有人知道对这个问题的可靠答案。

然而，戈尔巴乔夫很快得到了这样的印象，即处理德国问题是不可避免的，因此他于 1 月底邀请外交政策方面的若干亲密的同事讨论这个议题。[37]这次会议成了重新决定苏联对德政策的关键事件。在四个多小时里，这一群人讨论了对德意志内部关系的发展如何进一步行动的问题，他们以戈尔巴乔夫预设的前提为出发点，即除了军事行动以外，一切都是可以考虑的。讨论的基础是苏联秘密情报机构关于民主德国持续瓦解的最新消息。讨论过程部分很激烈，结束时没有作出具有约束力的决定，但形成了五个要点[38]：

1. 迅速邀请莫德罗和他以后的德国统一社会党－德国民主社会主义党新任领导雷戈尔·居西来莫斯科会谈，同他们协调下一步的行动。虽然戈尔巴乔夫意识到其谈话伙伴的政治影响力日益式微，但尚不准备完全抛弃迄今的盟友。

2. 联邦德国应是苏联未来在德国问题上的主要对话伙伴。其间发生了短暂的争论，即按照法林的要求更多地面向社民党，还是像谢瓦尔德纳泽、切尔纳耶夫和其他人建议的那样，应面向联盟党。此后达成的一致意见是，今后的政策应以联邦总理为准，但也不要无视社民党。

3. 在国际范围进一步讨论德国问题时，应建立一个由四大国和两个德国组成的"六国小组"。为了遏制发展，应加强与其他犹豫不定的国家也就是法、英合作。戈尔巴乔夫宣布，在需要商定共同立场的时候，他愿意即兴亲自飞往伦敦和巴黎。既没有谈及直接行使四大国权利，也没有提及和平会议或者讨论两德接近的欧安会峰会等原先的想法。

4. 戈尔巴乔夫的军事顾问谢尔盖·阿什罗梅耶夫（Sergej Achromejew）奉命为从民主德国撤出苏联军队作好准备。总书记对此更多视为内政问题而不是外交政策问题，因为要为安置成千上万的返乡军人做组织工作。

5. 谢瓦尔德纳泽和戈尔巴乔夫在联盟问题上仍未形成最后看法，而总书记的最密切顾问切尔纳耶夫和沙赫纳萨罗夫已开始考虑"不可思议之事"。他们也不再排除统一后德国的北约成员属性，这与以法林为首的强硬派明显对立，法林坚决反对这类考虑。[39]

1月29日底，当莫德罗前往莫斯科，以便次日与民主德国最重要的盟友商谈他最新的两德接近计划时，戈尔巴乔夫对德国问题的立场仍然没有决定。在飞机上，莫德罗——同一天他在人民议院宣布将选举提前到3月18日，从而再次证明了其政府的虚弱——与陪同人员一起对有关德国政策的倡议文稿进行最后的修改，并于当晚翻译成俄语。

"德国，统一的祖国"

1月30日早上，还在戈尔巴乔夫和莫德罗以及他们的亲密同事们一起在克里姆林宫落座之前，就出现了第一个意外。[40]苏共总书记事先已通过其驻民主德国大使知道了民主德国的新计划，他显然不愿意作为被动的报告接受者亮相，所以在拍摄集体照时就向外国记者公布了自己的基本立场：在四大国和两德代表之间存在"某种程度的一致意见，即德国的统一原则上从来没有，也没有被任何人怀疑过"。眼下，事态处于加速发展之中，对此需要进行思考。戈尔巴乔夫谈到他迄今为止的立场，即两个德意志国家的产生是有历史原因的，现在"要加以修正"。同时，他提醒要考虑四大国的权利及全欧进程。因此，"在大街上"是不能解决德国问题的，这既是针对民主德国民众，也是针对联邦政府的警告，联邦政府显然寄希望于以其政策使东德内部的压力不断增长。

戈尔巴乔夫拥护德国人毫无保留的自决权，这一点在苏联媒体上没有得到进一步传播，却决定了次日西方的新闻报道内容。[41]它部分地掩盖了戈尔巴乔夫与莫德罗会晤的结果和过程。总书记的出发点显然是，东德的社民党作为最强大的政党将会赢得人民议院的选举，并且多数人会支持民主德国继续存在。引起他的东德谈话伙伴注意的是，涉及民主德国生死存亡的经济问题，戈尔巴乔夫的兴趣和知识是多么的薄弱，他总是将这些问题交给他的总理尼古拉·雷日科夫（Nikolaj Rhyschkow）回答。莫德罗使出浑身解数揭示民主德国形势的戏剧性。他不加粉饰地报告了经济形势，并描述了民众的情绪。多数人要求重新统一，而且人数越来越多。如果他和戈尔巴乔夫现在不采取主动，他们对已经无法阻挡的发展进程将失去一切影响。

鉴于这一形势分析并基于几天前的内部讨论情况，戈尔巴乔夫同意民主德国的草案。不过，他也没有掩饰自己的怀疑，并对内容和程序性技术问题提出了一些修改建议：[42]第一，莫德罗应在他的计划中增加要求联邦政府退出北约以及以后实现德国中立。莫德罗接受了这一要求。但后来他与民主德国外交官对联邦德国外交部说的一样，毫不隐讳这一点是可以谈判的，而他这样做也得到了苏联驻东柏林大使馆的支持。[43] 第二，在公布计划以前，应对该计划再次作原则性的思考，并与自己的政党、其他的执政党，可能还同民主德国的社会民主党人商谈，这是迄今为止尚未做过的。戈尔巴乔夫不愿意与莫德罗一起共同向媒体介绍这项计划，他以此部分地取消了对该计划的支持。莫德罗随后放弃了原定在莫斯科正式公布该计划的打算，但在那里作了很多的暗示，两天以后，他最终在东柏林介绍了自己的方案，没有与可能的内部盟友商谈。

莫德罗在莫斯科的新闻发布会上强调了与戈尔巴乔夫会谈的积极的基本趋势，特别谈到戈尔巴乔夫所说的长远的"统一前景"，而苏联在公开场合却表现出对它保持距离的态度。[44] 显然，苏联领导人对德国问题的立场仍未确定，苏联领导人也向联邦总理转达了这一意思：1 月 31 日，苏联驻波恩大使克维钦斯基向科尔的工作人员特尔切克宣读了塔斯社的官方报道全文，其中只提到苏联对两德合法利益的"理解"。在苏联媒体的报道中，看不到对德国人自决权的承认，却明确警告联邦政府不要"闯入一个主权国家的生活"。

戈尔巴乔夫－莫德罗的会晤及其结果，划定了当时政治行动的活动空间：

- 戈尔巴乔夫仍不知道，面对两德接近，他应该推行何种政策。不过，日益清楚的是，莫德罗及其政府不再是他所期待的伙伴。
- 莫德罗的"为了德国，统一的祖国"的构思建议按计划有步骤地实现统一，这条道路在科尔的《十点纲领》中也可以找到。在此期间，联邦总理已经改变战略，而民主德国总理却继续以较长时间的前景为出发点。
- 尽管如此，戈尔巴乔夫仍认为这一计划走得太远。基于他最亲密的同僚对民主德国形势毫不留情的描述，总书记同意公布这项计划，但要求强化一些要点并与民主德国其他政党进行协调。[45]

总的来说，对于莫德罗绝非革命性的计划，戈尔巴乔夫的反应非常谨慎。虽然总书记在会谈前的声明中暗示，目前一切都还在进行之中，但官方的报告却是消极的。

科尔深受鼓舞

虽然苏联的所有官方声明对戈尔巴乔夫与莫德罗会晤的结果都持反对的基调，联邦总理对总书记的非官方言论却作出了乐观的反应：[46]1月31日，科尔在联邦内阁会议的一次较长的声明中评论说，这些言论很令人鼓舞，现在莫德罗也改变了他的立场。根据戈尔巴乔夫的说法，德国问题要纳入欧洲的框架中解决，而且邻国的安全利益必须顾及。外交部也怀着类似的信心，解读了总书记的说法，内部分析认为，他明确而无保留地拥护德国统一，这就打开了通向具体会谈的道路。这种没有事实依据的乐观主义由于两天后克维钦斯基向联邦总理转达了戈尔巴乔夫早先预告的简短信件而得到强化。[47]这封信的开头说，总书记想在与莫德罗会谈后立即向科尔通报，莫德罗就两德接近及其未来关系提出了一些有意思的思想和想法。苏联也认为，建立条约共同体作为两德通向邦联之路的一个阶段是最现实可行的道路。相关文件应该尽快签署，因为这样可以避免发展中出现"不可预测的情况"并保持欧洲稳定。戈尔巴乔夫谈到科尔总理即将与莫德罗在达沃斯世界经济论坛会晤，他想在这次会晤前让总理了解这些立场。这封私密信件的结尾，终于发出了科尔自12月以来就期待的同戈尔巴乔夫进行直接会谈的邀请：总理可以在2月9日前往莫斯科作一次"非正式的、没有礼宾安排"工作会晤。

这就是说，在莫德罗访问莫斯科之后，戈尔巴乔夫也还没有确定自己在德国问题上的最终立场。致总理的这封信记录了他想延缓德意志内部进程的努力：签署迫切要求的条约共同体文件，本来就是一种迎合举动，因为它意味着进入了1989年11月底科尔在介绍《十点纲领》时概述过的分阶段实现统一的模式。在两个月以后，总书记仍然停留在这一点上，即开辟了一个需要好几年时间才能完成统一的前景。但是，科尔已经超越了曾经规划过的这个阶段，他于2月3日在达沃斯与莫德罗总理的谈话也表现出这一点。[48]联邦总理不再愿意讨论他过去提出的分阶段实现统一的模式。在主要围绕德国内部议题进行的一个小时的谈话中，科尔很少顾及莫德罗的相应建议，也很少顾及向民主德国提供财政援助的多次要求。取而代之的是，科尔简要概述了他对解决德国问题外交政策方面的想法：如果同四大国谈德国统一问题，那么它们就不应将德国看成是自己的"保护国"。撒切尔首相看来还没有理解这一点，而密特朗的立场不同，他明确表示支持德国人的自决权，并向科尔许诺了他的支持。

在科尔与戈尔巴乔夫在莫斯科举行计划中的会晤前几天，呈现出一种由各种事实和问题组成的混乱局面。联邦政府知道这些事实，莫斯科对这些问题进行过思考，但外国对这些并不了解。[49]知道的是：

- 戈尔巴乔夫思考了德国统一问题，但至今仍未作出最终决定；
- 德意志内部关系的进展在苏联看来太快且失控，因此戈尔巴乔夫在给科尔的最新信件中试图通过大力推进条约共同体来延缓两德接近；
- 苏联越来越依赖于西方尤其是联邦德国的经济援助；
- 苏联政策中十分明显地重视"上面的指示"，优先考虑与联邦政府合作。

与此相对照，波恩不知道的是：

- 莫斯科已就成立六国机制解决德国问题进行了具体思考。
- 戈尔巴乔夫已发出了准备从民主德国撤军的指示。
- 莫德罗不再是苏联在德国问题上的主要谈话伙伴。
- 莫斯科的德国政策三大阵营是如何具体组成的。也就是说，一方面是对统一持赞成态度的戈尔巴乔夫周围的智囊团；处于中间的是犹豫不决的总书记连同一个有意识地对外交困境持谨慎态度的谢瓦尔德纳泽外长；站在另一边的是以法林、伯恩达伦科和克维钦斯基为首的强硬路线派。

就像联邦总理2月7日在内阁会议上保证的那样，戈尔巴乔夫对科尔的邀请原则上开启了双方立场靠近的希望。[50]科尔谈到德国统一事宜时比过去更加明显地乐观。他说，民主德国也将出现一种会促成两德统一的发展。对莫德罗政府的信任大大丧失和当前发展的戏剧性，都不应忽视。在民主德国说"是"之前，会有一个过渡解决办法，其中，联邦德国也必须承担财政上的责任。在财政部长特奥多尔·魏格尔（Theodor Waigel）介绍了与民主德国实行货币联盟的多种模式，并认为在东德引入德国马克是唯一切实可行的办法之后，联邦银行行长卡尔·奥托·珀尔（Karl

Otto Pöhl）保证，在这一议题上他的机构与联邦政府之间没有不同的看法。[51]科尔再次强调，现在重要的是采取正确的步骤，以此向东德民众发出希望的信号。他宣布，从现在起，德国统一这个议题将是内阁议事日程中持续存在的重点。

部长们在会议上还决定组建以联邦总理为主席、名为"德国统一"的内阁委员会。[52]为了准备"外交与安全政策"小组的首次会议，各部代表早在2月5日就首次聚会起草了一个议题单子。在外交部政治司长卡斯特鲁普主持的司长会议上，就各个问题理出了各种不同的立场。德意志内部关系部（BMB）代表布克哈德·多贝伊（Burkhard Dobiey）主张根据《基本法》第23条实行统一，但出于必要的外交政策方面的考虑，而遭到总理府和外交部工作人员的反对。[53]一致的意见是，不论是和平条约还是四大国关于德国的会议都不能是解决问题的办法。"四大国对柏林和德国作为整体继续拥有权利与责任"，这一公式从来没有澄清过，这符合德国的利益，因此不应予以触动。对于未来的议题单子，一致同意以下几点："欧洲政策"、"安全政策问题"、"四大国的权利与责任"、"欧安会进程"、"与民主选出的民主德国政府合作"，以及"裁军与军备控制"。卡斯特鲁普"暗示"，外交部"在一定阶段"可以设想由"两个德国邀请四大国参加'六国会议'"。反之，由四大国邀请联邦德国和民主德国是"不可接受的"。[54]

当波恩对所有这些问题——尽管还是很理论性和假设性的问题——进行讨论时，苏联的具体立场还不清楚。只要没有来自莫斯科的明确提示，德国问题如何进一步发展依然是敞开的。

第四节 戈尔巴乔夫接待科尔："不能没有您！"

2月10日，当科尔率领政府代表团抵达莫斯科并开始"也许是他一生中意义最为深远的访问"时，还没有一个参与者清楚，这次会谈将会产生何种结果。[55]人们当然抱有巨大的期望，按照内部的评估，这次访问如果取得成功，可以"具有1955年阿登纳总理首次访问时的历史性地位"。不过，联邦总理有理由乐观，并且拥有良好的开局形势。一方面，苏联领导人的最新言论，尤其是在几天前莫德罗访问莫斯科之际发表的言论，暗示着在德国问题上思想有了转变。另一方面，在此期间科尔知道西方盟国在很大程度上支持自己：在他启程之前，英、法的政府人士公开声明，统一很有可能并且很快就要实现，而美国对重新统一的积极态度众所周知，它通过重要信件给总理大力撑腰。

华盛顿的大力支持

在科尔启程前一天，美国总统布什的头两封信就已送达波恩。[56]工作人员曾给布什两封完全不同的信件草稿，最后他决定选择充满个人色彩又态度鲜明地支持总理。除了对充满信任的合作、个人的支持、总理的小礼物表示热忱感谢以及向科尔夫人汉内洛蕾致以问候这一私人信件之外，总统还发来一封含有双方最重要的共同立场的详细内容的信件。其中，布什一方面探讨了四大国的权利：这些权利来自盟军将创造和平民主的德国作为目标的那个时代。这些目标已经实现，因为没有人怀疑"联邦德国民主机制的强大和生命力"。不论四大国的特殊权利与责任如何，美国都不会做任何质疑德意志民族自决权的事情。他的政府也不允许苏联利用四大国机制来决定德国统一努力的速度或结果。

紧接着这一明确无误的自决权保证的，是对统一后德国的联盟归属问题作了具体确定。布什写道，他很高兴科尔拒绝了莫德罗的德国计划中所包含的中立国家建议并强调归属西方联盟。总理肯定赞同他的意见，即在向更多的政治任务转变的北约中，德国的成员属性要求在德国土地上驻扎美国军队，以及为了保护这块土地也要求有可信的原子武装。在阐述民主德国地区的未来地位时，布什采用了几天前北约秘书长曼弗雷德·沃尔内尔（Manfred Wörner）首次使用的措辞：东德可以获得"一种特殊的军事地位"。由于美国政府认为，苏联将从中东欧大规模甚至全部撤军，那么，这一地位就可能是北约的保护义务将适用于整个德国。

美国政府的第三封支持信件来自国务卿贝克。2月7日，贝克去莫斯科与苏联领导人进行了详细会谈，他完成了广泛的访问活动之后在联邦总理抵达后马上离开了苏联。由于两个代表团并未直接会面，所以，经与布什总统和国家安全委员会协调之后的贝克信件交给了德国驻莫斯科大使克劳斯·布雷西。总理抵达后，布雷西在机场就将此信交给了特尔切克。[57]信中，贝克对与戈尔巴乔夫和谢瓦尔德纳泽的会谈作了非常谨慎和克制的总结和评价，不过，这个总结和评价仍给德国代表团提供了乐观的理由：总理不会对苏联人存有疑虑感到意外，但他们将会接受德国统一已不可避免。苏联目前的主要担忧是：

● 统一成为欧洲不安全和不稳定的起因；

● 德国对当前边界立场上的可靠性——戈尔巴乔夫和谢瓦尔德纳泽曾援引联邦宪法法院的裁决；

● 统一对未来德国领导人可能产生的作用，因为现政府的当前表态和保证并不能保护将来统一德国的行为；

● 如何处理统一进程并能顾及欧洲安全。历史让苏联吸取了教训，在这样的进程中不能仅仅充当被动的旁观者。

贝克继续写道，他向苏联谈话伙伴解释说，联邦政府会顾及这一疑虑，但归根结底，除了德国人自己，没有人能够决定他们的命运。统一是不可避免的，他期待民主德国 3 月 18 日选举之后将更快地推进内部进程。这些德国内部问题完全是德国人的事情，而外部问题则不同，这方面要顾及其他国家的安全需要。为了确保这一点，需要找到一个处理这一问题的框架或机制。这方面，四大国权利是行不通的，因为德国人决不会接受。而欧安会过于迟钝低效，不过最后它极有可能提供赞许统一结果的框架。贝克继续写道，因此他建议采取 "2 + 4" 的安排，它包括两个德意志国家和四大国。当然，这样一个机制只能在 3 月 18 日人民议院选举之后，即在内部统一进程开始以及德国人表示同意之后才能启动。他还补充说，到目前为止，他只与根舍而没有与联邦总理讨论过这一看法，根舍认为此事值得考虑，不过科尔已经知道他的建议。戈尔巴乔夫认为 "2 + 4" 的想法 "符合形势"，但他还没有确定自己的立场。不过，戈尔巴乔夫很可能会以某种方式与科尔谈及此事。如果能够告诉贝克有关的反应，将是非常重要的。[58]

国务卿继续归纳说，戈尔巴乔夫对德国归属北约的态度也很有意思。他向戈尔巴乔夫描述了联邦德国的明确态度，对统一后的德国愿意成为北约成员而不愿意中立，美国表示支持。如果苏联不反对这一结果，美国将表示欢迎。一个具有如此重要经济意义的大国不可能是中立的。他问戈尔巴乔夫更愿意哪个选择：一个置身于北约之外的、独立的、在其领土上没有美国军队的统一的德国，还是一个与北约联系在一起并保证北约的管辖范围不得向东扩展一寸的国家。总书记声明说，苏联领导层要深入思考所有这些可能性，并要召开讨论会来探讨这一议题。但可以肯定的是，对苏联来说北约的任何向东扩展都是不可接受的。从这句话中，美国再次得出结论，在现有版图上的北约成员归属是可以接受的。简而言之：戈尔巴乔夫有疑虑，但并未把门封死。他显然愿意共同走一条能在内政上为他提供保护并为其行动提供理由的道路。贝克认为，这样的道路可以由"2＋4"机制与扩大了的欧安会框架结合而成。不过，现在作最终决定为时尚早。

贝克的信件使德国代表团有理由乐观，尤其是因为德国代表团对两个重大问题没有得到通报。其一，美国代表团不得不确认，实际上只有戈尔巴乔夫一人在德国问题上表现出某种灵活性，而其他谈话伙伴包括谢瓦尔德纳泽的态度都仍然僵硬。[59]其二，贝克本人在此时也不知道，华盛顿的国家安全委员会对"图青公式"作出了新的评价，而美国国务卿对戈尔巴乔夫也使用了这一公式：如果要将统一后的德国版图全部置于北约的军事庇护之下，那么《北大西洋公约》第5条、第6条中规定的保护与防卫保证也必须适用于目前东德的领土。这意味着北约版图必须向东扩展。为此，东德决不应彻底非军事化，而应像国家安全委员会的措辞那样，在北约内获得一个"特殊的军事地位"。当贝克得知国家安全委员会这一新的方针的时候，他给科尔的信件已经发出；但在紧接着的莫斯科新闻发布会上，美国国务卿立刻转向了新的规定，而这一新的规定已与根舍的"图青公式"不再相同。

戈尔巴乔夫让路

2月10日下午，当科尔在克里姆林宫与戈尔巴乔夫会面时，他可以对美国的无保留支持感到放心。在从波恩飞往莫斯科的飞机上，科尔与根舍确定了与苏联总统和外长会面的策略，这一策略全盘考虑了贝克关于统一不可避免的提示：两人要将民主德国日益激化的形势置于讨论的中心。[60]

戈尔巴乔夫虽然表现得冷淡，但远远不像1989年12月5日与根舍会晤时表现的那样敌意。他指出，在如此动荡的时代，个人之间的沟通是十分重要的，并以此开始单独会谈。[61]他说，不久以前人们还相信一切事情仍悬而未解，但现在一切都已变得非常现实。科尔总理谈到戈尔巴乔夫及其改革政策在联邦德国获得了很大好感，因此他也为生活资料行动提供大量帮助以支持苏联。戈尔巴乔夫感谢科尔提供物资，说这是公开声援的标志，这不仅是一个单纯的行动，而且是一种政治姿态。接着，科尔按计划谈到民主德国的形势，说没有人预见到它的戏剧性发展。对于未来，他看到有两条轨道：一是德国人之间的合作，二是国际范围，将邻国纳入进来，邻国的利益尤其是苏联的利益——安全问题以及欧洲框架问题。两条轨道休戚相关，但他首先想谈谈德国问题。12 月在德累斯顿和莫德罗会面时，他就认为莫德罗与克伦茨不同，是个正直的人，他能掌控局势。虽然在岁末年初形势仍很严峻，但还是稳定的。但在此后的 14 天之内，情况发生了突变。从 1 月中旬起民主德国的国家权威崩溃了。对于这种形势找不到任何其他的说法，其影响是灾难性的。科尔提到再次上升的移民数字：仅 2 月份就有 65000～70000 人离开民主德国前往联邦德国。

科尔谈到他与莫德罗在达沃斯会面的情况，戈尔巴乔夫听得很仔细，但显得很轻松。当时莫德罗告诉科尔，民主德国的国家权威面临崩溃。联邦总理还列举了民主德国日常生活中的一些例子。同时他向这位总书记指出，尽管如此，情绪还未走向极端。虽然有多达 50 万人参加游行，但还是和平地进行的。人们寄希望于联邦德国，不能让这些希望落空，否则就可能产生目前还只是谣传的极端化危险。科尔说，戈尔巴乔夫显然可以想象得到这将意味着什么。他同时提醒注意驻扎在民主德国的 40 万苏联军队及其家属，为这些人着想也应是戈尔巴乔夫的义务。对于即将到来的选举，科尔愿意做这样的预测：由于现在民主德国没有一个政党反对统一，所以不管选举结果如何，新的议会将会赞成统一。在这种情况下，重要的是作出理智的反应，因此他已建议成立一个货币联盟和经济共同体，[62] 以便尽快重建民主德国经济，并使移民数字降下来。这一建议会给联邦德国带来问题，但它们是可以解决的。科尔说，他也估计到联邦德国会有麻烦，但他必须承受。他也并未因此特别感到烦恼，他现在必须行动。联邦总理保证，他只会在与总书记保持最紧密沟通的情况下采取行动，因为这样的进程很自然会触及苏联的基本利益。如果能给他更多的时间，他将感到很高兴，但他无能为力，势不可挡的发展正向他冲来。

携手合作也适用于德国问题的国际框架，这就是科尔要与戈尔巴乔夫谈的第二条轨道。他愿意在理智的携手合作中解决一切问题并顾及苏联的安全利益，包括实际上的和心理上的安全利益。他清楚地知道，必须把过去也考虑进去，不仅涉及苏联的，也涉及法国、荷兰以及其他国家的过去。科尔继续解释说，他的出发点是，这只是一系列会谈的开始；他希望与戈尔巴乔夫共同塑造未来的十年，并证明他们已从历史中学习到了东西。

总理解释说，关于德国问题的国际框架，也必须与其他伙伴商谈，他接着概述了自己的基本想法：统一涉及联邦德国、民主德国和柏林。当统一时刻到来之时，就必须用条约加以确定并最终解决边界问题。他知道苏联对联邦宪法法院裁决有疑虑，但这一判决并不构成问题。一个全德议会和全德政府能够、并且也会就边界问题作出肯定的决定，因此没有理由对此表示怀疑。

与之相比，两德的联盟归属问题是一个难题。但期望中的裁军成就会使某些事情变得简单。他估计，鉴于当前的发展，西方短程武器现代化问题将被重新提出来。科尔着重强调，德国中立化对联邦德国来说是无法贯彻执行的。正如人们从 1918 年后的错误中知道的那样，这也将是一个历史性的蠢举。科尔援引根舍的"图青公式"以及贝克转达给他的美国政府的立场说，北约当然不能东扩到今天民主德国的版图，尽管对此还需要通过一致同意找到解决办法。他非常清楚地意识到，戈尔巴乔夫及其苏联领导层的同事们必须能向自己的公民解释发展情况及其结果，而在这样做的时候，许多历史回忆将重新浮现出来。对这些问题必须认真对待，但不能阻止大家现在采取行动并与所有的伙伴、邻国和朋友谈论亟待解决的问题。德国统一这个议题现在已经摆在议事日程上，毕竟戈尔巴乔夫本人也说过："谁动得太晚，谁就将受到生活的惩罚。"

戈尔巴乔夫以赞同的口吻说，这正是关键所在，但必须明白，历史是在什么地方创造的。现在他也要向总理提几个问题。例如，总理谈到货币联盟和经济共同体，那么他对时间的设想是怎么样的？科尔说，这个问题是无法回答的。在 12 月底的时候，他还认为需要若干年时间，这也是理智的并符合所有经济学家的看法。但在目前形势下，他已不再会被问到这个问题。取而代之的，是民众用逃亡来作出决定。当被问到选举之后他是否会立即开始经济与货币联盟，总理回答说，是的。在这个问题上，现在已不是他想要干什么，而是要制住面临的混乱。他提出《十点纲领》的时候，也是想分阶段推行的。

戈尔巴乔夫提出的另一议题是波兰西部边界问题。总书记问，在这个问题上还有什么是要解决的？科尔提到《莫斯科条约》和《华沙条约》。

他说，这些条约是联邦德国的条约，统一后必须加以确认；对此戈尔巴乔夫回应说，不是确认而是重申。而且，联邦宪法法院的裁决只适用于联邦德国。接着戈尔巴乔夫问，联邦德国是否会消失？他笑着补充问道，总理不感到害怕吗？科尔是否会埋葬联邦德国呢？科尔说，这将不会是什么损失。不需要签订新的条约，新的国家可以在征得莫斯科或者波兰的同意后加入条约，这更多是技术问题而不是一个政治问题。

两位政治家一致同意，主要问题是统一德国的地位问题，首先是指军事地位问题。科尔说，对这个问题也能找到一个解决办法。戈尔巴乔夫关注的是要顾及苏联的安全需要；德国关注的是维护国家主权并在建立两国信任的基础上找到解决办法。这当然也涉及受事态发展触动的美、英、法三国，科尔补充说。他以此首次间接地提到了四大国的责任与权利。总理说，可以做很多事情，他举例说，统一后的德国也不会拥有原子、生物或化学武器。

在一个小小的插曲之后，戈尔巴乔夫谈到统一议题的德国内部压力问题，这种压力在民主德国的选举中也由于西方的原因而增加了。科尔指出，如果昂纳克早一点开始改革的话，平和的发展是有可能的。由此，双方谈到了"新思维"在苏联遇到的困境、西德政党对民主德国的影响以及那里的选举斗争问题。[63]针对询问，科尔保证，对他来说，德国统一与欧洲统一之间的联系继续存在。之后戈尔巴乔夫说了在科尔看来是关键的几句话：[64]"很可能可以断言，在德意志民族统一问题上，苏联、联邦德国和民主德国之间不存在意见分歧。简而言之：我们在最重要的一点上是一致的，就是德国人必须自己作出决定。"

在戈尔巴乔夫继续谈到道路的选择必须与现实相联系之前，联邦总理重复了总书记的上述措辞。戈尔巴乔夫说，现实是发生了一场战争，而这场战争给苏联人民留下了一个遗产，现在人们正在重新思考这一遗产并加以改变。这就是要克服分裂和对抗，正如已经开始的欧洲进程和外交政策中的新思想那样。这在德国问题上开启了一个新的阶段。东、西德国的人民已经证明他们吸取了历史的教训。这包含，东、西德同样适用这句话：绝不允许从德国土地上再引发战争。对于这一措辞，科尔更愿意从正面加以表述：德国的土地上必须产生和平。

经过将近一个小时的会谈，两人到达了一个节点，这就是联邦总理此次使命的目标：戈尔巴乔夫毫不含糊地修改了他对德国问题的立场。他现在不仅是口头上泛泛地承认德国人的自决权，而且准备接受由此产生的实际后果，即两德逐步靠近，目标是实现统一。特尔切克对这一转变感到欢欣鼓舞，他以"飞快的速度"记录下了总书记说的话，同时悄悄地瞟了一眼非常平静、不露丝毫情绪的总理。相反，科尔立即开始与戈尔巴乔夫讨论新的可能的细节。戈尔巴乔夫表示，一个统一德国的建筑必须建立在稳固的基础上，为此需要找到一种结构。科尔再次阐述了他对奥德－尼斯河边界的立场，表示他绝不会质疑这条边界。他提请注意被驱逐者联合会的和解声明，并称他的核心关切是获得德国大多数人在这点上对其政策的同意。对此他认为很有希望，波兰方面也认为他最近在巴黎表明的立场是完全足够的。对这个问题，"某一天"将作出决定。不过他无法在今天就做这件事情，为此请求理解。

在明显轻松得多的气氛中，戈尔巴乔夫提醒总理，他还没有完成前往总理家乡莱茵兰－普法尔茨访问的邀请。之后，他谈到自己的内部问题，即现在除了"新思维"的担忧，又增加了德国问题。在接下去的会谈中，两位政治家探讨了苏联与两德的经济关系，其中总理保证，在完成统一之后，将参与与民主德国和苏联之间的有关协议。总书记说，德国问题的核心依然是军事问题，他同时还提到欧洲和全球的平衡问题。他们得出的共同结论是，不允许从德国土地上引发战争、边界不容侵犯、不许外部力量利用未来德国的领土。在这一拒绝外国军队——从而也包括北约部队——在统一后的德国驻军这一说法背后，也包含了戈尔巴乔夫关于联盟归属的考虑：对科尔来说，中立不仅是不可接受的，而且会造成一种贬低德国人民的框架。因此，人们必须进一步思考，什么是德国地位的替代性方案。如果不是中立，那么也许是不结盟，就像印度、中国或欧洲其他国家。而他戈尔巴乔夫认为，德国应身处军事大厦之外，但拥有足以保卫本国的国防力量。

戈尔巴乔夫表示，德国一部分属于北约而另一部分属于华约的想法，是不值得认真对待的。某些军队驻扎在某一条河边，[65]但不应驻扎在德国的另一部分的建议，也同样是不值得认真对待的。如果现在一再提出这样的问题，即一个没有联邦德国的北约有何意义，那么，对华约也必须同样要提出这个问题，即没有民主德国及其强大军队的华约还有什么价值？如果北约没有德国将会瓦解，那么，这对华约同样适用。科尔插话说，看一眼地图，就知道联邦德国和民主德国在各自联盟中有着不同的分量，但戈尔巴乔夫不同意这一点。他说，各方都走自己的路，并把北约和华约都粉碎是不行的，现在的问题是要确保已经建立起来的信任并进行合作。

戈尔巴乔夫提到他与美国国务卿贝克的包含所有这些议题的谈话，并以此把话题转向在何种框架内可以讨论有待处理的问题。他说，贝克援引了联邦总理的话并建议两个德国和四大国的代表进行对话并坐到一张"共同的谈判桌"上来。科尔称这一建议是个"好主意"，因为该建议摒弃了四大国讨论德国问题的会议。接着，戈尔巴乔夫大声说："不能没有您!"联邦总理提议，应很快举行"2＋4"或"1＋4"会晤，出于心理上的原因，这样的会晤在德国举行是值得期待的。[66]戈尔巴乔夫对此表示同意并开玩笑地问科尔是怎么设想的：谈判桌是否应该两条腿放在联邦德国土地上，两条腿放在民主德国领土上？

联邦总理一直设想以"2＋4"会议结束德国内部的统一进程，他补充说，在这样的会议召开之前就必须找到一个令苏联、美国和德国人都满意的解决办法，同时不要伤害任何一方，顾及法、英是重要的。此外，科尔强调布什总统和美国公众大力支持德国统一。接着，他再次总结这次会谈并问戈尔巴乔夫是否同意他的结论：他们一致认为，德国人现在必须自行决定统一，但要同时考虑国际环境。历史的教训和邻国的合理安全利益，也属于这个环境；与德国统一进程并行的是在联盟问题上找到令人满意的解决方案；这就涉及在两条轨道上运行的进程，要刻不容缓地开始这项工作并与伙伴们协商。在总书记同意下，他准备公布这些想法；与之相反，关于悄悄地盘点民主德国与苏联的经济关系，以及以后承担这些义务的协议，他将不作任何透露。联邦政府也将与美国、法国和英国商谈。目标是两个德国或者只有一个德国与四大国举行结束性会谈。

戈尔巴乔夫回答说，总理与他的想法非常接近。但他特别强调一点，不仅要顾及德国人的利益和希望，而且也要顾及邻国的利益和希望。[67]科尔同意这一点。他指出，35年前阿登纳就已说过，德国问题只有在欧洲的屋檐下才能解决。戈尔巴乔夫表示赞同，并说，阿登纳的话值得不断地重新阅读。眼前主要的事情是防止局势失控。对此，科尔的反应是重提他与谢瓦尔德纳泽外长从机场到苏联外交部宾馆途中的谈话：他已向谢瓦尔德纳泽声明过，如果出现困难形势，他愿意在几小时内就进行会晤。他现在并未看到这种危险，但谁知道以后的情况呢？五周以前，他也还没有想到两德建立货币联盟的必要性。无论如何，面对摆在眼前的道路，他要与总书记共同前进。在戈尔巴乔夫再次谈到主要议题并结束这次两个半小时的会谈之前，两位政治家还谈到旅居苏联的德国人状况、民族问题以及未来在太空飞行领域等方面的合作。戈尔巴乔夫说，随着新的发展将涌现出许多问题，例如引进德国马克的问题。在双方代表团继续谈判之前，戈尔巴乔夫提出，苏联在民主德国的驻军费用也许应该以其他货币进行计算。

很大的方针与很少的细节

科尔－戈尔巴乔夫会晤给德国方面带来了期盼已久的突破：苏联领导人正式放弃了其拒绝立场，并准备立即谈判德国统一的具体步骤。同一个戈尔巴乔夫，两个月前还对联邦外长痛斥过《十点纲领》，现在对科尔则和气、轻松得多。他作出了 12 月份时无法想象的让步，并为德国统一的最初步子开了绿灯。除了这一重要成果，自 1989 年 6 月总书记访问波恩以来，科尔和戈尔巴乔夫的第一次个人会晤，使德国方面对谈判风格和立场有了进一步的认识：

1. 两位政治家都回避细节，取而代之的是他们同样偏重政治大方针与历史性的比较。由于他们已经就下一步发展的基本内容取得了一致，谈判细节并无必要，所以他们在自决权这一中心议题上的立场能够较为快速地接近。

2. 联邦总理表现得很像一个谈判者，他先是减缓威胁性的对质和对立，以便在一些时间以后，在诸如边界或者联盟归属问题上，在单个问题上用新的表述和变化了的说法再次回到这些问题上来。

3. 根据事先商定的方针并由工作人员准备好数字和事实，科尔以聊天的语言进行了热身阶段之后，目标明确地谈令人不愉快的问题：民主德国国家权威的崩溃，从内部安全到东柏林的垃圾运输直至国家人民军（NVA），他以扣人心弦的方式进行描述。在这样做的时候，他亦不畏惧警告具体的危险，比如对驻东德苏军的后果等。戈尔巴乔夫的反应清楚地表明，与其对手相比，他对事实和细节的熟悉程度要低得多，常常只能以一般的套话应对。

4. 相对于自己已经了解和意识到的经济问题和困境，科尔明确地把政治放在优先地位。在这次会谈以及他在这个时期的其他政策中，单个要点和经济问题都要让位于德国统一这一终极目标，让位于眼下必要的取得苏联的同意声明。

5. 会谈并没有将统一时间和结构方面的明显差异作为主题，因为两位政治家显然都认为，在协商一致的框架条件内可以贯彻各自的构想。戈尔巴乔夫明确地寄希望于全欧结构的长期变化上，这种变化应与两德统一谈判以及有关国际问题的"2＋4"会谈并行。而科尔的出发点继续是，通过相对短时间内造成德国内部的既成事实实现这样一种状态，即最后的"2＋4"会议将批准事先由双边或多边决定的有关德国统一的国际框架条件。

尽管如此，两位政治家对于会晤结果都可以感到满意。科尔获得了具体开展统一行动的绿灯，而戈尔巴乔夫可以认为，通过强烈提醒德国问题的国际关联以及关注邻国利益，遏制了不可阻挡的两德靠近进程，与此同时，确保了苏联的参与权，没有它的参与就不可能采取具体的步骤。

10分钟后，双方代表团开始会谈时，气氛就相应地轻松了，除了工作人员之外，两位外长也加入进来。之前，他们两人也在克里姆林宫会面，谈话中根舍指出，1989年不是1949年，他再次强烈地反对任何类型的四大国会议，力主"2＋4"公式。他说，无论如何，他决不会出席以日内瓦外长会晤为榜样的会议。[68]根舍反对任何形式的北约东扩，认为应该借加拿大渥太华会议之际，在他们会晤的框架内继续商谈所有参与者都能接受的模式。如果两德统一后苏军暂时仍然驻扎在今天民主德国的领土上，这是不成问题的。联邦外长的对话伙伴谢瓦尔德纳泽对德国发展的态度显然比戈尔巴乔夫更为保留和怀疑，但他对根舍的建议作出了积极的反应，即卡斯特鲁普和副外长安纳托利·莱昂尼多维奇·阿达米兴（Anatoli Leonidowitsch Adamischin）可以在工作层面上就大量悬而未决的问题进行初步会谈。

苏联的同意公开了

在较大的双方代表团的范围内，戈尔巴乔夫重申他赞成德国人的自决权。[69]科尔后来说，当总书记通报两人单独会谈的结果时，德国政策的两个强硬派人物法林和伯恩达伦科的脸上流露出明显的惊愕。这清楚地表明，苏联共产党中央委员会和苏联外交部的中央行政部门对戈尔巴乔夫在德国问题上的路线转变事先一无所知。科尔也重申了他对会谈的总结，特别强调了两条轨道前进的蓝图。"德国"这条轨道在一种只受有限影响的速度中前进，因此，现在取决于国际这条轨道是否也能前进。

接着是两位外长的报告，他们详细谈论了今年欧安会峰会的前景。双方一致认为，必须认真准备此次会议，这正是科尔特别想强调的一点：如果事先没有解决德国统一问题，大家就不能进入这个圈子。联邦外长保证，在讨论德国未来的会谈中不会背着四大国行事，戈尔巴乔夫不加修饰地批驳说，不然人们就会开始背着德国人行事。根舍回应道，这将是给苏联出的馊主意。接着科尔指出，这样的行事办法在 20 世纪已经尝试过，失败了，以此结束了这一简短的争论。科尔宣布当天就能成功地完成太空合作这一议题，他以此将这次半个小时的会谈引向结束。戈尔巴乔夫说，终于可以享受晚餐了，就这样结束了这次会晤的官方部分，紧接其后的是在克里姆林宫卡特琳娜大厅轻松的晚宴。

将近 21 时，德国代表团告别，因为大约一小时后，科尔和根舍要在联邦新闻发布会上向正在紧张等待的媒体宣布这次会谈的结果。[70]科尔与特尔切克、卡斯特讷共同起草了发布会开场白声明，特尔切克急切建议总理采用比最初的措辞更强调的表达方式。在记者们获悉会谈结果并提问之前，科尔和根舍在讲台上彼此表达了他们对所达成事项的愉悦心情，大部分媒体代表并没有注意到这个场面。在科尔正式宣布新闻发布会开始前，两人在桌子下紧紧握手，接着进行了下述私下对话。[71]总理轻声耳语道："其实，我们现在应该狂饮。"外长回答说："你知道今晚谁会狂饮？"科尔回答说，"阿尔弗雷德·德雷格尔，出于他的情感。你明白。"

22 点刚过，科尔终于宣布："今晚，我要向德国人传达唯一的一条消息——总书记和我达成一致：决定是否愿意共同生活在一个国家，这是德国人民自己的权利。"[72]根据他和戈尔巴乔夫达成的一致意见，联邦总理阐述了统一努力要置于国际框架之内，并为"这一历史性的成果"感谢总书记。这是"德国美好的一天。就像我想的那样，这对我们中的许多人也包括我自己，都是美好的一天"。科尔以此结束自己的报告，接着是一个小时的提问和回答。媒体提出了大量的细节问题。在场人员只是逐步地领会这一声明的意义，以至于科尔及其工作人员对现场的平静反应感到失望。总理为白天的事件依然心潮澎湃，他接着和几位工作人员去红场散步。深夜，他才在一小圈人中平静下来。

翌日早上，当大使馆的新闻官汇报苏联媒体报道的时候，科尔及其陪同人员对莫斯科之行成果的最后怀疑彻底消失了。与几天前莫德罗的访问不同，这次苏联官方毫不含糊地公开、明确地公布了取得的突破，并把这一突破与科尔和戈尔巴乔夫紧密的个人关系联系在一起。无论是在官方塔斯社的文章中，还是在苏共机关报《真理报》的标题上，都重复了关于自决权的决定性公式：解决民族统一问题是德国人的事情；国家形式、时间、速度和条件的选择也取决于他们。依然振奋的科尔在返回波恩的政府专机上让人送上香槟，与根舍和所有其他同行人员举杯共庆这一突破。[73]

戈尔巴乔夫向莫德罗通报情况

不过，联邦德国政府代表团无法知道，戈尔巴乔夫归根结底是多么不乐意同意两德接近，他在继续处理德国变化时又是多么为难。这一态度在联邦总理离开后的次日，当总书记与莫德罗通话总结他对会谈的印象时就表现出来了。他说，科尔很傲慢，试图以德国人的救星和德国统一之父出现。[74]此时，这位民主德国的总理显然要为他即将与科尔的会晤寻求支持，所以他赞同上述两个印象。戈尔巴乔夫同时也非常清楚地让莫德罗明白，他不能指望苏联领导层积极支持他对联邦德国的政策。相反，他回到与科尔一起找到的两德接近进程的公式，即不允许无视欧洲国家的合法权利和利益，也不能"轻视历史的教训"。

通话一开始，戈尔巴乔夫详细重复了科尔对民主德国形势的描述。他援引联邦总理与莫德罗在达沃斯会晤的情况，说东德的局势现在难以驾驭，而"有利于统一的运动"却变得越来越强大。戈尔巴乔夫说，科尔保证，现在迫切需要准备货币与经济联盟。十分显然，他得到了美国的支持，并且在较小的程度上也照顾了法国和英国的立场。"我告诉总理，我们在德国事务上的立场没有变化。在一个特定的阶段形成了两个德意志国家。它们应当如何继续存在，必须放到历史大背景中去解决。现在，历史加速了其前进步伐。德国人最终将自行决定其国家形式和联邦德国与民主德国接近的速度，"戈尔巴乔夫继续解释说。他还强调了德国邻国的利益与安全关切，因而，德国统一进程中的行动者不应只是民主德国和联邦德国，也包括苏联："我们的出发点不是双驾马车，而是三角关系。"[75]在联盟归属问题上，科尔试图"看风使舵"，他公开地大力强调支持归属北约。

而戈尔巴乔夫认为这是不可接受的，并建议，可以是一个中立的不结盟的国家。在军事政策问题上，在苏联和联邦德国之间最终必须"表现出绝对明确的主场"。

莫德罗强调他是从媒体上得知科尔的新建议的。他证实，德国内部形势"当然是困难的"，但他否定东柏林市政府方面提出过科尔所提到的建议，即由西柏林政府接管垃圾清理、医疗设施和整个城市的内部安全，这"纯粹是挑衅"，因为有关的想法只在西柏林议会里谈到过。莫德罗表示，主张两德统一的气氛很强烈，但此时人们也越来越担心这一步骤的社会后果。戈尔巴乔夫没有理睬莫德罗所谈的细节和问题，而是用一些套话作了回应："我认为我们的信息交换极其有用"，"我紧紧握您的手，祝您取得很大成功"，以此告别。这就是说，在与联邦总理波恩会晤前夕，莫德罗不得不认识到，苏联国家领导人对他2月5日开始的联合政府也不再寄予多大信任，并且十分显然，先要等待提前举行的人民议院选举结果出来以后才决定采取进一步的行动。

2月13~14日，当莫德罗及其17位政府部长前往波恩进行工作访问时，上述认识得到了最后证实。[76]一个正处在分崩离析过程中的政府代表们受到了符合规矩、但很冷淡的接待。针对东德方面提出的约150亿马克"团结经费"的要求，联邦政府提出了建立货币联盟的反建议，因为一个月以后在议院选举中这位民主德国总理肯定会落选，没有必要支持他。

关于联邦政府瞄准的路线，还有另一个明确的信号，这就是联邦总理声明将按照《基本法》第2章第23条谋求统一道路。[77]与运用《基本法》第146条实现统一不同，这条道路同时规定了两德靠近的目标，因为这条道路只是意味着将目前联邦德国的版图扩展到民主德国和柏林的领土，西德的整个政治和法律体制仍将保留其基本结构，例如统一后的德国仍是欧共体和北约成员。按照第23条实现的统一，不仅可以提供较为快捷的道路，同时也可提供可以预计的操作程序，在这一程序中，与西方联结作为联邦德国外交政策的中心理念也将能更容易得到确保。

意向声明变成公式

柏林墙倒塌三个月后，科尔与戈尔巴乔夫2月10日的会晤清除了德国统一道路上迄今为止最大的障碍：现在四大国都与联邦德国和民主德国的政府达成一致,将德国统一列入政治议事日程。同时,美、苏、法、英政府以及联邦德国和民主德国之间具有共识,即在它们这个圈子里应该平等地讨论有关德国问题的国际方面。这样,两德单干的可能性以及举行所有二战参加国与会的大规模和平会议、由四大国在外交政策上主导的统一或者在 35 个欧安会成员国框架内讨论德国问题,这些都被排除了。然而,自 1 月底美、法、英、苏和联邦德国的代表[78]在预备性会谈中达成的原则性协议,迄今既没有注入内容,也没有最终决定或者公开宣布。根舍要尽快补上。

1990 年 2 月 11 ~ 13 日,北约和华约外长在渥太华会晤,在名为"开放天空"(Open-Skies)的会议上商讨建立联盟之间的信任措施,[79]与此同时,幕后就另一项议题开展了决定性工作。这项工作还在这次会议结束之前就已结束,美、苏、法、英、联邦德国和民主德国的外长向其同行们和媒体宣布,他们不久后将举行会晤以讨论"建立德国统一的外部问题,包括邻国安全问题。不久将举行官员层面的预备性会谈"。[80]还在三天前,根舍与谢瓦尔德纳泽在莫斯科约定,将在渥太华继续讨论德国统一与国际挂钩的最佳道路,而现在已经作出了决定。其背景是,主要在美国和联邦德国的推动下西方伙伴认识到,鉴于民主德国的事态和当前有利的国际形势,现在必须"一抓到底"。[81]

在两德与前二战战胜国代表达成后来广为人知的"2 +4"公式谅解以前,有关外长们曾多次在不同组合中会面,并在此期间与本国的国家和政府首脑多次进行过磋商。[82]从 2 月 12 日的多次预备性会谈、次日三大国与联邦德国一致同意加速决策,[83]以及贝克的顾问佐利克[84]起草的第一份建议草案出发,2 月 13 日形成了以下的利益格局和冲突路线:

   1. 西德方面重视在"2 +4"机制中不仅应一般性地商谈有关统一的国际问题,而且应该十分具体地商谈"建立/实现德国统一的外交政策问题"。[85]

   2. 杜马起初坚持"4 +2"公式,以突出强调四大国权利。赫德询问"2 +4"与"4 +2"两者的区别何在,贝克的工作人员塞茨用德国人自己的理解向他作了解释。根舍再次毫不含糊地向其西方同行表明,他决不会参加按照日内瓦会议的"童桌方案"模式召开的"4 +2"会议。不久,苏联外长谢瓦尔德纳泽不顾莫斯科的不同指示,也在这一点上作了让步。[86]

3. 苏联一方面要求删去应在民主德国人民议院选举后才举行第一次会晤这半句话，另一方面要求扩大"邻国安全问题"谈判的议事日程。这导致了北约外长们下午的激烈讨论，因为不参加"2+4"进程的国家担心，这样的措辞可能会使保留给北约内讨论的西方安全问题被转移给其他机构。[87]

4. 反对"2+4"公式的意见不仅出现在西方阵营，而且也出现在特别希望其边界得到保证的波兰。不过，所有这些国家都是在六个参与国就"2+4"公式达成一致后才会得到通知。根舍在渥太华再次重申了他的说法，即统一的德国应由联邦德国、民主德国和柏林组成，也绝不会向邻国提出领土要求，但波兰外长斯库比斯泽夫斯基却敦促澄清他的主要担忧。当这个问题——也包括在与根舍和贝克的交谈中——得以平息之后，联邦外长以较为强硬的口吻应对其西方同行。当荷兰人汉斯·范登布罗克（Hans van den Broek）和意大利人吉亚尼·德米歇利（Gianni de Michelis）后来在北约圈子内多次强调"2+4"会谈不仅涉及波兰边界或四大国问题，而且涉及德国和欧洲的安全问题，[88]因此西方盟国必须参与时，根舍严厉叱责他们说："你们不是游戏的一部分"（"你们不坐在谈判桌上"）。最后，这些问题也得到了澄清。然而贝克接着自问，鉴于这样的组织和礼宾问题，统一时如果真的出现实质性问题，那将会是什么样子呢？

在这些复杂的利益格局以及寻求普遍接受的解决办法的背景下，出现一些不愉快是不奇怪的。这种不愉快也同样反映出：弥漫在联邦外交部与总理府之间的不信任、美国国家安全委员会与国务院的摩擦损耗、美国总统布什与联邦总理科尔之间的紧密团结一致。贝克在2月13日与布什总统和国家安全顾问斯考克罗夫特通话后产生了疑虑。他怀疑科尔是否真的支持即将公布的"2+4"公式，因为斯考克罗夫特援引他与特尔切克的通话时曾谈到波恩有担忧。[89]科尔在总理府的同事显然也不清楚会谈的最新情况，主要是因为外交部对已经谈定的"2+4"进程的信息通报得不完整，来自渥太华的消息报道很少。同时，美国政府内部的意见分歧也始终没有消除，因为国务院欧洲司和国家安全委员会对"2+4"公式仍持有疑虑。因此，为了避免任何误解，贝克请求他的同事根舍最好再次请科尔确认同意，并设法让总理再次亲自告诉美国总统。

但是，对于这一纷繁混杂的情况，布什与科尔得到的通报很不充分，他们在这种情况下于 2 月 13 日晚上通了电话，[90]起初一般性地谈到了总理访问莫斯科的成功，以及当天与民主德国代表团会谈的情况。科尔称，戈尔巴乔夫对德国问题的说法是"令人高度满意的"。现在，必须朝着这个方向前进，同时要顾及安全政策。科尔说，在莫斯科，已经讨论过两德与四大国协作的问题，就像国务卿贝克之前与戈尔巴乔夫和谢瓦尔德纳泽商谈的那样。科尔还说他刚与根舍通了电话，根舍告诉他，在渥太华，外长们在这个意义上达成了一致。在这次通话中，布什多次强调，保持联邦德国完整的北约成员属性是必要的。科尔表示同意。他向戈尔巴乔夫表示，要德国中立是不可能的。问到苏联总书记的反应时，总理表示，苏联人在这个问题上是可以商量的，这取决于用什么方式，但可以得到解决。科尔简短地展望了一下自己即将前往戴维营访问，便结束了这次 15 分钟的通话。

但在渥太华，贝克的疑虑并未因此而消除。虽然根舍在与科尔再次谈话后保证总理"在船上"，但这位美国同行仍有怀疑并再一次与布什通话。而布什从与科尔的谈话中没有听出他明确赞同"2＋4"公式，也没有听出他同意发表与原始稿略有改动的公告。因此，将近 21 时，美国总统再次打电话给科尔。布什具体问到科尔对"2＋4"公告文稿变化的看法，尤其提到不久后官员层面的会谈，即在民主德国选举前的官员会谈。科尔向布什反复保证，他认为新文稿没有问题。[91]科尔还说，今天必须作出决定，否则他担心会有更多的伙伴要求加入进来，那个时候真要令人恼火了。布什同意他的看法，即有 35 个欧安会成员参加的路子是行不通的，也就是"没有成功希望的"。最后，对布什要确保他和总理之间不产生误会，说他支持联邦政府、支持他完全信赖的科尔，科尔表示非常高兴。布什于是再次打电话给国务卿，告诉他科尔已明确同意。

在消除了最后的怀疑和不愉快以后，[92]贝克同意公布"2＋4"公式，以此向公众正式确认，德国问题回归到国际议事日程上，而具体目标是"建立统一"。与此同时，也找到了解决与此相关的外部问题的现实道路。在西德方面看来，在这条道路上有两件事是决定性的：这就是，按照"2＋4"公式，虽然可以快速地在官员层面上进行沟通，但在部长层面讨论这一议题之前，必须首先等待民主选举的政府在东柏林就职，并与联邦德国商谈两国共同行动的最初步骤。这样，两步走方案就确定了，即先是德国内部相互靠近，然后才是讨论外交政策。就像 1989 年 12 月布什提出的"四项原则"一样，"2＋4"公式并不意味着确定了下一步路子的细节。这些细节，在"2＋4"谈判开始前的几个星期里，还必须在不同国家和阵营里找到。

第八章　西方寻求同步

外长们就"2+4"机制达成的谅解，为谈判德国统一的外部问题提供了框架。但是，2月13日的共同宣言和外长们的合影所体现出来的六国一致只是一个表象：根舍从渥太华返回波恩之前，中途在伦敦停留时就听到了英国首相仍持有疑虑。[1]撒切尔夫人虽然首次向根舍承诺英国明确支持已经启动的统一进程，但她同时也抱怨在她看来过快的速度和模糊不清的框架条件。谢瓦尔德纳泽外长也等不及回到莫斯科就发表了关于苏联立场的说明，他在从加拿大返程的飞机上就进行了一次访谈，其中——与几天后戈尔巴乔夫在《真理报》上发表的文章一样——谢瓦尔德纳泽表明，在接下来的会谈中，统一后德国的北约成员问题将是争论的焦点。此外，2月中在联邦政府内部，外长根舍与国防部长格哈尔德·施托滕贝格（Gerhard Stoltenberg）之间，围绕统一后民主德国地区的安全地位问题也爆发了激烈的争吵。所有参与国都在紧张地等待3月18日民主德国人民议院选举结果，因为只有在建立了民主的合法政府以后才可能进行具体的统一谈判和采取统一的步骤，这时西方阵营内部的新、旧路线冲突重新爆发了，而在苏联内部似乎也是如此。因此，联邦政府的最重要任务是先使内部各种不同的想法取得一致，然后争取与西方盟国的想法达成一致。

第一节　来自哈德霍厄[①]的警告

1990年春的中心问题是：如何在统一进程中考虑苏联的安全利益，以取得它对全德北约成员属性的同意？科尔和根舍以及贝克与苏联领导人2月初在莫斯科为在渥太华建立"2+4"公式的谈判，以及波恩和华盛顿的内部分析，使大家都注意到了这个问题。讨论主要围绕两个考虑进行：

---

① 哈德霍厄（Hardthöhe）：联邦德国国防部总部所在地，位于波恩。——译者注

1. 如何从细节上解决北约成员归属问题，以取得迄今仍持断然拒绝态度的苏联的同意？

2. 对欧洲未来安全结构西方必须提供哪些建议，才能迎合苏联迄今为止只是笼统表达的想法？

"不向东部扩展北约版图"

1月31日，在莫斯科会谈之前，根舍外长就在图青阐述了西方为制造舆论而向苏联领导人提出的建议。[2]他明确主张德国仍保持为北约成员，拒绝成立一个"中立主义的全德"。关于给苏联的安全保证，他声明："不管华约内部发生什么事，把北约领土向东扩展，即靠近苏联边界，这种情况将不会出现。"在这篇演讲中，根舍也再次向波兰保证边界，并主张德国保持为欧共体成员，他精确地阐述了德国属于大西洋联盟的建议。他说："把构成当今民主德国的这个德国部分纳入北约军事结构的设想，将阻碍两德接近。"这一被称为"根舍计划"的"图青公式"，既未与科尔也未与西方大国协调，这位外长以此为当前两个中心问题之一提供了首次回答：统一后的德国仍然是北约成员，对联邦德国的版图将不会有任何改变，而为民主德国的领土应找到一个特殊地位。这一特殊地位是以毫不含糊地反对将民主德国纳入北约军事结构来确切说明的。至于未来欧洲安全结构这个原则问题，这次演讲没有给出具体答案。

几天后，2月2日，根舍在华盛顿与国务卿贝克讨论了他的公式，贝克表示赞同，正如他的两位同事罗斯和佐利克在与埃尔伯的会谈中表示的一样。[3]在接下来的新闻发布会上，根舍补充了贝克的提示。贝克说，联邦外长也支持德国继续保持为北约成员，此外双方意见"完全一致"，没有要把北约防卫与安全区域向东扩展的意图。对于记者的尖锐提问，比如"图青公式"具体是什么样子，根舍回答说，他没有说"半个成员"。只是不存在"北约东扩"的意图，此外，不应走在事态前面谈结果，而应等待事态的进一步发展。此时，赞成"图青公式"的贝克根据他对根舍在华盛顿声明的理解，几天后与戈尔巴乔夫和谢瓦尔德纳泽在莫斯科会谈时使用了这一公式。[4]在2月2日的会晤以后，贝克认为，根舍虽然原则上同意统一后的德国保持为北约成员，但他在新闻发布会上明确表示放弃扩展"防卫与安全区域"，这意味着反对北约版图扩大到原民主德国，即反对西方联盟的防卫义务对这片领土的有效性。鉴于戈尔巴乔夫对全德的北约成员属性持批评立场，贝克问总书记，与一个承担北大西洋联盟义务并保证"当前的北约管辖权不会向东扩展"的德国相比，他是否更喜欢这样一个统一的德国，即一个不属于西方联盟、在其领土上没有美国驻军的德国？科尔在一天以后紧随着贝克与戈尔巴乔夫会晤，而贝克在给科尔总理的信中还是重复了他这一立场。[5]贝克在信中还描述了他如何向总书记提出了放弃被称为"北约司法管辖权"的西方联盟管辖权东扩的建议。

在起草给科尔的信件时，美国国务卿还不知道在此期间华盛顿对"图青公式"已改变了看法。白宫不再认为东德的非军事化有何意义，因此，从那时起布莱克威尔和泽利科夫不再使用"司法管辖权"这个概念，而是按照北约秘书长沃尔内尔的措辞，只讲北约内该地区的"特殊地位"。布什的同事们经过确切分析认为，"根舍计划"将阻止《北大西洋公约》第5条、第6条规定的北约安全保证保护东德。这样，统一后原民主德国区域如果遭到进攻，西方联盟的援助义务就不存在了。关于这一新的立场，科尔和贝克一样，是在联邦德国代表团去莫斯科会谈之前，通过转交给科尔的布什信件才得到了通报。[6]但美国国务卿立场的这一变化只是非常含糊地通报给了联邦外交部。[7]甚至在2月中补交给德国外长的信中，贝克还没有明确地脱离"根舍公式"的思想，而只是简短地解释说，不需要为东德作精确定义的"特殊安排"。因此，波恩的理解是合理的，这一措辞与联邦外长的立场并不矛盾。

北约提问："司法管辖权"还是驻军？

美国改变看法以后，"图青公式"作为确保西方对统一后德国联盟归属问题的共同立场，大约只保持了一周时间。从这时起，美国作为联邦政府最重要的盟国，其所代表的路线有三个基本点：

- "统一后的德国成为西方联盟内的完全成员"；
- "给东德提供北约安全保护的担保"；
- 给"民主德国地区特殊地位"。

此后，贝克避免使用"北约司法管辖权/北约管辖权"这两个容易引起误解的概念。

波恩的情况则不同。2 月 14 日在根舍外长的主持下，作为"德国统一"内阁委员会组成部分的"外交与安全工作小组"成员在根舍外长主持下举行成立会议。[8]出席会议的人员一致同意，按照《基本法》第 23 条谋求德国统一，也就是通过民主德国或其尚需建立的各州加入联邦德国实现统一，而不是按照《基本法》第 146 条以及与此相关的通过制宪代表大会实现统一这条弯路。在讨论安全政策立场时，外交部和国防部之间出现了不同的看法，这些看法还没有被当天先前举行的联邦内阁会议和"德国统一"内阁委员会讨论。至于联盟问题，根舍和外交部政治司长卡斯特鲁普意见一致地向工作小组成员指出，虽然整个德国应保持为北约成员，但"北约司法管辖权"不应延伸到民主德国。两人都明确地援引了贝克的看法，贝克提出了"司法管辖权不扩展"这个概念。

国防部长施托滕贝格却不同意就此不管。除了一系列其他的问题之外，包括在统一后的德国苏联驻军的最长过渡时间、统一后德国军队的总人数，等等，都是为反对"孤立地解决"德国问题而提出来的，施托滕贝格还询问联盟问题讨论情况的细节。[9]

施托滕贝格根据他对联邦德国利益的理解，针对迄今的"根舍计划"提出了自己的另一个模式，其中：

1. 统一后的德国应该保持为北约的完全成员；
2. 统一后现在的民主德国地区也不应属于西方联盟地区；
3. 东德地区将纳入《北大西洋公约》的保护保证；
4. 这一地区绝不能非军事化，因此必须能够驻扎没有融入北约结构的德国本土部队。

根舍激烈反对这样的考虑。他说，在东德只能驻扎本国的不隶属北约的军队，这会招致各方反对。仅仅因为这一点，他排除在东德领土上德国军事力量的存在。以为统一后联邦国防部队可以长期驻扎在现今的民主德国地区，这是幻想。虽然在谈判中可以列入这样一种选项，但它是很不现实的。对于兵役义务，根舍解释说，他可以在现今的民主德国地区予以放弃。这位外长说，几十年来大家在柏林就接受了这种状态，并指出美国会同意这一想法。关于西方联盟的援助义务和《北大西洋公约》的相关条款，他强调，要与"北约司法管辖权"区别开来。在内部圈子里，外长还

对其"图青公式"作了具体补充。除了表示拥护德国仍是北约成员以外，他

　　1. 精确地阐述了"北约管辖权/北约司法管辖权不东扩"这个概念，他在内部保证，西方联盟的保护保证不受此影响；

　　2. 确切地说明了自己对统一后现今民主德国地区军事地位的考虑，认为统一后驻扎联邦国防军是不可能的，即便它不隶属北约。[10]

　　国防部长施托滕贝格认为其中存在着非军事化的危险。由于根舍在阐述中没有谈及国家人民军的未来作用，对其考虑又未进一步具体化，所以他此时考虑的出发点依然是在一个统一的国家里拥有不同指挥部的两个军队。当根舍结束工作小组会议并宣布五天以后再次开会的时候，他借机指出，基于外部的时间压力，已经开始的讨论必须加速进行；在2月19日部长们再次会面之前，有关各部的官员就应事先拟定有关"符合宪法的法律道路"、"欧共体"和"安全问题"的问题提纲。

根舍与施托滕贝格的争论升级

　　为了准备部长会议，相关职能部门的工作人员次日上午就在外交部碰头，以便起草一份选择文件或者说起草一份有待解决的问题目录。[11]卡斯特鲁普再次提请注意两个基点，根据这两个基点，统一后的德国虽然保持为北约成员，但联盟的边界不向东移，同时，根据美国国务卿贝克确定的提法，北约的司法管辖权也不应延伸到现在的民主德国地区。卡斯特鲁普还提到其他有待处理的议题：统一后的德国安全利益、民主德国地区可能的特殊地位、苏军的暂时保留或撤出、国家人民军的未来以及民主德国的兵役义务。苏联的安全利益问题也被纳入了议题目录，但暂时不对此发表意见。之后，国防部的克劳斯·瑙曼（Klaus Naumann）将军与头一天的施托滕贝格一样，提出了西方联盟的保护保证问题。他保证，东德地区如果没有德国军事力量的存在，它就不可能进行防卫。因此，出于军事上的原因，绝对有必要在此驻扎没有融入一体化的德国军事力量，而且至少拥有在民主德国已经力争达到的六万人规模。瑙曼还阐明，联邦政府还可以采取哪些辅助性的安全和信任措施，包括放弃原子、生物和化学武器。他还谈到统一后联邦国防军可能有的兵力。对所有问题，官员们都没有得出最

后结论，但外交部、国防部和总理府的代表们应为下周一举行的部长会议提供一份讨论稿。根舍与施托滕贝格之间的潜在冲突依然没有解决。

2月16日，当施托滕贝格在一份新闻通告里概述自己的立场时，有关全德联盟归属细节的公开争论爆发了。[12]国防部长得到了联盟党议会党团的支持，其主席德雷格尔在1月31日就主张德国应成为北约的完全成员。在联盟党内部意见形成的几天时间里，2月6日，基民盟安全政策联邦专业委员会还就一份与总理府商定的声明作出了决议。其中，除了德国成为北约的完全成员外，还要求不要把"盟国陆军的和平驻地"转移到原民主德国地区。而关于在东德驻扎不隶属北约的联邦国防部队这个可能性，却明确地敞开着。可见，施托滕贝格有把握至少是能部分地得到基民盟/基社盟的支持。[13]

他公开发动攻势的背景是，除了原则性的考虑之外，还有一个顾虑，就是：如果收回外交部的立场，将会不必要地削弱即将与苏联进行谈判的地位。国防部长主张不要破坏欧洲的均势，在统一进程中要顾及邻国包括苏联的合法安全利益。统一之后整个德国也必须是北约的条约地区，但西方联盟的军队和指挥部不要移到现在的民主德国地区。施托滕贝格认为，该地区只能有不隶属北约的联邦国防军部队。至于驻扎在东德地区的这支本土部队的规模和装备，必须在维也纳欧洲常规武装力量谈判中加以讨论。施托滕贝格还认为，欧洲将继续是一个"其发展不会没有风险"的大陆。这位国防部长在一次报告中概述了他对军事联盟继续发展的想法。他认为，北约必须重新定义其部分任务，并且更多地思考其政治作用。但他警告不要犯"重大的战略错误"，即在华约瓦解迹象不断增长的同时，北约联盟也会重新布局。而根舍却认为欧安会进程是一个新的安全体系。根舍解释其设想说："我们要在欧洲逐步地建设一个欧洲安全大厦，它将覆盖很长时间内依然存在的联盟，并将这些联盟纳入这座大厦，最后联盟可以在这座大厦里融化。"这就是说，外长逐步开始就欧洲共同安全组织发表广泛意见，以迎合苏联的愿望。

施托滕贝格的媒体声明引起了根舍的激动。[14]他通过访谈攻击国防部长称，北约决不允许东扩，而驻扎不隶属北约的德国军事力量"原则上是一样的或相似的"。根舍竭尽全力捍卫自己的立场：谁要向东扩展西方的军事存在，"就将妨碍重新建立德国统一"。为了论证自己的立场，他提请注意美国国务卿和联邦总理的意见，并说贝克"正确地提出"，不能允许把

"北约的司法管辖权，也就是北约的管辖权向东移动"；而科尔在莫斯科作过保证，"我们也将重视苏联的安全利益"。这位外长也从自己的议会党团得到支持。与1989年11月底科尔推出《十点纲领》后的情况相似，这次又是根舍的自民党党友特别尖锐地表达了他们的批评。自民党议会党团防务政策发言人奥拉夫·费尔德曼（Olaf Feldmann）把施托滕贝格称为"政治纵火者"，并在公众中造成印象，安全问题的辩论可能使执政联盟发生问题。费尔德曼反复强调："自民党不会同意北约版图东扩"。[15]

总理府介入

2月17～18日的周末，以根舍、外交部、自民党为一方，施托滕贝格、国防部、部分基民盟/基社盟成员为另一方的辩论达到高潮，这时科尔认为自己必须出面干涉了。他在电话里要求两位部长解决争论。在2月19日总理府的一次谈话中，两人也照办了。他们同总理府部长塞特斯一起起草了一份共同声明，其中先是重申了联邦总理2月15日的政府声明。[16]不过，通过超越总理声明中所包含的内容，根舍实现了以重申迄今立场为名的"路线修正"。科尔在联邦议院还曾声明，"西方联盟的部队和机构不会推进到今天的民主德国地区"。现在根舍－施托滕贝格声明提出，这句话是指"听从和不听从北约指挥的联邦国防军"。至于原民主德国地区的安全政策地位，应与自由选出的民主德国政府和四大国一起"澄清"。

这样，根舍在与施托滕贝格的辩论中取得了全线胜利。新的声明不再只包含一般无争议的措辞，即北约地区不应向东扩展，而且向苏联保证，统一后联邦国防部队也不应在前民主德国领土上驻扎。就这样，联邦外长迫使政府在执政联盟的争吵中接受自己的路线，但存在的含糊之处没有消除。根舍－施托滕贝格声明不仅没有回答众所周知的问题，还额外增添了新的讨论题材：

1. 统一后如何处理国家人民军？根据最新情况，它与联邦国防军联合看来是不可能的，因为只有通过第二支德国军队的存在才能确保德国士兵——但不是联邦国防军的部队——驻扎在东德。根舍－施托滕贝格声明只是指出，应与自由选出的民主德国政府和四大国共同澄清所有此类问题。

2. 与根舍在不是公开举行的"外交与安全政策"工作小组会议上

的谈话不同，这则声明缺乏一项提示，即根据联邦外长的说法，"不扩展北约司法管辖权"也绝不意味着放弃西方联盟的保护保证。

3. 统一后，前民主德国地区应具有何种确切的军事地位？于尔根·克罗伯格（Jürgen Chrobog）的意见引起了额外的混乱。根舍的这位亲信兼外交部发言人指出，对于外长如何设想民主德国地区的未来，柏林是一个很好的例子。[17]如何将上述说法与科尔政府声明的基本原则以及根舍－施托滕贝格的共同文件协调起来，这一问题悬而未决。根据上述声明和文件，统一后的德国既不应中立，也不应非军事化。

争论只有一个胜利者，但这没有使政府对统一后德国安全地位的立场取得一致，还使关系友好的外国感到不安。[18]此外，总理在这件事情上采取何种立场仍然不清楚，他在外交政策方面的工作人员对根舍－施托滕贝格声明的解决办法不满意。科尔对两位部长的争论没有公开发表意见，因为他在这个意义重大的问题上首先要与美国总统布什协调，布什是他在德国统一问题上最紧密的外交政策盟友和最明确的支持者。[19]在科尔看来，此事涉及的不仅仅是抽象的安全问题。如果不明确地拥护北约，就不会有美国对统一政策的支持，美国是目前唯一毫无保留地支持联邦政府政策的盟国。因此，目标必须是保持布什对这条路线的支持。为此需要进行会谈，几天以后科尔和布什在美国会晤时就要举行。

第二节　布什、贝克和科尔确定自己的立场

华盛顿以十分怀疑的态度跟踪了波恩关于整个德国北约成员归属的争论。就像布什在电话中向在统一问题上仍然犹豫不决的撒切尔夫人所说的那样，根舍－施托滕贝格的声明使人怀疑德国是否仍将是西方防务联盟的完全成员。[20]国家安全委员会还担心，人民议院选举之后，以东德社民党人为领导的左派政府是否会与苏联人一起将联邦德国置于"统一或者北约成员"这一抉择面前。美国的主要任务是在真正的"2＋4"谈判开始前形成西方共同的立场，拖延"2＋4"进程以使德国人尽可能多地造成既成事实，并使六方会谈的议题目录尽可能简短。德国未来的防务问题决不要在那里提出。取而代之的是，要再次十分明确地与联邦总理谈德国的北约成

员归属问题。在此期间，早先商定的联邦总理去美国总统乡村别墅戴维营访问的时间已确定在 2 月 24～25 日。[21]美国人的主要目标是让科尔作出公开确认：

- 统一后德国整个领土都隶属北约；[22]
- 统一的德国依然留在西方联盟一体化的军事结构内，也就是说北约不会出现法国模式的德国成员；
- 保持西方在西德的军事存在；
- 东德应得到一个特殊的军事地位，其细节有待决定。

布什和贝克的同事们所关心的事情尤其得到了特尔切克的支持，特尔切克想在美国总统顾问布莱克威尔的帮助下，促使科尔放弃其基于执政联盟政策的考虑而在根舍与国防部长施托滕贝格之间选择支持根舍。[23]而布莱克威尔则希望，在美国国务卿贝克内心已离开了根舍的"图青公式"之后，现在正式与之保持距离，在美国看来，根舍的公式在联盟问题上没有提供令人满意的解决办法。

波恩与华盛顿一样，全力以赴准备总理的美国之行。在许多文稿中都强调，科尔是第一位获得邀请前往戴维营的联邦德国总理，这是国际上一份令人梦寐以求的邀请。[24]在内部评价中，德美关系无一例外地被称为是良好的，并始终强调美国对统一的支持："美国谋求与我们同心协力。我们应该十分清楚地表明我们对此的意愿。"科尔应该向其伙伴清楚地表明，决不会背着他们行事，他愿意与北约盟国就德国统一框架内的安全问题进行磋商。对于在 1990 年秋季召开欧安会峰会问题，口径是可以在峰会上向 35 个参与国"通报""2＋4"会谈的结果。总之，科尔的工作人员认为，在通往德国统一的道路上，当前与美国的合作不存在任何问题。

壁炉旁的高端外交

因此，会谈参加人员的心情与东道主的衣着一样轻松。2 月 24 日，东道主先在华盛顿机场，后来在戴维营直升机停机坪迎接科尔。科尔偕夫人以及几位亲密同事抵达这里，但没有根舍和外交部人员；[25]美国方面除了乔治·布什和芭芭拉·布什之外，有时还有其他的总统家人以及国务卿贝克、安全顾问斯考克罗夫特和国家安全委员会主席布莱克威尔。[26]外面的天气冰冷，下午早些时候双方代表团就已坐在木屋中敞开的壁炉前，开始了 2 个半小时的首次会谈。[27] 之前，鉴于当时轻松的气氛——科尔穿着灰色羊毛衫，贝克则脚蹬牛仔靴，布什就要求特尔切克解下领带。布什以"老朋友"的称谓欢迎科尔，说他很乐意与他相聚，进行非正式会谈。科尔就苏联、中欧和东南欧以及欧共体的当前形势作了详细分析，以此开始了讨论。他特别谈了欧共体与美国的关系以及德法关系。对于邻国来说，看到德国是"最欧洲的欧洲人"这一点很重要。在当前的形势下，他很高兴地知道德美关系完好无损。关于德国内部的发展，总理强调了事态的戏剧性，没有人可以预见到会是如此。现在的确首先要稳定局势，但他不愿意向莫德罗的财政要求让步。在通向德国统一的道路上，有两条轨道在运行：一方面是两德内部谈判，另一方面是国际框架。其中也包括，欧共体将扩大到民主德国，而他同时将竭尽全力推动一体化。德国人在政治上融入一体化越多，邻国害怕的理由就越少。

接着，科尔主动谈到一个话题，该话题在这个时候不仅仅笼罩着德国内部的争论。"总理先生，那么波兰呢？"一位记者在飞机降落戴维营时就在警戒线外对他喊问。当时总理没有对这个德波边界问题的讨论作出反应，现在却细致地谈了他的想法。他说，边界问题不是一个大问题，而是可以解决的。这取决于采取何种方法。德国人多数赞成奥德－尼斯河边界的永久性。前一天，他与波兰总理在电话中长谈了这个话题。马佐维耶茨基描述了本国人民的心理特征，事实上不是边界而是两国人民的心理状态才是问题所在。科尔重申自己的立场，他只能为联邦德国而不能为统一后的德国采取行动。他的目标是签订一项国际法条约，这个条约必须由一个全德政府谈定并经一个全德议会批准。他警告说，不要在讨论边界问题时又把战争赔款问题炒热起来。联邦德国已经支付了一千亿德国马克的赔偿金，其中给了波兰很大数目。现在，在战争过去 50 年以后又重提战争赔款，科尔反对此类要求。在回答贝克的询问时，他证实，这些要求不是马佐维耶茨基提出来的，而是源自波兰的国内政策。

联邦总理反对波兰直接参与"2＋4"会谈。他说，自己很愿意帮助马佐维耶茨基，但马佐维耶茨基起初想举行"2＋5"会谈，然后提出"2＋4＋1"会谈，但两者都是不可能的。对于已经决定的六国机制，其实质是首先要与美国进行紧密磋商，然后与其他两个西方伙伴、最终与苏联商谈。尽管如此，还是要与美国共同找到一个解决办法，以减少马佐维耶茨基的内政压力，例如可以进行磋商。实际上，波兰因其边界而处于一个独一无二的境地，所以，也不存在会导致"2＋4"框架进一步扩大的创先例危险。科尔谈到美国的利益，说这里有许多怀有民族情感的波兰人。而戈尔巴乔夫也不愿波兰开始讨论边界问题，尤其是在波罗的海国家发生变化的时候。在联邦德国，左派人为地渲染边界问题，因为他们希望以此使科尔的政党失去右翼保守派的选民。他们的动机绝不是爱波兰；如果今年没有选举，安全问题就不会这样突出。科尔总结说，他有诚意，并将找到一个解决办法。问题不在于有争议的事情本身，而在于程序，只要选出一个全德议会——他期待 1991 年选出——这个问题就会平静下来。安全顾问斯考克罗夫特想知道总理对解决边界问题的时间设想，科尔回答说，他希望今年就能结束"2＋4"会谈，否则这个议题可能要推迟到欧安会峰会。重要的是"2＋4"事先就取得结果，然后欧安会峰会可以像一位年长的主教那样为"2＋4"的成果赐福。贝克明确赞同这一判断。次日，科尔再次简短地谈到他的"理想时刻表"：在 3 月份人民议院选举以后，5～6 月举行地方选举，接着建立民主德国各州，然后于 1991 年举行全德选举。

科尔同样以进攻的姿态谈了安全与联盟问题。他说，他的国家对拥有原子武器毫无兴趣，没有朝此方向的当真追求。重要的是，统一的德国保持为北约成员，但需要一些过渡时间。北约部队或者不隶属北约的联邦国防军部队出现在现今民主德国的领土上，这是不堪设想的。[28]就此，科尔毫无保留地代表了根舍的立场，而特尔切克和美国正想使总理离开这一立场。科尔继续说，也需要为目前驻扎在民主德国的 38 万苏军制定过渡方案。根据第一次常规武器裁军谈判的结果，苏军数量虽也减少到一半，但戈尔巴乔夫仍需要时间以解决苏军在苏联的安置等事宜。但苏军无限期地留在那里是不行的。科尔请求美国确切说明，外长们讨论的关于"北约管辖权/司法管辖权"问题对德国在军事上加入一体化意味着什么。重要的是，不要产生德国的特殊地位。他向戈尔巴乔夫恳切地说过，把德国孤立于北约之外的任何做法，不论采取什么形式都是不可接受的。科尔总结性地强调，对于欧洲大陆未来的安全来说，德国留在北约以及美国在欧洲的存在是多么重要，在此之前，他还谈到了"长矛"短程核武器（SNF）及其现代化问题。总理说，知道如何处理这些问题是非常重要的。与布什一致，他坚决反对谈判和平条约。[29]

科尔就这样为戴维营会谈提出了他的议程，布什和贝克接下来就此进行了回应。关于短程核武器的争论，美国总统认为，在他看来，下一代"长矛"导弹（FOTL）已寿终正寝，其国务卿还补充提到联盟的决议：1992 年将对下一代"长矛"导弹作出决定；在开始执行《欧洲常规武装力量条约》之后，美苏应该就短程核武器进行会谈。关于戴维营会晤的中心议题即联盟归属问题，布什强调，统一的德国必须不受限制地保持为北约成员，对于联盟内可以有第二个法国这种想法，希望根本不予讨论。[30]德国和美国是欧洲未来的关键角色，这是没有争议的，但必须顾及欧洲盟国的恐惧和敏感。在渥太华，当根舍不加掩饰地对意大利人说，"2 + 4"桌上没有他们的位子时，这给其他人也留下了德国人感觉不够灵敏的印象。因此，与盟国磋商是很重要的。对这一点，总理明确表示同意。

关于边界问题，布什说，科尔曾谈到"今天这个样子的边界"。总理在这个问题上讲得越清楚，出现的问题就会越少。美国也排除波兰的战争赔款要求。布什保证，在此后的会谈中不再提波兰的这个关切。但国务卿贝克在谈话即将结束时建议协调一下针对媒体的新闻公告。他提议，用"包含了"波兰这个措辞，因为涉及的问题触及波兰的根本利益。但另一方面，不应将这一议题与"2 + 4"机制中的其他问题联系起来，对他来说这一机制纯粹是磋商性质的。许多事情必须由德国人单独决定，而另一些问题，例如特权与责任以及柏林问题则必须由四大国决定。如果出现直接触及这个国家或那个国家的问题，那么应该找到一个模式，请这个或那个国家坐到桌子上来商讨这些专门问题。就这样，"奥德－尼斯河边界"这个议题对两个代表团来说算是处理完毕了。[31]在第一次会谈继续进行的过程中，除了关于民主德国形势的详细信息、联邦德国内政发展以及谋求建立经济与货币联盟之外，特别谈到了两德统一国际方面的下一步行动问题。布什清楚地告诉科尔，美国支持两德迅速开始谈判，但同时反对四大国过早卷入，也就是说反对不久就开始"2 + 4"会谈。他与科尔意见一致的是，必须支持苏联总书记戈尔巴乔夫。

联盟问题上的乐观主义

在贝克通报了他本月初的莫斯科会谈情况之后，联邦总理表示信心说，现在所有未决问题都可以令人满意地得到解决。应布什询问，科尔保证，他绝不"想要"苏联军队存在于现今的民主德国地区，但戈尔巴乔夫不可能一夜之间撤走士兵。人们需要一个分阶段的解决办法，包括苏联部队有时间限制地驻扎在德国。他确信，苏联不会持久地阻挠德国归属北约。苏联在这个问题上最终不会再有什么问题，但他们为此将索取代价。现在重要的是与苏联进行直接和私下的会谈。科尔继续说，苏联人很有可能对第二个世界大国美国而不是他科尔为其同意整个德国的北约成员属性提出条件。因此，现在事情取决于美国和联邦德国在这一议题上展现决心和他们之间的一致。布什总统打趣地插话说，联邦总理的口袋很大，并以此暗示，为统一德国隶属北约所需的财政代价最终必须由德国人独自付出。两人一致认为，美国军队无论如何应该继续在德国驻扎。后来，科尔还扩展了他的乐观预测：[32]对戈尔巴乔夫来说，这也涉及声望问题。在德国问题上的突破可以在6月份的美苏华盛顿峰会上取得，这里科尔显然认为，只有联盟归属是尚未得到解决的问题。对戈尔巴乔夫来说，作出决定并不容易，不过他最终会与美国总统一起作出这个决定，他把美国总统视为唯一的同等级别的伙伴。总书记虽然认为"2＋4"机制是重要的，但他要与另一个世界大国完成协议，科尔强调并保证，到6月份苏联可以在其他问题上作出决定。与已经讨论过的所有其他议题一样，两个代表团在这个议题上也没有明显的差异。他们将会谈推迟到次日早上。

第一次工作会晤后是小范围的晚宴，之后工作人员加入进来一起观看电影《金银岛》。此时的德国是凌晨三点。集中的会谈以及布什关于看电影并非义务的提示，产生了效果：几分钟以后，客人们陆续蹑手蹑脚地离开了房间，最后只有布什、斯考克罗夫特以及科尔的苏联问题专家卡斯特讷看完了电影。

第二个谈判日是星期天，以共同参加礼拜开始，之后两个代表团于9：30坐下来会谈了一个小时。[33]头一天的详细交谈主要用于信息交换和试探对方的立场，现在要谈具体细节。科尔直接谈到"2＋4"机制，布什问及总理对法国和英国希望举行官员层面的预备性会谈的态度。贝克提到在渥太华达成的一致意见，认为无论如何不应在民主德国人民议院选举之前举行部长级会晤；但在另一个层面，例如政治司长层面上，可以很快举行会谈。联邦总理表示反对。他说，联邦政府已与民主德国商定3月7日举行双边官员会晤以"搜集材料"，之后的继续会面将推迟到民主政府的选举和成立以后。考虑到其他西方盟国和波兰的不安，贝克不喜欢这个建议。在他看来，应该首先在政治司长这个层面上举行三大国与联邦德国的

"1＋3"会晤，此后尽快跟上第一次"2＋4"会晤。这样可以抑制法、英和北约其他盟国的顾虑，不管怎样，它们都应得到通报。科尔也赞成向北约伙伴们通报情况。并在与苏联第一次会晤之前在"1＋3"框架内进行协调。他已与北约秘书长沃尔内尔约定，下周将亲自向北约常设代表们通报情况。布什明确表示欢迎这一点。联邦总理提出下述程序建议：也许3月1日举行"1＋3"会晤，3月7日与民主德国进行双边讨论，3月18日以后才举行第一次"2＋4"会议。他与贝克达成一致，"1＋3"应是非常私密的会晤，不要引起公众的轰动。

不过，美国国务卿对"1＋3"与"2＋4"会晤之间的时间间隔之大表示不满意。他说，在渥太华就已商定了较早的会谈，虽然不是必须在政治司长层面上举行，但它有利于安抚其他参与者。科尔反问，如果现在就开始谈判，是否真能带来结果？现在的民主德国政府在北约问题上将是苏联的传声筒，因此他不愿意看到在3月18日以前继续坚持共产主义的民主德国外交部代表坐到谈判桌上。选举之前的实际情况将是，在"2＋4"谈判桌的一边坐着西方的"1＋3"国家，另一边则坐着民主德国和苏联。贝克和布什赞同科尔在这方面的顾虑。国务卿说，关于谈判开始的时间，美国的态度是灵活的，但英、法则不同。联邦总理建议说，可以与这两国政府谈谈，他特别希望今后要保密，希望联邦德国与美国紧密协作；现在重要的是如何与苏联打交道，而这主要是贝克的任务。

在科尔介绍他对实现统一的时间设想，其中指出西方盟国主要是英国的态度犹豫这一短暂的离题讨论之后，会谈再次围绕具体的"2＋4"规划进行。科尔说，如果一切进展顺利，部长级会谈不久就可以举行。唯一与此相关的日期是年底的欧安会峰会，在这之前"2＋4"会谈必须结束，否则这一议题将会主导峰会。科尔再次重申并确切地阐明他对解决联盟问题的乐观估计，他最后捡起了贝克关于不允许扩展北约"司法管辖权"的说法，科尔想知道，这究竟是什么意思。完全像国家安全委员会主席布莱克威尔所希望的那样，贝克说，这个说法的唯一意思是，在今天的民主德国地区不应驻扎北约军队。科尔对此表示同意，他以此转到了特尔切克偏爱的路线上而离开了根舍的路线。他请贝克也公开地并且在西方伙伴面前澄清自己的立场。

归纳起来，在戴维营乡村田园风光中的会谈表现出：

● 在评估当前形势和规划以后步骤方面，总理府与美国政府之间没有根本的差别。

● 尤其是科尔表现出了强烈的乐观主义，对此他的美国谈话伙伴没有表示反对：早在这个时候，科尔已确信一年内将会实现统一，不过他在公众面前竭力以民主德国民众的压力来说明事态加速的原因。[34] 在这个早期阶段，科尔在内部圈子里就认为苏联最终会接受整个德国的北约成员属性。在科尔看来，没有解决的问题仅仅是对戈尔巴乔夫这一让步要付出什么"代价"。

● 在处理边界问题上，美国虽然赞成运用有关的欧安会公式采取较为进攻性的行动，但在这点上也对联邦总理表示了完全的信任，不想给他施加较大的压力。

新闻发布会上寻找冲突

在就新闻发布会的准备进行了最后的商议以后，美国总统和联邦总理于11时走到了等待着的媒体代表面前。[35] 在事先商量好的开场白中，两人谈了统一后德国是北约的完全成员、民主德国地区具有特殊的军事地位、希望美军留在欧洲、欧安会峰会签署常规武装力量裁军协议以及波兰西部边界。媒体对最后一个问题最感兴趣，波兰记者齐格蒙特·布罗尼亚雷克（Zygmunt Broniarek）第一个提问就表现出这一点，他问及当前德波边界的永久性问题。联邦总理重申自己众所周知的立场并保证："没有人要将国家的统一与现存边界的移动联系起来。这就是我的立场，对此不允许任何人怀疑。"但是按照观察家们的看法，他的措辞却再次造成了"理解其政府在边界问题上的官方法律立场的困难"。根据这一官方的法律立场，他作为联邦德国的代表不能以统一后德国的名义作出具有国际法约束力的许诺。在被问到他是否排除与波兰政府谈判时——波兰政府直到最后仍希望举行谈判——科尔再次提醒注意，"真正主管的主权——包括国际法上的主管者，也就是全德主权——会作出这样的决定。在波兰，有人期望在一个自由选出的德国议会在必要的批准程序中作出这个决定之前，两个德国就作出决定。对此，我们已在联邦议院公布了由绝大多数作出的十分清楚的决定，它再次确认了这一方针"。科尔指的就是西德议会的声明。

布什依照其同事们准备的美国立场的提示，对这一最新的声明作了补充，说"美国尊重《赫尔辛基最后文件》关于欧洲现存边界不可侵犯的规定。美国正式承认德波现存边界"。在回答提问时，布什明确强调，他不认为这一声明与科尔所言相矛盾，他不能说科尔所言"有什么不清楚之处"。尽管如此，新闻报道为了寻找科尔和布什之间的冲突，反复回到德波边界问题。在返回德国的途中，科尔还被问到，布什的插话是否揭示了总理与这位最重要的西方盟友的分歧，而《法兰克福汇报》则确信两位政治家之间有着"极其微小的差别"。[36]

当双方代表团在新闻发布会和午餐以后一起散步，以此结束这次访问日程时，猛烈的暴风雪朝着宽广的总统乡间度假地袭来。[37]科尔和布什不顾恶劣的天气，裹着美国海军厚厚的滑雪服走在前面。两人聊着自己的家庭和生活，显然比其工作人员更加享受这次散步：当两位政治家在这片宽广的区域再次兜圈时，特尔切克和布莱克威尔冻得发抖，打趣说在大雪覆盖的广阔地盘上可能会迷路，就坐着一辆小高尔夫车回到了小木屋。

总理感到满意

回到波恩后，科尔对会谈的结果显得很满意。通过邀请科尔去戴维营这一举动，布什突出了双方关系的特殊价值。正如几天后科尔在联邦内阁强调的那样，布什不仅展现了美国政府非同寻常的兴趣，而且也展示了他个人对德国问题的关注。[38]在共同的新闻发布会上，在所有重要问题上的一致立场更是清楚地显示了两人紧密的同心协力，虽然科尔没有采纳布什在德波边界上的建议，使用《赫尔辛基最后文件》的措辞。两人的工作人员也对会谈结果感到满意，因为：

- 两位政治家一致确定了德国将是属于北约的完全成员以及民主德国地区将有一个特殊的军事地位；
- 科尔与贝克一样，以此明确地超出了根舍的"图青"公式；
- 布什毫不含糊地表示了美国对现存德波边界的保证；
- 清楚显示出，在"2+4"会谈行动方式上取得了完全一致。

2月28日，科尔在联邦内阁中还阐明，就德国在欧洲的未来地位而言，任何形式的特殊地位以及包含有紧张关系萌芽的孤立，都是不能允许的。未来的联邦德国仍将是西方价值共同体的一部分。根舍外长解释说，今后应该停止提及和平条约的解决办法，这明显是针对联邦总理的提示。1月17日，科尔在巴黎曾争辩说，由二战战胜国解决边界问题，这要推迟到全德和平条约解决以后。联邦德国只能代表自己说话，而不能代表一个全德的主权国家。期间，联邦政府内部取得一致，即认为战争已经过去了45年，而且联邦德国已成功地融入了西方共同体，再就和平条约进行谈判已不合适，所以不应再提这个议题。2月28日，根舍通过美国驻波恩大使馆收到了美国国务卿的一封信。贝克向他的同事通报了戴维营会晤中有关安全政策部分的内容和约定：布什和科尔都认为，德国仍应保持为北约及其军事指挥结构的成员，这也包括《北大西洋公约》第5条、第6条规定的安全保证也应该适用于统一德国的整个地区。北约最后使用过的"司法管辖权"概念，也就是北约管辖权这个概念显然已引起了混乱，所以今后应该避免使用。

贝克在信中还指出，"2＋4"进程应该在北约内部对这类问题协调一致的基础上开始，因此与西方盟国的磋商是必要的。波恩多么认真对待布什早在戴维营就提出的美国的关切，这表现在，3月8日联邦总理在布鲁塞尔向北约理事会通报了德国统一的有关问题。[39]当科尔在20分钟的讲话中阐释联邦政府政策的时候，15个西方盟国的常任代表感到非常高兴。科尔表示，他的亮相应该成为"2＋4"进程中伙伴国经常磋商的起点，他在这一进程中将反对任何形式的中立政策。应该统一的是联邦德国、民主德国和柏林；改变波兰边界不是议题。科尔宣布，3月18日以后人民议院和联邦议院将作出保证现存边界的字句相同的声明，统一以后将由全德议会决定的条约予以确认。与此相对应，科尔希望波兰重申放弃战争赔款并承认当地德国人的少数民族权利。对于现在的民主德国地区，科尔认为，在过渡时期，暂时继续驻扎苏军，但不应驻扎联邦国防军，同时应找到一个特殊地位。联邦总理强调，北约也是一个价值共同体，这一点现在必须加以强调。如同与布什谈话的那样，科尔对统一后德国的联盟归属问题表示乐观。他认为，戈尔巴乔夫最终会同意整个德国成为北约成员，虽然要付出一笔高昂的代价。最后，科尔简要勾勒了统一的时间表，确定年底欧安会峰会召开的时间。他再次提醒注意内部巨大的压力，今年前8周就有11.6万移民，这尤其造成了这一压力。北约大使们在总理的阐述之后主要提出了德国内部统一进程的问题，并且也清楚表示安全政策的决定不能在"2＋4"的小范围内，而必须与北约协调之后才能作出。由此，实现了与西方伙伴挂钩并对其进行安抚。现在，联邦政府可以着手直接准备"2+4"会谈。

第三节　难以驾驭的顺从

两国和四大国的外长通过在渥太华决定的"2+4"公式，创造了两德靠近的调节过程和外交保障，但没有最后澄清悬而未决的内容。他们于2月13日发表的公报提供了信息，涉及：

> ● 参与者和谈判层面：除了联邦德国、民主德国以外，还应有法、英、苏、美参加会谈；会晤应在外长层面进行。
> ● 会谈内容和目标："2+4"回合应"围绕建立德国统一的外部问题，包括邻国的安全问题"。

就此，没有清楚说明会晤的具体日程以及谈判开始的时间。"2+4"声明只是说："官员层面的预备性会谈即将开始"。这种含糊其辞的背景是苏联外长谢瓦尔德纳泽在渥太华敦促迅速开始预备性会谈。[40]而美国——在这方面得到了科尔的强有力支持——却与之相反，首先要等待民主德国的自由选举，因为只有与具有民主合法权利的政府才能进行真正的谈判。此外，华盛顿也认为，晚一点开始国际会谈可以制造更多的德国内部的既成事实，这将有利于顺利进行"2+4"谈判。不过，渥太华的措辞可以创造早点开展"预备性"会谈的可能性。从加拿大返回后，根舍在给四大国外长的信件中感谢他们对"2+4"公式诞生的支持。在给谢瓦尔德纳泽的信中，他谈到了苏联的疑虑并建议"刻不容缓"地开启会谈。

四国小组确切协调

外交部早在渥太华就"2+4"机制达成一致以前，就开始对统一的国际问题进行组织上的准备。[41]除了已经存在的"德国政策问题"特别工作班子以外，2月中还将组建其他额外的工作单位。在第21分管司长领导下的"德国统一"项目组立刻着手研究外交和安全政策以及统一进程的国际法问题，项目组中有法律部门和计划室的代表。而在第41分管司成立的工作小组则致力于经济与货币政策问题以及对欧共体成员的影响。在"2＋4 机制"开启以后还要增加"'2＋4'工作班子"。在整个进程中，外交部与官员机构之间的重要联结环节是政治司长卡斯特鲁普。[42]从 1988 年开始，这位职业外交官就是第二政治司（D 2）的司长，因其较早得到重用而成为 70 年代初开始的德国政策谈判和德国问题方面最优秀的专家之一。作为一位平和的、忠于原则又有能力的谈判伙伴，卡斯特鲁普不仅在其本部门而且在外国对手中也享有很高的声誉。从现在起，这位政治司长的其他任务将由威廉·霍恩克（Wilhelm Höynck）接管而大大减轻负担。卡斯特鲁普从根舍那里得到了完全自由挑选"2＋4工作班子"成员的权利：如果他想要某个特别官员担任工作人员，只要打声招呼即可。

2 月 28 日，联邦德国与西方三大国在伦敦举行政治司长的首次磋商，从而开始了卡斯特鲁普的马拉松外交，其中有不计其数的通话、双边和多边会谈。[43]在伦敦五个小时的"1＋3"会谈中，他的谈话伙伴是政治司长魏思敦（英国）、杜发奎（法国）以及贝克的两位同事佐利克和塞茨（美国）。渥太华会晤后，这些男士们第一次坐下来协商，他们基于其他的工作早已相互熟悉，并在各自的部内是行政部门与政治领导人之间的联结点，在接下来的几个月里负责主持官员层面的"2＋4"会谈。[44]会谈刚刚开始，就证实了贝克在戴维营对科尔强调的话：不仅是苏联，而且法、英也敦促迅速开始预备性会谈，他们期待预备性会谈能够起到安抚欧洲的作用，尤其是安抚苏联和波兰。此外，他们还可以指出，随着卡斯特鲁普一开始宣布的下周与苏联和民主德国进行预备性会谈，真正的"2＋4"机制就已启动了。卡斯特鲁普成功地阻止了在人民议院选举前进行部长级会谈，他得到了佐利克的大力支持。佐利克保证，只有联邦德国同意在 3 月 18 日以前举行会谈，美国才会一起行动，以此清楚表明了波恩和华盛顿之间紧密的同心协力。[45]

然而，德美的相互配合有其限度，这在下一个会谈要点即"安全问题"，也就是整个德国的北约成员问题上，美国代表团就表现出来了。卡斯特鲁普根据布什和科尔在戴维营的会谈以及根舍的最新言论，阐述了联邦德国的立场，不过这一立场还没有最终的构思。内阁委员会负责此事的工作组要在 3 月 5 日才再次开会。对于《北大西洋公约》第 5 条、第 6 条规定的安全保证是否适用于民主德国地区问题，卡斯特鲁普不想发表看法，因为他还缺少布什、贝克和科尔所达成协议的细节。佐利克和塞茨强烈地表示反对，认为科尔和布什的看法是统一以后第 5 条、第 6 条必须也包含东德领土。魏思敦和杜发奎的尖锐问题清楚表明，这对西方大国来说是敏感之处，杜发奎对此也没有最终的看法，但原则上支持北约对整个德国承担完全保护。卡斯特鲁普独自面对不准备在此议题上妥协的所有同行们。他们一致反对设立非军事化区域，他们代表的立场与联邦国防部长施托滕贝格在与外长根舍辩论中失败了的论点在很大程度上相同。[46]仅仅在一点上他们与卡斯特鲁普取得一致，那就是，这个问题必须在"1＋3"范围内加以解决，以免为苏联进行阻挠提供机会。佐利克说，总而言之，还需要再次原则性地确定"2＋4"框架中应该谈什么和不应该谈什么。接着，卡斯特鲁普与佐利克共同反对给正在商议的文件冠以"和平条约"或者"媾和"的名称。而杜发奎指出，联邦总理本人在 1 月 17 日的巴黎演讲中就使用了这个概念。[47]魏思敦和杜发奎主要从法律角度据理力争，而佐利克和卡斯特鲁普则认为，如果能谈出具有约束力的一揽子文件并最终具有和平条约的作用，那就够了。

在讨论有关与波兰解决边界问题的方案时，情况也类似。魏思敦也倾向于谋求务实的解决办法。卡斯特鲁普先是通报了波兰的最新建议，据此，两个德国在 3 月 18 日后应该商定并草签一个相应的条约，然后由一个全德议会予以批准。根舍认为这是可行的道路并要与科尔就此商谈，因为这样的程序不仅迎合了波兰的愿望，也适应了联邦德国的法律限制。魏思敦建议，在"2＋4"框架中处理这一议题时，可以将谈判结果放进去，然后四大国可以向波兰表示对已找到的解决办法感到满意，但不要与明确的保证联系起来，因为这样做太过分了。大家还一致同意，波兰也可以被吸收到"2＋4"进程的这一议题中来。佐利克表示，西方大国期待波恩就边界问题发出积极信号，最好是在马佐维耶茨基 3 月 21 日访问华盛顿之前就做这件事。

最后，逐步取消四大国在柏林的权利、直接选举联邦议院的柏林议员问题，[48]以及欧安会峰会和"2＋4"进程之间的关系，也都列入了议事日程。所有参加者一致同意，应该让峰会参与者了解六国会谈的结果，但不允许他们对此形式上作出决议。塞茨认为，与欧安会的联系对苏联方面尤其重要，苏联需要尽可能多的可以触摸的战果，以应对内政上的讨论。因此，只要可能，就应该给他们提供这样的成果。

综合来看，西方政治司长们的这次磋商，也就是刚开始的"2＋4"进程中的首次"1+3"会谈，使所有参加者都得到了重要认识：

1. 美国政府给争取统一的努力提供了异常强烈的支持：在戴维营展现出来的总统与总理之间紧密的同心协力，在伦敦的官员层面上也找到了相应的表现。佐利克和塞茨几乎在所有问题上都强有力地支持卡斯特鲁普，他多次使用了这句口号："如果德国人愿意如此，美国就将予以支持。"其结果是，在准备阶段就帮助克服了法、英代表可以令人觉察到的消极抵抗。

2. 西方大国毫不妥协地坚持统一后德国的北约成员属性。西德与美国代表团之间的唯一分歧表现在安全问题的讨论中。在英国人魏思敦和法国人杜发奎的支持下，美国代表明确地向其德国同行表明了他们的谈判意愿限度。统一后的德国应该保留其北约的完全成员属性；对西方盟国来说，非军事化的东德——就像根舍-施托滕贝格声明中所确定的那样——以及不把北约的保护延伸到整个德国领土，都是行不通的。

3. 支持统一：西方盟国原则上同意，根据《基本法》第23条共同推进快速简捷实现统一的道路。关于这条道路，联邦德国还没有作出最终决定。

4. 多数要求尽快开始"2+4"进程：法、英支持苏联谋求在人民议院选举前就开始首轮官员级别的谈判；只有美国支持卡斯特鲁普的立场，即应在民主合法的政府选出后进行。

5. 法、英不同的基本态度：对讨论的许多问题，法国代表杜发奎还无法陈述和代表最终立场，但他的主要论据显露出一种突出的地位意识。法国意识到自己作为四大国一部分的地位，但还没有制订出最终的政治或外交方针。与之不同，英国人魏思敦的发言表明，虽然该国领导人对德国问题还没有积极的预案，但英国政府愿意务实合作，只要不危及其坚决维护的法律立场。所以，不能最终说服魏思敦，战争过去45年以后，签订和平条约或者一种正式的媾和方式已与政治环境不相符合。总的来看，这里已经暗示出英国的官员明显地处于紧张矛盾状态，即一方面是首相的反对态度，另一方面是建设性地参与正在发生的变化，包括欧共体内部变化的愿望。[49]

6. 西方大国希望与波兰顺利地和最终地解决边界问题：只有法国

外交部的政治司长强烈坚持搞一份国际文件并由四大国讨论这一问题。他的英、美同行表示愿意支持务实的解决办法——只要这个办法正如卡斯特鲁普所表述的那样——能使波兰、联邦德国和民主德国同样感到满意。不过，三大国代表非常清楚地向其德国同行表明，在这个问题上必须要动起来。[50]

原则上，"1+3"回合取得一致，只有通过西方阵营的一致，才能阻止苏联推行拖延政策。尽管主要由卡斯特鲁普和美国代表概述的初步想法在"2+4"回合准备阶段的第一次会谈中没有导致在所有问题上取得一致，但这位外交部政治司长卡斯特鲁普还是能带回波恩这样一个认识，即这些伙伴们至少在原则上愿意合作。在卡斯特鲁普起程与莫斯科和东柏林代表进行约定的会晤之前，他已得到了西方原则上的支持。

莫斯科提出要求

两天以后，3月2日，苏联副外长阿达米兴在日内瓦的语气同样友好，但在实质上比卡斯特鲁普在伦敦的谈话伙伴要强硬得多。[51]根据根舍与谢瓦尔德纳泽外长的约定，两位高级官员会晤，就"2+4"进程的内容和行动方式进行了持续四个多小时的会谈。会谈开始，阿达米兴和卡斯特鲁普在彼此保证不会背着对方行事之后，谢瓦尔德纳泽的副手开始谈正事。他提到戈尔巴乔夫在《真理报》上的最新访谈和谢瓦尔德纳泽在《消息报》上的访谈，这些访谈包含了苏联立场和利益的精髓：

1. 要求采取分阶段的行动方式，在这样做的时候不允许吞并民主德国，并且必须与全欧发展进程同步。

2. 涉及统一后德国军事地位的安全，具体来说是指德国中立问题，德国不能拥有大规模杀伤性武器。关于军备的规模以及外国驻军在德国的存在及其核武器配备问题，还必须商谈。

3. 边界的国际保障和德国的未来地位。

此外，阿达米兴还想探讨其他细节，如"2+4"官员级别会谈开始时间以及联邦德国和民主德国谈判的进展情况。接着，卡斯特鲁普按照2月15日的联邦总理声明和根舍-施托滕贝格声明，阐述了联邦政府的政策。

他指出，一个纳入西方联盟的德国将是欧洲中部的一个稳定因素，因此，一个中立的或非军事化的德国将被拒绝。不过，北约将越来越多地承担政治作用，并将决定性地参与建设安全合作结构。开始时，这些结构将作为屋顶凌驾于两个联盟，以后两个联盟会融入这一结构。针对询问，卡斯特鲁普保证，统一以后，不管是隶属北约的联邦国防军还是本土部队都不应驻扎在原民主德国地区。

阿达米兴明确表示，苏联从两个基本框架出发：第一，统一的德国不应是北约成员；第二，莫斯科的出发点是统一进程将持续很长时间，只有当戈尔巴乔夫反复勾勒的"欧洲共同家园"建立以后，才能实现统一。因此莫斯科反对按照《基本法》第 23 条实现统一。卡斯特鲁普反对使用"吞并"或"兼并"等概念，而阿达米兴以这些概念来形容民主德国潜在的加入联邦德国的路子。这些概念都与正确对待这一进程的尊严不符。他指出，联邦政府还没有就此作出最终决定，特别是在这个问题上不是联邦德国而只能是民主德国可以作出决定和采取行动。对于阿达米兴的疑虑，即在第 23 条中所称的"德国其他部分"可能指的不只是民主德国，卡斯特鲁普描述了统一以后从《基本法》中删掉这一条的可能性。

与联邦外交部的政治司长卡斯特鲁普不同，阿达米兴谈到通过和平条约最终解决德国问题的必要性，而卡斯特鲁普则明确排除了这种可能性。与此相反，在讨论波兰参与进程时，两人之间没有尖锐的对立。卡斯特鲁普提请注意波兰政府 2 月 21 日的声明，其中明确表示，并非要搞一个"2＋5"进程，而仅仅是华沙应在触及波兰利益时具有参与权。对这个问题，无论是形式上还是内容上，都可以找到一个解决办法。阿达米兴还重申苏联对尽快举行"2＋4"会晤的兴趣，问及联邦德国、民主德国和苏联举行三方会谈的可能性，并表达了对谈判的初步想法：理想的做法是能够找到一个共识原则，其中没有人拥有否决权。

这次会谈显然具有试探性质，对其中心内容的分析表明，苏联对进行中的"2＋4"进程有两个基本设想，它们在阿达米兴第二天与法国政治司长杜发奎的会谈中也表现出来：[52]

1. 对于莫斯科来说，整个德国的北约成员属性是不可设想的。因此阿达米兴断然拒绝了替代性的立场，比如根舍－施托滕贝格声明中概述的那样。

2. 苏联虽然希望在不久后就开始"2+4"进程，但其出发点是这一进程将持续多年，在这一进程中，德国内部统一应与全欧进程同步。说明这点的，还有阿达米兴的估计，他认为，欧安会峰会可以充裕地研究德国问题。主要出于担心德国仓促统一，苏联反对按照《基本法》第23条实现统一。

与伦敦"1+3"会晤之际获得的认识一起，与苏联高级外交官的会谈完善了卡斯特鲁普对"2+4"进程开局形势的印象。现在，无论是西方的还是苏联的中心论据，很大程度上捆绑在一起，应在3月9日进一步与民主德国方面进行讨论。

寻求德意志内部一致

在"2+4"机制基础上进行首次官员会晤的决定，波恩早在与民主德国会晤之前就作出了。3月5日，联邦总理与外长在一次谈话中达成一致，向其他五国发出相应的邀请，尤其是因为苏联在同一时间要求在3月12日或13日在日内瓦举行"2+4"政治司长级会晤。[53]之后卡斯特鲁普邀请他的五位外国同事于3月14日来波恩。正如他3月5日在"外交与安全政策关系"小组的晚间会议中向其他部门的代表解释的那样，法、英和苏联曾敦促尽快举行会谈，否则就会产生德国统一的外部问题不如内部问题那么重要的印象。在这次小组会议上，根舍再次强调他的优先考虑，即根据第23条实现统一，尽管这在国外并非没有争议。与按照第146条实现统一相比，它的优点在于，比如民主德国加入联邦德国的解决办法可以保护德国在欧共体的身份认同，因而不会触及诸如投票权和席位等大量问题，欧共体条约也不必修改。他与联邦总理一致认为，时间已经不多，这也支持按第23条办法行事。

卡斯特鲁普汇报了他的首轮试探性会谈情况以及与民主德国方面即将举行会晤问题。到目前为止，已形成了安全、边界、解除四大国权利以及媾和问题等重点议题。其中，三个西方大国特别关注的是统一后《北大西洋公约》的保护作用是否适用于整个德国。在边界问题上，所有会谈伙伴都坚持明确的解决方案，但波兰不能正式参与"2+4"进程，而应是一般性地"吸收"进来。在解除四大国权利一事上，四大国最终应通过一项声明正式宣告这一行动，而这项声明的形式和细节还有待探寻。在柏林问题上也存在大量需要澄清的问题。关于和平条约，无论是出于法律原因还是政治原因，卡斯特鲁普在所有会谈中都予以拒绝了。这方面，尤其对苏联还要做说服工作，因为那里还存在着许多错误的法律见解。至于与民主德国代表的会谈，卡斯特鲁普解释说，主要是拟定"问题提纲"。许多看上去像是技术性的问题，比如"2＋4"框架中的座位排列、会议节奏或者会谈议题，都可能具有政治上的深层含意。最后，这位政治司长宣布，在"2＋4"官员首次会晤以前，无论如何还要在巴黎举行一次"1＋3"司长会晤。

不过首先面临的是与民主德国代表的会晤。3月9日，卡斯特鲁普与哈特曼、杜伊斯贝格一起去了东柏林，副外长恩斯特·克拉巴奇（Ernst Krabatsch）代表生病的菲舍尔外长欢迎西德代表团。[54]卡斯特鲁普概述了众所周知的联邦政府的立场和政策，而克拉巴奇——由于四大国的权利，他更愿意说"4＋2"而不是"2＋4"——详细地阐述了当前民主德国政府的期望和目标。中心意思是统一不能危及欧洲的稳定。必须从两个权利平等的国家出发，不允许无视联邦德国和民主德国之间的基础条约。民主德国不接受《基本法》第23条并且拒绝这条道路，因为它等于被"兼并"。正在进行的两德长在一起的进程必须纳入欧洲统一的进程。卡斯特鲁普坚决反对使用"兼并"这一概念，但同意克拉巴奇的意见，在这次会晤中不讨论第23条，因此双方便转到了"2＋4"会谈的程序问题上。

对细节进行了简短的讨论之后，大部分达成了原则性协议，把技术性问题确定了下来，正如3月14日在波恩以及在"2＋4"官员层面首次会谈中决定的那样：[55]摆圆桌，用各国语言写名卡，座位顺序按照德语字母先后顺序排列，以及全部四种语言的同声传译，这些方面没有争议。同样一致的还有，政治司长应轮流在波恩和东柏林开会并轮流主持会议。此外，意见相同的还有，谈判应根据一致的原则进行，每个参与国都有权要求召开会议。同样，在议事日程方面应务实行事，根据不同情况逐个商议。会谈内容应保密。在官员层面会晤后，每位会议主持人只作一个简短声明，说明谈了什么。关于外长会议，波恩建议轮流在东、西德不同的城市举行。民主国代表团认为这对他们来说有技术和交通运输方面的困难，但这些担忧很快就被证明没有根据了：官员级别的会晤只应在两个德国举行，而四大国后来很重视外长们的会晤也在其首都举行。

民主德国政府表明其开局立场

两个半小时会晤的第一部分主要是澄清了技术性问题，之后，克拉巴奇开始谈民主德国在内容方面的考虑，体现出民主德国对"2+4"谈判的观点。克拉巴奇表明，他的政府首先以统一是个缓慢而长期的过程为出发点，在此过程中，不仅应该谋求内、外政策方面同步，而且也应谋求德国统一与全欧进程同步。在此过程中，正如民主德国给欧安会的最新备忘录中概述的那样，必须将其他利益相关者和更多的德国邻国吸收进来。[56] 2月23日交给驻东柏林常设代表处的文件将民主德国在统一进程中大量重要的立场捆绑在一起，该文件于2月27日直接交给了总理府，而后又分发给了所有欧安会的参加国。根据波恩对这份文件的阐释，情况很清楚，东柏林谋求通过将"2+4"范围扩大到其他国家，使统一进程复杂化并延缓这一进程。在民主德国看来，在"2+4"进程中，直到计划于年底举行的欧安会峰会以前，都不会对统一作出决策。不仅如此，峰会期间还应该就两德继续接近的条件作出决定。

克拉巴奇表示，民主德国视边界为首要问题，其中尤其是德波边界必须得到具有国际法约束力的承认。根据波兰总理马佐维耶茨基的建议，必须谈成一项条约，然后该条约必须得到一个全德议会的批准。仅仅是单方面的声明，例如联邦议院的声明，如同所提到的70年代的协定一样，是不够的。第二个重要点是未来德国的军事政治地位问题，这一地位不能增加周围的压力并且必须有助于维护稳定。因此，统一后的德国既不能隶属于北约，也不能隶属华约。两个德国必须以同样方式改变其地位，而加强裁军努力如同努力为寻找超越联盟的安全结构作出更多贡献一样，将会在这方面有所帮助。克拉巴奇声明，关于外国军队留驻德国问题，对两德应该一视同仁。他明确表示，对于东柏林来说，只有与外国的北约军队撤出联邦德国并行，才可以设想苏军撤出民主德国。在"2+4"进程结束时，一方面必须废除四大国对德国作为整体的权利，另一方面必须形成具有国际法约束力的文件，其确切的名称则是次要的。这样，所有的战时问题和战后问题就可以解决了。

在卡斯特鲁普按照众所周知的方针和立场阐述联邦政府对所提各个不同领域的政策之前，克拉巴奇也谈了民主德国的财产制度问题。[57]他提醒注意莫德罗总理3月2日给联邦总理科尔的一封信，信中附有民主德国政府——包括圆桌会议委任的无任所部长们——3 月 1 日的声明。其中要求确认东德的现有财产所有制关系，例如 1945 年在原苏联占领区实行的土地改革所造成的所有制关系。在重大事务上得到苏联支持的民主德国，所关注的主要是民主德国成立以前苏联——作为二战战胜国并根据《波茨坦公告》——所实施的财产没收。他们的中心要求是，这些都不应予以废除。克拉巴奇要求在六国框架内必须讨论这个问题，以便作出肯定当地所有制情况的见解。西德代表团团长强烈反对将这一议题列入"2 + 4"会谈的议事日程，因为这是 3 月 18 日开始的双边谈判的一部分。[58] 对于克拉巴奇谈到的合并两个外交部门问题，卡斯特鲁普表示，联邦外交部对此已有初步考虑，但还没有最后决定。杜伊斯贝格解释称，这一整套问题也属于人民议院选举后的双边谈判的内容。不明确的还有如何清理国际条约问题，因为民主德国方面提到有 3300 多个双边条约和几百个多边条约。

两德代表团的会晤在务实而愉快的气氛中进行，这在过去的两德会谈中绝非是理所当然的事情。波恩对民主德国在刚开始的"2 + 4"进程中所表明的开局立场有了完整的概括了解。虽然波恩认为 3 月 18 日自由选举以后目前的统一社会党 – 民主社会主义党政府会被其他政党所取代，但预期民主德国外交部在官员层面上会保持人事连续性，人们可以在民主德国的未来外交政策中重新找到这一开局立场中的要素。此外，东德社民党政治家此时也发表了类似的意见，例如党主席易卜拉欣·伯梅（Ibrahim Böhme）和瓦尔特·龙姆贝格（Walter Romberg）访问莫斯科之时以及马尔库斯·梅克尔、汉斯 – 于尔根·米瑟维茨（Hans-Jürgen Misselwitz）在美国逗留期间都作了相似的表态。特别是坚信会在即将举行的人民议院选举中获胜的东德社民党人同样认为具有决定性意义的安全结构比整个德国的北约成员属性更重要。[59]

总的来说，两德代表团 3 月 9 日的会晤澄清了下列问题：

1. 民主德国方面以缓慢而长期的进程为出发点，在这个进程中，除了欧安会以及其他双边和多边会谈外，"2 + 4"机制只是各式各样谈判层面中的一个；

2. 在民主德国看来，目前整个德国的北约成员属性是不可想象的；

3. 保障其财产所有制是民主德国政策的重要议题。

来自莫斯科的混乱信号

与民主德国代表团的会面没有给西德官员澄清之前谢瓦尔德纳泽提出的倡议。3 月 2 日，苏联外长致 "2 + 4" 机制中其他五位外长的信件引起了恼怒。[60]谢瓦尔德纳泽在信件第二段中写道，在民主德国人民议院选举之后，可能出现 "预想不到的情况"，这要求作出反应。他因此提议，参加 "2 + 4" 机制的每个政府都有权要求在各自国家的首都举行大使级会晤。如果 12 小时之内这一请求得不到满足，提出询问的政府就有 "自由行动的权利，作为对所出现形势的回答"。之后西方各国的首都对苏联的 "预想不到的情况" 所指何意充满混乱，特别是贝克的同事金米特在华盛顿接受这封信时，与美国驻莫斯科大使约翰·马特洛克（John Matlock）或者其他西方外交官向苏联外交部提出有关询问时一样，没有获得具体的回答。

当苏联大使克维钦斯基 3 月 2 日在一个临时商定的会晤中去联邦外长家里转交这封信的时候，根舍也向他问及这一含糊不清措辞的背景。[61]同时，根舍也提请克维钦斯基注意他在媒体上发表的最新言论，其中，他再次表示反对任何德国单干的做法并保证与四大国合作。为了强调起见，他还把有关文章交给了克维钦斯基，请他转交给谢瓦尔德纳泽。根舍说，大使最好转告他的部长，联邦政府不会使任何人面对既成事实。西方由于没有得到对其询问的回答，不明白谢瓦尔德纳泽所说 "预想不到的情况" 的确切意思是什么。在各种各样的谈话中，西方三大国和联邦德国得出结论，苏联领导人处于极端紧张不安状态。根据西方的考虑，苏联可能主要有三大忧虑：

> 1. 3 月 18 日以后，新选出的人民议院可能不顾国际形势尚未澄清的状况，提出按照《基本法》第 23 条尽快加入联邦德国的决议案；
> 2. 新的人民议院或者民主德国政府会发出最后通牒，要求苏军迅速撤出民主德国，这对苏联来说无论在内政上还是财政上都是经受不起的；
> 3. 在举行选举的环境中可能发生骚乱和暴力攻击红军在东德的机构设施。

人们对于谢瓦尔德纳泽建议的行事方式感到诧异，因为任何外长都可以随时就地召见当地的外国大使，所以暂时对这封信没有直接回答。[62]但苏联外交部对这件事却非常认真，像3月14日在波恩转交的谢瓦尔德纳泽致根舍的另一封信所证实的那样。谢瓦尔德纳泽用急切的语气要求给予答复，根舍于3月16日也以最快的途径给了一个答复。答复中，根舍再次保证将顾及所有参与"2+4"进程的伙伴的利益，以此试图消除苏联仍然是不确定的担忧。与贝克一样，联邦外长在回信中声明，不会回避临时磋商的愿望，这是理所当然的。

除了谢瓦尔德纳泽引起混乱的行动之外，苏联政治家、外交官、学者的大量其他言论也造成了"2+4"官员会晤准备阶段中的不明确形势。[63]在与外国来访者的谈话中，苏联人反复表达了他们的揣测，即整个德国的北约成员属性——在未详细定义的前提下以及在同样没有确切阐明的西方联盟的变化中——是可能的。公开反对按照第23条实现统一，常常被阐释为谈判中的"开局立场"。

除了这些来自莫斯科的单个消息之外，联邦总理府也注意到，在科尔和根舍2月初访问戈尔巴乔夫以及在渥太华就"2+4"机制达成协议之后，苏联的立场逐渐强硬。按照内部给科尔所作的分析，这表现在：一是苏联大力介入民主德国的竞选斗争，二是苏联力图改善自己在以后谈判中的出发立场。苏联紧盯着统一的内部问题并施加尽可能大的影响，其中也涉及经济利益。谢瓦尔德纳泽在3月初发表的各种言论令人担忧地注意到，他提出了物质的或者是财政方面的利益。科尔的工作人员认为，虽然不涉及战争赔款，但很可能涉及对当年苏联强制劳工的赔偿，在波兰也会讨论这一问题。尽管如此，特尔切克及其第二司的评估和预测的基调非常乐观，对戈尔巴乔夫3月6日的言论也没有作消极的评价。在一次电视访谈中，总书记一如既往地对统一后的德国拥有北约成员属性明确无误地表示反对。总理府的分析认为，由于戈尔巴乔夫既没有提出中立的要求，也没有要求解散东、西方军事联盟，说明他在所有重要问题上都保留着自己的灵活性。这也适用于外长谢瓦尔德纳泽。两位政治家显然想把德国问题当作争取建立欧洲新的安全结构的杠杆，因为鉴于匈牙利和捷克斯洛伐克提出了撤出苏军的申请，华约面临着寿终正寝。

在"2+4"官员层面第一次会谈前夕，情况似乎已清楚，苏联尤其对范围广泛的会谈议题和长时间的谈判感兴趣。除了四大国权利以及边界问题之外，苏联越来越多地明确要求和平条约，因此对它来说，变化中欧洲的安全结构、德国的军事地位和经济问题应该列入议事日程。

第四节　"2＋4"—— 公式有了内容

开启 "2＋4" 进程的最初几次预备性会谈表明，不同的参与者带着很不相同的基本构思进入谈判。起初，一方面是苏联和民主德国，它们要迅速开始会谈，以阻止德意志内部形成过多的既成事实；此外它们的兴趣还在于尽可能地拖延谈判，以便使两德接近与 "欧洲共同家园" 同步起来；提出一个包罗万象的议事日程，一方面是为了推迟谈判，另一方面是为了在尽可能多的方面获得发言权。联邦政府和美国政府的构思与此不同，两者的出发点是议事日程简明扼要和顺利结束会谈。因此，现在需要寻找两种设想之间的中间道路，同时要将法、英两国更加牢牢地拴住。

波恩内部一致、与华盛顿同调

在 "2＋4" 回合开始以前，3 月 13 日在波恩进行了最后的部际协调。在 "外交与安全政策关系" 小组会议开始之前，根舍外长与国防部长施托滕贝格就达成谅解，认为专门的安全问题，比如未来驻扎在德国的部队兵力不应是 "2＋4" 会谈的对象。[64]但是，伴随着这些会谈，要研究并提出维也纳欧洲常规武装力量第二轮谈判（VKSE Ⅱ）的裁军建议。限制谈判范围是西德战略的中心目标，这一点霍恩克在小组会议上说得很清楚，他通报了卡斯特鲁普的预备性会谈情况，说人们反对民主德国在 "2＋4" 框架中讨论保障东德财产关系的要求。让根舍本人感到意外的是，莫德罗政府通过给联邦总理和戈尔巴乔夫总书记写信就这一议题采取了攻势——这个问题明明是两德之间的事务，而且新的民主德国政府对它的看法肯定与莫德罗政府不同。

这次会议的要点也包括边界问题的处理。根舍建议在较窄的官员圈内就两德议会发表一项共同声明进行讨论，因为不久后这个议题就会提出来。国务秘书苏德霍夫说，波兰政府已经预告不久后将提出条约草案。接着，特尔切克将话题转到科尔和戈尔巴乔夫曾经谈到的盘点民主德国对苏联的经济义务情况。对此问题大家意见完全一致，即只有与民主德国一起才能进行这一审查。商谈的其他议题还有：关于就苏军临时驻扎民主德国签订条约的必要性，有可能也要同西方盟国就驻军地位问题进行新的谈判，以及解除四大国权利。根舍表示坚信：一方面，整个柏林问题将与德国问题一起自行解决；另一方面，通过"2+4"会谈而能单方面结束四大国的特殊权利与责任，将其作为"2+4"会谈的结果，将是值得期待的，也是最理想的。然而，由于"2+4"伙伴们有着不同的设想，目前还不能排除通过签订协议解决的可能性。

华盛顿也倾向于选择与波恩类似的基本构思，尽管国务院与国家安全委员会之间在细节上有不同的看法。[65]它们也坚决排除在"2+4"框架中讨论原则性的安全问题。取而代之的是，美国政府提出了一份广泛的清单，上面列举了现实的议题，它们分成三大类。第一类，四大国权利问题，应该在"2+4"框架内作出决定。另一类议题，包括比如未来联邦国防军的规模，绝不能在此框架内讨论。第三类也是最大的一组议题，由例如边界问题或者苏军今后在原民主德国地区存在等问题组成，这些问题由于德国的主权仅仅应当由德国政府决定，但可以在双边或者"2+4"框架中进行讨论。

西德和美国代表团设想在六国机制内讨论安排得很紧凑的议程，他们于2月13日下午在巴黎举行的政治司长磋商（"1+3"）中虽然得以贯彻了自己的设想，但在这个过程中也不得不克服部分是很大的阻力。[66]尤其是杜发奎，他和卡斯特鲁普一样，3月初曾与苏联副外长阿达米兴在日内瓦会晤，提出了一个范围较广泛的议程。在这次将近四个小时、在紧张气氛中进行的会晤中，在程序问题上大多很快取得了一致。但还是不时地出现不愉快情况。比如，当杜发奎认为，美国代表团——由佐利克、塞茨和赖斯组成——所希望的在每一轮"2+4"会议之前举行紧密的"1+3"磋商并无绝对必要；或者当法国方面批评联邦外交部新闻公告事先公布政治司长会晤的时候，就会出现不愉快气氛。此外，在"2+4"首次部长会议问题上也表现出不同的意见。英、法建议在人民议院选举后马上举行首次会晤，而美国和联邦德国不愿意把自己拴住，因为它们更倾向于尽量缓慢地启动"2+4"进程。

法国建议，如果第二天在六国范围内要谈及边界问题，那么也应在华沙举行一次谈判。卡斯特鲁普断然拒绝在华沙举行会晤，他是与特尔切克的副手哈特曼和根舍的办公室主任埃尔伯一起前往巴黎的。卡斯特鲁普说，波兰必须参与同其边界有关的讨论，这是理所当然的。对此，布什总统很恰当地使用了"吸收"这一概念，但不能在波兰版图上举行"2+4"会议。在与苏联和民主德国的会谈伙伴举行首次会谈前几个小时，西方的立场还远不是像波恩和华盛顿的代表团所期望的那样同一。尤其是杜发奎，他最后请求最好还是讲六国会谈而不是"2+4"会谈，他不仅对扩大议程感兴趣，还不时地强调法国作为四大国之一的地位，例如他对在正常的"2+4"会谈框架中与波兰代表团会晤，或者定期向北约伙伴通报情况表示强烈的反感。

在圆桌会议上寻求一致

在程序问题上广泛一致、对基本构思有明显不同的看法以及明显的神经紧张，这决定了3月14日法、英、美、苏、民主德国和联邦德国代表团在波恩举行的首次"2+4"会议。[67]卡斯特鲁普作为东道主担任会议主席，他在欢迎辞中阐述了"2+4"机制的构思，并就"外部问题"特别突出了三点：

1. 只有当一切问题都在"2+4"框架中得到澄清，统一才能实现。

2. 不应使任何人在谈判期间被置于既成事实面前。

3. 统一必须同外交与安全政策的要求相一致。

联邦外交部政治司长以此目标明确地针对谢瓦尔德纳泽反复重申的疑虑，即担心参加者尚在讨论统一进程的外交政策问题时，德意志内部的发展已经超越他们的讨论了。卡斯特鲁普对会议日程的建议——包括程序问题、就需要讨论的议题交换思想、未来官员级与部长级的会晤以及对公众的表态问题——都被接受。这些建议与"1+3"回合中以及卡斯特鲁普与克拉巴奇会谈中所作的技术性准备相同。据此，无论是在官员级别还是部长级别的会晤中，各国代表团都应按照德语字母顺序逆时针而坐。这样的座位秩序可以保证不再形成视觉上泾渭分明的阵线，比如两个德国与四大国对阵或者是西方与东方对阵。大家也普遍接受所有官员级别的会晤交替在波恩和东柏林[68]举行，会议主持人当然也由所有参与国家轮流担任。

西德和美国代表团反对固定下次官员会晤日期的意见最终获得成功，而苏联代表在杜发奎的支持下要求在民主德国政府组成以后尽快举行后续会晤。关于成立专家小组为每次会晤作准备的问题也被延迟讨论，此事应由部长们自己作出决定。与此相反，按照一致通过原则对程序问题作决定，每次官员会晤后仅由当值主席向媒体作简短表态的决定则得到普遍赞同；尤其是苏联代表团为显示其"公开性的象征"而表示强烈支持。

之后，阿达米兴也将谢瓦尔德纳泽 3 月 2 日信中提出的建议引入讨论，这就是各方随时都有权要求召开会晤。他用清晰的言辞提醒说，苏联在这个问题上仍在等待答复。阿达米兴不想或者无法解释苏联外长这一举动的背景，[69]各国代表团不受其影响作出决定：一国出于实质性原因申请会晤，在一个"理智的时间框架内"发出邀请以前，应得到其他国家政府的善意审核。

在吸收波兰参加"2＋4"进程的讨论中，迄今西方四个谈判伙伴很大程度上统一的立场面临分崩离析的危险。波兰政府应该尽早参加会谈商讨边界问题，对此虽然没有不同意见，但佐利克对法国的建议表示感到"迷惑"，法国建议召开一次特别会议，甚至可能在波兰举行。魏思敦提出的想法打开了妥协之路，即在正常的"2＋4"会晤时，可以在同一城市的不同场所与波兰代表团相聚。这样可以避免产生"2＋5"会议的印象。卡斯特鲁普指出——像魏思敦提议的那样——联邦政府在人民议院选举后将尽快与民主德国的新领导取得一致，然后开始与波兰沟通，卡斯特鲁普以此缓解了开始出现的冲突苗头。

经过部分是对立的讨论，在所有方面都取得了一致，但在商讨"2＋4"进程的可能议题时，参与各国不同的预期立场起了作用。与头一天的"1＋3"会谈相符，卡斯特鲁普建议四个领域：

1. 边界问题；
2. 政治军事问题；
3. 柏林问题；
4. 四大国权利与责任及其解除。

民主德国代表克拉巴奇极力想给这张清单增加几点，它们显然预示着耗时长久和更为复杂的谈判。其一，克拉巴奇希望两德的聚合进程与全欧进程同步。其二，谈判最后应该制订出最终的、具有国际法约束力的办法以解决具体问题。其三，他要求对民主德国——作为二战和盟军波茨坦协议的结果——已经形成的财产制度进行保护。在这方面，他明确提到对战

— 235 —

争罪犯和纳粹罪犯的财产的没收、土地改革、全民所有财产的形成。他的第四点将以下问题作为主题，即统一后，民主德国的条约义务尤其是对苏联的条约义务是否和如何被接管和继续保持。西方代表团争论说，第三点和第四点属于统一的内部问题，而前两点已包含在卡斯特鲁普建议的议题之中。

与之相反，苏联坚持认为，经济和财产所有权问题应在"2＋4"框架中得到讨论，并利用这个机会提出自己对和平条约的要求。苏联认为，这是战争结束45年以后最终了结二战的最佳可能。因此，必须将"媾和的可能形式"列入议程。阿达米兴也坚决反对卡斯特鲁普的妥协建议，比如提"最终解决的可能性"。苏联需要一个和平条约，不能予以放弃。他还希望只将四大国的权利与责任列入议程，去掉"及其解除"字眼，这一点被普遍接受。大家一致决定，先通过卡斯特鲁普建议的议程要点，以后再讨论可能的补充建议。在详细讨论了给媒体的通报稿后，这次会晤在苏、英代表团的短暂争执中结束：魏思敦催促要出发，因为他的飞机很快要起飞，接着阿达米兴请他以后别再预定这么早的航班，因为在时间压力下不能正常地工作。由于匆忙仓促，他觉得自己现在也无法谈论谢瓦尔德纳泽信件的背景，但他要再次指出，回答这封信也是收信人的义务。

"2＋4"官员首次会晤及其相关的预备性会谈的结果证明，除了赖斯所察觉到的苏联代表团的克制和缺乏准备以外，[70]从联邦政府和美国政府的角度来看，主要有四个方面的问题：

1. 苏联坚持签订一个和平条约，而联邦政府在战争结束45年后，对此加以拒绝。一种和约式的解决——只是在"1＋3"会议内部——得到了英国方面的支持。

2. 苏联和民主德国希望扩大谈判议题目录——其中部分与法、英意见一致——会导致会谈延迟。

3. 苏联和民主德国追求德国统一与全欧进程同步的目标，将危及联邦政府在不长的几个月内实现统一的计划。

4. 法国有时脱离西方的谈判方针，这与法国外交部拒绝与北约伙伴定期磋商以及对"1＋3"实质性商谈必要性的怀疑一样，令人对西方能否团结一致亮相产生担忧。

尽管如此，波恩和华盛顿的负责人对所取得的结果感到满意。他们共同拒绝了尽快继续会谈的催促、过于广泛的议题目录以及扩大参与国范围。具有决定意义的是，将下次会谈推迟到人民议院选举以后，一方面可以赢得时间以扩大两德关系、准备诸如货币联盟等其他不容推翻的事实；另一方面似乎也可以确保选举以后民主德国将由一个更加乐于统一的政府来决定政治方针。

等待民主德国新政府

3月15日，联邦总理科尔与布什总统通话的时候，也提出了相似论据。[71] 联邦政府绝不会将自己的伙伴置于既成事实面前，但在民主德国新政府组成以后，将与新的首脑艰苦地讨论货币联盟问题。在内部，科尔由于执政联盟的争吵以及围绕奥德－尼斯河边界和东德基民盟在民意测验中的糟糕结果进行的辩论，毫不掩饰他的恶劣心情，他抗议美国报纸的描绘，说他匆忙行事。尽管什么事情都没有发生，但老百姓仍然不断地离开民主德国。仅从年初开始就有14万多东德人移居到西部，这大大加重了民主德国建设的困难。联邦总理强调，他希望与"2＋4"伙伴共同解决外交和安全政策方面的问题，以便采取通向德国统一的决定性步骤。在他对头一天在波恩举行的"2＋4"首轮会谈的评估中，科尔坚决反对扩大谈判范围，更反对在华沙举行"2＋4"会谈。这对他来说是完全不可接受的，因为这样"也就可以立刻去雅尔塔了"。[72] 科尔再次向美国总统阐释了自己对如何澄清边界问题的思考，以及对自由选出的人民议院和联邦议院发表计划中的共同声明的思考。

总理向布什明确保证，整个德国的北约成员属性在东德也得到许多赞同。这是他在民主德国多次集会上得到的印象，他在竞选斗争的框架中参加了这些集会。科尔头一天晚上在莱比锡亮相参加最后一次选举大战，并向30多万人发表讲话。他向美国总统描述说，在此期间他在各种大会和集会上与100万人直接进行了接触，他在演讲中反复阐明了五点内容：第一，民主德国人民是当前发展和未来前景的主要功臣；第二，他感谢盟国尤其是美国的支持；第三，人们应该感谢戈尔巴乔夫"新思维"中的很多内容；第四，应该感激波兰、匈牙利和现在捷克斯洛伐克的改革者；第五，波兰不必因其边界而感到担忧，因为这一问题将在一份协议中得到澄清。最后，他始终指出，统一后的德国须保持为北约和欧共体成员，为此也爆发了经久不息的雷鸣般的掌声。科尔表示，他愿意随着两德的统一以及签订一份相关协议，不仅使边界问题而且使战争赔款的议题都得到最终解决。如同波兰议长最近访问联邦德国时所做的那样，再次对联邦政府提出上亿马克的要求，将使他陷入灾难性的内政形势。战争过去将近50年以后，人们不会再接受这样的要求。布什向科尔证实，大家很可能处于同一个"波长"上，即相同的处境中。在下周波兰总理马佐维耶茨基访问之前，他会再给总理打电话。

两位政治家在"2+4"第一回合后不久的谈话再次证明，波恩尤其可以信赖华盛顿的支持。布什毫不含糊地表示，他也不赞成在华沙举行"2+4"会谈。与此同时，再次变得明显的是，波兰西部边界问题绝对没有得到澄清并有可能成为美国总统的负担。意见一致的是，只有在即将举行的人民议院选举以后，才应进一步开展伴随国际层面和保障德国统一的具体步骤，国内外正在急切地等待这次选举的结果。

第九章　新伙伴寻找自己的方针

"科尔的胜利""科尔的凯旋"——即使是批评政府的媒体在评价 3 月 18 日人民议院的选举结果时，也一致认为：[1] 联邦总理借助"德国联盟"以及他在埃尔福特、开姆尼茨、马格德堡、罗斯托克、科特布斯和莱比锡六个重要大型活动中的演讲，对民主德国资产阶级政党取得明显成功作出了决定性贡献。特别是科尔无条件地赞成统一、他身上焕发出来的乐观主义，以及他以人格展示出来的尽早在东德引进德国马克和社会市场经济的前景，都起到了关键作用。在明显超过了 90% 的参选人员中，基民盟主导的联盟获得了将近 48% 的选票，并在人民议院以 192 个席位仅差一点未达到绝对多数。与之相反，在公众和民意调查中长期被认为最有希望的社民党却只获得将近 22% 的选票和 88 个席位，自由党获得 5.3% 的选票（21 席），主要从超脱政党的公民运动中形成的"联盟 90"只得到了 2.9% 的选票，绿党则有 1.9% 的选票。出乎意料的是，除了"德国联盟"获得了压倒性的胜利之外，原统一社会党也取得了良好的战绩：其继任者民主社会主义党（PDS）在第一次自由选举的人民议院中获得了超过 16% 的选票和 66 个席位。

对于科尔来说，正如两天以后他在联邦内阁会议上阐释的那样，这一结果就是"一个明确的决断要在建立德国统一的道路上采取迅速而坚决的行动"[2]。在联邦政府看来，民主德国新出现的多数不仅是一个政党政治的成功，而且也意味着可以与东柏林新的、民主程度广泛的合法伙伴开展比较顺利的合作。现在，具有决定性意义的是：

● 如何与目前尚未确定细节的民主德国新政府合作，以及该政府内部如何合作；

● 联邦政府为在国际上保障统一进程，应采取哪些具体步骤；

● 目前，哪些发展——首先是苏联的哪些发展，在通向统一的道路上决定着外交政策框架条件。

第一节　波恩寄希望于安抚

在波恩看来，为争取统一的努力取得成功，重要的是选举前不久为澄清德国统一外部问题而启动的六国机制不要停顿下来。因此，在与民主德国新政府商谈进一步的举措之前，联邦总理先要在西德内部确定政策方针，并保持与东西方最重要盟国的积极接触。

移民压力 —— 既是帮助又是问题

自 1990 年年初以来，遏制来自东德的移民浪潮也属于联邦政府的中心目标。[3]一方面，对总理来说这一发展出现得正是时候，因为它也在国际上表明了以统一为前提的两德靠近的必要性；但另一方面，它也显示了与移民数字相关的东西德的经济问题。总理的算计是，随着人民议院选举所宣告的民主德国状况的民主化，应该与东德尽快引入德国马克联系起来，以促使人们留在自己的家乡。因此，在就选举结果发表的声明中，科尔再次呼吁民众留在家乡，"与我们共同建设这片美丽的土地"。鉴于新的框架条件，总理的呼吁产生了成效：1 月和 2 月移民数字仍然分别是 73729 人和 63893 人，到 3 月份先是下降到 46241 人，4 月份则是 24615 人。

早在人民议院选举前夕，总理府工作人员就对德国统一道路的下一步措施提出了建议：[4]由于只有在澄清了外部问题，尤其是澄清了德国的军事和安全政策地位、四大国权利和边界问题之后，才能完成统一，"2 +4"会谈必须在 11 月欧安会会议之前成功结束。此后才能就"加入声明"以及附带有过渡阶段规定和期限的《并入法》（Eingliederungsgesetz）作出决定。顺畅的行动是必要的，因为，与民主德国建立的货币联盟和经济共同体只有在尽快实现国家统一的情况下才能站得住脚。为了在仅仅几个月的期限内解决所有这些问题，有必要将三个领域的会谈从时间上和内容上衔接起来：

- 与民主德国就建立统一进行的双边会谈；
- 同样与东柏林就货币联盟进行的双边谈判；
- 在"2 +4"框架内举行有关统一的国际问题会谈。

根据联邦总理及其智囊们的看法，在人民议院选举前夕没有较大挫折就开始的波恩"2＋4"机制要保持运转状态，这是绝对必要的。这方面，可以越来越清楚地看出，继波兰边界问题之后，[5]苏联除了要求欧洲安全保证之外，尤其看重本国经济状况的稳定。根据西德的理解，这些问题不可能是六国会谈的组成部分，就是说必须与苏联进行双边讨论。选举后不久，在科尔与外国政治家和外交官的首轮会谈中，都表现出他对属于安全和经济问题的处理是如何设想的。

科尔谋求超级大国理解

正如与几天前商定的那样，当3月20日科尔和布什通电话时，联邦总理显然着力于安抚美国总统。[6]通话开始时，布什衷心祝贺科尔领导的联盟取得选举胜利以及科尔对当前形势的描述。总理强调，统一德国的北约成员属性有多么重要。鉴于民主德国的多数状况，科尔认为对此事的支持明显大于原先的想象。接着，谈话大部分围绕联邦政府在边界问题上的立场。在与波兰总理马佐维耶茨基会晤前一天，布什对联邦总理承诺将找到一条使参与各方都能接受的道路而使各方感到放心，布什保证，科尔无须担心从他这方面会出现令人不快的意外。但布什也清楚地表明，如果在边界问题上继续等待下去，会有助于苏联制造混乱。最后，布什告诉总理，他计划与密特朗和撒切尔夫人会面，对这两人，他因为"某些弦外之言"而有些担心。显然，两位政治家的通话不仅是为了相互保证统一后的德国将是北约的坚定成员，而且也是为了安抚美国总统，使他相信总理在边界问题上的立场是可靠的。鉴于可以觉察到的莫斯科的紧张不安——布什提到了这个情况——两天后，科尔也尝试向苏联总书记发出安抚信号。

向戈尔巴乔夫转达信息的人是苏联驻波恩大使克维钦斯基。[7]总理请克维钦斯基将他们的谈话内容直接报告给总书记，绕开那些"花岗岩脑袋"。科尔说他的主要关切是，德国统一进程完成以后，德国与苏联的关系不会恶化，而是要比目前更好。谈话过程中，总理强调他坚信不仅能够赢得1990年联邦议院选举，而且也能赢得很可能在1991年底举行的全德选举。他与美国总统一致认为，大家决计无意增加苏联总统的国内困难。因此他要清楚地表明自己决计无意匆忙行事。人民议院的选举结果已经带来了某种减压效应，比如移民数字的下降就表明了这一点。科尔多次强调，他不愿意被卷入有关立陶宛独立的讨论——此事令戈尔巴乔夫遭遇越来越大的国内压力——或者在此事上必须采取立场。[8]

总理多么致力于使整个局势平静下来，这也表现在他再次谈到过去的想法及其《十点纲领》：当时他的出发点还是 1990 年实现条约共同体，1991 年建立邦联结构，1992～1993 年建立两德联邦。实际的发展情况已使这些想法过时。科尔提到民主德国经济的灾难性状况，它的外债高达约 400 亿马克，解决这些问题也符合苏联的利益。总理保证，发展必须并将在有序的轨道上进行，绝不会让苏联一夜之间就面对既成事实。不过，他希望在 11 月份就结束"2＋4"进程。为了改善总体气候，1990 年就有可能在北约与华约的关系以及短程核武器会谈上采取影响深远的步骤。他随时准备与戈尔巴乔夫进行直接会谈，如果这有助于避免误解的话。

除了向克维钦斯基通报计划中的解决德波边界问题和谋求扩大欧洲一体化之外，未来德苏经济关系的设计安排以及苏联的安全利益也是这次近一个小时会谈的中心内容。科尔说，与苏军在东德地区限期存在的财政问题一样，与民主德国和苏联现存经济协定相关的问题，都可以得到解决。科尔说，他也可以接受这段时间内德国军队不驻扎于现今的民主德国地区。同时，他也向对方表示，就像莱茵河要流向大海一样，统一也同样不可阻挡。

关于民主德国与苏联经济的紧密关系，克维钦斯基建议，在"2＋4"最后文件（即"2＋4"条约，也就是最终签订的《最后解决德国问题的条约》）中，德国应一揽子承诺接管所有的现存条约和协定，总计约为 3600 项。科尔回答说，不能不看货色盲目购买，但他同时表示愿意通过私下会谈予以澄清。大使随后削弱了他的说法，声称在一揽子接管的声明中可以加入一项细节保留。科尔也不愿意予以探讨，他说，苏联可以相信，联邦政府具有良好愿望建设性地解决这个问题，但德国不是一头金驴子。

在讨论统一后的德国未来安全政策地位时，双方立场也没有接近：克维钦斯基说，从苏联内政方面看，德国留在北约是不可承受的；新的德意志国家同等地植根于西方和东方是可能的，鉴于华约的军事意义已丧失而北约却依然完好无损，这应该是可行的。科尔拒绝这些建议，他说：对所有的人来说，一个中立国家的危险要大于一个纳入西方联盟的德国。苏军驻扎大约五年可以用条约形式确定，之后将不再存在这个问题。科尔也不赞同克维钦斯基走得更远的想法。这位大使问，可否除民主德国之外，对

100～150 公里宽的联邦德国地带也实行非军事化？科尔反驳道，联邦德国最狭窄的地带刚够 150 公里宽。科尔也不认可将西方大国完全撤军与苏军撤回联系起来。苏军撤退 600 公里，美军却要撤退 6000 公里，他认为这是不可想象的。大使的最后几句话暗示了苏联现实想法的走向：克维钦斯基感谢科尔在 3 月 19 日欧洲经济合作会议（KWZE）开幕式上的讲话，总理在该讲话中提议增强欧安会的机制化，在落实总理的上述讲话时，联邦德国与苏联应该同心协力。此外，其中一些想法也应纳入"2＋4"最后文件。[9]

这次谈话的内容和过程主要向科尔表明了两点情况：

1. 对苏联来说，整个德国的北约成员问题还未解决。虽然拿不出具体的或者可以实现的针对西方建议的替代建议，克维钦斯基总是反复强调这些想法不可接受，特别是用苏联内政的气氛来加以论证。

2. 与害怕一个军事上纳入西方的德国相比，莫斯科似乎更担忧经济上最终遭到孤立并由此而陷入经济灾难。表明这一点的征兆是，苏联大使坚持统一后的德国应接管所有义务，以及具体谈到对民主德国企业崩溃的担心和未加详细说明的民主德国企业崩溃会给苏联造成的影响。

为了让苏联领导人对其国家在欧洲的未来及其与西方特别是与联邦德国的关系感到放心，西方有必要在经济和安全领域采取进一步的措施和考虑。除此之外，对波恩来说，进一步弄清楚部分仍然犹豫不决的西方大国的立场，是不可缺少的。

"我们该对德国人友好一点"

1990 年 3 月底，美、苏、法对德国统一的立场很大程度上是清楚的，但在联邦德国与英国的关系中仍存在着干扰。[10]虽然英国的"2＋4"代表团和驻波恩大使馆的代表以建设性的批评态度参与德国问题的解决，但从英国首相那里却不断传来消极信号。就在与科尔会晤前不久，3 月 26 日，英国首相在一次访谈中毫不掩饰她对两德过快接近的疑虑，甚至直截了当地指责科尔不愿意承认欧洲边界，尤其是德波边界。因此，3 月 29～30 日在剑桥庆祝柯尼克斯温特尔会议成立 40 周年以及在伦敦举行德英正规磋商时，撒切尔夫人对科尔表现出不同寻常和出人意料的友好态度，这使总理尤为意外。[11]

无论科尔还是其陪同人员都不知道的是，3 月 24 日，首相特意在其位于契克斯（Chequers）的乡间别墅专门召集了一次专家讨论会，讨论德国历史的教训问题。[12]到了 7 月底，当英国和德国媒体公布了一份关于这次非常坦率的讨论的秘密记录时，才引发了对这次会晤内容的激烈争论。但早在 3 月底，撒切尔夫人似乎就已经至少接受了其智囊们的一个核心观点："我们该对德国人友好一点"。这个圈子的人由撒切尔夫人的同事鲍威尔挑选组成，他想在专家们的帮助下减少首相对德国人的害怕心理。在对"德国人的民族特性"进行表态时，专家们得出结论，今天的德国人不再具有一种"历史使命"意识，他们既没有征服欲望，也不再沉湎于军国主义。虽然该圈子的人不能确定，二战后发生的转变是否具有可持续性，但是参与者们得出结论，从现在起该"对德国人友好一点"。

第二天的访谈似乎表明，撒切尔夫人已把这个结论记在心里。[13]在这个访谈中，首相说她对德国统一不再感到担心。关于她迄今犹豫不决的原因，她说是因为德国人没有充分考虑一切后果而贸然突进，使她感到不知所措和困惑迷惘。唐宁街 10 号的发言人再次强调了撒切尔夫人的立场：政府首相愿意看到统一，但统一必须以有序的方式进行。在撒切尔夫人再次生硬地发表对边界问题的看法前不久，她似乎于 1990 年 3 月底就已转到了与总理和解的路线上。因此她在剑桥的演讲也充满了对总理的赞美，称他为大西洋联盟中令人信赖的伙伴。她说自己并非总是"最灵活的外交家"，以此概括她对德国统一的后果、对四大国权利、对德国边界、对欧共体和北约的未来所发表的始终是不加粉饰的看法。撒切尔夫人尽管竭力表现克制，但在英国大学令人敬仰的古建筑里举行的庆祝活动上，还是讨论了统一道路上悬而未决而又敏感的问题，即统一的先决条件是，统一的德国应是北约成员，在德国土地上保留北约核武器，保留英、美部队。

以此，首相谈及了对她来说两个重要的中心议题之一，即欧洲未来安全的构想。次日，她和总理在伦敦第 20 次德英高峰磋商中讨论了另一个综合问题，就是欧洲大陆的经济发展和稳定，以及与之相关联的苏联改革家戈尔巴乔夫的成功前景。[14]与同布什、克维钦斯基谈话时一样，联邦总理在唐宁街 10 号也试图从谈话一开始就采取攻势，以消除那些不容忽视的顾虑。他向撒切尔夫人保证，东德非军事化的计划——如同头一天晚上四位民主德国代表在剑桥向撒切尔夫人说明的那样——绝不符合他的看法。统一后的德国属于北约成员，这是不容商量的，这也是民主德国人民所希望的。戈尔巴乔夫在与他的会谈中，从来没有将这个问题变成大的议题，因此他认为，只要美、法、英和两德代表在"2+4"会谈中形成一致意见，就可以取得一致解决。苏联首先考虑的是解决其在民主德国驻军一事上的经费问题。苏联方面提出德国的北约成员属性问题是出于策略考虑。例如，3月17日的华沙会议就表现出这一点，当时捷克斯洛伐克外长吉日·丁斯特贝尔（Jiří Dienstbier）告诉他的苏联同事谢瓦尔德纳泽，捷克斯洛伐克主张整个德国应是北约成员。谢瓦尔德纳泽请丁斯特贝尔在大范围内重申这一立场，在波兰和匈牙利代表的支持下，这位捷克斯洛伐克人后来就照办了。[15]之后，谢瓦尔德纳泽对丁斯特贝尔的表态表示了感谢。

撒切尔夫人听取了科尔对统一后的德国北约成员归属问题所作的一般性陈述之后，对未来欧洲安全结构的细节感兴趣。她问道，统一以后，现在的民主德国地区是否也受《北大西洋公约》第5条和第6条的保护保证，显然她的工作人员已向她通报了德国执政联盟内部根舍与施托滕贝格之间的争论。科尔反对在"2+4"框架中商讨这类问题，在他看来，这类问题不属于"2+4"讨论范围。后来首相提议，鉴于华约实际上已不复存在，那么就应该为这些国家——包括正在民主化的苏联——提供另一个政治框架，不过她没有对细节提出建议。头一天晚上，撒切尔夫人在讲话中提议扩大欧安会，最终能够部分地实现机制化。针对撒切尔夫人的建议，应为解决联盟问题列出不同的选择，为布什总统计划于5月与戈尔巴乔夫会面提供帮助。科尔回答说，举例来说，可以在苏军限期存在于东德期间放弃将北约机构和军队推进到民主德国地区。联邦总理这一说法明显落后于他一周前向克维钦斯基表示的想法，那时他考虑的还是放弃在东德驻扎联邦国防军士兵。但科尔表现出坚定的乐观情绪，认为与整个德国的北约成员属性相联系的德国统一是可以实现的。在这次谈话中，他也保证无意将任何人置于既成事实面前。自民主德国选举以来，前往联邦德国的移民数已下降，人们已能掌控局势。

然而，为促使苏联同意统一后的德国是北约成员创造框架条件，西方必须——"在我们的可能范围内"——在经济上帮助戈尔巴乔夫，在这点上科尔与首相的看法一致。现在还有6～7个月的时间，必须利用这段时间同法、美和民主德国新政府进行协商。撒切尔夫人强调为戈尔巴乔夫提供经济援助的重要性，认为戈尔巴乔夫显然不懂得如何建立市场经济。此外，撒切尔夫人还对两德接近中的经济问题表现出兴趣。科尔还估计第二年下半年才会举行全德选举；他在这次谈话中向撒切尔夫人提到对德国马克在民主德国兑换率的初步考虑。起初，很可能每人只能以 1∶1 兑换 2000 东德马克，剩下的所有款项则按 1∶2 兑换。目前的一个大问题是获得民主德国实际经济数据的盘点情况。谈及德国统一对与联邦政府密切合作的欧共体影响，科尔保证，他不会要欧共体为统一出钱，而且在布鲁塞尔已安抚了一些伙伴的担忧；不过，对于东德的融入来说，一些单项过渡规定将是有必要的。

这次详尽的谈话以讨论一般性的外交议题而结束，之后是气氛轻松的新闻发布会，接着撒切尔夫人预告总理，她要向民主德国派遣更多的英语教师。科尔对此表示欢迎并建议也要考虑为民主德国学生提供奖学金。之前他已提议，由总理府工作人员和撒切尔的顾问鲍威尔通过定期会晤，加强双边的直接接触。

两位政治家的会面是德英关系逐渐缓和的证明。尽管撒切尔夫人还远未兴奋地欢迎或者积极地支持德国统一，但她看上去已打算建设性地参与合作，就像她给联邦总理就她在 4 月 13 日与布什总统会晤情况所作的专向通报所显示的那样。撒切尔夫人在那次会晤中不仅支持美国的"2＋4"方案，而且与布什在以下方面也取得一致："2＋4"会谈结束之际，应该废除四大国权利，也就是德国获得完全主权。以此，撒切尔夫人至少部分地转到了赫德和英国外交部官员一段时间以来就已主张的路线上来。[16]

第二节　具有争议的北约成员问题

正当法、英两国自 1990 年 3 月底慢慢地开始支持起初主要由联邦德国政府和美国政府所代表的将德国统一纳入国际关系的西方路线时，弥漫在苏联领导层中的混乱却在 3、4 月份日益强烈地显露出来。与此同时，在德国统一这个中心议题上，尤其是在整个德国的北约成员问题上，西方为达成一个共同立场而进行的协调努力有时候却陷入了停顿状态。

莫斯科的原来伙伴们掉头离开

在 3 月 18 日的人民议院选举中，东德基民盟领导的"德国联盟"赢得了压倒性的选举胜利，这使苏联政府失去了这样的前景，即不能指望曾被期待成为选举胜利者的社会民主党人成为在北约问题上采取比较迎合态度的"2＋4"谈判伙伴。而在一天前的华约成员国特别会晤中，莫斯科的这个希望就已经历了另一次打击。大部分到场的外长既不愿意支持苏联反对全德的北约成员归属，也不愿意支持苏联为阻止联盟逐渐瓦解所作的努力。[17]会晤结束时没有发表官方公报，使华约内部分道扬镳的政治目标昭然若揭。之前，苏联领导人曾明确声明，统一德国的北约成员归属是根本不可设想的。反对谢瓦尔德纳泽对德政策的代言人是捷克斯洛伐克外长丁斯特贝尔，他在这次会议前不久与根舍会晤过，现在与其匈牙利同行古拉·霍恩（Gyula Horn）一起强烈地反对德国中立，认为从长远看，这样的结构对欧洲稳定与安全的危险要大于一个牢牢捆绑在西方的国家。波兰外长斯库比斯泽夫斯基也在很大程度上追随这一方针，但他提到了一系列条件。比如，绝对有必要限制统一后的德国的军事潜力；北约军队不应前移到民主德国地区；为此可以考虑在那里驻扎德波或德捷混合旅。只有显得病态而疲惫的民主德国外长菲舍尔与谢瓦尔德纳泽共同强调全德北约成员属性的风险，但他不愿意无保留地站在苏联一边，苏联尤其反对根据《基本法》第 23 条实现统一。苏联在东方阵营里为其含糊不清的德国和欧洲政策构思寻找盟友的尝试明显失败了。

3 月底，联邦总理府把这些发展以及苏联外交官和学者的许多看法，写进了一个关于苏联在北约问题上的立场的总结性按语。[18]科尔的工作人员得出的结论是矛盾的，虽然最终都归于一种乐观的预测。分析认为，迄今为止苏联所有官方言论的基调只是以反对的态度提到全德的北约成员属性。作为替代性的选择，苏联领导仅仅谈及德国应加入"欧洲新的安全结构"。但许多情况表明，莫斯科还未确定最终立场，进一步的行动主要以四个要点为依据：

●第一，苏联不想单方面放弃它在二战中赢得的地位，也不想单方面放弃它从民主德国得到的权利和好处。

●第二，莫斯科要维护全球的实力平衡，尤其是在与美国相比中的实力平衡。

●第三，担心在民主德国的苏军的未来。

●第四，关系到谈判策略的考虑，如赢得时间、创造活动余地以及补偿问题。

然而，从东方的，其中也包括苏联的外交官和学者的言论中人们得到一个印象，即在一定条件下可以最终争取到苏联同意德国归属北约。为使这一点容易实现，人们向科尔建议，应该继续已开辟的道路并说服苏联相信，德国作为西方联盟的成员是与苏联利益一致的。所以，可以发出信号，表明愿意就苏军临时驻扎在民主德国进行谈判，特别是愿意为其驻扎经费提供款项。此外，要在莫斯科设法消除那种感觉，即似乎北约问题是与苏联的"损失"甚至对苏联不利相关联的。总之，必须通过坚决致力于裁军和军备控制以及扩建覆盖全欧的结构，使北约的继续存在和全德的北约成员问题"相对化"。与这一切努力并行的是扩大经济关系，其意义在于传递一个印象，即人们无意将苏联排挤在欧洲的发展之外，而是相反，愿与它进行更加紧密的合作。

这份按语从常驻代表机构和德国驻外大使馆对谈话所作的一系列报告和总结中得出结论，在这些谈话中，不同的谈话伙伴总是反复强调苏联犹豫不决的内政因素：[19]莫斯科似乎主要是出于内部原因而不能接受全德的北约成员属性，但可以在联盟发生转变和深远的裁军措施等大环境下进行调停。与3月20~22日谢瓦尔德纳泽和根舍借庆祝纳米比亚独立之际的会晤类似，苏联专家们一再表明，主要是内部的压力使得缔结和平条约很重要，以此可以向所有人清楚表明二战已经结束。

此外，特尔切克与波图加洛夫的会谈也向总理府的工作人员表明，民主德国人民议院选举后不久，苏联领导层的立场是多么的不明确。法林的同事波图加洛夫来自苏共中央书记处国际关系部，他于3月28日来到总理府向其谈话伙伴就正在进行的"2+4"进程提出一些问题，同时转达苏联领导的立场。[20]正如他在谈话开始时强调的那样，他这次来波恩访问是与戈尔巴乔夫最重要的外交顾问切尔纳耶夫商定的。使联邦政府感到意外的是，波图加洛夫偏离了其政府迄今的方针，他说莫斯科很清楚，无法阻止根据《基本法》第23条实现统一，但也不要把这一点看得过于悲观，因为不会因此而与联邦德国占有民主德国联系起来。存在疑虑的仅仅是，如何将加入条款运用到其中谈及的"德国其他部分"，以及在进行相应的统一时是否解除民主德国对苏联的一切法律义务。他具体询问了建立货币联盟的时间和条件及其对民主德国的社会影响。波图加诺夫问：如果民主德国的公共秩序瓦解并且政治上崩溃，将会发生什么事情？苏联作为二战战胜国在这种情况下难道无须设法维护秩序吗？

对于将统一纳入国际框架问题，法林的这位使者说，莫斯科不理解内政上围绕波兰边界的争论。关于未来德国的安全政策地位，他认为，以后必须有一个以书面形式固定下来的、能够满足各方利益的结果。然而，波图加洛夫的考虑存在着矛盾。他一方面声称，全德的北约成员归属对苏联是不可接受的，另一方面他又问，可否按照法国的范例考虑德国的北约成员问题以及苏联可否成为西方联盟中"某种形式的成员"。他认为，无论如何，重要的是要缩减联邦国防军，统一后的德国放弃原子、生物和化学武器。波图加诺夫对欧安会的机制化持怀疑态度。他认为，德国提出的有关建议虽然很有希望，但实现这些建议太费时间，所以应该思考可能的过渡性办法。波图加诺夫着重赞扬了根舍在西欧联盟（WEU）会议上的演讲，根舍在该演讲中勾勒了各个联盟发展为覆盖全体且合作型的安全架构的情景。对于和平条约问题，波图加诺夫解释说，他了解联邦政府的可以理解的立场，但作为出发立场他坚持要求签订一项和平条约。这样一个和平条约可以在两德、四大国和二战中被德国占领的国家范围内商定，条约也可以包含所有参与国郑重宣布放弃战争赔款要求。波图加诺夫以一个清楚的暗示试图诱使德国在联盟问题上作出让步：联邦政府在未来军事地位问题上表现得越是灵活和大度，那么苏联在和平条约问题上也会越发灵活。

波图加诺夫的论辩代表了这一时期苏联的考虑：

1. 对于苏联领导层来说，尤其是出于内政原因，德国的北约成员归属是不可想象的；但由于缺乏自己的替代性建议，也暗示最终可以在尚须进一步定义的条件下达成一致。

2. 强化两大联盟的政治作用，并与可以察觉得到的裁军努力相联系，可以作为向莫斯科提出的可能性建议。莫斯科似乎正在认识到，不能像德国统一那样快速地实现所谋求的"共同的欧洲大厦"，因此通往这一目标的道路上有必要采取具体的中间步骤。

3. 由于缺乏其他施压手段，莫斯科在与波恩的对话中不得不运用"和平条约"这一议题并示意二战中赢得的"战胜国权利"，苏联领导人显然将此视为促使联邦政府转到苏联关注的中心议题上的最好办法。

因而很显然，到 3 月底，莫斯科的强硬拒绝立场使它陷入了死胡同：甚至是在分崩离析的东方集团中，昔日的那些最紧密盟友都不支持苏联含糊不清的德国政策攻势；由于缺乏具体的替代性建议，这些攻势只会使苏联的活动余地缩小。因此，为了帮助戈尔巴乔夫和谢瓦尔德纳泽摆脱这一处境，西方紧急提出建议是必要的。

根舍和联盟的未来

在这一阶段，根舍外长 3 月 23 日在西欧联盟特别会议上的一次演讲，再次引起了参与"2＋4"进程的若干国家短暂的困惑和恼火。[21]根舍在卢森堡说，为了大陆的继续和平发展，"新思维是不可或缺的"。当着苏联客人的面，他宣布相关国家在所有步骤上的密切协调："我们不会将任何人置于既成事实面前，不会有任何事情背着他人发生。"在这次讲话中，联邦外长涉及了几乎所有在东西方讨论过的口号。与他 1 月 29 日的图青演讲相似，根舍声明："我们愿意在欧共体一体化、欧安会进程、东西方稳定伙伴关系、建设共同的欧洲家园以及创造全欧和平秩序的前景中，展开德国统一进程。"除了对一般政治发展的考虑之外，根舍还详细地探讨了与德国统一相关的安全政策问题，声称在这些问题上必须具有"最大程度的清晰度"。在统一后德国的联盟归属问题上，根舍明确地维护其北约成员属性，但同时要求："对于现今的民主德国地区，应有可能达成苏联和邻国也同意的解决办法。"为了创造整个安全政策框架，他认为"有必要使联盟从迄今的对抗性的军事角色演变为建立安全的政治角色"。

这一已经开始的从对峙到合作的演变应该是什么样的呢？根舍暂时没有给予解答。但他呼吁两大联盟"越来越多地从政治上定义其作用，从长远看应联合成创造安全合作的工具"。之后他展示了一个具体的分阶段计划："第一步，通过协作性的安全结构，加强由两大联盟确保的欧洲各国人民的军事安全。第二步，进行结构协作的两大联盟必须转化成一个共同的、集体的安全联盟。两大联盟创造欧洲安全新结构，新结构越来越成为两大联盟的屋顶，它们最终将在这个屋顶下融化。"

除了戈尔巴乔夫的提法"欧洲共同家园"和西方的全德北约成员属性要求之外，联邦外长还勾勒了解散两大联盟的具体前景，但这一前景既没有得到美国政府的好感，也不为联邦总理府所喜欢。科尔向根舍表明不赞同他这一看法，也不允许通过这样的公开言论使联邦政府受制于他本人不能支持的立场。[22]在总理看来，根舍为了努力安抚苏联和拴住苏联，走得太远了，因此应该非常迅速而明确地将外长拉回到政府的路线上来。就在德英磋商前夕，根舍在一次报纸访谈中确切地阐述了自己的看法，指出这些看法绝没有"解散联盟"这个内容。[23]

与之前不久特尔切克类似，根舍在敏感地带发表了公开言论。根舍被指责为对苏联让步太大，而特尔切克则因引用报纸评论而制造了自己的灾难，根据这一评论，科尔为积极发展所作的贡献被强调了。一位新闻记者写道，总理访问莫斯科时，戈尔巴乔夫将"解决德国问题的钥匙"交给了他，特尔切克在一次报告中引用了这句话。由于它突出了德国的单独行动而无视了邻国的感受，所以观察家们将特尔切克的言论评价为"愚蠢的失言"，这确认了外交部里的看法，即总理周围有一名外交上的"门外汉"和"笨蛋"。[24]科尔也对关于其工作人员言论——经过简化后复述——的有关报道感到恼火，因为这些言论给他造成了困难。但就像根舍的"解散联盟"言论一样，这些报道一方面显现了所有政治家们普遍存在的不安，另一方面也表明了在德国统一的外交政策进程中，措辞和强调点的意义：正如科尔和根舍在柏林墙打开的即时环境中，起初几乎只谈德国人的自决权而几乎没有直接提到统一一样，春天的时候，两位政治家使用的欧洲安全大厦和全欧结构等措辞成为公开讨论的中心内容。与不会背着伙伴们行事的保证相似，这些措辞可以用于安抚国内外，所以部分是有意识地不让它们包含具体的内容。根舍在西欧联盟的报告中离开了辞藻的安抚层面，几乎破坏了西方对北约继续存在和全德属于北约完全成员达成的共识。敏感地对待诸如"民主德国地区特殊地位下的北约成员属性"等概念和措辞，[25]以及避免诸如"中立"或"战争赔款"之类的不当言辞，是德国统一的大环境下在外交政策言论和行动方面令人印象深刻的特征。

第三节　赞成第23条，但在联盟问题上有怀疑

在民主德国，当时正在谈判组建新的执政联盟。由德梅齐埃[26]领导的"德国联盟"与自由党一起本可以取得人民议院稳定的多数。然而，出于将正待进行的统一谈判置于尽可能广泛的议会基础上的愿望以及与社民党

— 251 —

一起拥有修正宪法所必需的三分之二多数的展望，德梅齐埃对社民党进行激烈的游说。[27]

艰难地把东德社民党拉上船

选举前后，东德社民党多次在理事会和主席团会议上作出过决议，由于在竞选进程中出现的各种事件，绝不与德国社会联盟（DSU）联合执政。[28]当社民党主席伯梅由于和东德秘密警察部门斯塔西有联系而备受争议并于4月2日辞去党的职务，一度非常激烈的党内讨论——一方是愿意谈判的议会党团，另一方是党的理事会和主席团——出现了决定性的变化。[29]在当天的会议上，社民党理事会以九票赞同、六票反对、五票弃权选举伯梅的副手马尔库斯·梅克尔为代理党主席。[30]这样，1989年秋天民主德国社会民主党的创建者之一和明确支持社民党加入政府的梅克尔接管了党的领导。从2月份开始，他就被认为可能是民主选举的民主德国政府的外长人选。这一情况，与德国社会联盟主席汉斯－威廉·埃伯林（Hans-Wilhelm Ebeling）为其政党在竞选中的行为表示了道歉一起，为执政联盟的谈判扫清了道路。从3月21日起的首轮"信息交谈"以后，就进入了组建共同政府的实质性会谈。

这时，围绕统一道路的讨论成为敏感问题。期间，联邦政府已明确取得一致，争取民主德国或其尚在组建中的各州根据《基本法》第23条加入联邦德国。在此问题上，西德社民党内部的意见还完全不一致，尤其是在总理候选人拉封丹的影响下，该党优先主张根据《基本法》第146条解决德国问题，这意味着要就一部新宪法进行较长时间的谈判。[31]德梅齐埃及其东德基民盟则赞成根据第23条尽快实现统一，而东德社民党人则表示反对。在联合执政协议中找到的妥协——它偏离了东德社民党原先的基本设想——最终规定共同的政策目标是："在与联邦德国谈判以后，在《基本法》第23条的基础上，迅速而负责任地在整个民主德国同时实现德国统一，以此也为欧洲的和平秩序作出贡献。"

与此不同，在有关外交和安全政策部分的协议谈判中，明显地少一些妥协意愿是必要的。一些较小的党派对此少有作为，而基民盟代表克尔斯滕·拉德齐曼诺夫斯基（Kersten Radzimanowski）与社民党的龙姆贝格和米瑟维茨[32]在基本内容方面相对较快地靠拢。工作小组的结果没有多大变化就被写入联合执政协议，协议从六个方面描述了"外交与安全政策的基本立场"。[33]其中所含的"原则"可以用一开始就确定的主要议题来概括，就是：统一不能危及欧洲的稳定。为了实现这一点，提出了不同的议题：

1. 边界。要求在国际法上承认波兰西部边界。为此，两德议会应该发表内容相同的声明。接着，要在一项条约中草签现存的边界线，统一后由政府签署并得到全德议会批准。统一完成以后，第23条应从《基本法》中删除。

2. 欧洲的合作。为此，尤其要求扩大欧安会——它应有自己的机构——以便在其框架内找到"全欧和平秩序"。德国应该牢牢地纳入欧洲共同体和未来的全欧安全体系。

3. 民主德国的条约忠诚。应保持民主德国义务的有效性。如有必要，可与相关的条约伙伴协商一致予以修改。

在联合执政协议中，上述三个议题在若干个分要点中得到了进一步阐述并充实了具体内容。在德国政府及其西方盟友看来，北约问题具有特别重要的意义。对此，未来的民主德国声明，它视"以全欧安全体系推动军事联盟的解除"为己任。由于建立这样的体系比起实现德国统一需要更多的时间，统一后的德国可以在"一个过渡时期内"成为"其功能正在发生变化的北约"的成员。只有当全德在西方联盟中的成员归属与"放弃目前有效的北约战略，如前沿防御、灵活反应和首先使用核武器等联系在一起"，才为东欧邻国所接受。

其他的安全政策主导方针包括：

● 苏军暂时留在民主德国领土上；[34]

● 在该地区驻扎既不隶属北约也不属于联邦国防军的德国士兵；

● 与在欧洲派有士兵的所有国家的裁军努力相联系，大幅度减少德国的武器力量；

● 民主德国以及统一后的德国放弃生产、转让和拥有原子、生物和化学武器；

● 从德国境内撤出一切原子和化学武器；

● 最后，与深化在华沙条约内的政治合作相联系，重组国家人民军并逐步减少民主德国的军事义务。

所有这一切应是取消二战盟军对德国作为整体的权利的先决条件。此外，在统一之前，新政府——社民党将提名梅克尔任外长——要自行与欧共体就欧共体扩大到民主德国事宜进行谈判，并致力于欧共体不久以后逐步扩大到东欧改革国家。大量的细节，例如加入《欧洲人权公约》，圆满地结束了这个工作纲领。除了坚持自己的基本原则之外，还必须充分地关注苏联的利益，这种努力多么强烈，在有关民主德国外贸义务的章节中体现出来。这方面，指出必须与其他国家找到"符合民主德国忠于条约的解决办法"，以便为稳定和巩固中东欧的状况作出贡献，而在这些国家中，苏联是唯一被点名提到的国家。

分析联合执政文件的外交政策部分，十分清楚：尽管拥护迅速统一，但考虑的时间比联邦政府想的要长。比如该文件称，"尽可能到1992年"停止民主德国的军备生产是共同的政策目标之一。关于扩大其机制功能十分缓慢的欧安会这一讨论得相当充分的问题，也体现出这份协议着眼于好几年的前景。在对这份联合执政协议的分析中，以下情况也引起了总理工作人员的注意，即未来的民主德国政府应该普遍开展广泛的立法工作，而"从现实情况看，这需要较长的时间"。[35]不过，他们原则上认为，"德国问题与全欧统一进程相衔接的说法，其核心与我们的设想一致"。得到积极评价的是德梅齐埃作为总理，在联合执政协议中"尤其是在德国政策方面"被赋予大政方针权限，[36]只是在细节和行动方式上，西德专家们可以指出与联邦政府立场相比还有差别，主要有三点：

1. 在解决德波边界问题上，联合执政协议同意在统一前就草签边界条约，这符合马佐维耶茨基的建议，但违背了科尔的目标设定。

2. 未来的民主德国政府提出了全德北约成员属性的具体条件，如放弃前沿防御和灵活反应战略等原则。

3. 德梅齐埃考虑民主德国可以在华约内参与"深入的政治合作"，波恩认为这一想法是"有问题的"。

但总的来说，波恩对取得的结果可以感到满意，尤其是在这些日子里，美、英也赞成为解决全欧安全结构而对北约和欧安会作些变动。[37]对联邦总理来说，现在需要与德梅齐埃及其同事保持沟通，并与民主德国新政府研究制定共同路线。因此，还在 4 月 19 日德梅齐埃发表首次政府声明之前，特尔切克和哈特曼就在复活节的星期一飞往东柏林，与总理及其最密切的同事就未来外交政策的基本内容交换意见。[38]特别是政府声明的初稿提到全德北约成员的时间期限是"直到创造全欧安全体系为止"，这不符合联邦总理及其亲信的设想，联邦总理的亲信们除了与德梅齐埃、总理府办公厅主任克劳斯·赖兴巴赫（Klaus Reichenbach），还与德梅齐埃办公室主任西尔维娅·舒尔茨（Sylvia Schulz）和国务秘书君特·克劳泽（Günther Krause）会面。此外，令总理府感到不快的是，联合执政的民主德国伙伴明确规定了马佐维耶茨基建议的最终承认德波边界的处理办法。

东柏林的谨慎 —— 莫斯科的警告

4 月 19 日，当德梅齐埃在人民议院发表自己的首次政府声明时，他可以依靠大量的资料来源。[39]例如，特尔切克在访问东柏林时向他详细阐述的联邦政府的立场。与苏联驻民主德国大使科切马索夫和民主德国外长梅克尔的谈话也构成了外交与安全政策段落的其他基础材料。此外，还有德梅齐埃的工作人员起草的各种不同的文本草案，其中包括总理府办公厅主管外交事务的司长蒂洛·施泰因巴赫（Thilo Steinbach）[40]以及总理的一个亲戚托马斯·德梅齐埃（Thomas de Maizière）的草案，后者之前曾在西柏林市政府里为艾伯哈德·迪普根（Eberhard Diepgen）工作过。由于内阁也对政府声明进行过讨论，所以也汇集了新任部长们的意见，当然最终大部分还是由德梅齐埃独自完成的。

4 月 19 日下午，当总理府分析这份政府声明时，科尔的工作人员不得不发现，他们将无法在东柏林贯彻实现所有的重要事务。[41]虽然德梅齐埃明确支持根据《基本法》第 23 条实现快速而正常的统一，这使波恩感到高兴，然而这位民德国总理在人民议院讲话的部分内容落后于联合执政协议的说法。总理府的分析还注意到，德国统一的外交与安全政策部分虽然被放在政府声明的结尾，但由于声明内容范围广泛，并不构成所公布政策的重点。特别令人刺眼的是，德梅齐埃没有具体说明统一后的德国应是北约成员。[42]除此以外，联邦政府和苏联领导层认为重要的各点，演讲都包含了：

1. 明确承认德波边界，虽然政府声明中放弃确定其程序；

2. 明确支持欧洲和将德国统一纳入到欧洲的统一进程；

3. 强调欧安会进程的重要意义，不仅多次重申建设和扩大欧安会，而且对此提出具体建议；

4. 向东欧邻国和苏联保证，民主德国会顾及它们的安全利益并坚定不移地遵守所承诺的外贸义务；

5. 强烈呼吁加大裁军努力，目标是用"超越联盟的安全结构"取代军事联盟。

总理府认为积极的方面是政府声明中没有提出以下要求：

- 在完成统一之前就与波兰草签边界条约；
- 从德国领土上全面撤除核武器；
- 把在德国的美国军队与苏联军队置于同等地位；
- 预先规定全德武装力量的规模。

与之相反，总理府的评价认为，以下几点是有问题的：

- 统一之前，民主德国新政府要自行与欧共体就欧共体扩大到东德进行谈判；
- 过于强调对华约的忠诚并准备深入参与在华约政治结构中的合作；
- 政府声明中没有明确支持全德北约成员属性，也没有明确拒绝德国中立。

尽管分析指出，"理想主义的基调"也预示着未来合作中会产生问题，不过总的来说，对政府声明中外交政策部分的评价是积极的，因为在波恩看来，人们可以与德梅齐埃宣布的几乎所有原则共处和工作。在德梅齐埃在人民议院作基本原则演讲之前，苏联的一次攻势使人再次清楚地回想起它在德国政策中的话语权和决策权，这一攻势再次证明：尽管大家在当前政策中小心翼翼，但仍然如履薄冰。4月18日，科切马索夫大使转交给德梅齐埃一份所谓的非文件，分11点概括了苏联对日益加快的统一进程的基本原则。[43]莫斯科领导虽然再次强调欢迎两德统一进程，但也为此重申了其条件。除了欧洲稳定和维护安全利益等一般性要求之外，这份被称为德梅齐埃和科切马索夫会谈"备忘录"的文件包含有反对按照《基本法》第23条实行统一，因为它等同于"吞并"民主德国，该文件还否决了全德的北约成员属性，并警告民主德国不得"不忠诚"于华约。此外还要求：

- 履行联邦德国和民主德国与苏联签订的所有条约与协议；
- 尊重1949年10月以前苏联依据波茨坦会议结果[44]对民主德国作出的决定；
- 建立全欧安全体系以消除欧洲军事集团；
- 在"2＋4"会谈框架内为最终解决德国问题谈判签订和平条约；
- 在这份和平条约中最终承认欧洲现存边界；
- 遵守民主德国与苏联之间的一切供应协议。

与4月19日苏联代办转交给哈特曼的文件几乎同样清楚的是，苏联领导人借此在德梅齐埃发表政府声明的前一刻再次表明，苏联自1990年2月对科尔表示原则赞同统一以来，它的立场变化是多么的少。[45]相反，该文件说，迄今仅仅从报纸报告中得知的《建立德意志联邦共和国与德意志民主共和国货币、经济和社会联盟的条约》① 草案，其形式和内容都"令人更多想起最后通牒"而非两个平等国家之间的条约。这份草案规定民主德国把大部分主权让予联邦德国，形成了"事实上吞并民主德国的法律基础"。这与西德不打算背着四大国做任何手脚的保证不相容。同时，在交给联邦政府的文件中——没有提及反对全德的北约成员属性——再次强烈要求遵守民主德国的一切经济义务。

波恩虽然获悉了苏联这两份文稿的强硬措辞，但总理府与外交部一致认为，这绝不是苏联领导层的最后看法。[46]现在需要扩大有关两德统一的国际法效应尤其是有关经济后果的对话，以更多地顾及苏联的疑虑。同时，尤其是因为苏联外交官的其他提示，人们坚信，莫斯科也会日益认识到无

---

① 《建立德意志联邦共和国与德意志民主共和国货币、经济和社会联盟的条约》（Vertrag über die Schaffung einer Währungs-, Wirtschafts- und Sozialunion zwischen der Bundesrepublik Deutschland und der Deutschen Demokratischen Republik）——编者注

法贯彻诸如和平条约的要求。不是由苏联大使本人而只是由代办递交该文件，被总理府视为额外的鼓励，认为这份说明立场的书面文件——但只是作为非文件——并不太有分量。

苏联为了澄清自己的立场而采取的行动，主要表明了三件事：

1. 莫斯科仍然提不出针对联邦政府政策的具体的替代方案。取而代之的是，它通过生硬的措辞强调自身立场的严肃性，其中特别是涉及德国的北约成员属性问题。但由于苏联外交界的其他信号，这一战略不起作用。

2. 苏联领导层越来越害怕民主德国经济的崩溃，害怕所宣布的经济、货币和社会联盟将产生不可预测的影响。由于它自己并无对未来经济合作新秩序的设想，维护现状的要求目前取代了具体的谈判。

3. 在与民主德国新政府的接触中，苏联把希望寄托在表现坚定的政策上，至少在与德梅齐埃第一次政府声明的相互关联中，这一政策没有失去作用。

东柏林外交部的新班子

4月17日，当梅克尔在被人民议院批准为民主德国外交部长五天之后首次进入东柏林马克思－恩格斯－广场他未来的工作地点时，1989年秋天的和平革命达到了又一个高峰：这几天，在民主德国的几乎所有部委里，原政权批评者和不同政见者作为民主选举出来的议会代表接管了国家的重要领导岗位，这个国家与另一个德意志国家的统一——这也意味着它的解体——是其公开宣布的政治目标。对梅克尔来说，这同时意味着实现了一个夙愿。为了这个夙愿，他承受了说他将个人利益置于党的利益之上的指责，因为他把内政部和副总理一职让给了德国社会联盟党。梅克尔在伯梅辞职以后勉强获得表决胜利而临时担任党主席，在决定外长一职人选时，他同样也是勉强战胜了德梅齐埃总理心目中的候选人。德梅齐埃更愿意看到龙姆贝格主持外交部工作，因为龙姆贝格在教会从事过宗教政策方面的工作而拥有较多的外交经验和敏锐的理解力。[47]复活节的星期二，梅克尔在两位男士的陪同下进入外交部，在以后的几周和几个月里，这两人将是他最重要的工作人员：汉斯－于尔根·米瑟维茨和卡尔克里斯蒂安·冯·布劳恩米尔（Carlchristian von Braunmühl）[48]。他们个人的成长经历——一位是神学家兼民主德国公民运动领导人，另一位是心理学家兼西德和平运动的代表——与迄今为止没有进行职务交接工作一样，反映了民主德国外交部未来领导层组成的特点。这一格局将对未来民主德国外交政策的成败产生决定性的影响，因此，应当依据两条准则勾勒这一格局：

1. 决定民主德国外交内涵的人物来自哪里，他们又如何共事？
2. 新领导层的政策和议题的基本方向是什么？

按照卡尔克里斯蒂安研究制定的并被梅克尔采纳的组织结构，外交部的工作今后应该在一个三角内处理：[49]这个三角的第一层领导应是梅克尔及其最密切的同事组成的部长办公室，第二层领导由外交部旧的官僚机构组成，第三层则是一个新成立的计划室，该计划室由来自党内的朋友、熟人、学者和西德委派来的外交官组成。由于这一结构只在理论上存在，很快就被日常现实所超越了，因此，为了理解梅克尔领导下的民主德国外交部的工作方式和外交工作，将工作人员分成四组是比较有意义的：[50]

1. 东德人，他们是梅克尔在从事反对派工作期间认识的人。属于这个小组的主要有：

●米瑟维茨，作为人民议院社民党议员任议会国务秘书，并在执政联盟破裂之前领导民主德国代表团参加"2+4"官员级别的会谈，他是梅克尔最紧密的亲信之一。

●赫尔穆特·多姆克（Helmut Domke），他在外交部的工作重点是欧安会和裁军。在1990年8月社民党退出执政联盟以后，来自"现在就实行民主"并在此期间成为无党派人士的多姆克曾领导民主德国的"2+4"官员级别的代表团。

●沃尔夫冈·库比契克（Wolfgang Kubiczek），民主德国国家和平研究所的研究人员，[51]作为欧安会专家他主要为多姆克工作，他在教会的和平运动中认识了多姆克。库比契克在欧安全巴黎峰会预备会中曾领导民主德国代表团。

●佩德拉·埃勒尔（Petra Erler），最初负责欧共体问题，[52]在完成欧共体管辖权的讨论以后，曾以总理府国务秘书的头衔协调和领导民主德国最后一届政府的欧共体活动。

2. 西德人，他们是新任外长——或其亲密同事——亲自认识的人。属于这个小组的主要有：

● 卡尔克里斯蒂安·冯·布劳恩米尔，作为政治司司长，他与国务秘书米瑟维茨和多姆克共同组成外交部的领导圈。他也是梅克尔最信任的人之一，至少在工作的初期阶段是这样。[53]

● 乌尔里希·阿尔布雷西特（Ulrich Albrecht），[54]他原本应该领导三角组织中的计划室，但由于这一结构从来没有完全起作用，实际上他主要是配合梅克尔进行工作，部分是通过提供分析支持"2+4"代表团。

● 沃尔夫冈·维美尔（Wolfgang Wiemer），作为社民党议会党团的工作人员，他拥有多种多样的德国、外交和安全政策经验，并且拥有与民主德国和东欧的良好联系。他从1990年春开始支持米瑟维茨工作，起初是在社民党人民议院议会党团中工作，然后作为"2+4"谈判顾问——形式上担任计划室副主任和米瑟维茨办公室主任。

● 彼得·施洛特（Peter Schlotter），来自法兰克福/美因河畔的黑森州和平与冲突研究基金会，他在民主德国参加研讨会时认识了梅克尔、米瑟维茨和多姆克。作为欧安会进程的专家，施洛特主要配合多姆克工作。

● 沃尔夫冈·施维格勒－罗麦斯（Wolfgang Schwegler-Rohmeis），来自蒂宾根州的和平研究者，卡尔克里斯蒂安·冯·布劳恩米尔的熟人，他在北约问题、"2+4"谈判和欧安会等议题上为外交部的工作提供支持。

● 沃尔夫拉姆·冯·弗里切（Wolfram von Fritsch），其兄弟在联邦德国外交部工作，在根舍办公室短暂实习以后，从1990年5月开始，领导梅克尔外长办公室，在执政联盟破裂后为多姆克工作。

3. 来自波恩政界、外交界和学术界的西德人，他们或者是自愿参与合作，或者被点名要求提供支持。这个人事圈包括：

● 埃贡·巴尔，起初被称为梅克尔的官方顾问。1990年夏季，尤其是在与苏联谈判以及"2+4"回合中，他曾应求向梅克尔的同事提供过策略和内容方面的咨询。[55]

● 迪特尔·泽克哈斯（Dieter Senghaas），作为和平与冲突的研究人员，撰写过有关欧洲和平新秩序的讨论文章。

● 汉斯·阿诺尔德（Hans Arnold），这位退休的西德大使曾在 6 月中至 7 月中主要在欧洲常规武器力量谈判领域以及《不扩散核武器条约》方面为民主德国外交部长提供咨询。

● 联邦德国外交部委派的个别官员。不过，梅克尔由于害怕根舍对其工作施加影响曾作出指示，这些人只在组织领域内工作，而被排除在整个现行外交活动之外。[56]

4. 原民主德国外交部的长期工作人员。梅克尔及其紧密圈子几乎没有直接与过去的人马共过事，而一些原来的高级官员——尤其是基于他们在外交和安全政策等专业问题上的不可替代的专业能力——经常至少是间接地参与领导工作。[57]这主要涉及：

● 恩斯特·克拉巴奇，作为原副外长，他现在是第一司司长（主管原则问题）。在 "2＋4" 第一轮官员级别的会晤中，这位欧安会问题的专家就曾领导过民主德国代表团，在梅克尔的亲信经过部分是很激烈的讨论之后，他仍留在 "2＋4" 的工作中。[58]

● 赫尔伯特·聚斯（Herbert Süß），保留为第三司司长（条法司）并参与 "2＋4" 东德代表团的工作。[59]

● 汉斯·福斯（Hans Voß），曾担任驻罗马大使。

● 汉斯－于尔根·艾伯特（Hans-Jürgen Ebert），作为原民主德国的欧安会谈判代表，他的专业知识仍然受到赞赏。

在这个系统之外，来自德国社会联盟的弗兰克·蒂斯勒尔（Frank Tiesler）不顾梅克尔的意愿被任命为外交部国务秘书。基于内容和个人方面的原因，蒂斯勒尔始终被隔离在以梅克尔为首的紧密的领导班子工作之外。形式上他负责欧洲以外的国家以及财政和行政管理工作，但对具体的民主德国外交政策从来没有影响。蒂斯勒尔和另外五位德国社会联盟的议员一起，没有同意 1990 年 6 月 21 日联邦议院与人民议院发表的关于波兰西部边界的共同声明，此后那些重要的代表人物就公开地疏远了他。[60]为挑选他的工作人员，梅克尔受到了公众有时是很猛烈的抨击。[61]特别是外长最紧密的圈子大部分由其私人朋友和亲戚组成，而这些人又招揽其他朋友和亲戚参与外交部的工作，这一事实导致媒体冠以诸如 "布劳恩米尔－幼儿园"、"家庭部"和"裙带关系"等大标题。加上有时候对新班子无能的报道，例如，对于其地位显然不被大家熟悉的特尔切克和法林，他们只能得到与新外长很短的谈话时间或者根本得不到会见时间。对外交部新领导层的特殊问题，人们很少理解，梅克尔在人民议院也承认过这种特殊的问题。这一总体上糟糕的人事状况，主要有三个原因：

1. 梅克尔对联邦德国外交部官员有顾虑，他担心根舍对其政策施加影响。

2. 对这个国家所有代表人物的不信任，其中也包括民主德国外交部的旧班子。多年来反对派受到统一社会党迫害，这种不信任是可以理解的。

3. 原定的人事部门负责人临时离职，由于缺乏其他可信的人物，不得不由外长的兄弟汉斯－马丁·梅克尔（Hans-Martin Meckel）顶替。

总结这一人事状况，可以看出，它在来源和议题方面有三条基本路线，这在落实民主德国的自主外交政策方面也具有决定性作用：

● 在领导一个庞大的机构和实际的外交政策问题上，大部分工作人员缺乏经验；

● 尤其是专注于欧安会和裁军问题的专家，他们具有强烈的学术背景，但没有外交实践经验；

● 所有参与者都具有强烈的理想主义气质，对于公众对其人事政策和实务政策有时很激烈的批评，他们似乎无动于衷。

新风格、新路线与错误的基本假定

除了工作班子问题以外，组织外交部的工作也是梅克尔及其亲信的首批任务。对外交部老资历官员的巨大不信任以及计划室自身的意图，导致了在内部文件中被称为"以竞争活跃旧机构"的行事方式：[62]在许多事上，计划室为一方和旧机构为另一方平行工作。梅克尔的顾问圈对部门的建议大多要进行大幅度加工处理，以至于计划室——后来政治司长冯·布劳恩米尔办公室也一样——起一种在旧机构与新部长之间过滤的功能。部里关于"2＋4"谈判的预案，主要由克拉巴奇领导的第一司以及——涉及国际法问题时——聚斯领导的第三司负责准备。然后，文件既交给负责"2＋4"会议的国务秘书米瑟维茨，也交给拥有一般权限的政治司长，这有时导致了竞争形势。小范围的领导圈——梅克尔、冯·布劳恩米尔、米瑟维茨，经常还有阿尔布雷西特以及个别其他顾问，6月起还有多姆克——多数时候在早上将近七点钟就开始研究当前需要处理的问题。过了一些时候，其他顾问加入进来，然后就宣讲当日新闻。之后，米瑟维茨与各司司长讨论局势。通常，到"黄昏时分"，梅克尔在亲信圈内结束一天的工作，这时很少处理具体案子，更多是对外交政策进行原则性的讨论。

与这一组织结构几乎一样清楚的是，新的民主德国外交政策的政治目标也与梅克尔的前任菲舍尔不同。这方面，从执政联盟的谈判直到两德统一贯穿始终的是四条基本方针：[63]

1. 接管"罪行与责任"这一两德共同的历史遗产。在4月12日的人民议院会议上，新议员们远离原统一社会党的政策——明确地向以色列承认德国对大屠杀的责任、拥护与苏联各民族的和解、承认参与镇压"布拉格之春"的罪责，承认奥德－尼斯河边界不可侵犯。[64]梅克尔以他4月23日把华沙定为首次出访外国的目的地来强调自己的这一态度。此外，民主德国新政府尽管可以预见到其国家将解体，但它还是与以色列建立了外交关系，这被看作是承担历史责任的象征性行动。

2. 积极参与塑造统一进程的意愿。民主德国的新外交家不认为自己是更为强大的联邦德国——这涉及联邦政府以及西德反对派中的社民党——的小伙伴，而是有意识地试图在统一进程中强调自己的作用。在欧安会和裁军领域，尤其是在承认德波边界问题上的许多外交倡议以及在"2＋4"框架内很投入的自主参与可资证明。

3. 在东西之间起中间和桥梁作用。正如在联合执政协议中确定的那样，德国的统一被视为欧洲统一进程中的一个要素。民主德国新政府想充当中东欧国家对西方的代言人，同时阻止目前的东西方集团边界只是被一种深入东部的看不见的边界所取代。支持邻国谋求与西方——这里主要是与欧共体——进行更紧密的合作，这是民主德国新外交政策的公开目标。从全欧观念出发，从道义上和政治原因上看，德国的统一并非仅仅意味着民主德国走上了西方之路。

4. 建立欧洲新安全秩序的意愿。在联合执政的伙伴们看来，从过去相互对抗的两大军事联盟中只剩下一个实力强大的北约和一个正在解体的华约，这是不可想象的。举例来说，特别是鉴于匈牙利、捷克斯洛伐克退出东方军事联盟的愿望以及苏联的民主改革，梅克尔及其同事愿意为建立欧洲新的安全结构作出贡献。新秩序要确保不再是对抗的而是相互合作的。梅克尔的很多同事基于其70年代中期以来的经验以及个人的学术背景，认为欧安会是最明智的道路，可以借以逐步取代和解散迄今的联盟。

民主德国外交新政的这四条基本方针，在两条支线中得以执行：一方面是双边关系，另一方面是与之相联系的建立全欧安全新秩序的倡议，这些倡议给梅克尔的政策打上了印记。

虽然新任外长的首次官方出访不是到波恩而是到华沙，但在民主德国外交部，人们意识到，在德国统一进程中联邦德国是最重要的谈话伙伴。应根舍的邀请，梅克尔偕米瑟维茨和冯·布劳恩米尔早在4月17日就一起前往根舍在佩西的私人寓所共进晚餐。根舍借助这一只有少数外长享受的姿态，突出了他对开展紧密合作的意愿，这也表现在向东柏林派遣西部官员以支持新任外长工作的提议上。[65]对此，梅克尔作了闪烁其词的反应，与4月24日根舍在联邦德国外交部举行第二次会晤时对民主德国的建议所作的反应类似，当时民主德国建议，为了协调大使馆的合作而向驻外代表机构发出共同公告。正如民主德国外交部新领导层怀疑联邦德国会对其施加影响一样，联邦德国外交部对民主德国老派外交官也持极为谨慎的态度。自1990年春以来，关系虽然得到了改善，但波恩努力避免造成两德外交部门靠拢甚至合并的任何印象。虽然民主德国的代表在两次会晤中都感觉到，会谈过于受到根舍的主导，但他们对内容方面的交流结果还是可以感到满意。举例来说，双方达成共识，认为迅速澄清德波边界问题以及关注苏联的经济利益是最重要的任务。此外，根舍这次在外交部举行的一个半小时的会谈结束之际保证，根据联合执政文件和政府声明的说法以及梅克尔的解释，他认为两德在"欧安会进程的哲学"上是完全一致的。关于时间计划，两位外长也一致认为，"2＋4"会谈应在计划于秋天举行的欧安会峰会之前结束。

几天以后，由德梅齐埃总理、梅克尔外长和莱纳·埃佩尔曼（Rainer Eppelmann）国防部长率领的民主德国代表团，在莫斯科与苏联领导人举行了首轮直接谈话，此次对话取得的一致意见较少。[66]戈尔巴乔夫及其顾问向其谈话伙伴们清楚地表明，统一后德国的北约成员属性——即便在民主德国地区有所变动的情况下——对苏联来说是不可接受的。此外，总书记以部分是很严厉的方式反对根据《基本法》第 23 条实行统一。他要求民主德国履行对苏联的所有经济义务，并承认战后在民主德国建立的所有制秩序。后来，德梅齐埃至少对苏联放弃了中立要求而感到高兴，并与梅克尔一样[67]有信心，在联合执政协议措辞的基础上，双方立场靠拢是可能的。莫斯科之行虽然没有表明苏联的拒绝立场有了看得见的变化，但有助于民主德国的代表对苏联谈话伙伴作出自己的判断。他们带回的印象是：通过全欧安全体系这条道路——但可能由于统一进程的速度，还必须为这条道路寻找中间步骤——苏联最终同意统一后的德国暂时成为变化中的北约成员是可能的。此外，在交给梅克尔的同时也递送给联邦政府的工作文件中，苏联领导层也表明，它目前的主要关注是讨论统一的经济方面。[68]

民主德国新政府第一轮双边活动的结果表明，尤其是在扩大欧安会进程的问题上，其外交部有错误的基本假设。根舍的声明，即双方对欧安会哲学的想法是一致的这个说法，被过度地解读了，认为联邦外长将支持民主德国的有关行动。梅克尔的同事们忽视了以下情况：

1. 把按照自身价值坐标解决未来全欧安全体系问题放在尽快实现两德统一道路之前；

2. 但对根舍来说，德国统一是高于一切其他想法的目标，确保欧洲稳定的努力虽应认真对待，但其重要性要后置，它是为实现上述目标服务的。

作为务实的政治家，根舍的出发点显然是，在实现德国统一之后，明智地解决维护欧洲安全问题也是值得追求的，而更多是受理想主义影响的梅克尔圈子却认为，如果事先不解决集体安全问题，就无法想象如何实现统一。他们上任以后也是这样相应地工作的。

三方倡议新欧安会

与首轮双边接触并行的是，民主德国外交部的新领导也在推动自己对未来全欧安全大厦的设想，其榜样和有待扩大的工具应是欧安会。与此相联系所作努力的行动方式和结果，正如其中产生的三边欧安会倡议所表明的那样，在很大程度上也代表了梅克尔及其工作人员从事外交工作的特点。[69]将欧安会扩大成全欧安全工具的考虑，曾是民主德国新外交家们由来已久的想法。基于西德政府领导人——其中也包括科尔总理尤其是根舍外长——一再要求强化欧安会机制并使之部分机制化，东柏林的相关想法似乎可望取得成功：新政府，尤其是其外长，可以借此为自己塑造形象，并为消除德国统一道路上的最大障碍，即欧洲安全问题作出独立自主的贡献。

1990 年春，梅克尔及其新班子很快找到了实现其目标的潜在盟友：早在 1 月 18 日，马佐维耶茨基就代表波兰政府发表了建立"欧洲合作理事会"的草案，该理事会应作为常设政治机关接管欧安会的"磋商与协调功能"。此后不久，捷克斯洛伐克政府也提出了自己的"欧洲安全委员会"构想，并于 4 月 6 日向欧安会国家转达了 3 月 17 日在华约外长会议上宣布的文件。这些想法的背景是，欧安会结构无法适应东欧的现实变化。为此，拟在布拉格建立的安全委员会应独立于北约和华约，致力于全欧安全问题。第二步，这个外长委员会应与美国和加拿大一起，转变为机制化的欧洲安全体系，以后再转变为"自由和独立国家组成的邦联制欧洲"。在 5 月 2 日驻欧安大使布拉格会议上、在 5 月 10 日哈维尔（Havel）总统向欧洲理事会所作的演讲中，以及在 5 月 16 日捷克斯洛伐克外长丁斯特贝尔在哈佛大学的讲话中，都对捷克斯洛伐克的建议作了阐述并说明了理由。丁斯特贝尔表示，这一想法绝不是针对北约的。但是，如果与北约并存的只是各种各样"有名无实的形体"，那么留下来的就是北约未来必须防御的对象是谁这个问题。[70]

这两项建议在西方没有得到什么反响，因为尤其是美国对于为了有利于重新创造欧安会机构而削弱北约不感兴趣。加上当时德国问题的发展——对于民主德国后面的想法来说，这一发展被证明是决定性的："2＋4"进程的西方参与国与其他北约伙伴共同期望苏联在联盟问题上作出让步。他们认为，如果现在讨论全德北约成员属性的替代性选择，可能至少会延缓德国统一。与之相反，民主德国外交部却过于按照字面意思对待根舍的提议，而根舍向谢瓦尔德纳泽外长提出的共同建设全欧安全大厦的建议，主要是辞藻性的说辞而已。因此，梅克尔智囊团的众多欧安会专家开始拟定自己的欧安会构思，他们想同波兰和捷克斯洛伐克协商一致后使这个构思获得成功。[71] 为此，民主德国外交部的工作人员邀请这两个邻国的同行前往东柏林，参加 5 月 11 日和 12 日的试探性会谈，讨论在计划于 7 月举行的欧安会峰会预备会议上如何共同行动。

就像在这次会晤中决定的那样，将近两周以后，三国代表团相会于布拉格，讨论一份具体的民主德国外交部文件。[72] 梅克尔的工作人员试图将联合执政协议和捷克斯洛伐克与波兰建议的基本内容以及当时讨论的要素撮合成一项具有说服力的方案。他们的文件被三个代表团视为共同原则加以接受，很大程度上未作改动。该文件规定设立一个"安全与合作理事会"，在这个机构中，外长们——以后可能还包括国防部长们——每半年会晤一次。定期的大使会议应为这种会议作准备。此外，还应该有隶属这个理事会的但归根结底独立自主的欧安会中心，其中具体提到了两个中心：

1. 裁军和控制中心，收集和汇编军事领域的所有信息，以避免危机。这方面，也可利用盟军在德机构，并将建立信任与安全措施谈判与欧洲常规武装力量谈判的一切措施都汇总起来；

2. 和平调解争端与危机中心，收集和汇编政治领域内所有可能的冲突信息。要建立危机情况下快速传递信息与和平调解冲突的机制。此外，应该建立政治－军事行动的多边观察机制，按照联合国维和部队的榜样建立多边和平部队，以及设立一个研究冲突的学术咨询委员会。

在这份草案中，民主德国方面已顾及西方的大量疑虑。所以，最后的草案既没有提到波兰建议的理事会高于欧安会结构，也没有提到与现有的欧洲委员会和机构的联系，或者谈及捷克斯洛伐克提到的欧洲邦联这一长远目标；只做了一些较小的改动，如国家和政府首脑计划每两年会晤一次，最终这份文件在布拉格经过深入讨论后得到了三国与会外长的批准。

在波兰的建议下，6月1日，梅克尔借联邦德国外交部与民主德国外交部共同委员会在东柏林首次会晤之际，向根舍介绍了这一方案。原本希望波恩也参与这一倡议，当然没有得到实现。[73]

经过最后的加工整理，民主德国、波兰和捷克斯洛伐克的外长于6月5日在哥本哈根的欧安会人道事务会议的间隙签署了这份文件，并向其他国家的代表宣告了这项三方倡议。[74]6月12日，捷克斯洛伐克联邦共和国代表将这份名为《德意志民主共和国、波兰共和国以及捷克和斯洛伐克联邦共和国有关欧安会进程机制化的建议》[①] 正式提交给欧安会并分送给所有与会国家。伴随这一行动的是三国外交官和政治家的大量会谈，但在民主德国外交部看来，得到的反响最终令人头脑清醒。在这份文件中，一些单项内容诚然受到欢迎，但建立独立的欧安会委员会（如各种不同的中心）则受到怀疑，以至于在内部分析中除了确认一般的对三方倡议有兴趣之外，几乎没有更多的东西。使民主德国代表不快的还有，华沙和布拉格这两个盟友也逐步疏远了这项共同建议。所以，7月中，捷克斯洛伐克代表团在筹备委员会首次会晤上提出了自己的文件，其中非常有限地反映了上述共同立场，而波兰外长斯库比斯泽夫斯基则向其同行梅克尔表明，只有在其他国家赞同这些建议的时候，他的国家才会支持这项倡议。由于实际情况并非如此，所以最后只有民主德国独自一家坚持这一行动。

将巴黎欧安会峰会的结果与民主德国为进一步发展欧安会进程提出的设想作一比较，情况很清楚，1990年5月形成的这些想法与同年11月通过的《巴黎宪章》的基本原则没有太大的差距。[75]然而，梅克尔及其团队无法贯彻实施自己的设想，在公众的感知中他们完全是"失败者"，这主要有三个原因：

1. 错误的时机：西方政府认为，苏联在联盟问题上让步已仅仅是一个时间问题，并且对这一让步已经有所暗示——例如在戈尔巴乔夫5月底访问华盛顿的过程中——所以西方绝不愿意挑起扩大欧安会与全德北约成员属性之间的联系。[76]

---

① 《德意志民主共和国、波兰共和国以及捷克和斯洛伐克联邦共和国有关欧安会进程机制化的建议》（Vorschläge der Deutschen Demokratischen Republik, der Republik Polen und der Tschechischen und Slowakischen Föderativen Republik betreffend die Institutionaliereung des KSZE-Prozesses）。——编者注

2. 错误的伙伴：与波兰和捷克斯洛伐克联邦共和国共同提倡议的决定，使梅克尔及其团队将希望建立在两个国家身上，而这两个国家的利益格局在1990年初夏发生了变化。波兰主要是对成功解决边界问题感兴趣，因此华沙政府也重视将联邦政府纳入这份欧安会倡议之中。此外，波兰与捷克斯洛伐克联邦共和国以及其他邻国一起，在1990年7月1日引入了两德经济、货币和社会联盟以后，主要关注统一会产生的经济影响，而对于把握这些影响，民主德国似乎是错误的伙伴。

3. 错误的行动方式：特别是由于时间压力，民主德国外交部宁可半心半意地试图赢得根舍对三方倡议的支持，而过少地思考为实施该倡议如何推行一种成功的战略。因此，倡议草案在欧安会中很少通过预备会谈和协调得到支持。结果是，这份文件只是被当作各种不同的有关继续发展的建议之一，并且相应地只得到公事公办地处理。[77]

在这种局面下，三方倡议无法像梅克尔及其同事们所希望的那样，构成民主德国独立自主新外交新政策的重点。相反，这一建议在一般的欧安会会议运行中被搁置下来。民主德国外长的另一个行动也遭到了同样的命运，该行动与欧安会倡议相反，得到了公众强烈得多的关注，这就是梅克尔的中欧"安全区"计划。

有争议的梅克尔"安全区"建议

在公众中，梅克尔关于在中欧建立特殊"安全区"的计划常常被与三方倡议混淆，这一计划虽然为民主德国外长赢得了他希望的关注，然而，即使按照梅克尔亲密同事的判断，它产生的影响也是"毁灭性的"：缺乏深思熟虑的全盘思考，且过早地推出，不仅会削弱梅克尔在德梅齐埃内阁中的地位，而且也会削弱他在国际政治中的声誉。[78]这个计划的想法产生于1990年5月，当时根据民主德国的看法，联盟问题会威胁阻止德国问题的解决。[79]西方三大国和联邦政府坚持统一后的德国应是北约成员，而苏联方面则断然拒绝这一点，并且放风透露出让德国中立的建议或在西方联盟和华约兼负双重成员身份。[80]民主德国这位新任外长想把两个联盟结合起来的方案与所有上述建议对照，借以顾及德国邻国的安全顾虑，同时推进欧安会的机制化。为实现上述想法，他脑海中浮现了一个"联盟之间的联盟"，在该联盟里，民主德国、捷克斯洛伐克联邦共和国以及波兰应联合起来，实现超国家的安全方案。统一以后，这一协定应适用于原民主德国地区，直到苏军撤出为止保持有效。华约和北约应以协议形式承认这个安全区，苏联驻扎在民主德国的西部兵团在一定情况下也应纳入这一构思。在作进一步考虑时，还谈到要在安全区内作出特殊的裁军努力。

这一计划不仅遭到失败，而且也持续地损害了民主德国外交新政策的信誉，其原因主要在于梅克尔的行动方式。1990 年 6 月 11 日，民主德国外交部才开始拟定具体文件——这是外长在讨论中已向其他政府提出自己的方案六天之后，是他就此首次公开发表意见五天之后。梅克尔没有认识到，6 月 5 日，其伙伴贝克、赫德、根舍、乌菲·艾乐曼 - 延森（Uffe Ellemann-Jensen）和范登布罗克在哥本哈根欧安会人道事务会议期间的友好克制和有保留的反应其实就是拒绝，他在一天后的报纸访谈中更详细地发表了意见。[81]两个潜在的盟友波兰和捷克斯洛伐克作了外交反应，实际是有保留的。[82]只有苏联外长谢瓦尔德纳泽在 6 月 7 日与梅克尔的会晤中表现出感兴趣，要在苏联和民主德国代表组成的秘密小组中，将安全区和其他问题放在一起进行讨论，但在 6 月 11 日莫斯科驻东柏林新任大使根纳迪·西金（Gennadij Schikin）上任拜访时，这一议题就已经了结了。[83]鉴于他这一行动的结果——没有得到邻国的积极反响，由于事先没有协调以及媒体的负面标题而使德梅齐埃总理和根舍外长更加恼火——梅克尔于 7 月中便放弃了这个安全区构思。但此时民主德国外交部新班子在国际社会上的声誉已遭受了持久的伤害。[84]

民主德国新的外交政策是一项早期失败的工程吗？分析梅克尔外长的两大重要倡议可以唤起这一印象，从 1990 年夏初起，这一印象就已在德国媒体上反映出来。不过，作这样的评价过于片面了，因为东柏林新政府在国际上的影响明显地表现出是多层次的。因此，在较为细微的观察中，区分其外交努力的三个层次是有意义的。

1. 道德层面：从联合执政协议到德梅齐埃的政府声明，直至外交政策的具体塑造，人民议院的大多数人支持民主德国在国际框架中的新位置。与过去统一社会党政策的决定性区别在于以下领域：

● 与波兰和解。梅克尔和德梅齐埃已经大大超越了过去那种辞藻和意识形态的友好承诺，转而确认民主德国也为纳粹对波兰人民所犯的罪行承担责任，并准备在解决德波边界问题方面采取快速和迎合的步骤。

● 与中东欧邻国的关系。民主德国谋求在已融入欧共体的西方国家与东部改革国家之间起桥梁作用。

● 承认民主德国对二战罪行和大屠杀的责任。这同时意味着重新调整同以色列的关系，在这方面，民主德国新政府明确显示出与其前任的反犹政策不同，这表现在愿意为大屠杀的牺牲者提供补偿，以及愿意建立外交关系。

2. 纲领 – 组织框架：在新内阁内部，由于有不同的目标设定和对政策措辞方面的误解，发生冲突部分是不可避免的。此外，在外交部构思和组织未来外交政策时早就出现困境。主要问题产生在下述领域：

● 外交部外交政策的组织。外交部所有领导职位都被没有外交经验的梅克尔的亲信占据，很大程度上与旧官僚机器中的专家们脱节，两者联系在一起要为新外长的大量策略性错误负责。

● 梅克尔及其最亲密同事在内容上的基本方针。基于其个人的成长经历，他们在对欧洲进行根本性改造时，把理想主义的目标设定置于务实的可实现的政策方案之前。他们集中精力于欧安会和裁军问题，部分地妨碍了自己注意伙伴们在国际进程中的实际发展和利益所在。

● 外交政策细节的主管权限。德梅齐埃总理要保留自己在德国政策方面决定大政方针的权限，国防部长埃佩尔曼希望拥有在裁军政策上的主管权，而梅克尔外长要确保自己在国际政策方面的责任。在这样的基本格局中，其中也有棘手的党派政治，争风吃醋是事先注定的，只是由于德梅齐埃和梅克尔设定的不同重点，才阻止了这些嫉妒爆发于初期阶段。[85]总理起初对政府声明中的重点感到满意，因为在他看来，正在开始的“2 + 4”进程没有问题，所以他从这个领域脱身出来。与此不同，梅克尔想在自己的任期内确定明确的方向，比如全欧安全结构上的政策方向。

3. 操作落实：缺乏外交经验和具体的国际政策。主要表现在：

● 外交倡议的准备和执行方面。它们常常与实际情况不适应，并且在公开宣示之前与潜在盟友协调不充分。

● 在措辞的处理上，常常是过于武断。根舍在内部及单个演讲中灵活地应用概念，不赋予它们太具体的内容，比如他建议谢瓦尔德纳泽也考虑一下"以这样或那样的形式，在两大集团分隔线上建立欧洲'军备稀疏区'"[86]，而梅克尔那些原则上与之相似的建议，比如建立他所说的"安全区"，对于谈话伙伴们来说常常是过于肯定或者围绕小事情走得太远。

● 梅克尔很大程度上不用外交部老人帮助他做准备工作。这样，他不仅放弃了专业知识，而且还放弃了通过民主德国驻外代表机构和当地外交部这些传统的外交途径试探情况的可能性。

所以，民主德国新政府在通向下一轮"2＋4"会谈的道路上承受了若干不利条件的负担，其不利影响一时间尚难以预测。

第四节　等待上面作决定

民主德国人民议院的自由选举不仅为在东德建立民主合法的政府扫清了道路，而且也使得开始真正的"2＋4"谈判成为可能。因此，在所有为建立德国统一而参与会谈的国家中，3、4月份的大部分外交政策努力也考虑到计划于5月5日在波恩举行的首次"2＋4"外长级会晤。由于在之前举行的双边和多边官员级别的会晤中，已很快显示出在那里达成可能的解决方案有局限性，所以在西德看来，六位外长的会晤应在统一道路上取得第一个重要的突破。

波恩游说莫斯科

德国问题迄今为止的发展向联邦政府表明，主要是苏联仍然不甘心于两德统一，但同时它也没有就自己的具体立场形成最后意见。所以，科尔总理和根舍外长此时特别关注不要中断他们2月份访问以来与苏联领导人之间的良好沟通。与此同时，波恩一再努力显示共同解决尚有争议问题的良好意愿。为此，根舍给其苏联同行写过好几封信，还与这位同行在温得和克相聚，进行较长时间的会谈。[87]

与此同时，总理府也在考虑如何尽可能明确无误而又引起轰动地向苏联保证德国的和平意愿。第二司的工作人员主要考虑已讨论过一段时间的范围广泛的德苏双边条约，以及思考是否可能签订一个放弃武力协定。由于此时莫斯科正在准备纪念战争结束45周年庆典，联邦总理还决定个人给戈尔巴乔夫总统发一封信，信中有意识地"谈及苏联公众的感情"，科尔想以此信表明他支持总书记与国内改革的反对派，从而也是德国统一的反对派所进行的斗争。[88]科尔在信中向戈尔巴乔夫表示，德国人与苏联公民团结一致悼念二战的上百万受害者。德国人已从历史的这些"痛苦岁月中吸取了教训并且得出了结论"。他再次重申2月份所作的保证，即从德国的土地上只会产生和平。人们完全意识到邻国合理的安全需求。在《莫斯科条约》、《经济与工业长期合作协定》①，以及戈尔巴乔夫1989年6月13日访问时签署的《共同声明》的基础上，愿意与共同历史中的良好传统衔接。一个统一的德国不仅会保持和遵守已经取得的成果，而且还将予以发扬光大。他"也要并且恰恰是在苏联各族人民面前表示拥护这样的崇高目标，即通过理解与和解医治过去的创伤，并且共同建设一个更加美好的未来"。此外，科尔在这段日子里尤其认为经济问题是苏联面临的核心问题并大力推进两德统一会谈，他在信中还谈了莫斯科在财政问题上的忧虑：关于民主德国对苏联的经济义务，表示将会找到符合双方利益的一致解决办法。所有这些要点，也都是4月22日部长讨论会的组成部分，科尔在会上号召大家就德苏关系的长期发展和塑造进行方针性的思考。第二天，总理府部长塞特斯在给外长根舍、财政部长魏格尔和经济部长赫尔穆特·豪斯曼（Helmut Haussmann）的信中再次重申了这一请求。[89]首批建议应在5月底美苏峰会之前就向苏联传递过去。

根据他给戈尔巴乔夫的信件，4月23日科尔在接见苏联大使克维钦斯基时——在他们上一次谈话将近一个月之后——也作了陈述。[90]根据其工作人员的建议，联邦总理首先谈了苏联4月19日的外交交涉，说苏联转交的非文件令人无法理解。使他吃惊的是，苏联领导人根据媒体报道行事。他本人在头一天晚上才拿到为两德条约准备的材料。他约见克维钦斯基来，主要是因为必须商谈如何清理民主德国对苏联的经济义务。他愿意达成一个一致同意的解决办法。此外，他也想讨论一下自己对签订一项德苏条约

---

① 《经济与工业长期合作协定》 （Abkommen über langfristige wirtschaftliche und industrielle Zusammenarbeit）。——编者注

的想法，这一条约应在 1991 年底实现德国统一以后为德苏未来合作奠定基础。他认为，自己会组建全德政府。至于此后他将担任联邦总理多长时间，他不知道。不过，他还要作出一些决定，其中包括欧共体的进一步发展以及某种与苏联合作的宪章。除了清理完成民主德国对苏联的经济义务之外，还必须研究制定一个长期而持续的前景。比如，由于将来不再存在边界问题，他想到了铁路连线，从莫斯科经华沙、柏林和法兰克福到巴黎和伦敦，这将有助于各国的开放和加深关系。他的时间设想是，会谈在"2＋4"会谈和欧安会峰会结束之后就开始，并在德国建立统一之后尽快结束。

科尔再次阐述了他对最终确定德波边界的设想，并保证自己与布什总统在电话中已达成一致，西方不会因为立陶宛问题而给戈尔巴乔夫制造困难。克维钦斯基强调，在联邦德国和苏联之间创造"俾斯麦意义上"的某种东西，很早以来就是他的梦想。科尔对此回应说，这一看法过于着眼过去，现在应共同向前看。他对克维钦斯基将在莫斯科接受重要任务感到满意——克维钦斯基即将担任负责"2＋4"会谈的副外长。克维钦斯基保证，科尔建议的条约也符合戈尔巴乔夫总统的意思。对此，总理再次强调，他所关心的绝不仅仅是经济问题。克维钦斯基想知道，是否能够事先秘密讨论相应文件。科尔说，只要是同他推行这样一种办法，肯定可以。

接着，这位大使开始谈全德北约成员问题，与 3 月 27 日相似，他认为，干脆由两德确定所有的条约和协定，统一以后再对其进行调整和作出外交通知。这样，所有的经济和军事协定可以先继续存在，以后再进一步发展。至于苏军在目前民主德国地区的存在问题，莫斯科认为，其存在将与盟军的驻扎时间一样长。科尔强调地回答说，不受限制的苏军驻扎是不可接受的，因为它违背了德国的主权。克维钦斯基认为，此事归根结底也关系到减少联邦国防军，四大国军队必须相应地减少到象征性的规模。不过有一个问题，就是只要美军驻扎在欧洲，核系统将继续存在。美国想留在德国，以便控制德国人。科尔再次强调，一切都可以私下商谈，他将通知根舍外长。克维钦斯基强调，根舍的立场是统一后的德国应该由联邦德国、民主德国和柏林组成，并且不应有其他的领土要求，这对于他的国家来说是完全没有问题的。科尔接着回答说，这绝不仅仅是外长的立场，也是整个联邦政府的立场。

在将近一个小时的谈话结束时，克维钦斯基谈到最终建立德国主权问题。与两周后谢瓦尔德纳泽外长在波恩的首次"2＋4"外长会晤中所做的相似，克维钦斯基建议，在"2＋4"会谈结束以后，可以通过一项共同条约先有一个过渡期限，在这个期限中，联邦政府可以消除它在不同的条约和协定中表达的对缔结和平条约的保留态度。此后，四大国可以最终碰头以确定问题是否已经"澄清"。关于立陶宛问题，他带来了苏联领导人的一则信息，苏联领导人赞赏欧洲国家迄今为止的克制态度。在用政治手段解决这一问题时，戈尔巴乔夫指望得到联邦政府的理解和帮助。最后，科尔保证，他同样希望局势会继续缓和下来，而不会在苏联导致挫折。

在这次会谈中，以下情况也已变得明朗：

● 苏联对大量基本问题和德国统一细节的立场仍未澄清；

● 尤其是经济问题使莫斯科感到不安；

● 借助一项德苏未来关系的基本条约，可以在内政上促使莫斯科更容易地在诸如联盟问题上作出让步。

在克维钦斯基与科尔的会面中，新的情况是对重新建立主权的暗示，一个苏联外交官第一次提出建议，在"2＋4"会谈成功结束和两德实现统一以后，首先规定一个"过渡期"或"考察期"。只有经过了一定的时间以后，才能最终让德国实现完全主权。[91]克维钦斯基的所有言论与苏联政治家、外交官和学者的种种其他动向一样，都得到波恩的密切关注。5月5日，在"2＋4"首次外长会晤前夕，出现了人事变动，比如被视为自由派的谢瓦尔德纳泽的亲信塔拉申科被任命为苏联外交部计划室主任，或者由克维钦斯基替代阿达米兴担任"2＋4"谈判代表，后一点正是波恩和华盛顿所担心的。人们对人事变化进行了分析，并揣测在谈判立场方面会有内容调整。[92]其中，发现以下基本特征：

1. 在莫斯科，以原则上对德国统一持积极态度的总统、他的个人顾问和学术机构为一方，外交部老人员为另一方，他们之间存在着明显不同的看法。谢瓦尔德纳泽居中，他虽然对统一并不持消极态度，但在演讲中总是反映其官员尤其是伯恩达伦科领导的第三西欧司的路线。

2. 民意调查证明，苏联民众对德国统一持日益增长的积极立场。

但同时也存在着潜在的顾虑，担心随着德国统一会使"伟大的卫国战争"的胜利成果丧失。

3. 莫斯科对联盟问题的立场，在中立和非军事化思想、双重成员建议以及暗示全德北约成员至少不能是"持久的解决办法"之间摇摆。

4. 莫斯科对联盟属性问题的立场仍未作出最后澄清。作出什么样的决定将在很大程度上取决于经济领域的谈判结果。

5. 西方联盟必须改变，必须更多地集中于其政治作用，其单位和机构不得前移到目前的民主德国地区，并且必须对其风险分析、结构和战略进行审核。

不过，总的来说，西方有信心所有问题都能及时地，也就是在 1990 年秋天欧安会峰会之前，在符合德国利益的情况下——即与全德的北约成员问题一起——得到解决。

成果有限的官员会晤

尽管意识到仍有悬而未决的问题，但在政治层面上笼罩着乐观主义，认为德国问题能够取得普遍满意的解决，而在官员们的会谈和谈判中，细节问题上的争议却表现得更为尖锐。卡斯特鲁普最强烈地感受到这一点。这位政治司长在外交部已从日常任务的负担中解脱出来，以便能够全面地关注内部的、双边的和多边的协调工作。其规模示范性地体现在为 1990 年 4 月 30 日东柏林的第二次"2＋4"官员会晤进行的准备工作上。为了这次会议，卡斯特鲁普：[93]

● 3 月 28 日同法、英大使和美国公使在波恩会晤；

● 4 月 2 日与法国同事杜发奎和法国外交部欧洲司司长雅克·布罗特（Jacques Blot）在凯道赛即法国外交部会晤；[94]

● 4 月 5 日与布什政府的工作人员在华盛顿会晤；

● 4 月 9 日与苏联现任和下任"2＋4"代表团团长阿达米兴和伯恩达伦科在莫斯科会晤；

● 4 月 10 日与法、英、美三国政治司长在布鲁塞尔举行"1＋3"会晤；

●4 月 27 日与美国国务院欧洲司副司长詹姆斯·多宾斯（James Dobbins）在华盛顿会晤；

●在东柏林"2＋4"会晤开始前几天，与梅克尔的顾问布劳恩米尔在波恩会晤；

●4 月 30 日上午，在"1＋3"框架内再次与其西方同事在柏林会晤。

从这些会谈中得出的认识几乎不可能更加五花八门了。苏联方面的立场显示出日益僵化，这表现在大量的细节中。例如，4 月 19 日在莫斯科，伯恩达伦科甚至对卡斯特鲁普提出首次"2＋4"外长会晤在波恩举行的建议表现出犹豫直至拒绝。他暗示，也许只有在一个尚待创建的全欧结构中才可能放弃四大国权利，他还考虑德国应成为两大军事联盟的成员这个想法。与之相反，法、英代表团在布鲁塞尔的"1＋3"政治司长会晤中表现出"引人注目的友好"95。在联邦政府看来，令人特别高兴的是，他们不再坚持和平条约，而只是谈到"最终解决办法"。在边界问题上，现在巴黎和伦敦也较为迎合：联邦政府建议的程序被接受了，短暂的争执只是波兰是否应该参加一次"2＋4"外长级会谈。在这里，卡斯特鲁普借助美、英的支持进行游说，即首先等待英国推动的联邦德国、民主德国和波兰的会谈结果，最早只能邀请波兰政府参加第二次外长会晤。与此相似，在柏林的第二次"2＋4"官员级别会晤之前，于 1990 年 4 月 30 日举行的最后一次"1＋3"协商也没有问题。96在这次协商中，卡斯特鲁普概述了根舍对"2＋4"下一步进程的设想，这些设想的出发点是快速的会议节奏：5 月底在东柏林、6 月在巴黎、7 月在莫斯科举行第二次部长级会晤；中心问题是西德对几天后将在波恩举行的首次部长级会晤的想法，以及重提波兰参与的问题；卡斯特鲁普谈到他计划于 5 月 3 日与民主德国国务秘书米瑟维茨和波兰的司长苏力克举行会晤，并与杜发奎一起为邀请斯库比斯泽夫斯基外长前往巴黎参加第三次部长级会晤而说项；部长们应该决定，波兰是否在此之前就在一次官员级别会晤中得到展示波兰立场的机会。

在接下来的六方会谈中，卡斯特鲁普仍然坚持这一方针，4 月 30 日下午，米瑟维茨在下旭恩豪森城堡（Schloß Niederschönhausen）欢迎参加本轮会谈的各国代表团。通过大量的讨论和工作人员准备的特别"剧本"，民主德国新任首席谈判代表已为自己的任务作好了准备，但在首次主持国际会议之前，却不得不先调解民主德国外交部内部的一次争论：[97]冯·布劳恩米尔和阿尔布雷西特要求与国务秘书米瑟维茨一起坐在谈判桌边，但遭到外交部机关老人的反对，他们极力主张让民主德国老资格的高级官员克拉巴奇和聚斯坐在第一排。总理府办公室与裁军与国防部也要求派各自的人员加入"2+4"代表团。埃佩尔曼部长的要求被拒绝了，德梅齐埃则得以贯彻他的愿望，即今后总理府负责其外交政策的司长施泰因巴赫应参加"2+4"谈判。除了米瑟维茨以外，最后克拉巴奇和阿达尔贝特·里希特（Edelbert Richter）[98]最终获得一席之地，里希特是人民议院议员兼统一委员会主席，他应代表立法机关。施泰因巴赫和冯·布劳恩米尔坐在第二排，而外交部的其他人员则在隔壁房间里跟踪谈判情况，统一社会党时期秘密安装的摄像机和麦克风将谈判情况转播到隔壁房间。

在欢迎辞中，米瑟维茨向客人们指出了历史上最新发生的两个值得注意的事件，它们都发生在本次会议地点，即民主德国的国宾馆，并且这也是"2+4"谈判的直接前因，[99]这就是1989年10月戈尔巴乔夫与统一社会党领导人举行会谈的地方，这些会谈参与导致了旧政权的终结，这里也是举行圆桌会议的地方。米瑟维茨指出，德梅齐埃政府政策的基点是对欧洲和国际责任的意识，以及考虑邻国利益的意愿。只有在澄清了有待处理的政治问题之后，才允许德国实现统一。他感谢四大国承认德国人的自决权，并保证，德国统一的建立应加快欧洲统一的进程。在伯恩达伦科接着要求发言时，苏联的方针就显现出来了，就是反对任何对谈判授权的限制。这位苏联代表团团长重申和平条约或者相应文件的要求，提醒德国统一有必要与全欧进程同步，并提请注意要解决两德经济义务。西方代表团的团长们一再声援其同事卡斯特鲁普。一个多小时以后，才就会议日程达成共识，即部长们应讨论"最后的国际法解决方案和取代四国权利与责任"，而不是谈论和平条约。这就排除了苏联一再联系内政讨论提出的"和平条约"议题，另一方面也澄清了，建立德国主权必须有一个具有国际法约束力的文件。民主德国代表团总是极力不让苏联谈判代表陷入孤立，而西方四国的代表们则显示出团结一致。为梅克尔外长会见大家，会议中断了一个小时，但此后也没有取得更多具体成果。伯恩达伦科提出他曾明确要求在议题中安排另外两项议程，即"德国统一进程与全欧进程同步"以及"两德的国际责任"，但没有成功。因此，这个问题应在即将举行的外长会议上最终澄清。讨论以形成5月5日波恩"2+4"会议内容概要而结束，即外长们应该对最后的议事日程以及波兰是否参加会晤取得一致、发表原则声明、根据需要向下属小组分配工作任务、确定下次会晤的地点和时间，以及理清新闻发布稿的细节。

在柏林墙倒塌近半年以后，在十个星期前于渥太华议定的"2＋4"机制真正运转前一刻，法、英、苏、美、民主德国和联邦德国的官员会晤提供了阶段性总结的机会——它呈现出一幅非常矛盾的画面：

1. 在此期间，德国人的自决权和东、西德的统一意愿得到了普遍认可而成为不言而喻的事。统一会到来，对此没有争议。

2. 与上述相反，在下旭恩豪森苏联再次强调的立场是，只有与全欧统一同步进行，它才愿接受德国的统一。尽管对进一步发展全欧统一这个根本性的欧安会进程提出了各种倡议并以美丽辞藻表示拥护，以及整个欧洲存在着持续的民主化运动，这种全欧统一却只存在于理论上以及两德统一进程的许多活动家的头脑中。

3. 2月中，参与国的外长们借"2＋4"机制预先提出了讨论德国统一外部问题的论坛。西德－美国为了造成尽可能多的既成事实，开始时对这类会谈采取的拖延战略起初是成功的。现在，西方却对加快谈判感兴趣，而苏联则想用广泛和漫长的议事日程与之抗衡。

4. 在讨论结束德波边界争论的正确道路时，联邦政府作为一方，民主德国、波兰和西德部分公众作为另一方，不同的立场相互对峙。消除各方最高要求的出路还没有找到，虽然5月初开始的德－德－波会谈使人有理由谨慎地乐观。

5. 西方所有的政府领导人都表达了乐观主义，即德国统一可以按照他们的设想，尤其是关于全德北约成员归属的设想，得以实现。与之相对立的是苏联领导层在这一点上没有完全澄清的、原则上是消极的态度。莫斯科的政治首脑们更因为内政问题而回避明确表明立场，而苏联外交部的官员层显然采取封锁态度。

在此形势下，情况变得很清楚，为进一步利用存在的势头，仅仅在政治层面上可以采取必要的步骤。因此，大量的希望寄托于首次波恩"2＋4"外长会议，而波恩也尤其希望，在这次会晤中能够最终显现出苏联对谈判开局的真实立场。

第十章　双驾马车步伐错位

就"2+4"机制达成的谅解，不能掩盖这样一个事实，即西方盟国并非毫无保留地持积极态度，或者说毫无保留地一致。且与美国不同，特别是联邦德国最紧密的欧洲伙伴法国，对于无条件地支持统一路线感到无比困难。就是在1989～1990年新旧年交替之际，法国的立场依旧充满着矛盾而难以定位。巴黎在以迄今的现状为导向的长期民族利益与认识到不可避免而务实地重新定义自身政策之间，展开角逐。法国的主要担忧在于：

　　——欧洲大陆的稳定与安全，表现为竭力主张最终承认波兰的西部边界；
　　——欧洲一体化进程的路线和速度似乎会受到德国统一的危害。

1989年12月20～22日密特朗的民主德国之行，发出了法国领导层有兴趣长期保留东德这个国家的信号。但在那里遇到的人和情况，特别是向联邦德国不可遏制的移民浪潮——对此科尔曾在兰锡强烈地再次向法国国家元首通报过——导致了爱丽舍宫的思想转变。

然而，这一过程只是逐步实现的，公开的表态和公告非常谨慎。所以，1990年第一季度产生的印象是，法国领导人对德国的发展采取观望甚至是消极的态度。这一印象由于媒体的报道而得到了加强。科尔和密特朗这段时期明显的紧张关系成为流言蜚语的起因，传言说巴黎和波恩互不理睬，德法双驾马车的步伐错位。不过，必须区分这一阶段法国对德政策的两个方面：

　　对外的表态和反应极为谨慎和克制，公开的言论也主要是对德国邻国的提醒。巴黎看起来是完全固守着旧思维，在其伙伴面前"绷着一张脸"。

新旧年交替之后，幕后政治上的想法和行动则认为，德国统一不可阻挡，连苏联也无法再加以阻挠。因此，政治领导人开始将主要注意力放在通过将德国纳入欧洲一体化的共同进展以控制德国。爱丽舍宫和总理府的沟通渠道，即便可能不像平常那么频繁，但绝没有完全沉默。在远离公众的地方，大家努力表现出"照常办事"。

第一节 幕后：认识到不可避免

12月底至1月初，总理府和外交部的工作人员的报告认为，法国官员内部对统一抱有明显的怀疑甚至部分是反对的态度，而爱丽舍宫的政治阶层正在重新考虑自己的立场。最终，[1]重新统一被视为是不可避免的。但在法国看来，统一进程中还有太多悬而未决的问题，所以不愿意在公开场合显示自己是毫无保留的支持者。1月16日，密特朗在一次有关防务政策问题的小型咨询会议上，概述了自己的信念：[2]重新统一是肯定的。他说，直到前不久，全世界都提心吊胆盯着苏联，但现在联邦德国显然开始相信"俄国人的威胁"已不复存在。而密特朗本人——即使他也许觉得对他来说这类危险并未完全消除——就像他1月18日在布达佩斯向匈牙利共产党改革派首脑雷热·涅尔什（Rezsö Nyers）透露的那样，也不再相信苏联能够阻挠德国的统一。

年底前就统一？

1月31日，在对公众紧闭大门的法国部长会议上，密特朗甚至走得更远，他说苏联既不拥有心理手段，也不拥有政治手段阻挠任何事情。一旦有一天统一完成了，紧接着就会提出军事联盟的问题。对他来说，"中立"方案已丧失了它在冷战期间被赋予的含义。他不想坚定地排除。从长远着眼，戈尔巴乔夫宁愿统一后的德国纳入北大西洋公约联盟，而不是一个中立的、独立的德国。在密特朗最亲密的智囊圈内，有人甚至敢预测统一完成的时间：1月30日，阿塔利向其波恩的对话伙伴打赌，德国将会在年底前统一。[3]

这样，法国所有进一步行动选择的基础就清楚了——无论如何，统一终将到来。但法国政界如何作出反应以及对联邦德国这个伙伴采取什么态度，还远远没有定义。密特朗起初局限于试探欧洲其他伙伴的基本看法，在发表公开言论时不想过分地探身窗外。1990 年 1 月 20 日，在英法定期的非正式会谈的框架内，密特朗和撒切尔夫人在巴黎会晤。[4]对他们的会谈内容，双方起初守口如瓶，从外交渠道透露称，会谈在"极好的气氛"中进行。这种守口如瓶是有良好理由的：这些会谈的中心议题是德国的发展，而这些发展不会使两位政治家感到欢畅。撒切尔夫人后来谈到一位对德国人显然感到恼火的总统："他可以承认德国人的自决权，但他认为他们没有根本改变欧洲政治现实的权利。"撒切尔夫人说，密特朗抱怨，德国人把所有提醒他们小心谨慎的警示都理解成批评；他的真正问题是，"在欧洲，实际上没有一个大国能够阻挠重新统一。"根据她自己的说法，撒切尔夫人表示愿意想尽一切办法至少是延缓统一，而密特朗对于下一步如何行动表现出无计可施。会谈结束时，两人仅仅达成一致，双方外长和国防部长应会面讨论统一问题，并研究法、英在国防政策上的紧密合作可能进行到何种程度。

1 月 29 日，密特朗向意大利总统弗朗切斯科·科西加（Francesco Cossiga）也表达了类似的想法。[5]由于苏联已无能为力，他认为对德国施加适当影响并告诫其要谨慎行事是欧洲伙伴的任务。对欧洲盟友们的所有这些保留和忧虑，科尔心中十分清楚。在这种不断尖锐化的形势下，人们期待他明确地作出拥护共同欧洲的表态。与密特朗在兰锲会晤几天以后，科尔就在其最亲密的同事圈中强调，这一年尤其取决于美、法的支持以及与苏联的合作。因此，他不仅准备全面帮助戈尔巴乔夫，而且也要尽可能地迎合密特朗。

波恩发出谨慎信号

科尔在巴黎的法兰西国际关系学院（IFRI）的亮相，是有意作出的迎合姿态，也是向其他伙伴发出的信号。1 月 17 日，他在该学院所作的经过长期认真准备的报告中强调，联邦德国"毫无保留地"信守自己的欧洲责任。同时，他重申自己在深化欧洲一体化过程中加强德法合作的意愿，没有德法合作就不可能有欧洲的未来。[6]在这方面，欧洲统一与德国统一并不矛盾："两者不是互相竞争的，而是《基本法》中相互配套的使命"。科尔感谢法国总统多次表示德国人追求统一是合法的，多次表示决定今后命运仅仅是德国人自己的事务。与此相联系，总理也提醒产生于《波恩条约》

的西方大国的义务，即共同实现德国重新统一这一目标。随着东西方对峙的消除，现在第一次出现通过和平途径避免欧洲和德国分裂的可能。"德国的家园"必须在欧洲的屋檐下建设起来。这样，欧共体的统一将得到有力推动，以支持全欧进程。科尔向巴黎政府发出呼吁，与波恩一起制定一项共同的东方政策。

此外，科尔还比迄今为止更为明确地——而且首次向法国公众——声明，波兰的西部边界受德国统一影响："德国人愿意与自己的波兰邻国实现持久和解，其中包括波兰人必须可以确信自己生活在更加安全的世界内。"没有任何人要"将国家统一问题与移动现存边界联系起来——在未来的自由欧洲，边界将失去其意义"。当然，他补充说，联邦德国在法律上无权为统一后的德国行动，有约束性地承认边界。《华沙条约》和《莫斯科条约》早已考虑到以下事实，即不存在和平条约，因此联邦德国不能作为全德的主权国家而只能以自己的名义行动。这一状况到目前为止没有改变。[7]

特别是密特朗所熟悉并多次批评的科尔的这一立场，大概对密特朗谨慎对待参加这次报告会的态度起了决定性作用。事前，他就拒绝了科尔请他出席国际关系学院这场活动的邀请。1月17日，即联邦总理作演讲的当天，密特朗在一份信中以另有日程安排作为回绝邀请的理由。[8]这之后科尔再次向密特朗强调了与他共同继续推进欧洲统一事业的意愿。总理在1月25日回复密特朗的拒绝信件时简要地写道——他在巴黎演讲后进行的讨论和谈话中也加强了他的这一意向——通过共同的努力可以对中东欧国家的改革取得成功作出贡献。

不过，几天以后，当2月5日两位政治家通话时，主题却不是共同努力扩大一体化。[9]科尔打电话是想在自己即将访问莫斯科前夕，再次向自己最密切的盟友通报当前德国的形势以及他与戈尔巴乔夫会晤的计划。在这次谈话中，密特朗仍然引人注目地显得谨慎。由于科尔非常想在2月份再次非正式地访问巴黎，密特朗先是扼要地重述了自己的日程安排，之后很大程度上局限于听众的角色。与之相反，科尔却阐述民主德国形势正在进一步激化。他指出，整个国家结构处于瓦解过程，政府声望不断下降，移民数字没有减少，对一些经济部门已产生灾难性后果。同样，预计可能会出现较大规模的罢工。他简短提到自己与莫德罗在达沃斯世界经济论坛的谈话。科尔说，眼下他要采取一切办法稳定形势，以便3月份可以举行选举。苏联也认为形势越来越混乱。不久前莫德罗在莫斯科得到的信息很清楚：人们帮不了他的忙。

科尔说，他也从莫斯科得到信息，苏联总书记请他协助稳定局势。他现在要去莫斯科作短暂访问。他在这种场合会听到戈尔巴乔夫说些什么，他还不知道。科尔继续说，他要告诉戈尔巴乔夫自己打算做什么，即在民主德国选举以后，与新政府着手建立联邦结构。关于安全问题，他不想拴住自己。一切照旧，事先必须协调一致。总的来说，西方现在必须紧密合作。必须形成一个欧洲的共识，这尤其是因为在社民党和左派内部存在着中立化解决方案的倾向。在这个问题上，他将十分清楚地让戈尔巴乔夫明白，这不符合他的意思。在他看来，给德国一个特殊地位是错误的。与之相反，德国必须植根于欧洲。科尔再次强调，目前对他来说，与密特朗保持最紧密的沟通是多么重要。从莫斯科返回以后，他将立即再次与密特朗联系。他也要与美国总统和英国首相谈谈——撒切尔夫人的立场当然要棘手得多。最后，科尔还提到苏联对食品援助的询问，他愿意为此出力。密特朗对此表示同意并确认此事的紧迫性。通话结束时，总统表示他乐意与总理在巴黎或者德国会面。

认识到已经启动的发展不可阻挡，对巴黎来说作总结已刻不容缓，这样才能使自己的政策适应现实和挑战。自从与科尔在兰锲举行会谈以来，密特朗在公众面前一直保持沉默。法国总统之前的所有尝试，即按照他的意思"引导性地"介入事件，把欧洲的重新塑造引上一个平静的轨道，以防止现状失控崩溃，但这些尝试并未带来实质性的结果。他的外交活动以及在东欧的"秘密"对话，也没有为久经考验、但眼前乱了套的德法双驾马车找到替代方案。密特朗意识到，到目前为止，法国基于其独立核力量这张王牌的特殊作用，在一个变化了的欧洲不再拥有迄今为止的分量。相反，地理位置和经济潜力将越来越有利于德国。[10]因此，为了与一个实力日益增强的邻国保持均衡，除了深化欧洲共同体以外，别无其他选择。对于法国来说，它在欧洲没有能够恰当替代德国的重要伙伴。所以，爱丽舍宫的认识是容易理解的，为防止欧洲统一事业和欧洲稳定受到更大损失，必须确保联邦德国扎根于西欧，并就德国的进一步发展建设性地交换意见。

对德国的"单干"感到恼火

在巴黎，德国统一势不可挡并将在不同于密特朗所期望的轨道上进行，这一认知与臆想的德国单干相比，引起的不满情绪要少一些。在法国看来，德国的单干行动源于它的自鸣得意，并且一再引起反感。与官方公布的相反，直到1990年春天，德法关系始终不和。其中，[11]2月初有两起决定性事件加快了巴黎的认识转变，但同时没有为改善紧张关系作出贡献，这就是：联邦政府宣布与民主德国谈判经济、货币和社会联盟以及戈尔巴乔夫原则上同意德国统一。

在法国看来，特别是波恩关于建立德国经济与货币联盟的倡议，如同此前的《十点纲领》一样，是联邦德国又一次单干行动的表现。因此，巴黎感到恼火，起初没有表态。直到2月中，密特朗才在一次访谈中打破沉默。[12]不过，关于经济与货币联盟，他完全掩盖了自己的看法，他说：这是件好事，只要它能加速欧洲货币与经济联盟这个对称物，反之则将是糟糕的。加快德国统一进程必须与加速欧洲一体化进程携手并进。他承认，通过与联邦德国的统一，民主德国无须正式加入欧共体。问及法国是否会冒丧失自己地位的危险，密特朗重申他并不害怕拥有8000万人的德国，但补充说："如果普鲁士和萨克森开始这项工作，将不会不被注意到。"但法国基于其历史和灿烂的文化及其经济和国际意义，最终将经受住这一较量。

科尔和戈尔巴乔夫2月10日在莫斯科的会晤结果——也就是苏联原则同意德国统一——最终使法国产生了这样的印象，即科尔想通过与两个超级大国直接协商实现统一。虽然没有说出来，但很长时间内密特朗寄希望于苏联会拒绝德国统一，从而避免因自己的阻挠计谋危及德法关系带来的好处。莫斯科的赞同令人感到尤为意外。密特朗对此也未作出公开反应。他个人的优先顺序单子是，首先加强欧洲12国，接着召开新的欧安会会议，最后在欧洲新环境下解决德国问题，但现在最终不再能遵行了。[13]

法国外长杜马2月初给四家欧洲日报所作的访谈，是法国评估中的第一个公开转折点。杜马说，法国已收回了自己对德国统一的保留态度，因为"情况发展如此之快，以至于德国统一今天已是触手可及"。3月18日民主德国选举以后，新政府将"很快"提出统一问题。[14]现在法国要"面向未来，深入审视当前发展带来的问题，特别是涉及欧洲安全的问题，以此为这一未来作好准备"。当被问到德国人行使自决权是否在触及邻国利益时就终止，杜马回答说："不。自决权是一种不可侵犯的权利。我不会提任何先决条件。我要说：统一将会实现。"这种统一的原则和模式仅仅是德国人的事情。法国只会与其他三大国履行源于战胜国权利的责任，"以此在稳定和与邻国信任中实现统一"。杜马保证，德法友谊在德国统一之后仍将保留其价值。"人们不会仅仅因为开始了新的历史时期而抛弃一切。"法国是一个大国，拥有自己的位置，而拥有较强经济潜力的较大的德国"也并非一切美好"；但法国的基本立场没有改变：四大国的参与要符合欧洲稳定和建立信任的利益，反对德国中立或者确切地说美国继续保持其在欧洲的存在。

除了这些积极的评价外，法国领导层内部仍存在着大量的顾虑。特别是法国国防部长舍维内芒很难接受德国统一是不可避免的这一看法。年初，这位部长说，从经济角度观察，统一已在进行。[15] 联邦德国的大企业和银行已经出现在民主德国，因为民主德国具有可观的经济潜力。他对民众想过更好生活的愿望表示理解，但同时也表达了自己的不信任感：德国人也必须明白，其他欧洲人不愿意因为强大的德国而再次失去均衡，这样的情况已经发生过两次了。"每个国家都必须把牌放到桌面上来，以建立这样的欧洲，这当然不是德国主导的欧洲。"

第二节　双边紧张关系升级

虽然期间巴黎重新思考了对德国问题的立场，并且已正式暗示迄今的方针已有变化，但双边的紧张关系暂时还依然存在。在法国领导层看来，仍有太多的问题没有得到解答。比如，如何实现欧洲一体化的具体进展，同时在波恩和巴黎的关系中，波兰西部边界问题成为越来越重要的议题。

利益矛盾凝固

在潜伏着不和的背景下，2 月 15 日晚，密特朗和科尔在巴黎爱丽舍宫举行了他们自 1990 年 1 月 4 日以来的首次会晤。[16] 作为开场白，科尔在小范围里通报了民主德国的新形势。他说，局势发展与他在新旧年交替时的设想完全不同。还在他们最后一次会晤时，他曾相信莫德罗能够稳住局势，但现在局势在进一步尖锐化。移民人数下降了，可以感觉到人们热情很高。但是，关于国家安全部继续存在的讨论以及《选举法》和经济改革的缺失，都是决定性的错误。这个旧政权显然想尽可能多地保留统一社会党的意识形态。但是，如果在民主德国创造了必要的框架条件，将会产生巨大的经济推动力。

对密特朗插话问及华约问题，科尔仅仅答称，华约只在纸面上存在，他想继续探讨民主德国的局势。他说，首先必须确定选举日期，为此必须阻止移民潮。然后，作为建立货币联盟的前提条件，必须实现经济改革。他希望选举能够对局势起到稳定作用，从而可以通过有关法律，避免问题扩展到民主德国以外。密特朗插话说，他看不到选举前还会出现重大变化的理由。对此，科尔说，只有在不出现事先意想不到的情况下，这种看法才适用，围绕国家安全部发生的事件，亦是事先无法预测的。他再次指出联邦德国的当务之急是减缓民主德国的解体进程，使移民人数回流；宣布建立经济与货币联盟是对民众发出的一个重要信号。密特朗评论说，他虽然认为这是好事，但同时也请考虑，对此作决定的不是当前的民主德国政府。科尔同意这一说法，但补充说，现在专家级别的会谈就将举行。此外，民主德国内部正在讨论重建旧的州结构。这也是选举以后的课题，他满怀信心迎接这一切。

关于莫斯科之行以及他与戈尔巴乔夫的会晤，科尔说，他与总书记"完全一致"，并简短地描述了自己对苏联内部问题的估计：尽管经历了一个星期艰难的苏共中央委员会会议，但戈尔巴乔夫的心境仍是好的，他有良好的机会。但他的问题是国内供应状况极其糟糕。此外，民族问题也是一个巨大的麻烦，其中最危急的要数乌克兰。允许波罗的海国家独立是可以想象的，但不会包括乌克兰，因为乌克兰是这个国家的重要组成部分。密特朗插话说，鉴于这种情况，必须帮助戈尔巴乔夫。

讲到这里，科尔才开始谈德国统一这个主题，他从要害问题开始，即统一后德国的地位。他说，戈尔巴乔夫已认识到，德国中立不是现实主义的前景，并将接受这一点。但是，撤走苏联驻民主德国的武装力量及其所属的非军人以及在苏联安置这些人却是一个棘手问题。另外，随着两德货币联盟的生效，对于苏联士兵来说，与其家乡局势相比现在已是很大的反差会更加尖锐。他有信心，涉及北约和华约可以找到一个解决办法。他对渥太华协议表示满意，因为在"2＋4"框架内，外交与安全政策问题，现在也可与德国内部的形势发展相提并论了。

接着，密特朗问总理是否认为苏军应该在统一后撤出，在科尔指出必要的过渡办法以后，密特朗又想知道科尔对此是否同意。科尔作了肯定的回答，前提条件是驻留是有时间期限的。他说，必须表明，德国对拥有军事实力没有兴趣。由于裁军谈判发展积极，戈尔巴乔夫本来就把希望主要寄托在经济关系上，可以为民主德国地区找到一个解决办法。这方面，德国的发展融入欧洲一体化以及特别是法德之间的友谊，为此打下了牢固的基础。他感觉，这对戈尔巴乔夫也有安抚作用，并增强了戈尔巴乔夫在这一点上的认识。德国越牢固地扎根于共同体——这是联邦政府的意图，"第四帝国的幽灵"就越不可能出现。科尔继续说，此外，统一后的德国将有不同于原来的轴线。仅从经济上看，德国南部是现今的经济重点就说明了这点。

谈到这里，密特朗用较长时间阐述了他的立场：他也是这样看所有问题的。早在 11 月 3 日他就在德法第 54 次磋商时说过，德国统一这一前景对他来说不是问题。不过这些看法需要重复，特别是在德国报纸面前。科尔说，他的感受完全一样。密特朗继续说，不能指望他"像一个德国爱国者那样讲话。他要像一个法国爱国者那样讲话。但作为法国爱国者，他并没有感到不安。究竟什么叫不安？德国是历史的现实，不管你喜欢与否，都必须接受这一现实。他是喜欢的。如果不把东德人视为德国人，并且剥夺德国人统一的权利，这是不公平的。他永远不会偏离这一立场"。密特朗还补充这些清晰言辞说，法国已"习惯"了德国这个邻居。在共同的历史中，曾经有过比较愉快的和不怎么愉快的阶段。现在的问题是如何应对统一的后果。他说，有各种不同的领域需要考虑。防务联盟方面科尔已谈到了其中的一个。这方面有一些实际问题，他相信苏联再也不能提出过分的要求，但也不应不必要地将其逼入绝境。苏联驻扎在民主德国的武装力量问题可以逐步解决，但不应拖延太久。

密特朗首次谈到驻扎在联邦德国的西方军队的未来：他确信，不久以后西方盟国的驻军问题将被提出来。无论如何，他不想等到西德民众得出结论，认为这些军队的存在是太大的累赘。总有一天，德国人会坚持自己是一个正常国家，拥有自己的武装力量和作为欧洲均势一部分的联盟义务。总有一天，德国人将希望被视为成熟的民族，不再愿意接受有别人"监护"。他也不想等待这样的时刻。只要谈判仍在持续，就可以让这些军队待在德国，但时间不要太长。毕竟，战争结束45年以后的关系不能再与战胜者与被战胜者的关系相提并论。在这一点上，必须对德国人的情绪表现出很大的敏感。也许，部分美国军队力量可以作为整体保障的一部分继续留驻，但无论如何，他不想反应过迟，而冒险维持占领关系。任何一个德国政治家，只要他公开说出这一看法，就会得到群众的赞同。密特朗继续说，对科尔来说，如果涉及核武器，事情就会难办。迄今为止，在德国只部署有美国的核武器，幸亏没有法国的核武器。不过，法国还留在德国干什么呢？

密特朗说，他同意总理的看法，不应单方面作出决定，而必须进行磋商。密特朗再次强调，在法国撤军问题上，他无论如何都打算行动，在开始讨论之前。对苏联来说，由于民主德国的前沿功能，安全问题更为棘手。因此他不认为戈尔巴乔夫能够毫无危险地赞同将东德纳入北约。所以必须郑重声明，北约不会向东扩展。科尔对此明确表示赞同。密特朗继续说，这样的声明必须由北约全体成员共同作出，这是一项极为紧迫的事情。民主德国人民议院选举之后，由于有苏联军队，会马上提出民主德国的地位问题。这时候，莫斯科无疑会明白，这样的解决办法——也就是军事上中立而政治上属于德国的民主德国领土——既不意味着北约的延伸，也不意味着苏联的撤离。

科尔原则上同意其谈话伙伴的看法。他继续说，涉及驻在联邦德国的西方军队，密特朗的考虑绝对不符合德国民众的情绪。相反，人们不会要求撤军，而是希望这些军队在苏联的存在继续延续的情况下也待在德国。密特朗反驳说，老百姓只能短期接受苏联"占领"东德。时间将是一年至两年。因此必须声明，北约不会为了有利于自己，也就是为扩张领土而利用这一形势。可以肯定，必须在德国保留部分军队，但考虑到"德国人民族情感的反应"，必须小心谨慎。由于四大国地位包含可以刺激德国人的潜力，这一点尤其适用。总统说，从法律的角度看，四大国在一切领域包括重新统一都有"干预权"。不过，人们一再发现，如果四大国以这样的角色出现，德国人是根本不喜欢的。在这种情况下，联邦总理也会"皱起眉头"。源自战争的权利与实际情况之间是有区别的，实际情况是，在德国统一问题上，盟国没有干涉的权利。但就统一的后果而言，盟国拥有"干预权"，比如涉及军事问题或者核武器的时候。密特朗最后提到的一点是他特别关心的大事，这表现在他紧接着提出的问题上，他想知道，统一后的德国是否将坚持目前的放弃核武器的立场。科尔作了肯定的回答。密特朗接着说，对他来说，提这个问题是合法的；与此不同，对"如何"实现德国统一这个组织部分施加影响却是不合法的。

密特朗说，德国与其邻国的关系，即东部的边界问题，也属于四大国合法的关切。他以前就对科尔说过，他认为一战、二战后缔结的条约是不公正的，但今天不能重提这些问题，而必须忍受。科尔插话说，这个方面不存在危险。密特朗称奥德－尼斯河边界是最重要的问题，它并不是唯一一条两边都居住着德国人的边界。从感情上来说，他理解德国人，但从政治角度看，这个问题却是决定命运的，因此也引起法国的关心和不安。科尔重申，统一后的德国在核武装方面不会改变方针并将确认边界。但他指出，从心理上看，重要的是确认边界应与实现统一同时进行，而不是将其视为某种预先支付的代价。密特朗在回答中承认，在法律上科尔是有理的。但他坚持，如果联邦总理确认边界，从政治角度看是好的。科尔在这一点上明显受到了刺激，他回答说，整个事情"被大肆炒作了"，而且出于内政动机才被弄成了"话题"。他说，当然这是一个"很大的伤疤"，尽管搅动这个伤疤毫无益处。与此相联系，他举了哈维尔的和解姿态和苏台德地区德国人联合会的积极反应作为成功的例证，该联合会后来称德捷边界是最终的。

密特朗插话说，人们正在以另外的方式重新塑造历史，就是创建欧洲机构和建设一个边界不再像以前那样起重要作用的欧洲，对此科尔表示认同。并说，他与苏德台地区的德国人办成的事情，也要与西里西亚人办成。涉及奥德－尼斯河边界和德国统一问题，情况是清楚的：全德议会将对此作出决定。这里既涉及取代《华沙条约》和《莫斯科条约》中所包含的条款，也涉及取代和平条约式的解决方案。但密特朗紧接着说，这是联邦德国自己提出的议题，他不会提出这个问题，使其成为一个前提条件。科尔再次点出边界问题讨论的内政原因，指出某些政治派别，就是共和党人，想借此打击别人抬高自己。

边界问题对法国总统是多么重要，表现在他再次插话说，现在人们触及了一个或许具有重要意义的问题。他说，奥德－尼斯河边界作为波兰西部边界是二战的遗产。斯大林有意将波兰领土向西推移，目的是既能兼并波兰的领土也能兼并德国的领土。作为对其领土损失的补偿，波兰获得了奥德－尼斯河边界线。这恰恰体现了一个坏条约。当他还在学习历史的时候，西里西亚是德国人的，普鲁士是一个大帝国的中心。今天却是另一种状况。他既不会说也不会认为，承认奥德－尼斯河边界是德国重新统一的先决条件。但1954年的《波恩条约》第七条提到保留和平条约问题，联邦总理宣告的全德议会声明只是一个单方面的行动，在他看来是不够的。科尔回答说，他并不反对缔结一项条约，只是它也要由德国议会批准。不过不是"所有国家"都能参与这项条约。接着密特朗再次解释说，他不是想要缔结一项和平条约，这在实际上将意味着要重演1945年的局面。当科尔明确表示这是波兰和德国之间的事务时，密特朗补充说，还有"对此感兴趣的国家"法、苏、美、英。

接着，密特朗又一次提及联盟问题，说这主要是"俄国"的问题。不可想象，国家人民军今天仍会进攻联邦德国。华约只是一个虚构。密特朗接着说，现在没有人会再进军。结盟是为了防范对手，但是不久后人们就不再知道谁是对手。当然，苏联将继续是一个军事大国，在发生政变的情况下它可能变得非常危险，不过这是一个国际问题。

密特朗说，此外还有欧共体问题以及欧共体应变成什么样子的问题。德国统一将造成一个新的局面。实际就是一个成员国增加了1700万人口。他不认为民主德国会成为欧共体内一个独立的成员，而是只会有一个德国。在这个问题上，欧共体委员会主席德洛尔的表态太轻率。[17]这样的增加不意味着更大的困难。当科尔插话说情况正好相反时，密特朗最后还是提出了他的顾虑。他说，不管怎样，仅有5600万人口的法国将面对7700万人口的德国。之后，科尔点出了统一的好处：90年代，整个欧共体都将受惠于联邦德国经济力量的增长。对此密特朗表示赞同。他说，民主德国的老百姓是勤劳的人民，他们曾在灾难性的环境中生活，现在是推进欧共体一体化进程的时候了。科尔说这是不言而喻的。密特朗说，无论是在经济与货币领域还是在政治联盟方面，现在必须推进一体化。他说，今天欧共体已是现实。但除此之外，必须追求欧洲邦联的长远前景。他在1989年12月31日提出的想法多次被人误解。他所关心的是要创建一种结构，为中东欧改革国家深化与欧共体的合作提供可能。这个邦联必须包含所有欧洲人，也可以设想吸纳诸如欧洲研究协调机构、欧安会、欧洲银行等机构；基本的前提是，汇集在这样的一个——当然是比较松散的——框架中的所有国家应当是权利平等的。这将为下一个世纪提供一个前景，当前还是欧共体。科尔表示赞同，只要只允许自由法治国家加入这样一个形体就可以。

密特朗说，在德国统一的背景下，不能忽视欧洲一体化的发展进程。因此，他主张确定民主德国人民议院选举之后召开欧洲理事会的日期。这次会晤可以是非正式性质的，是12国政府首脑之间的个人谈话。密特朗继续说，他很高兴科尔到他这里来。毕竟，科尔目前正处在"一个历史性冒险的风口浪尖"。他再次强调自己不害怕一个统一的德国，但他确实很坚持自己的国家和其他国家有权审视统一所产生的国际后果。科尔不应唤起这样的印象，似乎这件事与任何人无关，因为德国人之间商定什么事情其他人必定会受到影响。

科尔重申自己赞成召开欧洲理事会，他在兰锡就已表明了这一点，然后他谈了欧共体扩大的前景，说会有大量的加入申请提出来。这个问题必须与实现内部市场平行地进行讨论和实现。密特朗赞同总理的考虑。科尔说，对他自己和联邦德国而言，没有能够替代共同道路的办法。恰恰在这个时刻，需要法德紧密合作，以使一体化取得进展。因此，应该在公开声明中欢迎确定举行非正式的欧洲理事会的日期。最合适的时间很可能是 4 月份的下半个月，那时人们已经知道选举后的民主德国是个什么样子。科尔还强调自己无保留地致力于欧洲政策取得进展。他愿意推动斯特拉斯堡决议。[18]

密特朗——显然担心受到误解——回答说，他无意造成自己是一个糟糕的朋友这个印象。他所要求的在德国统一问题上的参与权，只涉及其国际后果而不涉及诸如在民主德国恢复旧的州结构问题。总统只开玩笑地补充说：如果不恢复图林根州，他个人就会感到被否定，因为他在那里的战俘营呆过。之后科尔再次强调，他要与法国和法国国家元首一起走这段艰难的道路，不能允许任何事情危害这一经历了几十年精心维护的"珍贵友谊"；对于德国统一来说，德法友谊和欧共体一体化更加重要，因为它们有助于减弱人们对德国谋求霸权的怀疑；此外，对法国来说，统一带来的经济前景也是积极的。密特朗反过来评价认为，德国的经济条件对实现统一非常有利；巨大的机会来自欧共体以及德国作为欧共体的成员。在威廉二世（Wilhelm Ⅱ）时期，德国经济也很繁荣，但其外交政策很糟糕，最终导致了战争。今天，德国是民主的并且纳入了欧共体。科尔补充指出，除此之外，德国老百姓"完完全全是欧洲的"，这是与过去的决定性区别。

在这次非常详细的意见交换结束之际，有待澄清的问题是要向媒体通报什么内容。密特朗建议发表一项声明，说双方将坚持并继续推进欧洲一体化，还要把计划于 1990 年 12 月召开的欧洲经济与货币联盟政府会议的日期提前。在这一点上，科尔明确表示反对，说这对他来说是不可能的。密特朗作了让步，表示他知道联邦总理的立场。但如果意大利总统要提出这方面的建议，人们就必须加以研究。法国对提前举行会议的立场是积极的，尽管他实际上无意给联邦总理造成困境。他打算与总理一起做那些必须做的事情——当然也与其他人一起。此外，他准备对媒体说，德国有权自己决定自己的命运。他支持"两个德国和柏林"的统一。就民族问题作出结论是德国人的事情，而国际方面的问题必须放在相应的框架中进行讨论，比如安全问题和欧共体问题。科尔回答说，他同意密特朗的所有阐述，除了短时间内撤出西方军队这一点，这不符合德国民众的要求。密特朗说，如果还有一些部队留下来，他不会感到不满意。

最后，总统还谈到根舍关于他们之间谈及的问题应得到欧安会峰会批准的言论，说他，密特朗，有兴趣赋予这次会晤实质性内容。不再会有卫星国的俄罗斯同样会感兴趣。根舍现在唤起了一种印象，似乎欧安会在处理德国问题中是决定性的机构。对此科尔作了反驳，他说：首先必须完成"2＋4"会谈，然后欧安会对结果以赞成的态度表示知悉，但不能塑造性地进行干预。密特朗强调，6个国家比35个国家好。科尔最后说，密特朗的话符合德国的立场。根舍只是说，"2＋4"框架应该达成一项结果，然后将这项结果报告给35个欧安会国家。

翌日，德国政府发言人迪特尔·福格尔（Dieter Vogel）声明，密特朗和科尔之间"几乎完全一致"。然而，尽管说了种种安抚的言辞并保证德法友谊，科尔与密特朗之间的分歧仍然不容忽视：

● 在欧洲一体化问题上，尽管双方都保证今后也要共同行动，但并没能扫除旧的歧见：例如，密特朗顽强地坚持提前召开负责欧洲经济与货币联盟的政府间会议。他仅仅暗示，他个人将不会采取主动，而是打算在意大利担任欧共体轮值主席国并提出有关建议时作出积极反应。科尔则鉴于1990年12月要举行联邦议院选举而无法同意他的意见，作为应对措施，他坚持强化政治联盟的主张，从而坚持共同体的机构改革。对于共同行动的措施，则没有作出具体决定。

● 双方的不和之音尤其在波兰西部边界问题上显现了出来。尽管密特朗明确表示，他并不坚持以条约承认边界作为德国统一的先决条件，但他却让总理清楚地明白，他虽然在法律上不得不接受，但在政治上不能赞同总理的态度，而科尔对密特朗在这一点上的坚持不仅仅是感到吃惊。[19]在接下来的新闻发布会上，密特朗又一次清楚地表明了他在这个问题上的立场，并用简洁的外交辞令概括了他与科尔的分歧："我们谈了这个问题。"就这样，尽管示威性地表示了完全一致，但公众中自 1989 年 11 月底以来流传的"利益对立和互不信任"的印象却增强了。[20]

法国撤出德国

在此情境下，法国军队撤离问题也一度赢得了含义。还在 1990 年初，外长杜马出于对美国减少对德国或者西欧责任的担心，曾强烈地主张法国军队特别是美军留驻德国，说这些士兵是盟军与联邦德国团结一致的标志。其背后的考虑是，不要因为自己的撤离计划而引发美国从西欧脱身的讨论，[21]特别是因为对统一后德国的安全政策地位仍然没有把握。当时存在着德国可能以放弃与西方结盟的代价来谋求统一的顾虑，因为当时很难想象莫斯科会赞同统一后的德国属于北约成员。不过，在幕后密特朗早在 2 月 15 日与科尔会晤时就已作出过最早的暗示。他说，他想通过及时撤军避免德国人在建立了其国家主权以后，将法国军队视为占领军并对其在德国的存在提出质疑。密特朗的考虑是，一旦苏军撤离，就会自动提出西方军队是否留驻问题。他有意识地想避免这种心理上的不快。[22]联邦总理不仅在这次谈话中，而且此后也反复安抚其谈话伙伴。在 4 月份的德法磋商中，他向密特朗保证，不存在反对法军留驻德国的情绪。法国军队是"大家庭的一部分"。此外，他还许诺，一旦出现引发此类担心的微小理由，他会马上向总统通报。[23]

随着"2＋4"框架的建立，法国改变了它的战略并且也向公众表示了撤军意图。在法国看来，法国驻德部队仍然是地位的象征，它曾使法国平等地加入二战战胜国的行列，尽管期间它的法律依据已发生变化。[24]法国现在很想在"2＋4"谈判中把这一份量放到天平上。因此，当贝克成功地反对接受该议题而支持一个较窄的"2＋4"议题目录时，杜马外长对这位美国同事倍加恼火。[25]这使法国清楚地看到，鉴于华约内部的发展以及 1990 年夏初围绕重新定义北约战略的辩论，法国驻军的军事和政治意义受到了何等的损失。

在北约伦敦峰会上，密特朗在较大范围内再次声明，当德国统一在地平线上呈现时，对他来说就是提出了法国在德国的驻军问题。[26]一旦德国成为主权国家，盟国的保留权被解除，那么，逻辑就会要求法军离开德国。

显然，驻在柏林和西德的法军地位必将发生根本变化。最终将孤立地作出有关撤军的最后决议，并且不用与伙伴国协商，虽然联邦德国曾多次要求法国将其军队留驻德国。

总理府早就意识到了这个问题。因此，早在1990年7月中，科尔的同事们就建议，在德国统一以前就对法国驻柏林和西德军队的未来地位和规模清楚地表明自己的态度。在内部评注中，比特里希在德法9月峰会之前就提议，先在"首脑层面"秘密讨论这一问题，然后将这一问题交给共同的安全与防务理事会研究。[27]他认为，法国总统已在若干场合提出过这一议题，但没有从联邦德国得到明确的可操作的回答。如果继续不予回答，就必须估计到法国将着手逐步撤军，至少要对其减少武装力量作好准备。

几天以后就可看出，这些预言是多么正确。7月22~23日，法国《世界报》就报道称，法国国民议会防务委员会对法军撤出联邦德国作出了初步结论。为了避免仓促撤军带来的负面后果，必须估计到撤军时间大约需要五年。[28]8月24日，法国政府提出了具体的时间设想。照此设想，法国军队应从1991年开始从联邦德国撤出，1994年完成。[29]不过，四天后，法国国防部长舍维内芒在访问驻巴登-巴登的法国部队时却暗示，与德国方面的协商开启了这样的可能，而部分法军可以留在德国，只要这是受欢迎的。[30]

在夏季几个月中，撤军的最终决定逐渐形成，这使1990年9月的慕尼黑德法磋商最后蒙上了阴影。[31]密特朗在补充说明自己单独作出的决定时，只能再次请求科尔给予理解。他说，撤军符合统一的逻辑。[32]他赞赏总理的态度，但他不能排除有朝一日另外一位总理公开提出要求讨论法国撤军问题，从而挑起公众舆论的压力，而这种压力最终可能促使撤军。不过，巴黎关于减少驻军的所有决定，现在应当协商一致地作出。

围绕波兰西部边界的分歧

比法国军队未来是否留驻在德国的不确定性更强烈得多地决定1990年春天公开讨论的，是波兰西部边界问题。岁序更新之后，在本已存在着不信任的气氛下，波恩政府在最终承认波兰西部边界问题上的犹豫态度，越来越具有重要意义。1990年2月21日波兰总理马佐维耶茨基要求，德国统一进程必须取决于邻国现存边界是否得到维护。他建议，还在统一之前就与两个德国共同商定一项具有国际法约束力的条约，该条约在民主德国人民议院选举以后，由波兰同两个德国的代表草签，以后应由一个全德政府签署。[33]联邦德国对马佐维耶茨基的要求所作出的反应在法国激起了普遍的不解和反对。巴黎一再要求联邦总理作出明确表态。总理坚持法律上的保留，就是他不能代表整个德国说话，这被视为是虚假论据。法国的阐释是，其背后潜藏着对1990年底开始的联邦议院选举的策略考虑、顾及被驱逐者联合会以及害怕波兰可能提出战争赔偿要求。[34]由于法国认为，欧洲的命运面临威胁，所以此类动机被视为短视的并且是不恰当的。在巴黎的媒体圈和政界中，人们问，统一的德国是否会遵守科尔就边界问题所作出的保证，或者修正主义的要求将来是否会占据上风。出现这种问题的原因是：

- 害怕因一条边界而触动"许多边界"；
- 担心欧洲的安全与稳定；
- 出于传统的法波亲密关系。

科尔于1月17日在巴黎就奥德－尼斯河边界所做的阐述，使人们感到有所安心和满意，但人们只将这看作是在这个如此敏感的问题上走出的第一步。3月1日，杜马在柏林新闻俱乐部的演讲中再次详细地谈到了德国统一问题。[35]他以比过去更为尖锐的语气阐述了原则上众所周知的法国立场。他这篇冗长而十分急切的演讲的基本点是，要在两德统一之前就由联邦议院和人民议院以条约形式承认奥德－尼斯河边界。推迟解决是不明智的。这位外长追问，妨碍两个议会现在就作出决定的障碍是什么。接着他又指责说："有时候，沉默就是十足的模棱两可。"必须毫不迟疑地表明，边界是不可侵犯的，以消除不安和恐惧，这种不安和恐惧是造成一切不稳定的核心。这一点必须清楚地向有关各国人民，当然尤其是波兰说清楚。简单的声明是不够的，不管它们是多么"隆重"。如果涉及边界不容侵犯这样重要的问题，就需要作出具有国际法约束力的规定。提到根舍关于最终承认波兰西部边界的保证，杜马说，国际社会需要一个证据以证明这些承诺的持久性。他特别强调，法国将为德国统一履行自己的责任，使统一能在稳定和邻国的信任下实现。结束经常被遗忘的四大国权利的合适时刻临近了，但这必须在法律上绝不模棱两可的条件下进行，因为德国承担有产生于条约和国际协议的义务。波兰必须在适当的时候，以有待决定的方式纳入这一进程:"法国将注意使情况切实如此发生"。

对此,根舍当众鼓掌表示赞同,而科尔在波恩却不失时机地对这些指责作出了反应。他以极快的速度准备了一份新闻稿,并于次日由政府副发言人福格尔传播出去。其中,明确针对杜马头一天演讲中的说法,强调联邦总理已经提出建议,由两个自由选出的德国议会以联邦议院 1989 年 11 月 8 日的决议为基础,对波兰西部边界作出字句相同的郑重声明。[36]科尔拒绝波兰总理马佐维耶茨基关于缔结德波条约的建议,该条约含有和平条约的性质,要最终确定未来德国的边界,并在统一以前由两德议会草签以及统一以后由全德议会批准。[37]除此之外,科尔还将自己的提议与以下条件联系起来:波兰应放弃一切赔偿要求,并承诺将为在波兰的德国人权利作出条约性的规定。

在周末福格尔的新闻通报不仅在公众中,而且也在执政联盟内部激起了轩然大波之后,科尔于星期一,即 3 月 5 日紧接着基民盟主席团会议,再次向媒体表明了个人立场。其中,他主要谈了赔偿问题与奥德－尼斯河边界的关系。[38]他说,问题不是要将边界问题与条件捆绑起来,而是要确认业已存在的义务。把问题说清楚符合双方的利益。如果某种要求唤起这样的印象,即德国人必须估计将来还有其他的负担,这对任何人都没有好处。谁要是像他那样愿意与波兰邻国真诚相处,他也必须在这个"对德国人来说并非容易的时刻"心平气和地讨论这样的问题。

按照法国的看法,联邦总理关于联邦议院和人民议院发表共同声明的提议不比他迄今为止已经说过的内容更多,因此也明显少于杜马的要求。在法国人看来,科尔不仅再次证实了他对最终承认奥德－尼斯河边界的保留态度,而且也表明他一方面对波兰的恐惧心理,另一方面对国际社会的期待都在相当程度上缺乏敏感。法国政治阶层当时在很大程度上接受这样的评价,即科尔的政策不是由于复仇主义要求的驱动,更深刻的判断是,科尔在这个问题上的"看风使舵"纯粹是出于选举策略,也就是顾及被驱逐者联合会团体中的少数选民。看起来,外国的抗议正是总理所欢迎的,因为他的战略似乎就是使这个问题继续发酵,直到人们能够清楚地使这个选民圈认识到,放弃德国原东部地区作为重新赢得统一的代价是必要的。在法国看来,在关乎欧洲和平,从而要求表现出政治家明确性的时代,科尔把选举策略的考虑掺杂进来,这极大地损害了德国政策的可信性。[39]同一天,与杜马外长清晰的言辞并非偶然一样,波兰总统雅鲁泽尔斯基及其总理马佐维耶茨基宣布 3 月 9 日访问巴黎。这一邀请在联邦政府就承认边界问题的内政讨论达到顶峰时宣布，是特别针对联邦总理及其执政联盟伙伴自民党发出的信号。[40]

在此后几天里，科尔在边界问题上没有超出自己的让步，这使密特朗非常不快。两人的分歧在其后的场合也没有消除，正如 3 月 5 日晚上的简短通话清楚地表明的那样。[41] 通话中，科尔首先简短解释了他在戴维营访问布什的结果。他特别强调，他与美国总统都坚信，戈尔巴乔夫将愿意就统一德国的北约成员归属以及苏军过渡性地驻扎在东德问题进行谈判。对苏共总书记来说，主要困难在经济领域。然后，科尔提到即将举行的"2＋4"谈判以及谢瓦尔德纳泽给这个委员会中五位同事的信件。科尔说，苏联显然担心民主德国人民议院选举以后发展会更快。联邦总理继续说，这是他要避免的，即使在两德层面上还有大量的工作要完成：很有希望，"明年可以使德国内部的事情到达一个节点"，但事先必须就事关欧共体的货币联盟问题作出决策。这就是他的时间表，这个时间表不仅仅取决于他本人，但他要朝着这个方向对其施加影响。

接着，他谈到棘手问题：他已再次重申过，联邦议院和人民议院的共同决定应确认如下意愿，即一个全德主权国家——也只有它有权这样做——以具有国际法约束力的方式承认奥德－尼斯线为波兰西部边界。科尔认为，围绕这一问题的讨论没有意义，必须结束。不过，他要把两个问题与此联系起来：一是涉及生活在波兰的德国人的少数人权利的保障。去年 11 月他与波兰总理共同达成的协议对此已作了保证。尽管如此，首先是出于内政的原因，他需要波兰再次公开确认，这份协议对统一后的德国也将持续有效。二是涉及赔偿要求问题。波兰于 1953 年以条约形式放弃了这类要求，如果现在要与波兰一起将奥德－尼斯河边界固定下来，这一点必须再次加以明确。他赞成"与波兰开一个诚实的头，不要诡计花招，不留下问题"。他愿意坚定有力地致力于发表奥德－尼斯河边界的意向声明，反过来，期待波兰同样如此。他也是在波兰即将对巴黎进行国事访问的背景下发表这些意见的，如果法国总统能够让自己的客人了解联邦总理的立场，他将感激法国总统。对他来说，这个问题在内政上极为微妙。即便存在着来自右翼思潮的威胁——他明确提到"右翼激进分子"可能发动攻击，他也要坚持下去。就像是要报复密特朗似的，他还补充说，现在存在着某种中立主义的趋势，这是他不能接受的。因此，德国的发展和欧洲的发展必须并行推进。

密特朗首先感谢联邦总理的阐述，并表示自己同意科尔所谈的基本点。不过，他要澄清两点：第一，中立主义潮流是不能允许的，此事只涉及不允许在民主德国领土上部署北约部队。第二，密特朗强调说，在奥德－尼斯河边界问题上，如果波兰在面临选举和统一的背景下提出这个问题，法国不能简单地保持沉默。就这样保持"君子分歧"：密特朗同意科尔重申他自己对边界问题的立场，而科尔再次反驳说，只有一个全德主权国家才能作出具有法律约束力的决议。在条件成熟之前，科尔只同意联邦议院和人民议院共同作出决议。密特朗不厌其烦地强调，在法律上科尔是有理的，但在政治上却不是；边界是历史现实，而承认边界的法律程序却是可以变更的。

科尔回答说，目前可能做的也是最明确的处理办法是两德议会进行明确投票，他打算给予支持。他更担心的是德国中立，今天同样是那些人，例如拉封丹拥护德国中立，他们在1983年时曾反对北约增补军备。国外许多人不会认识到这点。密特朗插话说，他本周内将与勃兰特会晤，将向他询问社民党的立场，该党立场还没有向他作过说明。科尔回答说，勃兰特在这个问题上可能难以代表其党内多数人的意见。密特朗再次强调，在承认奥德－尼斯河边界问题上唯一的困难在于程序问题。即便他能够理解科尔的想法，但从政治立场看，作一个清晰的表态是令人欢迎的。除此以外，别的他没有什么可说的。总理接着说，在两德议会作出决议之后，他是准备作出相应声明的。可以设想的是，他作为政府首脑在联邦议院辩论中明确表示赞成两德议会的决议。密特朗表示，他愿意加以考虑，并以此结束了这次谈话。不管怎样，在临近波兰人访问巴黎时进行这次谈话是非常有益的，他打算访问后向科尔通报会谈情况。

大力支持波兰的要求，这使德法关系降到了柏林墙倒塌以来的最低点，这不仅使科尔－密特朗这个层面，而且也使其智囊们的关系大受影响。[42]在波兰总统雅鲁泽尔斯基和总理马佐维耶茨基3月9日对巴黎的国事访问结束时，密特朗在共同的新闻发布会上声明，法国对奥德－尼斯河边界的立场，比构成联邦议院声明基础的立场走得更远。联邦议院的声明必须具有"更加鲜明的轮廓"。[43]"尤其要说明，这里涉及的并非是无关紧要的事情，而是奥德－尼斯河边界，即便这是不言而喻的"。因此，他要求有一个四大国保证的国际法律文件，该文件的内容是最终承认奥德－尼斯河是波兰西部边界。为此，应在期待中的两德统一之前就举行谈判。密特朗的声明中包含了一种外交谴责，他说："几个月以来"他就和科尔探讨过这个边界问题。他向科尔"反复地友好地说过，对我来说，清楚表明边界不可侵犯也是德国的基本原则，这是一个不容商讨的先决条件"。[44]密特朗要求波兰参加以讨论和解决相关问题为内容的"2＋4"会谈。他同时补充说，波兰不属于"六国"。法国起初对华沙要求参与"2＋4"谈判的反应并不怎么热情，巴黎关心的是不要因为扩大六个参与国的范围而使谈判复杂化。而且，其中还蕴含着削弱自己作为二战胜利国的立场和地位的危险。

在波兰国事访问的陪同人员中，可以听到总统周围的人说，巴黎从来没有怀疑科尔在边界不可侵犯一事上的私人保证。[45]人们知道他的法律异议，"理解"他的选举策略考虑，但由于这样的做法有使总的统一进程蒙上阴影，使法国迄今为止的积极意见受到负面影响的危险，巴黎决心公开提出指责，并且不再只是在单独会谈的私密气氛中提出来。在其外长的第一次"警告"没有结果以后，现在密特朗利用了波兰客人在场的机会，以传递他的信息。

与其他三大国对3月8日联邦议院的决议感到满意不同，密特朗完全支持马佐维耶茨基提出的在统一之前就签订边界协议的建议。联邦议院的决议确定，在民主德国选举之后，两个民主、合法的德国议会和政府将立刻就边界问题发表一个字句相同的声明。[46]科尔的工作人员特尔切克描绘总理的反应是"明显的气恼和失望。对他来说，友谊的限度显而易见。今天的媒体已在谈论德法关系中日益增长的恼怒。这种恼怒不再能否认"。此后一周，法国媒体惊奇地发现，科尔对密特朗的立场没有作出反应。波恩以"冰冷的沉默"表达自己的气恼。密特朗预告的与总理通话，向他通报自己和波兰客人的会谈情况，也只能先等一等了。

巴黎生活在"另一个星球上"

在波兰对巴黎进行国事访问后五天，两位政治家才开始了迟到的通话。密特朗首先向科尔通报他与波兰领导人会晤的结果。[47]法国总统说，在以下几点上取得一致：

- 双方认为，承认奥德－尼斯河边界被认为是绝对必要的。密特朗连续两次突出这一点，并强调边界问题日益迫切，虽然没有什么新意。

　　●必须立刻开始与波兰进行条约谈判，也就是说在统一之前，尽管只有一个全德议会才能最终接受这样的条约。

　　●波兰应该参与所有围绕边界问题进行的"2+4"回合。

密特朗说，没有作出其他约定。他对媒体的不正确描述导致气氛受到毒化表示遗憾。

　　在这一开场白之后，科尔发泄了他迄今积聚的对法国立场的恼怒：对于波兰参加专门问题的谈判，他从来没有过问题。对此，无论是波兰的还是法国的媒体都进行了错误的描述。如果谈及边界问题，波兰是不能缺席的。但一方面，不能触及"2+4"的基本框架，另一方面，这样的会谈不能在华沙举行。他有一个印象，当前各方的感受都得到了顾及，唯独没有关注德国人的感受。他无法理解，波兰领导人怎么能够在没有与德国方面商量的情况下，就有关条约谈判问题进行会谈，而在去年11月份，他就已向马佐维耶茨基说过，德国的统一是与奥德－尼斯河边界联系在一起的。接着，科尔提到联邦议院和人民议院通过的公告，即在人民议院选举之后共同发表一份关于边界的声明。他不能理解，为什么断言说不清楚决议谈到的是哪个边界。此外，他还提议应与民主德国自由选出的政府和新议会再次发表字句相同的声明，尽管这并不能产生国际法的约束力，这一约束力要留待一个全德的主权国家。一项由两德政府起草的条约，与议会的共同决议相比，法律上也不具有更大的约束效应。

　　科尔认为棘手的是，与边界问题相联系，波兰也提出了赔偿问题。如果在巴黎向密特朗做过不同的表态，那是不正确的；毕竟他没有捏造这件事情。波兰议会的议长不久前就提出过天文数字的要求。[48]在此期间，以色列也宣布要向统一后的德国提出要求。华沙将他描绘成试图将赔偿问题和少数人权利问题与边界条约联系起来，这种说法同样是错误的。他只是表达过希望波兰放弃赔偿的愿望，就像1950年的《格尔利茨条约》(Görlitzer Vertrag)① 中规定的那样，以及确认有关德国少数人权利的协议，就像1989年11月德波共同声明中确定的那样，对统一后的德国也将继续

――――――――――

　　① 1950年1月6日由民主德国和波兰签署的关于两国边界的条约。——译者注

有效。[49]

接着，科尔明显地批评波兰的行为方式，认为波兰出于内政的动机而抹杀他为相互谅解所做的一切，除勃兰特外，几乎没有别人比他为双边和解所做的努力更多。[50]但他也有必须顾及的内政问题。大部分德国民众接受奥德－尼斯河边界，人们也必须要说，不仅以德国的名义，而且也以波兰的名义干过坏事：1200万人必须逃离这些地区，200万人丧生。科尔再次描述了民主德国事件继续尖锐的戏剧性形势。同时他补充说，自己要为推进欧洲一体化，尤其是货币联盟大力工作。任何人都不应有这样的印象，即欧洲的发展落在德国的发展之后，这对他来说只是次要的。他绝不想唤起这样的印象，即德国打算将其他国家尤其是法国置于既成事实面前。然而，他的印象是，巴黎目前与他生活在一个不同的星球上。而自年初以来，已有14万移民来到了他的星球上，而如果作出的选择不符合民主德国老百姓的期待，其后果将是无法预测的。那里的老百姓对他个人寄予信任。

对国际上如此不在意这两份议会和政府声明，科尔表现出惊讶和震惊。他不得不体会到，许多人对联邦德国40年的民主没有给予应有的考虑。从心理上观察，边界问题被说成是不安全事务，并且归咎于基民盟的态度。科尔说，波兰方面没有表现出积极姿态，这与捷克斯洛伐克不同。他愿意与波兰和解，并且与密特朗的意见一致，即德法友谊可以为德波和解提供榜样，然而这不仅要顾及波兰人的而且要顾及德国人的心理。一个国家的尊严非常重要，但这并非只适用于波兰。对于有时显露出来的恶意，他表现出震惊。与此相连，科尔提到法国杂志《鸭鸣报》的一篇文章。其中声称，最近联邦总理的最密切同事之一在伦敦说，德法关系如此紧张，是因为密特朗身边有太多的犹太人。[51]这种论断缺乏任何依据。那几天，他没有任何同事去过伦敦。这更多是一种宣传运动的一部分，它发生在所有可能的领域，旨在削弱他的政党。在这个问题上，他宁可辞去自己的职务，也不愿意不再能为德国和欧洲的统一而工作。这是一块奖牌的两面。他明确强调，愿意继续致力于与法国和波兰的友谊。

密特朗感谢科尔的详细阐述，特别是对心理方面的坦率陈说，不过他还想对德波关系作两点说明。他说，毒化气氛的决定性问题是奥德－尼斯河边界。对此，联邦总理已经解释了自己的立场。至于将波兰纳入六方会谈问题，根本没有商定华沙应是谈判地点。他对这个问题表明了态度，但没有对赔偿问题表明态度,因为后者与法国无关。他补充说,眼下波兰极为紧张。最后,密特朗谈到《鸭鸣报》上的文章,说他本人没有读过该文。但如果他读了该文,他也只会是瞬间感到恼怒,鉴于该杂志众所周知的品质,他肯定不会严肃对待那则报道。他不久将发表一项声明,强调两国以及他们个人之间的良好关系。

然后,他还简短地提到拉封丹当天要访问爱丽舍宫。他几乎以抱歉的语气说,拉封丹在巴黎有好几个约会,在竞选斗争的背景下,拉封丹拜访总统是纯礼节性的,预定的时间只有30分钟。科尔回答说,这种会见是理所当然的,对此他没有什么评论。之后,他再次总结了涉及波兰的谈话内容:意见一致的是将波兰纳入以边界为主题的"2+4"谈判。一个分歧仅仅在于:在边界问题现状与全德议会最终批准条约之间,如何给波兰人提供一个安全保证。不过,他不想在电话里进一步就此讨论。可以在下次会晤中继续讨论。密特朗对此表示赞同。

按照特尔切克的说法,密特朗感谢科尔的坦率说明。这次谈话是一阵"净化空气的雷雨",使"许多事情重归正常"。而据阿塔利的说法,密特朗对这次谈话过程的评价总的来说是积极的:"开始时总理非常冷淡,但结束时谈得很好。"[52]然而,无论是双方将分歧相对化的努力,还是巴黎私下地淡化法波新闻发布会并保证德法关系不受此影响的努力,[53]都不能掩盖这样的事实:德法双驾马车步伐错位,两个伙伴越来越强烈地各走各的路子。

公众中的转向

1990年3月18日人民议院选举的结果,投票有利于两德迅速统一,对外也能看到这一点。这极大地有助于使法国领导层明白,德国的发展已不可逆转。现在法国的问题已不再是德国"是否"统一而是德国"如何"统一。巴黎也没有必然性地估计到这一点。虽然爱丽舍宫没有对选举结果作预测,但他们已指出社民党在人民议院选举中和1990年12月联邦议院选举中会取得胜利,并把德国统一将会比较缓慢地进展与此联系起来。仅仅在人民议院选举前三天接待社民党总理候选人拉封丹,最终凸显了爱丽舍宫的上述希望,尽管人们强调,这次会晤只是应拉封丹的倡议而举行的。[54]

随着选举,法国的一个重要要求得到了满足:东德人使用了他们的自决权并以民主的方式为统一进程作出了决定。现在需要接受统一这一事实，并对其后果加以分析。密特朗对选举胜利的祝贺是在选举次日到达的。借哈维尔访问巴黎之际，他祝"德国好运"。[55]在 3 月 20 日与这位捷克斯洛伐克总统举行的新闻发布会上，密特朗的言辞与其说是兴高采烈，不如说是表明他对必要性的认识，他说："有一切理由相信，它（统一）不会拖延。这一切，不管过去说过什么话，是符合秩序和逻辑的。每个人都必须为此作好准备，并把这一事实理解成一个伟大事件，它体现了德国人民的意志，必须得到德国的邻国尤其是法国的高兴欢迎。"

选举的结果，使法国几乎没有人对迅速统一持怀疑态度。[56]从现在开始，密特朗总统和杜马外长明显地努力在与德国统一相关的事情上发出另外的声调。过去总是要指出与此相关的问题，现在都表示出乐观。密特朗曾这样说过："过去几个月内由于统一进程的困难而出现的某些尴尬，作为负担现在甚至可能已消失，代替它们的将是出现推动欧洲统一的积极要素。"正如法国《世界报》概括的那样，过去虽然会晤，但彼此不再讨论，[57]现在疲惫不堪的双边关系有了根本澄清的机会。这一危机也是科尔和密特朗个人之间的一次信任危机。在法国看来，联邦总理是孤军奋战，而密特朗在外交上的表现则自相矛盾。随着民主德国选民明确要求德国迅速统一，巴黎也关心一个尽可能顺利的统一进程，以便确保自己的特别是涉及欧共体的利益。过去法国对于德国围绕按照《基本法》第 23 条还是第 146 条展开统一程序的辩论更多是感到惊异，现在法国首都的人们也赞成按照《基本法》第 23 条的解决办法。总的来说，这种解决办法被视为更快捷也更简便，尤其是因为如此一来，在法国看来可以省去不必要的耗时很多的与第 13 个国家就加入欧共体进行的谈判。[58]人们具体地期望科尔在欧洲一体化问题上表现出更大的合作意愿，尤其是在提前举行有关欧洲经济与货币联盟的政府间会议方面。与之相对应，巴黎表现出较大的意愿，朝着政治联盟的方向采取步骤。

在 3 月 19 日的一次访谈中，杜马外长称，出人意料的明确的选举胜利是科尔个人的成功，因为他与其他党派相反，把迅速统一列为主题。[59]对他来说，老百姓对迅速实现统一的愿望是无须评价的问题，但人们必须考虑欧洲的大环境。科尔将成为"欧洲强有力的人物"——这是访谈所用的措辞——这是积极的，只要他在可预见的时间内能够满足赋予他的期望："我想，在统一德国的烦恼和科尔所愿意的、德国人已经宣布的建设欧洲之间，必须找到一个恰当的平衡。在这个领域内，我们必须行动，在这个领域内，我们也要发挥作用。"统一进程已经开始，现在必须解决外部问题。法国必须坚定地将目光投向未来，这就是"强化共同体和建设新欧洲"。杜马否定两国关系会冷淡：他与根舍之间从未出现过这种情况，在科尔和密特朗之间他也未发现过这种情况。法国坚持提醒注意波兰西部边界问题，这最终也导致了它的解决，同时也使其他欧洲国家放心。对于以第一次官员层面的会晤而开始的"2＋4"谈判，这位外长宣告了法国参与建设性合作的意愿。对于德国人可能在欧共体中占据优势，他并不感到担心。德国由于统一而将不得不在经济方面作出一些努力；此外，联邦德国的人口也呈下降趋势；"所以我认为，人们不必过于担心统一后的德国会对欧洲尤其是对欧共体施加异乎寻常的影响。法国在这里，它有自己的任务，它有自己的经济实力：法国仍将是法国"。

但与此同时，法国政府内部总还是有一些极为怀疑的看法。尤其是国防部长舍维内芒，他在选举当天晚上就以不容忽视的民族主义影射口气和几乎是敌对的怀疑，对"德国联盟"将取得胜利作出了反应："科尔在民主德国进行的竞选斗争是语义双关的。他把赌注压在民族－保守主义感情上。"科尔善于机智地利用了民主德国民众的情绪已从"我们是人民"到"我们是一个民族"的转变。[60]"我对选举策略中利用保守－民族主义选民的潜力有些不安。"拒绝共产主义可能导致"天平超出理智地、大大地向右倾斜"。现在的问题是德国要对边界以及对放弃原子、生物和化学三种大规模杀伤性武器作出保证，以及德国将如何运用它重新赢得的实力。他对科尔宣布的统一速度也表示怀疑。他说，如果科尔赢得联邦议院的选举，许多事情就会快得多地进行，"那就存在着这样的危险，即大量问题就会不适当地、在未经欧洲其他国家的同意和没有四大国保证的情况下解决。"

新的和谐信号

法国国防部长毫不掩饰他对科尔的统一政策以及对一个重新强大起来的德国的不信任，但密特朗和杜马从那时起却注意务实地和建设性地面对进一步的发展。密特朗在3月25日法国电视台的一次访谈中，抓住机会公开地消除德法不和。[61]他说，统一是德国人的愿望，因而必须得到尊重。此外，如果一个民族以民主的方式决定自己的统一，人们总是会感到高兴的。他没有任何疑虑，人们必须面对历史。面对法德关系"断裂"的传言，他承认有过"摩擦"："没有反目，有不同的观察方式，不是在我们始终赞成的统一问题上，而是在其伴随问题上。"只有过两个问题：一个是加速欧共体一体化，另一个是承认现有边界。不错，他曾经认为，德国人为了说清楚问题花了太多的时间。现在两个问题都已解决。在他的德国政策过去几周内在法国遭到越来越激烈的批评之后，[62]密特朗现在重新站到了联邦德国伙伴一边。

但在德法关系平息下来的表面上，过去那种扭曲的伤疤却继续表现出来。法国一再处在被要求对其德国政策作出说明的压力下，受到伤害的自我认识不可能不进行表白。问及德国对他 1989 年 12 月访问民主德国和苏联的指责，密特朗在电视访谈中也说："法国的政策不取决于德国人的决定。"关于他对民主德国的国事访问，他承认："这确实是历史进程中一次充满诗情画意的弧线访问，我受到昂纳克先生的邀请，邀请得到克伦茨先生的确认，最后见到的是莫德罗先生。"密特朗强调，尽管如此，他与当时反对派的所有领袖人物以及所有民主人士进行了谈话。密特朗称，加速欧洲一体化是值得期待的，以便在欧洲的联系中解决德国统一的问题。在即将于都柏林举行的欧共体峰会上，应为建立欧洲联盟确定时间表和期限。1991 年中，政府间会议应结束欧洲经济与货币联盟的准备工作，1993 年 1 月欧盟应与欧共体内部市场同时生效。对于科尔反对提前举行政府间会议，他表示并不感到担心。重要的"不是何时开始，而是何时结束"。他打算今后几周内与联邦总理共同证明，联邦德国是牢牢地植根于欧共体内的，而巴黎－波恩政治轴心应重新承担起欧洲发动机的功能。为了掌控德国问题，将来必须超越德法双驾马车，努力解决整个欧洲的问题。

与此相联系，密特朗提醒注意他的欧洲邦联思想和拿破仑一世说过的一句话：每一个国家都在推行自己地缘的政治。"现在涉及我们的是，我们的地缘包含邻居德国，它是一个非常强大的邻居，非常多样化，非常多的人口。这里还有其他邻里关系，简单说就是整个欧洲，如果要解决德国问题，就必须超越德法这一对的问题，以努力解决整个欧洲问题，但必须注意保持稳定。"

德国方面，也努力恢复德法关系的和谐一致。证明这一点的，是在法国总统 3 月 25 日作了详细阐述仅仅几天之后，科尔就在法国电视台亮相了一个小时。科尔做这次访谈，表明他对双边关系的现状给予何种意义。因此，在次日法国媒体的评论中，没有怎么谈到联邦总理说了些什么，而是更多地谈到他是如何发挥作用的。持续了很长时间的不信任似乎已经消除。除了法国共产党人，科尔作为欧洲人和政治家不算旧账的亮相，受到了广泛政治阵线的尊敬。法国批评家也在积极意义上感到吃惊，像是发现了另一个科尔。[63]对他进一步扩大欧共体的主张作了特别积极的评价。总理是这样说的：未来将表明，是谁为了欧洲而准备交出国家主权和民族权利。

尽管作了种种相反的官方声明，此前法国政治领导人的言论清楚地表明：法国的担心不能平衡东欧开放后德国未来的中心地位以及统一德国在欧洲的经济实力。人们感到不安，德国在其地位增强时是否不会放弃其欧洲政治的典范模式，是否会在经济事务上显示自负。人们害怕，德国可能在经济上推行霸权并使之成为未来政治主宰的前奏。

在法国这种自我怀疑的背景下，政治领导人的行为方式是可以理解的。在民主德国选举之后，如同大多数法国政治家一样，总统本人也呼吁一个强大而自信的法国。密特朗号召在经济领域走扩张路线，呼吁法国的自信和效率，呼吁动员现有的后备力量以推动其向前发展，这也是针对未来德国的经济实力的，虽然没有明说。[64]总理罗卡尔用类似的口吻说，统一后的德国不一定必然地会削弱法国的地位。[65]因为，无论从地理上还是从历史政治上看，法国还是排在德国或英国之前，是欧洲的关键力量，他就这样突出法国在当前力量对比中的地位优势；德国的统一不能消除二战的后果，更无法消除"心理上的伤痕"。德国的地位历来基于其经济实力，而法国的地位也总是以政治和战略为支柱。然而，超越各个国家力量的强弱，未来将主要取决于欧洲的全球实力。

第十一章　欧洲的框架方案

德国统一和欧洲一体化是一块奖牌的两面，这样的比喻是科尔自柏林墙倒塌以来无数次重复的公式。早在柏林墙倒塌后的首次公开演讲中，科尔就指出了这种相互关系并强调德国牢牢地植根于西方。除了属于北约之外，德国作为正在继续发展中的欧共体成员是德国与西方结盟这一国家理念的第二根支柱。所以，联邦德国方面从不怀疑，全欧政治框架条件的革命不允许导致西欧一体化政策思想的改变。相反，对于欧共体伙伴来说，欧共体是把正在成长在一起的德国牢牢纳入西方的一种手段。不过，这个明显的利益联合体并不阻止就以下问题展开深入讨论，即这种纳入——自然也包括把东德纳入共同体——确切地说可能是什么样的。

第一节　"特例"：东德

在欧洲层面上，两条行为轨道对于德国统一进程具有决定性意义。一条是，从春天起，与德国的发展平行，继续加快欧洲的一体化。另一条是，欧共体启动了大量行动，以使民主德国被吸收进欧共体在组织技术上和法律上成为可能。这两个进程虽然并不顺利，但其结果却决定性地有助于克服其他障碍，并将德国统一纳入 12 国结构之中。

欧共体委员会的支持

1989～1990 年之交，欧共体委员会还表现出克制和观望态度，从 1990 年初起突然出现变化。这一骤变的领跑人是德洛尔，基于民主德国发展的巨大活力，他迅速而现实主义地认识到在欧共体层面上采取主动的必要性。在爱尔兰担任理事会主席之初，他在一次访谈中就共同体 1990 年的最重要计划发表了看法，对德国统一问题以及总的联邦德国对欧共体的态度作了表态。[1]在被问到与东欧其他的入盟申请国相比，东德是否可能得到优待这个问题时，德洛尔再次强调地提到 1989 年 12 月斯特拉斯堡欧洲理事会通过的声明。当时，提到德国统一的基本原则是自由的自决、尊重《赫尔辛基最后文件》确定的基本准则以及纳入欧共体一体化进程。在批准 1957 年《罗马条约》时，德国曾经声明，一旦统一成为可能，就要对其欧共体成员身份进行复查。接着，德洛尔说了在德国看来是最重要的一句话："这意味着，一旦东德成为一个拥有开放的市场经济的多元民主政体，那么，这个国家就在欧共体拥有它的位置。这是我个人的诠释。"他支持德国人民谋求统一的愿望。德洛尔不认为这是危险之源，而是让人把他的话记录下来：统一将更有助于加强共同体。东德和东德人——在克服了冷战的障碍之后——是潜在的欧共体成员，因为他们也是德国人："这是简单的道理"。军事地位或者说对全德有可能中立的担忧，现在已不起什么作用。现在的问题仅仅是，欧共体在自决原则下对东德是开放的。

德洛尔说，他也不担心联邦总理对一体化今后阶段的态度。没有理由因为在实现欧洲经济与货币联盟方面存在着不同的设想而感到担忧。他同意科尔的愿望，即在 1994 年欧洲议会下一次选举以前扩大其权限。此外，"顾及所有成员国的担忧、历史和束缚"也是委员会的任务。他说，德国联邦银行的独立性是战后德国的重要象征。因此，欧共体的任务是确保经济与货币联盟继续执行稳定的价格、强势的货币以及独立的央行等政策。至于德国致力于欧共体的一体化，他在柏林墙倒塌以后仍然充满信心。特别是联邦总理传统上支持那些非常亲欧洲的革新的方针。德洛尔以此基本上概述了他对正在运行的统一进程的立场。在今后几周、几个月内，这一立场应成为委员会显示强烈合作意愿和灵活变通的决定性因素。几天以后的 1 月 11 日，德洛尔甚至又向前迈出了一步，他将民主德国融入共同体的可能性加以具体化。在与根舍外长的会谈中，他保证原则上有三条道路向东德敞开：[2]除了民主德国作为联系国和独立的成员国之外，也可以通过与联邦德国统一而纳入共同体。

1 月 17 日，德洛尔最后提出了一个决定性的概念。在斯特拉斯堡的欧洲议会上，他声明东德是一个"特例"。[3]他以此突破了欧共体迄今为止的方针，即在 1992 年年底以前不扩大 12 国的范围，而是将深化一体化置于扩大一体化之前的优先地位。东德将不被放在与其他中东欧候选人同等的位置。如果东德愿意，它在共同体中就拥有一席之地。德洛尔以此也考虑到了以下情况，即民主德国的事件正在加速统一进程。由于持续的移民潮以及民主德国周一大游行中更加明显的调门，一个长远的愿景变成了一个具体的日常政治问题。对德洛尔来说，需要防止在两德靠近与欧洲统一之间产生不可逾越的对立，这样的对立将把联邦德国置于一种"非此即彼"的决策面前。与之相反，有目的地将欧洲一体化与德国统一联系起来，也就是推行将德国纳入进来的战略，可以在伙伴之间建立信任。德洛尔有意识地对欧共体成员国内部总体上仍是怀疑的立场，树立了一个对立面。[4]

除了德洛尔，特别还有德国的欧共体委员马丁·班格曼（Martin Bangemann），他致力于给予民主德国以特殊待遇，同时努力消除同行们对德国复活霸权追求的担忧。与德洛尔相似，班格曼也大力争取委员会在安排欧共体和德国统一这个议题上的领头羊角色。[5]委员会迅速适应发展，这要归功于德洛尔和班格曼的协同作用。在布鲁塞尔，统一被理解为是推进经济和政治一体化的机遇，同时也是展现委员会作为重要而具有行动能力的欧洲政治角色的机会。

正如1990年1月20日欧盟外长特别会议表明的那样，尤其是一些较小的成员国起初不想遵循委员会的这一进步立场。一些外长认为，讨论可能出现的特例为时尚早。例如，比利时和荷兰外长对德洛尔的特例诠释从根本上提出质疑。他们说，民主德国作为国际承认的主权国家，"与其他任何国家的情况是一样的"。在他们看来，这意味着民主德国必须与其他入盟申请国一样排队。[6]撒切尔夫人也绝对不同意德洛尔的立场。2月底，她还强调不能简单地无视本世纪的历史。她认为，由于从30年代以来那里一直延续的纳粹统治或者是统一社会党的统治，自动接受第二个德意志国家是不行的，因为民主德国不具备稳定的民主基础。[7]

尽管有零星的抗议，但在委员会积极的对统一的基本立场首先在共同体领导层获得支持以后，成员国层面上的态度开始逐渐转变。1990年2月20日的欧共体外长会议也有助于抵制对统一的怀疑和潜在的反对态度。[8]根舍强调了欧洲统一和欧洲伙伴支持德国统一进程的意义。他宣布，在两德靠近的舆论形成过程中，要更多地吸收11个伙伴国家参与，不仅要不断地将发展过程通报给伙伴国，而且也要定期征求它们的意见。根舍明确地表示承认波兰西部边界，并且澄清说，德国未来也将履行自己的欧共体义务，这两点是德国11个伙伴特别敏感地关注的。

共同体在机制上武装自己

在年初德洛尔主席规定了对两德靠近的主导方针以后，布鲁塞尔当局开始作机制上的准备。如同在联邦德国那样——那里"德国统一"内阁委员会按照六个议题分组进行活动，在欧洲层面上也成立了专门小组，它们探讨德国统一对欧共体的后果。第一次推动来自1989年12月8～9日的斯特拉斯堡欧洲理事会会议，当时，欧共体委员会受托调查共同体对德国事件的反应。次年1月工作组成立后要考虑不同的问题领域：[9]

1. 对欧洲内部市场的后果影响（由班格曼委员领导）；
2. 对欧共体外交关系的后果［由弗兰茨·安德里森（Franz Andriessen）委员领导］；
3. 经济与货币政策问题［由海宁·克里斯托弗森（Henning Christophersen）委员领导］。

起中心作用的是另外成立的"班格曼小组"。这个以欧共体委员会副主席名字命名的团队，不仅研究内部市场或者技术方面的问题，而且要研究德国统一进程涉及欧共体的所有问题。各个工作组的政治协调由德洛尔亲自负责，而"班格曼小组"在统一进程中证明自己是欧洲与德国进行协调的最重要联结链条。在1990年2月8日的第一次会议上，参与该工作组的委员们正式承认班格曼是有关德国问题的协调人。除了委员会的委员和可以随便参加每周会晤的总司长外，有时候还吸收联邦政府的专家们参加这些会议。

在委员会内部，虽然人们可以设想东德融入共同体结构的多种情景，但"班格曼小组"已在很早时刻就认为，以联邦国家的原则或者在保留联邦州的基础上实现德国的统一是最有可能的方案。委员会在这个基础上开展进一步的工作。[10]为了能够研究制定从过渡时期至民主德国领土完全纳入欧盟的细节，应以统一完成的状态为出发点。班格曼代表这样的立场：在与其他11个成员国的贸易中——相当于德国内部贸易体制，首先应该尽快解除关税和其他贸易壁垒，这一立场得到了认可。委员会的活动，特别是关于吸收联邦政府的代表或特派代表问题，[11]不仅迎合了德国方面也迎合了共同体：委员会及时地从第一手来源获得两德继续靠近的重要信息，从而可以相应地及时采取行动。与此相对应，与联邦德国委员会的会见有助于借助经常性的通报情况而驱散对德国可能单干的担忧；同时它也可以对委员会的考虑产生影响，以防止例如自身的行动空间受到委员会指导性倡议的限制。

早在1990年2月中，委员会在一份关于两德货币联盟对欧共体影响的内部研究报告中，就展示了其工作的第一批成果。关于货币联盟的状况，委员会得到连续不断的通报。与此同时，德洛尔向欧洲议会提交了一份具体的标准目录，这些准则是用来对统一的后果进行审查的。[12]欧洲议会的议员们也不愿意在德国统一问题上无所作为，他们想积极地跟踪这些发展，但此时他们感到无论是从联邦政府方面还是从委员会和理事会方面，都没有得到足够的信息通报，更不用说磋商了。因此，2月16日欧洲议会成立了一个由20人组成的高级别的"德国统一"特别委员会[13]。特别委员会此后的任务是调查统一对共同体产生的后果，对发展采取立场，以及从与德国代表的谈话中获得必要的第一手信息。

在欧洲议会看来，德国统一除了带来机遇之外，也蕴含着深刻的风险：议会席位分配的可能变化，在讨论众所周知的成员国代表失衡问题时，可能成为引发争端的导火源。与此相对照，欧共体条约可能要作必要的修改——对初始条约法的修改——对欧洲议会来说也隐含着机遇，就是参与权以及欧洲人民代表机构直接施加影响，议会在民主德国一体化中的地位将得到很大的提升。不过，3月中的委员会的第一份中期报告就已得出结论，改变欧共体的条约基础可能是不必要的，至少在民主德国按照《基本法》第23条加入方面是如此。[14]

问题多多而答案寥寥

与此相并行，波恩就两德发展可能对欧共体产生何种后果也有了初步考虑。起初还不是具体涉及联邦德国和民主德国统一的后果，而是《十点纲领》可能产生的影响：联邦德国的欧共体法律义务及其行动能力会受到多大程度的影响，是否应与民主德国建立一个条约共同体或者邦联？1990年1月底，经济部的回答是积极的。[15]内部估计认为，通过德国内部贸易的记录可以看出，已经存在着巨大的行动空间。这使两个德国之间可以达成广泛的协议而不会违反欧共体的法律。不过，其他问题悬而未决：

1. 从欧共体机构纪要的广义解释中会产生哪些信息与协调义务？

2. 如何能将共同体的机构纳入两德接近的进程，以使共同体的信息需要得到恰当的满足？

3. 如何协调德国内部进程与欧洲经济与货币联盟的发展，而不是互相妨碍？

原则上，认为探索其他成员国的立场是必要的，也是有意义的，因为德国最终不能自行决定它对欧共体的义务。[16]

2 月份，情况日益清楚，问题已不再是建立条约共同体和邦联制结构，而是直接地尽快实现统一，此时统一的方式问题就进入了中心位置，因为欧共体的法律后果也决定性地取决于该问题。在此期间，波恩"德国统一"内阁委员会的"外交与安全政策相互关系"工作组专门设立了一个处理欧洲政策有关问题的分组。这个"欧洲"分组于 1990 年 2 月 15 日召开第一次部门司处级会议。[17]会上，民主德国按《基本法》第 23 条加入联邦德国显示出明确的优先地位，因为《基本法》提供的第二种选择，即第 146 条，要求制定新宪法，这意味着会有一个漫长而无法估算的进程。但在这两种情况下，"欧洲"分组认为，随着民主德国的加入，联邦德国的欧共体条约伙伴的身份不会改变。据此，一致认为，与欧共体就民主德国加入问题进行谈判就不是必需的。之后，在联邦政府内部，这一立场会被证明是没有争议的。

此外，在预先考虑欧洲公众所期望的讨论时，探讨了好几个棘手的问题：认为改变欧共体的财政规定是不必要的，因为反正这一体制基本上是灵活地建立在增值税分配基础和国民生产总值的份额上的。尽早并明确放弃欧共体架构的机构变化，被视为是向欧共体伙伴发出的一个更为重要的信号。鉴于可以预见得到的欧共体内部的讨论，这一立场会有助于建立对共同体的信任。详细地说，这意味着既不要要求统一后的德国在理事会中有更大的表决分量，也不要额外增加德国委员。不过，对欧洲议会中德国议员的数量要进一步研究。[18]研究欧共体法律领域的适应和过渡规定应由经济部主持。这里也产生了与欧共体委员会及早和密切协商的必要性，因为委员会的任务是拟定共同体的相关建议。内部提议，要有针对性地设法与德洛尔和"班格曼小组"进行协调。人们就布鲁塞尔当局中决定性的对话伙伴达成了一致意见，但波恩应由谁来把德国的利益集中起来并在委员会中代表德国利益，这个问题起初并未得到解决。除了总理府之外，外交部和经济部都是可以考虑的。基于业务上和政治上的整体联系以及德国政策的专门主管权限，联邦总理府愿意将这一任务放在自己的管辖范围。[19]

涉及统一对欧共体的后果影响，波恩准备用自己迅速形成的清晰路线，向欧洲伙伴示意迎合。1990 年 2 月 20 日，根舍外长在都柏林与欧共体同事们的会晤中强调了这一点。除了声明联邦政府认为修订欧共体协议和改变机构平衡并无必要之外——同事们没有表示反对，也明确地重申联邦德国将丝毫无减地坚持它对欧洲的义务，并将在两德靠近的进程中与共同体就有关的所有问题保持紧密联系。

"布鲁塞尔顶层"：信息取代了磋商

在布鲁塞尔看来，尽管联邦政府多次宣布其意图，但协商与协调并不令人满意。对缺乏情况通报尤其是欠缺磋商的批评，反映在大量的表态和公告之中。在 1990 年欧洲议会的几次辩论中——其基调是德国有自决权，从而决定了德国统一——对联邦政府的行为有批评言辞。比如，2 月 14 日，欧洲议员们要求得到磋商的权利，而不是仅仅事后得到两德靠近进程的情况通报。3 月 16 日，在一次议会辩论中对德国总的提出了警告，在德国统一过程中不要单独行动。这些提醒和要求在 4 月 4 日的一项决议中达到顶峰，该决议原则上欢迎德国统一，但同时要求，"在一切领域，即实现德国统一的措施对贯彻欧共体法律规定以及共同体的纲领和措施产生影响的一切领域，欧共体要求得到充分磋商，而不仅仅是得到有关发展的信息通报"。此外，有关民主德国地区融入欧共体的所有谈判阶段，都应将欧共体的机构包括议会吸收进来，以确保最大限度的"透明性和民主职责感"，并"避免民主赤字的扩大"。[21]

甚至是最高层，即德洛尔主席本人，也警告要与共同体进行更多的磋商。他也批评联邦政府缺乏协商意愿，德国政府虽然定期向布鲁塞尔通报情况，但没有与之磋商。尤其是在联邦德国向民主德国提议建立经济与货币联盟问题上，他对"某些政治人物令人震惊的沉默"感到遗憾。[22]他理解德国问题的紧迫性，但无论如何货币联盟"绝不是德国人的单独事务；基于将我们联系在欧洲货币体制内的团结一致，货币联盟涉及我们所有人"。班格曼委员和安德里森委员也同意这一看法，他们也坚持在两德经济与货币联盟中有参与发言权。

此外，欧洲的担心还指向联邦德国在欧洲一体化进程中是否尽其基本责任。鉴于统一的前景以及与之相联的艰巨任务，联邦德国现在是否会放松其对欧洲统一的责任，此后是否会只顾其"内部事务"？这种危险似乎不能完全排除，尽管对这种危险的严重程度有着不同的评估。

德洛尔也同样对联邦德国发出了告诫。比利时的欧共体委员卡雷尔·范米尔特（Karel van Miert）走得更远，他断言，最后时刻会出乱子。他说，联邦总理的欧洲政策承诺只是口头上承诺，对德国统一的积极态度不再有了。他十分坦率地问道，欧共体究竟是否会坐到谈判桌边，参与决定通向德国统一以及东德加入欧共体的措施。尽管委员会的基本立场在通常情况下更多是积极务实的，但对波恩欧洲政策的可靠性却在相当程度上持怀疑态度。[23]

另外，几个较小的成员国感到不满的是，联邦政府虽然谋求迅速实现统一，但同时对增加欧共体财政资金的愿望却持保留态度。2月底，委员会首次提出了把民主德国纳入共同体的共同体预期费用，在一个没有详细说明的时间段内每年需要 30 亿～40 亿马克的数额。现在，特别是经济实力较弱的欧共体国家担心，如果不改变财政预算，将来它们将获得较少的结构基金补助。又是班格曼试图使这种情况下激动起来的情绪平静下来。[24]他指出，一方面，联邦德国将自己承担所产生的大部分费用，另一方面，从长远来看欧共体的预算自然会增加，因为扩大了的联邦德国将继续受共同体收入规则的约束，因此它不仅是资金的接受者，而且自动地也是提供者。此外，统一后德国国民收入将继续大大高于欧共体的平均水平，因此对缴给欧共体账户的数额将产生影响。

1990 年 3 月 23 日，在布鲁塞尔欧共体委员会的一次会晤中，科尔抓住机会，亲自对这类怀疑和告诫表明立场。[25]这次会晤的中心议题是两德最新发展及其对共同体的后果。总的来说，科尔的报告得到了委员们非常积极的反应。联邦总理使用了清晰的言辞，没有隐瞒自己的立场。比如他一方面理解许多人面对民主德国变革的急剧速度以及由此产生的进程感到困难，但他同时不理解人们对德国的欧洲路线原则上表示怀疑。不管人们说什么或者写什么，他继续坚定地遵守自己的基本原则，即德法谅解和欧洲统一。德国统一将推进欧洲一体化。科尔请求给予更多的信任：他没有改变自己和自己的立场。"我们不要第四帝国。我们不想压倒任何人。我们也不想笨拙鲁莽地行事：我们要成为德国的欧洲人和欧洲的德国人。"正如他阐述的那样，科尔试图驱散对德国会单干的各种"有理的和无理的"担忧。

科尔仅以主张加速扩大欧洲政治统一和强调自己对此所负责任的表态，满足了其他 11 国所期望的政治姿态，即重申德国迄今的欧洲政策路线。一些伙伴希望科尔在提前举行有关欧洲经济与货币联盟的政府间会议问题上作出让步，对这些希望他没有予以满足。科尔宣告，愿意与 11 个伙伴国以及委员会紧密协商德国统一的今后步骤，这使大家感到满意。他说，联邦政府期待进行深入的定期磋商，只有这样，才能确保对德国的立场产生较少的误解和虚假情报。在这些声明之后，委员会期待其代表们在两德谈判涉及影响欧洲的事务时能被吸收进去。事实上，此后在多个层面上进行过协商。比如，波恩和布鲁塞尔高级官员举行过会晤，联邦政府的代表参加过"班格曼小组"的会议。班格曼本人曾应邀参加涉及欧共体议题的波恩内阁会议。[26]

结果与场景："2 + 4 + 12"？

欧洲伙伴持续要求被吸收到两德发展中去，这与对欧共体后果的期待紧密相关。人们认为，通向统一的具体步骤将如此强烈地触及共同体 12 国的利益，以至于将它们纳入国际对话显得很有必要。虽然没有要求直接参加开始进行的"2 + 4"谈判，但讨论中的"2 + 4 + 12"公式却暗示了共同体的参与权要求。[27]中心问题之一是民主德国国际法义务的未来。人们普遍认为，对于一个扩大了的联邦德国来说，共同体的权利将保持不变而继续存在；但与之相对照，不清楚的是，对于现存的民主德国条约特别是产生于经互会范畴的条约应如何处理。联邦德国是否作为法律继承者接管这类义务？而这类义务部分地直接归属欧共体的权限。虽然民主德国这部分秘密义务的规模并不完全为人所知，[28]但委员会与联邦德国先是在"信任保护"的原则下达成了谅解。波恩应核实，哪些条约应与联邦德国的其他义务相容并且应被接管；委员会保留审核其与欧共体法律的一致性。[29]即使波恩和布鲁塞尔认为，联邦德国的法人资格不会因民主德国以加入方式实现统一而发生变化，但对民主德国地区还是应该有某些限制。这首先涉及共同体的法律，德国统一之后，它其实也必须在民主德国地区直接生效。这方面，需要找到一些过渡规则，以使民主德国易于消化并能够逐步地纳入欧共体。[30]

其他的考虑涉及共同体的机构秩序，它与统一的内在平衡也在讨论之列。具体涉及的问题是，联邦德国扩大后会产生何种后果，比如在欧共体机构中的投票权分配方面。这涉及欧洲议会中德国议员的人数、理事会中的投票权重以及委员会的组成。统一后的德国拥有 8000 千万居民，从人口数量看将更加明显地把法、英、意三个大国甩在后面。尽管这里存在着冲突潜力，但联邦政府很快形成了统一立场：机构组织的变化不在讨论之列，波恩既不会要求在理事会中增加投票权，也不会要求在欧共体委员会里增加德国委员。对于未来欧洲议会的议员人数，联邦政府暂不确定，但向伙伴们及早传递了对协调一致解决的兴趣。[31]

不过，直到 3 月 18 日民主德国人民议院选举，仍然完全不清楚将根据哪种方式使民主德国纳入欧共体。讨论了三种可能性，它们都隶属德洛尔提出的大概念"特例东德"：[32] 第一选择是通过民主德国和欧共体签订合作条约建立联系关系。根据《欧洲经济共同体成立条约》第 113 条商定一项贸易与合作协定，早在 1989 年 12 月就已是决定了的事情，相应的准备工作已于年初启动。对此，开始时存在着争议：除了贸易协定以外，是否也应根据《欧洲经济共同体成立条约》第 238 条与民主德国商签一份联系条约。尤其是莫德罗政府主张这点，因为这样的条约将构成民主德国自主加入欧共体（根据《欧洲经济共同体成立条约》第 237 条）的第一步。第二个加入选择却有先决条件，即民主德国在不可预见的时间内仍然保持为一个主权国家，或者欧共体强调莫德罗政府的相应要求，因此，尤其是联邦政府严格反对这样一种方式。此外，这样的程序要求得到所有成员国和共同体机构的同意。由于很久以来，在布鲁塞尔已有其他国家申请加入，所以，民主德国角色特殊这个想法不仅仅遭到联邦政府的反对，正如 1 月 20 日外长会议显示的那样，比利时和荷兰反对任何优先对待民主德国的做法，法国则对民主德国在政治和经济上是否成熟到可以根据第 237 条加入欧共体表示顾虑。副主席班格曼代表委员会说，由于民主德国仍属于华约，这样的解决办法是不可讨论的。[33]

第三种选择是依据《基本法》第 23 条经由德国统一的道路而实现一体化，也就是成员国德国"简单的"扩大。人们普遍相信，这似乎是最简单的解决办法，因为不要求签订正式加入欧共体的条约。"灵活的条约范围"这一国际法原则可以使欧共体法律在经过统一而扩大、但法律身份没有变化的联邦德国版图上的运用继续有效，其结论意味着几乎所有的适应与过渡规则都能够通过部长理事会多数决议或者委员会简单的管理文件得到解决。委员会和部长理事会同意这一意见，只有少数人发出了反对的声音。与此相比，根据《基本法》第146条实现统一的后果尚不清楚，这要求为统一后的德国制定新的宪法。是否由此会产生一个新的国际法主体，德国迄今对共同体的条约义务是否会失效，从而有必要进行复杂的有关欧共体条约的重新谈判，对这些问题尚有争议。[34]

由于民主德国人民议院选举在即，关于把民主德国纳入共同体的方式暂时必须推后。不过，早在3月18日前，布鲁塞尔内部就明显地倾向于根据《基本法》第23条的条件实现德国统一这个途径。联邦政府和委员会在这一点上完全一致：行动的法则不能随便地让给成员国或者理事会，不能像入盟谈判或者正式修改条约时必然要做的那样。替代的做法是，委员会在民主德国版图纳入的问题上与联邦政府进行紧密协商，可以通过行政文件发挥决定性作用。不管程序方法如何，民主德国的一体化要求采取大量的过渡措施，其组织安排将由理事会委托给委员会。对于委员会来说，其中蕴含着并非不重要的提升形象的机会。这是德洛尔要加以利用的。[35]

为进程超越，或者：墨迹几乎未干……

民主德国将通过与联邦德国的统一而加入欧共体，这在1990年春虽然日益变得可能，但委员会仍坚持与民主德国签订原计划的《贸易与合作协定》。该协定并没有新的质的飞跃，而是适应委员会的既定构思，即通过贸易便利化和协商一致的约定，与经互会国家建立初步的政治沟通。与民主德国签订的这样一个协定的特殊基础要回溯到欧共体的初始阶段。《罗马条约》就已给予民主德国一个与欧共体关系的特殊地位，这与其他第三国明显不同。[36]这一特殊地位最清楚不过地体现在附属于《罗马条约》的《德意志内部贸易以及相关问题的议定书》① 中。其中规定，民主德国与联邦德国的贸易具有德意志内部贸易性质，因此欧共体的《对外经济法》和《关税法》都不适用。民主德国似乎已被纳入欧洲内部贸易，只要它不对其他欧共体伙伴产生有害影响。[37]

尽管民主德国开始时对与欧共体进一步开展合作缺乏兴趣并持谨慎态度，但它还是想从即将建立的欧洲内部市场获益。[38]在柏林墙倒塌之前，它

---

① 《德意志内部贸易以及相关问题的议定书》（Protokoll über den innerdeutschen Handel und die damit zusammenhängenden Fragen）。——编者注

就表示了与 12 国签订贸易与合作协定的兴趣。为此，1989 年 1 月，委员会与民主德国特派代表之间进行了首轮接触。1989 年夏季在进一步的试探性会谈中，最初存在的争议点得以消除。但后来民主德国内政上的巨大困境妨碍了会谈的进程。1989 年 11 月 1 日，也就是柏林墙倒塌前几天，班格曼在访问东柏林时建立了这些接触。[39] 这次访问受到了十分尖锐的关注，因为它潜藏着提升克伦茨政府地位的危险。在欧共体的外长中，只有很少人愿意按照民主德国的设想签署一份贸易协定，该协定主要是为取消双方进出口货物数量的限制服务的。

随着柏林墙的倒塌，形势发生了根本性变化。此前民主德国政府只是谋求一份贸易条约，现在它努力与其他东欧国家平起平坐，也想缔结一个合作条约。在柏林墙倒塌几天后起草的 1989 年 11 月 17 日备忘录中，新的政府首脑莫德罗通报了相应的奢求。[40] 共同体委员会内部也开始转变思想。借班格曼 11 月 1 日访问民主德国之际，安德里森委员十分清楚地阐述了他对贸易协定价值的怀疑。他说，在眼下的变革时期，存在着这样的危险，即"协定的墨迹未干，就必须再次谈新的条约"[41]。几周以后，安德里森在 12 月初访问东柏林时声明，同民主德国的关系可以超越贸易而扩展到更加广泛的合作中去。未来的关系必须跟上充满活力的进程，这一进程应根据经济和政治的发展而逐渐扩大。[42] 作为新的框架条件的后果，1989 年 12 月 8～9 日的斯特拉斯堡欧洲理事会和 12 月 18～19 日的部长理事会给予委员会草拟这一协定的授权和谈判指示。1990 年 1 月 29 日，开始真正的谈判。欧共体在构思过程中遵循与其他东欧国家的现存协定，但涉及民主德国时却不允许触及德意志内部贸易的特殊性。[43] 在首次展望与民主德国的未来合作时，委员会谈到一项为期十年的协定。现有的贸易壁垒应在 1995 年之前逐步消除。此外，合作应延伸到工业、矿业、科学、技术、农业、运输和旅游等领域。谈判进行得相对顺利，因为民主德国方面现在表现得非常愿意妥协，而且情况越来越明显，该协定不会有大的未来。

委员会内部也已意识到与民主德国这个协定的短命性。早在 1990 年 2 月 8 日"班格曼小组"的第一次正式会议上，班格曼就已表示过，从中长期来看，这个贸易与合作协定将失去意义。尽管如此，他认为应尽快缔结这个协定，这是向民主德国发出的一个重要政治信号。不过，委员会内部达成一致，在人民议院选举之前不再派遣高级人士访问民主德国。[44] 总理府也意识到与旧政权打交道时的问题。人们很想对莫德罗政府采取更为严格的态度。人们更加敏感地关注委员会的想法，即布鲁塞尔会在多大程度上对莫德罗的要求让步，也就是在 3 月 18 日选举之前草签几乎已经拟定的贸易与合作协定。[45]联邦外交部也在内部提出了立场建议。总理府的建议旨在对外保持谨慎，以避免造成联邦政府要监护委员会或民主德国的印象，但私下里向委员会发出信号，待民主德国第一次自由选举以后再草签，这也符合委员会的利益。联邦经济部显然认为这不太成问题，外交部的立场与总理府相似。

不过，决定却是在另外的地方作出的：1990 年 2 月 28 日，驻布鲁塞尔的常驻代表多数——尤其是比利时、法国和英国表明自己是拥护者——决定：在人民议院选举之前草签这个协定。[46]委员会也认为，这在时间上是可行的。人们解释称，草签毕竟不是可以抬高莫德罗政府身价的"轰动的政治事件"。根据总理府和外交部不在此事上公开反对委员会的共同方针，波恩常驻布鲁塞尔代表于尔根·特龙普（Jürgen Trumpf）在这次会议上表示原则上对仅仅草签不表示反对。但正式签署无论如何不应在 3 月 18 日前进行。

这份协定最后在 3 月 13 日草签。三天以后，欧洲议会表示同意。不过，当 5 月 8 日隆重举行签字仪式时，却应验了安德里森委员的预言：签字墨迹未干，协定就已过时了。两德的统一谈判那时已经走得如此之远，以至于民主德国与欧共体签订的单独协定只是一张废纸。1990 年 3 月 16 日，也就是选举前两天，莫德罗在他提交的一份备忘录中要求民主德国在欧共体中应有独立自主的成员资格，这一备忘录已不再为 12 个欧共体成员伙伴认真对待。它也不符合由德梅齐埃领导的民主德国新政府的意愿。新政府从一开始就认为自己不再会成为独立自主的欧共体成员，不过它希望东柏林与布鲁塞尔直接联系，以便能在布鲁塞尔直接为自己的利益进行游说。[47]不管怎样，共同体通过顺利商定贸易与合作协定，传递了令人印象深刻的证明，证明了委员会欲将民主德国迅速吸纳进自己圈子里的意愿。

弹性与灵活：委员会的"三阶段计划"

人民议院的选举结果也使布鲁塞尔相信，德国人盼望迅速统一。民主德国新的执政联盟与联邦政府一样主张根据《基本法》第 23 条实现统一。此外，两德政府再次明确表示拥护欧洲一体化，以安抚欧洲的伙伴们。[48]欧共体委员会主席德洛尔评价选举结果时指出，困难现在才开始。[49]

他强调联邦政府和 11 个伙伴以及布鲁塞尔当局在两德谈判经济与货币联盟中深入磋商和协调一致的必要性。将来，委员会应始终有一位代表参与德意志内部的谈判，以便从布鲁塞尔的角度审核各个步骤的可行性。从现在起，民主德国一体化的每一项措施都必须经过协调。德洛尔再次强调，波恩对欧共体进一步一体化发出政治信号是可取的，这将再次证明科尔热心于欧洲，当然原则上对此不存在怀疑。德洛尔原则上要求共同体有参与权，班格曼则主张比较谨慎的立场，他认为委员会只在共同体承担直接的政治和财务责任的方面，才有参与决策的权利。

3 月 18 日的选举结果，也为委员会钟爱的通过民主德国加入联邦德国，进而使东德纳入欧共体打开了道路。因此，德洛尔、班格曼和安德里森在 3 月 22 日欧洲议会举行的"德国统一"特别委员会会议上强调，他们现在以《基本法》第 23 条作为预定的进一步实现统一道路的出发点。对此，议员们在 4 月 4 日的对德政策决议中表示欢迎。[50]围绕欧共体条约可能必须进行法律适应的讨论最终过时了。在目前这种清晰的框架条件内，委员会可以推进其为民主德国地区顺利加入欧共体所做的规划和准备工作。在 1990 年 3 月 22 日与德国职能部门代表的一次会谈中，委员会再次重申自己的立场，即在民主德国加入联邦德国时，东德可以纳入欧共体而不改变欧共体条约。[51]同时，已勾画了不同的一体化阶段：

1. 适应期：直到统一实现，涵盖适应措施和欧共体活动的启动；
2. 过渡期：从统一开始，规定各个领域不同期限的过渡办法；
3. 最后阶段：不受限制地运用欧共体法律。

1990 年 4 月 20 日，首次详细地并以书面形式指出了由委员会拟定的分阶段实现民主德国一体化的主导方针和程序。基本设想是根据《基本法》第 23 条实现统一，因而根据《欧洲经济共同体成立条约》第 237 条修改《罗马条约》是不必要的。各个阶段都规定了具体措施，以避免——由于民主德国加入联邦共和国，从而使整个欧共体法律直接生效——在东德引起不能接受的困难。基础是上面提到的三阶段分期：

1. 临时阶段：它应与两德经济、货币和社会联盟并行，于 1990 年 7 月 1 日开始。欧共体法应尽可能应用于民主德国（例如《补贴与竞争法》）。应为第二阶段创造先决条件，例如作为市场经济条件的经济和社会方面的改革；《德意志内部贸易议定书》暂时应继续存在。

2. 过渡阶段：随着德国正式实现统一，欧共体法应得到普遍运用。在从属的共同体法范围内只允许严格定义的少量例外规则（指方针、规定、决定）。时间目标是到 1992 年 12 月 31 日前完成内部市场。

3. 最终阶段：欧共体法应全面适用。

仅仅一天以后，即 1990 年 4 月 21 日，在部长理事会非正式会议上，委员会关于民主德国分阶段过渡到欧共体的建议，得到了 12 国外长的批准。[52]

疏导发展

尽管两德政府都拥护欧洲一体化，但邻国仍然对德国统一可能给欧共体带来的后果感到担忧。他们尤其担心，计划中的欧洲经济与货币联盟会推迟，这种担心不仅仅在法国流传。爱尔兰总理兼欧洲理事会轮值主席豪伊在 1990 年 2 月 13 日写给科尔的信中说，正是现在这个时候，坚定地推动 12 国的欧洲向前迈进是多么重要。[53]现在不仅要注重自身利益，而且也要顾及在一个新欧洲对欧共体提出的变化了的要求。豪伊写道，在此情况下，一些伙伴国产生了提前召开政府间会议，为欧洲经济与货币联盟作准备的想法。因此他认为，召开一次国家与政府首脑特别会议是必要的，以便像德洛尔提议的那样，在最高层面上形成统一的立场。

几天以后，经与科尔和德洛尔协商，特别峰会的想法迅速具体化了。2 月 16 日，爱尔兰驻波恩大使告诉总理府，豪伊打算不久就发出参加特别峰会的邀请，开会时间定在 3 月底或 4 月初。豪伊表示愿与联邦总理事先商议确切的时间。接着，科尔让豪伊告诉大家，他倾向于 4 月份的下半个月，建议 4 月 28 日。[54]德洛尔 2 月 16 日与科尔的两位工作人员约翰内斯·路德维希（Johannes Ludewig）和哈特曼在巴黎会谈时，表示对科尔的这一具体步骤非常满意。[55]然而，这位委员会主席也表现出批评性态度称，他从一系列谈话中得到印象，对德国发展的担忧正在增长，其中部分是一种几乎"非理性的敌对情绪"，他提到与法国、荷兰、意大利和波兰政要进行的谈话，尤其是波兰总理马佐维耶茨基在德国问题上像是受到了彻头彻尾的噩梦折磨。德洛尔继续说，这对欧洲的统一当然不会没有影响。所以，有这样的呼声，认为正在呈现的德国统一道路同时也是迄今的欧洲政策的终结。哈特曼表示异议说，人们在斯特拉斯堡峰会上在有关经济与货币联盟以及政治联盟的问题上显示了希望取得进展的意愿。德洛尔驳回了哈特曼的异议，他说，眼下在一些批评者的眼里，为德国统一所做的大量投入将使德国的意愿声明黯然失色，如果不付之以行动的话。因此，德洛尔没想为这次计划中的特别峰会发出一个信息，它包括两个领域：

● 一方面，欧共体成员国应再次确认，它们愿意实现政治联盟。只要作相应的内容充实的阐述，就会清楚地表明，当前在德国和欧洲的发展不会阻碍这一目标。

● 另一方面，该信息应包含致民主德国民众的团结书，告诉他们共同体准备提供支持。

德洛尔说，他个人愿意为此出力，即使可能有抵制，他这里特别估计到撒切尔夫人会这样做。此外，欧共体可以具体提议，例如准备提供欧共体资金，以促进东德的"欧共体意识"。当然，这样的建议只有在与联邦总理协商之后他才会提出。

之后，波恩总理府开始思考如何对待这一提议。[56]联邦总理想对德洛尔的提议作出书面反应。在总理府看来，委员会主席这两个提议，即政治联盟和团结书，原则上是值得欢迎的，不过其中也有风险。关于实现政治联盟，问题是成员国之间对于目标的看法还不一致，并存在着不清晰之处。这个议题必须谨慎处理，因为如果像意大利和法国主张的那样，通过加速共同体进程也把欧洲经济与货币联盟置于中心地位，那么出于内政原因是有问题的。因此对联邦政府来说，尤其要聚焦机构改革，其中也包括扩大共同的外交努力和赋予欧洲议会更多的权利。迄今为止，这个问题只有欧洲议会和委员会讨论过。因此在德国看来，所有利益相关的国家与委员会共同提出一项倡议似乎是有意义的。所以，就下一步行动作出决定，比如设立一个为政府间会议作准备的委员会，可能是欧洲理事会都柏林特别峰会采取的第一个重要步骤。也可以设想议定某种日程表，类似科尔1989年12月提交给斯特拉斯堡峰会的欧共体日程表，提出到1993年为止的所有改革步骤。不过，总理府认为有必要先与委员会、法国和其他政府进行内部会谈。

至于那个团结书，总理府的最大顾虑是担心可能会出现与此相关的争论，即欧共体结构基金的资金转移会成为弱小成员国的负担。[57]这些国家为有利于东德而放弃共同体资助的意愿似乎很小，必须估计到更大的可能是它们会大肆抵抗。因此总理府的想法是，在共同体提出进一步措施之前，联邦政府先要了解一下全面情况，即自己必须和愿意作出什么样的贡献。

在总理府这种内部斟酌的基础上，科尔在1990年3月13日写给委员会主席的信中阐述了他对计划中的特别峰会以及德洛尔建议的初步的官方看法。[58]联邦总理再次保证，要将德国统一进程纳入一个稳定的欧洲框架之中，并就一切问题与欧共体进行紧密的协商。他认为非常重要的是，通过团结书向民主德国老百姓表明，他们在这个"欧洲自由人民的共同体中是受欢迎的"。不过，他也同意德洛尔的担忧，对这则通告进行具体化可能遭到其他成员国的抵制和疑虑，所以他劝告不要现在就对其进行准确的表述，比如可能从结构基金中得到帮助。此外他还认为，在目前形势下强调实现政治联盟的意愿是重要的，说明这不应只是一个空洞的口号。因此，他与同事们考虑，在都柏林启动一项"深化欧洲一体化的行动倡议"是否恰当。欧洲经济与货币联盟正在顺利地展开，但在他看来，机构改革却尚非如此。为了帮助峰会取得成功，科尔在给德洛尔的信件结尾建议，在峰会前可以再次进行个人会晤。

仅仅两天以后，德洛尔就向布鲁塞尔常驻代表委员会宣布，为了准备都柏林的非正式峰会，委员会起草了两份文件，一份针对即将到来的德国统一，另一份关于中东欧其他国家的发展。[59]鉴于德国统一日益临近，他的欧洲政策的乐观主义保持了严格限度：他曾经对路德维希和哈特曼讲过一些成员国的顾虑，现在他自己也感到害怕，由于欧洲的种种变革，欧洲共同体这项事业会可能掉进"历史的垃圾堆"。他认为其中存在着一种现实危险并指出，在一些国家有些人绝不会对此感到不高兴。因此，至迟在6月份的欧洲理事会例行会议上要开始为欧洲联盟采取步骤，这比过去任何时候更为必要。仅仅发出气氛良好的信号是不够的。就此而言，政府间会议与德国统一进程是不能割裂开来的。德国统一进程也必须为欧洲联盟带来进展。

就这样，在德洛尔、科尔和豪伊之间就共同行动取得了一致。在4月25日给共同体国家和政府首脑的信件中，欧洲理事会主席豪伊宣布了都柏林非正式欧共体峰会的日程。其主要任务应是就普遍的行动方式和主导方针达成一致，借此东德得以尽可能顺利地融入欧共体。其基础应是委员会文件

《共同体与德国统一》（Die Gemeinschaft und die deutsche Vereinigung），它已得到外长们的批准。此外，豪伊还指出，他的一些同事将欢迎实现政治联盟的措施。他因此要就一揽子议题进行深入的意见交换，并对必须进行的下一步工作程序达成一致。[60]计划中的特别峰会，原本主要应体现德国统一对欧共体产生的后果，但随着政治联盟的提出获得了另一个议题重点。

第二节　启动政治联盟

特别是密特朗和科尔，他们推动了欧洲政治联盟的倡议。几周以来，他们的工作班子都在就如何在都柏林理事会非正式会议上提出协商一致的建议进行对话。然而，共同倡议的开局却没有形成共识，依旧是德法之间的持续分歧，而且是关于欧洲政治进一步行动的原则分歧。

不情愿的倡议？

1990 年春，巴黎和波恩的欧洲政策继续保持分歧的特征。密特朗主要关心为欧洲货币联盟作准备，并且不放过任何机会向联邦总理通报他的想法，而科尔的兴趣却在别处。[61]他要与货币联盟并行地实现政治联盟。在他看来，对此所需的机构改革主要是扩大委员会和欧洲议会的权限，这两点都是密特朗根本不想接受的。密特朗的怀疑主要针对强化共同体的超国家机构。按照其同事吉古的分析，对密特朗来说，布鲁塞尔的机构主要有一种为了权力而争权的趋势，而他的看法则是，现在已是问问自己的时候：欧共体伙伴在国与国之间的基础上能做些什么事情，比如建立共同的外交政策和防务政策。虽然经济与货币联盟也要求交出主权，但它是出于深刻而重要的经济需要。相反，在爱丽舍宫看来，政治一体化——在其过程中，欧洲议会和委员会的权限扩大是无法回避的——是对欧共体一些国家的不必要的挑衅，首先是对英国。除此之外，密特朗认为，这个一体化目标对法国在欧洲问题上本来就脆弱的共识是一个威胁。

在这件事上，偏偏是德洛尔这个法国人支持德国的立场，这在巴黎引起了一些不快。1990 年 1 月 17 日，这位委员会主席就概述了他对未来欧洲"联邦"的设想，"联邦"不能与密特朗的"邦联"计划混淆。[62]联邦的重要组成部分是经济与货币联盟，但也包含欧共体成员国的政治合作。德洛尔呼吁说，如果最高层没有就欧洲联盟的安排进行考虑，那么 1990 年就不能结束。因此很快就产生了召开第二次政府间会议的想法。每当交出主权成为本国负担的时候，法国政界的反应总是非常敏感。密特朗本人对比如国防部长舍维内芒针对德洛尔的攻击没有怎么表现出不满。对外，爱丽舍宫起初对德国提出的共同政治倡议显示出保留态度。相反，密特朗更喜欢把他在新年之际首次宣告的一个想法提到重要位置，这个想法就是欧洲所有国家组成一个大邦联，但没有怎么勾勒出这个邦联的轮廓。例如，在2月15日爱丽舍宫的一次晚宴上，他对科尔只是简短地提到政治联盟，但更多的是一般性的长远展望，对自己的邦联想法明显地赋予更多位置。[63]

但政治联盟的项目此时却已启动，并且得到欧洲议会议员以及意大利、爱尔兰和比利时政府的大力支持。豪伊与科尔和德洛尔私下倡议的都柏林欧洲理事会特别会议，应在民主德国人民议院选举之后举行，并且主要探讨统一对欧共体的后果，但此外也要开启关于政治联盟的讨论。密特朗的设想却完全不同，他设想12个国家的欧洲要适应变化了的形势。[64]一方面，他还是害怕具体地把民主德国1700万人加入欧共体的组织工作；另一方面，他原则上对这样的峰会不以为然，尽管他对一般性的意图声明总是表示赞同。根据他的判断，这种特别峰会不是同等推进德国和欧洲统一的合适措施或者甚至是保证，尤其是因为这类一体化政治进展根本就不符合他的构思。但因为他太清楚，在1990年12月联邦德国选举之前，在欧洲货币联盟问题上反正不会有什么动作，所以他最终转向政治联盟的建议，接受了波恩的提议。他的目标仍然是德法倡议政治联盟，希望以此至少能够避免"过度的联邦"。他脑中深处也包含有这样的想法，即现在是在政治领域加强共同体的有利时机，因为此时恰逢其他国际组织首先是北约组织日益丧失其存在的理由。

密特朗最初对德国统一的"刹车伎俩"遭到了失败，至迟从3月18日的选举结果中，不得不看到民主德国民众明确投票赞成迅速统一，加上这些情况，他认识到，既没有替代德国纳入欧洲结构的另外办法，在一体化继续进展中也没有可以信赖的替代性伙伴。其结果是，法国寄希望于大力推动欧洲政治路线和重新焕发法国在欧洲统一中的领头作用。为此，法国领导层一方面注重在不影响自身经济利益的基础上加深欧洲一体化，另一方面寻求通过加强德国与欧洲的挂钩，削弱统一德国在欧洲经济和政治中可能占有的支配地位。[65]

通过私下渠道，爱丽舍宫和总理府开始了首轮试探。早在3月中，密特朗的工作人员阿塔利、比安科、吉古与特尔切克就共同的，从而也是具有媒体效果的欧共体倡议达成一致，对外显示紧密合作将继续。他们共同商定，要准备德法对政治联盟的倡议，提交给 4 月份举行的都柏林特别峰会。[66]在欧洲框架条件已发生变化的背景下，欧洲联盟的均衡保证功能也解释了法国大部分公众为什么越来越赞同此前加以拒绝的政治联盟前景。[67]爱丽舍宫和总理府之间的协商和谈判被证明是劳动密集型的工作。早在 3 月 25 日，密特朗就认为工作进展已足以使他可以在法国电视台宣告德法这项政治联盟倡议。科尔在 3 月 28 日豪伊访问波恩时则走得还要远一点。他不仅强调了密特朗的宣告，而且同时建议在 4 月 28 日的都柏林欧洲理事会上就可以对设立政府间会议作出决定。[68]

　　4 月初，两国外交部大部分没有参与的讨论进入了决定性阶段。计划是两国政府发布共同公告，向其他的国家和政府首脑提出实现政治联盟的具体步骤的建议。但在精确拟定共同文稿时却继续表现出不同的设想。4 月 2 日，法国方面试图按照自己的理解充实政治联盟这个"外壳"，特别是提出较为紧凑的时间间隔。[69]这尤其涉及应于 1991 年 6 月前就结束关于经济与货币联盟的政府间会议，除了机构改革之外，经济与货币联盟也是实现政治联盟的要素之一。在政治联盟的其他有关内容和目标设定上没能取得一致，人们于是同意将该问题推迟到特别峰会以后再议。达成的妥协是，文稿中先是仅仅一般性地确定准备实行的程序以及时间范围。法国对时间目标的立场得到了顾及，据此相关的改革应尽可能在 1993 年 1 月 1 日生效。整个文稿应以欧洲理事会最后结论的形式拟定。

　　对于其他的内部程序，爱丽舍宫和总理府的工作人员达成一致，将文件草稿提交给联邦总理和法国总统，以得到他们的同意。接着，这份文稿要与一封共同信件一起递交给委员会主席以及共同体各国的政府首脑们。信中宣布，根舍和杜马两位外长有意在 1990 年 4 月 21 日的 12 国外长非正式会议上提出科尔和密特朗的这些建议。在书面转交几天以后，双方政府发言人将发表一项共同声明，以周知公众。[70]此时，草稿第一点预先规定了政治展望，即成员国关系将整体转向欧洲联盟，其手段，一个是经济与货币联盟，另一个就是其他的机构改革。关于政府间会议准备情况的最后报告，应在 1990 年 12 月提交给正常的欧共体峰会。作为最后一条，以"工作日历"为提示语，说明这些基本的改革计划应于 1993 年 1 月 1 日生效。底稿上的详细手写注释——通常极为罕见——表明这件事对联邦总理特别重要。他的修改旨在就经济与货币联盟的政府间会议表达一个更为清晰的说法。在"工作方向"的提示语中，提到"充分行使联盟的民主功能"作为目标，他打了一个问号；对于1993年1月1日这个时间目标，他希望以"追求此目标"代替原先的措辞"理事会表达自己的愿望"。这些看起来是小节的事情，表明他关注这条通告应有较大的说服力或者说约束力。四天以后，比特里希将联邦总理的修改愿望和原则赞同其他内容等等情况向自己的对话伙伴吉古作了通报。[71]对于科尔所希望的修改，人们顺利地达成一致。细节上，现在应使用"加强联盟的民主基础"这个说法。此外还应表示，欧洲理事会根据其在1989年12月斯特拉斯堡会议上的最后结论，重申关于经济与货币联盟政府间会议应在意大利政府的邀请下于1990年底以前举行。直到此时，快速结束德法倡议的准备工作似乎是有保障的。但吉古现在更加清楚地强调，密特朗认为绝对有必要在对程序达成基本一致之前，就政治联盟的目标内容取得最低程度的一致。因此，法国建议两国外长根舍和杜马尽快交换意见。与之相对，比特里希指出，在总理府看来，在欧共体国家和政府首脑4月28日会晤前澄清所追求的联盟内涵和确切目标，时间上是来不及的。他表示，尽管存在分歧，但他坚信人们随后能够就基本方针取得一致。为此，德国在通常范围内也作了准备，包括外长在内。比特里希对他的谈话伙伴解释说，但目前这类问题在联邦政府内部也与敏感问题结合在一起。为此，需要联合执政伙伴科尔和根舍进行政治协商，而人们目前还只有初步想法。

最后，吉古——她强调是根据她自己的判断，并从外交部阐述的内容设想出发——补充说，应在4月28日委托外长们在6月欧洲理事会正常峰会前起草一份报告。在详细讨论之后，才就程序问题作出决定。比特里希对法国的谨慎和以此间接流露出来的对联邦德国的不信任表示遗憾。他向特尔切克报告说，自己曾向谈话伙伴指出，如果现在从已公布过的内容后退，会在公众中造成一个恶劣印象。在清楚勾画出下一步道路的前提下，符合法国设想的启动是可以想象的，这意味着要并行召开两个政府间会议。此外，他还向吉古强调，法国今后不能再像过去那样指责德国想阻碍欧洲一体化进程。吉古保证与杜马和总统谈此事。之后他强调，只有在外长会议前有足够的时间间隔，德法倡议才有意义。

按照比特里希的判断，对密特朗的突然退缩有好几个解释。第一，可以想象，总统想"非常秘密地溜出"这项倡议，因为这项倡议存在可能被德国从他手里抢走的危险，或是因为德国不愿意无条件地支持法国的想法。另一种解释针对根舍与杜马之间久经考验的协作：爱丽舍宫也许寄希望于杜马能够迅速确保得到其德国同事的支持，如果将倡议的下一步工作先交给外长们处理。因此，比特里希向特尔切克建议，不要再采取行动而是等待两国外长的会谈，但预防性地继续对公告的文稿进行加工，为各种情况作好应对准备。4 月 11 日，阿塔利终于通知特尔切克，法国国家元首赞同倡议的目前状况，既包括其内容也包括预定的程序。[72] 原计划是搞一个共同公告以及为理事会最后结论提出建议。特尔切克还额外提议，向委员会以及欧共体国家和政府首脑公布这项倡议后不要等待太长时间才告诉公众，否则，根据经验其他方面会这么做。[73]

仅仅两天以后，形势就再次变得完全不同。4 月 13 日，爱丽舍宫递交了一份加工过的草稿。一方面，该草稿不再由"公告"和"最后结论草案"两个要素组成，而是一份组合起来的文稿；另一方面，草稿无论在语言上还是在内容上，都背离了迄今的共识。[74] 之后，总理府和爱丽舍宫的两个工作班子争执了四天之久，才达成一个可以呈请总统和联邦总理同意的妥协。此时时间已所剩不多，因为 4 月 21 日的外长会晤即将到来，并且人们也不愿意发布公告的时间离这次会晤太近。因此，对于下一步程序，打算在文稿递交其共同体同事仅仅几小时以后，就通过爱丽舍宫和总理府的发言人向媒体发布通知。此外，科尔的工作人员还建议，将公告在联邦总理批准后转给根舍，因为根舍要在外长会晤中体现公告的内容，还要告诉财政部长魏格尔和经济部长豪斯曼。

最终，公告得以与最后的谈判结果相符，几乎未加改变地被接受，并在 4 月 18 日以密特朗和科尔给欧洲理事会主席豪伊的共同信件的形式，递交给了都柏林。[75] 其中，他们向伙伴们发出呼吁，同时举行有关政治联盟的政府间会议和有关货币联盟的政府间会议："鉴于欧洲的深刻变革，在考虑建立内部市场和实现经济与货币联盟的情况下，我们认为有必要加速 12 国欧洲的政治建设。我们相信，现在是'成员国的整体关系转变成欧洲联盟并且配备以必要的行动手段'的时候了，就像《单一欧洲文件》预定的那样。"[76] 这里涉及的是加强共同体的民主合法性，更加有效地塑造其机构、确保经济、财政和政治领域行动的关联以及定义共同的外交和安全政策并将其付之行动。为此，外长们应为 6 月份的欧洲理事会起草第一份报告并为 1990 年 12 月的理事会峰会起草一份总结性报告。两个政府间会议应平

行工作，以使其结果能在 1993 年 1 月 1 日开始生效。公告中没有再出现
"政治联盟"这一称谓，它不得不让位于较为一般化的称呼"欧洲联盟"。
德法之间对这一联盟内容的分歧被可以任意解释的概念掩盖了。例如，涉
及欧洲议会的权利，只是笼统地说到加强联盟的民主合法性；关于委员会
的权限，则说应该更加有效地塑造机构。

在 4 月 21 日的 12 国外长会议上，德法建议得到积极采纳。在紧接着
的新闻发布会上，杜马对未来共同体的塑造作了一些暗示。巴黎的优先考
虑是强化部长理事会的决策能力，最主要的关注是赋予这个欧洲机构常设
性质。欧洲议会也应更多地被吸收参与决策，但尤其是各国议会应更多地
参与决策，例如，通过由其成员组成的第二个欧洲代表机构。委员会的领
导力量虽然应该强化，但总体上按照法国的设想只赋予委员会较小的重
要性。[77]

虽然爱丽舍宫与总理府的意见分歧没有因此而消除，而只是得到延
缓，但毕竟两个首都之间又重新恢复了例行公事状态。1990 年 4 月 25～26
日，在都柏林峰会前几天，科尔和密特朗再次在定期的双边磋商中会面。
不过，在 4 月 26 日的工作早餐中，共同倡议与即将来临的欧共体峰会一
样，不是话题。[78]总的来说，在两位政要看来，倡议已"得到了确保"。此
外，与内容上的分歧不同，此前遭到破坏的气氛似乎最终得以消除。科尔
在接下来与密特朗的单独会谈中表现得简直是"兴高采烈"，而密特朗在
新闻发布会上声称，德法友谊"比任何时候都更加活跃"，这次会晤是在
"内在一致"的气氛中进行的。科尔和密特朗再次公开确认在欧洲政治建
设道路上紧密合作的意愿，德国统一和欧洲统一必须携手并进。

都柏林把各条线路捆绑在一起

两天以后，德法的政治联盟倡议在爱尔兰首都都柏林得到 12 国中至少
是部分国家的同意。[79]但在 4 月 28 日的这次峰会上，没有就召开政府间会
议达成一致，特别是由于伦敦持保留态度。但不管怎样已经作出了决议，
即到 6 月份下次峰会之前，外长们应该仔细审核修改条约的必要性；应该
拟定相应的建议，在考虑欧洲经济与货币联盟的政府间会议之外的另一个
政府间会议时，应该讨论这些建议。甚至是撒切尔夫人也赞同这一行动措
施，尽管原则上她有顾虑。不过，她的主要异议是针对"政治联盟"框架
中不甚明确的内容。她反复向密特朗和科尔追问两位政治家对此是怎么理

解的，她说："我只听到美丽的辞藻，但少有实质内容。"这位英国首相说，这些语言外壳导致了人们对各自国家身份认同的害怕。因此，撒切尔夫人认为迫切需要首先定义她在"政治联盟"这个概念下恰恰不愿去理解的内容：特别是放弃国家主权、由一个纯粹欧洲的安全政策或者一个欧洲国家首脑取代北约。她的批评得到了葡萄牙和丹麦的支持。德洛尔最后感到有必要采用《圣经》的论据："如果要在造人之前先定义人不应该是什么，那就永远不会出现亚当。"不过，撒切尔夫人在新闻发布会上获得了比委员会主席更多的笑声，她敏捷地反驳说："上帝第二步创造夏娃，说明他完全考虑到了人不应该是什么。"[80]

在都柏林，至少有一个日期还是能够确定下来。据此，欧共体应在1992年年底以前转变成"欧洲联盟"，这样，继续跟踪德法倡议也就固定了。随着对欧洲特别峰会的推动，波恩和巴黎之间的"利益平衡"又重新运转，德法双驾马车也重新齐步并进。[81]还有一个原因也促使德国人认为峰会取得了圆满成功：[82]豪伊通过走访成员国首都而对欧洲理事会特别峰会作了彻底的准备，他得以使12个国家和政府首脑毫无保留地欢迎德国统一进程。[83]最后文件称："共同体高度欢迎德国统一。它期待全体德国人民能够对即将到来的民主德国加入共同体一事作出积极而有益的贡献。"文件表示坚信："统一对欧洲总的发展，特别是对共同体的发展将是一个积极因素。"民主德国加入欧共体的基础应该是根据《基本法》第23条实现与联邦德国的统一。这样，民主德国一体化的正式加入程序或者修改共同体条约等事务得以最终了结。委员会提出的含有对民主德国加入共同体多阶段构想的文件，赢得了广泛的赞同。

为了方便民主德国的一体化，德洛尔在都柏林峰会前一天晚上再次向科尔建议，将共同体的援助方案列入峰会的议事日程。科尔之前就坚决拒绝了这一建议，因为在他看来，这只会使实力已令许多伙伴感到可怕的德国以及德国的统一更加不受欢迎。[84]科尔在12国中表示，德国统一绝不会在给较弱的欧共体成员国造成负担的情况下进行。此外，联邦政府在都柏林承诺，联邦德国和民主德国之间作出的与欧共体相关的一切决策将向共同体通报；委员会将被充分地吸收参加这些讨论。

科尔还利用这个机会，再次详尽地阐述了过去几个月德国的发展情况，并重申他绝对坚持欧洲政策义务：德国统一和欧洲统一是同一块奖牌的两面。此外，他解释了自己对统一后的德国对北约归属以及对波兰西部边界的立场。他说，联邦议院和人民议院将在 6 月份就通过承认波兰西部边界的共同决议。都柏林会议表示满意地知悉这一情况，从而使共同体内的气氛发生了转变。[85]在过去的 12 月份还能在斯特拉斯堡感觉得到的"冰冷"气氛消失了，让位给了务实而建设性的对德气氛。对此，具有决定性影响的是：

- 在初期的摩擦损耗之后，联邦政府与共同体之间频繁的磋商进程；
- 清晰并经常重申德国拥护欧洲一体化；
- 德法提出政治联盟倡议；
- 清楚明了地宣告联邦德国放弃要求给民主德国以财政援助。

都柏林特别峰会的成功结束，为民主德国加入欧共体奠定了政治上的基本条件。此后的工作就是将其转化成具体的技术和法律措施。对委员会来说，这意味着在时间计划日益紧迫的情况下要完成大量的任务。原先人们还认为，1991 年才建立德国统一，据此人们考虑 1990 年 12 月 2 日举行联邦议院选举，而现在必须在 1990 年 10 月 3 日以前完成一系列任务。为此目的，专门成立了由委员会副秘书长卡尔罗·特洛亚（Carlo Trojan）领导的"推动德国统一工作组"，并于 5 月初开始工作。该小组除了在最短时间内起草了一份措施广泛的一揽子计划外，还被纳入到两德关于经济、货币和社会联盟国家条约的工作，以便在其中确保欧共体的利益。[86]

峰会的餐后甜点：老问题也是新问题

民主德国加入共同体，已是政治上决定了的事情，实践上也进入了决定性阶段，在这之后，联邦政府在政策层面上的主要关注是，筹备并有计划地开启两个政府间会议，以及反复地向欧洲邻国保证自己的欧洲义务。德国统一后情况不会改变，这在斯特拉斯堡通过一次令人印象深刻的约见得到了强调。5 月 16 日科尔在那里抓住机会，在欧洲议会全体大会开始之前，亲自阐述了都柏林会议的结果和德国的发展情况。[87]这次亮相是一次首场演出，因为科尔并不是一个人去的，而是在民主德国总理德梅齐埃的陪同下亮相。这是两国政府首脑第一次也是最后一次共同访问欧洲的人民代表机构。这次共同亮相体现了把德国统一纳入欧洲统一的共同意愿。虽然德梅齐埃不能在全体大会上亮相，因为这一特权是保留给第三国的国家主席而不是政府首脑的。但他有机会向扩大了的议会主席团讲话，在这次讲话中，他明确表示，"我们在德国统一中的未来也存在于一个统一的欧洲之中"。他将德国统一视为欧洲统一的组成部分。"德国的统一能够也必须有利于欧洲的统一"。这位民主德国的政府首脑认为，未来德国必须毫不动摇地置身于欧洲的结构，"我们的邻国应该知道，他们的利益会得到尊重和顾及。"与科尔不同，他强调的重点是，德国将来应成为东西方之间的铰链；在这之前，联邦总理再次强调，德国统一不会使结构较弱的成员国承受负担。他坚信，整个欧洲将从东德正在展开的经济活力中受益。科尔也重申他将继续为进一步发展欧洲一体化尽义务。欧洲政治联盟必须受四个目标指引：

1. 加强欧洲议会的权利和权限；
2. 加强共同体在一切政治领域的统一和团结；
3. 在共同外交和安全政策道路上取得明显进展；
4. 改进欧共体机构的效率。

德梅齐埃在斯特拉斯堡获得了不少好感，这可能鼓励了他在此后的几周与欧共体打交道时，赋予民主德国一丝自主性。例如，在6月初访问布鲁塞尔欧共体委员会时，他展示了简化民主德国向欧共体过渡的一揽子措施，认为民主德国的经济治理不应变成两德的单独行为。不过，这类努力最终不过是德国统一道路上的一个插曲。[88]

影响深远得多的是联邦政府的欧洲政策路线，它受到了欧共体伙伴的警惕关注。问题在于，1990年的整个夏季始终没有完全清除对两个政府间会议感到的困难和存在的意见分歧。例如，一直存在着不同的时间设想。1990年5月31日，理事会主席豪伊在波恩向联邦总理保证，在6月份的下次欧共体峰会时，将按计划就召开讨论政治联盟的政府间会议作出决定，[89]其基础应是提交给6月18~19日部长理事会的外长报告。然而，在欧洲经济与货币联盟问题上，豪伊偏离了联邦政府的设想。他也计划对这个政府间会议进行协商，不仅协商开始时间——如4月28日决定的那样——而且可能也要协商结束日期。但在这个问题上，联邦总理始终想着1990年12月的联邦议院选举，所以决不能接受这一想法。他强烈地提出警告并强调，都柏林欧洲理事会已经提出了清晰而充裕时间的框架，也就是在 1993 年 1 月 1 日之前完成所有的改革步骤。豪伊在 6 月 21 日书面邀请国家和政府首脑参加当月 25～26 日的理事会正常会议时，展示了这一敏感和极富争议的问题。[90] 在介绍议事日程时，他只限于可以取得一致的问题，即只确定政府间会议的召开时间。谈到对峰会的期待，德洛尔也显得相应地谨慎：很难事先预测，峰会将会作出何种决定以加强共同体在政治和机制上的重要性。[91]

在 6 月底的理事会峰会上，对政治联盟会议作出了决议。该会议应在 12 月与讨论经济与货币联盟的政府间会议并行召开。但在 5 月 11 日的常驻代表委员会会议和 5 月 19 日的非正式外长会晤都没有让人看到明确的方向之后，这一决议只是提出了内容分散而不怎么具体的议题范围。尽管如此，科尔在新闻发布会上对闭幕会议的结果作了非常乐观的阐释。他说，"德国统一的进程对欧洲的统一进程也产生着非常强大的推动力。我深信，共同体不仅在经济上而且在政治上都将大大受益于德国统一"。[92] 然而，进一步的发展却表明，还在 1990 年秋季这个时候，无论是政治联盟的内容设置，还是建立经济与货币联盟的时间计划，都存在着相当大的争议。比如，1990 年 9 月 28 日，德洛尔再次明确地同科尔谈及这个问题并告诉他自己的担忧。[93] 他说，如果德法就政治联盟的塑造问题提出具体的建议，将是好的。科尔回答说，他已与密特朗约定，要在政府间会议开幕之前就共同方针达成一致，并且如果有可能，愿意提出继续向前推进的共同建议。

准备欧洲经济与货币联盟的形势显得还要复杂。德洛尔甚至觉察到了倒退，对德国承担义务的根本怀疑反复出现或者再次出现。其背景是德国要求遵守根本的预算纪律，作为稳定的共同货币的出发点。[94] 在一项得到联邦政府支持的表态中，德国联邦银行在夏季休假以后精确地阐明了它对此事的立场。除了必须完成内部市场以及成员国议会批准必要的改革步骤之外，属于其中的还有央行和各国央行行长的独立性以及成员国经济趋同取得进展。此外，确立财政预算纪律被视作持续稳定的欧洲经济与货币联盟的基础，同样，禁止通过央行搞赤字财政和维护成员国的财政预算纪律。

因此，德国要到 1994 年 1 月 1 日才确定统一货币第二阶段开始，而委员会赋予这个日期以特殊的心理含义，要将下一个阶段提前一年。但联邦政府坚持自己的立场，认为不能脱离客观前提条件来看待这样的日期，并且取得成功：最后为政治联盟的政府间会议提出了领域宽广并且有弹性的议事日程，以及随着 10 月份欧洲理事会会晤就经济与货币联盟第二阶段开始的最晚日期（1994 年 1 月 1 日）达成一致，形成了一致意见。两个政府间会议在 1990 年 12 月 14 ~ 15 日的罗马欧洲理事会上开幕，它们最后都归入了 1992 年签订的欧盟《马斯特里赫特条约》（Maastrichter Vertrag）。[95]

与德国统一及其对欧共体的后果直接相联，还有两个问题有待澄清：对结构基金产生的财政影响和派遣民主德国议员以观察员身份进入欧洲议会的问题。对共同体产生财政影响这个问题，使民主德国加入一体化再次获得了政治爆炸性。从 1990 年春天开始，相关讨论就已开始了，并使多个方面彼此相撞：一方面，以德洛尔为首脑的委员会有意向民主德国提供某种形式的特殊援助。在他们看来，这不仅仅是一种团结举动，而且主要是一个工具，能够借以对两德经济与财政谈判施加影响。与之相反，共同体中经济较弱的国家，尤其是地中海沿岸国家，为自己在结构基金中的份额担心，因为它们害怕将来不得不与东德分享这一基金。

立场不统一的联邦政府居于两者之间。波恩职能部门认为民主德国加入欧共体需要一定的过渡时间，在这段时间里，东德将既不向共同体缴纳全额费用，也不从共同体财政中得到全额返还。由于必须要绝对避免造成这样的印象，即统一是在给其他成员国造成负担的情况下进行的，所以在这段时间里对东德的支持基本上只能来自联邦德国。对此，联邦政府内部的意见是一致的。口号是：面对一般的讨论持谨慎态度，对委员会建议的特殊援助也要持谨慎态度。但是，关于欧共体可能提供援助的辩论却在持续不断并被成员国反复捡起来说事，有时带着大量的疑虑。[96]

7 月，有关共同体结构基金提供援助的争论达到了一个危险的境地，这是因为委员会建议为民主德国地区建立一个特别结构基金而引发的，根据该建议，到 1993 年为止——既然要修正现存结构基金——每年要从特别结构基金中拨出 10 亿埃居（Ecu）。[97]是否应该为了民主德国而重新分配现存资金，也就是说部分地要从目前的资金接受国抽走，或者增加迄今为止拥有 1.2% 国内生产总值的欧共体自有资金？欧洲议会特别委员会的《多纳利报告》（Donnelly-Bericht）即以此为议题，并在 6 月 11 日的全会得到讨论。该报告认为，民主德国加入欧共体虽然是可以承受的，但也将与相当大的负担联系在一起，特别是会给欧共体结构与社会基金带来负担。比如，谈到净负担将会达到 20 亿德国马克，它不能通过重新分配而损害弱结构地区，而是要通过增加资金来提供。[98]

这两者都不符合联邦总理的心意，他无论如何要避免由此而使潜在的对德国统一的害怕情绪再次被煽起。他的内阁部长们对此的意见产生了分歧。无论是在联邦财政部，还是在总理府的个别部门，都倾向于接受委员会的提议。内部的论据是，统一以后波恩最终将向共同体这口"大锅"支付更多，因此返还也完全是合法的。[99]此外，德梅齐埃政府强调，每年10亿埃居太少。科尔对一发展是多么反感，表现在他在对其工作人员上呈的相关方案上所做的大量批注中。[100]科尔批评说，波恩方面应立即停止朝这个方向采取进一步的措施和行动。联邦总理也与德洛尔进行了联系。他在1990年7月20日的一封信中再次尖锐地阐述了自己的立场：[101]委员会提高自有资金贷款最高限额的计划，必将引起这件事被与德国统一联系到一起的后果。他一直非常明确地反对这样做，现在他无意改变自己的立场。他也再次一清二楚地向波恩各部委阐述过自己的立场，并请求在委员会拟定最终建议之前进行磋商。不过，德洛尔无意离开自己立场的想法，在他给联邦总理的答复中表现了出来。[102]他认为，把民主德国地区纳入欧共体对欧共体预算不可能不产生影响；此外，各机构已经准备按照一个指导框架行事。都柏林欧洲理事会已达成一致，将过渡时间尽量限制在最小，并尽快实现完全和均衡的一体化。这对1991年起的预算不可能没有财政后果。不过，德洛尔继续写道，并不需要提高自有资金的最高限额。现存资金将会够用，或者可以通过产生于统一的欧共体额外收入得到弥补。联邦总理这才转变到德洛尔的方针上。[103]总理府——尤其是在不触动自有资金最高限额的条件下——愿意接受委员会的结构政策建议，但自己不采取主动。在8月20日的通话中，科尔再次要求绝不允许将统一与提高共同体资金联系起来，然后德洛尔作出了让步。[104]他保证在新闻发布会上准备澄清两件事情：一方面，统一在不提高共同体资金的情况下实现；另一方面，给迄今接受结构资金援助的国家如希腊、葡萄牙或意大利的资金将不受触动。科尔再次强调，这对他来说有多么重要，尤其是鉴于一些成员国正在进行的讨论情况。最后，科尔向德洛尔重申，"一旦德意志内部的困难问题得到解决，他将全力献身于欧洲政治"。

由此，问题最终得以了结。8月21日，委员会通过了一揽子建议。虽然到最后生效还有一些时间，估计是到1990年11月，因为最终批准还需经理事会和欧洲议会同意。对于民主德国从加入联邦德国直到一揽子措施最终生效的过渡时期，德洛尔也已经找到了一个解决办法。按照这个解决办法，委员会应被授予特别全权，自民主德国加入起可以临时运用预定的措施。委员会主席为此想专门请求缩短欧洲议会的赞同程序，然后理事会可在 9 月 16 日最终作出决定。8 月 10 日的 12 国外长会议对这一程序建议没有明确地反对表示。[105]

在此情境下，欧洲议会在"欧洲框架方案"内发出了一点不协调声音：[106]与委员会和部长理事会赞扬联邦政府通报并参与谈成第一个国家条约不同，欧洲议会的"德国统一"特别委员会却一如既往地对联邦政府的信息政策提出了尖锐批评。议员们之后甚至威胁要延缓东德加入欧共体过渡措施的立法工作。不过，暂时还不清楚议会究竟是否会被吸收参与，因为眼前的情况史无前例，留给通过正常立法程序的时间反正已相当地少。因此，议会担心停滞不前并因此而没有参与权。它最终在 9 月中批准了委员会的愿望，不过有个条件，即与布鲁塞尔和德国当局经常的信息交换将得到保证。委员会的特别全权将直到 1990 年底有效。

感谢欧洲议会和部长理事会的让步，委员会有关过渡措施的建议得以暂时生效，而共同体的其他两个机构没有对其进行形式上的咨询和决定。民主德国加入欧共体的道路从此畅通，没有出现所担心的艰难困境，如果没有方便过渡的措施，这种情况必然会发生。这些措施应自 10 月 3 日起生效，并由委员会贯彻实施。欧洲议员要求需要时可以召见联邦政府代表以通报情况，这一要求被德国再次承诺进行深入的信息交换政策所代替。

联邦政府对欧洲议会所提要求采取的坚定立场，也与向斯特拉斯堡人民代表机构派遣东德代表有关。欧洲议会的议员们没有履行他们在夏季休假前所宣告的承诺，邀请一定数量的民主德国议员参与合作并且给予他们"观察员"的身份。在这个问题上，在对议事日程进行必要改变的意向声明中，就有过反对意见。这个在欧洲议会里迄今不为人知的观察员身份，应使民主德国人民的代表能够参加全体大会，虽然没有投票权，但拥有议会的其他所有权利。所追求的是堪与德国联邦议院中的柏林议员相类比的地位。由于在 1994 年下一次正常的欧洲选举之前反正要修订条约，所以东德议员应在迄今没有扩大的 81 个德国议员名额内作为观察员出现。这一方针在很大程度上为总理府所接受。[107]

但到 9 月中旬，议事日程依然没有变化——这需要绝对多数的赞同票——虽然在此期间民主德国人民议院已经提名了 18 个东德代表。欧洲议会议长埃里克·巴隆·克雷斯波（Enrique Barón Crespo）给联邦议院议长聚斯穆特的一封信引起了额外的混乱，他在信中不再说"观察员"，而只是说"客人"。[108]此外，克雷斯波还认为，国家和政府首脑在下次峰会上应对东德"客人"的权利与义务作出决定。这封信在波恩引起了一些风波。聚斯穆特在回信中强调，她不认为有必要让国家和政府首脑对这件事作出决定，毕竟欧洲议会是自身议事日程的主人。欧洲议会应该在10月份的第二个会议周就议事日程的必要改变作出决议。然而，波恩对518票中的260票的绝大多数似乎感到担心，因为在欧洲议会各党团委员会内部对此已有讨论。议会议长的态度最终要为以下决定负责，即东德代表到1991年才能开始其工作。[109]这一推迟在斯特拉斯堡议会内部也遭到越来越多的不解，它产生的后果是，人民议院已经提名的议员需要再次得到全德联邦议院的认可：由于欧洲议会的议事日程到1990年10月24日才改变，所以只能在德国统一以后才能产生派遣东德人的法律基础。就像1991年1月21日克雷斯波给聚斯穆特的信中再次特别强调的那样，通过人民议院任命观察员不再合法。最后，波恩达成一致，联邦议院应在人民议院原先任命的人员以及1990年12月2日全德联邦议院选举结果的基础上，再次任命代表。

德国统一：欧洲的催化剂

向斯特拉斯堡欧洲议会派遣东德观察员构成了"欧洲框架方案"的暂时句号，两德统一进程以此与欧洲关联起来。德国统一进程由两个基本发展伴随并得到参与角色的有利组成的推动。

1. 欧洲一体化的推进

一方面，从1990年春季开始，与德国的发展并行的是欧洲统一的进一步推进：不仅在准备共同的经济与货币联盟方面，而且特别是在朝政治联盟发展的方向上，作出了决定性决策。因此，德国统一进程的活力也成了欧洲统一进程取得进步的催化剂。没有德国统一的非凡速度，无论是联邦政府还是其欧洲伙伴都不可能如此急切地采取这些步骤。但在既有的条件下，德国得以借助其对欧洲政治的义务来证明自己无条件地坚持欧洲一体化。与此同时，对联邦德国的欧洲伙伴们来说，联邦德国也是一个有效的手段，不仅使欧洲与德国的紧密关系得以更新，而且也使这种紧密关系将来结合得更加紧密。对一个强大德国的担心——担心它单干或者更强烈的东欧导向——由此而得以相对缓解。

2. 东德纳入欧共体

在德国统一的欧洲框架方案中，第二个重要方面是欧共体采取的那些措施，它们从组织技术与法律上使民主德国能够纳入欧共体。还在加入模式——也就是民主德国是通过统一（《基本法》第 23 条或第 146 条）自动加入还是作为独立的第 13 个国家成为欧共体成员国——仍然完全敞开的时候，已经为此做了初步的重要的前期工作。直到 1990 年 10 月德国统一之前，委员会表明自己是决定性的开路先锋，也是联邦政府富有远见和可以信赖的伙伴。

由于对两德关系发展速度惊人感到担忧，委员会直接与波恩协调，在经历了初期的困难之后，从 3 月份起进行了紧密协调，以便目标明确而快速地采取适应措施。对于德洛尔来说，这是一个证明布鲁塞尔机构的重要性和效率的绝好机会。1990 年这一年，委员会不仅为民主德国顺利加入 12 国共同体的具体工作作出了重要贡献，而且也负责使欧共体其他机构，尤其是部长理事会逐渐地对统一的德国采取积极态度。其中，德洛尔是第一批欧洲政治家中的一位，他勇敢地走在前面并且宣告德国统一与欧洲统一互不排斥，而是相反，它们互为条件。

从 1990 年起，德洛尔和科尔就一致认为，道路同时也是目标的主要部分。他们要使德国问题欧洲化，以驱散伙伴们的担忧。伙伴们的顾虑主要针对的是一个经济上的"巨人"，它会将较小的国家挤到边缘，并因此而动摇均势和欧洲统一的进程；担心一个统一的德国将大力向东扩张，脱离共同体并在经济上主宰欧洲大陆。与此相对照，科尔和德洛尔提出了他们的共同信条：欧洲不应受德国统一之累，而应从德国统一中受益。

3. 参与的角色及其相互配合

除了欧共体委员会主席德洛尔和欧洲理事会的爱尔兰主席豪伊之外，法国和联邦德国的政府构成了 1990 年上半年欧洲政策进展的发动机。撇开一时的摩擦损耗，德法这一双驾马车共同致力于欧洲政治联盟显示出这套马车又重新启动。其中，具体的行动局限在控制中心爱丽舍宫和总理府。双方团队在此坐镇，它们在多年的合作中积累了经验，并且做到了：虽然不能从一开始就阻止问题出现，但至少使问题能够得到解决。在 1990 年期间，波恩的外交部和巴黎凯道赛外交部几乎只被赋予执行角色。双方十分有意识地在总理府和爱丽舍宫之间商讨政治上的决策和倡议。特别是在总理府，外交部的作用被认为主要是在其他成员国之间转达已经作出的政治决定。在这段时间里，波恩的欧洲政策似乎是被联邦总理及其最紧密的工作人员所垄断的。

在形成东德融入欧共体的框架方案方面，各个活动家的个人努力和建立信任的措施也起了很大作用。除了德洛尔，特别是德国的共同体委员班格曼在准备阶段有很大的功劳。他与科尔和根舍的关系，以及他本人作为来自东德的马格德堡人能够体会德国统一的难处，这些都起了作用。[110]通过委员会的政治司长兼德洛尔的紧密顾问君特·布克哈特（Günter Burghardt）[111]以及联邦德国常驻欧共体代表特龙普，布鲁塞尔和波恩之间的紧密联系得以加强。

欧洲的"双重用途"效应

将一个更大的德国纳入经过考验的欧洲框架，这需要所有参与者作出妥协：这些妥协较少在于赞同原则上并非己愿的一体化阶段，而更多是在时间上作出让步。比如，欧洲经济与货币联盟自1988年以来就是原则上已经决定了的事情，尽管德国坚持其保留意见，即要与政治联盟并行实现。在此后的时间里，在实现德国统一以后，联邦政府也坚持要求经济与货币联盟和政治联盟挂钩。[112]因此，德国统一更像是欧洲一体化取得进展的催化剂，总体上证明"双重用途"这个概念是正确的。欧洲一体化得到了推进，以便更加牢固地将德国维系于经过考验的结构之中，防止可能的单干行为。同时，昔日的12国共同体取得了很久以来都不曾有过的实质性进展。

第十二章　大草案与小成就

自 1989 年 11 月 9 日柏林墙开放以来，距离两德和四大国外长于 1990 年 5 月 5 日在波恩会晤，已经过去了将近半年的时间。2 月中在渥太华议定，他们在第一次"2+4"会晤中应该商谈两德统一的外部问题。在民主德国人民通过反对统一社会党政权的持续示威游行、大规模的移民西部并以此打开了自 1961 年以来严密封锁的边界，从而赋予德国问题以新的现实性之后将近六个月，看上去一切都走上了良好轨道：德国统一不再只是联邦政府的公开目标，而且也是其最重要的西方盟国和新的民主合法的民主德国政府的公开目标；苏联已经让人认识到它准备接受这一发展。但与 1990 年 3 月初相比，除了参与政府的立场在细节上有所变化之外，只取得了非实质性的进展。两德谈判已经具体谈到了建立经济、货币和社会联盟或者全德选举，而苏联领导直到最后在国际会议上仍持僵硬立场，导致了停滞状态。除了放弃曾经拒绝过的按照《基本法》第 23 条进行统一以外，苏联几乎没有走出戈尔巴乔夫 2 月初建议的立场，其中苏联原则上同意两德靠近。苏联外交部的官员在 1990 年春的双边和多边会谈和谈判中，对实际问题只表现出很少的灵活性。政治领导层继续拒绝全德北约成员属性是它的政策基础。4 月底，政策发展的势头似乎明显地失去了力量。

与之相反，联邦政府及其西方盟友宣布的意愿是，在计划于 1990 年 11 月举行的欧安会峰会之前，结束有关德国统一的国际会谈。因此，1990 年 5~6 月，盘旋在波恩、东柏林、华盛顿、巴黎和伦敦的政策负责人脑中的想法，主要围绕着两大综合问题：

    1. 在波恩举行的第一次"2+4"外长回合是否能够终结苏联的固执，或者，苏联在部长会谈中将采取何种官方的开局立场；

    2. 手段和道路，即如何迁就苏联对未来欧洲安全结构的疑虑，而同时又不过多地放弃自己的原则。

第一节　六国圈内很少松动

联邦政府试图通过深入的准备，为"2＋4"的启动取得成功创造稳定的基础。[1]在技术领域，比如很快在外交部世界厅安装空调，以便初夏时尽管闷热，但还能为会晤创造舒适的气温环境，而针对内容上的差异应通过大量的预备会谈在准备阶段就予以应对。所以，根舍在5月3日布鲁塞尔北约外长会议间隙，就与贝克、杜马和赫德就共同行动措施达成一致。紧接着西方的这次协调会议，第二天就在波恩进行了大量的双边会晤，根舍——尽管健康状况已受到影响——作为东道主会晤了所有其他外长。此外，还有比如贝克和杜马与梅克尔的会谈，这是梅克尔在国际会议上的首次亮相。

对戈尔巴乔夫及其"新思维"的担忧

对于其他"2＋4"参与者来说，最大的兴趣是苏联立场的发展问题。比如根舍在与梅克尔会晤时就打听莫斯科有何新情况，后者当然无可奉告。[2]梅克尔说，谢瓦尔德纳泽令人意外地再次要求德国中立，并且离开了过去的建议，即德国应是北约和华约的双重成员。这位民主德国外长通报了德梅齐埃和戈尔巴乔夫在莫斯科的会谈情况，其中谈到苏联总统坚决反对全德的北约成员属性。民主德国总理的外交政策工作人员施泰因巴赫却从德梅齐埃与戈尔巴乔夫的会谈中得出结论，"北约的重大变化"可以创造新的活动空间。梅克尔警告根舍在即将进行的会谈中不要孤立苏联，绝不能造成苏联单独与其他五国对立的印象，说他的外交政策目标之一就是要避免这一点，根舍对此表示欢迎并称之为两德的共同任务。美国国务卿贝克在与谢瓦尔德纳泽会谈中也代表这样的立场，即任何一个"2＋4"伙伴都不应受到歧视或孤立。[3]贝克也第一次向苏联外长详细解释了美国对"2＋4"进程的设想：六方小组只能在某些方面作出真正的决定，而在其他领域则必须进行初步讨论，然后转交给主管委员会和机构，如欧安会或者削减欧洲常规武装力量谈判。谢瓦尔德纳泽不喜欢这种模式，因为他不愿意按照美国模式将"2＋4"框架看成是一个指导小组，而是希望它是一个真正的决策机构。

另一次会晤使谢瓦尔德纳泽和克维钦斯基来到了总理府。[4]头一天，特尔切克问这位苏联大使，他的外长有没有与科尔会谈的兴趣。克维钦斯基回答说，肯定有，不过德国外交部的人告诉他，没有安排这样的会见。两位外交官员临时商定了这次会晤，谢瓦尔德纳泽为此于 5 月 4 日下午早些时候抵达。这位苏联外长事先就表示，他希望与科尔进行单独会谈。谈话大部分围绕立陶宛问题，谢瓦尔德纳泽游说对苏联政策的理解。他也解释了"新思维"的状况，坚决警告不要让其失败。科尔再次详细概述了他对塑造未来德苏关系的设想。苏联外长欢迎这些思想并指出统一以后不能中断苏联与民主德国之间的现存经济关系，这将给党内批评"新思维"的人提供更多的鼓舞。因此在科尔的想法中，正是这一战略性的长期前景十分重要。谢瓦尔德纳泽也谈到科尔的提议，即与戈尔巴乔夫总统再次举行高峰会晤。这一会晤无论如何必须在莫斯科以外进行，但由于即将召开苏共党代表大会，这次会晤很有可能要到 7 月份才能举行。总理认为这没有问题，接着简短地勾勒了他的时间设想。他说，可以在峰会上就德苏条约文本的基本内容取得谅解，条约整体则可以搁置到统一以后，然后再缔结条约。他关心的不仅是到 1992 年 12 月 31 日为止形成欧洲内部市场——他认为此时统一的德国已经出现——而且同时要重新调整同苏联的关系。在科尔谈"2 + 4"谈判状况之前，他还建议不要告诉媒体这次会谈的具体内容，而只笼统地说谈了有关"共同关心的所有问题"。

之后，谢瓦尔德纳泽向联邦总理清楚地表明，苏联在联盟问题上的立场是敞开的，虽然他只是间接地表明这一点，但指出这是与戈尔巴乔夫商定的。他虽然声明苏联不能支持全德的北约成员属性，但马上补充说，他希望这一立场不要引起失望。他不想排除找到一个能被苏联人民赞同的妥协方案。科尔回答说，对于不同的立场必须坦率地讨论，不仅在"2 + 4"框架内，而且也在小范围内。这也适用于双边的经济会谈，如果问题不能在低层面上得到解决，也许有时候必须在较高层面上加以推动。谢瓦尔德纳泽表示特别同意这一点。

当谢瓦尔德纳泽受戈尔巴乔夫的委托，十分坦率地请求总理为其国家提供贷款时，苏联的经济困境就显得更加明显。[5]谈到苏联紧张的财政状况，苏联总书记让自己的外长试探波恩提供财政支持措施的可能性。戈尔巴乔夫的询问极其迫切，因为如果到 1990 年 7 月 1 日还没有西方的资金流入，苏联将丧失其国际支付能力。苏联要向西方银行借贷总额将近 200 亿的德国马克，为期 5 ~ 7 年。苏联的希望是，西方银行在他们国家提供担保的情况下，将更愿意提供贷款。与此同时，莫斯科还请求对此高度保密，因为棘手的财政形势此时不应在国际上公布。科尔立即表示愿意合作和提供援助：一个请求其他政府提供财政援助的政府，不会奉行持续冲突的方针。

在这次会谈之前，科尔早在与贝克领导的美国"2＋4"代表团的会晤中，就谈到过谢瓦尔德纳泽所表明的经济问题对德苏关系未来的重要性，也就是对莫斯科在统一进程中下一步立场的重要性。[6]起初，科尔曾徒劳地试图为计划中的北约峰会找到一个稍晚时间的约定：因为联盟变化的基本点到7月初莫斯科将会知晓，这样，峰会如果与苏共28大同时举行或在苏共28大之前举行，将会被苏联强硬派利用来给戈尔巴乔夫增添额外困难。科尔说，苏联总统的处境本来就很危险，夏季之前供应形势也不会根本好转。与之相反，贝克的顾问佐利克却指出，较早举行展示防务联盟转变的北约峰会可能对戈尔巴乔夫的地位更加有利。除了讨论苏联的经济与内政形势——这里主要是指巴尔干危机——之外，科尔和贝克还谈到为苏联提供援助的可能性，因为他们一致认为，绝不能允许一个军事政权在莫斯科掌权。他们把迄今的经济改革步骤的半心半意和以下事实同样视为障碍，即经济援助虽然对稳定苏联内政是必要的，但由于立陶宛冲突而受到妨碍，这是一种"恶性循环"。

对于开始进行的"2＋4"谈判，科尔保证德国将保持为北约成员，对此没有讨价还价的余地，但他相信苏联在玩"扑克牌游戏"，以确保尽可能多的好处。他认为尤其需要将德苏经济关系放在持续发展的基础上，并用条约形式解决苏军暂时留驻东德的问题。科尔和贝克反对任何将德国特殊化的尝试，在回答贝克的相关提问时，科尔强烈欢迎邀请民主德国新任总理德梅齐埃前往华盛顿的想法。贝克询问《北大西洋公约》第5条和第6条的适用性，询问未来德国部队在东德地区的存在问题，说明美国政府对德国在安全问题上的立场始终没有完全把握。他还解释了布什对结束有关增补短程核导弹争论的立场。贝克和科尔一致认为，无论在政治上还是军事上，美国将来也必须保持为欧洲的中心角色。

在5月5日外长们聚会于外交部进行第一次"2＋4"回合之前，总理向两个重要的伙伴就德国统一的相关外交法案表明了自己的立场，其中，除了给多边谈判至少还给双边接触赋予了平等的权利。

谢瓦尔德纳泽的警告和诱惑

随着《巴黎条约》的生效，联邦德国在"2＋4"外长首轮会晤前35

年就赢回了德意志帝国作为二战战败国曾经丧失的部分主权，但 1955 年 5 月 5 日的团结声明略为清晰地显示了德国的分裂。结束这一状况是六国外长 1990 年 5 月 5 日会晤参加 "2 + 4" 第一回合的目标。[7]美国国务卿贝克在六方会议上声明，参与此项工作是他的 "光荣义务"，他的苏联同事谢瓦尔德纳泽则保证："我们赞成德国人拥有自决权。"但在这些积极赞成两个德意志国家统一的言辞背后却蕴含着完全不同的基本构想。美国的立场是："一旦存在一个其边界得到相互承认的统一而民主的德国，四大国就已全面地完成了自己的责任"，而且认为这个时间段应当很短。与此相反，苏联的立场是："在德国建立了一个统一的议会和统一的政府之后，与解决外部问题相关的一系列措施，显然将适用若干年。"为此，谢瓦尔德纳泽提出了一条看似非常可行且迅速的统一之路：解决德国统一的内部和外部问题并非必须同时进行。联邦德国和民主德国可以较快地统一成为一个共同的国家，而关于外交政策的关联问题则可以进行较长时间的讨论，在此期间四大国权利应保持有效。

六国外长对开启会晤的详细原则声明，以及围绕其后的新闻发布会的开场声明进行的长时间争论，占据了谈判的大部分时间。政治司长们为未来 "2 + 4" 会晤的议事日程提出了四点建议：

1. 边界；
2. 政治 – 军事问题；
3. 柏林问题；
4. 最终的国际法解决以及解除四大国权利与责任。

与官员会晤时一样，苏联方面要求更加强调解决德国统一的外部问题与全德进程 "同步"，认为这既可以通过独立的会议议程要点，或者也可以通过扩大第二项议事要点实现。[8]梅克尔在讨论开始时声明，与欧洲进程的关联 "似可作为整个行动的标题"，所以独立的议事要点并无必要；而与第二个议事要点联系起来则会掩盖这一情况，即德国统一无论如何比全欧进程要快一些。其他的发言也清楚地表明，谢瓦尔德纳泽的关切将不会得到支持。基于杜马、谢瓦尔德纳泽、根舍和赫德提出的不同的妥协方案，贝克为第二项议事要点提出了最终获得普遍接受的新措辞建议："在考虑到欧洲恰当的安全结构萌芽的情况下讨论政治 – 军事问题。"

部长们在历时两个小时的午餐期间，对大部分的内容协议作出了决定，接着由联邦外长根舍在会议大厅宣告：将于 6 月在东柏林、7 月在巴黎、9 月在莫斯科继续举行外长会晤，由政治司长们进行认真准备。为此，政治司长们可在其部长的每一次会谈前根据需要进行多次会晤、成立工作小组并吸收专家参与。与午餐时一样，此时又涉及德波边界问题的细节。根舍宣布，当天就要给波兰外长斯库比泽夫斯基写信，邀请他在有关波兰西部边界及其相关议题的巴黎会晤中与"2＋4"部长们进行讨论。[9]波兰外交部的政治司长将参加巴黎部长会晤以前的"2＋4"官员会晤，杜马建议巴黎部长会晤定在 7 月 17 日。在此之前，梅克尔简短地告诉四大国外长们，波兰在 4 月 27 日递交了一份边界条约草案，其中包含一项基础条约所含有的广泛要素，他还通报称两德政府与波兰的第一轮会谈已经举行。根舍在其补充评论中特别强调，对边界的永久性及其国际法承认问题存在一致意见，但在程序问题上有不同看法。杜马借此间接地指出四大国权利继续存在：如果到"2＋4"巴黎会晤时还没有找到解决办法，那就必须在"2＋4"框架内采取行动。

公众中有时讨论得激烈的边界问题在部长圈内不是什么大话题。相反，部长们对根舍有关其后新闻发布会开场声明里的措辞建议却给予了很大关注，根据该建议，五国外长应在声明以后发言。谢瓦尔德纳泽说，"德国人关于其统一应毫不拖延地实现的意愿得到了所有参与者的认可"这句话不能保留，因为它会唤起统一正在被强制推进或者受到某人人为拖延的印象。贝克又一次提出妥协建议，他说现在要讲"有序地、毫不拖延地完成统一"，这样就照顾到了苏联的疑虑。

谢瓦尔德纳泽之前在原则发言中所表明的苏联立场，比上述细节性的评论更带有根本性质。这位苏联外长好几次用戏剧性的语言让人注意到其政府面临的国内问题。他说，在处理德国统一的外部问题时，他不能无视本国的内部状况。如果使苏联陷入困境，特别是在安全问题上，"那么坦率地说，就会导致这样一种形势：我们的政治灵活度将受到很大的限制，国内的感情冲动将会高涨，过去的幽灵就会占据中心位置，源自我们悲惨历史的民族复杂心态将重新复活"。谢瓦尔德纳泽多次急切地强调，他是坦率而诚实的，不想"愚弄蒙骗也无意威胁恐吓"。他的声明被认为是令人意外的，即认为统一内、外部问题的解决并非必须绝对同步进行。科尔的部下哈特曼在给总理的报告中指出，这一攻势"有一个疑点"，即四大国权利与责任还将保留一段时间。[10]关于全德的北约成员属性，哈特曼的分析是乐观的：谢瓦尔德纳泽反对德国作为西方联盟成员，同时却暗示，如果他勾勒的全德安全结构开始发挥作用，那么苏联可以另外看待这件事。哈特曼说，西方外长们明确地拒绝了这一点，而梅克尔代表民主德国声明，东欧改革国家的民主革命没有把这些国家引入"旧北约"这个目标；不过，在西方联盟的军事任务和战略发生重大变化以及放弃将北约版图扩大到现在的民主德国地区的情况下，人们可以设想临时成员属性。谢瓦尔德纳泽在其部分是感情冲动的发言中表示，苏联的"2＋4"构思始终明显不同于西方参与国的构思。他拒绝贝克的建议，即将"2＋4"框架理解成领导小组，将大量的任务交给其他相关职能委员会，如欧安会或者削减欧洲常规武装力量谈判机制；他也拒绝限制参与人员范围的建议，认为需要时必须吸收其他国家参与。谢瓦尔德纳泽重申要求：统一后的德国"当然不能修改或质疑四大国在占领区所采取的措施和所通过决议的合法性"。他的让步仅仅是不继续坚持要求缔结和平条约。但他强调，"我们仍然认为，提出缔结和平条约的问题是正确的。在这个问题上，现在我们迁就了我们的伙伴们"。苏联外长对根舍使用了异乎寻常的友好和赞扬的话语，然而在其他情况下还是使用"冷战宣传宝库中的阴沉套话"[11]，正如他对西方联盟的阐述所表明的那样："对我们来说，北约始终如一，就是说，它是一个与我们对立的军事集团，遵循以一定方式建立起来的教条，精心算计使用核武器打击的可能性。"

谢瓦尔德纳泽的这个发言很大程度上分散了人们对其他五位外长讲话的注意力，他们对德国统一表示的意见要积极得多、建设性得多。这位苏联政治家用急切的语言概述了戈尔巴乔夫政府的国内困境，并警告西方不要采取过于强硬的立场并对莫斯科的改革政策产生负面影响。同时，他以苏联的谈判立场可能会变硬进行威胁，但他并非没有向西方提出替代性方案：把欧安会扩大成跨联盟的安全体系，可为立场靠近以及苏联在联盟问题上作出让步提供可能性。不过，谢瓦尔德纳泽表面上最诱人的提议却是他的"脱钩建议"，该建议将德国快速统一的可能性与四大国权利暂时继续存在联系在一起。这一由克维钦斯基大使在最近一次与科尔会谈中暗示过的提议到底有多大的严肃性，在谢瓦尔德纳泽的呼吁中显示出来了。他呼吁"2＋4"专家应该"优先制定过渡时期方案、期限和内容"。在会晤结束后的新闻发布会上，这位苏联外长没有探讨这个建议，但他散发了他的讲稿，这样，"脱钩建议"与六国外长们公开散布的乐观主义主导了有关这次会晤的普遍报道。[12]

主要是四个概念决定了外长们的讨论，所有这六位政治家对每一句话很少有相同的理解。具有中心意义的是：

1. 自决权：德国人的此项权利得到所有六个参与国的承认。差异表现在对自决权在多大程度上由于四大国权利而受限制的评估上。联邦政府和美国认为四大国几乎没有实质性的参与权，而苏联政府对其继续施加影响的可能性提得很高。

2. 独特化：所有与会者的中心目标都是不允许个别与会国被孤立。举例来说，美国就设想，德国不应以一种歧视的特殊身份开启统一，比如像在"2+4"条约中而不是在欧洲常规武装力量谈判中确定联邦国防军的数量。新的民主德国代表团在解释概念时走得更远，原则上要避免在会谈中出现"1+5"局面，即5个国家反对苏联。

3. 歧视：这个概念是苏联为了本国也为了德国而使用的，以代替"独特化"这个概念。意思与"独特化"这个概念相似，即一个国家受到的待遇不应比别的国家差，但有时候却不是这样，这特别表现在要求德国不能参加任何联盟。这个要求与自决权对立，因此是对德国的歧视，它揭示了苏联思维模式中逻辑的不连贯。

4. 同步：没有任何一个议题像统一议题那样显示出"2+4"参与者的不同立场。联邦政府以及美、法、英代表对同步的理解是持续地致力于扩大欧安会进程并使其部分机制化，但不对西方安全政策的基柱北约提出质疑。最多是在辞藻上与统一发生联系，但不应有因果关系。与此相反，苏联对同步的理解仍然是，只有当全欧合作安全大厦的效果已经切实存在并且联盟在很大程度上正在解体时，德国统一才能建立。民主德国采取了介乎两者之间的立场，虽然它已预先规定了建设合作安全结构的具体步骤，但其出发点是统一事先就已经完成，因此德国应暂时成为正在强烈转变中的北约的成员。

与柏林墙刚倒塌后出现的情况不同，当时人们部分是有意识地避免使用"自决权"这个概念，现在，所有卷入统一外交进程的人都使用这一概念，尽管他们赋予这个概念以不同的含义。这唤起了公众以及参与其中的一些政要的乐观情绪，它掩盖了实际谈判立场中有时是深刻的差异。此外，以下情况淹没在普遍的亢奋之中，即在苏联对全欧新秩序所勾勒的大草案背后，蕴藏着苏联作出的仅仅是最小的让步：谢瓦尔德纳泽说，虽然他的国家始终认为在"2＋4"会谈结束时有一份和平条约是必要的，但一份大的结束文件有时也能达到同样的目的。

根舍的立场令西方困惑

"脱钩建议"为联邦政府提供了快速实现统一的机会，同时却把重新取得完全的主权推向一个不确定的日期。关于这个建议，根舍在"2＋4"会议午间休息时曾在一次简短的通话中向联邦总理谈过，并从科尔那里得到一条指示：德国统一的内、外部问题是相互关联的，因此在这一点上联邦外长不能作丝毫让步。由于根舍在对谢瓦尔德纳泽的建议发表意见时并没有对其表示断然拒绝，所以在公众中和西方盟国方面产生了这样的印象，即根舍不想错过唾手可得的德国统一的机会，也许想利用这个把统一的内部问题同外部问题脱钩的提议。[13]

外长会晤之后，当星期一的日报发表了相应的描述时，媒体上弥漫着普遍一致的看法，认为不仅根舍而且三个西方国家都欢迎"脱钩建议"。[14]而在联邦总理府，科尔分别与法、美总统密特朗和布什通了电话并得到了他们对他的拒绝立场的支持，总理府的主管官员们认为没有理由接受苏联的建议。[15]虽然苏联这一攻势提供了无可争辩的好处，比如加速统一进程，但主要将带来一系列的害处，比如至少部分四大国权利将继续保持，安全问题不会得到解决，苏联将保留对联邦政府的"干扰潜能"。科尔的工作人员在评估中得出结论，认为仍然存在着这样的可能性，即统一的外部问题像计划中的那样，在秋天欧安会峰会之前可以意见一致并令人满意地得到解决。官员们在给总理府部长塞特斯的评估报告中认为，当前"并没有什么情况预示这一目标不能实现"。卡斯特鲁普在5月7日的北约理事会通报情况时也提出了相似的论据，虽然这位外交部的政治司长尚不愿作出最后的评估。

尽管后来作了种种辟谣，但联邦总理府和外交部对谢瓦尔德纳泽的"脱钩建议"持有不同的立场，一天以后的星期二在公众面前表现了出来。[16]科尔在基民盟/基社盟议会党团面前保证，将把苏联的攻势看作是"2＋4"谈判的起点立场，是通常的"谈判扑克牌游戏"的一部分。他将继续致力于同时和协调一致地解决内、外部问题，认为在秋天欧安会峰会之前是可能的。在记者和闪烁不停的摄影机面前，科尔说得更加清楚：不澄清联盟问题，也就是统一的外部问题，这样的统一将是"一种灾难性的发展"。[17]科尔认为关系重大的是：从中期来看，根据"我们作为主权国家不能接受这样的事情"这句口号，脱钩可能在德国导致一种民族激愤。这就是他使用这种生硬的表达形式的原因，科尔想借以立即消除媒体留下的印象，即联邦政府可能接受脱钩这个想法。

特尔切克早在星期一就把这一立场宣布为联邦政府的政策。根舍这时在自民党议会党团面前说得比较小心：他虽然强调了解除四大国权利的必要性，但没有把它与"有序地、毫不拖延地"实现统一之间建立起时间关联。此外，媒体报道还援引了联邦外长的考虑，认为联邦德国毕竟已经以有限的主权生存了40多年，如果现在可以得到统一，就不应加以拒绝。报道继续写道，外交部已在具体思考"脱钩建议"产生的影响，[18]而此时自民党领导层则称这一方式有风险，但是可行的。自民党主席拉姆斯多夫给根舍帮腔，他解释说：如果到秋天一切都得以澄清，而只有德国主权的一些问题尚未解决，"那么，一些人很有可能还将重新思考他这几天说过的硬话"。[19]

就这样，在三天之内，看上去没有争议的谢瓦尔德纳泽攻势变成了执政联盟内部部分是很激烈的辩论，这在媒体中被评价为科尔和根舍之间不同的性格和政治风格的又一证据。在公众的感受中，这一就事论事的争论变成了一场权力斗争，即"谁确定德国外交政策的方针，尤其是应该使用何种语调——是谨慎的外交语调，还是打强有力的政治王牌"。[20]人们忽视了，在不同的政治风格背后，还有内容方面的不同观点，即在何种条件下取得统一。当5月8日下午科尔和塞特斯向外长询问这个问题的时候，可以看出总理府是多么认真地看待脱钩问题以及根舍对它的态度。[21]根舍回答说，他绝没有让步的意思，而只是表示愿意考虑苏联的想法。塞特斯对他说，这是危险的，现在不应离开经过考验的共同路线。科尔指责他的外长危及政府的团结并损害与最重要盟国美国的一致；不允许私下与谢瓦尔德纳泽达成协议。总理府的焦虑是可以理解的，因为美国外交官已经由于根舍的令人误解的立场而进行了询问。在英国下院，赫德在回答质问时也支持科尔；[22]他赞同联邦总理的看法，将统一的内、外部问题分开是错误的，可能是危险的。为了避免其他的误解，5月9日美国国务卿贝克给根舍写信。[23]他写道，民主德国代表团在"2+4"会晤中，已经对苏联的"脱钩建议"表示不快，这是正确的。脱钩可能导致德国的独特化。而且，二战结束45年以后，盟国的特权继续存在已不再合适。苏联的建议中蕴含着这样的危险，即统一后的德国保持为两大军事联盟的成员，从而最终它将成为一个中立国家。因此，贝克警告不能接受哪怕是暂时的四大国权利的继续存在，因为如果接受了，或许以后就再也不能改变。他还呼吁坚持西方在"2+4"谈判中以及在北约内部的共同立场。

根舍在这种形势下觉得有必要公开澄清他的立场。两天以后，他在联邦议院发表的政府声明中保证，不应让统一后的德国背上悬而未决问题的包袱，尽管很自然过渡性的解决仍有必要，比如苏军暂时驻扎东德。[24]苏联方面似乎也在退缩。5月9日，克维钦斯基作为苏联大使向忧心忡忡的联邦总统作离任拜会时强调苏联的建议被媒体作了错误的描述。[25]5月中，苏共中央委员科普特佐夫（Koptelzew）也强调，一切都只是一个大误会。他说，谢瓦尔德纳泽从来无意提出进一步限制主权的要求，他只是提出临时驻军作为议题。这个问题可以在一项条约中解决，而不是要维持苏联的相关权利。

围绕"脱钩建议"和根舍对此反应的争论，后来埃尔伯用"水杯中的风暴"这个说法加以大事化小，但它们再次表明了统一进程中的一些状况：

1. 联邦总理及其同事们的分析和构思的基调，仍然比在外交部占上风的基调更为迫切和直接。在实践中，它表现为科尔对苏联各种不同攻势更大的不让步，因此制订了共同商定的行程表，根据这个行程表，到秋天为止，与统一有关的所有问题都应得到澄清，不允许临时改变。根舍和他的外交官们虽然从未远离这一方针，但在公开场合愿意更多地照顾莫斯科的脆弱处境。因此，他们一再对苏联暗示妥协意愿。

2. 总理府和外交部在所有行动中都以怀疑态度观察对方。不同的构思和战略在公众中很快就被夸大成关于外交政策风格和方向的原则争论。由于所有参与者在如何实现统一问题上紧张不安，这一情况变得尖锐。

3. "2+4"谈判的西方伙伴在很大程度上找到了使其立场和谐一致的途径。美国继续认为自己的任务是维系西方阵营。因此，贝克给根舍的信件也被理解为警告他不要离开共同的政治路线，否则的话，似乎就会危及统一努力的整体成果。

美国多么看重这一角色，这在随后的"2＋4"官员会晤中显示了出来，这些会晤要对首次部长级会晤的政治成果进行评定。

关于条约结构的讨论

外长们虽然在波恩就议事日程取得了一致，但对"2＋4"进程依然存在着南辕北辙的设想，只是被掩盖了起来。这在随后的官员会晤中表现得十分清楚，这次会晤由法国主持，于 5 月 22 日在波恩举行。[26]伯恩达伦科更像是顺便地先宣布了苏联立场的一个积极变化：在外长会晤中，柏林的特殊地位问题还被说成是特别棘手，并因此而决定设立一个独立的议事日程要点，现在人们认为，有关柏林的所有问题都可以与其他的四大国权利与责任联系起来解决。其他代表团以赞成的态度注意到这点。[27]

正如先前西方政治司长的"1＋3"会晤决定的那样，杜发奎提出一个建议供讨论，即"2＋4"最后文件可能是什么样子。被所有代表团当作工作基础接受的模式规定，以序言形式发表一个一般性的政治声明，紧跟这则声明之后的是有关德国未来边界的规定。就像参与国的重要政治家已经多次宣布的那样，这个未来的德国应由联邦德国、民主德国和整个柏林组成。结束文件的其他要素应是终结柏林的特殊地位以及解除四大国的权利与责任。此外，"2＋4"会议的参加者在结束文件中表示注意到德波边界条约以及《基本法》的相应变化。当伯恩达伦科要求加入有关统一后德国的政治－军事地位的规定时，各个代表团不同的目标设定变得清楚了。这位苏联代表团团长这样做是抓住了米瑟维茨的一个插话。米瑟维茨为民主德国要求，在"2＋4"条约中除了德国就以和平为导向的政策发表一个一般性的意向声明之外，也应该对包括驻扎在德国的外国军队的地位以及放弃使用三种大规模杀伤性武器作出说明。在就有关原则进行的详细讨论中，美、法、英和联邦德国的代表特别明确地反对用这样的规定歧视统一后的德国或者使其独特化。因此，他们也拒绝了苏联的要求，即正在创建的全德应有条约义务，为一个联盟提供自己的军事潜能。他们认为，在建立了一个新的安全结构之后，有关德国军事地位的所有问题就会失效。为了说明苏联绝不想要一个中立的德国，伯恩达伦科提到苏联已经接受德国是欧共体成员，虽然欧共体越来越强烈地转变成含有更多军事-政治元素的政治组织。伯恩达伦科强调，他的国家反对联邦德国提出的北约结构不延伸到民主德国地区的建议。作为讨论的结果，杜发奎总结说，法国为结束文件提出的模式应该提交给外长们。在试图确定下一次外长会晤的日期方面，没有取得进展。

米瑟维茨的另一个建议表明，不仅苏联而且民主德国也继续认为"2＋4"是较长的过程并具有全面的作用。他建议，六方小组还应讨论为秋天的欧安会峰会提出共同倡议。其他代表团对此提出他们的相反意见称，为了解决德国问题而新建立的框架不能对总共有35个参与国的讨论施加影响。民主德国方面在边界问题上仍然主张按照波兰的建议，在统一之前就谈判并草签一项条约，民主德国外交部的代表没有能够实现这一想法。米瑟维茨一周前在莫斯科磋商中不得不得知的事情，现在再次变得一目了然了：[28]他的国家越来越被看作是正在退出舞台的国家，几乎不被伙伴们平等地看待。没有任何一个别的谈话伙伴像不久前的驻波恩大使，即现在的莫斯科外交部副部长克维钦斯基那样明显地让自己的客人们认识到：最迟至经济、货币和社会联盟建立以及与之相联的主权受限制之后，民主德国政府"只能非常艰难地实现"它也能维护苏联利益这个承诺。克维钦斯基还解释说，莫斯科根本就没有制定过"脱钩建议"，谢瓦尔德纳泽在波恩提出的建议只是为了对迅猛发展的两德接近进程作出反应。苏联政策的目标十分显然，就是要赢得时间。[29]

戈尔巴乔夫和谢瓦尔德纳泽6月初对美国的访问也体现了这一点，美国代表佐利克和塞茨在6月5日伦敦"1＋3"政治司长会晤中通报了这次访问的情况。[30]他们说，谢瓦尔德纳泽曾反复表明，通过将统一的内、外部问题"脱钩"，尤其可以达到他经常要求的德国统一进程与全欧进程的同步。因此，解除四大国权利也许只能在德国的国家法统一之后几年才能实现。关于联盟问题，两位美国谈判代表未能通报多少新内容。他们说，对戈尔巴乔夫关于可以让德国人按照自决权独自决定其联盟归属的说法，谢瓦尔德纳泽表现出不安的情绪。佐利克认为，不应高估戈尔巴乔夫的说法，因为这些说法更多是总统随意的说明。但经济援助问题像一根红线贯穿布什、贝克与戈尔巴乔夫、谢瓦尔德纳泽的会晤。佐利克从峰会中得出了好几点结论，内容包括：探讨如何进一步激励苏联，警告不要过于强调联盟问题以及快速解决边界问题，以便继续保持统一进程总体上的高速度。

卡斯特鲁普证实，过渡期的问题是苏联最为关心的问题之一，他向西方同事通报了与伯恩达伦科和克维钦斯基在莫斯科会谈的情况。在苏联看来，这一时期是对德国人的某种"考察期"。此外，清楚的是，联邦国防军的未来兵力——克维钦斯基提到最高限额为 20 万～25 万人——与联盟问题都属于核心问题。与戈尔巴乔夫在华盛顿所说相似，克维钦斯基也认为，北约与华约建立形式上的关系或者发表一个共同声明对于进一步的发展是有益的。苏联方面还澄清，只有在西方国家的军队也减少到象征性的大约 6000 人的数量时，它才可能从民主德国撤出全部军队。

正如高级别的政治家和外交官反复谈及的那样，特别是在对苏联进行经济援助的意义方面，政治司长们意见一致。总的情况表明，苏联更多是作出试探性的反应，对各种不同问题进行摸底。在为即将举行的"2＋4"官员会晤就共同立场进行协商时，边界问题再次证明是争论要点。其背景是法国的考虑，即边界条约只能通过全德议会批准。由于对德国统一后的态度没有百分之百的把握，而四大国应承担担保功能，所以法国认为，不可能随着统一而同时放弃盟国的保留权。最后的决议是，应该由外长们自己就此作出决定。

四天之后，6 月 9 日的第四次"2＋4"官员会晤表明，佐利克关于快速解决边界问题将有助于两德统一进程的活力这个看法多么有道理：[31]在东柏林，就"处理边界问题的基本原则"进行了几乎一整天的讨论，不同的立场仍然没有进一步接近。会晤结束时，在苏联的主持下，各国代表团才再次探讨最后条约的基本模式。伯恩达伦科就此提出了一份苏联文件，它与法国在前一次会议上提出的样本明显不同，反映了不同的目标设定：西方希望搞一份简短文件以及进行同样简短的谈判，而苏联则提出了分成八个章节的文件，以实现它所谋求的"一揽子解决办法"。与同样是新提出来的民主德国的草稿类似，在苏联的这份文件中特别强调了政治－军事问题。但米瑟维茨是有保留地赞同法国的建议，即在"考虑合适的安全结构的情况下，将政治－军事问题"纳入条约模式并予以充分研究，而伯恩达伦科却不愿意确定。他只同意先起草一份包含一致点的清单，以便此后再回到有争议的议题上来。尽管存在着对立的立场，但为了能在 6 月 22 日举行东柏林外长会晤之前取得进展并提出实质性文件，代表们约定 6 月 20 日再举行一次原来没有计划的官员会晤。

　　为了协调立场并讨论谈判战略，在第五次"2＋4"官员回合开始之前，也进行了各种预备性会谈。例如，民主德国方面不仅与苏联驻东柏林的外交官，而且与西部社民党的东部问题专家巴尔进行了研究，而6月20日卡斯特鲁普先是与杜发奎就法国对边界问题的立场，然后与"1＋3"政治司长们简短地商议了共同的行动方式。在接下来的六方谈判中，对于要呈现给外长们的关于边界讨论的原则很快地达成了一致。[32]为此，卡斯特鲁普提交了将于6月21日由联邦议院和人民议院通过的德波边界问题决议的基本内容，赶在了苏联方面对已谈过的《基本法》修改问题提出挑剔意见之前。一方面，莫斯科要阻止现在就将联邦德国目前的《基本法》确定为统一后的德国宪法。另一方面，伯恩达伦科也希望对要修改的那部分基本法内容提出进一步的意见。卡斯特鲁普只接受删除《基本法》序言中有关统一的要求以及删除与之相关的第23条第2款和第146条，而苏联代表团则建议，通过"包括"这类措辞而扩大上述删改，或者也删除第116条——这一条处理国籍问题，其中提到德国人的身份来源。波恩代表团团长坚决反对任何"不中用的套话妥协"，它有产生长期不停的概念之争的危险。当各国代表团在三个半小时以后开始一次较长的休息时，僵化的阵线没有任何松动。所以，当伯恩达伦科从延长了的下午间隙返回会场——西方外交官揣测，在与莫斯科进行商议以后——提出一项令人可以接受的妥协建议时，人们感到尤其意外。这一建议为文件第一章定下了基础，此时在场人员并没有预料到，这份文件作为《最后解决德国问题的条约》能于9月23日在莫斯科签署。

　　与之相反，由佐利克主持会议的第二个议事要点，没有经过很多讨论就被通过：民主德国和法国各自作为东道主，应邀请波兰外交部的政治司长以及斯库比斯泽夫斯基外长参加7月4日在东柏林举行的下一次官员会晤和7月17日在巴黎举行的"2＋4"部长会晤。波兰代表团应该参加午餐会和下午的会议，就边界问题和其他议题发表自己的看法。关于6月22日外长会晤组织方面的基本内容，也同样顺利地达成了一致，这些基本内容很大程度上以5月5日的波恩会晤为样板。与此相反，关于结束文件的结构没有达成最后一致。虽然在有时是很激烈的讨论之后就序言的基本内容、欧安会对边界问题的准则以及一些将要处理的柏林问题取得了一致意见，然而不同的基本立场继续激烈地相互撞击。苏联方面坚持政治－军事问题必须成为需要谈判的文件核心，而解除四大国权利只能作为解决的结尾。民主德国虽然仍对讨论欧洲未来的安全大厦抱有强烈兴趣，但在恢复德国主权方面与西方四国代表团一致，认为这是所要谋求的条约的真正核心内容。在持续到 23 点的会议中没有找到共同方针，所以，在提交给部长们的序言、边界和柏林等章节只留下了一句话："本文件内容尚未进行最终协商，需要进一步讨论"。

官员们第一阶段的工作内容是为制定结束文件和准备第二次"2＋4"部长会晤，它表明：

● 苏联官员采取僵化的封锁态度，其影响由于谈判授权显然很小而得以强化。

● 由于边界问题的讨论，西方的团结一致遭到削弱，因为法国，有时候还有英国，采取了偏离联邦德国和美国基本原则的方针。但细节上的不同看法从未导致西方态度出现如此大的分歧，以至于苏联得以在这方面取得成功。

● 相对于边界问题，法国代表团在其他问题上非常谨慎，而英国方面则用不同的措辞建议使得妥协成为可能，并用对苏联和民主德国代表使用有时是很强烈的评论，帮助抵制了一些显得荒唐的建议。

● 美国谈判代表佐利克偏爱的战略是，强调六国立场的共性并迅速完成工作，尽管经常出现对立的看法，仍使快速推进成为可能。

● 卡斯特鲁普不仅对苏联而且在西方集团内部也严格坚持自己的路线，他目标明确但绝不僵化，在 2 月份辩论"根舍计划"时出现起始问题之后，大部分成功地贯彻了自己的路线。

不过，官员会晤的中心结果是得出这样的认识，即决定性的突破只能在政治层面上取得。因此，西方寄很大希望于即将开始的第二次外长会晤，这次会晤将由"2＋4"国家的大量双边会晤和沟通参与准备。

第二节　双边试探解决办法

与参与多边机构的工作并行，联邦政府全力以赴地通过双边会谈和提出建议使统一进程变得容易一些。除了与法国进行深入沟通之外，尤其是下述政府起了作用：

- 美国政府作为统一最强大的盟国和支持者；
- 苏联政府作为最激烈和最重要的反对者。

与华盛顿的紧密合作不仅意味着对德国与西方结盟的支持，同时也意味着西方对联邦德国所喜欢的统一道路的支持，但同样清楚的是，如果违背苏联的意志，统一是不可能实现的。要在官员层面上赢得苏联的同意，看来是非常可疑的：人们面对的不仅是一批对德国持批评态度甚至是敌视态度的老的"日耳曼学者"卫队，也有一些不具有进行具体谈判或者广泛谈判授权的外交官。这两种情况决定了漫长讨论的前景，而西方为取得和确保统一只有紧凑的时间走廊。因此，与"2＋4"谈判并行，科尔和根舍试图在与布什和贝克保持紧密沟通并在他们的坚定支持下，与莫斯科的领导层进行深入的对话，以便在双边会谈中使六国的努力容易取得突破。这种行动的根据是这样的信念，即为了促使苏联让步，尤其要解决两个问题：

1. 苏联的经济担忧：美国因巴尔干危机而在很大程度上被捆住了手脚，因此应由联邦政府通过财政刺激迎合苏联；
2. 苏联的安全需求：美国政府作为西方联盟的领导力量，应承担起引导职责并坚持对北约作必要的改变。

这两点与戈尔巴乔夫的内政考虑紧密相关，他只能在经济状况明显改善的情况下，与苏联民众的安全感和平等感联系起来，才能对德国统一说"同意"。

这一战略是一目了然的，但并非没有争议，这在第五次官员会晤前夕民主德国代表团在筹备"2＋4"谈判时与巴尔的一次预备性商谈中表现了出来。[33]这位西德社民党的东方问题专家明确警告其谈话伙伴要提防联邦政府努力与苏联在"2＋4"会谈中谋求双边突破。巴尔从建立新的欧洲安全秩序出发，对其谈话伙伴称，四大国权利的继续存在是贯彻他们设想的唯一手段："如果解除了四大国权利，那就不再有建立欧洲安全体系的杠杆。"他认为，民主德国方面应在"2＋4"谈判中清楚地表明立场，即

"发出信号，说明根舍通过双边接触不会找到解决办法"。6月18日前往波恩的梅克尔的同事米瑟维茨、冯·布劳恩米尔、维美尔和施维格勒尔－罗麦斯虽然赞同巴尔的基本假定，但不赞同拖延解除四大国权利，因为这会使民主德国外交部遭到指责，说它想延缓"2＋4"谈判进程，"比苏联人还要苏联"。因此，除了一些较小的攻势，民主德国方面没有试图通过拖延"2＋4"会谈和继续保持四大国权利来实现它建立新的全欧安全大厦这个中心目标。因此联邦政府的双边活动和美国的努力一样，仍有足够的活动余地，在与莫斯科领导层的直接接触中提供额外的激励和许诺。[34]

科尔给戈尔巴乔夫的信贷提议

"2＋4"官员会晤中，正当外交部的代表们围绕表述方式和彼此靠拢的小步子进行争论以及西方代表团持续面对苏联外交官的僵硬立场之时，科尔和苏联领导层已经在进行更为紧密的交往。办法就是——像科尔的同事们自春天以来就一直预告的那样——西德作出努力帮助苏联摆脱其越来越糟糕的财政处境。虽然莫斯科出于地位原因而与民主德国进行有关统一对苏联经济影响的官方谈判，但决定性的突破却是在与波恩进行的非正式的意见交换中实现的。[35]5月4日，联邦总理对谢瓦尔德纳泽的贷款询问立即作了积极反应。与苏联副外长阿布明斯基（Obminskij）5月7～8日在波恩开始的一般性的经济会谈相并行，科尔及其最亲近的同事设法与苏联领导层直接接触。早在5月4日，苏联领导就让人转达了200亿～250亿德国马克的担保请求，为期两年。总理府对1990年1月给苏联的物资援助以及戈尔巴乔夫在科尔2月初访问莫斯科之际在德国问题上的让步记忆犹新，所以科尔立即着手准备对此作出适当的反应。[36]5月5日，他委托特尔切克与德意志银行的希尔马·科佩尔（Hilmar Kopper）和德累斯顿银行的沃尔夫冈·约勒尔（Wolfgang Röller）联系，准备去莫斯科进行一次秘密的试探性访问。克维钦斯基在5月5日的一份文件中确切地陈述了苏联的愿望，并安排得到科尔本人亲自告知其计划的银行家与特尔切克在谢瓦尔德纳泽第一次提出询问后四天就飞往苏联首都进行秘密会谈。

5月13日，科尔的特别代表乘坐联邦空军的一架飞机飞往莫斯科，机组人员不知道特尔切克陪同人员的名字，飞行目的地在起飞前一刻才得知。外交部只是在国防部询问波恩驻莫斯科大使，飞机究竟确切飞往何处的时候，才偶然得知这次秘密旅行。第二天早晨，代表们在莫斯科开始与总理雷日科夫及其副手斯蒂潘·斯塔扬（Stepan Sitarjan）、外长谢瓦尔德纳泽和对外经济银行行长尤里·莫斯科夫斯基（Juri Moskowski）进行会谈。东道主急切地指出民主德国引入德国马克产生的问题，并坦率地谈到本国的经济困境，他们表达了具体的请求：苏联先是需要 15 亿～20 亿卢布——相当于 15 亿～20 亿德国马克——可以自由使用的财政贷款，以确保支付能力。然后是以优惠条件提供 100 亿～150 亿卢布的长期贷款，宽限期五年，偿还期限为 10～15 年。当两位银行家科佩尔和约勒尔主要还在核实提供的经济数据并弄清细节时，特尔切克已强调联邦政府原则上准备为苏联的经济问题提供帮助。这位总理顾问对科尔的政策解释说，但必须将这整个行动看成是一揽子解决德国问题的一部分，谢瓦尔德纳泽以微笑作了确认。

直到午餐时，已在莫斯科担任副外长的克维钦斯基才通知他的三位客人，他们下午还将与戈尔巴乔夫总统会面。这一姿态清楚地表明，苏联不仅迫切地对西德的财政援助感兴趣，同时也准备将自己的询问提升为最高层的政治行动，而戈尔巴乔夫不以一个乞求者出现：他轻松而自信地概述了苏联的形势、苏联领导层商定的贷款愿望以及一般的政治问题。[37] 他说，"新思维"现已处于决定性阶段，他不再能阻止以市场经济为导向的政策。他要缩短这个过渡期。与贯彻新措施相比，旧体制的打破更快。经济已经失控。这位苏联总统暗示，"优惠利息"在他的国家是什么意思，就是 1.5%～2% 利息而不是西方的 6%。为确保过渡期有风险保障，他指望西方伙伴提供"优惠贷款"，但也需要购买食品的实物贷款。由于缺乏贮存条件，苏联每年的农产品损失达 25%～30%。戈尔巴乔夫继续说，苏联现在需要"氧气"，但不可能与其他国家相比较。他的国家拥有丰富的资源，能够偿还贷款。他也向德国谈话伙伴提到需要 150 亿～200 亿这个数额，可以在 7～8 年内偿还。此外，人们对其他的合资企业感兴趣，其收益所得可在他的国家进行再投资。苏联需要钱以达到转变，它需要西德助以一臂之力，就是说短期大约需要 15 亿～20 亿卢布。他已看出美国不愿意帮助他们，并警告不要打错算盘，认为可以从苏联当前的弱势中谋取好处。在即将进行的峰会中，他将坦率地对布什谈这一点，他请求联邦总理也这样做。与谢瓦尔德纳泽在波恩所说的相似，这位总统提请注意苏联敏感的内政形势。他现在要在欧洲共同家园的框架内在西方争取伙伴，欧洲以外的国家已在投资方面提供了帮助。

戈尔巴乔夫声明，他同意为双边伙伴条约进行准备，这样的条约不允许使其他国家感到恐惧。这个条约应是欧洲家园的一个支柱。他很愿意直接与联邦总理谈此问题，但这只能在即将举行的苏共代表大会以后才行。对他来说，最好是 7 月 20 日以后。此外，这位总统还强调有必要让苏联人民确信自己的安全没有受到危害。欧洲的安全体系必须是均衡的，任何一方都不允许把某事强加给另一方。特尔切克插话说，联邦总理认为，所有这些问题都可以意见一致地得到解决，戈尔巴乔夫同意这一评价。对于联盟问题，他说，他与布什总统通过电话，最简单的解决办法是解散集团。戈尔巴乔夫和雷日科夫向特尔切克简短地解释了他们对立陶宛问题的立场，并且反对认为苏联对立陶宛已实行经济封锁的印象。在结束他的详细声明时，这位总统称苏联对欧洲的开放是其改革的中心目标。

特尔切克回答时转达了联邦总理的问候。他说，快速的反应和到达的代表团人员构成已经表明波恩多么认真地对待苏联的询问。解决问题的办法只能是在双边和多边会谈中形成的一揽子方案，其中也包括联邦总理关于两国之间签订全面的、面向遥远未来的协议的考虑。科尔希望不久后亲自与戈尔巴乔夫商谈，并建议日期是 7 月 16～20 日或 8 月 27～31 日。特尔切克提请这位苏联总统回忆他自己的想法，有一天要让联邦总理看看自己的家乡和高加索的草原。至于苏联的经济问题，科尔准备提供帮助。正如向谢瓦尔德纳泽说过的那样，特尔切克也向戈尔巴乔夫明确强调，联邦总理把合作和支持理解为解决现存问题的一揽子方案中的一部分。特尔切克列举欧安会进程以及裁军和军备控制的努力，作为开展多边合作和寻求解决问题的可能途径。他说，科尔在最近访问戴维营时曾敦促美国在裁军领域，特别是在短程核武器方面取得进展；美国总统的有关建议是令人鼓舞的，也是朝这个方向提出的建议。在立陶宛问题上，联邦政府的努力既不是提供建议，也不是扮演调解人的角色。[38]联邦总理想以他和密特朗的共同倡议为避免冲突作出贡献。因此，总理在立陶宛总理克什米拉·普卢斯基尼（Kasimiera Prunskiene）访问波恩时也急切地劝告后者，先冻结独立声明并无条件地寻求对话；双方尤其应该避免使用暴力或者实行封锁政策。[39]

德国代表团从克里姆林宫立即驶向机场以返回波恩。第二天上午，特尔切克就向联邦总理汇报了莫斯科的会谈情况。科尔愿意迅速而全面地帮助苏联，但他当然非常看重这种支持与正在进行的有关德国统一外部问题的会谈之间的关联。一周以后，当总理在与科佩尔和约勒尔谈话，研究他的信息目标如何措辞时，这一点再次变得明确了。与后来有关该议题的信件往来一样，总理在 5 月 22 日给苏联总统的信中明确地表示，承担莫斯科所希望的贷款担保是德国问题一揽子解决方案中的一部分：[40]"我据此期待，贵国政府在'2＋4'进程的框架中，将本着同样的精神竭尽一切努力，以便作出所需的决定，使出现的问题建设性地得到解决。"科尔向戈尔巴乔夫保证，努力在西方伙伴国和七国集团国家争取更多的长期贷款，此后不久他在一封紧急信函中也这样做了。苏联总统在 6 月 9 日的回信中，不那么明确地将德国银行的贷款与德国问题挂起钩来，但他再次重申了 2 月份就自决权问题发表的声明。戈尔巴乔夫乐观地表示，"2＋4"谈判在欧安会峰会之前就可以结束。他同意与总理的代表进行紧密沟通以准备可接受的解决办法，并再次重申他的邀请：于 7 月下半个月进行会晤，为"我们关系的未来进行深入的对话"。

三天以后，科尔就在另一封信里确切阐述了他的设想：他感谢苏联现在也开始赞成快速结束"2＋4"谈判，他是这样理解戈尔巴乔夫的答复的，即"本着建设性的精神，以不仅要符合德国人的愿望，而且也要以符合邻近国家利益的方式，解决未来的统一后德国的联盟归属问题"。可见，联邦总理的要求越来越具体，而苏联总统在 6 月 14 日的回信中仍不精确，虽然并非没有约束力：戈尔巴乔夫强调两国外长频繁会晤的意义，这些会晤在促使立场接近方面已取得了许多成果。对于科尔提到的"政治问题"，也就是北约问题，他表示充满信心，人们将在计划好的会晤中"坦率地、我相信也是建设性地"进行探讨。通过第一批贷款和其间取得进步的专家会谈，苏联的经济忧虑走上了良好解决的道路，所以总统在回信中把目光投向未来，指向他认为的下一个重要路标：伦敦北约峰会的结果肯定将允许"更好地看待前景"，而尽早结束有关双方条约的谈判，将与"2＋4"会谈的结果和欧安会峰会一起，能够为苏德关系开启新的阶段。

就德国银行给苏联提供临时贷款的政治环境所作的简短概述表明，联邦政府的担保与"2＋4"会谈的谈判成功是多么紧密地联系在一起。与1990 年 1 月询问物资援助时相似，科尔再次寻找短期的、令人信服的解决办法，过去这些解决办法都使苏联方面完全满意。此外，他把谈判直接拴在自己及其工作人员身上，善于平行地与其外长和执政联盟伙伴开展活动，从而突出自己的外交政策形象。这种努力在他与美国总统布什的双边接触中也可以观察到。

波恩与华盛顿之间的紧张协调

与苏联就贷款和担保的会谈在很大程度上平行的是，5、6 月份科尔努力强化迄今为止与美国政府的紧密合作。他的工作人员，尤其是特尔切克，与布什的顾问斯考克罗夫特和布莱克威尔几乎每天通过电话协调顺畅的议事流程，而科尔则试图在 5 月中至 6 月初的两次美国之行以及与布什的会晤中开展个人对话，这种对话还通过一系列的电话交谈和信件往来得以加强。科尔的强有力外交行动发生在这样一个时期，即解决统一的内部问题与缔结货币、经济和社会联盟以及统一条约开始谈判正走向高潮的时期。[41] 但同时也很显然，如果没有唯一能与超级大国苏联势均力敌的另一极美国的大力支持，对外政策中的问题也无法澄清。联邦总理日益强烈地得到一个印象，即用于赢得统一的时间不是无限多。因此，他的目标是：

- 继续向美国领导人保证西德对联盟的忠诚；
- 获得美国对波恩给莫斯科提供财政刺激的支持；
- 讨论北约的未来时，没有西方世界领导力量美国的支持，北约的必要变化是不可能实现的。

当科尔 5 月 16 日和 17 日率庞大代表团（其中包括三名联邦部长），前往华盛顿与布什会谈时，也提出了相应的论据。[42] 无论是在椭圆形办公室的小范围内，还是在内阁大厅与部长和顾问们一起时，科尔都一再强调美苏峰会的成功对于德国问题的解决是多么重要。与此相反，美国总统提到自己的内政困境：由于立陶宛危机——科尔－密特朗的共同倡议对于可能结束这一危机非常有帮助——他处于巨大的压力之下，要求他推迟与戈尔巴乔夫的会晤甚至对苏联实行制裁。科尔提出了两个论点加以反驳。第一是受到时间的压力：人们现在和一个农民的处境一样，预作准备收割草料，因为可能有暴风雨来临。第二是苏联现任领导与其前任们不同，非常强烈地受制于苏联的公众舆论。正是鉴于其国内的困境，苏联总统在峰会上绝不能作为美国的"小兄弟"出现。尽管可以预料会有各种分歧，为了支持戈尔巴乔夫宣布的经济改革，西方应给予尽可能积极的评论。布什感谢总理的忠告并许诺会以尊重的态度对待其会谈伙伴，戈尔巴乔夫不仅作为一个人，而且也作为苏联领袖，都应得到这份尊重。两位政治家再次达成一致，全德的北约成员属性是无条件的。科尔说，他不放弃这点意味着付出代价，他不会支付这个代价，在与戈尔巴乔夫的会谈中，布什自己会注意到，当戈尔巴乔夫谈北约时，实际上指的是经济。关于这个问题，还要进行双边商谈。

在这次会谈中，外长根舍非常积极地报告了"2＋4"谈判取得的进展。谈判开始时是令人鼓舞的，尤其是西方获得了自己所期待的议事日程。在这个议事日程中，避免了诸如和平条约、单方面的裁军步骤等议题，这些议题将导致统一后德国的独特化或者被歧视。根舍阐述了联邦议院和人民议院关于德波边界的共同声明，并向布什游说请他支持波恩的解决建议，该建议规定对两个议会声明作正式的外交通知，而不草签边界条约。他强调迅速而完整地恢复德国主权的必要性。对于联盟问题，外长认为，苏联政府正在公众舆论中对北约做去妖魔化的工作，谢瓦尔德纳泽去布鲁塞尔访问北约以及邀请北约秘书长沃尔内尔前往莫斯科，都表明了这一点。重要的是，不要对德国的北约成员属性进行原则性的讨论，而是提请注意在《赫尔辛基最后文件》中确定的所有国家有权决定是否属于某个联盟。他警告不要有平行对待驻德美军和驻德苏军的讨论，因为两者不可比拟。国防部长施托滕贝格最后通报了北约讨论联盟战略和机构的情况。他请求布什在与戈尔巴乔夫会晤时，也要提及军备控制谈判并且敦促取得进展。施托滕贝格欢迎美国的想法，即鉴于民主德国将退出华约，对苏联人所谋求的飞机最高限额等作出让步。但重要的是，要向苏联明确地表明，为了秋天的欧安会峰会，有必要结束维也纳削减欧洲常规武装力量谈判，这也取决于莫斯科。

在科尔－布什的会晤中，没有作出处理具体内容的决定。美苏峰会前夕作这个日程安排，其主要任务是展现两国之间紧密的同心协力。但华盛顿的会谈使双方有可能不仅就双边关系，而且对最终解决德国问题的国际努力作一个中期总结。它涉及：

1. 德美关系的极佳状态。科尔在 5 月 18 日向联邦内阁所作的报告中也作出这样的判断，即美国政府积极而坦率地支持统一努力，[43] 总统显然认为总理是他目前在欧洲的最重要盟友。

2. 共同的乐观主义，认为莫斯科会在西方作出可接受的经济和安全政策提议时，会既同意统一也同意全德的北约成员属性。美国应在安全领域，特别是在裁军方面接过领导角色，而布什将推动经济的责任托付给联邦总理，2 月份在戴维营，布什就已指出科尔的"大口袋里有钱"。

3. 总理及其部长反复保证，联邦政府不打算为了统一而付出退出北约的代价。科尔、根舍和施托滕贝格一致认为，保持西方联盟中的成员属性不仅是唯一可能的，而且也是可以实现的解决方案。

4. 美国政府处于内政困境，由于立陶宛危机，它不可能对戈尔巴乔夫作大量让步。但共同认识到苏联总统的棘手处境，布什对科尔无论如何还是要使美苏峰会取得成功的愿望表示理解。

5. 德美战略的基本内容。通过反对任何独特化和歧视，要向莫斯科领导层清楚地表明，只有对德国人的自决权说无保留的"是"，才能取得持续、稳定的解决办法。

在 5 月 30 日戈尔巴乔夫到达华盛顿前一刻，联邦总理与布什再次简短通话，他也正是按照这些方针阐述了自己的观点。[44]他认为，布什对其谈话伙伴应该"既友好又清晰地"说，在北约问题上美国与联邦德国紧紧地站在一起。科尔承诺给美国政府提供一切支持，反过来也得到了布什的承诺，他将为"2＋4"会谈结束时建立完全的德国主权而尽力。布什说，他不相信在即将举行的峰会上就会在德国问题上取得突破。总统再次向科尔表明，立陶宛危机使美国不可能为苏联采取广泛的经济援助措施。但正像科尔向他建议的那样，他将注意使峰会尽可能成为戈尔巴乔夫的一次成功经历。最后，两位政治家谈到根舍的考虑，不久前，根舍把未来全德兵力最高限额的建议引入讨论，作为西德对美苏峰会取得成功的贡献。特尔切克与布什的同事盖茨和斯考克罗夫特探讨过这一议题：如果美国认为有帮助，联邦政府可以就此作出一项提议。与盖茨和斯考克罗夫特一样，布什婉谢了这个提议。他认为，现在就忙于讨论如此具体的数字为时过早。这个议题应留在谈判结束阶段备用。

布什在戈尔巴乔夫对美国的几天访问期间，于 6 月 1 日以及在苏联总统结束访问之后的 6 月 3 日，都通过电话向联邦总理通报了会谈情况，以此展示了美国政府多么关心与联邦政府的同心协力。[45]美国总统向联邦总理通报的最重要新闻是莫斯科对全德北约成员属性的立场转变：在布什的建议下，戈尔巴乔夫同意，基于《赫尔辛基最后文件》确定的自决权，这个问题最终只能由联邦政府作出决定。尽管有这一未曾预料到的转变，美国总统在总体评估中得出结论，即就像事先预料的那样，在德国问题上没有实现突破。

　　因此，联邦总理在四天的美国之行中于6月8日再次与布什聚会并举行会谈时，也强调有必要继续下功夫给苏联领导提供一些建议，确切地说是在两个中心领域：[46]准备北约峰会以及与苏联开展经济合作。在即将于伦敦举行的西方防务联盟国家与政府领导人的会议上，应通过一项针对华约的通告，切实可信地强调北约的变化意愿。科尔说，一种可能是采取一个引起轰动的步骤，如两大联盟之间签订互不侵犯条约，但美国总统不喜欢这个想法。布什说，这会使华约得以固定。科尔提出替代性的建议，与东方联盟中的单个成员国签订互不侵犯条约，对这个选择布什要进一步思考。贝克说，在坦伯利的北约外长会议上就曾提出过与此相应的想法。谢瓦尔德纳泽同样也曾提及原本由戈尔巴乔夫散布的想法，即北约与华约发表声明，但他要在10天以后才补上具体的说明。为了更好地协调共同的想法，科尔建议派遣特尔切克去华盛顿与斯考克罗夫特直接面谈，届时可以同时考虑全德联邦国防军的未来兵力总额。不过，两位政治家一致同意，在"2+4"会谈中不能谈判该问题，而必须在北约和华约的对话中，或者在美国、联邦德国以及苏联之间的对话中加以探讨。科尔提请大家考虑，对他来说，这一问题的背后也存在内政问题。他还向布什指出，苏联害怕一个军事上过于强大的德国，这绝不仅仅是一个宣传问题，而是第二次世界大战造成的，这场战争使苏联付出了2700万人死亡的代价。他认为，八周以后在北约问题上将会有所松动。他的印象是，苏联人目前还不知道自己究竟要什么。戈尔巴乔夫在打扑克牌，鉴于他的内政形势，这是可以理解的。西方有兴趣继续支持他，这样他可以首先度过即将举行的苏共代表大会这一关。

　　讨论经济问题时，表现出两点情况：一方面，布什再次强调，由于立陶宛问题和其他内政问题，他被"捆住了手脚"；而另一方面，苏联对其财政需求所提供的含糊不清的数据是混乱的。例如，苏联始终对联邦政府说的是200亿～250亿德国马克的财政需求，而对贝克说的总数却是250亿～300亿美元。在交谈中，贝克警告科尔，不要在任何领域将苏联人置于既成事实面前；必须在一切方面把苏联领导绑进来。在较大范围的结束晚宴上，科尔用完全不同的方式稳住了布什的疑虑：对于普遍安全来说，驻欧美军是必要的也是受欢迎的。当民主德国总理德梅齐埃即将访问美国与总统会面的时候，总统还应与他就此谈谈。至于苏军暂时留驻东德问题，他考虑的时间是 2～3 年。莫斯科出于内政原因的考虑也要尽早将其部队撤回家乡，因为随着货币更换东德货物供应状况将改善，这会引起苏军内部进一步不安。对于波兰会同意波恩建议的解决边界问题的办法这一点，布什表示乐观。他注意到华沙对德国的疑虑有着日益好转的理解。关于增补短程核导弹的辩论，科尔的意思是，这一议题只会不必要地给争取统一的努力增加负担。他还补充自己持反对态度的理由说，这些武器的可能目标区不仅是东德，而且包括华沙和布拉格。关于全德选举的日期，科尔解释了他的策略：在缔结国家条约之前，他要淡化这个话题。之后主要是来自东德的压力将增加，这在心理上是重要的。会谈结束时，国务卿贝克说，美国方面愉快地看到联邦总理和欧洲其他的政治家是如何处理当前问题的。不过，他们的方针不总是为官僚们所接受，科尔对此表示赞同。两人特别对他们与法国外交官打交道中遇到的问题有一致看法，而科尔还谈到法国政治阶层对德国统一普遍持保留态度。

1990 年 5～6 月，科尔和布什的多次会晤和各种联系，不仅表现了"令人印象深刻和特别愉快的"同心协力,[47]而且也表明：

> ● 两位政治领导人愿意在谋求德国统一的决定性时期尽可能紧密地合作；
> ● 科尔和布什在北约峰会前夕意识到，外长们不能解决出现的所有问题，因此，从更高层面给予政治推动是必要的；
> ● 美国虽愿意采取更为广泛的安全政策方面的步骤，但出于国内政治的原因，不愿意参加支持苏联领导的经济举措；[48]
> ● 无论是科尔还是布什，都认为实现统一和全德北约成员属性是不成问题的。

在与德梅齐埃的会谈中，美国总统再次清楚地阐明了这些要点。6 月 11 日，他与德梅齐埃在华盛顿会面，关于这次会谈，他在随后的详细信件中向联邦总理作了通报。[49]这是他与另一个德意志国家政府首脑的第一次也是最后一次会面，美国方面将它看作是承认东德民主转变的姿态。同时，布什也想施加自己的影响，把德梅齐埃引到西方的"2＋4"路线上来。在美国看来，外长梅克尔以其多次攻势和倡议离开了这条路线。除了来自华约峰会、来自同戈尔巴乔夫的一次谈话的第一手信息之外，这次会晤使美国政府认识到，鉴于德梅齐埃和梅克尔的不同立场，如果法国和英国也能作出努力，使民主德国总理接近西方的目标，将是明智的。这位东德基民盟政治家毫不隐瞒地向布什和贝克表示，他赞成北约转变成一个更多是政治上的联盟。当贝克鼓动他更多地理解北约时，德梅齐埃说："我已是新教徒，您不必说服我。"贝克接着解释道："我非常相信这一点，但您必须说服您的外长。"[50]此外，德梅齐埃还解释说，再大的财政援助，也不足以消除苏联对全德成为西方防务联盟成员的反抗。

这次会谈结果让科尔和布什再次清楚地看到，有必要继续强有力地开展双边和多边的努力，以促使苏联让步。但将说服工作目标明确地分成两个部分，证明也是正确的：一方面是安全政策方面的让步和北约的变化，另一方面是经济援助。外长之间的深入沟通也具有特殊意义，他们主要致力于建立未来的欧洲安全大厦。

互补外交与政党政治竞争

总理府和外交部的分析一致认为，为将苏联建设性地纳入"2＋4"进程并最终对德国统一后保留北约成员属性说"是"，两个任务领域具有中心意义：

1. 缓解莫斯科的经济忧虑；
2. 顾及苏联的安全利益。

两个领域既由"硬的"也由"软的"要素构成。在取得具体的谈判结果和采取支持措施时也要始终关注其公众效应，就像科尔不厌其烦地对布什等人强调的那样：面对党内的反对派，戈尔巴乔夫和谢瓦尔德纳泽及其改革的成功取决于民众的舆论和支持。因此，除了克服具体障碍之外，还要克服苏联的恐惧和担忧，这些担忧和恐惧有历史的原因，并受到几十年宣传的煽动，总体上将西方，特别是将德国人，将资本主义，尤其是北约当作可怕的侵略者，集一切敌对形象之大成。在此，戈尔巴乔夫1989年夏季对德国访问的成功、1990年春季的大规模食品援助以及为消除德苏关系的意识形态化所作的努力，都是初期的成功步骤。此后，科尔提议商谈一项广泛的涉及双边关系未来的条约以及他对苏联贷款愿望的巨大支持，创造了进一步靠近的基础，同时也成功地掌握了这两大议题领域。

然而，在科尔和根舍共同为统一所进行的所有行动中，波恩联合执政的政治格局经常发生摩擦。在实质问题上，即在一定要实现德国统一这个意愿问题上，基民盟/基社盟和自民党执政联盟的政治领导人站在一条战线上。此外，确保把三个执政党以及对统一谈判具有重要意义的部长朔伊布勒（基民盟/内政部长）、魏格尔（基社盟/财政部长）、根舍（自民党/外交部长）捆绑在一起，同时使他们能够施展影响力，这得到了保证。不过，最晚于年度之交举行联邦议院选举的规定却加剧了始终存在的政党政治中自我表现的压力，以至于摩擦和敏感无法停止。对科尔《十点纲领》的反应、围绕"根舍计划"的激烈争论、北约地区的扩大以及关于统一道路和解决边界问题模式的讨论，都是在寻求解决统一的外交政策阶段所发生的敏感例证。

随着"2＋4"谈判的开始，波恩的特殊风格日益固定：商定推行政府互补外交，包括政党政治和部门职能驱动的竞争思想。自1990年春天开始，联邦总理兼基民盟主席科尔日益强烈地掌握着外交政策的中心领域，把深化欧盟以及在与美国政府的沟通和向苏联提供上亿贷款列为"首脑事务"。这样，就剥夺或至少限制了外交部长兼联合执政伙伴根舍显示自己重要性的许多可能性，如果他想稍微离开一点政府共同方针的话。在争取统一的努力中日益清楚地表明，决定性的突破和决策特别是对苏联，只能在最高层面上才能实现，这加剧了上述情况的发展。这样，外交部的外交官和根舍所进行的很多必要的准备工作，始终处于这样的危险：各种不同的谈判进程最终都要保留给联邦总理府和科尔去圆满完成。[51]但这样的失衡持续下去会损害执政联盟，所以形成了一种工作分工，以对苏关系为例，可以特别清楚地描述其基本内容：总理关注最高层关系的维护、总揽对苏经济援助、倡议大的德苏条约作为两国未来关系的基础；联邦外长补充处理莫斯科对安全政策的恐惧这个宽泛的领域，作为欧安会进程的坚定捍卫者，外长是谋求全欧秩序的人格化象征，与其苏联同行谢瓦尔德纳泽建立充满信任的关系，并与西方外长们一起跨越大量障碍而共同创建的"2＋4"

机制。在与谢瓦尔德纳泽的沟通中，根舍面对着两种情况：

1. 苏联外长支持"新思维"和公开性的思想，在苏联领导层内部对德奉行最友好的方针。他通常坦率地，常常也充满感情地处理问题，与戈尔巴乔夫相比，他较少喜欢采用策略性手段。[52]

2. 1990 年初夏，戈尔巴乔夫由于内政和经济问题而只是偶尔研究德国问题，与科尔的沟通主要是通过克维钦斯基这样的特使，而谢瓦尔德纳泽却几乎是经常研究具体内容。

因此，根舍得以通过大量的会面加深与苏联外长的个人关系，为欧洲未来秩序的共同设想进行游说，因此，除了谈论对德国心理上的恐惧之外，还能谈论莫斯科的具体政治担忧。

谢瓦尔德纳泽和根舍处于敏感地带

5 月初，根舍和谢瓦尔德纳泽就已达成一致，鉴于欧洲的巨大变化，要继续深化他们本已很密切的沟通，并且要尽可能经常见面，以推进必要的"快速外交"。[53]谈判议程包含全部议题，尽管联邦外长的受权有限：经济援助和德苏条约先是掌握在总理手里，而具体的军事政策变化几乎只有在北约框架内才可能实现；然而，由于存在大量悬而未决的问题，联邦外长还是竭尽全力地工作——就像科尔、布什、贝克、撒切尔夫人和密特朗在他们之间的双边沟通以及他们在与苏联的沟通中一样——以便在当前"表演好几场马戏的马戏团"中发挥中心作用。

5 月 23 日，根舍与谢瓦尔德纳泽在日内瓦苏联驻联合国使团里的三小时会晤，构成了两位政治家深化沟通的序幕。戈尔巴乔夫的外长在冗长的阐述中说明了他对以后会晤的开局立场。讲话伊始，他就特别强调这是初步的看法，并且清楚地表明在所有悬而未决的问题上都有活动余地。当联邦外长问到苏联方面的"核心问题"是什么时，谢瓦尔德纳泽解释说：[54]

● 有必要以双边会谈伴随"2＋4"进程，但不背着伙伴行事或对其职权提出质疑。莫斯科不想充当交通警察，"不必要地将交通信号灯变成红色或者设置其他障碍"。

● 应通过经常的、几乎是持续不断的会晤保持目前相互靠近的高速度。

● 苏联并不想永久保留四大国权利，也不想歧视德国人。但是，前盟国的权利与建立全德"机构"同步并到年底时自动取消的假设是不现实的。因此，必须就"过渡阶段"作出明确决定，谢瓦尔德纳泽建议的这段时间是 21 个月。[55]

● 统一后的德国须将三年内应予落实的武装力量最高限额确定为 20 万 ~ 25 万人，将已宣布的放弃三种大规模杀伤性武器固定下来，并承担义务，德国土地上只出现更多的和平。[56]

● 苏联在民主德国驻军与盟国武装力量在联邦德国的存在这两者之间有着相互关联，必须考虑到这一点。

● 未来的德国政府不得损害根据占领权采取的措施，包括 1949 年以前的没收措施，应表现出为强制劳工提供补偿的意愿，关注保留东德的苏联纪念场所，反对国家社会主义意识形态的复活。

● 联邦德国和民主德国缔结的一切条约，对于统一后的德国仍然有效。

● 必须顾及苏联公众的意见。

谢瓦尔德纳泽偏离了过去的说法，采用了"同步"这个概念。迄今为止，这个概念大多是指建设新安全结构和共同的欧洲大厦与统一之间在时间上的并行，现在谢瓦尔德纳泽将这一措辞用于指统一的内、外部问题之间的联系。新的情况是，与在会谈过程中不同，他在会晤结束后对媒体表示，同意不应在"2 + 4"会谈中，而应在削减欧洲常规武装力量谈判的框架内确定全德武装力量的最高限额。确切的程序乃至数目还没有确定，但在联邦外长看来，这就防止了德国的独特化，因为在维也纳也要就欧洲其他国家的军队规模进行谈判。此外，引人注目的是，与 5 月初以来苏联许多其他的声音不同，谢瓦尔德纳泽并未要求和平条约，和平条约主要是德国政策的强硬派和共产党内部的正统分子要求的，他们将之当作贯彻自身利益的决定性杠杆。[57]

针对这些阐述，根舍提出了自己的立场，他机智地利用了谈话伙伴的措辞和漏洞。他没有具体对"过渡阶段"作出反应，而是提请注意他在联邦议院的最新演讲，其中他也认为要有个"过渡解决办法"，比如苏军暂时留驻东德。但统一后的德国仍然承受悬而未决问题的压力是不可设想的，而且谢瓦尔德纳泽也谈到必须作出最终了结。提到的许多点是很容易澄清的，而对其他一些点也已作出决定。如《基本法》就包含有宪法禁止进攻性战争的规定；联邦德国已经签署《不扩散核武器条约》并已声明放弃使用三种大规模杀伤性武器。在联盟问题上，谢瓦尔德纳泽表示，对戈尔巴乔夫和他自己来说，无论是在心理上还是政治上，全德北约成员属性都是不可接受的。他和克维钦斯基一起解释说，在"过渡阶段"，民主德国对华约的联盟义务以及联邦德国对北约的联盟义务可以继续适用，这样就可以心平气和地寻找最终解决办法。直到德国退出两大联盟或者两大联盟解散为止，民主德国和联邦德国的所有部队也包括四大国的部队，都不允许越过迄今的德意志内部边界。苏联外长警告，必须说服其民众相信德国问题的每一个解决办法，否则的话"新思维"将被"爆炸在空中"。

尽管谢瓦尔德纳泽对全德北约成员属性持反对立场，他的说明还是确认了根舍的印象，苏联领导人内心已经认为这一联盟属性已是不可回避的。根舍的这一解读，也被谢瓦尔德纳泽对联盟问题的其他考虑所证实。谢瓦尔德纳泽称，在苏联看来联盟问题是主要问题。他描述了好几个"假设性变数"并保证苏联在寻找摆脱这一尴尬局面的出路，北约与华约签订联系、合作或者类似内容的协定，如同扩大全德安全结构一样都可以成为出路。针对苏联反对立场中的漏洞，根舍立即挺进，保证北约正在对自己的战略、自我认识和目标进行审核。即将举行的西方联盟峰会将开启积极的前景。即将举行的欧安会回合同样如此，今年之内就能推动出现决定性的变化。[58]根舍说，共同的目标是两大联盟起协同作用，他没有再把自己于春天曾透露过的解散联盟作为议题提出来。此外，他还提醒注意，联邦德国与苏联都是各自联盟的成员，因此不应背着对方行事。根舍与谢瓦尔德纳泽一致同意，在东柏林的"2＋4"外长会晤之前应再次交换意见，最后在两人单独会谈中，根舍再次受联邦总理委托重申愿意提供财政援助。

这次会谈清楚地表明，苏联在北约问题上的立场是多么坦率。[59]按照根舍的分析，谢瓦尔德纳泽毫不含糊地发出了一个信号，这个问题在双方相应接近的情况下是可以解决的。谢瓦尔德纳泽指出国务秘书汉斯·劳滕施拉格尔（Hans Lautenschlager）和副外长阿布明斯基正在继续就保留民主德国的经济协议进行谈判，证明他认为对苏联经济利益的处理行进在良好的轨道上。谢瓦尔德纳泽说，为计划中的科尔和戈尔巴乔夫的会晤作准备也很重要，在这次会晤中可以作出进一步的重要决定。两位外长这次会晤的主要结果是认识到，他们在此期间已建立起了个人之间的信任关系，在以后的继续会面中他们可以为了有利于事情的发展而加以利用。

在此基础上，谢瓦尔德纳泽和根舍在哥本哈根继续交换意见，那里 35 个欧安会国家的外长于 6 月 5 日举行关于"欧安会人道事务"的会议。[60]这次会谈只持续了一个小时，却使联邦外长对苏联最新的考虑再次留下了良好印象。谢瓦尔德纳泽首先通报了美苏在华盛顿和戴维营的峰会情况，这次峰会在解决德国问题上没有取得决定性的进展，但在裁军问题上有着大量令人印象深刻的双边协议和努力。[61]根舍问及戈尔巴乔夫所作的关于在联盟问题上必须根据欧安会的原则由德国人自己作出决定的声明，这位苏联外长克制地说，也有其他的协定需要顾及，如《波茨坦声明》（Potsdamer Erklärung），四大国以此确保了重要的保留权。人们不应将最困难的问题置于中心，而应更多地想想其背景。在交谈过程中，他同时提到两个对苏联来说最重要的问题：一是现在一切都取决于北约如何在现实中进行改变——鉴于即将举行的北约外长会晤，这一意见在根舍那里可谓落到了沃土上。[62]二是必须加强裁军问题的谈判，包括可能由总理或外长就联邦国防军未来最高规模发表一项声明。这项声明应在"2＋4"谈判结束前就提出，以避免在六国框架内不得不谈判此事。根舍再次指出，这件事可以在维也纳裁军谈判中做，因为只有这样才能避免德国的独特化。在这次谈话中，"心理层面上"的一项协议也是决定性的成果：两位外长达成一致，于 6 月 11 日再次会面，而且是在布雷斯特。这个苏联西部城市的名字，与德国、苏联、波兰历史中的大量事件联系在一起，也与谢瓦尔德纳泽的家庭联系在一起：他的兄弟在 1941 年德国对苏联的头几天进攻中死于该地。因此，他用激动的话语感谢根舍愿意与他在这个有着历史污点的地方会晤。他说，这一会面将因此而赢得额外的象征意义，并可以表明德苏关系的困难阶段已经得到克服。

在准备布雷斯特会晤时和会晤过程中，在多个方面表现出克服旧的偏见和历史遗产是多么艰难：[63]一方面，这个地方是 1939 年 9 月《希特勒－斯大林公约》（Hilter-Stalin-Pakt）的象征，在这个公约中两位独裁者瓜分了波兰。因此，根舍通过电话谋求波兰外长斯库比斯泽夫斯基的理解：选择这个地点绝不是要唤醒对苏联－波兰－德国历史中阴暗篇章的恶劣回忆，更多是为了体现东西方对立的克服。另一方面，对谢瓦尔德纳泽来说，布雷斯特这个地方不仅与其兄长的死亡不可分割地联系在一起，而且同时也是对在二战中死亡的大约 2700 万苏联公民的纪念。在朴素的仪式中，根舍和谢瓦尔德纳泽在士兵墓地敬献了红色的石竹，这个仪式形成了这次会面的高潮，也得到了苏联媒体的强烈关注。会晤的政治意义因而增加了强烈的感情元素。这一切都使根舍——在这几周中，他不顾健康问题加强了耗费精力的穿梭外交——身心承受了如此大的负荷，以至于不得不中断在那里举行的会谈，有一次甚至中断了 30 分钟，让随行医生治疗他的心律不齐症。

现在，两位外长为了双边会谈已是当年的第六次会面，五个小时的讨论包含了国际政治以及德苏关系的所有议题。苏联外长个人表现得和蔼可亲，但在实质问题上态度强硬。比如他威胁说，在谈判停滞时，干脆让波茨坦决议的基础继续存在。不过，可以觉察到他在力争达成一项对他来说在内政上也是可取的妥协。[64]谢瓦尔德纳泽概述了联盟问题的各种解决方案，根舍则继续反对在欧洲建立不同的安全区。谢瓦尔德纳泽仍然以一个过渡阶段为出发点，在这个阶段中应将统一的外部问题纳入全欧情境。根舍反对这一立场。但两人还是一致认为，扩大和深化欧安会是可取的。谢瓦尔德纳泽提到 25 万～30 万人作为统一后德国联邦国防军可能的最高限额，但没有得到其同行的回答。取而代之的是，联邦外长提请注意他已多次表示过削减军队数量的意愿，但没有提数字。接下来，根舍和谢瓦尔德纳泽不能给等候的记者们提供具体的结果，但作了这样的宣布，解决"其他问题"时取得的进展也能使联盟问题的解决变得容易。在坦伯利的北约外长会晤[65]和德苏经济会谈的进展为此创造了条件。不过，苏联如何设想"过渡阶段"仍然含糊不清。对此，谢瓦尔德纳泽现在似乎只是指苏军暂时留驻东德的问题。不过，布雷斯特会晤结束以后，谢瓦尔德纳泽的计划室主任塔拉申科向德国外交官保证，人们对迄今取得的成果可以感到满意，可以乐观地展望最近的未来：

- 还没有一个参与方对建立德国统一最后阶段的会谈确定立场。
- 无论是事情本身还是在时间方面，人们都在按计划行事，所以"2＋4"会谈的所有问题可以像预定的那样，在 11 月欧安会峰会之前得以澄清。
- 苏联领导层怀着急切而担忧的心情期待着伦敦北约峰会的

结果。

● 目前较少涉及实际问题的详细解决办法，更多是——恰恰是在联盟问题上——为一揽子解决办法找到经过仔细权衡的措辞。除了安全政策、欧洲政策以及经济问题之外，这个一揽子解决办法还必须顾及心理－情感方面。

塔拉申科说，谁在眼前期待越多的结果，谁就是忽视了苏联内部讨论和协调进程的复杂性。眼下，莫斯科需要的就是更多的时间和内部讨论。不过情况很显然，那就是在布雷斯特实现了第一次突破，而且是在两国外长充满感情的情况下实现的。心理因素正是根舍在与谢瓦尔德纳泽经常会晤中试图考虑的方面。在这个阶段，联邦外长不仅努力正确地解释时代的迹象，尤其是苏联立场的细微变化，同时也努力发出指向未来的信号。因此他有意识地决定把威斯特法伦的明斯特作为他与苏联同事再次会面的地点。与布雷斯特代表克服过去的伤痕和德苏共同的未来一样，明斯特也应该传递来自历史的、令人感动的面向未来的象征：1648 年 10 月，这个地方以《威斯特法伦和约》结束了三十年战争，同时赋予德国君主和帝国阶层以权利，允许他们与外国签订契约。

布雷斯特会晤以后一周，6 月 18 日，谢瓦尔德纳泽和根舍在明斯特再次会面。[66]根舍的同事们在准备过程中拟定了三大重点：第一，要更充分地讨论北约与华约的未来关系；第二，苏联对最后的"2+4"条约草案提出的要素；第三，双边关系的前景。在将近五个小时的会谈中，谢瓦尔德纳泽将这一系列议题扩大成再次陈述他的"过渡阶段"设想，其中包含限制德国主权。他在内部以及紧接着的新闻发布会中表明，事情在多大程度上取决于北约的实质性变化和裁军的可观进展。此前，根舍向他概述了自己对再一次讨论过的两大防务联盟共同声明的设想，并表示坚信，可以在北约内获得多数赞同。对此，谢瓦尔德纳泽解释说，莫斯科正在紧张地等待伦敦北约峰会取得具体结果。此外，经济问题的解决以及苏联公众舆论具有重要意义。这次谢瓦尔德纳泽提出全德武装力量规模的最高限额是20 万～30 万人，然而根舍坚持自己的立场。根舍没有提数目，但强调西方愿意就此进行商谈，也愿意商谈重新调整德苏关系。如同过去的会晤，在明斯特，心理意义的分量比内容问题更重：当谢瓦尔德纳泽在该市的"贵宾留言簿"上签字时，北威州自民党通过一次大规模的公关运动动员起来的 10 万多人聚集在集市广场上。正如在布雷斯特两位外长富有感情的关系中实现了突破那样，此时两国关系也得到了更新：会议间隙，塔拉申科交给根舍办公室主任埃尔伯一份材料，在这份材料中，他的计划室归纳了解决德国问题的各种考虑。其中，苏联比过去清楚得多地勾勒了自己的谈判活动余地。虽然谢瓦尔德纳泽之前再次强调，在 "2＋4" 谈判结束以及两德统一后的过渡阶段，德国的主权仍将受到限制，但在塔拉申科的这份材料中却没有再现这一点。[67]这位苏联外长的亲信在回答埃尔伯的问题时保证，"您别担心，事情不像纸上所写的那样进行"。显然，他的领导准备作出更明显的让步，比他迄今在会议桌上公开承诺的让步要多，因为德国政策的强硬派也坐在会议桌旁。

谢瓦尔德纳泽和根舍 1990 年初夏经常进行的会面以塔拉申科的这一行动而暂时达到高峰：在此期间，共同的信任基础已经发展到如此程度，以至于自身立场可能的发展前景等私下信息，也能传达给对方。就这样，根舍有力的游说结出了果实，而美国政府同时所作的努力也为果实的成熟作出了贡献。

布什和贝克以《九点许诺》引诱莫斯科

很早以前，美国总统布什及国务卿贝克曾向苏联明确表示，戈尔巴乔夫不能指望从美国得到财政援助。不过他们同时也非常努力地工作，以迎合苏联在安全政策方面的设想。为此，他们在两个层面采取行动：一方面，推动北约内部的思想变化，另一方面，努力向莫斯科领导层传递一种被捆绑于发展之中的感觉。美国政府的中心目标是与所有参与国家意见一致地实现德国统一。由于华盛顿同时也意识到这样的事实，即不断拖延只会潜藏风险，所以从 5 月初开始，与莫斯科的会谈平行不悖，也思考替代计划：如果戈尔巴乔夫和谢瓦尔德纳泽不让自己与西方奉行一项共同方针，美国的考虑就是，法、英、美可以一起放弃四大国权利，而德国应实现统一。这样一来，莫斯科就成为公开的阻挠者，独自一家保持着占领权。[68]

但优先的选择是所有 "2＋4" 国家共同行动，就像 1990 年 5～6 月美、苏最高领导人在会晤中商量的那样。开启这一共同行动的是贝克 5 月16 日～19 日对莫斯科的两天工作访问。[69]美国国务卿在那里遇到的是完全失去方向和没有行动能力的外交政策精英，他们毫无能力采取具体步骤。

这一情况表现得最为明显的是，谢瓦尔德纳泽在最后一天临时取消计划好的会晤。佐利克和赖斯经调查不得不发现，取消这次会晤是因为谢瓦尔德纳泽在外交部为寻找内部的共同方针而与职能部门商议，尽管美国代表团做了各种各样的说服工作，但谢瓦尔德纳泽在北约成员属性问题上以及统一德国军队规模的调整方面，都表现得很僵硬。苏联外长及其工作人员，以克维钦斯基和伯恩达伦科为首，主张晚些时候才最后处理德国统一的外部问题。在与戈尔巴乔夫的会谈中——当时戈尔巴乔夫要为即将与布什举行峰会进行准备，贝克遇到的是苏联丝毫未变的立场。不过，苏联方面也向华盛顿首次提出了要求西方贷款的愿望，结果遭到了明确的拒绝。美国方面称，美国公民不会为一个"给古巴提供补贴而在经济上扼杀立陶宛"的国家提供金钱。对于美国国务卿来说，情况很显然，其谈话伙伴解决不了德国问题。但贝克认为他向谢瓦尔德纳泽、后来也向戈尔巴乔夫传递美方的外交新倡议是有决定性意义的。面对苏联的僵化立场，贝克的顾问佐利克临时用《九点许诺》组合成一揽子建议，目的是尽可能多地消除莫斯科的疑虑。对参与"2＋4"进程的各国政府来说，其中陈述的内容没有任何一点具有新意。这个一揽子建议以其第一次展示的组成，后来得到了布什的确认，最后对整个局势起了安定作用。这个既是总结，也是为安抚服务的《九点许诺》，具体包括以下内容：

● 美国愿意尽快结束正在进行的《欧洲常规武装力量条约》谈判，以便能够尽快开始后续会谈。

● 签署《欧洲常规武装力量条约》以后，华盛顿愿意迅速开始有关短程核武器军备控制的会谈。

● 德国有义务放弃生产和拥有原子、生物和化学武器。

● 在一个过渡时期，不在民主德国地区驻扎北约军队。

● 德国将为苏军撤出东德确定一个过渡时期。

● 美国总统愿意致力于改变北约战略，其中将适当地考虑欧洲的发展。北约将在核领域和常规领域发生变化。

● 德国将明确地澄清和确定边界问题，统一的国家将只由联邦德国、民主德国和整个柏林组成。

● 美国支持扩大和强化欧安会，如果到时《欧洲常规武装力量条约》已经成熟到可以签署，美国支持年底召开欧安会峰会。

●经与苏联领导商定之后，德国将以有利于"新思维"的进程，以及以顾及民主德国对苏联的义务的方式处理经济问题。

就这样，给莫斯科领导递交了一个目录，它抓住了他们在安全和经济方面的所有顾虑。佐利克与卡斯特鲁普一起拟定了大量细小的要点，从中制定了一份内容广泛的有待解决的问题草案。美国以此向苏联提供了西方超级大国的担保，包括在一些美国其实不能自主作出决定的领域。美国以此也表明，在北约变化、德苏经济联系和边界问题上，哪些共同的西方方针得到美国的支持。虽然美国国务卿并没有以此直接取得突破，但苏联谈话伙伴的反应表明，在整个一揽子建议中暗示的目标方向是一条可行的道路。

贝克有把握获得波恩的赞同，科尔会在美国总统与戈尔巴乔夫会晤前夕直接告诉总统。5月30日至6月3日，当苏联总统在美国参加美苏峰会的时候，布什得以借助波恩的背后支持，再次为美国国务院整理的《九点许诺》一揽子建议进行游说。[70]布什力求采取一切手段促进德国统一，他向戈尔巴乔夫强调自己的意愿，就是与伙伴们共同改变北约，并且同意签署一项美苏贸易协定，尽管直到最后对此一直存在着巨大的疑虑。谢瓦尔德纳泽曾以前所未有的急切心情向贝克游说称，戈尔巴乔夫出于内政原因，绝对需要这个协定。只有这样，莫斯科才能为这个与西方普遍合作的方针进行辩护。与之相反，戈尔巴乔夫多次请求美国的贷款援助却没有获得成功。不过，布什表示，可以在休斯敦的世界经济峰会上考虑多边的援助行动。

此外，与贝克在苏联首都的多次会谈情况不同，在联盟问题上，华盛顿令人意外地发现了松动。开始时，戈尔巴乔夫再次向布什反对全德成为北约成员，并以"两个锚"的提示建议德国归属两大联盟的模式。但令其同胞感到意外的是，他后来好像转变了看法。布什问他，《赫尔辛基最后文件》不是规定了所有国家都有自由决定其联盟归属的权利吗？对于这个问题，贝克像此前苏联的其他美国和西德谈话伙伴一样，两周前在莫斯科得到的是回避或者反对的回答，现在这位苏联总统却突然表示同意。[71]当布什说明美国的立场，指出"美国明确支持统一后的德国是北约成员，不过，如果德国作出不同的决定，我们将不会反对而是予以容忍"。此时，戈尔巴乔夫也未予反驳。戈尔巴乔夫多次尝试将决定交给他的外长。但鉴于这一议题的爆炸性，谢瓦尔德纳泽对此并未表示出愿意这么做，他只是表示愿意和贝克讨论该话题。尽管戈尔巴乔夫暗示了立场的转变，但在布什和贝克的工作班子里笼罩的还是怀疑，因为十分显然，苏联总统现在的地位多么不稳定。此时此刻，没有人愿意公开地大声欢呼，因为这样一来苏联就会退缩。尽管会议拖拖拉拉地开始，然而，为了公布这个令人愉快的结果并公开地把戈尔巴乔夫拴在他的新立场上，布什的同事们采取了一条不同寻常的道路。赖斯事先递交给苏联驻华盛顿大使亚历山大·别斯梅尔特内赫（Alexander Bessmertnych）一份美国总统将在新闻发布会上的声明文稿。别斯梅尔特内赫与戈尔巴乔夫商讨了这份文稿，没有提出改动。因此，布什在 6 月 3 日的结束新闻发布会上得以声明，他、联邦总理和其他北约成员赞同德国保持为西方联盟的全权成员，戈尔巴乔夫不同意这一看法，不过他们一致认为，联盟问题"按照《赫尔辛基最后文件》，是必须由德国人决定的事情"。苏联总统对此作出的反应是指出，虽然统一的外部问题没有得到澄清，但所作的努力并非没有益处。

几天以后，谢瓦尔德纳泽和贝克在哥本哈根欧安会会晤间隙再次有机会就彼此的立场交换意见。[72] 不出所料，讨论的中心是安全与军事问题。谢瓦尔德纳泽敦促其美国同事，也公开重申迄今只是在内部作出的保证，即美国不再视苏联为敌人。主要在全德武装力量最高限额问题上取得了进展。5 月底苏联外长在日内瓦就已向根舍表示，同意不在"2＋4"的框架内而是在维也纳削减欧洲常规武装力量会谈中讨论这一问题，继续作出让步。他首次对德国就未来联邦国防军总兵力作单方面声明表示满意。这是一个突破，贝克当晚就将这一突破通报给了已经睡觉的联邦外长。

此前，贝克还从谢瓦尔德纳泽那里得到了苏联情报部门来自"可靠来源"的信息：民主德国新政府的许多成员并不同意科尔的计划以及他预先确定的统一速度；因此，与科尔期待的不同，很有可能在 1991 年以前不再会有全德联邦议院选举。这是又一个赞成莫斯科要求的"过渡阶段"的证据。对此，贝克作出了谨慎的反应。他说，如果统一的内部问题进展较慢，那也始终不是延缓解决统一外部问题的理由。如果在统一建立起来以后，苏联不同意将主权完全移交给这个德意志国家，那么苏联将自己孤立自己。谢瓦尔德纳泽同意这个论点：事情不会发展到这种程度。

间隔短暂的经常性会晤，无论是在苏联政府还是美国政府那里，都使许多单个问题得到了澄清。贝克和布什以《九点许诺》向苏联领导表明，西方也无人有兴趣采取反对苏联利益的行动。不过，他们也同样清楚地发出信号，全德的北约成员属性与莫斯科的安全利益绝非对立。另一方面，戈尔巴乔夫和谢瓦尔德纳泽先是间接地、然后也相对坦率地使其谈话伙伴明白，在北约发生变化、对苏提供经济和财政援助以及适当的安全保证的情况下，强调自决权道路就为他们提供了同意全德是西方联盟成员的可能性。不过，他们认为，就像谢瓦尔德纳泽坚持与美国达成贸易协定所表明的那样，西方为此首先要预先付出一些代价。克里姆林宫领导迫切需要可以展示的合作方针成果，以便在即将举行的苏共党代表大会上能够用改革政策的具体成果面对国内政治中的批评者。

撒切尔夫人指出西方妥协意愿的限度

直到 5 月底，布什、贝克及其同事们多次向苏联领导揭示，西方在"2＋4"进程中最后回合的谈判活动余地有多大。谢瓦尔德纳泽同时与根舍进行的会谈表明，事情不仅涉及美国政府的看法。最晚在英国首相撒切尔夫人 6 月 8 日访问莫斯科时情况已最终清楚，西方尽管在细节上有不同意见，但它们在基本问题上不可能被分裂。[73] 就与戈尔巴乔夫会晤开始时，撒切尔夫人就声明，北约始终是一个防务联盟，核武器也是其核心存在。虽然里根曾表示过，从长远来看核武器可以完全被消除，但布什和她的意见一样：借助核武器的威慑因素，可以阻止鲁莽的政治家发动大规模战争的行为。因此她赞同把整个德国融入北约，并且美国军队仍然驻留在德国土地上。与此同时，她毫不忌讳地说，德国的统一引起她的担心，她与密特朗已就此交换过意见，但与密特朗不同，她坦率地说出这一点。她也认为，在统一进程中有一个长时间的过渡阶段是必要的，为此她受到了法国、美国和联邦德国媒体的许多批评。民主德国按照《基本法》第 23条加入的决定使得情况很清楚，不可能有这样的过渡阶段。整个欧洲并非没有害怕地观察这一进程，"人们知道，是谁发动了两次世界大战。现在的任务是要排除再次从德国大地上爆发冲突的可能"。在德国的美军及其战术核武器对所有国家来说都是一个安全因素，包括对苏联。由于戈尔巴乔夫事先已经警告过不能有"不平等的安全"，不能让一个伙伴感到不安、产生怀疑、感到自己的安全受到了限制，所以她指出自己曾建议举行"预备性谈判"。比如，她已经和贝克谈过，全德武装力量——在维也纳削减欧洲常规武装力量谈判的框架内——明确限制在 40 万人以内。必须紧急着手戈尔巴乔夫建议的北约与华约共同声明之事。关于欧安会变化一事，撒切尔夫人赞成外长们可以一年会晤两次。在经济领域，这位首相以苏联和欧共体国家发展更深入关系的前景进行引诱。

苏联总统的反应证明，克里姆林宫在联盟问题上依然没有最终作出决定，但正在寻找一个"适合所有人"的解决办法。建议最后来自何人，是来自"撒切尔夫人、布什、戈尔巴乔夫或者教皇"，都是无所谓的。戈尔巴乔夫对德梅齐埃表示认可，赞许"他的冷静清醒和对欧洲战略以及政治形势的担忧"，他暗示对科尔的批评，说他一定要成为"德国统一之父"。但也有现实需要关注，例如四大国权利的继续存在。取消该权利需要一份"有关最终解决的文件"。苏联总统保证，"寄很大希望于即将举行的伦敦北约峰会"。与此同时，必须考虑统一后德国的北约成员属性以外的替代性可能。如同在华盛顿对布什所说一样，他利用"两个锚"的形象为德国成为两大军事联盟成员进行游说。同时他指出，除了北约成员之外还有其他的许多可能性："法国模式、丹麦－挪威模式、英国模式"。他宣告，在下一轮"2＋4"会晤时，苏联将提出"具有充分说服力的构想"，以澄清统一的外部问题。在所有问题得到回答之前，不可能出现拥有主权的德国。撒切尔夫人以坚持全德北约成员而反对戈尔巴乔夫，她强调布什多么强烈地支持科尔。不过，她怀疑到7月份的北约峰会为止是否能够提出解决所有问题的具体建议。她原本也支持一个长时间的过渡阶段，但为此而在西方阵营中处于孤立地位。现在重要的是不要人为地拖延最终解决。她与戈尔巴乔夫一致认为，外长们现在尤其要关注解决问题的构想。正如在美苏沟通中那样，撒切尔夫人对莫斯科的访问也清楚地表明：

● 克里姆林宫在联盟问题上有着很大的开放度，通过西方作出目标明确的让步，可以利用这一开放态度；

● 赋予了北约峰会一个重要角色，因为戈尔巴乔夫及其智囊们非常希望获得他们期待的两大联盟关系的声明；

● 主要取决于向苏联领导层表示良好意愿的姿态。

因此，所有参与者都把某种希望寄托在即将于东柏林召开的"2＋4"外长会晤上，虽然最近在官员层面上只有少量的松动，但在这次会晤中应该澄清立场。

莫斯科再次施展"折磨手段"

对于西方代表们来说，在东柏林举行的"2＋4"框架内的第二次外长会晤带来的是冷热交替的感受。[74]上午，根据贝克的想法，当盟军边境站"查理检查站"在六国外长在场的情况下被拆除的时候，全体与会人员一片欢乐。吊车把这座已经变得多余的检查站建筑物吊起来并移到了旁边的一个院子里。当谢瓦尔德纳泽首次详细地发言时，其五位同事的感觉是被置身于另外一个世界。在此前代表们高度一致地获悉了联邦议院和人民议院关于德波边界的共同决议，并决定邀请波兰参加下一个谈判回合之后，[75]当苏联代表团分发他们对结束文件设想的草案时，根舍、梅克尔、赫德、杜马和贝克"被泼了一盆冷水"。在克维钦斯基的领导下，苏联外交官首次将他们的所有设想汇集起来。好像谢瓦尔德纳泽与根舍和贝克在5月、6月的多次会谈从未举行过一样，这份草案再清楚不过地显示了其重要同事们在德国政策方面的保守思想。[76]

谢瓦尔德纳泽在其详细发言的开头就提请注意，49年前的这一天德国对苏联发起了突然袭击，这一事件给"我们的老百姓在心灵上和精神上留下了持久的伤疤"。此后，建立在战时和战后协议基础上的欧洲秩序，随着时间的流逝"与当今欧洲的现实日益"疏远。按照谢瓦尔德纳泽的说法，德国的分裂是"欧洲分裂的反映，并在某种程度上决定了欧洲分裂的深度和强度"。在介绍经过政治局讨论通过的条约草案时，[77]这位苏联外长没有探讨所有细节，包括多次要求过的承认1949年以前的一切占领法措施、德国对强制劳工的赔偿义务，而是集中于他的主要论证方针。过去反复要求的扩大欧安会一事也只是被顺带提及。取而代之的是，谢瓦尔德纳泽概述了其政府如何设想以后的两德统一进程。总理府和外交部内部对这份文件的中心要点进行分析后称，它是不可接受的。文件规定，"国际法最终解决的基本原则"应在一项条约中写下来。[78]其中，应拟定条件，而这些条件的实现又应是第二份条约的先决条件。这份被称为"结束文件"或者"国际法最终解决方案"的文件应在一次审核会议中制定，这个审核会议将在全德政府组成和议会建立以后21个月召开。在至少五年的过渡期以后，应通过一项最后议定书解除四大国权利。

在这个过渡期以后，统一后的德国应该获得自己决定以后联盟归属的权利。苏联草案中的其他安全政策思想也不符合联邦政府及其西方伙伴的设想。比如，苏军应按照仍由民主德国商谈的条件继续在东德驻扎五年。除了联邦政府和新的民主德国政府已经提议的德国放弃三种大规模杀伤性武器之外，其他国家也不允许在德国土地上部署此类武器。在过渡期内，所有四大国的军队应减半，然后彻底撤出或者减少到象征性数额。到年底为止，四大国的所有部队都应撤出柏林。根据这份草案，德国军队——在三年内减少到 20 万 ~ 25 万——只能驻扎在统一后的联邦德国的一定区域，以使德国中部出现一个非军事区。莫斯科继续拒绝统一后德国的北约成员归属。取而代之的是，在东柏林提出了再次包含了成为两个联盟成员的构想，而 14 天前谢瓦尔德纳泽本人还对梅克尔称，这一想法已经过时。[79]

苏联建议的这些基本内容表明，谢瓦尔德纳泽远远离开了西方以为在与戈尔巴乔夫和苏联外长进行过的会谈中已经达成的路线。除了原则上同意统一——就像 2 月初苏联领导人所描述的那样——以及不再将结束文件称为"和平条约"之外，与 1990 年初相比看不到丝毫的根本性变化。过去多次作出的保证，即统一的德国既不应被独特化也不应遭到歧视，而能够尽快行使其自决权，看来都变得过时了。保留下来的是，声明在秋天的欧安会峰会之前澄清外部问题，为此提出进行持续谈判而不是偶尔会晤。

其他外长在谢瓦尔德纳泽发言和读过分发的文稿之后不得不作出即兴反应。贝克在作出详细回答之前讽刺说，"给了德国人这么多主权"。在此之前，赫德扮演了第一个对苏联攻势作出反应的吃力不讨好的角色，他清楚地表达了西方回应的基本路线。正如嗣后总理府和外交部的官员那样，赫德、贝克、杜马和根舍立刻明白，谢瓦尔德纳泽的这篇讲话应被评价为主要是针对苏联内政而说的。在苏共第二十八次党代表大会召开前几天，正如所料，谢瓦尔德纳泽不可能表示出丝毫让步。在谢瓦尔德纳泽讲话的时候，根舍就在贝克询问这一切意味着什么的纸条上写下了"哗众取宠"一词。[80]因此，西方外长们的反应限于减少损失和指明前景。比如，多次提请苏联注意即将举行的北约峰会将可能带来它所期待的两大集团关系的变化。他们普遍反对将驻德苏军与北约驻军相提并论，并批评了几乎所有含有威胁使德国独特化的观点。此外，赫德、贝克、根舍和杜马还强调，随着德国的统一，必须建立它的完全主权。与此同时，他们避免任何会将谢瓦尔德纳泽逼入困境的对峙路线，并强调在苏联的草案与法国提交的文件之间还是存在着共性，尽管有各种分歧。贝克说，专家们应该列出这些共性。

在接下来的午餐会上，根舍质问这位苏联外长，[81]正如贝克在与谢瓦尔德纳泽晚上会晤时一样，根舍这时尤其意识到两点：

1. 出于内政原因，苏联领导人不能也不愿意在苏共第二十八次代表大会之前改变自己的立场，否则批评其政策的许多人会获得更多攻击戈尔巴乔夫领导的改革派的弹药。

2. 莫斯科紧张地等待伦敦北约峰会的结果。谢瓦尔德纳泽及其同事明确表示，这次峰会关系重大，它与党代表大会同时举行并将指明道路，根据这条道路，苏联说不定可能会同意全德的北约成员属性。

谢瓦尔德纳泽及其亲信没有明说，但他们让西方外长们明白，在东柏林的生硬亮相主要是针对本国公众的。在新闻发布会上，苏联外长也暗示，提出的草案绝非莫斯科对德国问题的最后意见。他还保证，"2＋4"会谈在秋天欧安会峰会之前应该结束，届时"德国统一的所有外部问题"都将会得到解决。

然而，根舍、贝克、杜马和赫德由此得到的安抚，又因为梅克尔同时发起的攻势而被削弱了。下午在下旭恩豪森宫进行的会议伊始，东德外长就要求与会者"只有就全欧安全组织的基本原则和行车表取得真正坚实的一致以后，才能离开'2＋4'谈判桌"。与西方代表团的期待不同，梅克尔也希望在"2＋4"框架内制定一大批规则。其中，他要求：

●德国放弃制造、拥有、转让和部署三种大规模杀伤性武器；
●由国家人民军和联邦国防军组成的德国武装力量应减半；
●根据1990年2月的"根舍计划"，对现今民主德国地区应有特殊规定；
●华约和北约成员国发表一项未予详细解释的声明。

梅克尔称，规定一个过渡期是"可以忍受的，如果明确它将持续多久以及如何取代"，这与5月5日在波恩的说法不同。总理府的评论是，他以所有这些建议使自己"更靠近苏联的立场而不是我们的立场"。梅克尔这样做是冒险，最后结果也是如此：西方的部长们在发言中没有理会他的立场。[82]取而代之的是，部长们批准了官员会晤中拟定的"对最终解决要素的暂时划分"，并委托政治司长们继续深入讨论。单子应增加已取得共识的问题。在继续排列要点时要收集有争议的要素。然后，部长们在巴黎会晤时将关注这些草稿。正如所料，东柏林这次外长会晤未能帮助"2＋4"会谈取得突破。但总理府和外交部的内部分析却表示满意。[83]通过谢瓦尔德纳泽的解释，苏联的条约草案所含的戏剧性明显地减弱了。因此，这份文件虽然受到了认真的评析，却没有出现匆忙的反应。另一方面，会议经过也给所有与会者带来了新的认识或者说强化了已有的认识：

- 尽管他最后作出了让步，但谢瓦尔德纳泽最后一次亮出了他在德国政策上的"折磨手段"，证明他的改革路线在苏联领导层特别是在政府中无法获得多数赞同。

- 莫斯科始终没有对全德的联盟属性作出决定。一方面，没有一个苏联政治家能在苏共第二十八次代表大会召开以前公开表示可能的让步，哪怕只是暗示；另一方面，期待北约峰会作出可在国内政治上加以利用的姿态。

- 从谢瓦尔德纳泽指出伦敦峰会的意义中，西方外长得到这样的认识，即只有采取大胆的前进步骤，才能为统一德国成为北约成员创造框架条件。北约外长们发出的"坦伯利信号"不足以安抚苏联。[84]

- 针对苏联领导层的任何新的压力氛围都只能激化局势。眼下需要等待戈尔巴乔夫和谢瓦尔德纳泽面对其国内反对派巩固自己的地位，直到他们在联盟问题上能够作出已经暗示过的让步。

- 自5月初以来打出的各种"大构想"——从"脱钩建议"到过渡时期再到欧安会的大改革，没有使阵线动起来。取而代之的是，通过联邦政府和美国领导层，在经济和安全领域的双边让步中取得了小成就。

- 西方阵营比过去任何时候更加团结一致。坚持德国不应被独特化，同时应随着统一而取得其主权，这是赫德、杜马进攻性地代表的路线。在此期间，苏联在西方联盟内部为其拖延政策找到盟友的机会变得微乎其微了。

- 民主德国方面作为谈判伙伴显然不再被其他的"2＋4"参加者认真对待。尽管在苏联的条约草案与东德的构思之间存在许多相似之处，但谢瓦尔德纳泽也拒绝与其同心协力。

　　在这一总形势下，一方面取决于北约的国家和政府领导人是否决心对苏联作一个严肃的让步姿态，另一方面戈尔巴乔夫及其改革者首先必须渡过即将举行的苏共党代表大会这个难关。在这之前，德国问题上不会有实质性的松动，这一点看来是肯定的。

第十三章　最大的障碍

1990 年春，统一的努力越具体，两个中心问题就表现得越清楚，不加以澄清就无法实现德国的统一：

　　1. 如何解决波兰和统一后的德国之间的边界问题？统一之前就保证边界永久性的要求与法律观点相对立，法律观点则认为这一议题取决于一项和平条约，另外要由一个全德主权国家来处理。
　　2. 如何取得苏联同意全德的北约成员归属？苏联拒绝加强和扩大大西洋防务联盟，而联邦政府及其西方盟国正如民主德国新政府及其东部邻国一样，希望统一后的德国牢牢地拴在西方。

主要是这两大议题决定着公众对有关统一国际层面的谈判的感受，因为与"2＋4"议事日程中的许多其他问题不同，人们对上述议题充满了情感，而且正好适合于政党政治的两极化。

第一节　围绕波兰西部边界的争论

在科尔于 1989 年 11 月 28 日公布了他的《十点纲领》之后，国际和国内围绕波兰西部边界问题的讨论达到了一个顶峰。不同的方面都对缺少"第十一点"提出批评，这第十一点就是要承认奥德－尼斯河边界为德波永久边界。[1]一般性的争论很快转到了如何在统一政策的框架内最终解决边界的具体辩论。不同的看法从一开始就激烈碰撞，冲突的界限不仅表现在联邦政府与波兰领导层之间，而且也出现在波恩执政联盟内部。

由马佐维耶茨基总理领导的波兰新政府自 1989 年夏生效的对德政策，承认德国人的自决权，从而也承认德国重新统一的权利。[2]但与此同时，人们也坚持要对奥德－尼斯河边界提供足够的保证。在统一之前，就应具有约束力地为统一后的德国确定边界问题。因此，华沙对科尔与此偏离的立场表示不快。科尔始终强调，他作为联邦总理只能为联邦德国说话。因此他坚守联邦政府的路线并固执于一定的法律立场，比如对和平条约的保留态度，这可以在他就国情形势发表的所有报告中找到。最终承认波兰西部边界只能由全德主权来完成。但与此同时，科尔也坚守"《华沙条约》的文字和精神"，排除对奥德－尼斯河边界的任何质疑。[3]这样一来，边界问题对他来说一方面在法律上悬而未决，另一方面他又把法律立场和实际政策区别开来：德国政策的国际法基础源自有关的法律文件，如《基本法》《波恩条约》《莫斯科条约》《华沙条约》《西柏林协定》《德国统一信函》《联邦宪法法院判决》，不允许任何改变。同时，不应把阐述法律立场与努力同波兰达成谅解人为地对立起来。[4]

基民盟内部很大程度上赞同其主席的态度，而作为执政联盟伙伴的自民党却采取了反对的立场。自民党人主要强调东方政策中缓和政策的重要意义。对他们来说，奥德－尼斯河边界是波兰西部边界，对其永久性的任何怀疑都是不可接受的，比如联邦外长根舍 1989 年 9 月在联大的演讲就表明了这点。[5]他在这个演讲中强调，波兰人民应该知道他们生活在安全的边界内，无论现在还是未来，这些边界都不会由于德国人的领土要求而产生问题。与科尔不同，根舍没有将这一说法与对和平条约的保留联系起来。因此，与执政联盟伙伴基民盟相比，自民党与反对党社民党的立场更为接近，社民党在 1989 年 11 月 20 日的基本纲领中称波兰西部边界是最终边界。[6]与此相反，基社盟甚至拒绝《东方条约》的约束作用，认为全德主权的决策自由因此而受到了限制。在"其他国家同意"的前提条件下，基社盟人士坚持德国应在 1937 年的边界内实现重新统一。

在这些不同的立场中，在两个方向存在着引起冲突的材料：一方面是联邦总理和波兰政府之间的态度；另一方面是联邦德国内部联盟党和自民党、社民党以及绿党之间的态度。对波政策使 1990 年的执政联盟濒临联合执政危机的边缘。

执政联盟中的争吵

1989 年 12 月，尽管特别是波兰和法国要求最终承认波兰西部边界，社民党和自民党要求科尔明确表态，甚至在联盟党队伍内部也表现出越来越多的进一步澄清奥德－尼斯河边界的意愿，[7]然而，联邦总理却不认为有超出重申法律立场的行动需要，尽管总理府的工作人员提出了不同的建议。[8]这也表现在围绕联邦议院议长聚斯穆特 1989 年 12 月底的一项倡议所进行的辩论中。[9]在一次报纸访谈中，她提议两个德意志国家就承认波兰西部边界发表一项清晰的共同意愿声明。对这一建议联邦总理表现出极大的谨慎态度。政府发言人福格尔以讽刺的语气说，这样的意愿声明不是最紧迫的关切，民主德国的自由选举才是最重要的事情。即便此后民主德国新政府上台了，也还不是一个"能够作出具有约束力声明的全德主权"。科尔也反对联邦议院议长，认为她的建议在目前时刻是不可接受的。他提请注意联邦议院 1989 年 11 月 8 日关于波兰西部边界的决议和《华沙条约》的有效性。[10]

当聚斯穆特在新年讲话中不再提及共同意愿声明时，不仅两个反对党而且自民党也捡起了她曾发表的意见。自民党人士借在斯图加特举行的"三王聚会"（Dreikönigstreffen）① 之际，深入地探讨了德波关系和奥德 - 尼斯河边界。根舍警告说："谁不愿意确定德国对波兰西部边界的立场，他就是在关德国统一的大门。"[11]他借用聚斯穆特的建议继续强调："没有任何东西，包括宪法规定，能够阻止我们现在就说，我们德国人，在联邦德国和民主德国的所有德国人，无论现在还是将来，无论分开还是统一，都不会让波兰西部边界成为问题。"

1990 年 1 月 18 日联邦议院开会时，社民党向联邦议院提出的一项提案采用了聚斯穆特的建议，这使科尔面临一种爆炸性的形势。[12]根据这项提案，在民主德国自由选举以后，不仅两德政府而且两德议会都要对波兰西部的最终边界作出一项共同声明，而不要与一项和平条约的保留条款联系在一起。科尔的立场有被多数否决的危险，尤其是因为该提案很大程度上以联邦外长的话为依据，人们几乎无法指望自民党会投票反对根舍的意见。只有通过议事规程中的窍门，才能阻止联邦议院对提案进行表决：社民党原计划将自己的提案作为对科尔事先安排的政府声明的倡议提案提出来。这项提案必须在全体大会上进行表决。但科尔将其讲话的正式名称改为"联邦政府报告"。根据联邦议院的议事规程，这是允许的。如此一来，社民党的提案可被移交给各个委员会审议。而联邦政府的这个报告则由联邦总理府部长塞特斯发表。

---

① 德国巴登 - 符腾堡州自由民主党的传统聚会，始于 1860 年代。每年 1 月 6 日在斯图加特举行"三王聚会"是自民党开启该党当年政治活动的例行聚会。——译者注

最初的让步

不过，从 1990 年 1 月开始，与这些发展并行，可以观察到科尔态度的灵活变通。比如，科尔 1 月 4 日在兰锁与法国总统密特朗会晤时主动谈到边界问题。他说，这种争论是"人为制造的内政问题"。[13] 几天以后，科尔在联邦新闻发布会上虽然再次重申他迄今为止的立场，但也提请注意联邦宪法法院院长罗曼·赫尔佐格（Roman Herzog）的言论，[14] 这些言论指出了一个新的方向。赫尔佐格认为，根据国际法状况，德意志帝国并没有灭亡。[15] 尽管没有法律判决要求在 1937 年的边界内重建德国统一；不将奥德河与尼斯河以东地区纳入进来的统一，也绝不违背《基本法》关于重新统一的使命；此外，对于最终解决边界问题来说，和平条约并非绝对必要，只要有一个可以比照的工具就够了。随着这些提示，新的细微差别出现了，因为直到那时为止，通过和平条约来解决边界问题似乎是宪法法律上无可争议地必需的。在这之前，波兰外长斯库比斯泽夫斯基曾指出过与赫尔佐格类似的方向：也可以在一般的和平解决框架内，通过一系列双边和国际条约最终澄清边界问题。

1990 年 1 月 17 日，科尔在巴黎的一次演讲中，拿出了他到那时为止在波兰西部边界问题上走得最远的声明。[16] 其中，他再次清晰地区分了法律和政治两个方面。一方面，他重申《华沙条约》的有效性，其中联邦德国承认现存边界不可侵犯。同时，他也提请注意《波恩条约》第七条，其中把德国边界的最终确定推迟到和平条约解决之后。鉴于奥德－尼斯河边界的政治重要性，科尔说："另一个问题是，未来全德政府的态度将受到德国人的民主意愿的约束，而这些德国人中的绝大多数对此是怎么想的？对此不应有任何怀疑——德国人无意在将来的欧洲挑起边界讨论，这样的讨论必然会危害我们共同追求的欧洲和平秩序。德国人希望与邻国波兰实现持久和解，为此，必须使波兰人确信自己生活在安全的边界内。"没有人希望把"民族统一问题与推移现存边界相联系——边界在未来的自由欧洲将失去其意义"。

科尔这样说虽然没有转到根舍的路线上，但波兰政府看到了这一姿态，先是重新回来与波恩进行不带情绪的对话。[17] 波兰外长斯库比斯泽夫斯基 2 月份访问波恩时便对这篇演讲作了积极的评价。1990 年 2 月 7 日，他在德国外交政策协会作的报告中表示赞同联邦总理的看法，即边界争论是人为的争吵。他将科尔的巴黎演讲评价为是"对《十点纲领》的重要补充"[18]。同一天，在与联邦总理举行的会谈中，[19]无论斯库比斯泽夫斯基还是科尔都没有谈及边界问题。波兰外长保证，德国人的自决权现在应该得到实现，当然是在确保稳定的前提下。他始终认为，德国的分裂是人为的，即使在这种信念在波兰还不合时宜的年代他也如此认为。如同科尔一样，他也认为德国的中立是不可讨论的，不能让德国单干。在解决结盟问题上，他是乐观的。斯库比斯泽夫斯基继续说，至于德波建立利益共同体问题，就像 1989 年 11 月的共同声明中所说的那样，波兰一直伸出赞成之手，并且超越统一。雅鲁泽尔斯基总统也把联邦总理 1 月 17 日的讲话内容视为前进的一步。[20]马佐维耶茨基总理 1990 年在波兰下议院第一次会议上比较谨慎地表示：对他来说，德国问题的解决取决于欧洲统一进程的进展。此后，斯库比斯泽夫斯基将经济问题放在中心位置，由此也可以看出德波关系暂时得到了缓和。

自民党对科尔的最新言论表示赞扬。[21]例如，于尔根·莫勒曼（Jürgen Möllemann）指出，科尔也做了他作为基民盟主席能做的一切。现在人们满怀信心地注视自民党人士如何落实其议会党团主席沃尔夫冈·米什尼克（Wolfgang Mischnik）的建议，即人民议院和联邦议院在消除对波兰西部边界担忧的同时，能通过一项实现统一的共同决定。但是，情况很快表明，在国际和国内围绕最终确定波兰西部边界的程序再次爆发争论之前，这种平静的局面只是短暂的。

"童桌边"的波兰

在两德和四大国于 2 月 12 ~ 14 日在渥太华"开放天空"会议间隙就解决德国统一的外部问题商定"2 + 4"谈判机制之后，德波之间以及在两德内部的争论开始了第二个阶段。"2 + 4"公式在波兰激起了一些漩涡。连续数日，它都是公众辩论的主题。人们担心的是以此建立了一个机构，它可以在没有波兰参与的情况下决定波兰的生存利益。华沙害怕出现"第二个雅尔塔"：[22]以后，"没有波兰的参与就不能讨论波兰的事情"成为波兰政策的指导思想。[23]据此，波兰政府的目标是坚持参与"2 + 4"谈判。[24]因此，紧接着渥太华会议之后，斯库比斯泽夫斯基外长就与立场各不相同的四大国进行会谈。美国和联邦德国坚决拒绝波兰参加。斯库比斯泽夫斯基在伦敦也没有得到赫德外长毫无保留的支持。在这些日子里，马佐维耶茨基亲自给戈尔巴乔夫打电话，但没有迹象表明苏联支持波兰全面参与"2＋4"谈判的愿望。[25]

甚至在波兰政府内部，对于参与六国会谈的方式也有不同的设想。[26]尤其是马佐维耶茨基，他起初希望波兰能正规地参与，也就是全面平等地参与，这意味着"2＋5"的格局。相对于这个最大限度的要求，外长斯库比斯泽夫斯基和总统雅鲁泽尔斯基似乎比较愿意妥协。马佐维耶茨基试图将这两人拉到自己的路线上来，但没有成功。鉴于波兰在公众面前发表的矛盾意见，斯库比斯泽夫斯基最终觉得有必要悄悄地向波恩澄清，波兰并不谋求在六方会谈中取得与两德或者四大国同等的地位。[27]不过，受斯库比斯泽夫斯基委托的公使马克·杰德卢斯（Marek Jedrys）于2月21~22日向德国外交部和总理府表明，对波兰来说，"雅尔塔公式"无论如何是不能接受的。因此，波兰希望至少是部分地参与会谈，确切地说，在涉及安全问题，尤其是波兰西部边界问题的时候。此外，对波兰来说，具有生存意义的是，不是在结束阶段或者甚至是在"2＋4"谈判以后才得到两德对其边界的条约性保证，而是尽早得到这种保证。波兰愿意参与这样一个条约的起草工作，该条约还在德国统一以前就可以草签，统一之后再正式签署。

在公众中，波兰政府的立场在两个公告中得到了描述：一个是马佐维耶茨基2月21日举行的新闻发布会，另一个是2月22日斯库比斯泽夫斯基在波兹南德波第六次论坛上的讲话。[28]两位政要都对德国统一的前景作了积极的评价。但马佐维耶茨基明白表示，波兰不能承受政治上和法律上的真空。其背后是担心统一后与民主德国签订的关于边界问题的《格尔利茨条约》[29]和《华沙条约》不再有效。因此，马佐维耶茨基认为，在民主德国举行自由选举以后，两德和波兰之间必须谈定含有最终解决边界问题的和平条约并在统一之前就草签。在德国统一之后，该条约应得到签署和批准。为了求得这种必要的条约性解决，波兰必须参与"2＋4"进程，特别是涉及其安全问题时。斯库比斯泽夫斯基也公开要求波兰参与六方会谈中安全问题的会谈。但在讨论边界问题时，他没有提和平条约，而只是谈到和平解决，也就是一份只需有和平条约级别的协议。波兰总理所表明的看法，后来被称为"马佐维耶茨基计划"，它提出了三个问题：

1. 波兰参加"2＋4"谈判中有关边界问题的会议；

2. 除此之外，波兰参加安全问题的讨论；

3. 在德国统一之前，就边界条约进行谈判和草签，接着由全德主权批准条约。[30]

"马佐维耶茨基计划"的中心要点是在德国统一之前就草签一项边界条约。对此，以及关于总的边界问题，联邦政府和执政联盟内部再次出现了争论。科尔反对这个建议。他的论据是，统一前就草签一项条约，事后会在一些问题上受到质疑，还会给反对边界条约的人提供向联邦宪法法院提出控告的法律依据。一天以后，2 月 23 日，科尔认为有必要亲自向马佐维耶茨基讲述局势："您有困难的内政难处，我也一样。如果双方都力图理解对方并彼此相助，这应当是友好关系的内容。"[31]显然是遵循总理府的指示，政府发言人福格尔当天再次说明了联邦政府的路线，据此，只有全德政府才能最终解决边界问题。显然，科尔力图拴住联盟党的右翼，因为那里出现了决定选举成败的丢票危险。选举战略日益成为政治行动的指南针。与此相反，根舍把马佐维耶茨基的攻势评价为"有意思的、应予认真对待的开端"。在一次报纸访谈中，外长要求立刻与波兰和四大国开始会谈。[32]

与此同时，2 月份对科尔的国际压力也在增加，尤其是法国支持波兰的立场。密特朗在 2 月 15 日与科尔会晤时清楚地表示，奥德－尼斯河边界是当前最大的问题。他公开地批评科尔称，他虽然确认总理的立场在国际法上是正确的，但再次确认边界在政治上将是有益的。[33]1990 年 3 月 1 日，法国外长杜马在西柏林的演讲中要求在统一以前就刻不容缓地以条约形式承认边界。布什也在联邦总理 2 月 24 日和 25 日访问美国期间保证，在波兰西部边界问题上采取清晰立场将使德国统一变得容易，但美国总统在这个问题上没有坚持这一观点。然而，科尔紧接着在戴维营举行的新闻发布会上只是重申了他迄今的立场，即"边界问题最终要由自由选出的全德政府和自由选出的全德议会来解决"。[34]

这一说法再次激化了执政联盟内部的争论。[35]自民党主席拉姆斯多夫表示遗憾，说科尔没有像布什那样完全明确地采取立场。自民党外交政策发言人希尔德加德·哈姆－布吕歇尔（Hildegard Hamm-Brücher）甚至认为，从现在起必须将这一议题变成"联合执政联盟问题"。与此相反，基民盟/基社盟议会党团主席德雷格尔却警告称，不要对波兰西部边界发表"未经思索的言论"。次日，自民党高层试图缓和执政联盟内部的争吵。拉姆斯多夫收回了他对联邦总理的批评并声明，自民党人认为科尔对波兰西部边界的言论"完全没有问题"。根舍也公开指出，不要让这个问题成为执政联盟问题。但另一方面，他强调对"马佐维耶茨基计划"中第三点有好感，以此再次站到了总理的对立面。

除了这一国际和国内的压力之外，[36] 来自科尔自己党内的批评之声也不断增多，这些批评声音最终导致的结果是，对联邦议院和人民议院发表文字相同的承认奥德－尼斯河边界线声明这一问题的意见发生了变化。在 2 月 28 日的内阁会议上，科尔重新研究了聚斯穆特 1989 年 12 月提出的建议，并表示他对该建议的理解，即联邦议院和民主选出的人民议院共同就奥德－尼斯河边界发表意见，就像联邦议院在 11 月 9 日声明中所做的那样。[37] 不过，外交部发言人克罗伯格的言论表明，执政联盟内部尚未就此取得原则性的一致。克罗伯格强调，内阁并未作出决议。此外，根舍再次强调马佐维耶茨基总理的建议具有重大意义。但科尔仍然不接受统一之前就草签边界条约的计划。虽然这使华沙政府感到遗憾，但它总的来讲欢迎发表文字相同的声明的建议。

围绕德国要求的激烈争吵

双边关系的缓和再次被证明只是暂时的。3 月 2 日公布的科尔关于将联邦议院和人民议院内容相同的声明与波兰放弃赔偿以及在波兰的德国少数民族问题联系在一起的建议，再次强烈地激起了国际和德国内部的争吵。总理的这项要求没有与外交部磋商，是总理在总理府与少数几个顾问谈话中产生的，政府发言人迪特尔·福格尔解释总理的这个奢求时说。[38] 这样的声明旨在同时表明："波兰政府 1953 年 8 月 23 日放弃要求德国赔偿的声明继续有效；联邦总理科尔和总理马佐维耶茨基在 1989 年 11 月 14 日的共同声明中商定的德国人的权利，以条约方式予以确认"。在这样一个决议的基础上，应在全德政府与波兰政府之间签订一项条约，然后交由全德议会批准。[39] 科尔想借助这样的关联确保在内政上——特别是针对被驱逐者——最终承认西部边界。[40]

将边界问题与波兰放弃赔偿和少数民族问题联系起来，无论是在波兰还是在社民党、绿党和自民党中都引起了激烈的抨击。外交圈中称，总理的言论"产生了灾难性的破坏效果"，他在这个问题上"绝对是孤立的"[41]。波兰政府的女发言人对科尔的关联主张表示愤怒并且声明，迄今为止波兰并没有将边界问题与其他议题，例如赔偿波兰强制劳工的问题联系起来，但政府可以改变自己的看法。

在执政联盟内部，边界问题现在成了对执政联盟的真正威胁。根舍在3月4日的一次访谈中对其执政联盟伙伴兼政府首脑保持距离，特别强调科尔的言论对所有欧洲人对德国的信任产生了不利效应。[42]他说，联邦政府必须"非常清楚地说明我们要统一的是什么，就是联邦德国、民主德国和整个柏林。这也意味着，我们必须明确德国的东部边界"。同样在暗示边界问题时，外长说，为了减少保留，必须"在今天统一之前就要说明许多事情"，而且要"具有约束力效果地说明，以便为德国统一打通道路"。根舍想通过一次谈话促使总理纠正自己的建议。拉姆斯多夫和其他重要的自民党人士也反对科尔的路线。

尽管有这些消极的反响，但科尔出于内政方面的原因没有让步。[43]在3月5日基民盟主席团——它同意科尔的态度——的会议上，科尔重申自己的立场，而自民党主席团坚持它的路线，即承认奥德－尼斯河边界而不将其与其他问题联系起来。自民党人甚至接过马佐维耶茨基的建议，还在统一之前就草签一项边界条约。科尔和根舍的单独会谈结束时没有对事情作出说明，紧接着，人们引用基民盟主席的话称："执政联盟变得非常困难"。[44]

但到3月6日，执政联盟在一次谈话中还是达成了妥协，因为双方都不愿意在联邦议院选举前九个月和面临统一机遇之时，让执政联盟冒险。[45]虽然基民盟/基社盟和自民党领导层达成了一项决议，根据该项决议，两德议会在民主德国选举后应尽快发表字句相同的、保证奥德－尼斯河边界不可侵犯的声明，但这次执政联盟的会谈打上了联邦总理与外长之间关系严重紧张的烙印。媒体将上述妥协评价为根舍的成功。[46]基民盟/基社盟和自民党议会党团的共同提案称，两德议会应在民主德国自由选举之后发表一项字句相同的共同声明，其核心内容包括："波兰人民应当知道，他们要求在安全边界内生活的权利，无论现在还是将来，都不会受到我们德国人领土要求的危害"。这是接受了根舍1989年9月的措辞。不过，在该提案的最后一段也提到科尔的关联建议："对于统一后的德国来说，波兰于1953年8月23日放弃要求德国赔偿以及马佐维耶茨基总理和联邦总理科尔1989年11月14日的联合共同声明，仍然适用。"[47]

在联邦议会各党团中，决议提案的文稿得到了几乎一致的赞同，而被驱逐者联合会主席赫尔伯特·切亚（Herbert Czaja）却提出了温和的批评。他说，这样一个决议不能替代与波兰签订一项关于德国少数民族权利的正式条约。3月8日，经过联邦议院带有竞选斗争特征的辩论之后，联盟党和自民党议会党团的提案以执政党的票数获得通过。切亚在访谈中的看法也是联邦议院讨论的议题，他在电视上声称，他认为执政联盟的决议提案中没有任何"绝对需要反对的内容。它只是讲波兰应有安全的边界，但并没有讲奥德河和尼斯河的边界"。[48]这样的言论以及极右的"共和党人"获得选举成功，进一步激起了华沙的紧张不安。[49]

根舍鉴于执政联盟的这一新形势，也不再公开支持"马佐维耶茨基计划"。波兰对联邦议院的决议没有表示满意，并且坚持自己对边界问题的立场。[50]比如马佐维耶茨基坚持波兰应参与六方会谈，坚持统一建立之前应签订边界条约。当经济部长豪斯曼访问华沙时，波兰总理称联邦议院的决议是"完全不够的"。他的政府要求在两德政府与战胜国谈判时拥有"发言权"。

波兰特别希望得到法国的支持。不过，雅鲁泽尔斯基、马佐维耶茨基和斯库比斯泽夫斯基3月9日访问巴黎时却显示出，他们与法国总统的一致立场只存在于那些不要解除战胜国权利的问题上。在处理这些问题时，四大国只愿意和两个德国讨论。[51]随后举行的新闻发布会上，密特朗认为波兰并非六方小组成员。他只是同意，法国会将波兰的参与问题尤其是在边界问题上的参与问题列入"2+4"首轮官员级会晤的议事日程。[52]另一方面，密特朗澄清，对于法国来说，奥德－尼斯线是不可侵犯的，法国支持波兰的愿望——在一项"国际法法律文书"中确定边界。这一"国际法法律文书"应在统一以前谈定，并由四大国保证，但没有谈到在统一前草签条约一事。与之相反，马佐维耶茨基仍坚持他的计划，即"在统一之前草签一份高级别的、具有和约价值的条约，该条约应在德国和波兰政府之间、在四大国的参与下缔结，并最终赞同波兰的西部边界和统一后德国的东部边界。然后，这个德意志国家、这个未来的全德国家、这个国家的政府及其议会再批准这份条约"。同样，他继续要求波兰参加"2+4"谈判。[53]

在这次法波峰会之后，在"2+4"首轮官员会晤中已就波兰参与六方会谈达成一致。3月14日，有关各国外交部的政治司长宣布邀请波兰参加边界问题的谈判。同一大，在密特朗和科尔的通话中，联邦总理向法国总统表示同意，波兰应该参与边界的谈判。并说，他对此从来没有不同意见。[54]

不过，波兰参与的确切形式并未因此解决。例如，斯库比斯泽夫斯基外长坚持，波兰在参加六方会谈时，不限于谈论边界问题。[55]虽然在幕后已可以看出波兰态度的灵活变通，但马佐维耶茨基在3月中访美之前，继续坚持自己的最高要求。就像在巴黎一样，他也希望能够赢得美国政府担任边界条约的保证国。但3月21日布什总统对斯库比斯泽夫斯基的要求未作反应。[56]据此，联邦政府对波美会晤的结果感到非常满意，因为美国没有离开它迄今为止对"2+4"进程和边界问题的立场。相反，美国总统布什始终坚持他头一天与联邦总理在电话中再次商定的路线:[57]关于边界问题，只讲在戴维营新闻发布会上说过的话，也就是在《赫尔辛基最后文件》的基础上，正式承认欧洲边界，包括德国和波兰之间的现存边界。至于波兰参与"2+4"问题，要表示愿意扩大会谈，但不赞同扩大"2+4"框架或者赞同波兰在那里起超越约定的作用。布什认为，科尔提议事先与马佐维耶茨基商定联邦议院和人民议院共同声明的中心段落，这样做是积极的。在3月21日的会晤中，美国得到的印象是，波兰并不很清楚，在"2+4"框架内根本不讨论与波兰的安全政策关系重大的问题，比如未来德国军队的规模问题。在随后举行的新闻发布会上，布什总统为联邦总理进行了辩护。他说，科尔在过去的几周和几个月中，证明自己是一位杰出的政治家，不信任他是不恰当的。

议会共同声明的计划

此时，联邦政府内部也在讨论边界问题上下一步如何行动的问题。3月19日，科尔、塞特斯、根舍和施托滕贝格就此进行了一次商谈。四天以后的3月23日，联邦总理与外长达成谅解，现在就应与东柏林商议，准备内容相同的联邦议院和人民议院声明文稿，接着联邦政府将与波兰政府交换照会确认这一决议。这时根舍已不认为有必要再去研究"马佐维耶茨基计划"。[58]1990年3月29日，科尔在剑桥的演讲中强调了这些设想:[59]"两个政府和议会发表字句相同的声明，是德国人在统一之前能够作出的政治上最强有力的承诺形式。"

看来波兰也理解这一立场:4月3日，马佐维耶茨基在给科尔60岁生日的贺信中强调，希望德国的统一能为德波人民持久和解创造良好条件。

为此，一个重要基础是波兰和统一德国之间签订承认奥德－尼斯河边界的条约。关于统一前就对条约进行必要的草签这个要求，马佐维耶茨基没有提及。这使联邦总理府感到非常惊讶。[60]因此，科尔在4月4日给波兰总理的回信中满意地指出，"现在我们取得一致，最终解决将通过统一后的德国与波兰共和国之间的条约而实现"。科尔还再次解释了他关于两个自由选出的德国议会发表内容相同声明的计划，正如他在剑桥指出的那样，他把这个声明称为最强有力的可能的政治契约，是人们今天为未来的德国主宰订立的契约。与此同时，科尔也重申他的愿望，即再次确认1989年11月的声明中所包含的关于少数民族权利的规定以及放弃赔偿要求，并证明无意将这两点与边界问题联系起来。

联邦总理的这一建议也没有使波兰方面完全感到满意。政府女发言人尼扎比托夫斯卡声称，科尔的建议虽然是朝正确方向走出的一步，但华沙不能理解，为什么不是现在这个时刻就缔结一份条约。[61]此外，波兰政府还提出了进一步的要求：应将边界保证写入全德宪法。马佐维耶茨基还让人在布鲁塞尔欧共体委员会采取行动，目的是阻止按照《基本法》第23条实现统一。他显然担心波兰的德裔少数民族可能会援引基本法的这一条文。马佐维耶茨基的要求在波恩引起了惊讶甚至是部分的愤怒。

与这些争论并行的是，4月份波兰的对德政策出现了谨慎的新方向，这主要归功于斯库比斯泽夫斯基的倡议。主要是美国对波兰要求的冷淡态度使他清醒，再加上民主德国方面向波兰发出了积极的信号：新选出的人民议院已在4月12日就作出一项声明，承认奥德－尼斯河边界不可侵犯，并要求未来的全德政府以条约形式加以确认。[62]令科尔不快的是，德梅齐埃政府的执政联盟协议甚至走得更远，因为其中甚至对"马佐维耶茨基计划"表示赞同，而联邦总理对这一计划持如此反对的态度。[63]总理德梅齐埃的政府声明中原先打算写进一个相应的段落，但经特尔切克干预后得以避免。此后，德梅齐埃在其政府声明中没有固定承认波兰西部边界的程序。但这位基民盟政治家强调国际法承认是不可放弃的，并要求统一之后从宪法里删除第23条。4月23日，民主德国外长梅克尔为迎合波兰政府的要求走得更远。他有意识地把华沙作为自己第一次国外之行的目的地。[64]他不仅赞同"马佐维耶茨基计划"和斯库比斯泽夫斯基建议中所包含的要求，即在统一之前就草签条约，而且也想致力于使"2+4"部长会晤在波兰召开，[65]这是波兰政府自己在此期间也不再提出的要求。

4 月 26 日，斯库比斯泽夫斯基在波兰议会的演讲标志着波兰对德政策的重大转变。[66]他已经认识到，"通往欧洲的道路"必须占优先地位，因为只有在西欧内部扎根，才能确保新波兰的经济和政治稳定。他的考虑是，对于波兰来说，"通往欧洲的道路"也必须要经过德国。"因此，停止刺耳的声调、放弃对德政策的象征性姿态、开展以融入西欧为长期目标的冷静的利益政策，是当务之急。波兰的外交政策回到了 1989 年秋天的起点。"但这并不意味着放弃在统一之前草签边界条约的计划以及放弃参与 "2 + 4" 谈判。就在当天，波兰公使杰德卢斯在波恩向哈特曼表示，波兰公众要求得到对奥德－尼斯河边界清晰明确的保证。[67]对此，哈特曼解释说，如果波兰现在就提出正式的条约草案，就可能打乱两德议会正待进行的讨论，那是不合适的。杰德卢斯问哈特曼，那么他应当向波兰政府提出什么建议呢？哈特曼回答说，波兰首先至少应等待联邦议院和人民议院内容相同声明的确切情况。届时波兰将可以看到，人们已竭尽所能，在统一之前从政治上澄清问题。杰德卢斯表示，将把这一点转告华沙，不过他对于能否阻止事态的进程表示怀疑，因为关于条约草案的照会已准备就绪，他的政府不会再次偏离。

正如预告的那样，4 月 28 日向两德政府、4 月 30 日向四大国转交了波兰外交部拟定的草案《波兰与德国关系基础条约》①。[68]该草案还包含了对边界走向的详细描述——就是说不限于援引现存的协定——现在和将来都要放弃领土要求，以及德国内部立法应适应该条约的义务。这份草案采用了"和平解决"这个概念，在《波茨坦协定》中，这一概念曾被用于最终解决边界问题。这样，边界被称作为"欧洲和平规章的基本组成部分"。

根据斯库比斯泽夫斯基早些时候提出的要求，这个条约应在统一之前就商定。不过，总理府的内部评价从该草案没有明确重申两德谈判代表草签这一要求中，看出了波兰立场中会有某种程度的灵活变通性。总理府的分析认为，这样就开辟了保留面子的妥协可能，特别是如果已经宣布的德国议会声明现在还将采用波兰方面的措辞建议的话，比如草案序言的措辞。支持这一解读的理由还有，与之前多次宣告过的不同，波兰没有递交有关其立场的详细备忘录。除了边界问题之外，与总理的声明不同，波兰方面还想在条约中处理其他议题。其中，一方面涉及两德所签条约继续存

---

① 《波兰与德国关系基础条约》（Vertrag zwischen Polen und Deutschland über die Grundlagen ihrer Beziehungen）。——编者注

在及其在一致同意的情况下可以终结问题，也就是转换民主德国与波兰签订的条约问题。另一方面，这份文件包含了构建未来关系的基本原则，如加强人员交流和人道事务合作。对少数民族权利的说法则没有包含在内。

没有结果的三方会谈

波兰的边界条约草案和波兰参与"2＋4"谈判问题，也是1990年5月3日、18日和29日三方专家会晤的中心议题。根据英国的倡议，联邦德国在3月14日的首轮"2＋4"官员会晤中声明愿意开始这样的会谈。[69]波兰在首次三方专家会晤中表示，不仅期望被邀请参与有关边界问题的"2＋4"协商，而且也期待被邀请参加有关其他安全问题的协商。[70]声明说，在这方面，波兰寄希望于两德的帮助；波兰不想成为"败兴者"，因为它在德国的统一中也看到了自己的巨大机会；斯库比斯泽夫斯基早在1989年秋天就已承认了德国人的自决权，人们不想反对德国而是要与德国合作，以保障波兰的安全利益。此外，波兰代表还令人意外地重申在华沙举行一次"2＋4"会晤的要求，认为特别是从内政原因看，这样做有巨大意义。西德方面对此提出反驳，认为所有关于德国的会谈必须在德国的土地上进行，这已为官员会晤所接受；至于外长会晤，所有参与国轮流的原则已得到认可。由于波兰不是具有完全资格的"2＋4"参与者，在华沙举行会晤是不现实的。民主德国方面也支持这一立场。[71]

尽管联邦德国代表团不愿谈边界条约本身，但它无法阻止波兰4月27日的条约草案成为会谈的内容。[72]联邦德国代表重申它众所周知的反对意见并提请注意两德议会的庄严声明，国务秘书米瑟维茨却表示，民主德国原则上同意波兰草案，全德政府可以无条件地予以签署；民主德国既可以接受外长斯库比斯泽夫斯基建议的程序，也可以接受联邦德国同意的程序。民主德国代表团支持波兰的要求，同时通过将条约拆分成一项边界条约和一个附加条约向西德的顾虑让步。

但是，波兰和联邦德国之间没有出现实质性的靠拢。西德的代表只同意协商内容相同的两德议会声明的文字。后来，晚些时候参加第一次会议的斯库比斯泽夫斯基外长解释称，边界条约和议会决议是两件原则上不同的事情，即使议会决议通过德国方面宣告的外交照会而获得完全有约束力的价值。斯库比斯泽夫斯基说，重要的是在统一之前就拿出条约文本。其中，议会决议虽然有帮助，但还没有说明下一步的程序。问及波兰是否也可以设想与统一前就草签不同的其他程序，斯库比斯泽夫斯基显示了一定的灵活性，但也回应称，外交照会不是草签的替代品。

三方谈判的第二次会晤于 5 月 18 日在波恩举行。外交部提出了一个含有边界问题核心要素的非文件，但遭到了波兰的尖锐批评，因为它"既没有说明现存边界的永久性也没有说明边界的确切走向"，而仅仅是提示参考现存协定。[73]明显的意见分歧也在于下一步的进程上：德国方面有意把正式的程序搁置不谈，就是说还不愿意确定条约草案，或者只是以条约语言的措辞确定议会共同决议的文本内容。与此相反，波兰继续坚持立刻进行条约谈判，并在统一之前就草签条约。此外，波兰代表还坚持要求精确描述边界走向。作为讨论的基础，他们很大程度上限于自己的草案。民主德国方面在形式上愿意支持一切能够最大程度上保障波兰边界安全的主张。在这方面，无论是波兰的还是联邦德国的设想，他们都愿意迎合。而在内容方面，民主德国代表团支持联邦德国的路线，使用的措辞是确认边界、边界不可侵犯以及放弃领土要求。据此，正如两德外长已向四大国作出的保证那样，统一后的德国将最后通过与波兰签订一项国际法条约解决边界问题，该条约将根据《格尔利茨条约》、《华沙条约》及其附属文件中确定的边界走向，最终确认现存的德波边界。从两德的观点看，其核心内容是没有争议的，即现存德波边界得到了承认。从波兰方面看，似乎想利用即将举行的巴黎"2＋4"部长会谈所产生的时间压力，以实现自己的其他利益。而西德代表团则努力限制会谈的议题目录，因为人们担心波兰可能将边界问题与其他问题，例如经济援助等联系起来。[74]虽然波兰方面表现出某种灵活性，但根据与会者的判断，气氛仍然没有摆脱对峙和不信任的弦外之音。

在联邦政府内部，关于第二次三边会谈内容的报告引起了科尔的恼火。他因此于 1990 年 5 月 25 日早上打电话给外交部国务秘书苏德霍夫，再次明白无误地、大声地阐明了自己的立场：在过去的一周里，他就与根舍谈过这一议题，而现在不得不得知，根舍背离约定而与波兰就边界问题进行了会谈。科尔明确提请注意，这是一个涉及大政方针权限的问题，并清楚地表示，边界条约谈判是不能考虑的。他将在下周先与根舍商量联邦议院和人民议院共同声明的简短文本，然后在执政联盟内部就这个文本进行协调，并与德梅齐埃一起澄清，最后提交给联邦议院。他要一份清晰的、不会引起误解的声明，但不能让波兰来作出任何规定。毕竟，他已有足够多的问题，不仅仅是与被驱逐者联合会的问题。苏德霍夫指出，联邦总理府事先已同意三方会谈。这些会谈有助于德国在"2＋4"谈判中消除后顾之忧。波恩代表团已明确拒绝了波兰商谈具体条约的愿望。人们现在商谈的是一项以联邦议院 3 月份决议为基础的声明。不久之后，曾在总理府倾听了这次通话的哈特曼再次打电话给苏德霍夫，澄清说科尔不是要求拒绝下周的三边会谈，不过联邦总理的意思是，无论如何不允许谈条约。[75]

总理府的再次澄清并非没有效果。5 月 29 日，第三次也是最后一次三边专家会晤在柏林结束，没有取得成果。[76]民主德国就边界条约和内容相同的声明提出了一个妥协建议，放弃了任何超出边界问题的措辞。但联邦德国外交部拒绝了东德人的建议。人们不愿意作任何超出联邦议院和人民议院相同声明的让步。特别是波兰方面坚持的明确描述边界要求，从而也是提出了新的措辞，遭到了联邦德国方面的反对。波恩代表还反复指出，他们的代表团没有表述条约文本的授权。这一授权掌握在政治层面。现有的授权只是讨论文本的要素，这些要素能够写入议会的共同决议。

对于民主德国未经商议采取的冒进行动，联邦德国方面非常恼火。因此，5 月 31 日，联邦总理认为自己有理由给德梅齐埃写信。[77]他在其中指出，虽然在内容方面不存在分歧，但进一步的行动却使他感到担忧。联邦德国坚持自己的立场，即最大可能的约束力源自两个议会内容相同的声明，该声明将由两德政府照会波兰；与之相比，一个草签的条约只有微不足道的政治分量并且不具有国际法约束力。只有全德主权才能与波兰缔结这样的条约。

此后，两德和波兰没有举行其他的会谈，因为联邦政府在 6 月 9 日的"2＋4"官员会晤中成功地终止了三边谈判，[78]尽管在第三次三边会晤时并没有对继续会谈表示异议。尽管如此，原定于 6 月 21 日进行的另一次三边会谈应西德的请求还是推迟了，其背景是当天要进行关于联邦议院边界决议的辩论。

然而，对于联邦议院和人民议院内容相同的声明的照会，斯库比斯泽夫斯基在其正式反应中再次表达了不久后在华沙举行第四次会晤的期待，也就是在 7 月 17 日"2＋4"巴黎外长会晤之前。在联邦政府内部，对是否还继续会谈直到 7 月 10 日仍然完全没有作出决定。总理府通过非正式渠道让外交部知道，没有兴趣在统一前谈判条约。根舍在其 6 月 21 日的联邦议院演讲稿中，既没有提出条约谈判的日期，也没有允诺继续三边会谈。不过，联邦德国代表团在 7 月 3～4 日的"2＋4"官员会晤中声明，它愿意与波兰方面在其整个议题盘子中讨论德波关系的前景，以便在德国统一之后能够开始对这些议题作条约性的安排。[79]

华沙的平静反应

迄今为止，联邦政府的优先目标是启动联邦议院和人民议院的共同声明。4～5月，政府内部先是在小范围内对这份内容相同的声明进行了商讨。[80]5月28日，科尔在与根舍的一次详细谈话中商讨了下一步行动。次日，他与特尔切克一起最终确定了有关波兰决议的文本。接着还要与基民盟主席团、执政联盟伙伴的主席和社民党商讨这份草案。在6月11日基民盟联邦理事会的会议上，科尔为这份内容相同的声明进行了游说。他指出，多数德国人早已接受了这一边界；尽管如此，对一些人来说，这条边界仍是令人疼痛的伤口。谁要想等待一项和平约，他就必须明白，不承认奥德－尼斯河边界就不会有德国的统一。因此，联邦总理坚持，党内和议会党团内不愿意承认波兰西部边界的人必须坦率承认，他们不想利用重新统一的机会。

与社民党议会党团主席福格尔的协商于6月12日进行。[81]一天之后，科尔与基民盟/基社盟的主要政治家讨论该决议。这里，他也强调承认奥德－尼斯河边界为波兰西部边界同实现德国统一的相互联系。沃尔夫冈·波齐（Wolfgang Bötsch）代表基社盟明确赞同总理的阐释，而被驱逐者联合会的干部格哈尔德·德韦茨（Gerhard Dewitz）和切亚则继续拒绝承认。科尔在6月17日访问东柏林时与德梅齐埃就两德议会内容相同的声明达成一致。此外，6月20日，联邦总理在德国联邦议院外交委员会还强调了他的意图，即除了边界约以外，也要与波兰缔结一项友好条约。[82]

正如在3月8日的联邦议院决议中宣布的那样，1990年6月21日，联邦议院和民主德国人民议院同时通过了相同的决议。其中确认，统一后的德国与波兰共和国之间的边界按照其目前的走向是最终的边界，并宣布将在统一后作出具有国际法约束力的确认。在联邦议院，该决议获得通过，487票赞同，15票反对（10个基民盟议员和5个基社盟议员），3票弃权。[83]

科尔还借当天的政府声明再次为这个共同决议进行辩护并突出了其历史意义。他多么看重这个机会，这篇演讲的准备过程就表现出了。他极为罕见地亲自详细地介入讲稿撰写小组的起草工作：[84]关于当前的德波边界，草稿中称其为"具有持久性"，科尔亲自作了修改，写进了"是最终的"

1989年11月9~14日，联邦总理科尔对波兰人民共和国进行官方访问，但由于柏林墙倒塌，他中断了这次访问。

11月12日，在下西里西亚的克莱绍举行了德国-波兰礼拜仪式，波兰总理马佐维耶茨基和科尔参加了这次仪式（此幅照片：和平的问候）。克莱绍是莫尔特克家族和赫尔穆特·詹姆斯·冯·莫尔特克伯爵的反抗运动团体所在地，并因此而知名。

双边关系与经济问题是访问波兰的中心内容。访问结束之际，两国政府首脑签署了一项共同声明。

11月14日，联邦总理科尔在原奥斯维辛集中营敬献花圈。

12月20日，法国总统密特朗（照片：民主德国总理莫德罗欢迎密特朗，左为莫德罗）作为第一位访问民主德国的西方国家最高元首到达柏林。密特朗警告说，在谋求德国统一时不应无视存在的现实并要尊重边界；必须顾及邻国的利益，尤其是波兰的安全关切。

德国统一进程决定性地取决于美国、法国和苏联的态度。1990年1月4日，联邦总理科尔在位于法国西南部兰锲的法国总统度假别墅访问密特朗。

2月10~11日，科尔和根舍外长在莫斯科与戈尔巴乔夫总书记和谢瓦尔德纳泽外长会晤，商讨德意志内部关系的最新发展。戈尔巴乔夫声明："决定统一的时间和道路，是德国人自己的事情。"

布什与科尔（1990年2月24～25日，美国总统度假地戴维营）一致认为，苏联同意整个德国属于北约最终将是付出多大代价的问题。

从美国返回德国的途中。

在都柏林的欧洲理事会特别峰会上，欧共体成员明确表示赞成德国统一。（都柏林城堡的谈判大厅）

国家和政府首脑（从左至右）：米佐塔基斯、科尔、密特朗、豪伊、撒切尔夫人、安德烈奥蒂、席尔瓦、冈萨雷斯、欧共体委员会主席德洛尔、吕贝尔斯。后排为各国外长。

波恩"2+4"外长会议。在5月5日的首次会谈回合中，就边界问题、政治-军事问题、柏林和最终国际法解决等重点议题达成了一致。（联邦德国外交部的世界厅）

国务卿贝克、外长谢瓦尔德纳泽、根舍、杜马、梅克尔和赫德合影。

1990年7月实现突破：科尔总理与戈尔巴乔夫总书记以及根舍与谢瓦尔
德纳泽外长在政治会谈中达成一致：统一后的德国可以自由选择其联盟
归属。（在戈尔巴乔夫家乡斯塔夫罗波尔的欢迎仪式）

德俄两国领导人达成一致后的极佳气氛。（该照片传遍世界各地）

1990年9月12日，在莫斯科签署《最后解决德国问题的条约》，确定取消四大国权利和责任。（从左至右分别是：国务卿贝克、赫德外长、谢瓦尔德纳泽外长、杜马外长、民主德国总理德梅齐埃、根舍外长）

次日，谢瓦尔德纳泽和根舍签署了《德苏睦邻、伙伴和合作条约》。

1990年11月14日，在战争结束45年之后，在波兰总理马佐维耶茨基在场的情况下，根舍与斯库比斯泽夫斯基外长在华沙签署《关于确认现存德波边界的条约》。

1994年6月18日，西方盟国举行最后一次联合阅兵式，以此向柏林告别。成千上万观众挤满了用英、法、美国旗装饰的"6月17日"大街两旁。（后面是勃兰登堡门）

"再见，德国！"1994年，在将近半个世纪之后，苏联军队离开德国，返回莫斯科。

"俄罗斯的士兵们，您们这支自豪的军队和平地返回家乡，这是一个感人的场景。我以全体德国人的名义，祝愿您们和您们的家人将来一切顺利，上帝祝福您们！"俄罗斯总统叶利钦和联邦德国总理科尔在柏林特雷普托区向苏联阵亡将士纪念碑敬献花圈后发表讲话。

1994年9月8日，三个西方盟国的军队在柏林举行告别仪式。在美军驻地，两名士兵降下了美国国旗。在空中桥梁纪念碑——柏林老百姓俗称的"饥饿纪念碑"前，举行了敬献花环等纪念活动。

在美国国务卿克里斯托弗、法国总统密特朗和英国首相梅杰以及联邦总理科尔、外长金克尔和柏林市长迪普根在场的情况下，联邦国防军以最高的军事礼仪，即响亮的归营号向三个保护国驻守勃兰登堡门的部队士兵表达敬意。

联邦总理科尔向空中桥梁的牺牲者敬献花环并默哀。1948～1949年，当时的反战者曾通过空路为受到苏军封锁的老百姓供应生活物资。昔日的对手变成了朋友，这是德国回归各国人民大家庭的基础。现在盟军的撤离成为德国重新获得主权的象征。

字眼。他也再次指出德国统一与承认边界之间不可分割的联系：提及被驱逐者联合会的异议——在充分理解其为损失而承受痛苦的同时——他声明中一个核心思想是清晰而明确的，即不解决边界问题就不会有德国统一。

6 月 22 日，政府发言人汉斯（约尼）·克莱因宣布，联邦政府和民主德国政府将"分别通过外交途径告知波兰共和国政府两德议会作出的关于波兰西部边界的决议"。[85]在联邦外长根舍写给斯库比斯泽夫斯基的信中，完整地复述了联邦议院决议的全文，以表明"联邦政府完全接受该决议"。[86]

波兰政府平静地接受了这一决定。政府女发言人尼扎比托夫斯卡表示，该决定意味着向前迈进了一步，但她也同样指出，这样一个声明还不是国际法条约；因此，边界条约的内容必须在统一之前澄清。不过，波兰不再坚持统一前要进行草签，有一份"协议纪要"就足够了。[87]据此，波兰至少部分地放弃了"马佐维耶茨基计划"的一个重要部分。但对此有几天仍存在怀疑。比如，虽然波兰政府发言人在 6 月 22 日说，波兰不再坚持统一前草签；但她同时又说，到 1990 年 12 月为止边界条约的工作应该结束，以便能签署一份议定书。1990 年 7 月 3 日，外长斯库比斯泽夫斯基递交了波兰政府对共同声明的官方复照，这才澄清了形势。[88]其中第二点称：两德议会的决议是"德波条约内容会谈中重要的和必要的阶段，波兰共和国与统一后的德国将缔结该条约。决议为当前推进会谈以及统一后立刻签署条约，创造了非常良好的气氛"。

新的条件：波兰的关联建议

然而，波兰的外交复照包含有一个爆炸性的内容，它再次激起了大浪。复照称，"波兰共和国与统一德国之间的条约生效时间，应与国际法'最后解决'的生效协调一致，而不应滞后"，并称这也有利于排除在波德边界状态问题上产生任何法律上的模棱两可；由于事态发展迅速，关于条约文稿的会谈不能推迟到统一之后。为表示对决议稿的明显不满，还提出了一项倡议，它是波兰外交部 7 月初准备的，旨在替代已被放弃的"马佐维耶茨基计划"。第一次暗示这一点的，是波兰政府 7 月 3 日给联邦政府的外交复照中的一段文字，其中提到，德波条约的生效不应晚于"2 ＋ 4"谈判国际法最终解决方案。[89]这意味着，德国重新建立完全主权应取决于统一后德国和波兰之间边界条约的批准。这就是说，波兰要在德国的完全主权和边界条约批准之间建立一种关联。

波兰对德政策再次出现转变的背景，显然是因为在联邦德国出现了很有分量的呼声，要求不单单签订一项边界条约。比如，财政部长魏格尔就提出，与波兰的一次条约必须是一项"全面的友好条约"，它不仅要澄清奥德－尼斯河边界，而且也要涉及在波兰的德裔少数居民的权利以及被驱逐者返回老家的的权利。[90]波兰政府由此担心，由于魏格尔的要求，边界条约的签署可能被推迟，如果不是被阻止的话。波兰政府担心的是，在德国重建统一和主权与边界条约生效之间可能出现一个法律真空。[91]除此之外，马佐维耶茨基政府已不再拥有快速贯彻其设想的杠杆，这将使它陷于共产党和民族主义反对派的压力之下。波兰政府把德国恢复主权与批准边界条约关联起来，是利用了这样一个情况，即苏联外长在6月22日柏林"2＋4"外长会晤中再次建议，把解决统一的外部问题与内部问题在时间上加以脱钩。这给波兰提供了一个机会，把苏联的保留态度作为其实现对德政策目标的工具。[92]

在7月4日波兰代表团也部分参加的"2＋4"官员会晤中，卡斯特鲁普先是建议波兰最好收回有争议的段落，但华沙代表叶尔泽·苏力克（Jerzey Sulek）不肯让步。除了将边界称为"欧洲和平解决的组成部分"以及要求修改与边界解决不相容的德国内部法律之外，苏力克还要求边界条约"最迟于'最终解决'生效当天生效"。卡斯特鲁普代表联邦政府说明，虽然联邦政府准备继续会谈，但条约谈判只有在统一之后才能考虑。[93]尽管民主德国对波兰的担心表示理解、苏联公开支持波兰的关联建议，甚至法国也对华沙的设想抱有某种同情，但六方委员会还是拒绝了这种关联。[94]当7月9日波兰外交部发言人弗拉迪斯拉夫·格拉齐科夫斯基（Wladyslaw Klaczynski）阐述这个问题的时候，这一新要求才为公众知晓。[95]7月13日，波兰政府发言人尼扎比托夫斯卡淡化了波兰的关联建议。但她也坚持，"2＋4"会议和边界条约之间的决议日期应取得一致；边界条约应该尽快缔结，法律上的不确定状况只应持续很短时间。在德国，关联建议的印象依然如故。[96]

同样是在7月13日，波兰副外长在与苏联副外长克维钦斯基的会谈中成功地获得了苏联对波兰立场的支持，而西方盟国则拒绝对德国主权的任何限制。[97]联邦政府对波兰的关联建议感到很不舒服和很不愉快。联邦议院联盟党议会党团副主席卡尔－海因茨·霍恩胡斯（Karl－Heinz Hornhues）称波兰的新愿望是"极其令人诧异的"。联邦外长根舍强调，他将在巴黎的下一次"2＋4"会谈中反对波兰的想法。西德媒体的反应也是负面的。

波恩的愤慨

这些最新的发展促使科尔给马佐维耶茨基写信。7月13日，联邦总理再次阐明了他对奥德－尼斯河边界的立场，并毫不掩饰他对波兰就联邦议院和人民议院决议所作反应的失望，尤其是波兰在7月3日的外交复照里所表现出来的反应。[98]科尔表示，他不得不从中得出结论，统一后的德国和波兰尽快缔结一项全面条约不符合波兰的意图。因此他建议以下做法：在两德议会作出决议的基础上商谈边界条约，然后在全德议会组成后三个月内，将有关的条约草案交给波兰政府。这样，就可以在统一后的最短期限内签署边界条约并递交全德议会批准。

科尔在信中也强调，统一的同时实现全德的完全主权是联邦政府的目标。这样，可以在建立统一后的最短时间内确保签署条约以及由全德主权予以批准。此外，他还表示，愿意在"2+4"框架内提出一份有关的意向声明，把主权与德波边界条约的生效联系起来是不可接受的。

不清楚的是，华沙最后收回了它的关联建议是因为科尔和戈尔巴乔夫在高加索达成的谅解使波兰的策略失去了根据，还是华沙之前就已认识到它这样做可能是错误的。[99]不管怎样，斯库比斯泽夫斯基在启程前往巴黎参加7月16日的"2+4"会议之前，才公开淡化了关联建议。他说，虽然波兰始终谋求取消四国权利与最终确定边界在时间上相互制约，但人们不知道何时能够成功地谈定边界条约。抵达巴黎后，斯库比斯泽夫斯基甚至否认有过这样一个关联建议。[100]1990年7月18日，根舍外长向联邦内阁"德国统一"委员会通报巴黎"2+4"会谈情况时，[101]谈到波兰开始时放在桌面上的要求有三项：

1. 德国应在边界条约批准之后才获得完全主权；
2. 必须把边界解决看作是欧洲和平解决的组成部分；
3. 联邦政府必须修改各种不同的德国内部法律。[102]

根舍和斯库比斯泽夫斯基之间的争议问题，在巴黎会议的间隙得到了澄清。还在斯库比斯泽夫斯基参加六方会谈之前，两位外长就进行了深谈。[103]在这种情况下促使波兰转变立场的，可能是在这次会议之前，苏联在科尔－戈尔巴乔夫高加索会晤中已经表示了赞同德国在边界问题上的立场。[104]在此情况下，坚持时间上的关联以及统一后的德国有义务修改德国内部法律就得不到支持了。

在巴黎的"2+4"会议上，人们就边界问题的五项原则达成了谅解：

1. 统一的德国应该包括联邦德国、民主德国和整个柏林的领土：统一德国的外部边界随着"2+4"条约的生效而永久确定。此外，正如波兰所希望的那样，外部边界将被称为欧洲和平秩序的重要组成部分。

2. 统一的德国和波兰应该以具有国际法约束力的条约确认两国之间现存的边界。

3. 统一的德国无论现在还是将来都不对其他国家提出领土要求。

4. 统一德国的宪法不会有任何违背这些原则的规定。

5. 四大国确认知悉缔结双边边界条约的意图，并声明随着条约的实现，确认统一德国边界具有最终性质。

波兰外长以此表示同意，在统一和实现完全主权之后尽快签署边界条约并由两德议会批准。这样，斯库比斯泽夫斯基放弃了波兰此前多次提出的要求，即在最终解决方案生效与德波边界条约之间建立关联的建议，尽管他仍然声称这样一种解决办法其实是理想的。[105]此外，他还要求在统一之前继续就条约文本进行谈判，不过，他并不坚持将此也写入记录。[106]在和约保留问题上，四个战胜国在记录中确认，统一德国的边界是永久性的，无论是外部事件还是外部情况都不能使之成为问题，从而迎合了斯库比斯泽夫斯基的担忧。与此相对，根舍坚持要波兰记录在案地表明，在波兰看来这并不是指四大国的边界保证。他再次代表德国方面坚持，提到的外部情况不会出现，因而也无意签订一项和平条约或者一项媾和方案。这样，和平条约这个议题就正式了结。从德国的角度看，波兰总体上努力采取一种和解的立场，并发出信号表示愿意在缔结边界条约之后，着手起草一项全面的合作条约。

虽然以后在最终确定波兰西部边界的道路上，联邦德国和波兰之间还会继续出现一些较小的分歧，但巴黎"2+4"会晤确保了一个结果：在两德与四大国为统一的国际方面进行的进一步会谈中，边界问题将不再起作用。7月中，在德国建立主权的道路上，最后一大障碍就这样被克服了。

巧妙处理边界条约和基础条约

巴黎协议清楚地表明，先有一个统一的德国才可与波兰缔结边界条约。没有澄清的是，这是一项纯粹的边界条约还是一项全面的条约。起初，联邦总理想与波兰签一个全面的基础条约，它不仅要处理边界问题，而且要处理双边关系中剩下的各种议题。他在 1990 年 6 月底与马佐维耶茨基在布达佩斯的会面中，就是在欧洲基督教民主党大会的会议间隙，提出了如此的建议。[107]但波兰总理拒绝了该建议，他担心边界问题的解决会因此而不必要地拖延下去。按照斯库比斯泽夫斯基的看法，一项内容广泛的条约虽然不应拖延时间，但应在边界条约之后才进行谈判。但尤其是基社盟继续主张签一个总条约。于是，必须再次为各方找到一个都能承受的妥协方案。

7 月 25 日，马佐维耶茨基在给科尔的信中提到了这个议题，他在此信中对联邦总理 7 月 13 日的信件作了表态。[108]马佐维耶茨基首先提到科尔对波兰就两德议会共同决议所作反应的失望，并表达了自己的不解。他写道，波兰非常满意地获悉联邦议院和人民议院的决议，并且认为它是双边关系中的重要一步。对联邦总理 6 月 21 日在德国联邦议院的演讲，人们也怀着"真诚的兴趣"作出了反应，因为它指明了邻国关系的前景。不过，波兰的外交复照没有涉及这一点，因为外交照会通知的决议只限于边界问题的规定。波方 4 月 27 日的边界条约草案就已超越了边界问题而涉及了双边关系的广泛问题。但在三边会谈中，尤其是联邦德国方面对所有不直接涉及边界的问题都采取了"怀疑的态度"。直到巴黎"2 + 4"会晤前夕，波兰认识到，在边界条约签署后必须毫不拖延地开始有关全面条约的谈判。

马佐维耶茨基在信中还批评科尔在解决边界方面所考虑的时间范围，也就是要在全德议会召开以后三个月内给波兰政府递交德方的条约草案。这样，会谈和条约的签署会拖延得比可能和必要的时间更长。边界条约应紧接着统一之后签署。时间上如果同其他的与统一有关的法律行动脱钩，将在欧洲引起"灾难性的印象"。加之，正如联邦总理宣布的那样，该条约应逐字逐句援引两德议会决议的措辞，且已经三边详细讨论过。此外，根舍在巴黎还有约束力地重申过，该条约应在统一和全德主权建立后的最短时间内签署。因此，有必要现在就商谈条约文本，以便能在统一后加速其进展。关于睦邻和友好关系的全面条约，他指出，波兰政府 4 月 27 日的条约草案已包含了初步要素。正如他在布达佩斯声明的那样，波兰愿意共同拟定这样的条约 。此外，他已向科尔表示同意，这一事务暂时"应只在我们之间处理"。也因为如此，波兰的官方复照中没有提及这个进一步的条约。因此他不理解，联邦总理为什么从这份复照中得出结论，说波兰对全面条约没有兴趣。除此之外，他一如既往地坚持，愿意于 10 月份与联邦总理会晤。边界条约的缔结最终会使全面条约的工作变得容易。

总理府对这封信的初步评价指出，在目前情况下，不能再让波兰为开始条约谈判等候太久。[109]与此同时，人们看到，在德国选举大战期间正式开始边界条约谈判必然会使自己面临内部问题。但是，在"2 +4"框架内作出具有约束力的承诺，又会使联邦政府有义务在最短时间内使该条约得以签署。总理府认为走出这一困境的出路是，顺畅地面对波兰方面并且建议就全面条约进行试探性会谈，以至少起步时就保证它与边界条约的同步性。总理府的考虑是，由于两德议会的决议，边界条约的基本要素实际上已经确定。没有自己的倡议，容易陷入守势，因为波兰可以援引"2 +4"协议而坚持快速缔结边界条约。

8 月底，科尔决定，同时进行边界条约和全面条约的谈判。此外，全面条约的签署预计 1991 年 6 月可与德苏友好条约同时进行。不过，科尔的同事们估计，原先希望的程序可能无法遵循，因为按照苏联的愿望，德苏条约应在统一后马上签署。

在 9 月 6 日给马佐维耶茨基的回信中，科尔重申了 6 月 30 日在布达佩斯会晤中作出的约定，即分别缔结边界问题条约和睦邻条约。[110]同时，他确认德国有兴趣平行举行谈判。科尔指出，德国的发展已再度加快，如果他不能在 10 月份就与总理会晤，请予理解。联邦政府处于巨大的压力之下，因此，他建议于 11 月 8 日商讨日程表和行动安排，这样无论是边界条约还是全面条约，都能在新的一年里尽快缔结。此外，科尔以赞扬的口气提到斯库比斯泽夫斯基外长借战争爆发 51 周年纪念日发表的演讲，在该演讲中首次表达了"新波兰"官方对被驱逐者苦难的理解。科尔写道，这一态度体现了谅解与和解的精神。对马佐维耶茨基就两德会议决议阐释波兰官方反应的内容，科尔未予理睬。

为顺序进行的争夺

在科尔与马佐维耶茨基于 1990 年 11 月 8 日举行会晤达成一致之前，

10 月间德波关系再次出现过一次不和。[111]波兰政府对联邦总理预计 1991 年夏初才缔结边界条约表示诧异。与此相反，斯库比斯泽夫斯基认为 1990 年10 月就可以签署边界条约。他在 10 月 19 日的一次电视访谈中强调，波兰方面已经递交了两个条约草案，但仍未得到答复。波兰外长以此对科尔的一次访谈作出反应，在那次访谈中科尔指责波兰称，拖延缔结条约的责任是波兰自己造成的。

为了赋予边界条约和基础条约同等的分量，联邦总理无论如何要在单一的议会行动中通过两份契约，然而，波兰继续反对这样的做法。马佐维耶茨基总理敦促先解决边界问题，以免由于一大堆其他的谈判而不得不承受拖延。[112]尤其是出于选举策略的原因，把条约的谈判时间衔接起来符合总理府的口味。当联邦总理在有关斯库比斯泽夫斯基言论的按语中得知，波兰坚持迅速签署边界条约，然后才签署基础条约时，他用以下批语作了评论："这不是我的意见！！"[113]

10 月 30 日和 31 日，关于边界条约和全面条约的官员级谈判在华沙举行。[114]会谈的基础一个是 10 月 8 日波方的边界条约草案，另一个是外交部拟定的对案。该文本写得特别简短，其中也没有包括科尔之前作为最大让步在内部批准的"2 + 4"条约的措辞，该措辞称，"确认统一德国边界的最终性质……是欧洲和平秩序的重要组成部分"。取而代之的是序言指出，"德国统一成为一个拥有最终边界的国家，是对欧洲和平与稳定的重要贡献。"此外，序言还重申决心："共同为建设一个欧洲的和平秩序作出贡献，在这个秩序中，边界不再是分开而是确保全体欧洲人民充满信任地共同生活并确保为了所有人的福祉以及持久的和平、自由和稳定而进行全面合作。"

会议第一天，官员们得以就边界条约的措辞达成一致。据此，条约可以全体表决。[115]由于其内容通过"2 + 4"框架和严格按照 6 月 21 日联邦议院决议已在很大程度上得到敲定，波恩代表团的任务就是阻止波兰提出额外的要求。这主要涉及以条约形式固定德国内部法律作适应性修改，以及重新采用《波茨坦协定》关于媾和的措辞的努力。序言中，按照德国人的愿望，把统一成为一个拥有最终边界的国家——而不是固定边界本身——作为对欧洲和平秩序的重要贡献这一措辞得到了强调。在德波文本中——同样在序言中——还首次加入了一段话："由于驱逐和迁移，众多的德国人和波兰人失去了家园。"这一得到马佐维耶茨基认可的措辞，旨在有意识地避免将罪责推给双方。

不过，关于全面睦邻友好条约尚无一方提出新的草案。[116]德国代表团估计波方会对此提出建议，即便华沙此前放风要坚持 4 月 27 日的草案。联邦德国外交部没有拟定草稿，因为人们起初只打算一般性地谈谈草案结构，必要时愿意提出内容划分。第二天，双方至少就条约的规模和议题范围取得了一致，[117]该条约基本上应依据科尔和马佐维耶茨基 1989 年 11 月 8 日的共同声明。双方讨论了可能的内容清单。其中，德国方面特别重视按照欧洲和国际标准解决少数民族问题，这被波兰的谈判伙伴接受了。德国代表团坚决拒绝讨论赔偿问题。不过，德国谈判代表并未授权谈判条约文本的草签、签署和批准问题。这一"政治决定"应由联邦总理和波兰总理在即将举行的会晤中解决。不过，两项条约的同时签署和批准继续被称为是绝对必要的。其间，波兰外长斯库比泽夫斯基承认两个条约之间存在"某种政治上的联系"，这总算让人看到了他的妥协意愿。[118]但他同时强调，波兰特别关注迅速草签边界条约。

1990 年 11 月 8 日，科尔和马佐维耶茨基终于在德波边界的奥德/斯拉白斯河畔的法兰克福市会晤。两位政府首脑在确定日期方面达成妥协[119]：据此，边界条约将在 1990 年 11 月签署，其批准则要在 1991 年 2 月底与友好条约的批准同时进行。此外，还讨论了波兰成为欧共体联系国以及取消签证义务问题。

仅仅在两位政府首脑会晤几天之后，1990 年 11 月 14 日，双方外长就签署了边界条约。[120]不过，《德波睦邻与和平合作条约》①还需等待。违背了原来的计划，它于 1991 年 6 月 17 日才得以签署。如商定的那样，边界条约和友好条约共同于 1991 年 10 月 17 日在联邦议院以绝大多数得到批准。波兰下议院一天以后批准了这两个条约。[121]

第二节 "问题中的问题"

除了解决边界问题之外，德国的联盟属性问题是德国统一进程中的另一个中心议题。1990 年 2 月底，科尔和布什在戴维营会晤时就一致推测，苏联最终会同意统一后的德国归属北约。[122]当时还不能确定这一同意在什么

---

①《德波睦邻与和平合作条约》（Vertrag zwischen der Bundesrepublik Deutschland und der Republik Polen über gute Nachbarschaft und friedliche Zusammenarbeit）。——编者注

条件下能够实现，不过可以预见苏联可能提出的愿望方向。科尔揣测，苏联最终很可能向第二个超级大国美国提出对统一的"要价"。布什简洁地回答说，联邦总理有"大钱袋"。这一口角最为简略地勾勒了几天前在渥太华决定的"2＋4"机制之外的两大中心议题范围：

　　● 预料之中的苏联财政和经济援助要求，美国总统声明这是德国人应处理的事情；
　　● 按照科尔的估计，莫斯科在安全保证方面向西方发动的攻势，鉴于美国在北约中的领导作用，归根结底是针对美国的。

　　5月4日，谢瓦尔德纳泽向科尔提出了戈尔巴乔夫的首批坦率而具体的贷款询问，立即被科尔抓住；而关于两德统一安全政治框架的讨论开始一段时间，既没有条理和结果，也没有可以看得见的不同立场接近。1990年春，"2＋4"机制内外的其他有争议的问题解决得越多，那么从5月起情况就越来越清楚，关于欧洲未来安全结构和统一德国北约成员问题的一般性讨论必须综合成一个具体的谈判包裹。这被谢瓦尔德纳泽称为"问题中的问题"，必须得到回答。

莫斯科在结盟问题上的变化

　　在有关全德北约成员问题的争论中，苏联起初扮演了比较积极的角色。西方从一开始采取的立场是，统一的德国也仍应保持为北大西洋公约组织不受限制的成员，而莫斯科从1990年2月起提出了种种不同的替代性建议。不过，它们都遭到了北约的坚决反对，如6月7日谢瓦尔德纳泽在莫斯科的华约会议期间对民主德国外长梅克尔说：[123]苏联方面起初要求德国中立，之后建议变成一个不结盟的德国，接着又提出了双重成员的想法，但始终都只遭到拒绝；此外，在非官方的谈话中，戈尔巴乔夫还提出种种假设，比如苏联成为北约成员或者按照法国模式的德国结盟地位；此时人们主要在思考，未来能有何种新的欧洲安全结构，一方面，它需要较长的过渡时期，另一方面需要华约与北约之间建立新型关系。后者可以比如通过一项条约来解决。

　　梅克尔赞同苏联对新安全大厦的设想，为他的"安全区"构思[124]进行游说并提供合作。不过，根据他的估计，一个统一的德国将会归属北约，随着民主德国加入联邦德国并举行全德选举，1991 年春统一就将实现。他尤其让人深思以下情况，即华约已不适合充当北约的对话伙伴或者未来的全欧安全结构：在今天的华约国家首脑峰会上，他得到的印象是，个别成员国已决心中期内离开这个联盟。

梅克尔以此坦率地谈到了 1990 年春天以来呈现的情况，但没有得到谢瓦尔德纳泽的反应。他说，华约已失去了以苏联占主导地位的军事联盟的作用，尤其是匈牙利不再愿意在联盟内进行合作。[125]尽管如此，在 6 月 7 日的莫斯科，与 3 月 17 日布拉格的外长筹备会不同，参与者们至少成功地通过了一项共同的结束公报。此前，戈尔巴乔夫再次为德国参与两大联盟的双重成员身份进行游说，要求华约彻底转变和民主化并建议华约向北约靠拢。然而他也无法阻止比如德梅齐埃等人产生这样的印象，即这次会晤最终是一次"一级葬礼"。在全体成员国的结束声明中，几乎没有谈及这个东方联盟的军事作用。声明表示华约与北约对峙的要素已不再适合时代要求，"意识形态上的敌对形象"被宣布为已得到克服。取而代之的主要是强调建立新的欧洲安全大厦目标。全德的北约成员属性不是声明的议题，而对于统一进程只用一般性的语句要求把它与欧安会联系起来并顾及邻国的合法安全利益。

华约成员国的莫斯科会晤再次清楚地表明，苏联自己也不再能从曾经的亲密盟友那里得到对其反对全德北约成员属性的值得一提的支持。其背景是，至少在这个四分五裂的东方集团的改革国家中，逐渐出现了一种认识上的转变，而过去西方联盟在这个东方集团里一直被视为是冷战的化身。戈尔巴乔夫的顾问切尔纳耶夫后来说，北约是"全部反苏政策的象征。对于公众、全党和整个国家来说，都是如此"。[126]但这种评价对于诸如捷克斯洛伐克的改革者来说不再有效，这在 1990 年 2 月捷克斯洛伐克总统哈维尔在美国国会的演讲中已经清楚地表现出来。他提到战后在美国——作为与"威胁大国"苏联的对立面——领导下建立的西方安全体系并提请人们深思："也许我们应该感谢这个安全体系，它使我们还活着。"甚至在苏联民众中，曾经的恶魔北约在 80 年代末也清楚地失去了其威胁性。1990 年春，莫斯科外交部在不同城市秘密进行的民意调查表明，只有少数被询问者——即使是在军队中——反对全德成为北约成员。不过，高级干部和官员表示激烈反对，戈尔巴乔夫和谢瓦尔德纳泽不得不考虑这种反对意见。

总的来说，在统一后的德国的北约成员问题上，苏联领导层处于一种错综复杂的境地：

- 自 1990 年 2 月这一主题成为现实问题之后，莫斯科对统一后的德国作为西方联盟毫无保留的成员问题提出了各种不同的替代性建议。不过，这些建议不仅遭到了西方的坚决拒绝，而且从未具体地拟定，也从未用一个声音令人信服地作过陈述。[127]

- 戈尔巴乔夫和谢瓦尔德纳泽始终公开反对统一后的德国成为北约成员，而在内部他们的亲密顾问则比较灵活。例如，在 5 月初波恩第一次 "2＋4" 外长会晤之前，切尔纳耶夫就认为德国肯定将留在北约之内。[128]

- 没有一致的亮相和有说服力的构想，苏联也不可能为其反对立场找到盟友。与苏联不同，对于中东欧国家来说，一个没有固定的联盟义务而又位于欧洲中心的德国，这个想法是不怎么令人愉快的。

- 在开始时的含糊不清之后——比如 1990 年 2 月的 "根舍计划"——西方找到了清晰的立场并且一直不留谈判余地地认为：德国应该保持为北约的完全成员。

从 1990 年春天开始，戈尔巴乔夫和谢瓦尔德纳泽在与西方政治家举行的各种会谈中越来越唤醒了这样的印象，即全德北约成员问题不怎么是基本的安全政治问题，而更多是内政上能否被接受的问题。[129]为了使自己的民众不产生这样的印象，即苏联在解决德国问题的国际谈判中在所有问题上都作出了让步，因而成为整个进程的输家，莫斯科需要可以展示的安全政策保证，需要西方作出预支。布什和贝克 5 月份提出的《九点许诺》提供了一个可能的总体包裹，但其单个要素还须具体化。比如，开始时不清楚的是，布什提议的北约战略审核将是怎么样的。这一得到戈尔巴乔夫、谢瓦尔德纳泽及其同事们原则上积极接受的提议，必须由西方给予确切的阐述并用进一步的激励手段加以充实。不管怎样，5 月底戈尔巴乔夫的顾问萨格拉金乐观地表示：如果西方联盟进行 "彻底的转变"，那么苏联方面在北约问题上就可以出现松动。

西方包扎其安全包裹

鉴于欧洲急剧变化的局势，白宫在 4 月份就思考这些变化对北约产生的后果。[130]美国总统布什绝对不想让自己被逼入守势，他让国家安全委员会的同事们拟定西方联盟新指针的初步构想。为了符合变化的意义，应在1990年夏就举行北约峰会，对未来战略作出具体决议。在 5 月 4 日的一次演讲中，布什展示了自己的高目标概况，它们主要涉及四个领域：北约的政治角色、常规武器防卫和核武器防卫以及西方联盟在欧安会进程中的新路线规定。白宫、五角大楼和国务院在高度压力下工作，以使预先规定的中心任务转化为文字。布什和贝克要向盟国、苏联和公众介绍一个构想，其质量明显不同于通常峰会发表的公告。美国国务院开始时考虑在 1990 年就宣布北约新战略的基本特征并在第二年的峰会上予以通过。[131]这样，就有足够的时间在西方联盟的机构中进行讨论。不过布什认为，这样做走得还不够远。他想以 7 月 5 ~ 6 日伦敦峰会的结果向戈尔巴乔夫显示实质性的并具有约束力的变化，以使苏联方面在全德北约成员问题上也能够作出让步。为了避免布什的建议在北约机构的例行工作方式中招致令人担忧的冲淡，同时保持尽可能大的意外效果，美国政府决定采取一种异乎寻常的行动方式：

● 美国的草案不应像通常那样送往布鲁塞尔的北约，让成员国的外交官在那里进行深入讨论，或者甚至是像人们担心的那样扯乱。[132]取而代之的是，布什绕开北约机制而在峰会前夕将这份文件直接送给国家和政府首脑。对此的反应只应在峰会期间由外长们作出。

● 通常，峰会前公众的期待更多是要被压制的，而布什这次却公开宣布了自己的高目标。这样，美国政府就承担了很高的风险，因为美国的建议如果失败，不仅会给苏联同意全德北约成员造成困难，而且同时也意味着美国总统声望的巨大损失。

围绕 6 月 7 ~ 8 日苏格兰坦伯利外长会议结束公报的讨论表明，北约向苏联发出真正实质性的改革信号是多么艰难，对于有待改变的设想又有多么大的分歧。[133]在这之前，由布鲁塞尔北约大使们讨论过的文件虽然语气上友好并且迎合了华约国家，但在德国看来，它太少着眼于未来。尤其是英国反对任何仓促的走得过远的北约战略变化，就像撒切尔首相在坦伯利的欢迎辞中再次阐明的那样。与之相反，根舍却指出存在着时间压力。他说，联邦政府想在今年就实现统一，很有可能在 12 月 2 日举行全德联邦议院选举。因此，联邦外长及其同事们要在外长会晤之前就向莫斯科发出清晰的信号，以便在即将举行的苏共党代表大会上给戈尔巴乔夫和谢瓦尔德纳泽撑腰。因此，当晚卡斯特鲁普就起草了一份简短的、政策内容比较丰富而且着眼于改革的文件。其中，北约向苏联和其他欧洲国家伸出了"友好和合作之手"，表示愿意把进一步扩大"欧安会进程作为欧洲合作和安全的工具"，并决心让正在进行的裁军谈判成功结束。关于德国统一问题，文件指出，人们坚信这"是对欧洲稳定的重要贡献"。卡斯特鲁普与其他政治司长对这一声明进行过协商，因此可以在6月8日作为"坦伯利公告"置于真正的结束公报的前面。这样，莫斯科从西方获得了又一个信号，即西方愿意"尽最大努力"解决有待处理的任务。不过，北约给苏联的提议具体如何却始终缺少说法。

6月初，华盛顿仍在全力进行一揽子改革工作。如同在波恩一样，人们非常注意地重视苏联方面的每一个言论。[134]莫斯科领导层5月初在华盛顿美苏峰会中在北约问题上表现出来的妥协意愿，给人提供了乐观的理由。接下来，根舍和谢瓦尔德纳泽于6月11日在布雷斯特和6月18日在明斯特的会晤，也让人看到一个正在深思熟虑和准备让步的苏联外长。当谢瓦尔德纳泽6月22日在东柏林的第二次"2＋4"外长会晤中突然重新采取明显强硬的立场时，人们的震惊就更大了。谢瓦尔德纳泽在6月13日给美国国务卿贝克的信中精确表述自己对北约和华约发表一项共同声明的设想时，就已经暗示了这一强硬立场。苏联的立场从废除西方联盟的自动援助义务，到美国核武器撤出欧洲和美国军队撤出德国，直至在中欧建立非军事区，这些建议干脆是不可接受的。另一方面，西方从5月底开始不断地收到来自苏联的积极信号，如6月4～8日基民盟/基社盟议会党团防务政策工作小组成员在莫斯科与萨格拉金、法林、谢尔盖·阿什罗梅耶夫元帅以及与最高苏维埃、外交部和总参谋部的高级代表进行的谈话所表明的那样。他们的印象是，苏联当时没有自己的方针并且等待着西方的建议。但总的来说，即使是正统的谈话伙伴也表现出了明显的变化迹象。情报部门的报告谈到，苏联事实上已经接受了统一后的德国将是北约成员，说苏联领导层希望在9月份就结束谈判。与此相关的条约应在"2＋4"外长在苏联首都会晤时签署，以便通过这项"莫斯科条约"额外地强调苏联的重要性。6月8日，撒切尔夫人在莫斯科与戈尔巴乔夫谈话以后也乐观地表示：戈尔巴乔夫虽然在考虑一切可能的替代模式，但没有在原则上拒绝德国的北约成员属性，最终苏联会在结盟问题上表示同意，而无须西方为此付出过高的代价。[135]

6月18日，布什和贝克的同事们不受英国对北约深远变化怀有疑虑的影响，在跨部门的"欧洲战略领导小组"中整合了安全政策一揽子建议的最终草案。[136]这个由布莱克威尔拟定的草案由七个中心要点组成：

1. 邀请华约成员国在布鲁塞尔的北约建立联络使团。

2. 在谋求实现欧洲常规武装力量第二轮谈判时，应瞄准军队减少到50%的目标。

3. 北约常规武装力量应改造成在多国指挥部领导下的多国军团。

4. 减少核武库并销毁美国的核炮弹。在新的核武器概念中应将核武器变成"最后的回击"武器。

5. 在即将举行的短程核武器谈判中，应实现广泛的裁减成果。

6. 北约应制定新的军事战略，其中，"前沿防御"和"灵活反击"的原则应予取代。

7. 在扩大欧安会进程时，北约应致力于建立一些机构，其中也包括一个危机预防中心。

在贝克的敦促下，第二天还附加了一项北约声明草案，其中西方联盟保证采取和气的态度并敦促华约国家作出类似的声明。据此，最初由科尔提出的签订互不侵犯条约的思想以及贝克偏爱的两大联盟发表共同声明的想法被采用了。与此同时，应通过预告要发表一项单方面的声明，以阻止苏联在就共同文件进行必要的谈判时提出无法接受的要求，从而阻挠或者拖延相互靠拢。

6月21日，美方的草案第一次送给了经挑选的少数几个盟国。除了科尔之外，撒切尔夫人、密特朗、意大利总理安德烈奥蒂和北约秘书长沃尔内尔得到了这份文件，连同美国总统的一份电传。[137]这位总统再次解释了推动改革辩论的动机并说明了美国方面建议的步骤。在波恩，美国这个建议得到了非常积极的回应。科尔虽然仍未完全告别互不侵犯条约的想法，最近还在联邦议院外交委员会为其进行游说，但他看到总的来说他的大部分设想已得到实现。此外，这份文件也比联盟内部同时流传的比如意大利的建议明显地更加具体和广泛，不过，意大利的建议也是与波恩的面向未来的北约改革路线一致的。在联邦政府内部，此时还没有拟定好的构想，所以德国的评论起初只局限于细节。由于得到了法国总统密特朗对建议北约和华约成员国之间签订放弃武力协定的支持，[138]所以科尔再次提出这一想法。与此相反，斯考克罗夫特继续警告不要搞两大联盟的共同文件，并建议各成员国之间交换相应的声明。

英国对美国构思的回应明显比较消极。[139]正如密特朗那样，撒切尔夫人尤其对改变核战略和邀请东方集团国家在北约设立外交代表机构表示反感，也反感宣布广泛的裁军目标。她的担心之一是，美国建议的变化会在人们心目中产生威胁不再存在的印象。与之相反，布什指出，现在要求北约的是显示领导力量和清晰的决断，他拒绝了撒切尔夫人提出的关于与法国、联邦德国和意大利共同拟定一项新声明的建议。美国总统不愿在峰会前如此短暂的时间内对美国的建议作出大范围的改变。因此，在7月2日美国草案正式送达北约之后，他也拒绝了西班牙首相冈萨雷斯的询问，冈萨雷斯建议常驻北约代表进行商讨。这位总统还让他的部下深入准备峰会，并通过电话寻求比利时、荷兰和丹麦政府的支持。虽然出现了响亮的批评声，但美国政府还是决心让其构思在伦敦的国家和政府首脑会晤中取得成功。

"通向德国统一道路上的关键事件"

7月5日，科尔怀着巨大的期待和广泛的希望前往伦敦参加北约16国会晤。在总理府内部准备的文件中，这次峰会被称为"对我们来说，是面向德国统一道路（外部层面）的关键事件，总体上也是构筑未来欧洲安全大厦的关键事件"。[140]会晤的成功符合"我们作为德国人、欧洲人、美国的朋友和伙伴的直接利益"。文件指出，在北约的历史上，还从未有过如此密集的最高层的会晤，因为这次峰会已经是1989年5月和1989年12月的活动之后布什任期内的第三次峰会。美国总统为这次会晤建议四个重点：

1. 联盟未来任务的设置；
2. 常规防务中的未来需求；
3. 驻欧美国核武装力量的未来；
4. 北约盟国对欧安会未来的共同目标。

科尔的部下们认为，在伦敦会晤中，必须回答的核心问题是："鉴于欧洲的历史性变化，联盟自身是否具有转变能力并懂得通过主动的、首创的和面对未来的政策，利用并参与塑造该组织的转变所带来的机会"。其中需要注意的是，其结果一方面要让苏联和其他华约成员国确信，"这也是他们最终接受德国是北约完全成员的基础"。[141]另一方面，也应向公众表明，联盟仍是不可放弃的，也就是说，作为西方安全的保证和超越联盟的欧洲安全大厦的基础，它是不可放弃的。普遍的期望值很高。他们如果失望，可能使德国统一遭受挫折并导致整个联盟面临能否被接受的危机。

北约对有待解决的问题的回答必须首先在最后声明中体现出来，因此该声明不能是通常的"公报"，而必须通过语言、具体的倡议和指引未来的想象清楚地与过去的声明不同。可以作出决定的案文还没有拿出来，它必须由峰会自己在政治层面上拟定；[142]北约机构内部进行的预备性会谈清楚地表明，还有一些"旧思想"需要克服。与此相反，布什分发的美国草案明显地好得多，但在一些方面还落后于人们的期待。为便于谈判，特尔切克及其同事从美国的文件以及法、意对最后声明个别章节所表示的立场中，再次归纳了当时的讨论情况：

> ●关于北约和华约的关系，科尔本人还在 6 月 21 日的政府声明中为欧安会框架内两大联盟成员之间签订互不侵犯条约进行游说。两大联盟之间签订一份协定是行不通的，因为这样做只会促进华约的稳定。但联邦德国以及很可能是大多数北约伙伴认为，发表一个经过事先协调的共同声明是可能的。与此相反，美国倾向于交换一个未经事先谈判的声明。但发表一个共同声明政治上更具有约束力，更符合谢瓦尔德纳泽向贝克和根舍多次要求的两大联盟之间建立新关系的"条约性基础"。因此，北约峰会应作出决议，利用 7 月 10 日开始的巴黎欧安会峰会准备工作为共同声明进行试探。内容相似但文本未经协调的声明作为回归原有的立场仍是可能的。
>
> ●应避免辩论或者甚至固定统一后德国联邦国防军的上限。取而代之的，应让人看到原则上愿意就总兵力和总的方向进行谈判，但绝对数字应留待"结束游戏"时决定。
>
> ●美国准备离开前沿防务的作战方针并也愿意为核武器拟定新的联盟战略，这是一个重要的让步。为落实这一让步，峰会应将更加具

体并有期限的任务交给联盟的一个特别机构。这样，"联盟未来在欧洲和为欧洲而必须保留的核武器这个棘手问题"也就可以搁置起来了。[143]

● 在核大炮的未来问题上，美国与德国的设想分歧最大。美国方面想在苏联全部武装力量从欧洲撤回之后才实施其核大炮的撤出。与之相反，联邦政府主张在常规武装力量谈判框架内就朝着核大炮零解决方向前进。作为良好愿望的标志，北约峰会至少应在时间上和数量上明确地宣布单方面裁减，对此美国政府目前很可能也在考虑。

● 在欧安会问题上，对机制化呈现出很大的一致。为此，国家和政府首脑、外交部长和国防部长、总参谋长应定期会晤，同样应设立一个小的欧安会常设秘书处和一个现代的沟通网络。此外，核查和冲突预防中心也是值得追求的。对此，在即将举行的北约16国伦敦会晤中，应提出联盟内部为巴黎欧安峰会进行准备的具体任务。

在联邦总理府看来，总体上看，峰会进程取得成功的机会不错。问题主要在于新的防务战略：英国及"两翼国家"挪威和土耳其基于其保守的立场或地理位置，可能对苏联造成的风险评估较高，因而反对作广泛的变动。由于迄今为止没有举行过所有北约成员国就会晤最后文件进行投票的会议，因此作具体的预测是不可能的。但峰会完全失败并对统一进程产生负面影响，看来也不太可能。不过，是否能够整合一个具有足够吸引力的包裹建议并向苏联提出来，以使苏联易于同意全德的北约成员属性还是不确定的。

密特朗和撒切尔的极度不快

当北约16国的国家和政府首脑于1990年7月5日在伦敦聚会的时候，普遍的关注主要指向撒切尔夫人。这位英国首相在会晤的准备阶段就再次公开地表明了她的反感，认为德国统一的进程决定着北约改革的速度。[144]她认为，仅仅通过裁军以及与克里姆林宫友好和睦，欧洲安全问题是不能解决的。由于这两点还是美国公报草案的基调，没有人知道她对联盟根本变化的反对态度会走多远。当国家和政府首脑在兰开斯特大厦表明各自态度时，16国外长就像美国建议的那样，从上午会议结束以后就在忙于编辑最后声明。在荷兰人范登布罗克——他在克服1989年5月北约内部危机时已证明自己是合适的主持人——的主持下，外长们讨论了美国的建议稿内容。此时显示出，英国外长赫德虽然按照其首相的要求进行强硬的谈判，但显然绝对不想让美国的努力招致失败。直到午夜之后，外长们都在为妥协而角逐，因为法国外长杜马也一再顽固地反对美国的建议。

此前，北约秘书长沃尔内尔已在大范围内用自己的开幕辞为谋求改革定调。他鼓吹要利用联盟之间从对抗过渡到合作的可能性。他说，目标必须是保持北约维护安全的作用，但军事方面要适应新的政治现实。密特朗在很大程度上同意美国的建议，说他支持这些建议的精神和方向。[145]他表示反对北约和华约发表共同声明，以此明确地支持美国总统布什而反对联邦政府，认为这样的步骤只能巩固了人为的、已被现实超越的以集团对抗集团的局面。西方联盟不如就放弃进攻和放弃首先使用武力拟定一个庄重声明，巴黎欧安会全体 35 个参与国可以参与该声明。北约的目标必须是强调联盟的防御性质，但同时也要显示其战略的真正威慑意图。关于北约的未来战略，密特朗声称，法国对于一体化的指挥结构和战略持有特强的立场，并且也不会予以改变。将来也必须有威慑性的构想，其目标不是赢得战争而是阻止其爆发。密特朗起初虽然说得非常隐讳，但他还是清楚地表明，法国在西方联盟中的特殊角色不容置疑。

布什在接下来的详细争辩中再次解释了美国的建议。由于他知道英、法在这些问题上的疑虑，所以他也谈了核战略和一般的防务战略。他说，如果他将核武器称作"最后手段"的武器，他绝不是要借此对未来的"灵活反应"表明什么意见。这一措辞为有待进行细节加工的战略转变提供了足够的活动余地，并且也允许反对首先使用核武器的人士介入讨论。美国改变前沿战略的建议主要意味着减少前沿防御，就是说不是完全背弃这一原则。布什恳切地告诫听众，要利用峰会的明确政治声明所提供的机会。他说，在上一次"2＋4"外长会晤中，谢瓦尔德纳泽四次单独向贝克强调峰会的结果是多么重要。在莫斯科作出决定之前，这可能是对德国统一、对欧安会进程、对常规武装力量谈判向莫斯科传达必要信息的最后机会。

撒切尔夫人开始表态时说，她对布什和密特朗的许多说法都表示同意，但认为有必要作一些解释。接下来，她指出苏军的威胁绝没有消失，就像他们正在进行的现代化计划和每天生产六辆坦克所证明的那样。她不能允许把指出这些事实的人说成是"冷战分子"。在裁军问题上，不应该考虑我眼前能够放弃什么，而要考虑将来也需要什么。撒切尔赞同密特朗关于不要抛弃威慑原则的警告，威慑也包括核武器。她非常尖锐地批评将核武器称为"最后手段"的武器。人们既不应明确排除首先使用这种武器，也不应原则上说如何将它们投入使用，因为否则的话，任何灵活性和威慑效果都将失去。当然，人们可以谈论减少在欧洲的弹头，峰会应对此发出一个信号。在结束公报中必须表明，北约在新的情况下依然要保持活力，尽管要与时俱进并且理解苏联的担忧。因此，英国方面支持欧安会框架内进行定期的政治接触，不过政治接触不能承担北约的防卫功能，军事接触也一样。与联邦政府的立场相适应，她也支持两大联盟发表一个共同声明，但该声明绝不能被称作互不侵犯条约。这就是说，英国首相清楚地表示了对北约大规模改革的疑虑以及向苏联方面发出让步意愿的信号。

所有参与国都清楚，德国问题与峰会结果不可分割地联系在一起，所以人们怀着特别紧张的心情期待联邦总理的发言。科尔既强调了毫无保留地赞同德国作为北约完全成员的属性，也强调了这对欧洲进一步和平发展的重要意义。他说，现在必须让东方伙伴确信，德国根植于西方联盟对所有人来说都意味着增加稳定。同时他也为通过经济援助支持中东欧的改革进程游说。[146]他指出，德国准备在欧洲常规武装力量谈判的框架内就自己对统一后德国部队的总兵力表明立场。伦敦峰会的中心任务是清楚地说明联盟面向未来的路线，其中应该强调欧洲所有国家的共同合作以及北约加强政治作用。科尔明确而坚定地支持美国的建议。他得到了随后发言者的支持，其中没有人以密特朗尤其是撒切尔夫人那样的明确性对美国草案提出批评。比如，意大利总理安德烈奥蒂成为强化北约政治作用的坚决拥护者，而加拿大总理马尔罗尼甚至在表态时还加入了对科尔和根舍政策的明确表扬，说他们为解决德国统一问题包括外部问题所作的努力值得称赞。沃尔内尔在最后总结16个发言时，也强调大多数人表态中赞同的基调。他认为，对于如何顾及欧洲的变化，存在着广泛的共识。不过，他要指出多次流露出来的一点：一些成员国对自身防卫战略已在进行根本的审核。如果会对隶属北约指挥部的军队数量产生影响，那么他请求在联盟内部及时进行磋商，否则的话，共同防务的原则可能受到危害。

这时，16国外长围绕庄严的最后声明内容进行辩论。[147]由于杜马几乎对所有问题都提出了异议，外长们到晚上还无法结束工作。虽然他们与国家和政府首脑们一起参加了英国女王在白金汉宫举办的隆重晚宴，之后他们又再次聚集起来直到午夜。美国的文稿是讨论基础，最终其大部分内容也构成了最后声明的基础。不过，在英国的敦促下，将明确同意常规领域内的进一步裁军步骤改成一般性的说法，即将谋求就进一步限制措施进行谈判，这也包括在对美国草稿进行的各种修改之列。另一方面，赫德支持德国代表团，于是，与美国原来的意愿相反，作出了华约和北约国家就两大联盟的未来关系发表共同声明的决定。杜马试图删掉邀请原东方集团国家在北约设立大使馆，但没能成功。虽然原先的措辞削弱了，但保留了使这些国家得以在布鲁塞尔持续存在的原则邀请。根据法国的愿望，也弱化了未来在北约的一体化指挥部下面建立更多的多国军团的目标设定。法国自己不是军事一体化的成员，它坚持在最后文件中只提多国军团，由各国的部队组成，但在此也不能触及改变努力的核心。法国不断提出异议表明，美国事先请联邦政府在北约峰会之前就与法国协商以避免摩擦的呼吁没有成功。[148]但由于英国很少从根本上提出反对意见，法国的异议对声明的中心内容最终没有产生影响。在德国看来，这个尚待国家和政府领导人通过的文件是一个圆满成功。它完全保留了美国建议的、对莫斯科来说非常重要的内容。此外，不顾美国的反对意见，还成功通过了华约和北约国家发表一项共同声明的决定，该声明应郑重宣布互不侵犯和合作的原则。

次日早上，在国家和政府首脑最终审定声明稿的时候，出人意料地又出现了两个问题。[149]一个是，冰岛坚持在未来的欧洲常规武装力量谈判中也要将海军纳入进去，至少不能完全排除。另一个是，法国总统密特朗发表了一个在风格上和内容上都令人意外的声明。他在早上与联邦总理科尔共进早餐并谈到即将举行的世界经济峰会，但并没有向总理提及要作这个声明的意图。在这个早上的会议中，密特朗先是赞扬了伦敦声明的精神，说它意味着联盟重新焕发活力，也意味着对昔日冷战对手的开放。这份文件在政治上和心理上都是很好的，虽然联盟在军事上仍将保持警惕。但他要澄清一个不属于军事一体化伙伴的疑虑，并表明法国今后对北约战略像迄今那样不怎么赞同。根据他的信念，只有实行一种自动主义，威慑才会直接有效，这就是说，在使用任何其他武器之前使用核武器是可能的。因此，核武器不是"最后手段"，而是预防战争的武器。但只有当潜在的对手知道，他将直接面对使用核武器的选择时，才有可能做到这一点。无论是"灵活反应"战略还是"最后手段"战略，都不可能胜任这一点。两者都包含了向对手提供消息，告诉他们人们会先等待战争走向，然后也许会动用核武器。这样会给可能的对手一个完全错误的信号，因此法国认为自己不受伦敦声明中的战略思想约束。尽管如此，这项声明是一个非常勇敢的步骤，即使不是在军事领域，但在政治层面上肯定如此。密特朗的这一阐述再次表明，这次峰会并不符合他的设想，因为他主要盯着德国问题的解决以及为此向莫斯科发出必要的信号。此外，对他来说缺乏有关美欧未来关系或者欧洲国家在北约内部起什么作用的具体内容。这位总统起初不想就此发表什么看法，但后来还是作了发言。美国方面把密特朗的声明理解成他对以下情况的恼火，即美国总统布什没有让法国参与漫长的北约战略审议工作，而是成功地使北约最高机构通过了自己的文稿。

一个清晰的信号与莫斯科的迅速回答

波恩和华盛顿政府的公开目标是，从北约峰会向苏联领导层发出一个决定性的信号：整合西方联盟在安全政策方面的建议，以使苏联有可能同意统一后的德国成为北约成员。除了一揽子建议的实质性内容之外，建议的语气也很重要，因为戈尔巴乔夫及其主张改革的战友们与反对在联盟问题上让步的人士在国内进行争辩时，也必须使用这份文稿。因此，尽管在16位外长的编辑会议上弱化了若干内容，但峰会声明的"独创性和冲击力"却得到了保留，这是非常重要的。[150]因而，文件简明扼要的语气和内容将具体的承诺和富有象征的姿态混合在一起，以《伦敦声明：转变中的北大西洋联盟》（Londoner Erklärung：Die Nordatlantische Allianz im Wandel）为标题的，从西方的视角看是一个很有吸引力的安全政策方面的一揽子提议。其中心内容是：

- 北约重申，安全和稳定不仅是军事定义。因此，西方联盟将扩大它始终存在的政治内涵，并多次强调北大西洋公约组织原则上是防御性的。
- 两大联盟的国家应通过一项共同声明庄严宣布，今后不再视对方为对手并放弃侵略。敦促所有其他欧安会国家参加这一声明。
- 邀请戈尔巴乔夫和中东欧国家的其他代表，在布鲁塞尔的北约理事会上发表讲话。
- 华约国家不仅应访问布鲁塞尔，而且应与北约建立持久的外交关系。

● 为了"克服几十年的不信任留下的遗产"，应加强军事接触。

● 北约今后将拥有"较小规模的、结构经过改变的积极的武装力量"并减少投入使用的准备。

● 北约将制定新战略，将较少依靠核武器并使其"真正地成为'最后手段'的武器"。[151]

● 在签署《欧洲常规武装力量条约》之后，应开始就减少战略核力量进行谈判。此外，北约已经宣布它对全面撤除双方核炮兵部队的提议。

● 在提议的第二轮削减欧洲常规武装力量谈判中，力求采取深远的裁军步骤，以限制攻击的可能性。

● 北约成员声明，愿意深入扩大欧安会并使之机制化。为此，应建立国家首脑或者外长的年度会晤机制、欧安会自身的秘书处、预防冲突和调解中心以及一个议会委员会。

这个一揽子建议能够满足苏联的利益需要吗？对此，北约盟国抱乐观态度。基于西方对莫斯科提出的各种建议作出了一致的反应，戈尔巴乔夫应该清楚，除了同意统一后的德国是北约完全成员之外，没有别的选择。从莫斯科的大量建议中过滤其主要利益所在，可以看出三个中心问题，伦敦声明对此准备好了具体回答：

1. 政治上，对德国东部邻国特别是苏联的安全保证：对此，北约从强调联盟的防御性质到结束敌对和放弃侵略的共同声明，提供了大量明确的可能性。

2. 军事裁军方面取得的进展：对此，西方联盟除了在辞藻上支持一个拥有更少武器的世界之外，还把众多的提议摆到桌面上，除了包含常规武装力量以外，还包括大部分的核武器装备。

3. 建设欧洲新的安全大厦：北约宣布愿意进行尤其是谢瓦尔德纳泽自 1990 年春天以来反复要求的欧安会机制化。为此北约也提出了具体建议，它们符合苏联早些时候提出的倡议。欧洲安全与合作会议——它不能取代北约的防卫作用——将来应发挥更大的作用。

基于这些分析，联邦政府及其盟国可以期待，现在能够克服苏联在安全政策方面对全德成为北约成员的顾虑。不过仍不清楚的是，苏联领导层如何看待西方的提议并如何在政策上予以实施。为了向戈尔巴乔夫直接说明伦敦决议的背景和意义，美国总统布什的同事们在返回华盛顿的飞行途中还草拟了一则给戈尔巴乔夫的个人信息。[152] 布什在通过无线电向莫斯科传递的信件中写道，承诺西方联盟将实行转型的北约声明，主要是针对苏联总统而撰写的。美国大使馆立刻将这封信送到人民代表大会，切尔纳耶夫接收了该信，其第一反应是认为"很重要"。不过，在西方看来，苏联领导人作出什么样的官方反应才是决定性的。

在苏联外交部，谢瓦尔德纳泽及其顾问塔拉申科早在伦敦声明公布之前就准备好了一份将要迅速发表的新闻稿。[153] 谢瓦尔德纳泽意识到，对北约决议作出的第一个官方反应，对以后的讨论将是多么重要。由他这位政治局委员兼外交部长宣布的解读方针，行政部门众多正统的德国问题专家几乎是不能公开反对的。这同样也适用于在德国问题上持怀疑立场的政治家如阿什罗梅耶夫元帅。关于北约可能进行的改革的大体特征，谢瓦尔德纳泽在伦敦峰会之前就与根舍和贝克多次谈到过。谢瓦尔德纳泽说过，如果16个国家和政府首脑会晤能够通过之前向他暗示过的路线，那么他认为苏联作为回报在德国的联盟归属问题上作出让步是可能的。因此，他与塔拉申科针对那些向他暗示过的变化准备了一些书面评估。7月6日下午，他在自己的办公室等待着伦敦峰会声明的公布。为了获得时间上的领先优势，他们没有依赖通常的外交渠道，而是从通讯社和广播电台的报道中了解情况。塔拉申科记录了谢瓦尔德纳泽的评估，并与他一起完成了对伦敦声明的最初分析和评价。一个小时以后，他们就可以向苏联媒体传递外交部的官方表态，同时也在广播中公布这一表态。谢瓦尔德纳泽对北约决议作了积极的评价。[154] 他表示，这些决议指明了正确的方向，可以为欧洲指引更加安全的道路。至于这些决议是否也是"一个转折点和一个更新的日子"，现在还不能这么说，但无论如何，事情已动起来了。特别是西方联盟战略变化的预告、放弃前沿战略和"灵活反应"原则，暗示了西方的认真思考。他也指出，苏联关于欧安会的扩大和机制化的许多建议被采纳，这是"令人满意的理由"。戈尔巴乔夫同意这一积极的基本倾向，他接受前往布鲁塞尔的邀请并反过来邀请北约秘书长沃尔内尔去莫斯科。北约公告的消息是在苏联共产党代表大会上传给总统的，他在大会上虽然不得不遭受激烈的批评和承受零星的失败，但最终安然无恙地挺了过来。与政府最初的官方反应相一致，媒体的大量评论也是积极的，不过批评者没有完全沉默。比如，法林与戈尔巴乔夫的从北约峰会传来了"非常积极信号"的评估明显地保持距离，并再次要求在欧洲解散两大集团和大陆无核化。

苏联首都对西方一揽子提议的首轮官方反应，原则上是赞同的。不过尚不清楚的是，这一情况将对德国的北约成员属性产生何种影响。尽管如此，科尔及其同事们认为有理由乐观：[155]7 月 11 日，一条消息传到总理府，戈尔巴乔夫要在商定的科尔访问苏联时与他一起去自己的高加索家乡。波恩对此的评估是，如果总书记认为会晤将充满冲突，他就不会提出这样的建议。令人乐观的另一个原因，是德波边界问题的解决，清除了统一谈判中的另一个国际层面的问题。

第十四章　苏联提出报价

7月6日，随着《伦敦声明：转变中的北大西洋联盟》，[1] 北约16个国家和政府的首脑发出了明确的信号，并为改善德国统一的框架条件作出了可能的贡献。该声明是北约为满足各方的安全需要，同时使统一后的德国成为北约成员而向华约国家尤其是苏联发出的最后提议。它与联邦政府向苏联提供经济支持和财政援助的倡议一起，划定了西方实现德国统一的整体框架。科尔率德国高级代表团的访苏计划，也因此被纳入了西方的一揽子提议。解释这一揽子提议并试探进一步的解决步骤是7月14~17日之行的中心目标，这次访问以一个令各方感到满意并且令西方国家感到意外的结果而结束。联邦总理最后概括此行结果时说："今天我可以给所有德国人带来这样一个好消息，即现在我们和苏联之间已就所有的外部问题也达成了一致。"[2] 与莫斯科领导层一起，科尔、根舍和魏格尔把通向统一道路上的所有重要障碍都排除了。

第一节　"还不能指望突破"

总理府怀着很大的乐观情绪为莫斯科之行作了准备，但并不寄予过分的期望。6月9日在休斯敦世界经济峰会上，科尔在密特朗和安德烈奥蒂的支持下，再次强烈地主张西方应在支持苏联改革努力方面共同行动。戈尔巴乔夫在给七国首脑峰会参与者的信中重申了帮助请求。尽管欧洲人竭尽全力，但美国依然强硬地坚持自己的立场，布什在与联邦总理的会谈中声明，只要苏联不偿还旧债并且以亿万资金资助古巴，他的国家就不可能提供任何支持。[3] 但他看到，德国对这个问题看法不同，因此联邦政府在这一点上必须自己作出决定。对此科尔反驳说，他认为世界经济峰会必须像北约峰会一样取得类似的成功，并且警告说不要只谈对苏联的援助：如果大家不同时讨论对匈牙利、波兰和捷克斯洛伐克等国的援助，这将是"很糟糕的和不公正的"。在这个会谈框架内，布什最终作出了让步。布什要防止给莫斯科发出负面信号，同时要忠实于其内政路线。七国集团峰会全体参与者赞同发表一个含有三个中心要素的政治声明：

- 赞扬戈尔巴乔夫的改革路线并鼓励他继续下去；
- 年底前，国际货币基金组织、世界银行、经济合作与发展组织（OECD）和欧洲重建和开发银行应就苏联经济状况及进一步改革和支持措施建议提出一份研究报告；
- "现在已经能够做到的国家"，可以自愿决定，在研究报告提出之前，准备自己的援苏行动。

据此，波恩的谈判目标，即七国向苏联提供共同和全面的经济援助，虽然没有得到完全满足，但向戈尔巴乔夫发出了充满新希望的积极信号。现在需要等待的是，他将作出何种反应。

克里姆林宫的积极信号

7月14日，联邦总理率一个庞大的政府代表团和大批记者乘两架飞机启程前往莫斯科和斯塔夫罗波尔进行为期三天的访问，这时的期待是克制的。7月11日，戈尔巴乔夫给总理传递一条最新消息，暗示会采取进一步接近的步骤并建议去苏联总统的高加索家乡访问，这被总理府的官员们评价为积极的信号。他们认为，[4]戈尔巴乔夫想借此表达双方都希望把政治内涵与"个人关系"联系起来。但他们认为，现实主义地看，科尔的访问"尚不可能指望取得那样的突破，以至于'2+4'进程将降为不过是走走形式而已"。

总理府在准备行此时的基本出行点是，总理作为参加了所有三个西方峰会——都柏林（欧洲理事会）、伦敦（北约）和休斯敦（七国集团）——的第一位参与者来到莫斯科，他可以在这里详细地陈述并阐释这些峰会的成果。人们认为，将莫斯科之行与西方政治家的其他访问并列，也是聪明的，这样就可以避免产生任何德国单独行动的表象，而是总体上强调这次访问是纳入西方框架内的。[5]科尔将遇到的这位总统由于再次当选为苏共总书记而已摆脱了内政上的反对派。这首先意味着地位的加强，特别是戈尔巴乔夫依靠其总统团队越来越多地摆脱了党内机关的阻挠。此外，通过党代表大会直选为总书记，也使他在苏共中央委员会面前有更多的实权和自信。尽管内部分析认为，党代表大会已显示出，戈尔巴乔夫在解决实质问题上只能非常有限地贯彻自己的意图。[6]围绕鲍里斯·叶利钦（Boris Jelzin）的进步力量而加速分裂，进一步导致党内人事基础的削弱。党的干部和军队领导层还把德国和东欧政策变成了内政议题。莫斯科领导层的外交政策活动余地——尤其是在全德北约成员属性和军备控制政策等重要问题上——由此而受到进一步的限制。西方除了加强戈尔巴乔夫外交政策的力量之外，应该通过一项令人信服的政策以及与此相关的批评中立化，也要帮助戈尔巴乔夫减轻内政上的压力。

科尔的同事们判断，由于灾难性的经济形势和供应状况，苏联的内政形势明显地变得困难了。1990 年上半年的情况是"经济负增长，通货膨胀的压力巨大，国家财政大量亏空"。在前期考虑中，对经济合作花了大量的时间。人们估计，统一后的德国将是莫斯科最重要的外贸伙伴和外汇供应者。统一将给经济合作带来质的扩大和深化，从而在政治上起到稳定作用。此外，关于给苏联提供双边援助，提到了 1990 年 2 月价值 2.2 亿马克的食品援助、1990 年 6 月德国银行为 50 亿马克贷款提供官方担保、1989 年底到期的德国临时银行团提供的 30 多亿马克框架贷款以及经济部长豪斯曼在休斯敦提出的"协作一揽子计划"。[7]在《关于建立货币、经济和社会联盟的条约》[①] 中，规定了对民主德国欠苏联的所有债务的信用保护。还要加上从 1990 年底开始承担的大约 12.5 亿马克的苏联驻军费用以及给苏联士兵在战地银行存款提供有利的兑换率。

此外，为科尔准备了西方在最近时期给苏联提供的所有贡献的详细信息。列举了大量的要点：从为总的政治局势所作的基本努力，如联邦议院和人民议院对波兰边界的决议、德法缓和巴尔干局势的倡议，到安全、裁军和军备控制领域的大量倡议。还要加上扩大欧安会的提议以及北约和华约成员国关于放弃武力的共同声明、西方机构的开放，如支持苏联在欧洲理事会的客座地位或者向关贸总协定（GATT）、国际货币基金组织、世界银行和七国集团的靠拢。

---

① 《关于建立货币、经济和社会联盟的条约》（Vertrag über die Schaffung einer Währungs-, Wirtschafts- und Sozialunion）。——编者注

关于共同条约的具体提议

关于双边关系的未来设计，科尔的同事们设想了《未来统一德国和苏维埃社会主义共和国联盟关于合作与睦邻关系的条约草案》①。⁸人们一致认为，虽然这个草案应构成与戈尔巴乔夫会谈的重点之一，但必须记住，联邦总理始终关注首先与波兰签署这样的条约。迄今为止，苏联总统对签订这样一个条约的想法反应非常积极。现在提出的内容排列首先是序言，其中强调欧洲的和平秩序与睦邻友好，以及强调吸取历史教训、德国期待自己土地上只会出现和平、和解与谅解的意愿以及共同历史中的积极方面。作为资料来源，运用了 1989 年夏季的德苏声明。与 1963 年 1 月 22 日的德法条约和 1988 年 1 月 19 日的《磋商议定书》类似，应商定最高政治层面以及部长之间的定期会晤、外交部之间的磋商、在国际组织的合作以及建立各种不同的混合委员会。此外，与 1989 年夏的德苏声明相似，列举了关系的原则，如主权、平等和不干涉，各国人民的自决权，防止战争和保障和平，国际法的优先地位以及人类的生存，保护自然环境和增加富裕，等等。同样以德苏声明、维也纳和哥本哈根的欧安会文件以及 1989 年 11 月德波共同声明为基础，要提及人权和少数民族问题。根据这些原则，人的尊严和权利应在政治中占据中心位置。保护少数民族和维护自身认同应得到保证，应有可能采取有利于少数民族的促进措施。

除此之外，要把《莫斯科条约》的要素纳入进来，把放弃武力确定下来，就像在《联合国宪章》和欧安会各种文件的基本原则中体现的那样。放弃武力威胁或放弃使用武力应得到重申，应支持建立欧安会预防冲突中心和仲裁程序。同样，要从《莫斯科条约》和《赫尔辛基最后文件》中摘取有关边界的说法，除了确定主权和维护领土完整的权利之外，还要按照欧安会的原则确定边界的不可侵犯性，并规定"现在和将来"都放弃领土要求。在援引 1989 年德苏声明的情况下，要澄清安全、裁军和军备控制问题。在德国单方面放弃拥有和生产三种大规模杀伤性武器方面，科尔下属官员的设想是，可采取附件的形式再次予以重申。关于未来经济合作，应该按照平等和互利的哲学进行。全面的协作，尤其是以尚未制定的新形式

---

① 《未来统一德国和苏维埃社会主义共和国联盟关于合作与睦邻关系的条约草案》（Entwurf eines Vertrages über Zusammenarbeit und gute Nachbarschaft zwischen dem künftigen geeinten Deutschland und der Union der Sozialistischen Sowjetrepubliken）。——编者注

进行的协作、投资促进和现有条约的继续适用，应该成为这一合作的基础。

　　人道主义合作应与 1989 年 11 月德波声明里写的那样相似。为此，总理府概述了其基本原则，包括战争墓地和纪念场所以及吸收人道主义组织参与。此外，还就文化和科学合作的章节进行了深入的思考。涉及欧洲共同的文化遗产，也包括建设和扩建文化学院，历史书籍的设计，促进语言、大学和研究机构的合作以及现存条约和公约的继续适用。关于各国人民相互交往的考虑是以 1989 年德波声明为依据的。除了青年交流以及政党、工会、教会和协会的接触沟通之外，也应建立城市和地区之间的伙伴关系以及成立一个德苏论坛。

　　所有这些考虑都是为了向苏联领导层证明，联邦总理及其代表团绝非仅仅关心迅速取得"2 + 4"的成功。科尔要强调的是双边未来关系及其形成的意义。采用几乎有 30 年之久的德法条约、1970 年的《莫斯科条约》和 1978 年的德苏经济协定以及较近的与苏联和波兰共同声明中的有效因素，有助于突出联邦政府谋求与苏联保持持续良好关系的意愿。

　　对于科尔及其智囊们来说，计划中的条约同时也是在内政上支持戈尔巴乔夫的一种手段：总理的智囊们建议，为了使总统有可能在联盟问题上让步，必须顾及苏联的公众舆论。一是苏联领导层需要提供证明，在艰苦的谈判中，已为维护苏联的利益坚持到了最后。二是为了赢得足够的时间以减少民众中积淀了几十年的关于北约的宣传形象。[9]"中央媒体"的积极报道也是朝这个方向发出效应，如同邀请去斯塔夫罗波尔访问一样，这一举动是"另一个具有媒体效应的意见一致的信号"。在公开描述与苏联总统的会晤时，科尔应对三件事赋予特别的分量："2 + 4"会谈和双边对话的进程特征、德苏关系长期构思的萌芽以及他与戈尔巴乔夫个人之间的融洽关系。

　　内部的考虑是，这可以同时防止出现这样的印象，即双边会谈压倒了"2 + 4"进程——在外国观察家看来，这可能导致"拉帕洛效应"。决定性的是，在经济和安全政策问题上，为戈尔巴乔夫和谢瓦尔德纳泽周围较为紧密的苏联领导层提供足够的证明和承诺，以利于他们能在斗争中更好地经受住党内批评。在全德北约成员属性问题上，大量的公众呼声表明，照顾苏联的内政形势是多么重要。[10]无论是外交部、国防部或者是苏共中央国际部的代表，公开发表的大部分意见都表明了他们继续反对德国成为西方联盟成员的立场。这也符合谢瓦尔德纳泽 7 月初给苏联驻外大使发去的口径：苏联外交官在所有层面的谈话中都应拒绝德国的北约成员属性，而为欧洲安全体系辩护。

尽管有零散的积极预兆——科尔的同事们曾详细地提到并乐观地阐释了这些预兆——以及充满信心的基本情绪，总理及其代表团在其莫斯科之行开始之际，对于会谈将不仅仅是"2＋4"进程的"中间阶段"这一点，只抱有很少的希望。[11]尤其是关于六方会谈——迄今已有两次外长会晤和六次官员会谈——状况的中期报告强调，在许多方面意见仍然存在着很大的"分歧"。戈尔巴乔夫虽然公开许诺在巴黎欧安会峰会之前提出一个全面解决办法，但也指出这是按现今计划最后一次进行的"2＋4"部长级会晤（华盛顿，10 月）与欧安会峰会（巴黎，11 月中）自身之间的积极解决方案。因此，特尔切克及其同事们建议，科尔在涉及"2＋4"会谈时主要应该谈到以下几点：

- 到巴黎欧安会峰会时，有关统一的外部问题应该得到最终澄清。
- 随着统一的实现，德国应该获得完全的主权。
- 根据《赫尔辛基最后文件》和《联合国宪章》，统一的、拥有主权的德国应在结盟问题上拥有自由决定权。

会谈前一天晚上已经到达莫斯科的科尔，7 月 15 日在苏联国宾馆用早餐时，再次与其部长们和顾问们详细讨论了所有这些问题。[12]在会谈即将开始前夕，这圈围坐在一起的人——除了根舍、魏格尔和克莱因，还有阿克曼、瓦尔特·诺伊尔（Walter Neuer）、特尔切克、布雷西、卡斯特鲁普和韦伯——充满信心：苏联媒体当天报道的基调是友好而建设性的，这被评价为是谈判的良好征兆。

"现在是澄清所有问题的时刻"

将近两个小时的会谈特别友好和轻松地开始了。1990 年 7 月 15 日 10 点过后不久，戈尔巴乔夫和科尔在苏联外交部的"莫洛索夫别墅"会晤。它将成为德国统一道路上最为重要的会晤之一。谢瓦尔德纳泽在别墅门口欢迎稍稍迟到的德国代表团，并陪同科尔去戈尔巴乔夫那里，后者正在二楼等候总理。除了两名翻译之外，各方只有两位最高领导人的外交顾问特尔切克和切尔纳耶夫随同参加这次"私下会谈"，而两位外长则退出进行分开讨论。[13]戈尔巴乔夫欢迎总理说，地球是圆的，他们两人始终围着它飞来飞去。科尔马上显示出自己的乐观，他说，早在头一天晚上，他就对谢瓦尔德纳泽外长说过，处在具有重要历史意义的年代，现在必须抓住这个时代提供的机遇。俾斯麦曾经说过，人们必须抓住历史的外套——苏联总统称这句话"非常有意思"。

科尔接着说，摆在他们面前的 90 年代上半期提供了一个很大的机遇，加以利用是他们这代人的任务：二战时他们还太年轻而不能承担个人的过失，但他们两人都清楚地共同经历了那个年代。他曾经说过，这是"晚生之幸"。而能利用现存的可能性也属一幸。戈尔巴乔夫接过这一敦促性的话题说：独一无二的经验和当前的形势给他们这代人提出了一项任务，就是要抓住机遇并加以塑造。令他印象深刻的是，今天人们越来越少地谈到谁赢谁输，而是共同从一个世界的理解出发。科尔提请总统回忆他们 1989 年 6 月在联邦总理府花园里的谈话，在这次谈话中，他提议共同利用最近呈现出来的可能性。现在，他要明确祝贺戈尔巴乔夫的政策。接着，戈尔巴乔夫简短地通报了已经过去的俄罗斯联邦共产党代表大会和苏联共产党（KPdSU，KP）代表大会，说这两次会议都非常艰难，因为保守力量试图报复。科尔插话说，这真是"老虎身上骑马"，并且补充说，这次苏联共产党代表大会肯定是党史上最重要的四次党代表大会之一。戈尔巴乔夫保证说，情况就是如此。过去人们完全公式化地将所有党代表大会称作是"历史性的"，最近这次会议无疑属于这一类。这次没有幕后的争斗或阴谋诡计，但对不同的想法、意见和思想进行了坦率的争论。争论的中心是如何能够改造社会和引进市场体制问题。戈尔巴乔夫对叶利钦退党表示遗憾，他要与叶利钦保持联系，之后还要与他会面。

苏联总统说，眼下他要与科尔谈具体事情，之前他想先谈几点基本思想：就像过去曾经有过的那样，现在又出现了俄罗斯和德国必须再次相聚的形势。[14]两个民族曾经分开，现在必须再次走到一起。完成这项任务是 90 年代最关键的一点。对他来说，这一任务与同美国关系正常化具有同等地位。如果能使彼此关系达到一个新的质量，那么对两国人民和整个欧洲都有裨益。科尔对此作了特别强调，并说：如果能做到这一点，那么，他将乐意在一年之内与苏联签订一个全面的新条约。当然，在这一点上他只能代表自己说话，因为 12 月将举行联邦议院选举。这次选举的结果未卜，但看来他将留任。在此情况下，他的公开意图将是让各方看到双方关系将开创一个新纪元。现在就可以"机密的方式"开始前期工作。比如，可以对现有的条约和协定进行审核，看看哪些内容已经过时或者可以有新的发展。这个条约应该包括一切可能的议题，从经济到文化和青年交流，到技术等许多方面，而如果议题领域被纳入其他协议，那么，与伦敦北约峰会声明相似，条约也可包含放弃武力和互不侵犯的思想。签订这样一份条约的时间已经成熟。

就像其同事们建议的那样，科尔接着谈了都柏林的欧洲理事会、伦敦的北约会议和休斯敦的七国集团会议等西方三大峰会。他指出，在这些会议上，人们一致认为要支持苏联的改革努力，尽管与会国内部对速度有着不同的看法，内政上存在着不同的束缚。如果戈尔巴乔夫能够继续发展他的改革纲领并同时为合作开始作准备，那么到年底，戈尔巴乔夫向布什提出的所有问题如贷款、咨询等都有可能作出决定。科尔说，至于他个人，他把经济和财政合作视为总的一揽子建议的一部分。他以此将话题转到德意志内部局势，认为那里将出现大量问题。民主德国的局势一天比一天糟糕。他绝不会加快速度，他原先的时间设想完全不同。他宁可有更多的时间，但东德的经济发展极具戏剧性，这对苏联也有影响。因此，12 月 2 日的全德选举非常重要。戈尔巴乔夫插话说，科尔正在经历他自己的"新思维"，推行这种"新思维"不仅只有令人愉快的事情。大的目标会带来大的困难，因此大家必须互相帮助。科尔接过这个话题，以列举西德的各种援助措施，从 2 月份的生活资料行动到为苏联 50 亿马克贷款提供担保，宣布从 1990 年 6 月起给驻在民主德国的苏军提供支持款项、承诺为民主德国欠苏联的义务提供信任保护。科尔还说他信守了诺言，所有这些措施都是没有用书面协议的。戈尔巴乔夫说，联邦总理所做的一切对于德国都具有重大意义，但也为苏联提出了很大的心理和政治问题。因此，人们必须均衡而谨慎地行事，找到信任与合作的新水平。在这方面，文件诚然重要，但仅靠文件不能实现一切。

此后，科尔将话题转到当前问题。如果要想维护时间框架，那么，三个领域的协议是必要的：

1. 完成苏联从民主德国撤军问题；

2. 统一德国的北约成员属性问题；

3. 统一德国武装力量的最高限额问题。

科尔说，这三个障碍需要排除，这样，在"2 + 4"会谈结束之际就能在德国统一的当天实现德国的完全主权。在处理这些问题时，应把美、法、英都吸收进来，而在涉及德国武装力量最高限额的问题时也涉及北约，但首要的是他们两人之间的问题。

对于科尔这些具体的预案，戈尔巴乔夫首先用1989年6月联邦总理在波恩引用过的赫拉克利特（Heraklit）的话：万物皆流动，万物皆变动。换句话说，他想说明人不能两次跳进同一条河流。在这几个月里甚至是在几天之内，局势一直在变化。今天，一切都与他们刚刚开始讨论问题时不同。现在，是时候了，也有必要澄清一切问题，并为进一步的工作作出决定。在美苏关系上，要特别感谢布什，已经取得了很多进展。美国总统已决心更新双边关系。联邦政府尤其是科尔也参与施加了影响。就像不久前他对总理和最近对感到意外的布什说的那样，他认为美军在欧洲的存在是对稳定的贡献。科尔证实他经常与布什谈论对苏关系。最近一次是在伦敦的北约峰会和休斯敦的世界经济峰会上，美国总统的立场非常清楚；布什意识到，处在一个重要时期，现在必须采取行动。科尔说，他明白德国当前的发展并非使欧洲每个人都感到高兴，其中反映了过去的负担，这是可以理解的。必须顾及巴黎、伦敦和海牙的有关感受。与之相反，布什的立场很清楚：德国在他的构想中扮演着一种特殊角色，因此，在发展和深化德苏关系时，华盛顿不应产生不信任感，这是很重要的。必须清楚地表明，所有的发展对美国也有好处。对此，他与美国安全顾问斯考克罗夫特已经长谈过。后者具有战略头脑并且理解美苏关系新的基础是多么重要。这里，还要加上德苏关系这个层面，虽然两者不能完全类比，但存在着相互影响的关系。

讲到这里时，戈尔巴乔夫把话题转到通报自己的美国之行，此行使他看到了许多新事物。他认为，一切都在变动之中，这也适用于北约。伦敦声明是朝着正确方向迈出的一步，尽管它仍然承载着过去的包袱。各国人民将非常注意地跟踪事态发展。这方面，关于合作以及西方不再把苏联视作对手的看法是政治上一个重要的进步。联邦政府和联邦总理的看法具有最大意义。总理最近说过的和强调过的话，在双方关系中起着很大的作用，是非常重要的。苏联总统以此点出苏联国内的政治气氛：联邦总理肯定已经注意到，苏联领导层试图一步一步地将民众引导到这些问题上来。不过，不可能让过去的一切都被遗忘。但现在重要的是要向前看，特别是要使苏联老百姓意识到同德国人民的关系。军队和新闻记者叫得很响亮，说人们为换取马克出卖二战的果实。不过，人们正在对公众施加影响，把他们带到正确的道路上。总的来说，局势正在朝好的方面转变。

在这个过渡话题之后，戈尔巴乔夫开始谈计划中的德苏条约问题。他说，人们对此作了一些思考并形成了文字。但它不是一个条约草案，而仅仅是为总理准备的"对德苏伙伴与合作条约内容的思考"的文件。[15]这时科尔把总理府准备的草案递交给戈尔巴乔夫，并表示，上述情况也适用于他的文件。两份文件的一致之处在于，都是"纯属个人的思考"。科尔提到他的文件与德法友好条约有许多相似之处。戈尔巴乔夫表示，他很明白这一提示。同样，根据科尔的愿望，这些文件先在特派员层面上进一步讨论，之后才吸收外长们讨论。[16]总理提出这个愿望的理由是，不要使谈判内容变成正在开始的德国选举斗争的题目。

戈尔巴乔夫进入攻势

直到此时为止，在一般范围内进行了大约一个小时的谈话，并且很大程度上是没有约束性的，之后戈尔巴乔夫便开始了攻势。这位从不想成为被人推着走的人、一个始终希望作为积极行动的政治家出现的人，现在转移到谈话的那一部分，他要在这部分超越对方最大胆的期待，也要超越一些外部专家的担忧：[17]他说，莫斯科的出发点不再是必须符合原来提到过的所有国际法规则。尽管如此，如果人们想让这个过程取得好结果，就还需要澄清一些问题。所以，他认为新的德国将在联邦德国、民主德国和柏林的边界内组成。科尔插话说，这没有问题，并解释了他对解决边界问题的程序建议。他总是不能理解波兰的立场，因为他提出的统一后三个月之内签署边界条约并缔结一项面向未来的条约建议遇到了犹豫不决的反应。如果德国与苏联缔结这样的条约，波兰会作出何种反应将是可以预见得到的。戈尔巴乔夫插话说，这一点是必须要考虑的，并立刻将话题转到第二点：德国必须继续放弃三种大规模杀伤性武器——这也正是联邦总理的立场。

之后，苏联总统谈了他的第三点意见，也就是统一进程中现在最为迫切的国际核心问题，即北约军事结构不得扩展到民主德国地区。

此外，必须就苏军驻留的过渡办法达成协议。他的最后一点预示着四大国权利必须解除。科尔问，这是否是说，随着统一德国将重新获得完全的主权，得到的回答是："理所当然"。不过，戈尔巴乔夫说，这是以北约军事结构不扩张到民主德国地区并为苏联驻军找到过渡办法为前提条件的。最重要的问题还是德国的北约成员属性问题。法律上，这个问题是清楚的；但在事实上，情况是这样，统一后北约的适用范围将不扩展到现在的民主德国领土。没有等待联邦总理回答，这位总统解释自己的建议说：这是关于过渡时期的解决方案；德国的北约成员属性保持存在，但只要苏军驻扎在民主德国，西方联盟的适用范围就不能延伸到民主德国的领土。为强调这一表述的重要意义，戈尔巴乔夫重复说：保持北约成员属性，但北约必须考虑在一个过渡时期内，其适用范围不能转移到民主德国地区，因为那里驻扎有苏联军队。这样就可以作出一个双方满意的决定。

苏联总统在具体谈到细节时所作的进一步阐述表明，他的这一决定绝非心血来潮、一时冲动的言论。[18]科尔希望立刻解除四大国权利。但与之相反的是，"2＋4"会谈结果必须得到批准，这需要时间。谋求的最后文件应包含解决办法的主要原则，它将确认取消四大国责任，没有过渡时期；还要有一个单独的条约，其中规定苏军在现今民主德国领土上停留3～4年，或者确认与此相关的民主德国的义务继续存在。科尔强调，联邦政府愿意在拥有主权的德国和苏联之间签订一项协议，解决苏军计划在东德驻扎3～4年的所有细节；此外，他的政府关心尽早结束四大国权利并实现德国的完全主权。戈尔巴乔夫表示他理解这一点。他认为，可以将苏军留驻的问题从总的一揽子计划中分解出来并单独解决。这样，德国的完全主权就可以实现而不受军队存在问题的干扰；不然，苏联士兵将会作为占领军留下来。

科尔证实，这对他和他的政府来说是一个重要问题。科尔以自己的视角总结了迄今为止的结果：德国作为整体必须保持为北约成员，这包含北约军队将不推进到民主德国地区。如果他对戈尔巴乔夫的话理解正确的话，那么，只有在苏军撤出民主德国地区之后，北约的适用范围才延伸到民主德国地区。戈尔巴乔夫确认，这符合共同的利益。事实上应该是，只要那里驻扎有苏联军队，民主德国的现有领土就不属于北约的影响范围。这不会使德国的主权成为问题：德国仍是北约成员，但签订一项关于苏军存在的协议是必要的。一年后可以就苏军全面撤出问题进行谈判。关于苏军存在的法律基础，应该签订一项单独的条约或者重申民主德国的义务。科尔建议，立即准备有关军队存在的单独条约，接着戈尔巴乔夫再次概述了自己的立场：

- 取消四大国权利；
- 统一后的德国获得完全主权；
- 通过一项单独条约解决苏军存在 3～4 年问题。

科尔表示，这一时间期限对他来说没有问题，但对总统可能会成为一个问题。戈尔巴乔夫应考虑到民主德国即将发生的变化以及自己的士兵对此产生的反应，联邦总理以此暗示意料中的东德经济变化。[19]他还极力重申，如果苏军有限期的驻扎是基于一项单独条约而不是占领军权利，这对他来说贯彻起来要容易得多，对此苏联总统表示理解。作为对应，科尔解释了他对联邦政府提供可能的援助的设想。他设想可以提供经营管理培训或者转行培训项目，使军人进入民用职业领域变得容易一些。戈尔巴乔夫听后哈哈大笑地插话说，也需要住房。科尔说，他只能设想，如果苏联的住房不仅仅是为苏联军队而且也是为一般民众建造的，那么可以得到支持。他强调，这是一个十分重要的原则并得到了戈尔巴乔夫的赞同。苏军士兵将分散在全国，总理重申，他希望给这样的住房项目一个正确的名称，这是很重要的。

这次会谈的实质性部分就这样结束了，它总共只占大约三分之一的会谈时间。由于预定的会谈时间已经明显地超过，科尔指出戈尔巴乔夫本人是苏联在西方的最大资本，以此将会谈引入了最后阶段。他简短地谈到本质上良好的联邦德国与法国的关系，尽管存在着心理上的问题。今天在德国弥漫着一个看法，就是必须与苏联共同创造和平，而不能强制。在简短地提到美苏良好关系的重要意义之后，戈尔巴乔夫再次宣布要与科尔一起飞往高加索山区，在那里可以更加清晰地思考。科尔对此作出的反应是再次指出苏军太长时间驻扎在民主德国会产生苏联内部问题。戈尔巴乔夫表示，将共同解决所有这些问题，从而引向了下一步的会谈回合。在高加索，必须讨论限制联邦国防军、维也纳欧洲常规武装力量谈判和其他问题。

在最短的时间内，戈尔巴乔夫就超出了对方的期待。与联邦总理府内部的分析预测不同，他现在已向总理而不是与美国总统一起清楚地表明了未来发展的基点：

    1. 随着统一，德国将重新恢复主权；[20]

    2. 统一后的德国可以保持为北约成员；

    3. 对苏军在民主德国地区 3～4 年的限期驻留，应找到一个条约规定的过渡解决办法；

    4. 与科尔一样，戈尔巴乔夫想通过一项全面条约塑造德苏关系的未来。

不过仍不清楚的是，应该如何在内容上和法律上使这些目标方向得到精确的阐述。戈尔巴乔夫只是提到，在苏军存在期间民主德国地区拥有何种安全政策地位；如何尽可能在批准"2＋4"条约以前具体地实现德国主权；共同条约应该包含哪些单个要点。

在随后的双方代表团大范围的会晤中，[21] 科尔和戈尔巴乔夫对内容方面的陈述仍保持谨慎。戈尔巴乔夫在开场白中表示，人们"已做了热身运动"，因此在高加索的空气中——在那里脑子可更好地工作——很有达成一致的良好前景。今天的会晤将在关系史上占有重要位置。虽然晚一点才能作出会谈总结，但积极的开端预示着大有希望。总统详细谈到已经过去的党代表大会，紧随其后的将是深入落实改革决议的阶段。他以苏联领导的名义感谢德国银行为 50 亿马克贷款作担保，这是在恰当时刻下的一步"妙棋"。鉴于即将面临的改造，苏联需要某种支持，因此非常赞赏联邦政府采取的步骤。联邦总理开始时也很谨慎：人们进行了十分原则性的谈话，并且意识到这是一个历史性时刻。事情的发展促使人们作出能够长期起积极作用的决定。他再次强调西方准备帮助苏联进行改革的努力，并引用了布什在休斯敦七国峰会上的话："我们愿意戈尔巴乔夫取得成功！"如果人们回顾之前 3～4 年，这是一句不同寻常的引语。德国人非常愿意帮助苏联，无须很多公开的讨论，并且不是在 12 月份，而是在今后几个月。

科尔提请注意德苏的共同历史以及德国很有可能在年底统一。他说，重要的是，与过去不同，统一将在邻国的同意下实现，这也赋予事情本身以另外的质量。在座的这代人有义务在他们将接力棒交给下一代之前，将一些事情整顿好。因此，他和戈尔巴乔夫谈了签订全面条约的共同愿望，该条约应尽可能包括许多领域。对于计划中的华约与北约国家放弃武力和互不侵犯的共同声明，总理补充说，如果德国和苏联能成为第一批签字的国家，将是很好的。戈尔巴乔夫抓住这个想法说，以建设性的态度对待德国统一问题，不仅能够为本国而且能够为整个欧洲很好地效力。

乐观和象征多于事实

在轻松的气氛中共进午餐之后，在启程飞往高加索之前，科尔还想简短地与媒体见面。[22]令人意外的是，他被戈尔巴乔夫陪伴着，戈尔巴乔夫保持了他在代表团会谈中表现的方针。苏联总统虽然表现得相当乐观，但没有在任何地方显露他在单独会谈中向科尔表示的让步。比如，他在回答德国北约成员属性问题时称，他对科尔说过："万物皆流动。"他说，在莫斯科人们非常关注北约和华约当前的变化，会谈中在许多问题上相互接近了。虽然还有满满一篮子的硬坚果，但"我们的牙齿非常好，会把它们咬碎"。两位政要非常笼统地向记者们提到他们讨论的形形色色的议题，从经济合作到双边关系新的条约性基础，再到安全政策问题。戈尔巴乔夫所谈的内容以及他的表现均显示出了苏联的意图。戈尔巴乔夫虽然是在国际媒体面前发表意见，但他发出的新闻却主要是针对本国民众的：

- 一般性地指出东西方关系出现了变化，特别指出德苏关系发生了变化，这是为了帮助苏联公众对由此产生的决策作好思想准备。戈尔巴乔夫个人的亮相，被纳入了绝大部分积极的报道之中，当时苏联的媒体还不是独立的。
- 强调仍然存在问题，这是为了说明，国家和党的最高层在德国统一的原则问题上仍在继续协商，而且绝对不会轻率地作出让步。
- 预告西方尤其是联邦德国将在经济上向苏联和"新思维"提供支持，并把它列入整体情境，以便从一开始就防止人们提出为了财政援助而"出卖"苏联利益的质疑。

这些主要是针对敏感的内政背景而采取的行动方式，在以后的访问阶段将继续上演，包括代表团从莫斯科飞往斯塔夫罗波尔。科尔是戈尔巴乔夫邀请到其高加索家乡的第一位外国政治家，由此就已经为产生轰动的媒体反响打下了基础。这一在媒体报道中反复强调的姿态，通过进一步的访问日程而得到了额外的分量，并且清楚表明了戈尔巴乔夫的用意，即通过部分实况报道在国内公众中宣传科尔是"那种好的德国人"。[23]总统的下属官员以前所未有的坚持不懈安排了具有媒体效果的活动日程，这个日程与苏联老派的几乎是宫廷式的礼仪没有共同之处，而主要是强调个人之间的良好关系，给随行的摄影师和摄像师提供完美的图片和内涵丰富的象征。在抵达莫斯科以南1600公里的斯塔夫罗波尔时，活动还是按照经典的模式进行。挥舞着小旗帜的儿童和成人欢迎贵宾，贵宾们先是游览市容。联邦总理在二战阵亡战士纪念碑前敬献花圈，这是向公众表明，来访的政治家们意识到两国关系中的历史负担。接着，到戈尔巴乔夫早期担任党委书记时的工作地点作短暂访问，他坐到原来的办公桌后——为了摄影也是为了强调自己的根——并"被人潮包围"，很多苏联老兵也出现在此场合。

在从斯塔夫罗波尔飞往偏远的阿尔希斯的飞机上，当直升机梯队在短暂的飞行后，似乎是出于即兴而中途降落在收割后散着庄稼茬的宽广田野时，媒体的轰动达到第一次高潮。身着家乡传统服装的农家女孩欢迎政治家们，并递上传统上象征着好客的面包和盐。戈尔巴乔夫和科尔都表现为情系家乡的人，并展示了各自的风俗习惯：总统亲吻面包并抹上盐，把它分给在场人员；总理给圆面包标上三个十字符号。此后他们跳上一台联合收割机，并在谈话中显示自己的农业知识。戈尔巴乔夫说，由于储存和运输问题，总有一部分好收成烂掉，不过他也会加以改变。

半个小时以后，人们继续飞向阿尔希斯，这是一个森林密布的小村庄，戈尔巴乔夫的乡间别墅也在这里。身着传统服装的女孩子迎接客人，为留下来的记者拍摄新闻片提供美丽如画的背景。由于场地问题以及要突出访问的私密性，不仅政治家下属官员，而且大部分国际媒体的代表，也不允许随行，他们在150公里远的米乐拉尼杰沃迪（Mineralnije Wodi）等待峰会会谈的官方消息，等待组合成小"团体"的同行们发来的图片和信息——在这种场合下经常如此。降落后不久，赖莎·戈尔巴乔娃（Raissa Gorbatschowa）摘了一束草地上的鲜花并递给联邦总理，展现了良好的访问气氛。除此之外，戈尔巴乔夫首先强调访问的私密性质：德国客人几乎还没有来得及在分配给自己的房间和屋子里洗漱，总统就邀请他们去晚间散步。

随便穿着毛衣和羊毛衫的戈尔巴乔夫和科尔，与仍然身着正装系领带的陪同人员，以离奇的装扮上路去附近的河岸。在这里拍的照片后来都被当作德苏靠拢与和解的象征传遍世界：总理和总统先是在陡峭的岸边斜坡上谈话，后来与根舍一起坐在三个锯成椅子的树桩上，高兴地围坐在一个大木桌边，周围是他们的同事和赖莎。就像在接下来的晚餐时一样，政治仅仅是边缘话题，政治家们主要聊他们的生活、家庭回忆和足球。[24]晚餐以后，当戈尔巴乔夫和科尔在没有工作人员参与的情况下，坐在一起进行简短的单独会谈时，才重新具体地讨论德国问题。联邦总理再次向对方表示，在统一德国的北约成员属性一事上，他不准备接受任何限制，戈尔巴乔夫默默地听进去了。直到午夜，在科尔与其部长根舍、魏格尔和克莱因聚在一起进行最后一次协调并通报他与苏联总统单独会谈情况之前，联邦政府就这样确定了次日早上会谈内容的最重要基点。

第二节　风格与信任问题

到目前为止，访问过程超过了德国代表团的期待，以至于科尔可以非常乐观地进入与戈尔巴乔夫很可能是艰难的——也许是最后一轮的谈判。戈尔巴乔夫已经如此清楚地预设了目标方向，并通过导演阿尔希斯之行唤醒了公众的这种期待，以至于特尔切克夜里还在准备联邦总理对媒体发表的结束声明。不过，仍然不清楚的是协议、共同行动，特别是向公众描述的细节。因此，尽管满怀信心，但仍存在着相当大的紧张情绪，特别是因为次日早晨要做的是将原则性的靠拢转化为具体的、政治上和法律上都能承受的妥协和措辞。

围绕细节的艰苦争夺

联邦外长特别明显地察觉到这种紧张：[25]根舍的心律不齐和血液循环减弱再次出现，这在迄今为止的整个谈判进程中折磨着他。例如在布雷斯特与谢瓦尔德纳泽进行感情冲动的会晤时，他不得不临时中断会谈以便离开会场接受治疗。尽管治疗的医生们表示了种种顾虑，但根舍还是通过付出巨大的精力和自律，成功地使其健康状况既没有泄露到广大公众中去，也没有持续地干扰他在统一进程中的工作。虽然他起初身体虚弱得站立不稳，但7月16日早上在阿尔希斯又重新能够凭借其众所周知的坚韧，介入两国代表团的谈判。

与迄今为止在莫斯科的会晤以及头一天晚上的社交场合不同，这次会谈马上进入主题。[26]科尔在将近四个小时的谈判开始之际就指出，要为德苏条约进行必要的准备。他说，现在就应该开始作准备，因为条约应在一年左右时间内完成，以便能够由统一后的德国政府签署及其议会批准。戈尔巴乔夫在对此作出反应时强调这样一个条约的重要性，并且再次明确询问这是否将开启双边关系的长期前景。他说，这对苏联人民来说非常重要，他强调这一计划的内政重要性。他相信，民主德国对此也会理解。科尔承诺，他借该条约谋求使双边关系有一个持久的新品质。谈及民主德国，科尔表示，他看不到其中有什么问题。不过，出于心理原因，他迄今为止都在避免好像是以全德政府的名义亮相。谢瓦尔德纳泽的插话说明了该条约对苏联的内政具有何种重要性：虽然可以晚一点签字，但在 1990 年 11 月之前应该全部准备完毕。现在就应谈定一些条款，否则的话，条约文本几乎难以及时提交给最高苏维埃。科尔询问需要为该机构做些什么，总统及其外长的回答是，一个含有意向声明的信件交换可能很有帮助。科尔说，这没有问题，并建议给戈尔巴乔夫写一封共同商定的信件，其中就条约所谋求的内容发表一项声明。戈尔巴乔夫说，这个信件应与民主德国协调；对此科尔提议，由联邦德国与民主德国方面进行沟通，总理德梅齐埃可以用自己的信件表示会赞同波恩的信件。这样，未来双边关系的问题——对苏联来说，它原本是莫斯科和阿尔希斯会晤中最重要的心事[27]——就在最短的时间内得到了普遍满意的解决。

接着，没有很多其他的开场白，科尔将话题转到"2＋4"谈判和那些悬而未决的问题上。他说，中心目标是确立德国不受限制的主权，因此，必须谈几个问题，比如同波兰的关系，或者说承认边界的问题。科尔提到联邦议院和人民议院 6 月 21 日的声明。他说，尽管如此，波兰方面还要进行会谈。他本人想与波兰签订一项全面的条约，并且要在统一后马上就签订。苏联领导人先是没有谈及这一点，而是询问应该用什么来结束"2＋4"会谈的任务。根舍向他解释说，用一个结束文件来结束这个进程，该文件必须在 11 月欧安会峰会之前拟定，然后签字。作为结果，一个统一后的德国应获得完全的主权，不留下任何未解决的问题。戈尔巴乔夫说，就是说这将是一个含有原则性答案的文件。据此，新的德国应由今天的民主德国、联邦德国和柏林组成，并放弃三种大规模杀伤性武器。根舍对此作了肯定，并补充说，协议应该被称为"最终的国际法解决"。

戈尔巴乔夫未表示反对，进而谈到建立完全主权的"主要原则"：北约的军事结构不应扩展到今天的民主德国地区。关于苏军在东德的驻留，应该签订一份单独条约。根舍插话说，"2＋4"文件必须确定德国自己选择联盟的权利。情况很清楚，这个选择将是北约。苏联总统表示，希望不要明确提到北约。他说，如果德国具有完全的主权，这个问题反正就是清楚的。科尔建议大家转向其他议题并总结性地指出：大家一致同意，统一后的德国将拥有完全的主权。根舍说，同时大家取得一致，德国将拥有联盟归属权，而这将是北约，但不必明确提及这个名字。接着，总理再次总结说，完全主权也包含结盟权，而这意味着归属北约，在结束文件里不必明确提到后一点。戈尔巴乔夫表示同意。

科尔继续说，德国放弃三种大规模杀伤性武器，这点可以确定。关于解决苏军在现今民主德国地区的驻留问题，按照德国的看法，应该缔结一项双边条约，该条约必须马上草拟。他建议，波恩和莫斯科就此进行谈判，而德国方面内部与民主德国协商。戈尔巴乔夫表示同意并称驻军问题是最重要的问题之一，它与北约结构不得延伸到这个地区联系在一起；这不会对德国的主权提出质疑，而是属于双边关系范畴。军队的留驻问题必须在一定时间内解决。根舍说，他坚持德国是完全的主权国家，要预先规定苏联武装力量在现今民主德国地区驻扎的时间。驻扎的基础和前提条件将由统一后的德国和苏联双方来规定。科尔插话说，必须在 1990 年 11 月之前完成条约的拟定工作。他建议，这也可以在与戈尔巴乔夫的信件交换中进行，该信件交换事先要与民主德国协商。

戈尔巴乔夫说，下一个重要问题是承诺北约结构将不延伸到民主德国地区，只要当地驻扎有苏军。他提到国内政治气氛说，这样一来，他在苏联可以比较容易地使人理解统一后的德国可以自由选择联盟，而这将是北约。他说，统一后的德国将留在北约，这是清楚的。只要苏军还驻留在现在的民主德国，那么北约版图就不允许扩展到该地区。戈尔巴乔夫宣传说，他需要论据，以便向自己的人民阐明局势。新的主权的德国可以声明，它理解苏联的担忧，北约不会扩展到民主德国地区。对此，科尔在回答时指出，这只适用于苏军还在现在的民主德国驻留的情况。戈尔巴乔夫说，如果苏军撤离，形势也许就会是，作为计划中的维也纳欧洲常规武装力量第二轮谈判的结果，军队反正会减少。无论如何，苏联方面不会发表声明说，苏军撤离之后北约版图将扩大，而德国也不应这样做。不过，根舍提请注意说，尽管如此，主权的德国有此权利，这一点必须清楚。要根据形势作出决定，但德国的决策自由不应受到限制。

这是一个严重问题，通常情况下非常克制的谢瓦尔德纳泽插话说，[28] 苏军撤离以后，不能允许北约结构扩展到民主德国地区并在当地部署核武器。随后，科尔试图重新就谈判情况作总结：

1. 随着德国的统一，完全主权将立即实现。

2. 统一后的德国和苏联将签订一份有关苏军撤离民主德国的协议。基于一项双边条约，苏军在今天的民主德国驻留一定期限。苏联和联邦德国现在就应当准备这份条约，而波恩将与民主德国就此进行密切协商。

3. 加入哪个联盟，是主权德国的决定，而它说自己将是北约成员。现在，必须找到一个表达方式并借此确定，在苏军留驻民主德国期间，北约结构将不延伸到该地区。苏军撤退以后如何作出决定，是主权国家德国自己的事。很清楚，撤军将持续几年，目标必须是，不要相互不必要地增加负担。

谢瓦尔德纳泽对此表示不赞成，他说，苏军撤离以后，北约结构也不能违背苏联的意愿而扩展到现在的民主德国地区。他强调，签订条约时必须考虑到这一点。他以此表明了他与科尔和戈尔巴乔夫讨论过的立场有分歧。接着，戈尔巴乔夫再次鼓吹自己到此时为止并非总是明晰的立场，他说，如果在双边协议里写明，德国在苏军撤离以后也不会做任何影响苏联安全的事情，那么这并不是对主权的限制。不应写明统一的德国将是北约成员，虽然这是苏联的意思；同样不能写明，现在的民主德国在苏军撤离以后，将不得成为北约地区，虽然苏联方面是这样理解的；尤其是不允许在那里部署核武器，而一个全德的联邦国防军很可能驻扎在那里。

外长根舍插话说，这是对苏联立场的改变：起初戈尔巴乔夫说过，德国在苏军撤离之后将行使主权，自己决定这个问题，而现在他说他的理解是北约结构不得扩展。戈尔巴乔夫否认这是改变，并再次总结他的立场：

1. 只要当地驻扎着苏军，北约领土就不能扩展到现在的民主德国，苏军的驻留将通过一项单独条约解决。

2. 他的出发点是，北约结构不会延伸到这个地区，但在条约里不专门予以写明。

根舍想知道，在苏军留驻东德期间，是否有可能在当地驻扎并未被纳入北约的德国武装力量，从而把话题从陷入僵局的谈判形势中转移了出来。戈尔巴乔夫许诺说，是的，因为德国拥有完全主权。同样，在联邦外长插话提出的有关苏军驻扎东德期间，四大国武装力量在柏林的驻留问题上也迅速地取得了一致。不过，根舍提出这些武装力量不应增加，克维钦斯基插话说，根据1945年最初的原则，这些武装力量也不应配备大规模杀伤性武器。

东德应具有何种安全地位？

在顺利地澄清了这些议题之后，根舍试图再次总结会谈的进展状况，其中提到苏军驻扎的期限以及未纳入北约的联邦国防军的驻扎问题。他说，根据双边协议，在苏军撤出东德之前，柏林将驻有四大国的武装力量以及没有被纳入西方联盟的联邦国防军士兵；只要苏联士兵存在于今天的民主德国领土，北约结构就不能扩展；德国随着统一将成为完全的主权国家。联邦外长以此大大超越了他在春天提出的"图青公式"，他在原则上受到赞同的同时，在个别点上遭到了戈尔巴乔夫的反对。戈尔巴乔夫说，必须确定，北约不能携带核武器或者以建立基地的方式进入苏军撤离的区域；苏联不仅要撤离，而且同时也反对北约扩展领土。根舍予以反驳并指出，人们一直赞成不要出现具有不同安全的区域，这也必须适用于现在的民主德国地区。戈尔巴乔夫说，这是主权德国的权利，但眼前大家谈论的是西方联盟的结构不要额外进入当地。根舍插话说，但西方联盟的安全保证并不取决于北约军队的驻扎，对此总统表示同意。他说，如果那里出现了外国的军队，大家会说，人们不信任德国人。联邦外长澄清说，主权恢复以后，《北大西洋公约》第5条和第6条中确定的安全保证将适用于整个德国。对此，戈尔巴乔夫也表示同意。他说，这在苏军存在期间就已适用，但此后也不允许将纳入北约的军队调动到那里。

科尔说，这是一个重要的论断。他解释道，《北大西洋公约》第5条和第6条将适用于整个德国，但在苏联部队有限期的留驻期间，没有被纳入西方联盟的联邦国防军部队不能转移到东德。他也再次总结了柏林协议并指出，正在争取实现的苏联和德国之间的条约应该包含安全保证，或者说一项包含互不侵犯原则的公约；如果几年后将核武器转移到东德，将与此不符，对此必须找到正确的措辞。戈尔巴乔夫说，这是正确的。但是他要求苏军撤离以后也不允许在东德驻扎任何外国军队。科尔回应说，关于此类对立意见，必须坦诚交谈，眼下他无法提供解决方案。总统想知道，科尔在其预告的信件中，是否也能顾及《北大西洋公约》第 5 条和第 6 条的适用性问题，能否加进一个相应的意向声明。科尔保证，确切的措辞以后一定可以找到。他对此已经谈了自己的意见，但眼下不必讨论措辞问题。

针对根舍的一个问题，戈尔巴乔夫再次澄清了自己的立场：在苏联士兵撤离之前，只允许没有纳入北约的联邦国防军部队进驻东德，之后隶属北约的德国部队可以调到那里；既不允许调动外国部队也不允许转移核武器。科尔对这次会谈作了总结，其中也提及关于放弃为驻扎在东德的联邦国防军部队配备核武器运载系统的要求。[29]

戈尔巴乔夫的下一个问题是拟定 "2＋4" 最后文件。他说双边条约只能在德国统一之后才能缔结，因此他建议，在 "2＋4" 条约中加进一句话，其中谈及双边解决苏联驻军问题。对此，科尔表示，很高兴这样做并且现在就可以告诉公众。但他还想知道，苏联想在东德驻军多长时间以及规模多大。令科尔感到意外的是，戈尔巴乔夫回答称，考虑到 19.5 万士兵的规模，需要 5~7 年时间。科尔说，头一天总统讲的还是 3~4 年，波恩认为这个期限是现实的。问题不在西方，而是在苏联。苏联士兵将面对一个完全不同的经济环境，因此他迫切建议驻扎时间为三年。不过，他不会纠结于到底是三年还是四年。他已对戈尔巴乔夫说过，德国准备提供支持，比如为转入民用职业进行培训。他明白在退役人员的安置方面会出现问题，但人们不能直接加以解决。建造住房是苏联方面的事情。戈尔巴乔夫说，他非常欢迎总理提供支持的提议，但他想指出苏联的内部问题。军队裁减连 50 万人都不到，形势就已经很尖锐，而且将进一步激化。科尔暗示解决办法的萌芽称，在经济援助框架内可以考虑建筑行业，借此将话题转移到经济问题上。戈尔巴乔夫说，这个问题应该由斯塔扬与魏格尔进行讨论。[30]

科尔从短时间的经济问题讨论又回到与外交和安全政策有关的重大议题上，他再次问及苏军在东德的留驻时间，并说这个问题不必立刻决定。戈尔巴乔夫表示同意并保证他的士兵将停留 3~4 年时间，之后开始撤军。

对此，科尔作了坚决反驳，说他自己也有内政问题。如果他在议会里为苏联提供援助，比如为建造住房说话，那么他必须能够说苏联驻留以 3～4 年为期限。联邦外长根舍强调德国的立场是，什么时候第一个士兵离开并不重要，重要的是最后一个士兵何时撤离。联邦外长还再次总结了迄今的会谈经过并转到全德武装力量数量上。根据联邦政府的看法，应该在维也纳削减欧洲常规武装力量谈判中就各国空军和陆军的最高数量达成一致。在这之前，任何国家都不应增加自己的部队数量。德国准备现在就宣布自己的空军和陆军应有多大的规模。这一义务，将与一个总的解决方案一起，在力求实现的维也纳削减欧洲常规武装力量第二轮回合谈判中宣布，对所有参加国具有国际法约束力。联邦政府认为，这第二轮裁军回合会举行，因此现在就作出这一声明。在争取于秋天举行的维也纳削减欧洲常规武装力量谈判结束以后，可以直接开始裁减。不管其他的发展情况如何，人们要着手裁减并与苏联从东德全面撤军同时进行。科尔插话说，因此它与所争取的 3～4 年期限相互关联。

戈尔巴乔夫询问裁减后的德国武装力量总数将有多少，对此联邦总理重申了头一天的表态。在这个问题上，科尔直到最后都没有把自己拴住。在前往莫斯科的飞机上，他和根舍之间出现了争论：[31]科尔提到 40 万人的总数，而联邦外长仅仅建议 35 万士兵。当科尔随后指责自民党企图以此种建议谋求取消兵役义务并引进职业军队时，出现了短暂而激烈的争吵。过了一会儿，总理又突然没有结果地停止了这场争吵。后来，在从莫斯科前往高加索的路上，总统和总理首次谈到军队数量问题。戈尔巴乔夫建议 35 万人，科尔以兵役义务为由加以拒绝。当苏联总统在阿尔希斯再次询问时，科尔提请注意他头一天发表的意见。戈尔巴乔夫先是没有理会这件事，而是转向苏军在民主德国的驻扎费用问题：如果大家就武装力量和撤军时间范围达成一致，那么财政经费的条件也必须明确。他想知道，1990年以后苏军驻留费用是否也按照现行规定执行。科尔答复说，从 19.5 万人出发，而戈尔巴乔夫说，必须从现有数量出发。根舍外长说，这个问题也将在预告的联邦总理信件中得到回答。不过，为 1990 年下半年找到的解决办法不能自动延长。[32]举例来说，必须把为转业培训措施提供的资金考虑进去；原则上不应有德国承担驻军费用的协议。问题不在于费用，而主要关系到其他国家同样不能报销其在德部队的驻军费用，而且不能允许唤起贪欲。就是说，绝不能把这个协议称作驻军费用协议。戈尔巴乔夫应对说，就名称问题达成一致并不困难，只要明白，士兵驻留条件的改变需要额外的支出。

接着，科尔再次强调德国对苏军撤离及其撤离不要引起太多麻烦的关切。必须共同找到道路，比如德国如何帮助建造住房或者转业培训。他不希望在国内出现这样的讨论，即德国已是主权国家，但仍要继续支付驻军费用。科尔向总统许诺，他不想加大总统的问题，因此要找到一个令人满意的解决办法。戈尔巴乔夫在回答中提到三个关键问题：

1. 1991 年 1 月 1 日以后，应如何供养苏联在民主德国的驻军问题；

2. 返国运输的高额费用；

3. 返乡士兵的安置和供应。

戈尔巴乔夫表示，人们必须考虑如何解决这些问题，而且无论如何今天就要弄清楚，德国如何分担部队的供养费用。科尔将"过渡协议"的概念引入会谈，对此根舍作了确切的说明：按照他的理解，"过渡协议"这个概念关系到在民主德国地区引进德国马克所产生的财政效果，可以抵偿提到的费用，但不要明确说出这一点。针对财政部长魏格尔的插话，即也应该考虑一般的对外经济问题和卢布转账时的重新定价问题，戈尔巴乔夫回应称，一切与货币转换有关的事项，都应在这个协定里解决。根舍说，但协议必须有时间期限。苏联总统接着指出，随着撤军的持续进程，费用将会减少，他再次试图总结讨论情况，并说：撤军应在 3~4 年内完成。签订两个协议是必要的，一个是关于苏联部队在现在的民主德国留驻问题，另一个是"过渡协议"。戈尔巴乔夫想知道，是否现在就应该告诉公众这些情况。科尔回答是的。

现在，谢瓦尔德纳泽也再次确认撤军时间是在今后的 3~4 年之内，但还要确切指明全德联邦国防军的最高限额。人们不知道所谋求的维也纳削减欧洲常规武装力量第二轮谈判何时开始，到目前为止，也不存在德国武装力量的减少与苏联军队的撤离之间的关联。随后科尔声明，全德联邦国防军在 3~4 年以内可以减少到 37 万人，而根舍再次说明了所期待的行动：将在进行中的维也纳削减欧洲常规武装力量第一轮谈判中发表声明，统一后的德国在四年之内将其武装力量减少到 37 万。裁减军队在减少欧洲常规武装力量条约生效以后开始。此外，联邦政府将致力于在期待中的维也纳第二轮谈判中使所有 23 个国家都承诺义务，即确定国家武装力量的最高限额并且不提高其数量。在维也纳削减欧洲常规武装力量第二轮谈判中，将使德国裁减军队具有国际法的约束力。事实上，到那时这一裁减可能已经完成。他认为，在"2＋4"谈判框架中让人了解联邦政府的声明不会有什么问题。对这些阐述，戈尔巴乔夫明确表示同意。[33]

波兰的"心事"和戈尔巴乔夫的担心

在联邦国防军的最高限额和德国分担苏军驻扎费用的问题比较顺利地讨论完之后，根舍再次谈到德波边界问题。他说，在次日于巴黎举行的第三次"2＋4"回合中，他希望像与谢瓦尔德纳泽商定的那样行动。原则上，这涉及波兰的三个要求：

1. 波兰政府想在两国边界条约签订之后，德国才重新赢回自己的主权。联邦政府对此不能同意，也看不到如此行动的必要性。根舍提示联邦议院和人民议院的声明，并强调"2＋4"最后文件将说到统一的德国如何组成，即由联邦德国、民主德国和柏林组成。

2. 波兰方面坚持，德国应修改自己的国内法律。对此，他已在"2＋4"谈判中说过，所有那些因为统一而变成多余的规定将被废除或修改，人们将予遵守。

3. 华沙要求，统一后的德国与华沙之间的边界应成为欧洲媾和的组成部分。但对于联邦政府来说，为德波边界作出特别的规定是不能接受的。

戈尔巴乔夫插话说，边界问题对华沙来说是个"心事"。根舍说，他只想确定，苏联方面会像联邦政府一样判断这个问题。联邦总理补充说，对这条边界不存在问题。但是，如果德波边界被说成是欧洲的边界，他的政府就会面临巨大的内政问题。根舍说，不管人们对事情本身的意见是否一致，他都要坚持这一点，这得到了谢瓦尔德纳泽的赞同。

三个多小时之后，戈尔巴乔夫宣布会谈即将结束：他的问题是，在媒体面前要说些什么？必须避免造成已就"2＋4"作出了决定的印象。出发点必须是声明大家已为"2＋4"谈判作了准备。根舍提供了这样的表述：

谈判有助于澄清与德国统一相关的"2+4"会谈的重要问题。戈尔巴乔夫继续说，人们会首先问联邦总理，苏联总统是否同意加入北约。此后人们将会说，戈尔巴乔夫为取得贷款出卖了这份赞同，但这是不对的。人们推行了现实政策，因此必须说，德国获得了它的完全主权，而统一的德国主权必须决定其联盟归属。

科尔在自己的回答中，先是邀请总统和总统夫人翌年去德国，他非常愿意在自己的家乡接待他们。面对媒体——科尔参照特尔切克为他准备的文稿——他要说，德苏关系对于欧洲的未来具有命运攸关的意义，对此人们在会谈中意见一致。他要阐述的其他要点可能是：[34]

- 他愿意致力于将所有政治领域纳入这些关系，并暗示所谋求的协议。
- 将在秋天欧安会峰会以前及时解决德国统一的外部问题。
- 统一的德国应由联邦德国、民主德国和柏林组成，并将获得不受限制的主权，在这点上已取得一致。这意味着四大国权利与责任将被解除。
- 与《赫尔辛基最后文件》相应，统一的德国将自行决定属于哪个联盟。众所周知，联邦德国愿意是北约成员。
- 统一的德国将与苏联签订两项条约。一个是苏军在3~4年之内逐步撤出现今民主德国地区的协定；另二个是关于民主德国从1991年1月起引入德国马克而产生的经济－财政影响的过渡协议。
- 联邦政府将邀请四大国签订有关其军队在柏林存在的双边条约。
- 在苏军撤离之前，没有纳入北约的联邦国防军部队能够进驻东德和柏林。全德武装力量的最高限额是37万。有关的声明将与民主德国协商。
- 谈到了德国和苏联经济合作的可能性。

当戈尔巴乔夫声明表示同意时，科尔还简短地提到了侨居苏联的德国人问题。他说，不久以后，必须谈一谈这个议题，因为如果所有这些人都离开苏联，也不符合联邦政府的利益。戈尔巴乔夫宣布，愿意考虑这个问题，并同意在适当的时候与联邦内政部长朔伊布勒讨论此事。

谈判在所有层面上都取得成功

联邦总理及其代表团与苏联总统及其同事们在莫斯科和阿尔希斯的会谈，为统一进程带来了决定性的政治突破。对其结果进行的总结和分析指出了这些突破是如何实现的，总结和分析考虑了两个层面：会谈的内容范围以及参与者的谈判风格。[35]在内容层面上，联邦总理府在准备阶段始终将一切萌芽视为解决德国问题的一揽子建议的一部分。不过，可以区别三个不同的议题范畴：

- 持续地重新塑造德苏关系；
- 对苏联提供财政援助问题；
- "2+4"进程中尚未澄清的问题。

德国方面不知道，戈尔巴乔夫在科尔抵达莫斯科以前就对下一步"2+4"进程作出了原则决定，所以他主要对重新塑造德苏关系感兴趣。这一兴趣与联邦总理的关切相符。两位政治家都作了原则性的考虑，因此最终较快地就这个中心问题作出了决定：他们想通过一项全面的条约尽快将双方在所有想得到的层面上的沟通捆绑起来并让它们重新对齐。科尔提到象征德法关系历史性重建的1963年《爱丽舍条约》，以此预先确定了目标方向。类似于同西方邻国那样，总理也谋求与苏联建立持久、稳定与和平的关系。这与其谈话伙伴的心意非常吻合，因为关于同德国从根本上重新塑造关系的提示，可以帮助戈尔巴乔夫对付国内可能的批评者说他在"2+4"进程中作出了让步。

在莫斯科和阿尔希斯，在西方尤其是德国给莫斯科领导层改革努力提供帮助问题上，只是考虑了基本方针。[36]例如，联邦政府声明，除了一般的、没有详细列举的经济援助以外，愿意为苏军在东德有期限驻军的费用作贡献并且支持其撤军。由于苏联领导层对此尚没有具体的设想，所以任命了一个由副总理斯塔扬和财政部长魏格尔组成的工作小组。凌驾于一切之上的是作出努力，绝不能让人产生疑问，似乎这是"以金钱换德国自由选择联盟"的交易。戈尔巴乔夫对科尔原则上准备提供援助感到满意，尤其是他不让人怀疑，德国的援助将涉及巨额款项。

关于"2+4"进程中仍然悬而未决的问题，科尔的同事们在准备的材料中为与戈尔巴乔夫的会谈列出了三个要点：在 11 月的欧安会峰会前结束谈判、获得主权与完成统一并行、统一的德国有权自由选择联盟。在这些要点上，戈尔巴乔夫甚至部分地超过了联邦德国措辞谨慎的期望，同时还澄清了额外的问题：

1. 时间计划：总统不让人怀疑，与德国统一相关的所有问题都应在 1990 年 11 月巴黎欧安会之前得到解决。

2. 统一与主权并行：戈尔巴乔夫表明他在这方面没有任何困难，只要顾及苏联的若干关切。初夏时提出的"过渡阶段"构思不再是话题。

3. 自由选择联盟的权利：苏联方面无保留地同意这一基本原则。戈尔巴乔夫未说一句反对统一德国成为北约成员的话。不过，为了能在国内较好地推销此事，他重视在表述中不明确提及西方联盟。

4. 东德的安全地位：主要是在这一点上，戈尔巴乔夫的期待远远超过了西方的目标。虽然这是同科尔和根舍会晤中最后争论得最厉害的一点，但他的让步却走得非常远。随着统一的实现，北约的保护和援助保证就被允许延伸到当时的民主德国地区。同时，未编入北约的联邦国防军部队可以驻扎在那里。在苏联的西部兵团撤离之后，那里就可以驻扎纳入北约的联邦国防军部队。德国应放弃部署核武器和外国军队。莫斯科以此超过了措辞非常谨慎的、1990 年春天的"根舍计划"，在该计划中，联邦外长还暗示过放弃联邦国防军部队驻扎在东德。

5. 苏联军事存在的期限规定：与同意全德北约成员归属不同，戈尔巴乔夫将此看作是向德国要求广泛财政让步的杠杆。在莫斯科的让步态度以后，在阿尔希斯，总统先是退回到他起初的时间计划，预先规定撤军时间在 3～4 年之内。现在他一方面说，驻军还可能持续 7 年或者更多时间，或者说撤军要在 3～4 年以后才能开始。最终，他在这点上还是向科尔和根舍的要求作出让步，同意苏军驻留期限为 3～4 年。在柏林问题上，苏联同样作了让步：在苏军撤离之前，除了联邦国防军部队之外，也可以在那里驻扎西方盟军士兵；没有再提到所有外国士兵撤出德国的事情。

6. 全德武装力量最高限额：戈尔巴乔夫和谢瓦尔德纳泽同意最高

限额 37 万人，并同意由西方提出的在维也纳削减欧洲常规武装力量谈判时公布这一裁军目标的程序。在短暂的犹豫之后，没有作进一步的讨论就作出了这一让步，这表明，这一点不是苏联方面关注的重点。[37]

比较一下波恩的期待与实现的目标，可以看出，德国方面在所有层面都获得了成功，部分层面出乎意料。只有同意苏军撤离以后既不能部署核武器也不能驻扎外国军队这个让步，偏离了原先的最高目标。与之相反，戈尔巴乔夫在所有核心问题上都放弃了苏联 1990 年春天到初夏的立场，尽管这些立场从未精确表述过或者始终如一地提出过。作为回报，他得到的是对德苏关系新导向以及对迄未数字化的经济与财政援助的许诺。能够实现这一结果，一方面要归功于戈尔巴乔夫的思维：这位苏联总统已认识到，他无法阻挡日益快速驶来的统一列车。由于他不愿意成为一个被外部发展驱动的政治家，所以决定作出广泛的让步。这些让步同样合乎逻辑地符合他的"选择自由"思想纲领和对未来欧洲新秩序的考虑，这一新秩序不应再建立在对抗的基础之上。

对于德国的成功起决定性作用的，也数不同的谈判风格：

1. 戈尔巴乔夫的行为方式：苏联方面，总统主宰了与德国客人的谈话。戈尔巴乔夫显然想努力通过起初的慷慨让步对自己的谈话伙伴施加影响。引人注目的是他的不精确的谈判方式，尤其是在东德安全地位问题上。[38]其中，他一再在苏军撤离后允许北约结构东扩的说法与绝不允许扩展的立场之间变换。他在联盟选择一事上表现出令人意外的慷慨，又试图将苏军在东德的驻留问题用作施压手段。此外，他赋予德苏条约重要意义是显然的。

2. 外长和总统的相互配合：谢瓦尔德纳泽只是偶尔介入谈判。正是他此前明显地代表了较为愿意谈判的路线，在阿尔希斯却偏偏肩负起一项任务，开始时在有争议的细节上，如在安全地位和联邦国防军最高限额问题上采取比较强硬的路线。其中，引人注目的是，戈尔巴乔夫及其同事们事先多么缺少商量，或者说，他们对谈判似乎没有共同的战略。

3. 联邦总理的谈判风格：一方面，科尔在莫斯科和阿尔希斯的游戏很轻松，因为戈尔巴乔夫从一开始就让人看出他准备作出大的妥协。另一方面，当戈尔巴乔夫试图在苏军驻留时间问题上施加压力时，科尔的反应是毫不退让。他的风格手段包括强调力争签订双边条约、建立密切的个人关系[39]以及变换议题：如果发现他的谈话伙伴在一个他自己也感到不快的立场上明显地僵持时，总理就转变话题，以便过些时候再用新的措辞和另外的途径重新回到原来的议题上。显然，他谋求一种诚实的妥协，这种妥协总是超出原则性的政治意愿声明，先在内部就细节协商之后，才会表现出来。

4. 与联邦外长的相互协作：[40]与谢瓦尔德纳泽不同，根舍积极地介入谈判进程。例如，他坚持在各个问题上拴住苏联方面的明确承诺，并且也比科尔更多地关注细节。他一再注意使重要的措辞说到点子上。引人注目的是，根舍在春天还使东德的安全地位能作多层次和广泛的解读，现在却坚持要固定北约的安全保证。这里，他与科尔的协作发挥得天衣无缝。

记者们难以相信的窃窃私语

鉴于结果令人意外，阿尔希斯会谈结束之后，当联邦总理和戈尔巴乔夫一起出现在媒体面前时，总理显然很轻松，这是可以理解的。留在谢尔斯诺沃茨克的记者们，不仅被切断了来自遥远的阿尔希斯的新闻报道，而且由于糟糕的基础设施，很大程度上也被切断了与家乡编辑部的联系。苏联东道主提供的旅游项目只能稍稍平息大家的恼怒。在当地的一个肺病疗养所，他们急切地等着看自己的耐心是否值得，在莫斯科和阿尔希斯的深入会谈之后戈尔巴乔夫和科尔现在是否能摆出实质性的结果。[41]苏联电视台直播了这场新闻发布会，并在晚间新闻里将以前小心翼翼地区别的两个德意志国家的称谓变成了一个"日耳曼民族"。

在致了简短的欢迎辞之后，东道主戈尔巴乔夫请联邦总理讲话，联邦总理分八点概括了结果，并引起了记者们有时难以相信的窃窃私语。在场人士中，没有人估计到会有如此广泛的突破，不仅澄清了联盟归属问题，而且澄清了苏联撤军、德国经济和财政援助、全面的双边关系条约的首批基本点和细节。科尔尽力避免在谈判结果与向苏联提供财政援助之间建立关联是非常明显的。他只字未提德国方面获得的印象，即苏联的经济状况比原先认为的要糟糕得多。戈尔巴乔夫赞同这一战略。总统说，人们奉行的是"现实政策"，考虑到了欧洲和全世界的现实正在发生的变化。两国开始靠近，这是他明确针对国内公众说的话。他强调，最近的大量会晤、关系的新品质和北约宣布的转变，莫斯科不能鼓掌接受在伦敦所说的一切，但他愿意将开始出现的变化称为北约发展中的"历史性转折"。戈尔巴乔夫说，在阿尔希斯，没有一方得到的只是纯粹形式上所期待的东西。他特别强调所谋求的双边条约以及顾及到了苏联的安全利益，其中包括与联邦国防军和国家人民军的现有状况相比将裁减 42% ~ 45% 的全德武装力量。关于进一步的多边经济援助问题，戈尔巴乔夫回答说，这里涉及的是苏联经济体制中正在开始的深刻转变。他自豪地说，"但是，我们并不期望礼物，我们不需要施舍"，我们需要的是对各方都有好处的协议。

最后，除了安全保证、国家间的合作和经济援助之外，当一位记者问到"国际关系中人的因素"时，戈尔巴乔夫还谈到会谈积极进展中的另一个支持要素：除了通过公众更多地参与而将科学、道德基础以及外交政策必要的民主化纳入进来以外，人与人之间的接触也是一个重要因素。总统证实，"信任是最好的媒介，借此可以在国际关系中实现突破"；在苏联与联邦德国之间，个人之间的沟通取得进展无疑也起了作用，他特别将两位外长的沟通纳入进来。与联邦总理相似，他也强调指出哪些点最终为解决迄未澄清的问题作出了贡献：

- 相互顾及对方的安全利益；
- 通过一项全面条约解决双边关系的共同愿望；
- 扩大经济往来；
- 通过经常的接触不断改善个人之间的关系。

鉴于两位最高政治领导人之间如此广泛的一致，也鉴于双边关系将有条约性新基础的前景，关于"拉帕洛幽灵"——在前往莫斯科之前总理府就有此担心——的问题就不可能避免，但科尔认为这个问题没有根据。他激烈反对不久前伦敦散布的"一派胡言"，当时英国贸工大臣尼古拉斯·里德利（Nicholas Ridley）在作了对科尔和联邦德国侮辱性的访谈并受到强烈的公众批评之后不得不辞职。[42]原则上，鉴于统一进程取得的进展，波恩在此时的沉着程度已如此之高，当英国首相与德国专家们于1990年春天举行"契克斯讨论会"的内容同时被公布时，已不可能引起内部的激动情绪。

在返回德国的飞机上，科尔的团队可以短暂地享受一下成功。根舍总结他所经历的一切时说，这是一种似乎可以把树木拔地而出的感觉。联邦总理——他先回到自己的私人舱室里待了一个小时——也感到轻松愉快。在降落波恩前夕，他让人给同行的记者们送上香槟，与他们为赢得主权、"为了德国！"而碰杯。但在一片欢腾中，他沉思了。他知道，有多少其他的人为这个成功参与了工作，而"我真幸运"。

布什：祝贺这一历史性的会晤

7月16日深夜从苏联返回以后，7月17日，科尔开始向德国公众进一步通报情况，并向伙伴们通报信息。当根舍已在巴黎参加第三次"2＋4"外长回合时，科尔则在联邦新闻发布会上对过去的六个月作了中期小结，重点是谈在莫斯科和阿尔希斯的会谈。[43]人们用祝贺和掌声向他表示欢迎，他分十点总结了谈判结果。其中他指出，他上午已与德梅齐埃谈过，后者毫不含糊地告诉他，统一的德国仍保持为北约成员，这也是民主德国的愿望。与此同时，科尔不仅感谢民主德国老百姓，而且感谢三个西方盟国，特别是美国总统布什、欧共体委员会及其主席德洛尔以及戈尔巴乔夫，以此显示国际环境中各种商讨是关联的。此外，他再次指出，到目前为止，德国统一道路是在欧共体和北约框架内紧密协商中进行的。今后也只有与伙伴国和邻国一起，德国的政策才有成功的希望，才是可以设想的。科尔宣布，很可能在12月份的第一个星期日举行全德联邦议会选举，并在结束讲话时说了这样一句话："你们一定理解，最后我想表示，我有意赢得这次选举。"

科尔在下午与布什的通话中，也强调了在苏联取得的一致是紧紧地植根于国际框架的。[44]布什一开始就祝贺总理之行取得了成功。他说，这极可能是一次"历史性的会晤"。科尔回答说，实际上确实经历了一个历史性的时刻。接着他详细通报了在大小不同的范围内进行的历次谈判，其中谈到了戈尔巴乔夫对伦敦峰会的积极反应以及会谈中的经济方面的问题。科尔说，在这方面，既没有提到金额也没有作具体的约定。但他表示了愿意给苏联提供帮助以及西方关于经济援助的条件。科尔表示，在北约问题上，他使用了布什的公式，按照这个公式，一个主权国家必须能够自由选择其联盟归属。他还补充说，德国人将投票选择北约，并指出，这包括西方联盟的保护保证。科尔说，苏联总统尽管受其周围人士的不同影响,[45]但他对此表示同意。在苏军留驻东德期限问题上，克里姆林宫首脑的同事们很有可能有另外的时间设想，而不是商定的 3～4 年。科尔请求理解，他无法事先向西方盟国通报有关四大国在柏林驻军的问题。在这个问题上，也是出于心理上的原因，必须在重新统一的德国与法国、英国和美国伙伴之间签订协议，以便预先规定直到苏军撤离为止的驻军问题。

布什回应说，苏联可能会利用其军队留驻东德这一事实，在这段时间内挑拨公众舆论反对美军留在欧洲，这让他感到担忧。他的顾虑是，可能会出现苏联军队撤离与美国士兵撤退同时进行的情况。科尔安抚他的谈话伙伴说：在与戈尔巴乔夫的会谈中，这一点根本就没有起作用。在此之前，他就曾告诉过布什，苏联总统是多么积极地表示过对美苏关系前景的看法。布什感谢这一详细信息，说他将仔细思索听到的情况，需要时会求助总理。美国总统再次祝贺科尔的杰出领导作用以及高加索会晤的出色成果，并说晚些时候他要与戈尔巴乔夫通话，向他通报休斯敦七国会晤的结果。

在打电话告诉布什德国代表团在苏联的会谈情况时，科尔也给其他西方盟国写了详细信件，其中也包括意大利总理安德烈奥蒂。[46]除了感谢支持之外，总理谈到了他与戈尔巴乔夫会谈的结果，与在联邦新闻发布会上类似，他也将其罗列成十点。他写道，"2+4"会谈将变得"大为容易"，它在巴黎欧安会峰会之前结束将是"今后几个月欧洲政治的固定内容"。这时，世界各地的首批贺信已经到达总理府，其中包括撒切尔夫人和冈萨雷斯的赞许言辞。

几乎所有的评论家都认为，德国统一道路上的政治突破已经取得。但参与者也同样意识到，统一绝不是在所有问题上都已成定局，或者甚至已成熟到可以签字。比如有关德波边界最终解决的讨论尚未结束，阿尔希斯达成的许多原则性政治协议还必须变成文字并塑造成条约形式。其中时间压力不断增加也很明显，根舍对此有最直接的感受：他从阿尔希斯返回的第二天，就要在巴黎举行第三轮"2+4"外长会谈，边界议题也是其议事日程。此外，必须仔细弄清"2+4"的其他伙伴对联邦政府同莫斯科领导层达成的协议将作出何种反应。

第十五章　直至最后时刻的高度紧张

随着德苏莫斯科和阿尔希斯会谈取得出乎预料的结果，联盟归属问题和未来东德安全地位问题都消除了。早在波恩政府代表团回来后的头几天里，有关负责人就清楚地注意到，绝非因此而最终澄清所有问题。第一个反对的表现是梅克尔对科尔和戈尔巴乔夫会谈的重要结果提出质疑。[1]这位民主德国外长提出，联邦国防军将来也不允许在今天的民主德国地区采取军事行动，当地必须有一支拥有自己的结构和独立指挥权的军队。统一的德国不仅应放弃拥有而且原则上要放弃部署三种大规模杀伤性武器。此外，他还欢迎戈尔巴乔夫的所谓论断，即未来在德国将既不会部署核武器也不会驻扎外国军队。这位民主德国外长以此拾起了他在访美期间以及在给谢瓦尔德纳泽的信件中提出的要求。[2]不仅如此，梅克尔后来在巴黎"2＋4"部长会谈中称，他先要得到有关峰会结果的官方通报，以便之后"能够与总理进行必要的磋商"。

雷日科夫7月18日的两封信引起了进一步的恼火。[3]这位苏联总理在给联邦总理科尔和民主德国总理德梅齐埃的信件中提到在阿尔希斯达成的一致并提议立刻着手经济会谈。戈尔巴乔夫和科尔达成的谅解是，在莫斯科与波恩之间进行这些会谈，并由联邦政府通报给民主德国领导人，而现在雷日科夫建议举行三方谈判，并提出了财政要求，明显超出了迄今划定的框架范围。对联邦政府来说，从这些行动中只能得出这样的结论，即到最终确定德国统一之前，还有大量的单个步骤要走，其中有：

1. 详细规定给苏联的经济和财政援助；
2. 将政治套话在"2＋4"最后文件中转化成具有国际法实质内容的措辞；
3. 将西方伙伴纳入与戈尔巴乔夫就安全地位商定的有关细节；
4. 最后澄清仍然悬而未决的问题，其中主要是解决边界问题。

第一节　波兰在边界问题上让步

7 月 17 日巴黎第三次 "2 + 4" 外长会晤的主要内容是最终承认德波边界的形式，在此问题上的最后分歧应得到消除，波兰外长斯库比斯泽夫斯基也部分参加了这次会晤。[4]为此，根舍从高加索返回波恩后不到一个小时就继续飞往法国首都，因为已经计划好次日清晨要在 "2 + 4" 会晤前与其他西方国家举行通常的协调会议，先是与贝克，接着在 "1 + 3" 框架中与三个西方大国谈。

就尽快结束 "2 + 4" 会谈达成一致

在这个六方会谈中，法国外长杜马作为东道主报告了事情的进展情况：[5]特别是由于北约伦敦峰会、休斯敦七国峰会和联邦总理访问苏联取得的成果，几个星期前提出的许多问题已不再具有现实性。他建议，根据较早提出的结束文件的章节划分，全盘研究尚需澄清的问题；责成政治司长们撰写一个序言以及澄清最后的国际法解决的细节；政治司长们也应当决定，在现存议题清单中哪些可以交由其他委员会进行讨论，毕竟迅速结束 "2 + 4" 会谈的道路已经畅通。苏联外长赞同他的意见。和根舍一样，谢瓦尔德纳泽也谈了高加索会谈的结果。他说，并非所有问题都已解决，但很可能重要的问题都已澄清；现在应当能够在 9 月 12 日莫斯科 "2 + 4" 外长会晤前提出最后文件的草案。对于即将进行的与波兰外长就边界问题的讨论，谢瓦尔德纳泽提出可否进行双边的提前沟通，以使下午的会议不至于进行得太过激烈。根舍接受这一提议，并说：他请求理解，自己要在 12 点临时离开这次会议，以便与斯库比斯泽夫斯基会晤。此外他也认为，应着手必要的准备工作，以便 9 月 12 日在莫斯科能就最后文件进行实质性的讨论。

赫德和贝克也表示了类似的看法，其中，美国国务卿还陈述了他对当天会议目标的设想，[6]即这次会晤之后，波兰参与的 "2 + 4" 会谈应最终结束，波兰应带着一个可以显示成功的成果回家。梅克尔赞同他的话，但他除此之外还对未来政策的进一步任务陈述了看法。比如，无核武器的德国应是共同目标；德波边界条约在统一之前，就由两德签署，然后由一个全德议会批准。梅克尔以此捡起了波兰政府的已经过时的要求，他的谈话伙伴们没有予以理睬。所有外长一致同意，要交给政策司长们三项由杜马拟定的工作任务，中午休息期间他们就可以开始工作：

1. 撰写序言；
2. 澄清有争议的议题，在一份清单中概括为 20 个单个问题；
3. 取消四大国的权利与责任作为最后解决的核心组成部分。

谢瓦尔德纳泽指出，通过德苏会谈，原来清单上的许多要点和苏联的注释都已过时。[7]与其相反，梅克尔声称，他无法对若干议题发表最终意见，因为他必须先与德梅齐埃总理商议。他的同事们之前在波恩与联邦德国外交部的谈判也再次清楚地表明，他们的安全政策设想依然与西方的不同。[8]因此，在动身去和斯库比斯泽夫斯基会谈以前，根舍建议，应让民主德国方面今天就"通报情况"。当政治司长们聚在一起开始工作时，其他的外长也中断了讨论。就像谢瓦尔德纳泽预言的那样——在北约伦敦声明和阿尔希斯协议的背景下——事情进展迅速：在大约一个小时之内，他们就对20 个要点中的 7 个达成了广泛一致。

下午的部长会议，与共同的午餐一样，完全以德波边界问题为主题。波兰外长斯库比斯泽夫斯基作为客人应邀参加这一回合的会谈，其目的——正如杜马援引根舍的一句话指出的那样——就是澄清与德国完成统一相关的所有国际政治方面的问题。联邦外长反复强调，德国完成统一以后不应再有任何悬而未决的问题。杜马再次赞扬了联邦议院和人民议院就波兰西部边界发表的共同声明。他说，这样一来，就为迅速取得一致创造了条件。接着，斯库比斯泽夫斯基向在座人员详细解释了波兰对边界问题最终解决设想的历史和政治背景。[9]他毫不掩饰地说，在他的国家仍然存在着很大的疑虑，尽管有不同的表态，但担心统一后的德国过些时候还可能对波兰提出领土要求。由于目前的奥德－尼斯河边界走向受和平条约保留的影响，所以他的国家需要额外的保证。午餐时决定的四大国记录声明提供了这个保证。四大国在该记录中声明，"统一德国的边界具有永久性质，它既不能由于外部事件也不能因为外部情况而受到质疑。"为了避免边界只是在盟国压力下才得到确认的印象，根舍把斯库比斯泽夫斯基的声明载入记录：波兰政府不将四大国声明理解成"边界保证"。此外，根舍还通过发表一个正式声明澄清，四大国所"提到的事件和情况不会出现，这就是说，无意签一项和平条约或者一项媾和协定"。[10]对于联邦德国来说，这也意味着从现在起书面确认了不会缔结和平条约。

斯库比斯泽夫斯基的其他阐述表明，离开几天前还公开宣布的要求在解决边界问题与德国主权之间建立关联的建议，他内心深处是多么艰难。其间，他声明赞同根舍的表述，即边界条约应在统一和德国主权实现以后尽可能短的期限内签署并提交给一个全德议会批准。据此，在7月4日官员会晤中提出的要求，即统一的条约性最终解决只能在德波边界条约生效以后才能生效的问题，也就最终了结了。[11]自然，斯库比斯泽夫斯基仍称这样的程序其实是"理想的解决办法"，另外他还要求，在统一之前继续就条约文本进行谈判。但他放弃把这一要求正式载入记录。按照他的愿望，对文本建议作了两处文字修改，如加上了"确认德国边界的最终性质是对欧洲和平秩序的重要贡献"这句话。该文本建议后来大部分与原来的《最后解决德国问题的条约》第一条文字相同。此外，在后来的条约中，由统一后的德国和波兰共和国确认"现存波兰西部边界"这一措辞改成了"它们之间存在的边界"。斯库比斯泽夫斯基起初要求写上"德波边界"这个称谓，但根舍以指出目前没有德波边界而加以拒绝。梅克尔插话说，民主德国也是一个德意志国家，但根舍没有改变自己的方针。尽管开始时存在着疑虑，但边界问题还是没有多大问题地得到了意见一致的解决。之所以能这样，主要有两个原因：

1. 联邦政府的强硬立场，不接受边界条约和德国主权之间的关联。

2. 所有四大国立场一致。波兰不能再指望四个战胜国会支持其得到保证的愿望。最后斯库比斯泽夫斯基只得到民主德国代表的理解，不得不最后作出让步。

不过，根舍向他承诺，统一后应尽快签署和批准边界条约。因此，为了迅速完成边界协议，必须先将科尔谋求的德波关系基本条约放到后面，但双方一致同意，这一计划也应迅速着手进行。此外，根舍还向其谈话伙伴保证，夏季休假之前就有关德国统一对波兰的经济影响开始双边谈判。在此之前，斯库比斯泽夫斯基曾明确强调过这些问题。[12]

在巴黎"2 + 4"会议后的次日,根舍在向"德国统一"内阁委员会作的详细报告中散布了这样的乐观情绪:[13]尽管还需要一些努力,但外部问题的解决已经不再是建立德国统一的障碍。联邦外长特别欢迎,迄今重要问题都得到了意见一致的解决,正如参与者所希望的那样,这也将适用于政治司长们以后的会晤。联邦总理同意这一看法,他在 7 月 18 日的联邦内阁会议上评价了巴黎"2 + 4"会谈的结果。他说,产生了一种"吸力",它帮助解决了最困难的问题。他强调自己感到满意,能在没有武力并得到所有邻国同意的情况下实现统一。

进展迅速与细节纷争

科尔所指出的加速政治变化的"吸力",在"2 + 4"官员会晤中也得到延续。7 月 19 日,当政治司长们在波恩相聚的时候,统一的基本意愿已十分明显,虽然同时坚持各自基本的政治方针。[14]四个西方代表团已感受到了苏联谈判代表伯恩达伦科的抵触情绪,他试图以大量评论和解释一些琐事来放慢讨论并重新回到原有的立场。民主德国方面的表现也被认为是少有益处,它始终没有得到新的指示,因而坚持一些过时的立场。比如,米瑟维茨提到民主德国政府的联合执政协议,按照这个协议,民主德国地区的德国军队不应是联邦国防军的一部分。因此,对这一点还不能作出规定,而必须先等待波恩和东柏林之间举行会谈。[15]尤其是英国谈判代表魏思敦显然认为有些讨论是多余的,而且明确地表示:这个清单原则上已大大过时,因此没有必要对单个问题进行长时间的争论。

在卡斯特鲁普的强有力主持下,尽管民主德国和苏联采取了拖延的立场,但他所建议的工作计划仍得以完成。"有待解决问题目录清单"中的20 个问题在很大程度上得到了清理,其中一些议题被删掉或合并。会议第二部分还有足够的时间,可以就计划中的条约文本序言讨论第一批具体想法。联邦德国外交部的外交官为此草拟了一个建议,起初引起了伯恩达伦科的反对,他说,苏联 6 月 22 日在柏林提出的条约草案序言已经是个很好的基础。但在读了西德的建议以后,他也不得不承认这一草案包含了迄今为止已讨论过的议题。他说,联邦政府考虑到了所有方面,令人尊敬。其他代表团也表示满意,以至于可以开始讨论细节。波恩文件中原本非常详细的说法被缩短到只提基本原则。首先搁置的是对欧安会的表述,因为法国希望广泛确定它所谋求的机制化,而民主德国继续要求,除了欧安会之外，也要将它与尚在建设中的新的欧洲安全大厦的联系写进去。但对卡斯特鲁普建议的进一步程序，则存在着一致意见。在莫斯科下次外长会晤之前，应有两次"2＋4"官员会谈，它们分别开两天会，也就是8月底和9月初，在波恩进行。此外，各国代表团得到了具体的工作任务：

- 法国应拟定有关边界问题的条约条款草案；
- 英国应提出有关解除四大国权利与责任的草案；
- 美国为柏林问题条款提出建议；
- 联邦德国和民主德国应准备所有那些不应在"2＋4"框架内作出，但四大国必须获知的章节和声明。

卡斯特鲁普说，外交部愿意为此拟定一项建议并与民主德国方面进行协商。苏联代表团保留提出自己的整体草案的权利。所有建议都应在8月中送给其他谈判伙伴，这样他们就可以研究细节。这次谈判过程主要让人们认识到三个因素，它们能够影响下一步进程，直到"2＋4"条约完成为止：[16]

1. 苏联代表团只是有限地表现出愿意履行苏联最高政治领导层确认的快速解决德国问题的意愿。他们宣布要提出自己的条约草案说明，人们在莫斯科并不清楚如何解决各个单项问题，这也说明他们不愿意让西方代表团规定路子。

2. 民主德国代表团对自己被切断了重要的信息通道，尤其是联邦政府和苏联领导层之间的信息通道，反应越来越敏感。

3. 西方三大国鉴于其立场迄今得到了成功的贯彻，越来越不愿意作出让步。

对于联邦政府来说，这种混杂的状况意味着，除了高速推进德国内部关于统一条约的谈判以及与苏联关于从民主德国撤军的财政和经济框架条件的会谈之外，在外交领域越来越多的平行轨道变得重要起来。推动建立统一的国际会谈，从来不只是在"2＋4"机制中进行的，而是在大量的双边和多边协商中展开，这些国际会谈达到了一个新的密度。比如从7月底开始，在与三大国协商的进程中产生的问题，有时候只能很迟并且只能在部长层面上才能得到解决。

根舍和梅克尔最后一次接近尝试

在联邦政府看来，民主德国的外交政策越来越成为问题。梅克尔及其顾问们的想法在德梅齐埃的团队内日渐孤立，早在7月初就明显了。7月5日，总理在受到民主德国外交部的激烈敦促之后，发表了他的第一个外交政策政府声明。[17]直到头一天晚上，梅克尔的同事们还徒劳地试图获得这篇演讲的草稿，该演讲没有什么新意：德梅齐埃重申了联合执政协议的章节，并提到其政府提出的各种外交政策倡议。他虽与梅克尔相似，要求统一的德国必须放弃核武器，但没有谈及其他有争议的话题，如德波边界问题、要求东德拥有不纳入联邦国防军的自己的军队或者关于民主德国地区的安全政策设想。当梅克尔接着发言时，他忍不住含沙射影地说：这是第一个重要的外交政策政府声明，其重要性在于，它是由总理发表的。现在，他"本人还想作一些阐述"。梅克尔详细阐述了他对全德武装力量最高限额、柏林地位、民主德国的地区军队以及东德安全政策地位的设想。此外，德梅齐埃和梅克尔之间越来越大的鸿沟也表现在巴黎外长会谈准备期间，当时总理坚持让自己的两位同事参加民主德国的官方代表团，以致国务秘书米瑟维茨的最密切顾问维美尔没能参加会议。

梅克尔在政治上的特立独行和他对阿尔希斯协议的消极反应，不仅扩大了他与政府首脑之间的鸿沟，而且也导致了外交部在公众中的形象日益恶化。[18]比如一家日报断言："梅克尔挑剔波恩的成功"；而对他要求在民主德国地区拥有自己的地区部队这一点，则在另一个地方被批评为"荒诞地试图比戈尔巴乔夫更像苏联人"。此外，批评民主德国外交部组织工作的报道也越来越多。其中，人们提出了一个问题，就是民主德国在德国统一谈判中究竟还能起到什么作用。梅克尔正式提请注意，民主德国仍是一个主权国家，即使在科尔和戈尔巴乔夫达成一致之后，它的自主外交政策也绝没有结束。不过，他在内部对局势的评价则不同，并且抱怨说"民主德国外交部的作用太被低估了"。

此外，梅克尔的政策使根舍感到恼火。在巴黎外长会晤之后，根舍首次公开表达了他对东柏林同事的批评。鉴于双方的立场越来越硬，两位外长的办公室主任埃尔伯和弗里切安排了一次会晤。为此，8月6日梅克尔来到了根舍的度假地巴特赖兴哈尔。[19]这位民主德国外长首先谈到了其工作人员关心的问题：他想知道，关于民主德国外交部的外交官进入统一后德国的外交部是否可以商定一定的比例。当然，必须声明他们不曾当过国家安全部斯塔西的工作人员。接着根舍想知道，如果是统一社会党党员并为国家安全部工作过，那么又怎么样。梅克尔说，直到下级部门都有统一社会党成员，而且很可能也有国安部的工作人员；但借助人事档案几乎不可能澄清这个问题，因为写法不一样，部分已很可能被销毁。根舍接着提请注意统一条约以及统一对公共部门的影响。这方面，要考虑外交部这个部门的特殊重要性。不过，人们会努力在下次挑选程序中也邀请东德人。根舍拒绝了梅克尔现在就解散东德驻外代表机构的建议。他说，不能在统一之前就中断外交关系，最好是事实上停止工作。为了进一步处理问题，可以在当地留下一名民主德国的代表，与中立国模式类似，这位代表应编入西德大使馆。

此外，联邦外长还向客人通报了在高加索与戈尔巴乔夫和谢瓦尔德纳泽会谈的结果。他说，一个核心问题是驻扎在东德的苏联部队的前途，这些部队的处境似乎在急剧地恶化。梅克尔证实了这一点并提请注意日益糟糕的供应形势以及东德人民日益增长的怨恨。对于今后行动的协调问题，明显愿意和解的根舍拿出了一份关于全德武装力量最高限额共同声明的可能文稿，该文稿应在维也纳削减欧洲常规武装力量会谈时提出。他建议的时间是 8 月 30 日，但目前还不确定这项声明是由部长还是由官员来陈述。[20]相对地，梅克尔提议在日内瓦核武器不扩散谈判回合中发表一项共同声明，以便就地介绍统一后德国将放弃三种大规模杀伤性武器。[21]此外，他还说明自己关心整个德国没有核武器。根舍说，提出这样的要求会给与西方盟国的关系造成极大的困难。此外，不应让深受内部争论压力的苏联政府进一步陷入窘境，人们会指责苏联放弃了民主德国政府已作了让步的要求。对于"2 + 4"谈判的时间表，根舍强调，他认为将会在莫斯科结束。他已和赫德谈过，英国不坚持在伦敦继续举行一次会晤，只要也不在华盛顿举行"2 + 4"会谈。

根舍此时还不知道的是，他将与另一位民主德国外长就德国统一的外部问题进一步会谈。在有关内政、经济和财政政策问题的激烈辩论以及德梅齐埃解除了两位部长的职务以后，剩下的五位社民党成员也于1990 年 8 月 20 日离开了内阁。[22]大联合政府就此结束，德梅齐埃在民主德国存在的最后几周亲自接管了外交部。8 月 30 日，他与根舍共同发表了统一后德国武装力量最高限额的声明，后来作为代理外长签署了"2 +

4"最后文件。由于社民党国务秘书米瑟维茨与梅克尔一起离职，多姆克被委任为"2＋4"官员级别会谈的民主德国代表团团长。8月24日，德梅齐埃在东柏林与根舍的一小时会晤中指出，他本人将前往莫斯科参加下一轮"2＋4"回合。[23]根舍指出，民主德国并无必要退出华约，因为随着统一这一成员资格会自动消失。德梅齐埃说，这一步骤至少应该"礼貌地"进行。对于另一个主题，这位总理没有作出承诺：根舍请他想想，如果最后一次仍要进行的"2＋4"官员会谈不在东柏林而是在波恩进行，是不是更好一些；这样，将由经验丰富的卡斯特鲁普代替多姆克担任会议主席。后来，在与科尔的会谈中，德梅齐埃找到了一个妥协方案：这一轮谈判应按计划在东柏林举行，但会议主席由联邦德国外交部的政治司长担任。

与梅克尔不同，德梅齐埃显然同意统一国际层面的基本特征。此外，他的主要着眼点在内政问题，所以在东柏林执政联盟破裂以后，无须考虑会有令人恼火的攻势。取而代之的却是从莫斯科传来的新消息和倡议，它们再次引发了两德统一最后阶段的紧张情绪。

第二节　莫斯科推出进一步要求

在高加索的会谈中，科尔和戈尔巴乔夫原则上达成一致，在苏联改革和苏军撤出东德时，德国将给苏联提供经济和财政援助，但是没有谈细节。7月17日，在联邦总理及其代表团从苏联返回以后，参与的职能部门立刻在波恩着手准备商定的谈判。如此匆忙的原因，首先是两德统一后不久就应签署除"总条约"以外的其他条约。额外的时间压力产生于苏联方面在高加索会晤后首次确切地提出了自己的设想，而快速实现统一的压力还在不断增加。[24]民主德国的内部形势日益动荡，失业人数继续上升，生产不断倒退，零星地出现罢工。8月中，备受苛责的德梅齐埃联合执政政府破裂。8月23日，人民议院在一次闹哄哄的会议以后通过决议，民主德国将于1990年10月3日加入联邦德国。联邦政府确定首次全德选举的日期为12月2日。但因为根舍曾答应，要在统一前的欧安会会晤时拿出"2＋4"协议，这就固定了新的时间范围：下一轮莫斯科"2＋4"外长会晤时，必须签署该项协议，这样才能在10月1日的纽约欧安会外长会议上就这项协议提出报告。[25]

谢瓦尔德纳泽：只在一揽子包裹中签协议

尽管时间界限被明显缩短，总理府依然充满了乐观情绪，认为能够及时完成与苏联在不同层面和轨道上的谈判。[26]科尔的同事们在给总理的情况报告中写道，具有决定意义的是9月初下一轮"2＋4"专家柏林会晤，在那里商谈的条约文本可以在很大程度上完成。在把阿尔希斯的原则决策转换成条约时，可能由于缺少时间而只能部分地商定总的过渡规则，重要的是先局限于解决"最重要的问题"，比如费用问题。

雷日科夫在7月18日给科尔和德梅齐埃的信件中，已经表明这也符合苏联的利益。这位苏联总理只告诉民主德国的政府首脑，联邦总理支持进行有关经济－财政问题的三边谈判，而对联邦政府则谈了细节。[27]在支持改革进程和从民主德国撤军问题上，虽然他仍然没有提到莫斯科所期待的具体数目，但是其信件的风格和内容表明，克制的时刻已经过去。比如雷日科夫现在明确要求，德国对统一后留在民主德国的苏军费用作出的贡献不能低于1990年下半年商定的解决办法。这明显违背了阿尔希斯的协议，科尔和根舍当时特别请提注意，1990年的协议不能继续适用。在撤军方面，苏联现在突然提出要为返乡的士兵提供住房建设的帮助，而在阿尔希斯只是一般性地谈到为建造住房提供支持，以及帮助建设培训中心。此外，雷日科夫还提议签订另一项协议，它应该超出总协议而调整贸易和经济关系的细节。对于联邦政府来说，这意味着，从现在起，要同苏联单独谈判五项协议，而且全都要在最短时间内完成：

1. 签订德苏全面条约，也称"大条约"或者"总条约"。这涉及双边关系根本的、面向未来的新方向。科尔和戈尔巴乔夫在阿尔希斯表示，这些谈判应先由个人特派员，即特尔切克和切尔纳耶夫进行。

2. 就苏军留驻和撤出产生的费用，包括在苏联进行培训和住房建设的财政平衡问题签订过渡协议。这一协定应由财政部长魏格尔及其同事进行谈判，由于一开始没有与总的撤军条约划清界限，他们应与联邦德国外交部进行协商。

3. 关于苏军在民主德国限期留驻及其撤出条件的撤军协议。这一谈判在联邦德国由外交部主持。

4. 阿尔希斯会谈后苏联领导层引入讨论的总体经济协议。在德国方面，这项会谈将由联邦经济部领导。

5. 最后是"2＋4"最后文件，莫斯科日益清楚地将其成功谈成取决于其他四个谈判领域内快速取得一致。

苏联这种新做法的背景是明显的：在苏联，特别是在对德政策中持保守态度的"日耳曼"派中，疑虑占了上风，担心统一后的德国可能背离在莫斯科和阿尔希斯达成的协议，因此决定"趁热打铁"。[28]再加上第二个原因：谢瓦尔德纳泽及其亲密的同事们清楚，鉴于不断增长的反抗，尤其是军队方面的反抗，批准"2＋4"协议可能带来问题。因此，为了改善自身地位和论辩可能，除了在国内政治中被视为令人不快的"2＋4"协议之外，力争能够先完成其他对苏联比较有利的协定如"大条约"或者包含财政－经济援助的过渡协议。

为参加磋商而于8月16～17日在莫斯科停留的根舍感受到了这一切，正如其同事们在与苏联新任驻波恩大使弗拉迪斯拉夫·特雷乔夫（Wladislaw Terechow）的先期会谈中以及卡斯特鲁普8月13日与苏联副外长克维钦斯基在苏联的会晤中所感受到的一样。根舍利用他在苏联首都将近六个小时的会谈，讨论了所有尚未澄清的问题。因此，他请求在两国外长之间谈判大的政治条约，原先这是科尔和戈尔巴乔夫商定要在个人特派员层面上进行预备性商谈的。接着根舍开始谈主权问题。谢瓦尔德纳泽同克维钦斯基几天前一样，对建议四大国应在统一之日，也就是在他们的议会批准之前，就以单方面的声明解决其特殊的权利和责任一事反应谨慎。苏联外长说，人们更愿意考虑加快批准进程。他同时一再强调，只有在各种双边谈判，尤其是在撤军协议和过渡协议方面取得具体成果的情况下，才能保证莫斯科"2＋4"会谈在9月12日结束。苏联关于"2＋4"进程与双边谈判之间的关联，至迟到现在是一清二楚了。其他会谈也围绕"2＋4"最后文件进行。在进一步会谈中，克维钦斯基令人注目地反复提出过于精细的细节。莫斯科的想法依然没有改变：从承认他们在苏联占领区实施的财产没收措施，到保护苏联纪念碑和提及欧安会机制化，一直到特别明确写明德国的"和平义务"。谢瓦尔德纳泽突然声明，苏联在迄今为止的谈判中很可能犯了错误，这表明，他是多么认真对待自己的立场。他说，也许有必要回到讨论和平条约这个概念上去。这相当于公开的威胁，是波恩最为担心的立场之一。对于这种立场，最晚从巴黎"2＋4"外长会晤起，根舍以为已经一劳永逸地克服了。

8月26日，苏联外长在给根舍的信中再次说明了自己的立场。[29]谢瓦尔德纳泽大力为双边谈判取得快速而又能展示的成果进行游说，否则的话，平行展开的"2+4"谈判就不能及时结束。随着财政部长魏格尔和经济部长豪斯曼的访问，德苏会谈有了生机，外长对此虽然表示高兴，但仍然看到大量的问题没有解决，尤其是在德国为撤军提供援助问题上。他说，苏联军人将会向他保证，撤军绝对无法按计划在3~4年之内结束，而是至少要持续5~7年。在"大条约"的谈判中，谢瓦尔德纳泽觉得那些说法缺少新的质量，这种新的质量是不能通过重复联合国和欧安会的措辞产生的。但是，这个协定对于苏联公众和议会来说太重要了，不能用半拉子解决办法来将就。新做法的双重原因再次显示出来了，除了财政要求之外，谢瓦尔德纳泽还希望从"2+4"进程中确保得到国内政治方面的让步。

苏联方面不满意迄今取得的东西。然而，这一立场并不意味着原则性的拒绝态度，这表现在这一努力的规模，就是在所有层面上开展对话以取得令人满意的结果。[30]例如，苏联驻波恩大使特雷乔夫也在9月1日和9月9日与联邦德国外交部的政治司长谈话并递交了新建议。9月3日、4日和6日，特雷乔夫又得到根舍的接见，他同样与根舍商讨了双边谈判和"2+4"进程中悬而未决的问题。其中，他再次表明了苏联对签署"2+4"最后文件后立即签订双边条约的巨大关注。他建议，这些文件可以在9月13日至少由三方草签，这就是说加上民主德国。苏联政府已不再愿意仅限于接受科尔在高加索建议并由戈尔巴乔夫同意的、联邦政府最重要的条约内容的信件。出于内政原因，苏联现在想要更具国际法约束力的、以签字条约形式作出的承诺，[31]尤其是想得到比波恩迄今愿意筹措的更多的财政款项。

增长的压力与更高的要求

克维钦斯基对德国的访问，说明了莫斯科谋求在最高政治层面上解决财政问题。8月27~28日，这位副外长来到波恩，他在与卡斯特鲁普的会晤中，不仅商讨了"大条约"，而且也谈了"2+4"谈判中没有澄清的问题。受谢瓦尔德纳泽委托，他还要求与特尔切克会谈，后者在8月28日晚上在总理府与这位前苏联驻波恩大使会面。[32]克维钦斯基说，鉴于苏联日益尖锐的形势，他的确感到很担心；他的部长想提请注意，苏联领导层正处于一个"危急时刻"。尤其是撤军协议的谈判引起了担忧，因为财政部长魏格尔在莫斯科的会谈给军人提供了反对从民主德国迅速撤军的一切论据。如果保持目前的立场，即不为运输费、在苏联的新住房以及军队在民主德国的驻留提供金钱，那么苏联军队里将会发生"暴动"。克维钦斯基强调，在3～4年内撤军是无法做到的。他提醒说科尔曾答应帮助建造新住房。苏军在民主德国有大约500万平方米的住房面积。要在3～4年内撤出，每年必须有8万个家庭返回苏联，还要加上8万从匈牙利和捷克斯洛伐克回国的家庭。他说，戈尔巴乔夫总是提醒注意他和科尔的会谈以及科尔的许诺。对于帮助转业培训的建议，苏联没有表现出很大的兴趣：驻在东德的大多是不会转业的精英军人。

克维钦斯基特别强调他对"大条约"谈判状况的疑虑。他说，德方的建议是不能令人满意的，因为它们没有充分地致力于双方关系的新质量。对他来说，主要涉及两点：

●第一，安全和放弃武力问题。谢瓦尔德纳泽需要特别清楚的许诺，以便向最高苏维埃阐明德国是"热爱和平的化身"。

●第二，涉及经济、技术和科学方面的未来合作。这里必须更加强烈地强调"享有优惠的合作"。

他说，尽管"2+4"谈判取得了良好的进展，但还是有一些问题需要澄清，例如立刻解除四大国权利，还有与民主德国的条约和协定的法律继承、战争墓地的维护、苏联纪念碑的保护以及不可触犯盟军1945年至1949年期间的立法。在这些问题上，民主德国政府方面也有很大的压力。此外还有联邦国防军驻扎在民主德国地区的细节，以及莫斯科希望对协定进行监控的细节。最后克维钦斯基再次强调与统一的德国缔结双边条约的重要意义。他说，这一条约应在10月3日以前由民主德国、苏联和联邦德国草签，并在统一后马上签署。他明确提示说，无论如何法国正与苏联商谈一项类似的条约。如果该条约在与德国的协定之前签署，那么科尔和戈尔巴乔夫推动的大胆行动就会失去意义。

对于波恩来说，从8月中开始，情况越来越清楚，所剩的时间余地越来越窄，苏联方面的压力增加，同时国际政治中的新问题也需要研究。[33]伊拉克军队进入科威特在美国政府中成为占据主导地位的问题，而且从现在起，这一问题也在美国与联邦政府的双边沟通中占据了优先地位。比如，科尔和布什在 8 月 30 日的通话中只是间接地谈到德国问题，取而代之的是，美国总统详细地向其谈话伙伴通报了海湾地区的局势并请求德国为国际军事行动提供财政支持。他说，他知道对德国来说，由于统一的费用负担已经很大，这在目前来说意味着额外的负担，但是人们需要钱，以便能够保持对伊拉克的国际压力，同时支持该地区的盟友。

在这种形势下，迅速解决与苏联之间的遗留问题，对联邦政府来说更显重要。看来，这只能通过两位最高级别政治家科尔和戈尔巴乔夫的直接会谈才有可能。自高加索会晤以来，他们仅仅在《莫斯科条约》签订 20 周年之际通过信件交换保持着联系。[34]通过特尔切克的同事们参加与苏联的各种会谈和谈判，联邦总理府对其进程是了解的，而且从 1990 年 3 月第一次波恩内部讨论以来，总理府也不断地在撤军或过渡协议领域参与谈判。从 8 月初开始，主管处几乎每天都向特尔切克提供进展情况的中期报告，有时候直接向科尔报告，所以总理府也了解谈判取得的进展和存在的问题。

因此，当财政部长魏格尔和苏联副总理斯塔扬在暂时的最后一次会谈之后，于 9 月 6 日就条约文本达成了广泛一致时，人们并不感到太大的意外。但在该条约文本中，中心问题没有解决。经过夜间的谈判，协定文本几乎全部完成，但所有地方都仍然缺乏需由联邦德国支付的金额。[35]正像特雷乔夫与根舍午餐会面时强调的那样，在苏联的要求和财政部长魏格尔的最后出价之间存在着巨大的差距。德国方面最后提出支付 60 亿马克，苏联则要求 185 亿马克，而且还指出，通过移交苏联的不动产和维斯穆特（Wismuth）矿区的铀矿开采权，将进一步提出亿万马克的要求。总理府内部的一个按语说，斯塔扬在 9 月 5 日与魏格尔的私下会谈中曾提到苏联期望的数额是 160 亿 ~ 180 亿马克，魏格尔称这一要求是"幻想"。但按语说，迄今层面上的谈判已经结束，"现在，必须由双方政府首脑作出最终决定"。

最高层几万扑克的结局

科尔和戈尔巴乔夫之间急需进行通话，通过总理与部长们和工作人员们的谈话以及提出的种种草案对内容作了准备，并于 9 月 5 日由特尔切克告知了特雷乔夫。[36]9 月 7 日早上，当科尔与戈尔巴乔夫通话时，两人仅仅简短地互致一般的问候。他们一致认为，他们在阿尔希斯的会面是两人迄今为止"最有力的会谈"。戈尔巴乔夫说，现在要以强烈的责任意识解决与此相联系的任务。他希望有比较安静的时候，能更加安静地与联邦总理到山区漫游。科尔说，他也希望不久后就能如此。但今天他要谈几个问题，在下周他们再次谈话之前，戈尔巴乔夫可以与其同事们讨论这些问题。联邦总理确认在莫斯科和阿尔希斯达成的协议。他说，对于在那里讨论过的"大条约"，他对已经达到的状况感到满意。他希望在计划于 10 月 3 日的统一之后不久，就与总统共同签署这一条约。戈尔巴乔夫确认取得了良好的进展，他将乐意更仔细地看看这些进展的结果。

科尔说，关于苏联武装力量在东德的停留和驻扎问题的谈判也在有条不紊地进行，将会很好地结束。戈尔巴乔夫插话说，人们告诉他，并非一切都进行得顺利，因此科尔指出，这可能是指过渡协议，或者是指与其有关的费用。苏联对此提出了四条要求：

1. 帮助在苏联建造住房。
2. 直到撤离前的驻扎费用。
3. 转业培训措施的费用。由于财政总额很少，这一点可以忽视。
4. 新的费用项目：苏联部队返回的运输费用。

科尔说，他曾许诺过将帮助建造住房，现在仍准备如此做。但很可能在细节上有些困难。人们要求与苏联部门一起实施建筑措施，并且要为此提供金钱、材料和一切附属之物。但如果苏联方面不在当地任命一位拥有全面职权且"实际上是专制性全权"的人物——一个能够切实作出决策的人物——这将很难成功。对于下一步的行动，总理建议，在专家逐项就其流程取得共识之前，先就总的数额取得谅解。在目前的谈判层面上，无法继续前行。

戈尔巴乔夫用较长的声明对这一建议作出反应：一方面，要注意政治方面的问题，并按照阿尔希斯达成的历史性决议解决现有问题，这是很重要的。他希望大家坚持这些协议，而且现在能够澄清这些原则性的问题，而不要停滞在细节上。他注意到，总理和他本人那里都出现了新问题。但这些问题绝不像德国统一中产生的问题那么大。另一方面，苏联方面肯定不是那样小里小气的。它的所有计算都是可以核实的，这一点德国方面应当能理解。如果在总额上取得了一致，那么人们会很乐意在其他层面上讨论进一步解决实际问题。但现在取决于联邦总理的政治意愿，而且他希望能与总理达成一项适当的决议。科尔说，他已经证明了自己的政治意愿。一旦到年底时苏联经济改革的框架条件变得清楚明确，德国也将与其西方伙伴一起作进一步的考虑。[37]他说，他本人非常仔细地关注了财政问题，现在要把各自的账单放到一边。现在，必须谈数额，然后才考虑其分配。分配重点放在哪里，放在住房建设还是驻军费用上，这由总统来决定。科尔精确地讲了自己的设想，他认为80亿马克的总报价是可以设想的。

戈尔巴乔夫不假思索地回答说，这个数字会导入死胡同，以此表明科尔的提议与苏联的设想相差多么大。仅仅是住房建设，包括相关的基础设施如幼儿园、学校和医疗设施，就需大约110亿马克。如果加上为士兵驻留和返乡运输的费用，就将出现一个完全不同的数额。坦率地说，科尔的提议损坏了目前的共同工作。戈尔巴乔夫还指出，要算算民主德国融入联邦德国的费用，那将是10年之久的每年500亿马克，如果缩短期限，费用甚至会更高。但这不仅涉及民主德国，而且是一个相互的过程。现在他们所谈的就是这个过程的一部分。苏联开出的费用清单不是乞讨，但现在是进行坦率的交谈；为四年驻军提出的数额绝对不是太高。一切都是有机地联系在一起的，而这种相互关系对苏联来说是不容破坏的。他提醒注意这样的协议，即人们要在一个文件中确定德国统一外部问题的解决，而苏军停留和撤出问题要在另一个文件中确定。政治文件打通了通往一个方向的道路，它涉及苏军驻留和撤出这些命运攸关的问题，如果在这个领域不取得进展，就存在着两个协议陷入相互矛盾的危险。戈尔巴乔夫说，必须把两个协议联系起来看待，他以此暗示谢瓦尔德纳泽提出的各个协议的相互关联。科尔回应说，他看不出这个矛盾，双方都有良好的愿望，必须找到一条道路，但他不得不指出，现在苏联的要求高得多了。比如说到住房建设，现在又涉及基础设施。这是一个全新的论证。他必须考虑德国目前面临着多种财政负担。总理建议，再仔细考虑一下这些问题，在星期一下午再次通话。

嗣后，戈尔巴乔夫说得更加直接。他强调自己对所获得的信息感到十分担忧。与此相连，他也想起了9月12日要在莫斯科举行的下一轮"2+4"部长会谈。现在他应给自己的部长何种指示？他必须说，现在情况对他来说非常紧急，他感觉似乎落入了陷阱。科尔作了强烈反驳，说不能也不愿这样交谈。接着戈尔巴乔夫提醒他注意"现实"。科尔反驳说，正因如此，就要谈双方都有的现实。最后戈尔巴乔夫回答说，决定性的是要解开这个结。联邦总理同意他的意见，并提请他注意联邦德国向苏联提供价值6亿马克食品的新提议。不过，人们也处在某种压力之下，因为民主德国加入联邦德国之后，也要考虑欧共体的规定。因此，这样的提议以这种方式只能维持到10月3日[38]。

正如一天前和布什的通话一样，科尔提出了一个私下的问题：[39]戈尔巴乔夫是否有兴趣参加10月3日在柏林举行的德国统一庆典？他想完全非正式地提这个问题，而且还没有与法国和英国谈过此事。苏联总统可以在即将举行的赫尔辛基峰会上与布什讨论一下这个话题，下周可以继续商谈。戈尔巴乔夫没有讨论这个问题，而是在通话结束时表示，希望维持迄今的良好气氛。他希望不会出现新的障碍，危及共同建立起来的成果。

尽管谈话结束时语气较为和缓，但与戈尔巴乔夫的这次戏剧性的谈话使总理认识到，存在着苏联政府在最后一刻进行刁难的危险。总统主要强调了两点：

1. 如果在过渡协议上没有达成一致，苏联将拒绝在9月12日签署"2+4"最后文件；
2. 科尔增加到80亿马克的报价如此明显地激怒了戈尔巴乔夫，以至于仅仅为了靠近具体的谈判形势，就有必要大大地提高数额。

因此，在星期五这次通话之后，财政部就开始忙碌地工作，在国务秘书霍斯特·科勒尔（Horst Köhler）的领导下，打包一个符合德国财力极限的新报价文件。在与魏格尔部长和豪斯曼部长商谈后，科尔进入了与戈尔巴乔夫的下一个谈判回合，戈尔巴乔夫本人周末在赫尔辛基与布什进行了会晤。[40]科勒尔准备的文件用100亿马克标明了德国支付数额的上限。文件称，如果戈尔巴乔夫通盘拒绝这一提议，那么科尔可以在"极端情况下"将整体框架提高到110亿马克，或者允诺给苏联要求的另外30亿马克无息贷款。只有在这一提议真正作为"最后的财政解决方案"达成协议，并保证苏军到1994年12月31日为止完成撤军，这一提议才是可行的。

9月10日，科尔带着110亿～120亿马克的提议开始与戈尔巴乔夫谈判。此前他再次称斯塔扬提到的 160 亿~180 亿马克太高，而总统不这么认为。戈尔巴乔夫说，他不想讨价还价，但明确指出，这是推动德国统一的巨大机制。他希望，科尔能够拿出 150 亿~160 亿马克。联邦总理回答说，他对讨价还价也不感兴趣。他的提议是第一步，到年底德国可以在西方对苏联的共同援助框架内采取第二步。之后戈尔巴乔夫更加直言不讳：与其说这是对苏联的援助，倒不如说这是为了统一进程，也就是说科尔帮助苏联，但最终是在帮助自己。他提出的 150 亿马克是在政府中与军人和财政专家长时间争论的结果；如果现在他看到无法达到这一数目，那么所有议题都必须全部从头开始讨论。鉴于这一巨大压力，科尔除了超出财政部的建议之外，别无其他选择。作为对 120 亿马克的追加款项，他将原本为 100 亿马克进行补充的 30 亿马克无息贷款给了出去。可以听得出来，戈尔巴乔夫的反应变得轻松了，他说，这样就可以解决问题。德国专家们明天就可以来莫斯科，结束一切事务。总统热情地话别，他显然已觉察到，科尔无论如何不可能超越现在许诺的 150 亿马克了。

戈尔巴乔夫空前地向科尔提出了巨额财政要求并且部分得以实现。而科尔自发地扩大报价达到了他的目的，这在下午克维钦斯基给特尔切克打电话时就表现出来了。克维钦斯基说，总统已经发出指示，在他和科尔达成一致的基础上，最终签订过渡协议。次日，科勒尔在莫斯科也就这样做了。由于苏联最后一再强调过渡协议中的财政要求与德苏之间谈判的其他协议相连，所以双边的问题就这样在很大程度上了结了。[41]

对联邦政府与苏联领导之间谈判过程和结果的总结性分析表明，在似乎毫不费力而友好的莫斯科和阿尔希斯原则协议与艰难而几乎是危险的具体协议之间存在着强烈的差别。从中可以得出下列结论：

1. 戈尔巴乔夫在他就结盟问题作出了较大程度的自愿让步之后，对联邦政府此后的态度感到失望。对正在商讨的双边条约文本有时所抱有的幻想般的期望表明，苏联总统及其顾问们认为，德国虽然在形式上隶属北约，但最终可以更多地把它从西方阵营分解出来。

2. 戈尔巴乔夫的其他行为证明，7 月中他在多么靠不住的数据基础上作出了对德国统一的原则性决定。事后他才拟定并向联邦德国提出所要求的具体数字。由于已经同时就具体的条约内容进行了谈判，而且部分还取得了迅速的进展，所以 9 月初莫斯科除了"紧急刹车"

之外，别无其他办法。由于总统那么晚才提出自己的大量要求，这正好导致了他在阿尔希斯有意想避免出现的情况：必须通过"过渡协议"与结束"2+4"谈判之间的关联，明确地把《过渡协议》中支付数额称为"统一的代价"。

3. 莫斯科明确认为谈成具体数目最终是"首脑的事情"。虽然谢瓦尔德纳泽外长及其同事们积极支持营造针对波恩的威胁氛围，但没有介入由总理主管的财政谈判。

4. 民主德国政府不再被苏联领导视为独立自主的谈判伙伴。莫斯科有时候要求由苏联、民主德国和联邦德国的代表草签协议，但东柏林政府只是被视为工具，用以增加对联邦政府的压力。

5. 在波恩，苏联领导层对未来经济、财政和政治关系的期望所产生的影响，起初没有被充分地认识。只是在营造了压力氛围和建立了财政援助与"2+4"协议之间的关联以及科尔和戈尔巴乔夫9月7日通话之后，才真正地将广泛的财政包裹捆绑起来，它至少与苏联的期待接近。

6. 在斯塔扬和魏格尔就财政设想的谈判由于200亿马克还是60亿马克的巨大分歧而失败之后，波恩才迅速认识到，只有在最高层面才能解决问题。此外，在科尔扩大到80亿马克的提议和戈尔巴乔夫坚决拒绝之后，情况已很清楚，联邦政府必须大踏步前进。提出100亿或者110亿马克加上一项可能的贷款建议，达到了德国承受能力的极限。但戈尔巴乔夫把要求减少到150亿马克的方式，也让联邦总理明白，戈尔巴乔夫也到达了自己的极限。因此，科尔没有与部长们或同事们进一步商量，不得不即兴地超越在内部被称为"最高报价"的数额。这样，他至少可以阻止莫斯科继续推迟决定，并可能提出新的模式，在这些模式中，包括虽然可能划分为多年但最终明显更高的数额。9月12日，科尔在联邦内阁详细报告了这些非常艰难的谈判。他说，苏联起初坚持185亿马克，而德国开始的提议明显低于这个数字；最终商定了一个一揽子计划，它包含分成四年的120亿马克，以及一项五年期的30亿马克贷款。[42]

随着科尔和戈尔巴乔夫达成一致，通向德国统一道路上的又一个大障碍清除了。现在，最具重要政治意义的问题看来解决了：

● 科尔和戈尔巴乔夫在高加索达成一致，统一后的德国可以自由选择其联盟归属，就是说可以属于北约。

● 在巴黎的"2+4"外长会议上，就最终解决德波边界的国际争论最终结束了。

● 随着就向苏联提供财政和经济援助达成一致，不仅创造了快速签订双边条约和协定的框架，而且从现在起也结束了按照苏联理解与此相联系的"2+4"谈判的框架，并建立了德国的完全主权。

第三节　细节的争议危及成功

不过，在最高政治层面上达成的一致不能掩盖还存在着大量的、似乎是次要的问题，这些问题依然没有解决。例如，在"2+4"框架内，苏联的谈判代表对快速结束谈判不感兴趣，并且一再试图对已经取得的结果进行"酒中注水"。其中很清楚的是，苏联专家们——尤其是伯恩达伦科和克维钦斯基——离戈尔巴乔夫和谢瓦尔德纳泽的对德政策基本方针有多远。[43] 8月初西方阵营内部直到最近一直运转得很好的协调机制也陷入了危险，因为华盛顿、巴黎和伦敦的政府担心联邦政府对苏联愿望的照顾走得太远和太急。

西方三国的不满和围绕细节的争论

起初，当人们还必须与苏联就其军队在东德暂时驻留问题进行谈判时，比较而言，北约盟军在联邦德国的驻留似乎不成问题：[44] 在1954年的《驻留条约》（Aufenthaltsvertrag）、《北约军队章程》（NATO-Truppenstatut, NTS）及其《附加协议》中，规定了美国、英国、法国、加拿大、荷兰和比利时等同盟国军队在联邦德国驻军的框架条件。虽然根据《驻留条约》，所有规定都将随着和平条约的签订而失效，但西方盟军似乎认为最简单的办法就是延长所有这三项协定，或者将来把《北约军队章程》也扩展到东德地区。他们的论据是，这样一方面可以保证外国军队在统一后的德国的法律地位而无须过渡，另一方面也可以阻止有关盟国特殊权利的公开讨论。

因此，当西方三大国的外交官于8月13日在联邦德国外交部的一次会谈中首次正式得知联邦政府不同意他们的意见时，他们尤为感到意外：[45]联邦政府希望，无论是对目前的联邦地区还是柏林，都要有新的驻军规则。这样，所有遗留下来的占领权基础都要清除，德国完全主权的建立应当显示出来。与三大盟国应进行双边谈判，谈判结束之前，应议定一项临时的新规则。由于没有得到巴黎的指示，法国代表起初保持谨慎；而美国代表，更明显的是英国代表，则在很大程度上拒绝这些建议。以后的几天开始了忙碌的外交努力，以便在统一之前及时找到办法，解决这一在西方盟国看来危险的冲突。他们现在担心通过必要的谈判，使其军队进一步与苏联驻民主德国的部队等同起来。有时候，英、美高级外交官多次向总理府、外交部和国防部提出交涉，有的是"强硬的外交交涉"，目的是为他们的构想进行游说。

在联邦政府内部，对三大国应采取什么行动方式，有着不同的看法。总理府和国防部问是否真的有必要全面地重新谈判协定，外交部领导则坚持这一立场。美国国务卿贝克 8 月 16 日给根舍的一封内容详细而清楚的信件起初也帮不上多大的忙。根舍坚持反对统一后把《北约军队章程》延伸到民主德国地区。8 月 20 日，外长在与联邦总理的一次谈话中说服他相信自己的方针。[46]虽然总理的同事们曾提出警告，说就有关柏林的驻军和撤军协议进行谈判可能会引起这样的印象，即苏联和三大国被等同起来，而科尔此前曾非常明确地请求三大国在西柏林的驻军留下来。[47]但根舍的说项成功了。科尔接受了根舍的论据，如果《北约军队章程》得以延伸，会给苏联传递这样的印象，即与商定的不同，北约结构会扩展到民主德国。

然而，英国和美国继续坚持不接受联邦德国外交部建议的双边新谈判，并且越来越清楚地向其波恩谈话伙伴表明这一立场。这一坚决反对，与日益增长的时间压力以及与在"2＋4"结束阶段西方大国对苏联的支持绝对必要这一认识联系起来，促使外交部发生了部分的思想转变。8 月 30 日与贝克通话以后，根舍于 8 月 31 日给美国国务卿写了一封信，其中他暗示将作出让步：取代他起初要求的双边新谈判，可以进行多边会谈，不然的话，也可以按照西方盟国的意思解决问题。就这样，《北约军队章程》可以不直接延伸到现今的民主德国地区，但给予统一后前往那里的美国士兵以《北约军队章程》中包含的权利。接着，仅在两周之内就进行了会谈，会谈结束时更新了《驻留条约》，议定了西方三大国驻柏林军队的新的驻留协定，并找到了一项把《北约军队章程》扩展到民主德国地区的协议。[48]这一妥协使得双方都能保全面子，并贯彻各自的重要利益。这样，西方三大国可以：

● 阻止广泛的双边新谈判。由此减少了以下危险：公众就驻德北约军队的特殊权利开始泛滥的争论，这种争论可能导致关于全德北约成员资格的原则讨论。

● 阻止随着苏军暂时驻留德国的谈判而出现令他们担心的"等同"。

● 确保了西方阵营在进行中的"2＋4"谈判中的团结一致。

根舍也能接受达成一致这个结果。虽然西方大国曾向他表明，它们不会接受事先向苏联谈判伙伴事先作出让步，但根舍至少能够实现自己的一些目标。例如，他清楚地表明了，随着统一必须消除最后遗留的原占领权，而且，现在德国的主权在理论上也不允许受到限制。不过，联邦政府内部的不同态度和建议，再次暴露了各种不同的政治和谈判风格：

● 外交部及其部长把对苏联采取谨慎－迎合的政策置于优先地位，即使因此而干扰了同三个西方大国的关系。其中，害怕苏联的干扰方针是显而易见的。在美国的压力下，根舍最终很大程度地转到了西方路线上。

● 在联邦总理府，外交政策部门的一些人代表了较紧密地以西方利益为导向的路线。扩展《北约军队章程》可能产生西方联盟向前推进的印象，这一危险如同苏联持续否决统一的可能性一样，似乎都被低估了。不过，总理府的官方方针是在科尔与根舍的直接会谈中定义的，其中，外长得以贯彻其对苏联比较理解的政策。[49]

● 国防部采取了最不妥协的立场，这是为了谋求有利于北约的解决方案，但在决策时并不起作用。

由于公众的整体讨论很大程度上未受到注意，所以，最后对成功展示联邦德国与最重要西方盟友的团结一致没有造成伤害。不过，巴黎、华盛顿，尤其是伦敦还是仔细地记录了联邦政府小心谨慎的策略运用。

围绕"2＋4"最后文件细节同时进行的争论，显示出团结一致是多么重要。联邦政府认为，在高加索已经澄清了东德未来的安全地位问题，而其具体化却给苏联方面带来了新的谈判需求。这在 9 月 7 日东柏林的最后一次"2＋4"回合中清楚地显示了出来。此外，在社民党退出执政联盟以及由此造成的人事变动以后，民主德国方面以几乎是全新的人事组成上任：[50]在民主德国外交部，东部基民盟的长期成员克尔斯滕·拉德齐曼诺夫斯基从第四司司长被提升为国务秘书兼代部长德梅齐埃的副手；无党派的国务秘书多姆克接任"2＋4"代表团团长一职，迄今为止他主要主管欧安会问题。根据波恩和东柏林的约定，欢迎仪式之后，多姆克将会议主持任务交给了卡斯特鲁普。

卡斯特鲁普从一开始就明白，不会有简单的会谈。[51]8 月 16 日，苏联提交了与德国签订和平条约的新的整体草案。9 月 1 日，这一草案又被另一个文件代替。此外，在 9 月 4 日的预备会谈中，苏联代表团团长伯恩达伦科还向卡斯特鲁普清楚地表明，莫斯科官员通过不断抛出新的细节问题推行一种拖延战术。这样，在如何确定预告的德国军队的裁减方面，出现了艰苦的谈判。[52]伯恩达伦科建议，时间上把苏军撤离与联邦国防军的裁减，进而与相关的维也纳削减欧洲常规武装力量谈判框架内的裁军谈判联结起来；这样有可能使苏联延缓从东柏林撤军。经过坚韧的斗争之后，伯恩达伦科离开了这一尤其遭到西方三大国坚决反对的计划。取而代之的是，在"2＋4"条约中谈到了波恩和莫斯科关于苏军"有限期驻留与有计划撤军协议"的平行谈判：在该协议生效四年后，苏联应完成从东德撤军。美国对这一解决办法虽然不感到高兴，但作出了让步，因为西德代表团团长卡斯特鲁普认为找到的这一妥协是可以接受的。与此相反，在东柏林，在另外两个问题上没有取得一致：

1. 驻扎在东德的联邦国防军部队的装备问题。苏联要求放弃所谓的"两用"或者"双能"武器系统，这些系统既可以配备常规弹药也可以配备核弹药。

2. 西方要求的权利。苏联人撤离东德后，当地虽然不能驻扎外国武装力量，但可以在北约范围内调动部队。

据此，除了仍待澄清的细节之外，原则上已完成了"2＋4"最后文件，因为在柏林也就属于该文件的两位外长的附加信件达成了一致，在该信中应探讨和澄清一些在条约里未得到处理的议题。[53]虽然伯恩达伦科抱怨，最后似乎是禁止采纳苏联的建议，但这并没有破坏基本良好的气氛。多姆克在简短的讲话中提到了"民主德国老百姓过去的绝望和现在的希望"，并给谈判参与者一幅东德艺术家的画作，在这幅画作里看到的主要是几扇门。由于外国客人起初对这幅画不太理解，所以多姆克用感人的语言描述了该画的内容和含义：它表现一个房间，里边民主德国的申请者等待旅行许可。多姆克说，民主德国划时代变革和未来统一的最重要结果，就是这幅画终于成为历史，

布什和贝克的介入

尽管还有两用武器部署和北约部队调往东德这两个尚未澄清的问题，但随着柏林"2+4"官员会晤，政治司长们的大部分工作已经完成。从他们3月14日举行首次会晤到4月30日举行首轮实质性讨论，在不到半年的时间内，条约的所有基础数据得以确定，该条约应向德国交还对内对外的全面主权。对两个仍然悬而未决的问题应进行双边会谈。卡斯特鲁普在柏林会谈结束之际说，条约法专家应于9月11日在莫斯科会晤，为需要签署或者草签的文件作准备。当天晚上，为了澄清最后的实质问题，政治司长们应再次聚会，以使六位外长可以按计划于9月12日上午通过这份文件。不过，此前还必须澄清两个有激烈争议的问题，以便打通成功结束"2+4"的道路。

苏联最后要求联邦德国在装备其驻扎在东德的联邦国防军部队时，放弃不仅能用常规弹药而且也能用核弹药配备的武器系统的要求。[54]苏联人援引了所谓科尔和戈尔巴乔夫在阿尔希斯的约定。支持他们这一论据的是科尔7月17日在联邦新闻发布会上有关他与苏联领导会谈结果报告中的一个模糊表述。关于在谢尔斯诺沃迪斯克第一次新闻发布会上没有提到的一个问题，总理曾保证，苏军撤离以后部署在东德的联邦国防军部队不会配备"可用于核武器的发射架"。西方参与谈判的人员一致认为，苏联对上述说法的解读是不能允许的，因为它不仅排除了所有的重型大炮，而且实际上也排除了所有的飞机。卡斯特鲁普指出，与苏联代表团团长不同，他本人出席了阿尔希斯的会谈，他反对伯恩达伦科的无理要求及其解释。此外，这位外交部的政治司长还于9月7日让人在总理府再次查询是否在其他地方有约定。科尔回答询问时向其工作人员保证，他与戈尔巴乔夫谈过驻扎

常规武装力量和放弃使用三种大规模杀伤性武器问题，但现在就由此推断可以排除大口径迫击炮等，这是不可能的。面对西方团结一致的反对阵线，9月10日，苏联副外长克维钦斯基在莫斯科与卡斯特鲁普的会谈中作了让步。卡斯特鲁普这位经验丰富的裁军专家同意——西方三国次日也如此——"2+4"条约第5条的一则表述，按照这一表述，不会在东德部署核武器运载工具，但这并不涉及："除了常规的使用能力之外，还可以有其他使用能力的武器系统，但在德国的这部分地区，只能为常规作用配备这些能力，并且只能用于常规作用"。[55]

西方的团结一致以及这个问题的次要性——归根结底苏联无法检查其遵守情况——在经历了起初的反对之后，很快带来了苏联方面的让步。围绕最后一个悬而未决问题进行的尖锐得多的争论表明，这不仅仅是无条件放弃所有立场的意愿问题，而是涉及苏联武装力量撤离以后，外国军队是否可以调动到东德地区的问题。[56]在这个问题上，科尔和戈尔巴乔夫之间的约定也不明确。总理在展示阿尔希斯会谈成果时声明，"外国军队和核武器不能转移到那里"。不过，对"转移"这个概念的准确意思，没有作确切说明。当8月中旬苏联方面提出了另一个"2+4"最后文件文本建议时，关于"转移"这个概念的辩论便开始了。该文本中突然提到，外国军队只有在柏林和西德之间换防时，才允许越过联邦德国和民主德国之间当前的边界线。西方三大国——领头的是美国和英国——认为，正如它们8月23日在伦敦"1+3"政治司长会晤中向德国代表团声明的那样，这样的规定走得太远了。在它们的文本建议中，虽然同样禁止外国军队驻扎，但通过不能因此而损害德国的结盟权利与义务这个说法，就补充了这个章节。魏思敦与在这次会晤中代表美国的多宾斯提请卡斯特鲁普注意，即使受到苏联的强大压力，西方在这个问题上也绝不能让步。杜发奎也认为，《北大西洋公约》第5条和第6条的安全保证也同样毫无保留地适用于东部德国，因为否则的话，统一后的德国会被独特化并且划分成不同的安全区域；为了确保完整的安全，必须保留苏军撤出后西方能在东部德国执行有限军事演习的可能性；在危机情况下，例如苏军开进波兰，西方联盟的武装力量应当可以调动。卡斯特鲁普反对他的意见，认为没有军事演习的必要，在运用《北大西洋公约》第5条、第6条时苏联的表述将不构成障碍。英国代表威胁地责问，在这种形势下是否也没有必要要求北约理事会研究这个问题，因为所有盟国的利益都受到了触动。这时卡斯特鲁普也没有让步。

9月3日，当"1+3"政治司长再次在柏林碰头的时候，这个问题依然存在争议。卡斯特鲁普援引进一步询问德国将军们的结果，说明在原民主德国地区举行有盟军参加的军事演习将来也没有必要。此外，按照波恩的理解，这样做在政治上也不明智。佐利克问为什么德国愿意长期结盟，而魏思敦再次暗示要在北约内部审议该问题。尽管进行了较长时间的讨论，但西方阵营没有形成一致。在9月4~7日的"2+4"官员会晤框架内的简短争论也没有得出结果。不过，美、英明确地向苏联代表团示意，它的出发点对它们来说是不能接受的。政治司长们决定推迟会议，魏思敦已提请注意称，现在很可能必须由部长们来关注这个问题。

还在柏林"2+4"会谈期间，西德代表团里的总理府代表哈特曼就已向波恩报告了最新的推迟情况。[57]在波恩，科尔向总理府外交政策司的工作人员再次强调，他不认为西方盟国有在东德进行军事演习的必要。此外，他坚持自己与根舍的约定，不允许《北约军队章程》延伸到民主德国地区。在9月6日与布什的一次通话中，总理也向美国总统作了这样的建议。布什对科尔谈了"2+4"谈判中尚未澄清的问题，说贝克国务卿会在下个星期的访问中说明其细节。按照科尔的理解，它涉及《北约军队章程》。不过，总统也在其他方面作过令人误解的陈述：他所宣布的贝克访问，是计划于莫斯科"2+4"外长会谈后几天才进行的，因此通过这条途径及时地进行预备性商谈是不可能的。两天以后，美国政府也意识到了这一点。因此，9月8日陪同总统与戈尔巴乔夫会晤的安全顾问斯考克罗夫特从赫尔辛基打电话给总理府，请求向联邦总理转达以下信息：令人遗憾的是，华盛顿没有意识到贝克的访问要在莫斯科"2+4"会晤之后才进行。因此，为了清楚说明美国的立场，他想简短地概述这个非常重要的问题：这涉及苏联的建议，它禁止外国军队越过当前民主德国的边界线。在美国看来，这样的协议会使统一德国的北约完全成员属性成为问题。据此，斯考克罗夫特支持美国国务卿在给根舍外长的信件中所描述的方针，这封信是9月6日送达联邦德国外交部的。在信中，贝克再次提到了有待双边澄清的问题，如美国公民对民主德国的要求和飞往柏林的空中交通；他最后才谈到对他来说特别重要的一点，即军队往东德调动的问题。他说，对西方盟国来说，这不涉及在斯塔夫罗波尔达成的协定，即不允许在当地驻扎外国部队。但苏联的新建议超出了这一点，并且是不明智的，出于两个原因：

1. 德国的主权会因此而永久受到限制，这将违背联邦政府和美国政府迄今所作的一切努力。出于自己的政策而选择这条道路是一回事，但通过条约把自己永远束缚住则完全是另一回事。没有人知道，在将来的紧急形势下，是否也不需要外国的北约军队在东部德国地区进行调动。

2. 苏联人希望的行动措施可能削弱德国公众对北约的支持，因为它会唤起一种假象，认为西方盟国的存在在某种方式上看是不合法的。这恰恰对东德老百姓克服对北约的旧偏见和敌对形象会造成困难，可能导致联盟的削弱，最后甚至是崩溃。

贝克保证，他的请求绝非表示呼吁要在东部进行北约军事演习。人们也愿意在苏军存在于东德期间放弃任何活动，但此后必须由主权的德国独自作出决定，其盟国在统一的国家里允许做什么事情。他估计，这个问题对于苏联人来说不是一个需要不惜代价坚持的事情。在撤军的过渡阶段为禁止驻军以及规定某些限制作相应的许诺，就可以安抚苏联领导层，除非它想用自己的建议破坏统一后德国对北约的长期义务。最后贝克再次强调，他赋予这个人们都希望能够共同解决的问题何等重要的意义。

美国方面以此明确地表明了立场。苏联的建议对他们来说是不可接受的。布什——通过斯考克罗夫特——和贝克直接向联邦总理和外长陈述了这一立场，这表明了他们这一关注的严肃性。这一点也因所选择的论据进一步得到了强调：苏联的建议削弱了北约，这里面隐含有指责的意思，即指责联邦政府迄今表现出的接受苏联建议的意愿同样会使西方联盟产生问题。9 月 10 日，贝克在布鲁塞尔与联邦外长短暂会晤中再次说明了美国的立场。[58]美国国务卿头一天在赫尔辛基与谢瓦尔德纳泽会晤并同他谈到了这个问题。按照美国的理解，这位苏联部长只是表示反对大规模的军事演习，[59]但原则上没有反对部队的调动。对美国来说，按照苏联迄今提出的要求，美军所有舰队访问东德港口或者在柏林大使馆内派驻军事人员等都要被排除在外，这是不能接受的。与之相反，根舍提醒注意联邦总理和苏联总书记在高加索的明确说法：科尔作了保证，外国武装力量不会调动到今天的民主德国地区，而戈尔巴乔夫则要求那里不允许"出现"西方的武装力量，他说得更加清楚了。之后，根舍和贝克达成协议，在"2＋4"条约中约定一节内容，规定：英国、美国或者法国的军队不能"调动"到民主德国地区，[60]这一点可以被精确地解释为，只有大规模的军事调动才是禁止的。

午夜后的戏剧性结局

由于之前最高苏维埃还需要他，谢瓦尔德纳泽 9 月 11 日晚上与根舍会谈晚到了一些。[61]联邦外长还想在签署条约的头一天晚上讨论一些最后的细节，比如外国军队向东部德国调动问题。当他抵达机场的时候，卡斯特鲁普和埃尔伯就告诉他，政治司长们在预备性会谈中始终没有使立场靠近。因此，尽管同谢瓦尔德纳泽的会谈起初取得了很大的一致，但这个议题仍主导了这次会谈，对此根舍并不感到意外。克维钦斯基在他的情况报告中指出，苏军驻留东德期间禁止外国武装力量驻扎和进行任何军事活动这一点，已经得到明确的澄清和精确的表述。困难的是接下来关于这一地区的地位问题，因为西方三大国想通过模糊的措辞，为近 13000 人保留军事演习的权利。

两位外长详细地讨论了这个问题。根舍建议发表一个单方面的声明，即根据联邦政府的理解，该条约排除大规模的军事演习，但对较小规模的军事演习应由主权德国作出决定。这样就可以照顾到所有参与者的安全利益。谢瓦尔德纳泽没有被说服，他显然要避免在外长会议上对这个问题作任何书面的确认或固定，于是根舍提议在紧接着的新闻发布会上发表一个相应的声明。其他部长如被进一步问及，可以提请注意他的表态。在请示戈尔巴乔夫之后，谢瓦尔德纳泽最终转到了这一路线上。根舍想避免就修改条约草案进行任何进一步的讨论，他提到自己即将与赫德会晤，并放弃对该协议作进一步的精确阐述。[62]

晚上，当政治司长们为最后一轮谈判碰头时，关于外国军队向东德"调动"这个未决问题的冲突，开始时没有为会议进程增加负担：[63]在克维钦斯基的主持下，会议商谈了一些技术细节，确认了他与卡斯特鲁普商定的解决双重用途武器系统的办法，这一解决办法也曾得到两位外长的赞成。[64]但当谈到军队调动问题上的不同立场时，谈判迅速陷入停滞。美国代表佐利克强调，他已得到国务卿的明确指示，只要"调动"这个概念的意思是不允许在民主德国领土上举行大规模军事演习——就像贝克和谢瓦尔德纳泽在赫尔辛基讨论过的一样，那么美国是同意的，但不允许这个概念的含义进一步延伸。魏思敦援引赫德的指示也持这一立场。[65]克维钦斯基对此表示坚决反对。他说，他已再次向谢瓦尔德纳泽询问过，并没有谈到大规模军事演习，而是一般地谈到军事演习。苏联反对军事演习。此外，还要顾及德苏之间的约定。在进一步的讨论中，杜发奎表示，法国也支持其两个西方盟国的立场，卡斯特鲁普为妥协路线进行的游说没有成功。于是他提出贝克和根舍商定的措辞，说大规模军事演习虽然禁止，但在苏军西部军团撤出以后，对较小的军事演习可以由统一的、拥有主权的德国作出决定。联邦外长可以在"2＋4"条约签署后的新闻发布会上，就军事演习这个问题再发表一项声明，即联邦政府将理性而负责任地在所有国家的安全利益一致的情况下，作出相关的决定。由于各方阵线僵持，根舍和谢瓦尔德纳泽讨论过的这个建议也没有带来进展：

　　●与之前的谢瓦尔德纳泽类似，克维钦斯基原则上不能或者不愿意公开谈论是否允许以及如何允许军事演习；
　　●对佐利克和魏思敦来说，联邦外长在新闻发布会上发表一个在法律上和政治上归根结底没有约束力的声明是不够的，因此，他们坚持自己外长规定的路线，对于"调动"这个概念必须有一个清楚的、书面的说法。

　　鉴于不可能取得一致立场，这次政治司长会议也不得不无果而终。这样，在六国外长结束会议和已宣布的签署最后文件之前 12 小时，成功结束谈判的希望似乎受到了严重威胁。[66]没有至少一方的让步，就不可能解决问题，虽然各种不同的建议已摆在桌面上：

　　●西方三大国要求明确的、法律上毫不含糊的澄清：苏军撤出东德以后，应继续禁止在那里驻扎外国武装力量。同样，可以通过条约方式排除大规模军事演习，但主权德国应负责决定其他的"调动"。[67]
　　●苏联方面又一次没有提出具体的、令人信服的、不容推翻的立场。在与贝克和根舍的谈话中，谢瓦尔德纳泽已经暗示，可以偏离原则上禁止所有部队在东德调动的立场。但苏联外长绝不愿意以书面形式确定他在这一点上作出了让步。克维钦斯基利用了缺乏明确指示这一点，使双方阵线又一次僵硬起来。
　　●在此形势下，联邦外长寻求妥协。他虽然在内容上坚持西方大国的立场，但显示出准备提出一个不太明确的措辞。其中，德国方面也愿意向苏联作出一定让步，即根舍在媒体面前作的声明，采取"比较柔和"的办法，替代一个法律上有约束力的声明。这样，"调动问题"可以暂时了结，但在苏联撤出东德以后，它可能再次变得紧迫起来。

由于根舍确信已经与英国外长意见一致地澄清了这个问题，所以午夜之后当他听说条约最终措辞再次面临失败危险时，他感到尤为恼火。在与谢瓦尔德纳泽会谈之后，联邦外长曾与赫德聚会共进晚餐，向他详细地通报了情况，也给他看了计划好的声明稿。[68]应根舍的请求，赫德指示自己的私人秘书理查德·戈茨内（Richard Gozney）告诉英国"2+4"谈判代表魏思敦按此进行谈判。但在会上，无论是魏思敦还是佐利克都没有采取行动，因此再次没有达成一致。当谢瓦尔德纳泽的工作人员通知说苏联东道主取消签署条约时，德国代表团的不安更是增大了。[69]

当根舍、卡斯特鲁普和埃尔伯出现在美国代表团下榻的"国际饭店"的时候，已是午夜过后。[70]此前，根舍让人打电话紧急请求与贝克约一个会见时间。由于贝克已经休息，他的工作人员拒绝了联邦外长的要求。但外长没有以此作罢，而是宣布他立即前去拜访，说必要时他将亲自叫醒贝克。根舍的态度非常坚决，绝不能让签字因为这个在他看来并非本质的问题而招致失败。他游说贝克在这个有争议的问题上达成一致并强调指出，他本人、很可能还有德梅齐埃以及谢瓦尔德纳泽第二天早上将出席签字仪式，他希望贝克能坐在他的旁边。根舍影射英国的立场警告说，世界公众将会看到，是因为谁这个隆重仪式失败。穿着浴袍出现的美国国务卿向根舍保证，最终不会有妨碍签字的障碍。但他同时也重申美国的立场，并与根舍讨论了一种可能性，即在条约中保留对"调动"一词有争议的表述，而用一个口头声明指出，仅仅是永久排除外国武装力量的大规模军事演习。之后，联邦外长安心地返回自己的酒店，并让人告诉民主德国的代理外长兼总理德梅齐埃和苏联外长谢瓦尔德纳泽，他确信签字能够举行。

简朴框架中的大结局

"涉及'调动'一词运用的所有问题，如在第5条第3节最后一句话中所使用的那样，将由统一后的德国政府以理性的和负责任的方式作出决定，而在这样做的时候，像序言中规定的那样，将顾及条约所有参与方的安全利益。"[71]围绕"调动"这一概念内容的争论，最终通过这一表述得以解决。这一表述，在头一天晚上曾由根舍和谢瓦尔德纳泽在总体上商议过，晚上由卡斯特鲁普变成了文字。文本最终由所有六位外长签字，并且作为《议定书记录》附加在"2＋4"最后文件中。西方阵营内部的意见统一是在星期三清晨西方四国外长在法国大使官邸碰头时取得的。在这之前，决心签字的根舍再次强烈恳求法国外长杜马支持对赫德做工作。由于赫德对现在建议的文本——它还应以具有法律约束力的形式附加在"2＋4"条约中——没有问题，他和贝克一样，也同意出席签字仪式。在清晨的最小范围商议中，贝克和根舍说服谢瓦尔德纳泽相信清晰措辞的必要性。[72]因此，在最后的六方会谈中很快达成了一致。所有参与决策程序的国家都可以为取得的结果感到满意：

> ● 英、美、法获得了它们始终期待的、具有法律约束力的措辞。据此，苏联在东德安全地位上将没有持久的干预权或参与权。[73]
> ● 苏联政府保全了自己的脸面。正如关于统一后的德国自由选择联盟的表述中没有明确提到北约一样，在有关"调动"问题的《议定书记录》中，也没有提到外国军队在原民主德国地区的军事演习。
> ● 根舍关注的中心是阻止莫斯科外长谈判失败。《议定书记录》的议定做到了这一点。此外，明确承认统一后的德国具有作出一切决定的主权，决定外国军队未来是否能够以及如何出现在东德。

在最后一刻就最后一个有争议的问题取得一致之后，紧接着六国外长非正式预备性会晤的，是进行官方的"2＋4"会晤并进行签字活动。虽然在此之前还必须解决条约文本最后刊印中一些较小的技术问题，但六位外长的讲话可以填补这些等待时间。[74]德梅齐埃的讲话最长。他特别感谢参与国家的巨大理解，即由于政治和经济的实际状况以及人们对统一的盼望而使统一进程最后额外地加速。像其他部长一样，他强调了过去谈判中的基本思想，即在这些谈判中人们在彼此信任的基础上相互靠近并顾及所有国家的合法利益。签字仪式能够在莫斯科进行，是有象征意义的，因为正是戈尔巴乔夫的勇敢政策才使中东欧有可能实现和平的演变。根舍说这是欧洲的历史性时刻和德国人的幸福时刻。他感谢四大国为解决德国统一的外部问题而迅速进行的、以理性为引导的工作。赫德和贝克则指出，德国和欧洲历时 45 年的分裂现在得以结束，这个分裂尤其对德国人来说是巨大的不幸。杜马清楚地表明了邻国对新德国的期待，他强调德国统一与欧洲联合之间不可分割的相互联系。谢瓦尔德纳泽在其讲话中突出参与政治家的功绩，他尤其提到科尔和戈尔巴乔夫在高加索的约定，也赞赏法国和美国总统以及英国首相和民主德国总理的贡献。

在受到感谢的人中，只有一人出席了在简朴的党的宾馆"十月革命"酒店的签字仪式：苏联总统戈尔巴乔夫与在场官员们一起待在后面，直到根舍把他拉到前面，与六国外长一起为庆祝德国问题的解决而祝酒。在这之前，部长们签署了《最后解决德国问题的条约》。在两德边界开放将近十个月和波恩第一次"2+4"外长会谈仅四个月之后，德国统一面临的所有外部问题都得到解决。科尔当天在联邦内阁会议上评价莫斯科签署条约的时候，也突出了这一点。[75]他说，这份文件全面地反映了联邦政府的谈判目标：

- 德国的完全主权得以建立；
- 统一的德国可以自由地决定它要属于哪个联盟；
- 决定苏军撤出现今的民主德国及其具有约束力的时间表。

科尔说，令人特别欣慰的是，统一是在与欧洲所有邻国意见一致的情况下进行的，没有发生战争、没有苦难、没有新的纷争和新的痛苦。此外，总理还谈到了全面的德苏条约谈判。第二天早上就会签署《德苏睦邻、伙伴和合作条约》。该条约将赋予双边关系以新的质量，但不会因此而使德国保持为西方价值共同体一部分的明确决定成为问题。当联邦外长在"2+4"条约签字当天下午与苏联总统会面的时候，戈尔巴乔夫向根舍表明了，从根本上重新塑造同联邦德国的双边关系对苏联来说是多么重要。戈尔巴乔夫对即将草签"大条约"表示欢迎，但也提醒要迅速结束部分仍在进行中的其他谈判。他强调广泛的经济和财政援助的意义，否则的话，苏联社会可能出现危险的形势。与柏林墙倒塌后的不安和焦虑以及年初开始的马拉松外交相比，所有参与者都不再怀疑，解决德国问题的最后细节也能够一致而很快地得到澄清。因此，谢瓦尔德纳泽向其谈话伙伴发出信号，苏联将参与共同走这条路，即在"2+4"条约的批准进程结束以前就恢复德国的主权，而不需要作出具有约束力的有关声明。9 月 12 日，六国外长与戈尔巴乔夫共进晚餐时的轻松气氛也证明，所有参与者对共同取得的结果具有一致的看法：

● 在最短的时间内，几十年来悬而未决的德国问题的外部问题得到了解决：在将近两周以后，两德可在欧洲邻国完全同意的情况下重新统一。

● 二战后四个战胜国对德国作为整体和柏林的特殊权利与责任最终走向终结。同时，统一也将带来主权的完全确立。

● 1990 年春天依然存在争议的问题——其中主要是德国东部边界和联盟归属问题——意见一致地并且令所有参与者都满意地得到了解决。

● 几十年来代表着欧洲战后分裂的德国分裂得以克服。

所有这一切，都是在最短的时间内成功地完成的，而且是在一份简短而表述清晰的文件里成功地完成的。现在，这份文件只需得到四大国和统一德国议会的批准。

第四节　为德国主权进行最后的细致工作

随着美、苏、法、英、民主德国和联邦德国外长签署"2 + 4"条约，德国统一外部问题的谈判得以结束。德国主权的建立以此似乎已有保障。在最后一个障碍似乎得到克服以后，德国媒体充满这样的标题：《盟军允许德国人统一》、《德国统一得到庄严确定》、《历史性的时刻》、《"2 + 4"与德国主权》，等等。[76]但是，参与其中的政治家和官员们意识到，最后的险阻并没有随着莫斯科的签字而克服：

● 10 月 3 日同时实现统一和建立主权还没有得到保证；
● 这份文件还必须提交欧安会知悉；
● 条约还必须提交五国议会批准。

这方面，除了参与谈判的政府之外，所有的妥协公式和条约内容，在多大程度上能够承担和接受，还有待显现，尤其是苏联从一开始对此就有着强烈的疑虑。

简短而全面的"2+4"条约

随着条约的签署、公布和批准进程的启动，对文本的公开辩论和议会辩论亦得以开始。1990 年 9 月 12 日的《最后解决德国问题的条约》有一个序言、十项条款和一个《议定书记录》，是在德国统一方面最简短的中心条约文本之一。[77]序言中将和平、自由、自决、各民族间的相互谅解和放弃武力列为有待进一步发展的欧安会进程的中心思想，也是在条约缔结时协调一致的伙伴合作的基础。

第 1 条定义了统一的德国边界，德国应"包括德意志联邦共和国地区、德意志民主共和国地区和整个柏林地区"（第 1 款）。德波之间的现存边界将在具有国际法约束力的条约中加以确认（第 2 款）。统一后的德国将来也绝不向其他国家提出领土要求（第 3 款）并通过相应地修改其宪法，确切地说是修改《基本法》旧版本的序言、第 23 条第 2 句和第 146 条加以确保（第 4 款）。相应的声明和义务将得到法国、苏联、英国和美国政府的正式接受（第 5 款）。所有义务的实现，将确认统一德国边界的最终性质。

根据《基本法》旧版本第 26 条第 1 段和现存的国际法，第 2 条确认联邦德国和民主德国政府放弃武力的声明：从德国的土地上只应出现和平。第 3 条的内容是规定统一后的德国放弃制造和拥有核、生物和化学武器及其支配权以及未来的兵力。除了对三种大规模杀伤性武器的一般性声明外，还特别强调了 1968 年 7 月 1 日《不扩散核武器条约》中的权利与义务的继续存在。此外，原战胜国特别确认根舍于 1990 年 8 月 30 日在维也纳削减欧洲常规武装力量谈判时发表的联邦政府声明（第 3 款）。德梅齐埃曾代表民主德国政府明确同意这一声明。该声明在条约中得到逐字逐句的重复（第 2 款）。声明包含了统一德国的义务，即在 3~4 年内将德国武装力量减少到 37 万人，其中陆、空军应不超过 34.5 万人。

第 4 条讲的是苏军在原民主德国地区和柏林的驻留期限。其中，联邦政府、民主德国政府和苏联政府确认，打算以条约形式规定到 1994 年为止全部撤军。第 5 条的内容是关于统一完成后原民主德国领土的军事地位以及西方盟国部队在柏林的存在问题。根据规定，在原民主德国地区"只允许驻扎保卫本土的没有纳入联盟结构的德国兵团，而德国领土上其他的德国武装力量属于联盟结构"。在苏联西部兵团撤出之前，那里既不应驻扎其他国家的武装力量，也不应采取其他的军事行动（第 1 款）。法、英、美军在柏林的驻扎在苏联红军在原民主德国地区存在期间被确定下来了（第 2 款）。但西方驻柏林的武装力量的规模和装备不得加强，而其驻扎应通过新的"条件合理的条约"加以规定。只有在苏联武装力量撤出以后，才能允许德国其他武装力量驻扎在原民主德国地区（第 3 款）。但这些武装力量不能配备核武器。不过所谓的"两用体系"是允许的，只要它们虽然超出了常规的投入使用可能，但在德国只是为了"常规作用进行配备，并且规定只能用于常规作用"。外国武装力量、核武器及其运载工具"既不能部署在德国的这部分地区，也不能调动到这部分地区"。在条约附加的《议定书记录》中，确切地说明了直到条约签字之日仍存在争议的这个问题：按照说明，德国政府应在顾及"每一个条约方的安全利益"的情况下，决定"调动"一词的运用。第 6 条规定了统一后的德国拥有不受限制的自由选择联盟的权利。

第 7 条包括"2＋4"条约的核心规定：原战胜国"就此结束其与柏林和德国作为整体的有关权利与义务。作为其结果，相应的、与此关联的四方协定、决议和实践就此结束，四大国所有机构解散。据此，统一的德国对其内外事务具有全面主权。"最后三条（第 8、9、10 条）就条约的批准作出了规定，在德国方面应该由"统一的德国"进行，规定了文书交存以及文书生效问题——自最后批准书交存之日起生效。

苏联在"2＋4"谈判的最后阶段一再明确表示，在这个问题上，只有在各个双边条约会谈中，拿出对它来说特别是在内政上具有重大关系并且可以展示的结果，才可以说是成功的。所以，以后几天这些会谈也迅速地向前推进。这种紧密的联系首先可以从以下情况看出：根舍和谢瓦尔德纳泽还在 9 月 13 日就草签了《德苏睦邻、伙伴和合作条约》，该条约后来在戈尔巴乔夫访问统一德国时，由他和科尔于 11 月 9 日签署。

7 月份在高加索商定的有关其他协定的会谈也相似地进行得迅速。统一后不久，于 10 月 12 日签署了《苏军在联邦德国有限期驻留的条件与有计划撤军的方式》① 的条约以及 1990 年 10 月 12 日的《过渡措施》协定。[78]

---

① 《苏军在联邦德国有限期驻留的条件与有计划撤军的方式》（Über die Bedingungen des befristeten Aufenthaltes und die Modalitäten des planmäßigen Abzugs der sowjetischen Truppen auf dem Gebiet der Bundesrepublik Deutschland）。——编者注

此外，所有参与者都重视落实"2＋4"条约中要求的德波西部边界的解决。科尔原先打算在与苏联签订相关协定之前，就在一项有关双边关系的全面条约中最终解决这个问题，但这个意图失败了。统一后不久就能与莫斯科签订条约，而由于波兰坚持，先是单独谈判边界条约，该条约于11月14日签署。[79]紧接着开始的《德波睦邻与和平合作条约》最终于1991年6月17日得以签署。

把这一揽子条约的结果与参与国在谈判进程开始时的利益格局作一比较，可显示出各方的不同成就：[80]

● 联邦政府明显地实现了比它1989年11月在科尔《十点纲领》中所阐述的目标更多的成果。德国不仅比当时的设想更快地实现了统一，并同时获得了自己的主权，而且还得以通过确保自己的北约成员属性以及同样在条约中确定的维护欧洲统一，确保了植根于西方的国策理念。与此相比，以提供亿万资金的经济与财政援助的形式作为向苏联所付出的"代价"显得微不足道，因为与此同时，确定了苏联武装力量撤出东德并有明确的时间规定。此外，随着德波边界问题的最终解决，这一内政外交上都很敏感的议题得以永久澄清。随着统一而建立了一个拥有完全主权的德意志国家，作为欧洲国家中平等的一员，这一中心关切最终明确地得以实现。

● 德梅齐埃领导的民主选出的民主德国政府，带着它宣布的使两个德国联合的目标上台。"2＋4"条约使这一任务在外交上得以令人满意地实现。该政府起初希望在西欧和中东欧之间扮演中间人角色，这一点没有得到确认，扩大欧安会进程和解散军事集团这一点没有以部分所希望的力度实现。裁军步骤没有达到预期的那么大。鉴于已经实现的主要目标——德国统一，上述情况都是次要的。

● 美国从一开始就支持德国统一。"2＋4"条约赋予德国人民行使它所要求的自决权，同时满足了美国的主要关注点：统一的德国能够并愿意保持为不受限制的北约成员。"2＋4"条约还确认，美国也是而且仍将是一支欧洲力量。在与苏联的利益交换中，成功地防止了对日益崩溃的第二超级大国的愚弄。

● 法国也看到自己的利益得到了应有的顾及，尽管它开始时对统一感到不舒服。德国在政治上和军事上仍与西方牢固挂钩，继续放弃拥有自己的核武器，承诺继续致力于欧洲一体化、最终承认德波边界，法国一度宣布自己是德波边界的保证国。

● 英国同样也可以对取得的结果感到满意。撇开首相言辞上的干扰计谋——在实际操作中不起作用——伦敦政府主要将保持西方防务联盟和德国持续与西方挂钩定为目标。在认识到统一已不可避免之后，致力于建立这样的德国：摆脱四大国权利的一切残余或者其主权不受新的限制。在结束阶段，英国在"调动问题"上的争夺也再次表现了这一点，实现的结果使整体的成功更加完整。

● 尽管开始时存在种种疑虑，波兰政府也能将这一揽子条约视为成就。它曾要求四大国对边界作保证以及将边界条约与"2＋4"条约捆绑在一起，这点虽然没有成功，但在统一几周以后，它与统一德国的边界就得到了持久的保证。因此，暂时取消新的伙伴条约并没有被华沙的执政者看成是失败，因为他们出于内政原因很大程度上要盯住边界问题。

● 对苏联来说，满意的理由最少。虽然贯彻了戈尔巴乔夫外交政策的基本内容——互不干涉、自由选择权——但莫斯科不得不最大限度地背离它原来的目标：取代多年"考验"过渡期的是，年底前就立刻统一、民主德国退出华约和经互会，而统一后的德国仍保持为北约成员，苏军必须在四年之内撤出东德，很强的欧安会机制化没有实现。与此相反，莫斯科获得了一份措辞周到的"2＋4"条约，该条约只字未提北约，但包含了明确减少全德武装力量的保证、新的德意志国家的和平义务、广泛的经济与财政援助承诺，以及联邦德国声明在所有领域进行保质保量的新合作。

德国附加说明书中的大量细节

"2＋4"条约规定了两德统一的国际框架。它当然不可能包含苏联所希望的所有规定，因为西方的谈判伙伴始终要求把注意力集中在那些对恢复德国主权必需的问题上。因此，莫斯科早就提出要签订一项一揽子计划，其中也包括与联邦德国订立的各种双边条约。此外，从"2＋4"进程开始，苏联就提出了一系列其他的问题并要求对这些问题作出规定。例如，1990 年夏莫斯科在各种不同的条约草案中[81]反复提出要求：保证统一后保护和维护苏联纪念碑和战士墓地、阻止新纳粹主义运动的产生、保证苏联在 1945～1949 年实行的财产没收措施不可逆转。与美国原本的打算相符，将"2＋4"机制当作总的"领导小组"，它应将尽可能多的具体问题交给有关的主管委员会，这些问题最终也要在联邦德国和苏联之间解决。两位德国外长在 9 月 12 日条约签字时将解决这些问题的信件交给谢瓦尔德纳泽，他代表四大国接受该信件。[82] 8 月底参与各方就这一方式达成一致，因为当时人们已预见到，信件内容不可能像莫斯科所希望的那样成为"2＋4"条约的组成部分。1990 年春，谢瓦尔德纳泽就已在温得和克向根舍表明，为解决德国问题有必要"用削尖的铅笔，逐点审核《波茨坦协定》"[83]，其内容主要是德国的去纳粹化、去军国主义和实现民主化。他说，苏联政府要求尽可能多地保护对它来说很重要的波茨坦结果，以避免内政上出现有重要意义的指责，即指责人们事后不必要地丧失了从牺牲巨大的二战中赢得的成果。

由根舍和德梅齐埃签署的 9 月 12 日信件回应了一些对莫斯科来说重要的诉求。比如，强调了德国有义务重视和维护为纪念战争和独裁统治牺牲者而建立的纪念碑和战争墓地。此外，两德政府有义务在统一后的德国维护"自由－民主基本秩序的持久存在"。据此，将来也能够禁止以纳粹主义为目标的政党和协会。在最后一点中，两位外长原则上承诺对民主德国签订的所有条约采取信任保护，对这些条约的继续有效、调整或废除应与外国缔约方探讨，并根据联邦德国的种种义务进行评价。

在另一个要点中，两位德国外长的信件规定了"悬而未决的财产问题的处理办法"。其中，援引了联邦政府和民主德国政府 1990 年 6 月 5 日的共同声明，根据这项声明，对于 1945～1949 年期间以占领法和占领区行政管辖权为基础在原苏联占领区实施的财产没收"不得恢复原状"。联邦政府确认，苏联政府和民主德国政府不可能"修改当时决定了的措施"，但全德议会保留最终就可能的国家补偿作出决定。

固定民主德国现存财产没收的规定，最初是由总理莫德罗于 1990 年 3 月 2 日引入国际政治讨论的。[84] 他在一封致戈尔巴乔夫的信件中提请戈尔巴乔夫支持"确保德意志民主共和国的财产关系"，同时他也向联邦总理通报了民主德国政府的有关声明。[85] 据此，戈尔巴乔夫于 3 月 27 日通过塔斯社宣告了苏联政府的立场，表示苏联政府赞成关注民主德国存在的财产关系。[86] 之后苏联方面将这一愿望变成了自己的主张，但从未在最高政治层面上，即在科尔和戈尔巴乔夫之间提出这个议题，[87]而是多次在两位外长根舍和谢瓦尔德纳泽之间以及官员层面上讨论过这个主题。[88]这个议题对苏联何等重要，直到"2＋4"进程最后几天的谈判都表现出来。9月初苏联方面为最后文件提出新的草案，其中第9条仍称，统一后的德国必须承认占领法措施的合法性："不得修正这些决议的合法性，包括财产和土地问题。"[89]从4月份起，苏联也得到了民主选举的、以德梅齐埃为领导的民主德国政府的支持。德梅齐埃也反对废除财产没收这项措施，就像9月12日他在莫斯科签署"2＋4"条约的演讲中仍然强调的那样。[90]

由于苏联方面始终坚持固定财产没收，而联邦政府不希望在"2＋4"框架内有一项协议，所以，根据德国内部以1990年6月15日两德政府声明以及将这项声明纳入统一条约达成的妥协，产生了两德外长1990年9月12日的信件。据此，联邦政府对莫斯科和东柏林毫不退让的要求作出了让步，不过，不是没有保留由全德主权实行财政补偿的可能性。按照波恩的解读，在很短的时间内意见一致地结束解决德国问题的国际谈判，这在当时是唯一的可能。[91]

四大国向德国交还权利

由于四大国作为两德的谈判伙伴通过"2＋4"条约澄清了他们围绕统一所追求的外交政策目标，莫斯科还与联邦德国通过双边协定商定了自己的附加条件，所以，苏联方面在统一前夕也不再有理由反对西方关于尽早建立德国主权的敦促。[92]波恩和华盛顿原来的出发点是，在五个批准文书中的最后一个交存以后，"2＋4"条约才生效。在程序问题上，法国、英国和统一后的德国没有问题，而美国却对批准程序方面有不确定性，苏联则是难以预测：不仅不清楚这一程序何时能够结束，而且也不清楚该条约能否在苏联最高苏维埃取得多数人同意。两个潜在的不确定性：

1. 美国参议院提出修改愿望，也许需要进行漫长的后续谈判。[93]
2. 苏联议会不仅可能要求修改条约而且可能通盘反对该条约。[94]

如果出现上述两种情况，那么在最后的批准程序结束之前，统一后的德国将只能拥有有限的主权。

7月19日波恩"2＋4"官员会晤时，各代表团分担了条约章节的起草工作，英国人魏思敦及其同事承担了撰写有关中止四大国权利建议的任务。[95]三个西方代表团达成协议，该文本草案——包括四大国单方面发表放弃声明——先交由盟国进行评论。早在 7 月 25 日，英国的建议就递到了外交部，西方在此基础上就共同方针进行了协调。在六方圈子中，在波恩和莫斯科外交部的官员以及根舍和谢瓦尔德纳泽之间的各种谈话中，西方在这个议题上遇到了拖延策略：苏联外交官和政治家对基调虽表示赞同，但不认为有必要进行深入讨论。苏联外长在 8 月 17 日与根舍的会谈中，对此作了说明：提前中止四国权利可能会给最高苏维埃批准"2 +4"条约造成困难。这时，在还没有谈定任何双边条约或者还没有议定具体的经济和财政援助等情况下，苏联领导层不愿意放弃一张重要的王牌。

在"2 +4"会谈成功结束并在与联邦政府的双边谈判中取得了令人满意的结果之后，9 月中谢瓦尔德纳泽也认为可以同意中止四国权利。[96]他在 9 月 11 日晚上与联邦外长的会谈中再次强调，与德国有关的双边条约和德国问题的最终解决要被视为一揽子计划，之后，他在 9 月 12 日的"2 +4"外长圈中才同意中止四大国权利，并表示不反对根舍在紧接着的新闻发布会上宣布 10 月 1 日签字。但 9 月 21 日，苏联驻波恩大使特雷乔夫在与卡斯特鲁普的谈话中，再次有意地将这个议题当作施压手段。他说，只要在苏军驻留和撤军条约以及过渡协议中还有悬而未决的问题，莫斯科就认为在中止四大国权利问题上存在困难，因为最高苏维埃外交委员会也还应该研究该问题。不过，所有双边谈判的成功结束消除了德国的担心：在 10 月 1 日的纽约会晤中，贝克、杜马、赫德、谢瓦尔德纳泽、根舍和代表德梅齐埃的民主德国科学部部长汉斯－约阿希姆·梅耶（Hans-Joachim Meyer）在《解除四大国权利与责任的声明》[①] 上签上了自己的名字。在这个声明中，部长们确定，就在德国统一的当天，四大国权利将失效。同样，从统一开始到"2 +4"条约生效，与四大国权利相关的"四方协定、决议以及四大国相关机构的实践和行动"也将失效。根舍和梅耶代表联邦政府和民主德国政府接受了该项声明。

就这样，以简单的措辞和一项并不惊人的文书——在民主德国加入联邦德国前不到 48 小时——给予了统一德国完全主权。[97]这样，批准进程中的拖延不再可能对统一后的德国不受限制地、独立自主地制定其内外一切

---

① 《解除四大国权利与责任的声明》（Erklärung zur Aussetzung der Wirksamkeit der Vier-Mächte-Rechte und -Verantwortlichkeiten）。——编者注

领域的政策产生作用。在二战战胜国于 1945 年 6 月 5 日接管了德国的政府权力大约 45 年之后，现在它们交还了保留在它们手中的"有关柏林和德国作为整体的权力与责任"。

批准过程令人揪心

在西方，"2＋4"条约的必要批准被证明是纯粹的例行公事。[98] 10 月 4 日，在统一德国联邦议院第一次会议上宣读之后，该文件在 10 月 5 日经过二读、三读之后，就以大多数赞同获得通过。10 月 8 日，该条约在联邦参议院获得通过。在美国，尽管起初有疑虑，但批准程序也同样迅速地进行。10 月 10 日，参议院就同意了该条约，10 月 12 日得到布什批准。10 月 25 日大使沃尔特斯向波恩交存。11 月 16 日英国在波恩转交了批准文书。法国国民议会于 12 月 13 日在共产党投反对票的情况下也成功批准，有关文书于 1 月 17 日由布瓦德维向德国外交部交存。

与此相反，9 月份莫斯科就表明，批准绝不会像谢瓦尔德纳泽向根舍预告的那样快地实现：苏联日益尖锐的内政形势导致了拖延，一度甚至使人产生原则性的怀疑，《"2＋4"条约》是否真的能够得到最高苏维埃的同意。西方观察家的怀疑主要是基于两个发展：

1. 苏联政策普遍变得激进和戈尔巴乔夫在其内政外交上背离改革路线；
2. 在政界和官僚机构中组成了一支反对解决德国问题一揽子条约的反对派。

在莫斯科，从 1990 年秋天开始，戈尔巴乔夫越来越寄希望于正统的政治家和尖锐的言辞，这使他自己与那些乐于改革的智囊们日益疏远。[99] 在经济政策方面，这表现在总统拒绝沙塔林（Schatalin）的 500 天方案，从 1990 年 11 月开始，总统越来越忙于同苏联加盟共和国中谋求独立的努力进行斗争。在新的联盟条约草案中，戈尔巴乔夫清楚地表示绝不再容忍分裂主义。苏联将不惜以高昂代价维护联合。这一点表现在 1 月初戈尔巴乔夫同意用军事武力支持对谋求独立的波罗的海加盟共和国进行威慑；红军部队占领了维尔纽斯的公共大楼，1 月 15 日对广播电视大楼发起冲锋，导致 13 人死亡和大量人员受伤的血腥屠杀。权力被立陶宛共产党中央委员会操控的立陶宛"拯救国家委员会"接管。当苏联内务部的特种部队冲击立陶宛内务部的时候，在拉脱维亚也至少有 14 人死亡。

与对待中东欧的改革国家不同，戈尔巴乔夫在苏联内部不再反对以暴力作为对独立追求的回答。他也越来越多地将希望寄托在苏联武装力量身上，它们日益强烈地破坏了谢瓦尔德纳泽与西方进行调和的外交政策。[100]例如，大量的武器没有被毁掉，而是被运到条约范围以外的地区，诸如此类的事情破坏了在此以前刚刚签署的维也纳《欧洲常规武装力量条约》。苏联外长不仅要面对既成事实——他不得不在国外加以维护——而且还要面对日益增多的批评者，这些批评者反对他的一切决定——从德国政策和伊拉克政策，直到裁军政策。此外，他还得到一个印象，即戈尔巴乔夫不再为他辩护，而是增强其对手的力量。于是，谢瓦尔德纳泽于 1990 年 12 月 20 日辞去了外交部长一职。之前，他在一次演讲中对苏联出现日益增长的独裁危险提出了警告。

在波恩，人们非常仔细地观察到这一切发展。在"2＋4"条约签署和双边谈判结束之后，谢瓦尔德纳泽立即将这份有关德国统一外部问题的条约提交最高苏维埃批准。[101]他在外交委员会的一次演讲中谈到了最佳结果，他是在各种德苏协定与波恩经济与财政援助的总体关联中谈这一最佳结果的。对于这一援助，之前戈尔巴乔夫在莫斯科"2＋4"条约签署当晚的电视访谈中就认为是十分可观的。当时，德国驻莫斯科大使馆也表现得很乐观。大使馆认为，客观的讨论有望使条约在外交委员会里得到处理。总之，已经找到的解决办法会得到"政治阶层"压倒多数的接受，而且军方也可以容忍这一解决办法。

在这一令人充满信心的批准程序开始之后两天，当特雷乔夫大使向特尔切克转交戈尔巴乔夫给总理的一份措辞尖锐的信件时，科尔及其同事们感到十分意外。苏联总统写道，在阿尔希斯达成的一致必须最终结束过去。[102]因此他感到意外，在统一的过程中，统一社会党的成员和领导受到了"野蛮的反共主义精神"的指控，部分已受到司法追究。今天，据称已有约 8000 人因被指控叛国、反人道罪行和为外国利益进行颠覆活动而被送上法庭。作为"'冷战'时期的儿童"，他和科尔都知道，那时双方有多少不公正的行为。现在，从两种生活秩序和两个主权国家中产生了一个新的秩序，然而对有些人来说，这显然还不够："人们要强迫昔日的对手饮尽最后一杯苦酒"。不可忽视的是，部分指责是针对苏联的。其间，人们无视了苏联对德国统一作出的贡献。如果将民主德国昔日的联盟义务说成是罪行，这也违背了达成的睦邻关系原则。戈尔巴乔夫对"迫害和诽谤"提出警告，并请科尔抑制这种将"冷战"延伸到德国内部阵线的热情。[103]

这种本身已经很严厉的语调，由于戈尔巴乔夫的明确提示而得到额外的强化。他指出，对前德国统一社会党干部和党员的刑事追究，对最高苏维埃正在进行的批准程序不可能"没有影响"。据总理府工作人员的判断，该信件的草稿可能是克格勃（苏联国家安全委员会）或者党内以及外交部的"混凝土脑袋"一起或者由其中一方提供的，但也可能是戈尔巴乔夫本人亲自拟定的。他在最近的电话中的确显示出有时候采取了非常严厉的措辞。科尔的同事们看不出有写这封信的具体由头，而且认为这是对联邦德国、目前仍存在的民主德国以及未来的统一德国内部事务的"严重干涉"。因此他们急切地劝阻科尔在总理府以外公布该信，因为否则的话，必然会在公众中给德苏关系造成损害。在戈尔巴乔夫——以及许多国家的政要和公民——在10月3日对德国统一表示了特别热情的祝贺之后，总理府对该信对批准进程负面影响的担忧又有所减少。10月中旬，总理在给苏联总统的回信中明确拒绝其指责。[104]他详细地解释了德国的政治和法律状况，并表示愿意在下一次个人会晤中再直接讨论这个话题。

在批准问题上，苏联议会将作出多么敏感的反应，这在民主德国政府的一项询问于10月2日提交最高苏维埃讨论时再次表现出来。[105]正要下台的德梅齐埃政府在询问中提出请求，把1975年两个政府间签订的《友好条约》随着统一而宣布失效。虽然这纯粹是一个手续问题，却让苏联外交委员会辩论了两天，这一辩论同时又成了对谢瓦尔德纳泽的外交政策特别是德国政策的总清算。其中，情况也表明，商定的那些条约受到的特别威胁来自何方：法林。他最后被排除出一切意义重大的对德政策决定之外，这使他不再隐讳自己反对与德国达成的协定，并且开始越来越强烈地把对戈尔巴乔夫和谢瓦尔德纳泽政策的批评捆绑在一起并表达出来。

起初，戈尔巴乔夫曾请求过法林，要他亲自向最高苏维埃为与德国签订的各种条约进行辩护，但法林拒绝了。[106]他说，在阿尔希斯达成的协议，是在"所有可能的方案中选择了最糟糕的一个"，他决不愿意事后表示赞成。在12月13日和1月9日委员会讨论时，他与"联盟联合会"党团中的激进政治家一起，是这些条约最坚决的批评者。根据委员会的消息，总理府认为，法林"没有作特别好的发言"，科尔从总理府的工作人员那里随时了解批准进程的最新进展。但总理府认为，不管怎样，国防部的代表还是表示了同意这些条约。同时还确认，副外长克维钦斯基基于部队中出现的纪律问题而谈到苏联西部兵团可能要加快从东德撤军。

2月初，由于莫斯科政府向联邦政府和外交部提出了修补一揽子条约的要求，上述在联邦政府看来棘手的形势变得更加尖锐了。[107]在给科尔和根舍的信件中，戈尔巴乔夫和苏联新任外长别斯梅尔特内赫提议，德国可以通过增加付款而使批准程序变得容易和加快。具体办法就是给苏联的强制劳工和集中营牺牲者提供补偿和战争赔款以及分担苏军撤离东德的较高费用。这一政治攻势得到了官员层面的支持，如2月5日克维钦斯基在莫斯科与布雷西大使的会谈以及2月7日哈特曼与特雷乔夫的会谈，苏联方面在起草"大条约"时就要求对强制劳工进行补偿，但没有得到理会。现在莫斯科援引根舍外长1990年11月的所谓会谈意愿，而根舍却在内部正式否认了这一点。[108]其间，外交部认为，不久后将举行的关于为纳粹统治期间的强制劳工和人体医学试验牺牲者进行赔偿的会谈符合德国的利益。对这件事，科尔的同事们起初比较谨慎，他们认为：如果要这样做，那么德国的让步应该局限于人道主义范围的姿态；战争赔款或者增加撤军费用则是不能考虑的。

这也是科尔的方针，他在2月18日通过电话向戈尔巴乔夫通报了会谈意愿。[109]2月底，克维钦斯基和卡斯特鲁普开始谈判，并且有意向媒体公布。克维钦斯基在3月4日最高苏维埃的最后讨论中不得不解释外交部对一揽子条约的立场，他在议员们面前再次明确地赞扬德国方面的这一让步是联邦政府可信赖和责任感的例证。与谢瓦尔德纳泽9月底所作的演讲不同，克维钦斯基转为冷静地说明了一揽子条约的内容："没有理想的条约。"他说，谈判是非常不容易的，也不能忽视，许多地方进行了妥协；由于苏维埃的核心利益得到了维护，现在出现了德苏关系掀开新篇章的机会，如果错过这个机会，将是"不明智的和危险的"。虽然他很长时间都属于协议的内部批评者，但这位副外长在随后的讨论中也忠实地并且具有说服力地维护了一揽子条约，以至于在表决时每次都令人意外地出现了明显的多数赞成所提出的协定，其中包括"2+4"条约。德国通向主权道路的最后一个议会障碍得以排除。

次日，当戈尔巴乔夫和科尔通话时，最高苏维埃的表决是他们的第一个话题。[110]苏联总统说，在此期间，他领会了总理声音中的所有起伏变化。今天大家能够如此好地相互理解，也许与头一天的成功批准有关。科尔感谢戈尔巴乔夫信守了诺言，并请他向其同事们转达他对所做工作的衷心感谢。批准协议在德国留下了强烈的印象，尤其是因为此前说过和写过那么多蠢事。他相信，现在这是一个良好的结局。

第十六章　结论

　　德国的定位问题影响了战后有关德国的整个争论。与西方结盟还是以东方为导向、中间地带、特殊道路、东西方之间的中间人，无数的概念是语言的证据，说明围绕德国人在欧洲的定位所进行的有时是激烈的辩论具有多种层次。一致意见仅仅在于，这个处于欧洲大陆中部、角色不明确的德国使所有人都不能不关注。它太脆弱，没有邻国就不能独自前进；它太强大，邻国就不可能不对其表示关注。作为充满潜在冲突的分裂国家，德国对其周围的世界来说尤其隐含着不可预测性。在日常政治中，对分裂的熟练管理以及联邦德国和民主德国分别与各自联盟的长期挂钩，掩盖了德国的这些不确定性，但在所有当事人的深层意识中，它们却始终存在。欧洲几十年的稳定，很大程度上以欧洲大陆的分裂、穿越德国的边界、集团的对抗为基础，这一稳定变成了普遍接受的习惯性事实。欧洲分裂为东方和西方，起初没有被视为不安和动荡的根源，而是被视为中期可以信赖的协调系统，它首先保证了政策的可预测性。

　　在这种状况下，1989 年 11 月 9 日的柏林墙倒塌事件无异于一次地震。表面上稳定的基柱顷刻之间像火柴一样被折断，取而代之的是担心大陆地质构造的移动。面对德国的不确定性，潜在的疑虑又公开表达出来了，尽管人们对分裂的边界得以消除而表示高兴。现在德国人是否将主要只关注自己？分裂的结束是否意味着联邦德国西方导向的结束？德国未来将走何种道路，是继续分裂成两个国家还是统一？关于民族和两德未来的漫长讨论，会不会将整个欧洲置于一种不确定结果的悬而未决的不稳定状态？

　　在 1989 年 11 月的时候，没有人能够说出新的可能性会将德国和欧洲大陆推向何处，但在将近一年之后，几乎没有人愿意承认当初曾经缺失方向：1990 年 10 月 3 日，在德国政治框架革命过去 11 个月之后，德国人重新统一在一个共同的国家里，这个国家在外交和联盟政策的方向上没有选择走讨论得很多的"第三条道路"，而是毫不动摇地以与西方结盟的德国传统为出发点，与欧洲一体化和跨大西洋伙伴关系等传统要素联系在一起。没有重新确定德国的国际定位，在原民主德国各州加入《基本法》的适用范围之后，重新统一的"新"国家继续实行旧联邦德国的路线。这一点在接下来的《基本法》修改时最引人注目，其中规定，有关加入的《基本法》第23条被新条款取代，新条款规定德国将参与建立欧洲联盟。一年之内，原来几乎无法想象的事情，即在欧洲一体化框架中实现德国的和平统一，已成为理所当然地被接受的现实。

统一外部问题的解决是一项成就。然而，是什么使这一结果成为可能？是结构性的框架条件、历史的自动发展，还是政治家们的个人功绩？是谁或者是什么对整体结果产生了哪些作用？对于这些问题，有着形形色色的答案。统一进程的大量参与者此后陈述了他们的看法。其中，人们常常试图为个人打造纪念碑奠定基础。在短短几年的时间内，在几乎无法一目了然的回忆文献浪潮中，打下了整体评价的第一批桩子：据此，统一要归功于一小群国家领导人及其最密切的同事们的成功活动。他们原则坚定地坚持已经确定的方针，机敏地克服一切艰难险阻。在这样的回忆录和传记中，幸运的巧合与结构和机构的影响力一样，很少有自己的位置：人物造就政治，统一的历史被宣布为这一结论的典范。

第一节　精确的画面

政府首脑们、部长们和他们的代笔者采用政府内部文件撰写自己的回忆录。不是本人的日记，主要是官员们的草稿和记录，构成了这种描述的骨架。通常，这些资料来源既不会明确点明也不会详细公开。所以，学术界和广大公众大多无法核实内容的真实性，特别是其完整性，因为政府文件通常有多年的保密期。因此，当代史的学术整理分析落后于以自我表现为主要目标的回忆文献，值得期望的整体画面必然残缺不全。选择性出版的单项文件也只能有限地弥补这一缺陷。因此，追溯学术资料来源的整体频宽更有必要，"德国统一史"研究项目使这种追溯首次成为可能：若干政府文件的学术整理分析、其他当代史资料来源的分析、与大量参与政治家和官员的访谈以及追溯全部回忆和研究文献，只有把这种迄今为止不对任何人开放的大量资料来源重新组合，才可能提供一幅全面得多和精确得多的德国统一进程的画面。

这样，也能同时抵消危险的美化和制造神话。例如，在当事人对国际上有关统一讨论的报告中，有一种压倒多数的一致意见，即认为面对苏联，西方伙伴即联邦德国、美国、法国和英国团结一致的行为是取得成功的决定性因素。不过，如果去掉事后的美化，观察最终结果后面单个事件的总和，就会产生一幅颇有细微差别的画面：

● 自 1989 年夏天以来经常使用的自决权概念，长时间内被赋予不同的定义。柏林墙倒塌以后，四大国强烈地提出自己对德国问题的发言权。联邦德国和民主德国平等参与后来的"2＋4"会谈，绝非后来断定的那样理所当然。相反，1989～1990 年交替前夕，两种不同的构想相互碰撞：根据科尔和根舍所代表的路线主要是确保德国人在自决权中的驾驭潜力；因此，德国人首先应自己决定他们要走哪条路，然后四大国最终表示同意并予以确认。而四大国却认为，基于对德国作为整体和柏林的特殊权利与责任，它们有权积极地影响两德关系的一切发展。即使在美国，尽管布什和贝克周围的政治领导层在很大程度上对波恩的利益表示了善意，但部分官僚机构赋予四大国权利的分量比联邦政府能够接受的大得多。

● 联邦政府与三大国之间的"盲目信任"并没有像经常发誓的那样深远。例如，在结盟问题上，华盛顿和伦敦政府以批评的有时候甚至是怀疑的眼光盯着根舍。科尔也警惕地注视着它们。每当联邦外长让人看到他对全德北约成员属性的阐述中有细微差别时，人们都会向他谨慎而明确地指出西方让步的限度。例如，1990 年 5 月 5 日之后，根舍在短时间内唤起了这样的印象，即他愿意探讨谢瓦尔德纳泽关于使统一的内外部问题脱钩的建议，此时，华盛顿和伦敦政府以最大的敏感作出了反应。当联邦政府像根舍所希望的那样，在 1990 年 8 月要求对《北约军队章程》以及有关的附件协议重新谈判时，西方盟国先是提出外交抗议，最后以巨大政治压力表示反对。在国际谈判即将成功结束的前夕，两种对立的构想再次碰撞：波恩要立即消除最后的占领权要素，而三大国由于害怕就全德北约成员属性展开公开的原则性讨论，主张在统一之后才开始商谈快速而简单的解决办法。

● 柏林墙倒塌以后，密特朗只是犹豫地勉强容忍两德靠近的前景。他徒劳地将希望寄托在戈尔巴乔夫身上，指望他阻挡统一的进程；他还徒劳地通过访问东柏林支持莫德罗政府。法国总统的立场要比已为人知并得到承认的矛盾得多。密特朗和科尔的关系，虽然事后他们两人将其描写为困难但可以承受，有时却濒临破裂的边缘。密特朗犹豫不决的表现、极力敦促科尔在奥德－尼斯河边界问题上让步、巴黎长时间缺乏将欧洲经济与货币联盟和政治联盟联系起来的意愿，极大程度上消耗了科尔的耐心。与之相对，科尔在推出《十点纲领》时没有同法国协商、在最终承认波兰西部边界问题上毫不退让，以及在欧洲经济与货币联盟问题上一直持谨慎态度，又使爱丽舍宫的伙伴依然保持着法国原有的对德国退出西方共同体的担心。

● 联邦总理府和外交部在许多方面遵循着不同的战略，而不顾科尔和根舍之间的原则性一致。与根舍及其外交官相比，科尔及其同事与美国亲近得多。此外，大多数时候科尔更早也更清楚地愿意本着西方的共同路线行事。例如，2月底，科尔公开地并最终地主张毫无保留的全德北约成员属性，而根舍直到夏初还声称要考虑各种变化、替代性方案及平行的前景，如全欧安全大厦。根舍表示——至少是以各种姿态和演讲——大多主张更多地顾及苏联的疑虑。

● 在外交部和政府中心的最高级官员层面上得到解决的问题，要比通常所知的多得多。这一特殊的方式涉及"2+4"框架，在这个框架中，极少有基本政治原则是在部长层面上最后决定的。大量细节问题，与其说它们是国际法问题还不如说是政治问题，很大程度上是在官员层面上谈成和决定的，如最后的"2+4"条约序言内容。尤其是在联邦德国和美国，像特尔切克、卡斯特鲁普或者佐利克和布莱克威尔等官员，作为政策制定与行政部门之间的中间人，有着很大的自主行动和决策空间，他们知道如何利用这个活动空间。

● 自主的各个决策受外部条件的影响要比当事人事后承认的强烈得多。比如，戈尔巴乔夫一方面每次都是在最后一刻才作出重要的让步——2月初同意进行具体的统一谈判、7月中同意全德北约成员属性——当时他仍然能够指望国际的参与可能和回报。另一方面，他的让步很大程度上取决于苏联内部情况：苏联民众的情绪允许他采取这样的步骤，同时保护他不受官僚、军队和党的攻击。法国总统密特朗决定建设性地参与统一进程，不仅是基于更高的认识，而且是出于实力政策的认识，即如持续采取反对立场，他将被剥夺任何参与塑造的可能。从 1989 年 12 月中开始，科尔决定采取坚决而目标明确的统一政策，主要以对民主德国民众情绪直觉的正确评判为基础。

●民主德国民众对统一进程国际层面的意义，通常被估计过低。东德的内部政治压力已导致了边界的开放，这一压力由于紧接着的每月数以万计的民众移居西部而变得更加尖锐。其中，莫德罗领导的最后一届统一社会党政府几乎没有行动空间：国内对民主化和自由的要求，由于 1989 年底波恩的一揽子建议而得到加强，根据这个一揽子建议，没有政治体制的根本改变，就不会提供经济与财政援助。于是，民主德国民众就预先确定了速度，而联邦政府试图从政治上利用这个速度并决定方向。

第二节　政治行动的框架条件

统一后的第一波出版物特别是由许多当事人的努力决定的，他们力求通过夸大描写自己作用和美化的神话，确保自己在历史上占据一席之地。由于集中于个人及其活动，结构性的实际情况受到排挤；国际舞台上的沟通和行动中似乎无法看透的灌木丛林，也额外地阻碍了对实际动机、决策和过程作自由的观察。然而，勾画清晰的画面还是可能的。粗略概述统一道路的结构性条件，尤其必须提到五个决定性因素：

1. 80 年代末国际政治中的有利形势。其中，两个超级大国美国和苏联之间关系的缓和起了重要作用。将联邦德国和民主德国视为"冷战"的前沿国家以及军事、政治和经济影响地带中不可放弃的组成部分这种认识，逐渐让位于较为合作的图像。

2. 1989 年至 1990 年中，围绕戈尔巴乔夫的苏联改革者的权力没有遭到削弱。尽管内部有零星的动乱，但苏联仍保持着平稳的局势，面对崩溃的世界秩序，旧的精英分子如德国政策的强硬派失去了方向，这一局面使戈尔巴乔夫和谢瓦尔德纳泽不仅能够对外同意德国统一，而且在内政上也能代表这一立场。

3. 80 年代末日益动荡的民主德国内部经济和政治的发展。越来越多的民众先是要求个人自由，然后要求政治自决，最后要求重新统一。这些要求一方面有政治上的动机，另一方面具有强烈的经济原因，因为许多人将统一不仅看作是值得追求的政治目标，同时也是更好的物质生活基础的前景。

4. 被普遍接受并成为理所当然的联邦德国与西方的结盟。在北约和欧共体中联邦德国不仅是一个被动的成员，而且也是西方共同体中牢固和平等的组成部分。在 45 年的战后历史中造就的信任资本在 1989～1990 年可以用来安抚邻国。这一点由于华约和经互会同时处于解体的境地而得到强化。

5. 德国分裂成为国际的正常状态。德国问题始终被联邦德国政府敞开着，这是个矛盾：联邦政府的西方伙伴尽管作出了不同的保证，但正是它们既没有估计到德国统一——尤其是那么突然——再次变得现实，也没有估计到德国两部分会出现如此强烈而坚决的统一意愿。

这些结构性的实际情况构成了 1989～1990 年当事人得以在其中行动的框架，这个框架不仅在内容上而且同时在时间上划定了行动的可能界限。尽管柏林墙倒塌后没有人能说还有多少时间留给大家对德国问题作出回答，但从 1990 年初开始，情况变得越来越明显，尤其是基于苏联内部的发展，这一时间余地并非无限。由此出现了另一个加速所有事件发展的因素："机遇的窗口"只会短时间地敞开，因此必须迅速而坚定不移地利用这一机遇。

第三节　通过语言进行掌控

不过，随着柏林墙的倒塌，德国政策的框架条件出现了革命化，对此政治家们是如何作出反应的呢？如果追踪他们发表的回忆，似乎随着柏林墙的倒塌，所有参与者都明白，现在要做的是解决德国问题和重新建立国家统一。然而，对实际过程作冷静的观察，得出的却是一幅有着细微差别的画面：不是几天，而是长达几周，政治负责人对于制定一项实际构思仍然保持沉默。民众对迄今为止不可设想之事的普遍欢呼，尤其掩盖了政治家们缺乏可实际操作的战略。无论如何，由于 1989 年夏天以来的大量逃亡和民主德国的大规模游行示威活动，联邦政府内部认识到，德国问题已从语言辞藻的层面移到了——尽管是长期的——政治层面。虽然科尔在柏林墙倒塌的前一天在联邦议院提出警告，不要在时间压力下借重蓝图寻找答案。在他呼吁适度言辞的背后，不仅仅是认识到关于统一的强硬套话既不能在国内也不能在国外得到积极的反响。具有决定性意义的是，完全不指望在可见的时间范围内会有统一的机会，因此也不存在构想。柏林墙倒塌后，情况更加明显：政界直觉地预感到一个新的时代已经来临，但缺乏与之打交道的方案，也缺乏恰当的言辞去描述新政策的可能选择。

因此，在国际层面上参与者们躲进了流传下来的套话和表白之中。科尔和根舍感谢西方盟国以及东方伙伴；布什向苏联领导层安抚性地表示，他不会在城墙上跳舞；戈尔巴乔夫警告称边界的穿透性并不意味着两国并存的动摇。所有人起初都努力淡化局势的戏剧性，并将新情况尽可能靠近老定位。强调稳定和可信占据主导地位。彼此保证没有人想危害欧洲稳定。然而，措辞上的共同点却掩盖着内容上有时是重大的立场差异。戈尔巴乔夫和其他的东欧政治家认为"稳定"的意思是维持领土现状和两德并存，而西方政治家，如布什和密特朗，却在柏林墙打开前夕再次公开地将重新统一称为西方政策的共同目标。不过，对于正在具体地提出的问题，即应该如何应对新形势，却没有人给予回答。

退回到熟悉的措辞，这不仅是对 1990 年 11 月 9 日以后如此全新局势的自发反应，而且在以后的时间里也可以反复看到这种做法。随时可以察觉到的是，如果说变化了的实际情况要求作出新的展望，人们就利用众所周知的或者不精确的措辞。例如，在统一进程中美国发表的两项导向性声明——1989 年 12 月的《四项原则》和 1990 年 5 月对苏联的《九点许诺》——基本上是由重复过去的说法组成的。所以，对这些攻势的成功具有决定性作用的，不是众所周知的内容，而是对各个论据作部分是新的构造和衡量，以及在全新的政治状态中机敏地把握时间加以展示，这种政治状态使深刻的变化几十年来第一次成为可能。不过，从现存的旧事物中创造新的东西，这一战略并非总能导致直接的成功。1990 年夏，科尔让戈尔巴乔夫得到"大条约"的草案时，莫斯科对这一倡议的高兴很快让位于冷静；外交官们强烈地对这种文件中许诺的新质量提出了警告。联邦总理府做准备工作时，援引了联邦德国现存双边条约的全部准则，因此，所谓的新条约草案只是把各种说法和许诺组合起来，就像过去对法国、有时也对苏联说过的那些。演讲稿撰写者有时必须超越只用剪刀和胶黏剂将粘贴材料拼在一起，以便用恰当的语言和措辞包装当前的议题和立场。与此相似，按照苏联的想法，现在两国政治家和外交官也应该摆脱经过验证和为人熟悉的东西。此时，苏联已认识到，坚持老的模式会导致什么结果：在与西方结盟的标志下实现重新统一，这种结盟会使联邦德国从表面上有限期的地位变成整体德国的最终地位。

与之相反，科尔《十点纲领》中对外交政策的目标描述，是与流传下来的经过保险的套话打交道的一种模式。这篇讲话由经受过考验的说法汇编而成，其中，每一个说法——大多数是多次地——在与北约和欧共体内西方盟友的共同声明中经受过考验并得到确认。另一些部分以和苏联签署的共同文件为基础，或者以早就得到批准的国际协定和条约为基础，如《赫尔辛基最后文件》；其他部分参照了《基本法》的章节。内容上，国内外最终没有人能对任何单项要点感到吃惊。尽管如此，通过全面分析总结各个要点，并以新的方式将它们组合以及将演讲称为"克服德国分裂的纲领"，还是创造了一点新意：在柏林墙倒塌以后，首次提出"德国统一"这个目标，并被一位顶级政治家从象征性的和语言修辞的层面提升到了政治行动的具体层面。在1989年11月8日作了国情报告后20天，科尔依然警告不要"在绿色写字台上或者手拿日程表地去计划"统一，但这些话常常被忽视。联邦总理有意识地避免任何时间表，他从大约要10年时间才能到达最后阶段出发，使用了诸如"邦联性结构"这种模糊的概念描述中间步骤，没有人认为这有重要意义。科尔说过什么并不太重要，重要的是他是第一个公开提出将"重新统一的德国"定为政治目标的政治领导人。此外，《十点纲领》的形式架构也使人产生了精确执行的想法，但文稿本身并没有提出这一点。

《十点纲领》的产生史和效应史表明，政治是多么强烈地受语言的影响。1989年11月28日，科尔要作一个普遍的纲领性的目标定义。从《基本法》规范性的统一要求和与之相关的40年来的德国政策标准表述，到对新的两德政策的首批考虑，这一过渡被理解为具体的构想，有时甚至被理解成时间表和行程表。几乎所有的观察者都忽略了一点，即科尔虽然再次提出了纲领，却没有提供具体的战略。迄今为止，四大国还是借助对德国作为整体和柏林的特殊权利与责任，试图通过即兴反应赢得时间以便回答新的原则问题。但从现在起，他们必须对自己认作挑战的十点作出具体的反应。柏林墙倒塌以后关于两德未来的辩论明显分崩离析，通过科尔的攻势被捆绑在一起，同时被引到一定的方向。政治行动跟随着言辞的导向——语言变成了政治。

用语言搞政治——不论是公开的演讲、发表公开的文章还是与外国伙伴的对话——这也是根舍的专长。几乎没有一个政治家像外长那样，一方面精确地把握细微的差别，另一方面掌握着媒体，他的演讲以最为多样的明暗交替而形成的无穷变化而著称。在柏林墙倒塌后的棘手政治形势中，这种能力比以往任何时候都更加重要。如果波恩要探究国际上对德国政策行动的可能界限，就必须像在《十点纲领》中那样在国际上进行原则性的推动并提出内容方面的建议。在联邦政府方面，根舍试图接手这部分工作。联邦总理在国际舆论的日常进程中保持谨慎，只是在重要的原则问题上介入并划定基本点，而他的外长则更多地沿着这一范围界限行动。例如，从1990年春天起，根舍试图用在政府内部大多未经协调的攻势来探究苏联方面的行动空间，并且概述西方在安全问题上可以想象的提议。在这样做的时候，根舍用了许多创新语言，在敏感的国际环境中小心谨慎地探索前进，他发表的每一个意见都受到最为精确的、有时不受信任的分析。堪称榜样的例子是他在图青就德国在北约中的未来所作的演讲，该演讲是作为原则性演讲而构思的，此后不断得到修改和精确。

根舍一直以新的措辞寻求西方和苏联之间的妥协，西方要求统一后的德国必须不受限制地隶属北约，而苏联加以拒绝。莫斯科除了有时考虑让德国具有双重成员属性或者中立以外，尤其把希望放在通过扩大欧安会而形成全欧战略结构。1990年春，根舍接过这些想法，曾多次谈到"协作性的安全结构"、"集体安全"体系，或者跨越"联盟"的结构。他在3月23日建议，北约和华约不仅可以更多从政治上定义其作用，而且从长远来看甚至可以联合成安全建设合作的工具，不过，这在西方伙伴看来已越过了用语言修辞迎合苏联的界限。他的表述中所包含的解散北约的选择，意味着偏离了西方对德国人未来地位的基本共识。根据西方的一致意见，大西洋联盟虽然应变化，但一定要保留下来；扩大欧安会最多只能是互补。后果是，怀疑联邦德国对联盟的忠诚，美国提出了公开的批评，联邦总理作出了告诫他谨慎的反应。根舍以其言论越过了那条狭长的界线，这是将可以容忍的展示自身妥协能力与危险的幻想分开的界线。梅克尔同样多次而且严重得多地坠入这种尴尬境地。这位民主德国外交部长在其有争议的安全政策攻势中，运用了与根舍类似的词汇。但因为他的措辞不容争辩得多，并在紧接着的公开辩论中缺乏内容上的弹性，所以始终深深地陷入了联邦外长通常会试图克服或者绕过的战线。

围绕各方所用措辞具体内容的争论贯穿了整个统一进程。这也在以下例子上特别清楚地表现出来：所有参与方都要求欧洲各种不同的进程应保持"平行性"或者说"同步"。例如，当密特朗说两德统一进程应该与走向欧洲统一的进程平行，它主要是指策略上放慢两德统一进程。戈尔巴乔夫、谢瓦尔德纳泽和梅克尔提出的要求，即建立德国家园与建设全欧家园要平行进行，同样是策略性地旨在延缓两德统一进程。在这些多层次的同步建议背后，始终是谋求将急速走向解决德国问题纳入缓慢得多的欧洲进程之中。但是，这类倡议主要证明了不同的基本假设：在警示者看来，德国统一应是欧洲新秩序的历史性终结；而在联邦政府看来，德国统一将构成全欧新秩序纳入国际的开端。

第四节　内政驱动的双驾马车

波恩的两位主要当事人既是发展的驱动者，同时也是事态的被驱动者，既是时间压力的建筑师，同时也是人们急躁的管理者。科尔和根舍从未让人怀疑过，统一是他们共同的政治目标。在重要的细节问题上，联邦政府最后会有共同立场，但总有延误，并且少不了摩擦损耗。这些特别清楚地表现在有关北约成员属性、承认德波边界的程序和全德武装力量兵力的讨论上。有时激烈而公开的政府内部争论，其背景很少是由于不同的基本立场，而是出于联合执政政策和选举策略的原因：当柏林墙倒塌的时候，1990 年联邦议院选举大战的准备工作已经开始。因此，科尔和根舍的行为不仅应被视为联邦总理和外长的政策，同时也应被视为基民盟和自民党两位重要的执政联盟政治家显示其政党政治的表现。

科尔的《十点纲领》在这方面表现得特别明显，该纲领要在内政外交上，特别是十分有针对性地在执政联盟内部，显示总理的全面领导权。根舍在布拉格使馆逃亡者面前引起轰动的亮相以及承认波兰西部边界的态度，使他成为外交和德国政策方面比较进步、也比较成功的自由派的代表。与此相对照，科尔虽然克服了 1989 年秋天的党内危机，但在公众的感受中，他离 1990 年底赢得联邦议院选举还很远。民意调查结果很糟糕。因此，对他来说，在两德关系变化中作出他个人的领导政绩十分重要。《十点纲领》使科尔处于发展的顶峰，这是一个他以后不愿意再放弃的地位。

在这方面，对他有利的是，在许多相关的国家中，由于部分国家实行总统制，德国问题大多被当作首脑事务得到处理。戈尔巴乔夫和密特朗直接充当他的伙伴，美国领导机灵地利用了其对波恩当局的了解。华盛顿意识到总理府和外交部之间有限的信息通道，因此贝克多次委托其驻波恩大使向政府中心通报他与根舍沟通的内容。

尽管如此，科尔在建立德国统一的谈判中在某种意义上必须确定自己特殊的——也是具有公众效果的——形象，因为与此相关的具体任务由职能部门的主管部长掌握：朔伊布勒（基民盟）主管两德会谈、魏格尔（基社盟）主持财政政策问题、根舍（自民党）主持外交问题。舞台背后的总协调交给总理府部长塞特斯（基民盟）负责。联邦总理如果想比仅仅对主管部门首脑提出的结果点头认可做得更多一些，那么统一的外部问题尤其适合于显示他自己的鲜明形象。特别是出于内政原因和选举策略的权衡，科尔在国际层面上最多地介入了事件。在这方面，他可以肯定自己与根舍在共同政策的基本目标上完全一致。即使是在敏感的事务中，如 1989～1990 年之交试图（没有成功）面对四大国将统一问题很大程度上定义为德国内部事务，在这一点上也几乎完全一致，这种一致性连亲密的同事们也不总是能作出正确的评判。总理和外长之间的相互协作，类似于整个统一进程，常常是无法看透的、表面上似乎矛盾的各种画面和棱镜组合而成的。其具体的原型——尤其是经过媒体的反映和观察家的解读以后——是没有人能够重新复制的。不过，科尔的意图很明显，就是为了执政联盟的和平相处和保持权力，有时候要反对自己党内的朋友和根舍的同事。最明显的表现是在根舍就德国在北约中的未来发表图青演讲以后。自民党施加巨大压力之后，2 月 19 日，联邦外长的立场——反对国防部长施托滕贝格和特尔切克的疑虑——被宣布为政府方针。不过，科尔让总理府部长塞特斯与根舍和施托滕贝格两位对手共同协商并宣布此事；他自己则与美国总统布什在戴维营公开确定了统一后的德国是西方防务联盟的完全成员。

科尔和根舍之间牢固的一致，本质上源自"重新统一和结盟西方"这个共同目标。详细审核最终应如何精确定义"结盟西方"这个问题，没有人向他们提出过。由于苏联领导人很少持完全一致的、在决定性问题上持很大程度上迎合的政策，科尔和根舍从来都无须表现出他们——无论是个人或者一起——是否不打算向苏联作出让步的想法。由于没有出现过这种严峻的考验，所以他们出于党派政治的原因可以就细节问题进行必要的对立讨论。因此，根舍对德国在北约地位的行动，如同他在边界问题上比较迁就的立场一样，不仅被评价为灵活政策的体现，而且也被评价为与执政联盟伙伴划清界限的措施。科尔也类似。无论是在总理府还是在华盛顿，人们批判地观察联邦外长常常显得非常坦率的态度。比如，根舍与谢瓦尔德纳泽的六次谈话记录，违反惯例没有转发给科尔，使科尔的同事们不清楚与苏联历次谈判的细节，特尔切克尤其怀疑地注意到这一情况。但总理府方面也没有不受限制的透明度。比如，科尔与外国领导人的会谈纪要，只以缩短的文本转给外交部。在这样做的时候，双方都不向执政联盟伙伴隐瞒实质性的约定。其策略更多是在于掩盖这样一个事实，即人们建议外国伙伴尽量与外交部或者总理府进行排他性的沟通。无论科尔还是根舍，他们从一开始起就力求尽可能地以最大的分量来描述自己在推行共同的统一政策中取得的众所周知的个人成就。两人也不辞辛苦，以出书形式记录他们的经验和视野。

此外，还有政党政治的不同动机，这在有关波兰西部边界的讨论中表现得特别明显。根舍在其外交行动中完全遵行社民党和自民党东方政策的传统，比如，他可以忽视保守派和右派阵营中的选民阶层，反正他也难以接近他们；而科尔却不仅必须顾及国内政治中的一般群体，而且必须顾及重要的党内集团。此外，与外长不同，在统一的整个进程中，总理显然努力让真正实质性的"预防性"让步尽可能保持在尽可能少的程度。这一立场对他来说是很重要的。他对执政联盟伙伴的不信任也相应地大。以下情况可以作为范例体现出这一点：在波兰、联邦德国和民主德国三方谈判的情况下，他亲自打电话给外交部国务秘书，明确指出自己的大政方针权限——这是非同寻常地使用一个在联合政府中很少口头说出来的工具。不过，当外国试图从中捞取好处的时候，科尔和根舍之间的紧张关系始终会被相互之间的深厚忠诚所盖住。虽然根舍在内容上和方式上对《十点纲领》深感恼火，但他从未向任何离间自己和科尔关系的企图让步，比如像戈尔巴乔夫1989年12月5日在他们会晤时试图做的那样。

政府首脑和外长之间完全不同的角色分配表现在民主德国政府内部。德梅齐埃把自己的时间和精力几乎只集中于统一的内部问题上。对梅克尔的各种不同行动，他大多数既未得到通报，也不感到高兴，但他放手让自己的外长去行动，只要梅克尔大体上不背离民主德国政策的基本方针和不危及国际谈判的成功。然而，总理个别时候也介入一些细节问题，比如，

1990 年春天，他禁止国务秘书米瑟维茨去其他 "2 + 4" 国家的首都。在安全政策的中心议题上，即全德北约成员属性问题上，德梅齐埃与其外长不同，基本上体现了西方的路线。不过，他对该问题的细节并不感兴趣：如果波恩和华盛顿想要完全的成员属性，它们应该自己去关心此事。在德梅齐埃看来，所有参与国和邻国最终同意达成的妥协，这要重要得多。

第五节　到处都是奥格斯海姆①——政治中的男子友谊

只有有了结构性的框架条件才有可能实现统一，不过，进程的目标方向和速度，却异常强烈地受参与的顶级政治家相互作用的影响。通常情况下，国际谈判要拖延较长时间。在部长以及最后由国家和政府领导人为最终的关键决策积极行动之前，若干官员层面的谈判先长时间地寻找妥协路线。一揽子的解决办法并非不同寻常，少见的是如此强烈地受到政府最高领导的协调和行动的影响，如像统一事件中表现出来的那样。基于时间压力，工作层面减少到三个决定性的层面：高级政治官员、部长以及国家和政府首脑。其中，科尔是坐在密集的国际交流网络中关键位置上的政治家，对他来说这一含有特殊行动条件的挑战正好合适。统一政策符合他个人推动国际政治的风格，也符合他亲自积极介入德国外交政策的野心。

如同在智囊团组成中很少考虑行政上的级别，而更多地以个人能力和忠诚为指针，科尔在外交政策中也喜欢超越惯例。例如，他反复建议他的外国谈话伙伴直接与他一起解决问题。他没有明确表示要排除外交部，但他经常提议由 "私人代表" 进行谈判，其结果无异于绕开主管部委。对科尔来说，这一方式在贯彻他的利益方面被反复证明是有效的，例如在他1989 年 11 月访问华沙之前准备德波共同声明时那样，像一根红线，任命"私人代表"——大多情况下是特尔切克——的提议贯穿整个统一过程。无论是与美国商议北约改革、同苏联谈贷款愿望还是德法关于欧共体的共同倡议，总理总是在决策的节骨点上将线索拉到自己手里。他在这方面的提议不仅涉及一般的沟通，而且成功地达到了目的，比如他向戈尔巴乔夫建议，先绕开外交部去商谈 "大条约"，有意地越过部门主管原则，按照

①　奥格斯海姆：德国小镇，科尔总理的家乡和居住地。——译者注

主管原则应由外交部长负责此类条约的谈判。甚至是对德苏条约的基本内容构架，科尔的工作人员于 1990 年 6 月和 7 月在没有主管部门参与的情况下就作好了准备，以便让总理能够自主地进入谈判状态。

就结构性的单个问题保持良好的个人关系，也同样是科尔谈判风格的特点之一。他谋求与尽可能多的外国国家和政府首脑建立紧密的，甚至是所谓的私人联系，这本身不是目的。1989～1990 年之交，联邦总理一再投入他的个人威望，其办法是按照"信任对信任"的座右铭，为可预测的政策提供人格化的保证。尤其在与两个超级大国的关系方面，他取得了成功，美国对他个人非常信任，而戈尔巴乔夫在结盟问题上作出让步，可被视为体现上述成功的范例。1990 年 7 月，当苏联总统同意全德北约成员归属的时候，除了美国的一般性承诺和科尔确认愿意为苏联提供经济援助并建立新型政治关系之外，他手里没有得到什么具体的东西。科尔在国际伙伴们的眼里有多么可靠，体现在他以个人担保推行的外交大多数是成功的。只有波兰总理马佐维耶茨基和法国总统密特朗不满足于总理口头的意向声明，他们还要求在统一之前就在边界或者确定欧洲一体化这些事情上作出具有约束力的承诺。

根舍也体会到信任这一因素是多么重要。与科尔不同，他在统一之前就准备在承认波兰西部边界问题上作出较大的让步。波兰转而愿意妥协也要特别归功于根舍享有波兰外长斯库比斯泽夫斯基的很大信任。此外，根舍与谢瓦尔德纳泽之间的特别良好关系，也决定性地有助于使苏联外长保持其与西方合作的政治路线。德国政府首脑们与东西方政治家之间的出色关系，最终也使波恩承担起美国要求的、最后却只是部分实现的主持人角色。没有人比科尔、根舍及其同事们更好地了解德国政治的最初形势、全欧的心理状况和苏联内部的气氛。他们一再用比较亲切的语气让苏联方面了解美英代表团常常是粗暴的、部分是从"冷战"胜利者立场提出的安全政策要求。在这方面，最大程度的理解和宽宏的妥协意愿，与忠于欧洲政策和联盟政策的原则性联系在一起，决定了波恩的路线。1990 年初，美国政府公布口号，在统一进程中任何人都不能被独特化或受到歧视，也不能使任何一个国家在发展中成为失败者——联邦政府最终使这一要求得到了实现。

第六节　新的稳定

1990 年 10 月 3 日，德国不仅获得了统一，而且——自 1945 年以来第一次——作为享有完全主权的国家登上了国际舞台。这一点之所以成为可能，特别是由于下述情况，即联邦政府虽然实际上只能代表德国的一部分说话，但在决定性的问题上却以代表整个民族说话的要求而出现。而这一点又因以下情况变得容易做到，即它的政策得到了东部德国大多数民众的支持。其中，科尔和根舍的四项行动起了决定性作用：

1. 1989 年 11 月 28 日的《十点纲领》：科尔在其中不仅在战术意义上提出统一是德国政策的目标，而且同时也概述了其付诸实践的可能阶段。他的建议包含了一个双重提议。他向民主德国提供了充满吸引力的统一前景和走向统一道路的帮助，得到了缺乏可行的替代性方案的东德的很大赞同。与此同时，他也对外国澄清，统一后的德国愿意在哪里有自己的位置：牢固地置身于作为西方国家共同体一部分的、正在进一步深化的欧共体之中。

2. 1990 年 2 月初向民主德国提议建立货币、经济和社会联盟：联邦政府以此承诺了在德国走向统一的道路上将采取的第一批具体步骤。对民主德国老百姓来说，这意味着解决东德经济问题的可以预见的办法。与此同时，统一也可以日渐临近，因为所有参与者都明白，在共同的货币、经济和社会联盟中，民主德国将放弃它的大部分国家独立性。这一信号作用还由于 3 月 6 日波恩政府执政联盟规定按照第 23 条进行统一，也就是民主德国加入联邦德国而得以强化。这同时向外国表明，更大的德国将保持联邦德国的连续性。

3. 1990 年春天德法关于建立欧洲政治联盟的倡议：科尔不仅打算在经济与货币问题上加强欧共体，而且尤其要在政治上强化欧共体，这是他对伙伴们发出的信号。统一后的德国不仅原则上仍将牢固地置身于西方，而且要通过它对深化一体化的贡献，持续地加强和扩大结盟西方的这部分工作。

4. 准备给苏联提供慷慨的财政和经济援助：1990 年 5 月，科尔毫不犹豫地对戈尔巴乔夫不拘泥于官僚行政机构的贷款询问作出了反应，这也体现了德国原则上愿意支持苏联领导人的改革步骤。此后，联邦政府证明自己是苏联在西方阵营中的最坚定的代言人，但同时也阐明，只有当德国牢固地维系于西方，才可能继续如此。虽然科尔原则上显示出自己愿与苏联发展新型关系，但也从未让人怀疑，德国对联盟的忠诚将不会因此而受到影响。与此同时，根舍反复指出，结盟西方的替代性选择——在欧洲中部一个中立的、不结盟的德国——对于所有参与者来说只能带来坏处。

联邦政府以其积极的政策，确保在统一进程中得以与美国一起扮演向前推进的主持人角色。向民主德国和苏联提出的各种解决办法，有一个很大的长处，就是每一项提议都非常具体且能够估算：一个统一的国家，没有削弱与西方结盟的传统，就像迄今为止的联邦德国一样，对任何人都不会构成威胁，而对苏联来说却是实现新型合作的机会。只有这样的构想才能在短时间内实现，因为所有的替代性方案，如扩大全欧安全结构和解散联盟，都会意味着在时间上无法预测的不安和动荡状态。

归根结底，统一的成功在于各个因素的结合：有利的框架条件、政治家和外交家的机智以及最后的也是可观的一点——"幸运的偶然"。于是，从1989年11月9日德国柏林墙倒塌所引发的政治地震中，在最短的期限内发展成了新的稳定状态。由此，旧状的舒适方便，其所谓清晰的秩序和导向方针，就无可挽回地消逝了。有关后果和未来前景的讨论还在继续。内在统一问题将长达数年地保持其现实性；对一个扩大了的并拥有主权的联邦德国在对外政策中自我认识的争论，同样也将受到德国伙伴们的观察和评论，就像它们要求联邦德国承担更大的国际责任一样。但是，对于全体德国人来说，随着1990年10月3日的历史性事件，也就是德国统一之日，根本性的政治秩序问题已得到了回答。

附　　录

档案资料情况说明

本书得以完成实乃幸事。《德国统一史》是以联邦政府内部丰富的文件为基础的，而这批文件通常都有 30 年的封存期。一项特别许可打开了通道，使得统一进程结束之后的几年时间里就可以使用这些文件，否则的话，只有在 2020 年以后，历史学家才有可能使用它们。对于学术分析而言，这项特许的最大好处在于：在档案研究的同时，还能询问几乎所有 1989～1990 年统一进程的参与者，并且，有些部分还能与档案分析的结果相比对。此外，紧随当代历史事件而来的是"第一波"出版浪潮，这些出版物依据的是人物访谈以及对报纸和杂志的分析。在正常情况下，只有在此后大约 30 年的"第二波"出版浪潮中才能动用内部文件，而到那时，大部分活动家怕是都已过世了。

有幸的是，统一后仅短短几年，所有原始材料和调研材料都能提供给"德国统一史"系列著作使用。[1] 提供自由而广泛地使用文件资料的部门单列如下：

  －联邦总理府；
  －联邦德国德意志内部关系部；
  －联邦德国内政部；
  －驻东柏林常设代表处；
  －基民盟（西德）和社民党（东德）议会政党委员会。

此外，另一项特殊规定也将 1989 年秋至 1990 年底联邦内阁会议的中心内容提供给研究使用。相反，外交部的文件资料却不能，因它坚持遵守 30 年的保密期。这一空白可通过以下方式予以弥补：其一，以哈特曼参加的 "2＋4" 部长和官员级会谈为基础的联邦总理府自己的报告；其二，在可供分析的文件中有外交部转呈件的大量副本，虽然在调研中不能直接引用，但可对其进行分析；其三，众多采访对象的谈话。他们在访谈中使用了随身携带的案卷资料，其内容通常冠以如 "联邦德国外交部信息" 等以作证明。类似的还有，出于法律原因而不能明确提出证据的许多注释部分，这些统统纳入 "联邦政府信息" 栏内。

然而，即便解禁庞大的档案文件供学术分析用，仍不可唤起这个印象，即：在其基础上，对事件的描述就可以毫无遗漏并能忠于细节了。因此，本项调查研究很大部分也依据与当事人的访谈、有关的文献以及广泛的媒体分析评价。只有这样，才能弥补原始资料的漏洞和薄弱环节，这些漏洞和薄弱环节主要有两个因素，而这两个因素并非仅仅只对统一进程而言才是典型的：

  －"时间" 因素。与其他 "正常" 情况不同，1989～1990 年，许多事件进展迅猛，行动密度极高，并非总能完成通常的会谈记录和草案。[2] 许多决定，并不是以通常的 "官方途径" 进行准备和作出的，而常常是以当事人之间的口头对话出现。

  －"人" 的因素。联邦总理府以及外交部的书记员先是完成谈话纪要的草稿，接着作第一次编审，部分或作删减。以总理府为例，个别情况下会删去不想转发给联邦不同部委的章节。此外，总理府在内部的工作程序上必须考虑科尔特别的工作风格：一方面，他常常简洁地写上评注；另一方面，在文件返回各部门前，他会让总理办公室工作人员把他写的评注去掉。[3]

再加上，在波恩完成的政治领导人物的会谈记录，大多数只是谈话经过的总结，其中省略部分只能零星辨别出来。众所周知，外交部在实际工作中，不会把在特别场合下特别对立的谈话和引文收入日后的会谈附录中，如 1989 年 12 月 5 日根舍在莫斯科与戈尔巴乔夫所作的那场令人不快的会谈，之后，他就曾明确地指示要写一份 "缓和的" 附录。[4] 联邦外长大概想以此避免更多的圈子知道苏联领导的批评立场。

对于当代历史学家来说，另一个问题是信件往来中日期标注不同。如1989年底，英国首相撒切尔夫人给联邦总理科尔的一封信就具有代表性：该信件标记日期是11月28日；而在总理府档案中标记的日期为12月1日，还附有英国大使的一封信，大使在信中指出，他已于11月28日"通报"了撒切尔夫人信件一事。然而，总理府收件邮戳的日期却是12月4日。考虑到诸多事件和发展极富活力，几天的差异就会具有重大的意义，例如对戈尔巴乔夫的不同信件大部分都无日期，所以，凡遇有疑问的，就标注该文件的签收日期。

另外，在手稿文件的使用上尤须注意：不同的文字引语全部基于外文附录，因此，复述时可能与其他表述略有偏差。1989年12月5日戈尔巴乔夫和根舍的会谈就具代表性：[5] 根舍的表述首先由译员翻译成俄语，苏方书记员同时作下记录；而由此产生的文件，日后在"德国统一史（外交卷）"研究项目中使用时要回译成德文。还有电传资料，为方便阅读，整理时要重新加上变元音及正规的大小写，这就和原件不同了。

为避免注释部分超量，在总理府档案室找到的大部分引文来源文件，仅标记其原编号或卷宗号。已归还联邦档案馆（汉格拉尔临时档案馆）的联邦总理府档案标记为"B136"、联邦内政部的资料标记为"BMI"、原联邦德国德意志内部关系部主要存放在科布伦茨联邦档案馆的档案缩写为"B137"，以资辨认。其他编号见名称缩写一览表。[6] 此外，在档案卷宗题头列出工作单位——如：司处、组或经办部门——并以括号标出作者，以将档案资料分门别类。[7] 除收件人和文件完成日期外，只要有可能，还特别一一注明"事由"。

注　释

第一章　序幕：柏林墙倒塌

1. 如果没有其他说明，华沙事件的描述就是基于本书作者的观察，他是德国政府代表团成员；以及 Diekmann/Reuth 1996, S. 125ff.；Klein 1991, S. 115ff.。关于华沙棘手的新闻来源状况，参见 Teltschik 1993, S. 11ff.。对联邦德国情报局总部以及外交部信息状况的批评性评论，见 Kiessler/Elbe 1993, S. 46。关于柏林墙开放的背景，比较：Hertle 1996; Maximytschew/Hertle 1994a-c。

2. 关于德国问题的发展，见魏登菲尔德的各种著作（Weidenfeld, bes. 1983；1984；1985；1987；1990a）。关于 80 年代的欧洲发展和东欧改革运动，比较：Garton Ash 1993, 1990a, 1993b; Gaddum 1994; Elvert/Salewski 1994; Göttinger Arbeitskreis 1993; Wettig 1990a; Thies/Wagner 1990; Loth 1994b; Janning/Piepenschneider 1993。关于民主德国的民众抗议运动和大规模逃亡，另见：Korte 1998, S. 445ff.；Glaeβiner 1992a; Schutzsack 1990。

3. 关于内阁会议，见 1996 年 8 月 25 日与梅尔特斯的访谈。关于联邦总理的意外，见以下描述：Diekmann/Reuth 1996, S. 127; Teltschik 1993, S. 11。关于外长的评判，比较 Genscher 1995, S. 654。关于访问以前导致政府执政联盟面临解体边缘的艰难处境，尤其是围绕联邦政府和安娜贝格山（Annaberg）上的祷告活动而引起的再次公开确认波兰西部边界的讨论，参见飞往华沙当天的新闻报道：*Süddeutsche Zeitung* v. 9. 11. 1989, Nächtliche Drohgebärden am Rhein; *Frankfurter Allgemeine Zeitung* v. 9. 11. 1989, Die Koalition findet eine Kompromißformel zu Polens Westgrenze。此外，还有一些较为基本的报告：Miszczak 1993,

bes. S. 303ff.；Hajnicz 1995，S. 42ff.；Korger 1993，S. 61ff.；Teltschik 1990。关于华沙访问的前期历史和经过，比较 *Hannoversche Allgemeine Zeitung* v. 11. 11. 1989，Den Kanzler zog es magisch nach Berlin und Bonn。

4. 引文"现在正是书写世界历史的时刻"，以及这次会谈的其他引文，见：Teltschik 1993，S. 15；*Frankfurter Allgemeine Zeitung* v. 11. 11. 1989，Der Bundeskanzler unterbricht seinen Besuch in Warschau。阿登纳对建起柏林墙的反应，比较：Köhler S. 1106ff.；Sontheimer 1991，S. 61。关于总理周围人士对新形势可能作出的反应的思考，见：Diekmann/Reuth 1996，S. 130；Teltschik 1993，S. 16。

5. 关于科尔与马佐维耶茨基的会谈，见 Teltschik 1993，S. 15。比较与记者的讨论和以下材料：*Frankfurter Rundschau* v. 11. 11. 1989，Den Kanzler hielt es nicht mehr an der Weichsel；*Die Welt* v. 11. 11. 1989，Kohl fühlt sich in Warschau an der falschen Stelle；*Frankfurter Allgemeine Zeitung* v. 11. 11. 1989，Der Bundeskanzler unterbricht seinen Besuch in Warschau；*Neue Zürcher Zeitung* v. 12. 11. 1989，Unterbrechung von Kohls Polenbesuch；*Stuttgarter Zeitung* v. 11. 11. 1989，»Ich kann doch jetzt nicht in Krakau spazierengehen«。

6. 比较 Genscher 1995，S. 655，根舍引发了中断访问的决定，他提到了柏林的群众集会，但这并非关键性的，因为星期五早上才公布群众集会。拉姆斯多夫的引文来源于 *Stuttgarter Zeitung* v. 11. 11，1989，»Ich kann doch jetzt nicht in Krakau spazierengehen«。以下描述主要基于：Teltschik 1993，S. 16ff.；Diekmann/Reuth 1996，S. 128ff.。根据后者的描述，科尔星期五才得知柏林的这两项活动。

7. 根据联邦总理府信息，当天改变了活动项目。但星期五早上，仍不清楚科尔是否将飞往柏林。到 13：45，仍然保留目前计划的访问项目，包括已经安排与雅鲁泽尔斯基总统持续到 16：15 的谈话。17：30 起飞回波恩。此外，星期五还签署了各种不同的协定。签署有关双边关系的全面的共同声明，被认为是这次访问活动的高潮以及德波关系的重要里程碑，但这一签署活动被推迟到后来补加的访问之时。

8. 见 1989 年 11 月 10 日第 212 处处长按语：Vermerk Referatsleiter 212（Kaestner）v. 10. 11. 1989，betr.：» Offizieller Besuch des Herrn Bundeskanzlers in der Volksrepublik Polen；hier；Delegationsgespräch；Warschau，10. November 1989，10. 30 Uhr – 11. 20 Uhr«（213 – 30104 P4

Po28，Bd. 5）。其中，科尔尚未谈到他有意飞往柏林；马佐维耶茨基表示"理解联邦总理因为内阁会议而中断访问"。也可比较科尔的回忆（Diekmann/Reuth 1996，S. 129）。根据这一回忆，当科尔接近午时告诉波兰总理他要飞到柏林时，发生了"真正的争执"。马佐维耶茨基认为，如果联邦总理推掉计划于下午和雅鲁泽尔斯基进行的会谈，那是侮辱之极，总理现在绝不能去柏林。在科尔的敦促下，马佐维耶茨基和雅鲁泽尔斯基通话，向他描述了新局势。不久，科尔自己拿过话筒讲述新局势：他必须在这个谨慎但也危险的形势中与自己的内阁作出一系列重要的决定。一旦完成了这件工作，他会立刻返回华沙，继续这次访问。另外，这也绝不是取消和总统的详细会谈，而仅仅是推迟。在这一描述中并不清楚，为什么谈到计划于"次日"和雅鲁泽尔斯基会晤。通话时在场的特尔切克没有描述这次争论（Teltschik 1993，S. 17）。根据瓦尔特·诺伊尔（1998 年 5 月 29 日的访谈）的说法，东道主波兰对中断访问作出了理解的反应。不过，他们似乎并没有被说服，相信中断访问后科尔真的能够返回华沙。

9. 柏林市长瓦尔特·蒙佩尔是否故意临时才提出柏林市议会的活动以便阻止总理亮相，关于这一情况的讨论，比较：Teltschik 1993，S. 17f. ；Diekmann/Reuth 1996，S. 129f. ；Ackermann 1994，S. 312。根据蒙佩尔的描述，他也对（议院议长沃尔拉贝倡议的）活动感到意外。科尔会作为第二位演讲者登台（因此他必须非常早地到位），根据蒙佩尔的说法，这是按照科尔作为联邦总理的级别而作的礼节性安排（Momper 1991，S. 156）。不过，科尔却在沃尔拉贝那里成功地让自己成为最后一位演讲者（Momper 1991，S. 164）。特尔切克（Teltschik 1993，S. 18）写道，总理到达柏林后，才通过沃尔拉贝得知将在纪念教堂门前举行的群众集会。中午时分，汉斯·克莱因还在告诉记者们正在"权衡"是否早点起飞，其他内阁成员此时则已在打点行李。对此，《斯图加特日报》提供了形象的描述："现在我不可能在克拉科夫散步"。类似的还有 Klein 1991，S. 120。

10. 比较根舍的描述，见 Genscher 1995，S. 655f. 。提到德国统一的三个条件，见 *Neue Zürcher Zeitung* v. 12. 11. 1989，Unterbrechung von Kohls Polenbesuch。科尔在华沙的亮相，参见 *Frankfurter Allgemeine Zeitung* v. 11. 11. 1989，Der Bundeskanzler unterbricht seinen Besuch in Warschau。

科尔和根舍对波兰西部边界的不同论证方式，参见 Brand 1993，
S. 144ff. 。也比较 Korger 1993，S. 46 und S. 62。

11. 与马佐维耶茨基 1996 年 9 月 19 日的访谈。以下引用的演讲内容存于：
Auswärtiges Amt 1995，S. 600ff.（根舍 1989 年 9 月 27 日在联合国全体
成员大会的演讲摘录）；同上，S. 605ff.（联邦总理科尔 1989 年 11 月
8 日在联邦议院的声明摘录）；同上，S. 612ff.（根舍 1989 年 11 月 8 日
在联邦议院的演讲摘录）；同上，S. 617（1989 年 11 月 8 日联邦议院
对波兰西部边界的决议）；也见 Kohl 1992，S. 254ff.（科尔借 1989 年
11 月 9 日波兰总理在华沙政府宫款待代表团之际的讲话）。联邦议院
决议的前期历史，见：Korte 1998，S. 468ff.；Ludwig 1991a，S. 27ff.；
Miszczak 1993，S. 306ff. 。科尔坚持对和平条约的保留意见，参见
Michael Garthe，Berichte zur Lage der Nation，in Weidenfeld/Korte 1992，
S. 19ff.，hier S. 26。总理和外长的回忆，见：Diekmann/Reuth 1996，
S. 118ff.；Genscher 1995，S. 14ff.，S. 652ff. 。公众也获悉了两位政治
领导人物不同的论证方式，这一情况得到了以下证明，见：*Frankfurter
Allgemeine Zeitung* v. 11. 11. 1989，Der Bundeskanzler unterbricht seinen
Besuch in Warschau；*Hannoversche Allgemeine Zeitung* v. 11. 11. 1989，
Den Kanzler zog es magisch nach Berlin und Bonn。

12. 比较：Teltschik 1993，S. 18；Walters 1994，S. 82f.；1994 年 11 月 3 日
与沃尔特斯的访谈。

13. 以下描述主要基于作者本人的观察，其中，有关参加的人数和过程，
以科尔、根舍、特尔切克和蒙佩尔有时极其矛盾的回忆为基础。另见：
Diekmann/Reuth 1996，S. 130ff.（其中，详细描写了有关基民盟在纪念
教堂前群众集会的争论）；Genscher 1995，S. 657ff.（其中，根舍详细
总结了自己的讲话）；Momper 1991，S. 162ff.（蒙佩尔称沃尔拉贝是过
程混乱的责任人）；Teltschik 1993，S. 18ff.（特尔切克讲述了总理对缺
乏组织的盛怒）。特尔切克复述了参加人数，根据这一数字估计，在柏
林舍内贝格区政府门前有 2 万～5 万参加者，在纪念教堂前有 10 万～
20 万参加者。美国大使沃尔特斯（Walters 1994，S. 86f.）在其回忆录
中谈到有 3 万参加者的参议院群众集会和选帝侯大街 15 万参加者的群
众集会。其他基民盟群众集会——通常规模明显较小——的人数记录
和集会引言，参见以下新闻报道：*Die Welt* v. 11. 11. 1989，Ostberliner

dankten mit »Willy«- und »Walter«-Rufen；*Der Tagesspiel* v. 11. 11. 1989，Dissonanzen vor dem Rathaus；*Bonner Rundschau* v. 13. 11. 1989，Verärgert über die Pfiffe。关于科尔和蒙佩尔之间受到干扰的关系的一些背景，见 *Die Rheinpfalz* v. 14. 11. 1989，Ärger über die Pfiffe。

14. 这一消息得到了详细的复述（Diekmann/Reuth 1996，S. 131f.），其中，科尔解释了戈尔巴乔夫传来的消息，戈尔巴乔夫的一些顾问有目的地向他虚假汇报东柏林的真实局势。此外，总书记担心会攻击苏联军事机构，戈尔巴乔夫（Gorbatschow 1995a）的回忆录没有说明这一情况。后来，苏联驻波恩外长克维钦斯基（Kwizinskij 1993，S. 15）回忆说，由于共产党员在东柏林世界青年体育场同时游行，戈尔巴乔夫担心两个团体会互相冲撞。他也谈到了给社民党名誉主席勃兰特的一则消息。这些情况得到了联邦政府信息的支持，根据这些信息，社会党国际的主席顾问克劳斯·林登贝格（Klaus Lindenberg）受勃兰特的委托，于 1989 年 11 月 13 日请求特尔切克告诉联邦总理，勃兰特 11 月 10 日收到了戈尔巴乔夫总书记一封有关柏林的内容详细的信件并于次日回复戈尔巴乔夫。关于该口头消息的原文，比较：Vermerk AL 2 v. 8. 12. 1989，betr. :»Mündliche Botschaft von GS Gorbatschow an den BK vom 10. November «；Vorlage für die Politbürositzung v. 14. 11. 1989，»Persönliche Verschluβsache «）in SAPMO DY 30/J IV 2/2A/3258。消息的作者据说是戈尔巴乔夫的顾问安纳托利·切尔纳耶夫（与尼古拉·波图加洛夫 1997 年 10 月 29 日的访谈）。

15. 关于 1989 年 10 月 11 日的通话，比较：Vermerk Neuer v. 11. 10. 1989，betr. :»Telefongespräch des Herrn Bundeskanzlers mit Präsident Gorbatschow am Mittwoch, dem 11. Oktober 1989«（21 – 30100（56） – Ge 28（VS））；Diekmann/Reuth 1996，S. 105f. 。戈尔巴乔夫在一项指示中明确提到 10 月 11 日的通话 [»Wortlaut der Weisung an den Botschafter der UdSSR in Bonn«，findet sich mit dem Datum 20. 10. 1989 in SAPMO DY 30/IV 2/2. 039/319（Bestand Büro Egon Krenz）]。

16. 科尔演讲全文见 Auswärtiges Amt，1995，S. 620ff. 。勃兰特的演讲同样刊登于此（S. 618ff.）。根舍的演讲见 Genscher 1991，S. 228ff.，改写版本见 Genscher 1995，S. 658ff. 。蒙佩尔演讲的引文见：*Die Welt* v. 11. 11. 1989，Ostberliner dankten mit »Willy«- and»Walter«-Rufen；eine

Komplette Version der Rede ist abgedruckt in der Pressedokumentation der Stadt Berlin Auszüge in Momper 1991, S. 165f. 。关于科尔对蒙佩尔演讲的恼怒：同上，Diekmann/Reuth 1996, S. 133f. 。返回波恩以后，总理要求整理有关蒙佩尔演讲的政治性分析，其中谴责蒙佩尔，说他虽然没有清楚地表示出来，但让人看到了他"对两德并存的好感，其中民主德国拥有自身的社会秩序"（联邦政府信息）。

17. 比较：Diekmann/Reuth 1996, S. 137ff. ；联邦政府信息。

18. 德国法律状况的描写，见本书"即兴反应：一种政治才能"一章。比较：Eckart Klein, Deutschlands Rechtslage, in Weidenfeld/Korte 1996, S. 216ff. ；Georg Ress, Selbstbestimmungsrecht, in Weidenfeld/Korte 1996, S. 597ff. 。关于主权问题，参见 Brand 1993, bes. S. 75ff. 。

19. 1954 年 3 月 25 日，苏联发表维护民主德国主权的声明；1955 年 5 月 5 日，三大国结束对联邦德国的占领。

20. Oeser 1990, S. 429.

21. 根据特尔切克的书名，它涉及 1989 年 11 月 9 日至 1990 年 10 月 3 日德国统一这个短暂的多事之秋。比较 Teltschik 1993, S. 7。

22. "历史的机遇"这一措辞，见按语：Vermerk von AL 2 v. 14. 8. 1990, »Vermerk über das Gespräch des Bundeskanzlers mit Präsident Michail Gorbatschow am 15. Juli 1990, 10. 00 bis 11. 45 Uhr, im Gästehaus des Außenministeriums« (21 - 30130 S 25-De 2/8/90)。这一按语部分引用于：Diekmann/Reuth 1996, S. 421ff. ；Teltschik 1993, S. 319ff. ；Gorbatschow 1995a, S. 724f. 。

23. Siehe dazu z. B. Schuh/von der Weiden 1997.

24. 1991 年 11 月 12 日与德梅齐埃的访谈（Hoover Institution Archives, Stanford：Sammlung über die deutsche Vereinigung）。

第二章　即兴反应：一种政治才能

1. 与英国首相的通话，见 1989 年 11 月 13 日第 21 组组长/二司司长给联邦总理的按语：Vermerk GL 21/AL 2 i. V. v. 13. 11. 1989 an Bundeskanzler Kohl, betr. »Ihr Gespräch mit der britischen Premierministerin Thatcher am Freitag, 10. November 1989« (211 - 30131 B20 Te7)。科尔本人没有提到他为波兰提供援助的谈话开场白，不过讲到撒切尔夫人明显的不快

（Diekmann/Reuth 1996，S. 138）。关于这次通话，另见：Thatcher 1993，S. 1097；Teltschik 1993，S. 21。

2. 关于预约安排清单，见按语：Vermerk GL 21 （Peter Hartmann） v. 10. 11. 1989 （212 – 354 00 De 39 NA 1， Bd. 1），其中有外国谈话伙伴各自的电话号码。关于准备联邦总理的通话及其进展情况，参见：Diekmann/Reuth 1996，S. 104；以及 1982 年 11 月 19 日二司司长给新当选联邦总理的按语（21 – 30131 – F2 Te 6，Bd. 2），其中谈到了这个流程："总理办公室旁边有第二台设备对这些会谈进行口译；一名书记员在设备旁边参与会谈（据我们所知，英、法方面也同样如此）"。但是，比安科在 1995 年 11 月 27 日的访谈中所描述的情况却与此矛盾，根据他的描述，在法国总统通话时，大多数时候只有一位译员参加。因此，对于密特朗和科尔的许多谈话，除了两位政治家可能的手写记录以外，联邦总理府的这份按语是唯一的原始书面材料。原则上，科尔与外国政治家的大量通话都有文字按语，它由被称为"书记员"的人完成，他们通常是二司的工作人员，其中有司长特尔切克、其副手彼得·哈特曼以及卡斯特讷、比特里希，或者总理办公室主任诺伊尔以及大部分由外交部委派的外交官。根据通话完成的会谈按语——根据在"德国统一史"研究项目中分析文件时得出的经验——大多是关于通话过程的按语，只是在例外情况下，才是非常简洁概述的结论按语。

3. 与科尔的通话经过，见按语：Vermerk GL 21/AL 2 i. V. v. 13. 11. 1989 an Bundeskanzler Kohl, betr. :» Ihr Gespräch mit der britischen Premierministerin Thatcher am Freitag, 10. November 1989 « （211 – 30131 B20 Tc7）。撒切尔夫人建议的半大会晤，见：Diekmann/Reuth 1996，S. 138；Teltschik 1993，S. 20。两本书分别谈到了欧共体国家和政府首脑会晤。与之相反，在上述 1989 年 11 月 13 日的会谈按语中只谈到，"人们"应在计划于 12 月 8 ~ 9 日举行的斯特拉斯堡欧共体峰会以前，就在波恩和伦敦会晤。因为法国此时是欧洲理事会主席，撒切尔夫人提到并在会谈按语中得到复述的地点建议，可以让人猜测到，她想的不如说是一次双边会晤。关于英国政治家的首轮反应，参见：*The Guardian* v. 11. 11. 1989, Parties join Thatcher in welcoming change; Brand 1993; Volle 1990，S. 130ff. ; Mayer 1994。撒切尔夫人的第一批评论，见其 1989 年 11 月 10 日在英国广播公司（BBC）的访谈。关于塞特斯与三位

大使的会晤，见 1989 年 11 月 13 日"德国统一"工作组组长按语：
Vermerk des Leiters des Arbeitsstabs Deutschlandpolitik v. 13. 11. 1989,
betr. :»Gespräch von BM Seiters mit den Botschaftern der drei Mächte am
10. 11. 1989, 11. 30 Uhr«（B 137/10310）。会晤参加者是：布瓦德维大使
（法国）、马拉贝大使（英国）和沃尔特斯大使（美国）以及国务秘书
苏德霍夫（外交部）和联邦总理府德国政策工作组组长杜伊斯贝格。塞
特斯向大使们通报了科尔有意中断华沙访问，计划参加柏林的群众集
会、11 月 11 日的内阁特别会议和已安排就绪的科尔与四大国国家和政
府领导人的通话。此外，他宣布将在 11 月 13 日的星期一和苏联驻波恩
大使克维钦斯基会晤。在塞特斯的请求下，三位大使表示准备核实盟军
参与移民安置和膳食的工作。

4. 与布什通话的表述基于以下按语：Vermerk GL 21 v. 13. 11. 1989,
betr. :»Telefongespräch des Herrn Bundeskanzlers mit dem amerikanischen
Präsidenten George Bush am Freitag, 10. November 1989«（GL 21 – 30100
（56）-Ge 28, Bd. 79）。经过了大量缩减的总结，见：Diekmann/Reuth
1996, S. 138；Teltschik 1993, S. 22。在通话经过的记录中，包含有
"左派的乌合之众"和"难以置信的良好气氛"等措辞，不过，该记录
并没有强调是逐字逐句地引用总理的话。

5. 从美国视角进行的描述（Zelikow/Rice 1997, S. 157ff.），以美国政府有
关档案为基础。对布什不是特别热情的公开反应的生动描述，见
Fitzwater 1995, S. 260ff. 。1989 年 11 月 15 日与布什的访谈内容，刊登
于联邦新闻与信息局（Presse- und Informationsamt der Bundesregierung,
1991c, Bd. 15, S. 614f. ）。关于布什说的话"我不会在柏林墙上舞蹈"，
比较 Beschloss/Talbot 1993, S. 178。布什从 1989 年春天起对德国问题立
场的发展，见：Zelikow/Rice 1997, S. 104ff. ；Pond 1993, S. 153f. ；以
及布什的亲信罗伯特·盖茨的形象描述（Gates 1996, S. 483ff. ）。对于
美国政府 1989 年春天起步阶段的困难直至采取攻势支持德国统一的发
展，波特菲尔德（Bortfeldt 1993, S. 34ff. ）提出了简短的看法。

6. 布什在 1998 年 2 月 20 日的访谈中强调，回首过去，他仍然认为城墙开
放之时是整个统一进程中最危急的时刻。例如，迈克尔·扬（Michael
Young）在 1994 年 11 月 7 日的访谈中强调，在公开克制的背后，掩盖
着具体的考虑。柏林墙倒塌几天以后，美国国务院的这位法律顾问就从

贝克的同事金米特那里得到一项任务，在短时间内起草德国统一的法律专题报告。

7. 在 1989 年 11 月 13 日二司司长给联邦总理的按语中，记录了这次商谈，见 Vermerk AL 2 i. V. an den Bundeskanzler v. 13. 11. 1989，betr. :» Ihr Telefongespräch mit dem französischen Staatspräsidenten Mitterrand am Samstag，11. November 1989 «（21 – 30131 – F2 Te 6，Bd. 2）。另参见 Teltschik 1993，S. 27。密特朗对柏林墙倒塌的直接反应，见 Attali 1995，S. 337。关于这次通话的简短总结见 Diekmann/Reuth 1996，S. 138f. 。在这份总结中，与同撒切尔夫人和布什头一天晚上的谈话一样，没有联邦总理开始时就谈到的为波兰提供财政援助一事，但也没有总理访问民主德国的公告，以及向密特朗特别强调的联邦政府不想民主德国局势动荡的意图。与之相反，并非这次谈话书记员的特尔切克却指出，密特朗在谈话中也提到了他计划对民主德国的国事访问，据此，"尽管出现了戏剧性的变化"，总统在"总理本人仍犹豫不决的时候"，还是坚持"与克伦茨会晤"（Teltschik 1993，S. 26）。1989 年 11 月 3 日，密特朗和科尔在波恩的共同新闻发布会的情景以及联邦总理的引文，复述于 Mitterrand 1996，S. 45f. 。

8. 关于《波恩条约》第 6 条第 1 款和第 2 款中所包含的三大国与联邦德国在德国作为整体和柏林事务中的磋商义务，见 Haftendorn 1996。没有得到最终定义的磋商与信息之间的区别：同上，S. 37 und S. 78。

9. 科尔询问有关给波兰提供财政援助一事，这并非是临时的、策略性的突发奇想，而是严肃的重要事务，这一点表现在他 1989 年 11 月 6 日给密特朗的信件中（联邦政府信息）。其中，科尔用将近 4 页的篇幅详细描写了与他华沙访问相关的、计划给波兰提供经济和财政援助以及给匈牙利提供援助的情况；为波兰提供经济援助，也在 1989 年 10 月 23 日他与美国总统布什通话的议事内容中。见按语：Vermerk Walter Neuer v. 23. 10. 1989，betr. :» Telefongespräch des Bundeskanzlers mit Präsident Bush am 23. Oktober 1989 um 14. 00 Uhr «（21 – 301 00（56）– Gr 28（vs））。

10. 关于内阁会议，见 1995 年 8 月 25 日与梅尔特斯的访谈。科尔和克伦茨通话的总结性记录，见按语：Vermerk des Abteilungsleiters 2 v. 13. 11. 1989 über das »Telefongespräch des Herrn Bundeskanzlers mit dem

DDR-Staatsratsvorsitzenden Egon Krenz am 11. November 1989, 10. 10 bis 10. 25 Uhr« (21 – 301 00 (56) – Ge28 (VS) sowie 212 – 35400 De 39, Bd. 1)。民主德国方面的发言记录，刊登于 Potthoff 1995, S. 989ff. 。对这次通话的概述，见：Diekmann/Reuth 1996, S. 139ff.；Teltschik 1993, S. 27；Krenz 1992, S. 142f.；Krenz 1990, S. 186f. 。

11. 与戈尔巴乔夫的通话记录，见按语：Vermerk von Walter Neuer v. 11. 11. 1989, betr. :»Telefongespräch des BK mit Präsident Gorbatschow am Samstag, dem 11. November 1989 «。苏联给民主德国提供的关于《米哈伊尔·戈尔巴乔夫和科尔通话内容的信息》(»Information über den Inhalt des Telefongesprächs zwischen Michail Gorbatschow und Helmut Kohl«)，见联邦档案馆民主德国党派与群众组织档案基金会中 1989 年 11 月 14 日统一社会党政治局会议框架内的文件：SAPMO DY 30/J IV 2/2A/3258H。详细的通话总结，见：Diekmann/Reuth 1996, S. 141ff.；Teltschik 1993, S. 27f.；Gorbatschow 1995a, S. 713。戈尔巴乔夫从 1989 年 6 月访问德国到柏林墙倒塌期间的各次通话、戈尔巴乔夫 1989 年 10 月 20 日给科尔的口头信息等，都是两位政治家在柏林墙倒塌以前的沟通。在这则口头信息中，戈尔巴乔夫告诉总理他对克伦茨当选统一社会党中央委员会总书记的评估，并提醒科尔记得自己 1989 年 10 月 11 日的保证，即绝对没有令民主德国局势动荡的兴趣。Siehe dazu »Wortlaut der Weisung an den Botschafter der UdSSR in Bonn « v. 20. 10. 1989 (SAPMO DY 30/IV 2/2. 039/319) Sourie den Vermerk von Walter Neuer v. 11. 10. 1989, betr. :» Telefongespräch des Bundeskanzlers mit Präsident Gorbatschow am Mittwoch, 11. Oktober 1989« (21 – 301 00 (56) – Ge 28 (VS))。

12. 常设代表处对边界开放的评估，来自 Nr. 2539 der StäV v. 11. 11. 1989 (B 137/15797)。美国国务卿对危险的评估，见 Baker 1996, S. 155。苏联对"极端的形势"的描写，见:» Mündliche Botschaft Michail Gorbatschows an Präsident François Mitterrand, Premierminister Margaret Thatcher and Präsident George Bush«; in den Unterlagen der Sitzung des SED-Politbüros v. 14. 11. 1989 (SAPMO DY 30/J IV 2/2A/3258) Sowie ein Protokoll mit dem » Inhalt des Telefongesprächs zwischen Eduard Schewardnadse and Hans-Dietrich Genscher «v. 11. 11. 1989 (SAPMO DY

30/J IV 2/2A/3258）。

13. 根舍简短地提到过通话（Genscher 1995，S. 661ff.）；贝克详细复述了与根舍的通话（Baker 1996，S. 156f.）；另见与谢瓦尔德纳泽的谈话（Auswärtiges Amt 1995，S. 622ff.）。贝克描述过华盛顿那些承担责任的政要和官员对国际局势的感知以及对第一轮步骤的协调（Baker 1996，S. 155ff.；Zelikow/Rice 1997，S. 154ff.）。戈尔巴乔夫给三大国国家和政府首脑的口头消息，见1989年11月14日统一社会党政治局会议文件:» Mündliche Botschaft Michail Gorbatschows an Präsident François Mitterrand，Premierminister Margaret Thatcher und Präsident George Bush«（SAPMO DY 30/J IV 2/2A/3258）。同样，谢瓦尔德纳泽和根舍1989年11月11日通话内容的记录，见1989年11月14日统一社会党政治局会议文件:»Inhalt des Telefongesprächs zwischen Eduard Schewardnadse and Hans-Dietrich Genscher«（SAPMO DY 30/J IV 2/2A/3258）。通过斯考克罗夫特向波恩转达的戈尔巴乔夫的消息，见Teltschik 1993，S. 23。关于考虑召开四大国会议，参见：*Frankfurter Allgemeine Zeitung* v. 15. 11. 1989，Kein Bedarf für eine Viermächte-Konferenz；*Die Welt* v. 14. 11. 1989，Auch die SPD- Führung hält Konferenz der Vier Mächte für verfrüht；*Frankfurter Rundschau* v. 15. 11. 1989，Ruf nach Wiederbelebung；*Frankfurter Allgemeine Zeitung* v. 14. 11. 1989，Lambsdorff: Viermächtekonferenz nur mit Einbeziehung der Deutschen。关于波恩的"四方小组"是盟军保留权的工具，参见Haftendorn 1996。

14. 根据1954年10月23日《波恩条约》中的磋商义务，四方小组是联邦政府和西方三大盟军之间的协商和信息委员会。详情比较Korte 1998，S. 57。

15. 联邦德国对联盟的忠诚以及与西方结盟的稳固，在关于四大国对德国政策的阐述结尾之处，有着较为详细的描述。引用的科尔和布什的通话，见：Walter Neuer v. 23. 10. 1989，betr. :» Telefongespräch des Bundeskanzlers mit Präsident Bush am 23. Oktober 1989 um 14. 00 Uhr«（21 – 301 00（56）– Ge 28（VS））；Diekmann/Reuth 1996，S. 104f.（摘录）。关于联邦德国外长眼中的1989~1990年西方联盟冲突形势的详细描述，见Genscher 1995，S. 581ff.。

16. 对德国法律地位的比较，尤其见：Michael Schweitzer，Die Verträge

Deutschlands mit den Siegermächten, in Isensee/Kirchhof 1995, S. 199ff. ; Eckart Klein, Deutschlands Rechtslage, in Weidenfeld/Korte 1996, S. 216ff. 。关于有限主权，尤其见：Brand 1993, bes. S. 51ff. ; Dieter Schräder, Souveränität, in Weidenfeld/Korte 1992, S. 600ff. 。关于柏林，尤其见：Rupert Scholz, Der Status Berlins, in Isensee/Kirchhof 1987, § 9；Wetzlaugk 1988；Langguth 1990a；Christian Matern, Berlin. Status und Politik, in Weidenfeld/Korte 1992, S. 27ff. ; Manuel Fröhlich, Berlin, in Weidenfeld/Korte 1996, S. 42ff. 。关于边界问题，尤其比较 Dieter Blumenwitz, Oder-Neiße-Linie, in Weidenfeld/Korte 1996, S. 515ff. 。

17. 关于这些规则，见：Protokoll über die Besatzungszonen in Deutschland und die Verwaltung von Groβ – Berlin（Londoner Protokoll）v. 12. 9. 1944, in Bayerische Landeszentrale für politische Bildungsarbeit 1996, S. 59f. ; Abkommen über Kotrolleinrichtungen in Deutschland – Londoner Erklärung der Alliierten v. 14. 11. 1944, in Bayerische Landeszentrale für politische Bildungsarbeit 1996, S. 61f. ; Abkommen zwischen den Regierungen Groβbritanniens, Frankreichs, der Vereinigten Staaten und der Sowjetunion über die Ergänzung des Protokolls v. 12. 9. 1944 über die Besatzungszonen in Deutschland und die Verwaltung von Groβ – Berlin v. 26. 7. 1945, in Forschungsinstitut der Deutschen Gesellschaft für Auswärtige Politik, 1967, S. 16f. ; Erklärung in Anbetracht der Niederlage Deutschlands und der Übernahme der obersten Regierungsgewalt hinsichtlich Deutschlands durch die Regierungen des Vereinigten Königreichs, der Vereinigten Staaten von Amerika und der Union der Sozialistischen Sowjetrepubliken und durch die Provisorische Regierung der Französischen Republik（Berliner Erklärung）v. 5. 6. 1945, in Bayerische Landeszentrale für politische Bildungsarbeit 1996, S. 66ff. ; Erklärung der Regierung der UdSSR über die Gewährung der Souveränität an die Deutsche Demokratische Republik v. 25. 3. 1954, in Bayerische Landeszentrale für politische Bildungsarbeit 1996, S. 89f. ; Deutschlandvertrag – Vertrag über die Beziehungen zwischen der Bundesrepublik Deutschland und den drei Mächten v. 26. 5. 1952（Fassung v. 23. 10. 1954）, in Bundesministerium für Gesamtdeutsche Fragen, 1961, S. 86ff. ; Viermächte – Abkommen（mit den Anlagen I, II, III und IV）

v. 3. 9. 1971, in Bundesminiterium für innerdeutsche Beziehungen1980, S. 158ff. ; 1972 年 11 月 9 日，法、英、苏、美借联邦德国和民主德国申请加入联合国之际而作出的涉及四大国权利与责任的共同声明（Bayerische Landeszentrale für politische Bildungsarbeit 1996，S. 138）。

18. Oeser 1990，S. 429. 联邦德国和民主德国政府从未支配过四大国权利的继续存在。无论是签署《莫斯科条约》还是缔结《华沙条约》，联邦德国政府都通过给三大国的照会而继续保证了盟国权利毫无保留的有效性。在两德借加入联合国之际而于 1972 年 11 月 9 日发表的共同声明中，盟国也强调自己在这方面的责任。关于保留权对联邦德国政策的作用，比较 Haftendorn/Riecke 1996。

19. 关于美国外交政策的两大中心元素，即道德/使命思想与国家利益，参见 Gerald R. Kleinfeld am 10. 11. 1989 anläßlich des Kolloquiums» Vierzig Jahre Deutschland-Politik im internationalen Kräftefeld «in Fischer 1989, S. 66ff. 。1989 ~ 1990 年，布什的外交顾问布莱克威尔称，华盛顿和波恩政府的利益一致是共同努力取得成果的中心要素（1994 年 10 月 24 日与布莱克威尔的访谈）。另外，1989 年初，美国对德政策的重新定义，尤其是"美国利益政治固有思想的一部分"，见 Kiessler/Elbe 1993，S. 19。关于里根的呼吁和 1987 年 6 月 12 日的柏林倡议，见 Bortfeldt 1993，S. 12。美国驻西柏林特使约翰·科恩布鲁姆（John Kornblum）要求索回作者权，认为自己是里根呼吁的原作者，科恩布鲁姆在 1994 年 11 月 3 日的访谈中重复了这一要求。以下描述则不同，里根演讲稿原起草者罗宾逊（Robinson）要求作者权利，见 *Die Zeit* v. 13. 6. 1997, Mauerschau；ebenso Zelikow/Rice 1997，S. 515f.，Fn. 52。

20. 根舍从自己的角度谈到有关"反对短程核武器现代化的斗争"以及执政联盟内部的相关争论（S. 603ff.），关于他的看法，见 Genscher 1995，S. 581ff. 。贝克（Baker 1996，S. 85ff.）提供了对德英在短程核武器现代化方面立场差异的很好总结、对科尔和根舍的评估、对调解冲突的评估，其中也能发现科尔对基民盟/基社盟与自民党分裂的警告（S. 87）以及没有提供原始出处的德雷格尔的话"……德国人死得越多"。在 1996 年 4 月 23 日的访谈中，贝克将短程核武器讨论称为德美 1989 ~ 1990 年关系中最危急的阶段。科尔在并未详细论述过的 80 年代末的一次峰会中对短程导弹问题发表的声明，见 Diekmann/Reuth

1996，S. 341f. 。科尔 1989 年 4 月 27 日的政府声明，摘录于联邦德国外交部 1995 年文件（Auswärtiges Amt 1995，S. 584ff.）。关于根舍和保守的德雷格尔之间的"自相矛盾的联盟"，见 Kiessler/Elbe 1993，S. 23。关于短程核武器争执与同时进行的削减欧洲常规武装力量谈判，以及修改基民盟/基社盟与自民党执政联盟协议之间的关系，见 Zellner，1994，S. 136ff.，作者从布什的倡议中看到"进退两难的双重道路中的出路"。波特菲尔德（Bortfeldt 1993，S. 19）断言，这一出路同时也是撒切尔夫人的失败。贝克在 1996 年 4 月 23 日的访谈中也强调，意见一致地解决有关现代化问题的争论对德美关系具有的意义。

21. 美国对德国是否忠诚于联盟的怀疑，参见：*New York Times* v. 1. 2. 1989, As the Eastern Front Softens, a New Skepticism About Bonn; *Wall Street Journal* v. 31. 1. 1989, Germany Adrift。对"根舍主义"的定义，见：Kiessler/Elbe 1993，S. 16f.；Knappe 1996，S. 33f. 。后者的文章基于 1989 年 1 月 7 日的《华尔街日报》，其中认为"根舍主义"是"帮助苏联却忽视了苏联仍然构成重大军事威胁的天真行动"。"戈尔巴乔夫狂热"和"根舍主义"，也见 Risse-Kappen 1994，S. 249f. 。关于贝克认为"偏离航线"的看法，见：Baker 1996，S. 89；1996 年 4 月 23 日与贝克的访谈。贝克的紧密顾问佐利克在 1994 年 11 月 2 日的访谈中，也特别强调根舍的积极评判，它与里根政府的判断相反，直到 1989~1990 年，美国政府对根舍都不怎么信任。

22. 80 年代末美国对德政策的新导向以及对德国和东欧中心政治目标的基本情况，见：Zelikow/Rice 1997，S. 53ff.；Pond 1993，S. 33ff.（Kapitel 4»Nuclear Angst and Reassurance«）；Blackwill 1994。另参见 Bortfeldt，S. 3ff.；相关文章见 Friedrich 1991。关于布什政府缓慢熟悉外交事务以及对此情况的批评，见：Bortfeldt 1993，S. 34ff.；Zelikow/Rice 1997，S. 49。布什 1989 年 5 月 31 日的美因茨演讲（缩减）刊登于 Europa Archiv，Nr. 12/1989，S. D356ff.；详细内容以及对不同文本和相关反应的说明，见 Zelikow/Rice 1997，S. 62f. 。

23. 关于美国国家安全委员会与国务院之间内部协商和讨论机制的描述，见 Zelikow/Rice 1997，S. 59ff. 。关于布什行动的动机，另见：Szabo 1992，S. 13；Knappe 1996，S. 35。1993 年 12 月 12 日与布莱克威尔的访谈、1993 年 12 月 17 日与佐利克的访谈、1994 年 11 月 3 日与斯考克罗夫特的访谈、1993 年 12 月 15 日与泽利科夫的访谈，也都指出了国家安全委员会与国务院起初不同的行为方式。布什本人在 1998 年 2 月 20 日的访谈中也说，他在 1989 年 11 月感觉到可能统一，但他认为直至最终统一的时间要比后来的实际情况长得多。塞茨在 1997 年 6 月 2 日的访谈中，谈到 1989 年 9 月在纽约联合国全体大会间隙四国政治司长的会晤（美、英、法、联邦德国），其中首次详细讨论了统一的可能性，不过，德国政治司长卡斯特鲁普没有对该议题发表意见。

24. 关于美国与民主德国的关系，参见：Hamilton 1991；Gaida 1989；Bortfeldt 1993，S. 20ff. 。引文 "不同寻常的气息"，见 Bernard von Plate。外交政策和民主德国的国际挂钩，见 Weidenfeld/Zimmermann 1989，S. 589ff.，hier S. 600。美国对民主德国政权的评价，见 Kuppe 1988b。贝克也在 1996 年 4 月 23 日的访谈中强调，提升民主德国的价值，这一追求是没有必要的。蒂姆（Timm 1996）用广泛的文献资料研究了犹太人对民主德国所提补偿要求的问题。

25. 布什在 1989 年 5 月 16 日《华盛顿时报》的访谈中描述了影响颇大的 1983 年 6 月科尔与布什会晤中的逸闻趣事（*Washington Times* v. 16. 5. 1989，Bush » Would Love « Reunited Germany，ist auszugsweise wiedergegeben in Zelikow/Rice 1997，S. 59）。金米特在 1994 年 11 月 4 日的访谈中也强调科尔与布什的良好关系。关于根舍与贝克关系的改善，见：Kiessler/Elbe 1993，S. 16ff.，bes. S. 18；1993 年 12 月 15 日与布莱克威尔的访谈。布什本人对欧洲和德国的评估，见 Zelikow/Rice 1997，S. 58f. 。关于布什心中的德国形象，另见 Pond 1993，S. 162。

26. 联邦总理与美国总统的通话，记录于按语中：Vermerk v. 23. 10. 1989，betr.：» Telefongespräch des Bundeskanzlers mit Präsident Bush am 23. Oktober 1989 um 14. 00 Uhr«（21 – 30100（56）– Ge28（VS））und teilweise Wiedergegeben in Diekmann/Reuth 1996，S. 104f. 。科尔所希望的布什支持的信号出现在报纸访谈中（*New York Times* v. 25. 10. 1989，Possibility of a Reunified Germany Is No Cause for Alarm，Bush Says）。总理府的猜测（见按语：Vermerk AL 2，VLR Dr. Westdickenberg，an den Bundeskanzler v. 24. 10. 1989，betr.：»Reden von US-Außenminister Baker zum Verhältnis US-SU aber auch zur deutschen Frage«，其中已预先通知布什的访谈）得到特别确认（Zelikow/Rice 1997，S. 143）。美国眼中的

1989 年 10 月底各种事件的内部背景以及 1989 年 10 月 23 日科尔与布什的通话，见 Zelikow/Rice 1997，S. 142f.。关于金米特与当时的欧共体"三驾马车"（法国、爱尔兰和西班牙）外交部政治司长的晚餐，见：1994 年 11 月 4 日与金米特的访谈；Kiessler/ Elbe 1993，S. 57。

27. 波恩对贝克演讲以及美国其他看法的评估，见按语：Vermerk AL 2，VLR Dr. Westdickenberg，an den Bundeskanzler v. 24. 10. 1989，betr. :» Reden von US-Außenminister Baker zum Verhältnis US-SU，aber auch zur deutschen Frage«。贝克（Baker 1996，S. 154）对其 1989 年 10 月 17 日原则讲话进行了描述。要白宫避免使用"重新统一"这个概念的各种呼吁，见 1996 年 4 月 23 日与贝克的访谈，根据他的说法，国家安全委员会对该问题"非常焦虑"。1989 年 10 月华盛顿不同评估的基本情况，见 Zelikow/Rice 1997，S. 142f.。当 1989 年 12 月初"统一"这一选择变得越来越有可能、承认波兰边界的讨论日益激烈的时候，美国国务院顾及波兰，只采用"统一"而非"重新统一"的概念（1997 年 6 月 2 日与塞茨的访谈）。对 1989 年秋美国立场的评估的概貌，另见 *Frankfurter Allgemeine Zeitung* v. 12. 12. 1989，Washington：Vier Prinzipien aufgestellt。

28. 尽管从里根换成布什以及相关认识产生变化，但对外政治经验丰富的保守政府对顺利的转变过程作出了决定性的贡献，大量访谈对象指出了这一情况。他们也强调，与较早的外交决策程序相比，总体上，国家安全委员会与国务院之间只有较小的摩擦，参见：1994 年 10 月 24 日与布莱克威尔的访谈、1994 年 10 月 31 日与赖斯的访谈、1994 年 11 月 2 日与佐利克的访谈、1994 年 11 月 4 日与金米特的访谈、1994 年 11 月 7 日与多宾斯的访谈、1993 年 12 月 16 日与鲍曼·米勒（Bowman Miller）的访谈。

29. 关于布什的工作风格、外交顾问和决策，见：David 1996，bes. S. 200；1994 年 10 月 24 日与布莱克威尔的访谈。关于布什和里根的同事，以及白宫和国务院之间常见的差异或者里根时代的国家安全委员会的内部情况，主要见：Baker 1996，S. 33ff.，bes. S. 39；Blackwill 1994，S. 224。国务卿贝克的自我描述，见：Baker 1996，S. 43；Zelikow/ Rice 1997，S. 50。布什的德国政策重要工作组的人事组成，见 Zelikow/Rice 1997，S. 50ff.，该书作者泽利科夫和赖斯也指出，在德国统一进程中，本就很小的顾问圈会变得更小（S. 51）。

30. 此外，布莱克威尔还担任总统特别顾问。1985～1987 年，他是美国驻联合国大使、北约和华约之间有关削减欧洲常规武装力量一事的美国代表团团长。赖斯为了参与国家安全委员会的工作而离开了她在斯坦福大学政治教授的职位。1989～1991 年，泽利科夫在国家安全委员会负责欧洲安全问题。关于国家安全委员会重要工作人员简短的职业生涯和形象的特征描写，见以下著作中的导论：Beschloss/Talbott 1993。对布什和贝克外交团队的评估，尤其比较：Szabo 1992，S. 22f. ；David 1996；Pond 1993，S. 165ff. 。

31. 尤其参见 Baker 1996，S. 40ff. 。关于国务卿的工作风格，比较 1994 年 11 月 4 日与金米特的访谈，他尤其强调了两个问题：贝克要他的同事们尽量自己作出决策；同时，他在任职之初就要求在与外国政要的所有会晤中，他都要是准备得最充分的谈判伙伴。在"2 + 4"谈判开始以后，佐利克也领导国务院举行的 10～14 天相关的所有准备会议和战略会议，为了不干扰正常的工作，这些会议大部分在晚上才举行（1993 年 12 月 16 日与米勒的访谈）。

32. 关于美国新闻报道的详细调查，见"德国统一史"研究项目中产生的著作：Knappe 1996。关于新闻报道的倾向：同上，S. 104ff. und S. 179ff. 。对布什的批评、其政策以及"不幸的电视亮相"：同上，S. 113ff. 。关于新闻报道的规模：同上，S. 86ff. 。其他概貌性的描述，见：Glaeßner 1989；Handhardt 1991；Lehmann 1996，hier S. 42ff. 。美国媒体关于德国对联盟忠诚的批评之音，参见：*New York Times* v. 1. 2. 1989，As the Eastern Front Softens, a New Skepticism About Bonn；*Wall Street Journal* v. 31. 1. 1989，Germany Adrift。补充比较：Pond 1990；Bergsdorf 1990。

33. 关于公众舆论，尤其见 Knappe 1996，S. 159ff. ，该书作者也详细研究了统一立场的发展情况。关于 1989 年 11 月 9 日的民意调查结果：同上，S. 1f64。其他分析与数字，比较：Haltzel 1990；Lehmann 1996，S. 37ff. ；Gibowski/Smetko 1991。关于美国的犹太人和波兰人团体的立场，见：Knappe 1996，S. 73ff. ；Haltzel 1990，S. 127f. 。柏林墙倒塌以前，人们对统一赞同程度的矛盾说法，见：Bortfeldt 1993，S. 72（该书作者也认为人们高度接受统一）；Wolfssohn, 1993，S. 145f. （该书作者发现，在柏林墙开放前夕，公众对统一的赞同处于最低点）。

34. 比较 Knappe 1996，S. 115。关于伊格尔伯格和基辛格的意见，见：*Der Spiegel v.* 27. 11. 1989，»Wiedervereinigung unausweichlich«；*Bonn Express* v. 16. 11. 1989，Kissinger：Deutsche Einheit bis 1993。基辛格与新政府的关系概述，见 Zelikow/Rice 1997，S. 57。关于 1989 年 11 月 13 日他与布什和贝克的晚餐，见 Baker 1996，S. 158。评论性的总结，见：*Neue Zürcher Zeitung v.* 29. 11. 1989，Amerikanische Stimmen zur » deutschen Frage«；*Westdeutsche Allgemeine Zeitung v.* 17. 11. 1989，Wiedervereinigung erscheint in den USA als unvermeidlich，mit Stimmen überwiegend aus dem akademischen Bereich。

35. 关于布什要求"审慎的演变"，见 Baker 1996，S. 158。

36. 尤其比较以下资料翔实的调查研究：Adomeit 1997a（bes. S. 191ff.），1997b；Meissner 1995a-b；Geyr 1993。关于 20 世纪俄罗斯/苏联德国政策的不同阶段，另见 Pfeiler 1990a-b。关于戈尔巴乔夫推动的改革全貌——从开始直至苏联瓦解，见 Simon/Simon 1993。

37. 比较：Gorbatschow/Sagladin/Tschernajew 1997，S. 39ff.；Tschernajew 1993a，bes. S. 44f.。此外，关于"新思维"的基本要素，见 Adomeit 1997a，S. 193ff. und 1997b，S. 346。阿德梅特（Adomeit，vgl. 1997b，S. 333）令人信服地指出，至少在戈尔巴乔夫的外交政策中，人们经常宣称的笨拙、草率和意外并非决定性的要素，"很大程度的坚定构思和灵活策略"影响着发展。关于戈尔巴乔夫外交政策的基本特征，比较：Meissner 1995a，S. 181ff.；Meissner 1995b；Wettig 1993b。1989 年，特尔切克谈到了联邦德国对变化的感受。关于起初将注意力集中在美国，另见：Garton Ash 1993，S. 157；Adomeit 1997a，S. 252ff.。

38. 在 1997 年 10 月 29 日的访谈中，切尔纳耶夫对此加以驳斥，他认为，对莫斯科领导层来说，联邦德国绝非没有美国那么重要。

39. 参见：Korte 1998，S. 324f.；Adomeit 1997b，S. 344ff.。关于"选择自由"构想的详细描述，另见：Biermann 1996，S. 87ff.；Meissner 1995a。关于拆除中程核导弹的《中导条约》，比较 Gasteyger 1994，S. 390ff.。

40. 然而，内梅特在其他场合保证，正是在内部事务方面的"选择自由"中，也就是在涉及允许 1989 年夏末大使馆门前的东德逃亡者离开匈牙利一事上，不会在乎（对外政策中的）联盟义务。在 1997 年 6 月 5 日的访谈中，内梅特解释道，对他来说，1989 年春天与戈尔巴乔夫有过一次关键性的谈话，其中涉及允许匈牙利实行多党制，确切地说是自由选举。在此情境下，他对总书记提出了一个爆炸性的问题，即苏联对反对派可能获得选举胜利会有何反应，是否可能出现1956年那样的暴力入侵？内梅特的担忧是，80年代末在匈牙利毕竟驻扎有大约10万苏军。戈尔巴乔夫对总理保证，只要他在任，这种情况就不会发生。内梅特回顾说，从此刻起，他意识到，一方面他可以信赖戈尔巴乔夫；另一方面，如果没有苏联的支持，华约内部的强硬派就不能单独采取行动反对匈牙利。在此背景下，在没有莫斯科再保证的情况下，1989年夏，他决定让坚持等待在布达佩斯大使馆前的民主德国逃亡者出境，因而没有理睬现有的联盟义务。

41. Vgl. dazu auch Biermann 1997, S. 85 ff.; Teltschik 1989; Weidenfeld 1990c.

42. Vgl. zum folgenden Oldenburg 1992; Hatschikjan/Pfeiler 1989; Biermann 1997, S. 100 ff.; Teltschik 1989, S. 217 ff.

43. 比较：Genscher 1995, S. 527; Adomeit 1997a, S. 266。根舍在达沃斯世界经济论坛的演讲摘录，见 Auswärtiges Amt 1995, S. 541 ff.。

44. 见：Biermann 1997, S. 100; Gorbatschow 1995a, S. 262。不过，这次会晤只是在葬礼期间举行的大量会晤之一。戈尔巴乔夫（Gorbatschow 1995a, S. 637）和科尔（Diekmann/Reuth 1996, S. 39）两人很可能因此而将1988年10月的会面称为第一次个人会晤。

45. 比较：Korte 1998, S. 439; Adomeit 1997a, S. 259 ff.; Biermann 1997, S. 101 f.; Ackerrnann 1994, S. 265; Genscher 1995, S. 517 ff.。其中，根舍谈到苏联方面的反应。不过，苏联外长谢瓦尔德纳泽对根舍表示，所有的恼怒都"只是整容式的步骤"。切尔纳耶夫谈到，在这次访谈以后，戈尔巴乔夫首先推动与英、意、美的沟通，以"给那些德国人一个教训"（Tschernajew 1993a, S. 228）。

46. 见：Korte 1998, S. 439 f.; Biermann 1997, S. 101 f.。戈尔巴乔夫对这一处理办法的声明，见：Kuhn 1993, S. 35; Gorbatschow 1995a, S. 703 ff.。

47. 不过，这次访问没有带来关系的突破（Adomeit 1997a, S. 264 ff.）；根舍的评价比较积极（Genscher 1995, S. 543 f.）。当魏茨泽克谈到德国问题时，戈尔巴乔夫声明，历史将作出决定，今天尚无人能够说出100年以后的情况将如何。

48. 在 1997 年 10 月 28 日的访谈中，史特潘诺夫谈到，在此之前科尔反复大力游说戈尔巴乔夫访问波恩。例如，1988 年他就对谢瓦尔德纳泽特别强调，"我们将是支持您的力量！"并展望长期合作的新品质。

49. 对于突破的评价，尤其见：Tschernajew 1993a，S. 228f. ；das Zitat bei Gorbatschow 1995a，S. 705。阿德梅特（Adomeit 1997a，S. 241）指出，自 1986 年以来，"篇章"这一隐喻反复出现，而实际上起初并没有写到德苏关系的新篇章。另比较：Biermann 1997，S. 103；Teltschik 1989；Korte 1998，S. 440ff. 。

50. 例如，塔拉申科 1997 年 10 月 27 日的访谈。另比较 Biermann 1997，S. 134，根据该书作者的看法，科尔首先想等到戈尔巴乔夫访问联邦德国以后再说。

51. 关于良好的准备过程，另见按语：Vermerk Referat 212（Westdickenberg）v. 5. 5. 1989，betr. :» Deutsch-sowjetischer Besuchsaustausch auf höchster politischer Ebene；hier：Ressortbesprechung am 25. April 1989，15. 00 – 17. 00 Uhr«（213 – 30105 S25 Sol6，Bd. 2）。在这次商谈中，大部分职能部门的代表表扬了这些良好的会谈过程。特尔切克提到了与萨格拉金的会谈，在会谈中，总统的这位顾问再次陈述了苏联方面对访问的高度期待。围绕有关将西柏林纳入进来的讨论，苏联政府内部也产生了摩擦，因为谢瓦尔德纳泽外长及其最紧密的顾问越来越不理解苏联外交部第三西欧司外交官们所代表的封锁立场。在 1997 年 10 月 27 日的访谈中，塔拉申科也抱有上述看法。详细的描述，另见：Biermann 1997，S. 128ff. ；Pfeiler 1991b，bes. S. 122ff. 。两位主要当事人的描述，见：Gorbatschow 1995a，S. 706ff. ；Diekmann/Reuth 1996，S. 39ff. 。

52. 刊登于 Bulletin Nr. 61 v. 15. 6. 1989，S. 542ff. 。在卡斯特鲁普和伯恩达伦科的领导下，议定了这份文件。相关阐释，另见 Biermann 1997，S. 134ff. 。在德国看来，戈尔巴乔夫在声明中明确强调美国和加拿大在"欧洲共同家园"中拥有一席之地，这是特别重要的。

53. 比较戈尔巴乔夫在两个代表团的会谈中发表的积极意见，复述于：Vermerk Referatsleiter 212（Kaestner）v. 14. 6. 1989，betr. :» Staatsbesuch Generalsekretär Gorbatschow（12. – 15. Juni 1989）；hier：Delegationsgespräch des Herrn Bundeskanzlers mit Generalsekretär Gorbatschow. Bonn，Juni 1989，11. 40 Uhr-13. 15 Uhr«（213 – 30105 S25，Bd. 3，mit Kohls Zustimmung auf

dem Anschreiben, den Vermerk an die Minister Haussmann and Genscher weiterzuleiten. Kohl and Gorbatschow waren nach ihrem Vier-Augen-Gespräch gegen 12. 40 Uhr zu den Delegationen gestoßen）；Adomeit 1997a, S. 396E；Matlock S. 152；Gorbatschow 1995a, S. 706ff. 。根据媒体有关德国人的"戈尔巴乔夫热"和西德批评之声的报道，对戈尔巴乔夫的欢呼也显示了联邦德国脱离西方的危险（Biermann 1997, S. 135）。科尔此前也意识到了这一危险。他在 1989 年 5 月的预备性会谈中已对谢瓦尔德纳泽说过，共同声明必须指向未来，但不能导致双方任何一方或者各盟友的不信任。比较按语：Vermerk Neuer v. 16. 5. 1989, betr. ：»Gespräch des Bundeskanzlers mit dem sowjetischen Außenminister Schewardnadse am Freitag, dem 12. Mai 1989 von 16. 00 bis 17. 00 Uhr« （213 – 30105 S25 So 16）。戈尔巴乔夫访问联邦德国以后，科尔亲自打电话向最重要的西方盟友布什、密特朗和撒切尔夫人通报了访问过程。此外，外长根舍前往华盛顿向美国政府通报情况。科尔在其对戈尔巴乔夫访问的最后公开声明中指出，不存在德国的单独行动或苏联试图撼动波恩对联盟的忠诚，比较 Biermann 1997, S. 135。

54. 关于这些会面，见：AL 2 v. 13. 6. 1989,»Vermerk über das Gespräch des Herrn Bundeskanzlers mit dem Generalsekretär des Zentralkomitees der Kommunistischen Partei der Sowjetunion, Vorsitzenden des Obersten Sowjets der Union der Sozialistischen Sowjetrepubliken, Michail S. Gorbatschow, am 12. Juni 1989, 15. 15 Uhr bis 16. 30 Uhr im Bundeskanzleramt« （21 – 30130 S 25 – De 2/4/89）；AL v. 16. 6. 1989,»Vermerk über das Gespräch des Herrn Bundeskanzlers mit dem Generalsekretär des Zentralkomitees der Kommunistischen Partei der Sowjetunion, Vorsitzenden des Obersten Sowjets der Union der Sozialistischen Sowjetrepubliken, Michail S. Gorbatschow, am 13, Juni 1989, 12. 00 Uhr bis 13. 15 Uhr, im Bundeskanzleramt « （21 – 30130 S 25 – De 2/6/89；» Entwurf «；von Kohl auf dem beigefügten Anschreiben mit »Teltschik R « markiert）。在这次会晤中，科尔建议从工作人员中任命个人特派员，这些特派员在私下谈话中应该查明，受到笼统谴责的德国战俘获得公正的可能性。比较：科尔本人的描述和评判见 Diekmann/Reuth 1996, S. 40ff. ；Gorbatschow 1995a, S. 708ff. ，其中戈尔巴乔夫提供了正待处理议题的列表。关于科尔对美国新任总统布什及其

夫人芭芭拉的报告和个人评估，见 Tschernajew 1993a，S. 258。

55. 科尔反复描述事件（Diekmann/Reuth 1996，S. 43ff.）。将莱茵河与德国问题进行比较，以及通过这次会谈"促成了一些变化"的评估，见 Kuhn 1993，S. 32ff.。另比较分析：Biermann 1997，S. 138。

56. 关于 1989 年 7 月 5 日与密特朗在巴黎的共同新闻发布会，比较原文翻译件。总理的工作人员交给他这篇文稿和分析。在有关统一的讨论开始以前，科尔就被不断告知戈尔巴乔夫的重要演讲。比较 Biermann 1997，S. 136ff.。

57. 比较：戈尔巴乔夫的描述见 Gorbatschow 1995a，S. 701；Genscher 1995，S. 543f.。关于魏茨泽克的莫斯科访问和以后发展情况的描述，另见：Adomeit 1997a，S. 264ff.；Biermann 1997，S. 124ff.。

58. 比较有关"莫斯科的新考虑"的详细分析（Biermann 1997，S. 112ff.），作者调查了苏联领导层中不同的德国政策倾向。"奥林匹克式的平和心态"的引文来源于 Falin 1993a，S. 480。

59. 比较：Biermann 1997，S. 106ff.；Adomeit 1997a，S. 220ff.。关于 1989 年夏民主德国的大规模逃亡，另见：Korte 1994，S. 44ff.；Korte 1998，S. 445f.；Biermann 1997，S. 148ff.（该书作者的详细分析也研究了东德内部的政治形势）。

60. 内梅特在 1997 年 6 月 5 日的访谈中如此认为。另比较 Wettig 1994，S. 24f.。

61. 比较：Biermann 1997，S. 179，S. 200ff.；Adomeit 1997a，S，401ff.；1997 年 10 月 29 日与萨格拉金的访谈。关于戈尔巴乔夫犹豫不决是否要前往东柏林，另见 1995 年 5 月 20 日与科切马索夫的访谈。根据科切马索夫的说法，戈尔巴乔夫借苏联大使 1989 年 8 月访问东柏林之际表示同意参加庆祝活动，以便在活动间隙再次向昂纳克和政治局表明进行深刻改革的必要性。总书记谈到了他访问民主德国后增加的不安（Gorbatschow 1995a，S. 711f.）。关于和拉科夫斯基之间小插曲的描述，见 *Frankfurter Allgemeine Zeitung* v. 17. 3. 1998，Die Einheit war eine Sache der Deutschen。另比较各种不同的访谈摘要，见 Kuhn 1993，S. 47ff.。

62. 东德关于戈尔巴乔夫柏林会谈的记录，见 Stephan 1994，S. 240ff. und S. 252ff.。东德政治局委员暗示想换掉昂纳克，见：Adomeit 1997a，S. 413；Biermann 1997，S. 201 und S. 210ff.。在 1995 年 5 月 19 日的访

谈中，马克斯米切夫强烈抨击戈尔巴乔夫从未与民主德国领导层"清楚明确"地谈过话，也没有支持政治局中的改革者。科切马索夫在1995 年 5 月 20 日的访谈中也持类似看法。

63. 见 Biermann 1997，S. 204。在各种不同的情况变化中，戈尔巴乔夫在与昂纳克的谈话中三次使用这一说法，在与政治局的会晤中四次使用这一说法。在此之前，他已提醒过记者们："危险只等待对生活没有反应的人。"

64. 此处以及此后内容，见：Biermann 1997，S. 207ff. und S. 220ff.；Adomeit 1997a，S. 413ff. 。在 1995 年 5 月 20 日的访谈中，科切马索夫也证实了戈尔巴乔夫对撤换昂纳克的克制态度。不过，科切马索夫不愿证实，苏联总书记是否对选择克伦茨而不是莫德罗担任民主德国新强人感到满意。但在 1989 年 10 月底与联邦德国驻东柏林常任代表贝特乐的会晤中，科切马索夫的说法又有不同，他多次说道，克伦茨是最好的人选，并且因为他的改革导向而拥有莫斯科的全部信任〔Telex StäV an ChBK v. 25. 10. 1989（B 137/ 10729）〕。根据外交部的信息，苏联媒体关于克伦茨访问莫斯科时在礼仪方面受到轻视的报道，莫斯科大使已于 1989 年 11 月 2 日向波恩作了详细的通报。苏联方面显然有意识地避免戈尔巴乔夫和克伦茨之间存在着个人关系的印象。民主德国的会谈记录以及引文"战后现实……"，刊登于 Stephan 1994，S. 199ff. 。在此，戈尔巴乔夫也引用了西方三大盟国的立场：没有人想要破坏欧洲的均势。不过，西方在公开演讲中只将过错推诿给苏联（"黑色的彼得"），让苏联承担责任。

65. 此处以及此后细节丰富的描述，见 Hertle 1996；对于苏联参与的总结性分析，见 Biermann 1997，S. 227ff. 。在 1995 年 5 月 20 日的访谈中，科切马索夫大使再次指出，苏联方面仅被告知民主德国零星开放西南边境站的计划。他本人只是在 11 月 8 日深夜才从克伦茨那里得知民主德国动荡不安的国内局势，因此打电话指示苏联西部兵团的斯内特科夫（Snetkow）将军，绝对不要介入示威者与民主德国稽查人员之间可能的争执。在 11 月 9 日将近凌晨 1 点的时候，他得知自己的指示得到了进一步传达。当天下午，他得到消息，在此期间，"来自莫斯科"的同样指令也已到达，直至此时，还没有放弃武力的明确命令。另比较 Adomeit 1997a，S. 435ff. 。

66. 此处以及此后，尤其比较 Biermann 1997，S. 231 ff. 。最重要的参与者戈尔巴乔夫、谢瓦尔德纳泽和切尔纳耶夫在自己的回忆录中没有谈到他们对边界开放消息的直接反应。在 1997 年 10 月 27 日的访谈中，塔拉申科谈到了动用苏联军队关闭边界的内部建议，其背景是不太打算使用武力，而更多是假设可以通过示威性的军队调动而使民主德国群情激昂的形势得以安定。

67. 在 10 月 11 日特别亲切和特别个人的通话中，科尔再次对总书记保证，民主德国的发展失控，这并不符合联邦德国的利益。取而代之的是，民主德国应该同意戈尔巴乔夫的改革路线，人们应该留在自己的家乡。比较按语：Vermerk Neuer v. 11. 10. 1989，betr.：» Telefongespräch des Bundeskanzlers mit Präsident（sic！）Gorbatschow am Mittwoch，dem 11. Oktober 1989 «（21 – 30100（56）– Ge 28（VS）；von Kohl handschriftlich an »Teltschik« weitergeleitet）。关于柏林墙倒塌以后联邦德国和民主德国政府之间的第一次接触，见本书"序幕：柏林墙倒塌"一章。

68. 此后内容，尤其比较对苏联当事人情况的详细调查，见：Biermann 1997，S. 27 ff.；Adomeit 1997a，S. 299 ff.；Karaganov 1992，S. 336 ff. 。1989 年 5 月，戈尔巴乔夫当选苏联最高苏维埃主席，一人身兼多职，担任国家和党的两个最高领导职务。关于他的履历，除了他本人各种不同的出版物，尤其见 Sheehy 1992；另见 Shumaker 1995。

69. 见 Adomeit 1997a，S. 308 f. 。在 1997 年 10 月 29 日的访谈中，切尔纳耶夫也特别强调了这个问题。

70. 在 1997 年 10 月 29 日的访谈中，波图加洛夫称切尔纳耶夫是通往戈尔巴乔夫的"重要控制通道"，没有切尔纳耶夫的同意，外交政策方面的重大文件无法到达总书记的办公桌。

71. 史特潘诺夫和塔拉申科之间的任务分配，见 1997 年 10 月 27 日与塔拉申科的访谈，以及 10 月 28 日与史特潘诺夫的访谈。在与（原）部下和同事的访谈中仍然能够觉察得到谢瓦尔德纳泽辞职以后，他及其外交部中最密切的两个同事的拒绝态度。关于谢瓦尔德纳泽任职以后的其他人事政策变化，尤其见 Biermann 1997，S. 48 ff.，该书作者也研究了波恩和东柏林两个重要的大使职位的配备。

72. Grosser 1993，S. 11.

73. 对法国战后德国政策的比较，见：Scharf/Schräder 1983 sowie darin insbesondere die Beiträge von Poidevin（Poidevin 1983）und Loth（Loth 1983）。关于起初的限制性政策，比较：Kolboom 1989，S. 416；Wolfrum 1990；Kiersch 1977。虽然接受马歇尔计划的援助是第一步的务实政策，意味着法国对德政策的新导向，但法国对威胁的想象仍然很大程度上集中于德国。1948年2月布拉格的权力交替和同年6月实行的柏林封锁，才给法国的政策和感知带来了决定性的转变。比较：同上，S. 14ff.。1948年3月17日，英、法、比、荷、卢五国签订《布鲁塞尔条约》也能反映出这种情况。虽然这份条约仍然包含了注意德国再次侵略的情况，但其总的意图已经是反对苏联。比较：Ehrhart 1988，S. 89f.；Grosser 1989，S. 74f.。

74. 对这一转变和国内政治互相对立的比较，见：Weisenfeld 1986，S. 29ff.；Ziebura 1970，S. 50ff.。

75. 这份条约规定了更加紧密的政治、经济和军事协作。政府首脑以及外长和国防部长的定期会晤会导致更好的协作。在作出重要的外交政策决策以前，伙伴们每次都应该磋商。条约中计划的德法青年事业，是和解的象征。比较：Schwarz 1990，S. 35ff.；zur Entstehung vgl. ebenda，S. 9ff.。

76. 根据1954年10月23日《波恩条约》的条约文本（修订版本），三大国对联邦德国的占领统治正式结束。但是，联邦德国的主权仍然是有限的，只要西方盟国保留"迄今为止在柏林和德国作为整体中行使和拥有的权利与义务，包括德国的重新统一和一项和平条约解决方案"。同样，随着1955年5月联邦政府批准这项条约文本，也规定了联邦德国加入北约和西欧联盟。更详细的情况，比较 Wilhelm G. Grewe，Deutschlandvertrag，in Weidenfeld/Korte 1994，S. 234ff.。关于法国对德安全政策的视角，比较 Kaiser/Lellouche 1986。

77. 关于法国的安全政策，总体比较 Gordon 1993。北约三国理事会这一失败的建议以及围绕美国多边核力量（MLK）项目的讨论，加速了法国退出北约军事组织，法国最终于1966年退出，而肯尼迪试图以多边核力量项目推进大西洋一体化。对法国的这一步骤具有决定性影响的是，害怕德国人在统一一事上宣布取消忠诚于联盟。戴高乐的看法说明了这一动机："我们现在这样做。有一天德国人也会这样做。和我们的国家一样，任何国家都不能无限制地生活在一个自己都无法支配的体制之内。从长远来看，它们不相信自己，而且如果这些国家不独立的话，其政府也无法维持下去。"（Charles de Gaulle, Lettres, Notes et Carnets. Janvier 1964 – Juin 1966, Paris 1987, S. 26, hier zitiert nach Rouget 1989, S. 75）。

78. 在法国无法抵抗经济危机的同时，当联邦德国拒绝为了有利于法郎而让德国马克升值的时候，联邦德国日益增长的经济繁荣首次在 1968 年 11 月的波恩货币会议上体现出来。法国对军事威胁的害怕，逐渐与臆想的联邦德国经济优势及其相关的政治自我意识的增长重叠在一起。比较 Woyke 1987, S. 51。多米尼克·莫斯（Dominique Moisi）的引文"不均衡力量的均衡"，见 Die Zeit v. 9. 12. 1988, Die Mark und die Bombe。

79. 在法国看来，超级大国在裁军方面的活力越来越危害着这一"均衡"。如 1988 年底，法兰西国际关系学院（巴黎）的副主席多米尼克·莫斯提出了这个问题："炸弹不久后就不再能够抵消马克的分量？"比较：同上。

80. Vgl. hierzu ausführlicher Buda 1990, S. 47ff.；Woyke 1987, S. 52ff.

81. 尽管有其"缓和、谅解、协作"的东方政策，但戴高乐也证实了这一情况。在 60 年代初期尖锐的东西方冲突中，戴高乐在德国作为整体和柏林问题上，对苏联表现出强硬和坚定。比较 Woyke 1987, S. 52。关于这一构思的深入情况，比较 Schütze 1989。

82. 基础是在联邦德国与西方三大国的《波恩条约》中许诺的对重新统一政策的支持。1954 年 10 月 23 日的条约文本第 7 条第 2 款称："到缔结和平条约规则为止，条约签署国家协同作用，通过和平手段实现共同目标：一个重新统一的德国，它拥有类似于联邦德国的自由民主的宪法，并且融入欧洲共同体之中。"文稿摘录刊登于 Kaiser 1991a, S. 135ff. 。

83. Ehrhart 1988, S. 106. 相应地，戴高乐只是对民主德国没有采取积极的东方政策，他将民主德国视为莫斯科的产物而非自主的国家。比较 Woyke 1987, S. 54。

84. Ehrhart 1988, S. 158.

85. 根据恩斯特·维森菲尔德（Weisenfeld 1986, S. 111f.）的看法，对于

这一受到戴高乐影响的"德国问题处理模式",在戴高乐以后的法国也具有一致意见。

86. 这不仅是战后第一个十年的特征——例如围绕《斯大林照会》的争论证明了这一点,而且变成了评估邻国德国时的一个心理上的常量。所以,由社会自由执政联盟推动的新东方政策虽然获得了法国官方的赞同——例如,法国参加 1970 年开始的四大国关于柏林的谈判就表明了这一点,但总体上,蓬皮杜总统却仍然对联邦政府的这一路线保持怀疑。比较:Meyer-Landrut 1988;Wilkens 1990。

87. 在密特朗《法国对外政策的基本思考》导论中的第一句就指出了这一点:"法国外交政策围绕几个简单的想法设计组织:国家的独立、世界军事联盟的均衡、建设欧洲、民族自决权、贫穷国家的发展"(Mitterrand 1987,S. 15)。

88. Vgl. Mitterrand 1981,S. 209.

89. Zitiert nach Ménudier 1981,S. 228.

90. 在法国看来,苏联的 SS-20 型中程弹道导弹已经改变了欧洲大陆的均衡,而且在可见的时间内将有在全球如此行事的威胁。1983 年 11 月,密特朗在法国电视台描述了他对导弹问题重要意义的评判。比较 Ehrhart 1988,S. 140。舒尔茨(Schütze 1982,S. 5945)将密特朗在国内政治改革中确保其执政联盟的政治航线——共产党员加入政府在法国引起了激烈的批评——以及希望美国在经济和货币领域进行回报的倾向,看作比较强烈地赞成大西洋导向的理由。

91. 文稿刊登于 Europa-Archiv,Nr. 5/1983,S. D145ff. 。

92. 1982 年 2 月 24～25 日联邦总理施密特和法国总统密特朗的共同声明(德法第 39 次磋商),刊登于 Europa-Archiv,Nr. 7/1982,S. D194。这一声明的特殊之处在于,一方面,法国官方首次接受了"北约双重决议",另一方面,巴黎现在实际上支持联邦德国的追求,即将欧共体内的磋商扩大到安全政策领域,比较 Ehrhart 1988,S. 153。

93. 比较:1988 年 4 月 8 日和 4 月 9 日法国《世界报》,*Le Monde*,François Mitterrand,Lettre à tous les Français。

94. Weidenfeld 1986,S. 159.

95. 法国的疑虑导致了对"两个大国"新一轮军备竞赛的预测以及美国更加强烈地想要撤出欧洲,以后,这些情况使得法国的威慑战略和安全政策总体上成为问题。此外人们还担心，在德国，中立主义的倾向会再次得到大力推行。比较 Ehrhart 1988，S. 147ff.。

96. 法国和苏联重新接触的交点在于法、苏同等程度地发现战略防御计划的危害。比较 Woyke 1987，S. 132。80 年代初，法国社会主义的欧洲政策［例如，欧洲社会空间的想法和欧洲事务部长安德烈·尚德那戈（André Chandernagor）有关"欧洲振兴"的备忘录］失败以后，它在欧共体内的孤立状况，以及法国的经济困境（经济下滑、法郎多次贬值、高失业率和高通货膨胀率），使得出现了法国改变路线的建议，详情比较：Guérin-Sendelbach 1993，S. 37ff.；Cole 1994，S. 119ff.；Ehrhart 1990 S. 131。密特朗的引文"最重要的是……"，见 Mitterrand 1987，S. 20。

97. 比较 Cole 1994，S. 126。密特朗 1986 年在里尔的演讲摘录，见 Frankreich-Info，Nr. 7/1986，17. 2. 1986。

98. 在密特朗的第一个任期开始时，随着法国与英国和意大利的靠近，他特别强调平等对待所有欧洲伙伴这一要求。这一尝试遭到失败，并没有出现德法协作中真正的替代性选择。详情比较 Guérin-Sendelbach 1993，S. 31ff.。

99. 至少在开始阶段，密特朗和施密特的关系受到了损害，因为施密特支持德斯坦再次参选。此后，尽管有不同的政党政治方向，但密特朗与科尔一起为德法关系对话带来了新的深度，见 Guérin-Sendelbach 1993，S. 29，该书作者对两国政治家的合作作出判断："80 年代，科尔与密特朗的关系……是，国家对协约的客观利益要大于意识形态、文化价值或观念的共性。"

100. 所以，他们共同倡议欧洲货币联盟和欧洲议会的直选。比较 Guérin-Sendelbach 1993，S. 53。关于法国总统的会晤，见 Mitterrand 1987，S. 109。

101. 在共同体机制进一步发展的层面上，密特朗虽然在超国家性的问题上表现得比其前任德斯坦要容易接近一些，但在联邦德国要求的扩大欧洲议会权限方面，仍然没有达成统一。在整体经济战略方面（如关贸总协定的谈判），同样很少能够达成一致。在欧洲经济与货币联盟的构思组织方面，法国货币主义者与德国经济学家之间也表现出分歧。密特朗对战略防御计划的军事和技术挑战的回答，也就是 1985 年 4

月倡议的欧洲研究协调机构（EUREKA），由于联邦德国对战略防御计划的积极立场而遭遇了联邦德国明确的克制态度。此处以及此后，比较：Guérin-Sendelbach 1993，S. 227；Ehrhart 1988，S. 166。

102. 这些情况可以体现在密特朗的行为中。举例来说，可以提到这件事情，密特朗 1985 年访问柏林时，不是像其前任德斯坦那样从巴黎直接飞到柏林，而是绕道经过波恩，以便让联邦总理科尔陪同自己。比较 Weisenfeld 1985，S. 311。

103. 戈尔巴乔夫引入的东西方关系的缓和、随之而来的法国对欧洲去核化和自身威慑潜力失去价值的害怕，以及 1986～1987 年再次出现的导弹问题和围绕零解决方案的讨论，使法国认识到，通过"北约双重决议"而重新缔造的力量均衡只是虚假的情况。因此，在 1988 年法国政府更替以后，密特朗谋求通过积极的东方政策而扩大法国的行动空间。借 1988 年 1 月 23 日庆祝《爱丽舍条约》签署 25 周年之际，密特朗和科尔强调与东欧对话的必要性以及共同的东方政策。新建立的安全与防卫理事会也应对此作出贡献。演讲刊登于 Schwarz 1990，S. 60ff.。

104. 波恩对戈尔巴乔夫裁军建议比较积极的反应，再次在法国的"政治阶层"中激起了对联邦德国是否忠实于联盟的怀疑浪潮。比较 Kolboom 1987。

105. 比较 Kiersch 1989，S. 158。在大使的称谓方面，重点尤其放在介词"在……那里"而不是"在……中"—— 表示"尴尬地确切维护四大国的法律地位"，因为法国的大使馆在东柏林，以此严格表明不是在东德。比较 Meyer zu Natrup 1988，S. 311。

106. 双方的贸易逆差也能体现这种情况。如，梅耶·纳特鲁普（Meyer zu Natrup 1988）指出，法国的出口总能很强劲地（短期）增长，如果民主德国希望以此实现直接的政治目标 —— 例如在 1970～1972 年围绕外交承认的纷争中，法国的出口增长超过了 200%。无论是"催化剂"功能还是"威胁"功能都要归功于进口许可。

107. 法国出口民主德国的份额只占其总贸易额的不到 0.4%，仅相当于联邦德国和法国贸易规模的 1.6%。比较：同上，S. 316。

108. 关于政治分歧，比较法国总理法比尤斯在 1985 年 6 月 11～12 日访问东柏林时表达的看法，发表于 Frankreich-Info，Nr. 20/1985，27. 6. 1985。

顾及联邦德国，按照法国的愿望，昂纳克的波恩访问要在其巴黎访问之前进行。另外，他的访问日期（1988 年 1 月 7 ~ 9 日）安排，时间上与《爱丽舍条约》25 周年庆祝活动（1988 年 1 月 22 ~ 23 日）不是太接近。此处以及此后的引文［例如，1988 年 1 月 6 日密特朗在民主德国电视台"时事摄像机"（»Aktuelle Kamera«）节目访谈中的引文］，比较 Kuppe 1988a, S. 113ff. 。根据"民主德国通常的修辞模式"，"为苏联的裁军政策立场进行大力宣传"是昂纳克巴黎声明的主要内容，尤其是削减中短程核武器的要求在法国遭到了激烈的反对。比较 Meyer zu Natrup 1988，S. 315。

109. Schütze 1990, S. 133. 新闻发布会摘录见 Dokumente, Nr. 5/1989, S. 433。

110. 与以下日报的访谈：*El País*, *La Republica*, *Süddeutsche Zeitung*, *The Independent*, sowie der Wochenzeitschrift *Le Nouvel Observateur*, hier zitiert nach: *Süddeutsche Zeitung* v. 27. 7. 1989, Die Wiedervereinigung ist ein berechtigtes Anliegen。

111. 关于他与苏联国家和党的领导人在巴黎进行的秘密谈话内容，有着各种猜测。在此情境下，密特朗的回答态度所具有的含义尤为丰富。当被问到他是否与戈尔巴乔夫谈论过统一问题的时候，密特朗提请注意，统一必须和平民主地进行。他明显绕开这个问题，极有可能预示着对此已经达成了一致。比较：同上；戈尔巴乔夫对此没有发表看法（Gorbatschow 1995a，S. 651ff. ）。

112. Vgl. *Die Zeit* v. 28. 7. 1989, Scharf bewachtes Deutschland.

113. *Süddeutsche Zeitung* v, 27. 7. 1989, Die Wiedervereinigung ist ein berechtigtes Anliegen.

114. 此处以及此后的引文，见 Schütze 1990，S. 137。

115. 比较 1989 年 11 月 3 日的德法第 54 次磋商，摘录刊登于法国大使馆文件资料汇编中法国总统对德国的声明（7 月 27 日 ~ 12 月 31 日），没有页码编号；关于法国外长发表的看法，比较 *Le Monde* v. 11. 11. 1989, M. Roland Dumas：Des avancées à grands pas 。

116. 比较 *The Times* v. 11. 11. 1989, Tremors of fear for the French。杜马的表态，引自 *Frankfurter Allgemeine Zeitung* v. 10. 11. 1989, Internationale Realitäten。关于首轮反应，见 M. Roland Dumas, Des avancées à grands

pas, in *Le Monde* v. 11. 11. 1989。密特朗的首次官方评论，引自
Liberation v. 11. /12. 11. 1989，La classe politique française se réjouit。

117. 关于科尔与密特朗的关系、根舍与杜马的关系，他们的回忆录提供了
很多认识。比较：Diekmann/Reuth 1997，Mitterrand 1996，Genscher
1995，Dumas 1996。其他提示来源于与政治家的同事们各种不同的访
谈以及 1995 年 11 月 28 日与杜马的访谈。

118. 关于密特朗工作风格的大量提示，来源于 1995 年 11 月 27 日与比安
科的访谈。

119. 关于受到安全政策考虑影响的英国对德政策，尤其见：Mayer 1994，
S. 269ff. ；Bullard 1992。至 1989 年底的德英关系基本特征，见：
Reynolds 1991；Mander 1974；Glees 1993，S. 35ff. ；Heydemann 1994，
S. 363ff. 。英国驻波恩大使马拉贝爵士提供了对英国视角的最好认识
（Mallaby 1989）。

120. 1989 ～ 1990 年，尤其是德国的北约成员属性问题也是先决条件。在英
国看来，允许将德国的中立化作为其统一的代价，是绝对不能接受
的，它会强制性地削弱北约，因此意味着威胁自身的安全。比较 1997
年 6 月 4 日与宝琳娜·内维尔－琼斯（Pauline Neville-Jones）和 1997
年 6 月 3 日与鲍威尔的访谈。

121. 关于英国与民主德国的关系，参见 Josef Foschepoth，Vereinigtes
Königreich und deutsche Einheit，in Weidenfeld/Korte 1991，S. 705ff. 。
另比较 Fink 1979，bes. S. 513ff. 。关于外交关系以及与其他东欧国家
比较中出现的不同，另见 Bullard 1992，S. 33。

122. 关于 1989 年春天德英关系危机以及柯尼斯温特尔会议，参见 *Frankfurter
Allgemeine Zeitung* v. 13. 3. 1989，Was bedeutet Europäisierung in der
Ostpolitik？在 1989 年 4 月 28 日的英国议会－政治媒体服务中，维尔讷
·卡斯托尔（Werner Kastor）提出了对英国媒体之声的认识，见 Anti-
deutsche Pressekampagne in Großbritannien，in Parlamentarisch-Politischer
Pressedienst v. 28. 4. 1989。关于其他关系，另见 Heydemann 1992，
S. 201ff. 。英国人对察觉到的德国人的"戈比热"的疑虑，以下媒体提
供了认识：*Stuttgarter Zeitung* v. 15. 6. 1989，Die Briten machen aus ihrer
Skepsis keinen Hehl；*Kölner Stadt-Anzeiger* v. 15. 6，Gorbi-Begeisterung
irritiert die Briten。马拉贝的名言"静悄悄的联盟"，引自 *Frankfurter*

Allgemeine Zeitung v. 26. 9. 1989，Britischer Lärm in der Stillen Allianz? 关于戈尔巴乔夫与撒切尔夫人的良好关系，参见 Beschloss/Talbott 1993，S. 41f. 。受到国内政治情况推动的外交部人事变化，见：Europa-Archiv, Nr. 15 – 16/1989，S. Z143；*Neue Zürcher Zeitung* v. 30. 6. 1989，Personalwechsel im Hause Thatcher；*Neue Zürcher Zeitung* v. 30. 9. 1989，Vertrauenseinbuße der Regierung Thatcher；*Frankfurter Allgemeine Zeitung* v. 31. 9. 1989，Auch angeschlagen wankt sie nicht；*The Observer* v. 29. 9. 1989，And then there was one…；*Newsweek* v. 6. 11. 1989，Bad Reviews for a One-man-Show。

123. 在 1997 年 6 月 4 日的访谈中，内维尔 – 琼斯强调，撒切尔夫人为西方与戈尔巴乔夫关系的突破作出了比里根多得多的贡献。她说，在戈尔巴乔夫首次访问伦敦以后，英国政府首脑就确定她能与这个人谈"事"。在 1997 年 6 月 4 日的访谈中，英厄姆说，但从一开始起，撒切尔夫人就毫不含糊地让戈尔巴乔夫明白，自己憎恶共产主义。因此，撒切尔夫人对"铁幕"的坠落及其相关的共产主义制度的破产感到非常满意，但没有预计到德国的统一；她以某种方式设想自己是西方推动苏联开放和改革的主要责任人。她对改革路线可能反弹的担心也相应很大。对她来说，德国统一的前景似乎是有特别的风险（另比较 1997 年 6 月 3 日与鲍威尔爵士的访谈）。

124. 马拉贝爵士（1997 年 6 月 3 日）、鲍威尔爵士（1997 年 6 月 3 日）以及英厄姆爵士（1997 年 6 月 4 日）的访谈，一致指出了撒切尔夫人政治思想和行动的历史性关联所具有的突出含义。这一情况和撒切尔夫人喜欢受自己的政治直觉引导，而不是以纯粹的理智为导向的倾向一起，共同构成了撒切尔夫人 1989 ~ 1990 年在两德关系发展中最大问题方面的特殊背景。

125. 科尔和撒切尔夫人在 1989 年春天的关系，见撒切尔夫人的评语（Thatcher 1993，S. 1033）。她原来赞赏科尔 80 年代初期对"北约双重决议"的坚定（同上，S. 476）。科尔对撒切尔夫人以及双方关系的克制看法，参见 Diekmann/Reuth 1996，S. 196。回顾，见 Wallace 1991，该书作者认为撒切尔夫人"与个人有关的外交，以运转良好的外交机构为支撑"（S. 45）。此外，马格德维奇（Madgwick 1992,

S. 196）也指出了撒切尔夫人与个人相关的政府风格。关于撒切尔夫人心中的德国形象的评估，见 Heydemann 1994，S. 369。撒切尔夫人多年的外交政策顾问乔治·厄尔班（George R. Urban）在对撒切尔夫人整体政策的观察中，提到孤立主义、排外、对一个极为强大的德国的害怕，这些是撒切尔夫人政治思想世界的中心秩序要素（Urban 1996，S. 102ff.，124ff.，131ff.，und 140ff.）。此处也见与契克斯事件（Chequers-Affäre）相关的阐述。撒切尔夫人的立场在英国民众中得到较为广泛的传播（Kettenacker 1991）。在布鲁日的演讲摘录刊登于 Europa-Archiv，Nr. 24/1988，S. 682。"错误的并且是毁灭的前奏"的评判，见 Urban 1996，S. 100。关于撒切尔夫人对德国政治家及其民族意识的评判，见 Thatcher 1992，S. 1034。科尔描述了这一情景并提到自己的两个儿子，见 Diekmann/Reuth 1996，S. 340f.。科尔在 1989 年 6 月与戈尔巴乔夫在波恩的会谈中，也描述了这一逸闻趣事，见按语：AL 2 v. 16.6.1989,» Vermerk über das Gespräch des Herrn Bundeskanzlers mit dem Generalsekretär des Zentralkomitees der Kommunistischen Partei der Sowjetunion, Vorsitzenden des Obersten Sowjets der Union der Sozialistischen Sowjetrepubliken, Michail S. Gorbatschow, am 13. Juni 1989, 12.00 Uhr bis 13.15 Uhr im Bundeskanzleramt«（21 – 30130 S 25 – De 2/7/89；»Entwurf«）。关于两位政治家之间并非总是没有冲突的关系以及增加军备讨论的看法，贝克也提出了看法（Baker 1996，S. 88），他还指出这一辩论的私人特征；另见 Teltschik 1993，S. 188。关于首相访问总理的家乡、在戴德斯海姆（Deidesheim）的共同新闻发布会，参见：*Suddeutschen Zeitung* v. 2.5.1989, Mühsamer Balanceakt in der Idylle; Keine Annäherung zwischen Thatcher und Kohl; außerdem：*Frankfurter Allgemeine Zeitung* v. 2.5.1989, Auf der Suche nach den Ursachen der eisigen Atmosphäre；*Die Rheinpfalz* v. 2.5.1989, Deidesheimer Gipfel ohne Annäherung；*The Guardian* v. 3.5.1989, Thatcher message to Kohl in defence white paper。关于伊斯梅对北约任务的定义，参见 Heydemann 1992，S. 205。

126. 关于两位政治家的棘手关系，比较 1997 年 6 月 3 日与鲍威尔的访谈。他还提请注意，科尔是比较强烈地致力于成功的双边关系的人。德国在欧洲内部的重要意义和分量以及撒切尔夫人内心对一个（太）强大的德国的担忧——这是她三四十年代个人经验的结果——使得没有出现无负担而务实的关系。但鲍威尔也强调，双方绝对没有始终进行斗争。

127. 尤立安·克齐力（Julian Critchley）的这句话，引自 Clarke 1992，S. 236。

128. 详情比较 Clarke 1992，S. 240。其他名字，如怀特洛（Whitelaw）、高（Gow）、怀特摩尔（Whitmore）、谢尔曼（Sherman）和霍斯金斯（Hoskyns）也经常出现于此。但是与先提到过的名字相比，他们处在第二排，比较：同上，S. 200。不过多次明确地将"厨房内阁"归入首相办公室（Madgwick 1991，S. 107ff.）。关于各位同事，另比较：Thatcher 1993，S. 747；Dickie 1992，S. 267。撒切尔夫人的非正式外交顾问和演讲稿起草者厄尔班（Urban 1996）对唐宁街 10 号、撒切尔夫人的政府风格及其外交政策决策的方式方法，作出了批评性的认识。其他评估来源于与撒切尔夫人和赫德的同事们的访谈。

129. 详情比较 Madgwick 1991，S. 200。

130. 1989 年 7 月 24 日，撒切尔夫人全面重组内阁。从 1982 年起就担任公职的豪爵士被外交经验很少的梅杰替代，梅杰只在任三个月。比较 *Neue Zürcher Zeitung* v. 30. 6. 1989，Personalwechsel im Hause Thatcher。

131. 此外，英国驻波恩大使馆领导马拉贝、第二号人物内维尔－琼斯和法律顾问杰勒米·希尔（Jeremy Hill），对于和联邦政府的沟通以及获取德国外交政策的重大信息，具有决定性的作用。比较各次访谈：马拉贝（1997 年 6 月 3 日）；内维尔－琼斯（1997 年 6 月 4 日，她强调指出，给英国大使赋予了比较自主的和执行性的角色）。鲍威尔爵士（1997 年 6 月 3 日）、威廉·瓦尔德格拉夫（William Waldegrave，1997 年 6 月 5 日）、辛诺特（1997 年 6 月 4 日）、马拉贝（1997 年 6 月 3 日）、内维尔－琼斯（1997 年 6 月 4 日）和英厄姆（1997 年 6 月 4 日），他们都使人们注意到英国外交部与唐宁街 10 号之间在德国统一进程中的角色分配。一方面，首相与其外长在风格方面存在着差异。外长主要出现在官方公告和评论中。在撒切尔夫人身上，这些评论常常生硬严厉而且没有外交风度。而外交部则相反，有外交手腕、具有建设性并且注意平衡。不过，撒切尔夫人只是在用词时如此不谨慎，行动中并非如此。此外，撒切尔夫人认为外交部的路线比较维护欧洲，而她则是为了英国。另一方面，尤其是在 1989～1990 年新旧年交替之时，形成了一种工作分工，越来越多地将德国政策主持人的责任交给外交部或者说是赫德，对撒切尔夫人惯常的外交政策的设计组织以及撒切尔夫人的其他外交政策来说，这是不同寻常的发展。从这一局面中形成了英国对德政策的双重轨道，其中，撒切尔夫人的实际政治行动与公开发表的意见并非总是一致。马拉贝大使让一个事实引起了评论，即英国在此方面的政策是失败的：英国的相关政策其实是受到建设性行为的引导，却被广大公众认为是破坏性的。

132. 奥布莱恩的文章以《当心帝国复活》（»Beware a Reich Resurgent«）为题发表于 1989 年 10 月 31 日的《泰晤士报》，该文刊登于 James/Stone 1992，S. 221，但标题引用错误。文章的段落，译自 Lehmann 1996，S. 321f.，其中包含同样错误的题目并错误地提示奥布莱恩是诺贝尔奖得主。对总理府反应的描述，基于联邦政府信息。总理对 1990 年 3 月 29 日剑桥演讲的回忆，见 Diekmann/Reuth 1996，S. 342。对于德国国内的感受和认识，也见 *Frankfurter Allgemeine Zeitung* v. 2. 11. 1989，Eine Hitler-Statue in jeder Stadt。奥布莱恩的其他文章、反对之声和《泰晤士报》总体上较少敌对的立场，也见：*Neue Zürcher Zeitung* v. 18. 11. 1989，Britische Stimmen zum Thema Wiedervereinigung；Lehmann 1996，S. 320ff.。对英国媒体反应较为克制的整体判断，见：同上，S. 420ff.。公众舆论的数字，见：同上，S. 289ff.；Bullard 1992，S. 39；Josef Foschepoth，Vereinigtes Königreich und die deutsche Einheit，in Weidenfeld/Korte 1991，S. 705ff.。

133. 英国政治家的首轮反应，参见：*The Guardian* v. 11. 11. 1989，Parties join Thatcher in welcoming change；1989 年 11 月 10 日撒切尔夫人在英国广播电台的访谈；Volle 1990，S. 131。撒切尔夫人声明的减缓甚至阻止德国统一进程的意愿，见 Thatcher 1991，S. 1101。三天以后，有关报纸提供了关于国际媒体对柏林墙倒塌的新闻报道概况：*Welt am Sonntag* v. 12. 11. 1989，»Der Westen sollte keine Angst vor der Wiedervereinigung haben«；*Neue Zürcher Zeitung* v. 18. 11. 1989，Britische Stimmen zum Thema Wiedervereinigung。英国政治家对东欧变化迟来的反应，参见 Bullard 1992，S. 35。关于保守党大会的新闻报道，见：*Süddeutsche Zeitung* v. 14. 10. 1989，Sozialismus gleicht einem schrottreifen Auto；

Neue Zürcher Zeitung v. 16. 10. 1989, Kämpferische Rede Frau Thatchers vor den Tories；*Die Zeit* v. 19. 10. 1989, Schwere Zeiten fur die Lady；*Stuttgarter Zeitung* v. 9. 11. 1989, Bei der deutschen Frage prescht Sir Leon vor。11 月 7 日，保守的欧共体委员列昂·布莱特爵士（Sir Leon Brittan）声明，民主德国如果接受西德的民主制度以及共同体的权利与义务，那么就欢迎它是欧共体内一个统一的德国的一部分。赫德 11 月 16 日在柏林的评估以及 12 月 5 日在拜恩广播电台的访谈，引自 *Frankfurter Allgemeine Zeitung* v. 15. 12. 1989, London：Bedenken nach unerwartetem Wandel。关于赫德的柏林访问，比较 *Tagesspiegel* v. 17. 11. 1989, Hurd：Frage der Wiedervereinigung zur Zeit nicht auf der Tagesordnung。外交部的国务部长伊马加德·亚当·施瓦策尔（Irmgard Adam-Schwaetzer）确认，这一看法与联邦政府的立场是一致的。

134. 她在德国政策发展方面的主要顾虑可以简短归结为以下几点：对戈尔巴乔夫及其"新思维"可能带来的灾难性后果、西方防务联盟的后果，例如北约的削弱，以及在欧洲有一个过于强大的德国以及可能的统一对欧共体产生的财政负担，欧共体绝不愿意承担这一负担（尤其比较 1997 年 6 月 4 日与内维尔－琼斯的访谈）。关于撒切尔夫人对柏林墙倒塌的怀疑反应，比较：1997 年 6 月 3 日与鲍威尔爵士的访谈、1997 年 6 月 4 日与内维尔－琼斯的访谈，以及 1997 年 6 月 4 日与英厄姆的访谈。

第三章　寻找一个方案

1. 关于基民盟联邦议院议员在其与民主德国来访者的谈话报告中的大声疾呼，见 1989 年 11 月 14 日基民盟/基社盟议会党团会议记录（ACDP, Bestand Ⅷ-001 – 1086/1, S. 35）。关于内部政治形势，也见：Jäger 1998, S. 58ff.；Korte 1994, S. 56ff.。

2. 莫德罗的政府声明，见德意志民主共和国人民议院 1989 年 11 月 17 日和 18 日第 9 次选举期第 12 次会议：Volkskammer der Deutschen Demokratischen Republik, 9. Wahlperiode, 12. Tagung, 17, und 18. 11. 1989, S. 272ff., and ist auszugsweise abgedruckt in Gransow/Jarausch 1991, S. 97f.。另见：莫德罗本人的描述（Modrow 1991, S. 43ff., bes. S. 47）；其个人同事关于周围情况

的描述（Arnold 1990，S. 27ff.）。关于"条约共同体"概念，也见：Wettig 1996，S. 425，bes. Fn 174；Maier S. 58f. ［包含奥托·罗杰勒（Otto B. Roegele）和根舍的评估］。对莫德罗政府声明中经济要素的分析，参见：Gros 1994，S. 54ff.；Korte 1994，S. 71ff.。关于 1989 年底民主德国与欧共体的关系，见 Meyer 1993，S. 13ff.。

3. 这些立场表态来源于：联邦新闻局/民主德国－《明镜》/附录 1989 年 11 月 18 日的口头记录（Wortprotokollen BPA／DDR-Spiegel/Anhang v. 18. 11. 1989，S. 22ff.）。也见 1989 年 11 月 17 日和 18 日民主德国人民议院第 12 次会议（Volkskammer der Deutschen Demokratischen Republik，9. Wahlperiode，12. Tagung，17. und 18. 11. 1989，S. 281ff.）。关于人民议院会议中对西方气氛的描写，参见：*Die Welt* v. 18. 11. 1989，Mit monotoner Stimme verliest Modrow die Rede；*Stuttgarter Zeitung* v. 18. 11. 1989，Auch Modrow wirkt wie ein Mann des übergangs。

4. 见 1989 年 11 月 23 日给联邦总理府部长的电传：StäV Nr. 2658 an ChBK v. 23. 11. 1989，betr. :»Unterrichtung der sozialistischen Missionschefs in Ost-Berlin über die innere Lage der DDR durch ZK-Sekretär Willerding«（B137/10728）。这份电传基于某位参与国代表告知的情况。

5. 关于官方的反应，见 1989 年 11 月 17 日联邦德国德意志内部关系部的新闻通稿。将政府声明评价为确定两国并存的文件，来源于 1989 年 11 月 18 日联邦德国德意志内部关系部部长的信件：Schreiben des Bundesministers für innerdeutsche Beziehungen v. 18. 11. 1989，betr. :» Zur Regierungserklärung des neuen DDR-Ministerpräsidenten Hans Modrow vor der Volkskammer der DDR am 17. November 1989z«（212 – 35400 De 39，Bd. 1）。关于联邦总理对政府声明的感受，见：Diekmann/ Reuth 1996，S. 148f.；Teltschik 1993，S. 35f.。关于根舍提示的给法国的备忘录，见其 1989 年 11 月 17 日在德国电视一台（ARD）"波恩报道"（» Bericht aus Bonn«）的访谈。对波恩反应的总结，其中包括社民党的积极声音，见 *Neue Zürcher Zeitung* v. 19. 11. 1989，Gemischtes Echo aus Bonn zu Modrows Programm。关于外国的新闻报道，参见 *New York Times* v. 19. 11. 1989，One Germany? Not Likely Now，in deutscher übersetzung abgedruckt Gransow/Jarausch 1991，S. 99f.。

6. 梅克尔发表的意见，也见 *Frankfurter Allgemeine Zeitung* v. 1. 12. 1989，

Ost-Berlin bekráfigt Ablehnung einer baldigen Wiedervereinigung。关于民主德国移民和访问人员的数字，参见 *Neue Zürcher Zeitung* v. 19. 11. 1989，Gemischtes Echo aus Bonn zu Modrows Programm。也见：Korte 1994 S. 80f. ；Jarausch 1995，S. 31ff. 。关于从"我们是人民"到"我们是一个民族"口号的转变，见：Pond 1992，S. 135；Greenwald 1993，S. 280。

7. 民主德国内部对公众情绪的评估，来源于国家安全部斯塔西的一份按语（MfS ZAIG,» Hinweise über eine Reaktion der Bevölkerung auf die 12. Tagung der Volkskammer der DDR « v. 24. 11. 1989；BStU, ZA, ZAIG 5351），摘录刊登于 Kuhrt 1996，S. 275。

8. 见德国政策工作组组长 1989 年 11 月 22 日给总理府部长的按语：Vermerk LASD an ChBK v. 22. 11. 1989，betr. :» Gespräch von Bundesminister Seiters mit dem Staatsratsvorsitzenden und dem Ministerpräsidenten der DDR, Krenz und Modrow in Berlin（Ost）am 20. November 1989 «（B 136/21329）。民主德国方面的记录，刊登于 Potthoff 1995，S. 995ff. 。西德方面的参与者，除了塞特斯以外，还有贝特乐（驻东柏林常设代表机构负责人）、杜伊斯贝格（德国政策工作组组长）、曼弗雷德·施贝克（Manfred Speck，塞特斯办公室主任）和多贝伊（联邦德国德意志内部关系部）。属于东德代表团的有：外长菲舍尔、海因茨·艾希勒尔（Heinz Eichler，国务委员会秘书）、亚历山大·沙尔克－戈罗德科夫斯基（Alexander Schalck-Golodkowski，外贸部）、霍斯特·诺伊鲍尔（Horst Neubauer，民主德国驻波恩常设代表处负责人）和卡尔·赛德尔（Karl Seidel，外交部）。关于莫德罗强调自己也要被纳入到将来与联邦总理会谈的愿望，见：Potthoff 1995，S. 994，Fn 16；Modrow 1991，S. 57f. 。

9. 也见本书"即兴反应：一种政治才能"一章中对 1989 年 11 月 11 日科尔和根舍通话的描述。苏联政治家的其他意见，另见：Oldenburg 1990；*Frankfurter Allgemeine Zeitung* v. 12. 12. 1989，Moskau：Immer wieder Neutralisierung ins Spiel gebracht。关于格拉西莫夫的意见，尤其见：*Die Welt* v. 10. 11. 1989，Kreml：Deutsche Einheit jetzt unrealistisch；*Frankfurter Allgemeine Zeitung* v. 10. 11. 1989，Moskau übt sich in Zurückhaltung；*Rheinische Post* v. 14. 11. 1989，Gefahr für das europäische Haus；1989 年 11 月 15 日格拉西莫夫在法国电视台"欧洲一台"的"欧洲午间"（Europe

midi）节目中的访谈。戈尔巴乔夫对莫斯科学生发表的演讲记载于 1989 年 11 月 17 日的塔斯社新闻。关于塔斯社文稿的修改，见：*Die Zeit* v. 24. 11. 1989, Durch Evolution zur Einheit?；联邦德国外交部信息。此处以及德法议会代表团的访问，也比较：Biermann 1997, S. 326f. 。

10. 对苏联反应的其他感知，尤其比较：Teltschik 1993, S. 11ff. ；联邦德国外交部信息。关于英国大使拜访戈尔巴乔夫以及美、法大使拜访谢瓦尔德纳泽的报道，见 1989 年 11 月 18 日和 19 日《真理报》和塔斯社的报道。关于谢瓦尔德纳泽 1989 年 11 月 17 日在最高苏维埃的演讲，比较：*Frankfurter Allgemeine Zeitung* v. 12. 12. 1989, Moskau: Immer wieder Neutralisierung ins Spiel gebracht；联邦德国外交部信息。

11. 关于塞特斯与克维钦斯基 1989 年 11 月 15 日 15：00 的会谈，见德国政策工作组组长 1989 年 11 月 27 日的按语：Vermerk des LASD v. 27. 11. 1989（B 136/20241）。其他参与人员是外交部的国务秘书苏德霍夫以及杜伊斯贝格。克维钦斯基对自己 1989 年 11 月活动的描述，见 Kwizinskij 1993, S. 15ff. 。也见 Biermann 1997, S. 381f. 。

12. 关于这类私下会谈，比较巴尔 1995 年 3 月 11 日的访谈：*Frankfurter Rundschau* v. 11. 3. 1995,» Man kann mal bluffen, aber man darf nicht betrügen«；Bahr 1996, S. 255ff. , bes. S. 263f. 。其中，巴尔让人注意到隐藏在机密渠道中的问题："每一条隐藏的渠道都是秘密警察渴求的目的，因为它体现了对正规部门的竞争优势，有时可以使后者显得多余或愚蠢。"

13. 关于波图加诺夫，见 Biermann 1997, S. 61。波图加诺夫早期的评估来源于 *Frankfurter Rundschau* v. 17. 11. 1989, »Zwei Systeme, eine Nation«。关于他 1989 年 11 月 21 日与特尔切克的谈话，也见 Teltschik 1993, S. 42ff. ；波图加诺夫、法林和特尔切克的说法，见 Kuhn 1993, S. 81ff. 。波图加诺夫说自己的攻势给联邦总理科尔拟定《十点纲领》发出了信号，见其 1996 年 11 月 9 日在《明镜》周刊中所写的读者来信（*Der Spiegel* v. 9. 11. 1996, Moskaus Signale）。特尔切克也作出了同样的评估（Kuhn 1993, S. 83）。在科尔的回忆录中，没有提到波图加诺夫与特尔切克会谈的爆炸性作用，反而谈到大家得到了莫斯科的信号，苏联将不会反对两个德意志国家组成一个邦联（Diekmann/Reuth 1996, S. 156 und S. 159）。

14. 莫斯科的不同信号向科尔和特尔切克表明，戈尔巴乔夫在较小的场合比在公众场合要宽容一些，关于这一假设，见 Zelikow/Rice 1997，S. 163f. 。关于 1953 年的《斯大林照会》，见：Thomas Jäger, Stalin-Note 1952, in Weidenfeld/Korte 1992，S. 638ff. ；Adomeit 1997a，S. 87ff. 。

15. 美国对四大国权利的立场，包括国家安全委员会与国务院有时不同的看法，得到了详细描述，见 Zelikow/Rice 1997，S. 166f. und S. 543f. （Fn 31 und 32）。美国对科尔所评论的自决权的感知，也就是科尔似乎认为只有民主德国民众才能作出决定，而联邦德国必须接受他们的决定，见 Zelikow/Rice 1997，S. 166ff. 。科尔与布什 11 月 17 日的通话，在 1989 年 11 月 17 日诺伊尔的按语中得到记录：Vermerk Neuer v. 17. 11. 1989, betr. :» Telefongespräch des Bundeskanzlers mit Präsident Bush am Freitag, dem 17. November 1989 « （212 – 30132 A5 Am 31, Bd. 1）。另见：Diekmann/Reuth 1996，S. 58；Teltschik 1993，S. 36 （特尔切克指出布什比上次"明显要克制"）；Zelikow/ Rice 1997，S. 168。科尔在谈话最后提到的备忘录是否指的是后来的《十点纲领》，这一点并不清楚。在"德国统一史（外交卷）"研究项目收集档案的过程中，没有调查这次通话与宣布《十点纲领》这一期间送给布什的其他文件。

16. 1989 年 11 月 21 华盛顿会谈的特征及其详细复述，见 Genscher 1996，S. 664ff. ；关于总理府的情况通报，见 Teltschik 1993，S. 47f. ；联邦德国外交部信息。在泽利科夫和赖斯（Zelikow/Rice 1995，S. 170）的描述中，斯考克罗夫特提出了问题，问根舍是否认为苏联在马耳他峰会上将建议一项和平条约。根舍对此表示否认，而且还阐述了他对任何使用四大国权利的原则性反感。根舍 1989 年 11 月 23 日在联邦内阁会议上对其华盛顿会谈的评价，来源于 1995 年 9 月 20 日与梅尔特斯的访谈。

17. 这段时间内，根舍也一再公开反对将德国置于全欧发展的讨论之外，并反对被置于"东西方政策嬉闹式的童桌"边，比较 Stern v. 23. 11. 1989,» Die Karten werden neu gemischt«。

18. 联邦德国外交部信息。

19. 勃兰特政府对盟军保留权作用的经验，见：Hindenburg 1996，bes. S. 103f. ，S. 121ff. ；Haftendorn /Riecke 1996 （文集中的其他文章）。

20. 关于沃尔特斯和特尔切克 1989 年 11 月 16 日的会谈，见 Teltschik 1993，S. 32f.，据此，沃尔特斯通报了与科切马索夫的一次会谈，它仅仅是在"几个小时以前"进行的。但 11 月 16 日的这次会谈，无法得到其他材料的证实，反而是 1989 年 11 月 12 日沃尔特斯和科切马索夫的会谈，存在着各种不同的证据，例如统一社会党中央委员会克伦茨办公室的按语：Vermerk im Bestand SED，ZK，Büro Egon Krenz，betr.：»Information über ein Gespräch des Botschafters der UdSSR，Wjatscheslaw Kotschemassow，mit dem Botschafter der USA in der BRD，Vernon Walters，am 12. 11. 1989«（SAPMO DY30/IV 2/2. 039/319）。其中，沃尔特斯还建议通过开放勃兰登堡门边上的一个边境站来缓和形势。与此同时，他也打听苏联对最新的"柏林倡议"的回答，因为华盛顿正好对在当前形势下改善柏林局势赋予了重要的意义。就像在其他所有方面一样，沃尔特斯没有从科切马索夫那里得到任何具体的或者可以利用的答案（联邦德国外交部信息）。

21. 关于舍维内芒原来指出过的四大国权利，来源于 1989 年 11 月 13 日法国国际电台"晚间"节目（Inter Soir）的访谈。关于赫德在 1989 年 11 月中访问德国之际发表的意见，参见：*Frankfurter Allgemeine Zeitung* v. 17. 11.，»Wiedervereinigung nicht aktuell«；*Süddeutsche Zeitung* v. 17. 11.，»Wiederverei nigung nicht aktuell«；*Frankfurter Allgemeine Zeitung* v. 15. 12. 1989，London：Bedenken nach unerwartetem Wandel；Teltschik 1993，S. 33f.（其中，特尔切克指出总理府对这些看法非常关注）。

22. 克雷格的引文来源于 1989 年 11 月 13 日《明镜周刊》的访谈（*Der Spiegel* v. 13. 11. 1989，Zu groß for Europa?）。凯南的立场，见两篇文章：*International Herald Tribune* v. 14. 11. 1989，An Irreversibly Changed Europe，Now to be Redesigned，beziehungsweise Europe Is the Issue，Not the German Union（德语文章，见 *Der Tagesspiegel* v. 14. 11. 1989，Wiedervereinigung noch nicht）。关于要求美国应有目标地使用四大国权利，也见格拉尔德·利文斯顿（Gerald Livingston）1989 年 11 月 12 日在美国有线新闻网（CNN）节目"周日新闻人物"（"Newsmaker Sunday"）中的表态。关于美国国务院的基本考虑，见：*Bonner General-Anzeiger* v. 16. 11. 1989，Die Wiedervereinigung scheint unvermeidlich；*Die Zeit* v. 24. 11. 1989，Im Freudentaumel ohne Führung。

23. 关于德斯坦的建议和密特朗起初的拒绝立场，参见 *Le Monde* v. 15. 11，1989，Les chefs d'Etat et de gouvernement des Douze vont discuter, à Paris, de l'évolution des pays de l'Est。归于密特朗 "顾问圈" 的引言 "马耳他不会是雅尔塔"（本书作者译），见 *L'Express* v. 24. 11. 1989，L'un s'inquiète, l'autre moins。密特朗与布什 11 月 17 日的通话，见：Attali 1995，S. 342；Zelikow/Rice 1997，S. 173（按照泽利科夫和赖斯的描述，密特朗避免谈到有关重新统一的议题）。1989 年 11 月 15 日杜马在国民议会上的阐述，引自 *Frankfurter Allgemeine Zeitung* v. 17. 11. 1989，Mitterrand plant Treffen mit Gorbatschow。密特朗在法国内阁讲话的引文，复述于：*Süddeutsche Zeitung* v. 18. 11. 1989，Engere Bindung an die NATO empfohlen；Attali 1995，S. 340。

24. 关于密特朗邀请召开峰会的动机以及没有详细定义的外部压力，见 Attali 1995，S. 339，不过，阿塔利标注的决定日期是 11 月 13 日。杜马则不同，他在 11 月 12 日的星期日就想要获得这项任务（Dumas 1996，S. 340）。这些说明与总统发言人维德里纳的说法是一致的（*Le Quotidien de Paris* v. 15. 11. 1989，Douze à table）。其中也谈到了在发出邀请以前与欧洲伙伴们的沟通（如 *Le Quotidien de Paris* v. 14. 11. 1989，Reste avec nous, Helmut）。不同的是特尔切克，他否认联邦政府进行过这样的沟通（Teltschik 1993，S. 37）。与之相符的是 1989 年 11 月 14 日 211 处的按语（含附件）中的描述：Anlagen Referat 211（Bitterlich）v. 14. 11. 1989，betr. :» > Gipfel < der Zwölf auf Einladung des französischen Staatspräsidenten am Samstag, 18. November 1989, 20 – 22.30 Uhr in Paris «（B 136/30916），据此，11 月 13 日到达总理府的邀请，"没有事先与我们（比如其他欧共体伙伴）磋商"。这份按语反驳了其他明显不同的报道，例如，报道总理进行过 "催促" 的《金融时报》。爱丽舍官特别指出，这次会晤既不是提前进行的欧洲理事会，也不是特别峰会；既不会有确定的议事日程，也不会有准备好的声明，关于这一情况，见维德里纳在天线二台（Antenne 2）的访谈，此处引自：*Le Monde* v. 16. 11. 1989，Le date et lieu de la rencontre entre M, Gorbachev et M. Mitterrand n'ont pas encore été fixés；*Le Quotidian de Paris* v. 18. / 19. 11. 1989，France: La meilleure réponse。巴黎和波恩两位最高级别当事人对此次邀请背景的描述不太有用，见：Mitterrand 1996，

S. 61ff. , bes. S. 42 （密特朗完全是一般性地写道，科尔同意他的行动措施）；Diekmann/Reuth 1996，S. 149。关于密特朗对斯特拉斯堡峰会议程和共同体未来议事日程的疑虑，也见：*Wirtschaftswoche* v. 21. 11. 1989，Pariser Gipfel：Druck auf Supermächte；*The Economist* v. 18. 11. 1989，Who's afraid of Germany?

25. 关于密特朗对斯特拉斯堡野心勃勃的计划，参见 *Le Quotidien de Paris* v. 15. 11. 1989，Ouverture à l'Est-fissures à l'Ouest。

26. 在 1989 年 11 月 16 日与科尔商量以后，声明的文稿建议连同特尔切克给阿塔利的一封信一起送给了阿塔利（联邦德国外交部信息）。密特朗在其会议记录中提到了这封信，他用谴责的语调谈到，总理通过其同事特尔切克"在爱丽舍宫晚餐前 48 小时"提出了波恩的建议（Mitterrand 1996，S. 62）。

27. 关于密特朗的立场，见 Mitterrand 1996，S. 62。其中，密特朗复述了布瓦德维电报的译文摘要。也见 Favier/Martin-Roland 1996，S. 183f. ，其中密特朗的立场得到更加清楚地描述，其中也有他设想的只是一般性的"情况概述"，根据该书作者的说法，密特朗害怕斯特拉斯堡峰会将集中于德国问题，尤其是科尔在 11 月 11 日的电报中对他作过这样的暗示。这一说法似乎是事后杜撰的，因为在总理府的会谈按语中没有科尔采取相关攻势的提示，见二司司长彼得·哈特曼 1989 年 11 月 13 日给联邦总理的按语：Vermerk AL 2 i. V. , Hartmann, v. 13. 11. 1989 an den Bundeskanzler, betr. :» Ihr Telefongespräch mit dem französischen Staatspräsidenten Mitterrand am Samstag, 11. November 1989« (21 – 30131 – F2 Te 6，Bd. 2)。关于密特朗认真区别二战战胜国权利与欧共体成员权利之间的区别，见其发言人维德里纳的描述（Favier/ Martin-Roland 1996，S. 186）。关于科尔对峰会的期待，见其本人的描述（Diekmann/ Reuth 1996，S. 150）。

28. 外长会晤的氛围，见 Genscher 1995，S. 663，其中还谈到国家和政府首脑圈中可以觉察到的紧张气氛。除了意大利以外，所有代表团都反对阿塔利创建东欧银行的建议，见 Attali 1995，S. 344（关于此后建立的欧洲重建和发展银行的历史详情，也比较：Attali 1994）。特尔切克没有参加这次会晤。参与者回忆录中的不同描述，见 Bruck/Wagner 1997，bes. S. 17f. 。

29. 密特朗的引言"如果提到统一……"，见 Mitterrand 1996，S. 65。这一描绘主要以参与者及其同事们后来在访谈中的描述为基础。晚餐开始时，密特朗提出的问题以及这次活动的经过，见 Attali 1995，S. 342ff.。

30. 科尔对其谈话的回忆复述于 Diekmann/ Reuth 1996，S. 150。与其他资料来源（例如：Teltschik 1993；Thatcher 1993；Attali 1995；Mitterrand 1996）相比，科尔明确得多地谈到了重新统一这个议题。但按照特尔切克的说法，科尔只是非常详细地报告了民主德国事件，但避免有目标地提到重新统一的问题，他要以此阻止那些在德国问题上并无权利和义务的欧共体伙伴认为自己可以介入该事务，从而进一步限制联邦政府的行动空间。类似的还有，总理府二司为总理应采取立场的背景、可能的经过、基本内容而准备的一份文件内容，比较按语：Vermerk Abteilung 2（Bitterlich）an den Bundeskanzler v. 17. 11. 1989，betr.：»Sondertreffen der Staats- und Regierungschefs sowie der Außenminister der Europäischen Gemeinschaft und des Präsidenten der EG-Kommission auf Einladung des amtierenden ER-Vorsitzenden, des französischen Staatspräsidenten, am Samstag, 18. November 1989, 20 – 23 Uhr im Elysée in Paris «（B 136/30915）。

31. 其他的发言请求得到了摘录复述（Attali 1995，S. 343）。关于科尔和撒切尔夫人之间的争执以及密特朗建议东欧银行的攻势，见 Favier/ Martin-Roland 1996，S. 185f.，其中有德洛尔当作证据的描述，还有引文"打开潘多拉盒子"。阿塔利的形象描绘，见 Attali 1995，S. 342ff.（不过，他本人并不在晚餐大厅，而是领导着同时进行的"登山向导"会晤）。阿塔利注明，科尔引用 1970 年报道的日期，这指的是 1970 年对《莫斯科条约》发出的《德国统一信函》。科尔似乎与之相反，他依据的是西方联盟明确维护重新统一的 1967 年北约《哈默尔报告》。这份报告刊登于 Auswärtiges Amt 1995，S. 311ff.。撒切尔夫人指望将德国问题的讨论转移到更大的委员会中以遏制其发展速度，见其 1989 年 11 月 17 日与布什的通话，详情复述于 Zelikow/Rice 1997，S. 171f.。撒切尔夫人对边界问题和《赫尔辛基最后文件》的回忆，见 Thatcher 1993，S. 1098f.；科尔口气缓和的描述中完全没有直接提到争执，见 Diekmann/Reuth 1996，S. 149f.。

32. 新闻发布会的描述，另见：Mitterrand 1996，S. 66；Teltschik 1993，

S. 38。"人人都清楚……"的引文，来源于 Mitterrand 1996，S. 66。西
德关于这次会晤的新闻，参见：*Frankfurter Rundschau* v. 20. 11. 1989，
EG will Osteuropa helfen；*Handelsblatt* v. 20. 11. 1989，Voran mit
Augenmaß；*Die Welt* v. 20. 11. 1989，EG sagt Reformstaaten in Osteuropa
Hilfe zu；*Süddeutsche Zeitung* v. 20. 11. 1989，Europäische Gemeinschaft
macht Hilfe für die DDR von freien Wahlen abhängig。这些报道一致认为，
会面中没有提到德国重新统一的问题。

33. 对科尔提出的问题，即是否处理了重新统一的议题，来源于 ZDF-
Spezial v. 19. 11. 1989。

34. 见按语的草案：Vermerk Referat 212 v. 17. 11. 1989，»Haltung der drei
Westmächte und der Sowjetunion zur Wiedervereinigung und zur Entwicklung
in der DDR«（212 – 35400 De 39，Bd. 1）。

35. 特尔切克（Teltschik 1993，S. 49）明确指出了自民党或者社民党提出
类似倡议可能带来的危险。关于民主德国国家和经济结构的崩溃，也
比较 Grosser 1998，S. 95ff.。

36. 1989 年 11 月 11 日科尔在联邦内阁特别会议上宣布不久后与克伦茨会
晤，以及 1989 年 11 月 23 日内阁会议中的犹豫立场，同样来源于 1995
年 9 月 20 日与梅尔特斯的访谈。

37. 关于以后的《十点纲领》的动机，另见：Kohls Version in Diekmann/
Reuth 1996，S. 157（internationale Beweggründe）und S. 159（Reaktion
auf Modrow-Vorstoß）；Teltschik 1993，S. 49。

第四章　一个想法成了纲领

1. 谢瓦尔德纳泽的大声疾呼和戈尔巴乔夫评判科尔的演讲是"政治上的错
误决定"，来源于 »Niederschrift des Gesprächs zwischen M. S. Gorbatschow
und dem Außenminister der BRD H. -D. Genscher. 5. Dezember 1989«（Hoover
Institution Archives，Stanford：Zelikow-Rice-Papers）。

2. 据说是根舍引言的"赫尔穆特，这是一次伟大的演讲"，来源于
Teltschik 1993，S. 58。其中，还有对科尔讲话后的首轮公开反应的其他
提示。但在 1997 年 10 月 31 日的访谈中，根舍反驳了加之于他的这一
引文，他说自己尤其拒绝了"邦联结构"。也比较 Genscher 1995，
S. 669ff. 。根舍说，为了向国外表明并不存在明显的差异，他放弃了公

开辩论，也从来没有对科尔谈过这个方案。

3. 科尔对布什宣布很快就要给他送去一份详细的备忘录，包含在按语中：Vermerk Neuer v. 17. 11. 1989，betr. : »Telefongespräch des Bundeskanzlers mit Präsident Bush am Freitag, dem 17. November 1989« (21 – 301 00 (56) – Ge 28 (VS))。尤其是对《十点纲领》国内政治背景的详细描述，也见：Jäger 1998，S. 58ff. ; Diekmann/Reuth 1996，S. 157ff. 。其中部分有所不同的是特尔切克 (Teltschik 1993，S. 48ff.)，他在 11 月 23 日建议了一项掌握舆论主导权的德国政策方案，从他及其同事们那里产生了实质上几乎未加改动的科尔的文稿建议。其他细节来源于 Ackermann 1994，S. 314ff. ，作者阿克曼同样将这个想法归于特尔切克。阿克曼特别提请注意科尔计划的国内政治原因。关于《十点纲领》，也见：Seiters 1991，S. 129ff. ; Klein 1991，S. 128f. （作者克莱因尤其探讨了反对派和外国的反应）。

4. 阿克曼也详细地描述了科尔从 1982 年以来作出大量努力改善自己政党和政府的公关工作以及与此相关的人事变动 (Ackermann 1994)。特尔切克 (Teltschik 1993，S. 49) 称那时的公关工作"与从前一样令人不满意"。关于《十点纲领》的产生历史和各种不同的会谈和工作会议的人事组合，见：Ackermann 1994，S. 314ff. ; Teltschik 1993，S. 48ff. ; Diekmann/ Reuth 1996，S. 158ff. （其中有科尔本人的说法，他将 11 月 23 日的会谈回合称为自己最紧密的顾问班子的谈话）; Dreher 1998，S. 471ff. 。对于决策进程较为基本的描述，见 Korte 1998 S. 23ff. 。

5. 在 1997 年 10 月 10 日的访谈中，特尔切克再次确认，《十点纲领》的想法产生于 11 月 23 日。不过，他认为，这与科尔对布什宣布的备忘录没有关系。

6. 关于工作组的组成，基本情况见 Diekmann/Reuth 1996 S. 159。补充说法见：Ackermann 1994，S. 315; Teltschik 1993，S. 50f. ; Jäger 1998，S. 65ff. 。Dreher 1998，S. 473，其中将方案要点进行连续编号归于"特尔切克的老手法"，特尔切克也总是用号码划分政府声明。

7. 德国政策工作组的任务及其在总理府内部的作用，详情见 Korte 1998，S. 39ff. 。德国政策工作组的顾虑以及塞特斯说明的阻止总理冒险攻势的尝试，见：Teltschik 1993，S. 50f. ; Ackermann 1994，S. 315; Jäger 1998，S. 64ff. （包含杜伊斯贝格所陈述的顾虑清单）; Dreher 1998，S. 473ff. 。塞特斯也反对使用"重新统一"这个概念（特尔切克 1997 年

10 月 10 日的访谈）。

8. 1989 年 11 月初，汉茨才从外交部被派遣到总理府演讲稿撰写小组，特
尔切克没有提到他（Telschike 1993）。但以下著作提到了他：Ackermann
1994，S. 315；Dieckmann/Reuth 1996 S. 160。关于科尔周围演讲稿撰写
人员的工作方式和任务，基本情况见 Korte 1998，S. 42ff.，bes. S. 43，
其中也有来源于艾瑟尔的措辞"讨论时的陪训伙伴"。

9. 如特尔切克 1997 年 10 月 10 日的访谈；类似的还有汉茨 1998 年 6 月 5
日的访谈。

10. 关于科尔的工作风格、政策原则演讲以及与波恩政界以外的人士就重
要决策进行深入讨论，见 Korte 1996 S. 25ff. 。科尔本人以《十点纲领》
为例说明了这些情况（Diekmann/Reuth 1996，S. 160ff.）。

11. Dreher 1998，S. 475，其中还描述了沃尔特·沃尔曼（Walter
Wallmann）和恩斯特·阿尔布雷西特（Ernst Albrecht）的评论。也比
较 Jäger 1998，S. 66，该书作者也提供了科尔加工过的版本的复制件。

12. 见：Diekmann/Reuth 1996，S. 160（科尔的描述）；Teltschik 1993，
S. 51（科尔与特尔切克的通话）。科尔说他对核心章节"大部分进行
了重新"表述，而特尔切克写道，总理显然"深入地钻研过"演讲稿
并且与"其他某些人商量过"，不过，演讲稿的实质内容则保持"不
变"。对这些要点的不完备描述，见 Ackermann 1994，S. 315，根据作
者的说法，科尔在 11 月 27 日的星期一才得到演讲稿并进行修改。详
细描述，也见 Jäger 1998，S. 64ff. 。

13. 这是比较最终演讲文稿后的结果（Deutscher Bundestag. Plenarprotokoll Ⅱ/
177，28. 11. 1989；» 10-Punkte-Programm zur Überwindung der Teilung
Deutschlands und Europas，vorgelegt von Bundeskanzler Kohl in der
Haushaltsdebatte des Deutschen Bundestages am 28. 11. 1989 «，in Bulletin
Nr. 134 v. 29. 11. 1989，S. 1141ff.），包含工作组 1989 年 11 月 25 日的最
后文本（私人财产复印件）。不过，11 月 25 日的官员版本的第 6 点还涉
及欧共体的继续发展（以后的第 7 点）；未来全欧大厦的说法（以后的
第 6 点）重新作为第 7 点。特尔切克在 1997 年 10 月 10 日的访谈中也
强调，科尔很少作实质性修改。Jäger 1998 S. 66，科尔作出的决定性修
改在于，他一方面用"联邦"这一目标补充了"邦联结构"这一措
辞，另一方面，使用"重新统一"和"重新统一的"等概念，比较强

烈地强调扩大欧共体的说法（Jäger 1998，S. 66）。

14. 基本情况见 Korte 1998，S. 25ff. 。

15. 商议信息战略，得到部分描述，见：Teltschik 1993 S. 52ff. ；Jäger 1998，S. 66ff. 。科尔本人没有提到联盟党各委员会，见 Diekmann/ Reuth 1996，S. 167ff. 。

16. 关于通知联邦议院议会党团，见 1989 年 11 月 27 日基民盟/基社盟议会党团会议记录：Protokoll der Sitzung der CDU/ CSU-Bundestagsfraktion v. 27. 11. 1989，ACDP，Bestand Ⅷ-001-1086/1，bes. S. 2ff. 。

17. 关于联邦总统的信息，见 Teltschik 1993，S. 53。联邦总理以及紧密同事对魏茨泽克德国政策立场的批评态度，见：Ackermann 1994，S. 314；Teltschik 1993，S. 315；Diekmann/Reuth 1996，S. 181。关于经过挑选的媒体代表的信息，见 Teltschik 1993，S. 52f. ；科尔的描述，见 Diekmann/Reuth 1996，S. 173f. 。私下吹风这一工具是政治媒体工作的标准保留剧目。期待记者们保持沉默得到了他们几乎毫无例外的遵守，因为如果破坏了规则，他们就不能指望再得到其他这类活动的邀请。关于特尔切克 11 月 28 日在德国和国际媒体的亮相，见 Teltschik 1993，S. 54ff. 。

18. 科尔的顾虑，即担心根舍可能在事先通报中，采取类似于组织输送布拉格使馆逃亡者前往联邦德国的活动那样先发制人，参见 Korte 1998，S. 455f. 。科尔的同事们还担心，媒体在作出积极反响时会将全部功劳归于根舍。

19. 关于这一行动措施的动机以及总理府外交官的反对，也比较 Jäger 1998，S. 65ff. 。

20. 11 月 28 日就被告知"邦联结构"的想法以及科尔给布什总统的信件，见 *Frankfurter Allgemeine Zeitung* v. 28. 11. 1989，Deutschlandpolitik Bonns in enger Abstimmung mit Washington。不过，此时对科尔演讲占有支配地位的评估却表明，在一篇较长报道的中间部分才谈到科尔建议的"邦联结构"。其他有关方案的预告，参见：*Frankfurter Rundschau* v. 28. 11. 1989，Kohl legt heute Plan zur deutschen Einheit vor；*Die Welt* v. 28. 11. 1989，Bundeskanzler legt Mehrstufen-Plan für Weg zur Wiedervereinigung vor。引文"少有的平静……"，来源于 *Frankfurter*

Rundschau v. 30. 11. 1989，Kurz wehte der Atem der Geschichte im Bonner Wasserwerk。

21. 此处以及其他阐述，见联邦议院记录：Deutscher Bundestag. Plenarprotokoll Ⅱ/ 177，28. 11. 1989；»10-Punkte-Programm zur überwindung der Teilung Deutschlands und Europas, vorgelegt von Bundeskanzler Kohl in der Haushaltsdebatte des Deutschen Bundestages am 28. 11. 1989 «，in Bulletin Nr. 134 v. 29. 11. 1989，S. 1141-1148。另见：Korte 1994，S. 89，S. 131f. ；Weilemann 1990；Jäger 1998，S. 68ff. ；Grosser 1998，S. 135f. ，S. 141f. 。从科尔的角度进行的描写以及他本人的部分阐述，见 Diekmann/ Reuth 1996，S. 160ff. ，Inhalt und Struktur des Planes。

22. 见联邦德国德意志内部关系部第Ⅱ A3 处按照国务秘书 1989 年 11 月 12 日的指示而起草的 1989 年 11 月 14 日的按语：Vermerk v. 14. 11. 1989，betr. :» Verfassungs- und völkerrechtliche Aspekte einer deutschen Konföderation-Gedankenskizze«（B 137/10723）。在用于存档而于 11 月 21 日起草的样稿中，看不到拟订方案中得出了何种结论或者引入了哪些其他步骤。在访谈中，特尔切克（1997 年 10 月 10 日）和汉茨（1998 年 6 月 5 日）保证，并不知道德意志内部关系部的前期准备工作。

23. 关于杜伊斯贝格的顾虑，参见：Teltschik 1993，S. 50；Ackermann 1994，S. 315；特尔切克 1997 年 10 月 10 日的访谈；汉茨 1998 年 6 月 5 日的访谈。关于科尔对这些抽象概念的思考和朔尔茨的作用，见 Diekmann/Reuth 1996，S. 160。关于联盟党议会党团的声明，见 1989 年 11 月 27 日基民盟/基社盟议会党团会议记录：ACDP，Bestand Ⅷ-001-1086 /1，bes. S. 18。

24. 也见 Teltschik 1993，S. 56。关于"条约共同体－邦联－联邦"三步走以及"邦联结构"的妥协建议，比较：Diekmann/Reuth 1996，S. 159f. ；Teltschik 1993，S. 56；Brand 1993，S. 148。Weilemann 1990，S. 19f. ，作者指出了西欧统一进程与联邦范畴的关联。关于公众对邦联想法的直接反应，也见 *Stuttgarter Zeitung* v. 29. 11. 1989，Konföderation-kein Fremdwort in der deutschen Geschichte。

25. 比较：Weilemann 1990；Korte 1994，S. 88ff. 。

26. 关于科尔的时间设想，见 Teltschik 1993，S. 52。几年以后，科尔本人解释说，当时他的出发点是统一"将在三四年后才出现——无论如何，只有在欧洲内部市场完成以后才能实现”（Diekmann/Reuth 1996, S. 167）。

27. “终于开始思考了”这一标题，见 1989 年 11 月 29 日德国《世界报》，其作者本恩特·康拉德（Bernt Conrad）是总理府头天晚上有关《十点纲领》信息讨论回合的参与者。鲍姆的说法来源于 *Frankfurter Rundschau* v. 30. 11. 1989, Kurz wehte der Atem der Geschichte im Bonner Wasserwerk。福格特的演讲文章刊登于 Deutscher Bundestag 1990a, S. 82。

28. 关于社民党立场的背景和发展以及引文，尤其见“德国统一史”研究项目中佩德拉·舒（Petra Schuh）的调查研究（Schuh/von der Weiden 1997, bes. S. 223ff.）。关于福格尔的邦联考虑，参见他 1989 年 11 月 23 日的报纸访谈：*Badischen Zeitung* v. 23. 11. 1989, SPD denkt über Konföderation nach。关于艾姆克的有关建议，见 Ehmke 1994, S. 404, 他也描述了执政联盟党团对福格尔 11 月 28 日联邦议院演讲的反应。关于 11 月底提交的社民党有关德国政策声明的至少四个不同的文本，参见：*Kölner Stadtanzeiger* v. 25. 11. 1989, SPD betont Ziel deutsche Einheit；*Frankfurter Rundschau* v. 30. 11. 1989, Die SPD auf der Suche nach der verlorenen Handschrift。

29. 关于演讲开始前两个小时才转发演讲手稿，参见 *Süddeutsche Zeitung* v. 30. 11. 1989, Kohl wirbt bei den Verbündeten für seinen Deutschland-Plan。根舍对没有在执政联盟或者内阁中协商演讲一事感到“诧异”，有关的大量提示见：Genscher 1995, S. 671ff., bes. S. 672；Kiessler/Elbe 1993, S. 49ff.。卡斯特鲁普也在 1998 年 4 月 17 日的访谈中描述了根舍的恼怒。关于执政联盟内部的辩论和自民党主席拉姆斯多夫的确认意见和科尔的声明，参见：Genscher 1995, S. 672；*Frankfurter Allgemeine Zeitung* v. 5. 12. 1989, Lambsdorff will den Streit über den Zehn-Punkte-Plan Kohls begrenzen；*Wirtschaftswoche* v. 9. 12. 1989, Streit ums Ehebett。关于拉姆斯多夫的批评，另见 *Welt am Sonntag* v. 3. 12. 1989, FDP gegen Kohls Zehn-Punkte- plan für Deutschland。

30. 关于拉姆斯多夫的意见，参见：*Süddeutsche Zeitung* v. 1. 12. 1989, Lambsdorff wirft dem Kanzler Alleingang vor；*Welt am Sonntag* v. 3. 12. 1989, FDP gegen Kohls Zehn-Punkteplan für Deutschland。关于“笨拙的”这一措

辞以及指出基民盟外交政策的错误，尤其见：*Frankfurter Rundschau* v. 5. 12. 1989, Von Amateuren und Diplomaten；*Wirtschaftswoche* v. 8. 12. 1989, Streit ums Ehebett。关于平息执政联盟内部的争论，参见 *Frankfurter Allgemeine Zeitung* v. 5. 12. 1989, Lambsdorff will den Streit über den Zehn-Punkte-Plan Kohls begrenzen。据此，拉姆斯多夫特别保证，他并不是按照根舍的愿望而作出批评的。关于外交部努力用根舍早期的意见论证《十点纲领》的内容，比较 *Süddeutsche Zeitung* v. 30. 11. 1989, Kohl wirbt bei den Verbündeten für seinen Deutschland-Plan。

31. 关于绿党的意见，参见：*die tageszeitung* v. 29. 11. 1989, Koalition in Bonn：So groß wie furchterregend；*Frankfurter Rundschau* v. 29. 11. 1989, Föderations-Idee eint den Bundestag。科尔描述了他对此感到的恼怒，见 Diekmann/ Reuth 1996, S. 181。

32. 参见 1989 年 11 月 29 日的报纸评论：*Frankfurter Rundschau*, Der Bonner Stufenplan；*Süddeutsche Zeitung*, Annäherungen an die Einheit；*Die Welt*, Endlich wird nachgedacht；*Frankfurter Allgemeine Zeitung*, Nach vorn geschaut；*die tageszeitung*, Vor einem finsteren Wahlkampf. 。勃兰特的讲话见其 1989 年 12 月 7 日在《明星》周刊的访谈，此处引自 Maier 1990, S. 68f. 。

33. 关于社民党的立场，总结性的概述见 *Neue Zürcher Zeitung* v. 3. 12. 1989, Bonner Deutschlandplan in der Anfechtung。对这段时间民主德国发展的时事概括，见 *Neue Zürcher Zeitung* v. 1. 12. 1989, Bonn in der deutschlandpolitischen Offensive，其中谈到每天有超过 2000 人移民。

34. Jarausch 1995, S. 112.

35. 关于民主德国政府发言人梅耶的声明，见联邦德国德意志内部关系部文件（Bundesministerium fur innerdeutsche Beziehungen 1990, S. 433）。德意志内部关系部对民主德国反应的总结，见按语：Vermerk II A 2 – 22. 811 v. 1. 12. 1989 an den Parlamentarischen Staatssekretär, betr. :»Reaktionen aus der DDR auf den 10-Punkte-Plan des Bundeskanzlers« (B 137/10640)，关于民主德国政府和反对派通过常设代表处负责人传达的信息，见：*Kölner Stadt-Anzeiger* v. 30. 11. 1989, Bonn läßt Kohl-Plan weltweit erläutern；*Neue Zürcher Zeitung* v, 1. 12. 1989, Bonn in der deutschlandpolitischen Offensive。东德的其他反应，见：Brand 1993, S. 150；Maier 1990,

S. 65ff.；以及大量的媒体文章（如：*Frankfurter Allgemeine Zeitung* v. 1. 12. 1989，Ost-Berlin bekräftigt Ablehnung einer baldigen Wiedervereinigung；*die tageszeitung* v. 30. 11. 1989，Konföderation pro und kontra）。关于德国自由民主党领导机构成员伯格什的言论，见 *Badische Zeitung* v. 29. 11. 1989，»Eine Aufgabe，die sich in 25 Jahren stellt«。关于各种不同的计划，见：*Bild am Sonntag* v. 10. 12. 1989，Neuer DDR-Plan: Acht Schritte zur Einheit；*Frankfurter Rundschau* v. 16. 12. 1989，Deutscher Bund ohne Waffen；*Bild am Sonntag* v. 17. 12. 1989，Sechs-Punkte-Plan zur Wiedervereinigung。

36. 萨格拉金的引文来源于 *die tageszeitung* v. 30. 11 – 1989，Konföderation pro und kontra。撒切尔夫人（Thatcher 1993，S. 1102）也在其自传中发表了意见。斯考克罗夫特说，他"非常愤怒"，见 1994 年 11 月 3 日与斯考克罗夫特的访谈。不过，这一恼怒并不怎么涉及方案的内容，因为科尔没有通知盟国就先发制人。在 1994 年 11 月 4 日的访谈中，罗伯特·赫金斯（Robert Hutchings）确认，科尔的演讲尤其在国家安全委员会中引起了气愤。

37. 斯库比斯泽夫斯基的阐述，见：*Rzeczpospolita* v. 8. 12. 1989；以及 1989 年 12 月 9 日与《人民报》（*De Volkskrant*）的访谈，引言引自 Ludwig 1991a，S. 191ff.。类似的还有 1996 年 4 月 23 日的访谈。在 1996 年 9 月 19 日的访谈中，马佐维耶茨基谈到波兰谚语"没有我们参加，就不能讨论我们的事情"的含义。关于波兰媒体的声音和政要们的评论，比较：*Frankfurter Allgemeine Zeitung* v. 30. 11. 1989（"我们已习惯了现状。它对所有人来说都是如此的舒适"）；*Die Welt* v. 6. 12. 1989［其中有波兰参议院主席安德烈·斯特马科夫斯基（Andrzej Stelmachowski）的说法，"科尔的纲领缺少第 11 点"］；*Süddeutsche Zeitung* v. 9. 12. 1989，Deutschland-Plan beunruhigt Polen。

38. 捷克斯洛伐克的反应，见 *Frankfurter Rundschau* v. 1. 12. 1989，Supermächte zeigen Kohl die kalte Schulter。关于吕贝尔斯的评论，见 *Die Welt* v. 1. 12. 1989，In Frankreich herrscht Irritation über Kohl。其他评论，见：Brand 1993，S. 151f.；*Süddeutsche Zeitung* v. 30. 11. 1989，Moskau: Kohl will der DDR Bedingungen diktieren；*Handelsblatt* v. 30. 11. 1989，Warschau und Moskau weisen auf »Realitäten« hin。

39. 关于通知德国和国际媒体以及盟国大使，见 Teltschik 1993，S. 54ff. 。

40. 在 1997 年 6 月 3 日的访谈中，马拉贝谈到，特尔切克强调《十点纲领》并没有包含新的消息，而是充满着延续性。相反，马拉贝坚持这个纲领极可能是新鲜事物，因为它首次将重新统一称为具体的、积极的政治目标，即便它没有涉及统一的时间期限。

41. 与希拉耶夫的会晤，见：Diekmann/Reuth 1996，S. 176（科尔本人的描述）；Teltschik 1993，S. 58；Bulletin Nr，135 v. 30. 11. 1989，S. 1155（内容说明）。关于总理府的会谈准备，见按语：Vermerk AL 2 an Bundeskanzler Kohl v. 28. 11. 1989，betr. »Ihr Gespräch mit dem stv. sowjetischen Ministerpräsidenten Iwan S. Silajew am 29. November 1989，11. 00 Uhr. «。卡斯特鲁普在 1998 年 4 月 17 日的访谈中谈到了他本人的印象。对苏联反应的其他说明，见：Brand 1993，S. 151f.；*Frankfurter Rundschau* v. 1. 12. 1989，Supermächte zeigen Kohl die kalte Schulter；*Süddeutsche Zeitung* v. 30. 11. 1989，Moskau: Kohl will der DDR Bedingungen diktieren。格拉西莫夫的引文，见 *Die Welt* v. 30. 11. 1989，Deutscher Wille zur Einheit wird Thema der Weltpolitik。谢瓦尔德纳泽的看法，见：*Süddeutsche Zeitung* v. 1. 12. 1989，Ohne Grenzgarantie keine deutsche Einheit；*Neue Zürcher Zeitung* v. 3. 12. 1989，Bonns Deutschlandplan in der Anfechtung。莫斯科对社民党立场的不快，见 *Kölner Stadtanzeiger* v. 30. 11. 1989，Moskau vor allem befremdet über SPD。巴尔在莫斯科与法林和苏共中央委员会秘书亚历山大·雅科夫雷夫（Alexander Jakowlew）会晤。在新闻发布会上，巴尔还谈到，他和法林的意见一致，即德国统一并不在议事日程上。巴尔建议了调节两德关系的其他条约文本，例如《基本条约》的附加议定书。对苏联反应的总结，见 Biermann 1997，S. 335f. und S. 342（与 1989 年 12 月初有一定的差距）。

42. 细节上始终尚未澄清的法林的东柏林之行，见各种不同的访谈：Kuhn 1993，S. 71ff.；Kotschemassow 1994，S. 195f.；Biermann 1997，S. 331f.（其中有详细的分析，作者也分析了流言蜚语，说法林在东柏林威胁要采用武力关闭边境站）。法林本人在回忆录中则很少谈到这次旅行，见 Falin 1993a，S. 488。克伦茨转达的法林引文"选择的痛苦"，见 Kuhn 1993，S. 73。

43. 有关马耳他峰会中意义重大的德国政策的会议经过，尤其见：Zelikow/

Rice 1997，S. 185ff. ；Gorbatschow 1995a，S. 696；Baker 1996，S. 161ff. 。关于马耳他峰会的人事情况和会议经过的其他信息，见：Beschloss/Talbott 1993，S. 183ff. ；Commitee on Foreign Affairs 1991，S. 232ff. 。关于戈尔巴乔夫与马尔罗尼已举行过的会晤，见：Zelikow/Rice 1997，S. 184；Biermann 1997，S. 335f. 。

44. 科尔同事们的内部分析，见按语：Vermerk AL 2 an den Bundeskanzler（von diesem abgezeichnet）v. 30. 11. 1989，betr. :» Reaktionen aus den wichtigsten Hauptstädten auf Ihren 10-Punkte-Plan«（212-35400 De 39，Bd，1）。

45. 关于代表团会谈、与谢瓦尔德纳泽会面的气氛、已启程离开的民主德国代表团施加的影响，见：Genscher 1995，S. 682ff. ，bes. S. 683（科尔的评估）；Biermann 1996 S. 340 [他以新闻报道为基础，称根舍与谢瓦尔德纳泽会面"几乎不怎么令人愉快"（同上，S. 341）]。与之相反，卡斯特鲁普在1998年4月17日的访谈中却想不起来会谈的氛围特别糟糕。莫德罗与苏联总理12月4日的会谈文件记录，提供了民主德国代表团在莫斯科华约讨论框架内的访问情况，其中既商议了固定两德并存，又商议了扩大两德关系。此外，民主德国内部文件表明，东柏林政府完全能够设想在确定两德并存的同时有一个邦联，见：Nakath/Stephan 1996，S. 231；den Abdruck der Notiz ebenda，S. 255ff. 。戈尔巴乔夫与民主德国政治家的会面——苏联总书记首先同时会见莫德罗和克伦茨，然后再次单独与莫德罗会面，也见 Biermann 1997，S. 337f. ，作者比较详细地探讨了民主德国领导人莫斯科之行的内部背景和克伦茨充满争议的与会。

46. 苏联方面的原文翻译件描述了这次会谈:» Niederschrift des Gesprächs zwischen M. S. Gorbatschow und dem Außenminister der BRD H. - D. Genscher. 5. Dezember 1989 «（Hoover Institution Archives，Stanford：Zelikow-Rice-Papers）。在1998年4月17日的访谈中，卡斯特鲁普也详细地追述了这次会谈。根舍在1997年10月31日的访谈中说，他在会谈后作出指示，只向波恩发回简短的报告，因为会谈充满着爆炸性，他不愿对外透露细节。关于经过极大缩减并且内容也明显缓和的会谈情况描述以及参与人员的评估，见：Genscher 1995，S. 683ff. ；Gorbatschow 1995a，S. 713f. 。谢瓦尔德纳泽没有提到12月5日的具体会面情况，但描述了他强烈的激动不安以及苏联国内在德国问题上的普遍气氛，见 Schewardnadse 1993，S. 240。其他描写，见：Teltschik 1993，S. 68；Kiessler/Elbe 1993，S. 69。戈尔巴乔夫的顾问萨格拉金、联邦德国驻莫斯科大使布雷西和卡斯特鲁普也参加了谈话。关于这次会谈的总结和归类，见：Zelikow/Rice 1997，S. 199f. ；Biermann 1997，S. 340ff. 。这些文献中的复述很详细，因为这次会谈一方面是德苏的关键性会面，此外，由于文件材料的情况，也破例地表现了根舍的会谈风格。关于根舍的话 "最不愉快的会面……"，见 Genscher 1995，S. 683。

47. 根舍对与戈尔巴乔夫会谈的阐释，见 Genscher 1995，S. 687。根舍复述了戈尔巴乔夫的最后评语，即如果全欧进程良好发展，那么在德国问题上也会有新的发展，并将继续出现联邦德国与苏联的良好关系，但在苏联方面的口头记录中找不到这一情况记载。不过，不同地方出现的评估，都允许联邦德国外长作出如此积极的阐释。德国的记录支持根舍的说法（如 1998 年 4 月 17 日与卡斯特鲁普的访谈，此时，他可以使用详细的会谈按语）。

48. 关于会晤的评价和莫斯科出现的舆论转变，见 Biermann 1997，S. 342f. 。其中也有苏联外交官传达的 "惊慌失措的气氛" 的证明。

49. 关于美国对《十点纲领》直接反应的描述，基于和布莱克威尔的访谈。此外，比较：Zelikow/ Rice 1997，S. 180ff. ；Kiessler/Elbe 1993，S. 52f.（其中包含充满着误解的评价和阐释）。相关描述还以 1994 年 10 月 31 日与赖斯的访谈和 1996 年 9 月 19 日与斯考克罗夫特的访谈为基础。其中，斯考克罗夫特确认，由于缺乏事先协商，他对科尔的攻势明显比布什总统恼怒。布什也有短暂的恼火，但预支给联邦总理的信任显然多一些。最迟在 12 月 3 日布鲁塞尔的共同晚餐以后所有恼怒都消除了。

50. 见联邦总理科尔 1989 年 11 月 28 日给美国总统布什的信件：Brief von Bundeskanzler Kohl an US-Präsident George Bush von 28. 11. 1989（21 - 30100（102）- Br 8，Bd. 27）。现已无法再设身处地理解，为什么科尔的信件这么晚才到达布什的手上。泽利科夫和赖斯猜测是 "传递上的困难"，见 Zelikow/Rice S. 549（Fn 64）。关于信件的传递，也见：Teltschik 1993，S. 52；Diekmann/Reuth 1996，S. 167ff.（科尔本人的描述）。

51. 布什政府对科尔信件的评估，见 Zelikow/ Rice 1997，S. 181；克伦茨给布什信件的复印件，见 SAPMO DJ 30/IV4 2.039。克伦茨提到布什在柏林墙倒塌以后的一封信，其中，布什欢迎柏林墙开放并宣布美国支持通往统一和自由欧洲的道路。1989 年 11 月 15 日，布什的信件由美国代表在波恩转交给四方小组会议的其他参与者（B 137/10730）。关于克伦茨信件和美国的阐述，见：Zelikow/Rice 1997，S. 182；Baker 1996，S. 158f.。

52. 对这项计划很有可能非常危险的评估，参见 1994 年 11 月 2 日与佐利克的访谈和 1994 年 10 月 31 日与赖斯的访谈。斯考克罗夫特指出了在科尔单方面的先发制人以后出现的恼怒，见 1994 年 11 月 3 日与斯考克罗夫特的访谈。斯考克罗夫特表示，缺乏协商也说明，科尔可能向其外长透露过，但尤其因为国内政治的原因，事先协商是不可能的。美国驻波恩大使馆工作人员对特尔切克的一位同事的批评性评注，见按语：Vermerk Referat 212 v. 1. 12. 1989 an Abteilungsleiter 2，betr. :»10-Punkte-Plan，hier：Reaktion aus US-Botschaft«（212 – 354 00 De 39 NA 1，Bd. 1）。据此，美国外交官在一次接待活动的间隙批评联邦德国没有告诉美国这项计划，却与民主德国和苏联进行了所谓的磋商。此外，还指责科尔在演讲中只字未提"北约"，这使人想到统一后的德国将是中立的。对美国反应的其他认识，见：Zelikow/Rice 1997，S. 182；1994 年 11 月 7 日与多宾斯、1994 年 11 月 4 日与赫金斯、1994 年 11 月 4 日与金米特、1994 年 11 月 3 日与科恩布鲁姆、1993 年 12 月 16 日与米勒的访谈。

53. 通话摘录复述，见：Zelikow/Rice 1997，S. 182f.；Diekmann/Reuth 1996，S. 176f.。

54. 美国国务院工作人员对民主德国外交官所说的意见，即美国坚信统一是不可避免的，参见国务院欧洲和苏联司副司长多宾斯对民主德国大使的声明，复述于 MfAA，Außenpolitische Tagesinformation，Nr. 236/89 v. 30. 11. 1989。声明认为，这一进程无法阻挡。在民主德国自由选举以后，可以开始商谈邦联。因此，两德还将有一段时间属于各自的联盟（SAPMO DJ 30/IV 4 2.039，Bd. 327）。在 1997 年 11 月 7 日的访谈中，多宾斯也抱有类似的看法，他的评估主要以不断增长的"街头压力"为基础。

55. 布什的媒体讲话，见 Zelikow/Rice 1997，S. 169f.。贝克描述了《四项

原则》的产生历史，见 Baker 1996，S. 16。其他阐述，见 Zelikow/Rice 1997，S. 194ff.。贝克的描述有误导，因为在这个早期版本中还没有包含四大国特殊的权利与责任，见新闻发布会文稿：Kaiser 1991a，S. 169。在布什 1989 年 12 月 4 日布鲁塞尔的北约演讲中才加入强调四大国权利的内容（Zelikow/Rice 1997，S. 194f.，bes. Fn 88）。

56. 指出《四项原则》是布什对《十点纲领》的直接反应，见：1993 年 12 月 17 日与佐利克的访谈；Kiessler/Elbe 1993，S. 55（两位作者也同样涉及佐利克）。

57. 总理府对根舍伦敦访问的分析报告以及报告中提到首相需要信息，也见按语：Vermerk AL 2 an Bundeskanzler Kohl v. 30. 11. 1989，betr. : »Reaktionen aus den wichtigsten Hauptstädten auf Ihren 10-Punkte-Plan«（212 – 35400 De 39，Bd. l）。违背通常的实践，外交部代表团没有向波恩传回会谈经过报告，而是根舍打电话向总理府宣布他将亲自告诉总理会谈的内容，见按语：Vermerk v. Bitterlich an den Bundeskanzler v. 30. 11. 1989（212 – 35400 De 39，Bd. l）。会晤和重要内容的描写，见：Genscher 1995，S. 675f.；Kiessler/Elbe 1993，S. 52。撒切尔夫人描述了她对《十点纲领》的批评性反应，认为科尔违背了"巴黎峰会的精神"，见 Thatcher 1993，S. 1100。

58. 关于撒切尔夫人戴维营访问的详细描述，见 Zelikow/Rice1997，S. 172f.。也比较 *Die Welt* v. 25. 11. 1989，Thatcher warnt Bush vor Euphorie。撒切尔夫人评价这次访问没有改善与布什受到损害的关系，见 Thatcher 1993，S. 1100。

59. Vgl. Klein 1996，S. 406；Jackisch 1996，S. 126.

第五章　现状中的外交

1. 比较法国媒体之声的汇编，见 *Bonner Generalanzeiger* v. 30. 11. 1989，In Paris weckt Kohl Zweifel。一位原政府官员解释说，爱丽舍宫遮遮掩掩地谈到"两面派"和联邦总理的"背版"，比较 Witznitzer 1991，S. 134。

2. 杜马的引文，见对德国 – 欧洲问题的回答，刊登于 *Frankreich-Info*，Nr. 31/1989，1. 12. 1989。有人指出"试图突然袭击"，见 Kiessler/Elbe 1993，S. 51f.。法国政治精英的其他反应，比较：Favier/Martin-Roland 1996，S. 189；Teltschik 1993，S. 60（特尔切克描述了阿塔利的评论）。

3. 比较 1989 年 11 月 27 日科尔给密特朗的信件：Schreiben Helmut Kohl an François Mitterrand v. 27. 11. 1989 (30916 Gi 47)。对于事先没有通知的谴责，可以得到部分缓解。大多数情况下，在准备这样的信件时，总理府工作人员和科尔本人就有关内容和各个措辞进行协商，直到确定最终文本并转交给收件者，此时已经过去了几天时间。在眼前这件事情上有一个可能性，即撇开科尔故意追求的意外效果，在起草给密特朗的信件时，《十点纲领》仍处于完全不成熟的状态。可以想象的是，信件的起草是在 11 月 23 日以前，也就是在准备十项内容的第一次纲领会议以前，因为这封信被视作对密特朗 11 月 6 日信件的答复。不过，从技术上来说还是有可能增加宣布德国纲领性演讲的段落。在 1995 年 11 月 30 日的访谈中，阿塔利说，科尔可能是有意识地放过这个机会：爱丽舍宫认为，在宣布《十点纲领》的前一天递交欧共体大事记，却没有一句提到《十点纲领》，这是不可理解的，几乎是超现实的。巴黎从不期待会有关于德国政策计划表的磋商，但很可能希望得到该计划本身的简短信息。如果从书面上来说，已不再可能如此，但至少可以通过特尔切克进行事先简短的口头通知，就像通常所做的那样。

4. 根据联邦政府信息。在这一"失误"中没有澄清的是，最终是波恩的法国大使馆的失职——使馆经过了一段时间的犹豫才转发该文稿，还是爱丽舍宫没有完全了解这份方案的含义。通常来说，重要的消息和信息可以在达到爱丽舍宫不到一小时之内就由负责的顾问通过总管转交给总统，然后由总统作出有关批示，之后再转发回去（比较 Védrine 1996 S. 41；类似的还有布瓦德维在 1995 年 11 月 29 日的访谈）。

5. 比较 Genscher 1995，S. 676ff.。根舍称自己与密特朗的谈话的确是与总统最重要的会谈："此刻，密特朗也证明自己是欧洲级的重要领导人，是德国可以信赖的朋友，他致力于不要设置德国统一的障碍，而是确保创造德国统一也能让欧洲得益的框架条件。"关于会谈气氛和东道主的怀疑，参见：*Süddeutsche Zeitung* v. 1. 12. 1989，Ohne Grenzgarantie keine deutsche Einheit；*Libération* v. 1. 12. 1989，Genscher rassure la France；*Süddeutsche Zeitung* v. 2. 12. 1989，Mitterrand enttäuscht über fehlende Absprache。

6. Vgl. Teltschik 1993，S. 38.

7. Vgl. dazu Kortz 1996，S. 26ff.

8. 比较 Hillenbrand 1998，S. 352。对这两种不同构想特征的详细说明，见 Schönfelder/Thiel 1996，S. 30ff. 。

9. Vgl. ausführlicher Kortz 1996，S. 30f.；Tolksdorf 1995，S. 56ff.

10. Vgl. dazu Hillenbrand 1998，S. 353f.

11. 因此，只有继续按照《欧洲经济共同体成立条约》第236条，在全体成员同意修改条约的情况下，才有可能进行机构的更新。比较 Häde 1992，S. 171。

12. 关于1988年2月26日根舍创建欧洲货币区和欧洲中央银行的备忘录，比较 Deutsche Bundesbank, Auszüge aus Presseartikeln, Nr. 15/ 1. 3. 1988，S. 6f. 。其中也有对根舍攻势的反应（同上，S. 7f.）。关于汉诺威欧洲理事会，也就是在实现欧洲经济与货币联盟中的不同立场，尤其比较：Detlev W. Rahmsdorf：Währungspolitik, in Weidenfeld/ Wessels 1990，S. 112ff.，hier S. 115ff.；Hasse 1989；Bertelsmann-Stiftung 1989。

13. 关于该问题的深入计较，见 Schönfelder/Thiel 1996。

14. 尤其见详细的描写：Favier/Martin-Roland 1996，S. 163。

15. Vgl. Bericht zur Wirtschafts- und Währungsunion in der EG, Vorgelegt vor dem Ausschuß zur Prüfung der Wirtschafts- und Währungsunion am 17. 4. 1989（Delors-Bericht），abgedruckt in Europa-Archiv, Nr. 10/1989, S. D283ff.；ausführlich dazu Schönfelder/Thiel 1996，bes. S. 40ff.

16. 此处以及此后，比较 Peter Hort, Der Europäische Rat, in Weidenfeld/ Wessels 1990，S. 45ff.，hier S. 47ff. 。另比较 Bitterlich 1998，S. 113f. 。

17. 此处以及此后，比较 Favier/Martin-Roland 1996，S. 202。作者此处的描述以吉古的记载为基础，吉古此时是法国欧共体协调委员会负责人。1990年1月底，她还被任命为法国东欧政策的协调员（联邦政府信息）。对于召开欧洲经济与货币联盟政府间会议，波恩的兴趣是既不要将会议也不要将会议的内容具体化，在1989年10月5日联邦总理和欧洲委员会主席的会谈中，就表示了这一兴趣：联邦总理问委员会主席，在斯特拉斯堡的欧洲理事会上，法国是否不会采取有关的攻势，德洛尔称这一猜测是误解，并解释说，法国担任欧洲理事会轮值主席的目标只是在1990年下半年召开政府间会议，但没有确定详细的框架条件。这一误解促使德洛尔与密特朗商量，晚上在斯特拉斯堡就欧洲经济与货币联盟机制化的后果以及共同体其他改革步骤进行第一次交谈。他想以此让密特朗提出对一体化其他步骤的设想。在德洛尔看来，斯特拉斯堡必须提供对欧洲一体化进程的"充满活力的看法"。比较按语：Vermerk Abt. 2（Bitterlich）v. 13. 10. 1989 an Bundeskanzler Kohl, betr.：»Ihr Gespräch mit dem Präsidenten der EG-Kommission am 5. Oktober 1989, 11. 00 – 13. 00 Uhr«（211 301105 Eu70）。关于密特朗 1989 年 10 月 25 日在欧洲议会的亮相，比较法国大使馆文件档案摘要：»Erklärungen des französischen Staatspräsidenten zu Deutschland«（27. 7. bis 31. 12. 1989）。

18. Vgl. dazu *Neue Zürcher Zeitung* v. 27. 10. 1989, Mitterrand für Hilfe der EG an Polen and Ungarn; *Süddeutsche Zeitung* v. 27. 10. 1989, Mitterrand: Osteuropa helfen; *Le Monde* v. 27. 10. 1998, M. Mitterrand plaide pour l'Europe politique et le soucien à M. Gorbatchev; Attali 1995, S. 325ff.

19. 科尔 1989 年 11 月 27 日给密特朗的信件（30916 Gi 47）。

20. 根舍在回顾中很少表现出对此的理解。与其 1989 年 11 月 30 日出访巴黎相关，他写道："我完全无法着手处理这些疑虑。我发现，在现有情况下，它们甚至是成问题的。绝不允许它们造成巴黎的不信任，并对德法关系以及法国对德国统一的立场产生影响"（Genscher 1995, S. 680）。

21. 密特朗 1989 年 12 月 1 日给联邦总理科尔的信件 [301 00（102）Bd. 27 – 33]。

22. 密特朗建议在国际峰会间隙进行会晤，以便双方交换思想，这并非不同寻常，而是多年以来德法峰会运行良好的习惯做法。与之相反，密特朗出现在布鲁塞尔则被评价为特殊的姿态。通常来说，密特朗出席北约所有正常的峰会，但不会参加这种计划外的信息会晤，这项任务大多数委托给杜马。借此，密特朗表现了他对当前国际的，尤其是德国政策发展的敏感。在这种形势下，他要更多地公开出现在国际舞台上。

23. 科尔 1989 年 12 月 5 日给密特朗的信件（30916 Gi 47）；也比较 Bitterlich 1998, S. 114f.。

24. 比较密特朗 1989 年 12 月 6 日给科尔的信件 [301 00（102）Bd. 27 – 33]。虽然他在信件开始只是笼统提到，加速政治联盟符合全体欧洲人的利益，但对他来说，欧洲经济与货币联盟是该联盟的重要组成部分，而不是共同体的机构改革，这一点非常明确。

25. 见 Védrine 1996，S. 431，他记录的通话日期是斯特拉斯堡会议前三天，但这极不可能，因为 12 月 5 日科尔给密特朗的信件才被送走，这封信再次转达了明确的拒绝立场。

26. Kohl in Diekmann/Reuth 1996，S. 195。在 1998 年 4 月 17 日的访谈中，卡斯特鲁普的回忆也是类似情况。

27. 此处以及此后，尤其比较以下描述：Favier/Martin-Roland 1996，S. 205 ff.；Peter Hort，Der Europäische Rat，in Weidenfeld/Wessels 1990，S. 49 ff.。

28. Dumas 1996，S. 340 f. 在 1995 年 11 月 28 日的访谈中，杜马也确认了科尔和撒切尔夫人之间的唇枪舌剑，不过，他强调密特朗在这种情况中的主持角色和安抚作用；与此不同的描述，见 Bitterlich 1998，S. 116 f.，其中写道气氛"冷淡"，一些伙伴"有所保留"，在德国看来，法国的谈判主持"非常巧妙而克制"。只有冈萨雷斯站在联邦总理一边，提供了他对统一的积极支持。也见 Thatcher 1993，S. 1103。媒体对科尔所发表的看法进行了活跃推测。这些推测摇摆于两者之间：宣布科尔明确称奥德－尼斯河边界不可改变，或者描述科尔只引用"赫尔辛基基本原则"和《华沙条约》，也就是排除武力改变边界，因此"既不承认也不否认"边界走向。比较 *Süddeutsche Zeitung* v. 11. 12. 1989，Ein Forum für das ungleiche Paar。另比较 *Le Quotidien de Paris* v. 9. /10. 12. 1989，Kohl abat sa carte。阿塔利说，照科尔的话来说，就是绝不能在统一以前用条约的形式固定边界，见 Attali 1994，S. 42。

29. 此后内容比较 Thatcher 1993，S. 1102 ff.。在 1997 年 6 月 3 日的访谈中，撒切尔夫人的同事鲍威尔指出，正是密特朗，他在柏林墙倒塌以前的 1989 年 9 月初，在首相的契克斯乡村别墅的私人会晤中，鉴于正在出现的发展，第一次清楚地向她拉响了警报。此后，密特朗也用自己对德国统一议题的拒绝言论而不断地令英国政府首脑感到异常激动——却令外交部的工作班子感到遗憾〔比较 1997 年 6 月 5 日与威廉·瓦德格拉夫（William Waldegrave）的访谈，他将两人的关系描述为非比寻常，撒切尔夫人虽然不赞同密特朗的政策，但完全被他本人吸引住了］。到了新年之交，在两德发展一事中，密特朗甚至是两人中更加担忧的一方，他在该问题上的立场转变令人失望（1997 年 6 月 3 日与鲍威尔的访谈）。直到此时，撒切尔夫人与戈尔巴乔夫和密特朗都希望，虽然没有拒绝阵线，但也可以建立同盟，减缓事态的发展（1997 年 6 月 4 日与英厄姆的访谈）。

30. 在 1997 年 6 月 3 日的访谈中，鲍威尔如此复述："在遇到巨大危险的时刻，英国和法国总是比较紧密。"

31. 此处以及密特朗要求"较为柔和的措辞"，比较：Favier/Martin-Roland 1996，S. 208；Dumas 1996，S. 340；在 1990 年 11 月 28 日的访谈中，杜马说，正是由于密特朗散播再次平息风浪的愿望，才使大家最终找到了一致。直到晚上很晚，国家和政府首脑们还在讨价还价，然后密特朗通知杜马和根舍，使得他们直到凌晨 2 点还在忙于拟定声明。参与晚上拟定欧洲理事会最终一致结果声明的人员，见 Attali 1995，S. 372。在 1998 年 4 月 17 日的访谈中，卡斯特鲁普谈到关于措辞而进行的少见的困难和复杂的谈判，而几乎所有在场人员早就在某种情境中赞同过这些措辞。

32. Abgedruckt in Auswärtiges Amt 1995，S. 338.

33. 国家和政府首脑欧洲理事会对中东欧的声明：Schlußfolgerungen des Vorsitzes des Europäischen Rates zur 42. Ratstagung am 8. u. 9. 12. 1989 in Straßburg，in Weidenfeld/Wessels 1990，S. 421ff.，hier S. 431f. 。维护"赫尔辛基基本原则"是法国尤其关心的事务，比较 *Le Quotidien de Paris* v. 9. /10. 12. 1989，Strasbourg：La Ligne Kohl。

34. 关于这次会谈，见有关 1989 年 12 月 9 日联邦总理和法国总统早餐的按语：Vermerk von VLR I Bitterlich v. 14. 12. 1989，betr. :»Europäischer Rat Straßburg（8. /9. Dezember 1989），hier：Arbeitsfrühstück des Bundeskanzlers mit dem französischen Staatspräsidenten Mitterrand am 9. 12. 1989，8. 45 – 9. 30«（301 00（56）Bd. 78 – 82）。

35. 本章有关于戈尔巴乔夫和密特朗会晤的详细描写。

36. 比较 Favier/Martin-Roland 1996，S. 208f.，根据该书作者的说法，联邦总理强调了密特朗对德波边界和德国内部边界不同的看法，并强调它们事实上并不相同。按照吉古的会谈记载，总统在此情况中也提到戈尔巴乔夫决定不采用武力，他曾经如此坚定，现在则非常平静。根据总理府的会谈记录，戈尔巴乔夫提到他对密特朗表现出的内心平静的理由是，对于苏联改革进程最重要的基础已经作出了决议。

37. Vgl. Favier/Martin-Roland 1996，S. 209.

38. 这一描述基于联邦总理府信息和联邦德国外交部信息。施塔文哈根补充说，随着确定了有关德国政策的段落，12 国首脑圈中的现有活动空间得以充分利用。科尔的同事比特里希的评估则是比较怀疑，他明确指出，意见一致的措辞最终不比"逐字复述原来对'德国问题'几乎是礼仪性的说法"多得多。德国人增加了将统一纳入欧洲统一中这一点，将此作为框架和目标设想；人们必须慢慢地琢磨文稿的其他说法，以便清楚地理解编织在一起的所有条件、保留态度和行动诀窍，并且能够把将要实现的目标——认真地将所有德国人纳入进来——推向不可知的未来或者远方（Bitterlich 1998，S. 116）。关于斯特拉斯堡峰会的结果，也比较 Peter Hort, Der Europäische Rat，in Weidenfeld/Wessels 1990，S. 49ff. 。

39. 关于谴责，比较 *Le Figaro* v. 11. /12. 12. 1989，Le prix du success。密特朗的说法，见 *Die Welt* v. 12. 12. 1989，Mitterrand erinnert an deutsche Vergangenheit。引文来源于密特朗 1989 年 12 月 10 日在欧洲一台"新闻俱乐部"（Europe 1，Le Club de la Presse）中的访谈，摘录刊登于 1989 年 12 月 11 日联邦新闻与信息局的评论概述中。

40. Vgl. *Le Figaro* v. 7. 12. 1989，Controöler le rapprochement entre les deux Allemagnes.

41. Vgl. *Le Monde* v. 16. 11. 1989，MM. Gorbatchev et Mitterrand vont se rencontrer pour discuter du nouvel équilibre européen.

42. Vgl. *Le Monde* v. 16. 11. 1989，La date et le lieu de la rencontre entre M. Gorbatchev et M. Mitterrand n'ont pas encore été fixes. 与爱丽舍官的说法不符，一天以后，在莫斯科的法国《世界报》记者就报道说，根据可靠来源，已经定于 12 月中举行这次会晤。比较 *Le Monde* v. 17. 11. 1989，M. Mitterrand rencontrerait M. Gorbatchcv à Moscou à la mi-déccmbre。

43. 会谈经过，比较会谈记录:» Niederschrift des Gesprächs zwischen M. S. Gorbatschow und dem Präsidenten Frankreichs F. Mitterrand, Kiew,

6. Dezember 1989«（Hoover Institution Archives, Stanford: Zelikow-Rice-Papers）。以法国记录为基础而对会面进行的最详细的描写，见 Favier/Martin-Roland 1996, S. 195ff.；也比较 Mitterrand 1996, S. 76ff.（不过，密特朗在描述中主要涉及戈尔巴乔夫所谈的意见及其对后者内部和联盟政策情况的看法）。关于他本人的立场，密特朗只是介绍了在会晤后举行的新闻发布会上的说法，而且也是非常有选择性的：他在回忆中只提到了自己探讨的德法良好关系、探讨了他本人在国家问题上对德国事务的理解）。深入比较 Attali 1995, S. 359ff.，阿塔利以对话的形式摘要复述了谈话内容，但在议题和陈述的顺序上，部分偏离了上述会谈记录。以下文章分别非常简要地涉及会谈内容：Gorbatschow 1995a, S. 742（其中错误的是，会晤日期被记为 1989 年 11 月）；Diekmann/Reuth 1996, S. 198f.；Teltschik 1993, S. 71f.。

44. 根据阿塔利的记载，会谈结束时，戈尔巴乔夫请求法国人阻止德国重新统一，因为否则的话，他就面临着被军人取代的危险。因此，密特朗承担着欧洲是否会面临战争威胁的责任（Attali 1995, S. 366）。但在苏联的记录中看不到这一要求。

45. 这一情况来源于一份记录中的内容:»Gespräch von［W. Sagladin］mit Jacques Attali, Kiew, 6. Dezember 1989«（Hoover Institution Archives, Stanford: Zelikow-Rice-Papers; dabei handelt es sich nicht um ein Wortprotokoll）。阿塔利本人没有提到这次会谈，见 Verbatim Ⅲ（Attali 1995）。

46. 1989 年 12 月 6 日在基辅与戈尔巴乔夫共同举行的新闻发布会，摘录刊登于法国大使馆文件资料汇编中的法国总统 1989 年 7 月 27 日至 12 月 31 日对德国的声明，没有页码编号。参见：*Le Figaro* v. 8. 12. 1989, France-Allemagne: illusions perdues; *Le Figaro* v. 7. 12. 1989, Contrôler le rapprochement entre les deux Allemagnes。此外，密特朗还在回忆中确认了这次访问预期的信号作用："法国和俄国良好的和睦相处构成了欧洲均衡的主要因素。欧洲眼前的困境使得这一示范性作用（与戈尔巴乔夫的会晤 —— 本文作者注）更有必要"，见 Mitterrand 1996, S. 85。

47. 引自联邦政府新闻与信息局 1989 年 12 月 7 日的《东方信息》（Ost-Informationen）。

48. 密特朗晚了 40 分钟才起飞前往基辅，后来知道，这是因为科尔"在起飞前一刻还在与他通话"，这说明，在这种形势下，联邦总理显然要再次证实法国伙伴的信任。比较 *Süddeutsche Zeitung*，v. 11. 12. 1989，Ein Forum für das ungleiche Paar。

49. 戈尔巴乔夫在回忆中也明确指出，法国和苏联在将德国统一纳入全欧情境方面的意见是一致的。比较 Gorbatschow 1995a，S. 742。

50. 密特朗访问民主德国的前期历史和背景的描述，基于联邦德国外交部信息、总理府信息、法国外交部信息。

51. 1989 年 10 月 3 日，在波恩的四方小组中，法国发言人确认了这一意图；9 月 29 日，外长杜马在纽约就已对法国记者表明了确切的时间，并提到 1989 年 12 月 12～16 日或 16～20 日是可能的日期。

52. 此处以及此后，比较 Favier/Martin-Roland 1996，S. 216ff.。密特朗在回忆中确认了民主德国领导层的期待和拜尔传达的消息（Mitterrand 1996，S. 97）。

53. 回顾过去，密特朗为自己坚持这次访问进行辩护，他表示，虽然他了解这个国家的"好奇心"始终加速着事态的发展，但欧洲的一部分命运要在这个国家作出决定（Mitterrand 1996 S. 95）。

54. 比较：Favier /Martin-Roland 1996，S. 217；Genscher 1995，S. 704f. 。根舍没有准确记载这次谈话的时间，也没有明确提到这次通话，他只是写道，杜马"在一段时间以前就"已对他谈到此事，其中杜马说，决定是否必须进行这样的访问只是法国自己的事情。根舍认为，很难作出相反的回答，因为不久前联邦总理本人还鼓励贝克去波茨坦与莫德罗会晤。在 1995 年 11 月 28 日的访谈中，杜马特别强调根舍赞成访问，尤其是因为后者似乎（共同）设计组织了这一活动，他对杜马说，"你们必须去那里，会见这种或那种人物"。

55. 访问项目涉及的问题还有，巴黎并不确定现在究竟谁能够算得上是反对派。在 1995 年 11 月 27 日的访谈中，比安科确认，直到最后仍然没有确定该项活动，这种情况要归咎于这段时间内民主德国国家组织的完全瓦解和混乱。

56. 也见 Mitterand 1996，S. 94f. 。比较 *Le Monde* v. 2. 12. 1989，M. Mitterrand n'est pas le premier。争论中，很大程度上仍然没有注意到，美国国务卿贝克有目标地将其 1989 年 12 月 12 日对民主德国的访问放在法国国家元首访问之前，以显示美国的领导作用，比较 Baker

1996, S. 165ff., bes. S. 167。不过，与密特朗不同，贝克有意识地避免前往东柏林，也比较：Védrine 1996, S. 452；Favier/Martin-Roland 1996, S. 2l2f.；魏登菲尔德的私人档案记载。

57. Gerlach 1991, S. 372. 关于访问，比较密特朗的描述（Mitterrand 1996, S. 93ff.），其中，他没有复述与民主德国领导层的谈话内容，而只是复述了与反对派的会谈摘录。此外见：Attali 1995, S. 379ff.；Favier/Martin-Roland 1996, S. 216ff.（两位作者强调指出，关于密特朗的民主德国访问，没有政府官方文件可供他们使用，仅以访谈或者能够公开使用的材料为基础）。

58. 比较 Favier/Martin-Roland 1996, S. 218f.，此处，作者以法国代表团成员私下的报告为基础。

59. 此后的密特朗引文，来源于 *Süddeutsche Zeitung* v. 22. 12. 1989, Mitterrand warnt vor Grenzveränderungen。关于欧安会会晤，比较 *Le Quotidien de Paris* v, 22. 12. 1989,»Helsinki-2 « à Paris?；引文欧共体的"使命"，来源于 *Le Quotidien de Paris* v. 22. 12. 1989, RDA：Mitterrand garde La Frontière。关于未来欧洲的设计组织，比较 *Libération* v. 23. /24. 12. 1989, Le parcours en parallèle de Mitterrand（包含密特朗的引文）。关于欧共体与民主德国之间的贸易与合作协定，详情比较本书"欧洲的框架方案"一章。

60. "民主德国人民"这段引文，来源于 *Le Monde* v. 23. 12. 1989, M. François Mitterrand a conquis les étudiants de Leipzig。密特朗遇到了对统一意图的普遍克制，比较 Mitterrand 1996, S. 105ff.。尤其是莱比锡的学生对统一的思想表现得有所保留，他们向密特朗提出的问题也相应温和，关于法国的作用，学生们提出的问题是，如何能够实际地帮助民主德国。总统指出，战后现实不能一笔勾销，为此他赢得了特别的掌声，比较 *Frankfurter Allgemeine Zeitung* v, 23. 12. 1989, Die Deutschen müssen wissen, was sie wollen。

61. 1989 年 12 月 22 日，法国总统密特朗在东柏林结束民主德国访问的新闻发布会，摘录见 Europa-Archiv, Nr. 4/1990, S. D96ff., hier S. D96。

62. 比较 *Süddeutsche Zeitung* v. 23. /24. /25. /26. 12. 1989, Mitterrand：Über Status von Berlin neu verhandeln。属于协定的有一项关于经济－工业协作的政府方案（至 1994 年为止），涉及通信、旅游、合资企业；还有

关于避免双重税收、环保、青年交换以及文化中心工作的协定；也探讨了建立新的文化中心的可能性。

63. 除了工业部长弗鲁（Fauroux）、外贸部长劳什（Rausch）和文化部长兰格（Lang）以及工业和文化界的大量代表以外，外长杜马和内务部长约克斯（Joxe）也是密特朗的陪同人员。密特朗并非毫不审慎地对政府首脑莫德罗表示：“您是眼前可以将欧洲均衡寄托于身的男人之一”，引自 *Le Monde* v. 23. 12. 1989，M. François Mitterrand a conquis les étudiants de Leipzig。在格尔拉赫的判断中，可以“一目了然”地看出密特朗对主权国家民主德国与法国的良好关系的兴趣，所以，“不能忽视密特朗强烈反对仓促重新统一的保留态度”，尽管他是民族自决权包括德国人自决权的捍卫者，会谈中两人反复回到这一点。在格拉尔赫看来，在德国的统一列车已经完全开动以后，密特朗才放弃“反对”德国统一。比较 Gerlach 1991，S. 372。在 1995 年 5 月 20 日的访谈中，科切马索夫的印象也与此类似，根据他的印象，密特朗尤其得到法国驻东柏林大使特姆西（Timsit）对自己评估的支持，即两国并存是值得期待而且是有可能的。

64. 比较 *Le Monde* v. 22. 12. 1989，Variations sur l'unité allemande；关于波恩的评估，见 Teltschik 1993，S. 96。

65. 引自 Picht 1990，S. 47，作者提到了以下文章，见 *Süddeutsche Zeitung* v. 23. 12. 1989。格拉尔赫说，特别与联邦总理府部长塞特斯一起协商了时间，以排除任何可能的争议（考虑到历史，密特朗出席这一历史活动，在政治上是不明智的）。格拉尔赫要在密特朗那里确定所谓的“意见一致”，比较 Gerlach 1991，S. 373。根据比安科的说明，在此之前，爱丽舍宫与总理府就考虑安排科尔、莫德罗、密特朗会晤。直到勃兰登堡门庆祝活动的前夜，密特朗还在考虑他是否参加，但最终放弃。对德国人在奥德－尼斯河边界问题中的可靠性的顾虑、担心自己似乎是两德亢奋的附属，使他最终放弃参加，比较 Favier/Martin-Roland 1996，S. 221。在 1995 年 11 月 27 日的访谈中，比安科也确认了总统的考虑。他说，在勃兰登堡门开放庆祝活动的前夜，密特朗与代表团的一些成员闲逛到勃兰登堡门，他显然很不平静，他犹豫不决，但最终决定这只是德国人自己的事务。比安科猜测，原因可能还有密特朗期待德国人发出明确的邀请。密特朗本人在其回忆录中写道，在德法友好和欧洲统一这一共同目标的背景下，作出这种姿态的想法让他感到赞叹。但是总统含糊不清地说，他也要顾及法国的其他伙伴。此外，庆祝活动是德国人自己固有的事务，他的参加最终不会向任何人证明任何事情（Mitterrand 1996，S. 103f.）。

66. 比较 *Libération* v. 23. /24. 12. 1989, Le parcours en parallèle de Mitterrand。密特朗的民主德国访问，被法国批评观察家更多地评价为法国总统众多的外交失误和错误决策之一，它们开始使法国领导层完全错误地评估事件的影响力并且迟钝地采取行动，最终会突然变成某种盲目的行动主义，比较 Genestar 1992，S. 107ff.。与《解放报》（*Libération*）的描述相反，在 1995 年 11 月 29 日的访谈中，布瓦德维解释说，12 月 22 日早上在波恩流传着大量的流言，说由于暴雨将会取消庆祝活动，这些流言传到柏林，大家最终不得不告诉密特朗；当弄清楚这是错误的信息时，布瓦德维本人正在波恩，因此无法在密特朗的新闻发布会以前及时地告诉他这一情况。

67. 比较：*Le Quotidien de Paris* v. 18. 12. 1989, Mitterrand-Bush：le langage commun；Mitterrand 1996，S. 71。根据联邦德国外交部信息，很久以来就计划两位国家首脑进行非正式的、更多是私人性质的会晤。

68. 此处以及此后，比较以下描述：Favier/Martin-Roland 1996，S. 213f.；Attali 1995，S. 376ff.。密特朗和维德里纳没有提到这次会谈的内容。以下会谈章节中关于美国对德国统一立场的描述或者沃尔特斯的预测，仅见阿塔利以对话的形式所作的复述（Attali 1995，S. 377）。

69. "给时间留点余地"的引文，见 *Le Quotidien de Paris* v. 18. 12. 1989, La prudence des »si«。1989 年 12 月 12 日，美国国务卿贝克在西柏林新闻俱乐部的演讲，比较刊登的文章（摘录）：Kaiser 1991a，S. 175ff.。密特朗要求举行欧安会会晤，也比较 Manfrasse-Sirjacques 1990，S. 119f.。

70. 总理府抱着不确定和担忧接受了这一支持，正如 12 月 21 日特尔切克给阿塔利的信中所指出的那样（联邦政府信息）。信中说，密特朗已多次表示他支持召开欧安会会议并建议该会议在巴黎举行。不过大家仍不知道这种会议的议题，不知道莫斯科是否会考虑让德国政策方面的重大问题成为会议对象。他（特尔切克）将对阿塔利非常感激，如果他们紧密协商处理苏联的建议，而且阿塔利能够告诉自己法国方面对会议的可能议题是否已有想法。他还要提到，在他看来，如果这次会议被用作德国政策问题的论坛，这是非常成问题的，因为如此一来，所有欧安会国家都会被赋予参与权利，但这些国家与四大国不同，它们在柏林和德国作为整体方面既没有权利也没有责任。阿塔利没有提到特尔切克的信件，而是提到他的电话，阿塔利说自己获悉了这些意见，但没有作出评论，见 Attali 1995，S. 381。

71. 比较密特朗总统的新年讲话：*Le Monde* v. 2. 1. 1989，Les voeux de M. François Mitterrand。另比较 *Le Monde* v. 2. 1. 1990，M. Mitterrand souhaite une »confédération« européenne avec les pays de l'Est。

72. 在德国统一进程和 1990 年 11 月巴黎欧安会结束以后，才出现确切的设想，即便 1990 年期间法国政府成员反复提到邦联的想法。深入比较 Weisenfeld 1991，S. 513ff.。

73. 只是在接下来的媒体声明中，科尔才称这一攻势是个好想法，比较 Favier/Martin-Roland 1996，S. 225f.。甚至是密特朗的顾问，如维德里纳也自问应该如何具体实现邦联的想法。比较：同上，S. 225。也比较本章注释 75。

74. 此处以及此后，比较按语：Vermerk Neuer v. 8. 1. 1990，betr.：»Gespräch des Bundeskanzlers mit Präsident Mitterrand am Donnerstag，den 04. Januar 1990 in Latché« (01-301 00 (56) Ge 28 (VS) Bd. 80)。这些描述，包括科尔本人的印象，也见：Diekmann/Reuth 1996，S. 232ff.；Teltschik 1993，S. 98ff.；Favier/Martin-Roland 1996，S. 226f.；Attali 1995，S. 389f.。密特朗本人没有提到这次会晤。

75. 比较 *Le Monde* v. 6. 1. 1990，MM. Kohl et Mitterrand sont d'accord sur l'idée de confédération européenne。密特朗和科尔在一次集体照相活动中确认了这一情况，见按语：Vermerk Neuer v. 8. 1. 1990，betr.：»Gespräch des Bundeskanzlers mit Präsident Mitterrand am Donnerstag，den januar 1990 in Latché« (01 – 301 00 (56) Ge 28 (VS) Bd. 80)。

76. 比较 Teltschik 1993，S. 100，S. 102。阿塔利指出，从一开始起，重新创造和谐就遭到了怀疑。此后，密特朗向其最紧密的顾问谈到对这次会晤的个人印象，密特朗说，科尔大力推进统一，同时想让他相信，科尔自己对此无能为力，反而像是会被席卷进大规模的出走（以寻求救赎的道路上去）；到处都在反抗（"大喊大叫"），却是徒劳的。只有戈尔巴乔夫能够最终加以抵制，如果他做不到这一点，那么他将失去自己的位置并被军人所取代；一切最终将非常快地发生，也就是在两三年以内（Attali 1995，S. 390）。

77. 比较 *Frankfurter Allgemeine Zeitung* v. 4. 1. 1990，Frankreich spielt in der deutschen Frage auf Zeit。总理府也意识到法国最高层官员对德国问题抱有部分极大的怀疑（联邦政府信息）。

78. *Die Zeit* v. 24. 11. 1989，Bange Blicke nach Osten.

79. *Le Monde* v. 23. 11. 1989，Des divergences apparaissent entre sociaux-démocrates et chrétiens-démocrates ouest-allemands sur la réunification.

第六章　不知所措

1. 德国政策章节前期历史的描写，基于联邦政府信息。国家和政府首脑于1989年5月29日和30日参加的布鲁塞尔北大西洋公约组织理事会会议最后文件，刊登于 Europa-Archiv，Nr. 12/1989，S. D337ff. 。在华约成员国会晤中，戈尔巴乔夫再次猛烈抨击了科尔的《十点纲领》，并且使民主德国总理莫德罗建议的条约共同体是否可行与它是否会导致统一联系起来。关于这次会晤，参见：Zelikow/Rice 1996 S. 196f.；Europa-Archiv，Nr. 3/1990，S. D7lf. 。

2. 布什与科尔会晤的经过，见按语：Neuer v. 5. 12. 1989，betr.：»Gespräch mit Präsident Bush am Sonntag，dem 3. Dezember 1989 in Brussel um 20. 30 Uhr（Abendessen）«（21 – 30100（56）Ge 28（VS），Bd. 79）。从德国的角度看这次会晤，见：Diekmann/Reuth 1996，S. 185ff.；Teltschik 1993，S. 63。从美国的角度看会晤，见 Zelikow/Rice 1997，S. 193ff. 。会晤持续了大约两个小时。参加人员除了布什和科尔，还有斯考克罗夫特、白宫幕僚长约翰·苏努努、特尔切克和诺伊尔。同时进行的两位外长的会晤，见 Genscher 1995，S. 681f. 。对这次会晤是德国统一进程中"关键的一幕"的评判，来源于布什的国家安全顾问斯考克罗夫特（1994年11月3日与斯考克罗夫特的访谈）。

3. 科尔在基民盟/基社盟联邦议员前的亮相，见1989年11月14日基民盟/基社盟议会党团会议记录（Protokoll der CDU / CSU-Fraktionssitzung v. 14. 11. 1989，ACDP，Bestand Ⅷ-001-1086/1，S. 6ff.）。总理再次提醒说，他的《十点纲领》是"道路的指引"而非"时间日程表"。他只是简短地谈到北约峰会，并说沃尔内尔"非常灵活地"让统一议题得到圆满解决，会议再次试图减缓德国当前的发展，尤其是点名提到意大利总理安德烈奥蒂。

4. 指出总理筋疲力尽，见 Zelikow/Rice 1997，S. 19。德国代表团注意到，布什和斯考克罗夫特显得很疲劳（比较 Teltschik 1993，S. 62）。

5. 贝克 1989 年 11 月 29 日向媒体提出的《四项原则》以福山的备忘录为基础，后者是国务院政策计划室副主任。按照这些原则，美国应该清晰描写它对德国问题的基本立场，从而接过领导角色并且对发展施加影响。这些原则既是对科尔《十点纲领》的反应，也是对美苏马耳他峰会进行的准备，比较：本书"一个想法成了纲领"一章；Baker 1996，S. 158ff.（不过，美国国务卿在此引用的是后来布什采取的说法）。1989 年 11 月 29 日贝克的媒体声明原文，见 Kaiser 1991a，S. 169。在 1994 年 11 月 3 日的访谈中，科恩布鲁姆强调，《四项原则》的意义是公开确认了美国最重要的立场。

6. 见 Zelikow/Rice 1997，S. 195，bes. Fn 88，据此，针对国务院的草稿，也删去了有所限制的半句话"如果出现统一"。贝克在华盛顿的媒体声明原文，见 Kaiser 1991a，S. 169。

7. 英国首相对发展速度的批评，见 Thatcher 1993，S. 1101。

8. 复述的科尔演讲稿，基于联邦总理科尔借 1989 年 12 月 4 日北约国家和政府首脑会晤之际发表的声明手稿，这份手稿显然也是下述描述的基础，见 Diekmann/Reuth 1996，S. 188f.，不过，该书两位作者只是发表了科尔上午的演讲内容，并没有探讨美国总统布什对他自己与戈尔巴乔夫会晤情况的报告。此外，这一描述还基于：Zelikow/Rice 1997，S. 194ff.；Teltschik 1993，S. 64ff.。不过，在前一本著作的描述中，作者泽利科夫和赖斯没有指出科尔在 16 位国家和政府首脑中的详细讲话。布什也让苏联总统获悉了自己的演讲，他的演讲见 Auswärtiges Amt 1990，S. 121ff.。阿塔利提供了法国对这些事件的简短阐释，见 Attali 1995，S. 357。

9. 也见特尔切克在欧共体巴黎和斯特拉斯堡会晤以及北约布鲁塞尔会议以后的总结（Teltschik 1993，S. 67；S. 73）。

10. 根舍的引文，见 Genscher 1995，S. 696；关于背景，也见联邦德国外交部信息；1998 年 4 月 17 日与卡斯特鲁普的访谈。

11. 科尔与联邦内阁的公开立场，参见 *Frankfurter Allgemeine Zeitung*

v. 10. 11. 1989,»Vierer-Konferenz nicht aktuell«。社民党的其他声音，参见：*Allgemeine Zeitung Mainz* v. 13. 11. 1989，Gauss fordert eine Deutschland-Konferenz；*Die Welt* v. 14. 11. 1989，Auch die SPD-Führung hält Konferenz der Vier Mächte für verfrüht。会晤以前的其他声音，比较基民盟议会党团主席艾伯哈德·迪普根在柏林众议院提出由联邦总理邀请举行一次峰会的要求，见 *Handelsblatt* v. 14. 11. 1989，Gipfeltreffen gefordert。另见：*Frankfurter Allgemeine Zeitung* v. 14. 11. 1989，Lambsdorff：Viermächtekonferenz nur mit Einbeziehung der Deutschen；*Süddeutsche Zeitung* v. 15. 11. 1989，Momper gegen Alliierten-Konferenz；*Frankfurter Allgemeine Zeitung* v. 15. 11. 1989，Kein Bedarf für eine Viermächte-Konferenz。

12. 按照苏联的理解，随着 1948 年苏联代表的撤出，盟军管制委员会已不复存在。关于公众的反应，比较以下报道：*Handelsblatt*，Vorgeschobene Gründe für das Botschafter-Treffen；*Die Welt*，Die Interessen bestimmten die Rolle；*Süddeutsche Zeitung*，UdSSR will Streben nach deutscher Einheit bremsen；*Frankfurter Allgemeine Zeitung*，Vier-Mächte-Treffen ohne Vereinbarungen（jeweils v, 13. 11. 1989）；*Die Weltwoche* v. 14. 12, 1989，Die Vier zurück in einem Jeep；*Rheinischer Merkur* v. 15. 12. 1989，Die deutsche Sache auf dem Tisch der Sieger；*Die Zeit* v. 15. 12. 1989，Kleine Träume，große Alliierte。

13. 邀请和准备四大国大使会晤，尤其见 1995 年 5 月 20 日与科切马索夫的访谈，他本人称自己是会晤的发起者，在他的建议下，莫斯科委托他发出这一倡议。1995 年 11 月 29 日与布瓦德维的访谈、1994 年 11 月 3 日与沃尔特斯的访谈、1997 年 6 月 3 日与马拉贝的访谈。尤其是以下描述：Zelikow/Rice 1997，S. 204f.；Genscher 1995，S. 693；Kotschemassow 1994，S. 196ff.；Baker 1996，S. 164f.。根据以上描述，苏联的建议转告给它在华盛顿、伦敦和巴黎的公使，也同时转告给他们在东柏林的同事。科尔通过密特朗得到通知，见：Vermerk von Bitterlich v. 14. 12. 1989，betr.：»Europäischer Rat Straßburg（8./9. Dezember 1989）；hier：Arbeitsfrühstück des Bundeskanzlers mit dem französischen Staatspräsidenten Mitterrand am 9. Dezember 1989, 8. 45 – 9. 30 Uhr«（21 – 301 00（56）– Ge 28（VS））；以及特尔切克的描述

（Teltschik 1993，S. 72）。

14. 苏联的立场，也比较：Zelikow/Rice 1997，S. 203ff.；Biermann 1997，bes. S. 361f.。

15. 见电传：Telex StäV Nr. 2863 v. 13. 12. 1989，betr.：»Deutsch-deutsche Beziehungen; hier: Gespräch des Unterzeichners［Meyer – Sebastian］ mit sowjetischem Gesandten Maximytschew«（B 136/20224，Bd. 107）。据此，西德政要的各种不同意见，其中包括基民盟总秘书长福尔克尔·鲁厄（Völker Rühe）的意见，导致了西方对苏联询问如此迅速和积极的反应。关于苏联攻势的原因，见 1995 年 5 月 20 日与科切马索夫的访谈。也比较 Biermann 1997，S. 358f.。在会晤后的观察中，苏联驻东柏林公使马克斯米切夫也表示了类似的看法，他认为，会谈是必要的，目的是指出盟军"仍在此处"。克维钦斯基的引言基于联邦德国外交部的一则信息。对此，他的谈话伙伴卡斯特鲁普明确声明，这意味着倒退到50 年代初；局限于担当观众的角色，将导致联邦德国和民主德国的惊呼。对战胜国阵营内的气氛总结——细节并非全都正确——见 *Der Spiegel* v. 11. 12. 189，Die Siegermächte warnen Bonn。

16. 密特朗的声明在按语中得到记录：Vermerk von Bitterlich v. 14. 12. 1989，betr.：» Europäischer Rat Straßburg（8. /9. Dezember 1989）；hier: Arbeitsfrühstück des Bundeskanzlers mit dem französischen Staatspräsidenten Mitterrand am 9. Dezember 1989，8. 45 – 9. 30 Uhr«（21 – 301 00（56）– Ge 28（VS））。令科尔感到意外的是，是否只是顺带地提到四大国会晤，见：本书"现状中的外交"一章中的详细描述；Teltschik 1993，S. 72。通过法国大使通知外交部以及苏德霍夫的反应，也见 Biermann 1996，S. 360。

17. 撒切尔夫人访问戴维营，她想用一幅带去的地图向布什说明边界问题，还指出了四大国的权利，有关情况尤其见 Zelikow/Rice 1997，S. 172。英国外交官感到，鉴于当前的发展，盟军的权利没有得到足够重视，这一提示来源于英国外交部和联邦德国外交部的各种不同信息。根舍提到英国下议院议员并强调，撒切尔夫人在英国获得了对其德国政策和英国外交官参加盟军管制大楼会晤的赞同（Genscher 1995，S. 692）。马拉贝大使将顾及苏联的巨大担忧视为英国赞成苏联倡议的理由。他认为，如果直截了当地拒绝会谈的可能性，苏联领导层的害怕会加大，而这是大家要避免的。在普遍的变革形势下，无法估量苏联的行动措施，可能非常容易变成拖延（1997年6月3日与马拉贝的访谈，1997年6月4日与内维尔－琼斯的访谈，他们也是类似看法）。马拉贝还明确地提请注意，四位大使的会晤还有向德国显示其具有保护权和保留权之类的企图，这次会晤并没有错过此项目的。内维尔－琼斯也强调，这次会晤绝没有将德国压制在下面或者排除在外的企图。因此进行了很长时间的讨论，这些讨论一方面围绕着针对苏联人的正确行动措施，一方面围绕着德国人的敏感。

18. 此处以及此后，比较：Zelikow/Rice 1997，S. 204f.；Biermann 1997，S. 361。在1996年4月23日的访谈中，贝克强调，虽然四大国都愿意进行这次会晤，但在西方看来，会晤绝不应商量德国统一的内部问题。美国表示同意会晤的主要动机是安抚苏联。赫金斯在1994年11月4日的访谈中说，与国家安全委员会的同事们相比，国务院的工作人员更容易同意这次会晤。

19. 关于"里根倡议"，尤其见：Maximytschew 1995；Zelikow/Rice 1997，S. 204f. 。关于西方大使决定只谈论"里根倡议"，比较1997年6月3日与马拉贝爵士的访谈。

20. 会晤经过，尤其见：Kotschemassow 1994，S. 196ff.（其中有其演讲的较长摘录）；Zelikow/Rice 1997，S. 205；Genscher 1995，S. 693f.；Biermann 1997，S. 358ff.（其中指出了莫斯科和德国统一社会党之间的协商）。本书作者与参与者进行的访谈提供了其他细节：1994年11月3日与沃尔特斯、1995年11月29日与布瓦德维、1995年5月20日与科切马索夫、1997年6月3日与马拉贝；联邦德国外交部信息。关于会晤的完成和经过，比较 Maximytschew 1995，S. 112ff.，根据该书作者马克斯米切夫的说法，会晤以前与美国人达成了一致，应由布瓦德维担任主席，比较：同上，S. 113；Bruck/Wagner 1996a S. 12。

21. 科切马索夫十分明确地如此表示，见 Kotschemassow 1994，S. 198。不过，事后各种不同的新闻报道都谈到，商量过要继续举行其他会谈，但没有商定确切的日期。参见电传的描述：Telex StäV Nr. 2863 v. 13. 12. 1989, betr. :»Deutsch-deutsche Beziehungen; hier: Gespräch des Unterzeichners [Meyer Sebastian] mit sowjetischem Gesandten Maximytschew« （B 136/20224，Bd. 107）；英国外交部信息。但在1997

年 6 月 3 日的访谈中，马拉贝说，关于大使继续会晤的可能性，西方
伙伴事先已作出了否定的决定；其他沟通只能在柏林代表机构的层面
上进行。内维尔－琼斯（1997 年 6 月 4 日的访谈）强调，几乎没有要
严肃对待的建议，要在如此进程中始终将德国放在次要的位置。许多
情况都表明，各位大使自己期待的想法决定了这一阐释。在 1994 年 11
月 3 日的访谈中，沃尔特斯说，他对科切马索夫解释过，即将面临德
国统一，但后者只是说，"沃尔特斯先生，当您已经去世的时候，柏林
墙依然会在那里"。

22. "四大国回到了一台吉普车上"，见 *Die Weltwoche* v. 14. 12. 1989。沃尔
    特斯的引文，见 Zelikow/Rice 1997, S. 205。关于反对德国统一，参见
    Der Spiegel v. 11. 12. 1989, Vereinigung der Sieger? 根舍在 1997 年 10 月
    31 日的访谈中解释说，在会晤前，他受到特别敦促，在公开描述时要
    克制。然而，最后出现了这张有争议的集体照，根舍的理由是三位西
    方大使，尤其是沃尔特斯无法掌控局面。

23. 塞特斯和苏德霍夫与西方大国大使的会晤，见按语：Vermerk des LASD
    v. 15. 12. 1989, betr. :»Gespräch BM Seiters mit den Botschaftern der drei
    Mächte am 13. 12. 1989« （B 136/20241）。布瓦德维立刻通告了联邦政
    府，也见：Biermann 1997, S. 362；Teltschik 1993, S. 75。

24. 在 1998 年 4 月 17 日的访谈中，卡斯特鲁普如此认为。与根舍在 1997
    年 10 月 31 日的访谈中所说的类似，联邦德国外交部的这位原政治司
    长表示，在波恩的外交部中无人怀疑，最终所有四大国都有意识地赞
    成大使会晤。

25. "目 的 是 ……" 的 引 文，来源于报刊文章：*New York Times*
    v. 12. 12. 1989, Bonn Leader Softens His Plan For German Unity。这一立
    场的其他证据，见 Zelikow/Rice 1997, S. 204。

26. 此 处 以 及 此 后，比 较：Baker 1996, S. 165ff.；Zelikow/Rice 1997,
    S. 207ff.；Teltschik 1993, S. 77f. （关于科尔和贝克清晨会面的日期，
    特尔切克记载的时间是下午）；Walters 1994, S. 65f. 。东德人的描述，
    见 Modrow 1991, S. 64f. 。

27. 会谈经过，见按语：Vermerk des GL 21 v. 12. 12. 1989, betr. :»Gespräch
    des Herrn Bundeskanzlers mit dem Außenminister der Vereinigten Staaten
    von Amerika, James A. Baker Ⅲ, am 12. Dezember 1989 in Berlin« （21 −

301 00-Ge 28（VS））。这份文件对科尔当前的考量提出了深刻的认识。关于会面的其他描写和总结，见：Baker 1996，S. 165f.；Teltschik 1993，S. 77f.；Zelikow/Rice 1997，S. 209ff.。在科尔本人对统一进程的描述中，没有描写他与贝克的这次会面（Diekmann/Reuth 1996）。

28. 科尔几乎只谈到联邦，而在此出现了邦联这一概念。比较按语：Vermerk des GL 21 v. 12. 12. 1989，betr.：» Gespräch des Herrn Bundeskanzlers mit dem Außenminister der Vereinigten Staaten von Amerika，James A. Baker Ⅲ.，am 12. Dezember 1989 in Berlin«（21 – 301 00-Ge 28（VS））。这里可能是听写或书写错误。

29. 贝克在柏林新闻俱乐部的演讲，见 Europa-Archiv，Nr. 4/1990，S. D77ff.。细节和背景，见：Baker 1996，S. 166f.；Zelikow/ Rice 1997，S. 208f.（他们也探讨了媒体对贝克的亲信佐利克起草的演讲稿的积极声音）。在科尔（Diekmann/Reuth 1996）的回忆和特尔切克（Teltschik 1993）的统一日记中，没有提到贝克的演讲。根舍只是谈到一次指引未来的"关于欧洲新大厦"的演讲，其中贝克尤其指出"调节德国东部地区的含义"，见 Genscher 1995，S. 697。以下文章尤其指出贝克在这次谈话中，将统一后的德国是北约成员称为"必要的条件"，见 Kiessler/Elbe 1993，S. 59。

30. 关于在北约理事会部长级会议中贯彻贝克的建议、联邦德国的积极阐释，见：Teltschik 1993，S. 81；根舍 1989 年 12 月 16 日在德国之声（Deutsche Welle）和 1989 年 12 月 17 日在西南广播电台（Südwestfunk）的访谈。关于谢瓦尔德纳泽的评估，见 Zelikow/Rice 1997，S. 209。

31. 在向民主德国提议举行会谈以前，贝克与科尔、根舍和谢瓦尔德纳泽进行过协商，关于这一提示，比较电传：Telex der StäV an ChBK v. 14. 12. 1989，Az.：12-35003 be 7-usa（B 137/10730）。在 1994 年 11 月 7 日的访谈中，多宾斯强调，在访问以前，波恩和华盛顿之间没有协商，贝克只是在共同早餐时才与科尔谈到这个话题。直到最后，美国安全顾问斯考克罗夫特仍然激烈反对贝克访问民主德国，因为他担心会没有必要地提升莫德罗政府的价值（1994 年 11 月 3 日与斯考克罗夫特的访谈）。关于贝克简短访问波茨坦的经过，见：Baker 1993 S. 167ff.；Modrow 1991，S. 64f.；Zelikow/Rice 1997，S. 211ff.。关于贝克的同事们之间的争论，另见：Walters 1994，S. 65f.；1994 年 11 月

3 日与沃尔特斯的访谈、1994 年 11 月 2 日与佐利克的访谈。根据佐利克的说法，在作出决定以前，就 "许多不同的情况来源" 进行了磋商，访问的重要目标是加速自由选举。关于这件逸闻趣事，即一个与克伦茨长相极为相似的人，也来源于这次访谈，另见：Baker 1996，S. 168；Zelikow/Rice 1997，S. 212。

32. 比较：Baker 1996，S. 168f.（其中贝克详细复述了他给美国总统布什的报告）；Bortfeldt 1993，S. 101。媒体几乎没有关注贝克与东德教会代表的会晤。

33. 此处以及此后，见 Baker 1996，S. 169。

34. 见按语：Vermerk RL 212 v. 16. 12. 1989，betr.：»Gespräch des Herrn Bundeskanzlers mit dem ungarischen Ministerpräsidenten Miklos Németh, Budapest, 16. 12. 89, 15. 00 – 16. 50 Uhr«（含有这次访问的其他附件，见 213 – 30104 Ul Un13，Bd. 3。这份按语经科尔手写的同意而转发给外交部）。也比较 Korte 1998，S. 455。关于匈牙利访问以及科尔与波兰政治家内梅特和霍恩之间的紧密关系，比较：Diekmann/Reuth 1996，S. 65ff. und S. 207ff.；Teltschik 1993，S. 82ff.；1997 年 6 月 5 日与内梅特的访谈。根舍外长已于 1989 年 11 月 23～24 日先期抵达布达佩斯参加会谈。在 1997 年 6 月 5 日的访谈中，内梅特说，先与科尔和根舍私下商量了开放边界的决定。他和自己小圈子内的亲信与联邦德国方面协商好以后，才将情况告知了自己的内阁和政党。此外，也没有将这项决定特别或事先通知给苏联驻布达佩斯的代表，相反，到了一定的时候（1989 年 9 月 11 日夜晚），通知小范围约见在布达佩斯的大使们，有意识地选择了晚上的时间，这样，由于时差，莫斯科不可能把政治局召集起来，或者来得及阻止事态的进展。内梅特断然否定此事与（联邦德国）财政援助的关系，他说，大家终究不能贩卖人口；相反，他甚至请求延缓一项几乎成熟到可以签字的百万贷款，以避免留下上述印象；为此，他遭到了国内的猛烈抨击。

35. 信件的描述基于苏联方面非官方的译文（212 – 354 00 De 39 NA 2，Bd. 1）以及联邦总理府的分析，见按语：Vermerk AL 2 i. V. an den Bundeskanzler v. 18. 12. 1989，betr.；»Brief von Generalsekretär Gorbatschow an Sie«（212 – 354 00 De 39 NA 2，Bd. 1）。无论是信件还是译文都没有注明日期，但包括了手写的按语，"1989 年 12 月 18 日转交"。有关信件内

容部分较为详细的说明，见：Diekmann/Reuth 1996，S. 208ff.；Teltschik 1993，S. 85；Biermann 1997，S. 342，S. 251 und S. 365。

36. 戈尔巴乔夫在苏共中央委员会的演讲以及波恩的反应，见：Teltschik 1993，S. 73f.；Kiessler/Elbe 1993，S. 69ff.。

37. 比较按语：Vermerk AL 2 i. V. an den Bundeskanzler v, 18. 12. 1989，betr. :»Brief von Generalsekretär Gorbatschow an Sie« (212 – 354 00 De 39 NA 2，Bd. 1)。此后声称的科尔赞同同事们的单项行动建议，与总理对这份文件的手写批注有关。关于科尔的阐述，也见 Diekmann/Reuth 1996，S. 209ff.。此外比较 Teltschik 1993，S. 85f.。联邦德国外交部已通过莫斯科驻联邦德国大使馆而知道了这封信的存在。总理府的复印件转交给根舍外长，作为提供给他的个人信息。

38. 此处以及此后，比较联邦总理 1989 年 12 月 14 日给苏共中央委员会总书记和苏联社会主义共和国联盟最高苏维埃主席戈尔巴乔夫的信件 (212 – 354 00 De 39 NA 2，Bd. 1)。总结见：Diekmann/Reuth 1996，S. 193ff.；Teltschik 1993，S. 80f.。

39. 这条科尔经常描述的趣闻，参见 Diekmann/ Reuth 1996，S. 43f.。

40. 比较 1988 年 4 月 15 日联邦总理给总书记九页纸的信件 (212 – 35400 De 39 NA 2)。其中，除了对国际政治和经济问题的大量评价以外，科尔也写到了德国问题："您要求欧洲所有国家就未来的合作、如何实现欧安会文件和考虑民族自决权进行对话，对于分裂的德国来说，这一权利恰恰具有重要的含义。"

41. 关于总理府对这份文稿的分析，见 1989 年 12 月 20 日卡斯特讷起草交给联邦总理的按语：Vermerk AL 2 i. V. (Hartmann) an Bundeskanzler Kohl v. 20. 12. 1989，betr. :»Äußerungen des sowjetischen Außenministers Schewardnadse vor dem Politischen Ausschuß des Europäischen Parlaments (Brüssel，19. Dezember 1989)；hier: Deutsch landpolitische Passagen« (212 – 35400 De 39 NA 2 Bd. 1)。科尔在这份按语上签字并且画了好几条杠。此后的引文中，大部分放弃了没有突出那些并非来源于科尔的各种引文。这条按语显然是后来特尔切克的描述和分析的基础，见 Teltschik 1993，S. 92f.。谢瓦尔德纳泽的演讲刊登于 Europa-Archiv，Nr. 5/1990，S. D129ff.；也比较以下阐释和总结：Riese 1990；Biermann 1997，S. 365ff.。

42. 在七个问题中——以法新社文章为基础——附上了给科尔的六页按语，见卡斯特讷起草的按语：Vermerk AL 2 i. V.（Hartmann）an Bundeskanzler Kohl v. 20. 12. 1989，betr. :» Äußerungen des sowjetischen Außenministers Schewardnadse vor dem Politischen Ausschuß des Europäischen Parlaments（Brüssel, 19. Dezember 1989）; hier: Deutschlandpolitische Passagen«（212 – 35400 De 39 NA 2 Bd. 1）。这些问题，见以下的类似译文：Zelikow/Rice 1997, S. 219f. 。

43. 原稿中，删除了从"不要通过大量的法律 – 政治要求……"直至最后一句话的内容。

44. 科尔用粗线条给这一段画了一条杠。

45. 此处以及在其他地方宣布的科尔的赞同意见，是因为联邦总理在每个地方都手写了"是"。

46. 关于美国的评估以及后面的引文，见 Zelikow/Rice 1997, S. 220。该书作者泽利科夫和赖斯指出，鉴于有关科尔访问德累斯顿、罗马尼亚的动乱和美国入侵巴拿马的广泛报道，在很大程度上，谢瓦尔德纳泽的公开演讲并没有得到关注。根舍的评估，见：Genscher 1995, S. 703f. ；Kiessler/Elbe 1993, S. 72ff. 。根舍对报纸文章（Karl-Ludwig Günsche, in *Bild* v. 20. 12, 1989, Schewardnadse: Sieben Bedingungen für die Einheit）的反应，见 Zelikow/Rice 1997, S. 220f. 。两位作者引用了见证人的不同描述，并且谈到了没有得到证实的传言，即根舍让人散布《图片报》文章提出的答案。根舍在 1997 年 10 月 31 日的访谈中否认了这一点。

47. 谢瓦尔德纳泽演讲的产生历史，比较：Zelikow/Rice 1997, S. 216ff. ；Biermann 1997, S. 365ff. ；1997 年 10 月 27 日与塔拉申科的访谈、1997 年 10 月 28 日与史特潘诺夫的访谈。此后，苏联外长在自己的著作中，一开始就描述了苏联政策和苏联外交四分五裂的状况，见 Schewardnadse 1993, S. 240ff. 。关于戈尔巴乔夫在苏共中央委员会的演讲以及波恩对演讲的接受情况，见：Teltschik 1993, S. 73f. ；Kiessler/ Elbe 1993, S. 69ff.（其中尤其强调，戈尔巴乔夫在苏共中央的演讲和谢瓦尔德纳泽在布鲁塞尔的谈话都严厉拒绝所有的统一想法）。戈尔巴乔夫的演讲（英文版），刊登于 Freedman 1990, S. 384ff. 。

48. 在 1997 年 10 月 27 日的访谈中，塔拉申科强调：由于接受了克维钦斯基提出的大约80%的修改建议，这一演讲绝对没有反映出谢瓦尔德纳泽这段时期真实的对德政策立场。在许多方面，外长都比在演讲中表现出来的走得远。正如对待伯恩达伦科一样，外长也重视仍然将克维钦斯基纳入行动中。

49. 对马克斯米切夫评估的看法，基于联邦政府信息。关于12月18日特尔切克和克维钦斯基的通话，见Teltschik 1993，S. 86。

50. 关于代表团会谈的描述，基于联邦政府信息。也比较：Vermerk LASD v. 11. 12. 1989，betr. :» Gespräch des Chefs des Bundeskanzleramtes mit Ministerpräsident Modrow am 05. Dezember 1989 «（B 136/20578）；Johns 1991，S. 132ff.（根据该书作者的描写，这次会晤探讨了非常广泛的各类议题）。除了准备科尔1989年12月19日的德累斯顿访问，代表团成员还就旅游交通、海关和兑换方式的首批新规定以及扩大贸易、深化环保协作、改善邮政和电信条件等达成了一致。此外，还谈到民主德国改革对移民者的刑事处罚问题、健康领域的援助问题、政治难民的问题以及沙尔克－戈罗德科夫斯基的作用。关于通知西方大使，见按语：Vermerk LASD zu Gesprächen des ChBK mit den Botschaftern der drei Mächte am 7. 12. 1989（B 136/20241）。关于塞特斯1989年12月6日在联邦内阁的情况通报，见1995年9月20日与梅尔特斯的访谈。

51. 以下描写基于：Teltschik 1993，S. 78f. ；联邦总理府信息；Dreher 1998，S. 486ff. 。德勒斯顿访问的氛围，见John 1991，S. 141ff. 。科尔本人计划于晚上进行的群众集会被描写成是在现场临时作出的决定（Diekmann/Reuth 1996，S. 213ff. ）。

52. 此后内容见科尔的详细说明（Diekmann /Reuth 1996，S. 213ff. ）和科尔在联邦议院的描述（Deutscher Bundestag 1995，Bd. V/l，S. 923）。两位工作人员的回忆，见：Teltschik 1993，S. 87ff. ；Ackermann 1994，S. 317ff. （其中，阿克曼复述了科尔在飞机舷梯边的话——"事情已经动起来了"）。莫德罗评价认为，随着德累斯顿大型群众集会，科尔开始了路线转变，见Modrow 1991，S. 96ff. ，bes. S. 99。此后内容主要是介绍和分析具有重大外交政策意义的会谈内容。关于内部问题和经济问题，见以下著作中的相关章节：Grosser 1998，S. 141f. ；Jäger 1998，S. 80ff. 。

53. 关于两人单独会谈，联邦总理府收藏的文件中没有文字性的按语，见科尔的简短说明（Diekmann/Reuth 1996，S. 214f. ）以及莫德罗较为详细的描述（Modrow 1991，S. 97ff.）。

54. 见按语：Vermerk LASD v. 20. 12. 1989，betr. ;» Besuch des Herrn Bundeskanzlers in Dresden am 19. /20. Dezember 1989；hier：Gespräch mit Ministerpräsident Modrow im erweiterten Kreis am 19. 12. 1989 «（B 136/ 21329 sowie ein von Kohl abgezeichnetes Exemplar in B 136/20578）。比 较：Diekmann/Reuth 1996，S. 215f.（西德方面的详细描述）；Teltschik 1993，S. 88ff.（特尔切克描绘说，莫德罗匆匆忙忙而局促不安）； Modrow 1991，S. 99（但东德方面只有非常简短的描述）。阿克曼提到 科尔，说两人私下会谈是客观的，"既没有期待的那种友好，也没有受 到不可克服的方案或者立场的压力"（Ackermann 1994，S. 318）。西德 方面，范围扩大了的会谈的其他参与者是联邦德国部长级官员塞特斯、 克莱因以及官员贝特乐、特尔切克和杜伊斯贝格。民主德国方面还有 外长菲舍尔、其副手尼尔（Nier）和政府发言人梅耶、常驻波恩代表 诺伊鲍尔（Neubauer）、民主德国外交部公使辛德勒（Schindler）。午 餐时增加了联邦德国的部长布吕姆（Blüm）、豪斯曼和魏姆斯以及民主 德国外贸部长拜尔。尤其有一则按语可以被视为为科尔的会面而作的准 备：Vermerk LASD v. 18. 12. 1989，betr. :»Ihre Gespräche in Dresden«（B 136/20578）。其中，科尔对各种不同的经济问题作出标记并写上"重 要"字样的提示。作为外交政策的指导路线，在这个按语中提到，与 1989 年 12 月 13 日的北约声明和斯特拉斯堡欧洲理事会的声明相应， 通过自决权实现德国统一；决定性的是自决权；如果民主德国人民愿 意拥有一个独立自主的国家，它将和统一的愿望一样得到尊重。

55. 关于美、苏的立场，参见 Zelikow/Rice 1997，S. 203f.。关于戈尔巴乔 夫在全欧倡议的框架内谈判两德统一的建议，见 Biermann 1997， S. 347。根据作者的看法，这一建议要追溯到达齐耶夫备忘录，比较 Daschitschew 1995，S. 65ff.。

56. 不过，1989 年 12 月 20 日在联邦内阁通报情况时，科尔已经说到自己 的印象，即莫德罗意识到自己如履薄冰的事实。这位民主德国总理没 有考虑过，在计划于 1990 年进行的人民议院选举以后还能保留自己的 职位。根舍在内阁会议上祝贺科尔的德累斯顿访问取得成功，科尔评 价说，民主德国的经济形势极为困难，但他并没有得到印象，即老百 姓中即将出现危险的极端化，比较梅尔特斯 1995 年 9 月 20 日的访谈。

57. Siehe dazu auch Biermann 1997, S. 365.

58. Vgl. Teltschik 1993, S. 90.

59. 关于临时决定的准备和经过，尤其见：Diekmann/Reuth 1996, S. 217ff.（科尔的详细描写）；Ackermann 1994, S. 318ff.；Teltschik 1993, S. 85f., S. 91；Dreher 1998, 483ff.。

60. 科尔的讲话，刊登于 Presse- und Informationsamt der Bundesregierung 1992, Bd. 1, S. 358ff.。科尔本人说，只是在德累斯顿临时作出演讲的决定（Diekmann/Reuth 1996, S. 214）。阿克曼（Ackermann 1994, S. 318）也是类似看法，他谈到了午休时的准备。在 1998 年 6 月 5 日的访谈中，汉茨确认，演讲稿撰写小组没有准备演讲草稿。看法有些不同的是特尔切克（Teltschik 1993, S. 86），根据他的说法，12 月 18 日就有过对演讲具体内容的讨论。

61. 莫德罗 1991 年的积极评估，见 Modrow 1991, S. 100。美国政府看到这样的危险，即科尔由于国内政治的需要而在德累斯顿的亮相取得了巨大成功，此后他将被过快、过远地推着向前，因为他的情感已被点燃，以至于很难控制他（Zelikow/Rice 1997, S. 214f.）。在莫斯科，戈尔巴乔夫的顾问萨格拉金毫无保留地积极评价德累斯顿访问（苏联外交部信息）。不能过度地阐释这次演讲，因为一方面它是临时组织的，另一方面没有让高度情绪化的公众和外界了解细节和分支内容，也因此不能具体指出欧共体和北约，因为这两个机构在民主德国的形象都是负面的。

62. 鉴于电视画面的情景，莫德罗（Modrow 1991, S. 100）也作出了这一评估。

63. 关于科尔领导的西德代表团与反对派的会谈，见电传：Telex StäV Nr. 2924 v. 21. 12. 1989, betr.:»Gespräch BK mit Oppositionsgruppen am 20. 12. 1989, 10. 00 bis 11. 30 Uhr im Hotel Bellevue«（B 136/20578）。其中，科尔谈及他与莫德罗的会晤，说他与莫德罗"能够彼此相处"。他看到了极大的威胁，即民主德国的稳定将巩固统一社会党，因此要与反对团体进行接触。他说，在德国问题上要有步骤地、务实地并且没有时间计划地前进。在回答另一个问题时，他声明自己的政党还没有就自己在民主德国的可能伙伴作出决定。科尔本人在其回忆中，只是提到 12 月 20 日与新教教会人员的会晤（Diekmann/Reuth 1996, S. 223）。与此相反，特尔切克（Teltschik 1993, S. 93）谈到了 12 月 20

日总理与柏林和德累斯顿天主教会主教的会晤，以及接着与反对党代表的会面，而与新教主教的会晤时间是 12 月 19 日傍晚。

64. 参见科尔 1989 年 12 月 21 日在联邦议院的声明、12 月 22 日在柏林勃兰登堡门开放之际的讲话、1989 ~ 1990 年之交的讲话（Presse- und Informationsamt der Bundesregierung 1992，Bd. 1，S. 363ff.）。

65. 比较 1989 年 12 月 18 日科尔与三大国公使的会谈按语：Vermerk des LASD v. 20. 12. 1989 über sein Gespräch mit den Gesandten der drei Mächte am 18. 12. 1989（B 136/20578）。在通知科尔 12 月 18 日访问德累斯顿之际，波恩的三大国公使已经指出，目前的讨论要点，如柏林联邦众议院议员直选的问题以及建立柏林地区委员会的问题，削弱了这座城市的特殊地位，必须及时拟定纲领性的基本方针。

66. 有关转折后的民主德国外交政策导向转变的辩论，见：统一社会党柏林地区委会领导机关的评论；*Berliner Zeitung* v. 17. 11. 1989, Ist die Außenpolitik unser allerletztes Tabu? und v. 21. 11. 1989, Für Transparenz der Außenpolitik。也比较 *National-Zeitung* v. 25. /26. 11. 1989, Erhöhte Präsenz der NDPD in der Außenpolitik。关于转折中的第一轮新导向，参见民主德国中关于联合国政策部门的情况（Bruns 1990b）。总的来说，在民主德国的报纸中，只零星地讨论"外交政策"。比较：*Berliner Zeitung* v. 13. 12. 1989, Die DDR ist ein wichtiger Baustein im Europäischen Haus；*Neues Deutschland* v. 3. 1. 1990, Wider eine Außenpolitik der einsamen Entschlüsse。波恩对讨论的感知，参见电传：Telex StäV Nr. 2738 v. 1. 12. 1989, betr. : »Außenpolitik nach der > Wende < «（B 137/10728）。

67. 民主德国外交政策的结构，参见 1992 年 5 月 22 日与民主德国外交部卡尔 - 海因茨·科恩（Karl-Heinz Kern）的访谈（Hoover Institution Archives，Stanford：Sammlung über die deutsche Vereinigung）。据此，在民主德国外交部，民主德国外交政策的基本内容得到发展和贯彻，而统一社会党中央委员会第四部仅仅负责国际党政关系。不过，在安排大使的职位时，中央委员会也参与衡量，民主德国外交部、党的领导层或者政府的意见汇集于此。关于至 1989 年秋天为止的民主德国外交政策，参见：Bruns 1989；Kregel 1979（基础性的研究论文）；Jacobsen u. a. 1979；Schulz 1982；Bulla 1988；Weilemann 1989；Spanger 1989。波茨坦国际关系学院出版的著作提供了从东德视角进行的描述，如：

Doernberg 1979；Fippel 1981。

68. 关于莫德罗更愿意将新教教会监事主席曼弗雷德·施多佩（Manfred Stolpe）纳入自己的内阁中担任外长的猜测，参见电传：Telex StäV Nr. 2738 v. 1. 12. 1989, betr. :»Außenpolitik nach der >Wende<«（B 137/10728）。此后内容，见 1989 年 11 月 29 日菲舍尔与《柏林日报》的访谈（Der Umbruch trifft auch die Außenpolitik）。从 1975 年起，菲舍尔就担任民主德国外交部长。关于他本人的情况，尤其参见 Barth u. a. 1995, S. 187。

69. 在 1993 年 3 月 9 日的访谈中，菲舍尔发表了明显不同的看法（Hoover Institution Archives, Stanford：Sammlung über die deutsche Vereinigung），其中，他坦率地怀疑谢瓦尔德纳泽对原则的忠诚和可靠。在这次访谈中，他用"事情就像是在过速分娩中发展"的言辞，总结了德国统一进程。在谈到与昂纳克的合作时，他解释说，昂纳克始终采取"非常合作"的行为——总书记的紧急决定，通常在半个小时之内就转到了外交部的他的手上。

第七章　争取最佳道路

1. 在 1990 年 1 月 10 日的内阁会议上，科尔排列的德国问题三大同等重要的领域，见 1995 年 9 月 20 日与梅尔特斯的访谈。关于此次会议的其他信息，见 Teltschik 1993, S. 103f. 。关于 1989 年底至 1990 年初的移民人数，比较以下说明：Korte 1994, S. 46, S. 96ff. ；Schäuble 1991, S. 78。对民主德国经济崩溃的认识，见：Gransow/Jarausch 1991,»Der Verfall der DDR-Wirtschaft vom 11. Januar 1990 «, S. 114ff. ；Grosser 1998 S. 95ff. 。

2. 见按语：Vermerk GL 21 an den Bundeskanzler v. 3. 1. 1990, betr. :» Ihr Gespräch mit dem tschechoslowakischen Staatspräsidenten Havel am 2. Januar 1990 in München«（213 – 30105 T2 Ts6）；Vermerk GL 21 an den Bundeskanzler v. 3. 1. 1990, betr. :» Ihr Gespräch mit dem tschechoslowakischen Ministerpräsidenten Calfa am 2. Januar 1990 in München«（213 – 30105 T2 Ts6）。这两则按语都得到了科尔的签字并转交给特尔切克。在 1 月 2 日与捷克政治家哈维尔和卡尔法的慕尼黑会谈中，谈到了普遍的政治问题、双边关系和将捷克斯洛伐克领进西欧。外长根舍、政府发言人克莱因、拜恩州州长马克斯·施特台博尔（Max Streibl）以及捷克外长丁斯特贝尔，也参加了会晤。在与哈维尔的

会谈中，科尔将他希望获得成功的苏联"新思维"称为东欧改革进程链条中最薄弱的环节。科尔比较坦率地表示，他的政策是，在留给他们的时间中，"将尽可能多的东西放进粮仓"，付诸实施。科尔特别对哈维尔提供了他的直接帮助，并建议哈维尔在遇到问题时可以派遣自己的个人代表前来。关于科尔和密特朗兰锲会晤的详细描写，见本书"现状中的外交"一章。

3. 民主德国部分程度上已无法再得到控制，内部形势捉摸不透和困难重重，有关评估见电传：Telex der StäV Nr. 0070 v. 11. 1. 1990，betr.：»Beziehungen DDR/Sowjetunion；hier：Zur Einschätzung der politischen Lage in der DDR durch die hiesige sowjetische Botschaft «（B 136/20347）。另外，大使馆参赞弗拉基米尔·格尼宁（Wladimir Grinin）批评西德党派的行为，但明确将联邦政府当作例外。格尼宁确认，由于柏林和两德关系的发展，苏联继续对四大盟国的外长会晤抱有极大兴趣。

4. 联邦政府声明文稿，见 Deutscher Bundestag，1990，S. 14508ff.。关于科尔的决定，比较特尔切克的描述（Teltschik 1993，S. 100，104f. und 108）。特尔切克（Teltschik 1993，S. 116）公开指出总理周围人员的思想转变，同时还提到他在《经济周刊》上的文章（*Wirtschaftswoche* v. 26. 1. 1989，Wir bleiben stabil）。科尔 1 月中还认为直至统一还需要一两年时间，对此的评估见 Pond 1993，S. 171，作者谈到了与特尔切克的访谈。科尔在 1990 年新年之初的政策，比较：Jäger 1998，S. 88ff.；Grosser 1998，S. 143ff.。

5. 参见德意志内部关系部 1989 年 12 月 20 日的按语：Vermerk aus dem Bundesministerium für innerdeutsche Beziehungen Ⅱ A 3 v. 20. 12. 1989（B 137/10876）。其中，由于"原则上主管德国政策"而要求将与民主德国的谈判主持工作交给德意志内部关系部，不能"像迄今为止的那样，只是将它看作总理府第 22 组的执行助手"。在 1990 年 1 月 4 日给国务秘书的一份按语中，再次提出了这一要求［Vermerk v. 4. 1. 1990（Az.：Ⅱ A 3 – 3890 – 13002/90；B 137/10876）］。总理府邀请参加预备性会谈而实际上接过谈判领导责任，除了是代表团副领导以外，德意志内部关系部还要求另外的席位，以"展示它理所当然的、原则上负责对民主德国的关系"。

6. 波恩对苏联局势所进行的内部评估的总结，基于：Teltschik 1993，S. 109；联邦总理府信息和联邦德国外交部信息。也比较 Biermann 1997，

S. 408f. 。

7. 如果没有其他证据，这一描述基于：Teltschik 1993，S. 100ff. und S. 114；Diekmann/Reuth 1996，S. 280f. 。

8. Vgl. Teltschik 1993，S. 122.

9. 关于科尔的访谈，见 *Washington Post* v. 18. 1. 1990，Kohl Calls E. German Move For New Police »Catastrophic«；此外，经过大量缩减的复述，见 *Rheinische Post* v. 20. 1. 1990，Erstaunen und Besorgnis in Bonn über die Haltung der USA。关于美国和根舍的不快，根舍看到可能怀疑联邦德国对联盟忠诚的动机，比较：Genscher 1995，S. 713；1997 年 10 月 31 日的访谈。外长以科尔的访谈作为他后来在图青新教学院演讲的理由，在新教学院，他勾勒了自己对欧洲联盟未来的设想，也比较本章中的其他描述。《华盛顿邮报》80 分钟的访谈摘要并没有支持根舍的断言：科尔所表示的现在讨论还为时过早，涉及的是"长矛"现代化的问题，而不是联盟的未来。科尔访谈的另一个主题是，总理确保波兰的任何人都不必害怕德国。根据新闻报道，美国大使沃尔特斯在弗里德里希－艾伯特基金会的演讲中将统一后的德国是北约成员称为统一的前提条件，与沃尔特斯的所谓辩论，见按语中的澄清：Vermerk AL 2 v. 25. 1. 1990 an den Bundeskanzler，betr. :» Ihr Gespräch mit dem amerikanischen Botschafter，Vernon Walters，am Mittwoch，dem 24. Januar 1990 « samt dazugehörigem Gesprächsvermerk（21 – 301 00（56） – Ge 28（VS）；Note-Taker war Hartmann）。对于沃尔特斯提出的问题，科尔在这次会晤中表示，他的戴维营访问时间还未确定，由于民主德国的发展，原本设想的 2 月 24 日已经失效。

10. 这一描述基于联邦政府信息。1990 年 1 月 19 日就拟定了与戈尔巴乔夫会面的可能性议题一览表，此时仍然认为将在 4 月份进行访问，因此，其他的建议应是敦促苏联德裔留在家乡的措施。这些行动可能是本章此后还要描述的 1 月 17 日专家小组的会晤结果，在与总理府外来专家进行了这一笼统的"头脑风暴会议"之后，次日在二司内部进行商量。准备 1990 年一直得到关注的联邦总理访问（时间尚未确定），在波恩职能部门的商谈中也居于次要地位，商谈中得出了自苏联总书记访问波恩以来的中期回顾，其中，并非所有领域都得到积极的回顾。如关于太空合作和德国加入航天飞行的谈判，就由于苏联很高的经费要求而失败。在这次会议中，外交部和科研部特别强调了德苏合作的政治和科学利益所在。这次工作会晤的主要目标是，对西德原则上非常迎合苏联的政策进行协商表决（联邦政府信息）。戈尔巴乔夫拒绝 1990 年 1 月份的全部国际预约活动，见 Teltschik 1993，S. 102。

11. 以下描述基于本书作者的回忆，他本人也是这一回合的参与者。特尔切克（Teltschik 1993，S. 110）提到了这一专家回合的其他参与者和细节。对于和苏联缔结《大条约》的想法，梅斯内尔（Meissner 1995a，S. 7）具有作者权，见梅斯内尔书中迪特尔·布卢门维茨（Dieter Blumenwitz）撰写的前言。

12. "我们不需要……"的引文，来源于 Teltschik 1993，S. 105。关于对四大国权利新倡议的描述，还基于：Zelikow/Rice 1997，S. 224f.；Baker 1996，S. 173ff.；美国国务院和联邦德国外交部的各种不同信息。

13. 关于第二次照会遭到忽略，见 Zelikow/Rice 1997，S. 225。据此，这次照会的背景是苏联担心"联邦德国、民主德国和其他西欧国家"中极右分子和新纳粹分子的颠覆活动。另外，美国政府也对"老套的、几乎是歇斯底里的语言"感到吃惊。

14. "非文件"的概念，用于称呼一种最弱的外交攻势，没有官方的信使和正式转交，而是用书面文字向另一个政府转达立场。"非文件"是一种"说出来的思想"，而口头照会已具备比较明确的官方特征。更高一级是通常由高级别外交官或者大使本人陈述的外交步骤。比较 *Süddeutsche Zeitung* v. 12. 4. 1997，Wenn Diplomaten auf den Tisch hauen。此外，对外交行动形式的详细排列，见 Mössner 1977，S. 21f. 。

15. 除了卡斯特鲁普以外，塞茨（美国）、魏思敦（英国）和杜发奎（法国）也参加了这次会晤（Zelikow/Rice 1997，S. 225，bes. Fn 12），他们估计法、英——正如在 1989 年 12 月四大国第一次会晤中表现出来的那样——要比美国更为清楚地表示他们"仔细倾听苏联的担忧"。

16. 此后，为了安抚苏联，将英国的建议加入到答复中：在柏林的外交官"如有必要，可以在传统上隶属四大国责任的问题中，如柏林的状态和城市的公共安全问题，与联邦德国和民主德国取得一致"（Zelikow/Rice 1997，S. 559，Fn 11）。

17. 见：撒切尔夫人 1990 年 1 月 25 日与《华尔街日报》的访谈（Thatcher Says Germans Should Slow Any Move Towards Reunification）；特尔切克

(Teltschik 1993，S. 115f.) 描 写 的 科 尔 的 恼 怒 ；Vermerk AL 2 an den Bundeskanzler v. 25. 1. 1990，betr. :» Interview der britischen Premierministerin Margaret Thatcher mit dem Wall Street Journal am 25. Januar 1990« （21 – 30131 B 20 Gr 33，Bd. 1）。总理的同事们建议，他没有必要对粗暴的批评作出公开的反应，而是在计划于 2 月 6 日进行的会谈中向外长赫德以及对英国大使澄清德国的立场。在分析这次访谈时，总理府的官员得出结论，撒切尔夫人"尖锐地、有时太尖锐地"忠实于自己的欧洲政策路线，而她在德国政策方面从未公开地发表过如此批评性的意见，她仍然"固守 19 世纪英国经典的外交政策传统 —— 对她来说，德国统一最终是破坏欧洲大陆均势的威胁（而英国大概非常想继续关注这一均势!）"。撒切尔夫人也试图展示自己是戈尔巴乔夫的保护人，她在访谈中说，戈尔巴乔夫可能会因为太快出现的统一而倒台。也见有关撒切尔夫人与密特朗 1990 年 1 月 20 日巴黎会晤的报道（Thatcher 1993，S. 1103ff.），其中，她猛烈抨击了密特朗的犹豫态度。关于首相对四大国特殊权利的提示，参见 *The Observer* v. 11. 2. 1990，Thatcher says UK will not foot bill for german unity。她的亲信鲍威尔对特尔切克的描写，复述于 Teltschik 1993，S. 134，据此，英国方面支持"2 + 4"会谈，以便将德国统一纳入欧洲新秩序之中。

18. 1990 年 2 月 5 日哈特曼与魏思敦进行了会谈。此后内容见按语：Vermerk GL 21 an den AL 2 v. 5. 2. 1990，betr. :»Deutschlandpolitik; hier: Beteiligung der Vier-Mächte« （212 – 354 00-De 39 NA 4，Bd. 1）。与波兰边界的规则，魏思敦在会谈中指出了联邦政府可以从四大国明确的预先规定中得到何种好处。如果能够对联邦宪法法院指出这样的条件，那么可能很有帮助。这份按语还表明，联邦总理府的官员尚未获悉根舍 2 月 2 日华盛顿之行的结果，其中，联邦外长向贝克表示他支持以后的"2 + 4"谈判，比较本章以后的描写。总理府的积极评价认为，随着外长赫德 1990 年 2 月 6 日在阿登纳基金会的演讲，首次有一位英国政府成员"稍微从迄今为止的保留态度中"走出来，并表达了对德国人自决权的原则性支持（联邦政府信息）。

19. 在民主德国的外交政策中，直到 1 月底仍然拒绝德国统一的前景，就像 1990 年 1 月 19 ~ 20 日菲舍尔外长访问莫斯科之际所表现出来的那样（Kotschemassow 1994，S. 200f. ；Biermann 1997，S. 378；联邦德国外交部信息）。继续希望确定两国并存，也表现在民主德国对欧安会进程的备忘录中，1990 年 1 月 22 日在东柏林将这份备忘录转交给北约国家使团团长。比较：民主德国文件的文稿；东柏林常驻代表处的首轮评估（Telex StäV Nr. 146 v. 22. 1. 1990，betr. :»KSZE«）；以及德意志内部关系部文件（Az. Ⅱ A 4 - 63. 21. 12，betr. :»KSZE；hier：Haltung der DDR«）（三份文件都见：B 137/10728）。

20. 比较：Genscher 1995，S. 713ff. ；Zelikow/Rice 1997，S. 249ff.（其中尤其有美国的阐释和反应）。根舍的演讲引自外交部散发的手稿（»Mitteilung für die Presse «Nr. 1026/90 v. 31. Januar 1990），文章摘录刊登于 Kaiser 1991a，S. 190ff. 。在此以前不久，根舍在一次访谈中声明："谁要将北约边界扩大到奥德河和尼斯河，就是打破了我们统一德国的大门"，但他同时强调，联邦德国留在西方防御联盟中是无可争议的。军事联盟"将从对峙走向协作"（*Bild am Sonntag* v. 28. Januar 1990，Genscher hofft auf den Umzug nach Berlin）。关于细节、对演讲的阐释以及根舍对批评者的回答，见 Kiessler/Elbe 1993，S. 77ff. 。其中，根舍这几周的行为被与巨大的昆虫相比较，"这只大昆虫用他的触角小心谨慎地试探周围环境，如果觉察到反抗，就会猛地缩回去，马上又将触角伸到其他地方"（S. 78f.）。在 1998 年 4 月 17 日的访谈中，卡斯特鲁普强调，该演讲并非是由外交部而是由根舍本人起草的。1963 年 7 月 15 日，巴尔在图青介绍了他"通过靠近而实现转变"的德国政策构想，其目标是"先不应改变现状而应借此去克服现状"。比较 Manuela Glaab，Deutschlandpolitik der Bundesrepublik Deutschland，in Korte 1996，S. 178ff. ，bes. S. 181。关于美国的疑虑，即根舍的建议是从既中立又非军事化的民主德国地区出发，见 Zelikow/Rice 1997，S. 251。

21. 在 1998 年 4 月 17 日的访谈中，卡斯特鲁普如此认为，其中他引用了自己 1990 年记载的个人评估。

22. 此处以及此后的引文，见按语：Vermerk GL 21 v. 29. 1. 1990，betr. :» Deutschlandpolitik im gesamteuropäischen Rahmen nach den DDR-Wahlen im März 1990«（212 - 35400 De 39，Bd. 2）。

23. 在这些要点方面，科尔和根舍的设想是类似的，比较美国对根舍立场的分析（Zelikow/Rice 1997 S. 249ff. ）。

24. 民主德国 1 月底重新激活欧安会进程的努力，参见 1990 年 1 月 22 日转交给西方外交官的民主德国外交部备忘录（B 137/1072B）。

25. 以下著作中的每位作者都认为"2＋4"公式是自己的想法，参见：Mitterrand 1996，S. 129；Baker 1996，S. 175；Genscher 1995，S. 716f.；Kiessler/Elbe 1993，S. 87ff.；zusammenfassend das Kapitel » Zwei-plus-Vier«-intern in Bruck/ Wagner 1996a，S. 153ff.，bes. S. 153f.。英国大使马拉贝也说，在 2 月初慕尼黑的防务知识会议上，他也对卡斯特鲁普提出过这类机制的想法，但他同时承认，无论是美国政府还是联邦德国政府几乎都在同一时刻提出了类似的想法（1997 年 6 月 3 日与马拉贝爵士的访谈）。

26. 关于和平条约必要性问题的讨论，参见 Fiedler 1985，以及下文中的总结：Jens Hacker，Friedensvertrag，in Weidenfeld/Korte 1992，S. 338ff.。关于和平条约保留权，比较 Ekkart Klein，Deutschlands Rechtslage，in Weidenfeld/Korte 1996，S. 216ff.，bes. S. 221。关于和平条约在民主德国与苏联各种条约中的关系，参见 Brand 1993，S. 245f.。

27. 以下内容尤其见 Zelikow/Rice 1997，S. 238ff.，译利科夫与赖斯也提到了具体的文件（»Germany：Game Plan for Two plus Four Power Talks« S. 562，Fn 31），其中，罗斯和佐利克在一位同事较旧的文件基础上，向美国国务卿贝克展示了这一公式。在 1997 年 6 月 2 日的访谈中，塞茨将这一想法归于多宾斯，他说，在 12 月底至 1 月初国务院的一次会议上，多宾斯首次使用了这一措辞。也比较：Baker 1996，S. 175ff.；与布莱克威尔、佐利克和扬的访谈；Pond 1993，S. 180（尤其是国务院与国家安全委员会之间的争论、布什和贝克在相互直接沟通中所作出的决定）。

28. Zelikow/Rice 1997，S. 563，Fn 41. 该文确信，在美国的文件中找不到证据，可以证明赫德偏爱只由原战胜国召开四方会谈的看法。英国外交部的员工希拉里·斯诺特（Hilary Synott）也不支持这一看法，但指出伦敦早在 1990 年 2 月以前就意识到，由于其对德国作为整体的特殊权利与责任，四大国将发挥作用，尤其是因为当时尚无处理德国统一外部问题的结构（1997 年 6 月 4 日的访谈）。他说，赫德对美国总统布什称，自己的首相是"统一的犹豫不决的赞成者"。在赫德访问之际，也建立了双边会谈的私下渠道（Zelikow/Rice 1997，S. 248），但根据贝克提供的情况，这条渠道在以后的德国政策行动中却没有再起作用（1996 年 4 月 23 日与贝克的访谈）。鲍威尔强烈拒绝建立特殊的"渠道"，他认为已经拥有必要的"私下渠道"：他随时可以打电话给美国总统的安全顾问斯考克罗夫特，还需要什么额外的渠道呢？（1997年 6 月 3 日与鲍威尔爵士的访谈）。

29. 比较部分自相矛盾的描写：Baker 1996，S. 176；Zelikow/Rice 1997，S. 252f. ；Genscher 1995，S. 716f. ；Kiessler/Elbe 1993，S. 86。后来，美国大使沃尔特斯在波恩对特尔切克说，虽然根舍不支持在四大国加两德框架中的谈判，但并不排除在民主德国选举以后如此行动。比较按语：AL 2，»Vermerk über das Gespräch mit US-Botschafter Vernon Walters am 4. Februar 1990, 13. 00 Uhr« v. 7. 2. 1990（21 – 301 00（56）– Ge 28（VS））。这与两位外长在媒体亮相时的情况部分相同，当时贝克没有公开宣布根舍赞同"2 + 4"公式，因为根舍考虑到其他参与国家而要等到民主德国的选举以后（Zelikow/Rice 1997，S. 253；Genscher 1995，S. 718）。要避免产生西方向民主德国施加压力的印象；相反，贝克对根舍的克制愿望提出的理由是，"民主德国正在倾覆的莫德罗政权"不应合法化（S. 176）。贝克直接委托了一项任务，即向总理府通报两位外长的会谈情况（Teltschik 1993，S. 128f. ）。联邦外长对贝克"没有作出完全拒绝的反应"，而是同意认真核实建议，见按语：Vermerk GL 21 an AL 2 v. 5. 2. 1990，betr. »Deutschlandpolitik；hier：Beteiligung der Vier-Mächte«（212 – 354 00-De 39 NA 4，Bd. 1）。其中，彼得·哈特曼告诉了特尔切克他与英国外交部政治司长魏思敦的会谈，以及接着与联邦德国外交部卡斯特鲁普的谈话。美国人的建议被称为"4 + 2会议"。在联邦总理府内，至少在工作人员的层面中还不知道根舍原则上同意"2 + 4"公式。关于贝克与根舍会面以及预备性会谈，比较：Pond 1993，S. 180；Genscher 1995，S. 715ff. ；Kiessler/Elbe 1993，S. 86ff. 。这些作者分别指责将六国机制这一称谓的作者权归于德国外长。

30. 在美国，有些怀疑的观察认为，1990 年 1 月，根舍多次要求欧安会发挥更大的作用，他甚至看到欧安会取代欧洲军事联盟的可能（Biermann 1997，S. 303）。这一想法与美国政府和联邦总理的设想是相反的，他们谋求确保北约的长期担保作用。以下内容比较：Zelikow/Rice 1997，S. 253ff. ；Teltschik 1993，S. 126f. 。

31. 此处以及此后，比较：Vermerk des LASD v, 20. 1. 1990, betr. :» Gespräch von Bundesminister Seiters mit Ministerpräsident Modrow am 25. Januar 1990 «（B 136/21329）；John 1991, S. 153；Teltschik 1993, S. 115。莫德罗（Modrow 1991, S. 118ff.）谈到了这份文件的产生及其原因。民主德国的友好合作条约草案，刊登于 Modrow 1991, S. 170ff.。关于这一阶段的两德合作，见 Jäger 1998, S. 92ff.。

32. 莫德罗草案的产生历史、与莫斯科和苏联驻东柏林大使科切马索夫的协商，尤其见：Biermann 1997, S. 384f.；Modrow 1991, S. 119；Kotschemassow 1994, S. 214。在1990年1月31日的内阁会议上，科尔宣布，他决定不再与莫德罗讨论条约共同体，并宣布成立不同的工作组，以及到重新统一为止的分阶段计划的基本构想（1995年9月20日与梅尔特斯的访谈）。借此，科尔强化了他1月15日作出的决定，即不再于人民议院选举以前"建立"条约共同体（Teltschik 1993, S. 108）。

33. 见：Modrow 1991, S. 118ff.；Biermann 1997, S. 384ff.。关于莫德罗在这个时期日常工作的生动报告，他的亲信兼同事卡尔－海因茨·阿诺尔德（Karl-Heinz Arnold）提供了极具个人色彩的描述（Arnold 1990）。

34. 戈尔巴乔夫本人的描述也是对内政外交分散情况的最形象的描述，尽管他的描述有安抚的倾向（Gorbatschow 1995a, bes. S. 475ff. und 520ff.；Tschernajew 1993a, S. 275ff.）。党内反对戈尔巴乔夫政策的大致情况，见 Biermann 1997, S. 404ff.。联邦德国对事件的感知以及对苏联内部形势的评估，参见 Teltschik 1993, S. 109。

35. 以下情况，尤其见细节描写：Biermann 1997, S. 378ff.。对瓦恩克访问更加简短的描写见 Teltschik 1993。有关苏联的德国问题专家对局势评估的描写，建立在联邦德国外交部信息和苏联外交部信息基础上。据此，1月中，世界经济与国际关系研究所的专家们思考了调节德国统一外部问题的分阶段计划，计划首先是四大国之间的咨询讨论，然后是"4+2"会谈，此时还要请教德国的邻国，最后一步是在欧安会的框架内进行咨询讨论并结束该计划。不过，原则上莫斯科认为，德国统一和欧洲统一的时间要同步。因此，加速德国问题被评价为和平地开展欧洲进程的一个危险（联邦德国外交部信息）。

36. 关于波图加诺夫的"轰动的访谈"，见 *Bild* v. 24. 1. 1990,» Wenn das Volk die Einheit will, kommt sie«, in Teltschik 1993, S. 114。

37. 关于这次重要会晤的日期存在着争议。将日期定为 1990 年 1 月 26 日的最关键的推论，见 Biermann 1997，S. 388f.，作者详细研究了法林的矛盾说明（Falin 1993a，S. 489f.）。而阿德梅特（Adomeit 1994a，S. 217ff.）却怀疑这个日期，作者尤其质疑被毕尔曼（Biermann）认为是基本情况的切尔纳耶夫的描述（Tschernajew 1993a，S. 296f.），并假定日期稍迟，即 1 月 29 日。比较不同的描述和提示：Galkin/Tschernajew 1994，S. 14；Gorbatschow 1995a，S. 714ff.（据此，戈尔巴乔夫从这次会晤中就得出结论，“德国重新统一是不可避免的”）；Modrow 1991，S. 123；Kotschemassow 1994，S. 216。参加者除了戈尔巴乔夫和谢瓦尔德纳泽以外，还有政治局成员雷日科夫、雅科夫雷夫、亚索夫（Jasow）和克鲁切科夫（Krjutschkow）、戈尔巴乔夫的顾问切尔纳耶夫、沙赫纳萨罗夫和阿什罗梅耶夫以及苏共中央委员会国际部的法林及其副手福尤多罗夫（Fjodorow）。

38. 关于会晤的详细分析，见 Adomeit 1994a。比较：Biermann 1997，S. 388f.；Zelikow/Rice 1997，S. 233ff.。切尔纳耶夫（Tschernajew 1993a，S. 296f.）在其回忆录中写道，他反对莫德罗和居西的访问，但无法贯彻这一反对态度。对民主德国内部形势的评估，比较 1995 年 5 月 18 日与伊万·库斯民（Iwan Kusmin）的访谈。

39. 泽利科夫和赖斯（Zelikow/Rice 1997，S. 234）指出，法林很可能在这次会谈回合中获得了对发展及其各方面影响的最佳概貌。因此，他不仅警告不要宿命地容忍东德纳入北约，而且也指出不同的统一道路可能产生的后果，即一方面是两个独立自主国家的邦联，另一方面是民主德国加入联邦德国。在 1997 年 12 月 14 日的访谈中，维亚切斯拉夫·达齐耶夫（Wjatscheslaw Daschitschew）谈到法林 1990 年 1 月反对德国统一的备忘录。

40. 此处以及此后，见以下描述：Gorbatschow 1995a，S. 714；Modrow 1991，S. 120ff.；Biermann 1997，S. 392f.。苏联方面除了戈尔巴乔夫以外，谢瓦尔德纳泽外长、雷日科夫和法林也参加了会晤。戈尔巴乔夫的声明，刊登于 Deutschland Archiv，Nr. 3/1990，S. 468。特尔切克（Teltschik 1993，S. 120）评价戈尔巴乔夫的意见是“轰动的”，如果它们合乎实际的话。总理对所发生事情的评价，见其描写 Diekmann/Reuth 1996，S. 253ff.。莫德罗的声明“德国，统一的祖国”，刊登于

Modrow 1991，S. 184f. 。

41. 参见：*Süddeutsche Zeitung* v. 31. 1. 1990，Gorbatschow：Vereinigung der Deutschen wird nicht prinzipiell in Zweifel gezogen；*Süddeutsche Zeitung* v. 1. 2. 1990，Kein Freibrief von Gorbatschow；*Frankfurter Allgemeine Zeitung* v. 31. 1. 1990，Gorbatschow hat » prinzipiell « nichts gegen eine Vereinigung der beiden deutschen Staaten；*Frankfurter Allgemeine Zeitung* v. 30. 1. 1990，Auf der Tagesordnung；*Die Welt* v. 31. 1. 1990，Gorbatschow：Niemand zweifelt an Vereinigung der Deutschen。

42. 比较：Biermann 1997，S. 395f. ；Kuhn 1993，S. l00f. （莫德罗后来对事件的总结）。戈尔巴乔夫要求统一的德国中立，也见 Modrow 1991，S. 123。苏联总书记原则上的犹豫立场，见 Arnold 1990，S. 97，据此，莫德罗自己的计划"并非多此一举"；Kotschemassow 1994，S. 217。莫德罗后来指出，中立是"可谈判的"，科尔对此有很大的兴趣（Diekmann/Reuth 1996，S. 256f. ）。

43. 见电传：Telex der StäV Nr. 303 v. 7. 2. 1990，betr. :» Überlegungen zum Sicherheitsstatus eines vereinigten Deutschland；hier：Gespräch mit dem sowjetischen Gesandten in Ost-Berlin am 5. 2，1990« （B 136/20242）。2 月初，苏联驻东柏林公使马克斯米切夫对统一后的德国的联盟属性发表声明，要求中立是"此后关于该问题争论时的开局立场"，正如美国认为整体德国必须是北约成员一样。马克斯米切夫警告，不要在苏联出现与统一联系起来的心理问题。他同时认为，戈尔巴乔夫拿苏联在二战中的胜利进行赌博，这一印象会强化保守的复仇势力。他还为以稳定民主德国经济形势为目标而采取有步骤的行动措施、为 1990 年举行欧安会峰会而进行地游说，在这次峰会中，德国问题应该是"主要议题"。2 月中，民主德国一位高级别的外交官在与联邦德国外交部一位高级官员的会谈中，也表达了类似的意见：中立问题"不容辩驳"，决定性的是，统一后的德国不是永久性的军事大国（联邦德国外交部信息）。

44. 联邦总理的工作人员对苏联媒体报道的感知，尤其见 Teltschik 1993，S. 120ff. ，特尔切克也描述了克维钦斯基大使的电话。

45. 三天以后，当统一社会党－民主社会主义党新任主席居西前往莫斯科参加会谈时，戈尔巴乔夫对莫德罗计划的保留态度再次表现出来（比较 Biermann 1997，S. 400f. ）。此前，统一社会党－民主社会主义党与莫德罗以邦联为最终目标的计划保持距离。塔斯社对居西访问的官方消息报道再次明确强调了苏联拒绝重新统一。

46. 科尔在联邦内阁的表态，见：1995 年 9 月 20 日与梅尔特斯的访谈；Teltschik 1993，S. 121。对外交部分析的描述，基于外交部的不同信息。外交部深入思考过，如何通过欧安会迎合苏联的安全利益或者统一后的德国是北约成员的具体情况。创建欧洲集体安全体系被视为欧洲发展的可能的最终目标，在这个体系中，美苏将是平等的伙伴。

47. 见苏联总书记给联邦总理的信件：Schreiben des sowjetischen Generalsekretärs an den Bundeskanzler（212 – 35400 De 39 NA 2 Bd. 1）；Diekmann/Reuth 1996，S. 255f.；Teltschik 1993，S. 122，S. 124。克维钦斯基亲自将这则消息转告给科尔。由于其他的义务（如 2 月 9 日面临在自己家乡基民盟大会上提名为联邦议院候选人），对这一变得具体的会晤，科尔建议会面时间是 2 月 10 日和 11 日。在与苏联大使短暂的会晤中，科尔澄清，他即将与莫德罗在达沃斯的会谈将只是一次简短的意见交换，计划在 2 月 13 日民主德国政府代表团访问波恩时，才开展实质性的谈判。在谈话继续进行的过程中，科尔简短地谈到了计划提供生活物资援助以及民主德国国家权威的不断瓦解。他还提请注意依然很高的移民数字，仅在 1990 年 1 月份就有 55000 人，见按语：Vermerk（Entwurf）RL 212 v. 5. 2. 1990，betr. :» Gespräch des Herrn Bundeskanzlers mit dem sowjetischen Botschafter Julij Kwizinskij; Freitag, 02. Februar 1990，15. 40 – 16. 00 Uhr«（213 – 30104 S 25 So 17）。

48. 见按语：Neuer v. 5. 2. 1990，betr. :» Gespräch des Bundeskanzlers mit dem Vorsitzenden des Ministerrates der DDR, Modrow, am Samstag, dem 3. Februar 1990 in Davos«（21 – 301 00（56） – Ge 28（VS））；Diekmann/Reuth 1996，S. 257f.；Modrow 1991，S. 128f.；Teltschik 1993，S. 126。

49. 内部对会晤的准备，参见为联邦总理拟定的会谈准备材料（212 30104 S 25 So 17）。其中特别有趣的是按语：Vermerk RL 212 v. 8. 2. 1990，» Arbeitsbesuch in der Sowjetunion – Stellenwert, Interessen, Ziele«。卡斯特讷认为，这次访问对欧洲，尤其是对中欧的未来安全和合作问题、德苏关系的长期方针、德国统一道路的速度和方式方法具有关键的含义。其中，在告诉科尔情况时，尤其提请注意对于外交决策程序具有重要意义的改革派与保守派之间的辩论。苏联最高层内部有着"任务分配"：外长谢瓦尔德纳泽提出详细的细节性问题，并且提出有时候具有攻击色彩的警告，而戈尔巴乔夫总书记则简洁地用积极的基调发表意见，以显示灵活性和选择性，这种情况开启了在德国重要事务中让步的可能性。联邦德国的主要兴趣在于向戈尔巴乔夫传达"对民主德国局势发展毫不留情的分析"。总理要特别注意的是，不能足够高地估计"具有个人氛围的访问"。象征性项目，如食品援助以及提到的太空飞行合作，可能会积极地影响访问气氛。所有这些要点都与移民问题、军备控制问题等一样，出现在比较详细的会谈建议和科尔后来对苏联总书记的答辩之中。其中称苏联的主要兴趣是，德国统一进程要"在平稳的，而不是在仓促草率和'骚乱的'环境中进行，苏联要看到自己的地位和权利得到维护并想掌控进程"。1990 年 1 月 19 日，在谢瓦尔德纳泽的布鲁塞尔演讲中，多次概括提到苏联的担忧和问题，在会议材料中以摘要的形式附上了演讲稿。有关联邦总理的其他准备活动和"上面的指示"的提示，见按语：Vermerk AL 2 v. 29. 1. 1990 an den Bundeskanzler, betr. :» Stand und Perspektiven der deutsch-sowjetischen Beziehungen« (212 –30104 S25 Sol7）。这条按语得出结果，自戈尔巴乔夫访问波恩以来，德苏关系"以令人印象深刻的广度，但并非引起轰动地向前发展"，总书记怀着非常大的期待离开德国，但这些期待并不能得到全部满足。

50. 会议的描述基于：1995 年 9 月 20 日与梅尔特斯的访谈；Teltschik 1993，S. 130ff. 。围绕货币联盟的讨论，也见 Grosser 1998，S. 149ff. 。与 1990 年 1 月 22 日的联邦内阁会议比较，从现在起，在继续发展和时间进展方面表现出来的主要是乐观。会议中，朔伊布勒对柏林联邦议院议员直选以及投票权进行了考虑。他提醒说，如果想在 1990 年底的联邦议院选举之前贯彻上述想法，就要注意时间压力，这明确表示出，此时联邦政府尚未考虑在 1990 年 12 月以前就能实现德国统一（1990 年 9 月 20 日与梅尔特斯的访谈）。

51. 进一步比较 Grosser 1998，S. 184f. 。

52. 此后内容，比较：总理府拟定的按语［Vermerk des GL 21 v. 6. 2. 1990, betr. :» Außen- und sicherheitspolitische Aspekte der Deutschlandpolitik « (212 –35400 De 39 NA 4 Bd. 1)］；德意志内部关系部给该部部长的按语［v. AL Ⅱ/ Ⅱ A 2 v. 6. 2. 1990, betr. :»Kabinettsausschuß Deutschlandpolitik;

hier：Untergruppe Außen- und Sicherheitspolitik «（B 137/10722；B 137/
10723 sowie - mit handschriftlichen Einfügungen - B 137/10879）］；Teltschik
1993，S. 132。各部或者总理府的立场，基于两份按语的内容。在科尔
访问莫斯科以前的内部文件中，已经赞成民主德国或者其各州根据
《基本法》旧版本第 23 条加入联邦德国是较快速而且较简单的办法，
见为联邦总理准备的相关会谈材料（212 30104 S 25 So 17；hier：Papier
»DDR-Aktionsprogramm«）。

53. 民主德国整体或者其各州根据《基本法》旧版本第 23 条第 2 款加入联邦
德国，关于它的替代性办法，议论过按照《基本法》旧版本第 146 条的
统一条约，包含分阶段的邦联和此后两德的联合。德意志内部关系部以
此论证说，在根据《基本法》旧版本第 23 条加入时，由于其内含着民主
德国这个国家的自动解散，民主德国国际法权利转让的问题会随之消失，
这将使苏联等国家感到很难索取民主德国逃脱其对苏联和经互会义务的
补偿。此外，与争论一部共同的新宪法不同，加入声明还会在国际上表
明，民主德国不是被西德吸收，而是与其联合，不会触及宪法体制以及
联邦德国的国际义务和条约。鉴于东德国家无力生存及其实际上的崩溃，
加入也符合“真实情况”。作为最后结论，德意志内部关系部的文件建
议，不要违抗民主德国很可能的加入愿望，而是让其“席卷而入”。见
德意志内部关系部的按语：BMB-Vermerk AL Ⅱ / Ⅱ A 2 v. 6. 2. 1990，
betr.：»Kabinettsausschuß Deutschlandpolitik；hier：Untergruppe Außen-und
Sicherheitspolitik«（B 137/10722）。在本书的调查研究中会进一步谈到加
入办法，关于加入办法的讨论，也见：Jäger 1997 S. 121 ff.；Korte 1994，
S. 111 ff.。一般性的讨论，见 Maier 1990，S. 73 ff.。

54. 见 按 语：Vermerk des GL 21 v. 6. 2. 1990，betr.：» Außen- und
sicherheitspolitische Aspekte der Deutschlandpolitik«（212 - 354 00 De 39
NA 4 Bd. 1）。这条按语的措辞表明，此刻至少在总理府的工作人员层
面中，仍不知道根舍原则上已经同意“2＋4”公式。作为必要的磋商
机制的谈话伙伴，在会议中提到三大国、苏联、北约和欧共体框架内
的欧洲政策合作。应在“欧安会进程”这一点中处理边界问题。在
“安全政策问题”下，联邦德国外交部要让诸如民主德国领土可能的特
殊地位问题、苏联在民主德国武装力量的问题“以及与之相关的美国
在联邦德国的存在”和国家人民军的未来地位等诸如此类的问题得到

讨论。

55. 与 1955 年阿登纳首次访问莫斯科的比较，见按语：Vermerk des RL 212 v. 8. 2. 1990,»Arbeitsbesuch in der Sowjetunion - Stellenwert, Interessen, Ziele« （这一总结性的按语是总理会谈准备材料的组成部分，见 212 30104 S 25 So 17）。以下内容，也比较：Diekmann/Reuth 1996, S. 265ff.（科尔的描述，包括布什信件的内容说明以及科尔评价这封信将是"德美友谊的里程碑"）；Teltschik 1993, S. 134ff.；Zelikow/Rice 1997, S. 262ff.；Genscher 1995, S. 722ff.；Kiessler/Elbe 1993, S. 95ff.。莫斯科之行是科尔一生中"意义最为深远的国外访问"，这一评估来源于斯考克罗夫特，他向美国总统布什游说大力支持政治朋友科尔（Zelikow/Rice 1997, S. 263）。贝克本人也详细地谈到了他的莫斯科会谈（Baker 1996, S. 180ff.）。

56. 此后内容，比较：Diekmann /Reuth 1996, S. 265ff.（科尔的描述）；Zelikow/Rice 1997, S. 263（关于"技术"信件及其背景的详细复述）。

57. 对这封信的分析，尤其以转交给科尔的原文（212 – 35400 De 39 NA 1, Bd. 2）为基础。也比较内容广泛的复述：Baker 1996, S. 189；Zelikow/Rice 1997, S. 266；Diekmann / Reuth 1996, S. 268f.；Teltschik 1993, S. 137f.。贝克一开始就谈到在军备控制、地区问题、双边关系、人权和跨国问题等领域中取得的进步。德国代表团通过贝克得到的信息，事先已经在根舍和贝克以及特尔切和斯考克罗夫特之间达成一致，并由布什在其 2 月 9 日的信件中公布，见：Genscher 1995, S. 718；Diekmann/Reuth 1996, S. 267；Teltschik 1993, S. 127。贝克的莫斯科访问经过和结果，见：Baker 1996, S. 180ff.；Zelikow/Rice 1997, S. 256ff.。苏联方面对此的说明，见 Gorbatschow 1995a, S. 715f.。

58. 比较贝克对会谈经过的描写：Baker 1996, S. 183f.；Zelikow/ Rice 1997, S. 261。据此，对美国国务卿，戈尔巴乔夫明确得多地确定了"2＋4"机制。此刻，贝克还没有获得联邦总理方面对"2＋4"想法的原则性同意，所以他要避免仓促草率的许诺并获悉戈尔巴乔夫原则性的"是"而不是"默认"。因为继英国外长赫德和根舍之后，法国外长杜马于2月6日在爱尔兰的香农机场，借贝克从华盛顿飞往东欧在此逗留之际，表示他赞同"2＋4"机制，如此一来，西方仅仅只缺联邦总理的最终答案了。此外，在国家安全委员会中，对"2＋4"继续存在着的疑虑

（Baker 1996，S. 176f.；Zelikow/Rice 1997，S. 255ff.）。

59. 关于戈尔巴乔夫的灵活以及全德北约成员属性这一措辞的变化，分别比较：Zelikow/Rice 1997，S. 262；Baker 1996，S. 183。在 1994 年 11 月 3 日的访谈中，科恩布鲁姆猜测，贝克尤其想借他对戈尔巴乔夫使用的措辞而顾及根舍，根舍多次尝试劝说美国国务卿，"遮掩"或者"遮盖"美国对全德是毫无保留北约成员的坚定要求。这一情况在贝克访问莫斯科之际，在美国政府内部引起了激烈的旋涡。关于联邦外长一步步地改变立场，见 Genscher 1995，S. 722，其中根舍同样开始讨论《北大西洋公约》第 5 条和第 6 条中的北约保护和防卫担保问题。关于条约文本，见 1949 年 4 月 4 日的《北大西洋公约》（Gasteyger 1997，S. 119ff.）。在 1997 年 10 月 29 日的访谈中，萨格拉金保证，贝克对戈尔巴乔夫明确地排除了北约的进一步东扩。

60. 联邦德国谈判方针的议定，见：Teltschik 1993，S. 137；Diekmann/Reuth 1996，S. 267。总书记的评估（Gorbatschow 1995a，S. 716），以及他在电话中向民主德国总理莫德罗通报与科尔会面时的阐述都表明这些在很大程度上已经实现［»Niederschrift der grundlegenden Inhalte des Telefongesprächs zwischen M. S. Gorbatschow und dem Vorsitzenden des Ministerrats der DDR，Hans Modrow« v. 12. 2. 1990（Hoover Institution Archives，Stanford：Zelikow-Rice-Papers）］。

61. 其他参加人员，除了两位译员，还有密切的同事切尔纳耶夫和特尔切克。关于会谈经过，见经科尔签字的内容极为丰富的 26 页会谈记录：Protokoll des AL 2 v. 14. 2. 1990，» Vermerk über das Gespräch des Bundeskanzlers mit Generalsekretär Gorbatschow am 10. Februar 1990，16，00 bis 18. 30 Uhr in Moskau«（21 – 30130 S 25 – De 2/1/90）。对会谈经过和阐释的比较，见：Diekmann/Reuth 1996（科尔非常详细的描述），S. 270ff.；Teltschik 1993，S. 138ff.；Gorbatschow 1995a，S. 716f.。关于美国的感受和评价，比较 Zelikow/Rice 1997，S. 267ff.。戈尔巴乔夫（Gorbatschow 1995a，S. 716f.）描述了总理的独白，这一印象是基于对各种演讲稿的比较：科尔不断借助新的开始和各种变量，试图让其谈话伙伴相信民主德国的内部压力和西方的谈判打算。

62. 这种考虑的出发点很可能是总理的亲信们 2 月初提出的文件，他们敦促总理按照《十点纲领》的风格，借助德国政策新倡议而再次坐到

"这一运动的顶端"，其中还谈到，迄今为止，科尔 "出于良好的理由" 而没有加快统一进程的活力；但鉴于当前有关重建民主德国经济的争论，他现在必须再次发起倡议，以制造 "有益的决策压力" 并支持仍在组建中的 "中间选举联盟"。这些考虑的要点是一份尚未拟定的缔造德国经济统一的提纲性构思，比较：Vermerk Prill, Gotto, Mertes, Ludewig, Nehring an den Bundeskanzler v. 2. 2. 1990 (212 – 35400 De 39, Bd. 2; mit einer Rede v. Ludwig Erhard - » Wirtschaftliche Probleme der Wiedervereinigung «, in Bulletin Nr. 174 v. 12. 9. 1953, S. 1453f - in der Anlage); Grosser 1998, S. 174ff. ; Dreher 1998, S. 510f. 。关于总理在 2 月 6 日临时宣布立刻开始与民主德国进行经济与货币联盟的谈判，参见 Teltschik 1993, S. 129f. ，据此，由于指出了巴登 – 符腾堡州州长洛塔尔·施佩特 (Lothar Späth) 的有关倡议，科尔采取了总理府 "连日来" 思考过的步骤。

63. 比较：Diekmann/Reuth 1996, S. 272；Kuhn 1993, S. 108ff. （戈尔巴乔夫和特尔切克的讲述）。

64. 科尔复述了这些口头演讲的句子，见 Diekmann/Reuth 1996, S. 272f. ，书中明确地将记录的措辞和经过转化为直接的演讲。比较 AL 2 v. 14. 2. 1990,» Vermerk über das Gespräch des Bundeskanzlers mit Generalsekretär Gorbatschow am 10. Februar 1990, 16. 00 bis 18. 30 Uhr in Moskau« (21 – 30130 S 25-De 2/1/90)。相反，以下引文来源于戈尔巴乔夫 (Gorbatschow 1995a, S. 717)，因为这位原总书记在撰写回忆录时，很大程度上可以依靠他与外国政要的口头记录。

65. 显然指的是易北河 (Elbe)，其流向大致与北约区域的东部边界相符。

66. 特尔切克 (Teltschik 1993, S. 141) 复述了总书记口头演讲中的有力宣告 "不能没有总理"；这既不同于科尔的描述 (Diekmann/ Reuth 1996, S. 274)，也不同于德国会谈记录中的描述。德国记录中包括的总理的措辞以及上述描述 (Teltschik 1993, S. 141；Diekmann/Reuth 1996, S. 274)，使用了 "2＋4" 公式，而与戈尔巴乔夫 (Gorbatschow 1995a, S. 717) 描写的会谈片段相矛盾。根据戈尔巴乔夫的描述，莫斯科只是谈到六方会谈或 "4＋2" 的想法。此后，得到美国积极支持的德国人才转而坚持 "2＋4"。这一描述却与总理及其外长的种种立场相矛盾，而且 2 月 2 日联邦外长在华盛顿就已大力敦促过将两德放在前面。

67. 戈尔巴乔夫（Gorbatschow 1995a，S. 717）在回忆录中表明了这一点对来他说有多么重要。据此，对他来说重要的是要避免科尔陷入"亢奋"，将德国问题"仅仅减少到统一和满足德国人的民族渴望上"。因此，他指出了与德国邻国和欧洲人以及全球形势的相互关系。

68. 在 1998 年 4 月 17 日的访谈中（采用了会谈按语），卡斯特鲁普谈到，根舍提请注意德国人民的尊严，并且强调没有两种不同品质的自决权。根舍的建议包括，两德必须首先相互商议，此后再邀请四大国参加会议等。比较联邦德国外交部和苏联外交部非常简短的不同信息。谢瓦尔德纳泽的保留立场，见 Zelikow/Rice 1997，S. 269。

69. 比较以下按语：Vermerk RL 212 v. 11. 2. 1990, betr. :» Arbeitsbesuch des Herrn Bundeskanzlers in der Sowjetunion（10. /11. Februar 1990）; hier: Delegationsgespräch（10. Februar 1990, 18. 40 Uhr ～ 19. 15 Uhr）«（21 - 301 00 (56) - Ge 28 (VS)；没有作为附件的参与人员名单。此外，与工作访问的其他准备材料一起，有科尔修改过的版本（212 - 30104 S25 So 17）。特尔切克谈到四人会谈，见 Teltschik 1993, S. 141。相反，在总理的回忆（Diekmann/ Reuth 1996, S. 275f.）以及德国记录中，可以看到提示，指出有着更大的参与人员圈子。科尔讲到了法林和伯恩达伦科脸上"赤裸裸的惊愕"。在以后的晚餐和会谈中没有值得一提的细节（Genscher 1995；Gorbatschow 1995a）。

70. 以后内容，比较：Diekmann/Reuth 1996, S. 276ff.（科尔的回忆）；Teltschik 1993, S. 142。科尔与戈尔巴乔夫会晤的声明，刊登于 Kaiser 1991a, S. 192f.。美国政府对科尔莫斯科之行的感受，尤其见 Zelikow/ Rice 1997, S. 268ff. sowie S. 276f.。2 月 10 ～ 11 日，布什在戴维营会见北约秘书长沃尔内尔。这次会谈的中心要点是，如何确保统一后的德国是毫无保留的北约成员。沃尔内尔认为这是欧洲持续稳定的中心要素，并警告曾经公开讨论过的模式：无论是法国还是德国都不要完全融入北约的战略结构中去。他同时对美国总统指出过于强调四大国责任会产生的危险，因为这可能导致德国人的不快。沃尔内尔认为，苏联在统一后的德国有期限的驻留，最终只是实现快速实现统一而付出的小代价（国家安全委员会信息、美国国务院信息和联邦德国外交部信息）。

71. 本书作者本人抄录的德国电视二台未放映的影视资料。

72. 比较科尔的回忆引文：Diekmann/Reuth 1996，S. 276ff. 。

73. 对莫斯科访问结果的反应，见以下描述：Teltschik 1993，S. 144；*Bild am Sonntag* v. 11. 2. 1990，Ein Handschlag für die deutsche Einheit；die Artikel 12. 2. 1990 in *Die Welt*，Kohl erzielt Durchbruch in Moskau：Der Weg zur Einheit ist jetzt frei；*Frankfurter Rundschau*，Ein Kanzler im Glück und ein Prosit auf Deutschland；*Süddeutsche Zeitung*，Das kleine Wunder von Moskau；*Frankfurter Allgemeine Zeitung*，Während des Rückfluges von Moskau stoßen Kohl und Genscher auf Deutschland an；*Bild*，Deutschland es wird wahr noch dieses Jahr。几天以后，特尔切克在有关德国问题及其纳入国际的报告中发表了意见，他还引用了一份媒体报道，根据该报道，从莫斯科带回了德国统一的钥匙。紧接着，媒体报道复述了经过大量缩减的特尔切克的讲话，这使他遭到了总理的愤怒斥责。比较Teltschik 1993，S. 156f. 。后来，科斯乐尔和埃尔伯［Kiessler/Elbe 1993，S. 98（»ein Außenpolitischer ＞Amateur＜«）］描述了科尔对特尔切克的说法感到的愤怒，也就是所谓的统一的关键钥匙现在带回到了波恩，这一描述有些断章取义。

74. 此处以及以后，比较来源于苏联的材料：»Niederschrift der grundlegenden Inhalte des Telefongesprächs zwischen M. S. Gorbatschow und dem Vorsitzenden des Ministerrates der DDR，Hans Modrow«（Hoover Institution Archives，Stanford：Zelikow-Rice-Papers）。通过与苏联当事人的访谈而得到丰富的阐释，见 Zelikow/Rice 1997，S. 270f. 。莫德罗（Modrow 1991）本人在其回忆录中没有提到这次令他不快的通话。

75. 戈尔巴乔夫的这一提示显示出，苏联解决德国问题的政策受制于不断的临时变化。这些变化适合其各自的接收对象。向西方大国通报科尔－戈尔巴乔夫的会晤结果也体现了这一点。在法、英、美的消息中，普遍赞成创建六国委员会的建议，而在给美国的外交照会中还额外建议举行联邦德国、美国和苏联的三方会谈。美国甚至根本就没有研究过该建议，因此这项建议大概一直未被重提（Zelikow/Rice 1997，S. 567，Fn 72）。事后，苏联方面，尤其是苏共中央委员会的强硬派法林和外长伯恩达伦夫，尝试淡化戈尔巴乔夫表明的赞同，并以较为严厉的苏联立场取而代之。

76. 莫德罗政府代表团 1990 年 2 月 13～14 日对波恩进行访问，参见：

Jäger 1998，S. 123f. ；Grosser 1998，S. 205ff. ；Jarausch 1995，S. 170f. ；Korte 1994，S. 116f. 。会晤参加人员的报告，见：Teltschik 1993，S. 115；Modrow 1991，S. 127ff. 。科尔的说明，见 Diekmann/Reuth 1996，S. 294ff. 。

77. 在一次会谈中，科尔本人同时对莫德罗指出，他拒绝任何有关德国的四大国会议。见 1990 年 2 月 15 日二司司长的按语:»Vermerk über das Gespräch des Bundeskanzlers mit DDR - Ministerpräsident Hans Modrow am 13. Februar 1990，10. 00 bis 11，00 Uhr，im Bundeskanzleramt«（21 - 35400 - De 26/4/90）。对科尔的同事们在总理莫斯科之行前论证的复述，基于联邦政府信息。根据《基本法》旧版本第 23 条实现统一的好处，参见联邦内政部"德国统一"内阁委员会起草的报告和草稿，如总理府二司司长获悉的 1990 年 2 月 27 日第一工作组的文件：»Überlegungen zu verfassungsrechtlichen Fragen im Zusammenhang mit der Einigung Deutschlands «（Aktenzeichen VI1-110 013/3；Fundstelle im Kanzleramt：212 - 35400 De 39，Bd. 2）。关于国际方面的情况，参见 1990 年 2 月 21 日席弗尔（MD Schiffer，BMI，Az. VI1-110 013/3）给其他联邦部委和德国政策工作组的信件，包含有不同的草拟稿，其中有» Überlegungen zum Thema：Auswirkungen des Zusammenschlusses Deutschlands auf die Zugehörigkeit zu EG，VN，NATO und RGW « v. 19. 2. 1990（B 137/10878）。在科尔的论述中，他尤其强调自己拒绝新宪法中可能的公民表决要素以及社民党主席拉封丹疑似的中立倾向（Diekmann/Reuth 1996，S. 290ff. ）。社民党在统一道路问题上的立场，比较下书中围绕《基本法》旧版本第 23 条和第 146 条产生分歧的段落，见 Schuh/von der Weiden 1997，S. 247ff. 。

78. 根据所有能运用的材料，民主德国政府没有参与准备"2 +4"公式。在西方看来这并不令人意外，但苏联放弃与其盟友进行较为紧密的协商，则是莫德罗不再被戈尔巴乔夫及其同事们视为严肃的伙伴的另一个象征。

79. 1992 年 3 月 24 日签署的"开放天空"协议，要追溯到美国总统布什的建议。他在 1989 年就采用了艾森豪威尔（Eisenhower）1955 年的想法，其中涉及美苏在对方领土进行航拍的双边协定。布什将这一创建东西方信任工具的建议扩大到所有北约和华约国家。此外，布什对欧洲常规武装力量谈判提出的裁军新倡议，也是贝克与谢瓦尔德纳泽会谈的中心内容。两周前，美国总统建议将美苏在中欧的军队各自减少到 19.5 万人，但美国保留在其他地区的 3 万驻军。见：Baker 1996, S. 191f.；Zelikow/Rice 1997, S. 244ff.（他们也探讨了北约内部的讨论和英国方面的批评）。

80. 德文声明刊登于 Kaiser 1991a, S. 194。相反，贝克的顾问佐利克起草的英文版本并没有在"外部问题"前加上一定的条款。英国尤其欢迎这一点，因为由此可以对议事日程进行较为一般的描写，苏联不能特别坚持处理所有的外部问题（联邦德国外交部和英国外交部信息）。也见 Zelikow/Rice 1997, S. 271ff.。贝克（Baker 1996, S. 195）谈到了"官方层面"的预备性会谈，其中涉及一个翻译错误。

81. 关于渥太华结果的描述，见参与者的回忆：Genscher 1995, S. 724ff.；Baker 1996, S. 187ff.；Schewardnadse 1993, S. 236f.；Kiessler/Elbe 1993, S. 99ff.。美国角度的详细认识，见 Zelikow/Rice 1997, S. 271ff.。如果没有其他证据，此后的描写还基于：Diekmann/ Reuth 1996, S. 297ff.（科尔的回忆）；Teltschik 1993, S. 145f.；总理府、联邦德国外交部和美国国务院的不同信息。

82. 在渥太华公布通过"2＋4"公式实现统一的攻势是根舍发起的，在同所有与会外长的会面中，他看到了良好的框架。2 月 12 日，联邦外长与贝克进行了半个小时的会晤，其中根舍建议，在渥太华就正式建立"2＋4"机制。卡斯特鲁普在 1998 年 4 月 17 日的访谈（采用了会谈按语）中说，根舍建议在渥太华就正式建立"2＋4"机制，但根舍坚决拒绝在盟军管制大楼的会晤。贝克先通告了与匈牙利外长的谈话。他说，匈牙利外长保证，与谢瓦尔德纳泽的描述相反，2 月 11 日在华约国家外长会晤中没有提出所谓德国中立的要求。2 月 12 日，捷克斯洛伐克外长丁斯特贝尔也对根舍表示了类似看法，所谓的华约国家要求德国中立，是基于官员层面中的误解，大家致力于消除这一误解。贝克对联邦外长保证，统一以后，出于政治－心理原因，苏军在德国地区的暂时存在很有可能是必要的。根舍在这次会谈中再次确认，两德原则上的统一将与对波兰的边界保证联系起来。两位外长也一致认为，在以后的欧安峰会上只展示"2＋4"谈判的结果（联邦德国外交部信息）。关于渥太华的大量双边和多边会谈的最精确和最广泛的排列说明，见美国国务卿的回忆（Baker 1996，S. 187ff.），其中表明，在会谈中，外长杜马（法国）、赫德（英国）、谢瓦尔德纳泽（苏联）和根舍反复与各自的国家和政府首脑通话，因为没有他们的参与，无法作出如此深远的决定。比较：Genscher 1995，S. 724ff.，bes. S. 726（其中猜测谢瓦尔德纳泽与莫斯科的通话）；Kiessler/Elbe 1993，S. 99ff.；Teltschik 1993，S. 145f.（其中有科尔与根舍之间的协商）。

83. 这次会晤的描写尤其基于 1998 年 4 月 17 日与卡斯特鲁普的访谈，他可以使用一则会谈按语。在这次工作早餐中，三位西方大国和联邦德国的代表达成一致，为了利用当前两德靠近的活力，尽可能在人民议院选举前就举行第一次 "2 + 4" 官员层面的会晤。根据达成的一致，所有会晤都应在德国举行，此时根舍坚决反对将柏林的盟军管制委员会大楼作为会议地点。一致认为，"官员层面" 是指政治司长，这意味着确定较高级别的工作层面。四人中的另一个议题是，一段时间以来，在联邦政府与四大国对话中处理的柏林联邦议院议员直选的问题。对此，三大国没有再提出原则性的疑虑，但他们建议根舍保持克制，不要让已经很丰富的议题目录受到过重的负担。与已经概述过的内政部长朔伊布勒 1 月 22 日在联邦内阁会议中的意见类似，这些情况表明，此时尚无人认为能在 1990 年底的联邦议院选举以前实现德国统一以及与此相关的自动废除柏林特殊地位。根舍利用这次四人会晤表达了对联盟的热情感谢并且明确拥护德国与西方结盟（联邦德国外交部信息）。

84. 关于佐利克对 "2 + 4" 机制决议的第一次建议文稿，见 Baker 1996，S. 190。其中贝克还提到，外长们将在 3 月 18 日选举以后马上会晤，以讨论德国统一的外部问题。将 "马上" 开始官员层面的预备性会谈。

85. 卡斯特鲁普在 1998 年 4 月 17 日的访谈中如此认为。其他描写基于联邦德国外交部信息。

86. 比较：Falin 1993a，S. 491f.（法林谈到了谢瓦尔德纳泽的单独行动）；Gorbatschow 1995a，S. 717；Biermann 1997，S. 425ff.。谢瓦尔德纳泽在其首轮反应中要求放弃 "德国的统一" 这一措辞，因为他显然希望 "2 + 4" 是一个长期的进程（联邦德国外交部信息）。

87. 见贝克对冲突及其调解的描写（Baker 1996，S. 196）。

88. 关于通常和气的外长的激烈发作，见：Genscher 1995，S. 729；Baker

1996，S. 197；联邦德国外交部信息。根舍的恼怒可以理解，在成功结束与谢瓦尔德纳泽的会谈后，西方盟国再次要求展开讨论，导致了后来美国总统布什请科尔比较谨慎地对待北约中较小伙伴的疑虑。见：Diekmann/Reuth 1996，S. 306（科尔的回忆）；Rohentwurf Vermerk RL 212 v. 27. 2. 1990，betr. :» Gespräch des Herrn Bundeskanzlers mit dem amerikanischen Präsidenten George Bush（Camp David，24. Februar 1990，14. 30 – 17. 00 Uhr）«（212 – 30104 A5 AM2）。关于美国国务卿对继续该进程的疑虑，见 Baker 1996，S. 197。对 "2 + 4" 公式的抗议，主要来自波兰、意大利、比利时和荷兰（1994 年 11 月 4 日与金米特的访谈）。

89. 特尔切克在 1997 年 10 月 10 日的访谈中谈到，他在 1990 年 2 月 13 日才通过贝克得知 "2 + 4" 公式，并回答他说，"我认为这是令人信服的，但是我必须先问问科尔"。科尔也同时得到了根舍的电话。在特尔切克澄清形势以前，科尔就已接到了布什的电话。其间，贝克及其同事们始终怀疑，联邦总理是否真的被告知了联邦德国外交部的所有步骤（1993 年 12 月 17 日佐利克的访谈）。

90. 按语总结了联邦总理与美国总统布什的电话会谈：Vermerk Neuer v. 14. 2. 1990，betr. :» Telefongespräch des Herrn Bundeskanzlers mit Präsident Bush am Dienstag，dem 13. Februar 1990 um 19. 45 Uhr «（212 – 35400 De 39 NA 2，Bd. 2；aufterdem：21 – 30100（56）– Ge 28（VS）von Kohl an »Teltschik« weitergeleitet）。据此，这次通话持续了大约 15 分钟。第二次通话（其经过记录完全不变地附加在第一次会谈的按语中）开始于 21：00，并持续了 10 分钟，也见科尔的回忆（Diekmann/Reuth 1996，S. 297f. ）。比较根舍对结果的细节描写（Genscher 1995，S. 726f. ）。他只分别提到布什与科尔通话和根舍与科尔通话。根舍没有点特尔切克的名字，但当他谈到对 "波恩的误解来源" 感到气愤时，显然指的是特尔切克。在 1997 年 10 月 31 日的访谈中，根舍说明了对一个 "干扰花招" 的困惑，没有直接参与该进程的人要了好几次 "干扰花招"："在我们这里，特尔切克令人气愤"，对于布什的工作人员来说也是一样。与根舍类似，科斯乐尔和埃尔伯（Kiessler/Elbe 1993，S. 101f. ）也进行了论证（指出参考 Beschloss/Talbott 1993，Szabo 1992，不过，他们的描述并非基于档案材料）。特尔切克（Teltschik 1993，S. 145f. ）中立、简短、没有提到内容地谈到了这两次通话。也比较美国的描述和阐释：Baker 1996，S. 193ff.；Zelikow/Rice 1997，S. 274ff. 。贝克将布什和科尔通话的时间精确到分钟，显然是为了努力论证他的描述，这些说明与西德的会谈按语所提到的时间是一致的。关于这一形势，见 Kapitel »Zwei-plus-Vier«intern in Bruck/Wagner 1996a，S. 153ff. ，hier S. 156f. ，据此，甚至在可能存在疑虑时，特尔切克也几乎不敢在科尔的背后对其立场表示怀疑。在 1996 年 4 月 23 日的访谈中，贝克确认，华盛顿看到联邦总理府与联邦外交部之间有时存在着"健康的竞争"，但在渥太华产生的恼怒却要回溯到美国内部协商中的问题。以下描述采用的是波恩当地时间。在渥太华，由于时差晚六个小时，通话和会谈当事人提到的是"中午的时间"。

91. Zelikow/Rice 1997，S. 275. 这里引用了科尔的一句话，在德国的会谈按语里没有这句话："乔治，我感觉存在着误解。我完全同意外长们在渥太华议定的事情。"

92. 当事人在科尔同意"2+4"公式时产生的困惑的含义，在他们的自传中得到表现。通话过程得到很大程度的一致描述，但尤其是美国方面的贝克、泽利科夫和赖斯，以及德国方面的根舍、科斯乐尔和埃尔伯则提出了不同的阐释。贝克（Baker 1996，S. 193ff.）将责任归于斯考克罗夫特周围的国家安全委员会工作人员，他们不仅拒绝"2+4"公式（赖斯在 1994 年 10 月 31 日的访谈中加以确认），而且反对国务卿的方针，甚至是在布什那里进行积极干涉。这一说法得到了泽利科夫和赖斯（Zelikow/Rice 1997，S. 274ff. ）的支持。虽然 1989～1990 年，国家安全委员会的工作人员自己谈到了"统一进程期间美国政府最严重的分歧"：国务卿在白宫多次谈到渥太华公式，但从未"在总统那里将其变成包含最后草案的正式决策程序的内容"。根据美国当事人的一致描述，美国政府应该为这一混乱负责，鉴于官僚主义的过程和内容方面的问题，这些疑虑尤其导致国家安全委员会直到最后仍然反对渥太华公式。相反，根舍（Genscher 1995，S. 727f. ）以及科斯乐尔和埃尔伯（Kiessler/Elbe 1993，S，101f. ），明确将这一困惑阐释为特尔切克发起的"干扰花招"（根舍 1997 年 10 月 31 日的访谈），而特尔切克（Telschik 1993）和科尔（Diekmann/Reuth 1996）根本就没有谈到这些不快。不同的阐释却再次表明，参与者获悉过哪些冲突方针，并将其作为重要的方针进行过评价。

第八章　西方寻求同步

1. 关于英国首相的不快，也见 1990 年 2 月 22 日联邦新闻局给联邦总理府的电传：Telexfax des Bundespresseamtes an das Bundeskanzleramt, Az. IV B 3 v. 22. 2. 1990, betr. :»Inhalt und Übersetzung eines Thatcher-Interviews in *Corriere della Sera* v. 21. 2. 1990«。在与这份意大利报纸所做的访谈中，撒切尔夫人要求小国更多参与有关德国统一的会谈，其中包括波兰，她警告不要采取过快的行动措施；绝不能是德国人先统一，然后才关注与之相关的问题。"2 + 4"框架不能是唯一的讨论论坛，而必须以北约和欧安会等委员会进行补充。关于根舍在伦敦的中途停留，见 Genscher 1995, S. 731。此外，对撒切尔夫人立场的描述还以英国外交部的信息为基础。英国外交部的看法则完全不同：随着"2 + 4"机制的建立，可以察觉到这里明显感到轻松。直到此时，赫德都是始终指责缺乏有序进程的人——这是典型的英国人特点，就像内维尔 - 琼斯在访谈中所说的那样。她说，从此刻开始有了框架，英国外长能够也必须在框架的坐标内发挥建设性的作用（1997 年 6 月 4 日与内维尔 - 琼斯和 1997 年 6 月 4 日与辛诺特的访谈）。对于英国外交部来说，在该框架中还能确定对德政策的转折点，背离撒切尔夫人部分依然非常僵化的立场，也能表现出这一转折点。关于苏联的强硬立场，见：Zelikow/Rice 1997, S. 288ff.（两位作者也断言法国试图拖延）；Biermann 1997, S. 431f. 。也比较 Gorbatschow 1995a, S. 716, S. 721ff. 。苏联外长仍然假定，德国统一进程"很可能要持续好几年"（Schewardnadse 1993, S. 243），他将 2 月 20 日出版的《消息报》的访谈时间确定为返回莫斯科以后。苏联的官方立场，也比较法林 1990 年 2 月 19 日与《明镜》周刊的访谈（*Der Spiegel* v. 19. 2. 1990, »Für militärische Neutralität«），其中，这位此时还能对戈尔巴乔夫施加某种影响的德国问题专家声明说："谁赞成整个德国都属于北约，他就是不赞成德国统一；谁赞成半个德国留在北约，他对德国统一就是半心半意。半心半意解决不了像德国重新统一这样的重大问题"（S. 170）。还有已得到证实的法林对德国即将面临的未来的考虑："柏林的四大国地位要转移到整个德国"。谈到期待东德社民党的选举胜利、谈到通过其东德的党内朋友而拒绝中立，法林的意思是，"大家绝不会像在追逐之中和选举以前那样，撒更多的谎"。

2. 关于常被称为"图青公式"或"根舍计划"的根舍演讲，其产生历史以及贝克在莫斯科使用这一公式的情况，见：本书"争取最佳道路"一章；Genscher 1995，S. 713 ff.；Kiessler/Elbe 1993，S. 77 ff.。演讲摘录刊登于 Kaiser 1991a，S. 190f.。根据科斯乐尔和埃尔伯（Kiessler/Elbe 1993，S. 79）的看法，图青演讲是"联邦外长独自创作的文稿，他显然很大程度上放弃了自己部门的帮助"（卡斯特鲁普在 1998 年 4 月 17 日的访谈中也是如此认为）。不过，根舍建议民主德国不要融入西方联盟，这一点却符合联邦德国外交部内部文件的基本方针。为了确保统一后的原民主德国领土，此时外交部思考过针对防卫而建立的德国联合驻军，该部队不应融入北约战略结构（Biermann 1997，S. 487f.，Fn 251）。在图青演讲的前三天，根舍就在报纸访谈中声明："谁要将北约边界扩大到奥德河和尼斯河，谁就是打破了统一德国的大门。相反，我们留在北约是无可争议的"（*Bild am Sonntag* v. 28. 1. 1990，Genscher hofft auf den Umzug nach Berlin）。也比较：Kiessler/Elbe 1993，S. 81；Biermann 1997，S. 486 ff.。图青演讲也包含了根舍在两德内部靠近进程中的立场。与联邦政府目前的政策相符，他确定两德靠近可以立刻开始"民族团结中的统一"，因为统一没有触动其他国家的权利、没有触动与它们缔结的条约。与科尔一样，根舍也坚决反对诸如四大国的任何原则性介入，并且强调计划的行动措施的双重轨道，双重轨道由德国的内部统一和对外政策的侧面辅助组成。

3. 此处以及此后，比较细节描述：Zelikow/Rice 1997，S. 252f.，其中也摘录了新闻发布会上的引文。英文原文中谈到"北约防卫和安全区域"。根舍反对上述两位作者对贝克与根舍会晤的描述，他们的描述以对美国新闻发布会的记录和美国政府内部档案的分析为基础。比较根舍和泽利科夫在 1995 年春天的信件交换，其中涉及后来的北约"司法管辖权"东扩这一措辞的起源（Hoover Institution Archives，Stanford：Zelikow/Rice-Papers）。其他描述没有涉及这方面的细节（Genscher 1995，S. 717f.；Kiessler/Elbe 1993，S. 77 ff.）。美国国务卿（Baker 1996）在其通常充满细节的回忆录中，却完全略过了他 1990 年 2 月 2 日与根舍的这部分谈话内容。

4. Zelikow/Rice 1997，S. 252. 关于贝克的莫斯科会谈以及北约"司法管辖权"这一措辞的运用，见：Zelikow/Rice 1997，S. 256 ff.；Baker 1996，

S. 180ff. 。其中，贝克更喜欢对 "2 + 4" 机制而不是北约东扩的讨论发表意见。贝克还对谢瓦尔德纳泽承诺，"北约管辖权和武装力量不会东移"（Zelikow/Rice 1997，S. 257）。戈尔巴乔夫对自己与贝克会晤的描述，见 Gorbatschow 1995a，S. 715f. ，bes. S. 716。在德语翻译文稿中，苏联总书记谈到了贝克的提议，"既不要有法律裁决（原文如此），也不要将北约军队扩展到北约现今版图的东部"。另见 Palazchenko 1997，S. 172，其中提到了贝克和戈尔巴乔夫 2 月 9 日的谈话，但没有详细探讨美国国务卿的具体措辞。美国政府在 2 月 5 日仍然坚持根舍的路线并运用引起误解的概念 "北约司法管辖权"，这些情况也表现在与媒体进行的背景会谈过程中，在回答询问时，国务院明确解释说："是的，我们赞成北约司法管辖区域不应东扩"（EUR Press Guidance v. 5. 2. 1990；Hoover Institution Archives，Stanford：Zelikow-Rice-Papers）。

5. 见本书 "争取最佳道路" 一章的详细描写。关于贝克 2 月 10 日信件的内容，也见 212 - 35400 De 39 NA1，Bd. 2，其中，美国国务卿谈到了 "北约司法管辖权"。泽利科卡和赖斯（Zelikow/Rice 1996，S. 26）同样运用了北约管辖权这一概念。特尔切克（Teltschik 1993，S. 138）只是写道，戈尔巴乔夫对贝克称 "北约东扩" 是不可接受的。科尔本人说，贝克向苏联人建议，"统一后的德国应该属于北约，但没有民主德国地区"（ Diekmann/Reuth 1996，S. 267）。

6. 也见泽利科夫和赖斯（Zelikow/Rice 1997，S. 262）的说明，根据他们的看法，贝克 "小心翼翼" 地开始脱离 "图青公式"。他在莫斯科的新闻发布会上已经解释过，他对戈尔巴乔夫的提议，只是指 "在北约驻军东扩方面，北约内部可能会有一些特殊的规则"。根舍的回忆录中没有谈到这一点，而科尔却愿意详细地谈及美国的这一新立场，根据这一立场，"在统一后的德国北约成员属性一事上，民主德国地区应该获得特殊的军事地位"（Diekmann/Reuth 1996，S. 266f. ）。显然，在此后的几天里，并没有向波恩政府表明整个美国政府的因而也是贝克的新立场。2 月 14 日，特尔切克还在统一日记中写道，根舍在联邦议院拒绝 "北约司法管辖权扩大" 而接受了 "贝克的措辞"。在总理府，我们认为这一措辞是成问题的，因为它会使统一后的德国是北约成员这一点普遍产生问题"（Teltschik 1993，S. 149f. ）。

7. 在 1998 年 4 月 17 日的访谈中，卡斯特鲁普如此认为。在此，卡斯特鲁普采用了 1990 年 2 月 19 日送达联邦德国外交部的贝克信件。

8. 以下描述基于：Vermerk LASD v. 19. 2. 1990，betr. :»Kabinettausschuß ＞ Deutsche Einheit ＜；hier：Arbeitsgruppe Außen- und Sicherheitspolitik «（B 136/20244）；Teltschik 1993，S. 147ff. （其中有非常详细的细节描述）；联邦德国外交部和总理府信息。参加外交部会议的人——大多数是部长级别的人物——来自外交部、总理府办公厅、内政部以及国防部、司法部、财政部、德意志内部关系部、经济部和环境部。联邦总理府由塞特斯、特尔切克和杜伊斯贝格代表。这次会晤一致认为，根据莫斯科和渥太华会谈的结果，在统一的道路上，只要以正常的程序、顾及四大国权利、关注安全利益和边界问题、纳入全欧整体进程而开展德国统一进程，苏联方面就不会再设置原则性障碍。到 1990 年秋天的欧安会会议为止，应呈现"2 ＋4"会谈的结果，否则，那里将会出现大量参与愿望和评论。在这一回合的会谈中，根舍赞成立刻开始官员级别的预备性会谈，因为苏联坚决要求在人民议院选举以前就开始第一轮沟通。应该在两德的首轮意见交换以后，才进行六国小组的会谈。无论如何应该避免出现有关"和平条约"的谈话，对此已不再需要理由。关于西方的支持，根舍解释说，美国和法国都毫无保留地支持建立德国统一，而英国首相方面，很可能在纳入欧共体的问题和联盟问题上出现困难。在这次会晤以后，德国政策工作组组长在一份按语中指出，外交部愿意让相关职能部门和总理府参与准备，但只想在自己的管辖范围内进行这些会谈。杜伊斯贝格建议，让总理府开展与民主德国的会谈和谈判，当然包括外交部的参与，而另一方面，总理府则"参加与四大国的所有会谈和谈判"，对此，科尔应该直接和根舍协商［见德国政策工作组组长 1990 年 2 月 16 日的按语：Vermerk LASD v. 16. 2. 1990，betr. : » Behandlung der deutschen Einigung mit der DDR und den Vier Mächten «（B 136/ 20253）］。

9. 关于施托滕贝格的一系列问题和根舍的反应，特尔切克（Teltschik 1993，S. 148f. ）解释说，总理府同样认为"司法管辖权"这一概念是有问题的；联邦德国外交部信息。国防部长还问道，按照根舍的设想，何时开始出现这一联盟？是否不必重新商谈驻军协议？如何从法律上确保苏军的临时驻扎？统一后，德国的武装力量是否能够在现今的民主德国地区进行演习？在正在进行的会谈中，联邦国防军兵力这一问题可以在多大程度上成为话题，而不要出现联邦国防军的独特化？苏联是否也必须裁减其本国领土内的军队？

10. 联邦外长在 2 月 14 日会议上的明确意见，驳斥了其办公室主任埃尔伯后来的描述（Kiessler/Elbe 1993，S. 81）。埃尔伯说，根舍绝对没有反对联邦国防军的士兵驻扎在民主德国的领土上，而是不愿排除可与"领土联合类比的状态"。埃尔伯的解释是错误的，萨伯（Szabo 1992，S. 103）根据埃尔伯的解释而进行的描述也是不对的。

11. 比较 1990 年 2 月 15 日按语的草稿：Entwurf für einen Vermerk RL 212 v. 15. 2. 1990，betr.：»Außen- und bündnispolitische Fragen der deutschen Einigung；hier：Ressorrbesprechung im Auswärtigen Amt；Donnerstag，15. 02. 1990，11. 30 – 13. 15 Uhr«（212 – 35400-De 39 NA 4，Bd. 1）。卡斯特讷在按语［Vermerk des RL 212（Kaestner）］中也指责没有充分处理苏军留在现今的民主德国地区的问题。

12. 此后内容，如果没有其他说明，尤其见以下详细描写：Biermann 1997，S. 493f.，其中复述的外交部的立场，即施托滕贝格用其先发制人的攻势破坏了内阁委员会的决议，根据内阁委员会的决议，有争议的问题应该先放一放。在分析使用的文件中，找不到对上述情况的确认。根舍（Genscher 1995，S. 732f.）对"与国防部长的分歧"只有简短而粗略的描述。关于施托滕贝格媒体声明的新闻报道和声明内容，参见（均为 1990 年 2 月 17 日）：*Süddeutsche Zeitung*，NATO-Schutz soll für ganz Deutschland gelten；*Die Welt*，Deutsche Truppen auf DDR-Gebiet sollen nicht in NATO integriert sein；*Frankfurter Allgemeine Zeitung*，Stoltenberg will ein Deutschland in der NATO。关于两位部长对欧洲联盟未来的不同意见，也比较 *Frankfurter Allgemeine Zeitung* v. 19. 2. 1990，Stoltenberg warnt vor »strategischem Irrtum «。

13. 在争论过程中，施托滕贝格的建议也遭到自己政党的公开反对。例如，沃尔曼称这些看法"对欧洲的政治稳定没有贡献"（*Die Welt* v. 20. 2. 1989，»Auf DDR-Gebiet keine Bundeswehr «）。社民党拒绝了施托滕贝格的建议，并判断这一建议"不了解真实情况并且完全是致命的"（*Frankfurter Rundschau* v. 20. 2. 1990，Kohl bringt Stoltenberg auf Genscher- Kurs）。

14. 关于两位部长的争执以及不同的引文，比较以下描写（均为 1990 年 2 月 19

日）：*Frankfurter Rundschau*，Zwist im Kabinett über militärische Zukunft；*Süddeutsche Zeitung*，Genscher：Bundeswehr nicht auf DDR-Gebiet；*Frankfurter Allgemeine Zeitung*，Meinungsverschiedenheiten zwischen Genscher und Stoltenberg；*Neue Zürcher Zeitung*，Bonner Ideen zur Sicherung Deutschlands。大多数评论是针对施托滕贝格的，比较（均为 1990 年 2 月 19 日）：*Frankfurter Rundschau*，Draufgesattelt；*Süddeutsche Zeitung*，Stoltenbergs Uhr geht vor；Bonner *General-Anzeiger*，Ein Elefantentritt。

15. 执政联盟的问题，比较 Szabo 1992，S. 103。引文来源于 1990 年 2 月 20 日的报纸访谈：*die tageszeitung* v. 20. 2. 1990，»Stoltenberg gefährdet auch Gorbatschow«。其中，费尔德曼说，他并没有将执政联盟问题"放在嘴上"，不过，却继续对施托滕贝格进行原则性的批评。但媒体对此的感受却不同（*Süddeutsche Zeitung* v. 19. 2. 1990，Genscher：Bundeswehr nicht auf DDR-Gebiet；*Neue Zürcher Zeitung* v. 20. 2. 1990，Zwist über Deutschlands Sicherheitsstruktur）。自民党主席拉姆斯多夫只想确定根舍和施托滕贝格之间的"语言干扰"（*Die Welt* v. 20. 2. 1990，»Auf DDR-Gebiet keine Bundeswehr«）。但在自民党主席团会议以后，他确定在德国统一一事上，在联盟发生变化以后，"西方军队，无论是否属于北约，都不会也不允许前移到现在的民主德国地区"（*Frankfurter Allgemeine Zeitung* v. 20. 2. 1990，Kohl schlichtet den Kabinettstreit zwischen Genscher und Stoltenberg）。

16. 比较：Teltschik 1993，S. 151f.；Genscher 1995，S. 732f.。共同声明刊登于 Bulletin Nr. 28 v. 21. 2. 1990，S. 218，»Sicherheitspolitische Fragen eines künftigen geeinten Deutschland«；Kaiser 1991a，S. 199f.。其中提到联邦总理科尔 1990 年 2 月 15 日对其莫斯科会谈的政府声明、与民主德国总理莫德罗的会晤、统一进程中的外部问题（BMB 1991，S - 107ff.）。关于调解争执、公布政府声明以及对施托滕贝格行动措施和立场的普遍批评，也比较新闻报道（均为 1990 年 2 月 20 日）：*Stuttgarter Zeitung*，Prompte Reaktion；*Osnabrücker Zeitung*，Stoltenbergs Gang nach Canossa；*Stuttgarter Nachrichten*，Kohls Machtwort；*Die Welt*，»Auf DDR-Gebiet keine Bundeswehr«；*Frankfurter Allgemeine Zeitung*，Kohl schlichtet Kabinettstreit zwischen Genscher und Stoltenberg；*Frankfurter Rundschau*，Kohl bringt Stoltenberg auf Genscher-Kurs；*Süddeutsche Zeitung*，

Koalitionsstreit um Geltungsbereich der NATO in vereinigtem Deutschland vorerst beigelegt; *Süddeutsche Zeitung*, Wie man die Einheit politisch einbettet。其他有趣的背景和评估，见: *Neue Zürcher Zeitung* v. 21. 2. 1990, Eingreifen Kohls in die Sicherheitskontroverse; *Frankfurter Rundschau* v. 21. 2, 1990, Und danach zum Strafexerzieren bei Genscher; *Die Zeit* v. 23. 2. 1990, Vorwarts & zurück。

17. 克罗伯格的看法，也见: *Frankfurter Allgemeine* v. 20. 2. 1990, Kohl schlichtet den Kabinettstreit zwischen Genscher und Stoltenberg; *Frankfurter Rundschau* v. 20. 2. 1990, Kohl bringt Stoltenberg auf Genscher-Kurs。西柏林不是北约的一部分，不允许在那里驻扎联邦国防军。虽然在东柏林不遵守这一规定，但盟军的基本原则规定，整个城市都不应驻扎德国军队。关于克罗伯格作为联邦外长的"亲信和个人紧密顾问"的作用，见 Genscher 1995, S. 745。

18. 比较 1990 年 2 月 14 日三大国外长在与塞特斯会谈中的批评性询问 (Vermerk LASD v. 19. 2. 1990; B 136/20241)。英国政府于 1990 年 3 月 5 日转交给总理府的问题和议题清单，也显示了外国的不安。根据总理府的信息，在这个清单中，欢迎科尔拒绝民主德国的非军事化，而对根舍－施托滕贝格声明会给统一后的东德版图防卫带来的影响则提出了批评性的问题，如果没有驻扎联邦国防军部队、没有军事演习的可能，那么这一方位会受到北约联合部队的危害。这封信还指出，英国的出发点是，统一以后，原民主德国地区也要纳入北约的保护保证中（联邦德国外交部信息）。

19. 2 月 19 日下午的"外交与安全政策"工作小组第二次会议，没有再谈到这一议题。根舍只是建议，总理府、外交部和国防部的官员应该共同起草一份问题目录。比较: Vermerk LASD v. 21. 2. 1990, betr. : »Kabinettausschuß › Deutsche Einheit ‹; hier: Arbeitsgruppe Außen- und Sicherheitspolitik « (B 136/20244; außerdem B 136/20253); Teltschik 1993, S. 152。总理府还是考虑要澄清根舍和施托滕贝格讨论中的"问题要点"（总理府信息）。在 2 月 19 日的会议上，根舍指出，在民主德国加入联邦德国时，无须改变欧共体守则，在外长理事会上他也将遵守这一看法，共同体不能参与"2＋4"会谈，但应该始终获得情况通报。关于边界问题的调节，外长解释说，无论如何不能借题发挥，将其变成继续提出要求，尤其是提出赔偿要求的议题。

20. 关于 1990 年 2 月 22 日布什和撒切尔夫人通话的描述，见 Zelikow/Rice 1997，S. 291f. sowie S. 575，Fn 22。撒切尔夫人还建议，让苏军在统一以后无限期地驻扎在民主德国地区，布什非常不喜欢这个想法，因此他建议撒切尔夫人，与密特朗一起进行三人谈话，但这些谈话并未发生。按照泽利科夫和赖斯的说法，撒切尔夫人并没有对根舍 – 施托滕贝格声明表现得不安。根据联邦总理府信息，波恩的英国外交官对其西德伙伴发表的看法则不同，根据他们的说法，英国政府极其不喜欢根舍 – 施托滕贝格声明，因为其中无法看到，如果放弃在东德驻扎联邦国防军士兵，在遭遇冲突时，这片领土能够得到北约的保护（联邦德国外交部信息）。美国在此阶段的其他不安，见 Zelikow/Rice 1997，S. 293ff.。北约对东、西德社民党立场的怀疑，比较：Schuh/von der Weiden 1997，S. 313ff.；其他证据；Biermann 1997，484f.（根据该书作者的说法，社民党主席拉封丹在访问莫斯科时，要求建立新的欧洲安全体系并且反对全德是北约成员）。

21. 最后确定了科尔与布什最终的会面时期（Teltschik 1993，S. 117）。关于美国的准备情况，见：Zelikow/Rice 1997，S. 297ff.；Baker 1996，S. 198ff.。关于美国内部围绕美国驻波恩大使沃尔特斯是否参与会面的争执，见 Walters 1994，S. 49ff.。

22. 在访谈中，布什（1998 年 2 月 20 日）和贝克（1996 年 4 月 23 日）坚决保证，他们从未怀疑过科尔要全德是北约成员的意愿。因此，在这个问题上，大家对联邦总理从未有过任何问题或担心。

23. 见 Zelikow/Rice 1997，S. 297。特尔切克在其统一日记里，没有谈到他与布莱克威尔的明确约定。在 1997 年 10 月 10 日的访谈中，特尔切克解释说，为了澄清科尔和贝克的立场，他和布莱克威尔之间虽然有过协议，但绝没有“阴谋诡计”。不过，根据布莱克威尔（1993 年 12 月 15 日的访谈）的说法，直到此时，美国政府对于是否能够真正毫无保留地实现统一后德国的北约成员属性仍然存在着疑虑。

24. 这一描述基于联邦政府信息。总理府将这一邀请评价为“不同寻常的”和“特别的姿态”。

25. 关于根舍的缺席，比较 Walters 1994，S. 49ff.。根据作者沃尔特斯的看法，鉴于与联邦外长之间不停的争论，联邦总理府尤其是总理府第二司表达的这一愿望，即不想有联邦德国外交部的代表，比如德国驻华盛顿大使的出现，这是可以理解的。而根舍不参加并非不同寻常，因为其他若干国家的国家和政府首脑，在其有意进行非正式和比较轻松的戴维营访问时，也没有让部长参加。比较不同的评价：*Die Zeit* v. 2. 3. 1990，Wer hat Angst vor Deutschland（根据这一报道，自民党主席拉姆斯多夫的想法"成了泡影"，因为根舍没有得到邀请）；*Frankfurter Rundschau* v. 26. 2. 1990，Washingtoner Wende（根据这篇文章的报道，根舍的缺席是总理府与外交部争执的另一个标志）。科尔本人谈到，美国方面在几天前说，贝克将不参加戴维营会晤，然而"令德国人意外"的是，他却突然出现在那里（Diekmann/Reuth 1996，S. 305）。在 1993 年 12 月 15 日访谈中，布莱克威尔的看法不同，根据他的看法，根舍是按照联邦总理府的希望而没有参加会晤的。而在 1997 年 10 月 10 日的访谈中，特尔切克驳斥了这一说法：关于根舍是否应该参加会晤，并无明确的协议。根舍本人在 1997 年 10 月 31 日的访谈中说，他没有参加会谈，因为美国方面要与科尔主要就其对边界问题的立场进行谈话。布什与科尔会谈的经过却无法支持这一说法。在 1998 年 2 月 20 日的访谈中，布什在回答根舍缺席的问题时表示"无可奉告"。

26. 如果没有其他说明，戴维营会面和会谈的描述基于：Zelikow/Rice 1997，S. 296ff.；Baker 1996，S. 198ff.；Teltschik 1993，S. 158ff.（特尔切克将泽利科夫/赖斯在描写布什时观察到的红色法兰绒衬衣和牛仔靴搭配归到美国国务卿身上，国务卿在华盛顿接待客人并陪同他们前往戴维营，乔治·布什和芭芭拉·布什在此欢迎他们）；1993 年 12 月 15 日与布莱克威尔的访谈。也见科尔的回忆：Diekmann/Reuth 1996，S. 303ff.。除译员以外，特尔切克、诺伊尔和卡斯特讷也是德国代表团成员。

27. 见按语：Rohentwurf für einen Vermerk RL 212 v. 27. 2. 1990，betr.：»Gespräche des Herrn Bundeskanzlers mit dem amerikanischen Präsidenten George Bush（Camp David，24. Februar 1990，14. 30 – 17. 00 Uhr）«（30100（56），Bd. 78 – 82）。特尔切克（Teltschik 1993，S. 159ff.）非常详细地复述了这次会谈。

28. 德国的会谈按语草稿进行了如此记录。贝克（Baker 1996，S. 202）的描述不同，按照他的说法，科尔只是反对驻扎"北约军队，包括可供北约使用的联邦国防军部队"。而特尔切克（Teltschik 1993，S. 160）的描述又不同。科尔在其回忆录中没有谈到这一点（Diekmann/Reuth 1996，S. 305ff.）。关于核武器问题的历史，参见 Riecke 1996，S. 187ff.。

29. 泽利科夫和赖斯（Zelikow/Rice 1997，S. 301）复述了科尔的描述：1945 年 5 月，有 110 个国家与德国处于战争状态。2 月初，美国内部就已决定，和平条约没有必要（Zelikow/Rice 1997，S. 576f.）。在美国国务院的法律部门，自 1989 年底开始，就拟定了对德国统一问题的不同法律鉴定，其中，更多进行政治论证的律师们也认为和平条约没有必要，见 1994 年 11 月 7 日与美国国务院的法律副顾问迈克尔·扬的访谈。

30. 根据一些著作（Zelikow/Rice 1997，S. 302；Bush/Scowcroft 1998）的看法，布什对科尔的联想活动作出了反应：德国是否能够不按照法国的模式——与西方联盟的军事结构没有联系，而只是政治结盟的合作——而仍是北约成员。不过，无论是在德国的会谈按语中，还是在为会谈准备的资料中，或者是在其他参加者公开发表的回忆中，都没有找到联邦总理的这类建议。也比较：Baker 1996；Blackwill 1994（布莱克威尔将依照法国模式的北约成员的想法称为只是几个专家的投机想法）；Teltschik 1993；Diekmann/Reuth 1996。关于短程核武器的争论，也见 Teltschik 1993，S. 160。

31. 在德国有关戴维营两天会晤的不同记录中，根本没有注明详细处理过"德波边界"议题的提示。也见：Vermerk Neuer v. 28. 2. 1990, betr. : »Gespräch des Herrn Bundeskanzlers mit dem amerikanischen Präsidenten George Bush am Sonntag, dem 25. Februar 1990 von 09. 30 bis 10. 30 Uhr« (21 – 301 00 (56) – Ge 28 (VS))；Vermerk RL 212 v. 1. 3. 1990, betr. : »Tischgespräche des Herrn Bundeskanzlers mit Präsident George Bush (Camp David, 24. und 25. Februar 1990) « (beide：21 – 30100 (56) – Ge 28 (VS))。除了私人答辩以外，圆桌会谈主要围绕其他的国际政治问题。布什强调美国对苏联改革政策取得成功的强烈兴趣，这一政策尤其要归于戈尔巴乔夫。他请求科尔在 2 月 25 日的共同新闻发布会上，也按照类似的意思去做。对于给苏联提供生活物资援助，科尔得到了美国的认可。布什说，他本人在 12 月的马耳他峰会上谨慎地试探过这方面

的情况，然而苏联人没有请求帮助或者让人听到有这种想法。布什强调，他准备在计划于初夏举行的与戈尔巴乔夫的峰会取得成功，尤其是在裁军和军备控制领域，也就是说取得也能让戈尔巴乔夫在其国内展示的成功。以后，美国国务卿谈到，布什建议，根据《赫尔辛基最后文件》解决德波边界问题，它确保了边界的不可侵犯。他还要公开声明，美国将承认波德目前的边界。见 Baker 1996, S. 201f.。几天以前，联邦内政部长朔伊布勒就对贝克和斯考克罗夫特解释了西德的立场。在华盛顿，大家担忧地问朔伊布勒，《基本法》旧版本第23条，是否能够超越民主德国问题而用于其他的情况。朔伊布勒认为没有这种可能，并且提请注意，民主德国或者民主德国各州加入联邦德国以后，可以对最终确认波兰西部边界发表一份新的声明。然后，大家可以立刻删除《基本法》旧版本第23条。比较：Schäuble 1991, S. 59f.；Zelikow/ Rice 1997, S. 567；联邦德国外交部和美国国家安全委员会的不同信息。在时间方面，朔伊布勒表现得比科尔乐观一些：原则上，1990年12月举行全德选举是可能的，然而联邦政府不会加速任何事情。可以设想的是，民主德国先向联邦议院派遣代表。在1993年12月15日的访谈中，布莱克威尔将全德北约成员属性和布什敦促科尔尽快推进统一政策称为美国关注的中心事务。

32. 见按语中关于第二天会晤的谈话内容：Vermerk RL 212 v. 1. 3. 1990, betr. :»Tischgespräche des Herrn Bundeskanzlers mit Präsident George Bush (Camp David, 24. und 25. Februar 1990) « (21－30100 (56) － Ge 28 (VS))。科尔的回忆：Diekmann/Reuth 1996, S. 310。

33. Siehe dazu Vermerk Neuer v. 28. 2. 1990, betr. :» Gespräch des Herrn Bundeskanzlers mit dem amerikanischen Präsidenten George Bush am Sonntag, dem 25. Februar 1990 von 09. 30 bis 10. 30 Uhr« (21－301 00 (56) － Ge 28 (VS)); Diekmann/Reuth 1996, S. 309f. (科尔的描述); Teltschik 1993, S. 162。特尔切克和布莱克威尔在现今民主德国安全地位方面达成新的协定，见 Zelikow/Rice 1997, S. 302。

34. 比较联邦新闻局未加修改的记录以及1990年2月25日22：15 "今日特别报道" （»Heute Journal Spezial« ）节目中引用的新闻发布会片段，其中有科尔的话："民主德国人民的决定导致了这一加速。我对加速并无兴趣。"

35. 以下尤其见：联邦新闻局未加修改的记录；Zelikow/Rice 1997，S. 303f.（其中包含有对科尔难以表明自己立场的评估）。德国角度的简短报告，见：Teltschik 1993，S. 162；Diekmann/Reuth 1996，S. 310f.（科尔的回忆）。关于新闻发布会过程的其他看法，见 *Die Zeit* v. 2. 3. 1990，Wer hat Angst vor Deutschland，该文错误地宣称，在布什对边界问题的补充中，联邦总理与美国总统之间有着"深刻的分歧"，而"联邦总理以及陪同人员似乎没有估量到它们的影响"。也有著作（Hindenburg 1996，S. 114）宣称存在着一个既无法借助记录也无法借助新闻发布会文稿直接证明的不同意见。

36. 关于和美国有差微小差别的问题，见：1990 年 2 月 26 日德国广播电台午间信息；*Frankfurter Allgemeine Zeitung* v. 27. 2. 1990，Bush zieht in den Sturm und Drang der deutschen Einigung Zwischenboden und Querbalken ein；此处也大量引用了美国媒体的报道。有关科尔访问戴维营的新闻报道和评论，分别见 1990 年 2 月 26 日的报道：*Neue Osnabrücker Zeitung*，Kein klares Wort；*Frankfurter Allgemeine Zeitung*，Bush zu Kohl: Ohne Vorbehalt hinter dem Wunsch der Deutschen nach Einheit；*Frankfurter Rundschau*，Kohls Balancegang in Camp David；Bonner *General-Anzeiger*，Ohne Vorbehalt；*Süddeutsche Zeitung*，Kohl muß Bedenken wegen der Grenzfrage zerstreuen. Bush besteht auf weiterer NATO-Mitgliedschaft；*Süddeutsche Zeitung*，Bush will vor Alleingangen sicher sein；*die tageszeitung*，Kohl mit Bush einig；*Westdeutsche Allgemeine Zeitung*，Wieder die Grenzfrage.

37. 关于散步的描写，基于：Diekmann/ Reuth 1996，S. 311（科尔的回忆）；Teltschik 1993，S. 162；1993 年 12 月 15 日与布莱克威尔的访谈。

38. 此处以及此后，比较：1990 年 2 月 28 日在联邦内阁会议中发表的意见，以及 1995 年 9 月 20 日与布莱克威尔的访谈。关于贝克给根舍的信件，比较：联邦德国外交部和美国国务院信息；Zelikow/Rice 1997，S. 304。此外，3 月 9 日，将美国当前对北约问题立场的细节通知联邦德国外交部，此时美国大使馆的一位代表在外交部转告了"会谈要点"，这些要点也应该转发给美国的代办机构。按照美国国务院和联邦德国外交部的信息，与《北大西洋公约》第 5 条和第 6 条扩大到整个德国一样，也提出了将德国纳入北约军事结构之中。正如与科尔协商的那样，贝克让人通知法、英外长，美国只会在 3 月 18 日人民议院选举以后才开始"2 + 4"会谈。布什再次打电话给戈尔巴乔夫、密特朗和撒切尔夫人，以便告诉他们自己的会谈情况，对于结果，两位西方的政治家很大程度上感到满意，只是对边界问题仍感到不安，而苏联总书记则重复他对全德北约成员属性的疑虑。

39. 以下描述基于：Teltschik 1993，S. 170f. ；Zelikow/Rice 1997，S. 304；联邦德国外交部和总理府信息。在"2 + 4"谈判期间，也始终向布鲁塞尔的西方盟国通报谈判情况，如 1990 年 5 月 7 日、5 月 23 日、6 月 11 日、6 月 21 日、9 月 3 日和 9 月 10 日。在联邦总理的戴维营会晤前夕，根舍带头开始了在西方首都的双边会谈，他还在罗马和阿姆斯特丹游说以赢得支持（Genscher 1995，S. 736ff. ）。此后，联邦总理多次公开使用在戴维营决定的有关民主德国未来安全政策地位的措辞，如 1990 年 3 月 19 日在波恩的欧洲经济合作会议开幕式的演讲，见联邦德国外交部的演讲文稿摘要（Auswärtiges Amt 1995，S. 661ff. ）。

40. 关于苏联在渥太华的立场，比较：本书"争取最佳道路"一章；Zelikow/Rice 1997，S. 272ff. ；Genscher 1995，S. 724ff. 。关于美国对开启"2 + 4"谈判的考虑，比较：Zelikow/Rice 1997，S. 293ff. 。关于根舍 1990 年 2 月 19 日给四大国外长的信件，比较：Genscher 1995，S. 731f. ；联邦德国外交部和苏联外交部信息。

41. 以下勾勒的"2 + 4"会谈的组织框架，以和西方外交官的不同会谈为基础，其中还有 1998 年 4 月 17 日与卡斯特鲁普的访谈，以及联邦德国外交部信息。关于组织和参与人员，比较：Kiessler/ Elbe 1993，S. 119ff. ；一些当事者的简历（Munske 1994，S. 232ff. ）。

42. 关于卡斯特鲁普本人及其职业生涯，比较：Munske 1994，S. 235f. ；Kiessler/Elbe 1993，S. 120f. ；Handbuch Bundesregierung，11. WP，3. Erg. Lfg. April 1989，S. 82。1965 年，这位取得了博士学位的法学家加入了联邦德国外交部。此后，他作为君特·范威尔（Günther van Well）在 70 年代初期《西柏林协定》谈判中的助手、德国政治副司长、政治司长而积累了德国政策的经验。此外，他先后担任东方经济关系、东欧合作等部门的负责人，熟悉苏联的发展，几十年来，他认识了苏联一些最重要的外交官和德国问题专家（1998 年 4 月 17 日的访谈中，卡斯特鲁普也如此说）。由于其担任在内部被称为"D2"的政治司的司长而与"2＋4"进程中的重要外国政治家相熟，因为他常常作为外长的书记员而陪同参加这些会谈。

43. 以下关于西方政治司长首次磋商过程的描写，基于：大量的访谈；参与外长们的信息；Zelikow/Rice 1997，S. 312ff. 。根据这些说法，美国谈判代表佐利克必须早点出发，因为国务院没有"政治司长"这一职位，除了佐利克（他以后是贝尔的顾问）以外，欧洲与苏联司司长，也是以后美国"2＋4"回合代表团团长塞茨，也总是参加或者代表佐利克参加会谈。关于国务院的组织工作，也比较 Baker 1996，S. 40ff. ，bes. S. 47f. 。佐利克属于贝克最密切的同事圈子，每一份呈递给贝克的文件都要经过佐利克的办公桌。关于卡斯特鲁普的预备性讨论，也见 Genscher 1995，S. 768f. 。

44. 英国当事人尤其指出德国统一进程中"1＋3"回合的特殊意义，在他们看来，"1＋3"回合与"2＋4"机制至少是同等重要：其中，可以协商确定西方的"2＋4"立场和战略、预先澄清决定性的细节、共同衡量应该如何或者在多大程度上让公众了解情况。"1＋3"特别委员会是服务于全体参加人员的信息行。辛诺特说，它不仅涉及应该如何与苏联人打交道的考量，而且尤其涉及大家彼此要如何相处的问题，在这些过程中不可能没有冲突，这是自然而然的事情。最后，这里涉及的是棘手的进程细节（1997 年 6 月 4 日与辛诺特的访谈）。内维尔－琼斯将"2＋4"仅仅称为较大的整体格局中的一个核心部门，它由双边和其他多边谈判组成。苏联方面最终将"2＋4"用作展示的论坛，相反，真正的任务和问题则是在"1＋3"框架内或者双边会谈中解决（1997 年 6 月 4 日与内维尔－琼斯的访谈）。类似的还有鲍威尔 1997 年 6 月 3 日的访谈，他将"2＋4"称为某种形式的"管理团队"而非"领导团队"。

45. 政治司长们最终决定，如果在 3 月 18 日以前举行一次官员级别的会晤，那么将由联邦德国发出邀请。代表团的不同看法表现在向北约伙伴通报情况的问题上，尤其是法国，它坚持自己作为四大国组成部分的事实，反对在每次"2＋4"会晤的前后都向北约理事会通报情况。最后根据杜发奎的建议作出决议，应在北约常设代表共同午餐时，向他们通报情况，并且不要因此而产生磋商的义务。在 1994 年 11 月 2 日的访谈中，佐利克称当时的气氛"令人不快"。

46. 泽利科夫和赖斯（Zelikow/Rice 1997，S. 313）谈到，佐利克请卡斯特鲁普转告根舍，"在这条道路上，盟友们设置着一个大的停车指示牌"。之前，西德政治司长再次明确提及同样反对"北约管辖权"东扩的贝克，佐利克和塞茨对此表示否定，他们提请注意戴维营的协定，同时也怀疑根舍 - 施托滕贝格声明。卡斯特鲁普坚持指出，此刻他尚不知道贝克给根舍的信件（1990 年 2 月 28 日在联邦德国外交部转交），其中，美国国务卿明确提到四大国政治司长会晤，并且明确反对使用"北约管辖权/司法管辖权"的概念。

47. 在巴黎，在德波边界议题中涉及法律地位时，科尔运用了"和平条约"的概念，并且明确提请注意《莫斯科条约》、《华沙条约》以及《波恩条约》第 7 条。杜发奎的阐释指出了科尔立场中的疑难问题：科尔拒绝和平条约，相反，关于自己对波兰西部边界立场，他的理由则始终是"和平条约保留条件"。此后，这也导致了根舍在 1990 年 2 月 28 日的联邦内阁会议上，笼统请求将来放弃提到和平条约保留条件（1995 年 9 月 20 日与梅尔特斯的访谈）。

48. 在渥太华，三大国原则上为联邦德国修改有关联邦议院柏林议员直选的法律文稿开了"绿灯"。不过，为了不要给与谢瓦尔德纳泽的谈判增加没有必要的负担，先推迟作出最终决定。德国代表团重新提出了柏林居民在 1990 年联邦议院选举中完整的选举权问题，这表明，在 2 月底，波恩并不认为实际上能够在 1990 年底以前实现统一以及与此相关的德国完整主权的建立。不过，法、英还没有形成最终意见。关于四大国权利，卡斯特鲁普建议，仔细思考逐步取消具有特别象征意义的要点。借此，他采用了柏林市议会的想法，将来放弃舍内贝格区政府中的盟军联络官、放弃参议院每一次会议以后都要通报情况的义务。就像在其他几乎所有的要点中一样，美国代表团在这一点上表现得最为让步，然而，魏思敦却没有理睬这件重大的事情。不过，一致的意见在于，在所有步骤中，都必须顾及对"2+4"的反作用，顾及苏联。在 2 月 28 日与柏林市长蒙佩尔的谈话中，联邦总理也表达了类似的意见。科尔说，在这个问题上大家必须继续努力，只有美国作出了原则性的赞同，但在其他国家那里至少还没有把握。他反驳了蒙佩尔的观点，即西方大国原则上是积极的；戈尔巴乔夫已对他抱怨过，大家从一件事被挤到另一件事。此处见 1990 年 2 月 28 日联邦总理和联邦政府成员与柏林市长和柏林市议会成员在联邦总理府的会谈记录

[»Protokoll über das Gespräch des Bundeskanzlers und Mitgliedern der Bundesregierung mit dem Regierenden Bürgermeister von Berlin und Mitgliedern des Senats am 28. Februar 1990 von 16.00 bis 17.45 Uhr im Bundeskanzleramt« (B 136/21762)]。

49. 根据联邦总理府和外交部信息，此时，英国外交官在与德国官员的会谈中反复表示，有关撒切尔夫人拒绝立场的文章绝对无法反映英国政策和外交的总方针。所以，在官员层面上，大家对联邦总理从司法角度对波兰西部边界进行的论述表示完全理解，但反复要求采取减少国际政治压力的政策步骤。英国外交部的信息指出，2月底到3月中，英国外交界内部至少有三种不同的立场。英国驻波恩大使馆游说伦敦总部积极支持统一的努力，而首相仍然一如既往地加以拒绝。英国外交部的负责官员采取中间立场，他们的疑虑仍然比英国驻波恩外交官的要多，但也没有采取撒切尔夫人对两德靠近的原则性否定立场。尽管在官员层面上有许多批评性的询问和建议，但是，英国外交部强调原则上准备采取建设性的立场。

50. 3月初，美国国务院官员也反复对西德外交官表示了类似意见（联邦德国外交部信息）。据此，美国非常愿意看到，在波兰总理马佐维耶茨基计划于3月22~23日访问华盛顿之前，快速澄清这一议题，以阻止对问题和差异进行不停的公开讨论。

51. 3月2日卡斯特鲁普和阿达米兴的会面，欧洲三司的瓦里奇·罗格兴（Valerij Rogoshin）担任书记员。关于这次会面的描述，主要以1998年4月17日与卡斯特鲁普的访谈为基础，而卡斯特鲁普又以德国的会谈记录为依据。其他细节基于苏联外交部和联邦德国外交部信息。

52. 3月3日，杜发奎和阿达米兴同样在日内瓦举行会谈。法国外交部的信息说，这位苏联副外长敦促不久即开始"2+4"会谈，这得到了法国的支持。巴黎的中心印象是，苏联虽然不再反对马上实行经济方面的联合，不过却要推迟实现政治上的统一。

53. 关于1990年3月5日科尔和根舍会谈以及"外交与安全政策关系"委员会会议的描述，基于参与部委和联邦总理府的信息。另外，根舍在国务秘书苏德霍夫以及两位司长卡斯特鲁普和于尔根·奥斯特赫尔特（Jürgen Oesterhelt）的陪同下，出席了这次会议。代表总理府的是彼得·哈特曼和杜伊斯贝格，国防部长施托滕贝格与海军将军迪特尔·

威勒斯霍夫（Dieter Wellershoff）以及克劳斯·瑙曼出席，德意志内部关系部部长魏姆斯则由多贝伊陪同。还有来自司法部、财政部、内政部、经济部的代表。关于苏联人要求在日内瓦举行一次会晤，见 Zelikow/Rice 1997，S. 314。3 月 6 日，布什的发言人菲茨沃特在华盛顿宣布了会晤日期。根据他的描述，谈判级别还未确定，但绝不会是部长级会晤。对于询问，他解释说，布什在与欧洲政治家，如意大利总理安德烈奥蒂的会谈以后，也没有考虑要"比较灵活地"解释"2 + 4"框架，虽然将用不同的方式把情况通报给西方盟友（1990 年 3 月 6 日的媒体通报；Hoover Institution Archives，Stanford：Zelikow-Rice-Papers）。

54. 关于 1990 年 3 月 9 日会晤中心内容的描写，基于：Vermerk LASD an den Chef des Bundeskanzleramtes v. 12. 3. 1990，betr. :»Gespräch mit der DDR im Rahmen des Mechanismus nach der Formel 2 + 4 am 09. März 1990 in Berlin（Ost）«（B 136/20244）；联邦德国外交部、总理府、民主德国外交部的信息。关于会谈的中心内容，也比较 1998 年 4 月 17 日与卡斯特鲁普的访谈，他采用了一次会谈报告。参加会晤的有民主德国外交部副部长克拉巴奇、部领导施特格里希（Steglich）、聚斯，以及部门领导穆勒（Müller）和赛德尔，以及西德方面的卡斯特鲁普、联邦总理府的杜伊斯贝格和彼得·哈特曼以及东柏林常设代表处的一位工作人员。

55. 程序问题的解释，见 Kiessler/Elbe 1993，S. 121f.。

56. 比较按语：Vermerk Referat 221（Germelmann）an ChBK v. 27. 2. 1990，betr. :»Memorandum des DDR-Außenministeriums zur Einbettung der Vereinigung der beiden deutschen Staaten in den gesamt Europäischen Einigungsprozeß«（B 136/ 20638；außerdem：B 136/20244 mit einer Abschrift des Memorandums）。按语建议：谈到的所有要点首先要与一个民主的合法政府商量，以此将文件的含义相对化。也比较《德意志民主共和国关于将两个德意志国家的统一纳入全欧统一进程的备忘录》[»Memorandum des Ministeriums für Auswärtige Angelegenheiten der Deutschen Demokratischen Republik zur Einbettung der Vereinigung der beiden deutschen Staaten in den gesamt Europäischen Einigungsprozeß«（B 136/20638；B 137/10723）]。在联邦德国外交部，虽然将民主德国的文

件评价为含有本质内容且值得讨论，但由于其中要延缓统一的步骤，因而并没有得到积极的评价（联邦德国外交部信息）。民主德国方面对创建"超越联盟的安全结构"的考虑，也见电传：Telex StäV Nr. 626 v. 13. 3. 1990，betr. :»Zukunft des Warschauer Paktes«（B 137/11913；außerdem B 137/11914），据此，民主德国也更加强烈地思考着华约更大的政治含义。

57. 以下比较：3 月 1 日的民主德国政府声明；3 月 2 日民主德国总理莫德罗给科尔和戈尔巴乔夫的信件，以及在民主德国看来是积极的苏联政府 1990 年 3 月 27 日的回信。上述内容全部刊登于 Bundesministerium für innerdeutsche Beziehungen 1991，S. 131ff. 。关于莫德罗努力获得苏联对这一点的支持，比较有关其莫斯科访问的报告，他的访问得到了原政党联盟的代表和七位部长的陪同，他们是属于圆桌会议中没有具体业务的八位无任所部长，见电传：Telex StäV Nr. 580 v. 8. 3. 1990，betr. :»Beziehungen DDR-Sowjetunion, hier: Moskaureise von MP Modrow am 5. und 6. 3. 1990«（B 136/20347）。这一电传以一位访问之行参加者给常设代表处的信息为基础，据此，莫德罗关注的重大事务正好得到了圆桌会议成员"特别主动"的支持，因为到 1949 年为止，在财产没收问题方面，民主德国的政党和政治团体中存在着极为广泛的一致意见，即在统一进程中不能触动财产规定。也比较 Modrow 1991，S. 137ff. 。

58. 总理府也有类似的考虑，其中建议采取一致的语言规则："2 + 4"会谈中绝对不要谈判财产规定（联邦政府信息）。

59. 关于伯梅和龙姆贝格的莫斯科访问、梅克尔和米瑟维茨的华盛顿访问，比较电传：Telex der StäV Nr. 529 v. 2. 3. 1990，betr. :»Besuch der Ost-SPD in Moskau«，以及美国国务院、苏联外交部和民主德国外交部的各种不同信息。陪同梅克尔的是西德社民党政治家艾姆克和迪特里希·施多贝（Dietrich Stobbe）。在全德北约成员属性的问题上，梅克尔和米瑟维茨比伯梅和龙姆贝格表示的拒绝要少一些，后两者在莫斯科还与法林聚会过。也比较：Ehmke 1994，S. 418；Schuh/von der Weiden 1997，S. 317ff. （其中包含对西德社民党立场的分析，这两位作者提到当时在民主德国仔细斟酌过的其他想法，其中包括 1990 年 3 月的"蒙佩尔计划"，蒙佩尔也谈到民主德国地区非军事化和四大国的安全政策责任）。

60. 这一描述基于：Vermerk GL 21 v. 5. 3. 1990 an den Bundeskanzler-persönlich betr. :»Schreiben von AM Schewardnadse an BM Genscher《（212 - 35400 De 39 NA 2，Bd. 1；信件的粗略译文，也见 B 136/20244、212 - 25400 De 39 NA 4，Bd. l），由于计划在 3 月 5 日与根舍会谈，这则按语应立刻呈递科尔；联邦总理府信息和联邦德国外交部信息。特尔切克（Teltschik 1993，S. 167）的描写表明，这封信于 3 月 5 日达到根舍那里，但这是不对的。这封信在 3 月 2 日的时候就转交给根舍，不过三天以后才告诉总理府。以下内容，也比较：Zelikow/Rice 1997，S. 314；Baker 1996，S. 204。与苏联外交部工作人员的访谈，并没有回答"预想不到的情况"是什么意思的问题。只有伯恩达伦科在 1995 年 5 月 22 日的访谈中回忆说，苏联害怕 3 月 18 日以后，无论是人民议院还是正在组建的各州，都将不顾国际局势而提出按照《基本法》旧版本第 23 条加入联邦德国的申请。

61. 关于根舍这段时期的报纸文章，参见 *Nordsee-Zeitung* v. 3. 3. 1990，Die deutsche Vereinigung als Beitrag zur Europäischen Stabilität（auch verbreitet vom Auswärtigen Amt,»Mitteilung für die Presse« Nr. 1048/90 v. 2. 3. 1990）。

62. 根据参加的西方国家外交部的信息，他们的驻莫斯科大使也对谢瓦尔德纳泽信件具体含义的问题作好了准备。例如，向法国外交官表达了苏联害怕提出立刻从民主德国撤军的要求。3 月 13 日，在巴黎的"1 + 3"政治司长的磋商中，商量了西方会谈伙伴们对谢瓦尔纳泽的答复。3 月 18 日，美国的答复送给苏联外长（比较 Zelikow/Rice 1997，S. 586）。杜马谨慎地答复了该信，同样支持 3 月 18 日以前举行政治司长的会晤。3 月 5 日，布瓦德维大使告诉卡斯特鲁普这一情况。因此，这位政治司长在给根舍的紧急按语中，支持马上邀请举行第一次官员级别的会晤，以避免留下联邦政府受到四大国催促的印象。

63. 以下内容，比较科尔签字的两份按语：Vermerke des AL 2 v. 22. 2. 1990，betr. :»Jüngste sowjetische Äußerungen zur deutschen Frage«（212 - 35400 De 39 NA 2 Bd. 2）；v. 9. 3. 1990，betr. :»Jüngste sowjetische Äußerungen zur deutschen Frage«（212 - 35400 De 39 NA 2 Bd. 2）。其中，分析了 2 月 19 日谢瓦尔德纳泽在《消息报》和 2 月 21 日戈尔巴乔夫在《真理报》上的访谈，以及 3 月 6 日苏联总书记在德国电视一台和 1990 年 3 月 7 日苏

联外长在《新柏林画报》（*Neue Berliner Illustrierte*，Was wird aus Deutschland?）上发表的意见。在"2＋4"第一回合后不久到达波恩，并且是目前对接受《基本法》旧版本第 23 条最积极的说法，见电传：Telex StäV Nr. 681 v. 20. 3. 1990，betr. :»Sicherheitsstatus eines vereinigten Deutschlands；hier: SU-Position«（212－35400 De 39 NA 2，Bd. 2）。比较 Teltschik 1993，S. 153，S. 155，S. 157，S. 168 und S. 170。根据联邦德国外交部的信息，从 2 月底开始，尤其是从西德驻莫斯科大使馆里传来与中层领导官员以及苏联政治咨询学院的学者们的会谈报告，显示出这样的信念：在没有详细说明的情况下，可以贯彻全德北约成员属性一事。据此，苏联谈话伙伴同时也多次强调，苏联外交部第三西欧司对于德国问题感到多么棘手。在伯恩达伦科领导的三司官员的目标，主要是限制德国问题的发展，并在违背西方利益的意义上施加影响。在德意志内部关系部的按语中，分析了苏联在德国政策上的转变：Vermerk v. 15. 2. 1990，betr. :» Haltung der Sowjetunion zur innerdeutschen Frage （ Treffen Kohl-Gorbatschow am 10. /11. 2. 1990 in Moskau；Außenministertreffen der NATO und des Warschauer Paktes am 12. /13. 2，1990 in Ottawa）«，Az. Ⅱ A 2－22. 172 SU（B 137/10640）。

64. 关于波恩的协商和"外交与安全政策关系"委员会分会会议的描写，基于联邦总理府和外交部信息。

65. 细节描写见 Zelikow/Rice 1997，S. 317f. 。

66. 以下关于 3 月 13 日巴黎的政治司长磋商的描写，基于联邦总理府、联邦德国外交部和美国代表团的信息。也比较 Zelikow/Rice 1997，S. 318ff.，泽利科夫和赖斯谈到了"2＋4"第一次谈判回合开始前一天晚上的会晤和"稍被刺激的盟友"。关于苏联代表团团长的问题也是磋商的议题，原因是莫斯科宣布，派遣其驻波恩大使克维钦斯基作为"2＋4"的第四位谈判人员。西方三大国代表和卡斯特鲁普之间达成一致，法、英、美委派的驻联邦德国大使不应参加这次会晤，因为他们仍然代表着四大国的权利与责任，在公众的感知中，可能会因此而被评价为更加强烈地强调四大国权利。

67. 关于会议经过，比较：Vermerk AL 2 v. 15. 3. 1990 an den Bundeskanzler（von diesem abgezeichnet），betr. :»Gespräche ＞Zwei plus Vier ＜ in Bonn«（212－35400-De 39 NA 4，Bd. l）；民主德国外交部拟定的报告［»Bericht über

die Konferenz des Ottawa-Mechanismus ＞4 + 2 ＜ am 14. 3. 1990 in Bonn《
(212 – 35400 – De 39 NA 5，Bd. l）]。会议的其他细节基于：参加代表
团和外交部的信息；Zelikow/Rice 1997，S. 319f.；Kiessler/Elbe 1993，
S. 121ff. 。民主德国的参与者是：克拉巴奇（副外长）、聚斯（大司司
长）、赛德尔（大使）；法国是：杜发奎（政治司长）、丹尼斯·高尔
（Denis Gauer，顾问）和蒂埃里·达纳（Thierry Dana，顾问）；苏联是：
阿达米兴（副外长）、克维钦斯基（波恩大使）、米哈伊尔·蒂莫什金
（Michail J. Timoschkin）和罗格兴（两人都是公使馆参赞）；美国是：佐
利克（顾问）、塞茨（国务院司长）和赖斯（国家安全委员会的负责
人）；英国是：魏思敦（政治司长）、辛诺特（司长）和乔纳森·鲍威尔
（Jonathan Powell，顾问）；联邦德国是：卡斯特鲁普、彼得·哈特曼
（联邦总理府）、埃尔伯（根舍办公室主任）和克里斯蒂安·保罗斯
（Christian Pauls，书记员）。一天后的 3 月 15 日，西方盟国就在布鲁塞尔
北约理事会上通报了“2 + 4”会谈的情况。

68. 英国代表团团长让人记录下这一点：在东柏林的会晤中，统一并不意
味着改变英国对柏林地位的看法。魏思敦以此让人注意到，按照西方
三大国的理解，东柏林绝不是“民主德国的首都”。

69. 阿达米兴回答问询时解释说，他的攻势与谢瓦尔德纳泽的信件并无直
接关系。当被问到信件背景，尤其是被问到“预想不到的情况”这一
措辞时，苏联副外长解释说，他的谈话伙伴们自己就知道，多么难以
对各自的部长就此进行阐释；他建议暂缓该议题，他已经对卡斯特鲁
普谈到过原因。当卡斯特鲁普请阿达米兴对其他所有参加者重复自己
的看法时，苏联代表团团长说推迟到以后再重复，但鉴于时间仓促，
会议将近结束时他也没有解释。阿达米兴和卡斯特鲁普事先可能已就
细节达成一致，因为眼下毕竟是与六位参与者的会晤，对此，尤其是
英国人魏思敦作出了恼怒的反应。在 1998 年 4 月 17 日的访谈中，卡
斯特鲁普已经想不起来这一偶然出现的变故的细节。

70. 给白官报告中的不同引文以及佐利克报告的总结，见 Zelikow/Rice
1997，S. 319f. 。彼得·哈特曼给联邦总理的报告不怎么消极，比较
1990 年 3 月 15 日二司司长给联邦总理按语（总理签字已阅）：Vermerk
AL 2 v，15. 3. 1990 an den Bundeskanzler（von diesem abgezeichnet），
betr.:»Gespräche ＞Zwei plus Vier ＜ in Bonn《（212 – 35400-De 39 NA 4，

Bd. 1 und B 136/20244）。

71. 以下通话见按语：Vermerk AL 2 an den Bundeskanzler v. 19. 3. 1990，betr. :»Telefongespräch des Herrn Bundeskanzlers mit dem amerikanischen Präsidenten George Bush am Donnerstag, 15. März 1990« (212 – 354 00 De 39 NA 1，Bd. 2）。关于通话的描写也见：Diekmann/Reuth 1996，S. 329f. （科尔的描述）；Teltschik 1993，S. 176；Zelikow/Rice 1997，S. 320。泽利科夫和赖斯说，科尔没有告诉布什，不久后的货币联盟也有助于根据《基本法》旧版本第 23 条快速实现统一道路。这同时意味着，将减少"2＋4"框架对统一内部问题介入的可能性；不过，如此构思对于美国总统来说并没有困难。关于科尔在人民议院选举前几天的心情，参见 Teltschik 1993，S. 173，特尔切克表示，联邦总理给他留下了"几乎是消沉"的印象。民意调查显示，东部社民党以 44% 的选票几乎占据了绝对多数，而在选举前夕，估计民主德国基民盟能得到大约 20% 的选票。

72. 科尔最密切的外交顾问特尔切克已经在 3 月 14 日下午的电话中，对贝克的询问作出了反应。3 月 13 日，贝克想借此询问而弄清波恩对在华沙举行"2＋4"回合的态度。在与国家安全委员会的布莱克威尔就进一步的行动措施进行协商以前，特尔切克告诉美国国务卿，科尔和根舍拒绝在波兰举行"2＋4"回合（Teltschik 1993，S. 175）。在几天以后举行的德波官员级别会谈中，没有再谈到扩大六国机制。不过，此时特尔切克对自己的谈话伙伴表示，华沙的攻势既无益于波兰也无益于联邦德国；波兰政府敦促"我们的伙伴和朋友作出'既有助于波兰也有助于德国'的决定。它的后果很严重"。见按语：Vermerk RL 212 v. 20. 3. 1990，betr. :»Gespräch AL 2 mit dem polnischen Botschafter Ryszard Karski und dem stv. Leiter der Abteilung Westeuropa im PAM Jerzy Sulek（Bonn, 19. 3. 1990，15. 00 – 15. 50 Uhr）« (301 00 (56)，Bd. 78 – 82；»Entwurf«)。关于这个问题，详情见本书"最大的障碍"一章。

第九章　新伙伴寻找自己的方针

1. 标题"科尔的胜利"来源于 *Frankfurter Rundschau* v. 19. 3. 1990；标题"科尔的凯旋"，见 *Der Spiegel* v. 19. 3. 1990。人民议院选举的前期历史和结果，也见 Jäger 1998，S. 405ff. ；总结和阐释，见 Jarausch 1995，

S. 188ff. （»Der Schicksalswahlkampf«）。联邦总理府对选举结果的评价，见：Diekmann／Reuth 1996，S. 333ff. （科尔的描述）；Teltschik 1993，S. 177f. ；Schäuble 1991，S. 51ff. 。

2. 科尔在 1990 年 3 月 20 日内阁会议上的评判，见 1996 年 2 月 29 日与梅尔特斯的访谈。引人注目的是，在 1990 年 2 月和 3 月的内阁会议上，除了移民数字以外，德国政策实际上并没有扮演什么角色。所以，在 3 月 28 日的会议记录中，有关议事要点"德国政治问题"和"国际问题"，都没有记载有人请求发言（1996 年 2 月 29 日与梅尔特斯的访谈）。

3. 关于 1990 年初的高移民数字，比较联邦总理府 211 处制定的 1990 年 5 月 8 日草案报告：Punktation Referat 221 v. 8. 5. 1990，betr. :»Schritte zur deutschen Einheit«（212 − 35400 De 39，Bd. 4）。根据该报告，5 月的第一周从民主德国到西部的移民有 2574 人，与 1990 年 1 月时一天的移民人数一样多。总理府始终存在一个认识，就是只有停止移民潮，才能实现民主德国局势的稳定，参见 1990 年 3 月 16 日给联邦总理的概要：Skizze GL 22 an den Bundeskanzler v. 16. 3. 1990，betr. :»Weiteres Vorgehen zur Herbeiführung der Einheit«（B 136／20242）。有关移民潮带来的问题和社民党总理候选人拉封丹富有争议的立场，比较 Schäuble 1991，S. 65ff. 。科尔本人的评价以及他呼吁民主德国民众留在自己的家乡，见其本人的描述：Diekmann／Reuth 1996，S. 336。

4. 比较 1990 年 3 月 16 日 21 组组长给联邦总理的按语：Vermerk GL 22 an den Bundeskanzler v. 16. 3. 1990，betr. :» Weiteres Vorgehen zur Herbeiführung der Einheit«；Teltschik 1993，S. 177f. 。3 月底，联邦政府内部仍然认为，虽然"2 + 4"会谈应于 11 月的欧安会峰会以前结束，但是国家统一只能在 1990 年 12 月 2 日联邦议院选举以后，于 1991 年实现，此处见 1990 年 3 月 21 日关于总理府部长 1990 年 3 月 20 日与西方大国大使会谈的按语：Vermerk GL 22 v. 21. 3. 1990 zum Gespräch des ChBK mit den Botschaftern der WestMächte am 20. 3. 1990，16. 30 Uhr（B 136／20241）。关于时间计划的类似概要，见给联邦总理与欧共体委员会主席德洛尔会谈的建议（由二司汇编的 1990 年 3 月 19 日会谈准备材料：Gesprächsmappe v. 19. 3. 1990，betr. :» Ihr Gespräch mit der EG-Kommission am Freitag，23. März 1990，9. 00 − 12. 00 Uhr，in Brüssel«；B

136/30060）。

5. 见本书"最大的障碍"一章。

6. 比较以下按语：Vermerk Neuer v. 22. 3. 1990，betr. :»Gespräch des Herrn Bundeskanzlers mit Präsident Bush am Dienstag, dem 20. März 1990 um 14. 30 Uhr«（212－35400 De 39 Na1，Bd. 2）。这次会谈简短地复述于：Teltschik 1993，S. 197；Diekmann/Reuth 1996，S. 337f.（科尔的详细描述）。也比较 Zelikow-Rice 1997，S. 308f. 。关于美国媒体报道情况的通报，见 1990 年 3 月 20 日 12：08 菲茨沃特的媒体通报（Hoover Institution Archives，Stanford：Zelikow-Rice-Papers）。菲茨沃特特别强调，在回答大量问题时，布什对科尔的边界问题立场感到满意，这次谈话与美国总统计划于 3 月 21 日和波兰总理马佐维耶茨基以及密特朗、撒切尔夫人的会谈直接联系在一起。通话中详细谈到边界问题，见本书"最大的障碍"一章。

7. 科尔与克维钦斯基的会谈，见 1990 年 3 月 27 日二司司长拟定的按语：»Vermerk über das Gespräch des Herrn Bundeskanzlers mit dem sowjetischen Botschafter, Julij Kwizinskij, am 22. Márz 1990，16. 00 bis 17. 10 Uhr，im Bundeskanzleramt«（212－35400 De 39 NA 2，Bd. 2；außerdem：21－301 00（56）－Ge 28（VS））。除了科尔，特尔切克也参加了这次谈话。比较：Teltschik 1993，S. 179ff.（特尔切克的详细描述）；Diekmann/ Reuth 1996，S. 339f.（科尔的叙述）。

8. 总理府意识到此事可能会给统一进程带来的负面影响，如 1990 年 3 月 29 日总理府二司司长给联邦总理的特急草稿：Vorlage des AL 2 für den Bundeskanzler v. 29. 3，1990，betr. :» Lage in Litauen；hier：Telefongespräch PM Frau Thatcher/Staatspräsident Gorbatschow（28. März 1990）«，（213－30101 L4 Lil4，Bd. 1）。也见科尔的回忆：Diekmann/ Reuth 1996，S. 338f. 。在 1990 年 3 月 11 日立陶宛议会作出再次缔造独立的声明以后，3 月 15 日苏联人民代表大会宣布该决议无效。4 月 19 日苏联对立陶宛实行经济封锁，随着形势缓慢的缓和，7 月 1 日又取消了封锁。3 月和 4 月，局势面临再次失控的危险，这导致了苏联领导层内部的焦虑并干扰了苏联与美国政府的关系。美国政府鉴于美国的公众气氛而认为没有机会与莫斯科缔结它所谋求的贸易协定。关于苏联 1990 年第一季度的内部讨论、权力斗争和戈尔巴乔夫的缓慢决策过程，切尔纳耶夫进行了生动的描写（Tschernajew 1993a，S. 275ff.）。也比较：Zelikow/Rice 1997，S. 232；Gorbatschow 1995a，S. 475ff.。关于巴尔干国家的独立奋斗，比较 Mommsen 1996，S. 109ff.。比较联邦东方与国际关系研究所（Bundesinstitut für ostwissenschaftliche und internationale Studien）的报告，其中尤其是以下作者的文章：Simon 1991；Uibopuu 1990；Levits 1991。关于巴尔干骚乱给戈尔巴乔夫带来的国内政治压力，比较 Biermann 1997，S. 461。

9. 科尔在 1990 年 3 月 19 日欧洲经济合作会议上的演讲，摘录刊登于 Auswärtiges Amt 1995，S. 661ff.。冲突调解中心和军备控制协定核查中心，也属于科尔提到的欧安会机制化步骤。总理原则上要求将欧安会扩大成"我们大陆进一步共同成长的充满活力的工具"和影响深远的裁军措施。根舍在结束阶段的讲话，见 Auswärtiges Amt 1995，S. 667ff.。

10. 法国立场的发展，详情见本书"双驾马车步伐错位"和"欧洲的框架方案"两章。

11. 3 月 29 日的剑桥会晤和次日的伦敦会谈，尤其见：Diekmann/Reuth 1996，S. 340ff.（科尔对他与撒切尔夫人关系的基本描述）；Teltschik 1993，S. 188ff.（特尔切克的概述）；Thatcher 1993，S. 1106（撒切尔夫人的简短答辩）。总理府恼怒获悉的首相访谈，见 *Der Spiegel* v. 26. 3. 1990,»Alle gegen Deutschland-nein！«。撒切尔夫人的访谈涉及联邦总理在 1989 年 12 月 8～9 日欧共体峰会上发表的所谓意见，这次访谈停留在她对德国问题一些较新言论上（*Corriere della Sera* v. 21. 2. 1990, Gorbaciov lavora per il mondo），其中，她也非常清楚地发表了对于德国和平条约问题的意见，引起了总理府的愤怒。此处也比较二司司长文件中该文的翻译件（21－30131 B 20 Gr 33，Bd. 2）。在英国驻波恩大使之前表示期待磋商"非常良好的气氛"以后，《明镜周刊》的访谈令科尔及其同事很意外。此处见根据二司司长指示拟定的按语：Vermerk Referat 211 an GL 21 v. 23. 3. 1990, betr. :»Gespräch von AL 2 mit dem britischen Botschafter, Sir Christopher Mallaby, am Freitag, 23. März 1990, 11. 45－12. 30 Uhr; hier: Ergebnisse«（212－30103 Ko 29）。关于剑桥会晤的大部分媒体报道是正面的，但 1990 年 3 月 30 日的《泰晤士报》则相反（*The Times* v. 30. 3. 1990, Bad Thatcher aspects under Kohl ascendant）。

12. 契克斯会晤的参加者，除了撒切尔夫人以外，还有其外交政策顾问鲍威尔、外长赫德、历史学家达克雷勋爵（Lord Dacre）［即休·特雷弗－罗珀（Hugh Trevor-Roper）］、克雷格、施特恩、诺曼·斯通（Norman Stone）和蒂莫西·加顿·阿什（Timothy Garton Ash）以及时评家乔治·厄班（George Urban）。原来并不打算公布议事记录，但其中一些专家发表了自己的立场和回忆（Craig 1991；Urban 1996，S. 118ff.，S. 151ff.；Timothy Garton Ash, *Frankfurter Allgemeine Zeitung* v. 18. 7. 1990，Wie es eigentlich war；Norman Stone, *Frankfurter Allgemeine Zeitung* v. 19. 7. 1990，Recht geredet；Norman Stone, *The Times* v. 16. 7. 1990，What Mrs. Thatcher really thinks）。美国视角的描述见 Zelikow/Rice 1997，S. 330，S. 593。1990 年 7 月 15 日，鲍威尔的笔记首次发表于《星期日独立报》（*Independent on Sunday* v. 15. 7. 1990，What the PM learnt about the Germans）。在归于俾斯麦以来的民族特征的"德国人"的民族性格清单中，还有"喜好精神极度不安的状态、侵略性、夸张的自我意识同时却有自卑情结……；喜好自我怜悯同时又渴望受到关爱、喜好没有节制的趋势、夸张的行为、过于高估自己"。对此也比较 *Neue Zürcher Zeitung* v. 17. 7. 1990，Rücktritt Nicholas Ridleys in London。个别评论家说，这一组合可能很大程度上吻合撒切尔夫人的对德政策（比较 Zelikow/Rice 1997，S. 591）。虽然这种专家会晤本身并无特别之处，但在英国政府圈中，却完全是以复杂的感觉看待这次专家讨论会。这次会议应该让撒切尔夫人明白，在过去的时间里，德国人已经发生了（积极的）变化，在一些观察家看来，她自己的意图起初仍是别人能够克服现有的偏见，这是不太理智而感情用事的态度。对于专家讨论会的积极意图，也比较 1997 年 6 月 3 日与鲍威尔的访谈，不过他承认，尽管这次会议的基本态度总体上是建设性的，但并没有能够完全消除撒切尔夫人的怀疑。在鲍威尔的笔记发表时，德英媒体激起了轩然大波。鉴于同一时刻科尔访问莫斯科和阿尔希斯取得了突破，总理及其同事获悉此事后并不怎么在意，因为一方面，很大程度上它对已经结束的德国统一的国际谈判没有影响，另一方面，无论是波恩还是伦敦，此刻都对严重干扰双边关系没有兴趣。

13. 撒切尔夫人在契克斯会晤次日发表的积极看法，见：1990 年 3 月 25 日与《星期日电讯报》的访谈（*Sunday Telegraph*, »There is so much more

to do«）；1990 年 3 月 26 日与《泰晤士报》的访谈（*The Times*，Kohl aims to heal German unity with Thatcher）。她再次批评德国的访谈，这可能是在契克斯会晤以前就进行的，见 1990 年 3 月 26 日的《明镜周刊》（»Alle gegen Deutschland-nein！«）。关于她的剑桥演讲，见 Teltschik 1993，S. 188f.，作者强调，由于苏联情况的不确定，联邦德国对公开讨论北约、驻军和核武器问题没有很大的兴趣。

14. 见：〔Vermerk GL 21 v. 2. 4. 1990, betr. :»Gespräch des Herrn Bundeskanzlers mit PM Thatcher bei den 20. deutsch-britischen Gipfelkonsultationen am Freitag, 30. März 1990 in London«（21 – 301 00（56） – Ge 28（VS）；211 – 30103 Ko 29, mit einer Verschriftung der gemeinsamen Pressekonferenz）〕；Diekmann/Reuth 1996，S. 324f.（科尔的描述）；Teltschik 1993，S. 189。

15. 在 1997 年 6 月 23 日的访谈中，瓦文萨也突出了华约成员国在这种形势下的重要意义。瓦文萨说，没有华约各成员坦率地表示自己的有关立场，德国统一是不可能的。在马佐维耶茨基看来，全德融入北约也能确保德国未来仍是欧洲的德国，而非欧洲是德国（比较 1996 年 9 月 19 日与马佐维耶茨基的访谈）。关于华约从 1990 年初以来的发展，总的情况比较 Biermann 1997，S. 447ff. 。

16. 赫德和撒切尔夫人对德国问题不同立场的描写，基于联邦政府信息。也比较 1990 年 3 月 12 日的按语：Vermerk GL 21 v. 12. 3. 1990,» Gespräch des Bundeskanzlers mit dem britischen Außenminister Hurd am 12. März 1990«（21 – 30100（56） – Ge 28（VS））。可以觉察到的双边关系的缓和，参见 Teltschik 1993，S. 189。向联邦总理通报撒切尔夫人和布什百慕大群岛会晤的情况，比较：Teltschik 1993，S. 203；Zelikow/Rice 1997，S. 330f. 。根据联邦德国外交部和英国外交部信息，只有法国总统密特朗得到了一封类似的信件，几天以后，密特朗要在基拉戈（Key Largo）与布什会晤。根据她给科尔的信件，撒切尔夫人同意在不久后的北约峰会上讨论西方联盟未来的作用，这一作用应该较为强烈地进行政治上的定义。关于这一点，也见 1990 年 4 月 13 日总统与首相在百慕大群岛潘布洛克（Pembroke）举行的新闻发布会（Hoover Institution Archives, Stanford：Zelikow-Rice-Papers）。在 1998 年 2 月 20 日的访谈中，布什说，撒切尔夫人与密特朗一样，对统一有着严重的疑虑，但不能说是"坦率的反对"，意见分歧主要还是在统一进程的速度上。

17. 对华约外长特别会晤的描写，主要基于联邦德国情报总局转给总理府和外交部的分析，见：联邦德国情报总局 1990 年 3 月 23 日的邮递电报 ［ BND-Brieftelegramm v. 23. 3. 1990. betr. :» Sondertreffen der WP-Außenminister zur deutschen Frage《（ B 137/ 10715），电报提到 "苏联对德政策的挫折"］；联邦德国外交部和苏联外交部信息。关于会议的经过和后果，见 Brand 1993，S. 199。关于社民党在联盟问题上的立场，参见：Schuh/ von der Weiden 1997，S. 181ff.，bes. S. 313ff.。关于根舍的布拉格访问，见 Genscher 1995，S. 746。

18. 关于联邦总理府的分析，尤其见 1990 年 3 月 23 日二司司长给科尔的按语：Vermerk AL 2（ Westdickenberg）an den Bundeskanzler v. 23. 3. 1990，betr. :»Sowjetische Position zum sicherheitspolitischen Status eines vereinten Deutschlands，insbesondere zur NATO-Mitgliedschaft《（212 – 35400 De 39 Na 2，Bd. 2）。

19. 关于德国外交官与苏联谈话伙伴的报告，比较：1990 年 3 月 16 日常设代表处第 664 号电传 ［ Telex StäV，Nr. 664 v. 16. 3. 1990，betr. :» Sicherheitsstatus des vereinigten Deutschlands；hier：Sowjetische Haltung zur NATO-Einbindung《（ B 136/20242）］；1990 年 3 月 20 日常设代表处第 681 号电传 ［ Telex StäV Nr. 681 v. 20. 3. 1990，betr. :» Sicherheitsstatus des vereinigten Deutschlands；hier：Sowjetische Haltung《（ B 136/20242）］；联邦德国外交部和苏联外交部信息（其中反复指出苏联外交部与国防部的紧张关系，因为过快地从东德撤军将导致很大的社会问题）。关于庆祝纳米比亚独立之际的会谈，见：Zelikow/ Rice 1997，S. 324f.；Genscher 1995，S. 748ff.（根舍谈到了对他本人和联邦政府来说都不可接受的和平条约问题）；Baker 1996，S. 205f.。

20. 见 1990 年 4 月 4 日二司司长给联邦总理的按语：Vermerk AL 2 an den Bundeskanzler v. 4. 4. 1990，betr. :» Gespräch mit Herrn Portugalow，Mitarbeiter im ZK-Sekretariat für internationale Beziehungen der KPdSU，am 28. März 1990，im Bundeskanzleramt《（21 – 301 00（56） – Ge 28（VS）；außerdem：212 – 35400 De 39 Na 2，Bd. 2）。这份按语直接交给联邦总理并得到他的签字；另一版本与特尔切克手写的注释 "总理府部长 - 个人 - 获悉" 一起转给了总理府部长塞特斯。比较 Teltschik 1993，

S. 185ff.，特尔切克从这次会谈得出结论，对于德国统一，苏联方面还没有形成最后意见。在 1997 年 10 月 29 日的访谈中，波图加诺夫说，他与切尔纳耶夫对特尔切克的访问只是"形式"，并没有商议内容细节。

21. 根舍在西欧联盟的演讲文稿，刊登于：1990 年 3 月 27 日的第 40 期公告 [Bulletin Nr. 40 v. 27. 3. 1990，S. 309ff.，»Die deutsche Vereinigung als Beitrag zur Europäischen Stabilität«]；Genscher 1991，S. 257ff.（»Wir wollen ein deutsches Europa«）。外长本人复述了其演讲摘录并去掉了其中有争议的章节（Genscher 1995，S. 752ff.）。美国政府对根舍勾勒的两大联盟解散的怀疑反应，见：Hutchings 1997，S. 120f.（根据其中的说法，根舍 4 月 6 日对美国媒体采用了类似的措辞）；Zelikow/Rice 1997，S. 325f.。赫金斯猜测，在根舍的价值等级中，北约排在欧洲之后（赫金斯在 1994 年 11 月 4 日的访谈中也是类似想法），根舍更像欧洲人而不是大西洋人，因此在美国看来，他比科尔更有可能对苏联力争找到可能替代德国北约正式成员属性的其他办法作出让步。联邦总理府的分析是，在西欧联盟全体大会上，苏共中央委员会的部门领导法林暗示，苏联可以容忍统一后的德国"暂时留在"北约之中。比较 1990 年 3 月 23 日二司司长给联邦总理的按语：Vermerk AL 2（Westdickenberg）an den Bundeskanzler v. 23. 3. 1990，betr. :»Sowjetische Position zum sicherheitspolitischen Status eines vereinten Deutschlands, insbesondere zur NATO-Mitgliedschaft«（212 – 35400 De 39 Na 2，Bd. 2）。关于根舍演讲的新闻报道（部分是非常严厉的报道），参见：*Süddeutsche Zeitung* v. 27. 3. 1990，Ein bündnisloses Europa?；Bonner *General-Anzeiger* v. 24. 3. 1990，Die Bündnisse sollen politische Steuerungsfunktion übernehmen；*Süddeutsche Zeitung* v. 24/25. 3. 1990，Genscher regt Auflösung der Militärbündnisse an；*Frankfurter Allgemeine Zeitung* v. 24. 3. 1990，Genscher wirbt für »kooperative Stabilität«。联邦外长的其他考虑，见有关他 1990 年 3 月 26 日在欧洲理事会演讲的有关报道：*Frankfurter Allgemeine Zeitung* v. 26. 3. 1990，Außenminister des Europarats gegen einen Sonderstatus Deutschlands。在里斯本，根舍也提议创建一个新的欧洲"安全框架"，并表明两大联盟可以逐渐向新的共同安全战略协作结构转变。

22. 在与会者中，对这一说法的形式存在争议。特尔切克（Teltschik 1993，S. 182f.）说，对此有一封信件。科尔本人在其有关统一进程奋斗的回

忆中既没有提到根舍的倡议，也没有说到他本人对此的反应。在 1997
年 10 月 31 日的访谈中，根舍想不起来这封信；在 1998 年 4 月 17 日的
访谈中，卡斯特鲁普说，他从未听说过这样一封信。在 1997 年 10 月
10 日的访谈中，特尔切克（Teltschik 1993）重申他在书中的描写，他
依据的是这段时间的笔记。

23. 引用的根舍访谈，见 *Süddeutschen Zeitung* v. 30. 3. 1990，» Ich bin ein
Anhänger der Vereinigung nach Artikel 23 «。在这次访谈中，根舍保证，
他 "从未说过解散联盟"。不过，他的其他阐述却与 3 月 23 日的西欧
联盟演讲一样，表明了根舍偏爱的情景：取消了两大联盟对抗的思想
以后，它们将在欧洲安全大厦中发挥日益强烈地得到政治定义的作用，
并且将 "赢得日益协作的关系"。与通过其成员而主动解散联盟相反，
根舍更愿意看到彼此不断靠近，但在《南德意志报》的谈话中，他没
有描绘北约和华约将在某个时候彼此融入的前景。因为欧洲安全新大
厦的建设无法跟上德国统一的步伐，所以有必要事先 "明确减少双方
武装力量"。在访谈中，根舍着重表明自己是 "根据第 23 条进行统一
的追随者"，统一以后必须去掉《基本法》的相关条款。

24. 此处以及此后，比较细节的描写，见：Teltschik 1993，S. 155ff.；
Kiessler/Elbe 1993，S. 98（其中有激烈的批评，也有 "愚蠢的失言"
这句话）。特尔切克在其有争议的报告中提到了约瑟夫·里德穆勒
（Josef Riedmüller）的话（*Süddeutsche Zeitung* v. 12. 2. 1990，
Schlüsselübergabe in Moskau）。围绕特尔切克报告的公开辩论，比较：
Bild v. 1. 3. 1990，Schweig，Schwatzhuber，schweig；*Frankfurter
Rundschau* v. 22. 2. 1990，Teltschik sorgt wieder für Wirbel；*Süddeutsche
Zeitung* v. 23. 2. 1990，Kohl soll sich von Teltschik distanzieren；
Abendzeitung（München）v. 23. 2. 1990，Moskau sieht Bonner » Blitzkrieg «
in der DDR；*Die Welt* v. 24. 2. 1990，» Es ist immer interessant，Äußerungen
von intelligenten Beamten zu hören «；*Süddeutsche Zeitung* v. 24. 2. 1990，
Größe und Großmannssucht；*Der Spiegel* v. 26. 2. 1990，Tölpel am Werk。
特尔切克所写的读者来信，是对各种不同谴责的答复，见：*Frankfurter
Rundschau* v. 3. 3. 1990，Es darf in Europa keine Sieger und keine
Besiegten geben，weder im Westen noch im Osten；*Süddeutsche Zeitung*
v. 8. 3. 1990，Keine Meinungsverschiedenheiten；*Der Spiegel* v. 12. 3. 1990，

An den Pranger; *Die Zeit* v. 16. 3. 1990, Schlüssel abgeholt? 特尔切克给《图片报》和《法兰克福评论报》两大报纸编辑部信件的复印件，见联邦总理府档案（212 – 35400 De 39, Bd. 2）。

25. 赫金斯对反复出现的措辞含义提出了看法（Hutchings 1997, S. 121）。布什的这位同事写道，春天，他在演讲草稿中“上百次地”写过美国对德国北约成员属性的措辞，考虑过用“北约完全成员和参与军事一体化”等作为美国政府对莫斯科也是对波恩的提示，在那里大家要求对所有的细节进行谈判和准备。关于语言和政治的相互关系，比较 Frohlich 1997，作者以 80 年代分裂德国的《国家形势报告》为例，分析了围绕用语和修辞的斗争。

26. 德梅齐埃是 1940 年 3 月 2 日出生于诺德豪森（Nordhausen）的法学硕士兼律师，1958 年高中毕业，1959 ~ 1965 年学习音乐。在德梅齐埃担任乐队音乐家的十年期间（1965 ~ 1975 年），他从 1969 年开始法学专业的函授学习并于 1975 年毕业。从 1987 年起，他担任东柏林律师委员会副主席，1976 ~ 1982 年，他是该委员会理事会成员。1956 年，他加入了基民盟，从 1958 年起，担任该党地方小组和柏林特雷普托区协会的负责人。1986 年，德梅齐埃成为民主德国新教教会联盟代表会议的成员和副主席。从 1987 年起，德梅齐埃担任基民盟总理事会教会问题工作联合会主席。1989 年当选基民盟主席并成为 1989 年 11 月组建的莫德罗政府成员，担任教会问题部长理事会副主席。从 1990 年 4 月起，他成为首次自由选举产生的民主德国政府首脑，担任总理。比较：Barth 1995, S. 476; Baumgartner/Hebig 1997, S. 506。

27. 以下关于德梅齐埃领导的民主德国新政府组建情况的章节，集中于对外交政策意义重大的结果。执政联盟谈判的经过和结果，比较 Jäger 1997, S. 431ff.；细节描述以及社民党内部的辩论，见 Jarausch 1995, S. 198ff.。

28. 关于社民党与德国社会联盟之间受到干扰的关系，见 Jarausch 1995, S. 198ff.；关于社民党不会与德国社会联盟合作的不同决议，见 »Protokoll der Vorstandssitzung am 10. 3. 1990«; »Protokoll der Präsidiumssitzung am 19. 3. 1990«; »Protokoll der Vorstandssitzung am 19. 3. 1990«; »Protokoll der Präsidiumssitzung am 30. 3. 1990«（全部存于：AdsD, Bestand Ost-SPD, Handakte Gröf）。理事会和主席团的原始会议记录，由乌特·道斯

（Ute Dauß）手写记录。以下引文引自打字机版本，是后来道斯受社会民主档案馆的委托而完成的。提到的附件和人员名单没有附加于由弗里德里希－艾伯特基金会社会民主档案馆（AdsD）的沃尔夫冈·格罗斯（Wolfgang Größ）提供的版本中。

29. 比较以下记录：»Protokoll der Vorstandssitzung am 2.4.1990«（AdsD, Bestand Ost-SPD, Handakte Gröf）；Jarausch 1995, S. 200f.。

30. 梅克尔是新教神学家兼牧师。他1952年8月18日出生在明希贝格（Müncheberg），却没有可能参加高级中学毕业考试，因为他拒绝入伍前的军训课程和社会主义教育体制。但1971年，他进入教会中学完成了特殊的高中毕业考试，并于1978年完成神学学习。1980~1982年梅克尔在菲佩罗夫/慕里茨（Vipperow/Müritz）得到代理牧师职务，此前（1978~1980年），他的工作是房屋管理员。1982年他担任菲佩罗夫的牧师，1988年换到马格德堡附近一个基督教会碰头小组和教育机构的领导岗位。80年代，梅克尔投身民主德国的和平运动。此后，1989年10月7日，他与伯梅、阿伦特·诺阿克（Arndt Noack）共同创建了民主德国社会民主党（SDP），该党1990年1月13日改称社会民主党（SPD）。1990年4~8月，他担任民主德国外交部长一职。另比较：Elitz 1991, S. 101ff.；Munske 1994, S. 229ff.。梅克尔共同撰写的著作提供了关于其80年代末的政治工作的大量信息以及他对西德政治家的不信任，见 Meckel/Gutzeit 1994。关于原先提名他可能担任外长，参见 *Die Zeit* v. 1.3.1990, Der Moralist und die Macht。

31. 关于西德社民党的立场，尤其见 Schuh/von der Weiden 1997, S. 246ff.，作者详细描述了在这个问题上长达几周的激烈争论。关于德梅齐埃的立场，也见科尔的描述 Diekmann/Reuth 1996, S. 352。梅克尔和朔伊布勒之间的争论指出了东德社民党最初的立场，见 *Der Spiegel* v. 19.3.1990, » Anschluß ist ein falscher Begriff «；此外，见 Jarausch 1995, S. 201。执政联盟协议的引文来源于执政联盟协议原则的文件：»Grundsätze der Koalitionsvereinbarung zwischen den Fraktionen der CDU, der DSU, dem DA, den Liberalen, DFP, BFD, FDP und der SPD vom 12. April 1990 «, in Bundesministerium für innerdeutsche Beziehungen（Hrsg.）, Informationen, Nr. 8/27.4.1990（Beilage）。

32. 拉德齐曼诺夫斯基原来是东德基民盟国际部部长，新政府组建以后，他在民主德国外交部中以部门领导的身份代表基民盟的立场，但很大程度上遭到梅克尔及其同事的忽视。执政联盟破裂以后，他从 1990 年 8 月底开始担任民主德国外交部的国务秘书。米瑟维茨是新教神学家，自 80 年代早期以来积极参与和平运动，1990 年 3 月，他代表社民党进入人民议院，1990 年 4 ~ 8 月，领导人民议院第一工作组（对外事务）。作为议院的国务秘书，1990 年 4 ~ 8 月，米瑟维茨属于民主德国外交部，在这段时间内领导民主德国 "2 + 4" 谈判代表团。比较 Baumgartner/Hebig 1997，S. 547。

33. 关于会谈经过，比较：1990 年 4 月 9 日由东德基民盟外交与安全政策部门拟定的执政联盟谈判（1990 年 4 月 6 日、7 日）"外交与安全政策工作组" 会谈结果记录 [»Arbeitskreis Außen- und Sicherheitspolitik« in den Koalitionsverhandlungen（B 136/20302）]。根据该记录，两个最大党派出席了原则文件的会谈，其内容没有特别大的差异，能够顺利地整合成共同文件。与社民党代表团不同，基民盟代表无法使用 "计算机打字设备"，这说明东德基督教民主人士从其西德的党内同志那里得到的支持比较少。文件中记载了批评性的备注，"'民主觉醒'和德国社会联盟代表的准备很不充分。德国社会联盟代表有些不灵活、有些消息又不灵通的论证，有时加剧了讨论中已经过度的紧张。" 在对外政策方面，执政联盟的方案非常接近社民党的立场，关于这一评估，比较梅克尔的看法：Gaus 1991，S. 39。执政联盟协议摘录，来源于 »Grundsätze der Koalitionsvereinbarung zwischen den Fraktionen der CDU, der DSU, dem DA, den Liberalen（DFP, BFD, FDP）und der SPD vom 12. April 1990«（B 136/20225）。其中，除了外交与安全政策基本立场以外，也确定了发展政策主导方针。在德国统一谈判过程中仍存在着争执的一点是在 "农林业经济" 领域，其 "财产问题" 一栏中称："不能提出民主德国领土中土地改革时产生的财产关系问题。"

34. 在较早的版本，也就是所谓的专家文件中，还称："必须通过协议有期限地调节大幅裁减的美军留在现今联邦德国地区和大幅裁减的苏军留在现今的民主德国地区"（»Aussen- und sicherheitspolitische Grundpositionen«）。这份文件与另外一份文件一起，是《基民盟对外交与安全政策立场的最终文本》，由常设代表处传真给联邦总理府（第 22 组）、联邦德国外交部（第 210 组）以及德意志内部关系部（二司）

[与 1990 年 4 月 11 日的电传同时发出：StäV Nr. 877 v. 11. 4. 1990，betr. :» Aussen- und sicherheitspolitische Grundpositionen der neuen Koalition«，（ alle Dokumente in B 136/20302）]。根据电传，这份文件是基民盟对执政联盟谈判的基本立场。但这似乎不可能，因为文件中的很多地方都涉及了 4 月 6~7 日的执政联盟谈判，并且也提请中央委员会注意各个要点，以便进一步讨论。此外，常设代表机构的附加电传称，这份文件很大程度上反映了执政联盟达成的一致意见，但并非"外交与安全政策工作组"的结论文件。这一描述也得到了联邦总理府以下按语的分析和引文的支持，比较：Vermerk Referat 212（Westdickenberg）v. 9. 4. 1990 an ChBK, betr. :» Expertenpapier für den Koalitionsvertrag der sieben beteiligten Parteien der neugewählten Volkskammer; hier: Anmerkungen zum außen-und sicherheitspolitischen Teil«（ B 136/20253；außerdem：212－35400 Dc 39，Bd. 3），其中称，苏、美军队的同等地位以及美军驻留存在期限，是"不可接受的"。

35. 对民主德国执政联盟协议的分析和以下引文，见 1990 年 4 月 17 日德国政策工作组组长给联邦总理的按语：Vermerk LASD an den Bundeskanzler（von Kohl mit » R. Seiters erl. «markiert）v. 17. 4. 1990，betr. :»Regierungsbildung in der DDR; hier: Koalitionsvereinbarung «（ B 136/20225）。对执政联盟伙伴专家文件中重大外交政策章节的较早的详细分析，参见按语：Vermerk Referat 212（ Westdickenberg）v. 9. 4. 1990 an ChBK, betr. :»Expertenpapier für den Koalitionsvertrag der sieben beteiligten Parteien der neugewählten Volkskammer; hier：Anmerkungen zum außen- und sicherheitspolitischen Teil «（ B 136/20253；außerdem：212－35400 De 39，Bd. 3）。其中也批评了在德国的苏军和美军的同等地位，并拒绝撤出所有核武器的断然要求。据此，要澄清的是，如何具体组织既不属于北约也并非是联邦国防军组成部分的国家人民军。

36. 也见 Teltschik 1993，S. 196。不过，特尔切克猜测，德梅齐埃想借此保留"自己对'2＋4'会谈的主管权限"。然而，在以后的过程中可以看到，民主德国新任总理很大程度上却脱离于"2＋4"回合。

37. 布什和撒切尔夫人在百慕大群岛会晤中的共同立场，比较 Zelikow/Rice 1997，S. 330ff.；此外，波恩的积极评估，见 Teltschik 1993，S. 196。

38. 关于彼得·哈特曼与特尔切克的会谈，比较按语：Vermerk GL 21
（Hartmann）v. 18. 4. 1990，betr. :»Gespräch AL 2/GL 21 mit MP de Maizière
und Minister Reichenbach in Ost-Berlin, am 16. April 1990«（212 – 35400 De
39, Bd. 3）。据此，德梅齐埃最重要的提示是，警告不要完全解散国家人
民军，否则会导致很大的国内问题和动荡。德梅齐埃提到与苏联驻东柏
林大使科切马索夫的会谈并称，继续开展与苏联的经济关系以及遵守供
应合同，是莫斯科关心的中心事务。关于德梅齐埃政府声明中的外交
政策内容的协商，见 Teltschik 1993, S. 196ff.，特尔切克没有谈到彼
得·哈特曼的缺席；科尔的描述，见 Diekmann/Reuth 1996, S. 352f.，
他们称 4 月 12 日是总理在人民议院讲话的日期。

39. 德梅齐埃政府第一次声明产生历史的细节，基于：1994 年 2 月 3 日与
托马斯·德梅齐埃和 1994 年 5 月 30 日与施泰因巴赫的访谈；民主德
国外交部信息；Kuhn 1993, S. 131ff. （德梅齐埃的回忆）。

40. 施泰因巴赫和德梅齐埃很早就在教会的工作中结识。根据总理府办公
厅的信息，施泰因巴赫在新的职能中，应该与总理府工作人员比特里
希紧密合作，但是施泰因巴赫拒绝如此。

41. 总理府的评价，见 1990 年 4 月 19 日得到联邦总理签字的按语：Vermerk
LASD an den Bundeskanzler （von diesem abgezeichnet）v. 19. 4. 1990,
betr. : » Regierungserklärung von Ministerpräsident de Maizièream 19. April
1990 « （ B 136/20225 ）；Vermerk AL 2 i. V. （Hartmann） an den
Bundeskanzler（von diesem mit »Teltschik erl. « abgezeichnet）v. 19. 4. 1990,
betr, :»Regierungserklärung von MP de Maiziere；hier：Bewertung der außen-
und sicherheitspolitischen Aussagen«（212 – 35400 De 39, Bd. 3 sowie 212 –
35400 De 39, NA 4, Bd. 1）。波恩认为，尤其因为莫斯科介入了政府声
明，德梅齐埃对北约没什么要说的。比较 212 处处长的草案，它是为
塞特斯 4 月 26 日的东柏林会谈而准备的会谈资料（212 – 35400 De 39,
Bd. 3），其中还有按语：Vermerk RL 212 v. 25. 4. 1990, betr. :»Deutsch-
sowjetische Beziehungen in der Perspektive der deutschen Einheit« （212 –
35400-De 39 Na 4, Bd. 1）。4 月 19 日的政府声明文稿，刊登于
Deutschland Archiv, Nr. 5/1990, S. 795ff.。政府声明的内政和经济问
题，也比较：Jäger 1998, S. 443ff.；Grosser 1998, S. 275，S. 279。

42. 对此，在 1994 年 5 月 30 日的访谈中，他的顾问施泰因巴赫用以下情

况加以解释：德梅齐埃认为联合执政协议中的承诺是充分的信号，要把与苏联政府就该议题的争论交给美国和联邦德国。

43. 苏联的非文件，刊登于 1991 年的德意志内部关系部：Bundesministerium fur innerdeutsche Beziehungen 1991, S. 161 ff. 。据此，4 月 16 日就已在东柏林转交了这份文件。与之相反，德梅齐埃（Kuhn 1993, S. 132）和特尔切克（Teltschik 1993, S. 200）记载的转交日期是 4 月 18 日。不过，德梅齐埃谈到，这份文件是在 4 月 18 日他作为总理时的第一次会谈，也就是与科切马索夫的会谈中转交给他的（Kuhn 1993, S. 132）。但是，根据特尔切克的说法，德梅齐埃在 4 月 16 日以前就与科切马索夫会过面，见 Teltschik 1993, S. 198。因为关于苏联外交步骤的第一批媒体报道是在 4 月 19 日（比较 *Berliner Morgenpost* v. 19. 4. 1990, Moskau meldet in Ost-Berlin Bedenken an），所以这份文件很有可能是在前一天才转交的。也比较 1990 年 4 月 20 日电传中的说明：Telex StäV Nr. 942 v. 20. 4. 1990, betr.: »Sowjetisches Non-Paper zur Deutschlandpolitik «（B 136/20243）。据此，4 月 20 日，苏联驻东柏林公使马克斯米切夫在常设代表处谈到了这份文件。他解释说，这份非文件也已转交给波恩。在此，马克斯米切夫很有可能指的是与 4 月 18 日的非文件并非完全一致的、在本书调查中将要分析的 1990 年 4 月 19 日苏联给联邦政府的文件。根据马克斯米切夫（1995 年 5 月 19 日的访谈）的说法，这份文件由苏联外交部的伯恩达伦科及其同事们起草，与苏共中央委员会协商一致后，转发给驻东柏林大使馆。在联邦总理府中，长达好几天仅仅从常设代表处的有关与苏联公使马克斯米切夫上述会谈的报告中，才了解转交给民主德国的非文件的内容。比较按语：Vermerk LASD an den Bundeskanzler v. 23. 4. 1990, betr.: » Herstellung der staatlichen Einheit; hier: Sowjetische Demarche gegenüber der DDR«（212 – 35400 De 39 NA 2, Bd. 3）。转交给德梅齐埃文件的复印件，见 212 – 35400 De 39 NA 2, Bd. 3。

44. 没有明确提到这一情况，这一段落明确涉及莫德罗提出的要求，即承认 1949 年土地改革以前实施的财产没收。

45. 关于给联邦政府的文件，参见按语：Vermerk LASD an den Bundeskanzler v. 19, 4. 1990, betr.: »Vertrag über die Schaffung einer Währungsunion mit Wirtschafts-und Sozialgemeinschaft mit der DDR; hier: Sowjetische Demarche

vom 19.04.1990 «（212 – 35400 De 39 NA 2，Bd. 3。外交步骤的其他复印件，一部分是苏联大使馆提供的德文翻译件，一部分是联邦德国外交部语言服务部门核实过的翻译件，见 212 – 35400 De 39 NA 2，Bd. 3；B 136/20243）。在总理府，这份文件由第 21 组组长（哈特曼）转发给德国政策工作组组长、负责经济问题的第 42 组组长以及根舍办公室主任埃尔伯。

46. 对苏联非文件反应所作的描写，基于：联邦总理府和外交部的各种不同信息；Teltschik 1993，S. 202f. 。关于强硬的措辞，比较德梅齐埃的描述：Kuhn 1993，S. 132，据此，"措辞风格并非太礼貌"。英国驻波恩大使马拉贝爵士也同意以下评估，即和平条约是苏联的"开局立场"，他借莫斯科驻东柏林大使科切马索夫告别访问之际，对科切马索夫谈到了这一点。见按语：Vermerk GL 22 v. 4. 5. 1990，»Gespräch des Chefs des Bundeskanzleramtes mit den Vertretern der Drei Mächte am 30. April 1990, 11 Uhr «（B 137/19644 sowie B 136/20241）。

47. 提名梅克尔担任外长的背景，见 Albrecht 1989，S. 16，作者用以下情况解释放弃内政职能部门的位置，梅克尔认为，反正是在内阁中进行内部政策的决策，那么主管的部长们只是内阁所作决定的执行人。谴责梅克尔伤害了党的利益以及梅克尔和龙姆贝格之间的表决斗争，参见：Gaus 1991，S. 52；*Der Spiegel* v. 14. 5. 1990，Unverschämte Art。德梅齐埃希望将后来的财政部长龙姆贝格招入内阁担任外长，比较 1994 年 5 月 30 日与施泰因巴赫的访谈。同样提到的施托尔佩，很早就拒绝掌管外交部。

48. 从 80 年代初期开始，心理治疗师卡尔克里斯蒂安·冯·布劳恩米尔就积极参与了海德堡的和平运动，并在 1984 年的"梅克伦堡和平动员日"（»Mobile Mecklenburger Friedenstage «）中，首次与后来的民主德国外长建立了联系。他是梅克尔的亲信，在 1990 年 1 月开始的民主德国人民议院选举中支持梅克尔。1990 年 4 ~ 8 月，冯·布劳恩米尔是民主德国外交部的顾问，实际上相当于外交部政治司长的地位。德梅齐埃总理阻止官方正式任命他为政治司长，因为德梅齐埃拒绝西德人占据民主德国部委里的领导职位。冯·布劳恩米尔曾是民主德国"2 + 4"代表团临时成员。他是格罗尔德·冯·布劳恩米尔（Gerold von Braunmühl）的兄弟，后者是根舍的亲信兼联邦德国外交部政治司长，

1986 年 10 月 10 日遭到红色旅（RAF）恐怖主义者的谋杀，也见：Genscher 1995，S. 760；1994 年 7 月 20 日与卡尔克里斯蒂安·冯·布劳恩米尔的访谈。梅克尔的陪同有米瑟维茨、冯·布劳恩米尔——他在民主德国外交部的首个工作日是 4 月 14 日、梅克尔的个人办事员施特凡·赫勒尔（Steffen Heller）。赫勒尔在莫斯科国际关系学院学习过，此后，为了准备在民主德国外交部工作，他进入该部实习，1989 年秋天，在纽约联合国的民主德国代表处工作。1989 年秋天起，他参与了新成立的社会民主党的工作，其中他还为伯梅工作过。此后，赫勒尔先在民主德国外交部担任梅克尔办公室主任，之后调换到外交部新闻部，直到 1990 年 8 月 1 日一直是施特凡·西斯贝尔格（Stefan Hilsberg）的同事。比较 1994 年 7 月 14 日与赫勒尔的访谈。在移交工作时，在由外长菲舍尔及其七位副部长组成的原领导班子中，只有维尔讷·弗莱克（Werner Fleck）出席，他后来会以部门领导的身份，成为外交部新领导层与旧官僚机器之间的接合点。

49. 比较以下著作中的说明：Albrecht 1992，S. 18ff. 。在 1994 年 7 月 20 日的访谈中，卡尔克里斯蒂安·冯·布劳恩米尔确认，只能有限地组织三角模式并充实其内容。关于民主德国外交部的基本结构，也见没有注明日期的文件：»Ministerium für Auswärtige Angelegenheiten. Übersicht über die Struktur sowie die Personalausstattung «（B 136/20302）。其中说，到 1990 年 4 月 30 日为止，民主德国外交部的工作人员数量是 1061 人。关于其他数字，其中常常没有区别在东柏林和外国工作的人员，参见：Albrecht 1992，S. 18，Fn 19；*Westfälische Rundschau* v. 18. 4. 1990，Bei Amtsübergabe gab sich Meckel zugeknöpft – keine statements；*Stuttgarter Zeitung* v. 26. 4. 1990，Der Profi empfängt den gutwilligen Laien；*Süddeutsche Zeitung* v. 29. 5. 1990，Das Bemühen，bleibende Akzente zu setzen；*Neues Deutschland* v. 2. 8. 1990，Markus Meckel empfiehlt seinen Beamten Kurzarbeit。在不同的访谈中，都解释了理论上的基本结构并没有发挥作用的原因，一方面是缺乏时间组建新结构，另一方面是领导层内部的职权划分不明。此后，在实践中，计划室中的各种亲属直接为部长或各国务秘书进行准备工作。原本追求的结构遭到失败的另一个背景是，德梅齐埃设想西德人不应在民主德国政府部门中占有正式职位。因此，他的顾问托马斯·德梅齐埃和汉斯·雷克尔斯（Hans

Reckers）为"一对小伙伴的解决办法"拟定了建议。在此，每一个正式职位分别由一位东德人担任，只要他愿意，就可以和一位西德顾问合作。比较1994年2月3日与托马斯·德梅齐埃的访谈。关于原来计划的计划室的基本结构，比较阿尔布雷西特制定的民主德国外交部文件（没有标明日期）：» MEMO zur Realisierung der Beratergruppe des MfAA «。

50. 如果没有其他说明，以下描述基于：Albrecht 1992，S. 18 ff.；Munske 1994，S. 226 ff.；1994年夏天到1997年秋天，与描写过的民主德国外交部所有四个部门的原工作人员进行的大量访谈。

51. 影响微弱的其他几个民主德国学者是：法律与国家研究院国际关系学院（Institut fur Internationale Beziehungen an der Akademie für Recht und Staa，ⅡB）的沃尔夫拉姆·沃尔拉夫（Wolfram Wallraf）教授、东柏林国际政治与经济研究所（Institut für internationale Politik und Wirtschaft，IPW）的格哈尔德·巴斯勒尔（Gerhard Basler）教授，他们已为社民党"外交政策磋商小组"进行过顾问工作。此外，社民党国际关系秘书兼"外交政策磋商小组"组长施特凡·芬格（Stephan Finger）也偶尔参与商量。

52. 埃勒尔原是法律与国家研究院国际关系学院的工作人员。在民主德国外交部，她起初在欧安会和三方倡议等领域内工作，然后处理欧共体问题。她被调换到总理府办公厅的理由是，外交部和经济部之间围绕欧共体政策主持工作产生了争执。因此，德梅齐埃接受协调工作并成立了部委内部工作小组（1994年2月26日与埃勒尔的访谈）。埃勒尔退出民主德国外交部计划室以后，柏林自由大学阿尔布雷西特的同事鲁特·施坦内（Ruth Stanley）接手了这一复杂的议题。

53. 此后如果谈到民主德国外交部的"政治司长"，就是指卡尔克里斯蒂安·冯·布劳恩米尔。虽然没有正式任命他为政治司长，但实际上他却占据着该职位，在大量的内部按语中也是如此写明的。

54. 阿尔布雷西特是柏林自由大学奥托－苏尔学院（Otto-Suhr-Institut der Freien Universitat Berlin）研究和平与冲突的教授。1989年秋天，民主德国禁止他入境旅行，因为自80年代早期，阿尔布雷西特就与民主德国和平运动的发言人保持着深入的联系。1989年10月份起，他是民主德国社会民主党（SDP）[1990年1月13日起改为社民党（SPD）]的外交政策顾问。1990 年 4～10 月，担任民主德国外交部计划室主任一职。

55. 根据民主德国外交部的信息，梅克尔和巴尔之间的官方合作并未实现，因为梅克尔害怕巴尔和西德社民党对其政策施加过于强烈的影响，害怕巴尔的作用相当于"兼职外长"。在 1994 年 3 月 9 日给本书作者的信中，巴尔本人写道，他"与外长一起参与了为'2＋4'谈判或者说德国统一条约而进行准备的特设工作小组"。根据民主德国外交部的记录，还有在 1990 年 7 月 17 日的巴黎第三次"2＋4"外长会晤中与梅克尔的同事们的会谈，按照民主德国外交部的信息所说，在这些会谈中，巴尔强烈地高估了民主德国在"2＋4"谈判中的否决权。比较：未注明日期的民主德国外交部文件［»Gesprächsnotiz vom Gespräch mit Egon Bahr am 18. Juni 1990 in Bonn«（冯·布劳恩米尔办公室撰写）］；民主德国外交部文件［»Zusammenfassung einer Nachbesprechung zum Treffen zwischen Egon Bahr und Markus Meckel am 26. 6. 1990, 14. 00 Uhr«（帕特里克·冯·布劳恩米尔撰写）］；1990 年 7 月 2 日的民主德国外交部文件［»Protokoll des Gesprächs mit Egon Bahr am 2.7.1990 in Bonn«（彼得·施洛特撰写）］；Albrecht 1992, S. 196, Fn 107。巴尔的正式工作是为裁军与国防部部长埃佩尔曼工作。4 月 17～18 日，巴尔和社民党的其他联邦议院议员一起，在莫斯科参加了和苏联共产党在"欧洲家园"工作小组框架内的德国政策会谈。西德小组还与政治局委员雅科夫雷夫、罗波夫上将（Generaloberst Lobow）和戈尔巴乔夫的同事萨格拉金、法林聚会。根据社民党代表团的媒体通报信息，巴尔在莫斯科游说同意按照《基本法》旧版本第 23 条实现统一。取代莫斯科要求的和平条约，巴尔建议提出一项废除四大国特殊权利的声明，因为它将最好地结束战后规则。在联盟问题上，巴尔断言，苏联绝不会接受全德的北约成员属性是永久的解决办法，虽然暗示了准备对不同的修改进行会谈。

56. 唯一的例外是赫尔穆特·弗里克（Helmut Frick），从 1990 年 6 月起，他在民主德国外交部部长办公室工作。其背景之一可能是弗里克是卡尔克里斯蒂安·冯·布劳恩米尔的内弟和联邦德国外交部的一员，拥有"个人的熟人"与"西德的顾问"等团体之间的双重身份。梅克尔的其他顾问对其在部长办公室的工作有争议。

57. "老人的作用"得到他们后来的同事和上级部分矛盾的接受。一方面，大家需要他们无可争议的专业鉴定，另一方面，由于他们与民主德国外交部和旧政权的紧密联系，因而尤其被视为统一社会党统治的忠实服务员，所以存在争议。加上克拉巴奇在"2+4"谈判过程中总是遭到谴责，说他对波恩立场"迫不及待地听从"，当他出于自己的外交经验而认为这些立场比民主德国外交部高层的立场更加现实和有意义的时候。不过，在与梅克尔周围领导层内大多数人员的访谈中，1990年4月后得到使用的民主德国外交官的参与合作被认为是忠诚和专业的，在1994年1月19日与梅克尔的访谈中，他也如此认为。

58. 例如，卡尔克里斯蒂安·冯·布劳恩米尔在1994年7月20日的访谈中，用以下情况解释了民主德国外交部领导层存在顾虑的原因，克拉巴奇的建议常常被认为"对波恩过于友好"。不过情况经常表明，克拉巴奇以对可做之事和"权利逻辑"的敏锐，他的评判大多数是正确的。类似看法也见1994年7月13日与米瑟维茨的访谈。

59. 也比较1994年7月21日与聚斯的访谈。

60. 参见：Albrecht 1992, S. 103f.；1994年7月13日与米瑟维茨的访谈；民主德国外交部信息。此外，在夏季的"2+4"谈判的决定性阶段，蒂斯勒尔度假四周，因此也被排除在重要的决策之外。

61. 对于任命自己的亲朋好友，在内部和外部都有着部分争议，这些人有：克劳迪娅·冯·布劳恩米尔（Claudia von Braunmühl，卡尔克里斯蒂安·冯·布劳恩米尔的表姐妹，负责发展与合作重点项目）、帕特里克·冯·布劳恩米尔（Patrick von Braumühl，卡尔克里斯蒂安·冯·布劳恩米尔的侄子兼私人办事员）、弗兰西斯卡·拉内尔（Franziska Rahner，帕特里克·冯·布劳恩米尔的女友、梅克尔的私人办事员）、弗里克（卡尔克里斯蒂安·冯·布劳恩米尔的内弟，受联邦德国外交部委派，梅克尔办公室顾问）、施特凡·格贝尔（Stefan Gobel，卡尔克里斯蒂安·冯·布劳恩米尔的同学，被联邦德国外交部派遣到"媒体与公关工作"办事小组）。关于民主德国外交部人事政策的大量报告，比较：*Frankfurter Rundschau* v. 9. 6. 1990, Genschers Juniorpartner lernt die neue Algebra; *Deutsches Allgemeines Sonntagsblattv.* 20. 7. 1990, DDR-Außenminister Markus Meckel - ein Senkrechtstarter im Sinkflug; *Der Spiegel* v. 30. 7. 1990, Wer ist Meckel? Aus dem DDR-Außenministerium hat

Ressortchef Meckel ein Familienministerium gemacht -Vetternwirtschaft im Amt；*Die Andere* v. 24. 7. 1990，Meckel o Meckel. Familiäre Personalpolitik im Außenministerium；*Hannoversche Allgemeine Zeitung* v. 2. 8. 1990，Markus Meckel empfiehlt seinen Beamten Kurzarbeit. Falle von Vetternwirtschaft。关于在梅克尔办公室中因年轻的学生拉内尔在给法林和特尔切克安排约见时引起的尴尬，比较：*Profil* v. 16. 7. 1990，Graue Exzellenzen. Ein westdeutscher Adelsclan führt im DDR-Außenministerium Regie；*Süddeutsche Zeitung* v. 27. 7. 1990，Nur zehn Minuten Zeit für Falin. Ein Stab gutwilliger Greenhorns berat den glücklos agierenden DDR-Außenminister Markus Meckel；*Süddeutsche Zeitung* v. 28. 4. 1990，Eine Mannschaft - untrainiert，aber guter Dinge；*Der Tagesspiegel* v. 17. 6. 1990，Die Entwicklung einer eigenständigen Außenpolitik fällt schwer。对于民主德国驻外使馆的职位任命，梅克尔在人民议院中解释说："眼前的情况就是如此，我们没有或者几乎没有能够维护基民盟当前路线的外交官。我们这些社民党人可以说是同样如此。"（Volkskammer，10. Wahlperiode，5. Tagung v. 26. 4. 1990，S. 104）。这个基本问题也存在于东柏林的机要职位的分配中。

62. "以竞争活跃旧机构"的原则，见阿尔布雷西特撰写的民主德国外交部文件（未标明日期）：» MEMO zur Realisierung der Beratergruppe im MfAA «。其他细节基于：Albrecht 1992，beispielsweise S. 47；与梅克尔及其同事的访谈。

63. 四条干线——本书的调查中还将详细研究，见：1994 年 1 月 19 日与梅克尔的访谈；Misselwitz 1996。不过，所有这些领域都不能只有社民党代表。执政联盟两大政党之间的不同意见，虽然表现在细节上，但不在此处勾勒的外交政策基本内容中。

64. 1990 年 4 月 12 日的人民议院声明，也见 Deutschland Archiv，Nr. 5/ 1990，S. 749f. 。

65. 以下内容尤其比较关于梅克尔和根舍的前两次会晤的描写，见 Genscher 1995，S. 760ff. 。米瑟维茨称 4 月 24 日的会晤是首次非正式会晤，他忽略了 4 月 17 日的会面（Misselwitz 1996，S. 50）。对 4 月 24 日会晤的负面评价，见 Albrecht 1992，S. 22。关于两次会晤，也比较：*Frankfurter Allgemeine Zeitung* v. 19. 4. 1990，Anfang Mai Außenminister-Konferenz über

deutsche Einheit；*Süddeutsche Zeitung* v. 25. 4. 1990，DDR-Außenminister Meckel bei Genscher；*Frankfurter Allgemeine Zeitung* v. 16. 4. 1989，Genscher und Meckel wollen die Außenpolitik auf allen Gebieten koordinieren；Aussenpolitische Korrespondenz v. 7. 5. 1990。4 月 24 日会晤的描述，也基于联邦德国外交部和民主德国外交部信息。关于联邦德国外交部与民主德国新领导层合作的经验，5 月中旬由联邦德国外交部派遣的 9 位官员就报告说，他们没有机会参与领导层面的工作，而是被放在民主德国外交部旧有的工作层面上。他们也坦率地承认对他们的不信任，如 1998 年 4 月 17 日与卡斯特鲁普的访谈。关于民主德国外交部早期靠近联邦政府，参见电传：Telex StäV Nr. 776 v. 30. 3. 1990，betr.：»DDR- Botschaftsgrundstücke im Ausland«（B 136/20302）。据此，民主德国外交部的领导人向常设代表处提出建议，协调在外国的地产，具体的原因是民主德国在北京的一块土地。在民主德国外交官看来，联邦政府尤其在接管民主德国在东欧集团国家的地产时，可以明显改善其地产的所有情况。根据联邦德国外交部的信息，在联邦德国外交部，主要受计划室的推动，而在 1990 年 7 月考虑过民主德国外交部外交官的职业前景，大部分人由于——不过有些是被迫地——与斯塔西的合作，而不能被统一后的德国外交服务部门接收，但是应该拟定转岗培训的提议，使尽可能多的相关人员能够有一个新的开始。

66. 如果没有别的证明，以下内容比较：按语中的描述［Vermerk Jansen （BMB；Ⅱ A 2）an Ministerin Willms v. 3. 5. 1990，betr.：»Sowjetische Haltung zur Deutschlandfrage；hier：Besuch von MP de Maizière am 28. und 29. April 1990 in Moskau«（B 137/10640 sowie B 137/10729）］；Telex StäV Nr. 1033 v. 4. 5. 1990，zum Antrittsbesuch des Ständigen Vertreters，Franz Bertele，bei Lothar de Maizière［电传复述了德梅齐埃关于其莫斯科会谈的详细报告（B 137/10691）］；Biermann 1997，S. 513；*Aussenpolitische Korrespondenz* v. 7. 5. 1990，S. 97；1990 年 4 月 29 日 20 时，德梅齐埃在德国电视一台的访谈；1990 年 4 月 29 日 21：45，梅克尔在德国电视二台的访谈；*Neues Deutschland* v. 30. 4. 1990，Am ehesten in einer NATO, die anders ist；德梅齐埃 1990 年 4 月 30 日在德国广播电台的访谈。

67. 1990 年 4 月 28 日，梅克尔与谢瓦尔德纳泽会谈。引起民主德国来访者注意的是，苏联外长根本没有带来详细的书面材料，在整个会谈中仅仅依靠一些小笔记条。谢瓦尔德纳泽显然想以此避免在北约问题上有任何一种承诺或者目标方向，而是试图尽可能多地了解梅克尔的立场（1994 年 7 月 14 日与赫勒尔的访谈）。

68. 关于《备忘录》，见 1990 年 4 月 30 日民主德国外交部的未公开文件：»Bericht über die Gespräche des Ministers für Auswärtige Angelegenheiten der DDR, Herrn Markus Meckel, mit dem Minister für Auswärtige Angelegenheiten, Herrn Eduard A. Schewardnadse, am 29. April 1990 in Moskau«（213 – 30100 Fr 6，Bd. 4），附件中有这份工作文件，这份工作文件已于 4 月 28 日转交给苏联副外长科瓦耶夫（Kowaljow）和联邦德国驻莫斯科大使布雷西，布雷西通过电传将其转发给本国外交部，外交部又将其送往德意志内部关系部。见莫斯科大使电传：Telex Botschaft Moskau Nr. 1721 v. 28. 4. 1990，betr.：»Wirtschafts-, Währungs- und Sozialunion mit der DDR; hier: Sowjetisches Aide mémoire«（B 137/10882）。在这份工作文件中，苏联方面也表明了对 1949 年以前的财产没收问题的态度：四大国在去纳粹化、非军事化和民主化的框架内作出的决定，尤其是有关财产和土地问题的决定，不允许出现问题，也不允许德国法庭对其进行审核甚至是修订。

69. 关于三方倡议，尤其比较民主德国当事人的描述：Albrecht, S. 29ff.；Kubiczek 1993；Misselwitz 1996, v. a. S. 64f.；Schlotter 1992。在未公开的文件和访谈基础上，以下两人未发表的硕士论文和入学研究项目提供了三方倡议的细节研究：Markus Garn（Mainz 1996）und Katja Bewersdorf（Mainz 1995）。

70. 关于波兰的倡议，参见 Skubiszewski 1990。1990 年 3 月 13 日，波兰政府整理加工的草案以官方照会的形式转交给民主德国［MfAA-Papier v. 20. 4. 1990（Abteilung Europäische Einigungsprozesse, Sektor ESK），»Zum polnischen Vorschlag über die Bildung eines > Europäischen Rates fur Europäische Zusammenarbeit < «］；此外见 Aussenpolitische Tagesinformation v. 16. 3. 1990, S. 3（ACDP Abt. Ⅶ-012 Nr. 3918）。关于捷克的攻势，见：Albrecht 1992, S. 31；捷克大使馆于 4 月 6 日转交给民主德国外交部的《欧洲安全委员会备忘录》［»Memorandum über die Europäische Sicherheitskommission«（未公开文件）］；George 1990, bes. S. 9ff.。关于丁

思特贝尔在哈佛的讲话，见 Dienstbier 1990。

71. 关于民主德国的构想及其有关的工作，比较：Albrecht 1992，S. 30f.；未注明日期的民主德国文件［《欧安会：欧洲新发展的基础》（»KSZE als Basis einer neuen Europäischen Entwicklung«）］；未公开的民主德国外交部文件［《民主德国对欧安会 35 国建立信任与安全措施的几点考虑（民主德国代表团对建立信任与安全措施谈判的推荐意见）》（»Einige überlegungen fur ein akzentuiertes Engagement der DDR in den Verhandlungen der 35 KSZE-Staaten über Vertrauens - und Sicherheitsbildende Maßnahmen（Empfehlung aus der Sicht der DDR-Delegation bei den VSBM-Verhandlungen）«]。关于在下旭恩豪森城堡进行的讨论，由艾伯特拟定的 1990 年 5 月 12 日民主德国外交部文件提供了概述:»Bericht über das Treffen von Experten der Republik Polen, der ČSFR und der DDR am 11. und 12. 5. 1990 in Berlin zur Problematik gemeinsamer Initiativen in Vorbereitung auf das KSZE-Gipfeltreffen 1990«（含附件）。1990 年春，谢瓦尔德纳泽多次要求建立一些机构，如"大欧洲理事会"、"外长委员会" 或 "三驾马车"，而没有表明苏联对未来欧安会发展的关键构想。也见：George 1990，bes. S. 2ff.；由建立信任与安全措施谈判代表团在维也纳拟定的民主德国外交部 1990 年 6 月 12 日文件，《建立信任与安全措施谈判框架内的欧安会进程的机制化问题》（» Die Frage der Institutionalisierung des KSZE-Prozesses im Rahmen der Verhandlungen über Vertrauens- und Sicherheitsbildende Maßnahmen«）。美国只能设想扩大欧安会只是北约战略结构的补充。关于民主德国外交部对美国立场的感受，参见施泰因巴赫（总理府办公厅）拟定的 1990 年 5 月 6 日的按语:»Kurz-Bericht des ersten Zwei-plus-Vier-Außenministertreffens in Bonn…«。其中，尽管感受到美国的顾虑，民主德国方面仍然得出结论，强化磋商以及很可能与波兰和捷克达成的三方倡议，能够推动欧安会向前发展。关于美国的政策，也比较 Holst 1993。

72. 关于这一会晤，比较民主德国外交部 1990 年 5 月 21 日的未公开文件（无作者）（»Vorlage für das trilaterale Expertentreffen am 27. 5. 90 in Prag«）。这份文件包括 1990 年 2 月 23 日民主德国上一届政府有关欧安会进一步发展的文件中的大量要素。比较 »Memorandum des Ministeriums für

Auswärtige Angelegenheiten der Deutschen Demokratischen Republik zur Einbettung der Vereinigung der beiden deutschen Staaten in den gesamteuropäischen Einigungsprozeβ《（B　136/20638；auβerdem in Aussenpolitische Korrespondenz v. 9. 3. 1990，S. 59）。关于第二次三边会晤的过程，见：艾伯特拟定的民主德国外交部 1990 年 5 月 29 日的未公开文件（»Bericht über das zweite Treffen von Experten aus der Republik Polen，der ČSFR und der DDR am 27. und 28. 5. 1990 in Prag zur Vorbereitung einer gemeinsamen Initiative für das KSZE-Gipfeltreffen 1990«）；民主德国外交部未公开的文件（无日期，拟定于 1990 年 5 月底）（»Vorschlag der Tschechischen und Slowakischen Föderativen Republik，der Deutschen Demokratischen Republik und der Republik Polen zur Institutionalisierung des KSZE-Prozesses«）；»Über den Vorschlag der DDR，der ČSFR und der Republik Polen zur Institutionalisierung des KSZE-Prozesses«in Aussenpolitische Korrespondenz v. 22. 6. 1990，S. 138f. 。对欧安会其他发展设想的概览，参见：民主德国外交部的未公开文件（大约于 1990 年 6 月 19 日）（»Übersicht über Vorschläge / Vorstellungen von Teilnehmerstaaten zur Institutionalisierung des KSZE-Prozesses«）；民主德国外交部的未公开文件（都无日期，其中一份文件的撰写者是"Rhein"，第二份文件来自施维格勒尔－罗麦斯和帕特里克·冯·布劳恩米尔）（»Institutionalisierung des KSZE-Prozesses - Übersicht der Vorschläge «bzw. »Institutionalisierung des KSZE-Prozesses. Übersicht über vorhandene Vorschläge«）。

73. 波兰在两次预备性会晤中都特别强调支持联邦德国参与该项倡议。根据米瑟维茨的说法（Misselwitz 1996，S. 65），因此也"邀请"了波兰，但根舍根本没有作出官方的反应。这一说法与联邦德国外交部的信息是一致的，根据这一信息，米瑟维茨在梅克尔和根舍 6 月 1 日于波恩进行的 80 分钟会谈中，特别邀请联邦德国参加，但联邦外长只是保证，将在午餐时"看看"转交的文稿。根舍本人（Genscher，S. 799f.）在其回忆录中，很少提到这一情况，也很少提到他对欧安会机制化的普遍说明。在其他地方根舍说，1990 年 6 月 17 日，他第一次踏入民主德国外交部的大楼（Genscher，S. 818）。

74. 也比较：» Statement by the Head of the Czechoslovak Delegation, Ambassador Ladislav Balcar, in the Committee for the Preparation of a

Summit Meeting in Paris on June 11，1990«（民主德国外交部的未公开文件）；1990 年 6 月 6 日民主德国代表团团长在哥本哈根第二次欧安会会晤中的演讲（»Rede des Leiters der Delegation der DDR, Dr. Johannes Langhoff, auf dem 2. Treffen der KSZE-Konferenz über die Menschliche Dimension, gehalten am 6. 6. 1990 in Kopenhagen«in Aussenpolitische Korrespondenz v. 11. 6. 1990，S. 135f.）；民主德国 1990 年 6 月 19 日的未公开文件（分部门信息）（»Initiative zur Institutionalisierung des KSZE-Prozesses. Vertraulich. 84／VI«）；Albrecht 1992，S. 33ff. 。提到的有关政府的反应，参见：民主德国 1990 年 7 月 4 日的未公开文件（Kubiczek）（»Zur Reaktion der KSZE-Teilnehmerstaaten auf die trilaterale Initiative zur Institutionalisierung des KSZE-Prozesses«）；美国对欧安会三方倡议的反应（Außenpolitische Tagesinformation v. 3. 7. 1990，S. 2）；民主德国驻华盛顿和伦敦大使馆的各种不同电传，其中对以下一点提出了不同的疑虑，即欧安会的继续发展绝不能是北约的替代品。

75. 关于后来通过的《巴黎宪章》，见» Charta von Paris für ein neues Europa. Erklärung des KSZE-Treffens der Staats-und Regierungschefs in Paris am 21. November 1990«，in Europa-Archiv, Nr. 24／1990，S. D656ff. 。其详细分析，见：Kubiczek 1993，S. 360ff.；von Bredow 1992，S. 144ff. 。关于捷克斯洛伐克疏远了共同立场，见民主德国外交部 1990 年 7 月 10 日的未公开文件（邻国处）（»Bericht über den Besuch des Außenministers, Herrn Markus Meckel, in der ČSFR am 9. Juli 1990«）。捷克斯洛伐克立场的转变，在民主德国外交部 1990 年 7 月 12 日的未公开文件中得到了分析（第一司，欧安会进程下属司）（»Zum Vorschlag der ČSFR für ein Abschlußdokument des KSZE-Gipfels 1990«）；1990 年 7 月 27 日（Kubiczek），（»Informationen über die erste Arbeitsetappe des Vorbereitungsausschusses für das KSZH-Gipfeltreffen (10. –27. Juli 1990)«（含两个附件）。关于斯库比斯泽夫斯基的退缩，比较 1990 年 7 月 20 日民主德国未公开的文件（冯·弗里切）（»Protokoll der Gespräche von Außenminister Meckel mit dem Außenminister der Republik Polen, Herrn Skubiszewski, am 4. Juli 1990«）；关于波兰后来的立场，见 1990 年 8 月 9 日民主德国外交部未公开文件（一司 110 处）（»Zum überarbeiteten polnischen Vorschlag für die Bildung eines ›Rates fur Sicherheit und Zusammenarbeit in Europa‹«）。

76. 关于戈尔巴乔夫的美国访问，比较详细的描写：Zelikow/Rice 1997, S. 381ff.。

77. Albrecht 1992, S. 32, 其中称，在贯彻三方倡议时，没有将联邦德国捆绑进来是民主德国外交部的重大战略失误。特别是因为美国强烈反对扩大欧安会，根舍本人在比较坚定的问询时，是否会积极支持该倡议，显得很成问题。

78. 关于"安全区"的背景，尤其比较 Albrecht 1992, S. 64ff.。关于该项目的作用是"毁灭性的""没有经过深思熟虑""令人怀疑我们的严肃可靠"等评估，来自梅克尔计划室副主任维美尔。见：民主德国外交部 1990 年 8 月 1 日文件（维美尔）（»Bilanz und Ausblick; insbes. 2 + 4 «）；与梅克尔同事们的访谈中也有类似的评估。关于对梅克尔在民主德国政府内的地位的影响，参见：梅克尔 1990 年 6 月 22 日在民主德国广播电台的访谈（Redaktion Monitor）；Eppelmann 1992, S. 414；1994 年 4 月 20 日与埃佩尔曼的访谈。这位裁军与国防部部长说，在"爱尔兰"公开安全区的构想，这是不对的。根据埃佩尔曼的描述，没有经过商议的安全区项目，是破坏德梅齐埃与梅克尔关系的重要一点。根据民主德国外交部信息，德梅齐埃对梅克尔的计划非常愤怒，以至于他很大程度上排除了让梅克尔参加 6 月 7 日华约会议的内部高层会谈。关于这一攻势的国际影响，比较 Zelikow/ Rice 1997, S. 393，泽利科夫和赖斯写道，"东德新外长的混乱看法"，根据美国政府 1990 年 6 月 5 日的评估，可以"放心大胆地置之不理"。关于该计划前期历史的分析，见 Bewersdorf 1995。

79. 比较：民主德国外交部未公开文件（都来自阿尔布雷西特）（»Das Konzept einer Mitteleuropäischen Sicherheitszone«）（6 月 11 日第一版本；6 月 13 日含有多姆克备注的第二版本，他与巴尔一样，在与阿尔布雷西特的谈话中，强烈地强调裁军元素；1990 年 7 月 5 日的第三版本）；Albrecht 1992, S. 67。在对 1990 年 6 月 11 日第一草案的按语中，阿尔布雷西特明确推荐，在公布以前就让总理了解这份文件。1990 年 6 月 14 日，梅克尔在人民议院解释了自己的动机（Volkskammer, 10. Wahlperiode, 13. Tagung am 14. 6. 1990, S. 407f.）。外长想到一个"从属区"，它包含有在"欧洲中心地区"内部的特别裁军努力，正如该地区在维也纳削减欧洲常规武装力量谈判中得到定义的那样。参见梅克尔

1990 年 6 月 22 日 的 访 谈 ： *Neues Deutschland* v. 22. 6. 1990, UdSSR-Sicherheitsinteressen dürfen nicht ignoriert werden。关于类似的大量构想，比较：Egon Bahr, Sicherheit durch Annäherung, in Die Zeit v. 29. 6. 1990；Lutz 1990b（各种不同的文章）。

80. 梅克尔的想法还得到了 1990 年 5 月 18 日与法林会谈的支持。法林试图表明，全德北约成员属性这一想法不可能成功。他的论据是，即便苏联领导层同意，该协议也无法通过最高苏维埃的批准程序，最终是"胎死腹中的孩子"。无法设想的还有，苏联从民主德国撤军，同时西德的外国军队却仍然在此驻扎（1994 年 7 月 14 日与赫勒尔的访谈）。

81. 关于梅克尔的谈话，见民主德国外交部的未公开文件（无日期，冯·弗里切）：»Protokoll eines Gesprächs zwischen Außenminister Meckel und Außenminister Hurd (Großbritannien) am 5. 6. 1990 in Kopenhagen«；»Protokoll eines Gesprächs von Außenminister Baker mit Außenminister Meckel am 5. 6. 1990 in Kopenhagen«；»ProtokolI des Gesprächs zwischen Außenminister Meckel und Außenminister Ellemann-Jensen (Dänemark) am 5. 6. 1990 in Kopenhagen«；»Protokoll eines Gesprächs zwischen Außenminister Meckel und Außenminister van den Broek (Niederlande) am 5. 6. 1990 in Kopenhagen«。根舍听取了梅克尔的建议，同意核实建议并打听苏联的立场。见 1990 年 8 月 24 日梅克尔在"自由柏林广播节目"（Sender Freies Berlin）中的演播室访谈（Zit. bei Albrecht 1992, S. 70），其中，梅克尔承认，由于自己缺乏外交经验，而没有将根舍的"友好克制"理解为拒绝。有关该议题的第一次报纸访谈，见 *Frankfurter Rundschau*（jeweils v. 8. 6. 1990），DDR will eigene Sicherheitszone. Außenminister Meckel plädiert für Bündnis mit Polen und ČSFR；Eine neue militärische Überlegenheit in Mitteleuropa - ein Trauma für die Sowjetunion。《法兰克福评论报》与民主德国外长的访谈。此外，见 *Der Morgen* v. 8. 6. 1990, Ein neuer Pakt。关于媒体的批评之声，比较 *Die Welt* v. 26. 7. 1990, Markus Meckel und die Diplomatie。原来计划在哥本哈根通知苏联外长谢瓦尔德纳泽，鉴于只有 10 分钟的会谈而取消，见 *Frankfurter Rundschau* v. 9. 6. 1990, Genschers Juniorpartner lernt die neue Algebra。

82. Albrecht 1992, S. 70，根据其中的看法，现实上已经通知捷克斯洛伐克该倡议，但对此并无其他证据。布拉格感到的意外，比较 *Süddeutsche Zeitung v.* 10. 7. 1990，Meckel：Zahl der Truppen halbieren。根据民主德国外交部的信息，梅克尔与其同行丁斯特贝尔（捷克斯洛伐克）、斯库比斯泽夫斯基（波兰）在从哥本哈根共同飞往莫斯科参见华约会议的途中，谈到了安全区。6 月中和 7 月中，第一批文件才送达华沙和布拉格政府，比较 1990 年 7 与 2 日民主德国外交部未公开文件，民主德国驻捷克斯洛伐克大使齐巴尔特（Ziebart）给民主德国外交部政治司长冯·布劳恩米尔的信件；（冯·弗里切）"1990 年 7 月 10 日斯库比斯泽夫斯基外长与梅克尔外长会谈纪要的补充"（»Zusatz zum Protokoll des Gespräches von Außenminister mit Außenminister Meckel am 4. Juli 1990«）。关于克制的立场，见：1990 年 7 月 10 日民主德国外交部的未公开文件（邻国处）（»Bericht über den Besuch des Außenministers, Markus Meckel, in der ČSFR am 9. Juli 1990«）；1990 年 7 月 11 日（施洛特）（»Bericht über das Gespräch mit Herrn Calfa, Ministerpräsident der ČSFR, am 9. Juli 1990«）；1990 年 7 月 26 日波兰外长斯库比斯泽夫斯基给梅克尔的信件，其中，斯库比斯泽夫斯基表达了对裁军建议非常积极的立场。

83. 关于两位外长的会谈，见民主德国外交部的未公开文件（未注明日期，冯·弗里切）（附加，特别保密）（»Protokoll eines Gesprächs mit Außenminister Schewardnadse am 7. 6. 1990 von 18. 20 bis 20. 20 Uhr im Hotel > 1. Oktober < in Moskau, vertraulich « mit Anhang » streng vertraulich«）。在这次会晤中达成一致，在一个工作小组中讨论联盟归属、全德军事状态、可能的过渡时期以及安全区。梅克尔将其看成是对自己项目的确认。当工作小组像协商好的那样，于 6 月 11 日在西金就职访问框架内在东柏林会面时，议题一览表中没有安全区的议题。比较民主德国外交部的未公开文件（未注明日期，冯·弗里切）（»Zusatz zum Protokoll des Antrittsbesuches von Botschafter Schikin am 11. 6. , 13. 30 Uhr, streng vertraulich«）。根据负责苏联驻东柏林大使馆与梅克尔计划室联络的格尼宁了解的情况，共同工作小组从未真正开始过工作。他虽然保持沟通并且始终在民主德国外交部进行试探性谈话，但这些从未导致具体结果的产生（1995 年 5 月 22 日与格尼宁的访谈）。

84. 参见米瑟维茨的评估（Misselwitz 1996，S. 65），他谈到"恼怒和误解"。此外，与民主德国外交部大量当事人的访谈还表明，梅克尔的安全区倡议经常被评价为梅克尔国际声望最早的转折点。根据联邦德国外交部和民主德国外交部的信息，梅克尔的安全区建议也是 1990 年 8 月 6 日梅克尔和根舍在巴特赖兴哈尔会晤的组成部分，两位外长的同事们将这次会谈视作"和解会谈"。在此，根舍对梅克尔表示，他的"安全区"构想与全德是北约成员完全是背道而驰。此外，从 1990 年春开始，民主德国已经关闭了在外国的代表机构，最后于 4 月底关闭了在加德满都的大使馆，这额外表明了民主德国这个国家即将终结，这种情况弱化了民主德国的谈判立场。此时，在美国强烈地笼罩着这样的印象，即梅克尔及其同事们日益脱离现实。这些疑虑如此之大，以至于大家一时还担心，民主德国外交部将与苏联外交部的部门领导伯恩达伦科合作，并会在正在进行的谈判中制造新的否决态势（1994 年 10 月 31 日与赖斯的访谈）。

85. 埃佩尔曼在接管按照他的意愿而被称为裁军与国防部这一部委的时候决定，他将尤其关注裁军领域，只是在上任以后，他才确认，这一领域传统上属于外交部的职权范围（1994 年 4 月 20 日与埃佩尔曼的访谈）。此后，埃佩尔曼对梅克尔的单独行动日益恼怒，尤其是因为后者完全没有表示协作的打算。这两个职能部门之间少有的例外的协商，是 7 月 20 日的会晤（民主德国外交部的未公开文件，无日期，撰写者是阿尔布雷西特，»Protokoll einer Besprechung mit Minister Eppelmann, Minister Meckel, Herrn Egon Bahr, Herrn C. v. Braunmühl und Herrn Albrecht am 20. Juli 1990, 12. 30 Uhr bis 14. 00 Uhr «）。也比较 Eppelmann 1992, S. 169f. und 1993, S. 414。

86. 根舍的这一建议，见民主德国外交部关于 1990 年 6 月 18 日根舍和谢瓦尔德纳泽在明斯特工作会晤报告的德文翻译件（未注明日期的民主德国外交部文件）。根舍（Genscher, S. 819ff.）在其回忆录中没有谈到这一建议，在根舍对苏联的大量谨慎表达的提议中，这一建议属于建立统一的安全框架。比较评估 Kiessler/Elbe 1993, S. 78f.。根据苏联的报告，在明斯特，根舍也支持两大军事联盟共同声明的想法，但同样反对北约和华约之间有一项具体的条约，因为这可能被理解为有助于承认和稳定东方联盟。

87. 正如已经描述过的那样，根舍 3 月 16 日的信件包含了联邦外长对谢瓦尔德纳泽建议的答复，谢瓦尔德纳泽在民主德国 3 月 2 日的危机中，提出了令西方不解的行动措施。其他信件是 3 月 29 日和 4 月 25 日，其中，根舍还探讨了在温得和克举行的会谈和正在进行的两德内部有关货币、经济和社会联盟的谈判。3 月 22 日，根舍与谢瓦尔德纳泽在温得和克的会晤中，主要谈到了欧安会的进一步发展，根舍拒绝了和平条约，关于这次会晤的结果以及 3 月 23～26 日与波兰、匈牙利和捷克斯洛伐克外长在里斯本的欧洲理事会外长特别会晤间隙的会晤，3 月 27 日，根舍对"外交与安全政策相互关系"分委员会的成员详细报告了情况（联邦德国外交部信息）。也比较按语：Vermerk GL 22 v. 10. 4. 1990，»Vermerk über die Sitzung der Arbeitsgruppe Außen- und Sicherheitspolitik des Kabinettausschusses Deutsche Einheit am 27. März im Gästehaus des AA«（B 136/20253 sowie B 136/20244）。据此，联邦外长强调苏联对裁军步骤和扩大欧安会的强烈兴趣。关于温得和克的会晤，也见：Genscher 1995, S. 746ff.; Kiessler/Elbe 1993, S. 109f.; Zelikow/Rice 1997, S. 324（其中有贝克的谈话）。根据联邦德国外交部信息，4 月 13 日，在根舍与苏联副外长维克多·卡尔波夫（Viktor Karpow）的波恩会晤中，也谈到了温得和克会谈的大量内容，在这次会晤中，欧安会的发展和经济问题同样是中心问题。卡尔波夫表示，对苏联来说，全德北约成员属性是内政问题：如果统一后的德国安全政策状况不符合所有民族的设想，那么苏联领导层就不会得到议会的同意。比较根舍的简短总结：Genscher 1995, S. 767。在 1997 年 10 月 28 日的访谈中，史特潘诺夫说，谢瓦尔德纳泽在温得和克首次将"过渡时期"的想法引入讨论。也比较本书"大草案与小成就"一章。

88. 二司的工作人员警告不要作出联邦政府放弃武力的单方面声明，因为这可能表明主张德国的单一化。此外，4 月 6 日，根舍已在华盛顿特别确认了《基本法》中确定的单方面放弃使用武力，但纯粹确认欧安会的一切原则又可能显得不够轰动，因而无法让苏联公众了解（联邦政府信息）。最后，特尔切克参考了苏联一位学者的相关建议，向联邦总理建议写一封战争结束 45 周年的信件，这封信于 4 月 24 日寄走（21－30100 Ja 15, Bd. 3；科尔用其签名和"没有问题"签字）。无论是科尔（Diekmann/Reuth 1996）还是特尔切克（Teltschik 1993）都没有提到这封信。特尔切克（Teltschik 1993, S. 204）只说道 4 月 23 日

"和联邦总理详细地谈到发展与苏联的关系"和戈尔巴乔夫在 6 月 15 日送达波恩的回信中的答复（S. 275）。关于科尔 4 月中的立场，见他本人的描述：Diekmann/Reuth 1996，S. 355f.。

89. 联邦总理府信息。

90. 关于 1990 年 4 月 20 日二司给联邦总理的会谈建议草稿（含总理标出的画线和批注），见 AL 2（Kaestner）an den Bundeskanzler（von diesem mit Anstreichungen und Bemerkungen versehen）v. 20. 4. 1990，betr. :»Ihr Gespräch mit dem sowjetischen Botschafter Julij Kwizinskij Montag, 23. 04. 1990，17. 00 Uhr«（212 – 35400 De 39 Na2，Bd. 3）。草稿中还附有按语：Vermerk LASD an den Bundeskanzler v. 19. 4. 1990，betr. :»Vertrag über die Schaffung einer Währungsunion mit Wirtschafts- und Sozialgemeinschaft mit der DDR；hier：Sowjetische Demarche vom 19. 04. 1990 «；Vermerk GL 42（Ludewig）v. 20. 4. 1990，betr. :»Wirtschaftsbeziehungen DDR-Sowjetunion im Zusammenhang mit der Währungsunion mit Wirtschafts- und Sozialgemeinschaft（WWU）mit der DDR«；» Vom Sprachendienst des Auswärtigen Amtes geprüfter Übersetzungstext « der sowjetischen Demarche v. 19. 4. 1990。关于会谈，也见按语：AL 2 v. 30. 4. 1990，» Vermerk über das Gespräch des Herrn Bundeskanzlers mit dem sowjetischen Botschafter Julij Kwizinskij am 23. April 1990，17. 00 bis 18. 00 Uhr im Bundeskanzleramt«（21 – 30130 S 25 – De 2/5/90）。科尔的描写，见 Diekmann/ Reuth 1996，S. 356f. ，其中，科尔说，4 月 23 日下午，他让人请克维钦斯基到总理府来。关于科尔和克维钦斯基的会谈，也见：Teltschik 1993，S. 205ff. ；Kwizinskij 1993，S. 19f. 。苏联大使描述说会谈的气氛很好，总理也非常友好和关注，并且告诉他，完全考虑到戈尔巴乔夫对全面的政治条约和影响深远的经济协议的积极答复。

91. 科尔称这一建议"完全不可接受"，见 Diekmann/Reuth 1996，S. 356f. 。这显然是科尔事后的阐释，因为在德国关于这次会谈的记录中没有记载总理的反对。大使的建议，起初显然是苏联政治家、外交官和学者其他想法和攻势的一系列长长的排列，只是在有待详细解释的谢瓦尔德纳泽在波恩"2 + 4"首次部长会晤中的说明，才表明内外部问题的"脱钩"不仅仅是苏联下层官员的大量想法。

92. 根据联邦德国外交部和美国国务院的信息，3 月底流传的由克维钦斯基取代阿达米兴的谣言，被评价为提示了苏联谈判立场的强硬。在有关柏林的四大国谈判中，克维钦斯基由于其强硬的路线而留给西方外交官不快的回忆，虽然他后来在苏联外交部负责 "2 + 4" 谈判，但并未直接领导 "2 + 4" 代表团，这一任务交给了第三西欧司司长伯恩达伦科；在对德政策上，伯恩达伦科同样有强硬派的名声。不过，有一个设想却是，在最坏的情况下，保守的官僚们会干扰或延缓统一进程，但绝对无法阻挡这一进程。3 月底，西方的怀疑顾虑还有，西方外交官猜测伯恩达伦科——以他早期已用过的所谓假名 "阿历克桑德罗夫"（M. Aleksandrow）——是 1990 年 3 月 16 日在《俄罗斯文学》（*Literaturnaja Rossija*）周报上发表的批评德国的文章作者（Das vereinigte Deutschland und das gesamteuropäische Haus）。在这篇文章中，作者以丰富的专业知识分析了四大国对德国作为整体和柏林的不同协议，并且描述了苏联外交部大量可能的 "极端立场"。在 1995 年 5 月 22 日的访谈中，伯恩达伦科驳斥了他是该文作者的说法。他在访谈中还解释道，阿达米兴参与了第一次 "2 + 4" 会晤，那只是因为当时他正在西欧；此后外交部认识到，在 "2 + 4" 框架中极有可能进行严肃的和实质性的谈判，因此谢瓦尔德纳泽委托他领导代表团。关于总理府对苏联立场的分析，比较按语：Vermerk RL 212（Kaestner）v. 25. 4. 1990, betr. :»Deutsch-sowjetische Beziehungen in der Perspektive der deutschen Einheit«；Vermerk RL 212（Kaestner）v. 25. 4. 1990, betr.:»Gespräche > Zwei-plus-Vier < «（212 – 354 00-De 39 Na 4, Bd. 1；含有部分计划与民主德国新政府协商的大量会谈材料）。对此的概况，也见按语：Vermerk RL 514 an ChBK（in Kopie an AL 2）v. 3. 5. 1990, betr. :»Der sicherheitspolitische Status Gesamtdeutschlands, sowjetische Positionen und deutsche Interessen«，含整理加工的总结：Rafael Biermann（HV）v. 23. 4. 1990,»Der sicherheitspolitische Status des zukünftigen Gesamtdeutschland. Die sowjetische Verhandlungsposition und- taktik, Auswirkungen auf die bundesdeutsche Innenpolitik sowie Reaktionsmöglichkeiten der Bundesregierung«（beides in 212 – 35400 De 39 NA 2, Bd. 3）。苏联在 "2 + 4" 第一次外长会晤前的立场，比较：Zelikow/Rice 1997, S. 336ff.（含有对 1990 年 4 月 6 日谢瓦尔德纳泽华盛

顿访问和莫斯科的不同议会党团的详细描述）；Biermann 1997，S. 514ff. 。

93. 对卡斯特鲁普大量活动的描写和分析，以 1998 年 4 月 17 日卡斯特鲁普在访谈时转交的一览表为基础，其中，罗列了他自 1990 年春天以来的官方会谈。对其活动的描写和分析也得到了其他参与者的访谈和民主德国外交部、联邦德国外交部、联邦总理府、美国国务院、法国外交部、英国外交部和苏联外交部信息的补充。

94. 根据参与国家外交部的信息，在波恩的这一回合中，尤其涉及复核三大国在西柏林的权利的问题。波恩显然还没有考虑到能于 1990 年底实现德国统一，所以，与统一努力并行的是，在 2 月 28 日伦敦的 "1 + 3" 政治司长会晤中决议的特别工作小组要寻找可能性，以解除西方盟军看得见的或者象征性的权利 。波恩对统一的时间经过的考虑，还有一个附加的提示是第二次定期讨论的议题，即柏林的联邦议院议员的直选。联邦总理府的大量努力表明，1990 年 5 月，无论是在总理府还是在外交部，都没有考虑到在 1990 年秋天的联邦议院选举以前完全实现统一。

95. "引人注目的友好" 这一评估，见 Zelikow/Rice 1997，S. 329。关于 4 月 10 日回合的描述，基于：Zelikow/Rice 1997，S. 329f. ；与当事人的访谈和参与国家外交部的信息。参加者是佐利克、塞茨、魏思敦、杜发奎和卡斯特鲁普。

96. 关于 1990 年 4 月 30 日 "1 + 3" 会晤的描写，基于和当事人的访谈以及参与国家外交部的信息。90 分钟协商回合的参与者是：魏思敦、杜发奎、佐利克、塞茨和卡斯特鲁普。美国代表团指出贝克已有的预约活动和顾虑，即针对莫斯科安排的特别快的过程而营造的压力氛围，而对西德的攻势作出了克制的反应，这一攻势可能意味着额外加速事情的进展过程。卡斯特鲁普报告了 4 月 27 日转交的波兰的边界条约草案，并反对塞茨在与波兰方面的会谈中得到的印象，即对于边界条约已有了一致意见。他再次说明了联邦总理偏爱的行动方式。魏思敦和佐利克批评卡斯特鲁普的措辞不充分，后者说，将 "不排除" 邀请波兰参加一次官员级别的会晤。对此，卡斯特鲁普建议由部长们作出决定。

97. 关于民主德国外交部内部争论的描写，基于：Albrecht 1992，S. 36f. ；与参与者的访谈；民主德国外交部的未公开文件（无撰写者、未注明日期）（»Zur Vorbereitung der Verhandlungen im Rahmen der 2 + 4«）；民主德国外交部的未公开文件（无撰写者、未注明日期）（»Drehbuch. Zweites Treffen im Rahmen 2 + 4 auf Beamtenebene «）。民主德国代表团仍始终以以下的建议为支撑，即也要在国际框架内确保民主德国的财产关系，但在这次会议上却放弃要求大家接受自己的议事要点。

98. 里希特在"2 + 4"的准备阶段并没有起作用，关于他的个人情况：他是新教神学家、牧师。1943 年 2 月 25 日出生于开姆尼茨，1961 年开始学习哲学，但由于政治原因而退学。他于 1963 ~ 1968 年开始神学学习并从 1974 年开始从事牧师职业，在此之前，他的工作是起重机手（1961 ~ 1963 年）。1989 年，他作为"民主觉醒"政党的共同组建者而崭露头角，直到 1990 年 1 月改入社民党为止，一直担任"民主觉醒"理事会成员。从 1990 年 3 月起，他代表社民党成为民主德国人民议院的成员，并且是民主德国"2 + 4"代表团成员。比较：Barth u. a. 1995，S. 602；Baumgartner/Hebig 1997，S. 710。此后，取代施泰因巴赫，总理府办公厅大多数是由沃尔夫冈·施瓦茨（Wolfgang Schwarz）代表，他是总理府办公厅国际政治部门的副领导。

99. 以下关于第二次"2 + 4"官员级别会议的描述，基于：1990 年 4 月 30 日民主德国外交部的未公开文件（含附件）（»Bericht über das Treffen > 4 + 2 < am 30. April 1990 in Berlin«）；民主德国外交部未公开的文件（米瑟维茨）（»Stand der Vorbereitungen für die Zwei-plus-Vier-Verhandlungen. Gegenstand des Expertentreffens am 30. April 1990 «）；Zelikow/Rice 1997，S. 345；Albrecht 1992，S. 36ff.。属于西德代表团的还有总理府第二司的彼得·哈特曼，他是总理府与外交部的联络员。也比较按语：Vermerk GL 21 v. 1. 5. 1990 an den Bundeskanzler, betr. »Gespräche > Zwei-plus-Vier < ; hier: 2. Runde in Berlin« （212 – 35400 De 39 NA 4, Bd. 1 - von Kohl abgezeichnet - sowie B 136/20244）。此外，还有来自同参与人员访谈的信息。直到初夏，在民主德国外交部中说的仍是"4 + 2"而非"2 + 4"，对此，在 1994 年 7 月 21 日的访谈中，聚斯给出的理由是"尊重盟军"。

第十章　双驾马车步伐错位

1. 总理府工作人员对巴黎各种不同会谈的印象，也比较 *Frankfurter Allgemeine Zeitung* v. 4. 1. 1990，Frankreich spielt in der deutschen Frage auf

Zeit。该文显然是以驻巴黎的波恩大使馆信息为基础（联邦政府信息）。另见 Teltschik 1993，S. 98。法国官员中关于"减速器"的猜测，也见本书"现状中的外交"一章。

2. 密特朗对统一是不可避免的认识，见以下描述：Favier 1996，S. 228。这与基民盟联邦议院议员卡尔·拉梅尔斯（Karl Lamers）于 1990 年 1 月 15～16 日在巴黎的不同会谈后得到的印象类似（联邦德国外交部和总理府信息）。此后，爱丽舍宫总管比安科说，现在在密特朗那里尤其涉及可以控制的统一进程，在这一进程中，首要的条件是一个自由和民主的过程，而且不能危及欧洲的均衡。关于波兰西部边界问题——完全理解科尔的司法顾虑——必须清楚而毫不含糊地表明立场。同时，也不能怀疑两大军事联盟，因为尚无新的欧洲安全结构。

3. 阿塔利和特尔切克的打赌，见：Favier/Martin-Roland 1996，S. 230；Teltschik 1993，S. 118。1 月 31 日，密特朗在部长理事会上发表的意见，见 Favier/Martin-Roland 1996，S. 230。

4. 撒切尔夫人与密特朗会谈的气氛，得到了描述：*Le Monde* v. 23. 1. 1990，Entretiens avec M. Mitterrand et Mme Thatcher。关于会谈经过，也比较撒切尔夫人的描述：Thatcher 1993，S. 1103f.。对会谈结束的描写，见 *Le Monde* v. 24. 2. 1990，Les Britanniques multiplient les consultations avec les Français。撒切尔夫人的引文，来自 Thatcher 1993，S. 1103f.。

5. 关于密特朗对科西加的请求，见 Favier/Martin-Roland 1996，S. 229。关于科尔对密特朗保留态度的感受及其反应，见 Teltschik 1993，S. 102。

6. 联邦总理府的许多文件说明了对这一报告进行过长期的规划：1989 年 10 月 5 日，联邦总理与欧共体委员会主席德洛尔在一次谈话中就宣布了自己的意图：冬天要在巴黎作一次基本原则演讲。比较按语：Vermerk VLR I Bitterlich v. 11. 10. 1989，betr.:»Gespräch des Bundeskanzlers mit dem Präsidenten der EG-Kommission am 5. Oktober 1989，11. 00 – 13. 00 Uhr«（211 – 301105 Eu70）；Vermerk von AL 2 an den Bundeskanzler v. 8. 1. 1990，betr.:»Ihre Rede am 17. Januar 1990 in Paris«（211 – 301 04 F2 Fr24），其中，特尔切克建议，原来的演讲报告题目［与他当晚要介绍的书籍《欧洲是我们的命运》（Europa ist unser Schicksal）一样］应该适应变化了的情况，现在称为"欧洲的德国问题与欧洲的挑战"（Die deutsche Frage in Europa und die europäische Herausforderung）。联邦总理

在这份按语上的大量手写注释表明，他本人赋予这次报告以很大的含义。他要无条件地对德洛尔当天在欧洲议会的演讲表明自己当前的态度，此外，他也关注更加强烈地突出民主德国事件的戏剧性，并明确欢迎密特朗在新年讲话之际介绍的欧洲计划。科尔 1990 年 1 月 17 日的演讲报告，刊登于 Bulletin Nr. 9 v. 19. 1. 1990, S. 61 ff.。以下著作分别只简明地提到该演讲：Dieckmann/Reuth 1996, S. 238; Teltschik 1993, S. 111。

7. 在科尔的演讲中提到和平条约保留态度，这在法国引起了特别的兴趣。这种解决德国统一的办法可能意味着，1945 年与德国处于战争状态的所有国家都参加条约谈判，在谈判中可能也可以提出赔偿要求。这一概念令执政联盟伙伴根舍不快，就像他在 2 月 28 日内阁会议中表示的那样。联邦外长请求将来不要再使用可能的和平条约的解决办法（比较 1995 年 9 月 20 日与梅尔特斯的访谈）。科尔也拒绝正式的和平条约，它意味着可能要召开大型会议并借此而拖延德国统一问题。然而，接下来在他要解释德波边界的法律状态时，他还是反复使用这一概念（So u. a. in einem Interview mit *Die Welt*,»Jetzt wird ein Beitrag zum inneren Frieden fällig«）。

8. 比较：Brief Mitterrands an Kohl v. 17. 1. 1990 (211 – 301 04 F2 Fr24, Bd. 2); Favier/Martin-Roland 1996, S. 234。完全可以设想，他尤为关注的事情是避免留下以下印象，即他的出席隐含着毫无保留地同意科尔的立场。科尔对该信的回复，见联邦总理 1990 年 1 月 25 日给密特朗的信件：Brief des Bundeskanzlers an François Mitterrand v. 25, 1. 1990 (211 – 301 04 F2 Fr24)。

9. 科尔与法国总统的通话，见按语：Vermerk Neuer v. 5. 2. 1990, betr.: »Telefongespräch des Herrn Bundeskanzlers mit Präsident Mitterrand am 5. Februar 1990« (21 – 30132 – F2 Te6, Bd. 2); Dieckmann/Reuth 1996, S. 263f.; Teltschik 1993, S. 128。

10. 关于这方面的情况，深入比较 Gouazé 1990。

11. 2 月中的德法关系还未恢复正常，参见以下报道：*Süddeutsche Zeitung* v. 16. 2. 1990, Aus dem Tandem wurde ein Hochrad; *Frankfurter Allgemeine Zeitung* v. 15. 2. 1990, Von Kohl und Gorbatschow überrumpelt。

12. 以下比较密特朗 1990 年 2 月 14 日与八家法国地区报纸就当前政治局势的访谈，刊登于 Frankreich-Info, Nr. 5/1990, 15. 2. 1990。

13. 不过，法国想通过将 35 个欧安会参与国家都纳入进来而"谈崩"德国问题，在巴黎对法国的兴趣存在着猛烈的抨击。比较 *Die Zeit* v. 9. 2. 1990，Ein Fatalist im Elysée。

14. 关于人民议院的选举，在 1 月 27～28 日与民主德国总理莫德罗的圆桌会议以后，从原来计划的 5 月 6 日提前到 3 月 18 日，比较 Korte 1994，S. 95f. 。引用的法国外长的看法，比较 *Die Welt* v. 9. 2. 1990，Roland Dumas:»Die deutsche Einheit ist nicht aufzuhalten«。

15. 1990 年 1 月 3 日舍维内芒在 RTL 电视台的访谈，此处引自 1990 年 1 月 4 日联邦德国新闻与信息局的评论概况。

16. 以下情况，比较：Vermerk Neuers v. 16. 2. 1990，betr. :» Treffen des Herrn Bundeskanzlers mit Präsident Mitterrand bei einem Arbeitsessen in Paris am Donnerstag, dem 15. Februar 1990« （301 00 （56） Bd. 78 – 82），不同的引文也来自这一按语；Dieckmann/Reuth 1996，S. 298ff. ；Teltschik 1993，S. 150f. （特尔切克将巴黎访问日期错误地记为 2 月 14 日）；Attali 1995，S. 422ff. 。

17. 详情比较本书"欧洲的框架方案"一章。

18. 比特里希也提到，科尔和密特朗在以下三点上是一致的：欧洲经济、货币和政治联盟推动欧洲一体化、深入思考"欧洲邦联"、在民主德国人民议院的选举以后召开欧洲理事会特别会议。他总结说，1989 年 12 月斯特拉斯堡峰会以后，总理府与爱丽舍宫之间并非像人们多次断言和评论的那样，彼此沉默无语，而是在两个控制中心的工作班子之间有着"极其深入的工作沟通"，以便真正贯彻这样的工作方案，比较 Bitterlich 1998，S. 118。

19. 根据吉古说法，联邦总理努力掩饰他气红了脸。对会谈的这一片段，尤其比较对紧张气氛的描写：Favier /Martin-Roland 1996，S. 237f. 。

20. 尽管表面上一致，但德法关系继续蒙上了巨大的差异，见以下报道：*Frankfurter Allgemeine Zeitung* v. 17. 2. 1990，Bonn und Paris ﹥ fast nahtlos ﹤ einig in der Deutschlandpolitik；引文同见此报道。法国《世界报》批评说，在欧洲一体化方面，连最低的具体姿态都没有；比较 *Le Monde* v. 17. 2. 1990，Le chancelier n'a pas voulu s'engager sur une convocation anticipée de la conférence sur l'union monétaire。

21. 比较 Sauder 1994，S. 245。另比较 *Le Monde* v. 27. 1. 1990，MM. Dumas,

Genscher et De Michelis prônent une accélération du procecus de désarmement conventionnel。英国类似的考虑，见 Mayer 1994，S. 298f. 。

22. 比较本章前面的段落，以及：Vermerk Neuer v. 16. 2. 1990，betr. :»Treffen des Herrn Bundeskanzlers mit Präsident Mitterrand bei einem Arbeitsessen in Paris am Donnerstag, dem 15. Februar 1990« (301 00 (56) Bd. 78 – 82 ）; Diekmann/Reuth 1996，S. 299f. ; Teltschik 1993，S. 150; Attali 1995，S. 425。政治观察员们的惊奇反复表明，事情涉及军队的占领法基础。只有在柏林驻扎的部队以占领法规定为基础，而自 1954 年 10 月 23 日的《巴黎协定》以来，驻扎在联邦德国的其他法国武装力量拥有了同盟政治的基础。此外，在统一进程以前，始终反复强调这部分部队与西欧防卫保持团结的意义。现在，宣布撤军则与法国宣称的全欧防卫的利益、与德法混合旅的项目都是背道而驰的。比较 Grosser A. 1992，S. 364f. 。

23. Vgl. Vermerk Neuer v. 26. 4. 1990，betr. :» Gespräch des Herrn Bundeskanzlers mit Präsident Mitterrand beim Frühstück im Elysée-Palais am Donnerstag, dem 26. April 1990« (301 00 (56) Bd. 78 – 82) .

24. 随着 1966 年法国退出北约军事组织，这些部队就只属于国家指挥部，由于在共同保卫联邦德国中出现的不安全，它们赢得了额外的分量。这种情况使得历届联邦政府始终如一地努力，令法国比较强烈地约束在其自身的防卫义务上。这一追求尤其表现在 80 年代。比较 Sauder 1994，S. 235。

25. Vgl. *Le Monde* v. 5. 5. 1990，M. James Baker a obtenu le ferme soutien des Alliés sur le principe de l'appartenance de l'Allemagne unie à l'OTAN.

26. Vgl. dazu *Le Monde* v. 8. /9. 7. 1990,» La logique voudra que l'armée française stationnée en Allemagne regagne son pays«.

27. Vgl. Vermerk VLR I Bitterlich an GL 21 v. 19. 7. 1990，betr. :» Deutsch-französische Gipfelkonsultationen am 17. /18. September 1990 in München« (211 30103 Ko 28，Hauptvorgang, Bd. l) .

28. Vgl. *Le Monde* v. 22. /23. 7. 1990，Le retrait des forces françaises d'Allemagne pourrait prendre cinq ans.

29. Vgl. *Le Monde* v. 24. 8. 1990，Armées, horizon 2000.

30. Vgl. *Le Monde* v. 31. 8. 1990，Début des discussions sur le départ des forces

françaises d'Allemagne.

31. Vgl. Sauder 1994，S. 263. 根据作者的说明：参加者认为这一情况是“故意的粗暴对待”。再加上，巴黎官方宣布的撤军动机，与密特朗和布什总统佛罗里达会晤以来反复表述的美军仍然留在联邦德国的必要性很难一致。

32. Vgl. Vermerk Bitterlich v. 24. 9. 1990，betr. :» 56. deutsch-französische Konsultationen am 17. /18. September 1990 in München，hier：Wesentliche Themen und Ereignisse der Gespräche des Bundeskanzlers mit Staatspräsident Mitterrand und Premierminister Rocard« (211 – 30103 Ko 28，Bd. 2) .

33. 比较 Hajnicz 1995，S. 75f. ，以及本书"最大的障碍"一章中对波兰立场较为详细的描写。

34. 通过非正式的渠道，法国外长让联邦总理府得知了巴黎的惊奇，也就是 1 月 17 日在巴黎，联邦总理对法国公众而非德国公众，前所未有地清楚表明了奥德－尼斯河边界问题（联邦政府信息）。比较 1989 年 2 月 23 日法国《世界报》的评论：Le Monde v. 23. 2. 1989，La peur。此外，在法国政府圈看来，这对联邦总理府意味着，再次增加了巴黎就德国对边界问题立场的担忧。

35. 1990 年 3 月 1 日法国外长杜马在柏林新闻俱乐部的演讲，刊登于 Der Tagesspiegel v. 2. 3. 1990，Wir müssen die Vergangenheit zum Abschluß bringen。媒体上将杜马的演讲阐释为对科尔行动方式的谴责，几周以来，科尔都在背后安抚其伙伴，但坚决不在公众面前说同样的话；比较 Le Monde v, 3. 3. 1990，Parler net。对此，特尔切克评论说："这使我很生气。过去一年来，我们在巴黎反复游说也在物质上支持波兰的改革政策，但迄今为止很少得到赞同。巴黎的回答始终很简单：有别的兴趣。"（Teltschik 1993，S. 165）。特尔切克指出杜马早在 1990 年 2 月 1 日在柏林停留时的谴责以及科尔马上公开表明的态度（Teltschik 1993，S. 125），这些提示显然混淆了日期，因为没有找到其他的证据。

36. 比较联邦政府新闻与信息局编辑的新闻稿：Presse- und Informationsamt der Bundesregierung (Hrsg.)：Pressemitteilung Nr. 90/1990 v. 2. 3. 1990。同样比较 Teltschik 1993，S. 165f. 。联邦议院 1989 年 11 月 8 日对波兰西部边界的决议，刊登于 Auswärtiges Amt 1995，S. 617。3 月 1 日的晚上，德国电视二台的节目"今日"（»heute«）和"今日报道"（»heute-

journal«），也播放了当天联邦新闻发布会的片段，其中，科尔表示：
"边界问题最终要经过自由选举的全德政府和全德议会来解决。无人要
将国家统一的问题与现存边界推移的问题联系起来。我要再次补
充——无须再询问——如果选举了人民议院并在那里作出类似的决议，
那么联邦议院就将重复其 11 月份所作的决定，我对此没有异议。"
（Wortlaut abgedruckt in Presse- und Informationsamt der Bundesregierung
1993，Bd. 18，S. 10965）。没有明确澄清，科尔的说法在多大程度上是
对杜马看法的直接回应。

37.　Vgl. auch *Libération* v. 23. 2. 1990，Varsovie s'inquiéte sur sa frontière
allemande；Hajnicz 1995，S. 79ff.

38.　比较科尔 1990 年 3 月 5 日在康拉德－阿登纳之家发表的看法，以及当
天新闻发布会的节目，复述于德国电视二台和德国电视一台的新闻节
目，刊登于 Presse- und Informationsamt der Bundesregierung 1993，
Bd. 18，S. 10988ff. 。

39.　关于假定的科尔在联邦议院选举上的战略，比较 *Le Monde* v. 3. 3. 1990，
Le chancelier Kohl a confirmé sa réticence à prendre des engagements。关
于宣布波兰访问巴黎，比较 1990 年 3 月 2 日的法国《世界报》: *Le
Monde* v. 3. 1990，La visite de MM. Jaruzelski et Mazowiecki confirme le
soutien de Paris à la Pologne。

40.　关于联邦德国国内和执政联盟内部关于这一议题的争论，详情见本书
"最大的障碍"一章。

41.　Siehe dazu Vermerk（Neuer）v. 6. 3. 1990，betr. » Telefongespräch des
Herrn Bundeskanzlers mit Präsident Mitterrand am Montag，den 5. März
1990 von 18. 50 bis 19. 15«（21 – 30131 – F2 – Te6，Bd. 2）. 简短的描
述，分别见：Diekmann/Reuth 1996，S. 312f.；Teltschik 1993，S. 167；
Favier/Martin-Roland 1996，S. 239。关于提到的谢瓦尔德纳泽信件的内
容和情况，比较本书"西方寻求同步"一章的描述。

42.　Vgl. Tréan 1991，S. 83，根据作者的看法，这次对话并不属于两国最高
层的对话。此时，他们的紧密顾问特尔切克和阿塔利也很少彼此表示
友好。在此棘手的形势下，爱丽舍官和总理府负责处长们慢慢地但肯
定冒出了"冷汗"。斯特拉斯堡峰会以后的双边关系是，巴黎和波恩的
对话从未完全中断，这一情况重要地要归因于爱丽舍官的一小群"朋

友"圈，他提到了比安科、维德里纳以及吉古，但没有阿塔利。比较
Bitterlich 1998，S. 119。阿塔利在访谈中驳斥了他与特尔切克的反目，
比安科则回避了这一问题，比较 1995 年 11 月 27 日与比安科和 1995 年
11 月 30 日与阿塔利的访谈。

43. 比较 1990 年 3 月 9 日法国总统密特朗在法、波共同的新闻发布会上与
波兰总统雅鲁泽尔斯基、波兰总理马佐维耶茨基、法国总理罗卡尔的
声明。见 Frankreich-Info，Nr. 10/1990，14. 3. 1990。在 1996 年 10 月 2
日的访谈中，雅鲁泽尔斯基尤其强调他与密特朗会晤以及共同的新闻
发布会的心理意义。

44. 他补充说，德法友好得到了这一事务的强化，因为坦率"在国家的彼
此尊重中是绝对必要的"；比较 Frankreich-Info，Nr. 10/1990，
14. 3. 1990。

45. Vgl. *Libération* v. 23. 2. 1990，Varsovie s'inquiète sur sa frontière allemande；*Le Monde* v. 11. /12. 3. 1990，M. Mitterrand fait cause avec Varsovie.

46. 甚至撒切尔夫人也祝贺联邦总理在这种关系中采取的"政治家的步
骤"；戈尔巴乔夫谈到总理在此问题上的转变。比较 *Neue Zürcher Zeitung* v. 14. 3. 1990，Deutsch-französische Friktionen um Polen。引文来
自 Teltschik 1993，S. 171f.。关于以后提到的"冰冷的沉默"，比较
Neue Zürcher Zeitung v. 14. 3. 1990，Deutsch-französische Friktionen um
Polen。

47. 关于会谈经过，比较按语：Vermerk von Neuer v. 15. 3. 1990，betr. :
»Telefongespräch des Herrn Bundeskanzlers mit Präsident Mitterrand am
Mittwoch，dem 14. März 1990«（21 – 30131 – F2 – Te6，Bd. 2）；此外见
摘录：Diekmann/Reuth 1996，S. 324ff. ；Teltschik 1993，S. 174f. ；
Favier/Martin-Roland 1996，S. 240f. 。比较 *Le Monde* v. 14. 3. 1990，Le
chancelier se veut rassurant mais ne répond pas à M. Mitterrand。另见 *Le
Monde* v. 16. 3. 1990，Les » Six « invitent la Pologne à leurs discussions
concernant ses frontières。

48. 在 1996 年 9 月 19 日的访谈中，波兰总理马佐维耶茨基解释说，波兰
下议院的科萨基维茨（Kozakiewicz）元帅的这一攻势并未与政府协商。

49. 此处深入的情况以及此后的发展，详情比较本书"最大的障碍"一章。

50. 不过，在 1996 年 11 月 5 日的访谈中，弗拉迪斯拉夫·巴托泽维斯基

（Wladyslaw Bartoszewski）强调，在波兰并没有让人们适当地了解科尔对德波关系的投入；此外，科尔容易低估这些问题，并且在他对波兰的期待中没有足够地考虑历史的负担。

51. 科尔的同事们让他注意到这篇文章。此外，联邦总理府还敏感地追踪这一过程（联邦政府信息）。

52. Teltschik 1993，S. 175.

53. 如爱丽舍宫总管比安科和特尔切克在 3 月 15 日的"私下会晤"中表明的那样。比较：同上。

54. 爱丽舍宫完全意识到德法关系再次紧张的危机，它补充表示，与联邦总理科尔的关系可能会有更好的时期，而这次会晤不能显得是对总理的不得体行为。比较 *Le Monde* v. 16. 3. 1990，M. Lafontaine prône la concertation avec les voisins de l'Allemagne；此外，见 Favier/Martin-Roland（1996，S. 241），作者暗示，拉封丹本人在这次会面中抑制了总统对社民党取得选举胜利的可能的期待。

55. 引自 *Le Monde* v. 21. 3. 1990，Paris voudrait accélérer l'intégration européenne。法国媒体将此阐释为矛盾的看法：一方面是祝贺，另一方面表达了自己的"投降"，顺从于不可避免的局势；比较：同上。以下引文来自 *Frankfurter Rundschau* v. 22. 3. 1990，Frankreichs plötzliche Eile。

56. 最难对待这一认识的似乎是部分法国部级官僚。当总统和政府告别了希望（中期）继续存在的两德并存时，在政治行政管理的这一中层层面中，还可以承受一阵子选举结果。比较 Kolboom 1991b，S. 20。后面的引文引自：同上。

57. Vgl. *Le Monde* v. 21. 3. 1990，En terminer avec la brouille franco-allemande.

58. 例如，杜马为"萨尔州的行动措施"辩护，据此，新的联邦州通过加入联邦德国而自动融入欧共体。比较联邦外长 1990 年 3 月 20 日在欧洲一台发表的看法，摘录刊登于 1990 年 3 月 21 日联邦政府新闻与信息局的评论概况。关于在欧共体大背景中对统一的看法，细节比较本书"欧洲的框架方案"一章。

59. 比较杜马 1990 年 3 月 19 日在法国国际电台的访谈，刊登于 Frankreich-Info，Nr. 11/1990，23. 3. 1990。

60. 舍维内芒 1990 年 3 月 18 日在欧洲一台"新闻俱乐部"节目的访谈，

摘录刊登于 1990 年 3 月 19 日联邦政府新闻与信息局评论概况。

61. 比较法国总统密特朗 1990 年 3 月 25 日在电视台的访谈，刊登于 Frankreich-Info，Nr. 12/1990，27，3. 1990。

62. 密特朗对外给人的被动印象，即缺乏对欧洲政策的展望和对德政策的清晰路线，年初在法国遭到了部分猛烈的指责，而鉴于欧洲的发展，前总统德斯坦甚至请求密特朗进行一次会谈，比较 *Le Monde* v. 23. 2. 1990，M. Giscard d'Estaing demande audience à M. Mitterrand。2 月 26 日，德斯坦向密特朗说明的他主要关注点是，要求作为法国总统的密特朗，接过德国统一的欧洲担保力量的角色。比较 *Le Monde* v. 28. 2. 1990，M. Giscard d'Estaing：la France doit être garant de l'unification allemande。

63. Vgl. dazu *Le Monde* v. 31. 3. 1990，Le Débat sur l'union politique est ouvert；*Die Zeit* v. 5. 4. 1990，Zum großen Auftritt getrieben.

64. 他显然受到自己的一些顾问的鼓舞，尤其是吉古。根据这些顾问的看法，德国统一是历史性机会。法国现在有机会完全或者至少部分地扭转其对联邦德国经济上的落后局面，而联邦德国在以后 4 ~ 5 年的统一中，也需要经受住统一所带来的后果。比较 *Le Monde* v，27. 3. 1990，Le pari allemand du président de la République。法国逐渐贯彻以下认识，即德国不会一夜之间跃升为经济强国，它起初也要面临巨大的经济挑战。

65. 比较 1990 年 4 月 2 日罗卡尔总理在《时代》杂志（*Time-Magazine*）的访谈（A vision of the new Europe：German unification is not a threat，says French Prime Minister，but the Soviet Union's economic mess could provoke a social explosion）。

第十一章 欧洲的框架方案

1. Siehe dazu *The Irish Times* v. 6. 1. 1990，Irish presidency faces » immense challenge«. Vgl. dazu Teltschik 1993，S. 102.

2. Siehe dazu *Süddeutsche Zeitung* v. 13. /14. 1. 1990，Genscher：DDR kann vor 1993 EG-Mitglied werden.

3. 比较：1990 年 1 月 17 日德洛尔在斯特拉斯堡欧洲议会借提出《1990 年欧共体工作方案草案》 （Vorlage des Arbeitsprogrammes der EG-

Kommission für 1990）之际发表的演讲，刊登于 EG-Nachrichten，Berichte und Informationen - Dokumentation，Nr. 2 v. 22. 1. 1990，S. 1ff.；Meyer 1993，S. 27。作为民主德国特殊作用的司法理由，德洛尔重点引用了《基本法》序言，它将力争的德国统一与欧洲统一联系起来，另外还引用了《欧洲经济共同体成立条约议定书》中的德意志内部经济方面的内容，其中涉及"德国分裂后的德意志当前关系"。在演讲中，也谈到《基本法》适用范围以外的德国领域（"因为《基本法》适用范围内的德国地区与适用范围外的德国地区之间的贸易，是德国内部贸易的组成部分，所以该条约在德国的运用绝不能改变现存的贸易体制"，条约第 1 条）。1957 年 3 月 25 日的《德意志内部贸易以及相关问题的议定书》刊登于 Vedder 1992，S. 241，此后该议定书总是反复用于支持论证；*Frankfurter Rundschau* v. 28. 2. 1998，Dorniger Weg nach Brüssel。在 1989 年 11 月 10～11 日不公开的会议上，欧共体委员会就奠定了"特例"这一阐释的基石。当时，在关于欧洲其他国家的共同体未来主导路线的讨论时，宣布民主德国是特例。这出自一个原则：独自决定未来并且履行自决权，是各国人民的单独事务（联邦德国外交部文件）。也比较 *Agence Europe* v. 15. 11. 1989，European Commission has defined some principles and guidelines。

4. Vgl. dazu etwa *Stuttgarter Zeitung* v. 3. 2. 1990，Nichts geht ohne Europa；Meyer 1993，S. 27f. 科尔赞赏德洛尔积极的基本立场，这也表现在他是第一位接受德洛尔看法的外国人，2 月 12 日，他从莫斯科返回后就打电话给德洛尔，为德国统一的欧洲担保进行游说；比较 Teltschik 1993，S. 144。

5. Vgl. dazu *Die Rheinpfalz* v. 24. 1. 1990，Martin Bangemanns Seitenhiebe auf die Liberalen. Der EG-Kommissar wirbt in Brüssel für die deutsche Einheit und lobt die Politik des Bundeskanzlers；*Süddeutsche Zeitung* v. 22. 1. 1990，Bangemann sieht Chancen für EG-Beitritt der DDR；Meyer 1993，S. 28. 1 月 19 日，班格曼在欧共体波恩代表处的活动中说，对于欧共体来说，民主德国不是一个随意的第三国，因此不能排列在正常申请加入共同体的国家之列。这里并非是有限对待民主德国或者"脚踩踏板"，而是以法律事实，如《德意志内部贸易以及相关问题的议定书》为基础。他继续说道："对于欧共体来说，民主德国在法律上是一个特例，相应地，我们也必须

这样对待它。"［1990 年 1 月 19 日，欧共体委员会副主席班格曼博士在波恩欧共体代表处报告活动中的演讲《德国与欧洲——相互对立?》（ » Deutschland und Europa-Ein Gegensatz? «）］

6. Vgl. *Rheinischer Merkur* v. 9. 2. 1990, Wankelmut im Europäischen Lager; *Süddeutsche Zeitung* v. 22. 1. 1990, EG will Wahl in der DDR abwarten; *Frankfurter Allgemeine Zeitung* v. 22. 1. 1990, Die EG befürwortet eine KSZE-Gipfelkonferenz noch in diesem Jahr; *Die Welt* v. 22. 1. 1990, EG Über DDR-Mitgliedschaft noch nicht einig; *Handelsblatt* v. 22. 1. 1990, Erst einige Bausteine sind gefunden sowie Die Beziehungen zur DDR bleiben in der Gemeinschaft vorerst umstritten; *Stuttgarter Zeitung* v. 22. 1. 1990, Sonderstatus für Ost-Berlin in der EG umstritten.

7. 比较：1990 年 2 月 25 日撒切尔夫人与《星期日泰晤士报》的访谈（*The Sunday Times* v. 25. 2. 1990, » I can't ignore the history of this century «）; *Frankfurter Rundschau* v. 28. 2. 1990, Dorniger Weg nach Brüssel。

8. 这一描述基于联邦总理府和联邦德国外交部信息；也比较 *Neue Zürcher Zeitung* v. 22. 2. 1990, Weitere EG-Sanktionen gegen Südafrika; *Time* v. 5. 3. 1990, A Case of The Jitters。

9. 此处以及此后，比较：联邦德国外交部信息；Meyer 1993, S. 35; Holeschovsky 1991, S. 22。同样比较 Spence 1991, S. 347f. und Spence 1992, S. 146，作者首先谈到在委员会内部被称为"四人小组"的委员回合，其任务是让德国的发展一定程度地"欧洲化"。

10. 通过统一而加入欧共体被视为最有可能的办法，关于这一评估，比较：*Frankfurter Allgemeine Zeitung* v. 10. 2. 1990, Die EG-Kommission bereitet sich auf die deutsche Einheit vor; *Neue Zürcher Zeitung* v. 10. 2. 1990, Vorarbeiten der EG für deutsche Einheit。关于民主德国加入欧共体的可能性选择，详情比较本章下一小节"结果与场景：'2 + 4 + 12'?"

11. 例如，1990 年 2 月 22 日举行了这样的会晤。联邦德国经济部、财政部的国务秘书以及联邦银行董事会成员蒂特梅耶（Tietmeyer）参加了会晤。根据联邦德国外交部和总理府的信息，会议的主要议题是，这段时间内联邦政府向民主德国提议的经济与货币联盟。

12. 比较 Holeschovsky 1991, S. 22f.，其中提请参考以下研究:»First attempt by the Services for the European Commission to evaluate the implications of

German monetary unification «, in Agence Europe, Europe Documents Nr. 1595 v. 14. 2. 1990。

13. 两天前，在欧洲议会讨论两德彼此靠近的争论中，社会主义的议会党团就提出成立这样一个委员会的申请。该委员会的目标是，只由20人组成，因为由于席位代表规则，第21席要留给欧洲法律方面的一位代表，而这是其他议会党团要避免的事情。比较按语：Vermerk Abt. 2（Stuth）an den Bundeskanzler v. 18. 2. 1990，betr.：»Einsetzung eines ad-hoc-Ausschusses zur ＞ Prüfung der Auswirkungen des deutschen Einigungsprozesses auf die Europäische Gemeinschaft ＜ durch das Europäische Parlament am 16. Februar 1990« （211 – 35400 EG 29 NA1，Bd. 1）。关于其任务与目标，也比较 *Stuttgarter Zeitung* v. 16. 3. 1990，EG fordert von Bonn klares Wort zur Integration。

14. Vgl. *Handelsblatt* v. 16. 3. 1990，Signal aus Bonn erwartet；*Stuttgarter Zeitung* v. 16. 3. 1990，EG fordert von Bonn klares Wort zur Integration. 根据《基本法》旧版本第23条或者第146条的统一都要求修改条约，这是少数人的意见并且只持续了很短时间；比较 Meyer 1993，S. 32（Fn 146），S. 38。

15. 以下描述基于联邦政府信息。

16. 这也来自《德意志内部贸易议定书》第2款、《欧洲经济共同体成立条约》第5条，其中确定了忠实于共同体的基本原则。

17. 以下描述基于联邦政府信息。

18. 然而，这些情况不应在与统一直接的关联中，而应在机制改革的情境下，作为问题加以讨论，比较按语：Vermerk Abt. 2（Bitterlich）an GL 21 und AL 2 v. 19. 2. 1990，betr.：»Sitzung der Arbeitsgruppe Außen- und sicherheitspolitische Zusammenhänge am 19. Februar 1990，16. 00 Uhr，unter Vorsitz von BM Genscher，hier：EG-Fragen« （211 – 35400-EG 29，Bd. 1）。也比较 Teltschik 1993，S. 152，作者没有谈到欧洲议会议员数量的问题。

19. 然而，起初无法就主持这项工作的职能部门达成一致，虽然总理府急切地提醒，从一开始起就要对布鲁塞尔保持统一的路线（联邦政府信息）。

20. 只是在欧洲议会议员的问题上，波恩重视选择相应的措辞，在下一次修订或者强化欧洲议会权利的时候，取消现有的不对称的成员国代表，也就是接近选举平等的基本原则（联邦德国外交部信息）。另外，德国在机构更新一事上的克制态度其背景也是因为以下事实，在目前为止的规则基础上，扩大的德国作为欧共体成员，反正是无关紧要的事实：在共同体所有机构的内部，如委员会、欧洲议会、经济与社会委员会，或者在计算理事会特定多数时，是根据成员国特定团体进行区别的。在此，决定性的准则虽然也是地区大小、人口数量和经济实力，但并非精确的数学比例分配，而是适中的政治"完善"。在统一以前，德国就属于最大的成员国团体。

21. 关于欧洲议会的批评，比较：*Frankfurter Allgemeine Zeitung* v. 15. 2. 1990, Das Europäische Parlament befürwortet mit großer Mehrheit die deutsche Einheit；*Frankfurter Allgemeine Zeitung* v. 17. 2. 1990, Der Straßburger Resonanzboden läßt Zwischentöne hören；*Stuttgarter Zeitung* v. 5. 4. 1990, EG-Parlament fordert Hilfe für die DDR；*Die Welt* v. 5. 4. 1990, Straßburg steht zur deutschen Einheit；*Handelsblatt* v. 5. 4. 1990, Ein positives Echo。此后，邀请两德政府代表参加"德国统一"特别委员会的会议；此外，在波恩和东柏林还举行了听证会。欧洲议会议长克雷斯波借 1990 年 4 月 10 日的信件邀请科尔参加 1990 年 5 月 31 日至 6 月 1 日在波恩举行的特别委员会会议，并报告德国统一进程的情况。同时他也借此传达了欧洲议会 1990 年 4 月 4 日的决议。

22. 德洛尔的引文复述于 Picht 1990, S. 55。对联邦政府提议的与民主德国的经济与货币联盟的批评，比较 *Süddeutsche Zeitung* v. 9. 2. 1990, Kohl beschwichtigt die Europäische Gemeinschaft。对两位欧洲议会议员的批评，比较 *Frankfurter Rundschau* v. 23. 3. 1990, Brüssel verlangt Mitspracherecht。联邦德国与民主德国货币、经济和社会联盟的疑难问题，深入比较 Grosser 1998, S. 151ff. und 185ff.。

23. Vgl. *Die Welt* v. 13. 3. 1990,» Die EG sitzt nur am Katzentisch «；*Handelsblatt* v. 23. 3. 1990, In der deutschen Einigung geht nichts ohne die Gemeinschaft；des weiteren Grosser 1998, S. 386ff.

24. 比较 1990 年 3 月 12 日班格曼在德国广播电台的访谈，刊登于 Presse- und Informationsamt der Bundesregierung 1993, Bd. 23, S. 14048；此外见 Die Welt v. 13. 3. 1990,»Die EG sitzt nur am Katzentisch«。

25. 比较布鲁塞尔常设代表处拟定的有关联邦总理访问布鲁塞尔的记录
（41 68018 De 2，Bd. 9 u. 10；B 136/23745）。科尔提出了访问倡议。
在 1990 年 3 月 13 日与德洛尔的通话中，科尔宣布愿意继续进行多方
协商的进程，几天以前，他在欧洲议会完成了对德德发展的演讲和回
答。为此目的，他提议与委员会会晤，比较 Teltschik 1993，S. 172。关
于总理访问时的气氛，比较：*Die Welt* v. 23. 3. 1990，Kohl muß in
Brüssel Gemüter besänftigen；*Handelsblatt* v. 23. 3. 1990，In der deutschen
Einigung geht nichts ohne die Europäische Gemeinschaft；Teltschik 1993，
S. 181f. 。"笨拙鲁莽"的引文，复述于好几篇有关总理访问布鲁塞尔
的 报 道 中：*General-Anzeiger* v. 24. 3. 1990，Überzeugungsarbeit；
Frankfurter Rundschau v. 24. 3. 1990，» Wir benehmen uns nicht wie der
Elefant im Porzellanladen «；*Stuttgarter Zeitung* v. 24. 3. 1990，Kohl für
rasche Europäische Einigung；*Frankfurter Allgemeine Zeitung* v. 24. 3. 1990，
Kohl sichert der EG enge Abstimmung auf dem Weg zur Einheit zu；*Die Welt*
v. 24. 3. 1990，Kohl：Weg zur Einheit in Europa beschleunigen；
Süddeutsche Zeitung v. 24. 3. 1990，Kohl：Die Europäische Gemeinschaft
muß wegen der deutschen Vereinigung vorangetrieben werden。

26. 至 4 月底的都柏林国家和政府首脑峰会之前，可以到达如此高的磋商
密度。比较：*Die Welt* v. 30. 4. 1990，In Dublin führt der Kanzler die Ernte
in die Scheuer；Meyer 1993，S. 37。

27. 这一公式影响了 1990 年 3 月 22 日欧洲议会议长克雷斯波对波恩的工
作访问。比较 *General-Anzeiger* v. 23. 3. 1990，Die deutsche Einheit
als »Familienfrage«。

28. 1990 年春，民主德国新政府在清理民主德国所有相关的条约性义务
时，负责此事的国务秘书佩德拉・埃勒尔的一位官员在完成工作以后
说，自己将"允许我使用的"一切内容整合起来。只是在需要时，埃
勒尔才了解各种不同的秘密协定，只能在询问过其他的东欧条约伙伴
以后，才能向欧共体公布其内容（1994 年 2 月 26 日与埃勒尔的访
谈）。更加困难的是，并非所有条约都存于民主德国外交部。大量的协
定，如安全问题、伙伴条约等，分别存放在职能部门或者部长理事会，
民主德国外交部对此没有看法和概况（1994 年 7 月 21 日与聚斯的访
谈）。

29. Vgl. dazu *Neue Zürcher Zeitung* v. 21. 4. 1990, Folgen der deutschen Vereinigung für die EG. 德国统一后，对待与民主德国现有条约的问题，进一步比较：Frowein 1990, S. 234f.；Seiffert 1992b, S. 132。

30. 关于这一棘手的领域，详情比较 Grosser 1998, S. 388ff.。

31. Vgl. Vermerk Abt. 2（Bitterlich）an AL 2 v. 19. 2. 1990, betr.:»Sitzung der Arbeitsgruppe Außen- und sicherheitspolitische Zusammenhänge am 19. Februar 1990, 16. 00 Uhr, unter Vorsitz von BM Genscher, hier: EG-Fragen«（211 – 35400 – EG 29, Bd. 1）；Meyer 1993, S. 33.

32. 关于各种选择，也比较：Beise 1990, S. 153ff.；Meyer 1993, S. 29ff.。

33. 对于其他成员国来说，有好几个反对这一选择的理由：在欧共体内，为了有利于德国转移重点；漫长和复杂的加入谈判，可能持续几年并且对其他一体化努力产生不利影响；最后，对共同体或者结构基金造成很大的财政负担，因为联邦德国认为，在赢得民主德国时不能独自负责清理整顿破产体制。Vgl. Meyer 1993, S. 30f. 关于欧共体各成员国立场的概况，见 *Süddeutsche Zeitung* v. 22. 1. 1990, EG will Wahl in der DDR abwarten。比利时与荷兰的保留态度，比较 *Rheinischer Merkur* v. 9. 2. 1990, Wankelmut im Europäischen Lager；法国的顾虑，见 *Die Zeit* v. 26. 1. 1990, Mitterrands Mißgriff。班格曼拒绝民主德国根据《欧洲经济共同体成立条约》第 237 条加入欧共体，比较：*Neue Zürcher Zeitung* v. 10. 2. 1990, Vorarbeiten der EG für deutsche Einheit；*Süddeutsche Zeitung* v. 22. 1. 1990, Bangemann sieht Chancen für EG-Beitritt。

34. 在欧共体委员会中，法律专家持不同的意见。一方的呼声认为，通过《基本法》旧版本第 146 条的统一，其结果是要一部新宪法生效，那么，将废除迄今为止作为法律主体的联邦德国和民主德国，因而也废除其是欧共体的成员，并且必须重新谈判其成员问题。相反的立场则认为，联邦德国作为德意志帝国的权利继承人，也将接过两个部分的义务权利转让。比较 *Frankfurter Rundschau* v. 28. 2. 1990, Dorniger Weg nach Brüssel；班格曼的文章，见 EG-Nachrichten Nr. 13 v. 13. 4. 1990, Deutsche Einheit ein Gebot der Vernunft, S. 1ff.。

35. Vgl. dazu Meyer 1993, S. 32f.

36. 借此，共同体可以在符合逻辑的结果中，继续其对经互会国家的开放和靠近政策，自 80 年代中期戈尔巴乔夫的改革倡议和集团机构的松动以来，这一政策变得可能。如果说 70 年代占主导的是互不承认的政策，那么随着东西方缓和的政策，开始了靠近经互会成员国的第一阶段，其中包括 1973 年缔结了与联邦德国的《基础条约》以后，建立与民主德国的外交关系。80 年代初，由于集团局势的重新强硬，这一发展重新搁置，以至于 1988 年随着《建立欧共体与经互会官方关系与合作的共同声明》（»Gemeinsame Erklärung für die Aufnahme offizieller Beziehungen und wirtschaftlicher Zusammenarbeit zwischen der EG und dem RGW«）才再次实现实质性的进展（该声明刊登于 Amtsblatt der Europäischen Gemeinschaften, Nr. L 157/34 v, 24. 6. 1988），以此确立经互会和欧共体之间的官方关系。不过，民主德国与罗马尼亚一起，属于经互会中的强硬派，因此与匈牙利或者捷克斯洛伐克的情况不同，起初在设计组织与共同体的贸易与合作协定时，双方都没有加深关系的兴趣。所以，对于欧共体 12 国来说，民主德国并非中东欧国家中令人最感兴趣的国家。然而，随着柏林墙的倒塌，尤其是从 1990 年 1 月起委员会将民主德国作为"特例"阐释，民主德国也随之从共同体兴趣的边缘地带转移到中心地带。这种情况在欧共体对德国问题的法律立场方面也是前后一致的。在 1957 年签署《罗马条约》时已经接受了德国问题"悬而未决"，并在《德意志内部贸易议定书》中得到明确确认，这一议定书是条约文本的整体组成部分。内含其中的是这一立场得到接受，其办法是在签署条约时，联邦德国提出了好几个单方面声明，如对重新统一保留态度的声明（据此，联邦德国认为统一事务要从核实共同体条约出发）、国籍问题声明（据此，作为联邦德国的国民，所有德国人都适应于《基本法》）、对柏林问题的声明（共同体条约也适用于柏林），并且不能违背它们（国籍和柏林问题的声明，比较 Bundeszentrale fur politische Bildung 1987；但在建立共同体条约的最后文件中找不到对重新统一保留态度的声明；比较 Bundestagsdrucksachen II 3660, S. 11）。再加上，作为《罗马条约》最后文件组成部分而对减轻经济与社会形势以及确保柏林经济稳定的共同声明（»Gemeinsame Erklärung betreffend Berlin«），以及《欧洲经济共同体成立条约》第 92 条，它将因德国分裂而涉及的联邦德国的一定地区排除在共同体补贴规则之外。从纯粹的经济角度看，无论是德意志内部贸易总额还是民主德国在此方面的重要性，对欧共体来说都只具有次要的意义。但委员会"特例"的阐释，却是普遍接受的法律立场的一贯继续。关于这一问题，详情比较：Bailey-Wiebecke 1989；Blumenwitz/Meissner 1986；Blumenwitz 1990a；Brauns 1990；Giegerich 1991，S. 385ff.；Hrbek 1990，S. 117ff.；Langguth 1990b；Lippert，Barbara，Der Rat für gegenseitige Wirtschaftshilfe（RGW），in Weidenfeld/Wessels 1990，S. 394ff.；Meyer 1993，S. 13ff.；Ungerer 1990b；Zuleeg 1973，S. 209ff.。

37. 比较 1957 年 3 月 25 日的《德意志内部贸易以及相关问题的议定书》，刊登于 Vedder 1992，S. 241。进一步比较 EG-Nachrichten Nr. 40/41 v. 3. 10. 1989，DDR - kein Drittland im Verhältnis zur Europäischen Gemeinschaft，S. 5ff.，其中，借欧洲宪法法院（EuGH）的一项裁决解释了民主德国对欧共体的关系。一位企业家的起诉是该诉讼程序的基础，荷兰经济部禁止这位企业家将原产于民主德国的办公用品经联邦德国进口到荷兰。这一拒绝答复基于荷兰的两项规定，它们要求从某些国家进口产品时需要部委的批准。海牙认为，这也适用于通过联邦德国进口到荷兰的民主德国产品。双方的法律诉讼起诉到欧洲宪法法院，在 1989 年 9 月 21 日的裁决中，宪法法院作出决定："欧共体成员国免除（被免除）这些规定，这些规定从法律上或在实际中阻止从联邦德国进口原产于民主德国的产品。唯一例外的是以下情况，一个国家的整体国民经济受到了经联邦德国进口的民主德国货物的危害。"（同上，S. 6）。

38. 关于早期接触，比较 *Agence Europe* v. 20. 1. 1989。民主德国的动机，比较 Knodt 1992，S. 82ff.。

39. Vgl. hierzu Meyer 1993，S. 42；Knodt 1992，S. 82；Holeschovsky 1991，S. 18；*Frankfurter Allgemeine Zeitung* v. 2. 11. 1989，Ost-Berlin muß auf EG-Handelsvertrag warten；*Handelsblatt* v. 13. 11. 1989，Chancen einer Brüsseler Ostpolitik. 班格曼的报告（EG-Nachrichten Nr. 46 v. 14. 11. 1989，S. 1ff.）说，民主的发展必须得到支持，他辩护说，访问尤其用于"将民主德国行政部门的注意力引导到内部市场这一事实上来"，而真正的贸易协定并非会谈的内容，不过他的会谈伙伴（拜尔、菲舍尔、格尔拉赫和克伦茨）却一致表示了尽快缔结协议的愿望。

40. 备忘录的文本，见 *Frankfurter Rundschau* v. 21. 11. 1989，Zum politischen Dialog mit der EG bereit。

41. *Aachener Nachrichten* v. 14. 11. 1989，Die Wiedervereinigung ist für die EG ein heikles Thema.

42. Vgl. *Agence Europe* v. 7. 12. 1989，S. 7f.

43. 也比较 Beise 1990，S. 152f.。例如，从 1980 年开始与南斯拉夫、从 1989 年开始与匈牙利、波兰、苏联有了现存的协定。

44. 联邦德国外交部信息。

45. 这一描述基于联邦政府信息。

46. 联邦德国外交部信息。

47. 1994 年 2 月 26 日与埃勒尔的访谈。她说，从欧共体委员会方面得到了对此愿望非常多的理解。民主德国新政府也得到了联邦总理府部长级国务秘书施塔文哈根的支持，而联邦德国外交部部长级国务秘书亚当－施瓦策尔对于东德对欧共体的愿望则完全没有兴趣。

48. 3 月 23 日，科尔在布鲁塞尔委员会中确认了他在这方面的立场；新组建的民主德国政府在其执政联盟协议中规定了将德国统一纳入欧洲统一的必要性。比较《1990 年 4 月 12 日基民盟、社会民主联盟、"民主觉醒"、自由党、德国论坛党、自由民主联盟、自民党和社民党议会党团联合执政联盟协议的基本原则》，见 Bundesministerium für innerdeutsche Beziehungen（Hrsg.），Informationen，Nr. 8 v. 27. 4. 1990（Beilage）。关于人民议院选举后执政联盟协议的详细描述，见本书"新伙伴寻找自己的方针"一章。

49. Vgl. dazu *Frankfurter Rundschau* v. 20. 3. 1990，Eine Zeit der Schwierigkeiten；*Handelsblatt* v. 20. 3. 1990，Forderung nach stündiger Konsultation mit Brüssel. 关于班格曼的立场，比较 *Die Welt* v. 23. 3. 1990，Kohl muß in Brüssel Gemüter besanftigen。布鲁塞尔的参与权主要是在内部市场、农业经济和对外贸易领域。

50. 关于 3 月 23 日特别委员会的立场，比较：*General-Anzeiger* v. 31. 3. 1990，Die EG Möchte die deutsche Einheit nach Artikel 23；*Frankfurter Rundschau* v. 2. 4. 1990，Einfach wird es nicht。议员们的德国政策结论，之前已经进行了较长的争论，比较 *Die Welt* v. 5. 4. 1990，Straßburg steht zur deutschen Einheit；关于结果本身，比较 *Stuttgarter Zeitung*

v. 5. 4. 1990，EG-Parlament fordert Hilfe für die DDR。

51. 联邦政府信息。

52. 比较 1990 年 4 月 20 日的欧共体委员会通报：Die Gemeinschaft und die deutsche Vereinigung，SEK（90）751 endg. v. 20. 4. 1990，in EG-Nachrichten，Berichte und Informationen-Dokumentation，Sonderausgabe Nr. 4 v. 2. 5. 1990，S. 9ff.。此外，见：*General - Anzeiger* v. 20. 4. 1990，Gemeinschaft vor der Ost-Erweiterung；*Neue Zürcher Zeitung* v. 22. 4. 1990，Vorstellungen der EG zur Integration der DDR；*Süddeutsche Zeitung* v. 24. 4. 1990，Der Knackpunkt im Verhältnis der EG zur DDR。

53. 比较 1990 年 2 月 13 日豪伊总理给科尔总理的信件（211 68000 Gi 48，Bd. 1）。尤其是法国和意大利提出了提前举行政府间会议的倡议，然而它们却害怕，现在联邦德国的注意力和精力全部强烈地集中于两德经济与货币联盟，而减少对欧洲经济与货币联盟的兴趣。它们关心的事务得到了德洛尔的支持。比较 *Frankfurter Allgemeine Zeitung* v. 19. 2. 1990，Deutsches und Europäisches。

54. 这一事务对科尔来说有多么重要，也表现在他提议事先在波恩与豪伊再次进行个人会晤。几天以后，豪伊对这两个建议的赞同就到达了联邦总理府（联邦政府信息）。

55. Vgl. Vermerk GL 21 an ChBK und Bundeskanzler Kohl v. 19. 2. 1990，betr. :»Gespräch Dr. Ludewig/Dr. Hartmann mit EGK-Präsident Delors am Freitag，16. 2. 1990，in Paris«（211 – 35400 EG 29，Bd. 1）.

56. 以下描述基于联邦政府信息；另比较按语：Vermerk GL21 an ChBK und Bundeskanzler Kohl v. 19. 2. 1990，betr. :»Gespräch Dr. Ludewig/Dr. Hartmann mit EGK-Präsident Delors am Freitag，16. 2. 1990，m Paris«（211 – 35400 EG 29，Bd. 1）。

57. 不过，这一顾虑不仅是考虑到较小的成员国，英国政府首脑也严厉拒绝由共同体来共同承担因德国统一而可能产生的费用。科尔始终如一地保证统一不会增加伙伴们的负担，这才对英国首相离开其对德国统一的拒绝立场作出了决定性的贡献。比较 1997 年 6 月 3 日与鲍威尔爵士的访谈。

58. 比较 1990 年 3 月 13 日联邦总理科尔给德洛尔的信件（211 68000 Gi 480）。

59. 联邦德国外交部信息。

60. 联邦总理府新消息。此外，比较欧共体委员会通报：Die Gemeinschaft und die deutsche Vereinigung, SEK (90) 751 endg. v. 20. 4. 1990, in EG-Nachrichten, Berichte und Informationen - Dokumentation, Sonderausgabe Nr. 4 v. 2. 5. 1990, S. 9ff. 。

61. 德法倡议的背景，详情比较 Favier 1996, S. 243ff. ；另见 *Le Monde* v. 30. 3. 1990, La relance de la construction communautaire。

62. 比较德洛尔 1 月 17 日在欧洲议会的演讲（EG-Nachrichten, Berichte und Informationen - Dokumentation, Nr. 2 v. 22. 1. 1990, Rede Jaques Delors' vor dem Europäischen Parlament am 17. 1. 1990, S. 1ff. ）。其中，德洛尔明确反对密特朗偏爱的欧洲政策倡议的先后顺序，虽然他将密特朗的下一个重要步骤（全体）欧洲邦联的想法称为"崇高的"目标，但在他看来，只有缔结了政治统一以后，才能实现这一想法。

63. 详情比较本书"双驾马车步伐错位"一章。也见本章注释 66。不过，此后在双边行动中，邦联项目不再起作用。密特朗不得不认识到，它导致了其他盟友的不快："美国人假设，法国要通过欧安会这样特殊的帮助，而将美国排除在欧洲以外；而中欧改革国家则疑心，大家要用这种方式不让它们加入欧盟。"（Bitterlich 1998, S. 119）

64. 关于密特朗的考虑，详情比较 Favier/Martin-Roland 1996, S. 244f. 。

65. Vgl. ausführlicher Vernet 1993, S. 658.

66. 比较 Teltschik 1993, S. 176。对于爱丽舍宫与联邦总理府达成的原则性谅解，维德里纳记载的日期要早一些：1990 年 2 月 12 日——可能是指 2 月 15 日的会晤——密特朗和科尔达成一致，对欧共体其他 10 个伙伴国建议召开有关政治联盟的政府间会议。不过，德国关于这次会晤的记录并没有确认这一具体步骤，其中只是表明，对于一体化进展中有关政治联盟的目标，密特朗和科尔达成了一致意见。特尔切克也写道，科尔和密特朗同意推进欧洲经济、货币和政治联盟（比较 Teltschik 1993, S. 151）。根据维德里纳的说法，2 月份，吉古尤其在与比特里希的合作中，采纳了内部对必要的机构改革的想法。维德里纳本人致力于共同的外交与安全政策的问题。比较 Védrine 1996, S. 438。比特里希写道，2 月份的时候，共同倡议还只是在其"基本要素"阶段，从 3 月中开始才进行精细的加工（Bitterlich 1998, S. 119）。总体上，维德里纳的描写展示了这样的密特朗，对于政治联盟的想法，密特朗要比其他资料所证明的积极得多（尤其是明显要早一点）。在1989年12月的斯特拉斯堡峰会以后，密特朗就立刻对其工作班子表示坚持这一目标，它与欧洲经济和货币联盟一样不可放弃。比较 Védrine 1996，S. 433。对总理府文件的分析评价留下了一个的另外印象。科尔在1989年12月斯特拉斯堡欧洲理事会上的攻势，在机构改革方面的看法并未遭到密特朗的坦率拒绝。密特朗在邀请国家和政府首脑参加斯特拉斯堡峰会的信中，笼统而且干巴巴地表述说，现在，加快政治联盟的速度也符合欧洲人的利益。在1989年12月1日给科尔的信中，他明显地拖延这类倡议："下一年"才能开始欧盟计划表。密特朗明确的优先事务是实现经济与货币联盟，这也反应了斯特拉斯堡的结果（比较本书"现状中的外交"一章中的其他说明）。这一怀疑得到了以下著作描述的有力证明，比较 Favier/Martin-Roland 1996，S. 243ff.，bes. S. 244。

67. Vgl. ausführlicher Asholt 1992，S. 200ff.

68. 比较法国总统密特朗1990年3月25日在法国电视台的访谈，刊登于 Frankreich-Info，Nr. 12/1990，27. 3. 1990。也比较：Favier/Martin-Roland 1996，S. 245；*Le Monde* v. 31. 3. 1990，Le débat sur l'union politique est ouvert。

69. Vgl. Vermerk Abt. 2（Bitterlich）an Bundeskanzler Kohl v. 3. 4. 1990，betr. :»Vorbereitung Sonder-ER Dublin 28. April 1990，hier: Deutsch-französische Initiative«（211 68000 Gi 48，Bd. 1）. 也比较 Teltschik 1993，S. 191，作者没有探讨谈判的情况。

70. 迄今为止，只是在工作层面上纳入外交部，而总理府则认为，现在绝对有必要邀请部长本人参加，因为通知的方式已经不再能够处理这一情况；比较按语：Vermerk Abt. 2（Bitterlich）an Bundeskanzler Kohl v. 3. 4. 1990，betr. :»Vorbereitung Sonder-ER Dublin 28. April 1990，hier: Deutsch-französische Initiative«（211 68000 Gi 48，Bd. 1）。根舍在自己的回忆录中没有提到这一议题范围，以此含蓄地确认了两位外长的"不考虑"，而杜马对此则有明确的提示，他写道：密特朗和科尔只给他们刚刚两天时间——"一天也不多"——用可以传播的建议和解释表达该倡议，他们应该向其同事们展示该倡议（比较 Dumas 1996，S. 348）。

71. Vgl. Vermerk Ref. 211 （Bitterlich） an AL 2 v. 6.4.1990, betr.：
》Vorbereitung Sonder-ER Dublin am 28. April 1990, hier：Deutsch-
französische Initiative《 （211 68000 Gi 49, Bd. 2）.

72. 联邦政府信息。关于巴黎的赞同，也比较 Teltschik 1993, S. 195。

73. 在这一建议的背后是担心：联邦德国外交部可能展示这一倡议，因而
将媒体的注意力紧紧地吸引到执政联盟伙伴根舍的身上。

74. 根据联邦政府信息。

75. Vgl. auch Teltschik 1993, S. 200.

76. 1990 年 4 月 18 日法国总统密特朗和联邦德国总理科尔给爱尔兰首相兼
欧洲理事会主席豪伊的消息，刊登于 Auswärtiges Amt 1995, S. 669f.，
hier S. 669。

77. 关于倡议，比较 *Süddeutsche Zeitung* v. 23.4.1990, Ein Schritt von
besonderer Eleganz；关于英国的批评，见 *Frankfurter Allgemeine Zeitung*
v. 23.4.1990, Frau Thatcher kündigt Gegenvorschlag an；关于杜马在理
事会上发表的意见，见 *Le Monde* v. 24.4.1990, La proposition franco-
allemande sur l'union politique a été bien accueillie；此外，见 *Handelsblatt*
v. 23.4.1990, Europäisches Tempo。

78. Vermerk Neuer v. 26.4.1990, betr.：》Gespräch des Herrn Bundeskanzlers
mit Präsident Mitterrand beim Frühstück im Elysée-Palais am Donnerstag,
dem 26. April 1990《 （21 – 30100 （56） – Ge 28 （VS）；301 00 （56）
Bd. 78 – 82）. 不过，不能排除头天晚上还谈到，作为会晤的启动，首
先举行一次两人私下会谈，以平息过去几周的风浪 （比较 Teltschik
1993, S. 207）。此外，比较 *Frankfurter Allgemeine Zeitung* v. 25.4.1990,
Nach Kohls und Mitterrands Vorstoß gelten die Pariser Konsultationen als
sehr wichtig. 以下著作中也简短地提到德法第 55 次磋商：Diekmann/
Reuth 1996, S. 357f.，但在本书中，科尔只是强调，他与密特朗一致
认为，德国统一和欧洲统一是 "一块奖牌的两面"。根舍同样提到双方
的一致和团结，他写道，在第 55 次磋商中，大家作出决议，以政治联
盟为方向调整方针 （Genscher 1995, S. 762ff.）。关于科尔心情的评判，
比较 Teltschik 1993, S. 207；关于新闻发布会，见德法第 55 次磋商
（巴黎，1990 年 4 月 25 日和 4 月 26 日），该文见 Frankreich-Info,
Nr. 15/1990, 7.5.1990；此外，见 *Le Monde* v. 26.4.1990, Sous le signe

de l'unification。

79. 比较欧洲理事会主席对1990年4月28日都柏林第43次理事会议（特别会议）的最后结论，刊登于Weidenfeld/Wessels 1991，S. 402ff. 。也比较Teltschik 1993，S. 211f. 。

80. 引文引自 *Die Welt* v. 30. 4. 1990，In Dublin fährt der Kanzler die Ernte in die Scheuer。也比较Thatcher 1993，S. 1052ff. 。不过，撒切尔夫人没有具体谈到在都柏林作出的决议，但她描绘了自己对政治上强化欧共体的原则性疑虑，并且写到了她努力分裂德法同盟。

81. 比较Lippert 1993，S. 55。在都柏林，确定了共同体继续行动计划表的确切日期，应在"1992年底"批准经济、货币和政治联盟。Bulletin der Europäischen Gemeinschaften，Nr. 4/1990，S. 8.

82. 联邦德国外交部信息。

83. 比较欧洲理事会主席对1990年4月28日都柏林第43次理事会议（特别会议）的最后结论，刊登于Weidenfeld/Wessels 1991，S. 402ff. 。

84. 这是科尔对德洛尔说明的理由，复述于Favier/Martin-Roland 1996，S. 246。关于共同体援助的建议，见Kommission der EG, Mitteilung: Die Gemeinschaft und die deutsche Vereinigung, SEK（90）751 endg. v. 20. 4. 1990, in EG-Nachrichten, Berichte und Informationen - Dokumentation, Sonderausgabe Nr. 4 v. 2. 5. 1990，S. 9ff. , hier S. 16。关于德洛尔提议共同体对东德的援助，也比较 *Frankfurter Allgemeine Zeitung* v. 28. 4. 1990，EG-Hilfen für die DDR aus vielen Quellen。

85. 科尔对欧洲气氛的个人评估，见Diekmann/Reuth 1996，S. 359ff. 。对于气氛转变的原因，也比较Meyer 1993，S. 47f. 。

86. 详情比较：Grosser 1998，S. 397ff. ；Meyer 1993，S. 50ff. 。

87. 关于科尔和德梅齐埃在斯特拉斯堡的共同亮相，见 *Süddeutsche Zeitung* v. 17. 5. 1990，De Maiziere: DDR in die EG einbinden; *Handelsblatt* v. 17. 5. 1990, Die deutsche Einigung unter dem Europäischen Dach; *Frankfurter Allgemeine Zeitung* v. 17. 5. 1990, Kohl in Straßburg: Deutsche Einheit wird ganz Europa nutzen; *Stuttgarter Zeitung* v. 17. 5. 1990, Deutschland soll Scharnier zwischen Ost und West sein。

88. Vgl. etwa *Süddeutsche Zeitung* v. 2. 6. 1990, Eigene Interessenvertretung verlangt; *Frankfurter Allgemeine Zeitung* v. 2. 6. 1990, DDR soll möglichst

reibungslos in die EG eingebunden werden. 将共同体纳入到东德各州的建设中，德梅齐埃的这一攻势在布鲁塞尔得到了非常多的支持（1994 年 2 月 26 日与埃勒尔的访谈）。

89. 根据联邦政府信息。

90. 根据联邦政府信息。

91. 比较 1990 年 6 月 8 日与德洛尔的访谈：*Handelsblatt* v. 18. 6. 1990, Die notwendigen Schritte zur Integration。

92. 联邦总理关于都柏林欧洲理事会结果的新闻稿刊登于 Presse- und Informationsamt der Bundesregierung 1993, Bd. 23, S. 14454ff.。也比较关于欧洲理事会经过的简短描写：Diekmann/Reuth 1996, S. 408f.。关于准备有关政治联盟的政府间会议的困难，比较 Christian Engel：Der Europäische Rat, in Weidenfeld/Wessels 1991, S. 55ff., hier S. 56f.。

93. Vgl. Vermerk Abt. 2 i. V. (Bitterlich) an Bundeskanzler Kohl v, 2. 10. 1990, betr.：»Ihr Gespräch mit dem Präsidenten der EG-Kommission am Freitag, 28. September 1990«（21 – 301 00 (56) – Ge 28）.

94. Vgl. dazu ausführlicher Detlev W. Rahmsdorf：Währungspolitik, in Weidenfeld/ Wessels 1991, S. 119ff., hier S. 120f.

95. 比较欧洲理事会主席对 1990 年 12 月 15 日罗马第 46 次理事会议的最后结论，刊登于 Weidenfeld/Wessels 1991, S. 440ff.。

96. Vgl. etwa *Rheinischer Merkur* v. 27. 4. 1990, So gesund wie Großbritannien?；*Frankfurter Allgemeine Zeitung* v. 28. 4. 1990, EG-Hilfen für die DDR aus vielen Quellen. Ausführlich dazu Grosser 1998, S. 394 und 395ff.。

97. Grosser 1998, S. 408, 作者写道，对委员会来说，现在不再是要借此对发生的事情施加影响，因为它实际上很早就被纳入第一个国家条约的谈判中，取而代之的是，委员会密切关注将民主德国迅速和整体纳入欧共体的权利和义务之中的总方针。

98. Vgl. *Frankfurter Allgemeine Zeitung* v. 12. 7. 1990, EG-Parlament erörtert Folgen der Vereinigung.

99. 这一描述基于联邦政府信息。

100. Vgl. Vermerk Abt. 2 (Bitterlich) v. 19. 7. 1990 an Bundeskanzler Kohl, betr. :»EG und deutsche Einigung (Übergangsregelungen), hier：Einsatz

der Strukturfonds und finanzielle Auswirkungen « (211 – 35400-EG 29, Bd. 3). 科尔用"这一草案不符合我的意见！"总体评论了这则按语。5 月 3 日，科尔已在联邦内阁会议上拒绝了职能部门和欧共体有关主管机构就统一进程可能的财政协议而各自进行的会谈。对于自己立场的背景，科尔解释道，从经济角度观察，过渡期限的问题比共同体结构基金提供财政支持的问题，要重要得多 (1996 年 2 月 29 日与梅尔特斯的访谈)。

101. 1990 年 7 月 20 日，科尔给德洛尔的信件 (211 – 35400 EG 29, Bd. 3)。

102. 1990 年 8 月 1 日，德洛尔给科尔的信件 (211 – 35400 EG 29, Bd. 4)。

103. Vermerk Abt. 4 (Thiele) v. 16. 8. 1990 an Bundeskanzler Kohl, betr. :» Ihr Gespräch mit Präsident Delors am 20. August 1990, hier: 1. Vorschlagspaket der KOM, 2. finanzielle Auswirkungen der deutschcn Einheit auf die EG« (211 – 35400 EG 29, Bd. 4).

104. Vgl. AL 2 i. V. v. 21. 8. 1990 an Bundeskanzler Kohl, betr. :» Ihr Telefongespräch mit Kommissionspräsident Delors am 20. August 1990« (211 – 35400 EG 29, Bd. 4). Vgl. auch Teltschik 1993, S. 349。

105. 联邦政府信息。

106. Vgl. *Süddeutsche Zeitung* v. 12. 7. 1990, Für Beteiligung am Einigungsprozeß; *Frankfurter Allgemeine Zeitung* v. 12. 9. 1990, EG-Parlament stimmt Sondervollmacht zu; *Süddeutsche Zeitung* v. 13. 9. 1990, Weg in die EG for DDR frei.

107. 比较 1994 年 5 月 31 日与埃贡·克雷普施 (Egon Klepsch) 的访谈；联邦政府信息。另比较：*Süddeutsche Zeitung* v. 14. 7. 1990, Mehr Informationen über Einigung gefordert; *Süddeutsche Zeitung* v. 19. 7. 1990, Die DDR bald im Europa-Parlament; *Süddeutsche Zeitung* v. 13. 9. 1990, Weg in die EG ftir DDR frei。

108. 根据联邦政府信息。此外比较 *Stuttgarter Zeitung* v. 13. 10. 1990, Die Neuen sollen in Straßburg nicht nur »Gäste« sein.

109. 以下描述基于联邦政府信息。

110. 比较：Meyer 1993, S. 37; Teltschik 1993, S. 182。在 1994 年 2 月 26 日的访谈中，民主德国外交部负责欧洲政策的国务秘书埃勒尔强调，在布鲁塞尔，除了班格曼，施密特胡贝尔（Schmidhuber）委员也特别关心民主德国的利益。班格曼由于其地位而在前台发挥作用，施密特胡贝尔则在幕后，在 1990 年夏季出现大量问题时提供帮助。

111. 详情比较 European Voice v. 23. bis 29. 10. 1997，Profile：Günter Burghardt - Foreign policy general。

112. 1991 年 11 月，也就是欧共体国家和政府首脑作出签署《马斯特里赫特条约》决议的前一刻，科尔在一项政府声明中要求，政治联盟必须是欧洲经济与货币联盟不可缺少的对称物。比较 Deutscher Bundestag（Hrsg.），Verhandlungen des deutschen Bundestages，Stenographische Berichte，12. Wahlperiode，53. Sitzung，6. 11. 1991，S. 4367，以及对这一问题的深入研究：Hillenbrand 1998。在 1994 年 11 月 3 日的访谈中，科恩布鲁姆谈到《马斯特里赫特条约》是"对统一惊慌失措的反应"。

第十二章　大草案与小成就

1. 对"2 + 4"外长会晤技术和内容准备的观察，见：Kiessler/Elbe 1993，S. 121ff.；Genscher 1995，S. 768ff.；Zelikow/Rice 1997，S. 344。关于梅克尔的预备性会谈和他在国际会议上的首次登台的印象，也见 Albrecht 1992，S. 41ff.，作者批评了会谈伙伴们的大量手势、批评了根舍对这位年轻同行将近一个小时的"教训"而轻视梅克尔。

2. 梅克尔与根舍会晤的描写，基于：Albrecht 1992，S. 41f.；联邦德国外交部信息。梅克尔在波恩的预备性会谈，也见：施泰因巴赫 1990 年 5 月 6 日撰写的文件（»Kurzbericht des ersten 2 + 4-Außenministertreffens in Bonn …«）；Misselwitz 1996，S. 50ff.，作者错误地将几天前根舍设计的表达方式，即统一后的德国由联邦德国、民主德国和整个柏林组成，归于贝克。民主德国代表团中弥漫着误解，认为，如果两个德意志国家自己不建立任何组织，美国也要从"2 + 4"中形成四大国的指导小组比较 Albrecht 1992，S. 42。

3. 关于贝克与谢瓦尔德纳泽的预备性会谈，见 Baker 1997，S. 214ff.。对于会谈过程中的中心思想，"独特化"或"歧视"，参见：Misselwitz 1996，S. 51；Genscher 1995，S. 771；1996 年 4 月 23 日与贝克、1993 年 12 月 17 日与佐利克、1994 年 11 月 7 日与多宾斯的访谈。此后，如果苏联希望在"2+4"框架内有关这些要点的讨论或决策会导致歧视或对正在统一的德国的立场作出事先承诺，例如，在"2+4"条约中确定联邦国防军部队的规模，那么美国就尤其使用这两个概念。

4. 为联邦总理准备的材料，1990 年 5 月 4 日才匆忙交给了他（联邦政府信息）。它们包含对苏联局势的分析、"2+4"会谈的进展情况和德国的利益以及会谈条约草案。会谈的经过，复述于按语：Vermerk AL 2（Kaestner）an den Bundeskanzler v. 7. 5. 1990，betr. :》Ihr Gespräch mit dem Außenminister der UdSSR，Eduard Schewardnadse（Bonn，04. Mai 1990，14. 10 Uhr-15. 20 Uhr）《（213－30105 S25 So 16）。卡斯特讷向联邦外长口头报告了最重要的会谈内容。关于会晤内容，比较：Diekmann/Reuth 1996，S. 366ff.（科尔的详细叙述）；Teltschik 1993，S. 218ff.；Biermann 1997，S. 567f.；Kwizinskij 1993，S. 25f.。关于科尔与谢瓦尔德纳泽会晤的前期历史，见：Teltschik 1993，S. 216；1997 年 10 月 10 日与特尔切克的访谈。

5. 关于谢瓦尔德纳泽的贷款询问、苏联的财政状况和科尔对这一请求的反应，见：1997 年 10 月 10 日与特尔切克的访谈；Teltschik 1993，S. 220f.。1990 年 5 月 5 日，克维钦斯基大使还送来一份有关这一询问的文件，其中确切说明了苏联的愿望。科尔本人在回忆这次会谈时没有谈到苏联的请求（Diekmann/Reuth 1996，S. 366ff.），德国的会谈记录中也没有提到这一请求。见按语：Vermerk AL 2（Kaestner）an den Bundeskanzler v. 7. 5. 1990，betr. :》Ihr Gespräch mit dem Außenminister der UdSSR，Eduard Schewardnadse（Bonn，04. Mai 1990，14. 10 Uhr-15. 20 Uhr）《（213－30105 S25 So 16）；也比较 Dokumente zur Deutschlandpolitik 1998，S. 1087，Fn 3。关于苏联贷款询问的其他会谈，见本章的详细描写。

6. 关于这次会谈，比较：Rohentwurf für Vermerk RL 212（Kaestner）v. 7. 5. 1990，betr. :》Gespräch des Herrn Bundeskanzlers mit dem Außenminister der Vereinigten Staaten von Amerika，Baker（Bonn，04. Mai 1990，12. 30 Uhr － 13. 50 Uhr）《（212－30105 A5 AM7）；Diekmann/Reuth 1996，S. 363ff.（科尔的详细叙述）；Teltschik 1993，S. 217f.。特尔切克写道，科尔与贝克在北约峰会的日期问题上达成一致。相反，根据记录，科尔试图建议将时间推迟到苏联共产党代表大会以后，并建议在渥太华举行一次会晤，以便向最近常常受到亏待的加拿大人表示姿

态，还可能将其与休斯敦世界经济峰会联结起来。贝克得到沃尔特斯、佐利克、雷吉纳德·巴斯罗密奥（Reginald Bartholomew）、塞茨、布莱克威尔、特维勒和一名译员的陪同。科尔与特尔切克、卡斯特讷以及一名译员出席。对于这次会晤，科尔在前一天就得到了全面的准备材料，其中包括对当前问题的文件，如"2＋4"、立陶宛、出口统筹委员会名单、苏联局势和军备控制。

7. 关于会谈的经过和中心内容，比较：Vermerk GL 21 an den Bundeskanzler v. 6. 5. 1990，betr.：»Außenministertreffen der ＞2＋4＜ am 5. Mai in Bonn«（B 136/20244；另外由科尔签字的按语：212 – 35400 De 39 NA 4，Bd. 2，其中包含所有外长的演讲稿）；Genscher 1995，S. 770ff.（包含其声明的详细复述）；Albrecht 1992，S. 43ff.；Diekmann/Reuth 1996，S. 369ff.；Teltschik 1993，S. 221ff.；Zelikow/Rice 1997，S. 344ff.；Kiessler/Elbe 1993，S. 123ff.。总理的引文、对"2＋4"第一次外长会晤的详细描写，如果没有其他说明，则来源于：民主德国1990年5月6日未公开文件中的演讲稿及其译稿（含各种附件）（»Erstes Arbeitstreffen im Rahmen 2＋4 in Bonn am 5. Mai 1990«）；与谈判参与者的大量访谈；参与国家外交部的信息。与民主德国外交部文件宣称的不同，英国外长赫德的演讲文章也基于一份草稿（本书作者看到了这份"发言稿"）。根舍的欢迎辞及其首份声明、最后声明，与联邦总理科尔的表态一样，刊登于 Bulletin Nr. 54 v. 8. 5. 1990，S. 421ff.，»Zwei-plus-Vier-Konferenz in Bonn«。

8. 根据后来的报告，谢瓦尔德纳泽发表的立场并不符合其个人及其密切同事们的真正态度。这些同事和戈尔巴乔夫的顾问切尔纳耶夫一样，主张对德国采取程度非常大的让步，但在1990年5月3日的政治局会议上，他们的想法遭到抵制。见：Kuhn 1993，S. 137（谢瓦尔德纳泽的说法）；1997年10月27日与塔拉申科的访谈；Tschernajew 1993a，S. 296ff.，bes. S. 298。详情见：Biermann 1997，S. 554ff.；Adomeit 1997a，S. 505ff.。

9. 根舍给斯库比斯泽夫斯基信件的复制件，刊登于 Barcz 1993，S. 133。这封信由从波恩到华沙进行简短访问的贝克国务卿转交给波兰外长。

10. 以下总结主要基于按语：Vermerk GL 21 an den Bundeskanzler v. 6. 5. 1990，betr.：»Außenministertreffen der ＞2＋4＜ am 5. Mai in Bonn«（B 136/20244；außerdem，212 – 35400 De 39 NA 4，Bd. 2，其中包含所有外长的演讲稿）。

11. 根舍也有这样的评估（Genscher 1995，S. 775）。谢瓦尔德纳泽的引文，其句子结构与根舍复述的版本略有不同，因为此处的描述以在民主德国外交部未公开文件中找到的《苏联外长演讲稿（译自俄文）》（»Rede des Außenministers der UdSSR. Übersetzung aus dem Russischen«）为基础。也见 1997 年 10 月 31 日与根舍的访谈。

12. 关于外长们的媒体亮相的描写，基于 1990 年 5 月 5 日的联邦政府新闻与信息局现场笔录:»Internationale Pressekonferenz nach Abschluß der 2 + 4-Gespräche am 5. Mai 1990，17 Uhr，im Hotel Maritim in Bonn«。关于德国媒体的报道，参见 1990 年 5 月 5 日根舍在"今日特别报道"（Heute-Journal-Spezial）中的访谈:"苏联在'2 + 4'谈判中的态度及其对未来欧洲的立场"（»Zur Haltung der Sowjetunion in den > Zwei-plus-Vier < -Verhandlungen und zu ihrer Stellung im künftigen Europa«）；汉斯·克佩（Hans Keper）1990 年 5 月 6 日在北德广播电台的访谈（18. 40 Uhr）；1990 年 5 月 7 日的各种报道: *die tageszeitung*，Moskau vertagt sein Njet; *Frankfurter Allgemeine Zeitung*，Moskau will die deutsche Einheit bald; *Frankfurter Allgemeine Zeitung*，Potsdam läßt grüßen; *Frankfurter Rundschau*，Moskau gibt den Weg für deutsche Einheit frei; *Neues Deutschland*，Nichts geht ohne guten Willen，Geduld und Sachlichkeit; *Hannoversche Allgemeine*，Neue Zeit; *Handelsblatt*，Viele Fragen liegen auf dem Tisch; *Bonner Rundschau*，Das Moskauer Angebot; *Stuttgarter Zeitung*，Schneller Weg zur Einheit; *Westdeutsche Allgemeine Zeitung*，Noch eine Wende; *Süddeutsche Zeitung*，Erstes 2 + 4-Gespräch in Bonn öffnet den Weg zur Vereinigung Deutschlands; *Die Welt*，Kohl: Ende der Nachkriegszeit. Moskau gibt Deutschen freie Hand。

13. 总理将谢瓦尔德纳泽的"脱钩建议"明确地称为是预先规定的"暗示"，见科尔的描述（Diekmann/Reuth 1996，S. 370）。在 1997 年 10 月 31 日的访谈中，根舍反对这一阐释:谢瓦尔德纳泽的攻势根本就不是他们简短通话的主题，他也绝不可能得到"指示"。关于此后围绕根舍对苏联建议的立场的争执细节，见: Zelikow/Rice 1997，S. 350ff.，und S. 598f.；Pond 1993，S. 214 und S. 323，Fn 4；Szabo 1992，S. 83；Hutchings 1997，S. 126。以下描述则不同: Genscher 1995，S. 781ff. und Kiessler/Elbe 1993，S. 125ff.，bes. S. 128f.。根据

后者的描述，联邦外长从未严肃地想过探讨苏联的建议，他只是想严肃地对待谢瓦尔德纳泽的担忧，并且建议其"不要作出生硬的拒绝"反应。类似的还有杜马在 1995 年 11 月 28 日的访谈中谈到的情况：根舍不想完全粗暴地拒绝谢瓦尔德纳泽，并且出于策略的原因而谨慎地选择自己的措辞。与科斯乐尔和埃尔伯（Kiessler/Elbe）的描述不同，根舍在 1990 年 5 月 7 日的德国广播电台（早间信息）节目访谈中，几乎没有提供自己对"脱钩"问题而宣布的确切立场，因为他只是强调，随着苏联的攻势，再也不会给"德国统一内部问题的解决设置障碍"。然而，这个访谈在华盛顿却引起了更多的担忧，因为根舍只是说，"北约中的那一部分德意志，将继续留在北约中"（比较 Zelikow/ Rice 1997，S. 352 und S. 599）。

14. 相应的说法，见 *Frankfurter Allgemeine Zeitung* v. 7. 5. 1990，Moskau will die deutsche Einheit bald。据此，国务卿贝克用以下言辞谈到他的同意："这是你们的统一，说说你们如何以及什么时候要它：我们帮助你们"。法、英外长也表示赞同。1990 年 5 月 7 日的媒体报道也类似，见：*die tageszeitung*，Moskau vertagt sein Njet；*Frankfurter Rundschau*，Moskau gibt den Weg für die deutsche Einheit frei；*Stuttgarter Zeitung*，Schneller Weg zur Einheit；*Süddeutsche Zeitung* Erstes 2 + 4-Gespräch in Bonn öffnet den Weg zur Vereinigung Deutschlands；*Die Welt*，Kohl：Ende der Nachkriegszeit. Moskau gibt Deutschen freie Hand。也比较 *Der Spiegel* v. 14. 5. 1990，Wendemarke der Geschichte?，wo auf Genschers spätere Erklärung eingegangen wird，er sei nie für den «Entkoppelungsvorschlag» gewesen。比较 *Der Spiegel*,»Nicht den Buchhaltern überlassen«。《明镜周刊》与根舍有关德国主权争执的访谈。理查德·科斯乐尔（Richard Kiessler）为《明镜周刊》进行了这次访谈，他后来和根舍办公室主任埃尔伯共同撰写了一本从联邦德国外交部角度来看德国统一进程的书籍。在这次访谈中，根舍驳斥了普遍的印象，认为他起初同意了谢瓦尔德纳泽的"脱钩建议"。

15. 这一描述基于联邦政府信息。关于科尔和布什的通话，参见 Hutchings 1997，S. 126。

16. 科尔在联邦议院议会党团的表态，见：Diekmann/Reuth 1996，S. 371f.；Teltschik 1993，S. 226。特尔切克在德国非洲基金会

（Deutsche Afrika-Stiftung） 演讲报告中发表的看法 （Teltschik 1993，S. 224ff.）；*Westdeutsche Allgemeine Zeitung* v. 8. 5. 1990，Bonn gegen Sowjet-Vorschlag；1997 年 10 月 10 日与特尔切克的访谈。不清楚的是，所谓联邦政府内部对"脱钩建议"的分歧，为何从 5 月 8 日周二开始才成为媒体广泛讨论的主题。科斯乐尔和埃尔伯（Kiessler/Elbe 1993，S. 128f.）暗示怀疑特尔切克散布了《法兰克福汇报》上的一篇文章，但特尔切克对此加以了驳斥（Zelikow/Rice 1997，S. 598）。《法兰克福汇报》只是写道"联邦总理的一位高级官员"，与此不同，其他报道点名提到科尔的顾问是总理府立场的来源，说要同时澄清统一的内、外部问题。比较：*Frankfurter Allgemeine Zeitung* v. 8. 5. 1990，Genscher begrüßt Moskaus Bereitschaft zur Trennung der inneren und äußeren Aspekte der Vereinigung；*Kölner Stadt-Anzeiger* v. 8. 5. 1990，Differenziertes Echo auf Schewardnadse；*deutsche Zeitung* v. 9. 5. 1990，Kohl：Erst Bündnis- und Sicherheitsfrage klären. Genscher：Chance zur Einheit sofort nutzen；*Bonner Rundschau* v. 9. 5. 1990，Zwei Temperamente；*Frankfurter Allgemeine Zeitung* v. 9. 5. 1990，Kohl widerspricht Schewardnades » Entkoppelungs «-Vorschlag；*Neues Deutschland* v. 10. 5. 1990,»Abkoppelung« und andere neue Reizworte。与 1990 年 5 月 9 日特尔切克在德国电视二台访谈中的描写不同，在这次访谈中，他称拒绝"脱钩建议"是联邦政府的共同方针。也比较 Biermann 1997，S. 577f. 。

17. 此处以及此后，比较 *Süddeutsche Zeitung* v. 9. 5. 1990，Kohl：Erst Bündnis- und Sicherheitsfrage klären. Genscher：Chance zur Einheit sofort nutzen。据此，自民党此刻为 1991 年 1 月 31 日举行全德选举进行辩护，而科尔确定 12 月 2 日西部进行联邦议院选举，并坚持 1991 年底进行全德选举。也比较 *Frankfurter Allgemeine Zeitung* v. 9. 5. 1990，Kohl widerspricht Schewardnades »Entkoppelungs«-Vorschlag。

18. 1998 年 4 月 17 日，卡斯特鲁普在访谈中（他以 1990 年 5 月 6 日和 7 日的笔记为基础）确认了这类考虑。他说，在 1990 年 5 月 4 日的晚餐中，谢瓦尔德纳泽就暗示过"过渡阶段"的想法。苏联外长"几乎是恳切"地请求顾及其政府的立场和苏联的国内局势，并且急切地警告不要替换戈尔巴乔夫。根舍没有完全拒绝这些建议，借此表示愿意部分考虑谢瓦尔德纳泽的疑虑。联邦德国外交部内部的考核却认为，任何一个"过渡期限"都可能意味着放弃或者限制德国的主权。因此，卡斯特鲁普坚决拒绝这一想法。史特潘诺夫在 1997 年 10 月 18 日的访谈中说，根舍从一开始就拒绝过渡阶段，并且绝对不要在最后声明中提到这一点。

19. 根舍在自民党议会党团委员会的报告，比较联邦德国外长《1990 年 5 月 8 日联邦德国外长根舍在自民党议会党团的声明》（Der Bundesminister des Auswärtigen, » Erklärung des Bundesministers des Auswärtigen Hans-Dietrich Genscher vor der FDP-Bundestagsfraktion am 08. Mai 1990 «）。引用的根舍评注、对联邦德国外交部以及自民党评估的报道，基于 *Frankfurter Allgemeine Zeitung* v. 8. 5. 1990, Genscher begrüßt Moskaus Bereitschaft zur Trennung der inneren und äußeren Aspekte der Vereinigung。此外，类似的说法见：*Kölner Stadt-Anzeiger* v. 8. 5. 1990, Differenziertes Echo auf Schewardnadse; *Süddeutsche Zeitung* v. 8. 5. 1990, Kohl: Erst Bündnis- und Sicherheitsfrage klären. Genscher: Chance zur Einheit sofort nutzen; *Bonner Rundschau* v. 9. 5. 1990, Zwei Temperamente; *Frankfurter Allgemeine Zeitung* v, 9. 5. 1990, Kohl widerspricht Schewardnadses »Entkoppelungs«-Vorschlag。关于自民党的立场和拉姆斯多夫的引文，也见 *Frankfurter Allgemeine Zeitung* v. 10. 5. 1990, Kohl will sich durch Moskaus Vorschlag nicht beirren lassen。社民党也拒绝内、外部问题脱钩，比较 *Die Welt* v. 9. 5. 1990, SPD ist irritiert über Abkoppelung der Zwei-plus-Vier-Verhandlungen。

20. "德国外交政策的方针"的引文，见 *Süddeutsche Zeitung* v. 10. 5. 1990, Kohl will den Ton angeben。类似的论证，见 *Bonner Rundschau* v. 9. 5. 1990, Zwei Temperamente。关于少数支持科尔的文章，比较 *Rheinischer Merkur* v. 11. 5. 1990, Zuckerbrot und Peitsche。

21. 关于科尔/塞特斯 - 根舍的对质、国际的评估和反应，见：Zelikow/Rice 1997, S. 350f. und S. 598f.; Pond 1993, S. 323, Anm. 4。在科尔、塞特斯、特尔切克和根舍的回忆录中，没有提到"脱钩问题"争论的激烈程度。根舍在 1997 年 10 月 31 日的访谈中说，他与科尔、塞特斯的谈话并没有涉及他的立场，而只是涉及令人困惑的媒体报道。其他分析细节，基于和当事人的访谈，联邦德国外交部、总理府和美国国务院的信息。

22. 英国政府的态度，见议会辩论［Parliamentary Debates（House of Commons），Sixth Series-Volume 172，S. 178］。在官员层面上，英国外交官在一封信件中向总理府工作人员指出了赫德在英国下议院表明的立场，并且特别指出了与此相关的对联邦总理立场的支持（联邦政府信息、英国外交部信息）。在下议院，赫德被问到他对科尔和根舍之间讨论的态度。赫德说，在"2 +4"部长回合以前，谢瓦尔德纳泽就在与根舍的谈话中提出了自己的建议。根舍告诉四大国，大家一致同意核实这个想法。他本人和联邦总理一致认为，统一的内、外部问题脱钩是危险的。

23. 在此，贝克涉及了 5 月 8 日佐利克和埃尔伯的一次谈话。美国国务卿的信件也传给了赫德和杜马（Zelikow/Rice 1997，S. 352；联邦德国外交部信息），并且贝克在 5 月 15～19 日的莫斯科之行以前，就得到了根舍的回复。据此，联邦外长只是闪烁其词地谈到贝克对北约共同立场的提示。与当前的措辞相符，根舍强调，他要一个主权的德国，它具有平等的权利，而不是受到歧视和独特化。

24. 关于 1990 年 5 月 10 日的政府声明文稿，见：Deutscher Bundestag 1990b，S. 218ff.；Kiessler/Elbe 1993，S. 127ff.（其中也能看到将争论称为"为琐碎的小事而吵吵闹闹"）。

25. 在 1998 年 4 月 17 日的访谈中，卡斯特鲁普如此认为，其中他采用了自己的记载。他说，必须尽快实现德国问题最后的国际法解决，这是不言而喻的。对于魏茨泽克担心"过渡阶段"会限制德国主权的顾虑，克维钦斯基提请注意占据着主导问题的时间压力，要用这样的建议去缓解这一压力。这次会晤同时也是克维钦斯基的告别访问，因为他已是苏联副外长而要返回莫斯科。科普特佐夫 5 月中发表的看法，基于联邦德国外交部信息。

26. 以下内容，比较：Vermerk GL 21 an den Bundeskanzler v. 23. 5. 1990，betr. :»Gespräche >2 +4 <；hier：3. Runde auf Beamtenebene am 22. Mai 1990 in Bonn«（B 136/20244 sowie 212 – 35400 De 39 NA 4，Bd. 2，von Helmut Kohl abgezeichnet）；Zelikow/Rice 1997，S. 369f.（作者谈到了西方阵营中稍有不同的评估）。其他细节基于：1990 年 5 月 23 日民主德国外交部未公开文件［»Niederschrift zum 3. Treffen im Rahmen 2 +4 auf Beamtenebene am 22. 5. 1990 in Bonn«（含两个附件）］；美国国务院

和联邦德国外交部信息；与会晤参与者的访谈。代表团的领导：米瑟维茨（民主德国）、杜发奎（法）、伯恩达伦科（苏）、魏思敦（英）、佐利克（美）、卡斯特鲁普（联邦德国）。会晤开始于 15∶00，并于20∶00 前结束。关于德波边界讨论中涉及的问题，详情也见本书"最大的障碍"一章中的分析。

27. 此后，在工作组中讨论柏林问题。1990 年 6 月 8 日，三大国就声明了放弃对柏林的一些保留权，这样，联邦议院和联邦参议院的柏林代表未来可以得到毫无限制的投票权，并通过直选决定这些代表。比较Bundesministerium für innerdeutsche Beziehungen 1991，S. 361。在米瑟维茨访问莫斯科的预备性会谈中，苏联方面就暗示了自己的思想转变。根据参与国家外交部的信息，苏联对法律上错综复杂的柏林问题准备了大量文件，但在苏联转变态度以后，就不再需要这些文件了，尤其见 1997 年 6 月 5 日迈克尔·伍德（Michael Wood）的访谈，伍德说，1990 年初，他从魏思敦那里得到一项任务，将所有潜在的法律问题的资料整合在一起，尤其是苏联方面会提出的问题；不过，此时很难让其他国家也对这样的问题产生兴趣。只有在政治层面上作出方向性的决定、普遍的紧张有所缓和以后，主管的法律顾问之间才开始了成果丰硕的沟通。

28. 米瑟维茨 1990 年 5 月 17 日的苏联访问，见 Albrecht 1992，S. 48；也比较民主德国外交部的未公开文件：»Zum sowjetischen Entkoppelungsvorschlag«（Abt. 1. v. 10. 5. 1990）；»Kurzprotokoll über die Sondierungsgespräche für die Konsultationen von Staatssekretär Dr. Misselwitz«（Wolfram Wallraf.，16. 5. 1990）；» Gesprächshinweise für Konsultationen in Moskau, von Staatssekretär Dr. Misselwitz am 17. Mai 1990«（Planungsstab）；»Ergebnisse der Konsultationen des Staatssekretärs Dr. Misselwitz mit dem stellvertretenden Außenminister der UdSSR, Kwizinskij, am 17. Mai 1990 in Moskau«（Steinhofer/Kra- batsch v. 18. 5. 1990）。也见 1994 年 7 月 13 日与米瑟维茨的访谈。这位民主德国外交部的国务秘书也想过去其他"2 +4"国家进行磋商，对此，德梅齐埃总理持保留态度。

29. 苏联政治家和外交官发表的不同看法，导致了波恩对脱钩建议的严肃性产生了迷惑。根据联邦外交部的信息，5 月中，苏共中央委员会的一位高级官员谈到了误解。他说，苏联外长在对波恩提出的建议中，绝对不想谋求不断取消德国主权，而只是想将军队驻扎问题当作议题，但这一问题也可以通过军队规章而同样得到很好的解决。另一位苏联官员将谋求减少联邦国防军和国家人民军规模视作过渡阶段的背景。

30. Zelikow/Rice 1997，S.396f.；参与国家外交部的信息。在"1＋3"政治司长会晤以前，5月31日在巴黎举行了一次西方法律顾问的会谈。这次会谈主要围绕何时才能算是真正澄清了边界问题展开。关于这一最终并未继续深化讨论的司法问题，比较 Zelikow/Rice 1997，S.369f. und S.603f.，Fn 32 und Fn 33。在第四次官员会晤的前一天，民主德国外交部代表与苏联代表团会面，此时，伯恩达伦科并没有超出对全德北约成员属性的普遍拒绝和可能放弃"和平条约"的概念。比较民主德国外交部未公开文件（冯·布劳恩米尔办公室）:»Notizen zum Gespräch zwischen Bondarenko mit Delegation und Hans Misselwitz mit Ulrich Albrecht und Carlchristian von Braunmühl am 8. 6. 1990«。

31. 对1990年6月9日第四次官员会晤的描写和分析，基于 Zelikow/Rice 1997，S.398ff.；参与国家外交部的信息；与参与者的访谈。此外，见民主德国外交部的未公开文件:» Vorstellungen zur Regelung der Grenzfrage im Rahmen der 2＋4-Verhandlungen «;» Niederschrift zum 4. Beamtentreffen ini Rahmen 2＋4 auf Beamtenebene am 9. Juni 1990 in Berlin«（1990年6月9日，含各种附件）。美国代表团由塞茨领导。西德方面始终如一，有卡斯特鲁普、埃尔伯和哈特曼参加，另外要加上保罗斯。民主德国方面由米瑟维茨、冯·布劳恩米尔、克拉巴奇、里希特和施瓦茨代表。苏联方面提出的文件包含了八项内容："简短的序言""边界""政治－军事问题""西柏林政府问题""其他规则""德国统一""通过和批准最终的和平条约的方式""取消四大国对柏林和德国作为整体的权利与义务的方式（结束过渡时期）"。在"其他规则"中，罗列了统一德国的一系列附带义务，从承认占领国作出的相关措施的不可逆转——这些措施涉及赔偿强制劳工、维护"反希特勒同盟国家市民的纪念场所和战争墓地"——到"不允许纳粹的意识形态和活动"。

32. 第五次官员会晤的描述和分析，基于：Zelikow/Rice 1997，S.405；参与国家外交部的信息；与参与者的访谈。也比较民主德国外交部的未公开文件:»Zur Vorgehensweise 2＋4-Expertentreffen am 20. Juni in Bonn«

（W. W. ［Wolfgang Wiemer］, v. 19. 6. 1990）；»Als Antwort auf den WW-Vorschlag zu 2 + 4 und Berlin«（von Braunmühl, v. 19. 6. 1990）；»Niederschrift zum 5. Treffen im Rahmen 2 + 4 auf Beamtenebene am 19. 6. 1990 in Bonn«（v. 21. 6. 1990，包含各种附件）。民主德国代表团的预备性会谈，比较：»Gesprächsnotiz mit Wladimir M. Grinin am 15. 6. 90«（Schwegler-Rohmeis）；»Gesprächsnotiz vom Gespräch mit Egon Bahr am 18. Juni 1990 in Bonn«（Büro von Braunmühl）。格尼宁再次强调拒绝全德是北约成员，要求实现与莫斯科商议过的西方联盟的转变，并解释说苏联绝对不想让"2＋4"谈判失败。

33. 民主德国外交部工作人员与巴尔的会晤，见民主德国外交部的未公开文件：»Gesprächsnotiz vom Gespräch mit Egon Bahr am 18. Juni 1990 in Bonn«（Büro von Braunmühl），以下引文来源于这份文件。

34. 属于民主德国外交部内部分析缺陷的有，对苏联经济崩溃就像对政治发展一样，也有着判断的错误。根据民主德国外交部原外交官的说法（例如，1994 年 7 月 21 日与聚斯的访谈），虽然在官员层面上，如大使馆内，有相应的认识，但对此的提示似乎从未深入到外交部的政治高层中。在 1994 年 7 月 13 日的访谈中，米瑟维茨称，大家没有足够地动用旧机制中的专业鉴定以及与联邦德国外交部的协作提议，这是很大的错误之一。

35. 联邦总理的同事们通过按语告诉他会谈进展情况，例如按语：Vermerk AL 2（Kaestner）an den Bundeskanzler v. 8. 5. 1990, betr.：»Deutsch-sowjetische Gespräche über Wirtschaftsfragen auf dem Weg zur deutschen Einheit«；Vermerk AL 2（Kaestner）an den Bundeskanzler v. 19. 6. 1990, betr.：»Finanzierungsfragen der Westgruppe der sowjetischen Streitkräfte（WGS）in der DDR；hier：3. Konsultationsrunde - Staatssekretär Dr. Lautenschlager/ stv. AM Obminskij；Bonn, 19. 6. 1990«（beide in 212 – 35400 De 39 NA 2, Bd. 3）。从 1990 年 4 月开始的德－德－苏经济会谈的细节描写，见 Grosser 1998，S. 411ff.。在德苏的大量沟通中，下文只研究 1990 年 5 月苏联贷款询问的政治重要性，以及它对德国统一外交进程具有的直接影响。

36. 关于外交政策具有的重大意义以及最高层面会谈的描写和分析，如果没有其他的说明，就基于：1997 年 10 月 10 日与特尔切克的访谈；Teltschik 1993, S. 221, S. 226ff. und S. 231ff.；Kwizinskij 1993, S. 26。

科尔本人在其回忆录中进行了描述（Diekmann/ Reuth 1996，S. 377ff. ）。特尔切克在 1997 年 10 月 10 日的访谈中说，为了不动用联邦德国外交部的翻译，克维钦斯基翻译了他这位联邦总理顾问特尔切克的谈话。他说，苏联很重视最高程度的保密，否则的话，苏联的国际贷款信用将陷入危险。

37. 德国代表团与戈尔巴乔夫的会晤，见：Vermerk AL 2 v. 16. 5. 1990，betr,:»Vermerk über mein Gespräch mit Präsident Michail Gorbatschow am 14. Mai 1990, 16. 00 bis 17. 30 Uhr, im Kreml/Moskau«（21 – 301 30 S 25 – De 2/6/90）；Teltschik 1993，S. 232ff. ；Kwizinskij 1993，S. 29ff. 。其他参加者是雷日科夫、克维钦斯基、科佩尔和约勒尔。在联邦总理府的会谈按语中，没有找到提示，认为特尔切克向其谈话伙伴提议过对苏联西部兵团临时驻扎费用提供临时的财政支持，就像以下书中所宣称的那样：Beschloss/Talbott 1993，S. 277。也比较 Zelikow/Rice 1997，S. 600。

38. 密特朗和科尔共同给立陶宛总统兰茨贝吉斯（Landsbergis）写了一封信——这也是德法重新建立双边和谐的象征，其中他们倡议莫斯科与立陶宛进行一次对话，不要让巴尔干自治努力升级成为戈尔巴乔夫及其改革政策的包袱。比较 *Süddeutsche Zeitung* v. 27. 4. 1990，Mitterrand begrüßt deutsche Einheit。关于立陶宛事件和苏联反应的详情，比较 Beschloss/Talbott 1993，S. 269ff. 。

39. 关于科尔与克什米拉·普卢斯基尼（Kasimiera Prunskiene）的会晤，比较按语：Vermerk RL 212 v. 11. 5. 1990，betr. :» Gespräch des Herrn Bundeskanzlers mit der litauischen Premierministerin Frau Kasimiera Prunskiene; Bonn, 11. Mai 1990, 12. 10 – 13. 00 Uhr«（213 – 30101 L4 Li l4，Bd. 2）。联邦总理急切地建议其谈话伙伴，即使不收回立陶宛的独立声明，也要将其"冷藏起来"；在与莫斯科的谈话中——最好由她本人来进行这些谈话，但绝不应通过先决条件而增加负担——也许可以找到解决办法。普卢斯基尼女士应该无条件地寻找与戈尔巴乔夫进行快速而直接的沟通。就像与科尔协议的那样，立陶宛总理当天就与克维钦斯基接触。科尔本人和根舍通话，告诉他会晤情况以及如何与普卢斯基尼达成协议，她还与克维钦斯基进行一次单独会谈。也在信件中告知撒切尔夫人和密特朗这次会谈的情况（联邦政府信息）。5 月 15 日赫德访问波恩时，立陶宛也是主题，见按语（未注明日期）：

Vermerk Bitterlich（ohne Datum）, betr. : » Gespräch des Bundeskanzlers mit dem britischen Außenminister Douglas Hurd am 15. 5. 1990；hier: Wesentliche Themen und Ergebnisse«（21 – 30100（56） – Ge 28（VS））。科尔的行动显然决定于，通过私下的外交活动去掉戈尔巴乔夫在国内的压力，但又不要破坏立陶宛的独立追求。

40. 见：1990 年 5 月 22 日联邦总理给苏联总统戈尔巴乔夫的信件（213 – 30130 S 25 So 38，Bd. 1）；Teltschik 1993，S. 243f. 。5 月 22 日晚上，就将这封信转交给苏联代办。头一天，特尔切克就对苏联代办指出，这是科尔和戈尔巴乔夫之间的直接沟通，总理还亲自告诉了联邦外长这一情况。在转交该信以前，特尔切克还向对方解释，在联邦德国内部，贷款的要求是多么难以承受。有利于批准贷款的决定直接取决于和正在进行的 "2 + 4" 会谈的关系，这一决策应该有助于会谈的成功结束。在 1990 年 5 月 25 日与梅克尔的会晤中，特尔切克也强调一揽子解决办法的性质。见民主德国外交部的未公开文件（冯·弗里切签署）:» Notiz eines Gespräches mit dem Leiter der Abt. Außen- und Sicherheitspolitik im Kanzleramt, Dr. Teltschik, am 25. 5. 90 im Ministerium für Auswärtige Angelegenheiten«。在此，特尔切克坚决警告不要将在欧洲部署核武器与德国问题联系在一起。关于其他发展的描写，基于 1990 年 6 月 9 日苏联总统戈尔巴乔夫给联邦总理科尔的信件（301 00（102）Bd. 27 – 33）；1990 年 6 月 12 日联邦总理给戈尔巴乔夫总统的信件；1990 年 6 月 14 日戈尔巴乔夫给科尔的信件——6 月 15 日由苏联新任驻波恩大使弗拉迪斯拉夫·特雷乔夫（Wladislaw Terechow）转交给特尔切克（all Dokumente in 213 – 30130 S 25 So 38，Bd. 1）；联邦政府信息；特尔切克的描述（Teltschik 1993，S. 265f.，S. 269 und S. 275f. ）。关于科尔给欧共体和七国峰会参与国国家与政府首脑的信件，见：Teltschik 1993，S. 274；1990 年 6 月 13 日联邦总理府的电传［Telex des Bundeskanzleramtes v. 13. 6. 1990，betr. :»Wirtschaftslage in der Sowjetunion/Westliche Unterstützungsmaßnahmen；hier: Beratung auf dem bevorstehenden Europäischen Rat und Wirtschaftsgipfel«（21 – 30101 S 25（1）So2, Bd. 7）］。

41. 1990 年 5 ~ 6 月，波恩和东柏林之间有关国内和经济政策谈判的细节，尤其见详细的调查：Jäger 1998，S. 478ff. ；Grosser 1998。科尔的评价，即并没有无限的时间用于统一进程，比较 Diekmann/Reuth 1996，S. 374f. 。

42. 关于华盛顿的会谈，见科尔的详细描述（Diekmann/Reuth 1996，S. 377ff. ）、特尔切克的详细描述（Teltschik 1993，S. 236ff. ）以及泽利科夫和赖斯的相关描述（Zelikow/Rice 1997，S. 354f. ）。也比较按语：Vermerk RL 212 v. 17. 5. 1990, betr. :»Besuch des Herrn Bundeskanzlers in den Vereinigten Staaten von Amerika（16. /17. Mai 1990）; hier: Delegationsgespräch: Weißes Haus, Kabinettsaal, 17. Mai 1990, 11. 45 – 13. 00 Uhr«（Entwurf; 21 – 30100（56）Ge 28（VS））。德国方面除了联邦总理以外，还有部长根舍、施托滕贝格、克莱因以及于尔根·卢夫斯（Jürgen Ruhfus）、特尔切克、卡斯特鲁普、瑙曼、诺伊尔、卡斯特讷（书记员）和一位译员参加了代表团会谈。美国方面，国务卿贝克缺席，他去莫斯科参加会谈，而由伊格尔伯格代表，再加上苏努努、国防部长理查德·切尼（Richard Cheney）、斯考克罗夫特、沃尔特斯大使、布莱克威尔、金米特、赫金斯（书记员）和一位译员。见 1990 年 5 月 21 日给联邦总理按语中的参加人员名单：Vermerk AL 2（Kaestner）an den Bundeskanzler v. 21. 5. 1990, betr. :»Ihr Besuch in den Vereinigten Staaten von Amerika（16. /17. Mai 1990）; hier: Delegationsgespräch, Weißes Haus, Kabinettsaal 17. Mai 1990, 11. 45 Uhr-13. 00 Uhr«（212 – 30104 A 5）。就像科尔指示的那样，会谈按语的副本也转交给根舍和施托滕贝格。1990 年 5 月 23 日，联邦总理在详细的信件中，也告诉密特朗和撒切尔夫人自己会谈的经过和结果，这一方面是对撒切尔夫人告知她与布什总统百慕大会谈情况的反应，另一方面也是帮密特朗准备他与戈尔巴乔夫即将进行的会晤（联邦政府信息）。

43. 1996 年 2 月 29 日与梅尔特斯的访谈。

44. 见按语（科尔签字已阅）：Vermerk Neuer v. 30. 5. 1990, betr. :)»Telefonat des Herrn Bundeskanzlers mit Präsident Bush am Mittwoch, dem 30. Mai 1990 von 13. 30 Uhr bis 13. 45 Uhr«（212 – 35400 De 39 NA 1; von Kohl abgezeichnet）; Diekmann/Reuth 1996, S. 388f. ; Teltschik 1993, S. 253; Zelikow/Rice 1997, S. 370ff. und S. 380f. 。关于未来德国武装力量规模的讨论，详细描写见：Zelikow/Rice 1997，S. 370ff. ; Teltschik 1993，S. 250ff. 。

45. 比较：Teltschik 1993，S. 255 und S. 257；Diekmann/Reuth 1995，S. 390（科尔的描写，科尔只谈到了两次会谈中的一次）；Zelikow/Rice 1997，S. 387ff.。6 月 3 日，根舍被告知美苏峰会的结果。关于布什对德国问题进展的总结，比较»Press Conference by the President and President Mikhail Gorbachev« v. 3. 6. 1990（Hoover Institution Archives，Stanford：Zelikow-Rice-Papers）。美国总统解释说，他与科尔一致同意，统一后的德国应是北约成员，但戈尔巴乔夫不这么认为，不过却与他达成一致：必须与《赫尔辛基最后文件》的原则相符而对此作出决定。泽利科夫和赖斯（Zelikow/Rice 1997，S. 390）解释了美国对这一转变——特尔切克（Teltschik 1993，S. 256）称之为“轰动”——的克制反应，这是担心，过于强烈的公开讨论可能会使苏联立场重新强硬。萨格拉金在 1997 年 10 月 29 日的访谈中称华盛顿峰会是两位政治家布什和戈尔巴乔夫的决定性会晤，因为在此实现了自决权问题的突破。

46. 关于最高领导人的会晤，见按语：Vermerk GL 21 v. 11. 6. 1990，betr.：» Gespräch des Herrn Bundeskanzlers mit dem amerikanischen Präsidenten Bush am Freitag, 8. Juni 1990 in Washington«（301 00（56）Ge 28（VS）sowie 212 – 30104 A 5 Am 2）。会谈第一部分（哈特曼担任书记员）在科尔和布什、斯考克罗夫特之间进行，在会晤进行中，贝克加入进来。谈话的第二部分是在共同晚餐中进行并以美国在德国驻军问题开始，此时克莱因、诺伊尔、副总统丹·奎尔（Dan Quayle）和伊格尔伯格加入。对科尔四天的美国之行的描写，见：Diekmann / Reuth 1996，S. 391；Teltschik 1993，S. 258ff.。从美国角度对这次旅行的分析，见 Zelikow/Rice 1997，S. 395ff.。6 月初，高速进行的有关即将召开的北约峰会的讨论，详情见本书“最大的障碍”一章。

47. 引文“令人印象深刻和特别愉快的”，见 Teltschik 1993，S. 257。也比较 Blackwill 1994。科尔的普遍乐观也表现在 5 月底一位美国议员访问波恩的时候，科尔说，在北约问题上，戈尔巴乔夫将在年底以前作出让步。德国会毫无保留地站在西方联盟一边，西方联盟是主要作为危机管理工具的欧安会所无法取代的。比较按语：Vermerk Ref. 212（Westdickenberg）v. 13. 6. 1990，betr.：»Gespräch des Herrn Bundeskanzlers mit Vertretern der Study Group on Germany beider Häuser des amerikanischen Kongresses am 29. Mai 1990，18. 00 – 19. 30 Uhr«（21 – 30100（56）Ge28

（VS），Bd. 81）。

48. 除了立陶宛危机，美国政府认为，苏联给古巴政府提供的援助货物和经济援助、高达约 18% 苏联国民生产总值用于军备支出，这都是提供广泛的经济援助的障碍，因为美国公众不支持这些援助。

49. 关于美国总统告诉科尔的消息，见特尔切克的按语（科尔签字已阅）：Vermerk Abteilung 2 an den Bundeskanzler v. 13. 6. 1990, betr. :» Brief（Skipper）von US-Präsident Bush v. 13. Juni 1990 an Sie; hier：Arbeitsübersetzung «（21 – 35400 – De 26/22/90 geheim; von Kohl abgezeichnet sowie an Seiters und Teltschik weitergeleitet）。布什说，民主德国总理在德国是北约完全成员一事上的表示"含糊不清"，但与梅克尔的其他安全政策倡议，包括在哥本哈根散布的"缓冲区"建议，却明确地保持距离。德梅齐埃和布什会晤的详细描写，见 Zelikow/Rice 1997，S. 399f. ; 简短描写，见 Teltschik 1993，S. 274; Diekmann/Reuth 1996，S. 400。

50. 引用的德梅齐埃和布什的口角，见 1991 年 11 月 12 日与德梅齐埃的访谈，访谈内容见 Hoover-Institution Archives, Stanford：Oral-History-Projekt. De Maizière bezeichnete die Antwort Bakers als eine ihm peinliche »Ohrfeige«。

51. 令人印象特别深刻的例子是以下著作中对科尔、根舍与戈尔巴乔夫 7 月 15 ~ 16 日在莫斯科 – 高加索会晤结果的描述（Kiessler/Elbe 1993, S. 168ff. , bes. S. 175）。在这次会晤中，苏联总统最终公开同意全德是北约成员。从联邦德国外交部的角度——作者埃尔伯也属于该部——进行了描述：当科尔及其代表团前往苏联的时候，"最重要的谈判结果得以确定"。泽利科夫和赖斯（Zelikow/Rice 1997, S. 455ff. ）持相反看法，他们谈到"意外"。关于这些情况，见本书"苏联提出报价"一章的详细描写。

52. 这一描述基于：Zelikow/Rice 1997，S. 39f. ; Genscher 1995，S. 772f. ; 原苏联外交部会谈和谈判伙伴的大量描述。

53. 商定经常性会晤，来源于佐利克的引言"好几个马戏场的马戏表演"（Kiessler/Elbe 1993，S. 144）；引言"快速外交"，见 Schewardnadse 1993，S. 237。克维钦斯基（Kwizinskij 1993，S. 40）说明了加在谢瓦尔德纳泽身上的时间压力。根舍在这段时间公开散布的乐观，即苏联

尚未最后确定对联盟问题的立场，参见：*Der Spiegel* v. 14. 5. 1990，
»Nicht denBuchhaltern überlassen«；《明镜周刊》与联邦外长根舍就德
国主权问题进行了争论的访谈。

54. 会晤的描写基于以下详细的叙述：Genscher 1994，S. 788ff.；Kiessler/
Elbe 1993，S. 145ff.；1995 年 4 月 17 日与卡斯特鲁普的访谈；西德的
信息和苏联外交部的信息。除了谢瓦尔德纳泽和根舍以外，卡斯特鲁
普和克维钦斯基也参加了这次会晤。谢瓦尔德纳泽的阐述，很大部分
符合苏联后来在东柏林第二次部长会晤上对"2 + 4"最后文件的建
议。

55. 根据谢瓦尔德纳泽的建议，在全德议会建立 6 个月之后，废除一切有
关柏林的规则，并且所有外国军队都从柏林撤军。此外，《四国协定》
也将失效。全德政府组建 21 个月之后，四大国和德国外长应该召开一
次会议，其中应签署取消四大国权利的备忘录，并撤销两德加入联合
国时的保留条件。不过，在另一个场合，谢瓦尔德纳泽却对根舍谈到，
解决所有外部问题的过渡期限应该持续大约 5 年时间。

56. 在 1998 年 4 月 17 日的访谈中，卡斯特鲁普说，根舍没有探讨谢瓦尔
德纳泽提到的数字，取而代之的是强调联邦政府的裁军意愿，并且提
请注意不要有德国特殊化的行动措施。在 1997 年 10 月 27 日的访谈
中，塔拉申科确认，根舍从未提到全德联邦国防军的具体数字。不过，
美国始终存在疑虑，即根舍准备对苏联采取过高的让步（1997 年 6 月
2 日与塞茨的访谈）。联邦总理府也很关注和怀疑地注意到，根舍在
1990 年夏与谢瓦尔德纳泽六次会谈后没有向总理府转发会谈纪要
（1997 年 10 月 10 日与特尔切克的访谈）。关于军队限额的背景，泽利
科夫和赖斯（Zelikow/Rice1997，S. 370）详细探讨了根据《欧洲常规
武装力量条约》波恩谈判代表鲁迪格尔·哈特曼（Rüdiger Hartmann）
命名的"哈特曼计划"，即根舍的建议。这一计划规定，在所谓欧洲
中心区驻扎的军队限额是每国 40 万人，通过普遍的最高限额而避免德
国的特殊化。华盛顿以及国防部长施托滕贝格的疑虑，很快使该计划
遭到失败。也见布什与科尔的通话：Vermerk Neuer v. 30. 5. 1990，
betr. :» Telefonat des Herrn Bundeskanzlers mit Präsident Bush am
Mittwoch，dem 30. Mai 1990 von 13. 30 Uhr bis 13. 45 Uhr«（212 – 35400
De 39 NA 1；von Kohl abgezeichnet）；Diekmann/Reuth 1996，S. 388f.；

Teltschik 1993，S. 253。

57. 关于"莫斯科正统分子"的进军、苏联内部的讨论以及用"和平条约保留条件"而进行的不同的公开威胁举动，见详细描写：Biermann 1997，S. 585ff.。

58. 几天以后，谢瓦尔德纳泽本人确切地说明了他对欧安会进程进一步发展的设想，没有将西方的因素引入讨论。比较按语（科尔签字已阅）：Vermerk Abteilungsleiter 2（Nikel）an den Bundeskanzler v. 29. 5. 1990，betr.：»Sowjetische Vorstellungen zur Institutionalisierung der KSZE. Bezug：Schreiben AM Schewardnadse an die Außenminister der KSZE-Teilnehmerstaaten vom 25. Mai 1990«（212-354 00-De 39 NA 4，Bd. 2，von Kohl abgezeichnet；außerdem - mit der inoffiziellen Übersetzung des Briefes als Anlage – 212 – 354 00 – De 39 NA 4，Bd. 3）。

59. 谢瓦尔德纳泽的同事史特潘诺夫用这句话总结苏联外长与根舍在 1990 年 5～6 月的不同会谈："像猫围着热锅打转"（不敢直截了当地说出来）。

60. 根舍（Genscher 1995，S. 815ff.）详细描述了他与谢瓦尔德纳泽 1990 年 6 月 5 日的会晤，但他将日期记为 6 月 15 日。此外，这一描述还基于联邦德国外交部和苏联外交部的信息。欧安会会议也被其他外长用于双边会晤。例如，贝克和谢瓦尔德纳泽谈论安全政策和全德武装力量最高限额的问题，而梅克尔还为欧安会三方倡议、已描述过的中欧"安全区"建议进行游说。比较以下描述：Zelikow/Rice 1997，S. 391ff.；民主德国未公开文件（全部由冯·弗里切撰写的纪要）［»Protokoll eines Gesprächs von Außenminister Baker mit Außenminister Meckel in Kopenhagen am 5. 6. 1990«；» Protokoll des Gesprächs von Außenminister Meckel mit Außenminister van den Broek（Niederlande）am 5. 6. 1990 in Kopenhagen«；»Protokoll des Gesprächs zwischen Außenminister Meckel und Außenminister Ellemann-Jensen（Dänemark）am 5. 6. 1990 in Kopenhagen«；»Protokoll eines Gesprächs zwischen Außenminister Meckel und Außenminister Hurd（Großbritannien）am 5. 6. 1990 in Kopenhagen«］。

61. 美苏峰会有关德国政策的重要内容，将在本章继续得到分析。

62. 关于北约外长的坦伯利会晤以及西方防卫联盟的方针，见本书"最大的障碍"一章。

63. 此处以及此后，尤其见：Genscher 1995，S. 805ff.；Kiessler/Elbe 1993，S. 154ff.；Teltschik 1993，S. 267f.（特尔切克提出了一个问题，即公众是否会同样冷静地容忍联邦总理在这一充满象征意义的地方亮相）；Biermann 1997，S. 619。史特潘诺夫在 1997 年 10 月 28 日的访谈中说，根舍起初对在布雷斯特会晤的建议非常恼怒。此外，关于根舍和谢瓦尔德纳泽会谈的描述，也基于 1998 年 4 月 17 日与卡斯特鲁普的访谈，他可以采用相关记载；还基于苏联外交部和联邦德国外交部的信息。

64. 卡斯特鲁普在 1998 年 4 月 17 日访谈中的看法。

65. 6 月 7 ~ 8 日，北约外长借"坦伯利的消息"而向华约成员国发出了清晰的信号：在即将召开的北约峰会上，将通过影响深远的决议。比较本书"最大的障碍"一章中的描写。

66. 以下内容见有关描写：Genscher 1995，S. 819ff.；Kiessler/Elbe 1993，S. 157ff.（尤其是苏联计划室的文件和塔拉申科的保证）；Teltschik 1993，S. 276ff.；Biermann 1997，S. 624f.。此外，关于准备和会谈中心内容的描写和分析，见 1998 年 4 月 17 日与卡斯特鲁普的访谈；苏联方面转交给民主德国外交部的文件（民主德国外交部未公开文件，未注明日期）；苏联外交部和联邦德国外交部的信息。

67. Kiessler/Elbe 1993，S. 157ff.。在 1998 年 4 月 17 日的访谈中，卡斯特鲁普说，在德国的会晤记录中只找到一条提示——埃尔伯接着得到了谢瓦尔德纳泽的"谈话纸条"。卡斯特鲁普本人几乎想不起来转交过这样一份开创性的文件，就像谢瓦尔德纳泽的同事塔拉申科在 1997 年 10 月 27 日的访谈中所言一样，他也几乎想不起来有关的细节。

68. 关于美国的考虑，见 Zelikow/Rice 1997，S. 353 und S. 599f.。在 1994 年 11 月 3 日的访谈中，斯考克罗夫特也是类似看法，不过他谈到了国务院对这类考虑的强烈疑虑，在四大国权利的单方面任务中，无法很好地调控整体进程。此外，对于法、英政府是否参加这样的计划，似乎并无把握。

69. 关于贝克 1990 年 5 月 16 ~ 19 日的莫斯科访问，尤其见：泽利科夫和赖斯的详细描述（Zelikow/Rice 1997，S. 363ff.）；Baker 1996，S. 218ff.。此外，关于《九点许诺》，见：Blackwill 1994，S. 219（细节有所偏离）；Biermann 1997，S. 591f.。关于西德方面参与整理拟定《九点许诺》的细节，也见：Genscher 1995，S. 787f.；Kiessler/Elbe

1993，S. 148 ff. ；卡斯特鲁普 1998 年 4 月 17 日的访谈。贝克的评估
（戈尔巴乔夫解决不了德国议题），见 Zelikow/Rice 1997，S. 368。贝克
拒绝贷款的情况，复述于 Zelikow/Rice 1997，S. 367。《九点许诺》的
设想是其会谈的决定性成果，这一评估见 Baker 1996，S. 223。九点中
没有一点是新的，它第一次组合成"一揽子计划"，鉴于苏联的僵化
立场，它可以起到缓和的作用，关于这一看法，也见 1994 年 11 月 2
日与佐利克的访谈。根据联邦德国外交部和美国国务院的信息，美国
的西方伙伴想要迅速得知会谈情况。5 月 21 日，塞茨详细地告诉了卡
斯特鲁普，贝克会晤中有关德国政策的情况。此外，塞茨和巴斯罗密
奥当天还通告了布鲁塞尔的北约理事会，此时他们没有隐瞒自己的评
估，即尽管取得了小的进展，但将来必须考虑更加困难的谈判条件。

70. 如果没有其他说明，此处以及此后，见：Zelikow/Rice 1997，S. 381 ff.
（其中有详细的描述）；Baker 1996，S. 225 ff. 。在 1994 年 10 月 31 日的
访谈中，赖斯表明了布什是在多么短的时间内作出签署贸易协定的决
定：当两个代表团离开会议室时，她才从斯考克罗夫特那里得知，由
她负责的文件会得到签署。

71. 这一事件及其结果，泽利科夫和赖斯（Zelikow/Rice 1997，S. 384 ff. ）
进行了详细描述。关于戈尔巴乔夫徒劳地试图委托谢瓦尔德纳泽作出
决定，也见 Baker 1996，S. 226。对于戈尔巴乔夫让步的不同评价，比
较：Kiessler/Elbe 1993，S. 150；Blackwill 1994，S. 219 f. ；Zelikow/
Rice 1997，S. 385 ff. 。赖斯在 1994 年 10 月 31 日的访谈中谈到，在华
盛顿，"意义重大的立场变化"显而易见，即戈尔巴乔夫肯定以后才
能作出最终的决定，但在美国看来，最终是在高加索对科尔作出了这
一让步，而不是对第二个超级大国美国的总统作出这一让步，这令人
感到意外。

72. 关于哥本哈根会晤，尤其见：Zelikow/Rice 1997，S. 391 ff. ；Baker
1996，S. 228。

73. 对戈尔巴乔夫和撒切尔夫人 1990 年 6 月 8 日会谈的分析，主要以会谈现
场记载为基础：»Niederschrift des Gesprächs zwischen M. S. Gorbatschow und
der Premierministerin von Großbritannien，M. Thatcher«（Hoover Institution
Archives，Stanford：Zelikow-Rice-Papers）。也比较：Zelikow/Rice 1997，
S. 400 f. ；Thatcher 1993，S. 1114。撒切尔夫人在飞往莫斯科之前会见了

贝克，后者借北约外长会晤而在英国停留，此时她仍然表示对北约和华约共同声明这一想法的怀疑。从莫斯科返回以后，首相在一封信中告诉布什她的会谈情况。从现在起，她也对共同声明的想法抱有好感，并坚信可以实现全德是北约成员。在联邦总理府，6 月 11 日，英国大使马拉贝也通知了特尔切克（Teltschik 1993，S. 263 und S. 266）。撒切尔夫人谨慎的乐观，也是马拉贝、首相的外交顾问克拉多克和国务秘书苏德霍夫 6 月 18 日在波恩会晤的主题。根据英国外交部和联邦德国外交部的信息，克拉多克赞成即将开始的北约峰会必须发出指引未来的新信号。

74. 在 6 月 17 日与根舍的仅仅一个小时的会晤中，民主德国外交部长梅克尔已经听说了东道主的预备性会谈。6 月 20 日，梅克尔在伦敦与赫德会面，而总理德梅齐埃与英国首相撒切尔夫人谈话。这两位民主德国的政治家在北约大幅变化一事上都没有成功。赫德坚决拒绝梅克尔的新安全结构的建议——包括放弃在统一后的德国部署核武器。比较：Deutschland Archiv，Nr. 8/1990，S. 1170；民主德国外交部未公开文件（1990 年 6 月 22 日民主德国驻伦敦大使馆的电传）（»Besuch AM Meckel in London «;» DDR-Außenminister Meckel weilte zu Arbeitsbesuch in London«, in Aussenpolitische Korrespondenz, Nr. 19/1990, 29. 6. 1990, S. 147）。6 月 21 日，美国国务卿贝克到梅克尔那里去，并且也与德梅齐埃会晤，也见：民主德国外交部未公开文件（未注明日期，冯·弗里切）（»Niederschrift eines Gesprächs von Außenminister Meckel mit Außenminister Baker am 21. Juni 1990 im MfAA«）；Zelikow/Rice 1997, S. 405f.。其他评估基于 1997 年 10 月 31 日与根舍的访谈。

75. Siehe dazu Entschließung des deutschen Bundestages/der Volkskammer der Deutschen Demokratischen Republik über die Grenze zwischen dem vereinigten Deutschland und der Republik Polen v. 21. 6. 1990, in Bulletin Nr. 79 v. 22. 6. 1990, S. 684. 波兰政府发言人解释说，现在，在统一以前草签边界条约不再必要，但是拟定协议却值得期待。只要能够签署一份备忘录，那么就会在 12 月底以前结束边界条约的工作。外长斯库比斯泽夫斯基说，边界问题"现在可以放入档案"。比较：*Frankfurter Allgemeine Zeitung* v. 23. 6. 1990, Zycie Warszawy lobt den Bundeskanzler; *Süddeutsche Zeitung* v. 29. 6. 1990, Warschau: Grenzfrage jetzt zu den

Akten gelegt。波兰要求现在就拟定边界条约，这得到了法国外长杜马在部长回合以及接来下的新闻发布会上的支持。参见：Vermerk GL 21 an den Bundeskanzler v. 23. 6. 1990, betr. :»Treffen der Außenminister im Rahmen ＞2 +4 ＜ am 22. Juni 1990 in Berlin (Ost) «(212 – 35400 De 39 Na 4, Bd. 3)；民主德国外交部制定的抄件 [»Abschrift Pressekonferenz (22. 6.) «, bes. S. 2]。关于联邦总理府的怀疑态度，见 Teltschik 1993, S. 282f. 。关于边界问题的讨论，见本书"最大的障碍"一章的详细描写。

76. 关于总理府的分析，比较按语（科尔签字已阅）：Vermerk GL 21 an den Bundeskanzler v. 23. 6. 1990, betr. :» Treffen der Außenminister im Rahmen ＞2 +4 ＜ am 22. Juni 1990 in Berlin (Ost) « (212 – 35400 De 39 NA 4, Bd. 3 sowie B 136/20244; von Kohl abgezeichnet; jeweils mit den Anlagen » Prinzipien für die Diskussion unter Tagesordnungspunkt 1 «, d. h. Grenzfrage;» Eine vorläufige Gliederung für Elemente einer abschließenden Regelung«, und dem von der UdSSR vorgelegten Entwurf» Grundprinzipien für eine abschließende völkerrechtliche Regelung mit Deutschland«)。联邦总理府二司的其他分析文件，以及按语：Vermerk AL 2 (Nikel) an den Bundeskanzler v. 26. 6. 1990, betr. :»Außenminister-Treffen im Rahmen der 2 + 4-Gespräche am 22. Juni in Berlin-Ost; hier: Sowjetischer Entwurf betreffend Grundprinzipien für eine abschließende völkerrechtlichc Regelung mit Deutschland « (212 – 35400 De 39 NA 2, Bd. 3 sowie 212 – 35400 De 39 NA 4, Bd. 3)；还有对梅克尔演讲的分析。对苏联草案感到的普遍意外表明，西方没有严肃地对待苏联的有关公告，如在 5 月 22 日的官员会晤中。也比较 1997 年 10 月 31 日与根舍的访谈；根据泽利科夫和赖斯（Zelikow/Rice 1997, S. 407）的说法，梅克尔"通过确定有必要澄清德国的军事状态、决定军队最高限额、保证撤出西方四大国的全部武装力量"而开启了"东方的进攻"，但这一看法并不正确：梅克尔直至午间休息以后才进行了自己的演讲。此处以及此后，如果没有其他说明，则比较：Zelikow/Rice 1997, S. 405ff. （据此，伯恩达伦科领导苏联外交部的工作组，但条约草案背后则显然是克维钦斯基，他作为副外长也负责"2 +4"会谈）；Baker 1996, S. 229ff. ; Genscher 1995, S. 823ff. ; Kiessler/Elbe 1993,

S. 160ff. （含"被泼了一盆冷水"的引文）；Biermann 1997，S. 625ff. 。

77. 政治局对条约草稿的表决见 Kwizinskij 1993，S. 46；克维钦斯基的描述见 Biermann 1997，S. 625ff. 。在 1997 年 10 月 27 日的访谈中，塔拉申科只是谈到，给 1990 年 5 月 5 日第一次外长会晤的草稿得到了政治局的表决。

78. 见苏联外长谢瓦尔德纳泽 1990 年 6 月 22 日在柏林的演讲：»Rede des Ministers für Auswärtige Angelegenheiten der UdSSR, E. A. Schewardnadse, am 22. Juni 1990 in Berlin« （212 – 35400 De 39 Na 4，Bd. 3）。按语中联邦总理府的内部分析见 Vermerk AL 2（Nikel）an den Bundeskanzler v. 26. 6. 1990，betr. :» Außenminister-Treffen im Rahmen der 2 + 4-Gespräche am 22. Juni in Berlin-Ost；hier: Sowjetischer Entwurf betreffend Grundprinzipien für eine abschließende völkerrechtliche Regelung mit Deutschland« （212 – 35400 De 39 NA 2，Bd. 3 sowie 212 – 35400 De 39 NA 4，Bd. 3）。谢瓦尔德纳泽的演讲也见 Bundespresseamt, Ostinformationen v. 25. 6. 1990 （» Rede Schewardnadses in Ost-Berlin «）。苏联条约草案的文稿，大部分摘录刊登于 Kwizinskij 1993，S. 41ff. ，作者克维钦斯基也参与了谈判。此外，摘录和说明也见 Schewardnadse 1993，S. 248ff. 。演讲和草案内容的其他信息，来源于：1990 年 6 月 22 日民主德国外交部未公开文件 [»Bericht über das zweite Treffen im Rahmen 2 + 4 auf Ministerebene am 22. Juni 1989 in Berlin«（附件中含有条约草案）]，其中几乎没有谈到很具威胁的德国特殊化这一主题；联邦德国外交部、民主德国外交部和联邦总理府的不同信息。

79. 比较民主德国外交部未公开文件（冯·弗里切）:» Protokoll eines Gesprächs mit Außenminister Schewardnadse am 7. 6. 90 von 18. 20 Uhr bis 20. 20 Uhr im Hotel ›1. Oktober‹ in Moskau«。据此，除了译员，这次"充满信任、友好气氛"的会晤参加者是：谢瓦尔德纳泽、梅克尔、阿尔布雷西特、冯·布劳恩米尔和冯·弗里切。谢瓦尔德纳泽描绘了苏联对全德北约成员归属立场的发展情况，从要求中立和放弃一揽子义务，直到双重成员。他说，这一切都遭到了西方的坚决拒绝，因此莫斯科现在考虑创造全欧新的安全结构。苏联外长谈到戈尔巴乔夫的"假设"——从苏联融入北约，直到根据法国的榜样而确定德国成员归属。

80. 例如，梅克尔在会晤前的访谈中多次强调，鉴于国内局势，无法指望在苏共党代表大会以前实现突破。比较 *Neues Deutschland* v. 22.6.1990，UdSSR-Sicherheitsinteressen dürfen nicht ignoriert werden。1990 年 6 月 22 日梅克尔在德国广播电台的访谈［部分由民主德国广播电台"监控"编辑部的卡琳·拜恩多夫（Karin Beindorf）加工整理］。关于贝克和根舍的评估，也见：Zelikow/Rice 1997，S. 410f.；Baker 1996，S. 229；Genscher 1995，S. 824f.。

81. Siehe dazu Genscher 1995，S. 825f.；Kiessler/Elbe 1993，S. 162；Biermann 1997，S. 629ff. 美国国务卿贝克派遣其同事罗斯和佐利克去询问莫斯科立场的背景情况。罗斯从谢瓦尔德纳泽的计划室领导塔拉申科那里得知，这是政治局原则上已经过时的计划，由于即将召开的党代会而不会再取消该计划（Baker 1996，S. 229f.）。贝克本人在"2+4"回合的当晚就与谢瓦尔德纳泽会晤，其中他丝毫没有隐瞒自己的惊奇。他用非常清楚的言辞保证，西方绝不会采取莫斯科规定的路线，同时他也再次赞同等待即将召开的北约峰会结果，并且私下提到了美国对西方联盟变化的一些目标（Baker 1996，S. 230f.；Zelikow/Rice 1997，S. 413f.），据此，谢瓦尔德纳泽紧紧地"盯着"伦敦峰会。

82. Siehe dazu Vermerk AL 2（Nikel）an den Bundeskanzler v. 28.6.1990，betr.：»DDR-Haltung zu den äußeren Aspekten der deutschen Einheit；hier：Rede von AM Meckel auf der AM-Konferenz in 2 + 4-Rahmen in Berlin（Ost）am 22.6.1990«（212 – 35400 De 39 Na 4，Bd. 4）；民主德国外交部未公开文件：»Rede des Ministers fur Auswärtige Angelegenheiten der DDR，Markus Meckel«。泽利科夫和赖斯（Zelikow/ Rice 1997，S. 411）谈到"荒唐的，即便不是危险的建议"，对此，谢瓦尔德纳泽也指出大家应该再次借助苏联的文件，而不理睬这一建议。在此，他们似乎过于严肃地对待梅克尔的敦促，即只有在欧洲安全大厦及其时间计划表达成一致后，才能离开"2+4"谈判桌。

83. 对东柏林外长会议结果感到满意，参见：Teltschik 1993，S. 286；联邦德国外交部的信息，该部的分析也得出了积极的结论。

84. 根舍的评估不同，见：Genscher 1995，S. 801ff.，bes. S. 804；Kiessler/Elbe 1993，S. 153f.。这些描写强烈地强调了外长的意义，但与贝克的

描写进行比较，这一意义则得到了减弱，贝克只用了一个段落来描写坦伯利的外长会晤（Baker 1996，S. 228）。

第十三章　最大的障碍

1. 波兰外长认为，没有提到边界问题是联邦总理德国方案的"基本缺失"（引自 *Frankfurter Allgemeine Zeitung* v. 9. 12. 1989，Skubiszewski：Kohl muß Deutschlands Grenzen definieren；斯库比斯泽夫斯基在 1996 年 4 月 23 日的访谈中也是类似看法）。对于马佐维耶茨基来说，缺少对波兰的关系这一点，对于在统一进程中采取主动以确保波兰的利益，具有决定性的影响（1996 年 9 月 19 日的访谈）。关于来自波兰的批评，也比较 Miszczak 1993，S. 369ff.。细微的差别和国内的讨论，见 Ludwig 1991a，S. 38ff.。法国政府也反复强调波兰西部边界的不可侵犯（比较 Hajnicz 1995）。国内对科尔《十点纲领》的批评，比较：*Frankfurter Allgemeine Zeitung* v. 30. 11. 1989，Im Bundestag kommt Streit auf über Deutschlandpolitik；*Süddeutsche Zeitung* v. 1. 12. 1989，Lambsdorff wirft dem Kanzler Alleingang vor；*Neue Zürcher Zeitung* v. 3. 12. 1989，Bonns Deutschlandplan in der Anfechtung；*Frankfurter Rundschau* v. 18. 12. 1989，FDP drängt Kanzler zu klarem Wort über polnische Westgrenze。关于社民党在整个期间的态度，见 Schuh/von der Weiden 1997，S. 307ff.。

2. Hajnicz 1995，S. 74. 与此不同，对于"旧"波兰来说，传统上德国的分裂是其国家存在理由的组成部分；比较 1996 年 9 月 16 日与阿图尔·哈尼茨（Artur Hajnicz）、1996 年 9 月 18 日与布罗尼斯瓦夫·盖雷梅克（Bronislaw Geremek）的访谈。反对派如瓦文萨、盖雷梅克和马佐维耶茨基非常早以前就支持德国统一（比较 1997 年 6 月 23 日与瓦文萨、1996 年 9 月 18 日与盖雷梅克、1996 年 9 月 19 日与马佐维耶茨基的访谈）。不过，哈尼茨（1996 年 9 月 16 日的访谈）指出，在反对派的知识分子和团结工会的圈子中，就外交政策方面而言，要区分两个阶段：80 年代初期，在实行战争法以前的波兰，反对派尽可能远离外交政策的问题。这是为了保护格但斯克造船厂或者什切青（Stettin）的罢工者与当时的波兰领导层达成的《格但斯克协定》（Danziger Abkommen），这是组建自由工会的基础，也因而创造了团结工会运动。这一协议坚决尊重"已经确定的国际联盟体制"［1980 年 8 月 31 日政府委员会与罢工委员会在格但斯克达成协议：Protokoll der Vereinbarungen zwischen dem Regierungsausschuß und dem Überbetrieblichen Streikkomitee （MKS） v. 31. 8. 1980 in Danzig, in Europa-Archiv, Nr. 24/1980, S. D673ff., hier S. D 674]。因此，团结工会起初致力于避免一切争论，这些争论可能给华约国家的军事干涉以借口。在 1981 年 12 月实行的战争法，导致团结工会被迫转入地下，此时外交政策或者说国际议题才不可避免地更加强烈地进入视野：以马佐维耶茨基为首的反对派在外交方面的沟通和活动变得很有必要，以便让（西方）国家了解政变的情况和后果，并且纠正官方的单方面画面。借此，也创造了背离迄今为止的对德政策方针的基础。戈尔巴乔夫从 80 年代中期以来倡导的苏联外交政策的转变，也额外地提升了这类考虑。德国问题或者说德国政策也并非没有被触及。在反对派思想家看来，重要的准则和目标设定是：第一，能够克服波兰是"雅尔塔国家"的状态；第二，应该用"两个朋友"的座右铭取代"联邦德国是敌人而民主德国是朋友"的教条；第三，必须寻找与联邦德国的平衡，第四，只有借在德国国家统一问题上的让步，才能打破迄今为止适用的禁忌；第五，与联邦德国的合作有助于振兴波兰经济；第六，作为波兰西部边界的奥德－尼斯河边界是不可侵犯的。原反对派的立场可以简单地统一成以下内容：德国问题悬而未决；只要德国人愿意，国际法的自决权这一基本原则使其再次要求统一成为可能；同时，德波边界绝对不容更改（进一步比较：Hajnicz 1995, S. 25ff.；Ludwig 1991a, S. 9f.）。在 1996 年 4 月 23 日的访谈中，斯库比斯泽夫斯基认为，在马佐维耶茨基领导的波兰新政府看来，民主德国始终位于波兰和西方（如欧共体）之间。关于波兰对科尔立场的不快，比较 Miszczak 1993, S. 371。

3. 1989 年 11 月 8 日，联邦总理科尔对《处于分裂状态德国的民族形势报告》，比较 Deutscher Bundestag （Hrsg.）, Verhandlungen des deutschen Bundestages, Stenographische Berichte, 11. Wahlperiode, 173. Sitzung, 8. 11. 1989, S. 13011。关于民族形势报告中的和平条约保留态度，比较 Michael Garthe, Berichte zur Lage der Nation, in Weidenfeld/Korte, S. 19ff., hier S. 26。

4. 在 1989 年 7 月 11 日的书面声明中，联邦总理这样认为，比较 Archiv der Gegenwart v. 11. 7. 1989, Bd. 1989, S. 33535f. 。关于提到的法律来源，分别见：1952 年 5 月 26 日《波恩条约》[Deutschlandvertrag-Vertrag über

die Beziehungen zwischen der Bundesrepublik Deutschland und den drei Mächten v. 26. 5. 1952 （ Fassung v. 10. 1954 ）, in Bundesministerium für Gesamtdeutsche Fragen 1961 , S. 86ff］; 1970 年 8 月 12 日《德苏条约》（ Vertrag zwischen der Bundesrepublik Deutschland und der Union der Sozialistischen Sowjetrepubliken v. 12. 8. 1970 , in Bundesministerium für innerdeutsche Beziehungen 1980 , S. 156）; 1970 年 12 月 7 日《与波兰关系正常化基础条约》（ Vertrag über die Grundlagen der Normalisierung der Beziehungen zu Polen v. 7. 12. 1970 , in Bayerische Landeszentrale für politische Bildung 1996 , S. 119f. ）; 1971 年 9 月 3 日《四国协定》（含附件 1、2、3 和 4） ［ Vier-Mächte-Abkommen （ mit den Anlagen I , Ⅱ , Ⅲ und Ⅳ ） v. 3. 9. 1971 , in Bundesministerium für innerdeutsche Beziehungen 1980 , S. 158ff. ］; 1972 年 12 月 21 日《德国统一信函》 （ Briefe zur deutschen Einheit v. 21. 12. 1972 , in Bundesministerium für innerdeutsche Beziehungen 1980 , S. 206ff. ）; 1973 年 7 月 31 日《联邦宪法法院对联邦德国与民主德国关系基础的判决》（ Urteil des Bundesverfassungsgerichtes zum Vertrag über die Grundlagen der Beziehungen zwischen der Bundesrepublik Deutschland und der Deutschen Demokratischen Republik v. 31. 7. 1973 , in Bundesministerium ftir innerdeutsche Beziehungen 1980 , S. 232ff. ）。

5. 比较：Genscher 1995 , S. 653 und S. 656; 1989 年 9 月 27 日的演讲，刊登于 Auswärtiges Amt 1995 , S. 600ff. 。

6. 社民党的立场，比较 Korger 1993 , S. 73。关于基社盟、基民盟/基社盟议会党团德国政策发言人爱德华·林特内尔 （ Eduard Lintner ） 的引文，引自 *Süddeutsche Zeitung* v. 19. 12. 1989 , CSU beharrt auf Grenzen von 1937。

7. 1989 年 12 月 31 日，德国联邦议院基民盟/基社盟议会党团副主席卡尔－海因茨·霍恩胡斯 （ Karl-Heinz Hornhues ） 对特尔切克如此表示（比较 Teltschik 1993 , S. 79）。也比较 *Frankfurter Rundschau* v. 19. 12. 1989 , Klares Ja zur Oder-Neiße-Grenze。

8. 根据总理府的信息，科尔的同事们已于 12 月初在记者圈中"试探"过大家对这个问题的想法。异口同声的说法是，科尔将不会回避对该问题发表看法。

9. Vgl. *Frankfurter Allgemeine Zeitung* v. 30. 12. 1989，Frau Süssmuth ärgert das Kanzleramt；*Stuttgarter Zeitung* v. 30. 12. 1989，Streit um polnische Westgrenze verschärft sich；*Frankfurter Rundschau* v. 30. 12. 1989，Unselige Debatte；ebenda，Bonner Streit um polnische Westgrenze wird schärfer。也比较 *Frankfurter Allgemeine Zeitung* v. 2. 1. 1990，Zum Jahresbeginn Streitereien in Bonn um die polnische Westgrenze.

10. 决议刊登于 Auswärtiges Amt 1995，S. 617。

11. Zitiert nach *Die Welt* v. 8. 1. 1990,» Polens Westgrenze Tor zur Einheit «. Vgl. auch：*Frankfurter Allgemeine Zeitung* v. 8. 1. 1990，Genscher verlangt in Stuttgart ein Bekenntnis der Deutschen zur Sicherheit der polnischen Grenzen。关于国外感受到的科尔和根舍之间的分歧，参见 Mitterrand 1996，S. 126f.。

12. 共同声明的原文是："波兰人民应当知道，他们要求在安全边界内生活的权利，无论现在还是将来，都不会受到我们德国人领土要求的危害。"这完全符合根舍 1989 年 9 月在联合国演讲的字句。此外，社民党的提案如此表述："谁不愿意确定德国对波兰西部边界的立场，谁就是在猛地关上德国统一的大门。"——几乎是逐字逐句地引用了根舍在自民党"三王聚会"上的演讲（比较 Deutscher Bundestag，11. Wahlperiode，Drucksache 11/6237 v. 17. 1，1990）。绿党议会党团也提出了类似的提案（比较 Deutscher Bundestag，11. Wahlperiode，Drucksache 11/6250 v. 17. 1. 1990）。关于塞特斯的报告，比较：Korger 1993，S. 64；*Frankfurter Allgemeine Zeitung* v. 18. 1. 1990，Heute Deutschland-Debatte im Bundestag；*Süddeutsche Zeitung* v. 18. 1. 1990，Kohl gibt politische Garantie für Oder-Neiße-Linie：Polen müssen die Gewißheit sicherer Grenzen haben。

13. 关于这次会谈，详情比较：本书"现状中的外交"一章；Teltschik 1993，S. 99。

14. Vgl. Teltschik 1993，S. 104.

15. Vgl. *Frankfurter Allgemeine Zeitung* v. 2. 1. 1990，Herzog：Oder-Neiße-Grenze faktisch anerkannt；*Die Welt* v. 3. 1. 1990,»Das Deutsche Reich ist nicht untergegangen «. Siehe auch *Frankfurter Allgemeine Zeitung* v. 9. 12. 1989，Skubiszewski：Kohl muß Deutschlands Grenzen definieren.

在 1996 年 4 月 23 日的访谈中，斯库比斯泽夫斯基说，不同的联邦政府恰恰在调节边界问题上都坚持一项和平条约。在波兰西部边界方面，波茨坦公告没有谈到一项和平条约的必要性，而是谈到一项和平规则，即"和平声明"（比较英文原文摘录，刊登于 Krülle 1970，S. 66ff.，hier S. 67）。

16. 演讲刊登于 Bulletin Nr. 9 v. 19. 1. 1990，S. 61ff. 。详情比较本书"双驾马车步伐错位"一章。

17. Vgl. dazu Korger 1993，S. 64.

18. 比较：Ludwig 1991a，S. 44；*Bonner Rundschau* v. 7. 2. 1990，Klare Worte。关于波兰外长的波恩访问，也比较 Archiv der Gegenwart v. 25. 2. 1990，Bd. 1990，S. 34266。关于引文，见 Skubiszewski 1990，S. 196。

19. Siehe Vermerk AL 2 (VLR I Dr. Kaestner) v. 12. 2. 1990 an Bundeskanzler，betr. :» Ihr Gespräch mit dem Außenminister der Republik Polen，Prof. Dr. Krzysztof Skubiszewski，Bonn，7. Februar，15. 10 Uhr-16. 20 Uhr« (21 – 30100 (56) -Ge 28 (VS)). 据此，两人 10 分钟的私下会谈开启了这次会晤。

20. Vgl. *Die Welt* v. 19. 1. 1990，Warschau würdigt Kohls Erklärung. Appell an alle Europäischen Staaten. 也见斯库比斯泽夫斯基外长 1990 年 2 月 8 日在德国广播电台的访谈，刊登于 Presse-und Informationsamt der Bundesregierung 1993，Bd. 18，S. 11446。

21. Vgl. *Frankfurter Allgemeine Zeitung* v. 19. 1. 1990，Die FDP lobt Kohls Erklärung zur polnischen Westgrenze.

22. Vgl. Hajnicz 1995，S. 77.

23. 在 1996 年 9 月 19 日的访谈中，马佐维耶茨基也如此认为。

24. 比较 1996 年 9 月 19 日与马佐维耶茨基的访谈，他也强调，波兰参与的倡议原本只是来自华沙，而不是来自巴黎、伦敦或莫斯科——就像后来得到法、英的支持而多次阐释的那样。另比较 Ludwig 1991a，S. 53f. 。

25. 在 1997 年 10 月 27 日的访谈中，塔拉申科强调，苏联方面却顾虑，波兰始终不断的新要求可能会干扰脆弱的"2 +4"机制；莫斯科其实并不怀疑全德政府在边界问题上的态度。

26. 联邦德国外交部信息。事后，马佐维耶茨基坚持说（1996 年 9 月 19 日的访谈），在"2 + 4"会谈中，从未要求得到可与二战战胜国相类比的状态。

27. 在 1996 年 11 月 5 日的访谈中，巴托泽维斯基也确认了斯库比斯泽夫斯基在这个并不简单的阶段中的建设性作用：1989～1993 年，斯库比斯泽夫斯基是波兰与德国新关系的建筑师。

28. Vgl. dazu v. a. Ludwig 1991a, S. 56ff. , des weiteren Hajnicz 1995, S. 75; Miszczak 1993, S. 379f.

29. 1950 年 7 月 6 日《德意志民主共和国与波兰共和国协定》（Abkommen zwischen der Deutschen Demokratischen Republik und der Republik Polen v. 6. 7. 1950, in Bundesministerium des Innern 1997, S. 259ff. ）。

30. 关于马佐维耶茨基的要求，比较：1996 年 9 月 18 日与盖雷梅克的访谈；Ludwig 1991a, S. 56f. ; Hajnicz 1995, S. 76。关于斯库比斯泽夫斯基的立场，比较 Ludwig 1991a, S. 60f. 。关于所谓的"马佐维耶茨基计划"，也比较 Miszczak 1993, S. 380。在 1996 年 9 月 19 日的访谈中，马佐维耶茨基强调，对他来说这并非涉及一项和平条约本身。在此之前，这只是普遍致力于论证一次尚未召开的和平会议或者一项和平条约；但对他来说，不容更改并最终在调节边界的问题画上句号，这才是决定性的。

31. 科尔如此认为（Diekmann/Reuth 1996, S. 312）。在 1996 年 11 月 5 日的访谈中，巴托泽维斯基也指出了联邦总理在国内受到的约束。虽然华沙意识到这一情况，然而并没有现实地认为，波兰对此只能表示关注。事后马佐维耶茨基本人指出，大家完全清楚，在德国受到修正主义或者复仇主义驱动的力量并不是特别强大，但大家并不肯定，统一以后这些团体将如何行事（1996 年 9 月 19 日与马佐维耶茨基的访谈）。

32. 关于联邦政府的反应，尤其比较 Hajnicz 1995, S. 80。根舍的引文，来源于 *Neue Zürcher Zeitung* v. 2. 3. 1990, Flexibilität Kohls in der Oder-Neisse-Frage。关于根舍的建议，见：*Augsburger Allgemeine* v. 24. 2. 1990, Genscher dringt auf Garantie für Polen; *Augsburger Allgemeine* v. 24. 2. 1990, »Wir sollten mit Polen sprechen«。

33. 详情比较：本书"双驾马车步伐错位"一章；Teltschik 1993, S. 150f. 。

巴托泽维斯基确认，对于法、英来说，决定性的是，它们借对德国提出的要求，而大力支持波兰领导层在边界问题上要求明确保证的立场（比较 1996 年 11 月 5 日与巴托泽维斯基的访谈）。

34. 杜马的演讲，比较：*Frankfurter Allgemeine Zeitung* v. 2. 3. 1990, Dumas fordert Uertragliche Anerkennung; *Süddeutsche Zeitung* v. 2. 3. 1990, Dumas：Grenze schon vor der Vereinigung anerkennen - Kohl hält nur eine Übergangsgarantie für denkbar. 关于布什的意见，详情比较：本书"争取最佳道路"一章；Teltschik 1993, S. 161。科尔的引文，出自 1990 年 2 月 25 日美国总统布什与联邦德国总理科尔在戴维营的共同新闻发布会，见 Kaiser 1991a, S. 200ff., hier S. 202。在这段时间里，科尔反复向美国政府保证，他将"在正确的时刻"说明必须说的事情。贝克在 1996 年 4 月 23 日的访谈中说，美国的中心问题始终是，何时是正确的时刻，不过华盛顿了解该问题在国内政治中的情况；金米特在 1994 年 11 月 4 日的访谈中也表示了类似看法；1994 年 11 月 7 日与扬的访谈。在 1997 年 6 月 2 日的访谈中，塞茨解释说，美国政府对科尔的路线有过暂时的怀疑，因为大家了解国内政治的压力，与对外政策战略家相比，科尔更多是一位国内政治家。

35. 关于波恩执政联盟发表的一系列看法，比较：*Süddeutsche Zeitung* v. 27. 2. 1990, FDP verlangt eindeutige Erklärung zu Polens Westgrenze; *Die Welt* v. 27. 2. 1990, Koalition streitet nach Kohl-Besuch bei Bush über polnische Westgrenze; *Die Welt* v. 28. 2. 1990, Lambsdorff: Kanzler-Erklärung zur Grenzfrage durchaus in Ordnung; *Handelsblatt* v. 28. 2. 1990, Genscher：Kein Thema für Koalitionsfrage; *Süddeutsche Zeitung* v. 28. 2. 1990, Genscher fordert klare Haltung Kohls; *Frankfurter Allgemeine Zeitung* v. 29. 2. 1990, Genscher hält Regelung der Grenzfrage für unausweichlich。在 1997 年 10 月 31 日的访谈中，根舍本人保证，在边界问题上，他与科尔之间从未有过冲突，但有过一些交谈，科尔在讨论中非常关注基民盟右派和右派团体。

36. Vgl. Korger 1993, S. 65; *Frankfurter Rundschau* v. 1. 3. 1990, Starker Druck. 关于总理府的讨论，见 Teltschik 1993, S. 163f. und S. 166.

37. Vgl. Ludwig 1991a, S. 65; Teltschik 1993, S. 163f. Vgl. des weiteren *Frankfurter Allgemeine Zeitung* v. 1. 3. 1990, Kohl für eine Erklärung des

Bundestages und der Volkskammer zur polnischen Westgrenze; *Süddeutsche Zeitung* v. 1. 3. 1990, Kohl befürwortet Erklärung beider deutscher Parlamente; *Frankfurter Rundschau* v. 1. 3. 1990, Kohl lenkt im Grenzstreit ein. Vgl. auch *Frankfurter Allgemeine Zeitung* v. 2. 3. 1990, Kohl akzeptiert Mazowicckis Plan eines Vertrages zur Westgrenze nicht.

38. Vgl. *Süddeutsche Zeitung* v. 5. 3. 1990, FDP lehnt Forderungen an Polen ab - Genscher will Kanzler zur Korrektur bewegen; *Frankfurter Allgemeine Zeitung* v. 5. 3. 1990, Genscher rückt deutlich von Kohl ab - Dregger nennt Kritik am Kanzler »bestürzend«.

39. Zitiert nach *Die Welt* v. 3. 3. 1990, Kanzler fordert polnischen Verzicht auf Reparationen。Vgl. auch （jeweils v. 3. 3. 1990）*Frankfurter Allgemeine Zeitung*, Kohl will die polnische Grenzfrage mit einem Verzicht auf Reparationszahlungen verbinden; *Frankfurter Rundschau*, Kohl hat neue Variante im Streit über Polens Grenze; *Süddeutsche Zeitung*, Kohl will Anerkennung der Oder-Neiße-Grenze mit Verzicht Polens auf Reparationen verknüpfen.

40. Vgl. Teltschik 1993, S. 165.

41. 引文复述于 *Süddeutsche Zeitung* v. 5. 3. 1990, FDP lehnt Forderungen an Polen ab - Genscher will Kanzler zur Korrektur bewegen。关于波兰政府发言人的言论，比较 Ludwig 1991a, S. 65f.。两周多以后，在两个首都都出现了以下议题：在与特尔切克的谈话中，大使理查德·卡尔斯基（Ryszard Karski）和波兰外交部西欧司副司长苏力克都解释说，这一联系会给德波关系造成许多不必要的损失；在波兰最高层，也就是说无论是在总理还是在总统那里，对德国的信任都受到损害；此后，大家开始"向前逃跑"并试图在其他首都寻找且也找到了对波兰的支持。比较按语：Vermerk RL 212（Kaestner）v. 20. 3. 1990, betr. :»Gespräch AL 2 mit dem polnischen Botschafter Ryszard Karski und dem stv. Leiter der Abteilung Westeuropa im PAM Jerzey Sulek（Bonn, 19. 3. 1990, 15. 00 - 15. 50 Uhr）«（213 - 30130 - P4 Po30）。

42. 关于根舍的反应，比较 Kiessler/Elbe 1993, S. 116f.。这次访谈记载于 Presse- und Informationsamt der Bundesregierung 1993, Bd. 18, S. 10985f., hier S. 10985。关于拉姆斯多夫的反应，比较 *Süddeutsche*

Zeitung v. 5. 3. 1990，FDP lehnt Forderungen an Polen ab - Genscher will Kanzler zur Korrektur bewegen。

43. 他的同事特尔切克的猜测也是如此（Teltschik 1993，S. 166）；1997 年 10 月 10 日与特尔切克的访谈。属于内政原因的也有，科尔有顾虑，担心在边界问题上的转变会引起联盟右派势力和当地被驱逐者反对其政策，因而失去决定选举成败的选票。

44. *Frankfurter Allgemeine Zeitung* v. 6. 3. 1990，Kohl und Genscher ohne Einigung im Bonner Streit über die polnische Grenze.

45. Vgl. *Handelsblatt* v. 6. 3. 1990，Kohl will bei Grenzfrage mit Polen reinen Tisch machen；*Der Spiegel* v. 12. 3. 1990，Überall Unruhe.

46. Vgl. *Süddeutsche Zeitung* v. 7. 3. 1990，Koalition legt Streit über Oder-Neiße-Grenze bei-Kohl läßt Forderungen gegenüber Warschau fallen；*Frankfurter Allgemeine Zeitung* v. 7. 3. 1990，Die Koalition legt ihren Streit über eine Grenzgarantie für Polen bei；*Die Welt* v，7、3. 1990，Koalition entschärft Grenzstreit. Kompromiß über Reparationsfrage. 不同的是科尔本人，在执政联盟会议以后，他认为自己是胜利者（比较 Teltschik 1993，S. 167f. ）。

47. 提案刊登于 Bulletin Nr. 34 v. 9. 3. 1990，S. 268。也比较 Diekmann/Reuth 1996，S. 322ff. 。

48. 华沙也指责，决议中没有明确提到边界，就像 3 月 19 日苏力克与特尔切克在波恩的会谈中所说的那样。特尔切克反驳说，这只是形式上的异议，波恩并不认为它指的不是奥德－尼斯河边界；而波兰应该赞赏联邦议院的高度同意，最后只有 5 票弃权，这实际上意味着是最终承认波兰边界的倒数第二步；特别是没有任何理由怀疑联邦总理对此事的态度，他始终反复强调，遵守《华沙条约》的每个字眼和精神。比较按语：Vermerk RL 212（Kaestner）v. 20. 3. 1990，betr. :»Gespräch AL mit dem polnischen Botschafter Ryszard Karski und dem stv. Leiter der Abteilung Westeuropa im PAM Jerzey Sulek（Bonn，19. 3. 1990，15. 00 - 15. 50 Uhr）«（213 - 30130 - P4 Po 30）。比较 *Die Welt* v. 7. 3. 1990，Koalition entschärft Grenzstreit. Kompromiß über Reparationsfrage. 切亚的话，引自 Miszczak 1993，S. 387。

49. 西里西亚同乡会总干事哈特穆特·科什克（Hartmut Koschyk）要求就奥

德－尼斯河东部地区进行自由的投票，其中，应该赋予当地所有被驱逐者的后人以及在当地生活的民众以表决权（比较 Miszczak 1993，S. 387）。

50. 比较：Korger 1993，S. 94，Fn 357；Ludwig 1991a，S. 67；1990 年 3 月 10 日马佐维耶茨基的报纸访谈（*die tageszeitung* v. 10. 3. 1990,»Unsere Anwesenheit bei der Konferenz ist unerläßlich«）；对豪斯曼发表的看法，比较 *Der Spiegel* v，12. 3. 1990，Überall Unruhe。

51. 比较：Ludwig 1991a，S. 67f.；Mitterrand 1996，S. 132ff.；1996 年 9 月 19 日与马佐维耶茨基、1996 年 10 月 2 日与雅鲁泽尔斯基的访谈。不过，波兰对法国的立场是自拿破仑时代以来就存在的传统的矛盾心理。在 1996 年 11 月 5 日的访谈中，巴托泽维斯基说：对于波兰来说，一方面，法国作为强大的德国的对称国而非常重要；另一方面，人们也完全是怀疑地观察法国与“俄罗斯”的深入关系。

52. 新闻发布会的文本，刊登于 Presse- und Informationsamt der Bundesregierung 1993，Bd. 18，S. 11467ff.，hier S. 11474。也比较本书“双驾马车步伐错位”一章。

53. 这个时期的激烈争论也反映在波兰的民意调查中：大多数波兰人反对德国统一，不过，就像大量波兰受访者特别强调的那样，这是因为它与边界问题可能的不确定性有直接关联。对此的证据是，可以看到舆论骤然转变到对统一德国很积极的态度，这一点在 1991 年以令人意外的速度快速呈现出来（比较 1996 年 11 月 5 日与巴托泽维斯基的访谈；1996 年 9 月 18 日与盖雷梅克的访谈；1996 年 9 月 18 日与维乔雷克的访谈）。

54. 比较 Teltschik 1993，S. 174。关于 3 月 14 日的官员会晤，详情比较本书“西方寻求同步”一章；另比较：Hajnicz 1995，S. 76f.；Ludwig 1991a，S. 69f.。5 月 5 日，根舍以六国外长的名义正式邀请波兰参加巴黎“2 + 4”回合（可供比较的文章，刊登于 Barcz 1994，S. 132f.，此处也有由斯库比斯泽夫斯基外长接受邀请的正式通告，比较：同上，S. 134）。关于密特朗和科尔的通话，比较本书“双驾马车步伐错位”一章的描写。

55. Vgl. dazu sowie zum folgenden Ludwig 1991a，S. 70f.

56. Vgl. ebenda.

57. 联邦总理与布什总统的通话，比较按语：Vermerk Neuer v. 22. 3. 1989，betr. :»Telefongespräch des Herrn Bundeskanzlers mit Präsident Bush am

Dienstag, dem 20. Márz 1990 um 14. 30 Uhr « （212 – 35400 De 39 Na 1，Bd. 2）。其中，布什声明要对马佐维耶茨基强调，联邦总理再次保证将由全德主权确定的边界会符合现今的边界走向。至于宣布的联邦议院和人民议院就波兰西部边界的共同声明，科尔也赞同和波兰方面私下协商声明文稿。双方商定，布什可以向马佐维耶茨基表示这一打算。为了波兰"同意"议会的决议，波兰外交官卡尔斯基和苏力克进行了类似的询问，对此，仅仅一天以前特尔切克还尚未作出答复（总理府信息）。3 月 21 日，在与马佐维耶茨基在华盛顿的谈话中，布什谈到了这一事务（详情比较：Zelikow/Rice 1997，S. 309ff.；Diekmann/Reuth 1996，S. 337f.）。他提议自己居中介绍，并解释说，他完全坚信科尔的正直意图。马佐维耶茨基回答道，他要考虑一下，但插问为什么不能在同意以前就草签边界条约。布什再次解释了德国的立场并试图使马佐维耶茨基相信，他应该事先与科尔私下商谈条约文本。不过，布什和马佐维耶茨基的会谈基于一个误解：布什谈到事先商谈边界条约文本，而科尔只是提议私下商议决定性的文本章节，然后可以先把这些章节放在联邦议院和人民议院的共同声明中。特尔切克和布莱克威尔当天的通话有助于澄清这一误解。3 月 22 日，布什再次试图对马佐维耶茨基施加影响，在他看来，作为国际法条约第一步的议会决议完全是充分的。一天以后的 3 月 23 日，他再次打电话给科尔，向科尔保证他对马佐维耶茨基的信任，并且也要赢得科尔同意事先协商边界章节。尽管起初有误解，但在马佐维耶茨基访美以前的这个电话，再次反映了科尔和布什之间有着最大的信任。在接下来的美国新闻通报中，菲茨沃特也极力证实，华盛顿对科尔的态度感到满意（» Press Conference by the President « v. 22. 3. 1990，11. 15 Uhr，in Hoover Institution Archives，Stanford：Zelikow-Rice-Papers，Box # 5）；联邦德国外交部信息。在 1996 年 9 月 19 日的访谈中，马佐维耶茨基确认了他对布什建议事先商议议会决议的怀疑。在他看来，在司法上，这样的声明并不充分，因为它们并无国际约束力，更谈不上可以最终解决边界问题。

58. 3 月 21 日，由外交部、总理府和德意志内部关系部代表组成的工作组在联邦德国外交部召开了会议。它的任务是，以 3 月 8 日联邦议院决议的授权和根舍的明确指示为基础，考虑联邦议院和人民议院共同声明的内容要素。为此目的，联邦德国外交部将第一份重大问题的划分示意图组合起来，它不包含放弃赔偿和少数民族权力等要点。此时，体现出外交部与总理府不同的处理方式：外交部顾及两个自由选举的德国议院对自己地位的认识，起初不愿起草声明文本草稿；而代表总理府的卡斯特讷则敦促，为了即将召开的部长会晤，要拟定一项详细的决策基础。在"德国统一"内阁委员会通过以后，这一基础应该作为共同方针，不仅服务于议会各个专业委员会，而且也要用于主管的政府有关部门（联邦政府信息）。也比较 Teltschik 1993，S. 179 und S. 183。

59. 演讲刊登于 Bulletin Nr，43 v. 3. 4. 1990，S. 333ff.。

60. 见：1990 年 4 月 3 日马佐维耶茨基总理给联邦总理科尔的信件（含礼节性的翻译）［Brief Ministerpräsident Mazowiecki an Bundeskanzler Kohl v. 3. 4. 1990（213 – 30130 – P4 Wi 18，samt Höflichkeitsübersetzung）］；1990 年 4 月 4 日联邦总理科尔给马佐维耶茨基的信件［Schreiben Bundeskanzler Kohl an Mazowiecki v. 4. 4. 1990（30100（102），Bd. 27 – 33）］；Teltschik 1993，S. 192。联邦总理有关两德议会决议约束作用的论证，其基础是这样的考虑：在法律上，一致或者大多数人接受的联邦议院和（民主合法的）人民议院的意愿声明，比高级官员草签的边界条约草案，能够强烈得多地使未来全德主权承担义务，因为无论是国际法还是国家法，都不能使草签具备约束力。联邦总理府的惊讶来自这样的事实，即马佐维耶茨基的生日贺信并没有包括所谓的"斯库比斯泽夫斯基建议"的重要组成部分，由于 3 月 8 日的联邦议院决议，这一建议作为民主德国政府组建后不久波兰立场的备忘录（含条约草案）而以书面的形式得以宣布。它具体涉及"斯库比斯泽夫斯基建议"的第一、第二步骤，也就是在民主德国新政府组建后尽快开始三方的条约谈判、在统一以前草签三方谈判形成的条约草案。在波兰外长表达的建议中，只有第三、第四点与马佐维耶茨基信件中使用的措辞一致：未来的全德政府签署条约、全德议会批准条约（联邦总理府信息）。

61. 此处以及此后，比较：Ludwig 1991a，S. 73f.；1996 年 4 月 23 日与斯库比斯泽夫斯基的访谈。也比较：*Süddeutsche Zeitung* v. 3. 4. 1990，Im deutsch-polnischen Porzellanladen；*Süddeutsche Zeitung* v. 5. 4. 1990，Polens Westgrenze soll offiziell bestätigt werden。

62. 比较 Ludwig 1991a，S. 74。人民议院的声明，刊登于 Europa-Archiv，Nr. 10/1990，S. D242。

63. 比较：Teltschik 1993，S. 197ff. und S. 202；Ludwig 1991a，S. 76f.；
Garn 1996，S. 61ff.。德梅齐埃总理的政府声明，刊登于 Europa-Archiv，
Nr. 10/1990，S. D243ff.，bes. S. D258。

64. 1994 年 1 月 19 日与梅克尔的访谈。

65. 比较：Miszczak 1993，S. 391f.；Misselwitz 1996；联邦德国外交部信
息。波兰放弃参加"2＋4"谈判的要求，特尔切克（Teltschik 1993，
S. 184）描述了 3 月 27 日联邦外长根舍在"德国统一"内阁委员会中
的报告。不过，在 5 月 3 日第一次德 － 德 － 波三边谈判回合中，再次
提出了这一要求。比较：本章的进一步描写；Teltschik 1993，S. 215。

66. 此处以及此后的不同引文，比较 Ludwig 1991a，S. 78。

67. Vermerk GL 21 v. 26. 4. 1990 an Bundeskanzler, betr. :» Polnische
Westgrenze, hier：Mein heutiges Gespräch mit dem polnischcn Gesandten
Jedrys«（213 － 30130 － P4 Po 30）.

68. Vgl. Vermerk AL 2 v. 30. 4. 1990 an Bundeskanzler, betr. :» Polnische
Westgrenze, hier：Polnischer Vertragsentwirf«（213 － 30130 － P4 Po 30；
mit anliegender Höflichkeitsübersetzung des polnischen Entwurfs）. 此处也
能找到此后复述的总理府对条约草案的内部分析。向两德政府外交通
知条约草案，日期是 4 月 27 日，向四大国通知草案的照会是 4 月 30
日，均刊登于 Barcz 1994，S. 125，S. 126 und S. 127。

69. 关于波兰参与的讨论，参见：1990 年 3 月 14 日民主德国外交部未公开
文件（赛德尔，Seidel）［»Bericht über das 1. Beamtentreffen ＞4 + 2 ＜
am 14. Márz 1990 in Bonn«（含各种附件）］；联邦德国外交部信息。西
德代表团起初由卡斯特鲁普领导，后来让他人代表，最后是外交部法
律司司长奥斯特赫尔特（Oesterhelt）代表。民主德国由国务秘书米瑟
维茨代表，波兰则由外交部法律与条约司司长米基维茨（Mickiewicz）、
西欧司司长苏力克以及同样是西欧司工作人员的巴尔茨（Barcz）代
表。公使杰德卢斯和东柏林大使馆成员斯努科夫斯基（Sznurkowski）
也临时参加了这些回合的会谈。关于这次会晤，也见：1990 年 4 月 28
日民主德国外交部未公开文件（民主德国驻华沙大使馆给本国外交部
的电传）（»Entwurf: Vertrag zwischen der Republik Polen und Deutschland
über die Grundlagen ihrer gegenseitigen Beziehungen«）；1990 年 5 月 10 日民
主德国外交部未公开文件（法律与条约司）（»Zur endgültigen

Grenzregelung zwischen dem einheitlichen deutschen Staat und der Republik Polen«）；民主德国外交部有关德波现存共同国家边界条约的草案（»Vertrag zwischen Deutschland und der Republik Polen über die zwischen ihnen bestehende gemeinsame Staatsgrenze«）；民主德国驻华沙大使馆给本国外交部的各种电传。

70. 比较：Garn 1996, S. 90f.；Albrecht 1992, S. 102f.；Hajnicz 1995, S. 79；联邦德国外交部信息。

71. 在 5 月 5 日波恩的第一次"2 + 4"外长会晤中，最终澄清了波兰参加六国会谈的问题。在最后声明中，联邦外长根舍宣布达成了协议，"如果要探讨涉及边界的问题，将邀请波兰外长参加 7 月份在巴黎举行的第三次外长会晤"。只要波兰外长愿意"谈论一切与边界有关的问题"，那么可以迎合波兰的要求。声明刊登于 Kaiser 1991a, S. 217f.，hier S. 218。根舍给波兰政府的书面邀请，副本刊登于 Barcz 1994, S. 133。

72. Vgl. Teltschik 1993, S. 215；Garn 1996, S. 91f.

73. Misselwitz 1996, S. 62；以下描述基于联邦德国外交部信息。

74. Vgl. Garn 1996, S. 93.

75. 联邦德国外交部信息。

76. 以下描述基于联邦德国外交部信息。

77. 1990 年 5 月 31 日联邦总理给德梅齐埃总理的信件［Brief des Bundeskanzlers an Ministerpräsident Lothar de Maizière v. 31. 5. 1990（213 – 30130 – P4 Po 30）］。也比较 Teltschik 1993, S. 254。

78. Vgl. Misselwitz 1996, S 63.

79. 比较：Vermerk GL 21 an BK v. 5. 7. 1990, betr. :» > 2 + 4 < – Gespräche auf Beamtenebene；hier: 6. Runde unter Beteiligung Polens«（212 – 354 00- De 39 Na 4, Bd. 4）；联邦德国外交部信息。关于"2 + 4"谈判整体背景下的这次会晤，详情见本书"大草案与小成就"一章。

80. Vgl. *Süddeutsche Zeitung* v. 31. 5. 1990, Bundestag und Volkskammer wollen gemeinsam die Aussöhnung mit Warschau besiegeln. Vgl. auch Miszczak 1993, S. 391.

81. Vgl. Teltschik 1993, S. 249f. sowie S. 264f.；*Süddeutsche Zeitung* v. 31. 5. 1990, Bundestag und Volkskammer wollen gemeinsam die

Aussohnung mit Warschau besiegeln.

82. Vgl. Teltschik 1993, S. 270ff. sowie S. 279; *Kölner Stadt-Anzeiger* v. 18. 6. 1990, Kohl nun eindeutig für Polens Grenze.

83. 比较：Archiv der Gegenwart v. 21. 6. 1990, Bd. 1990, S. 34633；关于投票表决结果，比较：同上，S. 34626。据此，基民盟/基社盟执政联盟成员中有 15 位议员反对国家条约：切亚、德韦茨、马蒂亚斯·恩格尔贝格（Matthias Engelsberger）、汉斯·格拉芙·胡恩（Hans Graf Huyn）、克劳斯·耶格尔（Claus Jäger）、约阿希姆·卡里什（Joachim Kalisch）、弗兰茨－海恩里希·卡佩斯（Franz-Heinrich Kappes）、奥特温·洛瓦克（Ortwin Lowack）、迪特里希·马洛（Dietrich Mahlo）、埃尔文·马什维斯基（Erwin Marschewski）、劳伦茨·尼格尔（Lorenz Niegel）、赫尔姆特·绍尔（Helmut Sauer）、于尔根·托德霍菲尔（Jürgen Todenhöfer）、海恩里希·温德伦（Heinrich Windelen）和弗里茨·魏特曼（Fritz Wittmann）。基社盟的另一位议员和绿党议会党团的两位成员投了弃权票。

84. 比较演讲小组 1990 年 6 月 13 日的草稿，含有科尔大量的手写注释（私人所有物复印件）。这一演讲应由三部分组成：“1. 尊重与民主德国的国家条约”；“2. 统一的外部问题，要特别关注边界问题以及与波兰的关系”；“3. 与苏联的关系以及全欧和平条约的目标”。普利尔 1990 年 6 月 13 日提出的草案，只包含了第一部分和第二部分。对于第二部分，科尔要求检查语言并且要“热情并令人感动地”表述各个章节。他称之为“我的主题”。他特别希望提示从历史中学习的能力、有“未来欧洲”这一提示语。

85. Zitiert nach Presse-und Informationsamt 1993, Bd. 18, S. 11061.

86. 根舍 6 月 22 日的信件，刊登于 Barcz 1994, S. 136f. 。照会的文稿作为新闻稿，见 Presse- und Informationsamt 1993, Bd. 18, S. 11059f. 。民主德国政府的有关照会，同样见 Barcz 1994, S. 138f. 。

87. 比较：Misselwitz 1996, S 63；联邦德国外交部信息。

88. Vgl. Ludwig 1991a, S. 83f. ; Miszczak 1993, S. 398; Teltschik 1993, S. 282; Hajnicz 1995, S. 81f.

89. 也比较波兰给民主德国政府的外交复照，见 Barcz 1994, S. 144ff. 。其中也刊登了斯库比斯泽夫斯基的信件，他用这封信告诉美国国务卿，波兰对两个议会结论的态度；比较：同上，S. 148ff. 。另见：Hajnicz 1995，S. 83；Miszczak 1993，S. 398。

90. Vgl. *Frankfurter Allgemeine Zeitung* v. 26. 6. 1990，Waigel will umfassenden Freundschaftsvertrag. 引文出处同上。另比较 Ludwig 1991a，S. 84f. 。

91. 在 1996 年 9 月 19 日的访谈中，马佐维耶茨基特别确认了担心在边界问题上拖延时间。他说，自己意识到"大"条约需要时间，因此最终产生了两个条约的想法。

92. Vgl. Ludwig 1991a，S. 86.

93. 比较：*Die Welt* v. 13. 7，1990，Bonn：Warschau wird sich nicht durchsetzen；联邦德国外交部信息。华沙反复提出要求，应将边界解决作为欧洲和平解决的组成部分而确定下来，按照苏力克的解释，这一要求是以德国的特殊法律地位为基础，只能在一项和平条约中才能确认波兰边界。而且《波茨坦协定》本身也使得有必要在最终解决中运用这一概念，因为只有如此，将来才不会再谴责由于缺乏和平条约，这一边界只具备临时特征。

94. 1990 年 7 月 4 日民主德国外交部未公开文件（下级部门：欧洲统一进程，含各种附件）（»Bericht über das 6. Beamtentreffen im Rahmen 2 + 4 am 3. /4. 7. 1990 in Berlin«）；联邦德国外交部信息。也比较 Hajnicz 1995，S. 83。

95. Vgl. Hajnicz 1995，S. 84.

96. 也比较波兰政府发言人 7 月 13 日在波兰电视台发表的看法，刊登于 Barcz 1994，S. 152。

97. 比较 Ludwig 1991a，S. 86。哈尼茨（Hajnicz 1995，S. 86）否定在处理这件事情时，波兰副外长正在莫斯科。确切地说，应是涉及苏联从波兰撤军。另一方面，在 7 月 4 日的"2 + 4"官员会晤中，已经表现出苏联同意波兰的一揽子建议（比较上述内容）。关于西方的拒绝，比较 *Frankfurter Rundschau* v. 13. 7. 1990，Polens Vorstoß trifft auf Widerstand。霍恩胡斯的引言，出处同上。根舍的意见，比较 Die Welt v. 13. 7. 1990，Bonn：Warschau wird sich nicht durchsetzen。媒体的反应，见 Hajnicz 1995，S. 84f. 。不过，西方的拒绝阵线并不一致。前几周就出现过一些立场变化，尤其是法国，在 5 月 31 日的西方法律专家会晤时就坚持，在"2 + 4"最后规则以前，必须提出所有的前提条件，包括《基本法》和边界条约，而英国采取调和的立场，但同样也对最后解决取决于德波边界条约这一看法抱有好感（联邦德国外交部信息；也比较 Zelikow/Rice 1997，S. 369f. sowie S. 602ff.，Anm 31 und 33）。这些针对的都是统一的内、外部问题脱钩，尤其是美国严厉拒绝脱钩。6月底，波兰谈判代表苏力克在与德国驻华沙大使馆成员的会谈中让大家知道，波兰尤其受到法国立场的鼓舞，要坚持一揽子建议（联邦德国外交部信息）。在1996年9月16日的访谈中，哈尼茨确认了这一情况：法国支持一揽子建议的构思，甚至对这一主动的倡议产生了决定性的影响。在此情况中，法国的外交利用了马佐维耶茨基对第二个"雅尔塔"的深刻害怕。在7月4日有波兰参加的"2+4"第六次外长会晤中，法国仍然表示对波兰立场的理解。例如，杜发奎称有关德国问题的最终解决与边界条约的同时生效，其实是理想的解决办法。但这位法国人说，也可以想象，边界条约的签署与四大国权利的取消是联系在一起的，只要这些权利触及边界问题（联邦德国外交部信息）。

98. Vgl. Vermerk 212（Kaestner）v. 13. 7. 1990，betr. :»Schreiben BK/ MP Mazowiecki«（Fernschreiben an Botschaft Warschau mit Text des Schreibens zur Weiterleitung an Mazowiecki）（212 - 354 00 - De 39 NA Bd. 4）；Teltschik 1993，S. 315f. Vgl. auch *Die Welt* v. 16. 7. 1990，Kohl schrieb an Mazowiecki；Hajnicz 1995，S. 86；Miszczak 1993，S. 400f.；Diekmann/ Reuth 1996，S. 447.

99. 对前者的猜测，见 Ludwig 1991a，S. 87；对后者的猜测，见 Hajnicz 1995，S. 85f. 。

100. 比较：Ludwig 1991a，S. 87；*Die Welt* v. 16. 7，1990，Kohl schrieb an Mazowiecki。根据联邦德国外交部的信息，联邦德国驻华沙大使馆的一位成员被告知，在7月15日飞往巴黎的前两天，斯库比斯泽夫斯基就将不会坚持时间上的一揽子建议，这是7月13日晚至7月14日内阁会议商量的结果。斯库比斯泽夫斯基称这些情况是误解，并声明他的道歉。波兰外交部发言人和欧洲政治司长苏力克似乎应为此事的扩大而负责。外长说，他带着最良好的意图前往巴黎，并将符合联邦总理的设想而只为"小的边界条约"进行辩护。这一条约只应确定与现有走向相符的边界。重要的因素已经通过共同的议会决议而得以完成（联邦德国外交部信息）。在1996年4月23日的访谈中，斯库比斯泽夫斯基也确认，他从未真地想过有一揽子建议。贝克始终非常坚决维护一揽子建议，在这次访谈时贝克也在场，对他的插话，斯库比斯泽夫斯基保证说，这恰恰是官方的政府路线。

101. 关于巴黎 "2+4" 会议的经过，详情见本书 "直至最后时刻的高度紧张" 一章。

102. Vgl. Teltschik 1993，S. 344.

103. Vgl. Hajnicz 1995，S. 95.

104. Vgl. Teltschik 1993，S. 338.

105. 斯库比斯泽夫斯基的相关声明，与波兰总理进行过确切协商。确信将很快形成一份解决边界问题的条约性文件，马佐维耶茨基借现在的这一确定情况来解释波兰方面的舆论变化。此外，一揽子建议并非形式上而是政治上的要求（比较 1996 年 9 月 19 日与马佐维耶茨基的访谈）。斯库比斯泽夫斯基的演讲，刊登于 Barcz 1994，S. 154ff. 。

106. Vgl. Vermerk GL 21 v. 18. 7. 1990，betr. :» 3. Treffen > 2 + 4 < auf Außenministerebene in Paris（unter zeitweiliger Beteiligung Polens）« （212 – 354 00- De 39 NA 4 Bd. 4）；Genscher 1995，S. 841ff. ，hier insbesondere S. 845f.

107. Vgl. *Saarbrücker Zeitung* v. 20. 7. 1990，Für Kohl ist ein Grenzvertrag nur die zweitbeste Lüsung. Vgl. auch *Frankfurter Rundschau* v. 21. 7. 1990，CSU widerstrebt Polen-Vertrag.

108. 比较 1990 年 7 月 25 日马佐维耶茨基给联邦总理科尔的信件 [Brief Mazowiecki an Bundeskanzler Kohl v. 25. 7. 1990（213 30130 Po 48 Bd. 1）]。显然，马佐维耶茨基的信件于 7 月 30 日，也就是 5 天以后，才由波兰代办杰德卢斯转交给总理府。

109. 如果没有其他说明，以下描写基于联邦政府信息。

110. 比较 1990 年 9 月 6 日联邦总理给马佐维耶茨基的信件（301 00 （102），Bd. 27 – 33）。

111. 1996 年 9 月 19 日与马佐维耶茨基的访谈；比较 *Die Welt* v. 20. 10. 1990，Polen dringt auf Grenzvertrag；*Frankfurter Allgemeine Zeitung* v. 22. 10. 1990，Warschau verlangt baldigen Abschluß der Verträge mit der Bundesrepublik。

112. Vgl. *Die Welt* v. 22. 10. 1990，CSU macht mobil gegen isolierten

Grenzvertrag.

113. Vgl. Vermerk Abt. 2（VLR Nikel）an Bundeskanzler v. 9. 10. 1990，betr. :»Grenzvertrag mit der Republik Polen«（213 – 30130 P4 Gr 35）. 科尔还说明，波兰的草案中令他不快的是，波兰方面就像在"2 + 4"中所谋求的那样，采用《波茨坦协定》的术语（"和平声明"）。取而代之的是，他同意可能作出如下让步，即再次重复"2 + 4"最后规则所选择的有关措辞："确认统一后的德国边界的最终特征，是欧洲和平条约的组成部分"。在波兰草案中规定的一段，即有关德国内部法律适应的义务，尤其针对《基本法》旧版本第 23 条和第 146 条，因而也内涵了德国国籍权的疑难问题。科尔的笔头评论严厉拒绝了《基本法》旧版本第 116 条："我们绝不如此！"

114. 如果没有其他说明，以下描述基于联邦政府信息。也比较 *Die Welt* v. 23. 10. 1990，Deutsch-polnisches Treffen an der Oder。代表团由卡斯特鲁普和苏力克领导，普遍称谈判气氛是建设性的。

115. 波兰驻民主德国大使也大力证实，这一阶段的条约谈判顺利而快速〔比较 1996 年 9 月 18 日与沃伊切赫·维乔雷克（Wojciech Wieczorek）的访谈〕。

116. Vgl. *Frankfurter Rundschau* v. 30. 10. 1990，Zusammen oder getrennt：zwei deutsch-polnische Verträge.

117. Vgl. Hajnicz 1995，S. 105.

118. Vgl. *Frankfurter Allgemeine Zeitung* v. 1. 11. 1990，In Warschau Verhandlungen über den Grenz-und den Nachbarschaftsvertrag；*Süddeutsche Zeitung* v. 2. 11. 1990，Einigung über Entwurf eines Grenzvertrages；*Frankfurter Rundschau* v. 1. 11. 1990，Bonn und Warschau weitgehend einig。Zitiert nach ebenda.

119. Vgl. auch Miszczak 1993，S. 417f. ；*Süddeutsche Zeitung* v. 9. 11. 1990，Vertrag zur Anerkennung der Oder-Neiße-Grenze soll noch in diesem Monat unterzeichnet werden；*Frankfurter Rundschau* v. 9. 11. 1990，Grenzvertrag mit Polen im November；*Frankfurter Allgemeine Zeitung* v. 9. 11. 1990，Der deutsch-polnische Grenzvertrag wird noch im November unterzeichnet.

120. 文稿刊登于 Europa-Archiv，Nr. 13/1991，S. D310f. 。在 1997 年 10 月 31 日的访谈中，根舍强调，"科尔不愿亲自签署这一条约"。在与根舍的会谈中，瓦文萨称，在波兰的选举大战中，德国外长签署边界条约是对马佐维耶茨基的支持，而他瓦文萨比其他任何人都为柏林墙的倒塌做过更多的事。根舍反对说，不允许从选举大战的角度来观察这一历史性的进程（联邦德国外交部信息）。在 1997 年 6 月 23 日的访谈中，瓦文萨强调，从 1980 年开始，"城墙"就是讨论的固定组成部分。在这一"嫉妒"的背后，是在反共反对派或者说在团结工会运动初期出现的马佐维耶茨基与瓦文萨的追随者之间的分裂。在 1996 年 9 月 28 日的访谈中，维乔雷克也是如此看法，不过，在德国政策问题方面并没有深刻的意见分歧，而主要是在国家利益方面存在分歧。

121. Vgl. Miszczak 1993，S. 423 ff.

122. 此处以及此后，见前面章节的详细描写。关于北约议题的称谓"问题中的问题"，见 Kiessler/Elbe 1993，S. 133。

123. 见民主德国外交部未公开文件（冯·弗里切）　（ » Protokoll eines Gesprächs mit Außenminister Schewardnadse am 7. 6. 90 von 18. 20 Uhr bis 20. 20 Uhr im Hotel > 1. Oktober < in Moskau« ）（"私下！"据此，参加者除了两位外长以外，还有梅克尔的顾问阿尔布雷西特、冯·布劳恩米尔、冯·弗里切以及一位译员）。这份记录附加了一条简短的记录，含"严格保密"的标签，据此，梅克尔和谢瓦尔德纳泽要"在紧密的、严格保密的范围中"，投入一个工作小组去讨论欧洲安全新大厦的共同设想。不过，在 1995 年 5 月 22 日的访谈中，格尼宁认为，并没有出现令人信服的合作。格尼宁作为苏联驻东柏林大使馆工作人员，负责与梅克尔的工作人员联络，他尤其提到两个原因：第一，民主德国之前已经与其他伙伴协商了许多建议，因此几乎没有什么活动空间留给拟定共同立场。第二，民主德国外交部很少表现出连续性，而是在每次会面时都提出新的构想。关于苏联的不同设想，也比较：Albrecht 1992，S. 54 ff.；Kiessler/Elbe 1993，S. 133 ff.；Biermann 1997，S. 523 ff.。

124. 关于梅克尔的"安全区"构思，见本书"新伙伴寻找自己的方针"一章。1990 年初夏的发展是多么迅速、有时对统一的时间设想多么不同，这些体现在梅克尔的评估中，他认为 1991 年春天将实现统一。这与国防部长埃佩尔曼的设想不同，在 5 月底的时候，他还认为，统一需要 2 ～ 3 年的时间。比较电传：Telex StäV an ChBK Nr. 1198

v. 25. 5. 1990（B137/10722）。

125. 此后的描述尤其基于各种访谈，联邦德国外交部信息，以及民主德国、匈牙利、波兰和苏联等国外交部的信息。在此，对波兰态度的描写有时是自相矛盾的。如在 3 月 21 日访问布鲁塞尔北约理事会时，波兰外长斯库比斯泽夫斯基就已经支持统一后的德国是"正常的"北约成员。相反，当华约国家在莫斯科会晤时，雅鲁泽尔斯基总统率领的波兰代表团在其他与会者中唤醒了这样的印象，即出于对一个统一的德国的害怕，甚至拒绝了东方同盟军事合作的松动。关于会晤经过，也比较：Zelikow/Rice 1997，S. 422f. 。德梅齐埃的印象，引自 Lippert 1993，S. 64。关于华约国家与会国会议的闭幕声明，见 Auswärtiges Amt 1991，S. 120ff. 。也比较：*Süddeutsche Zeitung* v. 8. 6. 1990，Warschauer Pakt will politische Allianz werden；*Frankfurter Allgemeine Zeitung* v. 8. 6. 1990，Gorbatschow für eine Reform des Warschauer Paktes. Gemeinsame Institutionen mit der NATO?；*Neue Zürcher Zeitung* v. 9. 6. 1990，Revisionsdiskussion im Warschaupakt。

126. 切尔纳耶夫的说法，见 Kuhn 1993，S. 127。1990 年 2 月 21 日哈维尔在美国国会的演讲摘要，见 Gasteyger 1994，S. 427f. 。中东欧改革国家对德国北约成员归属的积极呼声，引自 Adomeit 1997a，S. 528。关于苏联民众的舆论转变以及苏联外交部委托的民意调查，比较 Palazchenko 1997，S. 182。关于苏联民众感受到的原则性威胁，也见 Adomeit 1997a，S. 309，据此，1989 年 5 月，只有 19% 的苏联受访者感受到美国的威胁、3% 受访者感受到联邦德国的威胁、54% 没有感受到其他国家的威胁。军队和党内对戈尔巴乔夫安全政策的批评，见 Adomeit 1997a，S. 509ff. 。

127. 也比较：Biermann 1997，S. 532f. ；Kiessler/Elbe 1993，S. 135。据此，苏联方面提出的建议"任何时候都不具备约束的特征"。

128. 比较：Tschernajew 1993a，S. 297；Galkin/Tschernajew 1994，S. 16f. 。关于谢瓦尔德纳泽是否从 2 月份开始就已经容忍全德北约成员属性的问题，见：Adomeit 1997a，S. 507f. ；Kiessier/Elbe 1992，S. 135，据此，苏联外长在与贝克和根舍的双边会谈中，也始终坦率地表现出这一点。

129. 见：前面章节的描述；Kiessler/Elbe 1993，S. 137；Adomeit 1997a，

S. 507；Schewardnadse 1993，S. 245ff. 。关于《九点许诺》，比较 Zelikow/Rice 1997，S. 364ff. 。萨格拉金指出，在北约"彻底的转变"中，全德在联盟中的成员归属是可能的，见：Zelikow/Rice 1997，S. 369；与布莱克威尔、扬和佐利克的访谈。

130. 如果没有其他说明，此处以及此后，比较详细的描述：Zelikow/Rice 1997，S. 335f. und 417ff. ；另见 Biermann 1997，S. 633ff. ；Gates 1996，S. 493f. ；Hutchings 1997，S. 134ff. 。在最保密状态中工作的"欧洲战略指导小组"由盖茨领导。在国家安全委员会中，主要由布莱克威尔和泽利科夫负责北约新战略，总体上，他们在国务院得到了佐利克的支持。根据联邦德国外交部和总理府的信息，4 月中就通过文件渠道告诉了联邦政府布什对提前举行北约峰会和西方联盟新方向的考虑。在布什公开宣布自己的倡议的前一天，美国总统在一封详细的信件中告诉联邦总理他的想法的基本内容。这一描述基于联邦政府信息和特尔切克以及韦斯特迪肯伯格（Westdickenberg）拟定的分析（Dokumente zur Deutschlandpolitik 1998，S. 1076ff. ）。在 5 月 16～17 日的华盛顿访问之后，科尔就对密特朗和撒切尔夫人表示，原则上支持美国的态度，见科尔 1990 年 5 月 23 日给密特朗和撒切尔夫人内容同样的信件中对自己与布什会谈的报告（301 00（102）Bd. 27－33）。

131. 比较：与佐利克的访谈；Zelikow/Rice 1997，S. 335f. und S. 429ff. ；Biermann 1997，S. 633ff. 。

132. 关于美国的疑虑和北约框架内的表决机制，见 Zelikow/Rice 1997，S. 431ff. 。

133. 见以下描写：Biermann 1997，S. 616ff. ；Genscher 1995，S. 801ff. 。两位作者都强调声明的意义，它是对即将召开党代会的苏联发出的信号。美国的看法，见 Zelikow/Rice 1997，S. 422f. ，相反，泽利科夫和赖斯谈到"几乎不值一提的，但富有和解气息的坦伯利公告"。也见 Hutchings 1997，S. 134。在 1997 年 10 月 27 日的访谈中，谢瓦尔德纳泽的顾问塔拉申科解释说，莫斯科注意到"坦伯利公告"是积极的信号之一。苏联外长在与根舍和贝克的会谈中也已有了类似的看法。在谢瓦尔德纳泽及其顾问看来，只能从伦敦国家和政府首脑的北约峰会迈出决定性的一步。贝克在北约外长会晤中的演讲、"坦伯利公告"、前一天在莫斯科公布的华约国家声明，刊登于 Kaiser 1991a，

S. 219ff. ，S. 225f. und S. 224f. 。根据联邦德国外交部和美国国务院的信息，在讨论中，英国外长赫德再次表明，他的国家反对大的、戏剧性的峰会文件，并用这份文件详尽地讨论一切。取而代之的是，的确可以提出一项基本原则声明、可以要求次年召开另一次北约峰会。赫德也反对北约和华约过早的共同声明，因为人们不希望"与一具僵尸有持久的关系"。

134. 此处以及此后，见：上一章中对苏联不同表态的详细描写；与布莱克威尔、扬和佐利克的访谈。关于莫斯科对北约和华约共同声明的建议，见 Zelikow/Rice 1997，S. 426f. 。此外，这一描述还基于联邦德国外交部的信息。据此，一周以后，谢瓦尔德纳泽的信件也转交给联邦德国外交部。对莫斯科积极信号的概括，基于联邦总理府、联邦德国外交部和美国国家安全委员会的信息。

135. 撒切尔夫人的这一印象（比较 Zelikow/Rice 1997，S. 400f. ），与法国对 5 月 25 日戈尔巴乔夫和密特朗的莫斯科会晤的报道，存在有些相反的看法，不过，法国的报道本身也自相矛盾。例如，密特朗在紧接着给科尔的简短信件中主要描绘了戈尔巴乔夫断然拒绝（全德的）北约成员属性（联邦政府信息）。相反，5 月 30 日，总统发言人维德里纳对比特里希说，戈尔巴乔夫多次而且没有说明理由地拒绝了德国留在北约之内。他说，大家得到的印象是，这一方面与苏联的国内局势有关，另一方面也与莫斯科的策略性考虑有关，它最终想从正在进行的谈判中得到更多。总体而言，苏联领导层很有可能还未最后确定态度。虽然在戈尔巴乔夫的阐述中没有提到德国中立的可能性，但考虑了其他可能，如在两个联盟中的双重成员身份或者仿效法国模式的状态。见按语：Vermerk Abteilung 2 i. V. （Bitterlich） an den Bundeskanzler v. 30. 5. 1990，betr. :»Treffen Mitterrand/Gorbatschow am 25. Mai 1990 in Moskau；hier： Unterrichtung durch den Elysée«（211 - 30101 F2 Fr 11，Bd. 7；科尔将此按语转发给特尔切克并且画上了不同的线。有关戈尔巴乔夫对中立和德国是北约完全成员替代性考虑的段落，科尔画上了一个大问号）。关于向联邦政府通报情况，也见 Teltschik 1993，S. 248，据此，无法赢得密特朗支持任何替代性的想法。维德里纳的描述与阿塔利对戈尔巴乔夫和密特朗会谈的详细复述，有些相反，见 Attali 1995，S. 496ff. ，bes. S. 500。根据阿塔利的描述，密特朗建议，考虑仿效法国的德国北约成员身份，对戈尔巴乔夫来说，这不足以满足苏联的安全利益。也比较 Niederschrift der gemeinsamen Pressekonferenz in Présidence de la République, Service de Presse,»Conférence de Presse conjointe de M. François Mitterrand Président de la République et de M. Mikhail Gorbatchev Président de l'Union des Républiques Socialistes Soviétiques. Moscou, vendredi 25 Mai 1990«。关于撒切尔夫人和戈尔巴乔夫会晤、通过英国首相告知布什，见 Zelikow/Rice 1997, S. 400f.。

136. 此处以及有所缓和的各个要求，比较 Zelikow/ Rice 1997, S. 426ff., bes. S. 428。

137. 关于法国的立场，见 Attali 1995, S. 523f., 阿塔利也谈到了自己 6 月 29 日在华盛顿与斯考克罗夫特的讨论。根据阿塔利的说法，布什的信件 6 月 28 日才到达巴黎。与他的说法矛盾的是，科尔和密特朗在 6 月 26 日的欧共体峰会间隙，已经详细地谈论过美国的建议，见 Teltschik 1993, S. 287。也比较：Zelikow/Rice 1997, S. 433ff.；Teltschik 1993, S. 281f.。特尔切克提议和卡斯特鲁普、瑙曼去美国商谈峰会声明，斯考克罗夫特之前拒绝了这一提议，他认为，考虑到英国政府和不参与磋商的北约国家，不愿在小范围内进行探讨。见 Teltschik 1993, S. 288f.。

138. Siehe dazu Vermerk Bitterlich v. 29.6.1990, betr.:» Treffen des Bundeskanzlers mit dem französischen Staatspräsidenten am 22. Juni 1990; hier：Überblick über die wesentlichen Themen und Ergebnissen «（21 - 301 00（56）- Ge 28（VS）sowie 211 30105 F 2 Fr 25）。关于法国的立场，也见 1990 年 6 月 26 日科尔和密特朗在欧共体峰会间隙时共进早餐的结果，其中主要涉及密特朗拒绝多国联合部队，他认为这将会加强北约的军事结构，所以法国不能参加。讨论法国对短程核武器的立场也占了很大的范围（联邦政府信息）。会谈总结，见 Teltschik 1993, S. 287。据此，密特朗对美国建议的疑虑，主要在于建立多国混合旅。也比较 Zelikow/Rice 1997, S. 437ff., 泽利科夫和赖斯探讨了德国的其他详细建议。波恩同时考虑的统一后的德国联邦国防军最高限额，见：Biermann 1997, S. 656ff.；Diekmann/ Reuth 1996, S. 412f.；Teltschik 1993, S. 292ff.。

139. 比较详细的描写：Zelikow/Rice 1997，S. 434ff.。

140. 引文以及后面的描写，如果没有其他说明，基于联邦总理的大量会谈资料，由二司汇总，共九格（212－37921 NA 8 NA 5 mit neun Fächern）。

141. 对于联邦政府来说，苏联此时的发展才是兴趣的中心所在。科尔随时得到与北约峰会同时举行的苏联党代会的情况通报。参见：Vermerk AL 2（Nikel）an den Bundeskanzler v, 4. 7. 1990, betr.：»Innere Lage in der Sowjetunion nach Beginn des 28. KPdSU-Parteitages«（212－37921 NA 8 NA 5）；Teltschik 1993, S. 297f.。

142. 德国的评估明显偏离美国的评估：美国政府认为，自己在小范围内议定并于 7 月 2 日分发给北约全体伙伴的草案，是要在峰会上进行咨询的草案。也见 Zelikow/Rice 1997, S. 440。

143. 未来北约战略的基础应是这样的认识，即欧洲未来的安全将建立在强化政治和经济结构上。总理府二司准备的内部文件称，不应写定放弃首先使用核武器，而没有明确提到美国对核武器的措辞是"最后手段"武器。以此，常规战争似乎再次是"可以想象和可以领导的"，见：Vorlage Gruppe 23 v. 2. 7. 1990,»NATO-Militarstrategie«；联邦总理广泛的会谈资料，由二司汇总，共九格，此处是第九格（212－37921 NA 8 NA 5 mit neun Fächern, hier Fach 9）。

144. 参见 *Frankfurter Allgemeine Zeitung* v. 4. 7. 1990, Festhalten, was funktioniert。关于峰会过程，如果没有其他说明，见：Diekmann/Reuth 1996, S. 411ff.（部分是选择性的描写）；Teltschik 1993, S. 298ff.；Zelikow/Rice 1997, S. 440ff.。此外，比较 Baker 1996, S. 233, 贝克尤其强调了法国外长杜马不断提出的异议。其他细节，基于联邦总理府、联邦德国外交部和美国国务院、英国外交部信息。在联邦德国外长通常来说非常详细的回忆中，伦敦峰会只是无关紧要地出现（Genscher 1995, S. 827f.）。

145. 也比较其声明摘录：*Le Monde* v. 7. 7. 1990, La France participcra à toute réflexion pour adapter l'alliance aux exigences des temps à venir；*Le Monde* v. 8. /9. 7. 1990, La logique voudra que l'armée française stationée en Allemagne regagne son pays。关于法国与其他北约成员的普遍差异，比较 Yost 1990b, S. 695ff.。密特朗原来宣布支持共同声明以及早期

对美国建议的其他异议，见 Zelikow/Rice 1997，S. 438。

146. 由于苏联对古巴的援助，美国对这一重大事务继续持拒绝态度。在北约会议期间的新闻发布会上，也明显表现出布什的国内压力。例如，美国记者问总统，德国对苏联的财政援助是否不会干扰它的北约成员属性，或者德国给莫斯科的援助是否不会有很多转移到古巴。虽然布什拒绝美国的任何援助，但容忍其他国家，其中也明确包括联邦德国，采取相应的行动。见 1990 年 7 月 6 日上午总统在伦敦的新闻发布会（Hoover Institution Archives, Stanford：Zelikow-Rice-Papers）。此外，布什还被问到，东欧国家在北约的观察员状态是否可能转变成联盟的成员。总统说，他原则上不排除有朝一日可能如此，但目前这个问题并不现实。

147. 按照科尔的愿望，特尔切克也参加了这次编辑会议。此处以及会议经过，见 Teltschik 1993，S. 301f. 。对于美国文本建议的各种修改，比较 Zelikow/Rice 1997，S. 442f. ，泽利科夫和赖斯尤其谈到了英国外长赫德的异议；赫金斯在 1994 年 11 月 4 日的访谈中也是类似说法，他谈到法国的极大愤怒和英国大量尝试缓和美国的重要立场。与此对照，特尔切克和贝克描述说，杜马是谈判中最麻烦的对手（Teltschik 1993，S. 301f. ；Baker 1996，S. 233）。根舍（Genscher 1995，S. 828）根本没有谈到内容要点，而只是一般性地提到"争论"，而杜马（Dumas 1996）则没有提到北约峰会。

148. 参见以下文章中的要求：Zelikow/Rice 1997，S. 463；Teltschik 1993，S. 288。

149. 科尔和密特朗会谈的描述，基于联邦政府信息。这次会谈几乎只围绕准备休斯敦七国峰会而进行。例如，科尔和密特朗一致认为，对中东欧国家的援助绝不能只作出声明，而必须提出具体的协定。此处以及此后，尤其比较：Teltschik 1993，S. 302ff. ；Zelikow/Rice 1997，S. 443f. 。《伦敦声明》的文本，摘录刊登于 Gasteyger 1994，S. 433ff. ；声明全部文本，见 Europa-Archiv, Nr. 17/1990, S. D456ff. 。其他细节，基于联邦总理府、联邦德国外交部、美国国务院和法国外交部的信息。密特朗发表的看法，也见：*Le Monde* v. 7. 7. 1990, La France participcra à toute réflexion pour adapter l'alliance aux exigences des temps à venir; *Le Monde* v. 8. /9. 7. 1990, La logique voudra que l'armée

française stationée en Allemagne regagne son pays。也比较：*Le Monde* v. 7. 7. 1990，Invitation à M. Gorbatchev；*Le Monde* v. 5. 7. 1990，Les propositions américaines au sommet de l'OTAN。

150. 荷兰外长范登布罗克如此认为，作为编辑会议的谈话组长，他于 1990 年 7 月 6 日早上向国家和政府首脑展示了这份文件。见 Zelikow/Rice 1997，S. 442；对具有重要政治含义的要点的简要总结，见 Blackwill 1994，S. 220f. 。苏联方面任务的中心要点得到了总结和分析，见 Biermann 1997，S. 636ff. 。《伦敦声明》的文本，摘录刊登于：Gasteyger 1994，S. 433ff. ；Europa-Archiv，Nr. 17/1990，D 456ff. 。

151. 此后的几个月，在伦敦峰会的规定框架中，拟定了新的战略构思，并最终于 1991 年 11 月在北约罗马峰会上宣布。

152. 此后尤其比较 Zelikow/Rice 1997，S. 444ff. ，泽利科夫和赖斯认为这封信和《伦敦声明》是 "解决德国问题的最后提议"（S. 445）。关于苏联领导层的反应和苏共第二十八届党代会的经过，如果没有其他说明，见：Zelikow/Rice 1997，S. 449ff. ；Biermann 1997，S. 639f. und S. 665ff. ；Schewardnadse 1993，S. 251 und S. 255。

153. 此后的描述尤其以 1997 年 10 月 27 日与塔拉申科的访谈为基础。也见：Zelikow/Rice 1997，S. 453；Baker 1996，S. 233f. 。贝克说，他为了安抚谢瓦尔德纳泽，事先已使他得到一份文件，其中含有北约计划进行的变化的基本内容。但是泽利科夫和赖斯（Zelikow/Rice 1997，S. 453，Fn 10）以及塔拉申科（1997 年 10 月 27 日的访谈）的看法则相反，他们认为，贝克只是口头告诉苏联外长一些中心计划，以便在党代会以前对他表示支持。关于苏联内部对赞同联盟问题的筹备进程，也见 Adomeit 1997a，S. 517ff. 。

154. Siehe dazu Zelikow/Rice 1997，S. 453f. ；Biermann 1997，S. 640.

155. 详情见：本书 "苏联提出报价" 一章；Teltschik 1993，S. 310f. 。

第十四章　苏联提出报价

1. 声明全文，见 Europa-Archiv，Nr. 17/1990，S. D456ff. 。

2. 关于科尔的总结，见 » Bilanzen und Perspektiven der Politik der Bundesregierung. Erklärung des Bundeskanzlers vor der Bundespressekonferenz in Bonn«，in Bulletin Nr. 93 v. 18. 7. 1990，S. 801ff. ，hier S. 802。

3. 对布什和科尔休斯敦会谈的描述，基于联邦政府信息。德国方面，部长
   魏格尔、根舍和豪斯曼，以及特尔切克、诺伊尔和一位译员参与了这次
   大约50分钟的会谈。对7月9～11日七国峰会的总结，见：Genscher
   1995，S. 828ff.；Zelikow/Rice 1997，S. 447f.；Teltschik 1993，S. 305ff.。
   除了美国，主要是日本对为戈尔巴乔夫提供财政援助表示疑虑，取而代
   之的是要求先归还千岛群岛。赖斯在1994年10月31日的访谈、佐利克
   在1994年11月2日的访谈中，谈到了1990年初春科尔不断催促布什准
   备给苏联提供经济援助。美国方面并没有期待戈尔巴乔夫和科尔即将进
   行的峰会在德国问题上取得突破，对此看法的确认，也比较1994年1
   月2日与佐利克、1994年10月31日与赖斯、1993年12月15日与布莱
   克威尔的访谈，以及贝克的一句话："这是无结果的"，引自 Kiessler/
   Elbe 1993，S. 178。对苏联询问和休斯敦讨论的总结，见 Biermann
   1997，S. 652ff.。

4. 对会谈准备的分析，如果没有别的证明，则基于联邦政府信息。关于准
   备和戈尔巴乔夫7月11日的消息，也比较 Teltschik 1993，S. 310ff.，特
   尔切克在与记者的背景情况交谈中（S. 313ff.）也采用了为科尔准备的
   资料。与其他的报告中的说法不同［例如：Diekmann/Reuth 1996，
   S. 421ff.（科尔的描述）；Genscher 1995，S. 830ff.；Gorbatschow 1995a，
   S. 724f.］，科斯乐尔和埃尔伯（Kiessler/Elbe 1993，S. 168ff.，
   bes. S. 175）只解释说，在科尔和根舍出发去莫斯科以前，"确定了最重
   要的谈判结果"，但这与以下断言（S. 178）一样不怎么符合事实，即
   科尔没有亲自告诉布什自己苏联之行的结果：7月17日，联邦总理从高
   加索返回后，只通过电话将访问结果告诉唯一一个西方伙伴布什。见本
   章 的 其 他 描 写 以 及 按 语：Vermerk Neuer v. 17. 7. 1990，betr.:»
   Telefongespräch des Bundeskanzlers mit Präsident Bush am 17. Juli 1990 von
   14. 45 bis 15. 15 Uhr«（21 – 30100（56）– Ge 28（VS）sowie 212 – 30132
   A 5 AM 31，Bd. 2）。在1998年4月17日的访谈中，卡斯特鲁普引用了
   他在从莫斯科返回德国的飞行中所写的日记，其中他称，在阿尔希斯达
   成的一致"出乎预料并引起了轰动"；美国的看法也类似：例如布莱克
   威尔1993年12月15日的访谈。关于莫斯科的准备，尤其见以下的详
   细描述：Biermann 1997，S. 678ff.。

5. 在科尔之行的前一刻，北约秘书长沃尔内尔与苏联领导层在莫斯科会

谈。在沃尔内尔离开前夕，他与科尔会晤。在他与戈尔巴乔夫和谢瓦尔德纳泽会晤当天，就将谈话结果告诉给了总理（Teltschik 1993，S. 312f. und S. 319）。7月18日，欧共体委员会主席德洛尔和欧共体委员安德里森会前往苏联。为了展示与西方伙伴的挂钩，7月12日，特尔切克告诉了三大国大使这次旅行的目标（比较 Teltschik 1993，S. 312）。

6. 关于苏联第二十八届党代表大会，尤其见 Biermann 1997，S. 665ff.，作者在分析中也谈到了戈尔巴乔夫目前的追随者的失望；谢瓦尔德纳泽、雅科夫雷夫和切尔纳耶夫等改革家对党代会的结果感到失望；因此，切尔纳耶夫拒绝陪同总统和科尔前往高加索并且考虑不再担任总统顾问。类似的看法，见 Tschernajew 1993a，S. 306。在 1996 年 12 月 14 日的访谈中，达齐耶夫说，戈尔巴乔夫完全意识到，他在党代会上取得的有限成果将不会长期持续。他理解，在德国统一问题上的继续拖延，会给苏联保守势力以鼓舞。

7. 这个一揽子计划也规定了通过石油和天然气的出口而增加苏联的外汇收入。此外，联邦政府也将在促进苏联经济结构性转变、环保领域以及其他培训和进修措施中的指导水平，推动大量的协议和咨询计划。关于给苏联提议的经济刺激一揽子计划，尤其见 Grosser 1996，S. 417ff.。

8. 联邦总理府信息。关于后来的德苏协议——包含大量本书后面将描述的要素，比较：Biermann 1997，S. 714ff.；Meissner 1995a，S. 202f.；Oldenburg 1991b，S. 34ff.；Wagensohn 1996，S. 95ff.；魏登菲尔德的私人档案。德国的文稿建议，也见 Dokumente zur Deutschlandpolitik 1998，S. 1345，Fn 15。

9. 在 1997 年 10 月 29 日的谈话中，戈尔巴乔夫也特别强调了这一点：1990 年，他的政策中最棘手的任务是告诉苏联人民，二战和冷战已最终过去。在与谢瓦尔德纳泽另一些亲信，如塔拉申科（1997 年 10 月 27 日）和史特潘诺夫（1997 年 10 月 28 日）的访谈中，也是类似的看法。根舍在 1997 年 10 月 31 日的访谈中说，联邦德国外交部也意识到这一时间上的棘手问题。

10. 关于苏联内部气氛的全面分析以及对全德北约成员属性的大量评论，见 Biermann 1997，S. 678ff.。据此，法林已经威胁性地宣布，谢瓦尔德纳泽签署的条约，其中将接受全德是北约成员，绝不会得到最高苏维埃的通过。以改革为导向的记者和学者发表的大量看法则不同，他们认为在联盟问题上转弯是可能的，部分还是值得欢迎的。在为总理准备的文件中，科尔的工作人员尤其指出了这些声音。他们看到"中央媒体对北约以及统一后的德国成员属性问题日益恰当和开明的报道和评论"。关于谢瓦尔德纳泽 1990 年 7 月提出的口径，见 Biermann 1997, S. 679。

11. 联邦政府信息。这次访问将是"2 + 4"进程的大量中间阶段之一，这一评估来自苏共中央的一位工作人员，引文引自 Biermann 1997, S. 680。尽管有着一切乐观的阐释，但科尔同事们的基本立场更多还是克制，就像特尔切克在与记者们进行的预备性背景会谈中所强调的那样（Teltschik 1993, S. 313ff.）。建议的会谈主题有：在苏联的德国人处境、笼统判决的德国战犯的平反、在东普鲁士北部旅行的可能。

12. 会谈以前德国代表团的气氛，比较：Klein 1989, S. 63ff.; Teltschik 1993, S. 316ff.; Diekmann/Reuth 1996, S. 421f.（科尔的描述）。除了媒体报道以外，属于积极预兆的还有，关于 7 月 14 日戈尔巴乔夫和谢瓦尔德纳泽与北约秘书长沃尔内尔会谈进展良好的消息：此时，苏联人完全没有涉及德国问题，但非常积极而且很大程度上没有批判地接受了《伦敦声明》。关于联邦总理的谨慎乐观，也见 *Süddeutsche Zeitung* v. 18. 7. 1990, Das gewältige Gefühl der Erleichterung。据此，科尔在从休斯敦返回波恩的途中就猜测，即将面临的莫斯科之行可能是"我个人政治生涯中最重要的旅行"。在其他地方也引用了科尔的话，说他在出发时认为澄清悬而未决问题的机会是一半对一半。

13. 关于科尔和戈尔巴乔夫两人的单独会谈，尤其见 AL 2 v. 14. 8. 1990, »Vermerk über das Gespräch des Bundeskanzlers mit Präsident Michail Gorbatschow am 15. Juli 1990, 10. 00 bis 11. 45 Uhr, im Gästehaus des Außenministeriums«（21 – 30130 S 25 De 2/8/90）。此外，科尔和戈尔巴乔夫会谈摘要，也在戈尔巴乔夫的著作中得到记载（Gorbatschow 1993, S. 161ff.）。民主德国的未公开文件提供了对这次访问全部成果的总结，见 » Informationen über die Hauptergebnisse der Gespräche M. S. Gorbatschows mit dem Bundeskanzler der BRD, H. Kohl, während dessen Arbeitsbesuches in der UdSSR vom 14. – 16. Juli 1990«（7 seiten mit der handschriftlichen Anmerkung »Von SU am 21. 7. an MM übergeben«）。其他参与者的描述，见：Diekmann/Reuth 1996, S. 421ff.（其中没有提

到交换条约文本）；Teltschik 1993，S. 319ff. ；Gorbatschow 1995a，S. 724f.（他只是非常简短地顺带提到莫斯科会谈）；Tschernajew 1993a，S. 305f. 。关于和两位外长同时举行会晤，见 Genscher 1995，S. 831ff. 。魏格尔则与财政部长瓦伦丁·潘夫洛夫（Walentin Pawlow）以及副总理斯塔扬会谈。关于经济与财政政策内容，见 Grosser 1998，S. 422ff. 。

14. 在科尔的描述（Diekmann/Reuth 1996，S. 422ff. ）中缺乏这一章节，而特尔切克（Teltschik 1993，S. 320）指出，戈尔巴乔夫此时谈到了"俄罗斯"而不是"苏联"。这符合 1998 年 8 月 14 日按语中的复述：AL 2 v. 14.8.1990，»Vermerk über das Gespräch des Bundeskanzlers mit Präsident Michail Gorbatschow am 15. Juli 1990，10.00 bis 11.45 Uhr，im Gästehaus des Außenministeriums«（21 – 30130 S 25 De 2/8/90）。但在谈话继续进行过程中，戈尔巴乔夫又只说到苏联。

15. 苏联 1990 年 7 月 15 日的建议，刊登于 Dokumente zur Deutschlandpolitik 1998，S. 2348ff. 。

16. Tschernajew 1993a，S. 305f. ，切尔纳耶夫将科尔的这一请求阐释为敦促先不要将情况告诉给外长们（类似的看法还见 Zelikow/Rice 1997，S. 475）。总理想借此表示他原则上反对过多的信息流和反对"根舍情结"，并且要强调他和戈尔巴乔夫个人参与的重要意义。因为科尔在代表团的会谈和外长们在场的时候提到了条约（这一条约也是几周前根舍和谢瓦尔德纳泽会谈的主题），切尔纳耶夫的阐释可以走得更远：科尔准备告诉外长们，但在这个阶段，他却对自己始终怀疑看待的外交层面的工作有着明确的顾虑。

17. 关于会谈的转折，尤其见 Teltschik 1993，S. 323f. ，特尔切克描绘了自己的激动，以及科尔和戈尔巴乔夫表面上的不动声色。在 1997 年 10 月 31 日的访谈中，根舍强调以下评估，即戈尔巴乔夫从来不愿作为反应者而是要作为表演者出现。戈尔巴乔夫的决定，在德国统一道路的问题上对科尔作出令人意外的很大让步，有关背景，也见 Biermann 1997，S. 678ff. ，作者也说明了与此背离的法林的行动建议。在头一天晚上与戈尔巴乔夫的通话中，法林仍然坚决反对全德是北约成员、反对民主德国按照《基本法》旧版本第 23 条加入联邦德国，并且强调了苏联的财产要求。也比较：Falin 1993a，S. 492ff. ；Kuhn 1993，S. 145ff. （瓦林和波图加诺夫的描述）。

18. 达齐耶夫在 1996 年 12 月 14 日的访谈中说，尤其是切尔纳耶夫决定性地参与了戈尔巴乔夫寻求解决联盟问题的最后决定。本章此后部分以德国会谈按语为基础［Gesprächsvermerk（AL 2 v. 14. 8. 1990,»Vermerk über das Gespräch des Bundeskanzlers mit Präsident Michail Gorbatschow am 15. Juli 1995, 10.00 bis 11.45 Uhr, im Gästehaus des Außenministeriums«（21 - 30130 S 25 De 2/8/90）］，并得到了详细复述，因为它提供了对统一形势非常好的认识。此外，它也讨论了在 9 月份签署 "2＋4" 条约前夕变得严重的一个问题，科尔和戈尔巴乔夫都没有意识到这一问题的整体影响：科尔谈到，在苏军有期限地驻扎于民主德国地区期间，该地区不能驻扎北约的单位，不过他没有普遍谈到此事；而戈尔巴乔夫则使用了西方联盟 "作用和适用范围" 的措辞。由此，春天已经存在争议的问题，尤其是在根舍和施托滕贝格之间的问题再次蔓延，即能够在多大程度上将民主德国地区纳入北约司法管辖权之中，并因此进入其保护之列。

19. 将明显提高东德的生活水平与驻扎当地的苏军的强烈不满联系起来，科尔对此的顾虑有多大，也表现在他在会谈结束之时再次谈到这一点。戈尔巴乔夫保证，大家必须共同澄清这个问题。首先应该清楚法律方面的问题。波恩密切注意在民主德国的苏联武装力量的形势：6 月底时确认，一方面是部分民主德国民众对苏军日益负面的态度，另一方面是西部兵团内部越来越糟糕的气氛。同事们建议联邦总理，一方面，在适当的时候呼吁民主德国民众对外国人，尤其是对苏联士兵采取友好的态度；另一方面，安抚苏联，告诉它无论是货币、经济和社会联盟，还是德国统一都不会危及其部队（联邦政府信息）。

20. 仍不清楚戈尔巴乔夫在这一点上的确切立场：他指出 "2＋4" 最后文件必要的批准程序，这预示着他希望在结束这一行动后才完全建立全德主权。比较 Biermann 1997, S. 685。另一方面，在德国会谈记录中有这样的提示，苏联总统在其相关表述中并没有意识到，德国人的愿望是随着统一而直接建立主权。科尔只简短地谈到这一点。

21. 关于工作会晤的经过，见按语：Vermerk Kaestner v. 16. 7. 1990, betr.: »Arbeitsbesuch des Herrn Bundeskanzlers in der Sowjetunion; hier: Delegationsgespräch Moskau, 15. Juli 1990, 11. 35 Uhr – 12. 10 Uhr«（1990 年 7 月 19 日的附函，科尔手写的提示 "保密！" 和 "没问题" 并转发给

特尔切克的附函；213 30104 S 25 So 17）。其他非常简短提到的代表团会谈，见：Genscher 1995，S. 833；Diekmann/Reuth 1996，S. 426f.；Klein 1991，S. 87ff.；Teltschik 1993，S. 324f.；Waigel/Schell 1994，S. 42ff. 。

22. 午间谈话和新闻发布会的细节，参见：Diekmann/Reuth 1996，S. 427f. （科尔的描述）；Teltschik 1993，S. 325f.；Klein 1991，S. 87ff.；媒体报道（均为 1990 年 7 月 16 日）（*Frankfurter Rundschau*，Moskau will die deutsche Einheit nicht bremsen；*Süddeutsche Zeitung*，Annäherung zwischen Kohl und Gorbatschow in der Frage der deutschen NATO-Mitgliedschaft；*Frankfurter Allgemeine Zeitung*，Kohl und Gorbatschow vor einer Einigung im Streit über die Bündmszugehörigkeit Deutschlands）。

23. 引文 "科尔是 '那种好的德国人'"，来源于 *Frankfurter Rundschau* v. 7. 1990，Hoch auf dem roten Mähdrescher。经过策划而产生了媒体效果的莫斯科到斯塔夫罗波尔之行，见一些参与者的描述：Diekmann/Reuth 1996，S. 428ff.；Teltschik 1993，S. 327ff.；Klein 1991，S. 137ff.，145ff.，173ff. und 193f.；Genscher 1995，S. 833f.；Waigel/Schell 1994，S. 37ff. 。

24. 在 1998 年 4 月 17 日的访谈中，卡斯特鲁普说，令人注目的是，戈尔巴乔夫仍然强烈地沉浸在党代会的印象中，他反复说到这次会议。

25. 关于根舍在布雷斯特和阿尔希斯的健康问题，见 Genscher 1995，S. 815 und S. 838。

26. 关于代表团在阿尔希斯的会谈，尤其见按语：Vermerk Neuer v. 18. 7. 1990，betr. :» Gespräch des Herrn Bundeskanzlers mit Präsident Gorbatschow im erweiterten Kreis am Montag，dem 16. Juli 1990 von 10. 00 bis 13. 34 Uhr in Archys，Bezirk Stavropol《（由科尔转发给 "特尔切克"；21 – 30100 (56) – Ge 28 (VS)；213 – 30104 S 25 So 17，Bd. 2）。这个按语集中于意义重大的外交议题，只是浏览式地涉及经济和财政问题，它对参与政治家的谈判风格有着极好的认识，并且使得分析科尔和根舍的相互作用成为可能，描述非常详细。参加者除了科尔和戈尔巴乔夫以外，还有两位外长根舍和谢瓦尔德纳泽、财政部长魏格尔、政府发言人克莱因、苏联副总理斯塔扬和副外长克维钦斯基。此外，德国方面的布莱希大使、特尔切克、卡斯特鲁普、财政部司长格特·哈勒尔（Gert Haller）、书记员诺伊尔和一名译员也参加了会谈。特雷乔夫大使、不久前成为戈尔巴乔夫新闻发言人的阿尔卡奇·马斯林尼科夫（Arkadij Maslennikow）和一位译员完善了苏联代表团。对会谈参加者的粗略描述，见：Diekmann/Reuth 1996，S. 433ff.；Teltschik 1993，S. 333ff.；Genscher 1995，S. 838ff.；Waigel/Schell 1994，S. 49ff.；Kiessler/Elbe 1993，S. 168ff.；Klein 1991，S. 253ff.。不过，所有作者都忽略了前后总共四个小时的谈判，因为他们主要是复述最终结果，没有探讨谈判过程。例如，在迪克曼和罗伊特（Diekmann/Reuth）以及根舍（Genscher）的书中，没有指出到北约问题解决为止，需要多少助力，确切地说是没有提到戈尔巴乔夫和与谢瓦尔德纳泽的不同行为方式。在1998年4月17日的访谈中，卡斯特鲁普确认了这些不同：戈尔巴乔夫展示了非常多的常识，而谢瓦尔德纳泽则显然很克制。

27. 在1990年7月14～16日的会晤中，苏联方面尤其致力于重新调节德苏关系，参见 Galkin/Tschernajew 1994，S. 19，据此，戈尔巴乔夫在1990年7月已不再谈到如何实现重新统一，而是谈到两个国家"此后"的关系以及它们在欧洲和世界的作用。

28. 在1997年10月28日的访谈中，谢瓦尔德纳泽的亲信史特潘诺夫猜测，对于苏联总统和外长的亲信们来说，戈尔巴乔夫的迁就方针也是"一个震惊"。

29. 在德国的会谈按语中没有提示说克维钦斯基在7月16日已指出，它也包括"两用武器"。这种系统既配备了常规弹头也配备了核弹头。在"2+4"会谈的最后阶段，这一问题再次成为争执要点。见：本书"直至最后时刻的高度紧张"一章的描写；Biermann 1997，S. 689f. und S. 730ff.。

30. 对此，在联邦总理府的会谈按语中写道："会谈转到经济问题（复述不完整）"。此后要处理的问题也包括：对和民主德国公司有联系的苏联企业的补偿公式、苏军在东德的驻扎费用、苏联国防部在东德的财产，以及对德国投资者的保护措施。关于西方原则上的经济援助，总理说，戈尔巴乔夫应该与欧共体委员会主席德洛尔和理事会轮值主席安德烈奥蒂建立联系，因为他们在较早的谈话中暗示的全部金额将超过德国的能力。关于经济协定，也见以下分析：Grosser 1998，S. 425。

31. 此处以及此后，见：Diekmann/Reuth 1996，S. 428 und S. 436（科尔的描述）；Teltschik 1993，S. 337；Waigel/Schell 1994，S. 28。也比较

Genscher 1995，S. 840。关于科尔和根舍在飞往莫斯科的途中发生的争论，见：Teltschik 1993，S. 370f.；Klein 1991，S. 36f.；Zelikow/Rice 1997，S. 457 und S. 465f.。根舍（Genscher 1995，S. 831）提到，相关的"报道，只要是我知道的，都符合实际情况"，但没有提到内容方面的评论，而是提请注意"参与决策的会谈人员的保密界限"这一原则问题。在科尔的回忆中（Diekmann/Reuth 1996）没有支持这一争论。如果没有其他说明，对联邦国防军士兵数目充满矛盾的详细描述，见Klein 1991，S. 261。据此，7 月 16 日，并且直至最后都要谈判军队规模，因为戈尔巴乔夫收回了他原来同意的 37 万人。当科尔坚决反对"1919～1935 年德国国防军的解决办法"时，戈尔巴乔夫最终作出让步。

32. 也比较 Grosser 1998，S. 424ff.，据此，联邦德国在货币、经济和社会联盟以后的时间内，也就是将东德马克转换成德国马克后，将承担民主德国目前为止同意的部分驻军费用。联邦德国外交部和财政部的代表将苏联方面要求的 14 亿德国马克谈到 12.5 亿马克。

33. 此后不久，根舍补充这一声明时说，联邦政府提出的 37 万最高限额也包括海军，但在维也纳谈判中只涉及空军和陆军武装力量；大家不要借德国的同意而对维也纳的谈判内容作出事先决定，谢瓦尔德纳泽接受这一声明。

34. 科尔的阐述很大程度上符合他后来在谢尔斯诺沃茨克的新闻发布会上的开场声明。比较：Diekmann/Reuth 1996，S. 438ff.（科尔的描述）；Teltschik 1993，S. 340f.；Klein 1991，S. 275f.。媒体声明的原文，刊登于 Europa-Archiv，Nr. 18/1990，S. D480ff.。

35. 这一区分使得对事情的分类更加容易。但它不能掩盖，在政治最高层的谈判中，两个层面始终紧密地相互交织在一起。

36. Vgl. Biermann 1997，S. 690ff.

37. 例如，塔拉申科在 1997 年 10 月 27 日的访谈中如此认为。谢瓦尔德纳泽及其同事们感兴趣的尤其是在中欧驻扎的军队和在欧洲驻扎的美国军队的总数量。关于德国的开局立场，参见 Biermann 1997，S. 662ff.，作者也勾勒了波恩 5 月至 7 月初部分非常激烈的协商进程。据此，联邦德国外交部暂时对"以 3 开头"的数目感到满意，国防部内也有人考虑了大约 35 万人。波恩的一致意见是，在削减欧洲常规武装力量的谈判中，还可能更大地削减欧洲武装力量以及相关的德国国防军数量。因此，对联邦德国方面来说，可能导致统一失败的总数字并非中心问题。根舍在 1997 年 10 月 31 日的访谈中说，他的出发点是 35 万 ~ 37 万。关于波恩协商进程，也见 Teltschik 1993，S. 293ff. und S. 317。

38. 不过，在 1998 年 4 月 17 日的访谈中，卡斯特鲁普强调，总体上，戈尔巴乔夫是因为对数据资料和细节知识的非常了解而令人注目。

39. 两位政治家在阿尔希斯的会晤以后，用其名字和"你"彼此称呼，这也证明了这些办法在戈尔巴乔夫身上很成功。也见 Tschernajew 1993a，S. 306，据此，戈尔巴乔夫此后一直称"他的朋友赫尔穆特"。科尔有意识地并且灵活地选择德苏关系新秩序作为会谈开场白，也见 Genscher 1995，S. 839。

40. 也见根舍本人的描述（Genscher 1995，S. 839），其中他谈到了引人注意的"角色分配"。这一分配明确规定，科尔负责原则性的让步，而根舍则更多关注技术上有争议的部分。1997 年 10 月 31 日与根舍的访谈。在 1997 年 4 月 17 日的访谈中，卡斯特鲁普也是类似的评估：根舍在这些谈判中被视为律师，他总是精确地对待这些事情。也比较 Klein 1991，S. 261，据此，戈尔巴乔夫在某处表示了对根舍的阐述的气愤：他要"再次请求发言，否则根舍先生会把我们折磨到死"。

41. 谢尔斯诺沃茨克的新闻发布会，尤其见 Klein 1991，S. 272ff. 。此外，科尔的解释以及戈尔巴乔夫演讲稿的摘录以及对苏联总统的提问，详情见 Europa-Archiv，Nr. 18/ 1990，S. D479ff. ，»Die deutsch-sowjetischen Verhandlungen im Kaukasus im Juli 1990«。积极的新闻报道（均为 1990 年 7 月 17 日），参见：*Frankfurter Allgemeine Zeitung*，Deutschland und die Sowjetunion an einem neuen Anfang；*Bild*，Kohl hat's geschafft! Gorbi gibt ganz Deutschland frei；*Die Welt*，Kohl und Gorbatschow einig. Weg für Deutschland ist frei；*Münchner Merkur*，Geld öffnet Herzen。新闻报道（均为 1990 年 7 月 18 日）：*Neue Zürcher Zeitung*，Sowjetisch-deutsche Einigung in der NATO-Frage；*Frankfurter Rundschau*，Fragen nach dem »kaukasischen Friedenspreis«；*die tageszeitung*，Der Kanzler im Glück；*Die Welt*（含外国的反应），Baker: Ich hatte die Vereinbarung erst für den Herbst erwartet；*Die Welt*，Bonn und die Scheu vor historischem Überschwang；*Frankfurter Allgemeine Zeitung*，Ein Gefühl, als könnte man

Berge versetzen；*Süddeutsche Zeitung*，Das gewältige Gefühl der Erleichterung。

42. 与欧洲一体化和德国在欧共体的所谓支配地位联系在一起，里德利还说："我不反对转让主权，但不是转让给这种人。坦率地说，这样的话人们也能对希特勒让步。"里德利是撒切尔首相的亲信之一（比较1997年6月3日与鲍威尔爵士的访谈，他强调，无论是他本人还是撒切尔周围的其他人都不知道里德利的访谈。最终，除了里德利辞职以外，别无选择）。后来，撒切尔夫人感谢科尔对此事的冷静反应。比较新闻报道（均为1990年7月13日）：*Frankfurter Allgemeine Zeitung*，Londoner Aufregnug über einen Minister；*Süddeutsche Zeitung*，Deutsche wollen Europa übernehmen；*The Times*，Amid sound and fury，real truth about Europe united；*Frankfurter Rundschau*，» Da können wir unsere Souveränität ja gleich an Hitler abtreten«；*The Guardian*，Arrogance that reeks of the 1930s；*Neue Zürcher Zeitung* v. 14. 7. 1990，Undiplomatische Verbalattacke eines britischen Ministers gegen Deutschland；*Frankfurter Allgemeine Zeitung* v. 16. 7. 1990，Der König der taktlosen Bemerkungen hat sich um sein Amt geredet。关于"契克斯"事件，见本书"新伙伴寻找自己的方针"一章的描述。

43. Vgl. »Bilanzen und Perspektiven der Politik der Bundesregierung. Erklärung des Bundeskanzlers vor der Bundespressekonferenz in Bonn«，in Bulletin Nr. 93 v. 18. 7. 1990，S. 801ff. 在本书"直至最后时刻的高度紧张"一章中，分析了巴黎"2 + 4"外长会议的过程。

44. 见按语：Vermerk Neuer v. 17. 7. 1990，betr. :» Telefongespräch des Bundeskanzlers mit Präsident Bush am 17. Juli 1990 von 14. 45 bis 15. 15 Uhr« (212 30 132 A5 AM31，Bd. 2 sowie 21 − 30100 (56) − Ge 28 (VS))。也比较引文：Kiessler/Elbe 1993，S. 178f.，据此，布什对于科尔和戈尔巴乔夫在没有美国的直接参与下而"最终自行其是"感到不快。因此，布什向克里姆林宫首脑通报伦敦峰会的结果为借口，打电话给戈尔巴乔夫。在与戈尔巴乔夫通话以前，布什在与科尔的通话中说，他要告诉苏联总统休斯顿七国峰会的结果。这一说法比通报14天以前就已结束的北约峰会更有可能。

45. 也参见 *Frankfurter Allgemeine Zeitung* v. 18. 7. 1990，Ein Gefühl，als

könne man Berge versetzen。据此，将推进克维钦斯基较为强硬的路线。

46. 参见：1990 年 7 月 17 日联邦总理给英国首相撒切尔的信件（213 – 30104 Sol7，Bd. 1）；1990 年 7 月 17 日联邦总理给法国总统的信件；1990 年 7 月 17 日联邦总理给意大利总理安德烈奥蒂的信件［两份信均为：21 – 301 00（102）– Br 8（VS）］。也见：1990 年 7 月 17 日外国政治家的贺信，其中有撒切尔夫人的信件（她尤其称联盟问题中的一致意见是符合欧洲和全世界利益的一大步）；1990 年 7 月 18 日冈萨雷斯的祝贺电报（213 – 30104 S25 So17）。科尔的另一封感谢信，按照德国在北约代表机构的建议，送给了北约秘书长沃尔内尔（联邦政府信息）。1990 年 7 月 19 日，科尔给已得到电话通知的布什送去一封个人信件，对他迄今为止的支持，其中包括对北约改革的推动，表达了热情的感谢。波恩有意识地将这封信处理成能够在美国公开的信件。见 Vorlage AL 2（Kaestner）an den Bundeskanzler v. 19. 7. 1990，betr. :» Dankschreiben an Präsident George Bush«（21 – 30100（102）Br8（VS），Bd. 30）。第二天，科尔开始了他持续到 1990 年 8 月 20 日的休假。

第十五章　直至最后时刻的高度紧张

1. 关于梅克尔的反应，见民主德国外交部文件［» Stellungnahme des Außenministers der DDR zu den Ergebnissen der Gespräche von Bundeskanzler Kohl und Präsident Gorbatschow«（auch in 212 – 35400-De 39 NA 4，Bd. 5）］，这份文件作为民主德国外交部的新闻稿分发，并于 7 月 17 日在巴黎由德国代表团转交给其他“2 + 4”国家代表。与其中宣称的不同，戈尔巴乔夫只是要求放弃在东德地区部署核武器和外国军队。关于梅克尔获得高加索会谈结果官方通知的愿望，见民主德国外交部 1990 年 7 月 18 日的文件［（Abt. 1，UA 10），»Bericht über das dritte Treffen im Rahmen 2 + 4 auf Ministerebene am 17. Juli 1990 in Paris«］。7 月 21 日，苏联方面向民主德国通报了莫斯科和阿克希斯的会谈内容，见民主德国外交部文件［»Informationen über die Hauptergebnisse der Gespräche M. S. Gorbatschows mit dem Bundeskanzler der BRD，H. Kohl，während dessen Arbeitsbesuches in der UdSSR vom 14. – 16. Juli 1990«（7 Seiten mit der handschriftlichen Anmerkung »Von SU am 21. 7. an MM übergeben«）］。7 月 18 日早上，克维钦斯基向梅克尔简短地通告了高加索会晤结果。

2. 在德梅齐埃访美后的一个月，梅克尔于 7 月 13 日前往华盛顿与政治家们会谈，其中有贝克、斯考克罗夫特以经济界和犹太人索赔大会（Jewish Claims Conference）的代表。关于他的会谈，见：民主德国外交部 1990 年 7 月 16 日的文件 [»Bericht über den Arbeitsbesuch des Ministers für Auswärtige Angelegenheiten in den USA am 13.7.1990 «（10 Seiten inkl. Verschiedender Anlagen）]；Albrecht 1992，S. 93f.；Zelikow/Rice 1997，S. 456。梅克尔尤其要向贝克游说他的安全政策设想，见民主德国外交部文件 [（Patrick von Braumühl）:»Gesprüchsnotiz vom Gespräch mit Herrn Grinin am 12.7.，14.00«]，其中报告了政治司长冯·布劳恩米尔和苏联外交官的会晤。关于梅克尔美国之行的新闻报道，比较：*Berliner Zeitung* v. 16.7.1990，Meckel forciert Abzug aller Kernwaffen；*Der Tagesspiegel* v. 15.7.1990，Meckel legt Zeitplan fur Zwei-plus-Vier-Gespräche fest。在其 1990 年 7 月 13 日给谢瓦尔德纳泽的信中（民主德国外交部未公开文件）梅克尔主要谈到了北约的《伦敦声明》，他说，这项声明包含了"许多积极的因素，同时也确定了需要批评的立场。尤其涉及核战略的问题"。

3. 见 1990 年 7 月 18 日雷日科夫给科尔的信件（非官方翻译和审核）（213 – 30130 S25 Üb5，Bd. 1，außerdem B 136/ 26701）；细节说明见本章的其他描写；Grosser 1998，S. 426ff.。

4. 比较本书"最大的障碍"一章，其中描绘了围绕争论的内容细节，这一争论围绕的是承认波兰西部边界及其在统一进程整体环境中的定位。相反，本章以下部分的重点是"2＋4"进一步谈判的经过。

5. 如果没有其他说明，"2＋4"外长会晤的描写基于：21 组组长（哈特曼）给联邦总理的按语 [Vermerk GL 21（Hartmann）an den Bundeskanzler v. 18.7.1990，betr.»3. Treffen ＞ 2＋4 ＜ auf Außenministerebcne in Paris（unter zeitweiliger Beteiligung Polens）«（212 – 354 00 De 39 NA4，Bd. 4；außerdem, mit diversen Anlagen, B 136/20244）]；民主德国外交部 1990 年 7 月 18 日文件 [（Abt. 1，UA 10），»Bericht über das dritte Treffen im Rahmen 2＋4 auf Ministerebene am 17. Juli 1990 in Paris«]；民主德国外交部和联邦德国外交部信息。比较：Genscher 1995，S. 841ff.（根舍进行了简短描述，其中提到他的预备性会谈）；Zelikow/Rice 1997，S. 469f.（包含美国政府对高加索结果的评价）；Diekmann/Reuth 1996，S. 446ff.（包含

科尔对调解边界讨论的回忆）。完全不同的描述，见 Albrecht 1992，S. 108ff.，作者从梅克尔紧密顾问的视角，谈到了斯库比斯泽夫斯基的想法突然出现的变化。关于已经进行过的官员层面上的三方谈判的前期历史，也见本书"最大的障碍"一章。

6. 美国方面认为，巴黎会晤可以称为"几乎是不必要的"，因为随着德苏取得一致，所有主要的争执都得以清除。在美国外长看来，谢瓦尔德纳泽 5 个月以前提出的"问题中的问题"，也就是欧洲未来安全政策的设计组织和对苏联的安全担保等问题，已经得到了回答（Baker 1996，S. 233f.）。民主德国方面将巴黎谈判回合看成是"首轮'1+4'会谈"，在这些会谈中，民主德国的立场不起作用。见 Carlchristian von Braunmühl，» Die Herstellung der Einheit ist keine gemeinsame Sache geworden«，in *Frankfurter Rundschau* v. 24. 8. 1990。总之，民主德国"再度扮演次要角色"（Albrecht 1992，S. 115）。

7. 这份清单包括了代表团认为应该是最后规则组成部分的那些问题。巴黎谈判的要点，除了统一后的德国放弃三种大规模杀伤性武器以外，还致力于研究未来欧洲安全大厦、民主德国地区的政治－军事地位、苏军在东德有期限的存在、自由选择联盟的权利、宣布过的北约变化以及北约和华约国家共同文件等问题。在这一回合中，民主德国也提出了自己的疑虑：直到它被正式告知在阿尔希斯作出的协定，它的政府都必须保留自己的立场。此外，米瑟维茨认为，大家在此事上还拥有保留权。比较按语：Vermerk GL 21（Hartmann）an den Bundeskanzler v. 18. 7. 1990，betr. :» 3. Treffen > 2 + 4 < auf Außenministerebene in Paris（unter zeitweiliger Beteiligung Polens）«（212 – 354 00 De 39 NA4，Bd. 4；außerdem，mit diversen Anlagen，B 136/20244）。民主德国的会议记录还称，只能有保留地同意，因为民主德国政府没有得到官方通知并且首先必须进行内部协商，见：民主德国外交部 1990 年 7 月 18 日文件［（Abt. 1，UA 10），» Bericht über das dritte Treffen im Rahmen 2 + 4 auf Ministerebene am 17. Juli 1990 in Paris «］；Genscher 1995，S. 844；Albrecht 1992，S. 110。在 1995 年 5 月 22 日的访谈中，伯恩达伦科对米瑟维茨的这种行为方式很恼怒。他说，如果任何一个代表团都没有获得科尔和戈尔巴乔夫在高加索真正议定的具有约束力的文件，他才理解这件事；取而代之的是，出现了两种不同的媒体声明，所有代表团必须以

其为基础开展工作。

8. 7 月 16 日，在米瑟维茨和苏德霍夫领导下的两德外交部代表会晤，开展
职能部门中的讨论，其中涉及他们认为的统一条约的重要内容。在民主
德国的建议中，还谈到统一后的德国发表一项具有约束力的声明，声明
放弃三种大规模杀伤性武器、人员规模、自我限制军备出口。波恩代表
团要求在"2 + 4"会谈范围中有这样的一条（联邦德国外交部和民主德
国外交部信息）。在会谈继续进行的过程中，民主德国坚持在统一条约
里顾及它的安全政策计划（联邦政府信息），比较：民主德国外交部 1990
年 7 月 19 日文件 [（Schwegler-Rohmeis），betr. : »Protokoll einer Beratung
über den Staatsvertrag Ⅱ/Einigungsvertrag vom 18. Juli 1990 «]；Albrecht
1992，S. 117f. 。任命国务秘书多姆克为民主德国外交部统一条约谈判代表
团中的常任代表。梅克尔原来推荐的施托尔佩是其副手，比较民主德国外交
部 1990 年 7 月 20 日文件 （»Brief von Markus Meckel an Lothar de Maizière «）。
后来，在 1990 年 8 月 30 日草签的《统一条约》中，只简短地提到安全政策
问题，其中提请参考仍在进行中的"2 + 4"会谈结果。

9. 事先分发的德文文稿共有 21 页，见民主德国外交部 1990 年 7 月 18 日文
件附件 [Anlage zum MfAA-Papier v. 18. 7. 1990（Abt. 1，UA 10），»Bericht
über das dritte Treffen im Rahmen 2 + 4 auf Ministerebene am 17. Juli 1990 in
Paris«]。以下对讨论的分析，主要基于：21 组组长（哈特曼）给联邦总理
的按语 [Vermerk GL 21（Hartmann）an den Bundeskanzler v. 18. 7. 1990,
betr. : »3. Treffen ＞2 + 4 ＜ auf Außenministerebene in Paris（unter zeitweiliger
Beteiligung Polens）«（212 – 35400 De 39 NA4，Bd. 4；außerdem，mit
diversen Anlagen und Protokollnotizen，B 136/20244）]；联邦德国外交部
和民主德国外交部信息；1996 年 4 月 23 日与斯库比斯泽夫斯基的访谈。

10. 在回答斯库比斯泽夫斯基的询问时，民主德国外长梅克尔赞同根舍的
声明，他说，按照他的理解，"最终国际法解决"具有和平条约解决的
重要地位。

11. 在 7 月 3 日和 4 日柏林第六次"2 + 4"外长会晤中，制定了一份有待
处理的议题"一览表"，并在巴黎将这份一览表提交给外长们。其中，
苏联再次将重点放在也应在"2 + 4"框架中探讨安全问题。此外，它
重新提出"过渡时期"的想法。7 月 4 日，波兰外交部的政治司长苏
力克应邀参加了讨论。他要求继续开展（联邦）德国 – （民主）德

国－波兰的边界会谈，但没有支持民主德国在统一以前就草签的立场。不过，午餐时苏力克表示，对于波兰政府来说，主要是要在国内保住面子。他强调，敦促提出一项分开的边界条约绝不意味着放弃深受期待的普遍协作条约。比较按语：Vermerk GL 21（Hartmann）v. 5. 7. 1990 an den Bundeskanzler, betr. :» > 2 + 4 < -Gespräche auf Beamtenebene; hier: 6. Runde unter Beteiligung Polens«（212 – 35400 De 39 NA 4 Bd. 4- von Kohl abgezeichnet-sowie B 136/20244 mit der Inventurliste und dem Textvorschlag für die Grundprinzipien zur Grenzfrage als Anlagen）。其他细节来源于：民主德国外交部 1990 年 7 月 4 日文件 ［（UA Europäische Einigungsprozesse），»Bericht über das 6. Beamtentreffen im Rahmen 2 + 4 am 3. /4. Juli in Berlin«］；联邦德国外交部和美国国务院信息。也见本书"最大的障碍"一章中的详细描写。

12. 阿尔布雷西特（Albrecht 1992, S. 113）暗示，波兰最终靠马克换取了让步。这一评判违背了实际的力量对比关系，也就是说在巴黎会晤中，波兰的立场没有得到四大国的支持，而且在华沙也被视为侮辱性的。苏力克向民主德国驻华沙大使提出抗议，抗议"民主德国代表团发表的言论，说波兰收回了前提条件并得到了联邦德国的援助承诺"（Albrecht 1992, S. 114）。也比较 Kiessler/Elbe 1993, S. 198ff. 。

13. 关于科尔在内阁的表态，见 1996 年 2 月 29 日与梅尔特斯的访谈。也比较：Teltschik 1993, S. 344f. ；联邦德国外交部信息。

14. 以下描述的基础是：Zelikow/Rice 1997, S. 472；联邦德国外交部、民主德国外交部、美国国务院和联邦总理府信息。也见民主德国文件：（Abt. 1, UA 10, Ref. 100, Dr. Hillmann），» Bericht über das 7. Beamtentreffen im Rahmen 2 + 4 auf Beamtenebene am 19. 7. 1990 in Bonn«（mit 2 Anlagen）。各国代表团团长分别是卡斯特鲁普（联邦德国）、米瑟维茨（民主德国）、杜发奎（法国）、伯恩达伦科（苏联）、塞茨（美国）和魏思敦（英国）。

15. 后来，民主德国代表团团长米瑟维茨（Misselwitz 1996, S. 58）谈到，他反对在没有本国政府参与的情况下，商谈苏军在民主德国地区有期限驻留的问题。因此，虽然民主德国外交部与裁军与国防部已经准备好参加谈判，但最终没有参加波恩和莫斯科之间的会谈。米瑟维茨引用了联邦德国外交部的内部按语，根据这份按语，8 月 1 日，联邦总理府部长塞特斯在波恩的部委讨论时就已指出，没有计划民主德国参与撤军谈判。关于苏军撤出民主德国，比较 Brandenburg 1993，其中详细描述了两个条约的谈判历史和内容，即《苏军在联邦德国有限期驻留的条件与有计划撤军的方式》条约以及《过渡措施》协定（所谓的《过渡协定》）。据此，与苏联撤军计划一起，官方的兵力数字首次为人所知，也就是 1990 年大约有 33.8 万士兵和 20.8 万平民（雇员和家属），苏联在民主德国武装力量及相关人员共计 54.6 万人。

16. 联邦政府信息。据此，很大程度上澄清了序言，关于条约部分则分配了任务。最后文件，正如谢瓦尔德纳泽同意的那样，到 9 月 12 日外长会议以前完成。

17. 以下描述基于联邦政府有关政府声明的信息和人民议院的辩论。也比较：*Süddeutsche Zeitung* v. 6. 7, 1990, Schwelender Konflikt；与民主德国外交部（如 1994 年 7 月 13 日与米瑟维茨）和总理府办公厅当事人的访谈。此处以及引文，见德梅齐埃的政府声明（Regierungserklärung zur Außenpolitik von Ministerpräsident Lothar de Maizière, in Volkskammer, 10. Wahlperiode, 21. Tagung v. 5. 7. 1990, S. 827ff.；den Beitrag Meckels S. 831ff.）。

18. 比较两篇文章：*Frankfurter Neuen Presse* v. 18. 7. 1990, Meckel bemükelt den Bonner Erfolg; sowie ebenda, Herumgemeckelt. 引文 "荒诞地试图……"，见 *Der Tagesspiegel* v. 19. 7. 1990, Meckels Armee. 在社民党人民议院议会党团也疏远了统一后拥有东德自己的军队这一想法以后，梅克尔也放弃了这一考虑（*Frankfurter Allgemeine Zeitung* v. 19. 7. 1990, Die Bundestagsfraktion der SPD weist Überlegungen Meckels zurück）。对于民主德国外交部工作的其他批评——主要涉及梅克尔和冯·布劳恩米尔家族的亲朋好友占据了关键岗位（*Die Welt* v. 26. 7. 1990, Markus Meckel und die Diplomatie; *Der Spiegel* v. 10. 7. 1990, Wer ist Teltschik? Aus dem DDR-Außenministerium hat Ressortchef Meckel ein Familienministerium gcmacht-Vetternwirtschaft im Amt）。梅克尔对民主德国可能有独立自主的外交政策进行了评价（*Frankfurter Rundschau* v. 20. 7. 1990, Die NATO muf sich weiter verändernn. DDR-Außenminister Markus Meckel im Gesprach über Abrüstung und Staatsvertrag）。关于内部的不同评价，参见民主德国外交部 1990 年 7 月 23 日文件〔（Richter），» Gesprächsvermerk Walter

Momper-Markus Meckel am 21. Juli 1990 im MfAA«]。在这次谈话中，梅克尔描述了苏联驻东柏林大使馆告知他的对科尔和戈尔巴乔夫取得了一致意见的反应，他说，取得的一致"引起了苏联专家的震惊"（克维钦斯基、西金、伯恩达伦科）。

19. 以下比较 *Süddeutsche Zeitung* v. 20. 7. 1990，Genschers Geduldfaden gerissen。其他描述基于局外观察家和参与者、民主德国和联邦德国外交部的信息。联邦外长（Genscher 1995，S. 849）在其回忆录中只提到，会谈没有探讨具体内容。除了两位外长，办公室主任埃尔伯和弗里切也参加了会晤。总理府对梅克尔在政治上的单干也感到非常恼怒。为了科尔和德梅齐埃即将到来的会谈，二司的工作人员也分析了梅克尔的倡议及其对北约成员属性、统一后的德国军队兵力、要求德国没有核武器等问题发表的大量言论。这些反应不仅加重了与联邦政府关系的负担，而且也引起了华盛顿和莫斯科的恼怒。此外还认为，梅克尔坚持处理安全政策问题，也使"2＋4"进程复杂化（联邦政府信息）。

20. 根舍本人陈述的这项声明，是"2＋4"条约的组成部分。根舍 8 月 30 日的演讲，刊登于 Kaiser 1991a，S. 253ff.。就像根舍在 1997 年 10 月 31 日的访谈中强调的那样，出于象征和强调含义的原因，对他来说，将这一声明放到部长层面上是很重要的。由于社民党退出民主德国政府，除了根舍以外，作为民主德国代理外长的德梅齐埃总理也参加了在维也纳的消息公布活动。他在简短的声明中赞同联邦德国外长的声明。根舍 1990 年 8 月 22 日在日内瓦第四次《不扩散核武器条约》核查会议上的演讲，见详细摘录（Kaiser 1991a，S. 250f.）。与 1990 年春天谋求的不同，这项声明最终却意味着——虽然是自愿的——德国的"特殊化"，因为在削减欧洲常规武装力量的谈判中，德国是唯一单方面发表了对其武装力量最高限额声明的国家。直到最后，联邦国防部都拒绝这一单方面声明。不过，至少阻止了苏联期待的核查措施，该声明只是作为附件而附加于《欧洲常规武装力量条约》中，并且得到其他国家的许诺，到有关进一步裁减军队的后续谈判为止，至少不扩大自己的兵力，这些被评价为成功。比较 Biermann 1997，S. 722ff.，bes. S. 725。

21. 关于联邦德国放弃拥有核武器的历史，见 Riecke 1996，S. 187ff.。

22. 关于执政联盟危机的发展情况，详细描写见 Jäger 1998，S. 449f.。

23. 关于这次会谈见：Telex Stäv Nr. 1689 v. 29. 8. 1990，betr. :»Gespräch MP de Maizière/BM Genscher«（B 137/10722 sowie 212 – 35400-De 39 NA 4，Bd. 5）；民主德国和总理办公厅信息。关于会谈经过，比较 Genscher 1995，S. 861 ff. 。总理府也详细讨论了最后一次“2＋4”部长回合主持人的问题。根据那里的信息，西方盟国也有顾虑：对于民主德国新政府中一位没有经验的主席，这个要求过高。科尔建议其同事与根舍协商。后来，尽管联邦德国外交部有不同的建议，德梅齐埃还是在给东方盟国伙伴的照会中，通知民主德国退出华约。匈牙利政府赞扬这个步骤是其他国家退出华约的可能的榜样，赞扬它是民主德国给其原盟国的“最后喜悦”。

24. 联邦政府信息。雷日科夫含有苏联设想的信件（B 136/26701）。关于“缩短时间范围”，也见 Biermann 1997，S. 708 ff. 。

25. 在 1990 年 11 月 19 ~ 21 日的巴黎欧安会峰会上，用《巴黎宪章》确保了冷战结束并通报德国统一，同时开始了欧安会机制化的第一轮步骤。参见：Gasteyger 1994，S. 534 ff. （含《巴黎宪章》）；Bredow 1992，S. 145 ff. ；Brand 1993，S. 237 ff. 。在巴黎欧安会峰会上，科尔以统一德国的五项“郑重承诺”所发表的声明，见 Kaiser 1991a，S. 364 ff. 。在巴黎签署的华约和北约 22 国《结束冷战和欧洲分裂》的共同声明也与德国统一相关，摘录刊登于 Auswärtiges Amt 1995，S. 755 ff. 。此外，11 月 19 日签署了《欧洲常规武装力量条约》。

26. Siehe dazu Vermerk AL 2 i. V.（Westdickenberg）an den Bundeskanzler v. 3. 8. 1990，betr. :»Außenpolitischer Regelungsbedarf im Hinblick auf die neue deutschlandpolitische Lage（mögliche gesamtdeutsche Wahlen und Beitritt im Oktober）«（213 – 30130 S25 Üb5，Bd. 1；von Kohl mit »Teltschik + Hartmann bald R« ver-sehen）. 作为乐观的理由，提到了谢瓦尔德纳泽 7 月 31 日的有关意见。除了与苏联的条约以外，这份文件还处理了与其他国家可能有必要的条约等问题，其中有三大国武装力量在柏林驻军新解决办法的协定，以及民主德国地区纳入欧共体的问题。

27. 以下比较：1990 年 7 月 18 日雷日科夫给科尔的信件（含非官方的翻译和核实）；联邦政府信息。7 月 18 日雷日科夫就谈到条约的必要性，这在总理府的分析中显得并不突出。雷日科夫说，“它应该与贯彻德国统一的实际措施相关、与民主德国引进西德马克相关，解决它们对苏联经济和财政产生的后果"。这一段话显然被阐释为与《过渡协议》有关，因为在 8 月 16 日给总理的按语中说，8 月 13 日，在克维钦斯基和卡斯特鲁普的莫斯科会谈中，苏联提出第四项条约的要求。8 月 17 日，根舍率领的德国代表团在莫斯科得到了苏联对这项条约的建议。

28. 引文"趁热打铁……"来自 Kwizinskij 1993，S. 53。也见：Biermann 1997，S. 709f.；Kiessler/Elbe 1993，S. 202；Genscher 1995，S. 854ff.。根舍详细地探讨了 8 月份时还悬而未决的问题，谢瓦尔德纳泽突然重新提起要在最后的"2+4"文件中提到统一后的德国放弃三种大规模杀伤性武器，以及全德最高武装力量最高限额。波恩的国防部虽然拒绝了这一点，但苏联最终还是努力办到了。此外，对不同会谈的描写，也基于：Vermerk MDg Dr. Peter Hartmann v. 15. 8. 1990，betr.：»Gespräch MD Teltschik/ MD Kastrup am Mittwoch, 15. August 1990, im Bundeskanzleramt«（212 – 35400 De 39 NA 4，Bd. 5 und 212 – 35400 De 39 NA 2，Bd. 3）；联邦德国外交部、苏联外交部和联邦总理府信息。

29. 联邦总理府信息；Genscher 1995，S. 863f.；Teltschik 1993，S. 352。关于经济和财政关系的谈判——在此期间，联邦经济部也参与了谈判——详情见以下描述：Grosser 1998，S. 429ff.。

30. 此后的描述基于联邦德国外交部、苏联外交部和联邦政府的信息。在与根舍的会晤中，特雷科夫也谈到了强制劳工赔偿解决的问题。联邦外长对其谈话伙伴表示，他和联邦总理绝不想看到在进行的谈判中处理这个议题，他请求苏联方面目前最好不要挑起这个问题。

31. 根舍在这一点上显得比较迁就，而科尔很长时间都有顾虑。一方面，他害怕，如果在与波兰达成有关的协定以前就签署德波条约，波兰会产生新的不快。另一方面，总理反对在 12 月的联邦议院选举以前就边界条约进行谈判，因为他考虑到被驱逐者会抗议。9 月 4 日，他才同意提前草签德苏条约。不过，9 月 6 日，在给马佐维耶茨基（213 – 30130 Po 48，Bd. 1）的信中，科尔建议 11 月 8 日奉行两国政府首脑的非正式会谈。另比较 Teltschik 1993，S. 356ff.。

32. Siehe dazu AL 2 v. 30. August 1990（Entwurf），»Vermerk über das Gespräch mit dem stellvertretenden sowjetischen Außenminister Julij Kwizinskij am 28. August 1990，19. 15 bis 20. 30 Uhr im Bundeskanzleramt«（21 – 301 00 (56) – Ge 28 (VS)，Bd. 81）. 特尔切克（Teltschik 1993，S. 352ff.）本

人在其回忆录中详细谈到了这次会晤，但没有提到苏联 1949 年前的财产没收、重新补偿强制劳工和解除四大国权利等问题。科尔的同事们概括性地得出结论：苏联方面显然试图"修补"。毕尔曼（Biermann 1997，S . 174ff.）指出，正是克维钦斯基在其对"大条约"的设想中想到了德意志帝国和俄罗斯 1926 年的《柏林条约》（Berliner Vertrag）——《拉帕洛条约》的后续协定，主要是确定两国在遇到攻击时保持中立。9 月 4 日，科尔和根舍达成一致，以条约形式将"不支持攻击者"这一点固定下来。科尔在给根舍的信中很重视避免一切具有历史负担的措辞。也见：Teltschik 1993，S. 357；Kwizinskij 1993，S. 59。克维钦斯基说，苏联在谈判即将结束之际的许多合理要求都遭到了联邦德国有意识的无视。

33. 见 Zelikow/Rice 1997，S. 473。关于科尔和布什的通话，见：Vermerk Neuer　v. 31. 8. 1990，betr. :» Telefongespräch des Bundeskanzlers mit Präsident Bush am Donnerstag, dem 30. August 1990«（21 – 301 00 (56) – Ge 28 （VS），Bd. 81）；mit Kohls handschriftlicher Weiterleitung an »Teltschik«）；Teltschik 1993，S. 354。

34. 联邦政府信息。科尔在其度假地圣吉尔根（St. Gilgen）也不断地获得情况通报。

35. 9 月 6 日的情况，见财政部长魏格尔 1990 年 9 月 6 日的信件（B 136/ 26701）。此外，以下描述基于：Teltschik 1993，S. 354ff.；联邦总理府和外交部信息。关于苏联的不同要求、要求的整理分类和单个谈判回合，也见 Grosser 1998，S. 425ff. 。

36. Vgl. Vermerk RL 212 v. 7. 9. 1990，betr. : «Telefongespräch des Herrn Bundeskanzlers mit Präsident Gorbatschow（7. September 1990，10. 02 – 10. 40 Uhr）»（21 – 30100 (56)　– Ge 28 (VS)；212 – 35400 De 39 NA 2，Bd. 3）. 根据总理的指示，向财政部的国务秘书科勒尔转交了一份复印件。关于通话和准备，见：Diekmann/Reuth S. 466ff. （科尔的描写）；Teltschik 1993，S. 358ff. 。在苏联当事人的回忆录中，找不到有关戈尔巴乔夫提出财政要求的章节。

37. 与在高加索时类似，在与苏联政要的会谈中，波恩方面反复指出，通过对计划中的西方一揽子支持计划作出贡献，可以完善德国的直接援助，国务秘书（施塔文哈根）在与苏联副总理莱昂尼·阿巴尔金（Leonid Abalkin）的会谈中也如此认为（联邦政府信息）。

38. 见 Teltschik 1993，S. 354ff.。特尔切克估计价值为 10 亿德国马克。交货时应有民主德国的货物，这样，除了苏联接收人以外，东德农业经济也将享受间接补贴。9 月 7 日，谈判结束。

39. 见 Teltschik 1993，S. 358。不过，特尔切克没有提到对庆祝统一之事的询问。9 月 6 日与布什的通话，主要涉及对伊拉克的政策以及波恩进行的德国对美国、埃及、约旦和土耳其提供援助的准备。布什 9 月 5 日的信件先于这次通话。信中，美国总统告诉科尔，在计划于 9 月 9 日和戈尔巴乔夫的峰会中，海湾危机、进一步的军备控制会谈以及苏联内部的发展，应是这次会晤的中心。关于德国统一，布什保证，他将再次欢迎戈尔巴乔夫同意全德的北约成员属性，并坚持德国随其统一而获得完全的主权。虽然他担心苏联方面可能对东德安全状态提出其他限制，但将强调德国与北约伙伴的关系。华盛顿和莫斯科的答复比较克制，此后，没有考虑官方正式邀请国家和政府首脑参加柏林的统一庆祝活动，就像塞特斯 1990 年 9 月 13 日在与西方三大国的大使会谈中所解释的那样。也比较 Kwizinskij 1993，S. 63。据此，戈尔巴乔夫用自己的谢绝再次对布什拒绝邀请的立场作出了反应。在 9 月 15 日的会晤中，贝克感谢联邦总理对布什谢绝参加活动的理解。此外，这次会谈主要围绕海湾危机和其他现实的政治问题，但德国问题不再是主题。见按语：Neuer v. 20. 9. 1990，betr. :»Gespräch des Bundeskanzlers mit Secretary Jim Baker am Samstag，den 15. September 1990 in Ludwigshafen« (212 – 30105 A5 AM7)。

40. 见联邦财政部 1990 年 9 月 9 日文件 [» Argumentation für Überleitungsvertrag« (mit Anschreiben von Staatssekretär Horst Köhler und handschriftlichen Anstreichungen durch den Bundeskanzler (213 – 30130 S 25 Ub5，Bd. 3)]。科勒尔说，30 亿德国马克的无息贷款将在五年中造成联邦德国 12 亿德国马克的费用。此处以及此后，比较以下描述：Grosser 1998，S. 430；Teltschik 1993，S. 361ff.；Diekmann/Reuth 1996，S. 468。

41. 1990 年 11 月 9 日，在戈尔巴乔夫首次访问统一的德国之际，签署了《德苏友好条约》。1990 年 10 月 12 日，签署了《苏军在联邦德国有限期驻留的条件与有计划撤军的方式》条约 [《驻留与撤军条约》(Außenthalts- und Abzugsvertrag)]、关于《过渡措施》的协定 (《过渡协定》）。1990 年 11 月 9 日，签署了苏联事后引入讨论的《经济、工业、科学和技术合作条约》（Vertrag über die Zusammenarbeit in Wirtschaft, Industrie, Wissenschaft und Technik）。分别见文本摘录：Kaiser 1991a, S. 334ff., S. 325ff., S. 318ff. und S. 346ff.；die Abdrucke in Bulletin Nr. 123 v. 17. 10. 1990（»Außenthalts- und Abzugsvertrag«, S. 1284ff. /» Überleitungsvertrag «, S. 1281ff.）；Bulletin Nr. 133 v. 15. 11. 1990（»Nachbarschaftsvertrag«, S. 1379ff. /»Vertrag über die Zusammenarbeit«, S. 1382ff.）。

42. 1996 年 2 月 29 日与梅尔特斯的访谈。

43. 也见 Biermann 1997, S. 711ff.。作者举了两个原因：第一，鉴于 "2 + 4" 条约有必要得到最高苏维埃的批准，德国政策的强硬派绑在一起进行阻挠；第二，戈尔巴乔夫和谢瓦尔德纳泽没有任何可以替换的人选，因为有关专家对目前达成的政治协定都持否定立场。直到最后，伯恩达伦科和克维钦斯基仍试图对达成的结果 "遏制激动的情绪" 或者对继续进行的谈判 "制造麻烦"，这些评判来自和西德以及美国 "2 + 4" 官员会谈参与人员的访谈。

44. 如果没有其他说明，见 Zelikow/Rice 1997, S. 483ff.。作者列举了一系列其他要点，如美、英、法航空公司飞往柏林的飞行权，以及美国公民和犹太社团对其在民主德国的财产赔偿要求。贝克在给根舍的信件中谈到了其中的一些要点，8 月 5 日波恩大使馆将该信转交给联邦德国外交部。此外，以下描述还以大量的联邦政府信息为基础。1990 年 8 月 16 日，美国公使华德（Ward）拜访了哈特曼。在联邦德国外交部，美国首先谈到了不同的要点，如柏林文件中心（Berlin Document Center）的未来和柏林驻军费用等。北约军队状态以及所属的附加协定并没有给予盟军以驻扎权，而是解决其军队的法律地位，如在证件义务或者赔偿保险问题方面的法律地位。比较：Fuchs 1989；Gebhards 1989；grundsätzlicher: Wolfrum 1992；Bartsch/Sauder 1994。

45. 对联邦政府立场和不同职能部门讨论情况的描述，以联邦政府的不同信息为基础。据此，至少总理府二司的一些同事赞同联邦外交部的严格意见。此外，描述还基于联邦德国外交部、总理府和美国国务院信息。"强硬的外交交涉" 这一提示，见特尔切克 1990 年 8 月 30 日给外交部国务秘书苏德霍夫的信件（副本：212 - 37935 Tr2, Bd. 1）。其中，特尔切克谈到了该部门与美国大使沃尔特斯和英国大使马拉贝的会谈，在这些会谈中，他们明确说明了自己的拒绝立场。其背景是，《北约军队章程》、《北约军队章程》附件协定以及与此相关的贯彻协定，放入了《统一条约》的"否定清单"中，因而排除了北约向东延伸到民主德国地区。8月30日，沃尔特斯拜访总理府时声明，美国政府感到"极其扫兴"，并期待在磋商结束以前不要作出最终决定。

46. 这一描述基于：联邦政府信息；Zelikow/ Rice 1997, S. 485。几天以前，特尔切克的同事由于联邦政府还没有经过协商的立场，所以仍主张暂缓与西方三大国的会谈。不过，科尔决定，《北约军队章程》附加协定不扩大到全德，首先不应对它以及《驻留条约》作出改变。科尔说，根舍对此表示同意。

47. 参见联邦总理1990年7月17日给撒切尔夫人的信件（含礼节性翻译）（213 – 30104 S25 So 17, Bd. 1 sowie 212 – 37935 Tr2 NA1 mit Höflichkeitsübersetzung）。在这封详细的信件中——几乎没有改变字句地交给了密特朗，科尔通报了高加索的访问成果，并且特别提到他的请求，在"苏军继续存在于现今民主德国地区"时，西方三大国的军事单位应驻扎于柏林。在1990年7月24日给联邦总理的一封普通信件中，撒切尔夫人确认准备如此（212 – 37935 Tr2 NA 1）。一天后，她就在一份单独的信件中更加具体地谈道：英国准备就德国的这一请求进行会谈，但对此事进行法律框架的讨论是必要的；此外，她的国家还要顾及法、美的立场。比较1990年7月25日英国首相给科尔的信件（212 – 37935 Tr2 NAl）。根据联邦总理府的信息，联邦政府内部还没有制定这一立场。与西方大国的首轮会谈表明，要澄清一个并非无关紧要、材料有些复杂的系列问题。在1990年8月22日给英国首相的信件中（212 – 301 00（102）– Br 8（VS）），联邦总理再次谈到驻扎问题。他写道，英国军队是朋友而受到欢迎，它恰恰是在柏林享有很高的名声。因为在德国统一的当天，柏林的盟军部队将失去其占领军地位而德国获得完全主权，所以西方盟军武装力量的存在，"出于政治上的权衡，是西方伙伴关系的明显标志"。因此，他欢迎各外交部之间在官员层面上进行的沟通。

48. 这些谈判受到极大的敏感和氛围干扰的影响，比如，德国方面证明西方大国仍有"许多旧思想"（联邦政府信息）。

49. 联邦总理府显然有意识地远离外交部和四大国之间的阵线。如总理府部长得到内部建议，在 1990 年 9 月 30 日与三大国大使的会谈中，不要对军队地位议题发表看法，而是请外交部代表进行解释。

50. 在梅克尔离职后，他那绝大部分由西德人组成的工作班子也暂时解散。其中个别顾问，如阿尔布雷西特作为外来专家，继续为多姆克效劳。多姆克与德梅齐埃总理和卡斯特鲁普进行预备会谈。另外，克拉巴奇、聚斯和民主德国外交部官员君特·希尔曼（Günter Hillmann）、马克斯·维格里希特（Max Wegricht）以及原先领导梅克尔办公室的多姆克、办公室主任弗里切也属于他的代表团。作为总理府办公厅的代表，施泰因巴赫和弗里茨·霍尔茨瓦特（Fritz Holzwarth）也在场。比较：Albrecht 1992，S. 130ff.；*die tageszeitung* v. 5. 9. 1990，DDR bei letzter 2 +4-Runde ausgebootet。其他信息来源于和原总理以及民主德国外交部工作人员的谈话。德梅齐埃赞同西方的政治基点，与他作出的规定相符，从现在起，民主德国代表团几乎不再维护自己的立场，而绝大多数赞同联邦德国外交部的建议。参见民主德国外交部 1990 年 8 月 31 日未公开文件（第一司）（»Stand der ＞Zwei-plus-Vier＜-Gespräche«）。

51. 以下描述尤其基于与谈判参与者的会谈以及联邦德国外交部、总理府、美国国务院和英国外交部信息。也见：Vermerk RL 212 an Abteilungsleiter 2 v. 7. 9. 1990，betr. :» Stand der 2 + 4-Gespräche in Berlin«（212 – 35400-De 39 NA4，Bd. 6）；Zelikow/Rice 1997，S. 486ff. und S. 633f.，Fn 66。之前，8 月 23 日在伦敦、9 月 3 日在柏林举行"1 +3"回合，以议定西方国家的共同立场。

52. 见：Zelikow/Rice 1997，S. 487ff.；Kwizinskij 1993，S. 54ff.；Biermann 1997，S. 723ff.；联邦政府信息。最终找到的解决办法——其中，在"2 +4"条约第 3 条中纳入了德国的自我义务、四大战胜国"获悉"此项内容——具有政治的而非法律的约束力。

53. 此处以及此后，见以下描述：Zelikow/Rice 1997，S. 486ff.；Kiessler/ Elbe 1993，S. 202ff.。科斯乐尔和埃尔伯以弗里切的报告为基础。关于多姆克拿出来的画作的趣事，来源于 1994 年 10 月 27 日与佐利克的访谈。1990 年 9 月 12 日在莫斯科递交的两德外长附加信件的内容和背景，在本章的叙述过程中进行了更加详细的说明。

54. 关于和总理府的协商，见：Vermerk RL 212 an Abteilungsleiter 2

v. 7. 9. 1990，betr. :»Stand der 2 + 4-Gespräche in Berlin« (212 – 35400-De 39 NA4，Bd. 6)；Teltschik 1993，S. 36。如果没有其他说明，以下描述基于：联邦德国外交部、联邦总理府和美国国务院的信息；Biermann 1997，S. 730ff. ；Zelikow/Rice 1997，S. 486ff. 。科尔对高加索结果的总结，见»Bilanzen und Perspektiven der Politik der Bundesregierung. Erklärung des Bundeskanzlers vor der Bundespressekonferenz in Bonn«，in Bulletin Nr. 93 v. 18. Juli 1990，S. 801ff. 。

55. 在已进行的柏林"2 + 4"官员会晤中，美国建议过的一个几乎相同的措辞，仍然遭到伯恩达伦科的拒绝。科斯乐尔和埃尔伯（Kiessler/Elbe 1993，S. 209）还谈到苏联转变的原因，在谈判过程中，各参与方形成了如此大的信任，以至于从现在起，苏联可以在它之前非常严厉维护的裁军立场中带来迄今不可想象的"慷慨"。这一评判和1997年10月27日与塔拉申科访谈中的说法是一致的，根据他的说法，苏、法、英、美和联邦德国形成了一致，大家原则上要公平而且充满信任地对待彼此。

56. 关于阿尔希斯不精确的协定，见»Bilanzen und Perspektiven der Politik der Bundesregierung. Erklärung des Bundeskanzlers vor der Bundespressekonferenz in Bonn«，in Bulletin Nr. 93 v. 18. Juli 1990，S. 801ff. 。其他描述见：Biermann 1997，S. 730ff. ；Zelikow/Rice 1997，S. 486ff. 。此外，与此相关的争论，基于联邦德国外交部、联邦总理府、美国国务院和英国外交部信息。根据泽利科夫和赖斯（Zelikow/Rice 1997，S. 495）的描述，9月6日，魏思敦在柏林"2 + 4"官员会晤中首次提出了他的保留态度，这是不对的，因为在8月23日的"1 + 3"框架中，就已经对这一议题进行过相互对立的讨论。克维钦斯基（Kwizinskij 1993，S. 61）说，9月11日晚上，鉴于宣布第二天要签字而试图以此对苏联方面施压，西方才首次提出这一点。克维钦斯基无视了一点，即自大约一周以来，这个问题就是贝克、谢瓦尔德纳泽、根舍以及其他官员谈话的内容。

57. 科尔后来对协定的确切说明，见 Teltschik 1990，S. 361。比较按语：Vermerk RL 212 an Abteilungsleiter 2 v. 7.9.1990，betr. :»Stand der 2 + 4-Gespräche in Berlin« (212 – 35400-De 39 NA4，Bd. 6；mit Erläuterungen auch in Dokumente zur Deutschlandpolitik 1998，S. 1531，bes. Fn 4)。特尔切克（Teltschik 1993，S. 358）举例谈到布什和科尔9月6日的通

话，但没有提到军队调动问题。关于卡斯特讷和斯考克罗夫特 9 月 8 日的通话，见：Vermerk Referat 212（Kaestner）an Abteilungsleiter 2 v. 10. 9. 1990，betr.：»2 + 4-Verhandlungen；hier：Problem ＞ crossing the line ＜ «（212 – 35400-De 39 NA4，Bd. 6）。关于美国澄清形势的行动，见 Zelikow/Rice 1997，S. 489ff.。其他细节，如贝克的信件，基于美国国务院和联邦德国外交部信息。

58. 联邦外长（Genscher 1995）的回忆录中没有提及贝克和根舍 9 月 10 日在布鲁塞尔会晤，对这次会晤的描写，基于联邦德国外交部信息。关于贝克和谢瓦尔德纳泽 9 月 9 日在赫尔辛基的会晤，见以下描写：Zelikow/Rice 1997，S. 489f.。据此，苏联外长对根舍请求他和贝克来讨论这一点感到愤怒，这一点其实触及了德国的主权。

59. 大演习的称呼是指超过 1.3 万士兵的军事演习。这一等级符合 1986 签署的《欧洲建立信任措施和裁军会议（KVAE）最后文件》的“斯德哥尔摩通知门槛”。根据最后文件，在应用领域内拥有 300 辆坦克或 1.3 万士兵的军事演习，最迟必须在演习开始六周以前通知欧安会其他国家。比较：Peters 1987，S. 197f.；Bruns 1986，S. 103f.。

60. 两位外长就“部署”这一措辞达成一致，后来遭到了苏联“2 + 4”代表团的拒绝。克维钦斯基批评说，以此只是禁止驻扎和“扩展”，而“部署”这一非常模糊的概念却允许作战部队——在此指东德——进入阵地，同时却不“发展”。因此，直到最后，苏联都在为一个较为明确的措辞进行努力，这一措辞应该阻止外国的北约部队在原民主德国地区的所有军事行动。

61. 对会谈的描述，基于：Genscher 1995，S. 865ff.（根舍的详细描述）；1997 年 10 月 31 日与根舍的访谈。在访谈中，根舍谈到了他自己起草而经谢瓦尔德纳泽和戈尔巴乔夫商量过的一封“信件”。不过，在他的回忆录中，根舍只是大体谈到这次“声明”。与之相反，在接着的政治司长回合中，卡斯特鲁普建议在新闻发布会中作出一个声明，就像此前两位外长商量过的那样。调动争论过程的各个细节——如根舍放弃说明他与贝克的一致意见——基于以下基础：1998 年 4 月 17 日与卡斯特鲁普的详细访谈，他本人依靠的是会谈记录和自己的笔记；联邦德国外交部和苏联外交部信息。谢瓦尔德纳泽（Schewardnadse 1993，S. 259）对“2 + 4”结束阶段的经过只进行了非常简略的复述，而且没有谈到，在较早的会谈中，谈判的疑难问题就扮演了很重要的角色。克维钦斯基参加了谈话，在其回忆录中的有关章节中，没有提到这个问题（Kwizinskij 1993，S. 60f.）。

62. 最后，两位外长还简短地商量了计划于 9 月 13 日草签的"大条约"、晚一点草签的三项德苏协定、解除四大国权利的问题（对此问题的决策，谢瓦尔德纳泽请求多一点耐心）、次日签署"2＋4"条约的过程。也比较 Genscher 1995，S. 868f.。

63. 虽然按照轮换规则，法国应担任轮值主席，但要移交给东道主苏联。会议由克维钦斯基领导。在 3 月 14 日波恩的第一次会议上，苏联先后由副外长阿达米兴、司长伯恩达伦科代表，所以这是第二次变换代表团领导。苏联代表团其他职位的连贯性更少，总是出现其他官员。此外，令西方谈判参加者注目的是，在最后阶段，苏联也经常没有水平很高的国际法专家出现。在 1995 年 5 月 22 日的访谈中，伯恩达伦科否认上述这些情况可能削弱了苏联的地位。由于休假时间的问题，他的代表团才换人，然而大家拥有如此多的有水平的德国问题专家，以至于人事变化并不一定有坏处。在九轮谈判回合中，民主德国代表团的最高层也换过人，自政府执政联盟破裂以来，由多姆克领导该代表团。美国方面，代表团的领导职责在佐利克和塞茨手上，在"1＋3"回合中，有时有多宾斯。法国代表团团长杜发奎、英国团长魏思敦、联邦德国团长卡斯特鲁普参加了所有的会晤。莫斯科回合的经过，在以下著作中得到了详细的描写：Zelikow/Rice 1997，S. 491ff.；Kwizinskij 1993，S. 61ff.；Kiessler/Elbe 1993，S. 209ff.；Genscher 1995，S. 865ff.。其中，各个报告的区别主要在于谁为 9 月 12 日深夜的戏剧性事件负责。根舍、科斯乐尔和埃尔伯和笔调模糊的克维钦斯基将主要责任归于英国代表团团长魏思敦，而泽利科夫和赖斯则强调英、美国代表强硬立场的共性。英国外交部对形势的评估也是类似：在军队调动问题上，英、美代表团之间基本一致，魏思敦只是以最激烈的辩护人自居，但这并没有让美国人不快。对不同描述的详细比较见 »Zwei – plus – Vier « – intern in Bruck/Wagner 1996a，S. 158f.。在 1997 年 10 月 31 日的访谈中，联邦外长重复了这一描述。此外，以下分析还基于：1998 年 4 月 17 日与卡斯特鲁普的访谈；联邦德国外交部、民主德国外交部、美国国务院和英国外交部的信息。

64. 克维钦斯基同意，苏联在有关欧洲常规武装力量的其他谈判中，不再将德国对联邦国防军最高规模的声明纳入协议中。这对联邦外长来说很重要，可以减弱对德国特殊化的印象，德国是唯一宣布过其他裁军步骤的国家。官员会晤的其他议题包括：应该向波兰官方通知"2＋4"的最终结果、在"2＋4"条约批准程序以前就建立德国主权。苏联方面在迄今为止的会谈基础上表现出积极的立场，但还不想作出最终决定，认为到纽约的欧安会会晤以及 10 月 3 日的统一以前，还有足够的时间。这一犹豫的原因仍然是考虑到最高苏维埃，解除四大国权利的声明很难。也只有在莫斯科才能澄清最后文件的确定名称。佐利克是最后一个同意将称谓定位为"条约"的人。之前，在批准程序上，美国政府遭到美国参议院的质疑。在美国看来，"执行协定"与"条约"具有同样的约束作用，而且没有通过参议院和相关的后续谈判规避义务的风险。不过，佐利克以前就表示过，"2＋4"条约绝不会因为美国对称谓的态度而失败。也比较 Biermann 1997, S. 712ff. und S. 721ff.。

65. 根据英国外交部的信息，魏思敦在前往莫斯科以前也告诉过撒切尔夫人的外交顾问鲍威尔有关谈判的情况。此时，他还得到了对其调整问题立场的额外支持，然后他又告诉了赫德这一情况。科斯乐尔和埃尔伯（Kiessler/Elbe 1993, S. 210）以及根舍（Genscher 1995, S. 873f.）猜测，1988～1989 年担任首相班子中外交事务和安全问题副秘书的魏思敦，除了赫德的指示以外，还顺便带来了伦敦的第二条指示——可能是给外长的指示。在与英国外交部和内阁办公室工作人员的访谈中，对于这一猜测没有其他的提示。

66. 在对美国国务院和英国外交部的不同访谈期间本书作者了解到英、美代表团中后来对德国代表团的行为有批评之声：埃尔伯多次强烈地谴责英国代表团团长，这也强化了克维钦斯基的不退让，埃尔伯认为，英国显然是想用自己的僵硬立场阻挠签署。魏思敦反驳说，苏联人已经宣布次日签署，戈尔巴乔夫出于政治原因而需要这份条约，西方只是必须让时间压力发挥作用。之前，苏联方面已在"两用"问题上转弯，也将在这一点上让步，只有埃尔伯继续这一争论，这才加强了克维钦斯基的印象，认为演习问题还是给了贯彻苏联原则上禁止调动的可能。观察家们认为，在此形势中，埃尔伯和魏思敦之间的个人"化学作用"，并没有好好地发挥安抚作用。

67. 在 1997 年 6 月 5 日的访谈中，英国外交部的法律专家伍德再次强调了其后的重大事务，也就是随着"2 + 4"谈判的结束，不能遗留下条约漏洞。最后通牒的目标坚持，德国的特殊化规模尽量保持在最低程度上（也比较 1997 年 6 月 4 日与辛诺特的访谈）。因此，问题是在多大程度上迎合莫斯科的要求，或者说，为了未来德国主权的负担，在多大程度上有必要作出让步（1990 年 6 月 4 日与内维尔－琼斯的访谈）。

68. 晚餐以及根舍的恼火，在以下著作中得到描述：Genscher 1995，S. 869ff.；Kiessler/Elbe 1993，S. 209f.。根据英国外交部的信息，赫德徒劳地试图游说根舍，在最后文件中第 5 条第 3 款中选择其他措辞，其中迄今为止一直谈到苏军从东德撤军以后，外国军队"不能在此驻留或调动到此"。赫德建议，在英文版本中不要使用"部署"而是使用约束力更少的"安排"概念。根舍对此表示拒绝，因为这类措辞落后于德苏在高加索达成的一致。

69. 这是根舍的描述，见 Genscher 1995，S. 870，据此，戈尔巴乔夫促成了这一取消。科斯乐尔和埃尔伯（Kiessler/Elbe 1993，S. 211）一般性地谈到，苏联东道主"取消"下一个谈判回合。克维钦斯基的详细描述与他的看法不同，克维钦斯基将决定归于谢瓦尔德纳泽，并谈到他的"暗自高兴"，外长让人宣布，鉴于西方在调动问题上的要求，很可能将进行一次部长的会晤，但不会是官方会议或者签署协定（Kwizinskij 1993，S. 61）。也见 Schewardnadse 1993，S. 259。在 1998 年 4 月 17 日的访谈中，卡斯特鲁普说，外长的信使告诉了他这一拒绝态度，但他并不知道，根舍让人转告谢瓦尔德纳泽，无论如何都将举行仪式。对于谢瓦尔德纳泽没有严肃地对待自己的宣告，在 1997 年 10 月 27 日的访谈中，谢瓦尔德纳泽最密切的顾问塔拉申科对以下说法进行了反驳：外长明确反对将调动问题纳入条约，因此大家有着坚定的意图，在紧急情况下，让这些谈判回合"告吹"，尤其是还有足够的时间，可以在计划的 10 月 3 日之前澄清这一点。

70. 见以下描述：Genscher 1995，S. 871f.；Kiessler/Elbe 1993，S. 211。戏剧性较少的描述，见 Zelikow/Rice 1997，S. 493f.，其中还谈到，贝克坚持美国的立场，人们不能在短时间内拟定表达措辞、禁止西方军队向东德进行大规模调动，同时却允许北约为了保护德国而采取一切必要的措施。因此，贝克建议发表一项口头声明，说在西方看来只是排除了大演习。此外，以下描述还基于：美国国务院和联邦德国外交部的信息；1994 年 10 月 31 日与赖斯的访谈。在 1997 年 6 月 2 日的访谈中，塞茨认为，根舍几乎感到惊慌失措，很可能也准备对谢瓦尔德纳泽让步，在美国看来，这些让步意味着限制德国主权。贝克最终安抚了联邦外长并提议，等待第二天早上的谈判（赖斯在 1994 年 10 月 31 日、扬在 1994 年 11 月 7 日的访谈中，也是类似的看法。根据扬的看法，德国方面在若干情况下，比美国更准备容忍军事限制）。英国外交部也说，在签字的头一天晚上，德国代表团的焦虑是赤裸裸的：根舍及其团队显然担心，英美顾问在这一点上的坚持会宣告最后一次谈判回合的失败。然而，这里涉及的只是，对利用在莫斯科自己家乡的优势而以强硬的方式进行斗争的苏联再提出一点异议，以便建设性地，尤其是让各方满意地结束这一进程。

71. 见《1990 年 9 月 12 日最后解决德国问题的条约纪要》（»Vereinbarte Protokollnotiz zu dem Vertrag über die abschließende Regelung in bezug auf Deutschland vom 12. September 1990«），刊登于 Kaiser 1991a，S. 267。

72. 卡斯特鲁普在 1998 年 4 月 17 日的访谈中如此认为，他参加了这次会谈。其他参加者没有提到三位外长的这一会谈回合。在 1997 年 6 月 2 日的访谈中，塞茨谈到贝克和谢瓦尔德纳泽早上在法国驻地的一次长谈。关于调解围绕"调动"概念的冲突，也见：Genscher 1995，S. 873f.；Kiessler/Elbe 1993，S. 212；Schewardnadse 1993，S. 259；Kwizinskij 1993，S. 62；Zelikow/Rice 1997，S. 494f.。在这些描述中，仍然不清楚的是，为什么苏联方面最后放弃了开始的犹豫而签署了文稿。与苏联"2 + 4"参与者的访谈，也没有澄清莫斯科晚上进行的意见交换的理由。许多人同意泽利科夫和赖斯（Zelikow/Rice 1997，S. 494）的分析，据此，克维钦斯基晚上改变了自己的叙述：在开始时还对谢瓦尔德纳泽谈到，应该确定西方在东德的演习，但最后却只是涉及，让英美对"调动"一词的阐释不让苏联丢面子。这可以通过议定的《议定书记录》而发生，以至于从未明确涉及西方的说明理解。见 Biermann 1997，S. 733，作者指出，1994 年，在联邦政府与西方盟国交换照会时，协议在苏军撤出以后，德国和外国的北约军事单位在东德进行共同演习。1997 年举行了第一次相应的演习。

73. 不过，英国政府对于有关"2 + 4"最后回合的后续报道感到不满意：

在许多德国报纸中——与后来根舍及其同事埃尔伯的回忆录类似，但与实际情况并不相同——都将最后阶段的匆忙仅仅归咎于英国谈判代表的责任。在外交声明中，英国驻波恩大使馆试图抵制这一印象，但基本没有成功。参见 *Süddeutsche Zeitung* v. 19.9.1990，»Wichtig，aber nicht äußerst wichtig«。关于英国在莫斯科所扮演的角色的负面报道（均为 1990 年 9 月 14 日），参见：*Frankfurter Allgemeine Zeitung*，Mitten in der Nacht läßt Genscher Baker wecken；*Süddeutsche Zeitung*，Genscher dankt den Vier Mächten；*Handelsblatt*，Auf Messers Schneide。类似的还有民主德国代表团的分析，不过，这一分析没有直接与关于调动的讨论挂钩，而是在很大程度上来自西德代表团的信息。也见民主德国外交部 1990 年 9 月 13 日的文件（第一司）（»Bericht über das Treffen der Außenminister in Moskau am 12.9.1990«），其中谈到"尤其是英国的，部分是美国的不怎么灵活的态度"。与之相对照，其他分析则赞赏了英国外交官的功劳，因为他们的顽强而避免了德国的特殊化。此外，达成的协议也明确澄清了最后一个重要的问题——就像围绕北约东扩的争论中会表现出来的那样——即统一后的德国能够没有遗留的含糊不清而行使重新赢得的主权。参见 Jackisch 1996，S. 209。

74. 关于最后条约文稿起草的技术问题，见 Genscher 1995，S. 874，据此，德国的起草人员和译员也参与帮助了拟定法文版本。在 1998 年 4 月 17 日的访谈中，卡斯特鲁普说，前一天，随身携带的德文打字机失灵。因此，一位代表团成员在联邦德国大使馆起草德文和法文版本。由于莫斯科中午的交通堵塞，信使在最后一刻才返回，这引起了德国代表团的额外焦虑。显然，最有用的是英国代表团随身携带的笔记本电脑和一体化打印机（当时还是技术珍品），辛诺特在 1997 年 6 月 4 日的访谈中说，用这台电脑，不同的文本才能在最后时刻得到修改。英国代表团非常疲劳的撰写人员，在这个最后时刻的忙碌中承受了焦虑，差点崩溃。给贝克的英文版本也是在最后一刻才完成（1994 年 10 月 31 日与赖斯的访谈）。关于签字仪式、不同的讲话、戈尔巴乔夫接见根舍和德梅齐埃，也见：Genscher 1995，S. 874f.；Kiessler/Elbe 1993，S. 212；Zelikow/Rice 1997，S. 25f. und S. 495；de Maizière 1996，S. 89f. und S. 92f. 。最后的总结，也见：民主德国外交部 1990 年 9 月 13 日的文件（第一司）（»Bericht über das Treffen der Außenminister in Moskau

am 12. 9. 1990 «）；民主德国总理的演讲手稿 [» Rede des Ministerpräsidenten der DDR auf dem Moskauer ＞2＋4＜-Treffen am 12. September 1990«（Anlage 3）]。

75. 见 1996 年 2 月 29 日与梅尔特斯的访谈。关于成功结束"2＋4"谈判与同时进行的德苏就不同的双边协议的会谈之间的紧密关系，见根舍对其 1990 年 9 月 12 日与戈尔巴乔夫会谈和"大条约"草签的描写（Genscher 1995，S. 874ff.）。民主德国外交部 1990 年 9 月 13 日的文件（第一司）（» Bericht über das Treffen der Außenmimster in Moskau am 12. 9. 1990«）指出所有参与者如何意识到这一相互关系："显而易见，直到最后，苏联仍在与驻扎条约、苏德经济与财政合作的紧密关联中，谈判有关最后解决的条约"。

76. 见有关报纸的标题（均为 1990 年 9 月 13 日）：*Handelsblatt*；*Frankfurter Allgemeine Zeitung*；*Der Morgen*；*Berliner Zeitung*。1990 年 9 月 13 日的其他的典型报纸标题称："现在进展得漂亮，德国" [Nun lauf mal schön, Deutschland（*Bild*）]；"高兴与感谢的一天" [Ein Tag der Freude und Dankbarkeit（*Die Welt*）]；"六个签字结束了顽强的争取" [Sechs Unterschriften beenden das zähe Ringen（*Süddeutsche Zeitung*）]；"四大国允许德国获得主权" [Die vier Siegermächte entlassen Deutschland in die Souveränität（*Neues Deutschland*）]。

77. 条约刊登于 Auswärtiges Amt 1995，S. 699ff.。全面的总结和详细的分析，见：Blumenwitz 1990c；Gornig 1991a；Gornig 1991b；Ress 1995；Müller 1995。

78. 除了条约和协定，参加的政府之间还广泛地交换照会和信件，以调节技术问题或者澄清对条约单个问题的理解。例如，贝克在 1990 年 9 月 11 日给根舍的信件中提醒到，在不损害两德内部解决悬而未决的财产问题协议的情况下，美国政府坚持要有一项对美国公民的解决办法。借国防部长埃佩尔曼和鲁舍夫（Luschew）将军之间的议定书，1990 年 9 月 24 日规定了国家人民军脱离华约统一武装力量，而借与联邦政府的交换护照规定了西方三大国和北约国家军队继续留在联邦德国。对此情况的概览，见刊登于以下著作中的文件：Kaiser 1991a，S. 271ff.。

79. 美国也非常留心地得知了这一情况，1990 年 11 月 17 日，美国总统布什也写信给联邦总理科尔。布什向科尔表达了对这一"历史性协定"的祝贺，它将创造德波合作关系的新基础。美国总统为给波兰提供进一步的经济支持进行游说，并且请求科尔在有关波兰外债的国际会谈中提供帮助（联邦政府信息）。

80. 9 月 20 日谢瓦尔德纳泽进行了公开的评价。见 » Erklärung des sowjetischen Außenministers, Eduard Schewardnadse, vor dem Ausschuß für Auswärtige Angelegenheiten des Obersten Sowjets der UdSSR am 20. September 1990 «, auszugsweise abgedruckt in Kaiser 1991a, S. 273 ff., 尤其是列举作者称之为值得欢迎的"现实"（S. 275）。1990 年 4 月 12 日的执政联盟协议和 1990 年 4 月 19 日的政府声明，建立了分析民主德国政府贯彻其利益的基础。

81. 见前面有关章节的详细描述。苏联的要求也见：1990 年 6 月 22 日东柏林外长会晤的条约草案（摘录记载于 Kwizinskij 1993，S. 41 ff.）；1990 年 8 月 17 日和 1990 年 9 月初的各种草案。

82. 这封信也刊登于 Kaiser 1991a，S. 268 ff.。苏联方面在谢瓦尔德纳泽签字以前再次保证，要正确地转交这封信件，参见：Genscher 1995，S. 874；Julij Kwizinskij, Die Besatzungsmaßnahmen 1945 bis 1949 sind unumkehrbar, in *Frankfurter Allgemeine Zeitung* v. 11. 9. 1994。在 1995 年 5 月 22 日的访谈中，格尼宁也强调这封信对苏联的意义，苏联要借此将自己的设想和愿望放入条约。

83. Siehe Genscher 1995，S. 748。

84. 此后比较：前面有关章节的描述；联邦政府新闻与信息局 1994 年 9 月 2 日对联邦政府委托的"土地改革文献资料"（Bodenreform-Dokumentation）的新闻稿（Nr. 327/94，修改版本）。其中提到的大部分数据，以联邦德国外交部的档案为基础，无法将它们用于本书的研究任务中。这些资料得到多大程度的检验，表现在这些数据的排列与 1991 年 1 月卡斯特鲁普对联邦宪法法院的说明中对其他不同数据的排列是同样正确的（比较：VerfGE 84，90 v. 23. 4. 1991；BVerfGE 94，12 v. 18. 4. 1996）。对讨论以及所谓的"赔偿委员会"的详细分析，见 Grosser 1998，S. 485 ff.。

85. 联邦政府信息。也见德新社 1990 年 3 月 7 日的报道，含有莫德罗给戈尔巴乔夫和科尔的信件，以及 1990 年 3 月 7 日德通社的报道，其中再次强调了部长理事会一致通过了声明。

86. 比较 1990 年 3 月 27 日的塔斯社新闻:»Soviet Government Statement on Property in GDR«。俄文文稿也发表于 1990 年 3 月 28 日的《真理报》上。首次民主选举的民主德国议院和德梅齐埃政府与莫德罗政府的立场类似。

87. 也比较 BVerfGE 94，12，S. 18ff.。其中，总结了戈尔巴乔夫后来在访谈中的不同说法：在指出自己的会谈记录时，戈尔巴乔夫始终确认，他本人没有就禁止恢复原状进行过谈判，但极有可能"在其他层面上进行过讨论"（引自 *Der Spiegel* v. 5. 9. 1994，»Geheimprotokolle gab es nicht«）。在其后来的说法中，戈尔巴乔夫从未背离这一路线："在最高层没有讨论过这一问题"（*Spiegel* v. 6. 4. 1998，»Eine sehr komplizierte Zeit«；不太精确的说法，见 *Frankfurter Allgemeine Zeitung* v. 17. 3. 1998，Die Einheit war eine Sache der Deutschen）。相反，德梅齐埃强调，他与苏联总书记的第一次会谈"也涉及了苏联 1945～1949 年的措施不容更改，也就是对财产问题的决定"（*Der Spiegel* v. 9. 3. 1998，»Gorbatschow sagt die Unwahrheit«；德梅齐埃也提到了他的两位书记员的回忆）。

88. 参见：Genscher 1995，S. 857ff.；以联邦政府一份大事年表为基础的有关苏联官员攻势的数据（BVerfGE 94，12）。在 1998 年 4 月 17 日的访谈中，卡斯特鲁普再次确认了他在联邦宪法法院中提到的数据组合，这一组合基于对"2＋4"工作小组全部资料的分析总结。

89. 联邦政府信息。

90. 参见 1998 年 3 月 9 日德梅齐埃与《明镜周刊》的访谈：*Der Spiegel* v. 9，3. 1998，»Gorbatschow sagt die Unwahrheit«。关于德梅齐埃的演讲，见民主德国外交部的未公开文件（»Rede des Ministerpräsidenten der DDR auf dem Moskauer ＞2＋4＜-Treffen am 12. September 1990«）。类似的是对两位德国外长信件的分析，见 1990 年 9 月 12 日民主德国外交部的未公开文件（第一司）（»Bericht über das Treffen der Außenminister in Moskau am 12. 9. 1990«）。据此，这一信件被所有外长评价为"对条约必要的和重要的补充，其中包括了对重要的德国问题的立场：具有约束力地承认 1945～1949 年土地改革的结果……"。

91. 科尔（Diekmann/Reuth 1996，S. 457f.）和根舍（Genscher 1995，S. 857ff.）的总结性评价。

92. 主权问题被视为"2＋4"进程的核心部分。具体而言，它涉及四大国何时以及如何放弃它们对整体德国和柏林的特殊保留权。1990 年初，美国政府已准备在紧急情况下单独放弃这一权利，而法、英却有顾虑：特殊权利与责任是西欧两大盟军唯一的杠杆，可以主动介入德国统一进程的设计组织。在"2＋4"进程接近结束并且中心目标得到满足之时，巴黎和伦敦也同意统一和主权同时出现。在 1990 年 9 月 11 日的最后一次政治司长会议上，英国谈判人员魏思敦促其苏联同行：在生效以前，苏联应该与西方大国一起放弃其特殊权利，否则的话，在公开场合，它就是唯一一个表示拒绝的大国。在波恩，至少从 3 月份开始，外交部和总理府、德意志内部关系部、内政部、司法部已就取消四大国权利的形式达成一致。见德意志内部关系部的不同工作文件（B 137/10880）。

93. 美国政府担心参议院可能的异议，1990 年 9 月 25 日布什总统的情况介绍信和 1990 年 10 月 4 日多宾斯在参议院武装力量委员会的阐述，表明了担心的要点（见以下著作中的文件：Kaiser 1991a, S. 260ff., bes. S. 267f. und S. 283ff.）：布什除了对"2＋4"条约表示普遍的赞赏以外，尤其强调维护美国公民和纳粹政权犹太牺牲者对民主德国的财产权，并且与统一后的德国进行谈判。多宾斯则明确指出，按照美国的理解，对"2＋4"条约达成一致的议定书记录，原则上禁止在东德进行大规模的军事演习，但是却"能够根据德国政府的意愿采取小规模的行动"。

94. 有关的担忧，参见：Biermann 1997, S. 575ff.；Kwizinskij 1993, S. 68ff.。

95. 尤其见：民主德国外交部 1990 年 7 月 20 日的文件 ［（Abt. 1, UA 10, Ref 100），» Bericht über das 7. Beamtentreffen im Rahmen. > Zwei-plus-Vier < auf Beamtenebene am 19. 7. 1990 in Bonn«］；联邦德国外交部、美国国务院和英国外交部信息。英国文本建议的基本构思产生于两位法学家伍德和马丁·雷（Martin Ney）在波恩一家比萨店共餐的时候。与当事人的访谈表明，最初的想法得到英国驻波恩大使馆的法律顾问杰洛米·希尔（Jeremy Hill）的传播。其背后主要是担心，苏联会比所需要的时间更长，也就是在统一日以后，还将施压手段掌握在自己手中。随着特殊权利的取消，阻止了对德国主权不可预见的另一项时间限制，否则，在（苏联）拖延"2＋4"条约文本的批准时，可能出现这一限制（比较 1997 年 6 月 4 日与辛诺特、1997 年 6 月 5 日与伍德、1997 年 6 月 4 日与内维尔－琼斯、1997 年 6 月 3 日与马拉贝爵士的访谈）。美

国得到阐述柏林章节建议的任务。因为它同样涉及取消四大国权利，美国建议中的普遍说法后来与英国的文本草案结合在一起。关于苏联的立场，参见 Genscher 1995，S. 855 und S. 868，其中说明了谢瓦尔德纳泽的论述。

96. 文件刊登于 Kaiser 1991a，S. 310f.。关于苏联努力将四大国权利的"施压手段"尽可能长时间地保留在手上的描写，基于联邦德国外交部的信息。据此，作为签署取消声明的替代日期，特雷乔夫提到维也纳欧安会外长预备性会晤或巴黎欧安会峰会，并且暗示，联邦政府急切期待的步骤可能要推迟到 11 月份，也就是统一以后。

97. 在民主德国外交部，在"2 + 4"谈判期间，主权的问题从来都不是大的议题，因为民主德国根据自己的理解，将毫无保留的国家主权视为的的确确的事情（1994 年 7 月 21 日与聚斯的访谈）。

98. 关于德国、英国和法国的批准程序，参见：Brand 1993，S. 241f.；Auswärtiges Amt 1993，S. 93ff.。在联邦议院，自民党和社民党一致同意；基民盟/基社盟有一些弃权和少数反对票；绿党大多数议员投了弃权票，一些议员反对该条约；民主社会主义党表示赞同，虽然有一些弃权票。

99. 戈尔巴乔夫抛弃其国内政治改革方案并且日益与其紧密的顾问，如切尔纳耶夫和沙哈那索夫（Schachnasarow）保持距离，参见：Biermann 1997，S. 758ff.；Tschernajew 1993a，S. 316ff. und S. 341ff.。关于苏联解体、莫斯科对民族运动，尤其是针对巴尔干的民族运动而采取的较为强硬的处理方式，见 Simon/Simon 1993，S. 126ff.。

100. 1990 年底在戈尔巴乔夫的政策及他对谢瓦尔德纳泽外交政策的立场中，武装力量的重要性增长，有关分析，见 Biermann 1997，S. 760ff.，bes. S. 761。在 1996 年 12 月 14 日的访谈中，达齐耶夫也确认了戈尔巴乔夫和谢瓦尔德纳泽之间分歧的增加。关于苏联外长的辞职，也见：Schewardnadse 1993，S. 263ff.；den Insiderberichtin Palazchenko 1997，S. 238ff.；Tschernajew 1993a，S. 331ff.。

101. 关于最高苏维埃的条约样本，也见谢瓦尔德纳泽的演讲（Kaiser 1991a，S. 273ff.）；对总理府积极评估的描述，见 Teltschik 1993，S. 370f.。苏联外长在其演讲中已针对了可能的指责，他尤其强调要得到保证的苏联安全利益，这些安全利益要与德国（也与北约）在欧安会的框架内得到确保。有关波恩起初的乐观阐释的描写，基于联邦政府和联邦德国外交部的信息。关于戈尔巴乔夫 1990 年 9 月 12 日的电视访谈，及其对谈判结果的明确满意，见 Adomeit 1997a，S. 553。

102. 联邦政府信息。也见戈尔巴乔夫总统 1990 年 9 月 26 日给联邦总理科尔的信件 ［Schreiben Präsident Gorbatschow an Bundeskanzler Kohl v. 26. 9. 1990（21 – 30101 S25（1）So2，Bd. 7）］。在波恩的记录和苏联的会谈概述中都找不到戈尔巴乔夫宣称的所谓与科尔在阿尔希斯承诺相互关系。也见：民主德国外交部文件（1990 年 7 月 21 日转发梅克尔）（ » Information über die Hauptergebnisse der Gespräche M. S. Gorbatschows mit dem Bundeskanzler der BRD，H. Kohl，während dessen Arbeitsbesuch in der UdSSR vom 14. – 16. Juli 1990 «）；在本书"苏联提出报价"一章中，详细地描述和分析了高加索会晤。法林（Falin 1993a，S. 495f.）在回忆录中，再次提到勃兰特是以下声明的见证人：科尔在阿尔希斯对戈尔巴乔夫建议，提出一个不进行司法追究的人事范围，但是戈尔巴乔夫拒绝了这一点。波图加诺夫谈到，在 1990 年 2 月科尔访问莫斯科时，德国代表团就谈到过这个问题。此后，波恩也反复试图将普遍赦免斯塔西工作人员的"责任"交给莫斯科，但戈尔巴乔夫对该问题没有兴趣。也见波图加诺夫（Portugalow，S. 146ff.）没有出版年代、未公开的回忆录手稿的摘录。不过，在这次会面的德语记录中，没有证实这一说法。

103. 马克斯米切夫在 1995 年 5 月 19 日的访谈中说，科尔在高加索已问过戈尔巴乔夫，民主德国的哪些人应该受到司法调查的保护，戈尔巴乔夫解释说，这是德国人自己的决定。

104. 根据特尔切克（Teltschik 1993，S. 372）的描述，科尔要"在下一次机会中"和戈尔巴乔夫谈这个主题。不过，10 月中才得到书面回复（联邦政府信息）。之前，苏联方面已经向联邦总理府提到，法林是 9 月底信件的作者。法林的作者权及其几乎同时所作的批评性访谈，也见 Biermann 1997，S. 762f.。在 1990 年 10 月 31 日与施特恩进行的访谈中，法林使用了"德国再无战争能力"的措辞，这与戈尔巴乔夫信件的用词几乎一样。他也说道"迫害和诽谤"以及"冷战"的继续。该信可能是戈尔巴乔夫本人起草的，这一评估见科尔的描述：Diekmann/Reuth 1996，S. 470f.。

105. 比较描述：Biermann 1997，S. 762；Kwizinskij 1993，S. 67f.；Tschernajew 1993a，S. 317f.。

106. 此处以及此后，见：Biermann 1997，S. 764；Falin 1993a，S. 496ff. （含有法林与戈尔巴乔夫谈话的引文）；Kwizinskij 1993，S. 68ff.；Tschernajew 1993a，S. 33S（含有对条约的批评）。法林在其回忆录中，描述了他对条约的批评是有意识的计策，以保证条约能够得到批准，尽管他对条约存有疑虑。他有目的地在委员会发泄"怒气"，以此确保全体大会中大多数人的同意。克维钦斯基（Kwizinskij 1993，S. 99）对这一评估有保留看法：法林使条约成为可能，只是在"他强制自己保持沉默并且不再干扰"的情况下；在 1997 年 12 月 14 日的访谈中，达齐耶夫对法林的描述也抱有基本的怀疑。对政府内部分析的描述，基于联邦政府信息。据此，归功于克维钦斯基提出的一份出色的备忘录，在对备忘录进行咨询时拒绝了"联盟联合会"的附加提案，这一提案希望确定，不要在同样的伙伴之中，而是在侵略者与侵略者的牺牲品之间缔结一揽子条约。法林对德国大使馆有关批准程序的状况和经过的报告，其严肃性得到了联邦政府内部的极大怀疑。在 1 月 29 日的内阁会议上，科尔将尽快从国际法方面结束"2＋4"进程、苏军提前撤离称为自己的目标，因为与此相关的问题会增加。见 1996 年 2 月 29 日与梅尔特斯的访谈。关于苏联西部兵团的问题，其中包括逃兵不断增长的问题，也见 Biermann 1997，S. 727f.。总理府和外交部一样，1991 年初，中心立场发生变化：哈特曼替代了辞职的特尔切克成为总理府二司的司长，卡斯特讷接替了他的第 21 组组长的职位。在外交部，卡斯特鲁普成为国务秘书。

107. 如果没有其他说明，以下描述基于联邦政府信息。在 2 月 12 日给联邦总理的信件中，戈尔巴乔夫同样谈到赔偿议题。在 1991 年 2 月 27 日的答复信件中，科尔没有谈及财政后续要求，而是一般性地提请注意两国外长的沟通和德国努力"提供帮助"。同时，他也提醒要迅速批准条约，以便双边关系能够取得其他进展。被戈尔巴乔夫称为"一些同志们的意见"的反复担心，认为德国将在条约批准以后再次陷入对峙模式，科尔称其是"错误的并且是别有用心的"。苏联角度的描述，见 Kwizinskij 1993，S. 84f.。对于所谓提高撤军费用，莫斯科的理由是，由于环境的原因，应通过昂贵的海路运走部队，此外，华沙政府也要求得到经过波兰的高额过境费用。

108. 不过，在回忆录中，联邦外长（Genscher 1995，S. 875）写道，他 8 月中在莫斯科与苏联领导层的会谈时明确表示，虽然不必在 "2 + 4" 条约中处理这一议题，但很可能 "通过其他方式" 处理。

109. 联邦政府信息。迅速展开的谈判，见 Kwizinskij 1993，S. 84f.。克维钦斯基在最高苏维埃的演讲稿，复述于 Kwizinskij 1993，S. 86ff.。关于接着的商议和表决，也见 Biermann 1997，S. 766f.。据此，在对 "2 + 4" 条约进行表决时，只有 19 票反对，30 ~ 40 票弃权；在对 "总条约" 进行表决时，只有 6 票反对；在对经济协议进行表决时，只有 3 票反对。关于军队协议和过渡协定，延期到 4 月 2 日，同样得到大多数人的接受。

110. Siehe dazu Vermerk Neuer v. 5. 3. 1991，betr. : » Telefongespräch des Bundeskanzlers mit Präsident Gorbatschow am Dienstag, dem 5. März 1991 « (213 - 30130 S25 So28，Bd. 6）。苏联批准文书于 1991 年 3 月 13 日由特雷乔夫大使转交给联邦德国外交部，与此同时，联邦议院也第一次宣读了 "大条约" 和全面经济合作条约。当天，"2 + 4" 条约最终生效。

档案资料情况说明

1. 密件解禁程序以及以下情况，比较：Korte 1998，S. 501ff. sowie S. 643ff.。

2. 例如赖斯在 1994 年 10 月 31 日的访谈。

3. 比较：1996 年 7 月 27 日与艾瑟尔的访谈；联邦总理府信息；详情见 Korte 1998，S. 14ff.，bes. S. 18f.。

4. 根舍 1997 年 10 月 31 日的访谈。

5. 比较：本书 "一个想法成了纲领" 一章中的详细复述。

6. 见以下详细描述：Korte 1998，S. 643f.。

7. 有意识地没有提到档案签名者，而只提及档案原作者。档案签名者并不一定就是档案原作者。档案签名者虽然为档案负责并能对内容施加影响，但更有启发的是提到该按语的原作者。

致　谢

首先，我要感谢我的同事彼得·瓦格纳博士（Dr. Peter Wagner）和埃尔克·布鲁克（Elke Bruck）：是他们二位非凡的责任心使本书得以完成，是他们洞察历史真相的能力、他们的激情使如此巨大的项目得以进行。

感谢梅尔特斯（联邦总理府）、布莱克威尔（哈佛大学，原白宫）、佐利克（国际与战略研究中心，原美国国务院）和丹·汉密尔顿（Dan Hamilton，美国国务院）等人给予了大量有价值的谈话和讨论。

我们感谢在档案使用和组织问题方面提供帮助者，他们是：曼弗雷德·施贝克（Manfred Speck）、阿列克斯·施图特（Alex F. Stute）、卡琳·施密德博士（Dr. Karin Schmid，联邦内政部）、弗兰克·格姆（Frank Gehm）和威廉·卢森（Wilhelm Loosen，联邦总理府）、梅希蒂尔德·布兰德斯（Mechthild Brandes，科布伦茨联邦档案馆）、君特·布赫施塔布博士（Dr. Günter Buchstab，康拉德－阿登纳基金会基督教民主政治档案馆）、沃尔夫冈·格雷夫（Wolfgang Gröf，弗里德里希－艾伯特基金会社会民主档案馆）、艾莲娜·丹尼尔森（Elena S. Danielson，胡佛研究所档案馆）、克劳斯·戈托博士（Dr. Klaus Gotto，联邦新闻局）。在使用原民主德国的个别资料方面，尤其是教授阿尔布雷西特博士、米夏埃尔·沃尔特博士（Dr. Michael Walter）、施特凡·赫勒尔（Steffen Heller）提供了极为有益的帮助。亚历山德拉·梅（Alexandra Mey）处理俄语文件的翻译，爱娃·费德曼（Eva Feldmann）和马尔库斯·克左斯卡（Markus Krzoska）帮助使用波兰语的媒体文章。在与俄罗斯伙伴们进行访谈时，奥尔加·瓦斯耶娃（Olga Wasiljewa）担任翻译，苏珊娜·普雷特（Susanne Plett）对大多数为时几个小时的访谈进行了语言转化。感谢在访谈的组织工作方面提供大量帮助的人，首推设在莫斯科的康拉德－阿登纳基金会和华沙的罗伯特－舒曼基金会。拉斐尔·比尔曼博士（Dr. Rafael Biermann）、汉内斯·阿多梅特（Hannes Adomeit）和泽利科夫博士提供了大量的提示和帮助，以支持这一研究项目。

对于内容方面的前期工作，我们要感谢卡提娅·贝维尔斯多夫（Katja Bewersdorf）、马尔库斯·加恩（Markus Garn）和安德列亚斯·基斯林（Andreas Kieβling）。我们从卡特琳·施泰恩纳克（Katrin Steinack）、米夏埃尔·威格尔（Michael Weigl）、拉尔斯·科尔申博士（Dr. Lars C. Colschen）、阿列克斯·多姆勒博士（Dr. Axel Dümmler）、玛努艾拉·格拉普博士（Dr. Manuela Glaab）、伊内斯·亨利希（Innes Hennig）、伊沃·林劳（Ivo Lingnau）、费列克斯·卢茨博士（Dr. Felix Ph. Lutz）和托马斯·保尔森博士（Dr. Thomas Paulsen）等人那里，得到了组织问题中富有责任心的支持。

我们非常感谢奥拉夫·希伦布兰德（Olaf Hillenbrand）和约瑟夫·雅宁（Josef Janning）对全部手稿富有价值的评价。我们感谢诺贝特·希姆勒尔（Norbert Himmler）和萨宾娜·魏延德博士（Dr. Sabine Weyand）随时愿配合作大量的讨论。除了这些人，卡尔－鲁道夫·科尔特博士（Dr. Karl－Rudolf Korte），在本书诞生的整个过程中，是我们最富批评也最有启发的讨论伙伴和帮助者。

访　　谈

　　直接使用档案、科学的细节分析、回忆文献和详细的媒体分析，构成了本书的基本框架。但在档案、书籍或者报纸报道中描写的过程，如果没有与当事人直接谈话以探究其背景情况，那么仍然不容易理解这些过程的相互关系。因此，要通过大量的访谈完善调查研究，其中，无论是访谈的内容还是访谈的经过，都不乏意外的惊喜。例如，因日程安排，戈尔巴乔夫原已拒绝了我们曾提出的一次访谈愿望；但没想到他和自己的顾问却还是一起参加了那次访谈。

　　出于不同的原因，大量的访谈伙伴不愿在本文中提到自己的名字。因此，一部分也很详细的询问和交往信件在书中都未明确列出名字，而多标以如"联邦外交部信息"或类似的文字提示。此外，引自其他学者进行的访谈或问卷调查，因未就其向"德国统一史"研究项目开放达成一致，也作了同样处理。

　　对 55 位原民主德国历史见证人和活动家所作的访谈资料，来自胡佛研究所档案馆詹姆斯·麦克亚当斯（James McAdams）领导的项目档案，部分已经文字转换，可供此次调研使用，并注明了被访者姓名、访谈日期以及附加"胡佛研究所"字样。

　　除了引用与"2 + 4"进程参与者的访谈以外，本项研究还以与媒体和学界的观察者的大量详细访谈为基础。在个人记载的认识和部分有价值的材料以外，我们尤其要将大量的背景信息归功于这些谈话。要提到的被访者名字是：阿布杜汉·阿塔姆齐安（Abdulhan Ahtamzian，莫斯科）、阿尔布雷西特（柏林）、汉斯·哈根·布雷默尔〔Hans Hagen Bremer，《法兰克福评论报》，巴黎〕、海克·恩格尔克斯（Heiko Engelkes，德国电视一台，巴黎）、阿尔弗雷德·格鲁瑟尔（巴黎）、阿图尔·哈尼茨（Artur Hajnicz,

华沙）、汉斯－耶尔格·海姆斯（Hans－Jörg Heims，《南德意志日报》，柏林）、米夏埃尔·路德维希（Michael Ludwig，《法兰克福汇报》，华沙）、亨利·梅杜尔（Henri Ménudier，巴黎）、芭芭拉·蒙斯克（Barbara Munske，柏林）、卢克·罗森茨威格（Luc Rosenzweig，《世界报》，巴黎）、约瑟夫·罗万（Joseph Rovan，巴黎）、安德烈·扎格尔斯基（Andrej Zagorski，莫斯科）。

由此，一共可以将 150 多个访谈和背景谈话的结果放入本项调查研究。

除了访谈者的姓名，以下一览表还包含了访谈日期和地点。关于他们在 1989～1990 年担任的职位，见人名索引中的说明。

雅克·阿塔利（Jacques Attali），1995 年 11 月 30 日，巴黎

詹姆斯·贝克（James Baker），1996 年 4 月 23 日，慕尼黑

弗拉迪斯拉夫·巴托泽维斯基（Wladyslaw Bartoszewski），1996 年 11 月 5 日，慕尼黑

让－路易斯·比安科（Jean－Louis Bianco），1995 年 11 月 27 日，巴黎

罗伯特·布莱克威尔（Robert Blackwill），1993 年 12 月 15 日、1994 年 10 月 24 日，马萨诸塞州，剑桥

泽尔热·布瓦德维（Serge Boidevaix），1995 年 11 月 29 日，巴黎

亚历山大·伯恩达伦科（Alexander Bondarenko），1995 年 5 月 22 日，莫斯科

卡尔克里斯蒂安·冯·布劳恩米尔（Carlchristian von Braunmühl），1994 年 7 月 20 日，波茨坦

乔治·布什（George Bush），1998 年 2 月 20 日（通信）

维亚切斯拉夫·达齐耶夫（Wjatscheslaw Daschitschew），1996 年 12 月 14 日，慕尼黑

雅克·德洛尔（Jacques Delors），1998 年 7 月 3～4 日，柏林

詹姆斯·多宾斯（James Dobbins），1994 年 11 月 7 日，华盛顿

罗兰·杜马（Roland Dumas），1995 年 11 月 28 日，巴黎

施特凡·艾瑟尔（Stephan Eisel），1996 年 7 月 27 日，菲斯滕费尔德布鲁克

莱纳·埃佩尔曼（Rainer Eppelmann），1994 年 4 月 20 日，波恩

佩德拉·埃勒尔（Petra Erler），1994 年 2 月 26 日，波恩

汉斯－迪特里希·根舍（Hans－Dietrich Genscher），1997 年 10 月 31 日，波恩

布罗尼斯瓦夫·盖雷梅克（Bronislaw Geremek），1996 年 9 月 18 日，华沙

米哈伊尔·戈尔巴乔夫（Michail Gorbatschow），1997 年 10 月 29 日，莫斯科

弗拉基米尔·格尼宁（Wladimir Grinin），1995 年 5 月 22 日，莫斯科

马丁·汉茨（Martin Hanz），1998 年 6 月 5 日，布鲁塞尔

施特凡·赫勒尔（Steffen Heller），1994 年 7 月 14 日，柏林

罗伯特·赫金斯（Robert Hutchings），1994 年 11 月 4 日，华盛顿

伯纳德·英厄姆爵士（Sir Bernard Ingham），1997 年 6 月 4 日，伦敦

沃伊切赫·雅鲁泽尔斯基（Wojciech Jaruzelski），1996 年 10 月 2 日，法兰克福/美因河畔

迪特尔·卡斯特鲁普（Dieter Kastrup），1998 年 4 月 17 日，罗马

罗伯特·金米特（Robert Kimmitt），1994 年 11 月 4 日，华盛顿

埃贡·克雷普施（Egon Klepsch），1994 年 5 月 31 日，美因茨

赫尔穆特·科尔（Helmut Kohl），1989 年 11 月 9、10、11 日，1990 年 1 月 17 日，1990 年 2 月 19、20、21 日，1990 年 6 月 7、8、9 日，1990 年 10 月 1 日，1991 年 5 月 19、20、21 日，1992 年 5 月 5 日，1992 年 5 月 26 日

约翰·科恩布鲁姆（John Kornblum），1994 年 11 月 3 日，华盛顿

维亚切斯拉夫·科切马索夫（Wjatscheslaw Kotschemassow），1995 年 5 月 20 日，莫斯科

伊万·库斯民（Iwan Kusmin），1995 年 5 月 18 日，莫斯科

托马斯·德梅齐埃（Thomas de Maizière），1994 年 2 月 3 日，什未林

克里斯托弗·马拉贝爵士（Sir Christopher Mallaby），1997 年 6 月 3 日，伦敦

英格尔·马克斯米切夫（Igor Maximytschew），1995 年 5 月 19 日，

莫斯科

塔德乌什·马佐维耶茨基（Tadeusz Mazowiecki），1996 年 9 月 19 日，华沙

马尔库斯·梅克尔（Markus Meckel），1994 年 1 月 19 日，波恩

米夏埃尔·梅尔特斯（Michael Mertes），1995 年 8 月 25 日，1995 年 9 月 20 日，1996 年 2 月 29 日，1996 年 5 月 22 日，1996 年 11 月 14 日，波恩

鲍曼·米勒（Bowman Miller），1993 年 2 月 16 日，华盛顿

汉斯－于尔根·米瑟维茨（Hans－Jürgen Misselwitz），1994 年 7 月 13 日，波茨坦

米克洛什·内梅特（Miklos Németh），1997 年 6 月 5 日，伦敦

瓦尔特·诺伊尔（Walter Neuer），1998 年 5 月 29 日（通信）

宝琳娜·内维尔－琼斯（Pauline Neville－Jones），1997 年 6 月 4 日，伦敦

尼古拉·波图加洛夫（Nikolaj Portugalow），1997 年 10 月 29 日，莫斯科

查尔斯·鲍威尔爵士（Sir Charles Powell），1997 年 6 月 3 日，伦敦

康多莉扎·赖斯（Condoleezza Rice），1994 年 10 月 31 日，斯坦福

瓦丁·萨格拉金（Wadim Sagladin），1997 年 10 月 29 日，莫斯科

布伦特·斯考克罗夫特（Brent Scowcroft），1994 年 11 月 3 日，华盛顿

雷蒙德·塞茨（Raymond Seitz），1997 年 6 月 2 日，伦敦

克日什托夫·斯库比斯泽夫斯基（Krzysztof Skubiszewski），1996 年 4 月 23 日，慕尼黑

蒂洛·施泰因巴赫（Thilo Steinbach），1994 年 5 月 30 日（电话）、1994 年 5 月 30 日，波恩

特杰姆拉斯·史特潘诺夫（Tejmuras Stepanow），1997 年 10 月 28 日，莫斯科

赫尔伯特·聚斯（Herbert Süβ），1994 年 7 月 21 日，柏林

希拉里·辛诺特（Hilary Synnott），1997 年 6 月 4 日，伦敦

谢尔盖·塔拉申科（Sergej Tarassenko），1997 年 10 月 27 日，莫斯科

霍斯特·特尔切克（Horst Teltschik），1997 年 10 月 10 日，慕尼黑

安纳托利·切尔纳耶夫（Anatolij Tschernajew），1997 年 10 月 29 日，莫斯科

胡伯特·维德里纳（Hubert Védrine），1995 年 12 月 1 日，巴黎

威廉·瓦尔德格拉夫（William Waldegrave），1997 年 6 月 5 日，伦敦

莱赫·瓦文萨（Lech Walesa），1997 年 6 月 23 日，慕尼黑

维侬·沃尔特斯（Vernon Walters），1994 年 11 月 3 日，华盛顿

沃伊切赫·维乔雷克（Wojciech Wieczorek），1996 年 9 月 18 日，华沙

迈克尔·伍德（Michael Wood），1997 年 6 月 5 日，伦敦

迈克尔·扬（Michael Young），1994 年 11 月 7 日，纽约；1997 年 6 月 19～22 日，慕尼黑；1998 年 1 月 21 日～25 日，火奴鲁鲁

菲利普·泽利科夫（Philip Zelikow），1993 年 12 月 15 日、1994 年 10 月 25 日，马萨诸塞州，剑桥

罗伯特·佐利克（Robert Zoellick），1993 年 12 月 17 日，1994 年 11 月 2 日，华盛顿

文献资料

A chronology of events. The Collapse of the German Democratic Republic (GDR) and the Steps toward German Unity. May 1989 – January 1991. In: *World Affairs*, Nr. 4/1990, S. 195–197.

Ablaß, Werner E.: Zapfenstreich. Von der NVA zur Bundeswehr. Düsseldorf 1992.

Abromeit, Heidrun: Der verkappte Einheitsstaat. Opladen 1992.

Ackermann, Bruce A.: Ein neuer Anfang in Europa. Nach dem utopischen Zeitalter. Berlin 1993.

Ackermann, Eduard: Mit feinem Gehör. Vierzig Jahre in der Bonner Politik. Bergisch Gladbach 1994.

Ackermann, Eduard: Politiker. Vom richtigen und vom falschen Handeln. Bergisch Gladbach 1996.

Adomeit, Hannes [1997a]: Imperial Overstretch. Germany in Soviet Policy from Stalin to Gorbachev. An Analysis Based on New Archival Evidence, Memoirs, and Interviews. Baden-Baden 1997.

Adomeit, Hannes: Gorbachev and German Unification. Revision of Thinking, Realignment of Power. In: *Problems of Communism*, Nr. 4/1990, S. 1–23.

Adomeit, Hannes [1994a]: Gorbachev, German Unification and the Collapse of Empire. In: *Post-Soviet Affairs*, Nr. 3/1994, S. 197–230.

Adomeit, Hannes [1994b]: The Atlantic Alliance in Soviet and Russian Perspectives. In: Neil Malcolm: Russia and Europe. An End to Confrontation? London, New York 1994, S. 31–58.

Adomeit, Hannes [1997b]: Rußland und Deutschland. Perzeptionen, Paradigmen und politische Beziehungen 1945–1995. In: Gottfried Niedhart/Detlef Junker/Michael W. Richter (Hrsg.): Deutschland in Europa. Nationale Interessen und internationale Ordnung im 20. Jahrhundert. Mannheim 1997, S. 332–354.

Afheldt, Horst u. a.: German Unity and the Future European Order of Peace and Security. Mosbach 1990.

Albrecht, Ulrich: Die Abwicklung der DDR. Die »2+4-Verhandlungen«. Ein Insiderbericht. Opladen 1992.

Albrecht, Ulrich: Neutralismus und Disengagement. Ist Blockfreiheit eine Alternative für die Bundesrepublik? In: ders. u. a. (Hrsg.): Deutsche Fragen – Europäische Antworten. Berlin 1983, S. 97–121.

Albrecht, Ulrich: Die internationale Regelung der Wiedervereinigung. Von einer »No-win«-Situation zum raschen Erfolg. In: *Aus Politik und Zeitgeschichte*, Nr. B40/1996, S. 3–11.

Altenhof, Ralf/Eckhard Jesse: Das wiedervereinigte Deutschland. Zwischenbilanz und Perspektiven. München 1995.

Altenhof, Ralf: Versagen nicht nur im Osten – Die Haltung des Westens gegenüber der DDR. In: *Deutschland Archiv*, Nr. 6/1992, S. 633–636.

Ammer, Thomas: Sowjetische Soldaten in Deutschland. Interview mit einem ehemaligen Offizier der Westgruppe der Sowjetischen Streitkräfte in Deutschland. In: *Deutschland Archiv*, Nr. 5/1992, S. 513–519.

Andersen, Uwe/Wichard Woyke (Hrsg.): Handwörterbuch des politischen Systems der Bundesrepublik Deutschland. 2. Auflage, Bonn 1995.

Anderson, Christopher/Karl Kaltenthaler/Wolfgang Luthardt (Hrsg.): The Domestic Politics of German Unification. London 1993.

Andert, Reinhold/Wolfgang Herzberg: Der Sturz. Erich Honecker im Kreuzverhör. 3. Auflage, Berlin, Weimar 1991.

Andert, Reinhold: Unsere Besten. Die VIPs der Wendezeit. Berlin 1993.

Anweiler, Oskar u. a. (Hrsg.): Osteuropa und die Deutschen. Vorträge zum 75. Jubiläum der Deutschen Gesellschaft für Osteuropakunde. Berlin 1990.

Apel, Hans: Der Abstieg. Politisches Tagebuch eines Jahrzehnts. München 1991.

Arbatow, Georgij: Das System. Ein Leben im Zentrum der Sowjetpolitik. Frankfurt/M. 1994.

Armstrong, David/Erik Goldstein (Hrsg.): The End of the Cold War. London 1990.

Arndt, Claus: Wiedervereinigung und Ostgrenzen Deutschlands. In: *Zeitschrift für Rechtspolitik*, Nr. 10/1989, S. 366–367.

Arnold, Eckart: German Foreign Policy and Unification. In: *International Affairs* (London), Nr. 6/1991, S. 452–471.

Arnold, Heinz Ludwig/Frauke Meyer-Gosau (Hrsg.): Die Abwicklung der DDR. Göttingen 1992.

Arnold, Karl-Heinz: Die ersten hundert Tage des Hans Modrow. Berlin 1990.

Asholt, Wolfgang: Frankreich, Deutschland und das Gleichgewichtsdenken. Rückblick auf einige Lehren der jüngsten Vergangenheit. In: *Dokumente*, Nr. 3/1992, S. 199–204.

Asholt, Wolfgang/Heinz Thoma (Hrsg.): Frankreich – ein unverstandener Nachbar. Bonn 1990.

Asholt, Wolfgang/Ingo Kolboom: Frankreich und das vereinte Deutschland. Ein Rückblick nach vorn. In: *Europa-Archiv*, Nr. 7/1992, S. 179–186.

Asmus, Ronald D.: Deutsche Strategie und öffentliche Meinung nach dem Fall der Mauer 1990–1993. Strategy and Opinion after the Wall 1990–1993. Santa Monica/CA 1994.

Asmus, Ronald D.: A united Germany. In: *Foreign Affairs*, Nr. 2/1990, S. 63–76.

Asmus, Ronald D.: Deutschland im Übergang. Nationales Selbstvertrauen und internationale Zurückhaltung. In: *Europa-Archiv*, Nr. 8/1992, S. 199–211.

Asmus, Ronald D./James F. Brown/Keith Crane: Soviet Foreign Policy and the Revolutions of 1989 in Eastern Europe. Santa Monica/CA 1991.

Attali, Jacques: Europe(s). Paris 1994.

Attali, Jacques: Verbatim III. 1988–1991. Paris 1995.

Aus dem Archiv Gorbatschow: Brandt-Gorbatschow (Gespräch vom 17. Oktober 1989 in Moskau). In: *Swobodnaja Mysl*, Nr. 17/1992, S. 22–29.

Auswärtiges Amt (Hrsg.): Sicherheit und Zusammenarbeit in Europa. Dokumentationen zum KSZE-Prozeß. 6. erneuerte Auflage, Bonn 1984.

Auswärtiges Amt (Hrsg.): 40 Jahre Außenpolitik der Bundesrepublik Deutschland. Dokumentation. Stuttgart 1989.

Auswärtiges Amt (Hrsg.): Umbruch in Europa. Die Ereignisse im 2. Halbjahr 1989. Eine Dokumentation. Bonn 1990.

Auswärtiges Amt (Hrsg.): Deutsche Außenpolitik 1990/1991. Auf dem Weg zu einer europäischen Friedensordnung. Eine Dokumentation. Bonn 1991.

Auswärtiges Amt (Hrsg.): »2+4«. Die Verhandlungen über die äußeren Aspekte der Herstellung der deutschen Einheit. Eine Dokumentation. 2. Auflage, Bonn 1993.

Auswärtiges Amt (Hrsg.): Außenpolitik der Bundesrepublik Deutschland. Dokumente von 1949 bis 1994. Bonn 1995.

Axen, Hermann: Ich war ein Diener der Partei. Autobiographische Gespräche mit Harald Neubert. Berlin 1996.

Ayache, Georges/Pascal Lorot: La conquête de l'Est. Les atouts de la France dans le nouvel ordre mondial. Paris 1991.

Baczkowski Krzysztof/Józef Buszko/Erhard Cziomer/Andrzej Pilch: Deutschland und die deutsche Frage in der polnischen Geschichtsschreibung im 19. und 20. Jahrhundert. In: *Aus Politik und Zeitgeschichte*, Nr. B14/1987, S. 18–28.

Bader, Werner: Links und rechts von Oder und Neiße. Eine Region mit europäischer Zukunft. In: *Deutschland Archiv*, Nr. 2/1992, S. 120–122.

Bahr, Egon: Sicherheit für und vor Deutschland. Vom Wandel durch Annäherung zur Europäischen Sicherheitsgemeinschaft. München, Wien 1991.

Bahr, Egon: Zu meiner Zeit. München 1996.

Bahr, Egon: Entspannung ist unsere einzige Chance. In: Ulrich Albrecht u. a. (Hrsg.): Deutsche Fragen – Europäische Antworten. Berlin 1983, S. 76–93.

Bahr, Hans-Eckehard: Von der Armee zur europäischen Friedenstruppe. München 1990.

Bahrmann, Hannes: Chronik der Wende. Bd. 1: Die DDR zwischen 7. Oktober und 18. Dezember 1989. Berlin 1994.

Bahrmann, Hannes/Christoph Links: Wir sind das Volk. Die DDR im Aufbruch. Eine Chronik. Wuppertal 1990.

Bahrmann, Hannes/Christoph Links: Chronik der Wende. Bd. 2: Stationen der Einheit. Die letzten Monate. Berlin 1995.

Bailey-Wiebecke, Ilka: Die Europäische Gemeinschaft und der Rat für Gegenseitige Wirtschaftshilfe. Multilaterale Diplomatie oder Blockpolitik. Bern u. a. 1989.

Bajohr, Walter (Hrsg.): Das Erbe der Diktatur. Bonn 1992.

Baker, James A.: Drei Jahre, die die Welt veränderten. Erinnerungen. Berlin 1996.

Baker, James A.: Points of Mutual Advantage. Perestroika and American Foreign Policy. In: Frederic J. Fleron/Erik P. Hoffmann/Robbin F. Laird (Hrsg.): Soviet Foreign Policy. Classic and contemporary Issues. New York 1991, S. 809–818.

Bald, Detlef (Hrsg.): Die Nationale Volksarmee. Beiträge zu Selbstverständnis und Geschichte des deutschen Militärs von 1945–1990. Baden-Baden 1992.

Bald, Detlef (Hrsg.): Nationale Volksarmee – Armee für den Frieden. Beiträge zu Selbstverständnis und Geschichte des deutschen Militärs 1945–1990. Baden-Baden 1995.

Bald, Detlef: Zum außen- und sicherheitspolitischen Grundgesetz der deutschen Staaten. Der völkerrechtliche Rahmen der 2 plus 4 Verhandlungen. In: *S+F. Vierteljahresschrift für Sicherheit und Frieden*, Nr. 2/1990, S. 59–65.

Barcz, Jan: Udzial Polski w konferencji »2+4«. Aspekty prawne i proceduralne. Warschau 1994.

Baring, Arnulf (Hrsg.): Germany's new Position in Europe. Problems and Perspectives. Oxford 1994.

Barth, Bernd-Rainer u. a. (Hrsg.): Wer war Wer in der DDR? Ein biographisches Handbuch. Erweiterte und aktualisierte Auflage, Frankfurt/M. 1995.

Bartoszewski, Wladyslaw: Eine polnische Stimme. In: *Die politische Meinung*, Nr. 243/1989, S. 19–23.

Bartoszewski, Wladyslaw: Es lohnt sich, anständig zu sein. Meine Erinnerungen. Mit der Rede zum 8. Mai. Mit einem Nachwort herausgegeben von Reinhold Lehmann. 2. Auflage Freiburg 1995.

Bartsch, Sebastian: Die alliierte Truppenpräsenz und die sicherheitspolitischen Aspekte der deutschen Vereinigung aus der Sicht der DDR. In: *Deutschland Archiv*, Nr. 1/1994, S. 42–57.

Bartsch, Sebastian/Axel Sauder: Die rechtlichen Grundlagen der ausländischen Truppenstationierung in Deutschland im Wandel der politischen Rahmenbedingungen. In: Gunther Hellmann (Hrsg.): Alliierte Präsenz und deutsche Einheit. Die politischen Folgen militärischer Macht. Baden-Baden 1994, S. 47–89.

Basler, Gerhard: Die »Herbstrevolution« und die Ost-West-Beziehungen der DDR. In: *Europa-Archiv*, Nr. 1/1990, S. 13–18.

Bauer, Harald: Frankreichs Sicherheitspolitik und das geteilte Deutschland 1980–1985. Zwischen Kontrolle, Kooperation und Abhängigkeiten. Berlin 1987.

Baumann, Eleonore (Hrsg.): Der Fischer-Weltalmanach. Sonderband DDR. Frankfurt/M. 1990.

Baumgartner, Gabriele/Dieter Hebig (Hrsg.): Biographisches Handbuch der SBZ/DDR 1945–1990. 2 Bde. München u. a. 1997.

Baun, Michael J.: The Maastricht Treaty as High Politics. Germany, France and European Integration. In: *Political Science Quarterly*, Nr. 4/1995–96, S. 605–624.

Bayerische Landeszentrale für politische Bildungsarbeit (Hrsg.): Dokumente zu Deutschland 1944–1994. München 1996.

Becker, Johannes M.: Ein Land geht in den Westen. Die Abwicklung der DDR. Bonn 1991.

Becker, Josef (Hrsg.): Wiedervereinigung in Mitteleuropa. Außen- und Innenansichten zur staatlichen Einheit Deutschlands. München 1992.

Bedarff, Hildegard: Die Viererrunden. Zum Bedeutungswandel multilateraler Koordinationsgremien zwischen westlichen Siegermächten und der Bundesrepublik. In: *Zeitschrift für Parlamentsfragen*, Nr. 4/1991, S. 555–567.

Behnen, Peter: Revolution in der DDR. Hannover 1990.

Beise, Marc: Die DDR und die Europäische Gemeinschaft. Vertiefte EG-Beziehungen als Vorstufe zur deutschen Einheit? In: *Europa-Archiv*, Nr. 4/1990, S. 149–158.

Beker, Avid/Simona Kedmi: German Unification. A Jewish-Israeli Perspective. Jerusalem 1991.

Bellers, Jürgen (Hrsg.): »Innen« und »Außen« in der europäischen Geschichte. Münster 1992.

Ben-Ari, Jitzhak: Israel und die Bundesrepublik. Eine Bilanz besonderer Beziehungen. In: *Aus Politik und Zeitgeschichte*, Nr. B15/1990, S. 3–7.

Bender, Karl-Heinz: Mitterrand und die Deutschen. Die Wiedervereinigung der Karolinger. Bonn 1995.

Bender, Karl-Heinz: Das Deutschlandbild Mitterrands. Poesie und Politik. Feste Grundsätze im Wandel des Rollenbildes. In: *Dokumente*, Nr. 3/1984, S. 202–214.

Bender, Karl-Heinz: »Das gleiche Bündnis und die gleiche Zukunft«. Zum Deutschlandbild von François Mitterrand. In: *Dokumente*, Nr. 3/1988, S. 183–190.

Bender, Peter [1989a]: Deutsche Parallelen. Anmerkungen zu einer gemeinsamen Geschichte zweier getrennter Staaten. Berlin 1989.

Bender, Peter [1989b]: Neue Ostpolitik. Vom Mauerbau bis zum Moskauer Vertrag. 2. Auflage, München 1989.

Bender, Peter: Unsere Erbschaft. Was war die DDR – was bleibt von ihr? Hamburg 1992.

Bender, Peter [1995a]: Die »Neue Ostpolitik« und ihre Folgen. Vom Mauerbau bis zur Vereinigung. München 1995.

Bender, Peter: Episode oder Epoche? Zur Geschichte des geteilten Deutschland. München 1996.

Bender, Peter [1990a]: 20 Jahre Warschauer Vertrag. In: *Neue Gesellschaft/Frankfurter Hefte*, Nr. 12/1990, S. 1069–1074.

Bender, Peter [1990b]: Über der Nation steht Europa. Die Lösung der deutschen Frage. In: *Merkur*, Nr. 5/1990, S. 366–375.

Bender, Peter: War der Weg zur deutschen Einheit vorhersehbar? Charles de Gaulle – Realist und Prophet. In: *Deutschland Archiv*, Nr. 3/1991, S. 258–262.

Bender, Peter [1995b]: Die Öffnung der Berliner Mauer am 9. November 1989. In: Johannes Willms (Hrsg.): Der 9. November. Fünf Essays zur deutschen Geschichte. München 1995, S. 66–82.

Bennsdorf, Ulrich: Die Bodenpolitik der DDR aus legislativer Sicht. In: *Deutschland Archiv*, Nr. 10/1995, S. 1064–1073.

Bentzien, Joachim F.: Die Ablösung der alliierten Vorbehaltsrechte. In: *Recht in Ost und West. Zeitschrift für Rechtsvergleichung und innerdeutsche Probleme* 1991, S. 386–393.

Benz, Wolfgang: Die Gründung der Bundesrepublik. Von der Bizone zum souveränen Staat. 4. Auflage, München 1994.

Berg, Heino/Peter Burmeister (Hrsg.): Mitteleuropa und die deutsche Frage. Bremen 1990.

Bergmann-Pohl, Sabine: Abschied ohne Tränen. Rückblick auf das Jahr der Einheit. Aufgezeichnet von Dietrich von Thadden. Berlin, Frankfurt/M. 1991.

Bergsdorf, Wolfgang: Deutschland im Streß. Politische und gesellschaftliche Herausforderungen nach der Wende. München, Landsberg/Lech 1993.

Bergsdorf, Wolfgang: Wer will die Deutsche Einheit? Wie sich die Meinungen im In- und Ausland entwickelten. In: *Die politische Meinung*, Nr. 248/1990, S. 13–19.

Bertelsmann-Stiftung (Hrsg.): Die Vollendung des Europäischen Währungssystems. Ergebnisse einer Fachtagung. Gütersloh 1989.

Bertram, Christoph: The German Question. In: *Foreign Affairs*, Nr. 2/1990, S. 45–62.

Beschloss, Michael R./Strobe Talbott: Auf höchster Ebene. Das Ende des Kalten Krieges und die Geheimdiplomatie der Supermächte 1989–1991. Düsseldorf u. a. 1993.

Bettzuege, Reinhard: Hans-Dietrich Genscher – Eduard Schewardnadse. Das Prinzip Menschlichkeit. Bergisch Gladbach 1994.

Bewersdorf, Katja: Der Beitrag des Ministeriums für Auswärtige Angelegenheiten zur DDR-Außenpolitik der Regierung de Maizière/Meckel. Rahmenbedingungen, Leitlinien, Umsetzung. Mainz 1995 (unveröffentlichtes Manuskript).

Beyme, Klaus von: The legitimation of German Unification between national and democratic principles. In: *German Politics and Society*, Nr. 22/1991, S. 1–17.

Bierling, Stephan: Wirtschaftshilfe für Moskau. Motive und Stragegien der Bundesrepublik Deutschland und der USA 1990–1996. Paderborn u. a. 1998.

Bierling, Stephan: Political and social Aspects of German Unification. Political Process and Voting Behavior. In: Kim Dalchoong u. a. (Hrsg.): The Disintegration of the Soviet Union and its Impact on Korea and Germany, Seoul 1993, S. 159–171.

Bierling, Stephan/Dieter Grosser/Beate Neuss (Hrsg.): Bundesrepublik und DDR 1969–1990. Stuttgart 1996.

Biermann, Rafael: Zwischen Kreml und Kanzleramt. Wie Moskau mit der deutschen Einheit rang. Paderborn u. a. 1997.

Biermann, Rafael [1998a]: Moskau und die deutsche Wiedervereinigung. Zwei Interviews. In: *Osteuropa-Archiv*, Nr. 3/1998, S. A99–A111.

Biermann, Rafael [1998b]: Was Genscher mit Deutschland vorhatte. In: *Die Politische Meinung*, Nr. 338/1998, S. 49–61.

Bingen, Dieter: Deutsche und Polen. Paradigmenwechsel in Warschau 1985–1989. Köln 1989.

Bingen, Dieter: Deutschland und Polen in Europa. Probleme, Verträge und Perspektiven. Köln 1991.

Bingen, Dieter: Aspekte von Wandel und Kontinuität im polnischen politischen Denken über Deutschland von 1966 bis 1991. Krakau 1993.

Bingen, Dieter/Janusz Józef Wec: Die Deutschlandpolitik Polens 1945–1991. Von der Status-Quo-Orientierung bis zum Paradigmenwechsel. Krakau 1993.

Birke, Adolf M.: Großbritannien und die deutsche Einheit. Coburg 1991.

Bischof, Henrik u. a.: Der künftige sicherheitspolitische Status Deutschlands. Probleme und Perspektiven der »2+4«-Gespräche (Friedrich-Ebert-Stiftung, Kurzpapier des Arbeitsbereichs »Außenpolitikforschung/Sicherheit und Abrüstung«, Nr. 42). Bonn Juni 1992.

Bitterlich, Joachim: In memoriam Werner Rouget. Frankreichs (und Europas) Weg nach Maastricht im Jahr der deutschen Einheit (1989/1990). In: Werner Rouget: Schwierige Nachbarschaft am Rhein. Frankreich-Deutschland. Herausgegeben von Joachim Bitterlich und Ernst Weisenfeld. Bonn 1998, S. 112–123.

Blacker, Coit D.: Hostage to Revolution. Gorbachev and Soviet Security Policy. 1985–1991. New York 1993.

Blackwill, Robert D.: Deutsche Vereinigung und amerikanische Diplomatie. In: *Aussenpolitik*, Nr. 3/1994, S. 211–225.

Blanke, Thomas/Rainer Erd (Hrsg.): DDR – ein Staat vergeht. Frankfurt/M. 1990.

Blohm, Frank/Wolfgang Herzberg (Hrsg.): »Nichts wird mehr so sein, wie es war«. Zur Zukunft der beiden deutschen Republiken. Frankfurt/M. 1990.

Blumenwitz, Dieter [1989a]: Denk ich an Deutschland. Antworten auf die deutsche Frage. München 1989.

Blumenwitz, Dieter [1989b]: Was ist Deutschland? Staats- und völkerrechtliche Grundsätze zur deutschen Frage und ihre Konsequenzen für die deutsche Ostpolitik. Bonn 1989.

Blumenwitz, Dieter [1990b]: Die Überwindung der deutschen Teilung und die Vier Mächte. Berlin 1990.

Blumenwitz, Dieter [1990a]: Europäische Integration und deutsche Wiedervereinigung. Aktuelle Fragen nach dem Zehn-Punkte-Programm und dem Straßburger Gipfel. In: *Zeitschrift für Politik*, Nr. 1/1990, S. 1–19.

Blumenwitz, Dieter [1990c]: Der Vertrag vom 12. September 1990 über die abschließende Regelung in bezug auf Deutschland. In: *Neue Juristische Wochenschrift*, Nr. 48/1990, S. 3041–3048.

Blumenwitz, Dieter/Boris Meissner (Hrsg.): Staatliche und nationale Einheit Deutschlands – ihre Effektivität. Köln 1984.

Blumenwitz, Dieter/Boris Meissner (Hrsg.): Die Überwindung der europäischen Teilung und die deutsche Frage. Köln 1986.

Blumenwitz, Dieter/Gottfried Zieger (Hrsg.) [1989a]: Die deutsche Frage im Spiegel der Parteien. Köln 1989.

Blumenwitz, Dieter/Gottfried Zieger (Hrsg.) [1989b]: 40 Jahre Bundesrepublik Deutschland. Verantwortung für Deutschland. Köln 1989.

Bohn, Helmut: Als die Mauer durchbrochen wurde. Die Deutsche Frage in der internationalen Karikatur. In: *Beiträge zur Konfliktforschung*, Nr. 1/1990, S. 87–118.

Bohse, Reinhard (Hrsg.): Jetzt oder nie – Demokratie. Leipziger Herbst '89. Neues Forum Leipzig, mit einem Vorwort von R. Heinrich. München 1990.

Boidevaix, Serge: Die deutsche Frage aus europäischer Sicht. Der französische Standpunkt zur europäischen Sicherheit und zur deutschen Frage. (Friedrich-Ebert-Stiftung, Vortrag im Arbeitsbereich »Deutschlandpolitisches wissenschaftliches Forum«). Bonn 17. Oktober 1989.

Bolaffi, Angelo: Die schrecklichen Deutschen. Eine merkwürdige Liebeserklärung. Berlin 1995.

Boll, Michael M.: Superpower Diplomacy and German Unification: The Insiders' Views. In: *Parameters*, Winter 1996–97, S. 109–121.

Borkenhagen, Franz H. U.: Eine neue Sicherheitspolitik – Chancen für Europa. In: *Aus Politik und Zeitgeschichte*, Nr. B36/1990, S. 13–22.

Bortfeldt, Heinrich: Washington – Bonn – Berlin. Die USA und die deutsche Einheit. Bonn 1993.

Bortfeldt, Heinrich: 15. Jahreskonferenz der German Studies Association. In: *Deutschland Archiv*, Nr. 1/1992, S. 85–86.

Bortfeldt, Heinrich: Die Vereinigten Staaten und die deutsche Einheit. Amerikanische Sondierungen im Herbst 1989. In: Klaus Larres/Torsten Oppelland (Hrsg.): Deutschland und die USA im 20. Jahrhundert. Geschichte der politischen Beziehungen. Darmstadt 1997, S. 256–276.

Bothe, Michael: Deutschland als Rechtsproblem. In: Hans-Jürgen Schröder (Hrsg.) Die Deutsche Frage als internationales Problem. Stuttgart 1990, S. 39–69.

Bracher, Karl-Dietrich/Manfred Funke/Hans-Peter Schwarz (Hrsg.): Deutschland zwischen Krieg und Frieden. Beiträge zur Politik und Kultur im 20. Jahrhundert. Festschrift für Hans-Adolf Jacobsen. Düsseldorf 1991.

Bradley, Catherine/John Bradley: Germany. The Reunification of a Nation. London 1992.

Braitling, Petra/Walter Reese-Schäfer: Universalismus, Nationalismus und die neue Einheit der Deutschen. Philosophen und die Politik. Frankfurt/M. 1991.

Brand, Christoph-Matthias: Souveränität für Deutschland. Grundlagen, Entstehungsgeschichte und Bedeutung des Zwei-plus-Vier-Vertrages vom 12. September 1990. Köln 1993.

Brandenburg, Ulrich: Die »Freunde« ziehen ab. Sowjetische und post-sowjetische Truppen in Deutschland. In: *Aussenpolitik*, Nr. 1/1993, S. 76–87.

Brandenburger Verein für politische Bildung »Rosa Luxemburg« (Hrsg.): 9. November. Nachbetrachtungen zur Grenzöffnung. 2 Bde. Potsdam 1994.

Brandenburger Verein für politische Bildung »Rosa Luxemburg« (Hrsg.): Der Fall der Mauer – das ungeklärte Mysterium. Materialien einer Podiumsdiskussion. Potsdam 1995.

Brandt, Peter/Detlef Lehnert: Die »Deutsche Frage« in der europäischen Geschichte und Gegenwart. In: Ulrich Albrecht u. a. (Hrsg.): Deutsche Fragen – Europäische Antworten. Berlin 1983, S. 19–41.

Brandt, Willy: Begegnungen und Einsichten. Die Jahre 1960–1975. Hamburg 1976.

Brandt, Willy: Erinnerungen. Frankfurt/M. 1989.

Brandt, Willy: …was zusammengehört. Reden zu Deutschland. Bonn 1990.

Brauns, Hans-Joachim: Wiedervereinigung und europäische Integration. Frankfurt/M. 1990.

Bredow, Wilfried von: Der KSZE-Prozeß. Von der Zähmung bis zur Auflösung des Ost-West-Konflikts. Darmstadt 1992.

Bredow, Wilfried von/Thomas Jäger: Neue deutsche Außenpolitik. Nationale Interessen in internationalen Beziehungen. Opladen 1993.

Bredow, Wilfried von/Thomas Jäger: Die Außenpolitik Deutschlands. Alte Herausforderungen und neue Probleme. In: *Aus Politik und Zeitgeschichte*, Nr. B1–2/1991, S. 27–38.

Breitenstein, Rolf: Die gekränkte Nation. Geschichte und Zukunft der Deutschen in Europa. München 1996.

Brenner, Stefan: Die Entwicklung der Frage der Bündniszugehörigkeit eines wiedervereinigten Deutschlands von der Maueröffnung bis zum Treffen von Michail Gorbatschow und Helmut Kohl in Schelesnowodsk unter besonderer Berücksichtigung der sowjetischen Position. Egelsbach u. a. 1992.

Breslauer, George W.: Evaluating Gorbachev as Leader. In: Dallin, Alexander/Gail W. Lapidus (Hrsg.): The Soviet System. From Crisis to Collapse. Boulder, San Francisco, Oxford 1995, S. 160–189.

Brigot, André: Frankreich und Europa. In: *Aus Politik und Zeitgeschichte*, Nr. B42/1994, S. 34–38.

Brown, James F.: Surge to freedom. The End of Communist Rule in Eastern Europe. Durham/NC 1991.

Bruck, Elke: Französische Deutschlandbilder und deutsche Frage. Perzeptionen vor, während und seit der Vereinigung. In: *Revue d'Allemagne et des Pays de langue allemande*, Nr. 4/1996, S. 605–618.

Bruck, Elke/Peter M. Wagner (Hrsg.) [1996a]: Wege zum »2+4«-Vertrag. Die äußeren Aspekte der deutschen Einheit. München 1996.

Bruck, Elke/Peter M. Wagner [1996b]: »Die deutsche Einheit und ich«. Die internationalen Aspekte des Vereinigungsprozesses 1989/90 in Lebensbeschreibungen. In: *Zeitschrift für Politik*, Nr. 2/1996, S. 208–224.

Bruck, Elke/Peter M. Wagner: Bauen am eigenen Denkmal. In: *Die politische Meinung*, Nr. 333/1997, S. 15–23.

Bruns, Wilhelm: Die Außenpolitik der DDR. Berlin 1985.

Bruns, Wilhelm: Von der Deutschlandpolitik zur DDR-Politik. Opladen 1988.

Bruns, Wilhelm [1990c]: Von der Koexistenz über die Vertragsgemeinschaft zur Konföderation? (Friedrich-Ebert-Stiftung, Kurzpapier des Arbeitsbereichs »Außenpolitik- und DDR-Forschung«, Nr. 35). Bonn Januar 1990.

Bruns, Wilhelm [1990d]: Die äußeren Aspekte der deutschen Einigung (Friedrich-Ebert-Stiftung, Studie des Arbeitsbereichs »Außenpolitik- und DDR-Forschung«, Nr. 40). Bonn 1990.

Bruns, Wilhelm: Die Entwicklung der Vertrauens- und Sicherheitsbildenden Maßnahmen von 1954 bis 1986. In: Hans Günter Brauch (Hrsg.): Vertrauensbildende Maßnahmen und europäische Abrüstungskonferenz. Gerlingen 1986, S. 77–104.

Bruns, Wilhelm: Die Außenpolitik der DDR. In: Wichard Woyke (Hrsg.): Netzwerk Weltpolitik. Großmächte, Mittelmächte und Regionen und ihre Außenpolitik nach dem Zweiten Weltkrieg. Opladen 1989, S. 249–272.

Bruns, Wilhelm [1990b]: Auf der Suche nach einem neuen UNO-Profil. Die DDR auf der 44. UNO-Generalversammlung. In: *Deutschland Archiv*, Nr. 5/1990, S. 722–726.

Bruns, Wilhelm [1990a]: Die Regelung der äußeren Aspekte der deutschen Einigung. In: *Deutschland Archiv*, Nr. 11/1990, S. 1726–1732.

Bruns, Wilhelm [1991b]: Von den Uneinigen zum vereinten Deutschland. Zur 45. UNO-Generalversammlung. In: *Deutschland Archiv*, Nr. 6/1991, S. 584–587.

Bruns, Wilhelm [1991a]: Deutschlands Suche nach einer neuen außenpolitischen Rolle. In: *Deutschland Archiv*, Nr. 7/1991, S. 715–717.

Buch, Günther: Namen und Daten wichtiger Personen der DDR. 4. Auflage, Bonn 1987.

Buda, Dirk: Ostpolitik à la française. Frankreichs Verhältnis zur UdSSR von de Gaulle zu Mitterrand. Marburg 1990.

Bulla, Marcel: Zur Außenpolitik der DDR. Bestimmungsfaktoren, Schlüsselbegriffe, Institutionen und Entwicklungstendenzen. Melle 1988.

Bullard, Julian: Die britische Haltung zur deutschen Wiedervereinigung. In: Josef Becker (Hrsg.): Wiedervereinigung in Mitteleuropa. Außen- und Innenansichten zur staatlichen Einheit Deutschlands. München 1992, S. 27–42.

Bund Sozialistischer Arbeiter (Hrsg.): Das Ende der DDR. Eine politische Autopsie. Essen 1992.

Bundesministerium des Inneren (Hrsg.): Materialen zur Deutschen Einheit und zum Aufbau in den neuen Bundesländern (Bundesdrucksache 13/2280). Bonn 1995.

Bundesministerium des Inneren (Hrsg.): Dokumente zur Deutschlandpolitik. II. Reihe, Bd. 3. München 1997.

Bundesministerium für Gesamtdeutsche Fragen (Hrsg.): Dokumente zur Deutschlandpolitik. III. Reihe, Bd. 1: 5. Mai bis 31. Dezember 1955. Bonn/Berlin 1961.

Bundesministerium für innerdeutsche Beziehungen (Hrsg.): Zehn Jahre Deutschlandpolitik. Die Entwicklung der Beziehungen zwischen der Bundesrepublik Deutschland und der Deutschen Demokratischen Republik 1967–1979. Bericht und Dokumentation. Bonn 1980.

Bundesministerium für innerdeutsche Beziehungen (Hrsg.): DDR-Handbuch, 2 Bde., Köln 1985.

Bundesministerium für innerdeutsche Beziehungen (Hrsg.) [1988a]: Auskünfte zur Deutschlandpolitik A-Z. Bonn 1988.

Bundesministerium für innerdeutsche Beziehungen (Hrsg.) [1988b]: Informationsangebot zur Deutschen Frage. 4. Auflage, Bonn 1988.

Bundesministerium für innerdeutsche Beziehungen (Hrsg.): Deutschlandpolitische Bilanz 1988. Zahlen, Daten, Fakten. Bonn 1989.

Bundesministerium für innerdeutsche Beziehungen (Hrsg.): Texte zur Deutschlandpolitik. Reihe III, Bd. 7: 1989. Bonn 1990.

Bundesministerium für innerdeutsche Beziehungen (Hrsg.): Texte zur Deutschlandpolitik. Reihe III, Bd. 8a: 1990. Bonn 1991.

Bundesrat (Hrsg.): Deutschlandpolitische Debatte im Bundesrat am 21. Dezember 1989. Reden und Aufsätze. Bonn 1990.

Bundeszentrale für politische Bildung (Hrsg.): EWG-Vertrag. Grundlage der Europäischen Gemeinschaft. Text des EWG-Vertrages und der ergänzenden Bestimmungen nach dem Stand vom 1. Juli 1987. Bearbeitet und eingeleitet von Thomas Läufer. 2. Auflage, Bonn 1987.

Burke, Justin: The physical Wall is gone, but a mental Wall remains. In: *Transition*, Nr. 3/1996, S. 5–8.

Burley, Anne-Marie: The once and future German Question. In: *Foreign Affairs*, Nr. 5/1989, S. 65–83.

Bush, George H.W./Brent Scowcroft: A World Transformed. New York 1998.

Caello, David P. u. a.: Geteiltes Land – halbes Land? Essays über Deutschland. Frankfurt/M., Berlin 1986.

Calließ, Jörg (Hrsg.): »... geht nicht allein die Deutschen an«. Die deutsche Einheit als europäische Frage. Rehburg-Loccum 1991.

Calließ, Jörg (Hrsg.): Getrennte Vergangenheit – Gemeinsame Geschichte. Zur historischen Orientierung im Einigungsprozeß. Rehburg-Loccum 1992.

CDU-Bundesgeschäftsstelle (Hrsg.): Bundeskanzler Dr. Helmut Kohl. Empfang zum 60. Geburtstag. Reden. Bonn 1990.

Cerný, Jochen (Hrsg.): Wer war wer – DDR. Ein biographisches Lexikon. Berlin 1992.

Chevènement, Jean-Pierre: La France et la sécurité de l'Europe. In: *Politique étrangère*, Nr. 3/1990, S. 525–531.

Chirac, Jacques: L'après-Yalta. In: *Politique étrangère*, Nr. 4/1989, S. 743–754.

Cipkowski, Peter: Revolution in Eastern Europe. Understanding the Collapse of Communism in Poland, Hungary, East Germany, Czechoslovakia, Romania and the Soviet Union. New York u. a. 1991.

Clark, Alan: Diaries. London 1994.

Clarke, Michael: British external Policy making in the 1990s. Washington/DC 1992.

Clemens, Clay: CDU Deutschlandpolitik and Reunification 1985–1989. Washington/DC 1992.

Clemens, Clay: Paradigm or Paradox? Helmut Kohl and political Leadership in Germany. Paper for the nineteenth annual Conference of the German Studies Association. Chicago, 21.–24. September 1995.

Cohen, Samy: La Monarchie nucléaire. Les coulisses de la politique extérieure sous la Ve République. Paris 1986.

Cohen, Samy: Diplomatie. Le syndrome de la présidence omnisciente. In: *Esprit*, September 1990, S. 55–66.

Coker, Christopher: At the Birth of the Fourth Reich? The British Reaction. In: *The Political Quarterly*, Nr. 3/1990, S. 278–284.

Cole, Alistair: François Mitterrand. A Study in political Leadership. London, New York 1994.

Cole, Alistair: Looking on: France and the New Germany. In: *German Politics*, Nr. 3/1993, S. 358–376.

Committee on Foreign Affairs (Hrsg.): Soviet Diplomacy and Negotiating Behavior – 1988–90. Gorbachev-Reagan-Bush Meetings at the Summit. Washington/DC April 1991.

Cordell, Karl: Soviet Attitudes toward the German Democratic Republic. In: *The political Quarterly*, Nr. 3/1990, S. 285–298.

Craig, Gordon A.: Die Chequers-Affäre von 1990. Beobachtungen zum Thema Presse und internationale Beziehungen. In: *Vierteljahrshefte für Zeitgeschichte*, Nr. 4/1991, S. 611–623.

Craig, Gordon A.: Did Ostpolitik work? The Path to German Reunification. In: *Foreign Affairs*, Nr. 1/1994, S. 162–167.

Crow, Suzanne: The Changing Soviet View of German Unification. In: Report on the USSR, hrsg. von Radio Liberty, 3.8. 1990.

Czaplinski, Wladyslaw: Die friedliche Regelung mit Deutschland. In: *Zeitschrift für Recht in Ost und West. Rechtsvergleichung und innerdeutsche Probleme*, Nr. 5/1991, S. 129–134.

Czempiel, Ernst-Otto: Weltpolitik im Umbruch. Das internationale System nach dem Ende des Ost-West-Konflikts. München 1993.

Czempiel, Ernst-Otto: Die Modernisierung der Atlantischen Gemeinschaft. In: *Europa-Archiv*, Nr. 8/1990, S. 275–286.

Dahl, Robert A.: After the Revolution? Authority in a good Society. New Haven u. a. 1990.

Dahn, Daniela: Westwärts und nicht vergessen. Vom Unbehagen in der Einheit. Berlin 1996.

Dahrendorf, Ralf: Betrachtungen über die Revolution in Europa. Stuttgart 1990.

Dahrendorf, Ralf/François Furet/Bronislaw Geremek: »Wohin steuert Europa?« Ein Streitgespräch. Frankfurt/M., New York 1993.

Dallin, Alexander/Gail W. Lapidus (Hrsg.): The Soviet System in Crisis. A Reader of Western and Soviet Views. Boulder/CO 1991.

Dankert, Jochen: Frankreich und der zweite deutsche Staat. Ein Rückblick aus der Sicht der DDR. In: *Dokumente*, Nr. 6/1990, S. 469–475.

Dann, Otto (Hrsg.): Die deutsche Nation. Geschichte – Probleme – Perspektiven. Vierow, Greifswald 1994.

Darnton, Robert: Der letzte Tanz auf der Mauer. Berliner Journal 1989–1990. München, Wien 1991.

Daschitschew, Wjatscheslaw: Soviet Policy and the German Unification (Paper for Presentation at the XVI. World Congress of the International Political Science Association, Berlin, 21. – 25. August 1994). Moskau 20. Juli 1994.

Daschitschew, Wjatscheslaw: Die sowjetische Deutschlandpolitik in den achtziger Jahren. In: *Deutschland Archiv*, Nr. 1/1995, S. 54–67.

David, Charles-Philippe: Who was the real George Bush? Foreign Policy Decision-Making under the Bush Administration. In: *Diplomacy and Statecraft*, Nr. 1/1996, S. 197–220.

Davy, Richard (Hrsg.): European Detente. A Reappraisal. London 1992.

Davy, Richard: Großbritannien und die Deutsche Frage. In: *Europa-Archiv*, Nr. 4/1990, S. 139–144.

Dawydow, Jurij P./Dmitrij W. Trenin: Die Haltung der Sowjetunion gegenüber der deutschen Frage. In: *Europa-Archiv*, Nr. 8/1990, S. 251–263.

Deese, David A.: The new Politics of American Foreign Policy. New York 1994.

Deibel, Terry: Bush's Foreign Policy. Mastery and Inaction. In: *Foreign Policy*, Spring 1991, S. 3–23.

Delors, Jacques: Das neue Europa. München u. a. 1993.

Denitch, Bogdan: The End of the Cold War. European Unity, Socialism and the Shift in Global Power. Minneapolis 1990.

Deutscher Bundestag (Hrsg.) [1990a]: Auf dem Weg zur deutschen Einheit I. Deutschlandpolitische Debatten im Deutschen Bundestag vom 28. November 1989 bis 8. März 1990. Bonn 1990.

Deutscher Bundestag (Hrsg.) [1990b]: Auf dem Weg zur deutschen Einheit II. Deutschland-politische Debatten im Deutschen Bundestag vom 30. März bis 10. Mai 1990. Bonn 1990.

Deutscher Bundestag (Hrsg.) [1990c]: Auf dem Weg zur deutschen Einheit III. Deutschlandpolitische Debatten im Deutschen Bundestag vom 23. Mai bis 21. Juni 1990. Bonn 1990.

Deutscher Bundestag (Hrsg.) [1990d]: Auf dem Weg zur deutschen Einheit IV. Deutschland-politische Debatten im Deutschen Bundestag vom 08. bis 23. August 1990. Bonn 1990.

Deutscher Bundestag (Hrsg.) [1990e]: Auf dem Weg zur deutschen Einheit V. Deutschland-politische Debatten im Deutschen Bundestag vom 5. bis zum 20. September 1990 mit Beratungen der Volkskammer der DDR zu dem Vertrag der Herstellung der Einheit Deutschlands. Bonn 1990.

Deutscher Bundestag (Hrsg.): Enquete-Kommission »Aufarbeitung von Geschichte und Folgen der SED-Diktatur in Deutschland«. 9 Bde. in 18 Teilbänden. Baden-Baden 1995.

Deutscher Bundestag und Bundesrat (Hrsg.): Verhandlungen des deutschen Bundestages. Stenographische Berichte und Drucksachen, 11. Wahlperiode. Bonn 1987–1990.

Deutsch-Französisches Institut (Hrsg.)[1988a]: Über die Freundschaft hinaus ... Deutsch-französische Beziehungen ohne Illusionen. Stuttgart 1988.

Deutsch-Französisches Institut (Hrsg.)[1988b]: Frankreich-Jahrbuch 1988. Politik, Wirtschaft, Gesellschaft, Geschichte, Kultur. Opladen 1988.

Deutsch-Französisches Institut (Hrsg.): Frankreich-Jahrbuch 1989. Politik, Wirtschaft, Gesellschaft, Geschichte, Kultur. Opladen 1989.

Deutsch-Französisches Institut (Hrsg.): Frankreich-Jahrbuch 1991. Politik, Wirtschaft, Gesellschaft, Geschichte, Kultur. Opladen 1991.

Deutsch-Französisches Institut (Hrsg.): Frankreich-Jahrbuch 1992. Politik, Wirtschaft, Gesellschaft, Geschichte, Kultur. Opladen 1992.

Dickie, John: Inside the Foreign Office. London 1992.

Diekmann, Kai/Ralf Georg Reuth: Helmut Kohl. Ich wollte Deutschlands Einheit. Berlin 1996.

Diemer, Gebhard/Eberhard Kulst: Kurze Chronik der deutschen Frage. 2. Auflage, München 1991.

Diemer, Gebhard: Kurze Chronik der Deutschen Frage. Mit den drei Verträgen zur Einigung Deutschlands. München 1990.

Dienstbier, Jiří [1991a]: Träumen von Europa. Berlin 1991.

Dienstbier, Jiří: Die Außenpolitik der Tschechoslowakei in einer neuen Zeit. Vorschläge zur wirtschaftlichen Gesundung Osteuropas. In: *Europa-Archiv*, Nr. 13–14/1990, S. 397–407.

Dienstbier, Jiří [1991b]: Central Europe's Security. In: *Foreign Policy*, Nr. 83/1991, S. 119–127.

Diewald, Martin/Karl-Ulrich Mayer (Hrsg.): Zwischenbilanz der Wiedervereinigung. Opladen 1996.

Ditfurth, Christian von: Blockflöten. Wie die CDU ihre realsozialistische Vergangenheit verdrängt. Köln 1991.

Doernberg, Stefan: Außenpolitik der DDR. Berlin (Ost) 1979.

Doerr, Jürgen: The Big Powers and the German Question 1941–1990. A selected bibliographical Guide. New York 1992.

Dohnanyi, Klaus von: Das deutsche Wagnis. Über die wirtschaftlichen und sozialen Folgen der Einheit. München 1990.

Dokumente zum Konflikt um den deutsch-polnischen Vertrag. In: *Blätter für deutsche und internationale Politik*, Nr. 6/1991, S. 760–764.

Dokumente zur deutschen Vereinigung. Der Verlauf der Zwei-Plus-Vier-Gespräche. In: *Europa-Archiv*, Nr. 19/1990, S. D491–506.

Dokumente zur Deutschlandpolitik. Deutsche Einheit. Sonderedition aus den Akten des Bundeskanzleramtes 1989/90. Bearbeitet von Hanns Jürgen Küsters und Daniel Hofmann. Herausgegeben vom *Bundesministerium des Inneren* unter Mitwirkung des Bundesarchivs. München 1998.

Dolan, Sean: West Germany on the road to Reunification. New York, Philadelphia 1991.

Dost, Axel/Bernd Hölzer: EG-Integration der DDR – rechtliche und praktische Probleme. In: *Staat und Recht*, Nr. 8/1990, S. 672–678.

Dowe, Dieter (Hrsg.): Die Ost- und Deutschlandpolitik der SPD in der Opposition 1982–1989. Bonn 1993.

Dowe, Dieter/Reiner Eckart (Hrsg.): Von der Bürgerbewegung zur Partei. Die Gründung der Sozialdemokratie in der DDR. Bonn 1993.

Dreher, Klaus: Helmut Kohl. Leben mit Macht. Stuttgart 1998.

Dreyfus, François-Georges: Les Allemands entre l'est et l'ouest. Paris 1987.

Dringliche Aufforderung an Bundesregierung und Parteien. Klarstellung zur Oder-Neiße-Grenze. In: *Blätter für deutsche und internationale Politik*, Nr. 10/1989, S. 1268–1275.

Druwe, Ulrich: Das Ende der Sowjetunion. Krise und Auflösung einer Weltmacht. Weinheim, Basel 1991.

Duchardt, Heinz: In Europas Mitte. Deutschland und seine Nachbarn. Bonn 1988.

Duhamel, Alain: Les peurs françaises. Paris 1992.

Duhamel, Alain: De Gaulle – Mitterrand. La marque et la trace. Paris 1993.

Duisberg, Claus J.: Der Abzug der russischen Truppen aus Deutschland. Eine politische und militärische Erfolgsbilanz. In: *Europa-Archiv* Nr. 16/1994, S. 461–469.

Dülffer, Jost/Bernd Martin/Günter Wollstein (Hrsg.): Deutschland in Europa. Kontinuität und Bruch. Gedenkschrift für Andreas Hillgruber. Frankfurt/M. 1990.

Dumas, Roland: Le Fil et la Pelote. Mémoires. Paris 1996.

Dumas, Roland: Muß man vor Deutschland Angst haben? In: Ulrich Wickert (Hrsg.): Angst vor Deutschland? Hamburg 1990. S. 304–316.

Dümke, Wolfgang/Fritz Vilmar: Kolonialisierung der DDR. Kritische Analysen und Alternativen des Einigungsprozesses. Münster 1995.

Ehmke, Horst: Mittendrin. Von der großen Koalition zur deutschen Einheit. Berlin 1994.

Ehrhart, Hans-Georg: Die »deutsche Frage« aus französischer Sicht (1981–1987). Frankreich zwischen deutschlandpolitischen Befürchtungen, sicherheitspolitischen Nöten und europäischen Hoffnungen. München 1988.

Ehrhart, Hans-Georg: Die europäische Herausforderung. Frankreich und die Sicherheit Europas an der Jahrhundertwende. Baden-Baden 1990.

Ehrhart, Hans-Georg (Hrsg.): Die »sowjetische Frage«. Integration oder Zerfall? Baden-Baden 1991.

Ehrhart, Hans-Georg/Anna Kreikenmeyer/Andrei V. Zagorski (Hrsg.): The former Soviet Union and European Security. Between Integration and Renationalization. Baden-Baden 1993.

Elbe, Frank [1993a]: Die Lösung der äußeren Aspekte der deutschen Wiedervereinigung. Der 2-+-4-Prozeß. Vortrag gehalten im Rahmen des Walther-Schücking-Kollegs, Institut für Internationale Politik an der Universität Kiel, 11. Dezember 1992. Bonn 1993.

Elbe, Frank [1993b]: Resolving the external Aspects of German Unification. The »two-plus-four« Process. In: German Yearbook of International Law. Jahrbuch für internationales Recht. Berlin 1993, S. 371–384.

Elitz, Ernst: Sie waren dabei. Ostdeutsche Profile von Bärbel Bohley zu Lothar de Maizière. Stuttgart 1991.

Elsenhans, Harmut: Frankreichs Sonderstellung in der Weltpolitik und der internationalen Arbeitsteilung oder die List des nicht eingelösten Anspruchs. In: Deutsch-Französisches Institut (Hrsg.): Frankreich-Jahrbuch 1989. Politik, Wirtschaft, Gesellschaft, Geschichte, Kultur. Opladen 1989, S. 49–65.

Elsenhans, Hartmut u. a. (Hrsg.): Frankreich – Europa -Weltpolitik. Festschrift für Gilbert Ziebura zum 65. Geburtstag. Opladen 1989.

Elvert, Jürgen/Michael Salewski (Hrsg.): Der Umbruch in Osteuropa. Stuttgart 1993.

Enders, Thomas: Militärische Herausforderungen Europas in den neunziger Jahren. In: *Europa-Archiv*, Nr. 10/1990, S. 321–329.

Eppelmann, Rainer: Wendewege. Briefe an die Familie (hrsg. von Dietmar Herbst). Bonn, Berlin 1992.

Eppelmann, Rainer: Fremd im eigenen Haus. Mein Leben im anderen Deutschland. Köln 1993.

Eppelmann, Rainer/Robert Havemann: Perspektiven der Entmilitarisierung und Wiedervereinigung Deutschlands. In: Ulrich Albrecht u. a. (Hrsg.): Deutsche Fragen – Europäische Antworten. Berlin 1983, S. 85–92.

Die Europäische Gemeinschaft und die Deutsche Vereinigung. *Bulletin der Europäischen Gemeinschaften*. Beilage Nr. 4/1990.

Europäisches Parlament (Hrsg.): Endgültiger Bericht des Nichtständigen Ausschusses für die Prüfung der Auswirkungen des Prozesses zur Vereinigung Deutschlands auf die Europäische Gemeinschaft. Dok. A3–0315/90 v. 19. 11. 1990, S. 14–40.

Europäisches Parlament, Informationsbüro für Deutschland (Hrsg.): Sammlung Wissenschaft und Dokumentation. Die Auswirkungen der Vereinigung Deutschlands auf die Europäische Gemeinschaft. In: Europäisches Parlament und deutsche Einheit, Materialien und Dokumente. Bonn 1990, S. 50–226.

Falin, Valentin [1993a]: Politische Erinnerungen. München 1993.

Falin, Valentin [1993b]: Die Perestroika und der Zerfall der Sowjetunion. Ein Essay. Hamburg April 1993.

Falke, Josef: Die Erstreckung des Gemeinschaftsrechts auf das Territorium der DDR. Ein Integrationsprozeß mit Abstufungen. In: Norbert Reich/Cengiz Ahrazoglu (Hrsg.): Deutsche Einigung und EG-Integration, Beiträge und Berichte zur Arbeitstagung deutsch-deutscher Juristen vom 06. und 07. Juni 1990 am Zentrum für Europäische Rechtspolitik an der Universität Bremen (ZERP-DP 6/90). Bremen 1990, S. 23–40.

Falkenrath, Richard A.: Shaping Europe's Military Order. The Origins and Consequences of the CFE Treaty. Cambridge/MA 1995.

Farwick, Dieter (Hrsg.): Ein Staat, eine Armee. Von der NVA zur Bundeswehr. Frankfurt/M., Bonn 1992.

Faßbender, Bardo [1991a]: Deutschland Europa gegenüber. In: *Politische Studien*, Nr. 319/1991, S. 514–529.

Faßbender, Bardo [1991b]: Zur staatlichen Ordnung Europas nach der deutschen Einigung. In: *Europa-Archiv*, Nr. 13/1991, S. 395–404.

Favier, Pierre/Michel Martin-Roland: La décennie Mitterrand. 3. Les Défis (1988–1991). Paris 1996.

Federalism, Unification and European Integration. *German Politics*, Themenheft, Nr. 3/1992.

Feiler, Oswald: Moskau und die deutsche Frage, Krefeld 1984.

Feldmeyer, Karl: Deutschland sucht seine Rolle. In: *Die politische Meinung*, Nr. 287/1993, S. 15–21.

Fest, Joachim: Germany after the two States. A Conversation with Joachim Fest. In: *European Journal of International Affairs*, Winter 1990, S. 73–89.

Fieber, Hans-Joachim/Michael Preussler (Hrsg.): Europäische Orientierungen. Dokumente und Materialien seit November 1989. Berlin 1990.

Fieberg, Gerhard/Harald Reichenbach (Hrsg.): Enteignung und offene Vermögensfragen in der ehemaligen DDR. 2 Bde. Köln 1991.

Fiedler, Wilfried: Vier-Mächte-Verantwortung ohne Friedensvertrag? Zur rechtlichen Funktion eines Friedensvertrages mit Deutschland. In: *Neue Juristische Wochenschrift*, Nr. 19/1985, S. 1049–1055.

Fiedler, Wilfried: Die Wiedererlangung der Souveränität Deutschlands und die Einigung Europas. Zum Zwei-plus-Vier-Vertrag vom 12.09. 1990. In: *Juristenzeitung*, Nr. 14/1991, S. 685–692.

Filmer, Werner/Heribert Schwan [1990a]: Helmut Kohl. Düsseldorf u. a. 1990.

Filmer, Werner/Heribert Schwan [1990b]: Oskar Lafontaine. Düsseldorf u. a. 1990.

Filmer, Werner/Heribert Schwan: Wolfgang Schäuble. Politik als Lebensaufgabe. München 1992.

Fink, Hans Jürgen: Deutscher Gipfel an der Elbe. In: *Deutschland Archiv*, Nr. 1/1990, S. 1–6.

Fink, Jürgen: Beziehungen zu anderen Staaten in Europa. Übrige Westeuropäische Länder. In: Hans-Adolf Jacobsen/Gert Leptin/Ulrich Scheuner/Eberhard Schulz (Hrsg.): Drei Jahrzehnte Außenpolitik der DDR. Bestimmungsfaktoren, Instrumente, Aktionsfelder. München, Wien 1979, S. 513–536.

Fippel, Günther: Die Außenpolitik der DDR. Eine Politik des Friedens und der Völkerverständigung. Berlin (Ost) 1981.

Fischer, Alexander (Hrsg.): Vierzig Jahre Deutschlandpolitik im internationalen Kräftefeld. Berliner Colloquium der Gesellschaft für Deutschlandforschung in Verbindung mit dem Bundesminister für innerdeutsche Beziehungen. 8. bis 10. November 1989. *Deutschland Archiv*, Sonderheft 1989.

Fischer, Alexander/Maria Haendcke-Hoppe-Arndt (Hrsg.): Auf dem Weg zur Realisierung der Einheit Deutschlands. Berlin 1992.

Fischer, Alexander/Manfred Wilke: Probleme des Zusammenwachsens im wiedervereinigten Deutschland. Berlin 1994.

Fischer, Angela: Entscheidungsprozeß zur deutschen Wiedervereinigung. Der außen- und deutschlandpolitische Entscheidungsprozeß der Koalitionsregierung in den Schicksalsjahren 1989/90. Frankfurt/M. u. a. 1996.

Fisher, Marc: After the Wall. Germany, the Germans and the Burdens of History. New York 1995.

Fisher, Sharon: Turning away from Slovakia. In: *Transition*, Nr. 3/1996, S. 38–41.

Fitzwater, Marlin: Call the Briefing! Reagan and Bush, Sam and Helen. A Decade with Presidents and the Press. New York 1995.

Fleischer, Winfried (Bearbeitung): Moskau, Warschau, Prag und Budapest zur deutschen Einheit. In: *Osteuropa-Archiv*, Nr. 8/1990, S. A441-A 490.

Fleron, Frederic, J./Erik P. Hoffmann/Robbin F. Laird (Hrsg.): Soviet Foreign Policy. Classic and contemporary Issues. New York 1991.

Flohr, Anne Katrin: Feindbilder in der internationalen Politik. Ihre Entstehung und ihre Funktion. Münster 1991.

Forndran, Erhard (Hrsg.): Politik nach dem Ost-West-Konflikt. Baden-Baden 1992.

Forschungsinstitut der Deutschen Gesellschaft für Auswärtige Politik e. V. (Hrsg.): Dokumente zur Berlin-Frage. 3. Auflage, Bonn 1967.

François-Poncet, Jean: Die europäische Herausforderung für Frankreich und Deutschland. In: *Europa-Archiv*, Nr. 11/1991, S. 327–331.

Franz, Otmar (Hrsg.): Europa und Rußland. Das Europäische Haus? Göttingen, Zürich 1993.

Franzke, Jochen: Kurswechsel Moskaus in der deutschen Frage. In: *Deutschland Archiv,* Nr. 9/1990, S. 1371–1374.

Freedman, Lawrence (Hrsg.): Europe transformed. Documents on the End of the Cold War. Key Treaties, Agreements, Statements and Speeches. New York 1990.

Freney, Michael A./Rebecca S. Hartley: United Germany and the United States. Washington/ DC 1991.

Frenkin, Anatolij A.: Gestern Feinde, heute Freunde. Moskaus neues Bild der deutschen Konservativen. Erlangen, Bonn, Wien 1990.

Frey, Eric G.: Division and Detente. The Germanies and their Alliances. New York 1987.

Fricke, Karl Wilhelm/Hans Lechner/Uwe Thaysen: Errungenschaften und Legenden. Runder Tisch, Willkürherrschaft und Kommandowirtschaft im DDR-Sozialismus. Melle 1990.

Friedrich, Wolfgang-Uwe (Hrsg.): Die USA und die Deutsche Frage 1945–1990. Frankfurt/ M., New York 1991.

Friend, Julius W.: The Linchpin. French-German Relations 1950–1990. New York u. a. 1991.

Frindte, Wolfgang/Harald Pätzold (Hrsg.): Mythen der Deutschen. Deutsche Befindlich-keiten zwischen Geschichten und Geschichte. Opladen 1994.

Fritsch-Bournazel, Renata: Rapallo: naissance d'un mythe. Paris 1974.

Fritsch-Bournazel, Renata: Die Sowjetunion und die deutsche Teilung. Die sowjetische Deutschlandpolitik 1945–1979. Opladen 1979.

Fritsch-Bournazel, Renata: Das Land in der Mitte. Die Deutschen im europäischen Kräfte-feld. München 1986.

Fritsch-Bournazel, Renata: Europa und die deutsche Einheit. Bonn, Stuttgart 1990.

Fritsch-Bournazel, Renata: Europe and German Reunification. New York, Oxford 1992.

Fritsch-Bournazel, Renata: Rapallo. Eine hartnäckige Erinnerung an einen unvergleich-lichen Augenblick. In: *Dokumente,* Nr. 3/1982, S. 247–253.

Fritsch-Bournazel, Renata: Frankreich und die deutsche Frage 1945–1946. In: Göttinger Arbeitskreis (Hrsg.): Die Deutschlandfrage und die Anfänge des Ost-West-Konflikts 1945–1949. Berlin 1984, S. 85–95.

Fritsch-Bournazel, Renata: German Unification. A Durability test for the Franco-German Tandem. In: *German Studies Review,* Nr. 14/1991, S. 575–586.

Fritsch-Bournazel, Renata: Paris und Bonn. Eine fruchtbare Spannung. In: *Europa-Archiv,* Nr. 12/1994, S. 343–348.

Fritzsche, Klaus Jürgen (Bearbeitung): Das Jahr der deutschen Einheit. Die Welt war dabei. Berlin, Frankfurt/M. 1991.

Fröhlich, Manuel: Sprache als Instrument politischer Führung. Helmut Kohls Berichte zur Lage der Nation im geteilten Deutschland. München 1997.

Fröhlich, Stefan [1990a]: Die NATO und Deutschland. Zur Ausgangssituation 1955 und 35 Jahre danach. In: *Beiträge zur Konfliktforschung,* Nr. 3/1990, S. 77–98.

Fröhlich, Stefan [1990b]: Umbruch in Europa. Die deutsche Frage und ihre sicherheits-politischen Herausforderungen für die Siegermächte. In: *Aus Politik und Zeitgeschichte,* Nr. B29/1990, S. 35–45.

Frowein, Jochen: Die Rechtslage Deutschlands und der Status Berlins. In: Ernst Benda/ Werner Maihöfer/Hans-Jochen Vogel (Hrsg.): Handbuch des Verfassungsrechts der Bundesrepublik Deutschland. Berlin, New York 1983, S. 29–58.

Frowein, Jochen: Rechtliche Probleme der Einigung Deutschlands. In: *Europa-Archiv,* Nr. 7/ 1990, S. 233–238.

Fuchs, Michael: Das NATO-Truppenstatut und die Souveränität der Bundesrepublik Deutschland. In: *Zeitschrift für Rechtspolitik,* Nr. 5/1989, S. 181–185.

Fuchs, Ruth: »Gott schütze unser deutsches Vaterland!« Erlebnisse einer Volkskammerab-
geordneten. Berlin 1990.
Fulbrook, Mary: The Two Germanies 1945–1990. Problems of Interpretation. Atlantic
Highlands/NJ 1992.

Gabal, Ivan: Changing Czech Attitudes toward Germany. In: *Transition,* Nr. 3/1996,
S. 26–28.
Gaddum, Eckhart: Die deutsche Europapolitik in den 80er Jahren. Interessen, Konflikte
und Entscheidungen der Regierung Kohl. Paderborn u. a. 1994.
Gaida, Burton C.: USA-DDR. Politische, kulturelle und wirtschaftliche Beziehungen seit
1974. Bochum 1989.
Galkin, Alexander/Anatolij Tschernajew: Die Wahrheit sagen, nur die Wahrheit. Gedanken
zu den Erinnerungen. In: *Swobodnaja Mysl,* Nr. 2–3/1994, S. 19–29.
Gallis, Paul E./Steven J. Woehrel: German Unification. CRS (Congressional Research Ser-
vice) Report for Congress. Wahington/DC, 06.11.1990.
Garcin, Thierry: La France dans le nouvel désordre international. Bruxelles, Paris 1992.
Garn, Markus: Die Rolle der DDR in den »Zwei-plus-Vier-Verhandlungen«. Positionen,
Strategien, Ereignisse. Mainz 1996 (unveröffentlichtes Manuskript).
Garthoff, Raymond L.: The Great Transition. American-Soviet Relations and the End of the
Cold War. Washington/DC 1994.
Garton Ash, Timothy [1990a]: Ein Jahrhundert wird abgewählt. Stuttgart 1990.
Garton Ash, Timothy [1990b]: The Magic Lantern. The Revolution of '89 witnessed in
Warsaw, Budapest, Berlin and Prague. New York 1990.
Garton Ash, Timothy: Im Namen Europas. Deutschland und der geteilte Kontinent.
München, Wien 1993.
Garton Ash, Timothy: Germany's Choice. In: *Foreign Affairs,* Nr. 4/1994, S. 65–81.
Gasteyger, Curt: Europa zwischen Spaltung und Einigung 1945 bis 1993. Bonn 1994.
Gasteyger, Curt: Europa von der Spaltung zur Einigung. Darstellung und Dokumentation
1945–1997. Überarbeitete und erweiterte Neuauflage, Bonn 1997.
Gasteyger, Curt: Ein gesamteuropäisches Sicherheitssystem? In: *Europa-Archiv,* Nr. 17/
1992, S. 475–482.
Gates, Robert M.: From the Shadows. The ultimative insiders's story of five Presidents and
how they won the Cold War. New York 1996.
Gauland, Alexander: Helmut Kohl. Ein Prinzip. Berlin 1994.
Gaus, Günter [1990a]: Deutsche Zwischentöne. Gesprächs-Porträts aus der DDR: Fried-
rich Schorlemmer, Lothar de Maizière, Gregor Gysi, Ingrid Köppe, Christoph Hein,
Hans Modrow. Hamburg 1990.
Gaus, Günter [1990b]: Zur Person. Berlin 1990.
Gaus, Günter: Porträts in Frage und Antwort. Berlin 1991.
Gaus, Günter: Neue Porträts in Frage und Antwort. Berlin 1992.
Gebhards, Wolfgang: Das NATO-Truppenstatut und die Souveränität der Bundesrepublik
Deutschland. In: *Zeitschrift für Rechtspolitik* 1989, S. 394.
Gedmin, Jeffrey: The Hidden Hand. Gorbachev and the Collapse of Eastern Europe.
Washington/DC 1992.
Gedmin, Jeffrey: Reconstructing Germany. In: *World affairs,* Nr. 4/1990, S. 191–194.
Geiger, Wolfgang: »Wenn Deutschland erwacht...« Die deutsche Frage aus französischer
Sicht. In: *Die Neue Gesellschaft/Frankfurter Hefte,* Nr. 1/1990, S. 63–68.
Geiger, Wolfgang: »Die Konturen des neuen Deutschlands sind alles andere als klar...«.
Frankreich und die Wiedervereinigung. In: *Die Neue Gesellschaft/Frankfurter Hefte,*
Nr. 3/1991, S. 210–215.

Geipel, Gary L. (Hrsg.): The Future of Germany, Indianapolis/IN 1991.

Geiss, Imanuel: Die deutsche Frage 1806–1990. Mannheim u. a. 1992.

Geiss, Imanuel: Europäische Perspektiven nach der deutschen Einigung. In: *Aus Politik und Zeitgeschichte*, Nr. B52–53/1990, S. 41–47.

Gelman, Harry: The Rise and Fall of National Security Decisionmaking in the Former USSR. Santa Monica/CA 1992.

Genestar, Alain: Les péchés du Prince. Paris 1992.

Genscher, Hans-Dietrich: Unterwegs zur Einheit. Reden und Dokumente aus bewegter Zeit. Berlin 1991.

Genscher, Hans-Dietrich: Reden über Deutschland. München 1992.

Genscher, Hans-Dietrich: Erinnerungen. Berlin 1995.

George, Bruce: Special report. Future European Security Architectures. North Atlantic Assembly, Political Committee. International Secretariat, o. O. 1990.

Gerber, Margy/Roger Woods (Hrsg.): The End of the GDR and the Problems of Integration. Lanham/MD 1993.

Gerhards, Wolfgang: Das NATO-Truppenstatut und die Souveränität der Bundesrepublik Deutschland. In: *Zeitschrift für Rechtspolitik*, Nr. 10/1989, S. 394.

Gerlach, Manfred: Mitverantwortlich. Als Liberaler im SED-Staat. Berlin 1991.

Germany relates to the world. In: *World Affairs*, Nr. 4/1990, S. 234–239.

Gerster, Florian: Zwei-Zonen-Staat unter alliierter Kontrolle? Der sicherheitspolitische Rahmen der deutschen Einheit. In: *S+F. Vierteljahresschrift für Sicherheit und Frieden*, Nr. 2/1990, S. 69–73.

Gerster, Florian/Eva-Maria Masyk: Partnerschaft im Wandel. Die sicherheitspolitischen Beziehungen zwischen den USA und Westeuropa. In: *Aus Politik und Zeitgeschichte*, Nr. B45/1989, S. 3–13.

Gesamtdeutsches Institut (Hrsg.): Politische Zielvorstellungen wichtiger Oppositionsgruppen in der DDR. Bonn 1990.

Gesamtdeutsches Institut/Bundesanstalt für gesamtdeutsche Aufgaben (Hrsg.): Analysen, Dokumentationen und Chronik zur Entwicklung in der DDR von September bis Dezember 1989. Bonn 1990.

Geyr, Heinz: Einheit und Zerfall. Deutschland und die Sowjetunion im Gegenlauf der Geschichte. Vom Moskauer Vertrag bis zum Ende des roten Imperiums. Ein Zeitzeugenbericht. Hamburg 1993.

Ghebali, Victor-Yves: La Diplomatie de la Détente. La C. S. C. E. d'Helsinki à Vienne. 1973–1989. Brüssel 1989.

Gibowski, Wolfgang G.: Demokratischer (Neu-)Beginn in der DDR. Dokumentation und Analyse der Wahl vom 18.3. 1990. In: *Zeitschrift für Parlamentsfragen*, Nr. 1/1990. S. 5–22.

Gibowski, Wolfgang G./Holli A. Semetko: Amerikanische öffentliche Meinung und deutsche Einheit. In: Friedrich, Wolfgang-Uwe (Hrsg.): Die USA und die deutsche Frage 1945–1990. Frankfurt/M., New York 1991, S. 391–406.

Giegerich, Thomas: The European Dimension of German Reunification. East Germany's Integration into the European Communities. In: *Zeitschrift für ausländisches öffentliches Recht und Völkerrecht*, Nr. 2/1991, S. 384–450.

Gielisch, Dagmar: Die ehemalige DDR und das Projekt »Europäischer Binnenmarkt«. Versuch einer Bestandsaufnahme. Münster 1992.

Giesbert, Franz-Olivier: François Mitterrand. Die Biographie. Berlin 1997.

Gießmann, Hans-Joachim: Das unliebsame Erbe. Die Auflösung der Militärstruktur der DDR. Baden-Baden 1992.

Gillesen, Günther u. a.: Deutschland im weltpolitischen Umbruch. Berlin 1993.

Giordano, Ralph (Hrsg.): Deutschland und Israel. Solidarität in der Bewährung. Bilanz und Perspektive der deutsch-israelischen Beziehungen. Gerlingen 1992.

Girnius, Saulius: Cooperation With the Baltics Grows, but Moscow's Shadow Lingers. In: *Transition*, Nr. 3/1996, S. 32–35.

Gladis, Christian M.: Alliierte Wiedervereinigungsmodelle für das geteilte Deutschland. Frankfurt/M. 1990.

Glaeßner, Gert-Joachim: Der schwierige Weg zur Demokratie. Vom Ende der DDR zur deutschen Einheit. Opladen 1991.

Glaeßner, Gert-Joachim (Hrsg.) [1992a]: Eine deutsche Revolution. Der Umbruch in der DDR, seine Ursachen und Folgen. 2. Auflage, Frankfurt/M. 1992.

Glaeßner, Gert-Joachim [1992b]: The Unification Process in Germany. From Dictatorship to Democracy. New York 1992.

Glaeßner, Gert-Joachim: Die Krise der DDR und die deutsche Frage in der Presse der USA. In: *Deutschland Archiv*, Nr. 12/1989, S. 1408–1413.

Glees, Anthony: Portraying West Germany to the British Public. British High Policy towards Germany on the Eve of Unification. Uxbridge 1990.

Glees, Anthony: The British and the Germans. From Enemies to Partners. In: Dirk Verheyen/Christian Søe (Hrsg.): The Germans and their Neighbours. Boulder/CO, Oxford 1993, S. 35–58.

Goetze, Clemens R. A. von [1990a]: Die Außenvertretung Berlins (West). Zugleich ein Beitrag zu den Rechten der Alliierten bei der deutschen Einigung. Erlangen, Nürnberg 1990.

Goetze, Clemens R. A. von [1990b]: Die Rechte der Alliierten auf Mitwirkung bei der Deutschen Einigung. In: *Neue Juristische Wochenschrift* Nr. 35/1990, S. 2161–2168.

Goetzendorff, Günter: Die Erblast Ost. Kritische Chronik der deutschen Einheit. Frankfurt/M. 1994.

Goldgeier, James M.: Leadership Style and Soviet Foreign Policy. Stalin, Khrushchev, Brezhnev, Gorbachev. Baltimore, London 1994.

Goldman, Guido (Hrsg.): German Unification. Power, Process and Problems. Cambridge/MA 1991.

Goldman, Guido u. a.: Germany. From Plural to Singular. Cambridge/MA 1990.

Goldman, Marshall I.: Gorbachev the Economist. In: *Foreign Affairs*, Nr. 2/1990, S. 28–44.

Goldstein, Erik: A Chronology of the Cold War. In: *Diplomacy and Statecraft*, Nr. 3/1990, S. 203–213.

Golombek, Dieter/Dietrich Ratzke (Hrsg.): Dagewesen und aufgeschrieben. Reportagen über eine deutsche Revolution, Bd. 1. Frankfurt/M. 1990.

Golombek, Dieter/Dietrich Ratzke (Hrsg.): Facetten der Wende. Reportagen über eine deutsche Revolution, Bd. 2. Frankfurt/M. 1991.

Gorbatschow, Michail S. [1989a]: Glasnost. Das neue Denken. 2. Auflage, Berlin 1989.

Gorbatschow, Michail S. [1989b]: Perestroika. Die zweite russische Revolution. Eine neue Politik für Europa und die Welt. München 1989.

Gorbatschow, Michail S.: Der Zerfall der Sowjetunion. München 1992.

Gorbatschow, Michail S.: Gipfelgespräche. Geheime Protokolle aus meiner Amtszeit. Berlin 1993.

Gorbatschow, Michail S. [1995a]: Erinnerungen. Berlin 1995.

Gorbatschow, Michail S. [1995b]: Adress at the Fourty-Third UN General Assembly Session, December 7, 1988. In: Alexander Dallin/Gail W. Lapidus (Hrsg.): The Soviet System. From Crisis to Collapse. Boulder, San Francisco, Oxford 1995, S. 442–454.

Gorbatschow, Michail S./Vadim Sagladin/Anatolij Tschernajew: Das neue Denken. Politik im Zeitalter der Globalisierung. München 1997.

Gordon, Philip H.: A Certain Idea of France. French Security Policy and the Gaullist Legacy. Princeton 1993.

Gorholt, Martin/Norbert W. Kunz (Hrsg.): Deutsche Einheit – deutsche Linke. Reflexionen der politischen und gesellschaftlichen Entwicklung. Köln 1991.

Gornig, Gilbert [1991a]: Die vertragliche Regelung der mit der deutschen Vereinigung verbundenen auswärtigen Probleme. In: *Aussenpolitik*, Nr. 1/1991, S. 3–12.

Gornig, Gilbert [1991b]: Der Zwei-Plus-Vier-Vertrag unter besonderer Berücksichtigung grenzbezogener Regelungen. In: *Recht in Ost und West. Zeitschrift für Rechtsvergleichung und innerdeutsche Probleme*, Nr. 4/1991, S. 97–106.

Gorodetsky, Gabriel (Hrsg.): Soviet Foreign Policy 1917–1991. A Retrospective. London 1993.

Görtemaker, Manfred: Unifying Germany 1989–1990. Houndmills u. a. 1994.

Göttinger Arbeitskreis (Hrsg.): Deutschlandvertrag, westliches Bündnis und Wiedervereinigung. Berlin 1985.

Göttinger Arbeitskreis (Hrsg.): Sowjetpolitik unter Gorbatschow. Die Innen- und Außenpolitik der UdSSR 1985–1990. Berlin 1991.

Göttinger Arbeitskreis (Hrsg.): Die revolutionäre Umwälzung in Mittel- und Osteuropa. Berlin 1993.

Gouazé, Serge L.: Dimension et portée économique de l'Unification. Le poids de l'Allemagne et sa place en Europe. In: *Allemagne d'aujourd'hui*, Nr. 114/Oktober – Dezember 1990.

Grabitz, Eberhard/Armin von Bogdandy: Deutsche Einheit und europäische Integration. In: *Neue juristische Wochenschrift*, Nr. 17/1990, S. 1073–1079.

Gransow, Volker/Konrad H. Jarausch (Hrsg.): Die deutsche Vereinigung. Dokumente zu Bürgerbewegung, Annäherung und Beitritt. Köln 1991.

Gray, Richard T. (Hrsg.): German Unification and its discontents. Documents from the peaceful Revolution. Seattle u. a. 1996.

Greenaway, John/Steve Smith/John Street: Deciding Factors in British Politics. A Case-studies Approach. London, New York 1992.

Greenstein, Fred I./William C. Wohlforth (Hrsg.): Retrospective on the End of the Cold War. Princeton/NJ 1994.

Greenwald, G. Jonathan: Berlin Witness. An American Diplomat's Chronicle of East Germany's Revolution. University Park/PA 1993.

Greiffenhagen, Martin/Sylvia Greiffenhagen/Rainer Prätorius (Hrsg.): Handwörterbuch zur politischen Kultur der Bundesrepublik Deutschland. Opladen 1981.

Greiffenhagen, Martin/Sylvia Greiffenhagen: Ein schwieriges Vaterland. Zur politischen Kultur im vereinigten Deutschland. München, Leipzig 1993.

Gress, David R.: The Politics of German Unification. In: *Proceedings of the Academy of Political Science*, Nr. 1/1991, S. 140–152.

Grewe, Wilhelm G. [1991a]: Machtprojektionen und Rechtsschranken. Essays aus vier Jahrzehnten über Verfassungen, politische Systeme und internationale Strukturen. Baden-Baden 1991.

Grewe, Wilhelm G. [1991b]: Teilung und Vereinigung Deutschlands als europäisches Problem. Division et Unification de l'Allemagne – problème européen (Reflexionen über Deutschland im 20. Jahrhundert). Bonn 1991.

Gribkow, Anatolij: Der Warschauer Pakt. Geschichte und Hintergründe des östlichen Militärbündnisses. Berlin 1995.

Gries, Rainer: Who's »We«? Deutsche Identitätsdiskurse im fünften Jahr der Einheit. In: *Deutschland Archiv*, Nr. 10/1995, S. 1095–1098.

Gros, Jürgen: Entscheidung ohne Alternativen? Die Wirtschafts-, Finanz- und Sozialpolitik im deutschen Vereinigungsprozeß 1989/90. Mainz 1994.

Grosser, Alfred: Das Deutschland im Westen. Eine Bilanz nach 40 Jahren. München, Wien 1986.

Grosser, Alfred: Mit Deutschen streiten. Aufforderungen zur Wachsamkeit. München, Wien 1987.

Grosser, Alfred: Affaires Extérieures. La politique de la France 1949–1989. Paris 1989.

Grosser, Alfred: Mein Deutschland. Hamburg 1993.

Grosser, Alfred: Es könnte noch viel schlimmer sein. Eine kritische Betrachtung aus Paris. In: Ulrich Wickert (Hrsg.): Angst vor Deutschland? Hamburg 1990, S. 141–152.

Grosser, Alfred: L'Allemagne élargie dans l'Europe élargie. In: *Politique étrangère*, Nr. 4/1991, S. 825–831.

Grosser, Alfred: Le rôle et le rang. In: *Commentaire*, Nr. 58/1992, S. 361–365.

Grosser, Dieter (Hrsg.): German Unification. The unexpected challenge. Oxord u. a. 1992.

Grosser, Dieter: Das Wagnis der Währungs-, Wirtschafts- und Sozialunion. Politische Zwänge im Konflikt mit ökonomischen Regeln (Geschichte der deutschen Einheit, Bd. 2). Stuttgart 1998.

Grosser, Dieter/Stephan Bierling/Friedrich Kurz: Die sieben Mythen der Wiedervereinigung. Fakten zu einem Prozeß ohne Alternative. München 1991.

Grosser, Dieter u. a.: Deutsche Geschichte in Quellen und Darstellung. Bd. 11: Bundesrepublik und DDR 1969–1990. Stuttgart 1996.

Grothhusen, Klaus-Detlev (Hrsg.): Ostmittel- und Südosteuropa im Umbruch. München 1993.

Gruner, Wolf D.: Die deutsche Frage in Europa 1800–1990. München 1993.

Grusa, Jiri: Die deutsche Entwicklung aus tschechoslowakischer Sicht. (Friedrich-Ebert-Stiftung, Vortrag im Arbeitsbereich »Deutschlandpolitisches wissenschaftliches Forum«). Bonn 16. Oktober 1991.

Guérin-Sendelbach, Valérie: Ein Tandem für Europa? Die deutsch-französische Zusammenarbeit der achtziger Jahre. Bonn 1993.

Guérin-Sendelbach, Valérie/Jacek Rulkowski: »Euro-Trio« Frankreich-Deutschland-Polen. In: *Aussenpolitik*, Nr. 3/1994, S. 246–253.

Guggenberger, Helmut/Helmut Holzinger: Neues Europa – Alte Nationalismen. Kollektive Identitäten im Spannungsfeld von Integration und Ausschließung. Klagenfurt 1993.

Günther, Dirk/Barbara Lippert/Rosalind Stevens-Ströhmann: Forschungsbericht. Eingliederung der fünf neuen Bundesländer in die Europäische Gemeinschaft. In: *Integration*, Nr. 3/1991, S. 125–132.

Gutjahr, Lothar: Wachsen oder wuchern. Die Außenpolitik der CDU zwischen deutscher Wiedervereinigung und westeuropäischer Integration. In: *S+F. Vierteljahresschrift für Sicherheit und Frieden*, Nr. 1/1990, S. 30–34.

Gwertzman, Bernhard/Michael T. Kaufmann (Hrsg.): The Collapse of Communism. New York 1991.

Gysi, Gregor: Wir brauchen einen dritten Weg. Selbstverständnis und Programm der PDS. Hamburg 1990.

Haack, Dieter u. a. (Hrsg.): Das Wiedervereinigungsgebot des Grundgesetzes. Köln 1989.

Hacke, Christian: Weltmacht wider Willen. Die Außenpolitik der Bundesrepublik Deutschland. Frankfurt/M. 1993.

Hacke, Christian: Deutschland und die neue Weltordnung. Zwischen innenpolitischer Überforderung und außenpolitischen Krisen. In: *Aus Politik und Zeitgeschichte*, Nr. B46/1992, S. 3–16.

Hacker, Jens: Deutsche Irrtümer. Schönfärber und Helfershelfer der SED-Diktatur im Westen. Frankfurt/M. 1992.

Hacker, Jens: Integration und Verantwortung. Deutschland als europäischer Sicherheits-partner. Bonn 1995.

Hacker, Jens: Die rechtliche und politische Funktion eines Friedensvertrages mit Deutsch-land. In: *Aus Politik und Zeitgeschichte*, Nr. B50/1987, S. 3–18.

Hacker, Jens: Die Berlin-Politik der UdSSR unter Gorbatschow. In: *Aussenpolitik*, Nr. 3/ 1989, S. 243–260.

Hacker, Jens/Siegfried Mampel (Hrsg.): Europäische Integration und deutsche Frage. Berlin 1989.

Häde, Ulrich: Die europäische Wirtschafts- und Währungsunion. In: *Europäische Zeitschrift für Wirtschaftsrecht*, Nr. 6/1992, S. 171–178.

Haendcke-Hoppe, Maria/Erika Lieser-Triebnigg (Hrsg.): 40 Jahre innerdeutsche Beziehungen. Berlin 1990.

Haftendorn, Helga: Das institutionelle Instrumentarium der Alliierten Vorbehaltsrechte. Politikkoordinierung zwischen den Drei Mächten und der Bundesrepublik Deutsch-land. In: Helga Haftendorn/Henning Riecke (Hrsg.): » ... die volle Macht eines souveränen Staates ...«. Die Alliierten Vorbehaltsrechte als Rahmenbedingung west-deutscher Außenpolitik 1949–1990. Baden-Baden 1996, S. 37–80.

Haftendorn, Helga/Henning Riecke (Hrsg.): » ... die volle Macht eines souveränen Staates ...«. Die Alliierten Vorbehaltsrechte als Rahmenbedingung westdeutscher Außenpolitik 1949–1990. Baden-Baden 1996.

Hajnicz, Artur: Polens Wende und Deutschlands Vereinigung. Die Öffnung zur Normali-tät 1989–1992. Paderborn u. a. 1995.

Hajnicz, Artur: Polen in seinem geopolitischen Dreieck. In: *Aussenpolitik*, Nr. 1/1989, S. 31–42.

Hajnicz, Artur: Polska polityka zagraniczna i kwestia zjednoczenia niemiec. Tezy. In: *Zeszyty Osrokdka Studiow Miedzynarodowych przy Senacie R. P.*, Nr. 1/1990, S. 41–49.

Haltzel, Michael H.: Amerikanische Einstellungen zur deutschen Wiedervereinigung. In: *Europa-Archiv*, Nr. 4/1990, S. 127–132.

Hamacher, Heinz Peter: DDR-Forschung und Politikberatung 1949–1990. Ein Wissen-schaftszweig zwischen Selbstbehauptung und Anpassungszwang. Köln 1991.

Hämäläinen, Pekka Kalevi: Uniting Germany. Actions and Reactions. Aldershot, Dart-mouth 1994.

Hamann, Rudolf/Volker Matthies (Hrsg.): Sowjetische Außenpolitik im Wandel. Eine Zwi-schenbilanz der Jahre 1985–1990. Baden-Baden 1991.

Hamilton, Daniel: Ferne Sterne: Die Beziehungen der USA zur DDR 1974–1990. In: Wolfgang-Uwe Friedrich (Hrsg.): Die USA und die Deutsche Frage 1945–1990. Frankfurt/M., New York 1991, S. 259–279.

Hancock, Donald M./Helga A. Welsh (Hrsg.): German Unification. Process and Outcomes. Boulder/CO 1994.

Handhardt, Arthur M.: Die deutsche Vereinigung im Spiegelbild der amerikanischen veröffentlichten Meinung. In: Wolfgang-Uwe Friedrich (Hrsg.): Die USA und die Deutsche Frage 1945–1990. Frankfurt/M., New York 1991, S. 407–417.

Hannover, Ingolf: Europäische Integration und deutsche Wiedervereinigung. Ein poli-tischer Essay. Frankfurt 1989.

Hanrieder, Wolfram F.: Deutschland, Europa, Amerika. Die Außenpolitik der Bundes-republik 1949–1994. Paderborn 1995.

Hansen, Niels: Verbindungen in die Zukunft. 25 Jahre diplomatische Beziehungen zwi-schen Deutschland und Israel. In: *Aus Politik und Zeitgeschichte*, Nr. B15/1990, S. 8–18.

Hansen, Niels: Deutschland und Israel. Besondere Beziehungen im Wandel. In: *Europa-Archiv*, Nr. 18/1992, S. 527–534.

Hartmann, Karl: Polen und die Vereinigung Deutschlands. In: *Osteuropa*, Nr. 8/1990, S. 761–765.

*Hartmann, Rüdiger/Wolfgang Heydrich/Nikolaus Meyer-Landru*t: Der Vertrag über konventionelle Streitkräfte in Europa. Vertragswerk, Verhandlungsgeschichte, Kommentar, Dokumentation. Baden-Baden 1994.

Hartwich, Hans-Hermann: Die Bundesregierung im Prozeß der deutschen Vereinigungsverhandlung (1989/90). Skizze zu einer kategorial geleiteten Analyse des Regierungshandelns. In: Ders./Göttrik Wewer (Hrsg.): Regieren in der Bundesrepublik Deutschland. Bd. 3.: Systemsteuerung und »Staatskunst«. Opladen 1991, S. 237–275.

Hase, Karl-Günther von: Britische Zurückhaltung. Zu den Schwierigkeiten Englands mit der deutschen Einheit. In: *Die politische Meinung*, Nr. 250/1990, S. 13–64.

Hasse, Rolf H.: Die europäische Zentralbank. Perspektiven für eine Weiterentwicklung des Europäischen Währungssystems. Gütersloh 1989.

Hasse, Rolf H.: Deutsche Vereinigung und europäische Umwälzungen. In: *Aussenpolitik*, Nr. 2/1992, S. 122–133.

Hassner, Pierre: Gorbachev and the West. In: Frederic J. Fleron/Erik P. Hoffmann/Robbin F. Laird (Hrsg.): Soviet Foreign Policy. Classic and contemporary Issues. New York 1991, S. 613–622.

Hatschikjan, Magarditsch/Wolfgang Pfeiler: Deutsch-sowjetische Beziehungen in einer Periode der Ost-West-Annäherung. In: *Deutschland Archiv*, Nr. 8/1989, S. 883–889.

Häußler, Oliver: Verantwortung im Dialog der Medien. Das Deutschlandbild französischer Korrespondenten. In: *Dokumente*, Nr. 3/1989, S. 220–225.

Heidemann, Ernst: Der real existierende Genscherismus. Frankfurt/M. 1991.

Heilemann, Ullrich/Reimut Jochimsen: Christmas in July? The Political Economy of German Unification Reconsidered. Washington/DC 1993.

Heimann, Gerhard: Die Auflösung der Blöcke und die Europäisierung Deutschlands. In: *Europa-Archiv*, Nr. 5/1990, S. 167–172.

Heinemann, Ulrich: »Blick nach vorn«. Entwicklung und Stand der deutsch-sowjetischen Beziehungen. Eine Tagung der Landeszentrale für politische Bildung Nordrhein-Westfalen. In: *Deutschland Archiv*, Nr. 10/1991, S. 1103–1105.

Heinrich, Arthur: Kein schöner Land in dieser Zeit. Die Bundesrepublik als »partner in leadership« und der Testfall Polen. In: *Blätter für deutsche und internationale Politik*, Nr. 8/1989, S. 925–936.

Heinrich, Manfred/Manfred Stelter: Osteuropa-Forschung. DDR-Bilanz und neue Herausforderungen im geeinten Deutschland. In: *Deutschland Archiv*, Nr. 2/1992, S. 167–175.

Heisenberg, Wolfgang (Hrsg.): Die Vereinigung Deutschlands in europäischer Perspektive. Baden-Baden 1992.

Hellmann, Gunther (Hrsg.): Alliierte Präsenz und deutsche Einheit. Die politischen Folgen militärischer Macht. Baden-Baden 1994.

Hendry, I. D./M. C. Wood: The Legal Status of Berlin. London 1987.

Herbst, Ludolf: Option für den Westen. Vom Marshallplan bis zum deutsch-französischen Vertrag. München 1989.

Herles, Helmut/Ewald Rose (Hrsg.): Vom runden Tisch zum Parlament. Bonn 1990.

Hertle, Hans-Hermann: Chronik des Mauerfalls. Die dramatischen Ereignisse um den 9. November 1989. Berlin 1996.

Hertle, Hans-Hermann: Der Fall der Mauer aus der Sicht der NVA und der Grenztruppen der DDR. In: *Deutschland Archiv*, Nr. 9/1995, S. 901–919.

Hertle, Hans-Hermann/Theo Pirker/Rainer Weinert: »Der Honecker muß weg!«. Protokoll eines Gesprächs mit Günter Schabowski am 24. April 1990 in Berlin/West. Berlin 1990.

Herzberg, Wolfgang/Patrick von zur Mühlen (Hrsg.): Auf den Anfang kommt es an. Sozialdemokratischer Neubeginn in der DDR 1989. Interviews und Analysen. Bonn 1993.

Heß, Jürgen C./Friso Wielenga: Die Niederlande und die Wiedervereinigung Deutschlands. Ein Beitrag zur Debatte um die »Verpassten Gelegenheiten« im Jahr 1952. In: *Vierteljahrshefte für Zeitgeschichte*, Nr. 3/1987, S. 349–384.

Hettlage, Robert/Karl Lenz (Hrsg.): Deutschland nach der Wende. Eine Bilanz. München 1995.

Heydemann, Günther: Ein Symposium zur deutschen Frage in London. In: *Deutschland Archiv*, Nr. 5/1990, S. 771–773.

Heydemann, Günther: Partner oder Konkurrent? Das britische Deutschlandbild während des Wiedervereinigungsprozesses 1989–1991. In: Franz Bosbach (Hrsg.): Feindbilder. Die Darstellung des Gegners in der politischen Publizistik des Mittelalters und der Neuzeit. Köln 1992, S. 201–234.

Heydemann, Günther: Großbritannien und Deutschland. Probleme einer »stillen Allianz« in Europa. In: Hans Kastendiek u.a. (Hrsg.): Länderbericht Großbritannien. Geschichte. Politik. Wirtschaft. Gesellschaft. Bonn 1994, S. 363–373.

Hildebrand, Klaus: Eine historische Betrachtung zur deutschen Frage. In: *Die politische Meinung*, Nr. 336/1997, S. 5–16.

Hildebrandt, Reinhard: Zusammenfügen oder Vereinnahmen? Die internationalen Aspekte deutsch-deutscher Politik. In: *Deutschland Archiv*, Nr. 7/1990, S. 1047–1057.

Hillenbrand, Olaf: Europäische Währungsunion. In: Landeszentrale für Politische Bildungsarbeit Bayern (Hrsg.): Währungspolitik. München 1998, S. 73–129.

Hillgruber, Andreas: Deutsche Geschichte 1945–1986. Die »deutsche Frage« in der Weltpolitik. 7. Auflage, Stuttgart u.a. 1989.

Hindenburg, Hanfried von: Die Einhegung deutscher Macht. Die Funktion der Alliierten Vorbehaltsrechte in der Ost- und Deutschlandpolitik der Bundesrepublik Deutschland 1945/49–1990. In: Helga Haftendorn/Henning Riecke (Hrsg.): »…die volle Macht eines souveränen Staates…«. Die Alliierten Vorbehaltsrechte als Rahmenbedingung westdeutscher Außenpolitik 1949–1990. Baden-Baden 1996, S. 81–124.

Hitzer, Friedrich: Die große Unordnung. Glasnost und die Deutschen. Galgenberg 1989.

Hoagland, Jim: Europe's Destiny. In: *Foreign Affairs*, Nr. 1/1990, S. 33–50.

Hoensch, Jörg K.: Der Normalisierungsprozeß zwischen der Bundesrepublik Deutschland und Polen. Hintergründe und Belastungen. In: *Aus Politik und Zeitgeschichte*, Nr. B12–13/1990, S. 39–51.

Hoffman, Hilmar/Kurt Jürgen Maass (Hrsg.): Freund oder Fratze? Das Bild von Deutschland in der Welt und die Aufgaben der Kulturpolitik. Frankfurt/M., New York 1994.

Hoffmann, Heinz J.: Beneidet und gefürchtet. Die Deutschen aus der Sicht der anderen. München 1992.

Hoffmann, Stanley: La France dans le nouvel ordre européen. In: *Politique étrangère*, Nr. 3/1990, S. 503–512.

Hoffmann, Stanley: Dilemmes et stratégies de la France dans la nouvelle Europe (1989–1991). In: *Politique étrangère*, Nr. 4/1992, S. 879–892.

Hoffmann, Theodor: Das letzte Kommando. Ein Minister erinnert sich. Berlin 1993.

Hogan, Michael J. (Hrsg.): The End of the Cold War. Its Meanings and Implications. New York 1994.

Höhne, Roland [1991a]: Frankreich und die deutsche Einheit. Die Reaktion der Öffentlichkeit auf den Wiedervereinigungsprozeß im Jahre 1989/90. In: *Lendemains*, Nr. 62/1991, S. 106–119.

Höhne, Roland [1991b]: Frankreichs Stellung in der Welt. Weltmacht oder Mittelmacht? In: *Aus Politik und Zeitgeschichte*, Nr. B47–48/1991, S. 37–46.

Holeschovsky, Christine: Der innergemeinschaftliche Abstimmungsprozeß zur deutschen Einheit. In: Werner Weidenfeld u.a.: Die doppelte Integration. Europa und das größere Deutschland. Gütersloh 1991, S. 17–29.

Holst, Christian: Zwischen Skepsis und Engagement. US-Amerikanische KSZE-Politik in den siebziger und zu Beginn der neunziger Jahre. In: Michael Staack (Hrsg.): Aufbruch nach Gesamteuropa. Die KSZE nach der Wende im Osten. Münster 1993, S. 177–207.

Holzer, Jerzy: Polen und die deutsche Selbstbestimmung. In: *Die Neue Gesellschaft/Frankfurter Hefte*, Nr. 1/1990, S. 69–72.

Hömig, Herbert: Von der deutschen Frage zur Einheit Europas. Historische Essays. Bochum 1993.

Honecker, Erich: Erich Honecker zu dramatischen Ereignissen. Hamburg 1992.

Honecker, Erich: Moabiter Notizen. Berlin 1994.

Horelick, Arnold L.: U.S.-Soviet relations. The Threshold of a New Era. In: *Foreign Affairs*, Nr. 1/1990, S. 51–69.

Horelick, Arnold L.: U.S.-Soviet Relations: Treshold of a New Era. In: Frederic J. Fleron/ Erik P. Hoffmann/Robbin F. Laird (Hrsg.): Soviet Foreign Policy. Classic and contemporary Issues. New York 1991, S. 623–637.

Horn, Gyula [1991a]: Freiheit, die ich meine. Erinnerungen des ungarischen Außenministers, der den Eisernen Vorhang öffnete. Hamburg 1991.

Horn, Gyula [1991b] u. a.: Reden über Deutschland, Bd. 9. München 1991.

Horn, Hannelore: Die Revolution in der DDR 1989. Prototyp oder Sonderfall? In: *Aussenpolitik*, Nr. 1/1993, S. 55–65.

Horn, Hannelore/Siegfried Mampel (Hrsg.): Die deutsche Frage aus der heutigen Sicht des Auslandes. Berlin 1987.

Horn, Lutz: Völkerrechtliche Aspekte der Deutschen Vereinigung. In: *Neue Juristische Wochenschrift*, Nr. 35/1990, S. 2173–2176.

Hornstein, Walter/Gerd Mutz: Europäische Einigung als gesellschaftlicher Prozeß. Soziale Problemlagen, Partizipation und kulturelle Transformation. Baden-Baden 1993.

Hough, Jerry F.: Gorbachev's Politics. In: *Foreign Affairs*, Nr. 5/1989, S. 26–41.

Howard, Michael: The Springtime of Nations. In: *Foreign Affairs*, Nr. 1/1990, S. 17–32.

Howorth, Jolyon: France since the Berlin Wall. Defence and Diplomacy. In: *The World Today*, Juli 1990, S. 126–130.

Hrbek, Rudolf: Die Vereinigung Deutschlands und die Integration in die Europäische Gemeinschaft. Probleme und Lösungsvorschläge. In: *Der Bürger im Staat*, Nr. 2/1990, S. 117–122.

Hubel, Helmut: Das vereinte Deutschland aus internationaler Sicht. Eine Zwischenbilanz. Bonn 1993.

Hubel, Helmut/Bernhard May: Ein »normales« Deutschland? Die souveräne Bundesrepublik in der ausländischen Wahrnehmung. Bonn 1995.

Hutchings, Robert J.: American diplomacy and the End of the Cold War. An insider's account of U.S. Policy in Europe 1989–1992. Washington/DC 1997.

Hyland, William G.: America's new course. In: *Foreign Affairs*, Nr. 2/1990, S. 1–12.

Informedia-Stiftung/Gemeinnützige Stiftung für Gesellschaftswissenschaften und Publizistik (Hrsg.): Der Preis der Tüchtigkeit. Deutschland von außen betrachtet. Köln 1991.

Institut für Friedensforschung und Sicherheitspolitik an der Universität Hamburg: Ein geeintes Deutschland in einem neuen Europa. Vom Blocksystem zur Sicherheitsgemeinschaft. In: Dieter S. Lutz/Elmar Schmähling (Hrsg.): Gemeinsame Sicherheit, Kollektive Sicherheit, Gemeinsamer Frieden. Bd. 6: Auf dem Weg zu einer Neuen Europäischen Friedensordnung. Baden-Baden 1990, S. 459–483.

Isensee, Josef/Paul Kirchhof (Hrsg.): Handbuch des Staatsrechts der Bundesrepublik Deutschland. Bd. 1: Grundlagen von Staat und Gesellschaft. Heidelberg 1987.

Isensee, Josef/Paul Kirchhof (Hrsg.): Handbuch des Staatsrechts der Bundesrepublik Deutschland. Bd. 7: Normativität und Schutz der Verfassung – Internationale Beziehungen. Heidelberg 1992.

Isensee, Josef/Paul Kirchhof (Hrsg.): Handbuch des Staatsrechts der Bundesrepublik Deutschland. Bd. 8: Die Einheit Deutschlands. Entwicklung und Grundlagen. Heidelberg 1995.

Jackisch, Klaus-Rainer: Diplomatie hinter den Schlagzeilen. Britische Vereinigungsstrategien zwischen Verweigerung und Kooperation. In: Elke Bruck/Peter M. Wagner (Hrsg.): Wege zum »2+4«-Vertrag. Die äußeren Aspekte der deutschen Einheit. München 1996, S. 126–135.

Jacobsen, Hans-Adolf u. a. (Hrsg.): Drei Jahrzehnte Außenpolitik der DDR. Bestimmungsfaktoren, Instrumente, Aktionsfelder. München, Wien 1979.

Jacobsen, Hans-Adolf/Mieczyslaw Tomala (Hrsg.): Bonn-Warschau 1945–1991. Die deutschpolnischen Beziehungen. Analyse und Dokumentation. Köln 1992.

Jacobsen, Hans-Adolf u. a. (Hrsg.): Deutsch-russische Zeitenwende. Krieg und Frieden 1941–1995. Baden-Baden 1995.

Jäger, Thomas [1990a]: Die Einheit Deutschlands und die Zukunft Europas (hrsg. vom Forschungsinstitut der Friedrich-Naumann-Stiftung). Königswinter 1990.

Jäger, Thomas [1990b]: Europas neue Ordnung. Mitteleuropa als Alternative? München 1990.

Jäger, Wolfgang (in Zusammenarbeit mit *Michael Walter*): Die Überwindung der Teilung. Der innerdeutsche Prozeß der Vereinigung 1989/90 (Geschichte der deutschen Einheit, Bd. 3). Stuttgart 1998.

Jakobeit, Cord/Alparslan Yemal (Hrsg.): Gesamteuropa. Analysen, Probleme und Entwicklungsperspektiven. Bonn 1993.

Jakowlew, Alexander: Offener Schluß. Ein Reformer zieht Bilanz. Gespräche (eingeleitet und kommentiert von Lilly Marcou). Leipzig 1992.

James, Harold: Deutsche Identität 1770–1990. Frankfurt/M. 1991.

James, Harold/Marla Stone (Hrsg.): When the Wall came down. Reactions to German Unification. New York, London 1992.

Janning, Josef/Melanie Piepenschneider: Deutschland in Europa. Eine Bilanz europäischer Einigungspolitik. Melle 1993.

Jansen, Marlies: Der Grenzvertrag mit Polen. In: *Deutschland Archiv*, Nr. 12/1990, S. 1820–1821.

Jansen, Marlies: Nachbarschaft mit Polen. In: *Deutschland Archiv*, Nr. 8/1991, S. 787–789.

Janson, Carl-Heinz: Totengräber der DDR. Wie Günter Mittag den SED-Staat ruinierte. Düsseldorf 1991.

Jarausch, Konrad H.: The Rush to German Unity. New York 1994.

Jarausch, Konrad H.: Die unverhoffte Einheit 1989–1990. Frankfurt/M. 1995.

Jaruzelski, Wojciech: Mein Leben für Polen. Erinnerungen. München 1993.

Jedrys, Marek: Glücklicher Wandel im deutsch-polnischen Verhältnis. In: *Die politische Meinung*, Nr. 299/1994, S. 23–26.

Jeffrey, Charlie: A giant with feet of clay? United Germany in the European Union. Birmingham 1995.

Jesse, Eckhard/Armin Mitter (Hrsg.): Die Gestaltung der deutschen Einheit. Geschichte – Politik – Gesellschaft. Bonn 1992.

Jessel, Jacques: La double défaite de Mitterrand. De Berlin à Moscou, les faillites d'une diplomatie. Paris 1992.

Jewtuschenko, Jewgenij A. u. a.: Reden über Deutschland, Bd. 8. München 1990.

Joas, Hans/Martin Kohli (Hrsg.): Der Zusammenbruch der DDR. Soziologische Analysen. Frankfurt/M. 1993.

Jochum, Michael: Der Zerfall des sicherheitspolitischen Konsenses und die Verschärfung der Wirtschafts- und Währungskrisen (1981–1989). In: Klaus Larres/Torsten Oppelland (Hrsg.): Deutschland und die USA im 20. Jahrhundert. Geschichte der politischen Beziehungen. Darmstadt 1997, S. 204–229.

Jodice, David A.: United Germany and Jewish Concerns. Attitudes Toward Jews, Israel, and the Holocaust. New York 1991.

Joenniemi, Pertti [1990a]: The Post-Cold-War Warsaw Pact. An Alliance re-articulated (Tampere Peace Research Institute). Tampere 1990.

Joenniemi, Pertti [1990b]: The Warsaw Treaty Organisation. A Story in decline (Tampere Peace Research Institute). Tampere 1990.

John, Antonius: Rudolf Seiters. Einsichten in Amt, Person und Ereignisse. Bonn 1991.

John, Ieuan G.: The Re-emerge of »the German Question«. A united Germany and European Security and Stability. In: *Diplomacy and Statecraft*, Nr. 3/1990, S. 126–146.

Jung, Werner: Probleme der Souveränität in Deutschland. In: Ulrich Albrecht u. a. (Hrsg.): Deutsche Fragen – Europäische Antworten. Berlin 1983, S. 42–49.

Juricic, Michael: Perception, causation and German foreign policy. In: *Review of International Studies* 1995, S. 105–115.

Kaiser, Jens: Zwischen angestrebter Eigenständigkeit und traditioneller Unterordnung. Zur Ambivalenz des Verhältnisses von sowjetischer und DDR-Außenpolitik in den achtziger Jahren. In: *Deutschland Archiv*, Nr. 5/1991, S. 478–495.

Kaiser, Karl [1991a]: Deutschlands Vereinigung. Die internationalen Aspekte. Bergisch Gladbach 1991.

Kaiser, Karl [1991b]: Germany's Unification. In: *Foreign Affairs*, Nr. 1/1991, S. 179–205.

Kaiser, Karl [1992a]: Die deutsch-amerikanischen Sicherheitsbeziehungen in Europa nach dem Kalten Krieg. In: *Europa-Archiv*, Nr. 1/1992, S. 7–17.

Kaiser, Karl [1992b]: Die Einbettung des vereinigten Deutschland in Europa. In: Die Internationale Politik 1989/90. Jahrbücher der deutschen Gesellschaft für auswärtige Politik. München 1992, S. 101–118.

Kaiser, Karl/Pierre Lellouche (Hrsg.): Deutsch-französische Sicherheitspolitik. Auf dem Wege zur Gemeinsamkeit? Bonn 1986.

Kaiser, Karl/Pierre Lellouche (Hrsg): Deutsch-französische Sicherheitspolitik. Bonn 1995.

Kaiser, Karl/Hanns W. Maull (Hrsg.): Die Zukunft der deutschen Außenpolitik. Bonn 1993.

Kaiser, Karl/Hanns W. Maull (Hrsg.): Deutschlands neue Außenpolitik. Bd. 1: Grundlagen. München 1994.

Kaiser, Karl/Hanns W. Maull (Hrsg.): Deutschlands neue Außenpolitik. Bd. 2: Herausforderungen. München 1996.

Kaiser, Karl/Hans-Peter Schwarz (Hrsg.): Die neue Weltpolitik. Bonn 1995.

Kaiser, Robert G.: Why Gorbachev happened. His Triumphs and his Failure. New York u. a. 1991.

Kallabis, Heinz: Ade, DDR! Tagebuchblätter. 7. Oktober 1989 bis 8. Mai 1990. Berlin 1990.

Kaltefleiter, Werner/Ulrike Schumacher (Hrsg.): Five Years after the Fall of the Berlin Wall. Papers presented at the International Summer Course 1995 on National Security. Frankfurt/M. u. a. 1996.

Kamusella, Tomasz: Asserting Minority Rights in Poland. In: *Transition*, Nr. 3/1996, S. 15–18.

Karaganov, Sergeij: Implications of German Unification for the Former Soviet Union. In: Stares, Paul B. (Hrsg.): The New Germany and the New Europe. Washington/DC 1992, S. 331–364.

Karpinski, Jakub: In the new Europe, Poland is better as a partner than an enemy. In: *Transition*, Nr. 3/1996, S. 12–14.

Kartaschkin, Wladimir: Europa. Auf dem Wege zur Rechtseinheit. Moskau 1990.

Kastendiek, Hans u. a. (Hrsg.): Länderbericht Großbritannien. Geschichte. Politik. Wirtschaft. Gesellschaft. Bonn 1994.

Keithly, David M.: The Collapse of East German Communism. The Year the Wall came down. 1989. Westport/CT 1992.

Keller, Dietmar/Hans Modrow/Herbert Wolf: Ansichten zur Geschichte der DDR. Eggersdorf 1994.

Keller, Dietmar: Minister auf Abruf. Möglichkeiten und Grenzen von 121 Tagen im Amt. Berlin 1990.

Kende, Pierre/Aleksander Smolar (Hrsg.): La Grande Secousse. Europe de l'Est 1989–1990. Paris 1990.

Kenna, Friedhelm: Deutschland – ein Jahr danach. In: *Die politische Meinung*, Nr. 262/1991, S. 10–16.

Keohane, Robert/Joseph Nye/Stanley Hoffmann (Hrsg.): After the Cold War. Cambrige/MA 1993.

Keppler, Hans Mathias: Ereignismanagement, Wirklichkeit und Massenmedien. Zürich, Osnabrück 1992.

Kepplinger, Hans Mathias/Andreas Czaplicki: Der Zusammenbruch der DDR aus der Sichtweise der Bundesrepublik. Der Weg zu den ersten freien Wahlen in der DDR. Mainz 1993.

Kettenacker, Lothar: Großbritannien. Furcht vor einer deutschen Hegemonie. Englische Spekulationen über die Deutschen. Die Briten und der Kontinent. In: Günther Trautmann (Hrsg.): Die häßlichen Deutschen. Deutschland im Spiegel der westlichen und östlichen Nachbarn. Darmstadt 1991, S. 194–208.

Kettle, Steve: Czechs and Germans Still at Odds. In: *Transition*, Nr. 3/1996, S. 22–25.

Kielmansegg, Peter: Vereinigung ohne Legitimität? In: *Merkur*, Nr. 7/1993, S. 561–575.

Kiersch, Gerhard: Frankreich und die DDR. Ein vergessener Bereich deutsch-französischer Beziehungen. In: Hartmut Elsenhans u. a. (Hrsg.): Frankreich – Europa -Weltpolitik. Festschrift für Gilbert Ziebura zum 65. Geburtstag. Opladen 1989, S. 147–159.

Kiersch, Klaus: Die französische Deutschlandpolitik 1945–1949. In: Claus Scharf/Hans-Jürgen Schröder (Hrsg.): Politische und ökonomische Stabilisierung Westdeutschlands 1945–1949. Fünf Beiträge zur Deutschlandpolitik der westlichen Alliierten. Wiesbaden 1977, S. 61–76.

Kiersch, Klaus: Rosa Gaullismus. Wandlungen in der Kontinuität französischer Außenpolitik unter Mitterrand. In: *Zeitschrift für Parlamentsfragen*, Nr. 2/1983, S 268–277.

Kiessler, Richard/Frank Elbe: Ein runder Tisch mit scharfen Ecken. Der diplomatische Weg zur deutschen Einheit. Baden-Baden 1993.

Kiessling, Günter: Neutralität ist kein Verrat. Entwurf einer europäischen Friedensordnung. Erlangen, Bonn, Wien 1989.

Kiessling, Günter: NATO, Oder, Elbe. Modell für ein europäisches Sicherheitssystem. Erlangen, Bonn, Wien 1990.

Kimminich, Otto: Überlegungen zu einer friedensvertraglichen Regelung für ein wiedervereinigtes Deutschland unter völkerrechtlichen Gesichtspunkten. In: *Aus Politik und Zeitgeschichte*, Nr. B33/1990, S. 34–45.

Kimminich, Otto: Die abschließende Regelung mit Polen. In: *Zeitschrift für Politik*, Nr. 4/1991, S. 361–391.

Kirkpatrick, Jeane J.: Beyond the Cold War. In: *Foreign Affairs*, Nr. 1/1990, S. 1–16.

Kirste, Knut: Rollentheorie und Außenpolitikanalyse. Die USA und Deutschland als Zivilmächte. Frankfurt/M. u. a. 1998.

Kittner, Michael: Rechtsfragen der Vereinigung von Bundesrepublik Deutschland und DDR. Zum Zeitpunkt der Entscheidung. In: Voigt, Dieter u. a.: Wiedervereinigung als

Organisationsproblem. Gesamtdeutsche Zusammenschlüsse von Parteien und Verbänden. Bochum 1991, S. 88–110.

Klein, Eckart: Bundesverfassungsgericht und Ostverträge. 2. Auflage, Bonn 1985.

Klein, Hans: Es begann im Kaukasus. Der entscheidende Schritt in die Einheit Deutschlands. Berlin, Frankfurt/M. 1991.

Klein, Paul (Hrsg.): Deutsch-französische Verteidigungskooperation. Das Beispiel der deutsch-französischen Brigade. Baden-Baden 1990.

Klein, Paul/Rolf P. Zimmermann (Hrsg.): Beispielhaft? Eine Zwischenbilanz zur Eingliederung der Nationalen Volksarmee in die Bundeswehr. Baden-Baden 1993.

Klein, Yvonne: Großbritannien nach der Wiedervereinigung. In: *Die politische Meinung*, Nr. 310/1995, S. 19–25.

Klein, Yvonne: British Views on German Unification 1989/90. In: *German Politics*, Nr. 3/1996, S. 404–528.

Kloth, Hans Michael: »GDR – Reform or Revolution?« Konferenz in Nottingham. In: *Deutschland Archiv*, Nr. 4/1990, S. 597–599.

Knabe, Hubertus (Hrsg.): Aufbruch in eine andere DDR. Reformer und Oppositionelle zur Zukunft ihres Landes. Reinbek 1989.

Knapp, Manfred: Die Außenpolitik der USA unter George Bush. In: *Aus Politik und Zeitgeschichte*, Nr. B44/1992, S. 43–54.

Knappe, Jens: Die USA und die deutsche Einheit. Amerikanische Deutschlandpolitik im Kontext von veröffentlichter und öffentlicher Meinung 1989/90. München 1996.

Knodt, Michèle: Unterordnung der EG-Integration der DDR unter den deutschen Einigungsprozeß. Frankfurt/M. 1992.

Knopp, Guido/Ekkehard Kuhn: Die Deutsche Einheit. Traum und Wirklichkeit. Erlangen 1990.

Kohl, Helmut: Deutschlands Zukunft in Europa. Reden und Beiträge des Bundeskanzlers (hrsg. von Heinrich Seewald). Herford 1990.

Kohl, Helmut: Die Deutsche Einheit. Reden und Gespräche. Mit einem Vorwort von Michail Gorbatschow. Bergisch Gladbach 1992.

Köhler, Henning: Adenauer. Eine politische Biographie. Berlin, Frankfurt/M. 1994.

Kohler-Koch, Beate (Hrsg.) [1991a]: Die Osterweiterung der EG. Die Einbeziehung der ehemaligen DDR in die Gemeinschaft. Baden-Baden 1991.

Kohler-Koch, Beate (Hrsg.): Weichenstellungen für ein neues Europa. Mannheim 1992.

Kohler-Koch, Beate [1991b]: Deutsche Einigung im Spannungsfeld internationaler Umbrüche. In: *Politische Vierteljahresschrift*, Nr. 4/1991, S. 605–620.

Kok, Wim: »Wie sehen unsere Nachbarn den deutschen Einigungsprozeß?« Die deutsche Entwicklung aus niederländischer Sicht (Friedrich-Ebert-Stiftung, Vortrag im Arbeitsbereich »Deutschlandpolitisches wissenschaftliches Forum«). Bonn 3. Mai 1990.

Kolboom, Ingo: Das Problem der Franzosen mit der deutschen Identität. Frankreich und die deutsche Frage in Geschichte und Gegenwart. Berlin 1985.

Kolboom, Ingo [1991b]: Vom geteilten zum vereinten Deutschland. Deutschlandbilder in Frankreich. Bonn 1991.

Kolboom, Ingo: Gorbatschow – ein deutsch-französisches Ärgernis? In: *Dokumente*, Nr. 3/1987, S. 173–174.

Kolboom, Ingo: Nur kein deutscher Einheitsstaat. Die französische Deutschlandpolitik bis zum Bonner Grundgesetz. In: *Dokumente*, Nr. 5/1989, S. 413–422.

Kolboom, Ingo [1990a]: Vom »Gemeinsamen Haus Europa« zur »Europäischen Konföderation«. François Mitterrand und die europäische Neuordnung 1981–1990. In: *Sozialwissenschaftliche Informationen*, Nr. 4/1990, S. 237–246.

Kolboom, Ingo [1990b]: Frankreich und die staatliche Neuordnung Deutschlands 1945–1949. Ein Rückblick aus aktuellem Anlaß. In: Wolfgang Asholt/Heinz Thoma (Hrsg.): Frankreich. Ein unverstandener Nachbar. Bonn 1990, S. 51–86.

Kolboom, Ingo [1991a]: Die Vertreibung der Dämonen. Frankreich und das vereinte Deutschland. In: *Europa-Archiv*, Nr. 15–16/1991, S. 470–475.

Kolboom, Ingo (Red.; unter Mitarbeit von *Katja Ridderbusch*) [1991c]: Deutschland und Frankreich im neuen Europa. Referate – Berichte – Dokumente. XIV. Deutsch-Französische Konferenz Berlin, 28.–30. Mai 1990. Bonn 1991.

Kolboom Ingo/Ernst Weisenfeld (Hrsg.): Frankreich in Europa. Ein deutsch-französischer Rundblick. Bonn 1993.

Kolm, Serge-Christophe: »Teutomanie« und Pascals Wette. Zur deutschen Wiedervereinigung. In: *Merkur*, Nr. 4/1990, S. 345–350.

Kommission der Europäischen Gemeinschaften (Hrsg.) [1990a]: Die Gemeinschaft und die deutsche Vereinigung. Dokument KOM (90) 400 endg. v. 21. 08. 1990, Vol. I-III, Brüssel 1990.

Kommission der Europäischen Gemeinschaften (Hrsg.) [1990b]: Die Gemeinschaft und die deutsche Vereinigung (Mitteilung). SEK (90) 751 endg. v. 20. 04. 1990. In: EG-Nachrichten, Berichte und Informationen – Dokumentation, Sonderausgabe 4/1990, S. 9–22.

Kommission der Europäischen Gemeinschaften (Hrsg.) [1990d]: Vertretung in der Bundesrepublik Deutschland, Jahresbericht 1989. In: EG-Nachrichten, Berichte und Informationen – Dokumentation, 6/1990.

Kommission der Europäischen Gemeinschaften (Hrsg.) [1990c]: Die Gemeinschaft und die deutsche Einigung – Auswirkungen des Staatsvertrages (Mitteilung). SEK (90) 1138 endg. v. 14. 06. 1990. In: EG-Nachrichten, Berichte und Informationen – Dokumentation, 8/1990, S. 2–16.

Kommission der Europäischen Gemeinschaften (Hrsg.): Vertretung in der Bundesrepublik Deutschland, Jahresbericht 1990. In: EG-Nachrichten, Berichte und Informationen – Dokumentation 6/1991.

König, Helmut [1991a]: Deutsche Fragen. In: *Politische Vierteljahresschrift*, Nr. 2/1991, S. 318–326.

König, Helmut [1991b]: Schwieriger Umbau. Bilanz und Perspektiven nach fünf Jahren Perestrojka – eine Momentaufnahme im Frühjahr 1990. Bericht über die erweiterte Redaktionskonferenz 1990. In: *Osteuropa*, Nr. 9/1991, S. 846–888.

Kopielski, Bernd/Siegfried Melcher/Wolfgang Schulz: Feindbild ade? Berlin 1990.

Korger, Dieter: Die Polenpolitik der deutschen Bundesregierung von 1982–1991. Bonn 1993.

Korinman, Michel (Hrsg.): L'Allemagne vue d'ailleurs. Paris 1992.

Korinman, Michel: Les limites de l'Hexagone. In: Michel Korinman (Hrsg.): L'Allemagne vue d'ailleurs. Paris 1992, S. 89–124.

Korowkin, Wladimir: Die Beziehungen Rußlands zu seinen europäischen Nachbarn. In: *Aus Politik und Zeitgeschichte*, Nr. B52–53/1992, S. 14–21.

Korte, Karl-Rudolf: Der Standort der Deutschen. Akzentverlagerungen der deutschen Frage in der Bundesrepublik. Köln 1990.

Korte, Karl-Rudolf (unter Mitarbeit von *Jürgen Gros* und *Thomas Lillig*): Die Chance genutzt? Die Politik zur Einheit Deutschlands. Frankfurt/M., New York 1994.

Korte, Karl-Rudolf: Deutschlandpolitik in Helmut Kohls Kanzlerschaft. Regierungsstil und Entscheidungen 1982–1989 (Geschichte der deutschen Einheit, Bd. 1). Stuttgart 1998.

Kortz, Helge: Die Entscheidung über den Übergang in die Endstufe der Wirtschafts- und Währungsunion. Baden-Baden 1996.

Koschyk, Hartmut: Deutschland und seine östlichen Nachbarn. In: *Die politische Meinung*, Nr. 268/1992, S. 13–20.

Kößmeier, Thomas: Der erfolgreiche Verlauf der 2+4 Gespräche. Internationale Rücken-deckung. In: Dieter Voigt u. a.: Wiedervereinigung als Organisationsproblem. Gesamt-deutsche Zusammenschlüsse von Parteien und Verbänden. Bochum 1991, S. 30–38.

Kotschemassow, Wjatscheslaw: Meine letzte Mission. Fakten, Erinnerungen, Überlegungen. Berlin 1994.

Kovrig, Bennett: Of Walls and Bridges. The United States and Eastern Europe. New York, London 1991.

Krakau, Knud: Feindstaatenklauseln und Rechtslage Deutschlands nach den Ostverträgen. Frankfurt/M. 1975.

Kramer, Mark: The Role of the CPSU International Department in Soviet Foreign Rela-tions and National Security Policy. In: Frederic J. Fleron/Erik P. Hoffmann/Robbin F. Laird (Hrsg.): Soviet Foreign Policy. Classic and contemporary Issues. New York 1991, S. 444–463.

Krämer, Raimund/Wolfram Wallraf: DDR-Außenpolitik – Was bleibt? Versuch einer Be-standsaufnahme. In: Bernhard Muszynski (Hrsg.): Deutsche Vereinigung. Probleme der Integration und der Identifikation. Opladen 1991, S. 133–147.

Krämer, Raimund/Wolfram Wallraf: Diplomat oder Parteiarbeiter? Zum Selbstbild einer Funktionselite in der DDR. In: *Deutschland Archiv*, Nr. 3/1993, S. 326–334.

Kramer, Steven Philip: La question française. In: *Politique étrangère*, Nr. 4/1991, S. 959–974.

Krause, Christian: Der Zusammenbruch des kommunistischen Staatensystems (Friedrich-Ebert-Stiftung, Kurzpapier des Arbeitsbereichs »Außenpolitik- und DDR-Forschung«, Nr. 39). Bonn April 1990.

Kreft, Heinrich: Ostdeutschland aus der Sicht der japanischen Wirtschaft. In: *Deutschland Archiv*, Nr. 12/1992, S. 1283–1287.

Kregel, Bernd: Außenpolitik und Systemstabilisierung in der DDR. Opladen 1979.

Krell, Gert: Die Ostpolitik der Bundesrepublik Deutschland und die deutsche Frage. Historische Entwicklungen und politische Optionen im Ost-West-Konflikt. In: *Aus Politik und Zeitgeschichte*, Nr. B29/1990, S. 24–34.

Kremp, Herbert: Bremsmanöver. Die Sowjetunion und die deutsche Bündnisfrage. In: *Die politische Meinung*, Nr. 250/1990, S. 57–64.

Krenz, Egon: Wenn Mauern fallen. Die friedliche Revolution. Vorgeschichte, Ablauf, Auswirkungen. Wien 1990.

Krenz, Egon: Anmerkungen zur Öffnung der Berliner Mauer im Herbst 1989. In: *Ost-europa*, Nr. 4/1992, S. 365–369.

Krenz, Egon: Der 9. November 1989. Unfall oder Logik der Geschichte? In: Siegfried Prokop (Hrsg.): Die kurze Zeit der Utopie. Die »zweite DDR« im vergessenen Jahr 1989/90. Berlin 1994, S. 71–87.

Kristof, Erich: Der KSZE-Gipfel und die Deutsche Einigung. In: *Deutschland Archiv*, Nr. 8/1990, S. 1154–1156.

Krülle, Sigrid: Die völkerrechtlichen Aspekte des Oder-Neiße-Problems. Berlin 1970.

Krum, Horst/Siegfried Prokop: Das letzte Jahr der DDR. Implosion – Einigungsvertrag – »distinct society«. Berlin 1994.

Krzoska, Markus: Polen und die deutsche Wiedervereinigung. Sommer 1989 – November 1990. Mainz 1994 (unveröffentlichtes Manuskript).

Kubiczek, Wolfgang: Das Pariser Treffen der KSZE. Beginn einer neuen Ära? In: Michael Staack (Hrsg.): Aufbruch nach Gesamteuropa. Die KSZE nach der Wende im Osten. Münster 1993, S. 335–366.

Kuby, Erich: Der Preis der Einheit. Ein neues Europa formt sein Gesicht. Hamburg 1990.

Küchenmeister, Daniel (Hrsg.): Honecker – Gorbatschow. Vieraugengespräche. Berlin 1993.

Kuhn, Ekkehard (Hrsg.): Gorbatschow und die deutsche Einheit. Aussagen der wichtigsten russischen und deutschen Beteiligten. Bonn 1993.

Kuhrt, Eberhard/Hannsjörg F. Buck/Gunter Holzweißig (Hrsg.): Am Ende des realen Sozialismus. Beiträge zu einer Bestandsaufnahme der DDR-Wirklichkeit in den 80er Jahren. Bd. 1: Die SED-Herrschaft und ihr Zusammenbruch. Opladen 1996.

Kulke-Fiedler, Christine: Die Integration des Wirtschaftsgebietes der ehemaligen DDR in den EG-Binnenmarkt. Chancen und Risiken. In: *Deutschland Archiv*, Nr. 12/1990, S. 1873–1888.

Kulturstiftung der deutschen Vertriebenen (Hrsg.): Materialien zu Deutschlandfragen. Politiker und Wissenschaftler nehmen Stellung. 1989–1991. Bonn 1991.

Kuppe, Johannes L. [1988a]: Staatsbesuch in Frankreich. In: *Deutschland Archiv*, Nr. 2/1988, S. 113–116.

Kuppe, Johannes L. [1988b]: Erkundungen schwierigen Terrains. Hermann Axen in den USA, in: *Deutschland Archiv*, Nr. 6/1988, S. 557–580.

Kuppe, Johannes L.: Modrow in Bonn. In: *Deutschland Archiv*, Nr. 3/1990, S. 337–340.

Kuppe, Johannes L.: Die östlichen Bündnissysteme haben sich aufgelöst. In: *Deutschland Archiv*, Nr. 8/1991, S. 790–791.

Kuschel, Hans-Dieter: Die Einbeziehung der ehemaligen DDR in die Europäische Gemeinschaft. In: *Wirtschaftsdienst*, Nr. 2/1991, S. 80–87.

Kwizinskij, Julij A.: Vor dem Sturm. Erinnerungen eines Diplomaten. Berlin 1993.

Laatz, Horst: Die deutsche Frage und Europa. In: *Deutschland Archiv*, Nr. 1/1990, S. 97–99.

Lammert, Norbert: Deutsche Einheit und Einheit Europas. In: *Civis*, Nr. 4/1991, S. 4–8.

Land, Rainer (Hrsg.): Das Umbaupapier (DDR). Argumente gegen die Wiedervereinigung. Berlin 1990.

Langguth, Gerd (Hrsg.) [1990a]: Berlin. Vom Brennpunkt der Teilung zur Brücke der Einheit. Köln 1990.

Langguth, Gerd: Der Status Berlins aus der Sicht der DDR. In: *Aus Politik und Zeitgeschichte*, Nr. B50/1987, S. 37–53.

Langguth, Gerd [1990b]: Die deutsche Frage und die Europäische Gemeinschaft. In: *Aus Politik und Zeitgeschichte*, Nr. B29/1990, S. 13–23.

Langguth, Gerd: Deutschland, die EG und die Architektur Europas. In: *Aussenpolitik*, Nr. 2/1991, S. 136–145.

Lapp, Peter Joachim: Auf dem Weg zur Realisierung der Einheit Deutschlands. 13. Wissenschaftliche Arbeitstagung der Gesellschaft für Deutschlandforschung. In: *Deutschland Archiv*, Nr. 4/1991, S. 418–420.

Lapp, Peter Joachim: Vom Entstehen einer »Ehemaligen«-Literatur und der zeithistorischen Aufarbeitung der NVA. In: *Deutschland Archiv*, Nr. 10/1995, S. 1104–1108.

Larrabee, Stephen F. (Hrsg.): The Two German States and European Security. New York 1989.

Larrabee, Stephen F.: The New Soviet Approach to Europe. In: Frederic J. Fleron/Erik P. Hoffmann/Robbin F. Laird (Hrsg.): Soviet Foreign Policy. Classic and contemporary Issues. New York 1991, S. 638–663.

Laurent, Pierre-Henri: European Integration and the End of the Cold War. In: *Diplomacy and Statecraft*, Nr. 3/1990, S. 147–163.

Lee, J. J./Walter Korter (Hrsg.): Europe in Transition. Political, economic and Security prospects for the 1990s. Austin/TX 1991.

Leggewie, Claus: Frankreich 1988/1989. Ende eines Sonderwegs? In: Deutsch-Französisches Institut (Hrsg.): Frankreich-Jahrbuch 1989. Politik, Wirtschaft, Gesellschaft, Geschichte, Kultur. Opladen 1989, S. 9–26.

LeGloannec, Anne-Marie: La nation orpheline. Les Allemagnes en Europe. Paris 1989.

LeGloannec, Anne-Marie: Die deutsch-deutsche Nation. Anmerkungen zu einer revolutionären Entwicklung. München 1991.

LeGloannec, Anne-Marie: L'Allemagne de l'après-Yalta ou les hauts et les bas d'un double anniversaire. In: *Politique étrangère*, Nr. 3/1989, S. 411–421.

LeGloannec, Anne-Marie: La nation retrouvée. De la RDA à l'Allemagne. In: *Politique étrangère*, Nr. 1/1990, S. 45–52.

LeGloannec, Anne-Marie: France, Germany and the New Europe. In: Dirk Verheyen/ Christian Søe (Hrsg.): The Germans and their Neighbours. Boulder/CO, Oxford 1993, S. 13–34.

Lehmann, Hans Georg: Deutschland-Chronik 1945 bis 1995. Bonn 1995.

Lehmann, Ines: Die deutsche Vereinigung von außen gesehen. Angst, Bedenken und Erwartungen in der ausländischen Presse. Bd. 1: Die Presse der Vereinigten Staaten, Großbritanniens und Frankreichs. Frankfurt/M. u. a. 1996; Bd. 2: Die Presse Dänemarks, der Niederlande, Belgiens, Luxemburgs, Österreichs, der Schweiz, Italiens, Portugals und Spaniens und jüdische Reaktionen. Frankfurt/M. u. a. 1997.

Lehmbruch, Gerhard: Die deutsche Vereinigung. Strukturen und Strategien. In: *Politische Vierteljahresschrift*, Nr. 4/1991, S. 585–604.

Leimbacher, Urs: Westeuropäische Integration und gesamtdeutsche Kooperation. In: *Aus Politik und Zeitgeschichte*, Nr. B45/1991, S. 3–12.

Leimbacher, Urs: La coopération franco-allemande. Clé pour l'essor de l'Europe. In: *Relations Internationales*, Nr. 70/1992, S. 221–234.

Leimbacher, Urs: Deutsch-französische Zusammenarbeit und nationale Interessen seit Anfang der achtziger Jahre. In: Gottfried Niedhart/Detlef Junker/Michael W. Richter (Hrsg.): Deutschland in Europa. Nationale Interessen und internationale Ordnung im 20. Jahrhundert. Mannheim 1997, S. 180–201.

Lellouche, Pierre: Nach Jalta. Welche Sicherheit für Europa. In: Ulrich Wickert (Hrsg.): Angst vor Deutschland. Hamburg 1990, S. 278–296.

Lemke, Christiane: Die Ursachen des Umbruchs 1989. Opladen 1991.

Lequesne, Christian: Paris-Bruxelles. Comment se fait la politique européenne de la France. Paris 1993.

Levits, Egil: Die Auseinandersetzung zwischen der Sowjetunion und den Baltischen Staaten um die Wiederherstellung der Unabhängigkeit. In: Hans-Georg Ehrhardt (Hrsg.): Die »sowjetische Frage«. Integration oder Zerfall? Baden-Baden 1991, S. 43–56.

Liebert, Ulrike/Wolfgang Merkel (Hrsg.): Die Politik zur deutschen Einheit. Probleme, Strategien, Kontroversen. Opladen 1991.

Ligatschow, Jegor: Inside Gorbachev's Kremlin. The Memoirs of Yegor Ligachev. New York 1993.

Links, Christoph/Hannes Bahrmann: Wir sind das Volk. Die DDR im Aufbruch. Eine Chronik. Ost-Berlin, Wuppertal 1990.

Lippert, Barbara: Etappen der EG-Osteuropapolitik. Distanz – Kooperation – Assoziierung. In: *Integration*, Nr. 3/1990, S. 111–125.

Lippert, Barbara: Die EG als Mitgestalter der Erfolgsgeschichte. Der deutsche Einigungsprozeß 1989/90. In: Barbara Lippert u. a. (Hrsg.): Die EG und die neuen Bundesländer. Eine Erfolgsgeschichte von kurzer Dauer? Bonn 1993, S. 35–101.

Lippert, Barbara u. a. (Hrsg.): Die EG und die neuen Bundesländer. Eine Erfolgsgeschichte von kurzer Dauer? Bonn 1993.

Lippert, Barbara/Rosalind Stevens-Ströhmann: German Unification and EC Integration. German and British perspectives. London 1993.

Lippert, Barabara/Dirk Günther/Stephen Woolcock: Die EG und die neuen Bundesländer. Eine Erfolgsgeschichte von kurzer Dauer? In: *Integration*, Nr. 1/1993, S. 1–18.

List, Juliane/Hans-Willy Nolden: Zerrbild Deutschland. Wie uns Engländer, Franzosen und Amerikaner seit der Wiedervereinigung sehen. Köln 1992.

Löbler, Frank/Josef Schmid/Heinrich Tiemann (Hrsg.): Wiedervereinigung als Organisationsproblem. Gesamtdeutsche Zusammenschlüsse von Parteien und Verbänden. Bochum 1991.

Long, Robert E. (Hrsg.): The Reunification of Germany. New York 1992.

Longerich, Peter (Hrsg.): »Was ist des Deutschen Vaterland?« Dokumente zur Frage der deutschen Einheit 1800 bis 1990. München 1990.

Loth, Wilfried: Ost-West-Konflikt und Deutsche Frage. Historische Ortsbestimmungen. München 1989.

Loth, Wilfried [1994a]: Die deutsche Frage in der Nachkriegszeit. Berlin 1994.

Loth, Wilfried: Die Franzosen und die deutsche Frage 1945–1949. In: Claus Scharf/Hans-Jürgen Schröder (Hrsg.): Die Deutschlandpolitik Frankreichs und die französische Zone 1945–1949. Wiesbaden 1983, S. 27–48.

Loth, Wilfried: Die zweite Chance. Die deutsch-französischen Beziehungen nach der deutschen Einheit. In: Deutsch-Französisches Institut (Hrsg.): Frankreich-Jahrbuch 1992. Politik, Wirtschaft, Gesellschaft, Geschichte, Kultur. Opladen 1992, S. 47–54.

Loth, Wilfried [1994b]: Europa als nationales Interesse? Tendenzen deutscher Europapolitik von Schmidt bis Kohl. In: *Integration*, Nr. 3/1994, S. 149–157.

Löw, Konrad (Hrsg.): Ursachen und Verlauf der deutschen Revolution 1989. 2. Auflage, Berlin 1993.

Lübkemeier, Eckard: Wozu noch NATO? (Friedrich-Ebert-Stiftung, Kurzpapier des Arbeitsbereichs »Außenpolitik- und DDR-Forschung«, Nr. 38). Bonn April 1990.

Ludwig, Michael [1991a]: Polen und die deutsche Frage. Mit einer Dokumentation zum deutsch-polnischen Vertrag vom 17. Juni 1991. Bonn 1991.

Ludwig, Michael: Die deutsche Frage in der Außenpolitik der neuen polnischen Regierung. In: *Beiträge zur Konfliktforschung*, Nr. 3/1990, S. 99–116.

Ludwig, Michael [1991b]: Polen und die sicherheitspolitische Frage in Osteuropa. In: *Europa-Archiv*, Nr. 4/1991, S. 127–136.

Luft, Christa: Zwischen Wende und Ende. Eindrücke, Erlebnisse, Erfahrungen eines Mitglieds der Modrowregierung. Berlin 1991.

Lutz, Dieter S. (Hrsg.): Deutschland und die kollektive Sicherheit. Politische, rechtliche und programmatische Aspekte. Opladen 1993.

Lutz, Dieter S./Elmar Schmähling (Hrsg.) [1990a]: Gemeinsame Sicherheit, Internationale Diskussion. Bd. 5: Beiträge und Dokumente aus Ost und West. Baden-Baden 1990.

Lutz, Dieter S./Elmar Schmähling (Hrsg.) [1990b]: Gemeinsame Sicherheit, Kollektive Sicherheit, Gemeinsamer Frieden. Bd. 6: Auf dem Weg zu einer Neuen Europäischen Friedensordnung. Baden-Baden 1990.

Lynch, Allen: Does Gorbachev matter Anymore? In: *Foreign Affairs*, Nr. 3/1990, S. 19–29.

Maass, Kurt-Jürgen (Hrsg.): Deutschland von außen. Der andere Blick 50 Jahre danach. Rheinbach 1995.

Mackow, Jerzy: Die Entspannungspolitik der Bundesrepublik Deutschland gegenüber der Entwicklung in Polen in den siebziger und achtziger Jahren. In: *Zeitschrift für Politik*, Nr. 4/1993, S. 372–394.

Mackow, Jerzy: Die Normalisierung der neuen alten Nachbarschaft. Zum aktuellen Stand der deutsch-polnischen Beziehungen. In: *Aus Politik und Zeitgeschichte*, Nr. B39/1995, S. 32–39.

Madgwick, Peter: British Government. The Central Executive Territory. Worcester 1991.

Magenheimer, Heinz: Konventionelle Stabilität und Sicherheit in Europa. Truppenreduktionen, Umrüstungen und Wiener VKSE-Konferenz. In: *Aus Politik und Zeitgeschichte*, Nr. B36/1990, S. 3–12.

Magenheimer, Heinz: Zur Neukonstellation der Mächte in Europa. Transformation der Bündnisse – Rüstungskontrolle – Sicherheit. In: *Aus Politik und Zeitgeschichte*, Nr. B 18/ 1991, S. 21–31.

Mahncke, Dieter (Hrsg.): Amerikaner in Deutschland. Grundlagen und Bedingungen der transatlantischen Sicherheit. Bonn 1991.

Maier, Charles S.: Dissolution. The Crisis of Communism and the End of East Germany. Princeton 1997.

Maier, Gerhart: Die Wende in der DDR. Bonn 1990.

Maizière, Lothar de: Die deutsche Einheit. Eine kritische Betrachtung. Fürstenfeldbruck 1994.

Maizière, Lothar de: Anwalt der Einheit. Ein Gespräch mit Christine de Mazières. Berlin 1996.

Mallaby, Christopher L. G.: Die deutsche Frage aus europäischer Sicht. Der britische Standpunkt zur europäischen Sicherheit und zur deutschen Frage (Friedrich-Ebert-Stiftung, Vortrag im Arbeitsbereich »Deutschlandpolitisches wissenschaftliches Forum«). Bonn 12. April 1989.

Mallinckrodt, Anita M.: Die Selbstdarstellung der beiden deutschen Staaten im Ausland. Köln 1980.

Mand, Richard u. a.: Zum Wiedervereinigungsgesetz der DDR vom 21. Februar 1990. In: *Staat und Recht*, Nr. 8/1990, S. 668–672.

Mander, John: Our German Cousins. Anglo-German Relations in the 19th and 20th Centuries. London 1974.

Manfrass, Klaus: Deutschland, Frankreich, Polen: Die Beziehungen der drei Länder untereinander nach der Einheit Deutschlands. Internationales Kolloquium der Europäischen Akademie Otzenhausen. In: *Deutschland Archiv*, Nr. 7/1992, S. 747–749.

Manfrass, Klaus: Das deutsch-französische Verhältnis nach der historischen Zäsur des Jahres 1989. In: *Aus Politik und Zeitgeschichte*, Nr. B 30/1995, S. 11–18.

Manfrass-Sirjacques, Françoise: Die französische Europapolitik und die deutsche Frage. Angst vor der dérive allemande. In: *Neue Gesellschaft/Frankfurter Hefte*, Nr. 2/1990, S. 116–121.

Mantzke, Martin [1990a]: Eine Republik auf Abruf. Die DDR nach den Wahlen vom 18. März 1990. In: *Europa-Archiv*, Nr. 8/1990, S. 287–292.

Mantzke, Martin [1990b]: Was bleibt von der DDR? Abschied von einem ungeliebten Staat. In: *Europa-Archiv*, Nr. 24/1990, S. 735–742.

Marcuse, Peter: A German Way of Revolution. DDR-Tagebuch eines Amerikaners. Berlin 1990.

Marsh, David [1990a]: Deutschland im Umbruch. Wien 1990.

Marsh, David [1990b]: The Germans. A people at the crossroads. New York 1990.

Martens, Stefan (Hrsg.): Vom »Erbfeind« zum »Erneuerer«. Aspekte und Motive der französischen Deutschlandpolitik nach dem Zweiten Weltkrieg. Sigmaringen 1993.

Martin, Ernst: Zwischenbilanz. Deutschlandpolitik der 80er Jahre. Stuttgart 1986.

Martin, Ernst: Deutschlandpolitik. Eine Bilanz des letzten Jahrzehnts. Stuttgart u. a. 1990.

Martin, Bernd (Hrsg.): Deutschland in Europa. Ein historischer Rückblick. München 1992.

März, Peter (Hrsg.): Dokumente zu Deutschland. 1944–1994. München, Landsberg/L. 1996.

März, Peter: Aspekte der Deutschen Wiedervereinigung. In: Petronella Gietl (Hrsg.): Vom Wiener Kongreß bis zur Wiedervereinigung Deutschlands. Betrachtungen zu Deutschland und Österreich im 19. und 20. Jahrhundert. Festschrift für Hubert Rumpel zum 75. Geburtstag. Stamsried 1997, S. 231–285.

Marzahn, Barbara: Der Deutschlandbegriff der DDR. Düsseldorf 1979.

Mathiopoulos, Margarita: Das Ende der Bonner Republik. Beobachtungen einer Europäerin. Stuttgart 1993.

Mathiopoulos, Margarita: US-Präsidentschaft und die deutsche Frage in der Kanzlerschaft von Adenauer bis Kohl. In: *Aussenpolitik*, Nr. 4/1988, S. 353–370.

Matlock, Jack F.: Autopsy on an Empire. New York 1995.

Matthey, Ferdinand (Hrsg.): Entwicklung der Berlin-Frage. Berlin 1972.

Mattox, Gale A./John H. Vaugham (Hrsg.): Germany through American eyes. Foreign Policy and domestic Issues. Boulder/CO 1989.

Maull, Hanns W.: Zivilmacht Bundesrepublik Deutschland. Vierzehn Thesen für eine neue deutsche Außenpolitik. In: *Europa-Archiv*, Nr. 10/1992, S. 269–278.

Maull, Hanns W./Michael Meimeth/Christoph Neßhöver (Hrsg.): Die verhinderte Großmacht. Frankreichs Sicherheitspolitik nach dem Ende des Ost-West-Konflikts. Opladen 1997.

Maurer, Karl: Behördenbuch der DDR. Organe, Organisationen, Institutionen und Einrichtungen. Starnberg-Percha 1990.

Maximytschew, Igor F.: German Unification. In: *International Affairs* (Moskau), Nr. 10/1990, S. 36–42.

Maximytschew, Igor F.: A Missed Chance of Four-Power Cooperation in Berlin. In: *International Affairs* (Moskau), Nr. 4–5/1995, S. 108–115.

Maximytschew, Igor F./Hans-Hermann Hertle [1994a]: Die Maueröffnung. Teil 1: »Die Situation ist seit 1953 nie so ernst gewesen!« Wie die sowjetische Botschaft unter den Linden die Wende in der DDR erlebte. In: *Deutschland Archiv*, Nr. 11/1994, S. 1137–1144.

Maximytschew, Igor F./Hans-Hermann Hertle [1994b]: Die Maueröffnung. Teil 2: Der Fall der Berliner Mauer. In: *Deutschland Archiv*, Nr. 11/1994, S. 1145–1158.

Maximytschew, Igor F./Hans-Hermann Hertle [1994c]: Die Maueröffnung. Teil 3: Nach dem Fall der Mauer. Der Weg zur friedlichen Lösung. Anfang und Ende der Vorbereitung eines militärischen Einsatzes. In: *Deutschland Archiv*, Nr. 12/1994, S. 1241–1251.

Maximytschew, Igor F./Pjotr Menschikow: One German Fatherland? In: *International Affairs* (Moskau), Nr. 7/1990, S. 31–38.

Mayer, Hartmut: Trotz lauter Worte eine stille Allianz? Die Briten, ihre Rheinarmee und die Neubestimmung des sicherheitspolitischen Status Deutschlands. In: Gunther Hellman (Hrsg.): Alliierte Präsenz und deutsche Einheit. Die politischen Folgen militärischer Macht. Baden-Baden 1994, S. 269–312.

Mazur, Zbigniew: The international aspects of the Unification of Germany. In: *Polish Western Affairs*, Nr. 1/1991, S. 35–52.

McAdams, A. James [1990a]: Towards a new Germany? Problems of Unification. In: *Government and Opposition*, Nr. 3/1990, S. 304–316.

McAdams, A. James [1990b]: Revisiting the Ostpolitik in the 1990s. In: *German Politics and Society*, Nr. 21/1990, S. 49–60.

McAdams, A. James: Germany divided. From the Wall to Reunification. Princeton/New Jersey 1993.

McBundy, George: From Cold War toward trusting Peace. In: *Foreign Affairs*, Nr. 1/1990, S. 197–212.

McCarthy, Patrick (Hrsg.): France – Germany 1983–1993. The struggle to cooperate. London 1993.

Mechtersheimer, Alfred: Friedensmacht Deutschland. Plädoyer für einen neuen Patriotismus. Frankfurt/M. 1993.

Meckel, Markus: Das Schicksal Europas entscheidet sich in Osteuropa. In: *Deutschland Archiv*, Nr. 1/1992, S. 75–83.

Meckel, Markus/Martin Gutzeit: Opposition in der DDR. Zehn Jahre kirchliche Friedensarbeit. Köln 1994.

Meier-Walser, Reinhard: Deutschland, Frankreich und Großbritannien an der Schwelle zu einem neuen Europa. In: *Aussenpolitik*, Nr. 4/1992, S. 334–343.

Meimeth, Michael: Frankreichs Entspannungspolitik der 70er Jahre. Zwischen Status quo und friedlichem Wandel. Baden-Baden 1990.

Meimeth, Michael: Frankreich und die Sicherheit in Europa. In: *Aussenpolitik*, Nr. 2/1991, S. 151–160.

Meimeth, Michael: Frankreichs Sicherheitspolitik nach dem Ende des Ost-West-Konflikts (hrsg. von der Konrad-Adenauer-Stiftung). Sankt Augustin 1993.

Meissner, Boris [1995a]: Die Sowjetunion und Deutschland von Jalta bis zur Wiedervereinigung. Ausgewählte Beiträge. Köln 1995.

Meissner, Boris [1995b]: Vom Sowjetimperium zum eurasischen Staatensystem. Die russische Außenpolitik im Wandel und in der Wechselbeziehung zur Innenpolitik. Berlin 1995.

Meissner, Boris: Die politischen Parteien und Vereinigungen in der DDR. Ein zusammenfassender Rückblick. In: *Beiträge zur Konfliktforschung*, Nr. 4/1990, S. 81–94.

Meissner, Boris [1991a]: Der XXVIII. Parteitag der KPdSU. Innen- und Außenpolitik. In: *Aussenpolitik*, Nr. 1/1991, S. 38–48.

Meissner, Boris [1991b]: Die Wechselbeziehungen zwischen der Innen- und Außenpolitik Gorbatschows. In: Göttinger Arbeitskreis (Hrsg.): Sowjetpolitik unter Gorbatschow. Innen- und Außenpolitik 1985–1989. Berlin 1991, S. 87–114.

Menge, Marlies: »Ohne uns läuft nichts mehr«. Die Revolution in der DDR. Stuttgart 1990.

Ménudier, Henri: Das Deutschlandbild der Franzosen in den 70er Jahren. Gesammelte Aufsätze 1973–1980. Bonn 1981.

Ménudier, Henri (Hrsg.): La R.D.A. 1949–1990: du stalinisme à la liberté, Asnières 1990.

Ménudier, Henri (Hrsg.): L'Allemagne. De la division a l'unité. Asnières 1991.

Ménudier, Henri (Hrsg.): Le couple franco-allemand en Europe. Asnières 1993.

Merkl, Peter H.: German Unification in the European context. University Park/PA 1993.

Mertes, Michael u. a.: Europa ohne Kommunismus. Zusammenhänge, Aufgaben, Perspektiven. Bonn 1990.

Meuschel, Sigrid u. a.: Die DDR auf dem Weg zur deutschen Einheit. Probleme, Perspektiven, offene Fragen. Dreiundzwanzigste Tagung zum Stand der DDR-Forschung in der Bundesrepublik Deutschland. 5.–8. Juni 1990. Köln 1990.

Mey, Holger H./Michael Rühle: Deutsche Sicherheitsinteressen und Nuklearstrategie der NATO. In: *Zeitschrift für internationale Fragen*, Nr. 1/1991, S. 21–31.

Meyer zu Natrup, Friedhelm B.: Frankreich und die DDR. In: *Europa-Archiv*, Nr. 11/1988, S. 311–320.

Meyer, Carsten: Die Eingliederung der DDR in die EG. Köln 1993.

Meyer, Gerd: Die DDR-Machtelite in der Ära Honecker. Tübingen 1991.

Meyer-Landrut, Nikolaus: Frankreich und die deutsche Einheit. Die Haltung der französischen Regierung und Öffentlichkeit zu den Stalin-Noten 1952. München 1988.

Meyer-Landrut, Nikolaus: Die Entstehung des Vertrages über konventionelle Streitkräfte in Europa und die Herstellung der deutschen Einheit. Bonn 1992.

Michalka, Wolfgang (Hrsg.): Die Deutsche Frage in der Weltpolitik. Wiesbaden 1986.

Migranjan, Andranik: Perestroika aus der Sicht eines Politologen. Moskau 1990.

Miksche, Ferdinand Otto: Das Ende der Gegenwart. Europa ohne Blöcke. 5. Auflage, München 1991.

Minc, Alain: La grande illusion. Paris 1989.

Minda de Gunzburg Center for European Studies (Hrsg.): German Unification. Power, Process, Prognosis and Problems. Cambridge/MA.

Misselwitz, Hans: Diplomacy of German Unity. GDR Views. Washington/DC, Juni 1991 (unveröffentlichtes Manuskript eines Vortrags am American Institute for Contemporary German Studies).

Misselwitz, Hans: In Verantwortung für den Osten. Die Außenpolitik der letzten DDR-Regierung und ihre Rolle bei den »Zwei-plus-Vier«-Verhandlungen. In: Elke Bruck/Peter M. Wagner (Hrsg.): Wege zum »2+4«-Vertrag. Die äußeren Aspekte der deutschen Einheit. München 1996.

Miszczak, Krysztof: Deklaration und Realitäten. Die Beziehungen zwischen der Bundesrepublik Deutschland und der (Volks-)Republik Polen von der Unterzeichnung des Warschauer Vertrages bis zum Abkommen über gute Nachbarschaft und freundschaftliche Zusammenarbeit (1970–91). München 1993.

Mittag, Günter: Um jeden Preis. Im Spannungsfeld zweier Systeme. Berlin, Weimar 1991.

Mitterrand, François: Der Sieg der Rose. Düsseldorf 1981.

Mitterrand, François: Überlegungen zur französischen Außenpolitik. Ingolstadt 1987.

Mitterrand, François: Le coup d'Etat permanent. Neuauflage (1. Auflage 1964). Paris 1993.

Mitterrand, François: Über Deutschland. Frankfurt/M. 1996.

Modrow, Hans: »…Menschen wichtiger als Macht…«. Briefe an Hans Modrow. Herausgegeben von Bernd Aichmann. Berlin 1990.

Modrow, Hans: Aufbruch und Ende. Hamburg 1991.

Moens, Alexander: American Diplomacy and German Unification. In: *Survival*, Nr. 6/1991, S. 531–545.

Moïsi, Dominique: The French Answer to the German Question. In: *European Affairs*, Nr. 1/1990, S. 30–35.

Moïsi, Dominique: Auf ein neues »Deutschland über alles«? Sorgen der französischen Eliten nach dem 9. November 1989. In: Günter Trautmann (Hrsg.): Die häßlichen Deutschen? Deutschland im Spiegel der westlichen und östlichen Nachbarn. Darmstadt 1991, S. 209–211.

Mommsen, Margareta: Wohin treibt Rußland? Eine Großmacht zwischen Anarchie und Demokratie. München 1996.

Momper, Walter [1990a]: Vier Tage im November. Hamburg 1990.

Momper, Walter [1990b]: Die zukünftige Rolle Berlins in Europa (Friedrich-Ebert-Stiftung, Vortrag im Arbeitsbereich »Deutschlandpolitisches wissenschaftliches Forum«). Bonn 15. März 1990.

Momper, Walter: Grenzfall. Berlin im Brennpunkt deutscher Geschichte. München 1991.

Momper, Walter u. a.: Bilder aus Berlin. Der Weg zur deutschen Einheit. Berlin 1990.

Moreau Defarges, Philippe: L'Allemagne et l'avenir de l'unification européenne. In: *Politique étrangère*, Nr. 4/1991, S. 849–857.

Morgan, Roger: French Perspectives of the New Germany. In: *Government and Opposition*, Nr. 1/1991, S. 108–114.

Morizet, Jacques: Le problème allemand vu de France. In: *Revue de défense nationale*, Nr. 2/1990, S. 11–23.

Mössner, Manfred: Einführung in das Völkerrecht. München 1977.

Müller, Manfred: Deutschlands Rolle in einem neugestalteten europäischen Sicherheitssystem. In: *Europa-Archiv*, Nr. 6/1990, S. 221–224.

Müller, Reinhard: Der »2+4«-Vertrag und das Selbstbestimmungsrecht der Völker. Frankfurt/M. u. a. 1995.

Müller-Enbergs, Helmut: Volkskammerwahlen in der DDR 1990. Synopse von (Wahl-)Programmen 15 kandidierender Parteien. Berlin 1990.

Münch, Ingo von (Hrsg.): Die Verträge zur Einheit Deutschlands. München 1990.

Münch, Ingo von (Hrsg.) [1991a]: Dokumente der Wiedervereinigung Deutschlands. Quellentexte zum Prozeß der Wiedervereinigung von der Ausreisewelle aus der DDR über Ungarn, die CSSR und Polen im Spätsommer 1989 bis zum Beitritt der DDR zum Geltungsbereich des Grundgesetzes der Bundesrepublik Deutschland. Stuttgart 1991.

Münch, Ingo von [1991b]: Deutschland: gestern – heute – morgen. Verfassungsrechtliche und völkerrechtliche Probleme der deutschen Teilung und Vereinigung. In: *Neue Juristische Wochenschrift*, Nr. 14/1991, S. 865–871.

Münch, Ingo von/Thomas Oppermann/Rolf Stödter (Hrsg.): Finis Germaniae? Zur Lage Deutschlands nach den Ostverträgen und Helsinki. Frankfurt/M. 1977.

Munske, Barbara: The Two plus Four Negotiations from a German-German Perspective. An Analysis of Perception. Hamburg 1994.

Murswiek, Dietrich u. a.: Die Vereinigung Deutschlands. Aspekte innen-, außen- und wirtschaftspolitischer Beziehungen und Bindungen. Berlin 1992.

Musiolek, Berndt (Hrsg.): Parteien und politische Bewegungen im letzten Jahr der DDR. Oktober 1989 bis April 1990. Berlin 1991.

Muszynski, Bernhard (Hrsg.): Deutsche Vereinigung. Probleme der Integration und der Identifikation. Opladen 1991.

Nakath, Detlef/Gerd-Rüdiger Stephan: Von Hubertusstock nach Bonn. Eine dokumentierte Geschichte der deutsch-deutschen Beziehungen auf höchster Ebene 1980–1987. Berlin 1995.

Nakath, Detlef/Gerd-Rüdiger Stephan: Countdown zur deutschen Einheit. Eine dokumentierte Geschichte der deutsch-deutschen Beziehungen 1987–1990. Berlin 1996.

Nakath, Detlef/Gero Neugebauer/Gerd-Rüdiger Stephan (Hrsg.): Im Kreml brennt noch Licht. Die Spitzenkontakte zwischen SED/PDS und KPdSU 1989–1991. Berlin 1998.

Nardin, Denis: Frankreich und die deutsche Einheit. In: *Rissener Rundbrief*, Nr. 5/1990, S. 135–142.

Natter, Erik: Die inneren Ursachen des Umbruchs in der DDR. Eine Analyse der politisch-kulturellen Debatten 1989–1991. Mainz 1994.

Nawrocki, Joachim: Die Beziehungen zwischen den beiden Staaten in Deutschland. Entwicklungen, Möglichkeiten und Grenzen. 2. Auflage, Berlin 1988.

Neckermann, Peter: The Unification of Germany – or the Anatomy of a Peaceful Revolution. New York 1991.

Nerb, Gernot: Auswirkungen der deutschen Wiedervereinigung auf den europäischen Integrationsprozeß. In: *Vierteljahresberichte*, Nr. 121/1990, S. 309–312.

Nerlich, Uwe/James A. Thomson: Das Verhältnis der Sowjetunion. Zur politischen Strategie der Vereinigten Staaten und der Bundesrepublik Deutschland. Baden-Baden 1986.

Neubold, Hanspeter: Die deutsche Wiedervereinigung und ihre Folgen. In: ders./Paul Luif (Hrsg.): Das außenpolitische Bewußtsein der Österreicher. Aktuelle internationale Probleme im Spiegel der Meinungsforschung. Wien 1992.

Neustadt, Amnon: Israelische Reaktionen auf die Entwicklung in Deutschland. In: *Europa-Archiv*, Nr. 11/1990, S. 351–358.

Nicolas, François/Hans Stark: L'Allemagne. Une nouvelle hégémonie? Paris 1992.

Ninkovich, Frank A.: Germany and the United States. The Transformation of the German Question since 1945. New York/NY u. a. 1995.

Nitsche, Rudolf: Diplomat im besonderen Einsatz. Eine DDR-Biographie. Schkeuditz 1994.

Nölling, Wilhelm (Hrsg.): Wiedervereinigung. Chancen ohne Ende? Hamburg 1990.

Norton, Philip (Hrsg.): New Directions in British Politics? Essays on the Evolving Constitution. Aldershot 1991.

Nötzold, Jürgen (Hrsg.): Europa im Wandel. Entwicklungstendenzen nach der Ära des Ost-West-Konflikts. Baden-Baden 1990.

Oberdorfer, Don: The Turn. From the Cold War to a New Era. The United States and the Soviet Union 1983–1990. New York 1991.

Oeser, Edith: Zwei plus Vier gleich Fünf? Vier Mächte und zwei deutsche Staaten. In: *Blätter für deutsche und internationale Politik*, Nr. 4/1990, S. 426–433.

Oldenburg, Fred: Sowjetische Deutschlandpolitik nach den Treffen von Moskau und Bonn 1988/89. Köln 1989.

Oldenburg, Fred [1991a]: Die Implosion des SED-Regimes. Köln 1991.

Oldenburg, Fred [1991b]: Moskau und die Wiedervereinigung Deutschlands. Köln 1991.

Oldenburg, Fred: Die Deutschlandpolitik Gorbatschows 1985–1991. Köln 1992.

Oldenburg, Fred: Das Dreieck Moskau – Ost-Berlin – Bonn 1975–1989. Aus den Akten des SED-Archivs. Köln 1994.

Oldenburg, Fred: Sowjetische Deutschland-Politik nach der Oktoberrevolution in der DDR. In: *Deutschland Archiv*, Nr. 1/1990, S. 68–76.

Oldenburg, Fred: Der Zusammenbruch des SED-Regimes und das Ende der DDR. In: (Göttinger Arbeitskreis (Hrsg.): Die revolutionäre Umwälzung in Mittel- und Osteuropa. Berlin 1993, S. 103–161.

Opp, Karl-Dieter/Peter Voß: Die volkseigene Revolution. Stuttgart 1993.

Ostermann, Christian F.: Im Schatten der Bundesrepublik. Die DDR im Kalkül der amerikanischen Deutschlandpolitik (1949–1989/90). In: Klaus Larres/Torsten Oppelland (Hrsg.): Deutschland und die USA im 20. Jahrhundert. Geschichte der politischen Beziehungen. Darmstadt 1997, S. 230–255.

Palazchenko, Pavel: My Years with Gorbachev and Shevardnadze. The Memoirs of a Soviet Interpreter. With a Foreword by Don Oberdorfer. University Park/PA 1997.

Pannen, Stefan: Die Integration der fünf neuen Länder in die Bundesrepublik. 18. New Hampshire Symposium. In: *Deutschland Archiv*, Nr. 10/1992, S. 1070–1072.

Paulsen, Thomas: Frankreich und die deutsche Wiedervereinigung. In: *Interregiones*, Nr. 2/1993, S. 28–44.

Pawlow, Nikolaj: Die deutsche Vereinigung aus sowjet-russischer Perspektive. Ein Bericht zur Lösung der deutschen Frage versehen mit Kommentaren und historischen Rückblicken. Frankfurt/M. 1996.

Pawlow, Nikolaj: Zur Geschichte der deutsch-russischen Beziehungen. In: *Aus Politik und Zeitgeschichte*, Nr. B52–53/1992, S. 3–9.

Peyrefitte, Alain: La France en dessaroi. Entre les peurs et l'espoir. Paris 1992.

Pelinka, Anton: Jaruzelski oder die Politik des kleineren Übels. Zur Vereinbarkeit von Demokratie und »leadership«. Frankfurt/M. 1996.

Peters, Ingo: Transatlantischer Konsens und Vertrauensbildung in Europa. Die KVAE-Politik der Vereinigten Staaten von Amerika und der Bundesrepublik Deutschland 1978–1986. Baden-Baden 1987.

Pfeiler, Wolfgang: Deutschlandpolitische Optionen der Sowjetunion. Sankt Augustin, Melle 1988.

Pfeiler, Wolfgang [1991a]: Die Viermächte-Option als Instrument sowjetischer Deutschlandpolitik. Sankt Augustin 1991.

Pfeiler, Wolfgang [1990a]: Geschichte der Vorbehalte. Die Sowjetunion und die deutsche Einheit. In: *Die politische Meinung*, Nr. 249/1990, S. 14–20.

Pfeiler, Wolfgang [1990b]: Moskau und die deutsche Frage. In: Karl-Dietrich Bracher/Manfred Funke/Hans-Peter Schwarz (Hrsg.): Deutschland zwischen Krieg und Frieden. Beiträge zur Politik und Kultur im 20. Jahrhundert (Festschrift für Hans-Adolf Jacobsen). Bonn 1990, S. 182–197.

Pfeiler, Wolfgang [1991b]: Gorbatschows Deutschlandpolitik. In: Göttinger Arbeitskreis (Hrsg.): Sowjetpolitik unter Gorbatschow. Die Innen- und Außenpolitik der UdSSR 1985–1990. Berlin 1991.

Pfetsch, Frank R.: Die Außenpolitik der Bundesrepublik Deutschland 1949–1992. München 1993.

Pflüger, Friedbert/Winfried Lipscher (Hrsg.): Feinde werden Freunde. Von den Schwierigkeiten der deutsch-polnischen Nachbarschaft. Bonn 1993.

Picaper, Jean-Paul/Günther Oeltze von Lobenthal (Hrsg.): Die offene deutsche Frage. Gespräche mit unseren Nachbarn. Berlin 1987.

Picht, Robert (Hrsg.): Das Bündnis im Bündnis. Deutsch-französische Beziehungen im internationalen Spannungsfeld. Berlin 1982.

Picht, Robert: Deutschland – Frankreich – Europa. Bilanz einer schwierigen Partnerschaft. München 1987.

Picht, Robert: Frankreich und die deutsche Identität. Ein Berliner Gespräch über Deutschlands Platz und Rolle in Europa. In: *Dokumente*, Nr. 2/1984, S. 101–121.

Picht, Robert: Die deutsch-französische Sicherheitspolitik und ihre Grenzen. In: Deutsch-Französisches Institut (Hrsg.): Frankreich-Jahrbuch 1988. Politik, Wirtschaft, Gesellschaft, Geschichte, Kultur. Opladen 1988, S. 269–273.

Picht, Robert: Deutsch-französische Beziehungen nach dem Fall der Mauer. Angst vor »Großdeutschland«? In: *Integration*, Nr. 2/1990, S. 47–58.

Picht, Robert: Frankreich 1990/91. Rolle und Rang in einer veränderten Welt. In: Deutsch-Französisches Institut (Hrsg.): Frankreich-Jahrbuch 1991. Politik, Wirtschaft, Gesellschaft, Geschichte, Kultur. Opladen 1991, S. 9–31.

Picht, Robert/Wolfgang Wessels (Hrsg.): Motor für Europa? Le couple franco-allemand et l'integration européenne. Deutsch-französischer Bilateralismus und europäische Integration. Bonn 1990.

Pittmann, Avril: From Ostpolitik to Reunification. West German-Soviet political relations since 1974. Cambridge 1992.

Plaggenborg, Stefan: Russen und Deutsche. Bemerkungen zu einem alten neuen Thema. In: *Osteuropa*, Nr. 10/1990, S. 975–990.

Plock, Ernest D.: East German-West German Relations and the Fall of the GDR. Boulder/CO 1993.

Plück, Kurt: Erlebte Deutschlandpolitik. In: *Die politische Meinung*, Nr. 325/1997, S. 45–51.

Plum, Werner (Hrsg.): Ungewöhnliche Normalisierung. Beziehungen der Bundesrepublik Deutschland zu Polen. Bonn 1984.

Pogorelskaja, Swetlana W.: Deutsche Politik aus russischer Sicht. In: *Die politische Meinung*, Nr. 290/1994, S. 77–92.

Poidevin, Raymond: Der unheimliche Nachbar. Die deutsche Frage aus französischer Sicht. In: Caello, David P. u. a.: Geteiltes Land – halbes Land? Essays über Deutschland. Frankfurt/M., Berlin 1986, S. 127–196.

Poidevin, Raymond: Die französische Deutschlandpolitik 1943–1949. In: Claus Scharf/Hans-Jürgen Schröder (Hrsg.): Die Deutschlandpolitik Frankreichs und die französische Zone 1945–1949. Wiesbaden 1983, S. 15–25.

Pond, Elizabeth: Beyond the Wall. Germany's Road to Unification. New York 1993.

Pond, Elisabeth: A Wall Destroyed: The Dynamics of German Unification in the GDR. In: *International Security*, Nr. 2/1990, S. 35–66.

Pond, Elizabeth: Die Entstehung von »Zwei-plus-Vier«. In: *Europa-Archiv*, Nr. 21/1992, S. 619–630.

Pond, Elizabeth [1996a]: A historic reconciliation with Poland. In: *Transition*, Nr. 3/1996, S. 9–11.

Pond, Elizabeth [1996b]: Germany Finds Its Niche as a Regional Power. In: *The Washington Quarterly*, Nr. 1/1996, S. 25–43.

Portugalow, Nikolaj S.: Erinnerungen. Moskau o.J. (unveröffentlichtes Manuskript).

Posser, Diether: Die Deutsche Frage. »Wiedervereinigung« und »Oder-Neiße-Grenze«. In: *S+F. Vierteljahresschrift für Sicherheit und Frieden*, Nr. 1/1990, S. 2–8.

Post, Gaines: German Unification. Problems and prospects. Claremont/CA 1992.

Pöttering, Hans-Gert: Perspektiven für eine gemeinschaftliche Außen- und Sicherheitspolitik der EG. In: *Europa-Archiv*, Nr. 11/1990, S. 341–350.

Potthoff, Heinrich: Die »Koalition der Vernunft«. Deutschlandpolitik in den 80er Jahren. München 1995.

Pradetto, August: Europa nach der Revolution. Ost und West vor säkularen Herausforderungen. In: *Aus Politik und Zeitgeschichte*, Nr. B6/1992, S. 3–10.

Pravda, Alex: Linkages between Soviet domestic and Foreign Policy under Gorbachev. In: Frederic J. Fleron/Erik P. Hoffmann/Robbin F. Laird (Hrsg.): Soviet Foreign Policy. Classic and contemporary Issues. New York 1991, S. 424–443.

Presse- und Informationsamt der Bundesregierung (Hrsg.) [1990a]: Vertrag zwischen der Bundesrepublik Deutschland und der Deutschen Demokratischen Republik über die Herstellung der Einheit Deutschlands. Einigungsvertrag. Bonn 1990.

Presse- und Informationsamt der Bundesregierung (Hrsg.) [1990b]: Dokumentation zum 3. Oktober 1990. Reden (und Grußbotschaften) zur Deutschen Einheit. Bonn 1990.

Presse- und Informationsamt der Bundesregierung (Hrsg.) [1991a]: Die Teilung und Vereinigung Deutschlands. Bilddokumentation. Bonn 1991.

Presse- und Informationsamt der Bundesregierung (Hrsg.) [1991b]: Deutsche Einheit, Textdokumentation. Bonn 1991.

Presse und Informationsamt der Bundesregierung (Hrsg.) [1991c]: Deutschland 1989. Dokumentation zu der Berichterstattung über die Ereignisse in der DDR und die deutschlandpolitische Entwicklung. Bonn 1991.

Presse- und Informationsamt der Bundesregierung (Hrsg.): Helmut Kohl. Bilanzen und Perspektiven. Regierungspolitik 1989–1991. 2 Bde. Bonn 1992.

Presse- und Informationsamt der Bundesregierung (Hrsg.): Deutschland 1990. Dokumentation zu der Berichterstattung über die Ereignisse in der DDR und die deutschlandpolitische Entwicklung. Bonn 1993.

Priewe, Jan/Rudolf Hickel: Der Preis der Einheit. Bilanz und Perspektiven der deutschen Vereinigung. Frankfurt/M. 1991.

Prokop, Siegfried (Hrsg.); Die kurze Zeit der Utopie. Die »zweite DDR« im vergessenen Jahr 1989/1990. Berlin 1994.

Pruys, Karl Hugo: Helmut Kohl. Die Biographie. Berlin 1995.

Przybilski, Peter: Tatort Politbüro. Bd. 1: Die Akte Honecker. Berlin 1991.

Przybilski, Peter: Tatort Politbüro. Bd. 2: Honecker, Mittag, Schalck-Golodkowski. Berlin 1992.

Quint, Peter E.: The Imperfect Union. Constitutional Structures of German Unification. Princeton, NJ 1997.

Raap, Christian: Die Souveränität der Bundesrepublik Deutschland unter besonderer Berücksichtigung des militärischen Bereichs und der deutschen Einheit. Frankfurt/M. u. a. 1992.

Raap, Christian: Militärische Aspekte der Souveränität der Bundesrepublik Deutschland. In: *Zeitschrift für Rechtspolitik* 1990, S. 320.

Rae, Nicol C.: Die amerikanische und britische Reaktion auf die Wiedervereinigung Deutschlands. In: *Zeitschrift für Politik*, Nr. 1/1992, S. 24–33.

Rakowski, Miezyslaw F.: Es begann in Polen. Der Anfang vom Ende des Ostblocks. Hamburg 1995.

Randzio-Plath, Christa: Deutschland und Frankreich zwischen Maastricht und dem Binnenmarkt. In: *Aus Politik und Zeitgeschichte*, Nr. B42/1992, S. 28–35.

Range, Peter Ross: When Walls Come Tumbling Down: Covering The East German Revolution (Woodrow Wilson International Center). Washington/DC 1991.

Rauschning, Dietrich (Hrsg.): Rechtsstellung Deutschlands. Völkerrechtliche Verträge und andere rechtsgestaltende Akte. 2. Auflage, Nördlingen 1989.

Rauschning, Dietrich [1990a]: Beendigung der Nachkriegszeit mit dem Vertrag über die abschließende Regelung in bezug auf Deutschland. In: *Deutsches Verwaltungsblatt*, Nr. 23/1990, S. 1275–1285.

Rauschning, Dietrich [1990b]: Der deutsch-deutsche Staatsvertrag als Schritt zur Einheit Deutschlands. In: *Aus Politik und Zeitgeschichte*, Nr. B33/1990, S. 3–16.

Reading, Brian: The Fourth Reich. London 1995.

Rechberg, Christoph (Hrsg.): Restitutionsverbot. Die »Bodenreform« 1945 als Finanzierungsinstrument für die Wiedervereinigung Deutschlands 1990. Eine Dokumentation. München, Landsberg/L. 1996.

Reich, Jens: Rückkehr nach Europa. München u. a. 1991.

Rein, Gerhard: Die Opposition in der DDR. Berlin 1989.

Reiss, Jürgen: Die Erfolgsgeschichte. Die amerikanische Deutschlandpolitik und der Wandel in Europa. In: *Die politische Meinung*, Nr. 251/1990, S. 11–18.

Reißig, Rolf/Gerd-Joachim Glaeßner (Hrsg.): Das Ende des Experiments. Umbruch in der DDR und deutsche Einheit. Berlin 1991.

Reiter, Janusz: Wie sehen unsere Nachbarn die deutsche Entwicklung? Die deutsche Entwicklung aus polnischer Sicht (Friedrich-Ebert-Stiftung, Vortrag im Arbeitsbereich »Deutschlandpolitisches wissenschaftliches Forum«). Bonn 29. Januar 1991.

Rengeling, Hans-Werner: Das vereinte Deutschland in der Europäischen Gemeinschaft. Grundlagen zur Geltung des Gemeinschaftsrechts. In: *Deutsches Verwaltungsblatt*, Nr. 23/1990, S. 1307–1314.

Ress, Georg: Die Rechtslage Deutschlands nach dem Grundlagenvertrag vom 21. Dezember 1972. Berlin, Heidelberg, New York 1978.

Ress, Georg: Die abschließende Regelung in bezug auf Deutschland. Garantiefunktion der Vier Mächte? In: Ulrich Beyerlin u. a. (Hrsg.): Recht zwischen Umbruch und Bewahrung. Festschrift für Rudolf Bernhardt. Heidelberg 1995, S. 825–850.

Reunification of Germany. Themenheft der *Zeitschrift für ausländisches öffentliches Recht und Völkerrecht*, Nr. 2/1991.

Reuter, Ute (Hrsg.) [1990a]: Dokumentation zum letzten Parteitag der SED. Bonn 1990.

Reuter, Ute (Hrsg.) [1990b]: Dokumentation zur politischen Entwicklung in der DDR und zu den innerdeutschen Beziehungen. April 1990. Bonn 1990.

Reuter, Ute/Thomas Schulte (Hrsg.): Dokumentation zur Entwicklung der neuen Parteien und Bürgerrechtsgruppen in der DDR. Bonn 1990.

Reuth, Ralf Georg/Andreas Bönte: Das Komplott. Wie es wirklich zur deutschen Einheit kam. München 1993.

Reynolds, David: Britannia overruled. British Policy and world power in the twentieth century. New York 1991.

Reynolds, David: The »Big Three« and the Division of Europe, 1945–48. An Overview. In: *Diplomacy and Statecraft*, Nr. 2/1990, S. 111–136.

Rice, Condoleezza: Is Gorbachev Changing the Rules of Defense Decision-Making? In: Frederic J. Fleron/Erik P. Hoffmann/Robbin F. Laird (Hrsg.): Soviet Foreign Policy. Classic and contemporary Issues. New York 1991, S. 488–508.

Riecke, Henning: Die Bundesrepublik Deutschland als Nichtkernwaffenstaat. Der Einfluß der Alliierten Vorbehaltsrechte auf den Bonner Kernwaffenverzicht. In: Helga Haftendorn/Henning Riecke (Hrsg.): »...die volle Macht eines souveränen Staates...«.

Die Alliierten Vorbehaltsrechte als Rahmenbedingung westdeutscher Außenpolitik 1949–1990. Baden-Baden 1996, S. 187–226.

Riecker, Ariane/Annett Schwarz/Dirk Schneider: Laienspieler. Sechs Politikerporträts. Leipzig 1992.

Riese, Hans-Peter: Die Geschichte hat sich ans Werk gemacht. Der Wandel der sowjetischen Position zur deutschen Frage. In: *Europa-Archiv*, Nr. 4/1990, S. 117–126.

Risse-Kappen, Thomas: Masses and Leaders. Public Opinion, Domestic Structures and Foreign Policy. In: David A. Deese: The new Politics of American Foreign Policy. New York 1994, S. 238–261.

Rittberger, Volker: Die Bundesrepublik Deutschland – eine Weltmacht? Außenpolitik nach vierzig Jahren. In: *Aus Politik und Zeitgeschichte*, B4–5/1990, S. 3–19.

Rittberger, Volker: Zur Politik Deutschlands in den Vereinten Nationen. In: *Aus Politik und Zeitgeschichte*, Nr. B36/1991, S. 14–24.

Rix, Christiane (Hrsg.): Ideologischer Wandel und Veränderung der außenpolitischen Doktrin der DDR. Frankfurt/M. 1990.

Robert Bosch Stiftung GmbH (Hrsg.): »Das neue Deutschland im neuen Europa. Zwei Jahre nach der Vereinigung«. Analyse und Dokumentation 1992. Stuttgart 1993.

Roberts, Geoffrey, K.: German Reunification. In: *West European Politics*, Nr. 4/1994, S. 202–207.

Rodens, Franz: Wie steht's mit der Wiedervereinigung? Bonn 1957.

Rogner, Klaus Michael: Der Verfassungsentwurf des Zentralen Runden Tisches der DDR. Berlin 1993.

Rometsch, Dietrich: The Federal Republic of Germany and the European Union. Patterns of institutional and administrative interaction. Birmingham 1995.

Roos, Sören: Das Wiedervereinigungsgebot des Grundgesetzes in der deutschen Kritik zwischen 1982 und 1989. Berlin 1996.

Rosenzweig, Luc: Réflexions d'un Français à l'unite allemande, ou les dangers d'un success story. In: *Esprit*, Oktober 1990, S. 106–112.

Rotfeld, Adam Daniel: Polen und Mitteleuropa. Zwischen Deutschland und Rußland. In: Gottfried Niedhart/Detlef Junker/Michael W. Richter (Hrsg.): Deutschland in Europa. Nationale Interessen und internationale Ordnung im 20. Jahrhundert. Mannheim 1997, S. 131–147.

Rotfeld, Adam Daniel/Walter Stützle (Hrsg.): Germany and Europe in Transition. Oxford 1991.

Rouget, Werner: Schwierige Nachbarschaft am Rhein. Frankreich-Deutschland. Herausgegeben von Joachim Bitterlich und Ernst Weisenfeld. Bonn 1998.

Rouget, Werner: Grundpositionen französischer Außenpolitik unter Mitterrand. In: Deutsch-Französisches Institut (Hrsg.): Frankreich-Jahrbuch 1989. Politik, Wirtschaft, Gesellschaft, Geschichte, Kultur. Opladen 1989, S. 67–80.

Rouget, Werner: Gleichberechtigte Einbindung. Frankreich hat keine Furcht vor der Wiedervereinigung. In: *Die politische Meinung*, Nr. 249/1990, S. 21–26.

Rovan, Joseph: Zwei Völker – eine Zukunft. Deutsche und Franzosen an der Schwelle des 21. Jahrhunderts. München, Zürich 1986.

Rühl, Lothar: Zeitenwende in Europa. Der Wandel der Staatenwelt und der Bündnisse. Stuttgart 1990.

Ruiz Palmer, Diego A.: French Strategic Options in the 1990s. London 1991.

Rupnik, Jacques: The other Europe. The rise and fall of Communism in East-Central Europe. New York 1989.

Sagladin, Wadim: Und jetzt Welt-Innenpolitik. Die Außenpolitik der Perestroika. Rosenheim 1990.

Sakson, Andrzej: Die Einstellung polnischer Grenzbewohner zur Einheit Deutschlands. In: *Deutschland Archiv*, Nr. 8/1991, S. 822–830.

Saña, Heleno: Das Vierte Reich. Deutschlands später Sieg. Hamburg 1990.

Sanders, David: Losing an Empire, Finding a Role. British Foreign Policy since 1945. New York 1990.

Sarotte, M. E.: Elite Intransigence and the End of the Berlin Wall. In: *German Politics*, Nr. 2/ 1993, S. 270–287.

Sauder, Axel: Französische Truppenpräsenz in Deutschland und die deutsche Einheit: Abwicklung eines deutschlandpolitischen Reliktes oder Instrument einer neuen Dimension der Zusammenarbeit. In: Gunther Hellmann (Hrsg.), Alliierte Präsenz und deutsche Einheit: Die politischen Folgen militärischer Macht. Baden-Baden 1994, S. 229–268.

Sauzay, Brigitte: Die rätselhaften Deutschen. Die Bundesrepublik von außen gesehen. Stuttgart 1986.

Schabowski, Günter: Das Politbüro. Ende eines Mythos. Eine Befragung. Berlin 1990.

Schabowski, Günter: Der Absturz. Berlin 1991.

Schachnasarow, Georgij: Preis der Freiheit. Eine Bilanz von Gorbatschows Berater, hrsg. von Frank Brandenburg. Bonn 1996.

Scharf, Claus/Hans-Jürgen Schröder (Hrsg.): Politische und ökonomische Stabilisierung Westdeutschlands 1945–1949. Fünf Beiträge zur Deutschlandpolitik der westlichen Alliierten. Wiesbaden 1977.

Scharf, Claus/Hans-Jürgen Schröder (Hrsg.): Die Deutschlandpolitik Frankreichs und die französische Zone 1945–1949. Wiesbaden 1983.

Schäuble, Wolfgang: Der Vertrag. Wie ich über die deutsche Einheit verhandelte. Stuttgart 1991.

Schäuble, Wolfgang: Die polnische Heimat. Nach der Anerkennung der deutsch-polnischen Grenze. In: *Die politische Meinung*, Nr. 252/1990, S. 4–10.

Schenk, Fritz [1990a]: Deutsche Ratlosigkeit. Gorbatschow setzt Westen unter Zugzwang. In: *Deutschland Archiv*, Nr. 3/1990, S. 388–390.

Schenk, Fritz [1990b]: Zum Staatsvertrag zwischen der Bundesrepublik Deutschland und der DDR. In: *Deutschland Archiv*, Nr. 6/1990, S. 817–818.

Scherer, Joachim: EG und DDR. Auf dem Weg zur Integration. In: *Recht der Internationalen Wirtschaft*, Beilage 6 zu Heft Nr. 4/1990, DDR-Rechtsentwicklungen, Folge 5, S. 11–15.

Scherer, Peter: Das Handels- und Kooperationsabkommen der EG mit der DDR. In: *Europäische Zeitschrift für Wirtschaftsrecht*, Nr. 8/1990, S. 241–246.

Schewardnadse, Eduard: Die Zukunft gehört der Freiheit. Hamburg 1993.

Schewardnadse, Eduard: Hauptziel Perestrojka. Sowjetische Außenpolitik im Dienst der Umgestaltung. In: *Die politische Meinung*, Nr. 251/1990, S. 4–10.

Schild, Joachim: Frankreichs Sicherheitspolitik in Westeuropa. Zur Westeuropäisierung der französischen Sicherheitspolitik 1981–1989. Münster 1991.

Schildt, Bernd: Bodenreform und deutsche Einheit. In: *Deutsch-Deutsche Rechts-Zeitschrift*, Nr. 4/1992, S. 97–102.

Schiller, Karl: Der schwierige Weg in die offene Gesellschaft. Kritische Anmerkungen zur deutschen Vereinigung. Berlin 1994.

Schlosser, Horst Dieter: »Wir Deutschen« – »Wir in der DDR«. Helmut Kohl und Lothar de Maizière zur Unterzeichnung des Staatsvertrags. In: *Deutschland Archiv*, Nr. 7/1990, S. 994–996.

Schlotter, Peter: Die 2+4-Verhandlungen und der KSZE-Prozeß. In: Beate Kohler-Koch: Weichenstellung für ein neues Europa. Mannheim 1992, S. 65–87.

Schmidt, Helmut: Deutschlands Rolle im neuen Europa. In: *Europa-Archiv*, Nr. 21/1991, S. 611–624.

Schmitz, Christian M.: Zwischen Mythos und Aufklärung. Deutschland in der außen-
politischen Berichterstattung der Zeitung »*Le Monde*« 1963–1983. Eine Untersuchung
zu Kontinuität und Wandel französischer Deutschlandbilder unter besonderer Be-
rücksichtigung der Presseorgane »*L'Express*«, »*Le nouvel observateur*« und »*France soir*«.
Frankfurt/M. 1990.

Schoch, Bruno: Deutschlands Einheit und Europas Zukunft. Frankfurt/M. 1992.

Schöllgen, Gregor [1992b]: Die Macht in der Mitte Europas. Stationen deutscher Außen-
politik von Friedrich dem Großen bis zur Gegenwart. München 1992.

Schöllgen, Gregor: Angst vor der Macht. Die Deutschen und ihre Außenpolitik. Berlin,
Frankfurt/M. 1993.

Schöllgen, Gregor [1992a]: Deutschlands neue Lage. Die USA, die Bundesrepublik
Deutschland und die Zukunft des westlichen Bündnisses. In: *Europa-Archiv*, Nr. 5/
1992, S. 125–132.

Scholz, Rupert: Deutsche Frage und europäische Sicherheit. Sicherheitspolitik in einem
sich einigenden Deutschland und Europa. In: *Europa-Archiv*, Nr. 7/1990, S. 239–246.

Schönbohm, Jörg: Zwei Armeen und ein Vaterland. Das Ende der Nationalen Volksarmee.
Berlin 1992.

Schönfelder, Wilhelm/Elke Thiel: Ein Markt – eine Währung. Die Verhandlungen zur
Europäischen Wirtschafts- und Währungsunion. 2. Auflage, Baden-Baden 1996.

Schrader, Lutz: Mitterrands Europapolitik oder der lange Abschied vom Gaullismus. In:
Aus Politik und Zeitgeschichte, Nr. B32/1993.

Schreiter, Helfried (Hrsg.): Die letzten Tage der DDR. Berlin 1990.

Schröder, Dieter (Hrsg.): Das geltende Besatzungsrecht. Baden-Baden 1990.

Schröder, Dieter: Die Reste des Besatzungsrechts in der Bundesrepublik Deutschland. In:
Recht in Ost und West. Zeitschrift für Rechtsvergleichung und innerdeutsche Probleme, Nr. 2/
1989, S. 73–82.

Schröder, Hans J. (Hrsg.): Die deutsche Frage als internationales Problem. Stuttgart 1990.

Schröder, Hans-Henning: Sowjetische Rüstungs- und Sicherheitspolitik zwischen »Stagna-
tion« und »Perestroika«. Eine Untersuchung der Wechselbeziehung von auswärtiger
Politik und innerem Wandel in der UdSSR. 1979–1991. Baden-Baden 1995.

Schroeder, Klaus (Hrsg.): Geschichte und Transformation des SED-Staates. Beiträge und
Analysen. Berlin 1994.

Schubert, Beate: BRDDR wie Deutschland. Weg in die Freiheit, Weg in die Einheit.
Medienpaket. Berlin 1990.

Schuh, Petra/Bianca M. von der Weiden: Die deutsche Sozialdemokratie 1989/90. SDP und
SPD im Einigungsprozeß. München 1997.

Schulmeister, Otto: Wien und die deutsche Wiedervereinigung. In: *Europa-Archiv*, Nr. 4/
1990, S. 145–148.

Schulz, Eberhard: GDR Foreign Policy. Armonk/NY u. a. 1982.

Schulz, Eberhard: Die deutsche Frage und die Nachbarn im Osten. Beiträge zu einer
Politik der Verständigung. München 1989.

Schulz, Eberhard: Ein Jahr danach. Nicht nur Deutschland, die Welt ist anders. In: *Deutsch-
land Archiv*, Nr. 10/1991, S. 1009–1011.

Schulz, Wilfried: Dichtung und Wahrheit: PDS-Thesen zur Außenpolitik der DDR. In:
Deutschland Archiv 9/1994, S. 975–979.

Schütze, Walter: Außen- und Sicherheitspolitik unter Mitterrand. In: *Europa-Archiv*, Nr. 20/
1982, S. 591–602.

Schütze, Walter: Vingt-deux ans après. Un concept français pour un règlement panal-
lemand dans le cadre paneuropéen. In: *Politique étrangère*, Nr. 3/1989, S. 453–456.

Schütze, Walter: Frankreich angesichts der deutschen Einheit. In: *Europa-Archiv*, Nr. 4/
1990, S. 133–138.

Schütze, Walter: De la »note Staline« à la conférence »2+4«. La réunification allemande en perspective. In: *Politique étrangère*, Nr. 1/1991, S. 21–39.

Schützsack, Axel: Exodus in die Einheit. Die Massenflucht aus der DDR 1989. Melle 1990.

Schwarz, Hans-Peter: Eine Entente Elémentaire. Das deutsch-französische Verhältnis im 25. Jahr des Elysée-Vertrages. Mit einer Dokumentation von Ingo Kolboom. Erweiterte Neuauflage, Bonn 1990.

Schwarz, Hans-Peter: Das Gesicht des Jahrhunderts. Monster, Retter und Mediokritäten. Berlin 1998.

Schwarz, Jürgen (Hrsg.): Der Aufbau Europas. Pläne und Dokumente 1945–1980. Bonn 1980.

Schwarz, Siegfried: Deutschlands Rolle in Europa. Tagung der Deutschen Gesellschaft in Frankfurt/Oder. In: *Deutschland Archiv*, Nr. 9/1991, S. 971–973.

Schweisfurth, Theodor: Fahrplan für ein neues Deutschland. Bonn, Wien 1990.

Seebacher-Brandt, Brigitte: Die Linke und die Einheit. Berlin 1991.

Seebacher-Brandt, Brigitte: The Implications of German Unity. In: *European Journal of International Affairs*, Nr. 1/1990, S. 90–104.

Seebacher-Brandt, Brigitte/Peter Glotz: Die deutsche Linke und die Vereinigung (Diskussion im Süddeutschen Rundfunk am 12. November 1991 in Bonn, hrsg. von der Friedrich-Ebert-Stiftung). Bonn 1991.

Seiffert, Wolfgang: Die Deutschen und Gorbatschow. Chancen für einen Interessenausgleich. Erlangen, Bonn, Wien 1989.

Seiffert, Wolfgang [1992a]: Die Rechtslage der zwischen 1945 und 1949 in der Sowjetischen Besatzungszone Enteigneten nach Auflösung der Sowjetunion. Gutachten vom 27. Februar 1992. Ohne Ort.

Seiffert, Wolfgang [1992b]: Selbstbestimmungsrecht und deutsche Vereinigung. Das Selbstbestimmungsrecht einer geteilten Nation. Baden-Baden 1992.

Seiffert, Wolfgang [1992c]: Auswirkungen der deutschen Vereinigung auf Osteuropa. In: *Zeitschrift für Politik*, Nr. 1/1992, S. 34–48.

Semjonow, Wladimir S.: Von Stalin bis Gorbatschow. Ein halbes Jahrhundert in diplomatischer Mission. 1939–1991. Berlin 1995.

Senghaas, Dieter: Die Neugestaltung Europas. Perspektiven und Handlungsgebote. In: *Aus Politik und Zeitgeschichte*, Nr. B18/1991, S. 11–20.

Sestanovich, Stephen: Gorbachev's Foreign Policy. A Diplomacy of Decline. In: Frederic J. Fleron/Erik P. Hoffmann/Robbin F. Laird (Hrsg.): Soviet Foreign Policy. Classic and contemporary Issues. New York 1991, S. 576–596.

Sheehy, Gail: Gorbatschow. Der Mann, der die Welt verändert hat. Hamburg 1992.

Shumaker, David H.: Gorbachev and the German Question. Soviet-West German Relations 1985–1990. Westport/CT 1995.

Silagi, Michael: Staatsuntergang und Staatsnachfolge mit besonderer Berücksichtigung des Endes der DDR. Frankfurt/M. u. a. 1996.

Simmons, Michael: Deutschland und Berlin. Geschichte einer Hauptstadt 1871–1990. Berlin o. J. [1991].

Simon, Gerhard: Die Desintegration der Sowjetunion durch Nationen und Republiken. Köln 1991.

Simon, Gerhard: Das Ende der Sowjetunion. Ursachen und Zusammenhänge. In: *Aussenpolitik*, Nr. 1/1996, S. 9–21.

Simon, Gerhard/Nadja Simon: Verfall und Untergang des sowjetischen Imperiums. München 1993.

Simons, Thomas W.: The End of the cold war. New York 1990.

Skubiszewski, Krzysztof: Die völkerrechtliche und staatliche Einheit des deutschen Volkes und die Entwicklung in Europa. In: *Europa-Archiv*, Nr. 6/1990, S. 195–202.

Smyser, William R.: U.S.S.R. – Germany. A Link Restored. In: *Foreign Policy*, Fall 1991, S. 125–141.

Sobtschak, Anatolij: Für ein neues Rußland. Unser Kampf um Recht und Demokratie. Bergisch Gladbach 1991.

Sodaro, Michael J.: Moscow, Germany and the West: From Khrushchev to Gorbachev. Ithaca/NY 1990.

Sontheimer, Kurt: Die Adenauer-Ära. Grundlegung der Bundesrepublik. München 1991.

Sorensen, Theodore C.: Rethinking National Security. In: *Foreign Affairs*, Nr. 3/1990, S. 1–18.

Spanger, Hans-Joachim: The GDR in East-West relations. London 1989.

Spence, David: Enlargement without Accession. The European Community's Response to the Issue of German Unification. In: *Staatswissenschaft und Staatspraxis*, Nr. 3/1991, S. 336–377.

Spence, David: The European Community and German Unification. In: *German Politics*, Nr. 3/1992, S. 136–163.

Spiegel-Redaktion (Hrsg.): 162 Tage Deutsche Geschichte. Hamburg 1990.

Spittmann, Ilse/Gisela Helwig [1990a](Hrsg.): Chronik der Ereignisse in der DDR. Köln 1990.

Spittmann, Ilse/Gisela Helwig [1990b](Hrsg.): Die DDR auf dem Weg zur deutschen Einheit. Probleme, Perspektiven, offene Fragen. Köln 1990.

Spoo, Eckart (Hrsg.): Kohl-Zeit. Ein Kanzler und sein Deutschland. Köln 1991.

Staack, Michael (Hrsg.) [1992a]: Aufbruch nach Gesamteuropa. Die KSZE nach der Wende im Osten. Münster 1992.

Staack, Michael: Die Außenpolitik der Bundesrepublik auf dem Weg in ein neues Europa. Westintegration und Ostpolitik unter veränderten Bedingungen. In: *Aus Politik und Zeitgeschichte*, Nr. B4–5/1990, S. 20–30.

Staack, Michael [1992b]: Vom Teilstaat zum Motor der Gesamteuropapolitik? Die veränderte Rolle Deutschlands in Europa. In: *Deutschland Archiv*, Nr. 2/1992, S. 145–156.

Staack, Michael/Oliver Meier: Die KSZE und die europäische Sicherheit. Kooperative Konfliktverhütung für Gesamteuropa. In: *Aus Politik und Zeitgeschichte*, Nr. B13/1992, S. 17–26.

Staadt, Jochen (Hrsg.): Auf höchster Stufe. Gespräche mit Erich Honecker. Berlin 1995.

Stache, Ulrich (Hrsg.): Der Staatsvertrag. Auf dem Weg zur deutschen Einheit. Wiesbaden 1990.

Staden, Berndt von: Das vereinigte Deutschland in Europa. In: *Europa-Archiv*, Nr. 23/1990, S. 685–690.

Stares, Paul B.: The New Germany and the New Europe. Washington/DC 1992.

Stein, Torsten: External Security and Military Aspects of German Unification. In: *Zeitschrift für ausländisches öffentliches Recht und Völkerrecht*, Nr. 2/1991, S. 451–469.

Steinkühler, Manfred: Lothar de Maizières letzter Auslandsbesuch. In: *Deutschland Archiv*, Nr. 10/1990, S. 1483–1484.

Stephan, Gerd-Rüdiger (Hrsg.): Vorwärts immer, rückwärts nimmer! Interne Dokumente zum Zerfall von SED und DDR 1988/89. Berlin 1994.

Stern, Klaus (Hrsg.) [1992a]: Das geeinte Deutschland. Erwartungen und Perspektiven. Bonn 1992.

Stern, Klaus [1992b]: Die Wiederherstellung der deutschen Einheit. Retrospektive und Perspektive. Opladen 1992.

Stern, Klaus: Der Zwei-plus-Vier-Vertrag. Das völkerrechtliche Grundsatzdokument zur Wiederherstellung der Deutschen Einheit. In: *Bayerische Verwaltungsblätter*, Nr. 17/1991, S. 523–529.

Stern, Klaus/Bruno Schmidt-Bleibtreu (Hrsg.) [1990a]: Das Staatsrecht der Bundesrepublik Deutschland. Bd. 1: Staatsvertrag zur Währungs-, Wirtschafts- und Sozialunion mit Vertragsgesetz, Begründungen und Materialien. München 1990.

Stern, Klaus/Bruno Schmidt-Bleibtreu (Hrsg.) [1990b]: Das Staatsrecht der Bundesrepublik Deutschland. Bd. 2: Einigungsvertrag und Wahlvertrag mit Vertragsgesetzen, Begründungen, Erläuterungen und Materialien. München 1990.

Stern, Klaus/Bruno Schmidt-Bleibtreu (Hrsg.): Das Staatsrecht der Bundesrepublik Deutschland. Bd. 3: Zwei-plus-Vier-Vertrag, Partnerschaftsverträge, EG-Maßnahmenpaket mit Begründungen und Materialien. München 1991.

Stinnes, Manfred: Die amerikanische Europa-Politik und die Ost-West-Beziehungen. In: *Aus Politik und Zeitgeschichte*, Nr. B45/1989, S. 14–24.

Stokes, Gale: The Wall Came Tumbling Down. The Collapse of Communism in Eastern Europe. New York 1993.

Süß, Walter: Ende und Aufbruch. Von der DDR zur neuen Bundesrepublik Deutschland. Frankfurt/M. 1992.

Süssmuth, Rita (Hrsg.): Der Deutsche Bundestag. Parlament der deutschen Einheit. Stuttgart 1991.

Szabo, Stephen F.: The Diplomacy of German Unification. New York 1992.

Szabo, Stephen F.: A second Look at the Diplomacy of German Unification. Paper presented to the annual meeting of the German Studies Association. Seattle, Washington, 11.–13. Oktober 1996.

Szilagyi, Zsofia: Hungary Seeks to Strengthen Bilateral Relations. In: *Transition*, Nr. 3/1996, S. 36–37.

Tamas, Paul: A Troubled Legacy for Eastern European Jews. In: *Transition*, Nr. 3/1996, S. 19–21.

Tarnoff, Peter: America's New Special Relationship. In: *Foreign Affairs*, Nr. 3/1990, S. 67–80.

Teltschik, Horst: 329 Tage. Innenansichten der Einigung. Berlin 1993.

Teltschik, Horst: Die Reformpolitik Gorbatschows und die Perspektiven der West-Ost-Beziehungen. In: *Aussenpolitik*, Nr. 3/1989, S. 211–225.

Teltschik, Horst: Die Bundesrepublik Deutschland und Polen. Eine schwierige Partnerschaft im Herzen Europas. In: *Aussenpolitik*, Nr. 1/1990, S. 3–14.

Tenfelde, Klaus: 1914 bis 1990 – Einheit einer Epoche. In: *Aus Politik und Zeitgeschichte*, Nr. B40/1991, S. 3–11.

Tessmer, Carsten: Innerdeutsche Parteienbeziehungen vor und nach dem Umbruch in der DDR. In: *Deutsche Studien*, Nr. 114/1991, S. 179–206.

Tetzner, Reiner: Leipziger Ring. Aufzeichnungen eines Montagsdemonstranten. Oktober 1989 bis 1. Mai 1990. Frankfurt/M. 1990.

Thatcher, Margaret: Downing Street No. 10. Die Erinnerungen. Düsseldorf u. a. 1993.

Margaret Thatchers Expertenseminar über den deutschen Nationalcharakter. Vertrauliches Memorandum über ein Seminar der britischen Regierungsspitze mit internationalen Deutschlandexperten zum Umgang mit den Deutschen, veranstaltet am 24. März 1990 in Chequers. In: *Blätter für deutsche und internationale Politik*, Nr. 8/1990, S. 1021–1024.

Thaysen, Uwe: Der Runde Tisch. Oder: Wo blieb das Volk? Der Weg der DDR in die Demokratie. Opladen 1990.

Thies, Jochen [1991a]: Communication Breakdown. In: *European Affairs*, Nr. 1/1991, S. 63–64.

Thies, Jochen [1991b]: L'Allemagne après l'Unification. In: *Politique étrangère*, Nr. 1/1991, S. 91–98.

Thies, Jochen/Wolfgang Wagner (Hrsg.): Das Ende der Teilung. Der Wandel in Deutschland und Osteuropa in Beiträgen und Dokumenten aus dem Europa-Archiv. Bonn 1990.

Thies, Jochen/Günther van Well (Hrsg.): Auf der Suche nach der Gestalt Europas. Festschrift für Wolfgang Wagner. Bonn 1990.

Thomas, Caroline/Klaus-Peter Weiner (Hrsg.): Auf dem Weg zur Hegemonialmacht? Die deutsche Außenpolitik nach der Vereinigung. Köln 1993.

Thomas-Dehler-Haus (Hrsg.): Die Deutschlandpolitik der Liberalen. Dokumente liberaler Deutschlandpolitik 1966–1990. Bonn 1990.

Thurich, Eckhart: Schwierige Nachbarschaften. Deutsche und Polen, Deutsche und Tschechen im 20. Jahrhundert. Stuttgart 1990.

Timermann, Heiner (Hrsg.): Geschichtsschreibung zwischen Wissenschaft und Politik. Deutschland – Frankreich – Polen im 19. und 20. Jahrhundert. Saarbrücken 1987.

Timm, Angelika: Alles umsonst? Verhandlungen zwischen der Claims Conference und der DDR über »Wiedergutmachung« und Entschädigung. Berlin 1996.

Timm, Angelika: Hammer, Zirkel, Davidstern. Das gestörte Verhältnis der DDR zum Zionismus und Staat Israel. Bonn 1997.

Tolksdorf, Michael: Ein Geld für Europa? Die europäische Währungsunion. Opladen 1995.

Trautmann, Günter (Hrsg.): Die häßlichen Deutschen. Deutschland im Spiegel der westlichen und östlichen Nachbarn. Darmstadt 1991.

Tréan, Claire: La France et le nouvel ordre européen. In: *Politique étrangère*, Nr. 1/1991, S. 81–90.

Tschernajew, Anatolij [1993a]: Die letzten Jahre einer Weltmacht. Der Kreml von innen. Stuttgart 1993.

Tschernajew, Anatolij [1993b]: The Phenomenon of Gorbachev in the Kontext of Leadership. In: *International Affairs* (Moskau), Nr. 6/1993, S. 37–48.

Turner, George: Die Vereinigung Deutschlands. Hintergründe und Fakten jenseits der Statistik. In: *Aussenpolitik*, Nr. 2/1991, S. 193–198.

Turner, Henry A.: Germany from partition to Reunification. New Haven 1992.

Uibopuu, Henn-Jüri: Die Verfassungs- und Rechtsentwicklung der baltischen Staaten 1988–1990. Köln 1990.

Umbach, Frank: Der sowjetische Generalstab und der KSE-Vertrag. Köln 1992.

Umbach, Frank: Die Rolle des sowjetischen Generalstabes im politischen Entscheidungsprozeß unter Gorbatschow. Köln 1992.

Unger, Frank: Strategische Partnerschaft. Eine Carnegie-Studie zur Zukunft der deutsch-amerikanischen Beziehungen. In: *Blätter für deutsche und internationale Politik*, Nr. 3/1994, S. 303–309.

Ungerer, Werner [1990a]: Die Europäische Gemeinschaft und die Einigung Deutschlands. In: *Blätter für deutsche und internationale Politik*, Nr. 4/1990, S. 434–444.

Ungerer, Werner [1990b]: Die Entwicklung der EG und ihr Verhältnis zu Mittel- und Osteuropa. In: *Aussenpolitik*, Nr. 3/1990, S. 225–235.

Urban, George: Diplomacy and Disillusions at the Court of Margaret Thatcher. An Insider's view. London 1996.

Uschner, Manfred: Die Ostpolitik der SPD. Sieg und Niederlage einer Strategie. Berlin 1991.

Uterwedde, Henrik: Die Europäische Gemeinschaft. Entwicklung, Zwischenbilanz und Perspektiven zum Binnenmarkt 1992. Opladen 1989.

Valance, Georges: France – Allemagne. Le retour de Bismarck. Paris 1990.

Van Oudenaren, John: The Role of Shevardnadze and the Ministry of Foreign Affairs in the Making of Soviet Defense and Arms Control Policy. Santa Monica/CA Juli 1990.

Van Oudenaren, John: Détente in Europe. The Soviet Union and the West since 1953. Durham/NC, London 1991.

Vedder, Christoph (Hrsg.): Das neue Europarecht. EG-Vertrag und Europäische Union. Wiesbaden, München 1992.

Védrine, Hubert: Les mondes de François Mitterrand. À l'Elysée 1981–1995. Paris 1996.

Védrine, Hubert/Jean Musitelli: Les changements des années 1989–1990 et l'Europe de la prochaine décennie. In: *Politique étrangère*, Nr. 1/1991, S. 167–177.

Veen, Hans-Joachim [1991a]: Die Westbindung der Deutschen in einer Phase der Neu-orientierung. In: *Europa-Archiv*, Nr. 2/1991, S. 31–40.

Verheyen, Dirk/Christian Søe (Hrsg.): The Germans and their Neighbours. Boulder/CO, Oxford 1993.

Vernet, Daniel: Was wird aus Deutschland? Bergisch Gladbach 1993.

Vernet, Daniel: The dilemma of French foreign policy. In: *International Affairs* (London), Nr. 3/1990, S. 477–493.

Vernet, Daniel: L'Ostpolitik de Weimar à Berlin. In: *Politique étrangère*, Nr. 1/1994, S. 273–281.

Villain, Jean: Die Revolution verstößt ihre Väter. Aussagen und Gespräche zum Unter-gang der DDR. Bern 1990.

Vogel, Bernhard (Hrsg.): Das Phänomen Helmut Kohl im Urteil der Presse 1960–1990. Stuttgart 1990.

Vogel, Heinrich: Die Vereinigung Deutschlands und die Wirtschaftsinteressen der Sowjet-union. In: *Europa-Archiv*, Nr. 13/1990, S. 408–414.

Vogtmeier, Andreas: Egon Bahr und die deutsche Frage. Zur Entwicklung der sozial-demokratischen Ost- und Deutschlandpolitik vom Kriegsende bis zur Vereinigung. Bonn 1996.

Voigt, Karsten D.: Deutsche Einheit und gesamteuropäische Ordnung des Friedens und der Freiheit. In: *Deutschland Archiv*, Nr. 4/1990, S. 562–567.

Volkmann, Hans-Erich: Das Reich in den Konzeptionen der Siegermächte des Zweiten Weltkrieges und im politisch-rechtlichen Verständnis der Bundesrepublik. In: Bernd Martin (Hrsg.): Deutschland in Europa. Ein historischer Rückblick. München 1992.

Volkskammer der DDR: Stenografische Niederschrift, 9./10. Wahlperiode, Jahrgänge 1989,1990. Berlin 1989–1990.

Volle, Angelika: Großbritannien und die deutsche Einheit. Die Auswirkungen des 9. No-vember auf die britische Regierungspolitik. In: Jochen Thies/Günther van Well (Hrsg.): Auf der Suche nach der Gestalt Europas. Festschrift für Wolfgang Wagner. Bonn 1990, S. 130–144.

Voslensky, Michael S.: Das Geheime wird offenbar. Moskauer Archive erzählen. 1917–1991. München 1995.

Voß, Hans: Die Konferenz für Sicherheit und Zusammenarbeit in Europa und die DDR. In: *Zeitschrift für Geschichtswissenschaft*, Nr. 12/1993, S. 1061–1070.

Wæver, Ole: Three competing Europes: German, French, Russian. In: *International Affairs* (London), Nr. 7/1990, S. 477–493.

Wagenlehner, Günther (Hrsg.): Die deutsche Frage und die internationale Sicherheit. Ko-blenz 1988.

Wagenlehner, Günther (Hrsg.): Feindbild. Geschichte. Dokumentation. Frankfurt/M. 1989.

Wagenlehner, Günther: Der Systemwandel in Osteuropa und in der DDR als Folge der Perestrojka. In: Göttinger Arbeitskreis (Hrsg.): Die revolutionäre Umwälzung in Mittel- und Osteuropa. Berlin 1993, S. 7–30.

Wagensohn, Tanja: Die sowjetische Position im Zwei-plus-Vier-Prozeß. München 1996.

Wagner, Peter M.: Außenpolitik in der »Koalitionsdemokratie«. Entscheidungsprozesse in Deutschland. In: *Internationale Politik*, Nr. 4/1998, S. 31–36.

Wagner, Wolfgang (Hrsg.): Die Internationale Politik 1989/1990 (Jahrbücher der Deutschen Gesellschaft für Auswärtige Politik). München 1992.

Wahl, Jürgen: Fatale Mißhelligkeiten. Warum ist das deutsch-polnische Verhältnis noch nicht spürbar besser geworden? In: *Die politische Meinung*, Nr. 252/1990, S. 44–48.

Waigel, Theo/Manfred Schell: Tage, die Deutschland und die Welt veränderten. Vom Mauerfall zum Kaukasus. Die deutsche Währungsunion. München 1994.

Waitz von Eschen, Friedrich: Die völkerrrechtliche Kompetenz der Vier Mächte zur Gestaltung der Rechtslage Deutschlands nach dem Abschluß der Ostvertragspolitik. Frankfurt/M. 1988.

Wallace, William: Deutschlands zentrale Rolle. Ein Versuch, die europäische Frage neu zu definieren. In: *Integration*, Nr. 1/1990, S. 13–20.

Wallace, William: Britische Außen- und Verteidigungspolitik. Thatcherismus und die Folgen. In: *Aus Politik und Zeitgeschichte*, Nr. B28/1991, S. 37–46.

Wallach, H. G. Peter/Ronald A. Francisco: United Germany. The Past, Politics, Prospects. Westport/CT 1992.

Walters, Vernon A.: Die Vereinigung war voraussehbar. Hinter den Kulissen eines entscheidenden Jahres. Die Aufzeichnungen des amerikanischen Botschafters. Berlin 1994.

Walters, Vernon A. [1990a]: »Die deutsche Frage aus internationaler Sicht.« Der amerikanische Standpunkt zur europäischen Sicherheit und zur deutschen Frage (Friedrich-Ebert-Stiftung, Vortrag im Arbeitsbereich »Deutschlandpolitisches wissenschaftliches Forum«). Bonn 18. Januar 1990.

Walters, Vernon A. [1990b]: Die Vereinigten Staaten und die europäische Sicherheit nach der Vereinigung Deutschlands. In: *Europa-Archiv*, Nr. 22/1990, S. 655–662.

Walters, Vernon A.: Die USA und die deutsche Einheit. In: *Die politische Meinung*, Nr. 262/1991, S. 4–9.

Wambach, Lovis M.: Der Einigungsvertrag und die völkerrechtlichen Verträge der ehemaligen DDR unter besonderer Berücksichtigung der Kompetenzen der Europäischen Gemeinschaften. In: *Recht in Ost und West. Zeitschrift für Rechtsvergleichung und innerdeutsche Probleme*, 1991, S. 334–336.

Warbeck, Hans-Joachim: Die deutsche Revolution 1989/90. Die Herstellung der staatlichen Einheit. Berlin 1991.

Was (wem warum) zusammen gehört. Stellungnahmen zum Thema »Deutschland begründen« (I). In: *Blätter für deutsche und internationale Politik*, Nr. 5/1993, S. 580–627. [1993a].

Was (wem warum) zusammen gehört. Stellungnahmen zum Thema »Deutschland begründen« (II). In: *Blätter für deutsche und internationale Politik*, Nr. 6/1993, S. 688–728. [1993b].

Weber, Hermann: Die DDR 1945–1990. München 1993.

Wec, Józef-Janusz: Die polnische Haltung zum deutschen Einigungsprozeß. Eine Bilanz. In: *Deutschland Archiv*, Nr. 5/1991, S. 519–529.

Wehling, Hans-Georg (Hrsg.): (Wieder-) Vereinigungsprozeß in Deutschland. Stuttgart 1990.

Weidenfeld, Werner: Jalta und die Teilung Deutschlands. Schicksalsfrage für Europa. Andernach 1969.

Weidenfeld, Werner: Die Frage nach der Einheit der deutschen Nation. München 1981.

Weidenfeld, Werner (Hrsg.): Die Identität der Deutschen. Bonn 1983.

Weidenfeld, Werner: Ratlose Normalität. Die Deutschen auf der Suche nach sich selbst. Osnabrück 1984.

Weidenfeld, Werner (Hrsg.): Nachdenken über Deutschland. Materialen zur politischen Kultur der Deutschen Frage. Köln 1985.

Weidenfeld, Werner (Hrsg.): Geschichtsbewußtsein der Deutschen. Materialien zur Spurensuche einer Nation. Köln 1987.

Weidenfeld, Werner u. a.: Die Architektur der europäischen Sicherheit. Probleme, Kriterien, Perspektiven. Gütersloh 1989.

Weidenfeld, Werner [1990a]: Der deutsche Weg. Berlin 1990.

Weidenfeld, Werner (Hrsg.) [1990c]: Die Deutschen und die Architektur des Europäischen Hauses. Materialien zu den Perspektiven Deutschlands. Köln 1990.

Weidenfeld, Werner [1991a]: Deutschland im Umbruch, Europa im Wandel. Neuordnung des Kontinents. Düsseldorf 1991.

Weidenfeld, Werner (Hrsg.) [1993a]: Deutschland: Eine Nation – doppelte Geschichte. Materialien zum deutschen Selbstverständnis. Köln 1993.

Weidenfeld, Werner (Hrsg.) [1993b]: Was ändert die Einheit? Gütersloh 1993.

Weidenfeld, Werner [1990b]: Die deutsche Frage europäisch lösen. In: *Politik und Kultur*, Nr. 2/1990, S. 4–13.

Weidenfeld, Werner [1990d]: Sein europapolitisches Denken. In: Werner Filmer/Heribert Schwan: Helmut Kohl. Düsseldorf u. a. 1990, S. 286–291.

Weidenfeld, Werner u. a. [1991b]: Die doppelte Integration. Europa und das größere Deutschland. Gütersloh 1991.

Weidenfeld, Werner/Josef Janning: Der Umbruch Europas. Die Zukunft des Kontinents. Gütersloh 1990.

Weidenfeld, Werner/Karl-Rudolf Korte: Die Deutschen – Profil einer Nation. Stuttgart 1991.

Weidenfeld, Werner/Karl-Rudolf Korte (Hrsg.): Handwörterbuch zur deutschen Einheit. Frankfurt/M., New York 1992.

Weidenfeld, Werner/Karl-Rudolf Korte (Hrsg.): Handbuch zur deutschen Einheit. Frankfurt/M., New York 1993.

Weidenfeld, Werner/Karl-Rudolf Korte (Hrsg.): Handbuch zur deutschen Einheit. Neuausgabe, Frankfurt/M., New York 1996.

Weidenfeld, Werner/Wolfgang Wessels (Hrsg.): Jahrbuch der Europäischen Integration 1989/90. Bonn 1990.

Weidenfeld, Werner/Wolfgang Wessels (Hrsg.): Jahrbuch der Europäischen Integration 1990/91. Bonn 1991.

Weidenfeld, Werner/Wolfgang Wessels (Hrsg.): Europa von A-Z. Taschenbuch der europäischen Integration. 3. Auflage, Bonn 1994.

Weidenfeld, Werner/Hartmut Zimmermann (Hrsg.): Deutschland Handbuch. Eine doppelte Bilanz 1949–1989. München 1989.

Weidenfeld, Werner/Manfred Huterer: Osteuropa, Deutschland und die Strategie des Westens. In: *Deutschland Archiv*, Nr. 3/1992, S. 225–227.

Weilemann, Peter R.: Die Westpolitik der DDR. Beziehungen der DDR zu ausgewählten westlichen Industriestaaten in den 70er und 80er Jahren. Melle 1989.

Weilemann, Peter R.: Der deutsche Beitrag zur Überwindung der europäischen Teilung. Die zehn Punkte von Bundeskanzler Helmut Kohl. In: *Aussenpolitik*, Nr. 1/1990, S. 15–23.

Weisenfeld, Ernst: Welches Deutschland soll es sein? Frankreich und die deutsche Einheit seit 1945. München 1986.

Weisenfeld, Ernst: Eine noble Geste – protokollarisch befrachtet. Staatspräsident Mitterrand besuchte Berlin. In: *Dokumente*, Nr. 4/1985, S. 309–312.

Weisenfeld, Ernst: Mitterrands Europäische Konföderation. Eine Idee im Spannungsfeld der Realitäten. In: *Europa-Archiv*, Nr. 17/1991, S. 513–518.

Weisenfeld, Ernst: Deutschland, Frankreich und der Osten Europas. Pariser Sorgen um ein neues europäisches Gleichgewicht. In: *Dokumente*, Nr. 3/1992, S. 192–204.

Weiß, Robert: Chronik eines Zusammenbruchs. Der »heiße« Herbst 1989 und seine Folgen in den Ländern des Warschauer Paktes. Berlin 1990.

Welfens, Paul J. J. (Hrsg.): Economic Aspects of German Unification. National and International Perspectives. Berlin u. a. 1992.

Well, Günther van: Zur Europa-Politik eines vereinigten Deutschlands. In: *Europa-Archiv*, Nr. 9/1990, S. 293–300.

Wenzel, Otto: Der Tag X. Wie West-Berlin erobert wurde. In: *Deutschland Archiv*, Nr. 12/1993, S. 1360–1371.

Werner, Horst: Ökonomische Probleme der deutschen Einheit und europäischen Einigung. In: *Aus Politik und Zeitgeschichte*, Nr. B28/1990, S. 16–27.

Weston, Charles: Die USA und der politische Wandel in Europa. In: *Aus Politik und Zeitgeschichte*, Nr. B49/1990, S. 28–36.

Wettig, Gerhard [1990d]: The Soviet Union and German Unification. Köln 1990.

Wettig, Gerhard (Hrsg.) [1990e]: Die sowjetische Militärmacht und die Stabilität in Europa. Baden-Baden 1990.

Wettig, Gerhard: Rußland und Deutschland in einem neuen System der europäischen Sicherheit. Köln 1992.

Wettig, Gerhard: Das Ende der DDR 1989/90. Ergebnis geschichtlichen Zufalls? Köln 1994.

Wettig, Gerhard: Friedenssicherung, Klassenkampf und neues Denken in Gorbatschows Westpolitik. In: *Aussenpolitik*, Nr. 4/1988, S. 371–383.

Wettig, Gerhard [1990a]: Der politische Wandel in Osteuropa und seine Auswirkungen auf die Europa-Politik. In: *Aussenpolitik*, Nr. 2/1990, S. 107–119.

Wettig, Gerhard [1990b]: Die Deutsche Frage in der sowjetischen Politik. In: *Aussenpolitik*, Nr. 1/1990, S. 38–51.

Wettig, Gerhard [1990c]: Stadien der sowjetischen Deutschland-Politik. In: *Deutschland Archiv*, Nr. 7/1990, S. 1070–1078.

Wettig, Gerhard [1991a]: Deutsche Vereinigung und europäische Sicherheit. In: *Aussenpolitik*, Nr. 1/1991, S. 13–20.

Wettig, Gerhard [1991b]: Europäische Friedensordnung ohne Option der Grenzänderung? Eine Untersuchung im Lichte des neuen deutsch-sowjetischen Vertrages und der vorangegangen Vereinbarungen. In: *Deutschland Archiv*, Nr. 1/1991, S. 66–72.

Wettig, Gerhard [1993a]: Moscow's Acceptance of NATO: The Catalytic Role of German Unification. In: *Europe-Asia Studies*, Nr. 6/1993, S. 953–972.

Wettig, Gerhard [1993b]: Die Rolle der UdSSR bei der Vereinigung Deutschlands. In: Konrad Löw (Hrsg.): Ursachen und Verlauf der deutschen Revolution 1989. 2. Auflage, Berlin 1993, S. 45–63.

Wettig, Gerhard: Niedergang, Krise und Zusammenbruch der DDR. Ursachen und Vorgänge. In: Eberhard Kuhrt/Hannsjörg F. Buck/Gunter Holzweißig (Hrsg.): Am Ende des realen Sozialismus. Beiträge zu einer Bestandsaufnahme der DDR-Wirklichkeit in den 80er Jahren. Bd. 1: Die SED-Herrschaft und ihr Zusammenbruch. Opladen 1996, S. 379–455.

Wettig, Gerhard: Konzept und Realität der deutschen Vereinigung. In: *Deutschland Archiv*, Nr. 1–2/1997, S. 124–131.

Wetzlaugk, Udo: Die Alliierten in Berlin. Berlin 1988.

Wewer, Göttrik (Hrsg.): DDR. Von der friedlichen Revolution zur deutschen Vereinigung. Opladen 1990.

Wickert, Ulrich (Hrsg.): Angst vor Deutschland. Hamburg 1990.

Wielenga, Friso: Der Faktor Deutschland in der niederländischen Außenpolitik. In: Gottfried Niedhart/Detlef Junker/Michael W. Richter (Hrsg.): Deutschland in Europa. Nationale Interessen und internationale Ordnung im 20. Jahrhundert. Mannheim 1997, S. 93–111.

Wilke, Manfred: Der Schlüssel zur Einheit. In: *Die politische Meinung*, Nr. 255/1991, S. 69–76.

Wilke, Manfred/Reinhard Gutsche/Michael Kubina: Die SED-Führung und die Unterdrük-kung der polnischen Oppositionsbewegung 1980/81. In: *German Studies Review*, Nr. 1/1994, S. 105–152.

Wilkens, Andreas: Der unstete Nachbar. Frankreich, die deutsche Ostpolitik und die Berliner Vier-Mächte-Verhandlungen 1969–1974. München 1990.

Wilms, Günter E.: The Legal Status of Berlin after the Fall of the Wall and German Reunification. In: *Zeitschrift für ausländisches öffentliches Recht und Völkerrecht*, Nr. 2/1991, S. 470–493.

Witznitzer, Louis: Le grand gâchis ou la faillite d'une politique étrangère. Paris 1991.

Wolf, Christa: Reden im Herbst. Berlin 1990.

Wolf, Markus: In eigenem Auftrag. Bekenntnisse und Einsichten. München 1991.

Wolf, Reinhard: Opfer des eigenen Erfolgs? Perspektiven der NATO nach dem Kalten Krieg. In: *Aus Politik und Zeitgeschichte*, Nr. B13/1992, S. 3–16.

Wolff-Poweska, Anna: Polen und Deutsche in einem sich vereinigenden Europa. In: *Europa-Archiv*, Nr. 22/1990, S. 679–684.

Wolffsohn, Michael: Keine Angst vor Deutschland! Frankfurt/M., Berlin 1992.

Wolffsohn, Michael: Deutschland: Eine verwirrte und verwirrende Nation. Eine freund-liche Polemik. In: *Europa-Archiv*, Nr. 7/1991, S. 211–214.

Wolffsohn, Michael: Der außenpolitische Weg zur deutschen Einheit. Das Ausland und die vollendeten Tatsachen. In: Eckhard Jesse/Armin Mitter (Hrsg.): Die Gestaltung der deutschen Einheit. Geschichte – Politik – Gesellschaft. Bonn 1993, S. 142–162.

Wolfrum, Edgar: Französische Besatzungspolitik in Deutschland nach 1945. Neuere For-schungen über die »vergessene Zone«. In: *Neue politische Literatur*, Nr. 1/1990, S. 50–62.

Wolfrum, Rüdiger: Die Bundesrepublik Deutschland im Verteidigungsbündnis. In: Isensee, Josef/Paul Kirchhof (Hrsg.): Handbuch des Staatsrechts der Bundesrepublik Deutsch-land. Bd. 7: Normativität und Schutz der Verfassung – Internationale Beziehungen. Heidelberg 1992, S. 647–667 (§176).

Wörner, Manfred: Die Atlantische Allianz in den neunziger Jahren. In: *Europa-Archiv*, Nr. 3/1991, S. 61–70.

Woyke, Wichard: Frankreichs Außenpolitik von de Gaulle bis Mitterrand. Opladen 1987.

Woyke, Wichard: Frankreichs Sicherheitspolitik und die deutsch-französischen Beziehun-gen. In: Hartmut Elsenhans u. a. (Hrsg.): Frankreich – Europa – Weltpolitik. Festschrift für Gilbert Ziebura zum 65. Geburtstag. Opladen 1989, S. 138–146.

Woyke, Wichard: Gesellschaftliche Grundlagen der französischen Sicherheitspolitik und ihre Auswirkungen auf die deutsch-französischen Beziehungen. In: Wolfgang Asholt/Heinz Thoma (Hrsg.): Frankreich – ein unverstandener Nachbar. Bonn 1990, S. 87–99.

Wrede, Hans-Heinrich: KSZE in Wien. Kursbestimmung für Europas Zukunft. Köln 1990.

Wuthe, Gerhard: Einheit der Nation. Traum oder Trauma der Sozialdemokratie. In: *Deutschland Archiv*, Nr. 11/1991, S. 1170–1179.

Yost, David S. [1990a]: France in the New Europe. In: *Foreign Affairs*, Nr. 5/1990, S. 107–128.

Yost, David S. [1990b]: Frankreich in einem neuen Umfeld. In: *Europa-Archiv*, Nr. 23/1990, S. 691–702.

Yost, David S.: France and Western Europe defence identity. In: *Survival*, Nr. 4/1991, S. 327–351.

Zanetti, Benno: Der Weg zur Deutschen Einheit. 9. November 1989 – 3. Oktober 1990 mit den wichtigsten Reden. München 1991.

Zelikow, Philip/Condoleezza Rice: Sternstunde der Diplomatie. Die deutsche Einheit und das Ende der Spaltung Europas. Berlin 1997.

Zellner, Wolfgang: Die Verhandlungen über Konventionelle Streitkräfte in Europa. Konventionelle Rüstungskontrolle, die neue politische Lage in Europa und die Rolle der Bundesrepublik Deutschland. Baden-Baden 1994.

Ziebura, Gilbert: Die deutsch-französischen Beziehungen seit 1945. Mythen und Realitäten. Überarbeitete und aktualisierte Neuausgabe. Stuttgart 1997.

Zieger, Gottfried: Die Haltung von SED und DDR zur Einheit Deutschlands 1949–1987. Köln 1988.

Zimmer, Matthias: Das gesamte deutsche Volk bleibt aufgefordert… · Die Deutschlandpolitik der Bundesrepublik 1949–1990. Melle 1991.

Zimmer, Matthias: Nationales Interesse und Staatsräson. Zur Deutschlandpolitik der Regierung Kohl 1982–1989. Paderborn u. a. 1992.

Zimmerling, Zeno/Sabine Zimmerling (Hrsg.): Neue Chronik DDR. Berichte, Fotos, Dokumente, 5 Bde. Berlin 1990.

Zuleeg, Manfred: Grundvertrag und EWG-Protokoll über den innerdeutschen Handel. In: Europarecht, 1973, S. 209–225.

大事年表
（德国统一道路的外交时期）[①]

1989 年

1 月 19 日 民主德国国务委员会主席兼统一社会党总书记昂纳克声明："柏林墙仍将存在 50 年甚至 100 年。"

5 月 2 日 匈牙利政府宣布拆除立于奥地利边境的"铁幕"，并推动拆毁边界防御设施。

5 月 29~30 日 于布鲁塞尔召开的北约峰会参加者通过了全面裁军方案，其中也包括短程核武器。盟国在声明中赞成德国作为整体、柏林和欧洲的统一。

5 月 31 日 美国总统乔治·布什在美因茨一次演讲中主张"一个没有分裂的欧洲"。

6 月 12~15 日 米哈伊尔·戈尔巴乔夫在波恩进行国事访问。在共同声明中，科尔和苏联总书记称，理解、信任和伙伴关系是友好邻里关系与民族和解的基础。他们确信："战争不应再是政治手段。"

7 月 7 日 华约成员国通过《布加勒斯特最后声明》，废除了 1968 年的勃列日涅夫主义。据此，取消了社会主义国家主权受国际法限制的主张。

7~8 月 在休假月中，越来越多的民主德国居民去匈牙利、波兰和捷克斯洛伐克，以便从那里绕道逃往联邦德国。

9 月 11 日 匈牙利边界对所有民主德国民众开放。以此，匈牙利取消

---

① 比较以下大事年表：Garn 1996，Lehmann 1995，Spittmann/Helwig 1990a。

了与民主德国有关免签过境的双边协议的规定，这项协议禁止各自国家的
公民在没有有效文件的情况下前往其他西方国家。此后的一些日子里，边
界的开放导致了民主德国的大规模逃亡。

10 月 6～7 日　民主德国成立 40 周年庆祝活动。戈尔巴乔夫提醒说：
"谁来得太晚，谁就会受到生活的惩罚"。在东柏林，数以千计的人游行示
威，要求改革。

10 月 9 日　莱比锡最大的周一示威游行。群众要求进行全面的改革并
有节奏地齐声高呼："我们是人民！"

10 月 18 日　统一社会党总书记昂纳克下台。克伦茨成为其继任者，
并于几天后当选国务委员会主席。

11 月 1 日　克伦茨在莫斯科见到戈尔巴乔夫。他们的会谈未涉及统
一。

11 月 3 日　法国总统密特朗在"第 54 次德法磋商"中声明，他并不
害怕德国统一。

11 月 4 日　获得警察部门批准的东柏林大型示威游行，通过广播和电
视向全国转播。在示威活动中，艺术家和反对派要求立刻进行政治改革和
旅行自由。

11 月 6 日　民主德国旅行法中宣布的政府草案，因其限制性的官僚主
义规定而陷入了公众的批评之中。人民议院中主管此事的委员会认为该草
案"不充分"而予以驳回。

11 月 8 日　在关于波兰西部边界的声明中，联邦议院宣布："波兰人
民应当知道，他们要求在安全边界内生活的权利，无论现在还是将来，都
不会受到我们德国人领土要求的危害。"

11 月 9 日　柏林墙倒塌。在柏林的过境站和城墙上，出现了热情洋溢
的友好场景。

11 月 9～14 日　联邦总理科尔访问波兰。11 月 10 日，他中断一天访
问，飞到柏林参加群众集会，接着飞到波恩；11 月 11 日，在波恩主持联
邦内阁会议。

11 月 13 日　莫德罗成为民主德国新任总理。

11 月 17 日　在人民议院所作的政府声明中，莫德罗为联邦德国和民
主德国之间的"条约共同体"进行辩护。

11 月 18 日　欧共体国家和政府首脑巴黎特别会晤。没有涉及"统一"

议题。英国首相撒切尔夫人强调，边界问题不在议事日程上。此次会晤有意放弃作出官方的最后声明。

11 月 27 日 华约成员国布达佩斯会议。统一并非会谈议题。

11 月 28 日 科尔介绍了自己克服德国和欧洲分裂的《十点纲领》。目标：通过条约共同体和建立邦联制结构而最终实现两德统一。

12 月 2 ~ 3 日 美苏马耳他峰会。戈尔巴乔夫说："存在着两个德国，历史就是这样决定的。"

12 月 4 日 北约布鲁塞尔峰会。布什提到对德国统一的《四项原则》：①德国人的自决权；②德国对北约义务的继续存在；③和平并渐进的统一过程；④《赫尔辛基最后文件》的原则，在边界问题上的适用性。

12 月 4 日 华约组织成员国莫斯科会晤。主题是民主德国和两德之间未来的发展。

12 月 5 日 外长根舍在莫斯科与戈尔巴乔夫和苏联外长谢瓦尔德纳泽会谈。苏联领导层严厉拒绝《十点纲领》，并对科尔的政策提出批评。

12 月 6 日 克伦茨辞去国务委员会主席一职。

12 月 6 日 戈尔巴乔夫和密特朗在基辅会晤。会谈中心是中东欧的根本变革，尤其是两德发展。

12 月 8 ~ 9 日 斯特拉斯堡欧洲理事会。承认德国人的自决权。

12 月 11 日 根据苏联的愿望，18 年以后，四大国大使再次于东柏林的盟军管制大楼会晤。结果是德国激烈地抗议将德国政府排除在外而展示四大国权利。

12 月 12 日 莫德罗在波茨坦会见美国国务卿贝克。贝克强调他对民主德国和平改革进程的兴趣，并强有力地确认了布什对德国统一的《四项原则》。

12 月 13 日 北约外长布鲁塞尔会议。在最后声明中，确认了与布什《四项原则》中勾勒的类似条件。

12 月 16 日 布什和密特朗在圣马丁岛举行首脑会谈。

12 月 18 日 欧共体部长理事会支持其与民主德国的贸易与合作协定。欧共体委员会准备了一项草案。

12 月 19 日 在欧洲议会政治委员会的演讲中，谢瓦尔德纳泽用七个要点说明了苏联对德国统一的疑虑。

12 月 19 ~ 20 日 科尔和莫德罗在德累斯顿会晤。两人支持条约共同体的第一个步骤。

12 月 20~22 日 密特朗作为西方大国领导人中的第一位领导人到访民主德国。他提醒说，在追求统一的过程中，不能忽视存在的现实并且要尊重边界，尤其是要顾及邻国的利益，特别是波兰的安全利益。

12 月 22 日 勃兰登堡门开放。

12 月 31 日 在新年致辞中，科尔将德国统一纳入欧洲统一的努力之中，并且强调欧共体不能"终结于易北河"："德国是我们的祖国，欧洲是我们的未来。"

1990 年

1 月 4 日 科尔和密特朗在兰锡会晤，目的是赢得法国支持并促进与欧洲一体化相联系的德国统一。

1 月 17 日 在斯特拉斯堡的欧洲议会中，欧共体委员会主席德洛尔声明，东德是"特例"，如果它愿意，它将在共同体中占有一席之地。

1 月 22 日 英国外长赫德在莱比锡与莫德罗和民主德国外长菲舍尔会晤。赫德说："德国必须仍是北约成员。"

1 月 29 日 贝克和赫德就协调统一的外部问题的六国机制达成一致，其中，两德和四大国应该平等地谈判。

1 月 30 日 莫德罗在莫斯科与戈尔巴乔夫会面。戈尔巴乔夫对媒体声明，原则上从未怀疑过德国的统一。

1 月 31 日 根舍在"图青演讲"中要求："北约军事结构不会扩张到民主德国地区。"

2 月 1 日 莫德罗介绍他的"德国，统一的祖国"构想。在四个阶段中，要从条约共同体经过日益紧密的两德邦联而实现德国统一。在联盟政治中，两德应该保持中立。

2 月 2 日 根舍在华盛顿与贝克会晤。两人一致赞成协调德国统一外部问题的六国机制（"2＋4"）。

2 月 5 日 民主德国"国家责任政府"接受圆桌会议的八位成员担任无任所部长。

2 月 5~8 日 波兰外长斯库比斯泽夫斯基到波恩进行磋商。他特别强调确保波兰西部边界的必要性以及将统一进程纳入全欧整体框架之中。

2 月 6 日 在飞往莫斯科的途中，贝克在香农机场（爱尔兰）停留，并且获得了法国外长杜马对六国机制的同意。

2月7~9日 贝克在莫斯科为解决德国统一外部问题的六国机制进行游说。

2月10日 科尔在莫斯科与戈尔巴乔夫会晤。戈尔巴乔夫说："决定统一的时间和道路,是德国人自己的事情。"

2月12~14日 渥太华"开放天空"会议。在23个北约和华约国家举行会议期间,确定了"2+4"机制(两德加四大国)的框架,协调了德国统一的外部问题。

2月14日 撒切尔夫人和根舍在伦敦会晤。英国首相对德国统一的前景表示非常怀疑。

2月16日 与波兰总理马佐维耶茨基在华沙的会晤中,莫德罗支持波兰的安全期望,并赞成波兰参加"2+4"谈判。

2月21日 马佐维耶茨基声明,必须在统一以前就草签德波边界条约。此外,波兰还应该参加有关边界问题和普遍的安全问题的谈判。

2月24~25日 布什和科尔在戴维营会晤。两人一致认为,苏联同意全德北约成员属性,最终将只是付出何种代价的问题。

3月1日 杜马在柏林声明,将德波边界问题推迟到全德议会开始运转后再作出答复,是"不理智的"。

3月1~2日 联邦德国和西方三大国的政治司长在伦敦会面,准备"2+4"谈判的首次官员会晤。

3月2日 西德"2+4"谈判代表团团长卡斯特鲁普与苏联副外长阿达米兴在日内瓦会面,进行第一次官员会晤的预备性会谈。

3月2日 科尔将德波边界条约与波兰放弃对德国的赔偿要求以及解决波兰的德裔少数民族权利联系起来。

3月5~6日 莫德罗在莫斯科与戈尔巴乔夫会面,请求对财产问题的支持。戈尔巴乔夫对此表示同意。他将德国统一称为自然而然的进程,但在这个进程中要顾及全体欧洲人的利益;统一后的德国是北约成员,这是无法接受的。

3月8日 联邦议院对波兰西部边界的决议:"在民主德国选举后,两个自由选出的德国议会和政府,应尽快作出字句相同的声明",它将确认德国人放弃领土要求。

3月9日 卡斯特鲁普与东德副外长克拉巴奇会面,为"2+4"首轮官员磋商进行预备性会谈。

3月9日　借对巴黎进行国事访问之际，马佐维耶茨基要求将波兰部分纳入"2+4"进程，并要求在民主德国人民议院自由选举后马上草签德波边界条约。密特朗同意对波兰安全利益的支持。

3月14日　波恩首次"2+4"官员会晤。政治司长们讨论"2+4进程"的程序问题。围绕必需处理的议题未达成一致。谈判结束之际，苏联要求一份和平条约，但遭到了其他代表团的拒绝。德国统一社会党政府的代表团代表民主德国参加会晤。

3月15日　戈尔巴乔夫成为苏联第一任总统。

3月17日　华约国家外长在布拉格会晤，承认了德国人民的自决权。在统一后的德国是北约成员的问题上没有达成一致。

3月18日　民主德国人民议院自由选举。"德国联盟"（基民盟、德国社会联盟、"民主觉醒"）获得了41.8%、社民党21.8%、民主社会主义党16.3%、自由民主联盟（BFD）5.3%的选票。

3月29~30日　撒切尔夫人与科尔在剑桥和伦敦举行会谈。

4月6日　贝克与谢瓦尔德纳泽会晤。谢瓦尔德纳泽说，苏联继续反对全德是北约成员，但也可以设想一个中立的德国这一解决方案。

4月12日　经过执政联盟的漫长谈判，德梅齐埃当选为民主德国新任总理（基民盟）。紧接着他的当选，人民议院在声明中大力强调了波兰西部边界的不可侵犯。

4月13日　撒切尔夫人和布什在百慕大群岛会晤。

4月16日　在德梅齐埃的政府声明以前，在给民主德国的非文件中苏联领导层强调德国统一方面的以下要点：必须顾及其他国家的安全利益、同步解决统一的内外部问题、苏联不同意按照《基本法》旧版本第23条实现统一。

4月17日　民主德国新政府宣誓就职。外长是梅克尔（社民党）、裁军与国防部长是埃佩尔曼（"民主觉醒"）。

4月19日　德梅齐埃的第一次政府声明。

4月19日　布什和密特朗在佛罗里达州的基拉戈会晤。

4月21日　欧共体外长在都柏林会晤。通过了民主德国在德国统一进程中加入欧共体的方针。

4月23日　梅克尔访问波兰。他确认了波兰西部边界奥德–尼斯河边界的不可侵犯，并赞成波兰参与"2+4"进程。

4月24日 德梅齐埃和科尔在波恩会晤，同意1990年7月1日建立货币、经济和社会联盟。

4月24日 梅克尔在波恩与根舍会面，大体商定第一次"2+4"外长会议和"2+4"进程。

4月25~26日 科尔和密特朗为"德法第55次磋商"会晤。

4月28日 波兰外长斯库比斯泽夫斯基向联邦德国政府和民主德国政府转交了波兰与统一后的德国《双方关系基础》的草案，重点是最终承认波兰西部边界。

4月28日 德梅齐埃和梅克尔飞往莫斯科与戈尔巴乔夫会谈。戈尔巴乔夫说，统一后的德国不能是北约成员，这一进程的最后必须有一项和平条约或者可以类比的文件。

4月28日 在都柏林的欧洲理事会特别峰会上，欧共体成员明确表示拥护德国统一。

4月29日~5月2日 在华沙停留之际，赫德支持波兰参与边界问题的谈判。

4月30日 柏林第二次"2+4"官员会晤。自由选举的民主德国政府代表团首次参加。其中心是准备波恩的第一次外长会晤；对于程序问题各方意见一致；没有确定要处理的议题；苏联和民主德国不打算放弃讨论军事-政治问题。

5月3日 联邦德国、民主德国和波兰就波兰西部边界问题在华沙举行首轮三方谈判。西德代表团拒绝就波兰对基本条约的建议进行谈话，取而代之的是，只打算商谈联邦议院和人民议院对边界问题字句可能相同的共同声明。民主德国支持区分边界条约和基础条约。

5月3日 北约外长布鲁塞尔会议。会议间隙，一致同意西德的立场，即在波恩举行首次"2+4"外长会议。

5月5日 波恩首次"2+4"外长会议。所有与会者都承认德国人的统一意愿。一致同意会议的议题包括：①边界问题；②军事-政治问题；③柏林；④最终国家法解决。苏联反对统一后的德国是北约成员，并且主张德国统一的内、外部问题脱钩，在以后的几天里，其他外长对此加以拒绝。一致意见包括：不会缔结和平条约、邀请波兰参与第三次外长会晤。

5月6日 访问波兰时，贝克向波兰转交参加巴黎第三次"2+4"外长会晤的正式邀请。

5月8日 欧共体签署了与民主德国的贸易与合作协定。

5月16～17日 科尔、根舍和国防部长施托滕贝格在美国参加会谈。

5月18日 联邦德国、民主德国和波兰关于波兰西部边界的第三轮三方谈判。波兰拒绝了西德的非文件，其中包含有关边界问题的核心部分。

5月18日 两德在波恩签署《关于建立货币、经济和社会联盟的条约》（德国统一的第一个国家条约）。

5月18日 贝克前往莫斯科会谈。他展示《九点许诺》，意在促使苏联容易同意德国统一。

5月22日 波恩第三次"2＋4"官员会晤。中心是最后文件的结构，尤其是序言的内容。西德代表团报告了与民主德国和波兰就波兰西部边界问题三方会谈的情况。

5月23日 根舍与谢瓦尔德纳泽在日内瓦的会晤标志着一系列会晤的开始，这些会晤为促使苏联同意德国人自由选择联盟铺好了道路。

5月25日 密特朗在莫斯科与戈尔巴乔夫会面。戈尔巴乔夫提出在全面改革的北约内部，德国应起到类似法国模式的特殊作用。

5月29日 联邦德国和民主德国以及波兰在东柏林就波兰西部边界问题举行第三轮（也是最后一轮）谈判结束，没有取得成果。西德代表团拒绝了民主德国的妥协建议。

5月30日至6月3日 布什和戈尔巴乔夫在华盛顿和戴维营会晤进行磋商。在统一后的德国联盟归属问题上，没有取得进展，但主张继续发展东西方关系。就削减战略核武系统第一项条约的基本要素达成共识。

6月5日 在哥本哈根"欧安会人道事务会议"间隙，外长们也就"2＋4"进行了大量会谈，另外，根舍和谢瓦尔德纳泽会面。梅克尔介绍了他的安全区项目，这是一个"联盟之间的联盟"，其他外长对此表示怀疑。

6月5～8日 科尔与布什会谈。两人声明，统一后的德国留在北约并非对苏联的威胁。

6月7日 华约政策顾问委员会在莫斯科会晤。与会者决议，以民主原则为基础，改革成一个平等和主权国家的联盟。他们赞成"克服意识形态的敌对形象……。华约和北约对峙的基本点不再符合时代精神"。

6月7～8日 北约外长坦伯利会晤。布什给苏联的《九点许诺》构成了最后文件的基础。北约向华约国家伸出"友谊之手"，并赞赏华约前一天的声明。

6月8日　撒切尔夫人在莫斯科与戈尔巴乔夫会晤。

6月9日　柏林第四次"2+4"外长会晤。讨论内容为草拟"处理边界问题的五项原则",最后产生了一项妥协草案。这一草案得到所有代表团有保留地接受。

6月9~12日　德梅齐埃在华盛顿与布什会晤。德梅齐埃说,统一后的德国是北约成员,要以北约的全面变化为前提条件。布什说,美国支持北约改革。

6月11日　根舍与谢瓦尔德纳泽在布雷斯特会晤。

6月12日　戈尔巴乔夫在最高苏维埃报告了他与布什的峰会。他建议,暂时将德国联合在两大联盟中。

6月15日　两德政府的共同声明,不愿触及1945~1949年苏联占领区的财产没收。

6月17日　在联邦议院和人民议院首次共同会议的间隙,梅克尔和根舍在东柏林的演员之家会面。

6月18日　根舍与谢瓦尔德纳泽在明斯特会面,讨论11月以前就举行欧安会会晤的建议,谢瓦尔德纳泽突出强调获得北约峰会支持信号的必要性。

6月18~19日　在巴黎,德梅齐埃和密特朗强调,对边界问题的评估存在着共性。

6月20日　波恩第五次"2+4"官员会晤。加工"处理边界问题的五项原则"的妥协草案。对最后文件的结构,拟定了临时的结构划分,它包括序言中的一般政治声明、涉及"边界问题原则"和解除在柏林的四大国权利。两项建议提交给柏林第二次"2+4"外长会晤作出决定。

6月20~21日　梅克尔访问赫德。赫德表示,只能在对北约形成互补时,才能扩大欧安会。

6月21日　联邦议院和人民议院通过了对波兰西部边界的共同决议。次日,两德政府经由外交途径通报了该项决议。波兰政府发言人欢迎这一决议,并收回了统一前草签边界条约的要求。

6月22日　柏林第二次"2+4"外长会晤。苏联提出了和平条约整体草案,它规定五年的过渡期、德国是北约和华约的双重成员、联邦国防军整体规模是25万士兵。其他外长拒绝了这些规定。在接着的新闻发布会上，谢瓦尔德纳泽修改了自己的立场并声明，到 1990 年 11 月的欧安会峰会为止，德国应获得完全主权。

6 月 25 ~ 26 日　都柏林的国家和政府首脑欧共体峰会。1990 年 12 月将召开一次政府间会议，它应该商议如何实现货币与经济联盟以及政治联盟。

6 月 26 日　德梅齐埃在伦敦与撒切尔夫人会晤。他提醒北约的战略变化并警告不要孤立苏联。

7 月 1 日　《关于建立货币、经济和社会联盟的条约》（德国统一的第一个国家条约）生效。德国马克成为民主德国的官方支付方式。

7 月 3 ~ 4 日　柏林第六次"2 + 4"官员会晤（波兰政府参加）。会晤第一天草拟"有待澄清的问题一览表"，受各国外长委托，该表由各国政治司长制定，最后共 20 项内容。有波兰参加的第二天，主要是讨论波兰对边界问题的三项补充建议，尤其是将最终取消四大国权利与责任和德波边界条约的生效联系起来，这遭到了猛烈的抨击，特别是联邦德国的批评。

7 月 5 ~ 6 日　北约国家和政府首脑伦敦峰会。发出了北约打算与华约合作并贯彻联盟结构和战略转变的政治信号。接受了同盟之间《消除敌对声明》的想法。

7 月 9 ~ 11 日　休斯敦七国世界经济峰会。拒绝向苏联许诺财政援助。

7 月 1 ~ 13 日　苏联共产党第 28 届党代表大会。尽管有尖锐的批评，还是于 7 月 10 日确认戈尔巴乔夫为苏共总书记。

7 月 13 日　贝克在华盛顿与梅克尔的会晤中强调，将继续在西德部署核武器。

7 月 15 ~ 16 日　科尔和根舍与戈尔巴乔夫和谢瓦尔德纳泽在莫斯科和高加索的谢尔斯诺沃茨克会晤。在《八项声明》中，澄清了"2 + 4"进程中剩下的重要分歧之处：①统一后的德国包括联邦德国、民主德国和柏林；②德国在统一之时即获得主权；③允许德国自由决定其联盟归属；④德国将与苏联缔结驻军和撤军协议（苏联在 3 ~ 4 年内撤军）；⑤北约军事结构不会扩展到民主德国版图；⑥只要苏军仍然在民主德国地区，西方三大国的军队就将留在柏林；⑦联邦德国在维也纳削减欧洲常规武装力量谈判中作出一项义务声明，声明德国武装力量最高限额是 37 万兵力；⑧统一后的德国放弃生产、拥有、使用三种大规模杀伤性武器。

7 月 17 日　巴黎"2 + 4"第三次外长会晤。斯库比斯泽夫斯基也参加了这次会晤。他声明统一建立以后签署德波边界条约。确定了《边界问题五项原则》。总体上，对于德国统一的主要外部问题，占据主导的是一致意见。梅克尔批评高加索会晤的结果并要求在苏联撤军以后也要拒绝北约军事结构东扩到原民主德国、放弃在全德部署核武器、德国武装力量的最高限额是 30 万士兵。

7 月 19 日　波恩"2＋4"第七次官员会晤。关于"有待澄清的问题一览表"，几乎不再有分歧。继续进行最后文件的工作，关于序言，原则上意见一致。分配了草拟其他章节的工作：法国制定关于边界的条文，英国制定关于取消四大国权利与责任的条文，美国制定关于柏林的条文。联邦德国和民主德国准备德国的共同声明。苏联有权拟就自己的整体草案。

7 月 24 日　在就全德选举方式和民主德国加入联邦德国的时间进行了争论以后，民主德国自由党退出了执政联盟。民主德国的经济危机加剧。

8 月 2 日　伊拉克入侵科威特。由于这一发展，世界两大强国美苏的结盟出现了新的紧张。

8 月 15 日　德梅齐埃解除了两位社民党部长的职务，同意另外两项辞职请求。社民党考虑离开执政联盟。

8 月 16 ~ 17 日　根舍在莫斯科与谢瓦尔德纳泽会面，并要求在批准"2＋4"文件以前，取消四大国权利。一致意见是，在莫斯科的"2＋4"外长会晤时结束谈判。

8 月 20 日　社民党离开了民主德国政府大执政联盟。德梅齐埃接管外交部的领导工作并继续领导少数派政府。

8 月 22 日　《不扩散核武器条约》第四次审核会议。两德发表声明，其中包含统一后的德国放弃三种大规模杀伤性武器以及《不扩散核武器条约》义务的继续有效。

8 月 23 日　民主德国人民议院决议，民主德国将于 1990 年 10 月 3 日加入联邦德国。

8 月 30 日　维也纳欧洲常规武装力量谈判。根舍发表声明，德国武装力量减少到 37 万兵力，德梅齐埃代表民主德国赞同这一声明。

8 月 31 日　在柏林签署《德国统一条约》（德国统一的第二个国家条约）。

9 月 4 ~ 7 日　柏林"2＋4"第八次官员会晤。讨论了加工拟定的最后文件，并用苏联的整体草案进行调整。这一文件完成了以下几点内容：最后文件的称谓、提前解除四大国的权利与责任、在原德国领土部署两用的武器运载系统（禁止北约军队或苏联武装力量越过原德国的内部边界）。

9月8日 布什和戈尔巴乔夫在赫尔辛基会晤。会谈主题是："2+4"谈判、巴黎欧安会会议、科威特的兼并。

9月12日 莫斯科"2+4"第四次外长会晤。在《伦敦会议纪要》46年之后，最终确认以《最后解决德国问题的条约》取消四大国的权利与责任。

9月13日 草签《德苏友好条约》。

9月20日 联邦议院和人民议院批准德国统一的第二个国家条约。

9月24日 民主德国退出华约。

9月27~28日 通过互换照会取消了《波恩条约》，在1991年3月15日"2+4"条约生效以后，《波恩条约》失效。

10月1~2日 纽约欧安会外长会议。会议期间取消了四大国的权利与责任。欧安会获悉了"2+4"条约。

10月2日 民主德国人民议院最后一次会议。

10月3日 "德国统一日"，民主德国根据《基本法》旧版本第23条加入联邦德国。

10月5日 联邦议院批准"2+4"条约。

10月8日 联邦参议院批准"2+4"条约。

10月10日 美国参议院批准"2+4"条约。

10月12日 根舍和苏联大使特雷乔夫在波恩签署《苏军在联邦德国有限期驻留的条件与有计划撤军的方式》的条约。

11月14日 在华沙草签《德波边界条约》。

11月16日 向联邦德国转交英国对"2+4"条约的批准文书。

11月19~21日 国家政府和首脑巴黎欧安会峰会。34国草签《欧洲常规武装力量条约》；在《巴黎宪章》中确定欧安会的机制化；在最后声明中，宣告欧洲分裂已经结束。

12月2日 第一次全德联邦议院选举，基民盟/基社盟与自民党执政联盟获得胜利。

1991年

1月17日 向联邦德国转交法国对"2+4"条约的批准文书。

3 月 4 日 苏联最高苏维埃批准 "2 + 4" 条约。

3 月 15 日 《最后解决德国问题的条约》生效。

6 月 17 日 草签《德波友好条约》。

10 月 17 日 联邦议院批准《德波边界条约》和《德波友好条约》。

10 月 18 日 波兰下议院赞同《德波边界条约》和《德波友好条约》。

名称缩写一览表
（以外文首写字母为序）

AA   Auswärtiges Amt   （联邦德国）外交部

ABC-Waffen Atomare，biologische（bzw. bakteriologische）und chemische Waffen
            原子、生物（细菌生物）和化学武器

Abt.   Abteilung   司或处

ACDP   Archiv für Christlich – Demokratische Politik der Konrad – Adenauer – Stiftung
            康拉德–阿登纳基金会基督教民主政治档案馆

AdsD   Archiv der sozialen Demokratie der Friedrich – Ebert – Stiftung 弗里德里希–艾伯特基金会社会民主档案馆

AL   Abteilungsleiter   司长或处长

BFD   Bund Freier Demokraten – Die Liberalen（DDR）自由民主联盟 - 自由党（民主德国）

BK   Bundeskanzler   联邦总理

BM   Bundesminister   联邦部长

BMB   Bundesministerium fur innerdeutsche Beziehungen 德意志内部关系部

BPA   Bundespresseamt   联邦新闻局

BRD   Bundesrepublik Deutschland 德意志联邦共和国

BVerfGE   Bundesverfassungsgericht   联邦宪法法院

CDU   Christlich Demokratische Union   基督教民主联盟

ChBK   Chef des Bundeskanzleramtes   联邦总理府办公厅主任

ČSFR   Tschechische und Slowakische Föderative Republik   捷克和斯洛伐克联邦共和国

ČSSR   Tschechoslowakische Sozialistische Republik   捷克斯洛伐克社会主义共和国

CSU   Christlich Soziale Union   基督教社会联盟

D   Deutschland   德国

DA   Demokratischer Aufbruch（DDR）   民主觉醒（民主德国）

DBD   Demokratische Bauernpartei Deutschlands（DDR）   德国民主农民党（民主德国）

DDR   Deutsche Demokratische Republik   德意志民主共和国

DFP   Deutsche Forumpartei（DDR）   德国论坛党（民主德国）

DSU   Deutsche Soziale Union（DDR）   德国社会联盟（民主德国）

EEA   Einheitliche Europäische Akte 《单一欧洲文件》

EG   Europäische Gemeinschaft   欧洲共同体

EP   Europäisches Parlament   欧洲议会

EPZ   Europäische Politische Zusammenarbeit   欧洲政治合作

ER   Europäischer Rat   欧洲理事会

EuGH   Europäischer Gerichtshof   欧洲法院

EWG   Europäische Wirtschaftsgemeinschaft   欧洲经济共同体

EWGV   Vertrag zur Gründung der Europäischen Wirtschaftsgemeinschaft 《欧洲经济共同体成立条约》

EWS   Europäisches Währungssystem   欧洲货币体系

F   Frankreich   法国

FCO   Foreign and Commonwealth Office（britisches Außenministerium） 外交与英联邦事务部（英国外交部）

FDP   Freie Demokratische Partei Deutschlands   德国自由民主党

GATT   General Agreement on Tariffs and Trade（Allgemeines Zoll – und Handelsabkommen）   《关税与贸易总协定》

GDR   German Democratic Republic（DDR）   德意志民主共和国

GB   Großbritannien   英国

GG   Grundgesetz   《基本法》

GG a. F.   Grundgesetz alte Fassung 旧版本 《基本法》

GL   Gruppenleiter　组长

Grp.   Gruppe　组

HA   Hauptabteilung　总司或司

IFRI   Institut Français des Relations Internationales
法兰西国际关系学院

IIB   Institut für Internationale Beziehungen an der Akademie für Recht
und Staat（DDR）　法律与国家科学院国际关系研究所（民
主德国）

IMEMO   Institut für Weltwirtschaft und Internationale Beziehungen，Moskau
莫斯科世界经济与国际关系研究所

INF   Intermediate Nuclear Forces（Nukleare Mittelstreckenwaffen）
中程核武器

IPW   Institut für Internationale Politik und Wirtschaft（DDR）　国际
政治与经济研究所（民主德国）

IWF   Internationaler Währungsfonds　国际货币基金组织

KOM   Kommission der Europäischen Gemeinschaften（seit Nov. 1993
Europäische Kommission）　欧洲共同体委员会（自 1993 年
11 月起为欧洲委员会）

KPdSU/KP Kommunistische Partei der Sowjetunion　苏联共产党

KSE   Konventionelle Streitkräfte in Europa　欧洲常规武装力量

KSZE   Konferenz für Sicherheit und Zusammenarbeit in Europa　欧洲
安全与合作会议

KVAE   Konferenz über vertrauensbildende Maβnahmen und Abrüstung in
Europa　欧洲建立信任措施和裁军会议

KWZE   Konferenz für Wirtschaftliche Zusammenarbeit in Europa　欧洲
经济合作会议

KZ   Konzentrationslager　集中营

LASD   Leiter Arbeitsstab Deutschlandpolitik　德国政策工作组组长

LDPD   Liberaldemokratische Partei Deutschlands（DDR）　德国自由
民主党（民主德国）

MDg/MDgt Ministerialdirigent　分管司长

MDir/MD   Ministerialdirektor　司长或总司长

MfAA　　　　Ministerium für Auswärtige Angelegenheiten（DDR）　外交部（民主德国）

MfAV　　　　Ministerium für Abrüstung und Verteidigung（DDR）　裁军与国防部（民主德国）

MfS　　　　Ministerium für Staatssicherheit（DDR）　国家安全部（民主德国）

MLF　　　　Multilateral Force（Multilaterale Atomstreitkraft）　多边核力量

MP　　　　Ministerpräsident　总理

NATO　　　　North Atlantic Treaty Organization（Nordatlantische Allianz）北大西洋公约组织

NDPD　　　　National – Demokratische Partei Deutschlands（DDR）　德国国家民主党（民主德国）

NSC　　　　National Security Council（Nationaler Sicherheitsrat，USA）国家安全委员会（美国）

NTS　　　　NATO – Truppenstatut　《北约军队章程》

NVA　　　　Nationale Volksarmee（DDR）　国家人民军（民主德国）

OECD　　　　Organization for Economic Cooperation and Development（Organisation für wirtschaftliche Zusammenarbeit und Entwicklung）经济合作与发展组织

PAM　　　　Außenministerium　波兰外交部

PLO　　　　Palestine Liberation Organization（Palästinensische Befreiungsorganisation）　巴勒斯坦解放组织

PR　　　　Public Relations　公共关系

Ref.　　　　Referat　处

RL　　　　Referatsleiter　处长

RGW　　　　Rat für gegenseitige Wirtschaftshilfe　经济互助委员会

SAPMO　　　　Stiftung Archiv Parteien und Massenorganisationen der DDR im Bundesarchiv　联邦档案馆民主德国党派与群众组织档案基金会

SDI　　　　Strategie Defense Initiative（Strategische Verteidigungsinitiative）战略防御计划

SDP　　　　Sozialdemokratische Partei（DDR）　社会民主党（民主德国）

SED   Sozialistische Einheitspartei Deutschlands   德国统一社会党

SNF   Short Range Nuclear Forces（Nuklearwaffen kurzer Reichweite）
           短程核武器

SPD   Sozialdemokratische Partei Deutschlands   德国社会民主党

StäV   Ständige Vertretung   常设代表处

StM   Staatsminister   国务部长

StS   Staatssekretär   国务秘书

UA   Unterabteilung   分管司或处

UdSSR   Union der Sozialistischen Sowjetrepubliken   苏维埃社会主义共
           和国联盟

UNO／UN   Vereinte Nationen   联合国

USA／US   Vereinigte Staaten von Amerika   美利坚合众国

VKSE   Verhandlungen über Konventionelle Streitkräfte in Europa   欧洲
           常规武装力量谈判

VLR   Vortragender Legationsrat   副处长

WEU   Westeuropäische Union   西欧联盟

WWU   Wirtschafts – und Währungsunion   经济与货币联盟

ZA – NTS   Zusatzabkommen zum NATO – Truppenstatut   《北约军队章程
           附加协议》

ZK   Zentralkomitee   中央委员会

人名索引
（以外文姓氏首写字母为序）

如果没有其他说明，以下均为当事人在 1989～1990 年担任的职务。

A

伊万·阿波依莫夫（Aboimow, Iwan），苏联，副外长　34

谢尔盖·阿什罗梅耶夫（Achromejew, Sergej），苏联，将军、戈尔巴乔夫的安全顾问
　180，415，425

爱德华·阿克曼（Ackermann, Eduard），联邦总理府第五司（社会与政治分析、交流
　与公共关系）司长　1，2，73，79，432

安纳托利·阿达米兴（Adamischin, Anatoli），苏联，副外长、1990 年 3 月的苏联“2 +
　4”代表团团长　195，224～226，233，235，236，275，276

康拉德·阿登纳（Adenauer, Konrad），基民盟，1949～1963 年担任联邦总理、1951～
　1955 年担任外交部长　2，8，47，131，147，185，193

乌尔里希·阿尔布雷西特（Albrecht, Ulrich），柏林自由大学政治学教授、1990 年 4～10
　月担任民主德国外交部计划室主任、民主德国“2 +4”代表团成员　260，263，278

朱利奥·安德烈奥蒂（Andreotti, Giulio），意大利，总理　139，153，416，421，427，
　458

弗兰茨·安德里森（Andriessen, Frans），荷兰，欧洲委员会委员：外交关系与贸易政
　策　311，314，319～321

汉斯·阿诺尔德（Arnold, Hans），1990 年 6～7 月担任民主德国外交部长梅克尔的顾
　问　261

雅克·阿塔利（Attali, Jacques），法国，密特朗的特别顾问　47，48，66，68，69，
　80，107，116，122，123，130，142，281，303，327，329

B

C

---

① 带 * 的人名为译者所加。

E

F

G

H

L

M

T

V

W

Z

内容索引
（以外文首写字母为序）

D

E

M

N

作者简介

维尔讷·魏登菲尔德（Werner Weidenfeld） 生于 1947 年，1975～1995 年任美因茨大学政治学教授，1986～1988 年，任巴黎索邦大学非教席教授。自 1987 年起，担任联邦政府德美合作协调员。自 1995 年起，任慕尼黑大学政治体制与欧洲统一教席教授。

此外，魏登菲尔德还是《国际政治》杂志出版人、欧洲学术委员会委员。他出版了大量有关国际政治、德国问题和当代史的著作（如《德国道路》，1990 年）。

魏登菲尔德倡议撰写并出版四卷本《德国统一史》。

彼得·瓦格纳博士（Dr. Peter M. Wagner）和**埃尔克·布鲁克**（Elke Bruck）是慕尼黑应用政策研究中心（C. A. P）的研究人员。

译者简介

欧阳甦 女，1970 年生，1992 年毕业于武汉大学新闻系并获学士学位。2000～2009 年就读于德国柏林自由大学教育心理学院和艺术学院，获教育学和艺术史学硕士学位。2015 年完成博士论文（等待证书），研究方向为跨文化、视觉材料在社会学中的应用。

审校者简介

梅兆荣 1934 年生，1951 年进入北京外国语学院英语系学习，1953 年被选派去民主德国莱比锡卡尔·马克思大学攻读日耳曼语言文学。1956 年进入外交部工作，1988～1997 年任中国驻德国大使。

邓志全 浙江大学外语学院教授。北京外国语学院德语专业毕业；北京大学西语系德语语言和文学专业文学硕士。前中国驻奥地利大使馆文化处一等秘书，中国驻联邦德国大使馆文化参赞。